L'EXPÉDITION DE SENNACHÉRIB EN PALESTINE DANS LA LITTÉRATURE HÉBRAÏQUE ANCIENNE

ÉTUDES BIBLIQUES

(Nouvelle série n° 7)

L'EXPÉDITION DE SENNACHÉRIB EN PALESTINE DANS LA LITTÉRATURE HÉBRAÏQUE ANCIENNE

PAR

Francolino J. GONÇALVES

PARIS
LIBRAIRIE LECOFFRE
J. GABALDA et Cie ÉDITEURS
RUE PIERRE et MARIE CURIE, 18
1986

ISBN 2-85021-021-8

ISSN 0760-3541

AVANT-PROPOS

Nos recherches sur l'expédition palestinienne de Sennachérib ont eu pour point de départ un mémoire sur *II Rois*, XVIII, 13 - XIX, 37 par. *Is.*, XXXVI-XXXVII, que nous avons présenté à l'École Biblique et Archéologique Française de Jérusalem, en 1971; elles trouvent aujourd'hui leur achèvement dans la présente dissertation doctorale.

Nombreuses sont les personnes et les institutions qui nous ont aidé à mener ce travail à bonne fin, et nous sommes heureux de pouvoir leur exprimer ici publiquement notre gratitude.

Il nous faut nommer en premier lieu l'École Biblique et Archéologique Française de Jérusalem, qui nous a formé aux études sémitiques, particulièrement aux études bibliques, et qui, en nous dispensant de nos charges d'enseignement, nous a laissé le loisir nécessaire pour mener à bien ce travail.

Nous tenons à remercier vivement le Professeur Pierre Bogaert, qui a bien voulu assumer la charge de promoteur de cette thèse et n'a ménagé ni son temps ni sa peine; ses conseils et ses encouragements nous ont été précieux. Nous ne manquerons pas non plus d'exprimer notre reconnaissance au Professeur Herbert Sauren pour son aide dans l'étude des documents assyriens, ainsi qu'au Professeur Jean-Marie van Cangh pour ses remarques bienveillantes et aussi pour son hospitalité si chaleureuse pendant notre séjour à Louvain-la-Neuve.

Nous devons également exprimer notre gratitude à Melle Alice Dermience, qui a révisé une grande partie de l'ouvrage et en a amélioré le français, ainsi qu'au Révérend Père François Langlamet, qui nous a aidé dans la préparation du manuscrit pour l'impression.

Cet ouvrage n'aurait jamais été écrit sans la bourse d'étude que la Fondation Calouste Gulbenkian nous a généreusement octroyée de 1970 à 1975. L'aide de la Fondation Calouste Gulbenkian ne s'est d'ailleurs pas arrêtée là; elle a aussi contribué au financement de la publication. Qu'elle trouve ici l'expression de notre profonde reconnaissance.

Nous remercions le Conseil de l'Institut Orientaliste d'avoir accepté notre ouvrage dans les «Publications de l'Institut Orientaliste de Louvain». Nous ne pouvons oublier le Très Révérend Père Pierre

Benoit, qui avait accueilli favorablement le projet de publier ce livre dans la collection «Études Bibliques», ni le Très Révérend Père Jean-Luc Vesco, qui a bien voulu l'y recevoir.

Louvain-la-Neuve, octobre 1985.

INTRODUCTION

L'Assyrie a complètement dominé la scène politique du Proche-Orient entre le milieu du IXe s. et les dernières décennies du VIIe s. av. J.-C.

Au plus tard en 732, l'ensemble de la Syrie, de la Phénicie et de la Palestine était sous l'emprise assyrienne. Assur n'y a cependant pas imposé sa domination sans heurts, ni une fois pour toutes. Bien au contraire. Ces régions ont été le théâtre de nombreuses révoltes; chaque fois des expéditions militaires assyriennes, avec tout leur cortège de représailles, sont venues les mater.

Pendant longtemps l'Égypte a fait figure de grande puissance et est apparue comme l'alliée naturelle, ou la protectrice, des États palestiniens. En 671, elle a été finalement conquise, elle aussi, et est restée sous contrôle assyrien pendant environ une quinzaine d'années.

L'hégémonie assyrienne a été fatale pour Israël, et lourde de conséquences pour Juda. Le premier a en effet cessé d'exister en 722. Sans doute le second a-t-il gardé ses institutions nationales, et est-il resté nominalement indépendant; pendant environ un siècle, il n'a été en réalité qu'un pion sur l'échiquier assyrien.

Ces événements ont influencé la tradition biblique de multiples façons, parfois très profondément[1]. L'Assyrie est d'ailleurs devenue dans cette tradition le type de la grande puissance; son nom a parfois servi à désigner soit la Mésopotamie d'une façon générale (*cf. Is.*, XI, 11.16; XIX, 23-25; XXVII, 13; *Os.*, XI, 11), soit l'une des puissances qui s'y sont succédé — Babyloniens, Perses, Séleucides — et auxquelles Juda ou le Peuple juif ont eu affaire (*cf. Is.*, XIX, 23; *Zach.*, X, 10-11; *Lam.*, V, 6; *Esd.*, VI, 22)[2].

Parmi les événements qui constituent l'histoire des rapports entre Assur et les royaumes hébreux, la révolte d'Ézéchias après la mort de Sargon II en 705 et l'expédition punitive de Sennachérib en 701 ont été, et de très loin, l'épisode le plus important pour la tradition

[1] P. MACHINIST, *Assyria and its Image in the First Isaiah*, dans JAOS, CIII, 1983, pp. 719-737, insiste sur l'influence de la propagande assyrienne en Juda. Selon cet auteur, Isaïe lui-même n'aurait pas été imperméable à cette propagande; l'image que le prophète donne de l'Assyrie en dépendrait pour une grande part.

[2] Voir J. MORGENSTERN, *Jerusalem – 485 B.C.*, dans HUCA, XXVII, 1956, pp. 101-179, aux pp. 133-134, n. 66; J. LINDBLOM, *Der Ausspruch über Tyrus in Jesaja 23*, dans ASTI, IV, 1965, pp. 56-73, aux pp. 69-71; H. BARTH, *Die Jesaja-Worte*, 1977, pp. 4, 7-8, 70-71 et 203.

biblique, si du moins l'on en juge par la place qu'il a prise dans la littérature hébraïque ancienne. Qu'il en soit l'objet ou la toile de fond, on le trouve dans un très grand nombre de textes, relevant de genres littéraires divers et d'époques différentes. On en est venu à compter l'issue de l'expédition de Sennachérib parmi les grandes délivrances que Yahvé a accordées à son peuple.

Les activités de Sennachérib en Juda sont un des points les plus étudiés de l'histoire judéenne; c'est aussi l'un des plus controversés depuis environ un siècle. A l'origine des discussions se trouvent les divergences entre les textes bibliques qui se rapportent à ces événements. En 1967, B. S. Childs résumait la situation en disant que les recherches au sujet des activités de Sennachérib en Palestine se trouvaient dans une impasse, dont on ne pourrait vraisemblablement pas sortir sans l'apport de données extra-bibliques nouvelles [3]. Depuis lors, l'état de la documentation assyrienne n'a pas changé considérablement [4]. Et pourtant, dans son étude publiée en 1980, R. E. Clements [5] est loin de partager le pessimisme de B. S. Childs.

Sans pour autant perdre de vue la réalité historique de la révolte d'Ézéchias et de l'expédition de Sennachérib, nous nous proposons plutôt de montrer le retentissement que ces événements ont eu en Juda. Sous quelle forme s'est concrétisée la révolte? Y a-t-il un rapport intrinsèque entre celle-ci et la réforme cultuelle promue par ce roi, comme on le suppose habituellement? Quelle a été la position du prophète Isaïe à l'égard de la politique adoptée par Ézéchias entre 705 et 701? Comment dans les différents milieux, courants et époques furent perçues et présentées l'invasion de Sennachérib, son issue et sa portée?

Nous limiterons notre enquête à la littérature hébraïque antérieure à l'époque chrétienne. Dans l'analyse des textes, nous suivrons les méthodes de l'exégèse historico-critique, devenues classiques.

Bien que notre objectif ne soit pas avant tout historique, nous devons cerner autant que possible les événements dont nous voulons montrer les répercussions. En retour, nos analyses apporteront quelque lumière au débat historique, le plus souvent faussé par l'absence d'une saine critique des textes bibliques. Nous commencerons donc par un exposé

[3] *Isaiah and the Assyrian Crisis*, 1967, pp. 7, 12, 18 et 118-120.

[4] Voir N. NA'AMAN, *Sennacherib's «Letter to God» on his Campaign to Judah*, dans BASOR, CCXIV, 1974, pp. 25-39; ID., *Sennacherib's Campaign to Judah and the Date of the lmlk Stamps*, dans VT, XXIX, 1979, pp. 61-85.

[5] *Isaiah and the Deliverance of Jerusalem*, 1980.

historique fondé à la fois sur les documents assyriens et les textes bibliques. A l'occasion, nous ferons aussi appel au témoignage archéologique. Pour situer la révolte d'Ézéchias et l'expédition de Sennachérib dans le cadre des rapports entre Juda et Assur, nous esquisserons d'abord l'histoire de ces rapports jusqu'en 701. Le sort de Juda était lié à celui des autres peuples de la région et dépendait d'une même politique assyrienne. C'est pourquoi nous élargirons notre esquisse à l'ensemble de la Syrie-Phénicie-Palestine; nous donnerons un aperçu de la politique adoptée par Tiglath-phalazar III et ses successeurs à l'égard des peuples qui se trouvaient sous leur emprise, et notamment à l'égard des États palestiniens. D'après l'opinion la plus répandue, la vassalité a entraîné l'assyrianisation, ou du moins une grave décadence de la religion et du culte judéens au temps d'Achaz. Corrélativement, la réforme d'Ézéchias représenterait la face religieuse de sa révolte anti-assyrienne; la purification du yahvisme en serait donc l'un des principaux mobiles. Ces opinions seront mises à l'épreuve par un examen attentif des mesures cultuelles attribuées respectivement à Achaz et à Ézéchias. Nous brosserons aussi un tableau de l'ensemble des réalisations du règne d'Ézéchias, dont certaines sont, à n'en pas douter, étroitement liées à la révolte anti-assyrienne et aident à mieux la situer. Notre première partie se terminera par un état des recherches historiques relatives à la révolte d'Ézéchias et aux activités de Sennachérib en Palestine.

Dans la deuxième partie, nous essayerons de dégager l'impact de la révolte d'Ézéchias et de la riposte de Sennachérib sur les oracles des prophètes judéens contemporains, Isaïe et Michée. Comme la plupart des oracles isaïens que nous aurons à analyser ont fait l'objet de plusieurs études récentes[6], nous ne prétendons nullement apporter des conclusions qui, toutes, seraient neuves. Cela dit, nos analyses nous amèneront à proposer des interprétations originales pour plusieurs points de détail, à nous écarter de l'opinion reçue sur des points importants, et à mettre en lumière un aspect du message d'Isaïe entre 705 et 701 qui est généralement méconnu par la critique.

La troisième partie, de loin la plus courte, sera consacrée à une série de textes du recueil proto-isaïen (I-XXXIII) : ils ont en commun

[6] Signalons parmi les commentaires, ceux de H. WILDBERGER et O. KAISER, et parmi les monographies, H.W. HOFFMANN, *Die Intention der Verkündigung Jesajas*, 1974; W. DIETRICH, *Jesaja und die Politik*, 1976; F. HUBER, *Jahwe, Juda und die anderen Völker beim Propheten Jesaja*, 1976; H. BARTH, *Die Jesaja-Worte*, 1977; J. VERMEYLEN, *Du prophète Isaïe à l'Apocalyptique*, I, 1977, et II, 1978; R.E. CLEMENTS, *Isaiah and the Deliverance of Jerusalem*, 1980.

l'annonce de l'échec de l'Assyrie, ou de la horde des peuples, devant Jérusalem. L'origine de ces textes est controversée. Cependant, on les met généralement en rapport avec l'expédition palestinienne de Sennachérib en 701. Ils sont au centre des discussions relatives au message d'Isaïe en 701, ainsi que de la question des rapports entre ce prophète et ce que l'on appelle les traditions de Sion.

Dans la quatrième et dernière partie, nous nous attaquerons aux longs récits de *II Rois*, XVIII, 13-XIX, 37 par. *Is.*, XXXVI-XXXVII et *II Chr.*, XXXII, 1-23. La plupart des études qui ont abordé ces récits avaient une visée immédiatement historique; elles ont donc négligé l'analyse des récits en eux-mêmes ou ne s'y sont pas suffisamment arrêtées. Après avoir isolé les différents récits, nous analyserons chacun d'entre eux, puis nous tenterons de les situer, non seulement les uns par rapport aux autres, mais aussi par rapport à d'autres textes bibliques.

En appendice nous relèverons les échos de la tradition relative aux événements de 701 dans *Tobit*, le *Siracide* et les livres des *Maccabées*.

L'objet de notre étude embrasse celui des travaux de B. S. Childs [7] et de R. E. Clements [8]. Aussi nos recherches ont-elles beaucoup en commun avec les leurs. Cependant, comme on pourra s'en rendre compte au cours de notre exposé, nous estimons nécessaire de proposer des analyses et des conclusions qui s'écartent des leurs sur quelques points importants.

Nos divergences par rapport à B. S. Childs portent à la fois sur la compréhension du message d'Isaïe entre 705 et 701 et sur l'interprétation des récits de *II Rois*, XVIII, 17-XIX, 37 par. *Is.*, XXXVI, 2-XXXVII, 38. Ainsi, la proclamation de l'inviolabilité de Sion, que B.S. Childs prête à Isaïe [9], est, à notre avis, l'un des traits caractéristiques d'une relecture des oracles de ce prophète qui a eu lieu au temps de Josias. Ce sera l'objet de notre troisième partie. Nous sommes également en désaccord avec B. S. Childs au sujet du rapport entre les deux récits dont se compose *II Rois*, XVIII, 17-XIX, 37 par. *Is.*, XXXVI, 2-XXXVII, 38, ainsi qu'au sujet de l'origine et du but de chacun d'eux.

R. E. Clements n'aborde pas le texte de *II Chr.*, XXXII, 1-23. Il étudie *II Rois*, XVIII, 13-XIX, 37 par. *Is.*, XXXVI-XXXVII, mais n'en propose pas une analyse détaillée. Pour cette analyse, l'auteur renvoie au travail de B. S. Childs. Sans doute R. E. Clements admet-il que

[7] *Isaiah and the Assyrian Crisis*, 1967.
[8] *Isaiah and the Deliverance of Jerusalem*, 1980.
[9] *Op. cit.*, pp. 38-68.

II Rois, XVIII, 17-XIX, 37 par. *Is.*, XXXVI, 2-XXXVII, 38 comprend deux récits, mais, en réalité, il ne nous semble pas tenir suffisamment compte des différences considérables qui existent entre ces récits ni des particularités de chacun d'eux.

PREMIÈRE PARTIE

LE ROYAUME DE JUDA DANS LA SECONDE MOITIÉ DU VIIIe S. AV. J.-C.

CHAPITRE PREMIER

LA SYRIE-PHÉNICIE-PALESTINE SOUS LA DOMINATION ASSYRIENNE

1. La Syrie-Phénicie-Palestine et la poussée assyrienne vers l'Ouest avant le règne de Tiglath-phalazar III (745-727 av. J.-C.).

Dans sa lente progression vers l'Ouest, qui a duré des siècles et connu bien des vicissitudes[1], l'Assyrie a atteint le sud de la Syrie et de la Phénicie ainsi que le nord de la Palestine au temps de Salmanazar III (858-824 av. J.-C.), vers le milieu du IXe siècle av. J.-C. Depuis lors jusqu'à l'effondrement de l'empire assyrien au cours des dernières décennies du VIIe siècle av. J.-C., l'histoire de tous les États de cette région sera étroitement liée à l'histoire de l'Assyrie[2].

[1] L'Assyrie a été attirée de tout temps par les richesses des pays situés à l'Ouest de son territoire ainsi que par les importantes voies commerciales qui les traversaient. Aussi la politique assyrienne à l'égard de ces pays fut-elle caractérisée par l'expansionnisme. Les plus anciennes manifestations de cet expansionnisme, qui se situent à l'aube de l'histoire de l'Assyrie comme État, prirent justement la forme d'entreprises commerciales. D'après G. Pettinato, ces activités commerciales seraient déjà attestées à Ebla vers 2300-2200 av. J.-C. (TM 75. G. 2420); *Carchemiš - Kār-Kamiš. Le prime attestazioni del III millenio*, dans OrAnt, XV, 1976, pp. 11-15, à la p. 13; Id., *Ebla. Un impero inciso nell'argila*, Milaño, 1979, pp. 108-111. Quoi qu'il en soit, vers le milieu du XXe siècle av. J.-C., l'Assyrie était bien implantée en Anatolie — elle y restera jusqu'à la fin du XIXe siècle av. J.-C. — au moyen de colonies de marchands qui régissaient les échanges commerciaux entre l'Asie Mineure et l'Assyrie; voir parmi d'autres, P. Garelli, *Les Assyriens en Cappadoce*, Paris, 1963; L.L. Orlin, *Assyrian Colonies in Cappadocia*, The Hague-Paris, 1970; K.R. Veenhof, *Aspects of Old Assyrian Trade and its Terminology*, Leiden, 1972; M.T. Larsen, *The Old Assyrian City-State and its Colonies* (Mesopotamia, 4), Copenhagen, 1976. Par la suite, cet expansionnisme a été plutôt à l'origine d'une vaste offensive militaire dont les premières étapes connues remontent à Shamshi-Adad I (1813-1781 av. J.-C.). Si l'on croit son inscription d'Assur, Shamshi-Adad I fut le premier roi d'Assyrie à avoir atteint le bord de la Méditerranée et à y avoir dressé sa stèle; voir A.K. Grayson, *Assyrian Royal Inscriptions*, I, Wiesbaden, 1972, §§ 123-130, surtout § 128; et aussi A. Malamat, *Campaigns to the Mediterranean by Iahdunlim and other Early Mesopotamian Rulers*, dans *Studies in Honor of B. Landsberger* (Assyriological Studies, 16), Chicago, 1965, pp. 365-373; P. Garelli, *Le Proche-Orient asiatique. Des origines aux invasions des Peuples de la Mer*, Paris, 1969, pp. 122-123). Si tel fut vraiment le cas, l'exploit de Shamshi-Adad I restera sans lendemain immédiat. Les armées assyriennes ne reprendront la route de l'Ouest qu'environ cinq siècles plus tard, après la longue éclipse de l'Assyrie, et ne fouleront à nouveau les rivages de la Méditerranée qu'au temps de Tiglath-phalazar I (1115-1077 av. J.-C.); voir A.K. Grayson, *Assyrian Royal Inscriptions*, II, Wiesbaden, 1976, §§ 81, 95, 103 et 132.

[2] En plus des histoires de l'Assyrie et d'Israël, on peut se rapporter à P. Dhorme, *Les pays bibliques et l'Assyrie*, dans RB, VII, 1910, pp. 54-75, 179-199, 368-390, 503-

Étant donné sa position géographique et ses relations internationales, Israël s'est aussitôt trouvé menacé dans ses intérêts, voire dans son existence; aussi s'associa-t-il immédiatement aux tentatives de repousser l'avance assyrienne. Israël, gouverné par Achab, s'est engagé à fond dans la vaste coalition anti-assyrienne menée par Hadadezer de Damas, comme l'indique l'importance des forces israélites qui prirent part à la bataille de Qarqar en 853[3]. Bien que les documents assyriens ne mentionnent pas explicitement Israël, celui-ci est probablement resté fidèle à la coalition des États araméens de Syrie lors des campagnes assyriennes de 849[4], 848[5] et 845[6]. Par contre, lorsque Salmanazar III revint en 841, Israël alors gouverné par Jéhu a choisi la soumission à l'Assyrie[7].

520; VIII, 1911, pp. 198-218, 342-365 (publié en un volume, Paris, 1911); P. NASTER, *L'Asie Mineure et l'Assyrie aux VIIIe et VIIe siècles av. J.-C. d'après les Annales des rois assyriens*, Louvain, 1938; A. PARROT, *Ninive et l'Ancien Testament* (Cahiers de l'Archéologie, 3), Neuchâtel-Paris, 1953; R. H. PFEIFFER, *Assyria and Israel*, dans RivStOr. XXXII, 1957, pp. 145-154; W. W. HALLO, *From Qarqar to Carchemish. Assyria and Israel in the Light of New Discoveries*, dans BA, XXIII, 1960, pp. 34-61; H. TADMOR, *Philistia under Assyrian Rule*, dans BA, XXIX, 1966, pp. 86-102; ID., *Assyria and the West: The Ninth Century and its Aftermath*, dans H. GOEDICKE and J.J.M. ROBERTS (éds), *Unity and Diversity. Essays in the History, Literature, and Religion of the Ancient Near East*, Baltimore and London, 1975, pp. 36-48; P. GARELLI-V. NIKIPROWETZKY, *Le Proche-Orient asiatique. Les empires mésopotamiens - Israël*, Paris, 1974, pp. 77-147 et 229-242; B. OTZEN, *Israel under the Assyrians*, dans ASTI, XI, 1978, pp. 96-110, repris dans M.T. LARSEN (éd.), *Power and Propaganda. A Symposium on Ancient Empires* (Mesopotamia, 7). Copenhagen, 1979, pp. 251-261.

[3] D'après l'inscription du monolithe de Salmanazar III, qui mentionne explicitement Achab parmi les coalisés, Israël aurait engagé 10.000 hommes et 2.000 chars (voir TPOA, n° 19). On remarquera cependant que le chiffre de 2.000 chars est mis en doute. N. NA'AMAN propose de lire plutôt 200; *Two Notes on the Monolith Inscription of Shalmaneser III from Kurkh*, dans TA, III, 1976, pp. 97-102.

[4] Inscriptions des taureaux de Nimrud (ARAB, I, §§651-652); G. CAMERON, *The Annals of Shalmaneser III, King of Assyria*, dans Sumer, VI, 1950, pp. 6-26, aux pp. 14 et 22 (obv. II, 55-67); F. SAFAR, *A Further Text of Shalmaneser III*, dans Sumer, VII, 1951, pp. 3-21, aux pp. 8-9 et 17 (obv. II, 45-50).

[5] Obélisque noir, 87-89 (ANET, p. 280); inscriptions des taureaux (ARAB, I, §654); G. CAMERON, *op. cit.*, pp. 14-15 et 22-23 (obv. II, 68-rev. III, 15); F. SAFAR, *op. cit.*, pp. 9 et 17 (obv. II, 51-rev. III, 5).

[6] Obélisque noir, 91-93 (ANET, p. 280); inscriptions des taureaux (ANET, p. 280); inscriptions des sources du Tigre (ARAB, I, §§686 et 691); G. CAMERON, *op. cit.*, pp. 15 et 23 (obv. III, 24-33); F. SAFAR, *op. cit.*, pp. 10 et 18 (rev. III, 14-25).

[7] Inscription des taureaux (ARAB, I, §663); F. SAFAR, *op. cit.*, pp. 11-12 et 18-19 (rev. III, 45-obv. IV, 15); ND 1000, 21-30 (J.V. Kinnier WILSON, *The Kurba'il Statue of Shalmaneser III*, dans Iraq, XXIV, 1962, pp. 90-115; J.A. BRINKMAN, *Additional Texts from the Reigns of Shalmaneser III and Shamshi-Adad* V, dans JNES, XXXII, 1973, pp. 40-46. L'obélisque noir de Nimrud célèbre, parmi d'autres, le tribut de *Ya'u'a*, fils de Humri, que l'on identifie généralement avec Jéhu, et que l'on rapporte à la campagne assyrienne de 841 (ANEP, n° 355 et ANET, p. 281). Contestant cette identification, P.K. MCCARTER a récemment proposé d'y voir Joram (*«Yaw, Son of Omri»: A Philological Note on Israelite Chronology*, dans BASOR, CCXVI, 1974, pp. 5-7),

La crise qui éclata à la fin du règne de Salmanazar III[8] a entraîné un recul assyrien. Pendant le règne de Shamshi-Adad V (823-811 av. J.-C.), les États de la Syrie, de la Phénicie et Israël ont refusé impunément leur allégeance à l'Assyrie[9]. En l'absence de l'Assyrie, le royaume de Damas conservera pendant quelques décennies l'hégémonie de la région au détriment des États voisins[10], notamment des royaumes d'Israël[11] et de Juda[12].

Surmontée la crise, Adad-nirâri III (810-783 av. J.-C.) reprend la conquête de l'Ouest. Au terme d'une série de campagnes échelonnées entre 806 ou 805 et 797 ou 796, ce roi a non seulement rétabli l'emprise assyrienne sur les États de la Syrie, de la Phénicie et Israël, mais l'a encore étendue à la Philistie et à l'État transjordanien d'Édom[13].

mais avec des arguments qui ne paraissent pas décisifs; voir E. R. Thiele, *An Additional Chronological Note on « Yaw, Son of Omri»*, dans BASOR, CCXXII, 1976, pp. 19-23; M. Weippert, *Jau(a) Mar Humri — Joram oder Jehu von Israel*, dans VT, XXVIII, 1978, pp. 113-118. Pour une étude d'ensemble des campagnes de Salmanazar III dans l'Ouest, voir M. Elat, *The Campaigns of Shalmaneser III against Aram and Israel*, dans IEJ, XXV, 1975, pp. 25-35.

[8] Voir ARAB, I, §715 et J.A. Brinkman, *A Political History of Post-Kassite Babylonia. 1158-722 B.C.* (AnOr, 43), Rome, 1968, p. 204; W.G. Lambert, *The Reigns of Assurnasirpal II and Shalmaneser III : An Interpretation*, dans Iraq, XXXVI, 1974, pp. 103-109.

[9] Stèle de Saba'a (TPOA, n° 23).

[10] Au sujet de l'influence de Damas en Syrie centrale et septentrionale, *cf.* la Stèle de Zakir, roi de Hamat et de La'ash (TPOA, n° 25). Parmi les études récentes sur la situation historique, on peut voir E. Lipiński, *Le Ben-Hadad de la Bible et l'Histoire*, dans *Proceedings of the Fifth World Congress of Jewish Studies*, Jerusalem, 1969, pp. 157-173.

[11] *Cf. II Rois*, VI, 24-VII, 20; X, 32-33; XIII, 3.7.22.

[12] *Cf. II Rois*, XII, 18-19.

[13] *Cf. Canon des Éponymes* C^{b} 1, 12-14.21 (RLA, II, p. 429); inscription trouvée sur une dalle à Nimrud (TPOA, n° 24); stèle de Saba'a (TPOA, n° 23A); stèle de Tell el Rimah (S. Page, *A Stela of Adad-nirari III and Nergal-Ereš from Tell al Rimah*, dans Iraq, XXX, 1968, pp. 139-153 et pl. XXXIX-XLI; Id., *Joash and Samaria in a New Stela Excavated at Tell al Rimah, Iraq*, dans VT, XIX, 1969, pp. 483-484). Au sujet de la nature des inscriptions qui rapportent les activités d'Adad-nirâri III en Syrie-Phénicie, voir H. Tadmor, *The Historical Inscriptions of Adad-nirari III*, dans Iraq, XXXV, 1973, pp. 141-150. A la suite de la publication de la stèle de Tell el Rimah, de nombreux travaux ont été consacrés au déroulement des activités d'Adad-nirâri III en Syrie et en Phénicie, ainsi qu'à la chronologie du règne de Joas dont le tribut est explicitement mentionné dans ladite stèle. Voir parmi d'autres, H. Cazelles, *Une nouvelle stèle d'Adad-nirari III d'Assyrie et Joas d'Israël*, dans CRAI, 1969, pp. 106-117; A. Cody, *A New Inscription from Tell Al-Rimah and Jeoash of Israel*, dans CBQ, XXXII, 1970, pp. 325-340; H. Donner, *Adadnirâri III und die Vassalen des Westens*, dans A. Kuschke-E. Kutsch (éds), *Archäologie und A.T. Festschrift für K. Galling*, Tübingen, 1970, pp. 49-59; A. Jepsen, *Ein neuer Fixpunkt für die Chronologie der israelitischen Könige?*, dans VT, XX, 1970, pp. 359-361; J.A. Soggin, *Ein ausserbiblisches Zeugnis für die Chronologie des J^{e}hô'āš/Jô'āš, König von Israel*, dans VT, XX, 1970, pp. 366-368; E. Lipiński, *Note de topographie historique. Ba'li Ra'ši et Ra'šu Qudšu*,

La mort d'Adad-nirâri III marque un nouveau recul assyrien. Affaiblie intérieurement et occupée sur d'autres fronts, notamment celui d'Urartu[14], l'Assyrie n'interviendra que sporadiquement en Syrie-Palestine pendant la première moitié du VIIIe siècle.

A la faveur de la nouvelle conjoncture internationale, aussi bien Israël que Juda connaîtront une période d'essor, sur laquelle nous sommes assez mal renseignés. Grâce à la reprise par Joas[15] et Jéroboam II des territoires que Damas avait conquis au temps de Jéhu et de Joachaz, Israël retrouve, d'une part, sa frontière septentrionale du temps de David et Salomon et, d'autre part, s'étend au sud jusqu'à la mer Morte[16]. Étant donné l'obscurité de *II Rois*, XIV, 28[17], il est très difficile de savoir quel fut le rôle de Jéroboam II en Syrie méridionale et centrale. Alors que certains historiens admettent la suzeraineté israélite

dans RB, LXXVIII, 1971, pp. 84-92; ID., *The Assyrian Campaign to Manṣuate in 796 B.C., and the Zakir Stela*, dans AnIstOrNap, NS XXI, 1971, pp. 393-399; B. ODED, *The Campaigns of Adad-Nirari III into Syria and Palestine*, dans B. ODED (éd.), *Studies in the History of the Jewish People and the Land of Israel*, II, Haifa, 1972, pp. 25-34 (hébreu, avec résumé anglais); A. R. MILLARD and H. TADMOR, *Adadnirari III in Syria. Another Stele Fragment and the Dates of his Campaigns*, dans Iraq, XXXV, 1973, pp. 57-64; A. R. MILLARD, *Adad-nirari III, Aram and Arpad*, dans PEQ, CV, 1973, pp. 161-164; W. H. SHEA, *Adad-nirari III and Jeoash of Israel*, dans JCS, XXX, 1978, pp. 101-103.

[14] La puissance urartéenne était alors la principale rivale de l'Assyrie. Voir B. B. PIOTROVSKY, *Ourartou* (Archaeologia Mundi), Genève-Paris-Munich, 1969, surtout pp. 83-133.

[15] *Cf. II Rois*, XIII, 25. D'après la plupart des critiques récents, les récits de *I Rois*, XX, 1-34, à tort rapportés au temps d'Achab, garderaient le souvenir de la reconquête israélite au temps de Joas.

[16] *Cf. II Rois*, XIV, 25 et *Am.*, VI, 14.

[17] Le TM : «... *'šr nlḥm w'šr hšyb 't-dmśq w't-ḥmt lyhwdh byśr'l...*» doit normalement être rendu par «... qui fit la guerre et qui fit revenir Damas et Hamat à Juda *en* (ou *par*) Israël ...». A l'exception de la Pesh., qui omet Juda, les versions appuient cette lecture. Vu les difficultés historiques que soulève la mention de Juda dans ce contexte, on a proposé plusieurs corrections, qui éliminent du texte le nom de Juda (voir le relevé des différentes corrections fait par O. EISSFELDT, *«Juda» in 2. Könige 14,28 und «Judäa» in Apostelgeschichte 2,9*, dans *Kleine Schriften*, IV, Tübingen, 1968, pp. 99-120; ID., *«Juda» und «Judäa» als Bezeichnung Nordsyrischer Bereiche*, dans *Kleine Schriften*, IV, pp. 121-131). L'autre partie de la critique garde le TM, mais elle se sépare au sujet de l'interprétation de celui-ci : tandis que les uns y voient l'État judéen nord-syrien (Sama'al), qui aurait perdu l'hégémonie en Syrie au profit d'Israël (voir O. EISSFELDT, *op. cit.*, pp. 99-115 et 121-125), pour les autres le texte témoignerait d'un engagement ou, du moins, d'une présence de Jérusalem en Syrie centrale. Ainsi, d'après H. CAZELLES, *II Rois*, XIV, 28 rapporterait «une action de Jéroboam sur des districts de Damas situés entre Hamat et la Mer». Jéroboam aurait toutefois accordé ces territoires à Juda en guise de réparation du tort que Joas avait fait au royaume du Sud (*Problèmes de la guerre syro-éphraïmite*, dans ErIs, XIV, 1978, pp. 70*-78*, aux pp. 76*-77*.

sur Damas et Hamat[18], d'autres excluent toute emprise d'Israël sur ces deux États[19]; d'autres encore pensent que seul Damas aurait été sous l'emprise israélite, soit qu'Israël ait annexé le territoire de Damas soit qu'il se soit contenté d'exiger de ce dernier des concessions commerciales[20]. Quoi qu'il en soit de l'ampleur de son expansion territoriale et de son rôle en Syrie, il est certain qu'Israël connut au cours de la première moitié du VIIIe siècle une période de prospérité, dont on trouve des échos chez le prophète Amos.

Malgré les hostilités avec Israël, qui tournèrent mal pour Juda[21], et les troubles qui coûtèrent la vie à Amasias[22], le royaume du Sud a connu lui aussi un certain essor pendant la première moitiée du VIIIe siècle. En effet, on assiste à une expansion territoriale du royaume de Juda, au détriment de ses voisins. Profitant de la victoire d'Amasias sur les Édomites[23], les Judéens peuvent se réinstaller à Eilat, au temps d'Azarias/Ozias[24]. A en croire *II Chr.*, XXVI, qui contient un récit sur le règne d'Ozias/Azarias plus long et plus détaillé que celui de *II Rois*, XIV, 21-22 et XV, 1-7[25], ce roi aurait mené aussi des campagnes victorieuses, à l'ouest, contre les Philistins et, au sud, contre les Arabes, notamment les Meûnites[26]. Cela supposerait la domination judéenne sur une partie de la Philistie et le nord du Sinaï, et le contrôle de la voie commerciale reliant l'Arabie et la mer Rouge à la côte

[18] Voir par exemple M. HARAN, *The Rise and Decline of the Empire of Jeroboam ben Joash*, dans VT, XVII, 1967, pp. 266-297, aux pp. 278-284.

[19] Voir par exemple E. LIPIŃSKI, *Recherches sur le livre de Zacharie*, dans VT, XX, 1970, pp. 25-55, aux pp. 48-50.

[20] Voir H. TADMOR, *Azriyau of Yaudi*, dans SH, VIII, 1961, pp. 232-271, aux pp. 239-241.

[21] *Cf. II Rois*, XIV, 8-14.15; XIII, 12; *II Chr.*, XXV, 5-10.13.17-24.

[22] *Cf. II Rois*, XIV, 19; *II Chr.*, XXV, 27.

[23] *Cf. II Rois*, XIV, 7; *II Chr.*, XXV, 11-12.

[24] *Cf. II Rois*, XIV, 22; *II Chr.*, XXVI, 2.

[25] La plupart des critiques reconnaît une certaine valeur historique aux notices de *II Chr.*, XXVI, 6-15. D'après P. WELTEN, les informations contenues en *II Chr.*, XXVI, 6a.10 proviendraient de sources propres au Chroniste; *Geschichte*, 1973, pp. 191-194. L'existence de telles sources reste cependant très controversée. Voir R. NORTH, *Does Archaeology prove Chronicles Sources?*, dans H.N. BREAM-R.D. HEIM-C.A. MOORE (éds), *A Light into my Path. Old Testament Studies in Honor of J.M. Myers*, Philadelphia, 1974, pp. 375-407.

[26] *Cf. II Chr.*, XXVI, 6-7. D'après H. TADMOR, les Méûnites (*cf. II Chr.*, XXVI, 8; *Néh.*, VII, 52 et probablement aussi *I Chr.*, IV, 41 et *Esd.*, II, 50) seraient à identifier avec les *Mu'unaya* mentionnés par ND 400, un fragment d'inscription de Tiglath-phalazar III; leur territoire se situerait au sud de el-ʿArish; *The Me'unites in the Book of Chronicles in the Light of an Assyrian Document*, dans B. UFFENHEIMER (éd.) *Bible and Jewish History. Studies in Bible and Jewish History Dedicated to the Memory of Jacob Liver*, Tel Aviv, 1972, pp. 222-230 (hébreu, avec un résumé en anglais).

méditerranéenne[27]. En outre, *II Chr.*, XXVI, 10 attribue à Ozias/Azarias d'importantes mesures de politique agraire. Quoi qu'il en soit de l'historicité des informations fournies par le Chroniste, le royaume de Juda a connu une prospérité économique certaine, dont témoignent les plus anciens oracles du prophète Isaïe[28].

L'essor des royaumes d'Israël et de Juda ne sera cependant pas de longue durée, car le nouveau réveil assyrien au temps de Tiglath-phalazar III bouleversera complètement les conditions qui l'avaient permis.

2. La conquête de la Syrie-Phénicie-Palestine par Tiglath-phalazar III (745-727 av. J.-C.).

A. Tiglath-phalazar III et la construction de l'empire néo-assyrien.

L'arrivée de Tiglath-phalazar III au pouvoir en 745 marque un tournant dans l'histoire assyrienne[29]. La tendance à l'expansionnisme, qui a été de tout temps l'un des traits fondamentaux de la politique assyrienne, conduira à partir de Tiglath-phalazar III à un projet impérialiste bien arrêté, dont le but est à la limite la domination universelle[30]. En ce qui concerne la stratégie mise en œuvre, à bien

[27] Si l'on garde le TM de *II Chr.*, XXVI, 8, il faudra admettre aussi la suzeraineté de Juda sur Ammon; voir H. Cazelles, *Problèmes de la guerre syro-éphraïmite*, dans ErIs, XIV, 1978, p. 77*. Appuyé sur *II Rois*, XIV, 28, H. Cazelles pense que l'emprise d'Ozias/Azarias s'étendait même sur certains territoires syriens, notamment la région à l'ouest de Hamat; *op. cit.*, pp. 74*-77*.

[28] *Cf. Is.*, I, 10-17; III, 16ss; V, 8-10.11-12.

[29] Sur l'ensemble du règne de Tiglath-phalazar III et son importance dans la construction de l'empire assyrien, on peut voir A. S. Anspacher, *Tiglath Pileser III* (Contributions to Oriental History and Philology, V), New York, 1912; H.W.F. Saggs, *The Greatness that was Babylon*, London, 1962, pp. 116-121; G. Goossens, *Asie Occidentale ancienne*, dans *Histoire Universelle*, I (Encyclopédie de la Pléiade), Paris, 1956, pp. 397-406; S. Smith, *The Supremacy of Assyria*, dans CAH, III, 1965, pp. 32-42; P. Garelli-V. Nikiprowetzky, *Le Proche-Orient asiatique. Les empires mésopotamiens - Israël*, 1974, pp. 111-115 et 230-234; H. Tadmor, *Assyria and the West: The Ninth Century and its Aftermath*, dans H. Goedicke and J.J.M. Roberts (éds), *Unity and Diversity*, 1975, pp. 36-48; M.T. Larsen, *The Tradition of Empire in Mesopotamia*, dans M.T. Larsen (éd.), *Power and Propaganda*, 1979, pp. 75-103, surtout pp. 84-87. Les causes des changements intervenus alors dans la politique assyrienne restent objet de discussion; voir, par exemple, P. Garelli-V. Nikiprowetzky, *op. cit.*, pp. 230-234 et M.T. Larsen, *op. cit.*, pp. 85-87.

[30] L'expansionnisme et l'impérialisme sont des traits fondamentaux de l'idéologie assyrienne dont l'idéologie royale est la meilleure expression. Cela ressort aussi bien du rituel du couronnement que de la titulature royale. Ainsi, lors de son couronnement le roi recevait un seul ordre, à savoir : «De ton sceptre juste élargis les frontières du pays» (K.F. Mueller, *Das assyrische Ritual, Teil I: Texte zum assyrischen Königsritual*

des égards, Tiglath-phalazar III ne fera que reprendre des mesures qui avaient déjà été adoptées par quelques-uns de ses prédécesseurs, mais il fera de ces mesures les instruments efficaces d'une politique résolument impérialiste. Ainsi, l'occupation permanente des pays étrangers, déjà ébauchée au IXe siècle par Assurnasirpal II et Salmanazar III[31] devient sous Tiglath-phalazar III et ses successeurs l'un des objectifs majeurs de la politique assyrienne. Les expéditions militaires ne seront donc plus essentiellement de gigantesques razzias; elles viseront plutôt à élargir de plus en plus les frontières assyriennes ou du moins à soumettre de façon permanente à la domination assyrienne des peuples de plus en plus nombreux et éloignés[32].

Aussi les conquêtes militaires sont accompagnées d'une vaste entreprise de réorganisation des pays conquis permettant de les gouverner ou du moins de les contrôler de façon efficace. Les uns, en général les plus proches de l'Assyrie, sont divisés en provinces confiées à des gouverneurs assyriens; les autres, soit en raison de leur éloignement soit pour d'autres raisons, sont laissés sous l'autorité d'un roitelet indigène soumis à la suzeraineté assyrienne. Le sort de ces États et de ces rois vassaux dépend d'ailleurs de leur soumission à l'égard de l'Assyrie. La moindre révolte donne lieu à de sévères représailles, dont souvent le remplacement du roi coupable par un autre plus docile. La récidive attirera des représailles encore plus sévères, souvent l'annexion pure et simple du pays en question[33].

Pour rendre plus faciles et plus rapides les communications entre

(MVAG, 41/3), Leipzig, 1937, p. 12). Parmi les titres que les rois assyriens s'accordaient, ceux de *šar kiššati* (Roi de l'univers), *šar kibrat arba'i/erbetti* (Roi des quatre régions [du monde]) et *šar kullat kibrati* (Roi de toutes les régions [du monde]) traduisent on ne peut plus clairement la prétention à la domination universelle (voir M.-J. Seux, *Épithètes royales akkadiennes et sumériennes*, Paris, 1967, pp. 305-308 et 313-314; P. Garelli, *Les temples et le pouvoir royal en Assyrie du XIVe au VIIIe siècle*, dans *Le temple et le culte. Compte rendu de la vingtième rencontre assyriologique internationale*, Nederlands Historisch-Archeologisch Instituut te Istambul, 1975, pp. 116-124; Id., *L'État et la légitimité royale sous l'empire assyrien*, dans M.T. Larsen (éd.), *Power and Propaganda*, 1979, pp. 319-328, aux pp. 319-323).

[31] Voir H. Tadmor, *Assyria and the West : The Ninth Century and its Aftermath*, dans *Unity and Diversity*, 1975, pp. 36-48; A.K. Grayson, *Studies in Neo-Assyrian History. The Ninth Century B.C.*, dans BiOr., XXXIII, 1976, pp. 134-146.

[32] Voir P. Garelli-V. Nikiprowetzky, *Le Proche-Orient asiatique. Les empires mésopotamiens - Israël*, 1974, pp. 111 ss et 230 ss; A.K. Grayson, *op. cit.*, pp. 135-136.

[33] Au sujet des différentes étapes dans la suppression de l'autonomie des pays conquis, ainsi que des différents degrés de leur intégration dans l'empire, voir H. Donner, *The Separate States of Israel and Judah*, dans J.H. Hayes and J.M. Miller (éds), *Israelite and Judaean History*, 1977, pp. 418-420. Les rouages de la machine administrative assyrienne restent assez mal connus. Voir Jana Pečírková, *The Administrative Organization of the Neo-Assyrian Empire*, dans ArOr, XLV, 1977, pp. 211-228.

la capitale et les différentes parties de l'empire, on met en place un important réseau de routes et de courriers qui sillonnent l'empire. Cela permettra notamment à la cour de se tenir constamment au courant de tout ce qui se passe même dans les provinces les plus reculées, voire dans les États soumis à la suzeraineté, et d'y intervenir dans des délais très brefs, au moyen de troupes stationnées dans les capitales provinciales ou de forces spéciales d'intervention[34].

Pratiqué de façon sporadique par plusieurs des prédécesseurs de Tiglath-phalazar III, le transfert de populations civiles d'une région à l'autre deviendra à partir de ce roi l'un des moyens les plus efficaces d'assurer non seulement l'occupation permanente des pays conquis, mais aussi leur intégration politique et économique dans l'empire[35].

Du point de vue économique, les Assyriens ne se contenteront plus du butin arraché sporadiquement, mais prélèveront systématiquement des impôts et des tributs[36].

Grâce à l'œuvre de Tiglath-phalazar et de ses successeurs, l'Assyrie se taillera finalement, après plusieurs essais, l'empire le plus vaste et le mieux organisé qu'elle ait jamais connu dans sa longue histoire[37].

[34] Voir H. W. F. SAGGS, *The Greatness that was Babylon*, 1962, pp. 116-117; B. ODED, *Observations on Methods of Assyrian Rule in Transjordania after the Palestinian Campaign of Tiglath-Pileser III*, dans JNES, XXIX, 1970, pp. 177-186, aux pp. 184-186; P. GARELLI-V. NIKIPROWETZKY, *op. cit.*, pp. 114-115.

[35] Voir B. ODED, *Mass Deportations and Deportees in the Neo-Assyrian Empire*, Wiesbaden, 1979.

[36] Voir J. N. POSTGATE, *Taxation and Conscription in the Assyrian Empire* (Studia Pohl: Series Maior, 3), Rome, 1974; ID., *The Economic Structure of the Assyrian Empire*, dans M. T. LARSEN (éd.), *Power and Propaganda*, 1979, pp. 193-221.

[37] L'Assyrie a connu une première période d'expansion territoriale, que l'on appelle communément Ancien Empire, au temps de Shamshi-Adad I (1813-1781 av. J.-C.). La deuxième période d'expansion, que l'on nomme habituellement Moyen Empire, a eu lieu environ entre 1350-1200 av. J.-C. Ayant débuté au IXe siècle, le troisième essai a abouti finalement à la construction d'un véritable empire, le Nouvel Empire, entre le milieu du VIIIe et les dernières décennies du VIIe siècle. On remarquera cependant que les spécialistes ne sont pas unanimes au sujet de l'interprétation de l'histoire assyrienne, notamment en ce qui concerne la source de la tendance impérialiste qui la caractérise. Cela tient, d'une part, au fait que, malgré l'abondance des documents, certains aspects de la réalité assyrienne restent obscurs, et, d'autre part, à l'imprécision des notions d'empire et d'impérialisme, du moins lorsqu'on les applique à l'histoire assyrienne; le contenu de ces notions paraît en effet largement tributaire de l'horizon philosophique de l'historien qui les manie. A ce sujet, on se reportera à plusieurs des communications présentées au symposium tenu à Copenhague, en 1977, consacré au thème «*Empires dans le Monde Antique*». Voir M. T. LARSEN (éd.), *Power and Propaganda. A Symposium on Ancient Empires*, 1979, surtout les communications suivantes: S. N. EISENSTADT, *Observations and Queries about Sociological Aspects of Imperialism in the Ancient World*, pp. 21-33; K. EKHOLM & J. FRIEDMAN, *«Capital» Imperialism and Exploitation in Ancient World Systems*, pp. 41-58; M. T. LARSEN, *The Tradition of Empire in Mesopotamia*, pp. 75-103; M. LIVERANI, *The Ideology of the Assyrian Empire*, pp. 297-317; R. MCADAMS, *Common Concerns but different Standpoints : A Commentary*, pp. 393-404.

En ce qui concerne les rapports avec l'Ouest, le tournant pris par la politique assyrienne à partir du règne de Tiglath-phalazar III inaugure une nouvelle phase, qui sera lourde de conséquences pour les États syro-palestiniens.

B. **Première série d'expéditions, 743-740 et 738 av. J.-C.**

Après une campagne en Babylonie, en 745, et une autre au pays de Namri, en 744[38], Tiglath-phalazar III se tourne vers l'Ouest pour une série d'expéditions échelonnées entre 743-740 et 738, à la fois contre Urartu, alors le plus puissant rival de l'Assyrie, et les États sud-anatoliens et nord-syriens[39]. Bien qu'il soit difficile de suivre le déroulement précis de ces expéditions[40], il est néanmoins certain qu'elles aboutirent à la soumission de l'ensemble de la Syrie, de la Phénicie et d'Israël[41]. En conformité avec la nouvelle politique, Tiglath-phalazar III, d'une part, a annexé et réparti en provinces administrées par des gouverneurs assyriens les territoires d'Arpad, Unqi, Hatarika, Simirra et ses environs et, d'autre part, a déporté une partie de leurs populations et les a remplacées par des populations amenées d'ailleurs. En ce qui concerne les pays plus éloignés, notamment Hamat, Byblos, Tyr, Damas et Israël, pour l'instant, Tiglath-phalazar III se contentera d'exiger la vassalité.

La soumission de Menahem d'Israël, rapportée à la fois par *II Rois*, XV, 19-20 et par deux documents assyriens, à savoir les annales de

[38] *Cf. Canon des Éponymes* C^b 1, 26-29 (RLA, II, p. 430).

[39] *Canon des Éponymes* C^b 1, 30-34.36 (RLA, II, pp. 430-431).

[40] Les assyriologues sont unanimes à déplorer le caractère fragmentaire des annales et autres inscriptions d'intérêt historique relatives au règne de Tiglath-phalazar III. Pour une vue d'ensemble, H. TADMOR, *Introductory Remarks to a New Edition of the Annals of Tiglath-pileser III*, dans *Proceedings of the Israel Academy of Sciences and Humanities*, II, Jerusalem, 1967, pp. 168-187; W. SCHRAMM, *Einleitung in die Assyrischen Königsinschriften*, II, Leiden, 1973, pp. 125-139.

[41] ARAB, I, §§769-772, 785, 815; H.W.F. SAGGS, *The Nimrud Letters, 1952 - Part II*, dans Iraq, XVII, 1955, pp. 133-134; L.D. LEVINE, *Two Neo-Assyrian Stelae from Iran*, Toronto, 1972, pp. 11-24. Sur la reconstitution des événements, voir H.W.F. SAGGS, *op. cit.*, pp. 146-149; H. TADMOR, *Azriayu of Yaudi*, dans SH, VIII, 1961, pp. 232-271; L.D. LEVINE, *Menahem and Tiglath-Pileser : A New Synchronism*, dans BASOR, CCVI, 1972, pp. 40-42; M. COGAN, *Tyre and Tiglath-Pileser III. Chronological Notes*, dans JCS, XXV, 1973, pp. 96-99; M. WEIPPERT, *Menahem von Israel und seine Zeitgenossen in einer Steleninschrift des assyrischen Königs Tiglathpileser III. aus dem Iran*, dans ZDPV, LXXXIX, 1973, pp. 26-53; B. ODED, *The Phoenician Cities and the Assyrian Empire in the Time of Tiglath-pileser III*, dans ZDPV, XC, 1974, pp. 38-49; K. KESSLER, *Die Anzahl der assyrischen Provinzen des Jahres 738 v. Chr. in Nordsyrien*, WO, VIII, 1975, pp. 49-63.

Tiglath-phalazar III et une stèle de ce roi, date très probablement de 738[42].

Selon une opinion très répandue, la vassalité du royaume de Juda à l'Assyrie remonterait également à 738. Un passage des annales de Tiglath-phalazar III concernant probablement les activités de ce roi en 738 mentionne en effet un certain Azriya'u[43]. En rapprochant ce texte d'un autre (K 6205)[44], où figure le nom de Ya'udu, les assyriologues ont cru trouver le nom du pays dont Azriya'u était le roi. Ils ont d'ailleurs restitué le nom d'Azriya'u dans le passage mutilé de K 6205. Bien que l'un et l'autre texte soient assez obscurs, on y voit habituellement le récit de la défaite que Tiglath-phalazar III a infligée à une coalition regroupant plusieurs villes de la Syrie du nord et du centre sous la direction d'Azriya'u de Ya'udu[45].

Dès les années qui ont suivi la publication de ces inscriptions[46], les avis des orientalistes au sujet de l'identification d'Azriya'u de Ya'udu se sont partagés. Tandis que les uns y voient assez naturellement Azarias de Juda[47], les autres, surtout pour des raisons géographiques et chronologiques, refusent cette identification[48]. La position de H. Winckler, qui identifie Azriya'u de Ya'udu avec un roi de Sama'al, deviendra commune pendant plusieurs décennies[49]. Le courant a

[42] Voir surtout L.D. LEVINE, *Menahem and Tiglath-Pileser : A New Synchronism*, dans BASOR, CCVI, 1972, pp. 40-42; M. WEIPPERT, *op. cit.*, pp. 26-53. *II Rois*, XV, 19 appelle Tiglath-phalazar de son nom de Pul. Au sujet des deux noms de ce roi, voir J.A. BRINKMAN, *A Political History of Post-Kassite Babylonia 1158-722 B.-C.*, 1968, pp. 61-62 et 240-243.

[43] P. ROST, *Die Keilschrifttexte Tiglat-Pilesers III*, I, Leipzig, 1893, pp. 21-23 (ll. 123-133).

[44] P. ROST, *op. cit.*, pp. 18-21 (ll. 103-119).

[45] Voir par exemple, H. TADMOR, *Azriyau of Yaudi*, dans SH, VIII, 1961, pp. 232-271. H. CAZELLES a récemment proposé une interprétation du rôle d'Azriya'u diamétralement opposée : Azriya'u ne serait pas le chef de la coalition anti-assyrienne, mais plutôt sa victime. Les documents en question rapporteraient, d'une part, la conquête par les coalisés des territoires entre Hamat et la Mer, qui se trouvaient sous domination judéenne, et, d'autre part, l'annexion ultérieure de ces mêmes territoires par Tiglath-phalazar III; *Problèmes de la guerre syro-éphraïmite*, dans ErIs, XIV, 1978, pp. 74*-77*.

[46] H.C. RAWLINSON, *A Selection from the Miscellaneous Inscriptions of Assyria*, (The Cuneiform Inscriptions of Western Asia, III), London, 1870, 9,2 et 9,3.

[47] Voir E. SCHRADER, *Die Keilinschriften und das Alte Testament*, Giessen, 1872, pp. 114-120.

[48] Voir J. WELLHAUSEN, *Die Zeitrechnung des Buches der Könige seit der Theilung des Reiches*, dans *Jahrbuch für Deutsche Theologie*, XX, 1875, pp. 607-640. Je dois cette référence à O. EISSFELDT, *«Juda» in 2 Könige 14, 28 und «Judäa» in Apostelgeschichte 2,9*, dans *Kleine Schriften*, IV, 1968, p. 103.

[49] H. WINCKLER, *Das syrische Land Jaudi und der angebliche Azarja von Juda*, dans Altorientalische Forschungen, I, Leipzig, 1897, pp. 1-23. Par exemple, en 1910, P. DHORME affirme sans hésitation que «les arguments de Winckler» contre l'identifi-

cependant été renversé au cours des dernières décennies. A la suite des travaux de E. R. Thiele[50], de W. F. Albright[51] et de H. Tadmor[52], l'hypothèse de l'identification avec Azarias/Ozias de Juda, pendant longtemps soutenue seulement par quelques voix isolées[53], jouit incontestablement de la faveur des orientalistes contemporains[54]. Elle est cependant loin d'avoir fait l'unanimité. Non convaincus par les arguments philologiques invoqués, estimant peu probable que le royaume de Juda ait joué un rôle si important dans la Syrie du centre et du nord et constatant le silence des écrits bibliques[55], plusieurs historiens

cation de Azriya'u avec le roi Azarias/Ozias «sont décisifs (*Les pays bibliques et l'Assyrie*, dans RB, VII, 1910, p. 190, n. 5). On peut lire la même assurance chez A. S. ANSPACHER, *Tiglath-Pileser III*, 1912, pp. 43-44.

[50] *The Chronology of the Kings of Juda, and Israel*, dans JNES, III, 1944, pp. 137-186, aux pp. 155-163; ID., *The Mysterious Numbers of the Hebrew Kings*, Chicago, 1951, pp. 55-74.

[51] *The Chronology of the divided Monarchy*, dans BASOR, C, 1945, pp. 16-22.

[52] *Azriyau of Yaudi*, dans SH, VIII, 1961, pp. 232-271.

[53] H.M. HAYDN, *Azariah of Judah and Tiglathpileser III*, dans JBL, XXVIII, 1909, pp. 182-199; D.D. LUCKENBILL, *Azariah of Judah*, dans AJSL, XLI, 1924-1925, pp. 217-232; P. NASTER, *L'Asie Mineure et l'Assyrie aux VIIIe et VIIe siècles av. J.-C. d'après les Annales des rois assyriens*, 1938, pp. 19-20.

[54] Voir B. LANDSBERGER, *Sam'al. Studien zur Entdeckung der Ruinenstätte Karatepe. 1. Lieferung*, Ankara, 1948, p. 22, n. 42 et p. 36, n. 26; M.F. UNGER, *Israel and the Aramaeans of Damascus*, London, 1957, pp. 86-89; W.W. HALLO, *From Qarqar to Carchemish. Assyria and Israel in the Light of New Discoveries*, dans BA, XXIII, 1960, p. 47; J. FITZMYER, *The Aramaic Inscriptions of Sefire* (BibOr, 19), Rome, 1967, pp. 62-63; C. SCHEDL, *Textkritische Bemerkungen zu den Synchronismen der Könige von Israel und Juda*, dans VT, XII, 1962, pp. 88-119, aux pp. 101-107; G. RINALDI, *Quelques remarques sur la politique d'Azarias (Ozias) de Juda en Philistie (2 Chron., 26, 6ss)*, dans VTS, IX, 1963, pp. 225-235, aux pp. 233-234; M. HARAN, *The Rise and Decline of the Empire of Jeroboam ben Joash*, dans VT, XVII, 1967, pp. 290-295; E. LIPIŃSKI, *Recherches sur le livre de Zacharie*, dans VT, XX, 1970, pp. 46-48; F.C. FENSHAM, *Father and Son as Terminology for Treaty and Covenant*, dans *Studies W.F. Albright*, Baltimore, 1971, pp. 121-135, à la p. 128; J. BRIGHT, *A History of Israel*, 1972, p. 268; B. ODED, *The Historical Background of the Syro-Ephraimite War Reconsidered*, dans CBQ, XXXIV, 1972, pp. 160 et 163; H.W.F. SAGGS, *The Assyrians*, dans D.J. WISEMAN (ed.), *Peoples of Old Testament Times*, 1973, pp. 156-178, aux pp. 160-161; M. WEIPPERT, *Menahem von Israel und seine Zeitgenossen in einer Steleninschrift des assyrischen Königs Tiglathpileser III aus dem Iran*, dans ZDPV, LXXXIX, 1973, p. 32 et n. 17; M. COGAN, *Imperialism and Religion*, 1974, pp. 65 et 76; K. KESSLER, *Die Anzahl der assyrischen Provinzen des Jahres 738 v. Chr. in Nordsyrien*, WO, VIII, 1975, p. 53, n. 19; H. CAZELLES, *Problèmes de la guerre syro-éphraïmite*, dans ErIs, XIV, 1978, pp. 74*-77*; A.A. TAVARES, *Os Hebreus perante a ofensiva assíria desde 746 a 722 a. C. (Queda da Samaria)*, dans Didaskalia, XII, 1982, pp. 85-107, aux pp. 93-94.

[55] Même *II Chr.*, XXVI, qui pourtant contient beaucoup de renseignements sur le règne d'Ozias, ne parle d'aucune activité en Syrie ni d'aucun rapport avec l'Assyrie. On a certes voulu voir en *Zach.*, IX, 1-6.10 les échos des activités d'Ozias en Syrie du nord (H. TADMOR, *Azriyau of Yaudi*, dans SH, VIII, 1961, pp. 269-270; M. HARAN, *The Rise and Decline of the Empire of Jeroboam ben Joash*, dans VT, XVII, 1967, p. 295, n. 3; E. LIPIŃSKI, *Recherches sur le livre de Zacharie*, dans VT, XX, 1970, pp. 46-50), mais les références historiques de ce texte sont particulièrement difficiles à saisir. La

s'en tiennent à l'identification proposée par H. Winckler[56]. De son côté, N. Na'man a proposé une lecture de K 6205, qui, en écartant ce texte de la présente discussion, change considérablement les données du problème. Au lieu de restituer le nom d'Azriya'u, comme on a toujours fait, N. Na'man y restitue le nom de *(Haz-za-qi-y)a-a-u*, c'est-à-dire Ézéchias. Le texte ne concernerait donc pas les activités de Tiglath-phalazar III en Syrie en 738, mais se rapporterait plutôt aux activités de Sennachérib en 701. De la sorte on ne disposerait d'aucune information concernant le pays du roi Azriya'u dont parlent les annales de Tiglat-phalazar III. Par conséquent, d'une part, il n'y aurait aucune raison d'y voir un roi de Ya'udi (Sama'al) et, d'autre part, l'hypothèse de son identification avec Azarias/Ozias de Juda serait privée de son principal appui. N. Na'aman propose de voir en Azriya'u le roi de KTK. D'après cet auteur le royaume de KTK mentionné dans les stèles de Sfîré engloberait les territoires de Hamat et de Hatarika[57].

La position de N. Na'aman montre tout au moins que le témoignage concernant Azriya'u est très obscur et, par conséquent, difficilement utilisable en vue de la reconstitution de l'histoire du règne d'Azarias/ Ozias[58]. Par ailleurs, le seul texte biblique que l'on pourrait invoquer en faveur d'une intervention d'Ozias en Syrie, à savoir *II Rois*, XIV,

critique a promené les événements rapportés par *Zach.*, IX, 1-6.10 depuis le règne de Jéroboam II jusqu'à l'époque maccabéenne. La plupart des exégètes y voient une pièce postexilique se référant à la campagne d'Alexandre en Syrie-Palestine, en 332; voir K. ELLIGER, *Ein Zeugnis aus der jüdischen Gemeinde in Alexanderjahr 332 v. Chr.*, dans ZAW, NF, XXI, 1950, pp. 63-115; M. DELCOR, *Les allusions à Alexandre le Grand dans Zach., IX, 1-8*, dans VT, I, 1951, pp. 110-124; D.R. JONES, *A Fresh Interpretation of Zechariah IX-XI*, dans VT, XII, 1962, pp. 242-247; R. TOURNAY, *Zacarias 9-11 e a história de Israel*, dans *Atualidades Bíblicas. Miscelânea em memória de J.J. Pereira de Castro*, Petrópolis, 1971, pp. 331-349, aux pp. 333-335. M. TREVES, *Conjectures concerning the Date and Authorship of Zechariah IX-XIV*, dans VT, XIII, 1963, pp. 196-207, aux pp. 202-203, suggère de mettre le texte en rapport avec l'époque maccabéenne.

[56] Voir G. GARBINI, *Sul nome Y'dy*, dans RivStOr, XXXII, 1956, pp. 31-35; M. ASTOUR, *Benê-Iamina et Jéricho*, dans Sem., IX, 1959, pp. 5-20, aux pp. 18-20; V. PAVLOVSKÝ-E. VOGT, *Die Jahre der Könige von Juda und Israel*, dans Bib., XLV, 1964, pp. 321-354, à la p. 336, n. 1; G. PETTINATO, *Is. 2, 7 e il culto del Sole in Giuda nel sec. VIII av. Chr.*, dans OrAnt, IV, 1965, pp. 1-30, aux pp. 7-8, n. 29; O. EISSFELDT, *«Juda» in 2. Könige 14, 28 und «Judäa» in Apostelgeschichte 2, 9*, dans KS, IV, 1968, pp. 99-115; S. HERRMANN, *Geschichte Israels in alttestamentlicher Zeit*, München, 1980², p. 304; P. GARELLI - V. NIKIPROWETZKY, *Le Proche-Orient asiatique. Les empires mésopotamiens - Israël*, 1974, p. 111, n. 1.

[57] N. NA'AMAN, *Sennacherib's «Letter to God» on his Campaign to Judah*, dans BASOR, CCXIV, 1974, pp. 25-28 et 36-39; ID., *Looking for KTK*, dans WO, IX, 1978, pp. 220-239, aux pp. 228-239.

[58] D'après J. BRIEND - M.-J. SEUX, *Textes du Proche-Orient ancien et histoire d'Israël*, 1977, p. 123, K 6205 «est à retirer désormais du dossier concernant Azriya'u»; voir aussi H. DONNER, *The Separate States of Israel and Judah*, dans J.H. HAYES and J.M. MILLER (éds), *Israelite and Judaean History*, 1977, pp. 424-425.

28, est lui aussi très problématique[59]. L'hypothèse d'un quelconque engagement d'Ozias en Syrie paraît donc dépourvue de fondements solides. En tout cas, l'absence de Juda sur les listes des tributaires de l'Assyrie en 738/737[60], ainsi que le silence de la Bible, non seulement de *II Rois*, qui pourtant fait état des rapports entre Menahem et Tiglath-phalazar III (Pul)[61], mais aussi de *II Chr.*, XXVI, qui pourtant contient un récit très circonstancié sur le règne d'Ozias, déconseillent fortement de supposer que la vassalité de Juda à l'égard de l'Assyrie remonte à la première vague de campagnes de Tiglath-phalazar III dans l'Ouest.

C. **Révolte anti-assyrienne en Syrie-Phénicie-Palestine et la seconde série d'expéditions, 734-732 av. J.-C.**

a. *La Syrie-Phénicie-Palestine en révolte contre l'Assyrie.*

En l'absence de Tiglath-phalazar III, occupé aux frontières septentrionale (Urartu) et orientale (Médie)[62], le sud de la Syrie et de la Phénicie ainsi que la Palestine s'agitent. Malgré la relative abondance des documents tant assyriens[63] que bibliques[64], il est très difficile de discerner la trame des événements, de suivre leur déroulement et parfois d'en saisir les causes. Il est néanmoins certain que Damas, Israël et Tyr refusent de faire allégeance à l'Assyrie[65] et se préparent sans doute

[59] Voir *supra*, n. 17.

[60] TPOA, n° 27.

[61] *II Rois*, XV, 19-20.

[62] *Canon des Éponymes* C^b 1, 37-39 (RLA, II, p. 431).

[63] En plus de ce qui a été dit supra à la n. 40, on se rapportera à E. VOGT, *Die Texte Tiglat Pilesers III. über die Eroberung Palästinas*, dans Bib., XLV, 1964, pp. 348-354.

[64] *II Rois*, XV, 29-30.37; XVI, 5-9.10-18; *II Chr.*, XXVIII, 5-23; *Is.*, VII, 1-9.10-17; VIII, 1-4.5-8.23aβ.b; XVII, 1-6; peut-être *Os.*, V, 8-VI, 6; *Am.*, I, 11; *I Chr.*, V, 6.26. Pour une étude comparée des textes bibliques, on se reportera à P.R. ACKROYD, *Historians and Prophets*, dans SEÅ, XXXIII, 1968, pp. 18-54, aux pp. 22-37.

[65] La participation de Tyr à la révolte a été révélée par ND 4301+4305 (D.J. WISEMAN, *A Fragmentary Inscription of Tiglath-pileser III from Nimrud*, dans Iraq, XVIII, 1956, pp. 117-129, pl. XXII-XXIII). L'engagement de Tyr dans la résistance représente un changement radical dans sa politique à l'égard de l'Assyrie. En effet, Tyr, comme d'ailleurs les autres cités phéniciennes, préférait plutôt s'accomoder de l'expansionnisme assyrien, en vue sans doute de sauvegarder sinon d'intensifier ses activités commerciales dont dépendait sa prospérité. Aussi, à partir de la première moitié du IXe s. av. J.-C. Tyr a versé son tribut à tous les rois assyriens qui ont mené des activités importantes dans l'Ouest : Assurnasirpal II (883-859) (A.K. GRAYSON, *Assyrian Royal Inscriptions*, II, 1976, §§587 et 597), Salmanazar III (858-824) (TPOA, n° 20), Adad-nirâri III (810-783) (TPOA, n° 23B et 24), et même Tiglath-phalazar III lors des expéditions de 743-740 et 738 (TPOA, n° 27A et 27B). Le tribut de la ville voisine de

à affronter le choc de l'inévitable riposte assyrienne. En cela ils avaient probablement le concours des villes philistines d'Ashqelôn et de Gaza.

b. *La « Guerre syro-éphraïmite ».*

Le royaume de Juda est alors attaqué peut-être sur plus d'un front à la fois. Le danger le plus grave lui vient certainement du Nord; il consiste dans la guerre que lui font Damas et Israël[66]. Sur le front sud, Édom reprend Eilat, qui se trouvait sous le pouvoir de Juda depuis le règne d'Ozias[67]. D'une part, appuyés sur le contexte littéraire de la notice sur la perte d'Eilat, qui se trouve entre la notice sur le siège de Jérusalem et celle rapportant les démarches d'Achaz auprès de Tiglath-phalazar III, et, d'autre part, tenant compte de la confusion textuelle de *II Rois*, XVI, 6[68], la plupart des critiques pensent que Édom a agi de concert avec Damas, sinon avec son concours, ou, du moins, a profité de la crise syro-éphraïmite pour chasser les Judéens des rives de la mer Rouge et s'y réinstaller à leur place[69].

Sidon est déjà attesté au temps de Tiglath-phalazar I (1115-1077) (TPOA, n° 16B). Le changement de politique intervenu vers 734 suppose sans doute que désormais Tyr voit dans l'approche de l'Assyrie, notamment dans l'annexion des cités de la Phénicie du nord, un grave danger pour ses intérêts économiques. Voir G. KESTEMONT, *Le commerce phénicien et l'expansion assyrienne du IXe-VIIIe s.*, dans OrAnt, XI, 1972, pp. 137-144; B. ODED, *The Phoenician Cities and the Assyrian Empire in the Time of Tiglath-pileser III*, dans ZDPV, XC, 1974, pp. 38-49.

[66] *II Rois*, XV, 37; XVI, 5.7-8; *II Chr.*, XXVIII, 5-8; *Is.*, VII, 1-9.10-17; VIII, 1-4.5-8; XVII, 1-6; *Os.*, V, 8-VI, 6.

[67] *II Rois*, XVI, 6; *II Chr.*, XXVIII, 17, peut-être aussi *Am.*, I, 11.

[68] Le TM de *II Rois*, XVI, 6aα: «En ce temps-là, Resin, roi d'Aram, fit revenir (*hšyb*) Eilat à Aram» contredit ce que l'on sait sur l'histoire d'Eilat. En effet, cette ville n'avait pas appartenu à Aram, mais à Édom. Et, d'après la lecture la mieux attestée de *II Rois*, XVI, 6b (la plupart des mss hébraïques, la LXX et la V) ce sont les Édomites qui s'installent à Eilat. C'est pourquoi, on corrige habituellement les deux mentions de *'rm* du v. 6aα en *'dm*. Le changement, d'ailleurs très facile de *'dm* en *'rm*, aurait entraîné l'introduction de *rṣyn*. Le tout a pu être influencé par la mention de *rṣyn mlk 'rm* au v. 5; voir J.A. MONTGOMERY, *The Books of Kings*, 1951, pp. 458 et 462; J. GRAY, *I & II Kings*, 1977, p. 632 et n. *e*; H. TADMOR - M. COGAN, *Ahaz and Tiglath-pileser in the Book of Kings: Historiographic Considerations*, dans Bib., LX, 1979, pp. 491-508, à la p. 493. Cependant certains critiques gardent, sinon les deux mentions de Aram au v. 6aα, au moins la seconde. Le texte témoignerait donc du rôle d'Aram dans la prise d'Eilat, laquelle ferait partie d'un plan concerté d'attaquer Juda sur plus d'un front à la fois; voir B. ODED, *The Historical Background of the Syro-Ephraimite War Reconsidered*, dans CBQ, XXXIV, 1972, pp. 153-165, à la p. 164; H. CAZELLES, *Problèmes de la guerre syro-éphraïmite*, dans ErIs, XIV, 1978, pp. 73* et 78*.

[69] A en croire *II Chr.*, XXVIII, 18, Juda a été attaqué aussi à l'ouest et au sud-ouest par les Philistins, qui se seraient emparés de quelques villes judéennes de la Shephéla et du Neguev. L'historicité de ces renseignements est largement admise; voir par exemple W. RUDOLPH, *Chronikbücher*, 1955, p. 291; J.M. MYERS, *Chronicles II*, 1965, p. 163. D'après certains, les Philistins auraient d'ailleurs agi de concert avec les coalisés syro-

Les renseignements fournis par *II Rois* et le livre d'Isaïe permettent de brosser un tableau relativement cohérent de ce que l'on appelle habituellement la «Guerre syro-éphraïmite», de son objectif et de ses conséquences. Déclenchées au temps de Yotam (*II Rois*, XV, 37), les hostilités ont connu leur phase la plus aiguë sous le règne d'Achaz lorsque Resin et Peqah sont venus assiéger Jérusalem (*II Rois*, XVI, 5 et *Is.*, VII, 1-9). Le but des coalisés était de déposer Achaz et de le remplacer par un certain ben Ṭabe'el (*Is.*, VII, 6). Incapable de repousser l'attaque des coalisés et sans la foi que le prophète Isaïe réclamait comme le seul moyen de faire face à la situation (*Is.*, VII, 1-9. 10-17; VIII, 1-4. 5-8; XVII, 1-6)[70], Achaz demande l'aide assyrienne (*II Rois*, XVI, 7-8). En réponse, Tiglath-phalazar III détruit le royaume de Damas (*II Rois*, XVI, 9) et frappe durement le royaume d'Israël (*II Rois*, XV, 29)[71].

Acceptant en général cette présentation, les critiques tâchent, d'une part, d'éclaircir certains aspects que les textes bibliques laissent dans l'ombre et, d'autre part, d'agencer les données bibliques avec les renseignements fournis par les documents assyriens. Ainsi, d'après l'hypothèse commune, développée surtout par J. Begrich[72] — et que l'on présente trop souvent comme s'il s'agissait d'un fait bien établi — la «Guerre syro-éphraïmite» est un épisode de l'organisation de la

éphraïmites (voir H. CAZELLES, *op. cit.*, p. 78*). La tendance manifeste du Chroniste à exagérer les échecs d'Achaz, ainsi que l'incertitude au sujet de l'existence de sources historiques propres aux livres des *Chroniques* (voir *supra*, n. 25) rendent l'information de *II Chr.*, XXVIII, 18 très suspecte.

[70] Bien qu'il ne soit pas dit explicitement qu'Isaïe s'opposait au recours à l'Assyrie et s'efforça d'en dissuader Achaz, cela semble découler du message du prophète non seulement à ce moment, mais aussi par la suite. Parmi les nombreux travaux sur cette question, voir par exemple E. VOGT, *Jesaja und die drohende Eroberung Palästinas durch Tiglathpileser*, dans *Festschrift für J. Ziegler* (ForBib, 2), Würzburg, 1972, pp. 249-255; Th. LESCOW, *Jesajas Denkschrift aus der Zeit des syrisch-ephraimitischen Krieges*, dans ZAW, LXXXV, 1973, pp. 315-331; H.-P. MUELLER, *Glauben und bleiben. Zur Denkschrift Jesajas Kapitel VI 1-VIII 18*, dans VTS, XXVI, 1974, pp. 25-54; J. VERMEYLEN, *Du prophète Isaïe à l'Apocalyptique*, I, 1977, pp. 197-221.

[71] H. TADMOR et M. COGAN font remarquer, à juste titre, que le texte de *II Rois*, XVI, 7-9 paraît incomplet. En effet, après la notice sur la destruction de Damas, on attendrait normalement la mention de l'intervention assyrienne contre Israël, l'autre ennemi dont Achaz demandait d'être délivré. Il est donc possible que *II Rois*, XV, 29 soit la suite primitive de *II Rois*, XVI, 7-9. Voulant compléter la notice relative au règne de Peqah, un rédacteur a peut-être inséré *II Rois*, XV, 29 à sa place actuelle; *Ahaz and Tiglath-pileser in the Book of Kings: Historiographic Considerations*, dans Bib., LX, 1979, pp. 507-508. La présentation de *II Chr.*, XXVIII, 5-15.16.20-23, à notre avis, ne fait que reformuler les données de *II Rois*, XVI, 5-9.10-16 en fonction des préoccupations de son auteur, sans ajouter aucune information historique nouvelle.

[72] *Der syrisch-ephraimitische Krieg und seine weltpolitischen Zusammenhänge*, dans ZDMG, LXXXIII, 1929, pp. 213-237.

résistance à l'Assyrie. Voulant éviter l'existence d'un pays neutre sinon pro-assyrien sur leurs arrières, Damas et Israël s'efforcent d'obtenir l'adhésion de Juda à la coalition anti-assyrienne. Devant le refus judéen, Damas et Israël interviennent militairement en vue d'installer sur le trône de Jérusalem un partisan de la lutte contre l'Assyrie en la personne d'un certain ben Ṭabe'el. A la suite d'une hypothèse proposée par W. F. Albright, bon nombre de critiques précisent que ben Ṭabe'el était un prince judéen originaire d'un certain pays de Ṭabe'el en Transjordanie du nord, peut-être un fils d'Ozias ou de Yotam et d'une princesse de ce pays[73].

Soulignant surtout la difficulté qu'il y a à admettre que Damas et Samarie ont pris le risque de s'engager dans une guerre, qui ne pourrait qu'affaiblir leur potentiel militaire, alors même qu'ils se préparaient à affronter l'Assyrie, K. Budde[74] et plus récemment B. Oded[75] ont fortement contesté cette explication des causes du conflit. Appuyés sur des bases sans doute encore plus fragiles, leurs explications respectives, qui se heurtent aussi à des difficultés, ne nous semblent pas l'emporter sur l'interprétation commune, qui a le grand mérite de situer le conflit dans le contexte de la politique internationale alors dominée par l'Assyrie[76]. Cela dit, les précisions apportées par W. F. Albright nous semblent dépourvues de fondements solides[77].

[73] W.F. ALBRIGHT, *The Son of Tabeel (Isaiah 7:6)*, dans BASOR, CXL, 1955, pp. 34-35; et aussi E. VOGT, *Filius Tab'el (Is. 7,6)*, dans Bib., XXXVII, 1956, pp. 263-264.

[74] *Jesaja und Ahaz*, dans ZDMG, LXXXIV, 1930, pp. 125-138.

[75] *The Historical Background of the Syro-Ephraimite War Reconsidered*, dans CBQ, XXXIV, 1972, pp. 153-165.

[76] Appuyé avant tout sur *II Chr.*, XXVI, 6 et XXVII, 5 (*cf.* aussi *I Chr.*, V, 17 et *II Chr.*, XXVIII, 15), B. ODED pense que cette guerre, dont le protagoniste et le bénéficiaire serait Resin, visait à déloger Juda de la Transjordanie, où, depuis le règne d'Ozias, il occuperait d'importants territoires, notamment le Galaad et peut-être aussi le plateau de Moab au nord de l'Arnon; *op. cit.*, pp. 155-165. D'après H.L. GINSBERG, Peqah essaierait de récupérer certaines villes du territoire de Benjamin dont Ozias se serait emparé après la mort de Jéroboam II (*Os.*, V, 8-10); *The Omrid-Davidic Alliance and its Consequences*, dans *Proceedings of the Fourth World Congress of Jewish Studies*, Jerusalem, 1967, pp. 91-93.

[77] L'hypothèse de W.F. ALBRIGHT repose sur des bases très fragiles. En effet, elle dépend essentiellement de l'interprétation du terme *KURD/Ṭa-ab/p-i-la-aia* attesté en ND 2773. W.F. ALBRIGHT y voit le gentilice *Ṭabe'elite*, et conclut à l'existence d'un pays de nom *Ṭabe'el*. Cette détermination du gentilice est cependant très controversée. Au lieu d'un Ṭabe'elite, d'autres critiques y voient plutôt un habitant de Dibon sur l'Arnon (H.W.F. SAGGS, *The Nimrud Letters, 1952 - Part II*, dans Iraq, XVII, 1955, pp. 131-133; H. DONNER, *Neue Quellen zur Geschichte des Staates Moab in der zweiten Hälfte des 8. Jahrh. v. Chr.*, dans MIO, V, 1957, p. 171), de Tophel, quelque part dans le nord de Moab (H. CAZELLES, *Tophel (Deut I 1)*, dans VT, IX, 1959, pp. 412-415), ou encore de eṭ-Ṭafile en territoire édomite (S. MITTMANN, *Das südliche Ostjordanland im Lichte*

Suivant toujours la présentation biblique (*II Rois*, XVI, 7-9), la plupart des critiques pensent que la seconde vague d'expéditions de Tiglath-phalazar III dans l'Ouest, entre 734-732, est la réponse directe à l'appel d'Achaz. La réalité ne fut probablement pas aussi simple. En effet, il n'est pas certain que la démarche d'Achaz, que l'on ne peut pas dater avec exactitude, ait précédé le déclenchement des expéditions assyriennes[78]. En tout cas, Tiglath-phalazar III n'avait certainement pas besoin de se faire prier d'intervenir en Syrie-Phénicie-Palestine, puisque les intérêts assyriens y étaient en jeu.

c. *La seconde série d'expéditions, 734-732 av. J.-C.*

Le Canon des Éponymes permet de dater et de déterminer le terme des expéditions de Tiglath-phalazar III entre 734 et 732[79]. Cependant, étant donné l'état fragmentaire des inscriptions de ce roi, il est très difficile d'y distinguer ce qui se rapporte à l'une ou l'autre de ces campagnes. D'après le Canon des Éponymes, l'expédition de 734 visait la Philistie[80]. Venant de Phénicie le long de la côte, l'armée assyrienne s'empare probablement au passage du Saron[81], et prend Gaza, dont le roi Hanunu s'était enfui en Égypte. Avançant ensuite jusqu'à la

eines neuassyrischen Keilschriftbriefes aus Nimrud, dans ZDPV, LXXXIX, 1973, pp. 15-25). Même si l'existence d'un pays de Ṭabe'el était attestée, il resterait encore à prouver que ben Ṭabe'el (*Is.*, VII, 6) n'est pas un patronyme comme ben Remalyahu (*Is.*, VII, 5.9 et VIII, 6) — ce qui serait l'interprétation la plus naturelle — mais un gentilice se rapportant justement à ce pays. La suggestion de voir en ben Ṭabe'el un fils d'Ozias ou de Yotam n'est qu'une conjecture. Aussi a-t-on cherché à identifier ben Ṭabe'el sans faire appel aux données de ND 2773. On a notamment suggéré d'y voir un fils de Tubail roi de Tyr (A. VANEL, *Tâbe'el en Is. VII 6 et le roi Tubail de Tyr*, dans VTS, XXVI, 1974, pp. 17-24 et H. CAZELLES, *Problèmes de la guerre syro-éphraïmite*, dans ErIs, XIV, 1978, pp. 72* et 76*, n. 45).

[78] Voir H. TADMOR, *Philistia under Assyrian Rule*, dans BA, XXIX, 1966, p. 88. D'après S. HERRMANN, la crise syro-éphraïmite n'aurait commencé qu'après le départ de Tiglath-phalazar III à la fin de l'expédition de 734; *Geschichte Israels in alttestamentlicher Zeit*, 1980², pp. 305-310.

[79] C^b I, rev. 40-42 (RLA, II, p. 431).

[80] C^b I, rev. 40 (RLA, II, p. 431). Les renseignements concernant cette campagne se trouvent en ANET, pp. 282 et 283b-284a; ND 400 (D.J. WISEMAN, *Two Historical Inscriptions from Nimrud*, dans Iraq, XIII, 1951, pp. 21-26); ND 4301+4305 (D.J. WISEMAN, *A Fragmentary Inscription of Tiglath-pileser III from Nimrud*, dans Iraq, XVIII, 1956, pp. 123-124). Au sujet des essais de reconstitution des événements, voir A. ALT, *Tiglathpilesers III. erster Feldzug nach Palästina*, dans KS, II, 1953, 1978⁴, pp. 150-162; E. VOGT, *Die Texte Tiglat Pilesers III. über die Eroberung Palästinas*, dans Bib., XLV, 1964, pp. 348-354; H. CAZELLES, *Problèmes de la guerre syro-éphraïmite*, dans ErIs, XIV, 1978, pp. 71*, 73* et 78*.

[81] H. CAZELLES, *op. cit.*, pp. 73* et 78* suggère de situer alors la prise de Guézer, célébrée dans un relief du palais du sud-ouest de Nimrud; M. WAEFLER, *Nicht-Assyrer neuassyrischer Darstellungen* (AOAT, 26), Kevelaer/Neukirchen-Vluyn, 1975, pp. 23-27, pense plutôt à l'expédition de 733.

«ville du Torrent d'Égypte», probablement el-ʿArish[82], Tiglath-phalazar y dresse une stèle marquant la limite sud-ouest de son empire. Dans cette région le roi d'Assur entre en contact avec des tribus arabes[83]. La même année ou peut-être au cours de l'une des deux campagnes suivantes, Tiglath-phalazar III confie le territoire à la frontière de l'Égypte à Idibi'ilu, chef d'une tribu arabe[84]. Des mesures prises par Tiglath-phalazar III, notamment l'installation de Idibi'ilu dans le rôle de gardien de la zone frontalière et surtout la création d'un poste de douane assyrien à Gaza ou dans la région de cette ville[85], il paraît ressortir que la campagne de 734 avait un objectif avant tout économique, à savoir le contrôle des routes entre l'Égypte et l'Asie et entre l'Arabie et la Méditerranée et, en particulier, la mainmise sur les ports philistins et leur commerce, auxquels l'Assyrie portait un grand intérêt[86].

Les armées assyriennes sont revenues en Palestine au cours des deux années suivantes. Bien que le Canon des Éponymes assigne Damas pour terme aux deux expéditions[87], ce royaume ne fut pas le seul touché. La plupart des critiques pensent en effet que l'expédition de 733 a eu pour résultat la conquête d'une bonne partie du territoire aussi bien d'Israël, la Galilée et le Galaad, que de Damas, notamment certaines villes du Bashan et du Hauran; la soumission d'une série de tribus arabes jusqu'à Têma; et, enfin, en Philistie, la reddition d'Ashqelôn et la réinstallation de Hanunu, gracié par le roi d'Assur, sur le trône de Gaza[88]. En 732, le poids de l'attaque semble avoir porté essentiellement sur le royaume de Damas, dont la capitale fut prise[89].

[82] N. NAʾAMAN propose d'identifier le «Torrent d'Égypte» avec le Nahal Besor juste au sud de Gaza; *The Brook of Egypt and Assyrian Policy on the Border of Egypt*, dans TA, VI, 1979, pp. 68-90.

[83] Voir H. TADMOR, *The Meʿunites in the Book of Chronicles in the Light of an Assyrian Document*, dans B. UFFENHEIMER (éd.), *Bible and Jewish History. Studies in Bible and Jewish History Dedicated to the Memory of Jacob Liver*, 1972, pp. 222-230; R. BORGER und H. TADMOR, *Zwei Beiträge zur alttestamentliche Wissenschaft aufgrund der Inschriften Tiglatpilesers* III, dans ZAW, XCIV, 1982, pp. 244-251, aux pp. 250-251.

[84] Peut-être à mettre en rapport avec Adbéel (*Gen.*, XXV, 13).

[85] *Cf.* ND 4301+4305 rev. 16 (D.J. WISEMAN, dans Iraq, XVIII, 1956, p. 126; CAD, VIII, *sub voce Karu A*, p. 238,2; M. ELAT, *The Economic Relations of the Neo-Assyrian Empire with Egypt*, dans JAOS, XCVIII, 1978, pp. 20-34, aux pp. 26-27).

[86] Cela ressort clairement de ND 2715. D'après cette lettre, que son éditeur H. W. F. SAGGS propose de dater entre 738-734, le haut fonctionnaire Qurdi-Aššur-lāmur avait interdit aux Tyriens de vendre leur bois aux Philistins et aux Égyptiens (*The Nimrud Letters, 1952 - Part II*, dans Iraq, XVII, 1955, pp. 127-130, 149 et 151; J.N. POSTGATE, *Taxation and Conscription in the Assyrian Empire*, 1974, pp. 390-391; et aussi H. TADMOR, *Philistia under Assyrian Rule*, dans BA, XXIX, 1966, p. 88; M. ELAT, *op. cit.*, p. 27.

[87] C^b 1, rev. 41-42 (RLA, II, p. 431).

[88] Pour les documents assyriens, voir TPOA, n° 29-31; pour les sources bibliques, *cf.*, *II Rois*, XV, 29; *I Chr.*, V, 6.26; *Is.*, VIII, 4.23aβ-b; XVII, 1-6.

[89] Pour les textes assyriens, voir TPOA, n° 28A et 29; pour les témoins bibliques, *cf. II Rois*, XVI, 9 et *Am.*, I, 5; *Is.*, VIII, 4; XVII, 1-3.

D. Tiglath-phalazar III maître de la Syrie-Phénicie-Palestine-Transjordanie.

Quoi qu'il en soit des obscurités qui entourent le déroulement de cette série d'expéditions, leur résultat est néanmoins certain : Tiglath-phalazar III est le maître de toute la Syrie, la Phénicie, la Palestine et la Transjordanie.

Le royaume araméen de Damas a cessé d'exister; une partie de sa population a été déportée [90] ; son territoire a été annexé et réorganisé en provinces assyriennes. D'après E. Forrer, dont l'opinion est communément acceptée, ces provinces seraient au nombre de quatre, à savoir Dimašqu, Supite, Qarnina et Haurina, où l'on reconnaît respectivement Damas, Soba', Ashtarot-Qarnaïm et le Hauran [91].

Le royaume d'Israël a certes survécu, probablement parce qu'un complot pro-assyrien a renversé Peqah et l'a remplacé par Osée ben Ela, qui s'empressa de reconnaître la suzeraineté assyrienne, obtenant ainsi l'agrément de Tiglath-phalazar III [92]. Mais le royaume israélite sort de la crise très amoindri [93]. Sans aucune indépendance politique, il a été en outre amputé d'une grande partie de son territoire, à savoir la Galilée, le Galaad et probablement la région côtière [94]. Une partie de la population de ces régions a été transférée probablement en Assyrie même [95]. A la suite de E. Forrer, on pense que les territoires israélites annexés par l'Assyrie furent partagés en trois provinces, à savoir Du'ru (Dor), Magidu (Megiddo) et Gal'azu (Galaad) [96].

Les ports phéniciens et philistins, notamment Tyr, Sidon, Ashqelôn

[90] Voir n. précédente.

[91] E. Forrer, *Die Provinzeinteilung des assyrischen Reiches*, Leipzig, 1920, pp. 52-54 et 62-63.

[92] *Cf. II Rois*, XV, 30. Tiglath-phalazar affirme avoir installé Osée sur le trône de Samarie (TPOA, n° 29A); voir R. Borger und H. Tadmor, *Zwei Beiträge zur alttestamentliche Wissenschaft aufgrund der Inschriften Tiglatpilesers III*, dans ZAW, XCIV, 1982, pp. 244-249.

[93] Pour le témoignage archéologique, voir E. Stern, *Israel at the Close of the Period of the Monarchy : An Archaeological Survey*, dans BA, XXXVIII, 1975, pp. 26-54, à la p. 31.

[94] Voir *supra*, n. 88.

[95] Voir B. Oded, *Mass Deportations and Deportees in the Neo-Assyrian Empire*, 1979, p. 18, n. 1.

[96] *Op. cit.*, pp. 52-54 et 60-62; voir A. Alt, *Das System der assyrischen Provinzen auf dem Boden des Reiches Israel*, dans ZDPV, LII, 1929, pp. 220-242 (KS, II, München, 1978⁴, pp. 188-205). Selon B. Oded, Tiglath-phalazar III aurait créé outre-Jourdain, en plus de Gal'azu, trois unités administratives : Hamat (tell el-ʿAmmata au débouché du Wady Rajib), Gidir (Tell Jedur près de eṣ-Ṣalt) et Ṭabe'el (région de ʿAraq el-ʿEmir); *Observations on Methods of Assyrian Rule in Transjordania after the Palestinian Campaign of Tiglath-Pileser III*, dans JNES, XXIX, 1970, pp. 177-186.

et Gaza durent eux aussi se soumettre à l'Assyrie. Outre le tribut dont ils devaient s'acquitter, les Phéniciens et les Philistins ont dû laisser au fisc assyrien une part des bénéfices de leur commerce[97]. De la sorte, l'empire commercial phénicien se trouve intégré dans le super-empire assyrien, au grand profit de ce dernier[98].

Les États transjordaniens de Ammon, Moab et Édom, et même les tribus arabes des déserts limitrophes ont dû accepter eux aussi la suzeraineté assyrienne[99].

A l'issue de la crise qui a secoué toute la région, le royaume de Juda se trouve sérieusement affaibli. Si, comme on le pense habituellement, *Os.*, V, 8-12 contient l'écho de certaines conquêtes judéennes en territoire israélite, à la faveur des difficultés où se trouvaient les coalisés syro-éphraïmites aux prises avec l'Assyrie[100], le royaume de Juda n'a peut-être pas connu que des revers à l'occasion de la guerre que lui firent Damas et Samarie. Toutefois les revers furent sans doute importants.

Par ailleurs, bien que l'on ne puisse pas déterminer exactement dans quelles circonstances, il est certain que le royaume de Juda a

[97] D'après ND 2715, les Assyriens prélevaient un impôt (*miksu*) sur le bois que les Tyriens et les Sidoniens se procuraient sur le Mont Liban.

[98] Quelques décennies plus tard, le traité d'Assarhaddon avec Baal de Tyr sera consacré, en grande partie, à la réglementation du commerce tyrien. Au sujet de l'intérêt des Assyriens pour les ports de la Méditerranée orientale, notamment de Phénicie, ainsi qu'au sujet du rôle de ces derniers dans l'économie de l'empire néo-assyrien, on peut voir, parmi d'autres, H. TADMOR, *Philistia under Assyrian Rule*, dans BA, XXIX, 1966, p. 88; A.L. OPPENHEIM, *Essay on Overland Trade in the First Millenium B.C.*, dans JCS, XXI, 1967, pp. 236-254; H.J. KATZENSTEIN, *The History of Tyre. From the Beginning of the Second Millenium B.C.E. until the Fall of the Neo-Babylonian Empire in 538 B.C.E.*, Jerusalem, 1973, pp. 129-294; B. ODED, *The Phoenician Cities and the Assyrian Empire in the Time of Tiglath-pileser III*, dans ZDPV, XC, 1974, pp. 38-49; M. ELAT, *op. cit.*, dans JAOS, XCVIII, 1978, pp. 20-34; S. FRANKENSTEIN, *The Phoenicians in the Far West: A Fonction of Neo-Assyrian Imperialism*, dans M.T. LARSEN (éd.), *Power and Propaganda*, 1979, pp. 263-294; J.N. POSTGATE, *The Economic Structure of the Assyrian Empire*, dans M.T. LARSEN (éd.), *Power and Propaganda*, 1979, pp. 198-199 et 205-207.

[99] Dans la stratégie assyrienne, les États transjordaniens ont apparemment joué un rôle de tampon destiné à contenir les tribus arabes du désert. L'Assyrie ne les a jamais annexés, mais leur a accordé le statut de vassaux, tout en maintenant des garnisons à des endroits stratégiques, notamment le long de la route royale; voir H. DONNER, *op. cit.*, dans MIO, V, 1957, pp. 155-188; B. ODED, *op. cit.*, dans JNES, XXIX, 1970, pp. 177-186; C. BENNETT, *Some Reflections on Neo-Assyrian Influence in Transjordan*, dans *Archaeology in the Levant. Essays for Kathleen Kenyon*, Warminster, 1978, pp. 164-171.

[100] Voir A. ALT, *Hosea 5, 8-6, 6. Ein Krieg und seine Folgen in prophetischer Beleuchtung*, dans *Neue Kirchliche Zeitschrift*, XXX, 1919, pp. 537-568 (= KS, II, München, 1978^4, pp. 163-186).

perdu le débouché sur la mer Rouge et les avantages économiques que celui-ci lui procurait[101].

La présence de l'Assyrie aux portes de l'Égypte constituait une grave menace pour cette dernière, pour ses intérêts en Asie, voire pour son indépendance[102]. Aussi, en dépit de son morcellement politique, l'Égypte ne tardera pas à essayer d'éloigner le danger assyrien. La Palestine sera pendant quelques décennies le théâtre de l'affrontement égypto-assyrien. L'Égypte interviendra en Palestine, parfois avec ses armées, mais le plus souvent par ses diplomates, qui s'efforceront d'y entretenir la révolte contre l'Assyrie[103].

[101] *Cf. II Rois*, XVI, 6.

[102] Selon certains, la résistance égyptienne à l'expansionnisme assyrien remonterait au temps de Salmanazar III; voir H. TADMOR, *Que and Muṣri*, dans IEJ, XI, 1961, pp. 143-150; K.A. KITCHEN, *The Third Intermediate Period (1100-650 B.C.)*, 1973, pp. 325-326. L'inscription du monolithe mentionne en effet un contingent de mille hommes de troupe du pays de *Muṣur/Muṣri* dans les rangs des coalisés qui ont affronté Salmanazar III à Qarqar, et l'obélisque noir rapporte le tribut du pays de *Muṣur/Muṣri*. Il n'est pas certain qu'il s'agisse du même pays dans les deux cas ni que l'un ou l'autre de ces *Muṣur/Muṣri* soit à identifier avec le pays du Nil, qui n'était pas le seul de ce nom au Proche-Orient du IXe s. av. J.-C. Il y avait un *Muṣur/Muṣri* quelque part dans le haut Zagros, qui, d'après H. CAZELLES, pourrait être le pays mentionné dans l'obélisque noir (voir *Tal'ayim, Tala et Muṣur*, dans *Hommages à A. Dupont-Sommer*, Paris, 1971, pp. 17-26). L'existence d'un *Muṣur/Muṣri* nord-arabique, supposée par H. WINCKLER, *Altorientalische Forschungen*, I, 1897, pp. 24-31, paraît actuellement abandonnée, mais il reste l'hypothèse d'un *Muṣur/Muṣri* cilicien ou nord-syrien (voir P. GARELLI, *Nouveau coup d'œil sur Muṣur*, dans *Hommages à A. Dupont-Sommer*, pp. 37-48 et M. WAEFLER, *Nicht-Assyrer neuassyrischer Darstellungen*, 1975, pp. 173-176). Si l'Égypte a vraiment participé à la résistance contre l'Assyrie en 853, ce ne fut qu'un épisode isolé, qui ne se renouvellera que plus d'un siècle plus tard.

[103] Parmi les études récentes, voir K.A. KITCHEN, *The Third Intermediate Period in Egypt (1100-650 B.C.)*, 1973, pp. 138-183 et 356-408; M. ELAT, *The Economic Relations of the Neo-Assyrian Empire with Egypt*, dans JAOS, XCVIII, 1978, pp. 20-34; A. SPALINGER, *The Foreign Policy of Egypt Preceding the Assyrian Conquest*, dans CEg, LIII, 1978, pp. 22-37; A.K. GRAYSON, *Assyria's Foreign Policy in Relation to Egypt in the Eighth and Seventh Centuries B.C.*, dans *The Journal of the Society for the Study of Egyptian Antiquities*, XI, 1981, pp. 85-88.

CHAPITRE DEUXIÈME

LE ROYAUME DE JUDA VASSAL DE L'ASSYRIE

1. Considérations générales.

En se mettant sous la protection assyrienne, Achaz a certes assuré son existence nationale au royaume de Juda, qui garde sa dynastie et ses autres institutions. Mais il n'est plus qu'un petit vassal aux extrémités du vaste empire assyrien.

Les termes du message envoyé par Achaz à Tiglath-phalazar (*II Rois*, XVI, 7a) équivalent, à n'en pas douter, à une déclaration de vassalité. Certes, comme on l'a souvent signalé, la paire *'bdk wbnk* («ton serviteur et ton fils») ne se retrouve pas dans la Bible, et ses équivalents sont rarement attestés dans les autres littératures du Proche-Orient ancien[1]. Mais, pris séparément, chacun des termes ou ses équivalents sont fréquents dans ce contexte diplomatique : *'bd* et ses équivalents sont des termes techniques pour exprimer la dépendance politique[2]; bien que moins fréquemment, la même réalité est exprimée en termes de filiation-paternité[3]. Les informations du texte biblique

[1] On a un parallèle stricte dans une lettre de El Amarna (288, 66) : *ardu-(ka) māru-ka anāku*; la paire *māru-ka ardu-ka* se retrouve dans la lettre 158, 1-2 (J. A. Knudtzon, *Die El-Amarna - Tafeln* (Vorderasiatische Bibliothek, II), Leipzig, 1915, pp. 873 et 642-643. Au sujet de EA 288, 66, voir aussi S.E. Loewenstamm, *The Formula «I am Thy Servant and Thy Son» in a Letter from El-Amarna*, dans *Comparative Studies in Biblical and Ancient Oriental Literatures* (AOAT, 204), Neukirchen-Vluyn, 1980, p. 445).

[2] Cette connotation de la racine *'bd* est fréquente en hébreu, soit sous forme nominale (*Jos.*, X, 6; *I Sam.*, XXVII, 12; *II Sam.*, VIII, 2.6; *II Rois*, XVI, 7; XVII, 3; XXIV, 1; *Néh.*, II, 19), soit sous forme verbale (*Gen.*, XIV, 4; *II Rois*, XVIII, 7), et est bien attestée en araméen (*cf.* l'Inscription de Bar-Rekub, l. 3 et l'appel au secours adressé à Néchao II par Adon, ll. 1.6.8, H. Donner - W. Roellig, KAI, n° 216 et 266) et en ougaritique (UT 137 : 36-38; 1018 : 3; PRU, II, p. 18, l. 3; IV, p. 49, l. 12; V, p. 84).

[3] Voir surtout F.C. Fensham, *Father and Son as Terminology for Treaty and Covenant*, dans *Near Eastern Studies in Honor of W.F. Albright*, 1971, pp. 121-135. Au sujet de l'ensemble de la question, on peut voir parmi d'autres : J.C. Greenfield, *Some Aspects of Treaty Terminology in the Bible*, dans *Proceedings of the Fourth World Congress of Jewish Studies*. Papers I, Jerusalem, 1967, pp. 117-119; S.E. Loewenstamm, *«I am your Servant and your Son»*, dans *Comparative Studies in Biblical and Ancient Oriental Literatures*, 1980, pp. 382-383; A.L. Kristensen, *Ugaritic Epistolary Formulas : A Comparative Study of the Ugaritic Epistolary Formulas in the Context of the Contemporary Akkadian Formulas in the Letters from Ugarit and Amarna*, dans UF, IX, 1977, pp. 143-158, aux pp. 144 et 147; H. Tadmor - M. Cogan, *Ahaz and Tiglath-pileser in the Book of Kings : Historiographic Considerations*, dans Bib., LX, 1979, pp. 504-506;

sont confirmées par un document de Tiglath-phalazar III qui mentionne Achaz (Ya'uhazu) de Juda (Ya'udu) parmi les tributaires de l'Assyrie[4].

Bien que ni les textes bibliques ni les documents assyriens ne le disent explicitement, la soumission d'Achaz, conformément au droit international de l'époque, concrètement à la pratique assyrienne, a dû être ratifiée par un traité, qui réglera dorénavant les rapports entre Juda et l'Assyrie, ou plutôt définira le statut de Juda à l'intérieur de l'empire assyrien[5]. La célébration du traité a probablement eu lieu à Damas à l'occasion de la rencontre entre Achaz et Tiglath-phalazar III dont il est question en *II Rois*, XVI, 10[6].

Il n'est certes pas aisé de déterminer exactement quelles furent les conséquences pour le royaume de Juda de cette situation de vassalité; on peut toutefois supposer qu'elles furent assez graves et se firent sentir sur les différents aspects de la vie du royaume: politique, économique, et peut-être aussi culturel et religieux.

2. Conséquences politiques.

Tout en gardant intactes ses institutions nationales, le royaume de Juda ne jouit plus d'aucune liberté politique. Étroitement surveillé, peut-être par un fonctionnaire assyrien (*qēpu*)[7], il est tenu de s'aligner sur les objectifs de la politique impériale assyrienne, le moindre écart

P. Kalluveettil, *Declaration and Covenant. A Comprehensive Review of Covenant Formulae from the Old Testament and the Ancient Near East* (AnBib, 88), Rome, 1982, pp. 122-139.

[4] TPOA, nº 31.

[5] On connaît seulement les textes de trois traités assyriens avec des pays de l'Ouest: Arpad (E.F. Weidner, *Der Staatsvertrag Assurnirâris VI. von Assyrien mit Mati'ilu von Bît-Agusi*, dans AfO, VIII, 1932-1933, pp. 17-34), Tyr (R. Borger, *Die Inschriften Asarhaddons Königs von Assyrien* (AfO Beiheft, 9), Graz, 1956, pp. 107-109) et la tribu arabe de Qedar (K. Deller - S. Parpola, *Ein Vertrag Assurbanipals mit dem arabischen Stamm Qedar*, dans Or., XXXVII, 1968, pp. 464-466 et P. Buis, *Un traité d'Assurbanipal*, dans VT, XXVIII, 1978, pp. 469-472). Cela dit, la mention du *adū* ou du *adū u mamitu*, qui liait les différents roitelets syro-palestiniens à l'Assyrie revient souvent dans les inscriptions historiques des rois néo-assyriens: Samsi, reine d'Arabie (P. Rost, *Die Keilschrifttexte Tiglat-pilesers III*, I, 1893, pp. 36-37, l. 210), Pisiris de Karkémish (A.G. Lie, *The Inscriptions of Sargon II King of Assyria*, I, Paris, 1929, pp. 10-11, l. 72; pp. 14-15, ll. 88-89), Padi d'Eqrôn (D.D. Luckenbill, *The Annals of Sennacherib*, 1924, p. 31, ll. 73-75 et p. 69, l. 23).

[6] Voir M. Tsevat, *Neo-Assyrian and Neo-Babylonian Vassal Oaths and the Prophet Ezekiel*, dans JBL, LXXVIII, 1959, p. 199; R. Frankena, *The Vassal-Treaties of Esarhaddon and the Dating of Deuteronomy*, dans OTS, XIV, 1965, pp. 122-154, à la p. 150; D.R. Hillers, *Covenant: The History of a Biblical Idea*, Baltimore, 1969, pp. 43-45; J.W. McKay, *Religion in Judah*, 1973, pp. 8 et 70.

[7] Voir le traité d'Assarhaddon avec Baal de Tyr (III, 6.8.13), supra, n. 5.

étant sévèrement puni. L'armée judéenne sera à la disposition du roi d'Assyrie, qui pourra la mobiliser à son gré[8], comme ce fut le cas lors de la première expédition d'Assurbanipal en Égypte en 667 ou 666[9].

3. Les rapports entre le royaume de Juda et l'Assyrie jusqu'à 705 av. J.-C.

Nous sommes mal renseignés sur la politique adoptée par le royaume de Juda au cours des trois décennies qui ont suivi sa soumission à l'Assyrie. Cependant tout paraît indiquer qu'il est resté soumis à l'Assyrie, et s'est maintenu à l'écart des nombreuses tentatives syro-palestiniennes de secouer le joug assyrien. Si toutefois Juda a été compromis dans l'une ou l'autre de ces tentatives, il ne s'y est certainement pas engagé à fond, car autrement on comprendrait mal comment il aurait pu échapper aux représailles assyriennes.

Juda est certainement resté à l'écart de la révolte qui a attiré le coup de grâce sur le royaume d'Israël en 722. Encouragé d'abord, par l'absence des armées assyriennes, qui ont été aux prises avec la révolte babylonienne entre 731-729[10], et, ensuite, par le changement de roi en Assyrie — à Tiglath-phalazar III, mort en 727, a succédé son fils Salmanazar V — Osée, malgré sa faiblesse, caresse encore l'espoir de se débarrasser de l'Assyrie. Il compte pour cela sur l'aide égyptienne[11].

Salmanazar V riposte en 724. D'après les récits bibliques, Osée fut fait prisonnier, mais Samarie a résisté probablement pendant plus de deux ans[12]. Les questions de l'auteur et de la date de la prise de Samarie ont été obscurcies par le fait que, dans ses annales[13], Sargon II

[8] Voir le traité d'Assur-nirâri V avec Mati'ilu de Arpad (IV, 1-3), *supra*, n. 5.

[9] TPOA, n° 52.

[10] Voir J.A. Brinkman, *A Political History of Post-Kassite Babylonia 1158-722 B.C.*, 1968, pp. 234-243.

[11] *II Rois*, XVII, 4. L'explication du nom *Sô'* dont il est question en *II Rois*, XVII, 4, et l'identification du roi d'Égypte avec lequel Osée a engagé les négociations restent controversées. La plupart pensent à Tefnakht (728-720), roi de la 24e dynastie, et voient en Sô' le nom de sa capitale, Saïs; voir H. Goedicke, *The End of « So, King of Egypt »*, dans BASOR, CLXXI, 1963, pp. 64-66; W.F. Albright, *The Elimination of « So »*, dans BASOR, CLXXI, 1963, p. 66. K.A. Kitchen, *The Third Intermediate Period in Egypt (1100-650 B.C.)*, 1973, pp. 371-375, tient Sô' pour l'abréviation du nom d'Osorkon IV (730-715), le dernier roi de la 22e dynastie dont la capitale était à Tanis dans l'est du Delta. Pour sa part, R. Kraus, *So', König von Aegypten — ein Deutungsvorschlag*, dans BN, XI, 1980, pp. 29-31 estime que Sô' est la transcription de (*nj-*) *swt*, qui signifie «roi».

[12] *II Rois*, XVII, 3-6 et XVIII, 9-11. Pour la critique de *II Rois*, XVII, 3-6, voir J. Trebolle, *La caída de Samaria. Crítica textual, literaria e histórica de 2Re 17, 3-6*, dans Salmanticensis, XXVIII, 1981, pp. 137-152.

[13] ANET, p. 284.

revendique le mérite de s'être emparé de la ville en la première année de son règne, qui a commencé en décembre 722-janvier 721[14]. La présentation des annales, qui n'est d'ailleurs pas explicitement confirmée par les autres documents de Sargon II, ne correspond cependant pas à la réalité historique[15]. Les textes bibliques[16] et la Chronique Babylonienne[17] ont raison d'attribuer à Salmanazar V la prise de Samarie, du moins une première prise, l'été ou l'automne 722. Étant mort entre temps, Salmanazar V n'a cependant pas eu le temps de régler le sort de Samarie et de son territoire. Cela reviendra à son successeur Sargon II. Mais, contrairement à ce que disent ses annales, Sargon II n'a pu s'occuper de Samarie qu'à partir de sa deuxième année de règne, c'est-à-dire 720[18].

Si la non-participation du royaume de Juda à la révolte de Samarie paraît assurée, il est difficile, en revanche, de savoir quelle fut la politique de Jérusalem à l'occasion du changement de règne, qui amena Sargon II sur le trône assyrien. Concerté ou non, le soulèvement anti-assyrien fut alors assez généralisé. Au sud, Marduk-apal-iddina II (Merodak-baladan), chef de la tribu de Bit Yakin, auquel Tiglath-phalazar III avait déjà eu affaire en 732-729, se proclame roi de Babylone[19]. A

[14] A.K. GRAYSON, *Assyrian and Babylonian Chronicles*, (Texts from Cuneiform Sources, V), Locust Valley, N.Y., 1975, p. 73, ll. 29-31.

[15] *La Charte d'Assur*, écrite peut-être en 720 ou très peu de temps après, ne mentionne aucune campagne au cours de la 1e année de règne de Sargon II (TPOA, n° 33; H. TADMOR, *The Campaigns of Sargon II of Assur. A Chronological-Historical Study*, dans JCS, XII, 1958, pp. 22-40 et 77-100, à la p. 31, n. 78). Par ailleurs une inscription de Nimrud rédigée très peu de temps après 716 ne signale pas la prise de Samarie (TPOA, n° 37; H. TADMOR, *op. cit.*, p. 36 et n. 127, p. 38, n. 146). De l'avis assez unanime des spécialistes, Sargon II a passé sa première année de règne à affermir sa position sur le trône assyrien, et n'a pas mené de campagne. Pour combler ce vide peu glorieux les scribes ont remonté au début du règne, 721, certains événements qui en réalité ont eu lieu en 720, ou même en 716; ils ont attribué à Sargon II la conquête de Samarie. Voir H. TADMOR, *op. cit.*, dans JCS, XII, 1958, pp. 33-39; E. VOGT, *Samaria a. 722 et 720 ab Assyriis capta*, dans Bib., XXXIX, 1958, pp. 535-541; P. GARELLI - V. NIKIPROWETZKY, *Le Proche-Orient asiatique. Les empires mésopotamiens - Israël*, 1974, p. 116; J. BRIEND - J.-M. SEUX, *Textes du Proche-Orient ancien et histoire d'Israël*, 1977, pp. 106 et 109-110; S. HERRMANN, *Geschichte Israels in alttestamentlicher Zeit*, 1980², pp. 311-313.

[16] *II Rois*, XVII, 3-6; XVIII, 9-11; *cf. Is.*, XXVIII, 1-4. Sur ce dernier texte, voir E. VOGT, *Das Prophetenwort Jes 28, 1-4 und das Ende der Königsstadt Samaria*, dans L. ALVAREZ VERDES y E.J. ALONSO HERNÁNDEZ (éds), *Homenage a Juan Prado. Miscelanea de estudios biblicos y hebraicos*, Madrid, 1975, pp. 109-130.

[17] Voir *supra*, n. 14.

[18] Voir *supra*, n. 15.

[19] Voir J.A. BRINKMAN, *Merodach-baladan II*, dans *Studies presented to A. L. Oppenheim*, 1964, p. 12; ID., *A Political History of Post-Kassite Babylonia, 1158-722 B.C.*, 1968, pp. 171, 245 et 264.

l'ouest, Ya'ubi'di/Ilubi'di[20] de Hamat organise une coalition anti-assyrienne à laquelle adhèrent Gaza et les provinces assyriennes d'Arpad, Simirra et Damas, ainsi que Samarie que les troupes assyriennes venaient à peine d'évacuer[21]. Sur leurs arrières, les révoltés ont l'appui égyptien.

Après avoir tâché d'abord de mater la rébellion dans le Sud[22], Sargon II se tourne vers l'Ouest en 720[23]. Ya'ubi'di/Ilubi'di est vaincu près de Qarqar et exécuté[24]; Hamat est détruite, et les autres villes rebelles sont reconquises. Après cela, l'armée assyrienne marche vers la côte philistine. A Raphiah elle intercepte et détruit une force égyptienne, qui se portait au secours de Gaza[25]. Ce fut probablement le premier affrontement militaire entre l'Assyrie et l'Égypte[26]; il eut lieu sur le sol palestinien. La ville de Raphiah fut détruite, Gaza reprise et son roi Hanunu emmené captif en Assyrie. Ce fut probablement au cours de cette expédition que Sargon II a annexé ce qui restait du territoire israélite, mettant ainsi fin à l'existence du royaume d'Israël, qu'il a déporté une partie de la population de Samarie en Haute Mésopotamie et en Médie, et qu'il a commencé à la remplacer par des populations amenées d'ailleurs[27]. Si l'on croit *Esd.*, IV, 2 et 10 qui

[20] Ce personnage est appelé Ilubi'di dans les annales et Ya'ubi'di dans les autres documents de Sargon II.

[21] TPOA, n°s 33-36.

[22] A Der, Sargon affronte l'armée élamite de Humbanigash allié, sinon à la solde de Marduk-apal-iddina II. La victoire a été revendiquée à la fois par l'Assyrie (TPOA, n°s 33, 35B et 37) et par la Babylonie (C.J. GADD, *Inscribed Barrel Cylinder of Marduk-apla-iddina II*, dans Iraq, XV, 1953, pp. 123-134, aux pp. 123-124), et attribuée à Élam par la Chronique Babylonienne (A.K. GRAYSON, *Assyrian and Babylonian Chronicles*, 1975, pp. 73-74). En réalité la bataille n'a probablement pas été décisive. Tout en gardant la possession de Der, l'Assyrie ne s'aventurera plus dans le Sud jusqu'en 710, et, de son côté, Marduk-apal-iddina II gardera le trône de Babylone pendant une dizaine d'années. Voir J.A. BRINKMAN, *Merodach-baladan II*, dans *Studies A.L. Oppenheim*, 1964, pp. 13-14; ID., *Elamite Military Aid to Merodach-baladan*, dans JNES, XXIV, 1965, pp. 161-166; A.K. GRAYSON, *Problematical Battles in Mesopotamian History*, dans *Studies in Honor of B. Landsberger*, 1965, pp. 337-342.

[23] En plus des documents mentionnés à la n. 21, voir TPOA, n°s 37, 39B et 41A. Pour l'étude de ces documents, voir H. TADMOR, *op. cit.*, dans JCS, XII, 1958, pp. 37-38 et E. VOGT, *op. cit.*, dans Bib., XXXIX, 1958, pp. 535-541.

[24] L'exécution de Ya'ubi'di et d'autres rebelles est représentée dans le hall VIII du palais de Sargon II à Khorsabad. Voir M. EL-AMIN, *Die Reliefs mit Beischriften von Sargon II. in Dûr-Sharrukîn*, dans Sumer, X, 1954, pp. 23-42 et M. WAEFLER, *Nicht-Assyrer neuassyrischer Darstellungen*, 1975, pp. 133-140.

[25] Au sujet du personnage qui commandait l'armée égyptienne, voir R. BORGER, *Das Ende des ägyptischen Feldherrn Sib'e Sô*, dans JNES, XIX, 1960, pp. 49-53.

[26] Voir *supra*, chap. Ier, n. 102.

[27] *II Rois*, XVII, 24-41. Bien que les annales de Sargon II datent ces événements de la première année du règne de ce roi, 721, et que les textes bibliques, par une sorte de télescopage, les attribuent à Salmanazar V, en 722, tout paraît indiquer qu'ils ont eu lieu en 720.

mentionnent des déportations faites respectivement par Assarhaddon et Assurbanipal, la colonisation de l'ancien territoire d'Israël s'est poursuivie pendant plusieurs décennies[28]. En dépit de ces apports, la population du nord de la Palestine a diminué à la fin du VIIIe siècle av. J.-C. En effet, les fouilles et explorations archéologiques ont révélé que plusieurs villes (par ex., Dan, Hasor et Shiqmona) ont été réduites à de plus petites dimensions, et d'autres (par ex., ʿEyn-Guev et Beth-Shean) ont été abandonnées[29]. Les différents apports de populations étrangères n'ont donc pas compensé l'hémorragie provoquée par les déportations, et probablement aussi par l'émigration en Juda, où l'on constate, au contraire, une croissance démographique à la même époque[30].

En s'appuyant sur l'inscription de Nimrud[31], certains historiens pensent que le royaume de Juda a trempé dans le mouvement de révolte en 721-720 et, par conséquent, a dû faire face à une action punitive assyrienne[32]. En effet, dans ladite inscription, Sargon II se proclame celui «qui soumit le pays de Ya'udu sis en un lieu lointain». Le pays en question est probablement Juda. Étant donné la mention de Hamat et de Ya'ubi'di dans le même contexte, le passage se réfère sans doute aux événements de l'année 720[33]. Cela dit, le texte suppose peut-être seulement la reconnaissance de la suzeraineté assyrienne de la part de Juda, moyennant le versement du tribut régulier, sans que pour autant il y ait eu révolte judéenne et action punitive assyrienne correspondante[34]. En tout cas, si le royaume de Juda a été compromis dans la révolte, il n'y a pris qu'une part très secondaire, qui ne lui a pas valu une invasion de son territoire. Quoi qu'il en soit, l'étau assyrien se resserre autour de Juda. A la suite de l'annexion de ce qui restait du territoire du royaume d'Israël, la frontière assyrienne passe à une dizaine de km au nord de Jérusalem.

Bien que Sargon II soit de nouveau intervenu près des frontières judéennes en 716, Juda n'a pas été directement concerné[35]. Sargon II

[28] Au sujet des transferts de populations en rapport avec le territoire israélite, voir B. ODED, *Mass Deportations and Deportees in the Neo-Assyrian Empire*, 1979, pp. 27, 29-30, 69-70 et 77.

[29] Voir E. STERN, *Israel at the Close of the Period of the Monarchy*, dans BA, XXXVIII, 1975, pp. 32-33 et 42-45.

[30] Voir E. STERN, *op. cit.*, dans BA, XXXVIII, 1975, pp. 35-36.

[31] TPOA, n° 37. On invoque aussi *Is.*, XIV, 28-32.

[32] Voir K. FULLERTON, *Isaiah's Attitude in the Sennacherib Campaign*, dans AJSL, XLII, 1925, pp. 9-15; J. BRIEND - J.-M. SEUX, *Textes du Proche-Orient ancien et histoire d'Israël*, 1977, pp. 110-111.

[33] Voir H. TADMOR, *op. cit.*, dans JCS, XII, 1958, pp. 38-39, n. 146.

[34] Voir H. TADMOR, *ibidem*.

[35] TPOA, nos 38-39; voir H. TADMOR, *op. cit.*, dans JCS, XII, 1958, pp. 77-78.

atteint les portes de l'Égypte où il reçoit un cadeau de Shilkani, apparemment Osorkon IV, le dernier des pharaons de la XXIIe dynastie[36]. A l'instar de Tiglath-phalazar III, Sargon II établit probablement un poste avancé à la frontière de l'Égypte, où il installe des populations amenées d'ailleurs sous l'autorité d'un chef local[37]. On assiste alors à une certaine détente entre l'Égypte et l'Assyrie, qui est due sans doute au souci de sauvegarder leurs intérêts commerciaux respectifs[38]. Sargon II se vante en effet, comme d'un exploit digne de mention, d'avoir ouvert le port (*karu*) scellé d'Égypte et d'avoir inauguré le commerce entre les Égyptiens et les Assyriens[39].

La politique judéenne lors de la révolte menée par Ashdod entre 713-712 reste controversée. On connaît l'enchaînement des principaux événements[40]. En 713 Sargon II dépose Azuri roi d'Ashdod, qui était accusé d'infidélité, et le remplace par Ahimiti. Peu de temps après, encore en 713 ou en 712, le parti anti-assyrien renverse Ahimiti au profit de Yamani[41]. Celui-ci incite à la révolte les autres villes philistines, ainsi que Juda, Édom et Moab, et, comme d'habitude, cherche l'appui égyptien. A l'approche de l'armée assyrienne, qui est intervenue en 712[42], Yamani s'enfuit en Égypte, sinon en Nubie. Au lieu d'obtenir

[36] TPOA, nos 38-39A. ND 2765, que l'on date habituellement entre 720-715, signale l'arrivée à Kalhu des délégations de plusieurs pays, dont l'Égypte, avec des tributs de chevaux (H.W.F. Saggs, *The Nimrud Letters - 1952 - Part II*, dans Iraq, XVII, 1955, pp. 134-135 et 152-153). Au sujet de l'identification du roi d'Égypte et du contexte historique, voir W.F. Albright, *Further Light on Synchronisms Between Egypt and Asia in the Period 935-685 B.C.*, dans BASOR, CXLI, 1956, pp. 23-27; H. Tadmor, *op. cit.*, dans JCS, XII, 1958, pp. 35 et 77-78; K.A. Kitchen, *The Third Intermediate Period in Egypt (1100-650 B.C.)*, 1973, pp. 143-144 et 376.

[37] Voir H. Tadmor, *op. cit.*, dans JCS, XII, 1958, pp. 77-78.

[38] Voir H. Tadmor, *Philistia under Assyrian Rule*, dans BA, XXIX, 1966, p. 92; K.A. Kitchen, *op. cit.*, pp. 155 et 380.

[39] Voir H. Tadmor, *op. cit.*, dans JCS, XII, 1958, p. 34 et C.J. Gadd, *Inscribed Prisms of Sargon II from Nimrud*, dans Iraq, XVI, 1954, pp. 173-201, aux pp. 179-180. D'après M. Elat, *The Economic Relations of the Neo-Assyrian Empire with Egypt*, dans JAOS, XCVIII, 1978, p. 27, cet événement se rapporterait plutôt à la campagne de 720. R. Reich, *On the Identification of the «Sealed Karu of Egypt»*, dans *Sixth Archaeological Conference in Israel*, Tel Aviv 14-15 March 1979, p. 30, suggère de localiser le port scellé dont parle Sargon II à Tell Abu Salima, près de Sheikh Zuweid (à environ 15 Km à l'ouest de Rafiah).

[40] TPOA, nos 40-41; *Is.*, XX, 1-6. Pour la reconstitution des événements, voir, par exemple, H. Tadmor, *op. cit.*, dans JCS, XII, 1958, pp. 79-84; Id., *op. cit.*, dans BA, XXIX, 1966, pp. 94-95; K.A. Kitchen, *op. cit.*, pp. 143-144, 153-154 et 380; A. Spalinger, *The Year 712 B.C. and its Implications for Egyptian History*, dans *Journal of the American Research Center in Egypt*, X, 1973, pp. 95-101.

[41] Ce personnage est appelé Iadna dans les annales de Sargon II. Voir H. Tadmor, *op. cit.*, dans JCS, XII, 1958, p. 80.

[42] D'après *Is.*, XX, 1, l'expédition a été commandée par le Turtanu. Voir H. Tadmor, *op. cit.*, dans JCS, XII, 1958, pp. 79-80.

l'aide escomptée, Yamani est arrêté et extradé à Ninive probablement par Shabako (716-702 av. J.-C.), depuis peu roi de Nubie (Meluhha) et d'Égypte[43]. Ashdod[44], Gat[45] et Ashdod Maritime sont prises. Sargon II déclare avoir annexé Ashdod et avoir installé des gens amenés de l'Est. Si tel a été le cas, la ville a vite retrouvé son statut de vassal, car en 701 elle avait pour roi Mitinti[46], vers 673[47] et en 667 ou 666 elle était gouvernée par le roi Ahimilki[48]. En réalité l'administration d'Ashdod a été probablement confiée à un dynaste local sous la surveillance d'un *qēpu* assyrien[49].

D'après certains critiques, le royaume de Juda a été activement engagé dans la révolte organisée par Ashdod. S'étant retiré, Juda a cependant pu éviter un sort pareil à celui d'Ashdod. Pour certains, Juda se serait soumis à l'Assyrie assez tôt, avant même d'avoir été attaqué[50] ou dès qu'il a essuyé ses premiers revers[51]. Pour d'autres, la soumission judéenne n'aurait eu lieu qu'assez tard, après des représailles assez graves, dont témoignerait *Is.*, XXII, 1-14[52], et dont *II Rois*, XVIII, 13. 14-16[53] ou *II Rois*, XVIII, 13.17-XIX, 37[54] donneraient le récit.

[43] Voir K.A. KITCHEN, *op. cit.*, pp. 143-144 et 153-156.

[44] Pour le témoignage archéologique, voir M. DOTHAN, *Ashdod*, dans EAEHL, I, 1975, pp. 115-116. On y a découvert des fragments d'une stèle de Sargon II. H. TADMOR, *Fragments of a Stele of Sargon II from the Excavations of Ashdod*, dans ErIs, VIII, 1967, pp. 241-245 (en hébreu, avec un résumé en anglais); Z.J. KAPERA, *The Ashdod Stele of Sargon II*, dans *Folia Orientalia*, XVII, 1976, pp. 87-99.

[45] Bien qu'on ait proposé d'identifier *Gimtu* des textes assyriens avec *Gitayim* (*II Sam.*, IV, 3 et *Néh.*, XI, 33) (H. TADMOR, *op. cit.*, dans JCS, XII, 1958, p. 83, n. 242), la plupart des critiques y voit la ville philistine de Gat; voir A.F. RAINEY, *The Identification of philistine Gat. A Problem in Source Analysis for Historical Geography*, dans ErIs, XII, 1975, pp. 63*-76*. Les prises de Gibbeton et d'Eqrôn célébrées par les reliefs du palais de Khorsabad (hall V, 4-5.10) datent probablement aussi de 712; voir H. TADMOR, *op. cit.*, dans JCS, XII, 1958, p. 83, n. 243; M. WAEFLER, *op. cit.*, pp. 27-34.

[46] TPOA, n° 44.

[47] TPOA, n° 50.

[48] TPOA, n° 52.

[49] D'après A. ALT, le statut des villes philistines jusque vers le milieu du VIIe s. a été commandé par une stratégie bien arrêtée. Voulant faire des États philistins une sorte de zone tampon entre son territoire et l'Égypte, l'Assyrie leur a laissé une certaine autonomie au lieu de les annexer; *Neue assyrische Nachrichten über Palästina*, dans ZDPV, LXVII, 1945, pp. 128-146 (= KS, II, München 1978^4, pp. 226-241, à la p. 240).

[50] Voir M. NOTH, *Geschichte Israels*, Berlin, 1956^3, pp. 239-240.

[51] Voir H. TADMOR, *op. cit.*, dans JCS, XII, 1958, pp. 80-84; M. COGAN, *Imperialism and Religion*, 1974, p. 66.

[52] Voir *infra*, chap. V^e, n. 560.

[53] Aux références données par M.-Th. BREME, *Ezechias und Sennacherib. Exegetische Studie* (Biblische Studien, XI, 5), Freiburg im Breisgau, 1906, pp. 51-52, n. 1 et H.H. ROWLEY, *Hezekiah's Reform and Rebellion*, dans BJRL, XLIV, 1962, pp. 413-414, n. 8, on peut ajouter C. SCHEDL, *Textkritische Bemerkungen zu den Synchronismen der*

Certes, les annales de Sargon II[55] et l'inscription dite des Fastes[56] accusent Azuri d'avoir incité les rois des pays voisins à la révolte contre l'Assyrie. Le prisme fragmentaire A de Ninive, qui formule une accusation identique à l'égard de Yamani ou du parti anti-assyrien, mentionne explicitement Juda parmi les pays incités à la révolte[57]. Ces documents ne fournissent cependant pas de renseignements sur la réponse de Juda à l'initiative d'Ashdod. En tout cas, ces documents, qui racontent assez longuement les représailles contre Ashdod, Gat et Ashdod Maritime, ne signalent aucune mesure contre Juda ni contre Édom et Moab. Par ailleurs, aucune des autres mentions de Juda dans les inscriptions de Sargon II, à savoir dans l'inscription de Nimrud[58] et dans la lettre ND 2765[59], ne peut être mise en rapport de façon certaine avec les événements de 713-712. Même si l'on admet que ces mentions se réfèrent aux événements de 713-712, il ne s'ensuit pas nécessairement pour autant que Juda a été engagé dans la révolte. Elles peuvent en effet se rapporter au payement du tribut régulier.

Les textes bibliques ne sont guère plus explicites au sujet de la politique de Juda en 713-712. Le seul texte biblique qui se réfère explicitement à la conjoncture historique en question est *Is.*, XX, 1-6. L'action symbolique rapportée par ce passage vise directement l'Égypte et Kush, dont le sort misérable est ainsi mimé d'avance. Par là, le prophète adresse un avertissement pathétique à Juda au sujet de la vanité de l'espoir en l'Égypte et en Kush; le texte ne dit pas cependant si les dirigeants de Jérusalem ont écouté l'avertissement ou s'ils ont fait la sourde oreille. Parmi les autres références aux événements de 713-712 que l'on a voulu déceler dans les textes bibliques, les unes sont fort douteuses et les autres certainement à exclure. Ainsi, l'hypothèse selon laquelle *Is.*, XVIII, 1-7 témoignerait de la préparation de la révolte en 713[60] suppose une part d'initiative non seulement de Juda, mais surtout de l'Égypte, qui s'accorde mal avec le rôle que les textes assyriens leur attribuent. Loin d'intervenir aux côtés d'Ashdod, Shabako

Könige von Israel und Juda, dans VT, XII, 1962, pp. 112-119; O. GARCÍA DE LA FUENTE, *La Cronología de los reyes de Judá y la interpretación de algunos Oráculos de Isaías 1-39*, dans EstB, XXXI, 1972, pp. 275-291, aux pp. 290-291.

[54] Voir A. K. JENKINS, *Hezekiah's Fourteenth Year*, dans VT, XXVI, 1976, pp. 284-298.

[55] ANET, p. 286.

[56] TPOA, n° 40A.

[57] TPOA, n° 40B.

[58] TPOA, n° 37.

[59] TPOA, n° 41B.

[60] Voir *infra*, chap. V[e], n. 46.

a plutôt arrêté Yamani, qui avait cherché refuge en Égypte ou en Nubie, et l'a extradé en Assyrie[61]. L'hypothèse qui voit en *Is.*, XXII, 1-14 un témoin de l'expédition punitive de Sargon II repose sur une reconstitution purement conjecturale des événements de 712. A plus forte raison, il est gratuit de contredire les indications explicites du texte pour voir en *II Rois*, XVIII, 17-XIX, 37 le récit d'un salut dont Jérusalem aurait bénéficié en 712. Finalement, quoi qu'il en soit des problèmes chronologiques posés par le règne d'Ézéchias, rien ne permet de contredire les indications explicites de *II Rois*, XVIII, 13 pour voir dans ce verset ou en *II Rois*, XVIII, 14-16 le récit des prétendues représailles de Sargon II, qui ne sont pas autrement attestées, d'autant plus que *II Rois*, XVIII, 13-16 s'accorde foncièrement avec le rapport que Sennachérib donne de ses activités en Juda en 701.

Bref, on ne dispose pas de renseignements sûrs au sujet de la politique suivie par Juda lors du soulèvement mené par Ashdod en 713-712. En tout cas, ni les documents assyriens ni les textes bibliques ne permettent d'affirmer, comme on le fait souvent, que Juda a pris part, voire une part importante, dans le soulèvement de 713-712, et qu'il en a subi les conséquences.

Pendant le reste du règne de Sargon II, la Palestine est restée tranquille, probablement en raison de la détente, sinon de l'entente, entre l'Égypte et l'Assyrie[62].

4. Conséquences économiques de la vassalité.

D'après *II Rois*, XVI, 8, Achaz fit accompagner sa déclaration de vassalité d'un «cadeau» (*šḥd*). Ce «cadeau» spécial, dont le but était d'acheter la protection assyrienne, ne sera que la première d'une longue liste de prestations dont le royaume de Juda devra s'acquitter par la suite[63]. Certes, les traités de vassalité assyriens connus ne contiennent pas de stipulations concernant le tribut, mais il ressort clairement des annales et autres inscriptions assyriennes, ainsi que des textes bibliques, que le vassal était tenu d'envoyer annuellement un tribut stipulé (*madattu*) à la cour assyrienne[64], et par la même occasion de renouveler

61 ANET, p. 285 et TPOA, nº 40A.

62 K.A. Kitchen, *The Third Intermediate Period in Egypt (1100-650 B.C.)*, 1973, pp. 143-144, 153-156 et 380.

63 Ya'uhazu (Achaz) de Ya'udu (Juda) apparaît dans une liste de tributaires de Tiglath-phalazar III datant de 729 au plus tôt; TPOA, nº 31.

64 Cela revient constamment dans les documents assyriens de nature historique et est confirmé par *II Rois*, XVII, 3-6.

l'acte d'allégeance[65]. Le refus de s'acquitter de cette obligation était un acte de révolte, qui entraînait des représailles assyriennes : châtiment des responsables de l'insoumission, lourdes pénalisations pécuniaires, déportation d'une partie de la population, amoindrissement du territoire ou son annexion, selon les cas. Le tribut (*madattu*) était d'ailleurs accompagné de cadeaux (*nāmurtu*), que faisaient au roi d'Assur tous ceux qui lui devaient leur position[66].

La plupart des documents assyriens ayant trait au tribut se bornent à compter Juda parmi les tributaires, sans donner aucune précision sur le contenu ou le montant de ses redevances[67]. A notre connaissance, parmi ces documents, seuls deux fournissent des précisions à ce sujet, à savoir une liste de tributaires de date inconnue, qui enregistre un versement de 10 mines d'argent[68], et les annales de Sennachérib, qui rapportent un versement de 30 talents d'or, 800 talents d'argent, des pierres précieuses, différents métaux, divers objets de luxe, des chevaux, des armes, etc.[69]. Le premier étant sans doute fait à titre de cadeau d'hommage (*nāmurtu*), et le second résultant d'une pénalisation dont le royaume de Juda a été frappé à cause de sa révolte, ces versements ne nous renseignent sans doute pas sur la valeur des prestations régulières, mais révèlent la nature des biens qui les composaient[70].

En ce qui concerne les moyens de financement, les textes bibliques ne mentionnent que les trésors du Temple, voire certains de ses objets métalliques, et les trésors du palais. Rapportant des prestations exceptionnelles, *II Rois*, XVI, 8.17-18 et XVIII, 14-16 ne nous renseignent sans doute pas sur la provenance du tribut ordinaire, qui était obtenu vraisemblablement grâce à des impôts prélevés sur la population, comme ce sera le cas lorsque, au temps de Joïaqim, Juda devra payer un tribut au pharaon Néchao II[71].

[65] A ce sujet on se rapportera aux ouvrages classiques de W.J. MARTIN, *Tribut und Tributleistungen bei den Assyrern*, (Studia Orientalia, VIII/1), Helsinki, 1936 et J.N. POSTGATE, *Taxation and Conscription in the Assyrian Empire*, 1974, pp. 111-130.

[66] J.N. POSTGATE, *op. cit.*, pp. 146-162.

[67] Pour le règne de Tiglath-phalazar III, voir *supra*, n. 63; pour le règne de Sargon II, voir TPOA, n° 41B; et pour Assurbanipal, TPOA, n° 52.

[68] J.N. POSTGATE, *op. cit.*, pp. 152-153 ou TPOA, n° 41C.

[69] OIP, III, 41-49 complété par le cylindre Rassam.

[70] Voir N.B. JANKOWSKA, *Some Problems of the Economy of the Assyrian Empire*, dans *Ancient Mesopotamia. Socio-Economic History. A Collection of Studies by Soviet Scholars*, Moskow, 1969, pp. 253-276; J.N. POSTGATE, *op. cit.*, pp. 129-130.

[71] Joïaqim leva sur chaque Judéen, selon sa fortune, l'argent et l'or qu'il devait donner au Pharaon (*II Rois*, XXIII, 33-35). D'après *II Rois*, XV, 19-20, Menahem obtint les 1.000 talents d'argent qu'il versa à Tiglath-phalazar III grâce à un prélèvement de 50 sicles de ce métal sur chacun des notables d'Israël.

Faute de renseignements précis, d'une part, sur la valeur du tribut que Juda devait payer et, d'autre part, sur l'économie de ce pays, il est difficile de déterminer exactement les incidences économiques de la vassalité. Fixé probablement en fonction des ressources de Juda, le tribut n'était peut-être pas écrasant[72]. En effet, rien n'indique qu'il y ait eu des problèmes économiques particuliers au temps de la domination assyrienne. Cela dit, le tribut devait peser sur l'économie de Juda, qui dépendait essentiellement d'une agriculture foncièrement pauvre.

Comme il disposait de l'armée judéenne à son gré, le roi d'Assur pouvait exiger aussi de Juda des hommes de corvée, en plus des redevances régulières. On connaît une mobilisation de ce type au temps d'Assarhaddon, peu avant 673[73].

5. La vassalité politique a-t-elle eu des conséquences religieuses ?

A. **État de la question.**

Le second livre des *Rois* et le second livre des *Chroniques* brossent un tableau contrasté de l'histoire religieuse de Juda dans la période allant du règne d'Achaz au règne de Josias : à l'impie Achaz succède le pieux Ézéchias, auquel succède l'impie Manassé — Amon ne fait que prolonger son père — auquel succède finalement le pieux Josias[74]. Acceptant cette présentation, la critique admet presque unanimement que cette période de l'histoire religieuse de Juda fut marquée par deux apostasies assez généralisées promues respectivement par Achaz et Manassé, qui ont été suivies chacune d'une réforme, exécutées respectivement par Ézéchias et Josias.

Constatant que, d'une part, la première apostasie a été contemporaine du début de la vassalité à l'égard de l'Assyrie et que, d'autre part, les réformes ont eu lieu l'une à un moment de révolte et l'autre à la veille de l'écroulement définitif de l'empire assyrien, la critique a conclu de façon unanime que les hauts et les bas si prononcés qu'aurait connus alors l'histoire religieuse de Juda sont directement liés à la vassalité

[72] Voir H.W.F. Saggs, *The Greatness that was Babylon*, 1968, pp. 249-252; J.N. Postgate, *Taxation and Conscription in the Assyrian Empire*, 1974, pp. 129-130; Id., *The Economic Structure of the Assyrian Empire*, dans M.T. Larsen (éd.), *Power and Propaganda*, 1979, pp. 196-197.

[73] TPOA, n° 50.

[74] *II Rois*, XVI, 1-XXIII, 30 et *II Chr.*, XXVIII, 1-XXXV, 27. Voir H.-D. Hoffmann, *Reform und Reformen*, 1980, pp. 139-140 et 146 et H. Spieckermann, *Juda unter Assur in der Sargonidenzeit*, 1982, pp. 160-225.

politique et à ses vicissitudes. Le suzerain assyrien, pense-t-on, a imposé ses divinités et ses cultes ou, du moins, ceux-ci ont envahi massivement Juda à la faveur de la vassalité. La soumission politique à l'Assyrie ne pouvait donc qu'entraîner l'assyrianisation, et partant la décadence de la religion de Juda; inversement, tout essai de secouer le joug assyrien comportait nécessairement une réforme visant à restaurer la religion nationale, à savoir le yahvisme. Voilà l'hypothèse qui, depuis quelques décennies, a été la clé d'interprétation de l'histoire de Juda depuis le règne d'Achaz jusqu'à la réforme de Josias[75].

Cette vision des choses a été contestée par J. W. McKay et M. Cogan, et cela indépendamment l'un de l'autre. D'après ces auteurs, surtout J. W. McKay, tant les déviations religieuses reprochées aux Judéens au temps d'Achaz et de Manassé que les institutions cultuelles visées par les réformes d'Ézéchias et de Josias sont bien enracinées dans le terroir syro-cananéen, et n'entretiennent aucun rapport spécial avec la religion ou les cultes assyriens[76].

D'autre part, J. W. McKay et M. Cogan reconnaissent que l'idéal assyrien était d'instaurer la domination universelle du dieu Assur, dont le roi n'était que le *iššakku* («régent, vicaire») et le *šagû* («prêtre»)[77]. Ces auteurs admettent aussi que l'acceptation de la suzeraineté assyrienne impliquait la reconnaissance de la suprématie des dieux assyriens, notamment du dieu Assur[78]. M. Cogan, et aussi J. W. McKay, estiment cependant que, en ce qui concerne les États vassaux, la soumission au dieu Assur se traduisait exclusivement par des mesures de nature politique et économique, et nullement par des

[75] Voir les états de la question de J.W. McKay, *Religion in Judah*, 1973, pp. 1-4 et M. Cogan, *Imperialism and Religion*, 1974, pp. 1-7.

[76] J.W. McKay, *op. cit.*, pp. 5-59; Id., *Further Light on the Horses and Chariot of the Sun in the Jerusalem Temple*, dans PEQ, CV, 1973, pp. 167-169; M. Cogan, *op. cit.*, pp. 65-96 et 111-115. L'absence de rapport spécial entre les déviations religieuses de Juda et la religion assyrienne avait déjà été remarquée par M. Smith. D'après cet auteur, les contrastes de l'histoire religieuse de Juda à l'époque qui nous occupe s'expliqueraient par une exacerbation du conflit, qui traverse toute l'histoire biblique antérieure à 587, entre les partisans d'un culte de Yahvé pur et sans mélange et ceux qui prônaient l'adoption de certains parmi les cultes des peuples voisins; *Palestinian Parties and Politics that shaped the Old Testament*, New York, 1971, pp. 15-56.

[77] R. Labat, *Le caractère religieux de la Royauté assyro-babylonienne*, Paris, 1939; H. Frankfort, *Kingship and the Gods*, Chicago, 1948; A.L. Oppenheim, *Ancient Mesopotamia*, Chicago, 1964, pp. 98-104; P. Garelli, *Les temples et le pouvoir royal en Assyrie du XIVe au VIIIe siècle*, dans *Le temple et le culte*, 1975, pp. 116-124; Id., *L'État et la légitimité royale sous l'empire assyrien*, dans M.T. Larsen (éd.), *Power and Propaganda*, 1979, pp. 319-328. Au sujet de la prétention assyrienne à la domination universelle, voir *supra*, pp. 8-11.

[78] J.W. McKay, *Religion in Judah*, 1973, pp. 60-66; M. Cogan, *Imperialism and Religion*, 1974, pp. 42-61.

mesures de nature religieuse ou cultuelle. L'Assyrie exigerait de ses vassaux la soumission politique et l'acquittement du tribut, mais ne leur imposerait point ses divinités ou ses cultes[79].

Les conclusions de J.W. McKay et M. Cogan ont été contestées par H. Spieckermann. Tout en reconnaissant la rareté des témoignages assyriens à ce sujet, H. Spieckermann en conclut que l'Assyrie prenait régulièrement des mesures religieuses et cultuelles concrètes, non seulement dans les territoires annexés, mais aussi dans les États soumis à la vassalité. Cet auteur pense donc que le royaume de Juda a dû se plier lui aussi aux exigences assyriennes en matière religieuse et cultuelle, ce dont témoigneraient les changements introduits par Achaz dans le Temple (*II Rois*, XVI, 10-16)[80].

Laissant aux assyriologues la tâche de se prononcer sur les interprétations des documents assyriens proposées par J. W. McKay et M. Cogan d'une part, et par H. Spieckermann d'autre part,[81] nous tâcherons seulement de dégager «l'œuvre cultuelle» d'Achaz telle qu'elle est rapportée par les textes bibliques.

B. **Le règne d'Achaz.**

a. *La présentation de II Rois, XVI.*

α. Le verdict de II Rois, XVI, 2b-4.

II Rois, XVI, 2b-4 donne un bilan entièrement négatif du règne d'Achaz. Le jugement général: «il ne fit pas ce qui est droit aux yeux de Yahvé son Dieu comme David son père» (v. 2b) est suivi de trois accusations: Achaz a imité les rois d'Israël (v. 3a), fit passer son fils par le feu selon les abominations des nations que Yahvé avait chassées devant les Israélites (v. 3b), et a sacrifié et fait brûler de l'encens dans les *bāmôt*, sur les collines et sous tout arbre verdoyant (v. 4).

Les cultes dans les *bāmôt* sont un reproche fréquent dans les livres des *Rois*[82]. Celui-ci n'est pas adressé directement aux rois de Juda

[79] M. COGAN, *op. cit.*, pp. 9-61 et 111-115; J.W. MCKAY, *op. cit.*, pp. 60-66. Cela avait été affirmé en passant par B. LANDSBERGER lors d'une discussion consacrée au thème *«The Development of Culture in the Great Empires. Assyria and Persia»*; voir C.H. KRAELING and R.M. ADAMS (éds), *City Invincible*, Chicago, 1960, p. 177.

[80] H. SPIECKERMANN, *Juda unter Assur in der Sargonidenzeit*, 1982, pp. 318-384.

[81] Voir P.R. ACKROYD, *Recent Foreign Old Testament Literature*, dans ET, XCV, 1984, pp. 206-211, à la p. 208.

[82] *I Rois*, III, 2-3; XI, 7; XII, 31-32; XIII, 2.32-33; XIV, 22-23; XV, 14; XXII, 44; *II Rois*, XII, 4; XIV, 4; XV, 4.35; XVI, 4; XVII, 9.11.29.32; XVIII, 4; XXI, 3; XXIII, 5.8.9.13.19.20.

qui ont précédé Achaz[83], mais plutôt au peuple seulement[84]. Dans ce domaine, l'impiété spéciale d'Achaz consisterait donc dans le fait que ce roi aurait pratiqué personnellement les cultes dans les *bāmôt*. Par contre, le rite de faire passer un enfant par le feu n'est pas signalé en Juda avant le règne d'Achaz. Celui-ci aurait donc été le premier parmi les rois de Juda à avoir pratiqué ce rite, que l'on imputera également à Manassé. Malgré la relative abondance des textes qui mentionnent ce rite[85], nous sommes très mal renseignés sur sa nature, sa portée exacte et son histoire[86]. Il est donc difficile de juger de la valeur historique de *II Rois*, XVI, 3b, qui paraît attribuer à Achaz la responsabilité de l'introduction de la pratique en question.

β. Les innovations cultuelles d'Achaz (*II Rois*, XVI, 10-18).

Les changements introduits par Achaz dans le Temple, à savoir la construction d'un nouvel autel (*II Rois*, XVI, 10-16), ainsi que les autres aménagements (*II Rois*, XVI, 17-18), constituent le principal argument en faveur d'une décadence religieuse, voire d'une assyrianisation des institutions religieuses et cultuelles de Juda[87].

[83] La seule exception est Salomon (*II Rois*, III, 3). Portée contre Salomon, l'accusation est surprenante, car, dans la logique du récit, le Temple n'était pas encore construit. En outre, on impute à Salomon la construction de *bāmôt* pour les dieux de ses femmes étrangères (*I Rois*, XI, 7).

[84] *I Rois*, XV, 14; XXII, 44; *II Rois*, XII, 4; XIV, 4; XV, 4.35; et aussi *I Rois*, III, 2. D'après le TM de *I Rois*, XIV, 22-23, l'ensemble du peuple a construit des *bāmôt*, des *maṣṣébôt* et des *ashérîm* sur toute colline élevée et sous tout arbre verdoyant. Dans le texte de la LXX, ce méfait est attribué aux rois qui ont précédé Roboam.

[85] On trouve d'ailleurs deux formules: *h'byr (...) b's* (*Deut.*, XVIII, 10; *II Rois*, XVI, 3; XVII, 17; XXI, 6; XXIII, 10; *Jér.*, XXXII, 35; *Lév.*, XVIII, 21; *Éz.*, XVI, 21; XX, 31; *II Chr.*, XXXIII, 6) et *śrp (...) b's* (*Deut.*, XII, 31; *II Rois*, XVII, 31; *Jér.*, VII, 31; XIX, 5). En *II Chr.*, XXVIII, 3 on a l'expression *hb'yr b's*.

[86] Voir, parmi les travaux récents, M. WEINFELD, *Worship of Molech and the Queen of Heaven and its Background*, dans UF, IV, 1972, pp. 133-144; J.W. MCKAY, *Religion in Judah*, 1973, pp. 39-41 et 105-107; M. COGAN, *Imperialism and Religion*, 1974, 77-83; M. SMITH, *A Note on Burning Babies*, dans JAOS, XCV, 1975, pp. 477-479; S.A. KAUFMAN, *The Enigmatic Adad-Milki*, dans JNES, XXXVII, 1978, pp. 101-109; D. PLATAROTI, *Zum Gebrauch des Wortes mlk im Alten Testament*, dans VT, XXVIII, 1978, pp. 286-300; M. WEINFELD, *Burning Babies in Ancient Israel. A Rejoinder to Morton Smith's Article in JAOS 95 (1975), pp. 477-479*, dans UF, X, 1978, pp. 411-413; J. EBACH - U. RUETERSWOERDEN, *ADRMLK, «Moloch» und BA'AL ADR. Eine Notiz zum Problem der Moloch-Verehrung im Alten Israel*, dans UF, XI, 1979, pp. 219-226.

[87] On invoque aussi *II Rois*, XXIII, 12 et *II Rois*, XX, 9-11 par. *Is.*, XXXVIII, 8. *II Rois*, XXIII, 12 attribue à Josias la destruction de certains autels qui se trouvaient en rapport avec la chambre haute d'Achaz (*'lyt 'ḥz*). Selon la lecture de 1QIs[a] (*bm'lwt 'lyt 'ḥz*), il serait également question de la chambre haute de Achaz en *Is.*, XXXVIII, 8. Ce dernier texte ne parlerait pas d'un instrument servant à mesurer le temps — interprétation courante qui est déjà celle du Tg d'Isaïe (voir, par exemple, Y. YADIN, *The Dial of Ahaz*, dans ErIs, V, 1958, pp. 91-96) — mais plutôt d'une réalité de nature cultuelle. Grâce au rapprochement avec *Jér.*, XIX, 31 et *Soph.*, I, 5, on précise qu'il s'agissait de cultes

Dans son contexte actuel, *II Rois*, XVI, 10-18 est étroitement associé à *II Rois*, XVI, 5-9, du moins à *II Rois*, XVI, 7-9, grâce notamment aux mentions d'Aram-Damas (vv. 5.7.9.10.11.12), au thème du Temple (vv. 8.10.18), et aux mentions du roi d'Assyrie, désigné soit par son nom et son titre (vv. 7.10), soit seulement par son titre (vv. 8.9.18). Unifié et dominé par les rapports entre Achaz et le roi d'Assur, l'ensemble constitué par *II Rois*, XVI, 5-18 pourrait avoir pour titre «la soumission d'Achaz à l'Assyrie et ses conséquences»[88]. Après les mentions des circonstances qui amenèrent Achaz à faire appel à l'Assyrie (vv. 5.6?.7), le texte signale d'abord les conséquences économiques et politiques de cette démarche (vv. 7.8.9), et ensuite développe les conséquences de nature cultuelle (vv. 10-18).

Encadrées par les deux mentions du roi d'Assyrie (vv. 10aα.18b), les vv. 10-18 se détachent cependant des vv. 5-9. Par ailleurs, les vv. 17-18 apparaissent comme une sorte d'appendice aux vv. 10-16, qui constituent une unité littéraire et logique complète. Vu l'obscurité des vv. 17-18, surtout du v. 18a, il est difficile de savoir exactement quels ont été les objets touchés par les mesures d'Achaz[89]. Cela dit, rien ne permet de conclure que ces mesures sont organiquement liées à la construction du nouvel autel, ni qu'elles avaient un but cultuel. Ce fut peut-être à cause de leur affinité thématique, à savoir leur rapport au Temple, que les vv. 17-18 ont été associés aux vv. 10-16.

L'origine et le but primitifs de *II Rois*, XVI, 10-16 (17-18) restent discutés. D'après H.-D. Hoffmann, ce récit serait l'œuvre d'un rédacteur sacerdotal postexilique, dont le but serait de montrer que, à l'occasion de la construction du nouvel autel, Achaz s'est conformé en tout point

astraux, peut-être d'origine assyrienne (voir par exemple, S. Iwry, *The Qumrân Isaiah and the End of the Dial of Ahaz*, dans BASOR, CXLVII, 1957, pp. 27-33). Cette construction repose sur des bases très fragiles. La lecture de 1QIs[a] ne s'impose pas (voir H. Wildberger, *Jesaja*, III, 1982, pp. 1442 et 1452-1453). A supposer qu'elle représente le texte primitif, cette lecture n'impliquerait pas nécessairement un rapport entre les *m'lwt* (*II Rois*, XX, 9-11 par. *Is.*, XXXVIII, 8) et les autels (*II Rois*, XXIII, 12). Par ailleurs, *'lyt 'ḥz* est probablement un ajout secondaire en *II Rois*, XXIII, 12 (voir J. Gray, *I & II Kings*, 1977, pp. 731 et 737); son but est d'établir un rapport spécial entre Achaz et les autels. Même dans sa forme actuelle, le texte impute les autels en question à l'initiative des rois de Juda en général.

[88] Voir H. Tadmor - M. Cogan, *Ahaz and Tiglath-pileser in the Book of Kings: Historiographic Considerations*, dans Bib., LX, 1979, p. 506 et H.-D. Hoffmann, *Reform and Reformen*, 1980, p. 141.

[89] Voir parmi d'autres, J.A. Montgomery, *The Books of Kings*, 1951, pp. 461-462 et 464; J.W. McKay, *Religion in Judah*, 1973, p. 9; J. Gray, *I & II Kings*, 1977, pp. 635 et 637-638; M.J. Mulder, *Was war die am Tempel gebaute «Sabbathalle» in Kön. 16, 18?*, dans *Von Kanaan bis Kerala. Festschrift J.P. M. Van der Ploeg* O.P. (AOAT, 211), Neukirchen-Vluyn, 1982, pp. 161-172.

aux normes cultuelles légitimes, qui ne sont rien d'autre que la législation sacerdotale postexilique[90]. Cette hypothèse rend certes compte, d'une part, des points de contact de *II Rois*, XVI, 10-16 avec la législation cultuelle sacerdotale[91] et, d'autre part, du ton serein de ce passage[92]. Mais elle soulève aussi des difficultés.

Cette hypothèse ne rend pas compte des vv. 17-18. Les mesures décrites par ces versets n'ayant probablement pas de but cultuel, il n'y a aucune raison de supposer qu'elles aient un rapport quelconque avec les normes cultuelles sacerdotales. L'hypothèse de H.-D. Hoffmann n'explique pas davantage les vv. 10-16. D'abord, au point de vue littéraire, il n'y a pas d'indices clairs de l'insertion secondaire des vv. 10-16 dans l'ensemble des vv. 5-18. Du point de vue logique, si le but de l'auteur de *II Rois*, XVI, 10-18 était de montrer le caractère exemplaire de la pratique cultuelle d'Achaz, pourquoi aurait-il souligné le rapport entre les mesures prises par Achaz et le roi d'Assur? D'ailleurs, est-il vraisemblable, d'une part, que le prétendu auteur sacerdotal postexilique ait attribué un rôle cultuel si important au roi[93] et, d'autre part, qu'il y ait vu une action exemplaire, et l'ait attribuée précisément à Achaz, alors que ce roi était déjà présenté de façon entièrement négative par l'histoire deutéronomiste?

C'est pourquoi l'hypothèse selon laquelle *II Rois*, XVI, 10-16 et *II Rois*, XVI, 17-18 reprendraient des sources historiques provenant soit des annales royales soit des archives du Temple[94] nous paraît préférable. Les affinités de *II Rois*, XVI, 10-16 avec la législation cultuelle sacerdotale s'expliqueraient tout simplement par le caractère cultuel du sujet traité. Cette source rapportait sans doute de façon assez objective les modifications faites par Achaz dans le Temple. En la reprenant et en l'insérant à sa place actuelle, un rédacteur a sans doute voulu ajouter une nouvelle illustration de la grande impiété dont Achaz est accusé aux vv. 2b-4[95]. On reconnaîtra cependant que cette tendance du rédacteur

[90] *Reform und Reformen*, 1980, pp. 143-145.

[91] Signalés par R. RENDTORFF, *Studien zur Geschichte des Opfers im Alten Israel* (WMANT, 24), Neukirchen-Vluyn, 1967, pp. 46-50.

[92] La sérénité du récit a été souvent signalée par les commentateurs. Voir, par exemple, R. KITTEL, *Die Bücher der Könige*, 1900, p. 270; A. ŠANDA, *Die Bücher der Könige*, II, 1912, p. 207; J.A. MONTGOMERY, *The Books of Kings*, 1951, pp. 459-460; J.W. MCKAY, *op. cit.*, p. 7; M. COGAN, *Imperialism and Religion*, 1974, pp. 74-75.

[93] *Cf.*, par exemple, *II Chr.*, XXVI, 16-21.

[94] Voir I. BENZINGER, *Die Bücher der Könige* (KHC), Freiburg i.B., 1899, pp. 170-172; R. RENDTORFF, *op. cit.*, p. 49; M. COGAN, *op. cit.*, p. 75, n. 45; H. SPIECKERMANN, *Juda unter Assur in der Sargonidenzeit*, 1982, p. 365.

[95] Voir J.W. MCKAY, *Religion in Judah*, 1973, p. 7; M. COGAN, *op. cit.*, p. 75, n. 45; H. SPIECKERMANN, *op. cit.*, pp. 365-366.

ne paraît pas avoir affecté sensiblement le récit lui-même, qui ne contient pas de traces de polémique.

Quoi qu'il en soit des incertitudes au sujet de l'origine de ces récits, les critiques admettent unanimement l'historicité foncière des faits qu'ils rapportent. L'accord ne règne plus dès qu'il s'agit de déterminer exactement le détail des transformations introduites par Achaz dans le Temple, notamment d'identifier l'autel qu'il a pris pour modèle.

De l'avis d'un grand nombre d'auteurs, le nouvel autel reproduit un autel assyrien qui venait d'être érigé par l'armée d'occupation dans la nouvelle capitale provinciale[96], ou un autel syrien qui aurait été adopté par l'Assyrie[97]. Comme l'ont bien montré J.W. McKay et M. Cogan, les indications obvies du texte s'opposent à l'hypothèse d'un modèle assyrien, puisque le nouvel autel est destiné à l'holocauste (*II Rois*, XVI, 13.15), pratique bien enracinée dans le monde syro-palestinien, mais qui n'a pas de parallèle dans le monde assyrien[98]. Par contre, l'hypothèse d'un modèle syrien, peut-être l'autel d'Hadad-Rimmon (*II Rois*, V, 18), proposée par d'autres, rend bien compte du type d'autel supposé par le culte que l'on y célèbre[99]. C'est aussi l'avis de l'auteur de *II Chr.*, XXVIII, 23, qui ne mentionne pas explicitement le nouvel autel, mais accuse Achaz d'avoir sacrifié aux dieux de Damas[100].

[96] Voir, parmi d'autres, R. KITTEL, *Die Bücher der Könige*, 1900, p. 270; Th. OESTREICHER, *Das deuteronomische Grundgesetz* (BFChrTh, 27/4), Gütersloh, 1923, p. 38; A.T. OLMSTEAD, *History of Palestine and Syria*, New York, 1931, p. 452; J.A. MONTGOMERY, *The Books of Kings*, 1951, pp. 459-460; H.H. ROWLEY, *Hezekiah's Reform and Rebellion*, dans BJRL, XLIV, 1962, p. 425; N. NOTH, *Geschichte Israels*, 1956³, pp. 240-241; J. BRIGHT, *A History of Israel*, 1972, p. 275.

[97] Voir M. WEINFELD, *op. cit.* dans UF, IV, 1972, p. 147. Salmanazar III a offert des sacrifices à Hadad à Alep; voir ANET, p. 278.

[98] J.W. MCKAY, *op. cit.*, pp. 6-7; M. COGAN, *Imperialism and Religion*, 1974, pp. 75-76; voir aussi A.L. OPPENHEIM, *Ancient Mesopotamia*, 1964, pp. 191-192; H.W.F. SAGGS, *Assyriology and the Study of the Old Testament*, Cardiff, 1969, pp. 19-22.

[99] Voir B. STADE, *Geschichte des Volkes Israel*, I, 1887, p. 598; A. ŠANDA, *Die Bücher der Könige*, II, 1912, pp. 201; A. PARROT, *Ninive et l'Ancien Testament*, 1953, p. 28; R. DE VAUX, *Institutions*, II, 1967, pp. 161 et 285; B. MAZAR, *The Aramaean Empire and its Relations with Israel*, dans BA, XXV, 1962, pp. 97-120, à la p. 111; G. FOHRER, *Geschichte der israelitischen Religion*, Berlin, 1969, p. 127; J.W. MCKAY, *op. cit.*, pp. 6-7; M. COGAN, *op. cit.*, pp. 73-77.

[100] Voir P.R. ACKROYD, *Historians and Prophets*, dans SEÅ, XXXIII, 1968, pp. 35-36; J.W. MCKAY, *op. cit.*, p. 6. D'après *II Chr.*, XXVIII, 20-23, Achaz aurait commis ce méfait lors d'un siège assyrien, dans le but d'obtenir l'aide des dieux de Damas dont il avait été la victime (*II Chr.*, XXVIII, 5a). Cette interprétation ne s'accorde pas avec ce que l'on connaît des circonstances historiques du règne d'Achaz. En effet, rien n'indique que ce roi ait subi un siège assyrien. Par ailleurs, si les circonstances de la construction du nouvel autel furent vraiment celles que suggère *II Rois*, XVI, 10-16, le but prêté à Achaz par *II Chr.*, XXVIII, 23a est invraisemblable, car les dieux de

Voyant un rapport immédiat entre le but présumé de la rencontre entre Achaz et Tiglath-phalazar III, à savoir la soumission d'Achaz[101] et, probablement, la célébration d'un traité entre l'Assyrie et Juda[102], et les travaux faits par Achaz dans le Temple de Jérusalem, la plupart des critiques pensent que ceux-ci étaient destinés à traduire la vassalité du royaume de Juda sur le plan des institutions religieuses et cultuelles. Imposées par le suzerain[103] ou librement décidées par Achaz pour s'attirer les bonnes grâces du roi d'Assyrie[104], les changements en question marqueraient l'entrée officielle des cultes assyriens, notamment du culte d'Assur, dans le Temple de Yahvé, et impliqueraient l'assyrianisation de la religion et du culte judéens.

En faveur de cette interprétation on invoque évidemment *II Rois*, XVI, 18b, qui dit explicitement que Achaz a agi «à cause du roi d'Assyrie» (*mpny mlk 'šwr*). Cette précision concerne sans doute exclusivement les vv. 17-18, lesquels, comme nous l'avons vu, se détachent nettement des vv. 10-16. En tout cas, cette précision s'applique parfaitement aux mesures décrites au v. 17, qui visaient très probablement à obtenir le bronze dont Achaz avait besoin pour payer l'aide assyrienne ou s'acquitter du tribut[105]. Les difficultés grammaticales, et peut-être aussi le caractère technique du vocabulaire, rendent le v. 18a très obscur. Il est donc difficile de savoir exactement quelles sont les mesures rapportées, quels objets elles ont touchés et quel était leur but[106].

Damas venaient de faire preuve de leur impuissance; ils n'ont pas pu protéger leur peuple dont le sort était alors plus misérable que celui de Juda; voir W.O.E. OESTERLEY and Th.H. ROBINSON, *A History of Israel*, I, London, 1932, p. 377; N.H. SNAITH, *The Books of Kings* (IB, III), Nashville, 1954, p. 275; J.W. MCKAY, *op. cit.*, p. 6.

101 Voir, par exemple, H.H. ROWLEY, *Hezekiah's Reform and Rebellion*, dans BJRL, XLIV, 1962, p. 425; J. BRIGHT, *A History of Israel*, 1972, p. 259; J. GRAY, *I & II Kings*, 1977, p. 635; H. SPIECKERMANN, *Juda unter Assur in der Sargonidenzeit*, 1982, pp. 364-369.

102 Voir *supra*, n. 6.

103 Aux auteurs cités supra, nn. 96 et 97, on peut ajouter H. SPIECKERMANN, *op. cit.*, pp. 364-369.

104 Voir R. KITTEL, *Die Bücher der Könige*, 1900, pp. 270-271; J. GRAY, *I & II Kings*, 1977, pp. 635-638.

105 Voir I. BENZINGER, *Die Bücher der Könige*, 1899, pp. 170-172; R. KITTEL, *Die Bücher der Könige*, 1900, pp. 271-272; N.H. SNAITH, *The Books of Kings*, 1954, p. 277; R. DE VAUX, *Institutions*, I, 1961, p. 159; II, 1967, p. 161; J.W. MCKAY, *Religion in Judah*, 1973, p. 9; M. COGAN, *Imperialism and Religion*, 1974, p. 74, n. 33; J. GRAY, *I & II Kings*, 1977, p. 637. A. ŠANDA propose d'ailleurs de transposer *mpny mlk 'šwr* à la fin du v. 17 (*op. cit.*, pp. 203-206; voir aussi J.A. MONTGOMERY, *The Books of Kings*, 1951, pp. 461-462). D'après *II Rois*, XXV, 13.16 et *Jér.*, LII, 17.20, certains parmi les objets mentionnés en *II Rois*, XVI, 17 se trouvaient encore dans le Temple lors de sa destruction, et auraient été pillés par les Babyloniens.

106 Voir *supra*, n. 89.

S'agit-il de mesures destinées à abolir certains privilèges royaux dans le Temple, et par là à effacer les marques d'indépendance du roi de Juda, comme on le suppose couramment[107]? Cette interprétation ne découle pas du texte lui-même, mais dépend de la conviction selon laquelle l'Assyrie imposait régulièrement aux rois vassaux des manifestations de leur soumission dans le cadre même de leurs cultes nationaux. Il nous paraît préférable de comprendre le v. 18a à la lumière du v. 17, et d'y voir des mesures ayant un but économique[108].

Les indications obvies de *II Rois*, XVI, 10-16 excluent que le nouvel autel construit par Achaz soit destiné à un quelconque culte assyrien[109]. Consacré à Yahvé et destiné à son culte, le nouvel autel ne fait que remplacer l'ancien dans le cadre du Temple. C'est Uriyya, un prêtre de Yahvé, qui reçoit la charge de construire le nouvel autel et de le desservir selon la stricte pratique yahviste, après un rituel de consécration lui aussi yahviste[110] accompli par le roi, qui était le patron légitime des institutions cultuelles judéennes[111]. L'histoire du nouvel autel, qui n'a pas été touché par les réformes d'Ézéchias et de Josias[112], et est resté probablement en usage jusqu'à la destruction du Temple par les Babyloniens[113], confirme son caractère irréprochable.

Tout en reconnaissant l'orthodoxie yahviste du nouvel autel, H. Spieckermann estime que sa construction est liée à l'introduction des divinités assyriennes dans le Temple de Jérusalem. D'après cet auteur, Achaz aurait réservé le vieil autel pour le culte des dieux assyriens auquel il était personnellement tenu, et aurait construit un nouvel autel, plus imposant que l'ancien, pour le culte yahviste. Ce faisant, Achaz aurait essayé de se plier le plus discrètement possible aux exigences religieuses assyriennes, qui le concernaient personnellement, de façon à ne pas mécontenter les pieux yahvistes[114].

[107] Voir A.T. OLMSTEAD, *A History of Palestine and Syria*, 1931, p. 452; M. NOTH, *Geschichte Israels*, 1956³, pp. 240-241; R. DE VAUX, *Institutions*, I, 1961, p. 159; II, 1967, p. 161; Th.A. BUSINK, *Der Tempel von Jerusalem von Salomo bis Herodes*, I, Leiden, 1970, p. 678; J. BRIGHT, *A History of Israel*, 1972, p. 275; J. GRAY, *I & II Kings*, 1977, p. 637.

[108] Voir R. KITTEL, *Die Bücher der Könige*, 1900, pp. 271-272; J.W. MCKAY, *Religion in Judah*, 1973, p. 9; M. COGAN, *Imperialism and Religion*, 1974, p. 74, n. 33; M.J. MULDER, *op. cit.*, dans *Festschrift J.P.M. Van der Ploeg*, 1982, pp. 161-172.

[109] Voir *supra*, n. 98.

[110] Voir J.W. MCKAY, *Religion in Judah*, 1973, p. 7.

[111] Voir R. DE VAUX, *Institutions*, I, 1961, pp. 174-177; II, 1967, p. 239.

[112] Voir M. COGAN, *Imperialism and Religion*, 1974, p. 75.

[113] A la veille de l'exil, le vieil autel de bronze se trouvait à la place où Achaz l'avait relégué (*Éz.*, IX, 2). Voir W. ZIMMERLI, *Ezechiel*, 1 (BK, XIII, 1), Neukirchen-Vluyn, 1969, p. 227; et aussi R. DE VAUX, *Institutions*, II, 1967, p. 285; M. COGAN, *op. cit.*, p. 75.

[114] H. SPIECKERMANN, *Juda unter Assur in der Sargonidenzeit*, 1982, pp. 366-369.

Cette interprétation de *II Rois*, XVI, 10-16 est sans aucun doute ingénieuse, mais elle n'emporte pas la conviction. H. Spieckermann invoque certes le v. 15b[115]. Étant donné son obscurité, la compréhension de ce demi-verset ne peut être que conjecturale. D'ailleurs, l'interprétation que H. Spieckermann propose de *II Rois*, XVI, 10-16 ne découle pas de son analyse de ce texte, mais dépend essentiellement de son hypothèse selon laquelle l'Assyrie imposait régulièrement le culte de ses divinités aux rois vassaux. De même que dans le cas du nouvel autel, le fait que le vieil autel n'a pas été touché par les réformes d'Ézéchias et de Josias indique qu'il ne servait pas aux cultes assyriens. Le fait qu'il soit resté à la place où l'a mis Achaz en dépit de la révolte d'Ézéchias et de l'effondrement définitif de l'empire assyrien s'oppose à l'idée que l'ancien autel ait jamais eu un rapport avec la vassalité à l'égard de l'Assyrie.

Tout paraît indiquer que, en construisant le nouvel autel, Achaz était mû par son zèle yahviste ou du moins par un souci de prestige. Les deux raisons ne s'excluent d'ailleurs pas. Achaz voulait avoir dans le Temple de Jérusalem un autel plus grand et plus imposant (v. 15) que le vieil autel salomonien qui avait été en usage jusqu'alors[116].

Cela dit, apparemment on en est venu à interpréter de façon négative toutes les mesures prises par Achaz à l'égard du Temple, et à en faire une illustration de son impiété. Étant donné la nature des mesures qu'il rapporte, d'ailleurs sans aucune polémique, le récit de *II Rois*, XVI, 10-16 paraît cependant fournir une mauvaise illustration de l'im-

[115] *Op. cit.*, pp. 367-368. Estimant qu'il est impossible d'en saisir le sens, H. SPIECKERMANN ne fait pas valoir l'expression *l[e] baqqér*, où l'on voit souvent une pratique assyrienne de divination; voir par exemple J.A. MONTGOMERY, *The Books of Kings*, 1951, p. 461 et J. GRAY, *I & II Kings*, 1977, p. 637.

[116] Voir B. STADE, *Geschichte des Volkes Israel*, I, p. 598; A. ŠANDA, *op. cit.*, pp. 201-202 parlent de raisons esthétiques. Voir aussi R. DE VAUX, *Institutions*, II, 1967, p. 285. J.W. MCKAY suggère l'hypothèse suivante: Achaz a été tenu de reproduire dans le Temple de Jérusalem l'autel d'Hadad Rimmon de Damas, parce que ledit autel avait joué un rôle dans la célébration du traité entre l'Assyrie et Juda. Sans pour autant avoir imposé les cultes assyriens, Tiglath-phalazar III aurait imposé le nouvel autel comme un gage de la vassalité politique et une sorte de symbole de la déchéance de Yahvé au rang de vassal d'Assur (*op. cit.*, pp. 8, 11 et 70). Cette suggestion ne nous semble pas à retenir: 1. certes, le but de la rencontre de Damas était probablement la célébration du traité. Le texte n'établit cependant aucun rapport entre le but de la rencontre, qui n'est même pas mentionné, et la construction de l'autel. 2. On ne sait pas si le protocole de la célébration d'un traité entre l'Assyrie et ses vassaux comprenait des rites exécutés sur un autel. 3. Si l'autel était un gage de la vassalité, Ézéchias, qui a secoué la vassalité, l'aurait détruit. Il est gratuit de conjecturer sa destruction, comme fait J.W. MCKAY (*op. cit.*, p. 18), puisque les récits concernant Ézéchias n'en parlent pas. *Éz.*, IX, 2 suppose d'ailleurs que ledit autel est resté en usage jusqu'à la destruction du Temple.

piété dont Achaz est accusé aux vv. 2b-4. De ce point de vue, les récits de *II Rois*, XVI, 1-20 semblent peu cohérents. Cela ressort également de la comparaison entre les vv. 5-9 et les vv. 2b-4. D'après leur contexte, les vv. 5-9 visent sans doute à montrer l'échec d'Achaz, en conséquence de son impiété. Après le jugement sans nuances des vv. 2b-4 on attendrait un échec complet. Le règne d'Achaz ne fut certes pas une grande réussite, mais il ne fut pas non plus un échec sur toute la ligne. Les coalisés syro-éphraïmites, dont l'attaque n'est pas explicitement présentée comme un châtiment divin, n'ont pas pu s'emparer de Jérusalem (*II Rois*, XVI, 5b; *Is.*, VII, 1b), et ont même essuyé un cuisant échec (*II Rois*, XVI, 9 et XV, 29)[117]. Certes, cette défaite leur fut infligée par l'Assyrie, dont Achaz a dû acheter l'intervention au prix des trésors du Temple et de ceux de son palais (*II Rois*, XVI, 8). Mais, cela n'a rien de spécialement humiliant. Le pieux Asa n'en fit-il pas autant, en achetant l'intervention de Ben-Hadad de Damas contre Basha d'Israël (*I Rois*, XV, 9-24)?[118] Le très pieux Ézéchias n'a-t-il pas dû lui aussi vider les trésors du Temple et ceux de son palais, voire dépouiller les portes du Temple de leur revêtement en métal, pour obtenir le retrait de Sennachérib, après que celui-ci se fut emparé de toutes les villes fortes de Juda (*II Rois*, XVIII, 13-16)?

Comment expliquer le jugement entièrement négatif que *II Rois*, XVI, 2b-4 porte sur Achaz?

Helga Weippert[119] et W.B. Barrick[120] ont montré que *II Rois*, XVI, 2b (*wl' 'śh hyšr b'yny yhwh 'lhyw*) et *II Rois*, XVI, 4 (*wyzbḥ wyqṭr bbmwt*) contiennent une variante d'une formule employée dans l'appréciation des rois de Juda, jugés en fonction de leur attitude à l'égard des cultes dans les *bāmôt*. Sauf ici, le premier élément de la formule exprime toujours un jugement favorable sur le roi lui-même (*wy'ś hyšr b'yny yhwh*)[121]; le second élément nuance en quelque sorte

[117] Au sujet du rapport entre *II Rois*, XV, 29 et XVI, 9, voir *supra*, cha. Ier, n. 71.

[118] *I Rois*, XV, 19 et *II Rois*, XVI, 8 ont en commun le terme *šoḥad*. Ce terme signifie habituellement «pot-de-vin». Il peut cependant avoir la connotation neutre de «compensation matérielle» (*Prov.*, VI, 35; XXI, 14; *Is.*, XLV, 13), ou même la connotation positive de «cadeau», expression du savoir-vivre (*Prov.*, XVII, 8). En *I Rois*, XV, 29, *šoḥad* a sans aucun doute le sens de cadeau qu'un peuple injustement agressé fait à un autre peuple pour l'amener à intervenir en sa faveur. Telle doit être aussi la connotation du terme en *II Rois*, XVI, 8. La Pesh. rend *šoḥad* en *II Rois*, XVI, 8 par *qwrbn'*, de nuance tout à fait positive.

[119] *Die «deuteronomistischen» Beurteilungen der Könige von Israel und Juda und das Problem der Redaktion der Königsbücher*, dans Bib., LIII, 1972, pp. 301-339.

[120] *On the «Removal of the 'High-Places'» in 1-2 Kings*, dans Bib., LV, 1974, pp. 257-259.

[121] *I Rois*, XV, 11; XXII, 43b; *II Rois*, XII, 3a; XIV, 3a; XV, 3a.34a; XVIII, 3.

ce jugement en émettant des réserves (*whbmwt l' srw* ou *rq|'k hbmwt l' srw 'wd h'm mzbḥym wmqṭrym bbmwt*[122]. *II Rois*, XVI, 2b.4a est donc le seul passage où la formule exprime un verdict entièrement négatif. L'impiété d'Achaz est fortement soulignée non seulement par la négation du premier élément de la formule, mais aussi par les changements introduits dans le second, où, au lieu des participes (*mzbḥym wmqṭrym*) ayant le peuple comme sujet, on trouve les *wayyiqtol* (*wyzbḥ wyqṭr*), dont le sujet est le roi lui-même[123].

Helga Weippert[124] et W. B. Barrick[125] attribuent la formule en question à un premier rédacteur des livres des *Rois* du temps d'Ézéchias. W. B. Barrick a encore souligné le fait que, aux yeux de ce rédacteur, la religion de Juda s'est dégradée progressivement pour atteindre son point le plus bas au temps d'Achaz. Au jugement entièrement défavorable sur Achaz et son comportement (*II Rois*, XVI, 2b-4) le rédacteur oppose cependant le jugement entièrement favorable sur Ézéchias et son œuvre cultuelle (*II Rois*, XVIII, 3-4)[126]. En écartant les *bāmôt*, qui avaient été une occasion constante d'infidélité de la part du peuple, voire du roi Achaz, Ézéchias réalise finalement l'idéal prôné par le rédacteur. L'histoire qu'il raconte trouve ainsi son dénouement. Aussi, à la différence de Helga Weippert, W. B. Barrick pense que la conclusion de la rédaction en question ne se trouve pas en *II Rois*, XVI, 2b.4, mais en *II Rois*, XVIII, 3-4[127].

Si l'hypothèse de W. B. Barrick est juste, ce qui nous paraît très probable, la rédaction en question apparaît comme une mise en valeur, voire une apologie, de la réforme d'Ézéchias[128]. Même si *II Rois*, XVI, 2b.4a et XVIII, 3-4 appartiennent à une rédaction postérieure au règne d'Ézéchias, comme le pense la plupart des critiques[129], il reste que

[122] *I Rois*, XV, 14a; XXII, 44; *II Rois*, XII, 4; XIV, 4; XV, 4.35a.

[123] Voir W. B. BARRICK, *op. cit.*, dans Bib., LV, 1974, pp. 257-259.

[124] *Op. cit.*, pp. 301-323 et 334-339.

[125] *Op. cit.*, pp. 257-259.

[126] *II Rois*, XVIII, 3-4a prend la contrepartie de *II Rois*, XVI, 2b.4a. Voir W. B. BARRICK, *op. cit.*, dans *Bib.*, LV, 1974, pp. 258-259.

[127] *Op. cit.*, pp. 257-259.

[128] Voir W. B. BARRICK, *op. cit.*, dans Bib., LV, 1974, pp. 257-259.

[129] Plusieurs datations ont été proposées selon les différentes hypothèses concernant l'histoire de la rédaction de l'œuvre deutéronomiste : milieu du VIe s. (voir M. NOTH, *Ueberlieferungsgeschichtliche Studien*, I, Halle (Saale), 1943, pp. 76 et 85, n. 6, dont la position reste courante; voir, par exemple, E. CORTESE, *Lo schema deuteronomistico per i re di Giuda e d'Israele*, dans Bib., LVI, 1975, pp. 37-52 et H.-D. HOFFMANN, *Reform und Reformen*, 1980, pp. 316-318), avant 580 av. J.-C. (voir W. DIETRICH, *Prophetie und Geschichte* (FRLANT, 108), Göttingen, 1972, p. 33; H. SPIECKERMANN, *Juda unter Assur in der Sargonidenzeit*, 1982, p. 364), enfin le temps de Josias (voir F. M. CROSS, *Canaanite Myth and Hebrew Epic. Essays in the History of the Religion of Israel*, Cambridge, Mass., 1973, pp. 274-289; J. ROSENBAUM, *Hezekiah's Reform and the Deuteronomistic*

le jugement entièrement négatif d'Achaz s'oppose au jugement entièrement positif d'Ézéchias. Bref, il nous semble que l'impiété d'Achaz est, du moins en grande partie, le création du rédacteur, qui veut trouver le revers négatif de la réforme d'Ézéchias[130].

b. *La présentation de II Chr., XXVIII. Achaz l'apostat.*

II Chr., XXVIII brosse un portrait d'Achaz encore beaucoup plus sombre que celui de *II Rois*, XVI. Le Chroniste reprend littéralement le jugement de *II Rois*, XVI, 2b.3a (*II Chr.*, XXVIII, 1b.2a)[131], et l'accusation portant sur les cultes dans les *bāmôt* (*II Chr.*, XXVIII, 4 comp. *II Rois*, XVI, 4). En écrivant le plur. *bnyw* au lieu du sg. *bnw*, *II Chr.*, XXVIII, 3b semble généraliser l'accusation contenue en *II Rois*, XVI, 3b[132]. A ce méfait, *II Chr.*, XXVIII, 3a associe celui des cultes dans la vallée de Ben-Hinnom. *II Chr.*, XXVIII, 2b ajoute une accusation portant sur des images pour les *b'lym*.

Le Chroniste impute encore à Achaz plusieurs autres méfaits : un culte rendu aux dieux de Damas (*II Chr.*, XXVIII, 23), destruction du mobilier et fermeture des portes du Temple, qui l'auraient mis hors d'état de servir (*II Chr.*, XXVIII, 24a, *cf.* aussi XXIX, 3.7). Achaz aurait donc abandonné le Temple (*II Chr.*, XXIX, 6) et, par conséquent, rompu avec le culte de Yahvé (*II Chr.*, XXIX, 7)[133]. Pour remplacer le Temple et le culte de Yahvé, Achaz fit construire des autels dans tous les coins de Jérusalem (*II Chr.*, XXVIII, 24b), et des *bāmôt* dans toutes les villes de Juda, pour y rendre un culte à des dieux étrangers (*II Chr.*, XXVIII, 25a).

D'après la présentation des livres des *Chroniques*, l'impie par excellence parmi les rois de Juda n'est pas Manassé, comme dans les livres des *Rois*, mais Achaz, dont l'apostasie fut totale[134]. Cette présentation

Tradition, dans HThR, LXXII, 1979, pp. 23-43; R.D. NELSON, *The Double Redaction of the Deuteronomistic History* (JSOT, Suppl. Series, 18), Sheffield, 1981).

[130] Voir H.-D. HOFFMANN, *Reform und Reformen*, 1980, pp. 140-141.

[131] *II Chroniques* omet *'lhyw* et change le sg. *bedèrèk* en plur.

[132] *Cf.* aussi *II Chr.*, XXXIII, 6aα comp. *II Rois*, XXI, 6aα.

[133] *II Chr.*, XXIX, 6-7 impute aux pères d'une façon générale la responsabilité de cet état de choses.

[134] De la comparaison entre *II Chr.*, XXVIII et XXXIII il ressort que la présentation d'Achaz est nettement plus négative que celle de Manassé. Contrairement à ce qui se passe dans le cas d'Achaz (comp. *II Rois*, XVI à *II Chr.*, XXVIII), le personnage de Manassé apparaît sous une lumière beaucoup plus favorable en *II Chr.*, XXXIII qu'en *II Rois*, XXI. Le Chroniste reprend à son compte les traits du tableau brossé par *II Rois* (comp. *II Rois*, XXI, 2-10 à *II Chr.*, XXXIII, 2-10), mais il n'en fait qu'une première étape dans la vie de Manassé, en grande partie rachetée ensuite par la «conversion» de ce roi et par la restauration religieuse qu'il a promue (*II Chr.*, XXXIII, 11-17). D'ailleurs, bien qu'elle fut grande, l'impiété de Manassé dans la première partie de son règne n'a pas

d'Achaz ne repose sur aucune information spéciale dont disposerait le Chroniste, mais dépend entièrement de l'interprétation que l'auteur donne du récit de *II Rois*, XVI, 10-18[135]. Historiquement invraisemblable[136], cette interprétation vise à établir une opposition entre Achaz et Ézéchias. Cette tendance, que nous avons déjà décelée en *II Rois*, XVI, 2b-4, est ici poussée à l'extrême. Cela dépend clairement de la vision que le Chroniste a de l'histoire de son peuple. En effet, dans les livres des *Chroniques*, le plus grand promoteur du culte yahviste parmi les successeurs de David et Salomon n'est pas Josias, mais Ézéchias. Voulant présenter l'œuvre religieuse d'Ézéchias comme une reprise absolue du culte yahviste, le Chroniste avait intérêt à attribuer à Achaz une apostasie également absolue[137].

Le Chroniste reprend certes les données de *II Rois*, XVI, mais il les transforme systématiquement en fonction de sa vision de l'histoire de son peuple. Ce faisant, il aboutit d'ailleurs à un récit sur le règne d'Achaz qui paraît plus cohérent que le récit correspondant en *II Rois*, XVI, et sans aucune des tensions que nous avons constatées dans ce dernier. Ainsi, les mesures à l'égard du Temple (*II Rois*, XVI, 10-18), qui paraissaient une mauvaise illustration de l'impiété d'Achaz (*II Rois*, XVI, 2b-4), deviennent en *II Chr.*, XXVIII, 23-25 la meilleure illustration de l'impiété sans égale de ce roi. Alors que, en *II Rois*, XVI, 5-9, le sort d'Achaz paraît plus favorable que ne le laisserait présager son impiété (*II Rois*, XVI, 2b-4), d'après *II Chr.*, XXVIII, le règne d'Achaz s'est soldé par l'échec complet que méritait la très grande impiété du roi. A cet effet, le Chroniste exagère l'échec d'Achaz tout aussi systématiquement que son impiété. Ainsi, l'attaque des coalisés syro-éphraïmites (*II Rois*, XVI, 5) devient deux invasions séparées qui, explicitement présentées comme le châtiment de Yahvé, se sont soldées par deux grandes défaites de Juda, et un grand nombre de morts et de prisonniers parmi les Judéens (*II Chr.*, XXVIII, 5-8). La perte d'Eilat (*II Rois*, XVI, 6) devient une invasion de Juda par les Édomites, qui remportèrent une victoire et firent des prisonniers (*II Chr.*, XXVIII, 17). Contrairement aux indications de *II Rois*, XVI, 7-9, la politique pro-

égalé celle d'Achaz. Manassé a construit des autels illégitimes dans le Temple (*II Chr.*, XXXIII, 4-5), y a même placé l'idole (*II Chr.*, XXXIII, 7), mais, à la différence d'Achaz, il n'a pas abandonné le sanctuaire de Yahvé.

[135] Voir W. RUDOLPH, *Chronikbücher*, 1955, pp. 291-293; Th. WILLI, *Die Chronik als Auslegung* (FRLANT, 106), Göttingen, 1972, p. 171; P. WELTEN, *Geschichte*, 1973, pp. 40-41; R.J. COGGINS, *The First and Second Books of the Chronicles* (CambBC), Cambridge, 1976, pp. 261-262.

[136] Voir W. RUDOLPH, *op. cit.*, pp. 291-293.

[137] Voir *infra*, chap. IIIe, pp. 88-99.

assyrienne d'Achaz aboutit à un échec complet. Ayant reçu les riches cadeaux judéens, Tiglath-phalazar, au lieu de se porter au secours d'Achaz, est plutôt venu l'attaquer (*II Chr.*, XXVIII, 16.20-21). Le Chroniste ajoute encore des conquêtes philistines dans la Shephéla et paraît se servir même des circonstances de l'ensevelissement pour insinuer le déshonneur posthume d'Achaz (*II Chr.*, XXVIII, 27)[138].

c. *Conclusions historiques.*

Contrairement à l'opinion assez répandue, rien ne permet de conclure que la vassalité de Juda à l'égard de l'Assyrie a entraîné l'assyrianisation de la religion judéenne, du moins au temps d'Achaz.

Cela dit, l'hégémonie assyrienne ne fut probablement pas sans conséquences pour la religion et le culte judéens. Le brassage de populations en Syrie et dans le nord de la Palestine à la suite de la colonisation assyrienne a sans doute favorisé une certaine uniformisation culturelle et l'apparition d'une culture assyro-araméenne[139], qui ne pouvait pas ne pas toucher les manifestations religieuses. Étant donné sa situation géographique et son statut politique, Juda se trouvait certes à la périphérie de ce courant d'assimilation culturelle, mais il pouvait difficilement échapper entièrement à son influence. C'est dans ce contexte qu'il faut sans doute replacer la construction à Jérusalem d'un autel de modèle syrien. Cet emprunt à l'étranger ne fut peut-être pas le seul ni un fait isolé.

Ce phénomène d'assimilation culturelle fut-il accompagné, à certains moments, d'une décadence de la religion yahviste en Juda? En ce qui concerne le règne d'Achaz, l'analyse de *II Rois*, XVI et *II Chr.*, XXVIII nous révèle que, si décadence de la religion yahviste il y eut, celle-ci fut certainement moins grave que ce qui peut paraître à la première lecture de ces récits. Cela dit, une certaine décadence du yahvisme étroitement liée à la situation de vassalité politique n'est peut-être pas à exclure. Étant donné la conjoncture internationale, on voit mal comment Juda aurait pu échapper à l'hégémonie assyrienne. Et pourtant il y eut des hommes en Juda, le prophète Isaïe en tête, qui virent dans la décision d'Achaz de s'en remettre à l'Assyrie un manque de confiance en Yahvé. Par ailleurs, l'acceptation de la suzeraineté assyrienne équi-

[138] Voir F. MICHAELI, *Les livres des Chroniques*, 1967, p. 220; R.J. COGGINS, *op. cit.*, p. 262.

[139] Voir W.F. ALBRIGHT, *From the Stone Age to Christianity*, New York, 1957², pp. 314-319; M. WEINFELD, *Deuteronomy and the Deuteronomic School*, Oxford, 1972, pp. 161-162; M. COGAN, *Imperialism and Religion*, 1974, pp. 88-96.

valait à la reconnaissance de la supériorité d'Assur, et à la soumission à ce dieu. Cette reconnaissance et cette soumission ne dépassaient peut-être pas le plus souvent le niveau des principes, mais en reléguant Yahvé à un rang secondaire, elles étaient en «contradiction radicale» avec «le principe fondamental du yahvisme»[140]. Les faits semblaient d'ailleurs confirmer cette subordination de Yahvé et son incapacité à protéger son peuple. Cette situation, qui était sans doute de nature à favoriser la désaffection pour Yahvé, du moins auprès des couches populaires, a pu amener certains Judéens à se tourner vers d'autres dieux locaux ou importés de l'étranger, et vers d'autres cultes[141].

[140] Voir F. DREYFUS, Compte rendu de J.W. MCKAY, *Religion in Judah*, 1973, dans RB, LXXXII, 1975, pp. 303-304, p. 304.

[141] Voir J.W. MCKAY, *Religion in Judah*, 1973, pp. 10-12, 59, 70-71 et 75; M. COGAN, *op. cit.*, pp. 88-96 et 113.

CHAPITRE TROISIÈME

LE RÈGNE D'ÉZÉCHIAS

1. Chronologie du règne d'Ézéchias.

A. **Les données du problème.**

De l'avis commun, la chronologie d'Ézéchias est parmi les plus difficiles à établir de toute l'histoire du royaume de Juda. Cela ne tient pas au manque d'indications chronologiques, qui sont particulièrement abondantes, mais plutôt au fait que celles-ci paraissent difficilement conciliables.

Les données du problème sont bien connues. D'une part, il y a les synchronismes avec l'histoire du royaume d'Israël : Ézéchias devint roi en la 3ᵉ année d'Osée (*II Rois*, XVIII, 1) ; le siège de Samarie commença en la 4ᵉ année d'Ézéchias, qui était la 7ᵉ année d'Osée (*II Rois*, XVIII, 9) ; finalement, la ville tomba en la 6ᵉ année d'Ézéchias, qui était la 9ᵉ année d'Osée (*II Rois*, XVIII, 10). Grâce à la chronologie assyrienne, on peut fixer la chute de Samarie en 722 av. J.-C. Le règne d'Ézéchias aurait donc débuté entre 729/727 ; ayant duré 29 ans (*II Rois*, XVIII, 2), il se serait terminé en 700/698.

D'autre part, il y a l'événement marquant du règne, à savoir l'expédition de Sennachérib en Juda, qui eut lieu en l'an 14 d'Ézéchias (*II Rois*, XVIII, 13). Cette datation est d'ailleurs confirmée par les quinze années de vie promises à Ézéchias lors de sa guérison, que le récit biblique associe à la délivrance lors de la menace de Sennachérib (*II Rois*, XX, 6). L'expédition de Sennachérib en Palestine ayant eu lieu en 701, le début du règne d'Ézéchias doit donc se situer 14 ans plus tôt, c'est-à-dire entre 716/714. Si Ézéchias a régné 29 ans (*II Rois*, XVIII, 2), son règne a dû durer jusqu'en 688/686.

Le problème se complique encore du fait que ni l'une ni l'autre de ces chronologies ne s'accordent avec la chronologie d'Achaz. En effet, si le règne d'Achaz a commencé en la 17ᵉ année de Peqah (*II Rois*, XVI, 1), dont le règne a duré 20 ans (*II Rois*, XV, 27), et si Achaz a régné 16 ans (*II Rois*, XVI, 2), ce dernier ne serait qu'en sa 12ᵉ année à la fin du règne d'Osée, qui n'a duré que 9 ans (*II Rois*, XVII, 1). D'une part, contrairement aux synchronismes de *II Rois*, XVIII, 1.9-10, il n'y aurait pas de place pour le règne d'Ézéchias au temps d'Osée. D'autre part, en termes absolus, le règne d'Achaz aurait duré jusqu'en 719-717, date sensiblement antérieure à celle de l'avènement d'Ézéchias supposée par *II Rois*, XVIII, 13.

Sans prétendre entrer dans tous les détails de la discussion, nous passerons en revue les différentes solutions qui ont été proposées. Celles-ci sont évidemment liées à la solution que l'on apporte au problème plus vaste de l'ensemble de la chronologie des rois de Juda et d'Israël, particulièrement à partir d'Ozias et de Peqah [1]. En ce qui concerne le règne d'Ézéchias, les critiques se partagent entre ceux qui privilégient l'une des séries de données chronologiques à l'exclusion de l'autre et ceux qui s'efforcent de concilier les deux séries de données apparemment contradictoires [2]. On peut donc rassembler les différentes solutions proposées par la critique en trois groupes.

B. **Le règne d'Ézéchias entre 729/727 – 700/698.**

Accordant la primauté aux synchronismes entre Ézéchias et Osée, un grand nombre de critiques tient ceux-ci pour le point fixe de la chronologie d'Ézéchias. Vu les différentes opinions au sujet du moment du nouvel an — nisan ou tishri — ainsi que du système adopté dans le comput des années de règne — antidatation ou postdatation — le début du règne d'Ézéchias est alors placé quelque part entre 729 et 727 et sa fin entre 700 et 698 [3].

Dans cette perspective l'indication chronologique de *II Rois*, XVIII, 13 est soit écartée de la discussion soit interprétée, voire corrigée, de façon à l'aligner sur les synchronismes de *II Rois*, XVIII, 1.9-10. Ainsi, une partie de la critique estime que la mention de l'an 14 en *II Rois*, XVIII, 13 n'est pas primitive, mais résulte plutôt d'un calcul dépendant de *II Rois*, XVIII, 2 et *II Rois*, XX, 6. Ayant soustrait des 29 années de règne les 15 années de vie promises à Ézéchias lors de sa guérison, un rédacteur, qui croyait que cette guérison et l'expédition de Senna-

[1] Pour une présentation rapide des principales chronologies qui ont été proposées et une bibliographie sur la question, voir J.H. HAYES and J.M. MILLER (éds), *Israelite and Judaean History* (OTL), London, 1977, pp. 678-683.

[2] Voir, par exemple, l'état de la question donné par H.H. ROWLEY, *Hezekiah's Reform and Rebellion*, dans BJRL, XLIV, 1962, pp. 409-414.

[3] A la liste des partisans de cette solution donnée par H.H. ROWLEY, *op. cit.*, pp. 409-410, n. 12, on peut ajouter C. SCHEDL, *Textkritische Bemerkungen zu den Synchronismen der Könige von Israel und Juda*, dans VT, XII, 1962, pp. 112-119; A. JEPSEN, *Zur Chronologie der Könige von Israel und Juda*, dans BZAW, 88, Berlin, 1964, pp. 29-33, 40 et 45; V. PAVLOVSKÝ - E. VOGT, *Die Jahre der Könige von Juda und Israel*, dans Bib., XLV, 1964, pp. 321-347, aux pp. 328 et 343; A.K. JENKINS, *Hezekiah's Fourteenth Year*, dans VT, XXVI, 1976, pp. 284-298.

chérib avaient eu lieu au même moment, a conclu que ces événements étaient arrivés en la 14e année d'Ézéchias. Ce rédacteur a donc remplacé l'indication temporelle vague qui introduisait la notice de l'expédition de Sennachérib par ce qu'il croyait en être la date précise. Ce calcul est cependant dépourvu de toute valeur historique, et il n'y a pas lieu d'en tenir compte, car rien ne permet d'affirmer que l'épisode de la maladie-guérison d'Ézéchias se situe au même moment que l'expédition de Sennachérib[4].

Par contre, une autre partie de la critique tient l'indication chronologique de *II Rois*, XVIII, 13 pour littérairement primitive, historiquement juste et conciliable avec les données fournies par *II Rois*, XVIII, 1.9-10. D'après certains critiques, cette date appartenait primitivement au récit de la maladie-guérison d'Ézéchias, événement qui aurait eu lieu en 714-713, mais qui a été placé en tête de l'ensemble des récits de *II Rois*, XVIII, 13-XX, 19 par un rédacteur qui croyait, à tort, que tous les événements rapportés par ces récits étaient arrivés la même année[5]. Pour d'autres, l'indication chronologique se trouve à sa place primitive et se rapportait vraiment à une expédition assyrienne : au temps de Sargon II entre 714-711, pour certains[6], au temps de Sennachérib en 701, pour la plupart; ces derniers se croient toutefois obligés de corriger le chiffre 14 en vue de l'harmoniser avec les synchronismes de *II Rois*, XVIII, 1.9-10[7].

Bien que les synchronismes de *II Rois*, XVIII, 1.9-10 posent beaucoup de problèmes, les partisans du type de solution que nous venons d'évoquer ont sans doute raison de les prendre au sérieux. Cela dit, ces critiques n'expliquent pas de façon convaincante l'autre série de données chronologiques. En effet, aussi bien l'hypothèse selon laquelle la mention de la 14e année en *II Rois*, XVIII, 13 est le résultat d'un calcul secondaire que l'hypothèse qui consiste à rapporter cette date à la maladie-guérison d'Ézéchias reposent essentiellement sur la conviction que les quinze années de vie promises au roi constituent un élément

[4] Voir *infra*, chap. Xe, n. 16.

[5] A. KLOSTERMANN, *Die Bücher Samuelis und der Könige* (SZ, A/3), Nördlingen, 1887, p. 458; H. SCHMIDT, *Die grossen Propheten* (SAT, II, 2), Göttingen, 1915, pp. 10-15; N.H. SNAITH, *The Books of Kings*, 1954, p. 292; C. SCHEDL, *op. cit.*, pp. 89-101, 107-110 et 112-119; V. PAVLOVSKÝ - E. VOGT, *op. cit.*, p. 343; F.X. RODRIGUEZ MOLERO, *Los dos Libros de los Reyes* (La Sagrada Escritura, A.T., 2), Madrid, 1968, p. 726, n. 7; H. TADMOR & M. COGAN, *Hezekiah's Fourteenth Year : The Kings Illness and the Babylonian Embassy*, dans ErIs, XVI, 1982, pp. 198-201.

[6] Voir *supra*, chap. IIe, n. 53 et 54.

[7] Le chiffre actuel de 14 résulterait d'une modification, par corruption ou correction. Voir H.H. ROWLEY, *op. cit.*, dans BJRL, XLIV, 1962, pp. 411-412. L'auteur y donne une liste de partisans de cette correction.

primitif du récit de *II Rois*, XX, 1-11. Or, l'analyse de ce récit nous paraît révéler qu'il n'en est rien, et que cet aspect de la promesse, comme d'ailleurs l'ensemble de *II Rois*, XX, 6, est littérairement secondaire[8]. Les partisans de la première hypothèse ont certes raison de voir un rapport de dépendance entre *II Rois*, XVIII, 13, d'une part, et *II Rois*, XX, 6, de l'autre. Le sens de la dépendance est cependant à l'opposé de celui que l'on suppose habituellement; c'est-à-dire la promesse des quinze années de vie, qui est un élément secondaire dans le récit de *II Rois*, XX, 1-11, doit dépendre de la mention de la 14e année[9], qu'aucune raison sérieuse ne permet de tenir pour littérairement secondaire. Il y a certes un calcul fait par un rédacteur, mais le résultat de ce calcul se trouve en *II Rois*, XX, 6 et non pas en *II Rois*, XVIII, 13[10]. Du même coup, l'hypothèse selon laquelle la 14e année mentionnée en *II Rois*, XVIII, 13 serait primitivement la date de la maladie-guérison d'Ézéchias perd son seul appui. En effet, sans le point de repère des quinze années de vie promises à Ézéchias, il est gratuit de dater sa guérison de la 14e année de son règne; à plus forte raison, il est gratuit de supposer sans aucune raison d'ordre littéraire que cette date introduisait primitivement le récit de la maladie-guérison d'Ézéchias.

A son tour, l'essai de dissocier l'un des récits de *II Rois*, XVIII, 13-XIX, 37 de l'expédition de Sennachérib en 701 pour l'associer à l'expédition du Turtanu de Sargon II en 712 n'est qu'une conjecture. On peut en dire autant des corrections que l'on a proposées du chiffre 14 en *II Rois*, XVIII, 13, qui n'ont aucun appui dans la tradition textuelle. La diversité des chiffres avancés, à savoir 27, 26, 19 et, plus couramment, 24[11] trahit d'ailleurs le caractère arbitraire des corrections.

C. **Le règne d'Ézéchias entre 716/714 - 688/686 ou 697/696.**

A l'opposé des opinions que nous venons de recenser, une série de critiques établit la chronologie d'Ézéchias à partir de *II Rois*, XVIII, 13 sans tenir compte des synchronismes de *II Rois*, XVIII, 1.9-10. Ézéchias aurait donc commencé à régner entre 716/714. Tandis que la plupart des partisans de cette solution, prenant au sérieux l'indication sur les 29 années de règne (*II Rois*, XVIII, 2), pensent qu'Ézéchias a régné jusqu'en 688/686[12], d'autres rejoignent pratiquement les tenants

[8] Voir *infra*, chap. VIIIe, pp. 335-336.

[9] Voir *infra*, chap. VIIIe, p. 336.

[10] Voir A. DILLMANN, *Der Prophet Jesaja* (KeH, V), Leipzig, 1890[5], p. 333; E. KOENIG, *Das Buch Jesaja*, Gütersloh, 1926, pp. 328-329.

[11] Voir *supra*, n. 7.

[12] Voir E.R. THIELE, *The Chronology of the Kings of Judah and Israel*, dans JNES, III, 1944, pp. 137-186; ID., *The Mysterious Numbers of the Hebrew Kings. A Reconstruc-*

de l'autre type de solution en situant la fin du règne en 697/696[13]. Tous s'accordent pour tenir les synchronismes entre Ézéchias et Osée pour historiquement erronés.

Voici les principales données de l'imbroglio actuel concernant les chronologies des rois d'Israël et de Juda à partir respectivement de Peqah et d'Ozias/Azarias, du moins d'après le TM.

En ce qui concerne Israël, Peqah a commencé son règne de 20 ans en la 52e et dernière année d'Ozias/Azarias (*II Rois*, XV, 27; *cf.* aussi *II Rois*, XV, 2); en la 20e année de Yotam, Osée commence son règne de 9 ans (*II Rois*, XV, 30 et XVII, 1). En ce qui concerne Juda, Yotam a commencé son règne de 16 ans à partir de la 17e année de Peqah (*II Rois*, XVI, 1.2); finalement, en la 3e année d'Osée, Ézéchias accède au trône de Jérusalem pour un règne de 29 ans (*II Rois*, XVIII, 1-2.9-10).

Les incohérences de cette chronologie sautent aux yeux. Voici les plus frappantes: alors que Yotam n'aurait régné que 16 ans (*II Rois*, XV, 33), on parle de sa 20e année de règne (*II Rois*, XV, 30); le début du règne d'Osée est situé à la fois en la 20e année de Yotam (*II Rois*, XV, 30) et en la 12e année d'Achaz (*II Rois*, XVII, 1). Si Yotam a régné seulement 16 ans, et si sa 16e année de règne correspond à la 17e année de règne de Peqah, qui est la date de l'accession d'Achaz, ce dernier n'était qu'en sa 12e année de règne à la fin des 9 ans de règne d'Osée; si Yotam a régné 20 ans, et si Achaz lui a succédé, ce dernier n'était qu'en sa 8e année de régne à la fin du règne d'Osée. Dans l'un comme dans l'autre cas, il n'y aurait pas de place pour le règne d'Ézéchias au temps d'Osée (*II Rois*, XVIII, 1.9-10) ni pour l'accession d'Osée en la 12e année d'Achaz (*II Rois*, XVII, 1). La comparaison entre les données chronologiques relatives à Achaz et à Ézéchias pose encore le problème du trop

tion of the Chronology of the Kingdoms of Israel and Judah, Chicago, 1951, pp. 99-166; ID., *A Comparison of the Chronological Data of Israel and Judah*, dans VT, IV, 1954, pp. 185-195; ID., *The Synchronisms of the Hebrew Kings — A Reevaluation: II*, dans AUSS, II, 1964, pp. 120-136; ID., *Pekah to Hezekiah*, dans VT, XVI, 1966, pp. 83-103; ID., *The Azariah and Hezekiah Synchronisms*, dans VT, XVI, 1966, pp. 103-107; ID., *Coregencies and Overlapping Reigns*, dans JBL, XCIII, 1974, pp. 174-200; ID., *An Additional Chronological Note on « Yaw, Son of Omri »*, dans BASOR, CCXXII, 1976, pp. 19-23; W.F. ALBRIGHT, *The Chronology of the Divided Monarchy of Israel*, dans BASOR, C, 1945, pp. 16-22; ID., *The Original Account of the Fall of Samaria in II Kings*, dans BASOR, CLXXIV, 1964, pp. 66-67; S.H. HORN, *The Chronology of King Hezekiah's Reign*, dans AUSS, II, 1964, pp. 40-52; J. MCHUGH, *The Date of Hezekiah's Birth*, dans VT, XIV, 1964, pp. 446-453; J. BRIGHT, *A History of Israel*, 1972, p. 277; B. ODED, *The Kingdom of Judah during the Reign of Hezekiah*, dans J.H. HAYES and J.M. MILLER (éds), *Israelite and Judaean History*, 1977, pp. 441-451.

[13] Voir S. MOWINCKEL, *Die Chronologie der israelitischen und judäischen Könige*, dans ActOr., X, 1932, pp. 161-277, aux pp. 165 et 213-219; K.T. ANDERSEN, *Die Chronologie von Israel und Juda*, dans StTh, XXIII, 1969, pp. 67-112, aux pp. 98-108.

jeune âge d'Achaz à la naissance de son fils Ézéchias. En effet, si Achaz avait 20 ans à son avènement et s'il a régné 16 ans (*II Rois*, XVI, 2), il avait 36 ans à la fin de son règne. Cela supposerait donc que Ézéchias, qui avait 25 ans à son avènement (*II Rois*, XVIII, 2), était né alors que son père n'était âgé que de 11 ans.

Si l'on essaie de transposer ces chronologies relatives en termes de chronologie absolue les résultats sont tout aussi troublants. En effet, si l'on date la fin du règne d'Ozias/Azarias de 740/739, comme on le fait assez généralement, le remplacement de Peqah par Osée se situerait en 720/719; la fin du règne d'Osée ainsi que la chute de Samarie dateraient de 711/710. Ces dates contredisent les données sûres de la chronologie assyrienne, qui permettent de situer ces événements une douzaine d'années plus tôt, respectivement en 732/731 et entre 723/721. Selon que l'on compte 16 ou 20 ans de règne, Yotam aurait régné jusque vers 724/723 ou 720/719; Achaz et Ézéchias auraient régné respectivement jusque vers 708/707 ou 704/703 et 679/674. De nouveau, ces dates sont certainement trop basses d'une douzaine d'années. En effet, Achaz régnait à Jérusalem au plus tard en 732/731; étant en sa 14e année lors de l'expédition palestinienne de Sennachérib en 701, Ézéchias a dû commencer son règne entre 716/714.

Parmi les différentes explications de l'imbroglio actuel, relevons celle qui est proposée par E. R. Thiele[14]. D'après cet auteur, tout s'expliquerait par le fait d'une double datation du règne de Peqah dont les éditeurs de *II Rois* n'avaient pas connaissance. La 52e année d'Ozias/Azarias dont il est question en *II Rois*, XV, 27 se rapporte au début du règne de Peqah comme seul roi d'Israël à Samarie après qu'il eut éliminé Peqahyah. Ce moment ne constitue cependant pas le début absolu du règne de Peqah. En réalité Peqah aurait régné depuis la 39e année d'Ozias/Azarias, c'est-à-dire depuis 752/751, sur une partie d'Israël, probablement le Galaad. Les douze premières années de règne de Peqah ont donc été contemporaines de la totalité des règnes de Menahem et de Peqahyah. Si l'on compte les 20 années de Peqah à partir du moment où il a pris le pouvoir en concurrence avec Menahem, c'est-à-dire en 752/751, toute la chronologie de cette période se met en place : les 20 années de Peqah et les 9 années d'Osée nous mènent respectivement en 732/731 et 723/722, les dates supposées par la chronologie assyrienne.

Associé au pouvoir par son père Ozias/Azarias en la 2e année de

[14] Voir les nombreux travaux de l'auteur cités *supra*, n. 12.

Peqah, c'est-à-dire en 751/750, Yotam aurait régné effectivement pendant 16 ans, c'est-à-dire jusqu'en 736/735. A partir de 736/735 la direction des affaires de l'État judéen serait passée entre les mains d'Achaz; Yotam est cependant resté associé au pouvoir d'une façon ou d'une autre jusqu'à sa mort en 732/731, ce qui expliquerait la mention de sa 20e année de règne en *II Rois*, XV, 30. Par ailleurs, bien que Achaz ait détenu le pouvoir depuis 736/735, la durée de son règne n'a été comptée qu'à partir de la mort de son père Yotam en 732/731. Les 16 années d'Achaz nous mènent donc en 716/715, date de l'avènement d'Ézéchias, qui a régné jusqu'en 687/686.

Ignorant le double commencement du règne de Peqah, les éditeurs de *II Rois* ne pouvaient compter la durée de ce règne qu'à partir du moment où Peqah est devenu seul roi d'Israël en 740/739. Ce faisant, ces éditeurs ont décalé d'une douzaine d'années l'ensemble de la chronologie de cette période. Conscients cependant du fait que, en ce qui concerne les règnes d'Achaz et d'Ézéchias, cette chronologie était trop basse, les éditeurs de *II Rois* ont voulu la rétablir. Ignorant toutefois la raison du décalage, ces éditeurs ont simplement transposé les règnes d'Ézéchias et d'Achaz douze ans en arrière, laissant le reste inchangé. De la sorte, ils ont créé les synchronismes entre Ézéchias et Osée (*II Rois*, XVIII, 1.9-10), dont les règnes n'ont été contemporains à aucun moment, et le synchronisme entre l'accession d'Osée et la 12e année d'Achaz (*II Rois*, XVII, 1), alors que le début officiel du règne d'Achaz et l'accession d'Osée ont eu lieu la même année.

E. R. Thiele conclut donc que les synchronismes de *II Rois*, XVII, 1 et XVIII, 1.9-10 sont dépourvus de toute valeur historique. Il n'y a donc pas lieu d'en tenir compte lorsqu'il s'agit notamment d'établir la chronologie d'Ézéchias. La seule donnée chronologique du règne d'Ézéchias qui soit historiquement valable est fournie par la datation de l'expédition de Sennachérib en la 14e année d'Ézéchias.

Les partisans de ce type de solution ont sans aucun doute raison de prendre au sérieux, d'une part, l'indication chronologique fournie par *II Rois*, XVIII, 13 et, d'autre part, les difficultés posées par les synchronismes entre Ézéchias et Osée et entre Osée et Achaz. Leurs explications de ces synchronismes n'emportent cependant pas la conviction. Certes, ces synchronismes ne proviennent peut-être pas de pièces d'archives, mais plutôt de la plume d'un rédacteur. Il reste cependant à prouver qu'ils sont la création d'un rédacteur et dépourvus de valeur historique. Contrairement à l'opinion de E. R. Thiele, il nous paraît peu probable que le rédacteur ait créé les synchronismes entre Ézéchias et Osée en vue de corriger une chronologie qu'il savait erronée.

Ne serait-ce pas trop demander au sens historique du rédacteur? D'ailleurs, si, comme le suppose E. R. Thiele, le rédacteur était bien renseigné sur les règnes d'Ézéchias et d'Achaz, on est en droit de penser qu'il savait lequel des deux rois avait été le contemporain d'un événement aussi important que la fin du royaume du Nord. Est-il donc vraisemblable que ce rédacteur se soit trompé en plaçant cet événement, du moins implicitement, au temps d'Ézéchias?[15]. La reprise de la notice concernant la chute de Samarie à l'intérieur des récits relatifs au règne d'Ézéchias, unique en son genre, n'obéit certes pas avant tout à un souci historique; elle est plutôt destinée à établir un contraste entre le sort de Samarie et celui de Jérusalem, et par là à illuster la réussite du pieux Ézéchias[16]. Cela dit, rien n'indique que les synchronismes si précis entre Ézéchias et les derniers événements du royaume du Nord ont été créés de toutes pièces, sans aucun fondement dans la réalité historique.

D. **Ézéchias corégent entre 729/727 - 716/714 et seul roi entre 716/714 - 700/698.**

Finalement, une troisième série de critiques suppose un double commencement du règne d'Ézéchias, qui sert de point de départ à deux chronologies différentes de ce règne. Dans cette hypothèse, Ézéchias a été d'abord corégent avec son père et est devenu ensuite seul roi de Juda après la mort d'Achaz. Tandis que les synchronismes avec Osée (*II Rois*, XVIII, 1.9-10) se rapportent au début de sa corégence en 729/727, la 14e année mentionnée en *II Rois*, XVIII, 13 est calculée à partir du moment où Ézéchias est devenu seul roi de Juda en 716/714[17].

Les partisans de ce type de solution expliquent le décalage entre la date supposée par *II Rois*, XVI, 1-2 pour la fin du règne d'Achaz, à savoir 720/718, et la date supposée par *II Rois*, XVIII, 13 pour l'avènement d'Ézéchias, à savoir 716/714, au moyen d'une corégence d'Achaz avec Yotam. Comme E. R. Thiele, ces auteurs concluent de la double durée du règne de Yotam, à savoir 16 (*II Rois*, XV, 33) et 20 ans (*II Rois*, XV, 30), à l'existence d'une corégence d'Achaz avec son père.

[15] Voir H. H. ROWLEY, *op. cit.*, dans BJRL, XLIV, 1962, pp. 410-411.

[16] Voir *infra*, chap. VIIIe, p. 339.

[17] L'hypothèse d'une corégence entre Ézéchias et Achaz a eu ses défenseurs dès le début du siècle. A la liste d'auteurs donnée par H. H. ROWLEY, *op. cit.*, dans BJRL, XLIV, 1962, p. 410, n. 12, on peut ajouter S. H. HORN, *The Chronology of King Hezekiah's Reign*, dans AUSS, II, 1964, pp. 40-52; H. CAZELLES, *Une nouvelle stèle d'Adad-nirâri d'Assyrie et Joas d'Israël*, dans CRAI, 1969, p. 116, n. 36; J. GRAY, *I & II Kings*, 1977, pp. 60, 67-68, 73-74, 669 et 672-673.

Achaz est devenu corégent en la 16e année de Yotam, qui était la 17e année de Peqah (*II Rois*, XVI, 1), c'est-à-dire en 736/735. A la mort de Yotam en sa 20e année de règne (*II Rois*, XV, 30), c'est-à-dire en 732/731, Achaz a pris seul le pouvoir. Comptées à partir de ce moment-là les 16 années du règne d'Achaz (*II Rois*, XVI, 2) se terminent justement en 716/715. Dans cette hypothèse, le problème du jeune âge d'Achaz, à savoir 11 ans, à la naissance de son fils Ézéchias peut perdre de sa gravité. En effet, si l'indication concernant les 20 ans (*II Rois*, XVI, 2) se rapporte au début de sa corégence, Achaz aurait vécu 40 ans; par conséquent, il aurait pu avoir 15 ans au moment de la naissance d'Ézéchias.

En admettant deux chronologies du règne d'Ézéchias, cette solution a le grand mérite de faire justice aux deux séries de données, qui semblent irréductibles. Tout en reconnaissant qu'elle ne résout pas tous les problèmes, cette solution nous paraît la plus probable.

On se demandera pourquoi y a-t-il deux chronologies au lieu d'une seule ayant pour point de départ l'avènement d'Ézéchias comme seul roi de Juda. Pourquoi a-t-on établi la chronologie officielle à partir du début de la corégence? Enfin, pourquoi les synchronismes d'Ézéchias avec Osée et les derniers événements du royaume du Nord alors que, à ce moment-là, Achaz régnait encore officiellement à Jérusalem?[18]. A ces questions nous ne pourrons évidemment répondre que par des conjectures. L'établissement de la chronologie officielle à partir du début de la corégence n'aurait-il pas été commandé par le souci de placer les derniers événements du royaume du Nord au temps d'Ézéchias? Dans ce sens, on peut invoquer la présence exceptionnelle de la notice sur la chute de Samarie ainsi que la fonction de cette notice dans les récits consacrés à Ézéchias, à savoir de marquer le contraste entre le sort de Samarie et celui de Jérusalem, et par là de mettre en lumière la réussite du pieux Ézéchias. Dans la perspective des rédacteurs dtr, aucun événement en Juda, sous le règne d'Achaz, n'était de nature

[18] Il faut signaler la lecture de *II Rois*, XVIII, 10 dans le ms. lucianique c2. Contre tous les autres témoins textuels, ce ms. situe la chute de Samarie en la 10e année d'Achaz. Dans son contexte actuel, la lecture de c2 est incohérente; voir J. D. SHENKEL, *Chronology and Recensional Development in the Greek Text of Kings* (Harvard Semitic Monographs, I), Cambridge, Mass., 1968, p. 31; W. R. WIFALL, *The Chronology of the Divided Monarchy of Israel*, dans ZAW, LXXX, 1968, pp. 319-337, à la p. 328, n. 23. Il y a cependant lieu de se demander si c2 ne contient pas le vestige d'une chronologie qui datait les derniers événements du royaume du Nord par rapport au règne d'Achaz. Cette chronologie n'exclut pas nécessairement l'association d'Ézéchias au pouvoir en 722 ni les synchronismes d'Ézéchias avec Osée.

à être opposé à la chute de Samarie[19]. Ces rédacteurs n'auraient eu d'ailleurs aucune raison — bien au contraire! — de mettre en lumière une quelconque réussite d'Achaz qu'ils jugent impie. Il en était tout autrement d'Ézéchias, dont la grande piété avait été récompensée par la délivrance de Jérusalem du danger assyrien. L'intérêt que les rédacteurs dtr portent à Ézéchias expliquerait peut-être le choix d'une chronologie qui leur permettait d'opposer la délivrance dont bénéficia Jérusalem, grâce à la piété d'Ézéchias, à la fin tragique que connut Samarie, faute d'avoir écouté la voix de Yahvé.

Établie à partir de l'avènement d'Ézéchias comme seul roi, l'autre chronologie, dont témoigne *II Rois*, XVIII, 13, est étrangère aux préoccupations qui ont commandé le choix de la chronologie officielle. Malgré son désaccord avec la chronologie officielle, cette chronologie n'a pas été éliminée de la notice de l'invasion de Sennachérib (*II Rois*, XVIII, 13-16).

2. Réalisations matérielles d'Ézéchias.

A. **Grands travaux en vue de l'approvisionnement de Jérusalem en eau.**

Au temps d'Ézéchias on a entrepris de grands travaux à Jérusalem en vue du renforcement, et peut-être aussi de l'agrandissement de la ville[20].

Les réalisations matérielles d'Ézéchias les mieux connues, et aussi les plus impressionnantes sinon les plus importantes, sont ses ouvrages hydrauliques. En tout premier lieu il faut mentionner le long tunnel percé sous la colline du sud-est, communément dite de l'Ophel[21], ainsi que le réservoir aménagé au débouché dudit tunnel à l'emplacement de l'actuelle «piscine de Siloé» dans la partie inférieure de la vallée centrale, dite du Tyropéôn[22].

Destinée avant tout à célébrer la grandeur de l'exploit technique, l'inscription du tunnel de Siloé, sur laquelle on ne lit aucun nom propre

[19] Le fait que Jérusalem n'a pas été prise par les syro-éphraïmites est présenté plutôt comme un échec des coalisés (*II Rois*, XVI, 5b; cf. aussi *Is.*, VII, 1).

[20] *II Rois*, XX, 20; *II Chr.*, XXXII, 3-5.30; *Sir.*, XLVIII, 17 et *Is.*, XXII, 8b-11.

[21] D'après l'inscription trouvée à son débouché, le tunnel a une longueur de 1 200 coudées. Sur la base d'une coudée valant 0,45 m; on obtient une longueur de 540 m. En réalité, le tunnel mesurait environ 533 m. L.-H. Vincent et A.-M. Stève, *Jérusalem*, I, 1954, pp. 271-272.

[22] D. Ussishkin a proposé l'hypothèse d'un tunnel primitif plus court dont le débouché se trouverait sur le flanc oriental de l'Ophel; *The Original Length of the Siloam Tunnel*, dans *Levant*, VIII, 1976, pp. 82-95.

ni aucune date, ne situe pas explicitement la percée du tunnel au temps d'Ézéchias[23]. Cependant, la paléographie permet de dater l'inscription de la fin du VIIIe siècle av. J.-C. et, d'autre part, la réalité du tunnel correspond parfaitement aux renseignements fournis par *II Rois*, XX, 20; *II Chr.*, XXXII, 30 et *Sir.*, XLVIII, 17. On peut donc tenir pour assuré que le tunnel de Siloé, appelé aussi tunnel d'Ézéchias, est vraiment l'œuvre de celui dont il porte le nom.

Si, grâce aux découvertes archéologiques, l'on connaît bien le tunnel, il n'en va pas de même pour le réservoir aménagé à son débouché, dont on ignore la nature exacte ainsi que les moyens mis en œuvre pour en assurer la sécurité[24]. Cette question est d'ailleurs étroitement liée à la question également controversée du tracé du mur sud ou sud-ouest de la ville à l'époque d'Ézéchias. A la suite des fouilles de F. J. Bliss et A. C. Dickie[25], qui paraissaient démontrer que la partie inférieure du Tyropéôn se trouvait à l'intérieur des remparts dès avant le règne d'Ézéchias ou du moins à partir de celui-ci, on estimait communément que le tunnel se déversait dans un bassin à ciel ouvert[26].

L'hypothèse classique a cependant été vigoureusement contestée par Kathleen Kenyon à la suite des fouilles qu'elle a menées, notamment dans le voisinage de la «piscine de Siloé»[27]. Contrairement à l'opinion courante, Kathleen Kenyon estime que, au temps d'Ézéchias, la partie inférieure du Tyropéôn se trouvait hors les murs. Par conséquent, la position traditionnelle concernant la nature et les moyens de défense du réservoir aménagé par Ézéchias au débouché du tunnel doit être abandonnée[28]. Tenant compte à la fois des renseignements fournis

[23] H. DONNER - W. ROELLIG, KAI, n° 189; parmi les nombreux travaux, voir notamment É. PUECH, *L'inscription du tunnel de Siloé*, dans RB, LXXXI, 1974, pp. 196-214.

[24] Parmi les travaux les plus récents, voir D. USSISHKIN, *op. cit.*, dans *Levant*, VIII, 1976, pp. 82-95; N. SHAHEEN, *The Siloam End of Hezekiah's Tunnel*, dans PEQ, CIX, 1977, pp. 107-112.

[25] *Excavations at Jerusalem*, 1894-7, London, 1898, p. 334.

[26] Tandis que pour certains critiques la partie inférieure du Tyropéôn constituait une sorte de poche fortifiée spécialement destinée à défendre les réservoirs d'eau (voir L.-H. VINCENT et A.-M. STÈVE, *Jérusalem*, I, 1954, pp. 293-295 et II, p. 645; J. BRIGHT, *A History of Israel*, 1972, pl. XVI), pour d'autres elle était enfermée par un mur qui entourait aussi la colline du sud-ouest (voir J. SIMONS, *Jerusalem in the Old Testament*, Leiden, 1952, pp. 98-111 et 226-281). D'après l'opinion la plus répandue, ce bassin serait le «réservoir entre les deux murs» dont parle *Is.*, XXII, 11a, que l'on identifie avec la «piscine de Siloé». Voir *infra*, chap. V^e^, pp. 182-183.

[27] Voir les rapports dans PEQ, XCIV, 1962, pp. 72-89; XCV, 1963, pp. 7-21; XCVI, 1964, pp. 7-18; XCVII, 1965, pp. 9-20; XCVIII, 1966, pp. 73-88; XCIX, 1967, pp. 65-71; C, 1968, pp. 97-108 ou encore *Digging up Jerusalem*, London-New York, 1974.

[28] Voir *op. cit.*, dans PEQ, XCIV, 1962, pp. 84-86; XCV, 1963, pp. 18-19; XCVI, 1964, pp. 10-14; XCVII, 1965, pp. 14-18; XCVIII, 1966, p. 84; *Digging up Jerusalem*,

par *II Rois*, XX, 20; *II Chr.*, XXXII, 30 et *Sir.*, XLVIII, 17, qui affirment explicitement qu'Ézéchias a amené l'eau dans la ville, et des impératifs stratégiques, qui exigent que le réservoir soit inaccessible à un assiégeant éventuel[29], Kathleen Kenyon a proposé l'hypothèse selon laquelle le tunnel aurait débouché dans une citerne creusée sous le rocher, totalement ou partiellement hors les murs, à laquelle on accédait exclusivement de l'intérieur de la ville au moyen de marches ou d'un puits[30].

Après les découvertes faites par N. Avigad dans le quartier juif de la vieille ville à partir de 1969-1970, la plupart des spécialistes, notamment parmi les archéologues israéliens, se rallient à la position traditionnelle[31].

On remarquera cependant que sur le point précis qui nous intéresse les fouilles de N. Avigad n'ont apporté aucune donnée nouvelle. En effet, l'hypothèse selon laquelle le mur d'enceinte découvert par N. Avigad se prolongerait de manière à enfermer la partie inférieure du Tyropéôn n'a pas été vérifiée sur le terrain, mais s'appuie exclusivement sur des considérations d'ordre stratégique, à savoir la conviction que le réservoir aménagé par Ézéchias devait se trouver à l'intérieur des murs[32].

1974, pp. 48-50, 93, 146-149 et 158-159; ID., *Letter to the Editor*, dans IEJ, XXV, 1975, p. 192.

[29] Du point de vue stratégique, l'énorme travail de la percée du tunnel aurait été peine perdue, si l'eau devait se déverser à un endroit accessible de l'extérieur des remparts.

[30] Voir *op. cit.*, dans PEQ, XCVII, pp. 14-15; ID., *Digging up Jerusalem*, 1974, pp. 158-159. Voir aussi N. SHAHEEN, *op. cit.*, dans PEQ, CIX, 1977, pp. 107-112.

[31] Voir N. AVIGAD, *Excavations in the Jewish Quarter of the Old City of Jerusalem. 1970* (Second Preliminary Report), dans IEJ, XX, 1970, pp. 129-140, pl. 29; ID., *Excavations in the Jewish Quarter of the Old City of Jerusalem, 1971*, dans IEJ, XXII, 1972, pp. 193-200 et fig. 2; ID., *Excavations in the Jewish Quarter of the Old City, 1969-1971*, dans Y. YADIN (éd.), *Jerusalem Revealed. Archaeology in the Holy City 1968-1974*, Jerusalem, 1975, pp. 41-44; ID., *H'yr h'lywnh šl Yrwšlym. Pršt hḥpyrwt h'rky'wlwgywt brwb'hyhwdy šl h'yr h'tyqh byrwšlym*, Jerusalem, 1980, pp. 31-60 (= *Discovering Jerusalem*, Nashville, 1983, pp. 31-60); R. AMIRAN, *The First and Second Walls of Jerusalem reconsidered in the Light of the New Wall*, dans IEJ, XXI, 1971, pp. 166-167; ID., *The Water Supply of Israelite Jerusalem*, dans Y. YADIN (éd.), *Jerusalem Revealed*, 1975, pp. 75-78; M. AVI-YONAH, *The Newly Found Wall of Jerusalem and its Topographical Significance*, dans IEJ, XXI, 1971, pp. 168-169; ID., *Excavations in Jerusalem. Review and Evaluations*, dans Y. YADIN (éd.), *Jerusalem Revealed*, 1975, pp. 21-24; M. BROSHI, *The Expansion of Jerusalem in the Reigns of Hezekiah and Manasseh*, dans IEJ, XXIV, 1974, pp. 21-26, aux pp. 21-24 et fig. 1; J. GRAY, *I & II Kings*, 1977, pp. 803-813; D. USSISSHKIN, *The 'Camp of the Assyrians' in Jerusalem*, dans IEJ, XXIX, 1979, pp. 137-142 et fig. 1; Y. SHILOH, *Excavations at the City of David, I, 1978-1982* (Qedem, 19), Jerusalem, 1984, p. 28.

[32] Voir P. BENOIT, Recension de N. AVIGAD, *H'yr h'lywnh šl Yrwšalym*, 1980, dans RB, LXXXVIII, 1981, pp. 250-256, aux pp. 252-253.

La percée du tunnel et l'aménagement d'un réservoir à son débouché ne furent peut-être pas les seuls ouvrages hydrauliques du règne d'Ézéchias. *II Chr.*, XXXII, 30 dit explicitement qu'Ézéchias obtura l'issue de Giḥon, et *II Chr.*, XXXII, 3-4 généralise cette obturation à tous les points d'eau qui se trouvaient hors les murs : toutes les sources et «le cours d'eau qui coulait au milieu des terres» (*hnḥl hšṭp btk-h'rṣ*), soit le Cédron au fond duquel coulait probablement un petit ruisseau constitué par l'eau venue de la source de Giḥon directement ou par le biais du canal dit de Siloé, qui longeait la pente orientale de l'Ophel, à l'extérieur des murs, soit ce canal lui-même[33]. Le Chroniste ne disposait probablement d'aucun renseignement historique spécial; il nous livre les conclusions qu'il pouvait tirer de *II Rois*, XX, 20[34]. Ces conclusions sont d'ailleurs historiquement vraisemblables. En effet, lors de la préparation immédiate de la défense de la ville en prévision d'une attaque imminente — c'est le cas supposé par *II Chr.*, XXXII, 3-4 — il était normal que l'on essayât de priver d'eau les assiégeants en obturant non seulement l'issue naturelle de Giḥon, mais aussi tout autre point d'eau en dehors des murs[35].

Is., XXII, 9b, qui se rapporte probablement au temps d'Ézéchias, parle encore d'une piscine inférieure dont on aurait collecté les eaux. On y voit généralement la Birket el-Hamra, qui se trouve en contrebas de la piscine de Siloé, mais la nature et le but des mesures mentionnées ainsi que le rapport possible de celles-ci avec la percée du tunnel restent très obscurs[36].

Certes, dès avant le règne d'Ézéchias les habitants de Jérusalem accédaient à l'eau de la source de Giḥon à partir de l'intérieur des murs, grâce au puits dit de Warren[37]. Le tunnel et le réservoir construits par Ézéchias présentaient cependant l'énorme avantage de permettre une parfaite maîtrise de toute l'eau de la source de Giḥon, au débit irrégulier. Sans que l'approvisionnement du «puits de Warren»

[33] Voir *infra*, chap. XIIIe, pp. 497-498.

[34] Voir *infra*, chap. XIIIe, p. 525.

[35] En plus de 'Eyn Rogel (Bir Ayub), on peut penser aux «flaques d'eau éventuelles créées par des suintements consécutifs aux pluies d'hiver» (voir L.-H. VINCENT et A.-M. STÈVE, *Jérusalem*, I, 1954, p. 291 ; J.M. MYERS, *II Chronicles*, 1965, p. 187).

[36] Voir *infra*, chap. V[e], p. 181.

[37] Au sujet de la question de l'approvisionnement de Jérusalem en eau et des différentes installations hydrauliques de la ville aux époques préisraélite et israélite, voir parmi d'autres, J. SIMONS, *Jerusalem in the Old Testament*, 1952, pp. 157-194; L.-H. VINCENT et A.-M. STÈVE, *op. cit.*, I, pp. 260-312; R. AMIRAN, *op. cit.*, dans Y. YADIN (éd.), *Jerusalem Revealed*, 1975, pp. 75-78; Y. SHILOH, *Jerusalem's Water Supply during Siege. The Rediscovery of Warren's Shaft*, dans BAR, VII/4, 1981, pp. 24-39.

fût interrompu, il était désormais possible d'amener toute l'eau de Giḥon à l'intérieur de la ville et de mettre en réserve l'excédent d'eau consécutif aux périodes de débit plus fort pour les périodes où le débit est plus faible; tout cela dans les meilleures conditions de sécurité. En outre, grâce au canal de Siloé, il restait toujours possible d'acheminer l'eau de Giḥon le long de la pente orientale de l'Ophel, à l'extérieur des murs, en vue notamment de l'irrigation des jardins dans le Cédron[38]. En assurant un approvisionnement abondant de la ville en eau, et en permettant d'en priver les assiégeants éventuels, les ouvrages hydrauliques d'Ézéchias contribuaient à renforcer considérablement la défense de Jérusalem.

B. **Des travaux en vue du renforcement et de l'agrandissement des murailles de Jérusalem.**

II Chr., XXXII, 5 attribue à Ézéchias d'autres mesures en vue d'améliorer la défense de Jérusalem : restauration des vieilles murailles et leur renforcement au moyen de tours, renforcement du Millo et la construction de «l'autre mur à l'extérieur».

La plupart des critiques estime que *II Chr.*, XXXII, 5 suppose une source historique propre au Chroniste. P. Welten nous semble cependant avoir montré que *II Chr.*, XXXII, 5 fait partie de ce que cet auteur appelle le *Topos Bauen* dont le Chroniste se sert normalement pour brosser le tableau notamment des bons rois[39]. Le passage en question ne peut donc pas être tenu pour une source historique dont la valeur serait au-dessus de tout soupçon[40]. Cela dit, *Is.*, XXII, 10 semble supposer également des travaux de restauration et de renforcement des vieilles murailles de Jérusalem au temps d'Ézéchias.

Quoi qu'il en soit, il est vraisemblable que les ouvrages hydrauliques ne furent pas les seuls travaux réalisés par Ézéchias à Jérusalem. Néanmoins, vu l'incertitude au sujet des témoignages bibliques et l'ignorance où nous sommes de certaines des réalités dont ils parlent[41],

[38] Voir Y. SHILOH, *Excavations at the City of David*, I, 1984, pp. 21-24, fig. 30-32, pl. 37:1-40:2; ID., dans RB, XCI, 1984, pp. 420-431, aux pp. 420-424 et 429-430.

[39] *Geschichte*, pp. 29-31 et 68-72.

[40] Voir aussi P.R. ACKROYD, *I & II Chronicles*, 1973, pp. 190-192 et R.J. COGGINS, *The First and Second Books of the Chronicles*, 1976, p. 281.

[41] C'est notamment le cas du Millo. Bien qu'il soit mentionné à plusieurs reprises dans la Bible (*II Sam.*, V, 9; *I Rois*, IX, 15.24; XI, 27; *II Rois*, XII, 21; *I Chr.*, XI, 8; *II Chr.*, XXXII, 5), sa réalité reste une énigme. En suivant l'étymologie «être plein» ou «remplir», et l'indication fournie par *I Rois*, XI, 27, on y voit généralement un ouvrage fortifié destiné à combler une faille du système défensif de Jérusalem, due sans doute à la disposition du terrain. Voir par exemple, J. SIMONS, *op. cit.*, pp. 131-144; L.-H. VINCENT et A.-M.

il est impossible, du moins actuellement, de déterminer l'ampleur des travaux en question.

Parmi les travaux mentionnés en *II Chr.*, XXXII, 5 on relèvera la construction de «l'autre mur à l'extérieur», qui joue un rôle particulièrement important dans la discussion concernant le développement de Jérusalem à l'époque préexilique.

D'aucuns ont pensé à un mur entourant la partie inférieure du Tyropéôn dont le but serait exclusivement de défendre les réservoirs, notamment le réservoir construit par Ézéchias au débouché du tunnel[42]. Pour d'autres, il s'agirait plutôt d'un mur destiné à fortifier un nouveau quartier, le *Mishné*, situé à l'ouest de la colline du Temple[43].

Les découvertes faites par N. Avigad dans le quartier juif de la vieille ville, notamment la découverte du tronçon de rempart dont nous avons parlé, viennent de relancer la discussion. Confirmant les résultats de plusieurs autres fouilles faites à différents endroits de l'actuelle vieille ville ou de son voisinage immédiat[44], les fouilles de N. Avigad ont montré l'existence d'un nouveau quartier à l'ouest de la colline du Temple depuis le VIIIe siècle av. J.-C. De plus, la découverte du tronçon de rempart tranche finalement le long débat concernant l'époque où ce nouveau quartier a été fortifié; ce ne fut pas seulement à l'époque hasmonéenne, comme le prétendaient les partisans de la «position minimaliste»[45], mais déjà à l'époque préexilique.

STÈVE, *op. cit.*, II-III, 1956, pp. 635-636, 647. A notre connaissance, la dernière hypothèse en date a été proposée par Kathleen KENYON : le Millo pourrait consister dans le système de terrasses sur lesquelles étaient construites les maisons de la pente orientale de l'Ophel. A cause des dégâts provoqués par l'érosion et par des ennemis éventuels, ces terrasses demandaient des réparations fréquentes (*Digging up Jerusalem*, 1974, pp. 100-101). Voir cependant L.E. STAGER, *The Archaeology of the East Slope of Jerusalem and the Terraces of the Kidron*, dans JNES, XLI, 1982, pp. 111-121.

[42] Voir J. BRIGHT, *A History of Israel*, 1972, pl. XVI.

[43] Voir J. SIMONS, *op. cit.*, pp. 290-292 et 328-334; L.-H. VINCENT et A.-M. STÈVE, *op. cit.*, II, p. 647; W. RUDOLPH, *Chronikbücher*, 1955, p. 311. Ce quartier est attesté au temps de Josias (*cf. II Rois*, XXII, 14 par. *II Chr.*, XXXIV, 22) et peut-être aussi au temps de Néhémie (*cf. Néh.*, XI, 9). *Soph.*, I, 10 mentionne encore un autre quartier, le *Maktesh*.

[44] Voir C.N. JOHNS, *The Citadel, Jerusalem*, QDAP, XIV, 1950, pp. 139-147; Kathleen KENYON, *Excavations in Jerusalem, 1961*, dans PEQ, XCIV, 1962, pp. 86-88; ID., *Excavations in Jerusalem, 1963*, dans PEQ, XCVI, 1964, p. 14; A.D. TUSHINGHAM, *Excavations in Jerusalem. Armenian Garden*, dans PEQ, XCIX, 1967, pp. 71-73 et PEQ, C, 1968, pp. 109-111; D. BAHAT and M. BROSHI, *Jerusalem, Old City, the Armenian Garden*, dans IEJ, XXII, 1972, pp. 171-172; U. LUX, *Vorläufiger Bericht über die Ausgrabungen unter der Erlöserkirche im Muristan in der Altstadt von Jerusalem in den Jahren 1970 und 1971*, dans ZDPV, LXXXVIII, 1972, pp. 185-201, aux pp. 191-194, fig. 3 et 4; R. AMIRAN and A. EITAN, *Excavations in the Jerusalem Citadel*, dans Y. YADIN (éd.), *Jerusalem Revealed*, 1975, pp. 52-53; M. BROSHI, *Excavations in the House of Caiaphas*, dans Y. YADIN (éd.), *Jerusalem Revealed*, 1975, p. 57.

[45] Voir M. AVI-YONAH, *The Walls of Nehemiah — a Minimalist View*, dans IEJ, IV, 1954, pp. 239-248.

N'ayant été mis au jour que sur une longueur de 65 m[46], le tracé exact du mur découvert par N. Avigad et, par conséquent, l'étendue du nouveau quartier fortifié restent hypothétiques. De l'avis de N. Avigad, ce mur partirait de l'angle nord-ouest ou d'un point plus au sud de l'ancien mur occidental et, après avoir enfermé la plus grande partie sinon la totalité de la colline du sud-ouest, rejoindrait l'extrémité méridionale du mur oriental de l'Ophel[47]. Acceptée de façon unanime par les archéologues israéliens[48], cette hypothèse a été vigoureusement contestée par d'autres spécialistes, notamment Kathleen Kenyon. Le débat porte essentiellement sur le tracé du tronçon sud ou sud-ouest du nouveau mur. Se fondant sur les résultats des fouilles qu'elle a entreprises sur le flanc sud-est de la colline du sud-ouest, ainsi que dans la partie inférieure du Tyropéôn[49], Kathleen Kenyon rejette résolument l'inclusion de ces régions à l'intérieur du mur en question; aussi a-t-elle proposé une étendue du nouveau quartier fortifié beaucoup plus réduite. D'après le plan suggéré par Kathleen Kenyon, d'une part, le tronçon de mur découverte par N. Avigad représenterait pratiquement la ligne ouest de la nouvelle enceinte et, d'autre part, les murs nord et sud rejoindraient l'ancien mur de la ville respectivement à la hauteur de l'arche dite de Wilson et à un point un peu à l'intérieur du mur méridional actuel de la vieille ville[50].

Bien qu'elle ait été moins discutée, la date précise de la construction de ces remparts reste elle aussi hypothétique. Tout en reconnaissant que ces murailles pourraient être l'œuvre de Manassé, à qui *II Chr.*, XXXIII, 14 attribue une activité de bâtisseur[51], voire de Josias[52], N. Avigad propose d'y voir «l'autre mur à l'extérieur» dont *II Chr.*, XXXII, 5 attribue

[46] Voir N. AVIGAD, *Discovering Jerusalem*, 1983, p. 49.

[47] Voir *Excavations in the Jewish Quarter of the Old City of Jerusalem*, dans IEJ, XX, 1970, pp. 133-134 et XXII, 1972, pp. 193-195 et 200 et fig. 2.

[48] Voir *supra*, n. 31.

[49] Voir *supra*, nn. 27 et 28.

[50] Voir *Digging up Jerusalem*, 1974, pp. 144-165 et fig. 26; ID., *Letter to the Editor*, dans IEJ, XXV, 1975, p. 192. Vu l'absence de traces d'un quelconque mur d'enceinte en travers du Tyropéôn avant l'époque d'Hérode le Grand, A.D. TUSHINGHAM pense que même le tronçon de la vallée compris entre le mur sud actuel et l'arche dite de Wilson se trouvait à l'extérieure des remparts. Les nouvelles murailles ne seraient donc pas reliées aux anciennes; le nouveau quartier fortifié serait complètement séparé de l'ancienne ville davidico-salomonienne; *The Western Hill under the Monarchy*, dans ZDPV, XCV, 1979, pp. 39-55, à la p. 55.

[51] Voir R. GRAFMAN, *Nehemiah's «Broad Wall»*, dans IEJ, XXIV, 1974, pp. 50-51.

[52] H. GEVA, *The Western Boundary of Jerusalem at the End of the Monarchic Period*, dans IEJ, XXIX, 1979, pp. 84-91, à la p. 85, et A.D. TUSHINGHAM, *op. cit.*, pp. 39-55 datent le mur en question de la fin de l'époque royale, sans préciser davantage.

la construction à Ézéchias [53]. En cela, N. Avigad est suivi par la plupart des critiques [54].

Même si l'on ne retient pas l'hypothèse majoritaire d'un nouveau quartier environ deux fois plus grand que l'ancienne ville, la construction dudit quartier suppose une augmentation de la population que la croissance démographique normale ne suffit peut-être pas à expliquer, d'autant plus que l'accroissement de la population ne se limite pas à la capitale, mais s'étend aussi à d'autres régions du territoire judéen. En effet, il ressort des fouilles et explorations archéologiques que le territoire de Juda a connu une importante activité de peuplement au cours du VIIe siècle av. J.-C., sinon dès la fin du VIIIe siècle : on crée des villes et villages (par ex., 'Eyn Guedi) et on en reconstruit d'autres qui avaient été abandonnés (par ex., Beth-Zur) [55].

M. Broshi a probablement raison d'expliquer l'accroissement de la population de Jérusalem ainsi que de certaines régions du territoire judéen par l'afflux de réfugiés d'abord de l'ancien royaume d'Israël, et ensuite des territoires judéens octroyés par Sennachérib aux États philistins [56]. Si cette hypothèse est juste, le nouveau quartier de Jérusalem, qui existait peut-être déjà avant 722 [57], a dû connaître un développement considérable dans les années qui ont suivi. Il est donc probable que la construction du rempart entourant le nouveau quartier est à compter parmi les réalisations d'Ézéchias, et cela indépendamment du problème de savoir si ce rempart est ou non à identifier avec «l'autre mur à l'extérieur» dont parle *II Chr.*, XXXII, 5.

Bref, outre les travaux destinés à assurer l'approvisionnement de Jérusalem en eau, Ézéchias a probablement entrepris d'autres travaux en vue notamment d'intégrer dans la ville fortifiée le nouveau quartier qui avait été construit sur la colline du sud-ouest. Dans l'état actuel de la recherche il est cependant impossible de déterminer la grandeur de

[53] *Op. cit.*, dans IEJ, XX, 1970, pp. 133-134; ID., *op. cit.*, dans Y. YADIN (éd.), *Jerusalem Revealed*, 1975, p. 44.

[54] Aux auteurs cités, *supra*, n. 31, on peut ajouter Kathleen M. KENYON, *Letter to the Editor*, dans IEJ, XXV, 1975, p. 192 et D. BAHAT, *The Wall of Manasseh in Jerusalem*, dans IEJ, XXXI, 1981, pp. 235-236.

[55] Voir E. STERN, *Israel at the Close of the Period of the Monarchy : An Archaeological Survey*, dans BA, XXXVIII, 1975, pp. 35-36.

[56] Voir *The Expansion of Jerusalem in the Reigns of Hezekiah and Manasseh*, dans IEJ, XXIV, 1974, pp. 21-26; ID., *La population de Jérusalem*, dans RB, LXXXII, 1975, pp. 5-14, aux pp. 8-9.

[57] Le *terminus a quo* de sa construction est fixé par la présence de plusieurs tombeaux du VIIIe s. av. J.-C. à l'ouest de l'angle sud-ouest du Haram esh-Sherif; voir B. MAZAR, *The Archaeological Excavations near the Temple Mount*, dans Y. YADIN (éd.), *Jerusalem Revealed*, 1975, pp. 38-40.

cette entreprise, car la longueur et le tracé du nouveau rempart ainsi que l'étendue du nouveau quartier fortifié restent controversés [58].

En conformité avec ce que P. Welten appelle le «Topos préparation de la guerre», *II Chr.*, XXXII, 3-5 présente la plupart des travaux attribués à Ézéchias comme ayant été faits à la hâte à un moment où les troupes de Sennachérib étaient déjà en territoire judéen et s'apprêtaient à monter à l'assaut de Jérusalem [59]. La même impression découle de *Is.*, XXII, 8b-11.

Certaines mesures, notamment l'obstruction des points d'eau hors les murs, furent vraisemblablement prises en toute hâte à un moment où le siège assyrien paraissait imminent. Il n'en fut certainement pas ainsi des grands travaux d'Ézéchias. Faits sans doute dans la perspective d'une éventuelle attaque assyrienne, et donc s'inscrivant dans un projet de révolte anti-assyrienne, ces travaux supposent toutefois un plan d'ensemble bien arrêté, dont l'exécution exigeait une mobilisation des forces ainsi qu'un laps de temps considérables [60]. Il est cependant impossible de déterminer les différentes étapes dans l'exécution de ce plan et, à plus forte raison, de les situer avec exactitude à l'intérieur du règne d'Ézéchias. Quoi qu'il en soit, la réalisation de ce plan doit être antérieure à la révolte ouverte et à la campagne de Sennachérib en 701.

3. Activité littéraire et théologique au temps d'Ézéchias.

On s'accorde assez généralement pour dire que Jérusalem fut le théâtre d'une importante activité littéraire et théologique au temps d'Ézéchias, sans qu'il soit pour autant aisé d'en mesurer exactement l'ampleur et d'en inventorier les résultats concrets.

Sous le patronage royal, il y eut un essor de la réflexion sapientiale à Jérusalem et une production littéraire dans ce domaine. En effet, *Prov.*, XXV, 1 nous renseigne explicitement sur l'édition d'une collection de proverbes par «les hommes d'Ézéchias», sans aucun doute des scribes de la cour [61]. Bien que la nuance de *h'tyq* en *Prov.*, XXV, 1

[58] Voir P. Benoit, dans RB, LXXXVIII, 1981, pp. 252-253.

[59] *Geschichte*, pp. 29-31 et 68-72.

[60] É. Puech estime que «la percée du tunnel a dû prendre au maximum une année de travail»; *L'inscription du tunnel de Siloé*, dans RB, LXXXI, 1974, p. 214.

[61] Au sujet de l'expression *'anšéy ḥizqîyāh*, voir R.N. Whybray, *The Intellectual Tradition in the Old Testament* (BZAW, 135), Berlin-New York, 1974, p. 51.

reste obscure[62], le rôle des scribes d'Ézéchias n'a probablement pas été de recopier un ouvrage déjà existant, mais plutôt de compiler le contenu de *Prov.*, XXV-XXIX et de le mettre par écrit dans un recueil[63].

Sans pour autant nous renseigner sur d'éventuelles productions littéraires dans le domaine de la Sagesse, les oracles d'Isaïe témoignent également de la grande faveur dont celle-ci jouissait au temps d'Ézéchias, du moins auprès des classes dirigeantes de Jérusalem. Le goût et la pratique de la Sagesse n'étaient peut-être pas le privilège des habitants de la capitale. D'après J. Nunes Carreira, le style de Michée de Morèshèt, notamment les jeux de mots qui le caractérisent, serait typique de la Sagesse, dont la pratique serait ainsi attestée chez les habitants cultivés de la province[64].

Sans prétendre entrer dans le détail du débat sur les rapports d'Isaïe avec le courant sapientiel[65], on remarquera toutefois que ceux-ci nous paraissent complexes. Isaïe s'en prend violemment à ceux qui s'estiment sages, avant tout les conseillers royaux, les politiciens, car, aux yeux du prophète, leur sagesse n'est que prétention et orgueil tout humains; elle ne tient pas compte de Yahvé, et ne pourra que mener à la ruine de Juda et à la confusion de ceux qui en sont les principaux responsables[66]. Voilà sans nul doute le trait le plus saillant des rapports d'Isaïe avec le courant sapientiel, mais il n'est pourtant pas le seul. En effet, comme on l'a souvent fait remarquer, certains traits du langage d'Isaïe et certaines de ses conceptions s'enracinent dans le courant de la Sagesse, à l'égard duquel le prophète est donc le débiteur[67].

[62] Ce passage contient la seule attestation en hébreu biblique de la racine *ʿtq* en rapport avec un écrit. Cet usage deviendra commun en hébreu postbiblique. Grâce à un élargissement sémantique assez naturel, le hif. de *ʿtq*, qui avait le sens de «déplacer», «avancer», «poursuivre» en hébreu biblique, en est venu à signifier régulièrement «copier», «transcrire» (voir BDB, p. 801), sens que les versions anciennes et les lexicographes voient généralement en *Prov.*, XXV, 1.

[63] Voir R.B.Y. Scott, *Solomon and the Beginnings of Wisdom*, dans VTS, III, 1955, pp. 262-279, à la p. 273; B. Gemser, *Sprüche Salomos* (HAT, 1/16), Tübingen, 1963², p. 93; A. Barucq, *Le livre des Proverbes* (Sources Bibliques), Paris, 1964, p. 193; W. McKane, *Proverbs* (OTL), London, 1970, p. 577; R.N. Whybray, *The Intellectual Tradition in the Old Testament*, 1974, pp. 51 et 57.

[64] *Kunstsprache und Weisheit bei Micha*, dans BZ, NF XXVI, 1982, pp. 50-74.

[65] Pour un état de la question récent, voir J. Vermeylen, *Le Proto-Isaïe et la Sagesse d'Israël*, dans M. Gilbert (éd.), *La Sagesse de l'Ancien Testament* (BEThL, LI), Gembloux, 1979, pp. 39-58. On peut ajouter J. Jensen, *Weal and Woe in Isaiah: Consistency and Continuity*, dans CBQ, XLIII, 1981, pp. 167-187.

[66] *Cf. Is.*, V, 21; XXIX, 13-14 et aussi XXIX, 9-10.15; XXXI, 1.3.

[67] Signalés d'abord par J. Fichtner, *Jesaja unter den Weisen*, dans ThLZ, LXXIV, 1949, pp. 75-80, les points de contact entre le *Proto-Isaïe* et les écrits sapientiaux ont fait l'objet de nombreux travaux. On a essayé notamment de déterminer par quel biais le prophète a été influencé par la Sagesse; voir J. Vermeylen, *op. cit.*, aux pp. 39-44.

Les modalités concrètes que prenait l'activité sapientielle, notamment à la cour d'Ézéchias, restent discutées. Y avait-il en Juda la profession de sage, et, à la cour de Jérusalem, une corporation spéciale de sages ou de maîtres dans le domaine de la Sagesse[68]? Certes cultivée et transmise avant tout dans les écoles, la Sagesse ne serait-elle pas plutôt le bien commun des couches cultivées de la population, dont l'élite était constituée par les hauts fonctionnaires royaux?[69] Les oracles d'Isaïe semblent favoriser la seconde hypothèse dans la mesure où la polémique anti-sapientielle du prophète ne semble pas viser une classe spéciale de dirigeants mais s'en prend plutôt à l'ensemble de ceux qui étaient responsables des décisions politiques, notamment en matière de politique étrangère[70].

Il est également difficile de cerner les raisons de cet essor de l'activité sapientielle au temps d'Ézéchias. Est-il le fruit d'une mystique de restauration salomonienne, Ézéchias voulant renouer avec Salomon, patron de la Sagesse, au moment même où la chute du royaume du Nord, ayant fait disparaître le plus grand obstacle, permettait d'envisager la réunification de tout Israël sous la dynastie davidique[71]? En faveur de cette hypothèse on peut certes invoquer la présentation d'Ézéchias en *II Chr.*, XXIX-XXXII. Ézéchias y apparaît en effet comme le nouveau Salomon, qui, en rassemblant les tribus du Nord au Temple de Jérusalem, a restauré l'unité d'Israël[72]. Commandée par la vision théologique propre au Chroniste, la réunification religieuse prêtée à Ézéchias, d'ailleurs purement ponctuelle, ne correspond pas à la réalité historique. Il n'existe aucun indice clair d'un projet, voire d'un espoir, de réunification politique, au temps d'Ézéchias.

Cela dit, la ruine du royaume du Nord fut très probablement un facteur déterminant dans l'essor de la Sagesse au temps d'Ézéchias,

[68] Voir les remarques de R.N. WHYBRAY, *op. cit.*, pp. 31, 54 et 69-70 contre l'existence d'une telle corporation, et les remarques de F.W. GOLKA, *Die israelitische Weisheitsschule oder «des Kaisers neue Kleider»*, dans VT, XXXIII, 1983, pp. 257-270, contre l'existence d'écoles de sagesse au sens propre et matériel du terme; voir cependant A. LEMAIRE, *Les écoles et la formation de la Bible dans l'Ancien Israel* (OBO, 39), Fribourg-Göttingen, 1981; ID., *Sagesse et écoles*, dans VT, XXXIV, 1984, pp. 270-281.

[69] Voir R.N. WHYBRAY, *op. cit.*, pp. 15-70; C. BREKELMANS, *Wisdom Influence in Deuteronomy*, dans M. GILBERT (éd.), *La Sagesse de l'Ancien Testament*, 1979, pp. 28-38.

[70] A plus forte raison, il nous paraît peu probable que Isaïe ben Amoṣ ait jamais appartenu à une hypothétique corporation de sages. Les traits sapientiaux que l'on retrouve dans les oracles d'Isaïe s'expliquent par le fait, communément admis, que le prophète appartenait lui aussi à l'aristocratie cultivée de la capitale, à laquelle il s'adresse le plus souvent. Dans le même sens, J. VERMEYLEN, *op. cit.*, aux pp. 40-44 et 57.

[71] R.B.Y. SCOTT, *op. cit.*, pp. 275 et 279.

[72] Voir *infra*, pp. 91-99.

dans la mesure où le malheur survenu au royaume frère fut l'occasion d'un ressaisissement et d'un renouveau national en Juda qui ont entraîné le souci de faire revivre et de transmettre les traditions du passé, sapientielles et autres, aussi bien d'origine judéenne que d'origine israélite[73]. Il est possible que les contacts entre différentes populations et cultures, que l'empire assyrien a favorisés, aient joué également un rôle dans l'essor de la Sagesse israélite à la fin du VIIIe siècle av. J.-C.[74].

Apportées par les réfugiés du Nord, les traditions d'Israël échapperont ainsi à l'oubli, et certaines d'entre elles seront même à l'origine d'un vaste mouvement littéraire et religieux, qui influencera grandement l'histoire judéenne.

Sans exclure le domaine de la Sagesse[75], les apports israélites les plus importants et les plus déterminants pour le renouveau littéraire et théologique en Juda relèvent sans aucun doute d'autres traditions, notamment des traditions «historiques» et des traditions «légales».

C'est le cas des traditions élohistes. D'origine israélite, les traditions E ont été apportées en Juda par des réfugiés du Nord et, ensuite, fusionnées avec les traditions yahvistes, d'origine judéenne, par un rédacteur anonyme que l'on appelle R^{JE}[76]. Ce rédacteur, que l'on situe généralement à l'époque d'Ézéchias, ne s'est d'ailleurs peut-être pas limité à un travail de compilation, mais, au moins dans certains cas, a fait vraiment œuvre d'auteur, qui réécrit et réinterprète théologiquement les traditions antérieures, à la lumière de la catastrophe qui vient de s'abattre sur Israël[77]. L'époque d'Ézéchias a produit sans doute encore d'autres œuvres, à bien des égards, apparentées à l'écrit

[73] Voir B. GEMSER, *Sprüche Salomos*, 1963, p. 93; F.L. MORIATY, *The Chronicler's Account of Hezekiah's Reform*, dans CBQ, XXVII, 1965, pp. 399-406, à la p. 400.

[74] D'après W.F. ALBRIGHT, on aurait connu alors une importante activité littéraire dans tout le Proche-Orient; *From the Stone Age to Christianity*, 1957, pp. 314-319; voir aussi M. WEINFELD, *Deuteronomy and the Deuteronomic School*, 1972, pp. 161-162; M. COGAN, *Imperialism and Religion*, 1974, pp. 88-96.

[75] Certains auteurs songent à une origine israélite de *Prov.*, XXV-XXIX ou du moins de *Prov.*, XXVIII-XXIX. Voir H. CAZELLES, *A Propos d'une phrase de H.H. Rowley*, dans VTS, III, 1955, pp. 26-32, à la p. 29; A. BARUCQ, *Le livre des Proverbes*, 1964, p. 193.

[76] L'existence d'une source E indépendante a été mise en question depuis longtemps, et par plus d'un critique. Ainsi, J. VERMEYLEN a proposé récemment de voir en E non pas une source indépendante mais plutôt le fruit d'une relecture de l'histoire J dans le contexte de la théologie des «prophètes de la conversion», et qui ne serait donc pas antérieure à la seconde moitié du VIIIe s. Dans cette perspective, il n'y aurait évidemment pas eu une fusion des sources J et E par R^{JE}, mais plutôt une réédition de J par un rédacteur E; *La formation du Pentateuque à la lumière de l'exégèse historico-critique*, dans RTL, XII, 1981, pp. 324-346, aux pp. 336-338.

[77] Voir J. LOZA, *Exode XXXII et la rédaction JE*, dans VT, XXIII, 1973, pp. 31-55.

R^{JE}. Un grand nombre de critiques tend, en effet, à situer à cette époque une première compilation-rédaction du Deutéronome, à partir de matériaux d'origine septentrionale tout comme les traditions E[78], certains même une première rédaction-édition de ce que l'on appelle l'histoire dtr[79]. Profondément marquées par la chute du royaume du Nord, ces œuvres ont en commun le souci de promouvoir la purification du yahvisme des influences cananéennes, et de la sorte d'éviter à Juda le sort d'Israël.

Bref, le règne d'Ézéchias fut probablement marqué par une importante activité littéraire et théologique. Sans être nécessairement le seul facteur à entrer en ligne de compte, la fin du royaume d'Israël a certainement joué un rôle décisif dans l'apparition du renouveau, et cela à un double titre. D'une part, l'apport des traditions du Nord dont Juda est devenu l'héritier est non seulement venu enrichir le patrimoine littéraire et théologique de Juda, mais se trouve aussi à l'origine d'un mouvement créateur né de la rencontre des traditions israélites avec les traditions judéennes. D'autre part, bien que les deux royaumes frères se soient souvent comportés en frères ennemis, la chute d'Israël sous les coups de l'Assyrie n'a pas dû laisser le royaume de Juda indifférent. Tout au moins, cela a dû être ressenti en Juda comme un terrible avertissement. Pourquoi cela est-il arrivé? Que faire pour éviter le même sort? Voilà les questions de l'heure, qui sont à l'origine d'une grande réflexion théologique, consignée sans doute dans les quelques œuvres littéraires que nous avons mentionnées.

[78] Parmi d'autres, voir R.P. MERENDINO, *Das deuteronomische Gesetz. Eine literarkritische, gattungs- und überlieferungsgeschichtliche Untersuchung zu Dt 12-26* (BBB, 31), Bonn, 1969, p. 401; M. ROSE, *Der Ausschliesslichkeitsanspruch. Deuteronomische Schultheologie und die Volksfrömmigkeit in der späten Königszeit* (BWANT, 106), Stuttgart, 1975, pp. 96-97; J.R. LUNDBOM, *The Lawbook of the Josiah Reform*, dans CBQ, XXXVIII, 1976, pp. 293-302, à la p. 295; F. GARCÍA LÓPEZ, *Deut., VI et la tradition-rédaction du Deutéronome*, dans RB, LXXXV, 1978, pp. 161-200 et LXXXVI, 1979, pp. 59-91, aux pp. 83-89; ID., *« Un peuple consacré »: analyse critique de Deutéronome VII*, dans VT, XXXII, 1982, pp. 438-463.

[79] En ce qui concerne les livres des Rois, voir Helga WEIPPERT, *Die « deuteronomischen » Beurteilungen der Könige von Israel und Juda und das Problem der Redaktion der Königsbücher*, dans Bib., LIII, 1972, pp. 318-323 et 336-339; W.B. BARRICK, *On the « Removal of the 'High-Places' » in 1-2 Kings*, dans Bib., LV, 1974, pp. 257-259; R.P. MERENDINO, *Zu 2 Kön 22, 3-23, 15. Eine Erwiderung*, dans BZ, NF XXV, 1981, pp. 249-255, aux pp. 252-254.

4. La réforme religieuse d'Ézéchias.

A. État de la question.

Le renouveau n'est pas resté sur le plan théorique, mais a conduit à des mesures concrètes, à savoir une réforme cultuelle.

La réforme d'Ézéchias fait l'objet d'une courte notice en *II Rois*, XVIII, 4, et d'un très long récit en *II Chr.*, XXIX-XXXI ; elle est en outre mentionnée en *II Rois*, XVIII, 22 par. *Is.*, XXXVI, 7 et *II Chr.*, XXXII, 12. La critique s'accorde à tenir pour historique la mesure touchant le serpent d'airain (*II Rois*, XVIII, 4b), qui est sans parallèle dans l'histoire de Juda. Pour le reste, l'éventail des positions va de la négation d'une vraie réforme au temps d'Ézéchias[80] à l'acceptation d'une vaste réforme, dont seul *II Chr.*, XXIX-XXXI permettrait de deviner l'ampleur[81], en passant par bien des nuances intermédiaires. Cette diversité des positions dépend évidemment de la diversité des appréciations que les critiques font sur la valeur historique des témoignages bibliques.

B. La présentation de II Rois, XVIII, 4 et II Rois, XVIII, 22 par. Is., XXXVI, 7 et II Chr., XXXII, 12 et leur valeur historique.

D'après *II Rois*, XVIII, 4, Ézéchias écarta les *bāmôt*, brisa les stèles, abattit l'*Ashérāh* et écrasa le *Neḥushtān*. Dans son discours, le Rab-Shaqé rapporte les mêmes mesures, mais en donne une liste légèrement différente et plus courte : outre l'élément commun, à savoir les *bāmôt*, *II Rois*, XVIII, 22 par. *Is.*, XXXVI, 7 et *II Chr.*, XXXII, 12 ne mentionnent que les autels. Ces derniers passages sont en revanche plus explicites au sujet de l'extension de la réforme à Juda et à Jérusalem ainsi qu'au sujet de l'intention qu'avait Ézéchias de réserver le culte au Temple de Jérusalem (*lpny hmzbḥ hzh tštḥww*). Cette idée sera d'ailleurs renforcée par l'addition secondaire de *byrwšlm* en *II Rois*, XVIII, 22[82] et par le changement de *hmzbḥ hzh* en *mzbḥ 'ḥd* en *II Chr.*, XXXII, 12.

Vu le caractère assez stéréotypé de la liste des institutions mentionnées ainsi que du langage utilisé, et surtout le fait que *II Rois*, XXIII décrit longuement dans des termes semblables une vaste entreprise de réforme

[80] Parmi les travaux les plus récents, voir notamment H.-D. Hoffmann, *Reform und Reformen*, 1980, pp. 139-145; H. Spieckermann, *Juda unter Assur in der Sargonidenzeit*, 1982, pp. 170-175.

[81] Voir notamment, J. Rosenbaum, *Hezekiah's Reform and the Deuteronomic Tradition*, dans HThR, LXXII, 1979, pp. 23-43.

[82] *Infra*, p. 384.

cultuelle qui a touché les mêmes institutions, plusieurs critiques tiennent *II Rois*, XVIII, 4a pour une affirmation générale du rédacteur dtr, qui a voulu ainsi attribuer à Ézéchias une grande réforme cultuelle, en transposant probablement à ce roi certaines des mesures que Josias prendra presque un siècle plus tard. Pur produit de la vision que le rédacteur dtr avait de l'histoire de Juda, *II Rois*, XVIII, 4a serait donc dépourvu de toute valeur historique[83]. Un jugement identique est souvent porté sur *II Rois*, XVIII, 22 par. *Is.*, XXXVI, 7[84], qui serait un apport de la rédaction dtr[85], voire une glose[86].

Par contre, d'autres critiques, dont certains concèdent que *II Rois*, XVIII, 4a.22 posent des problèmes, acceptent l'historicité de ces textes[87]. Voyant dans la réforme religieuse d'Ézéchias un corollaire nécessaire de sa révolte anti-assyrienne, plusieurs critiques estiment que, même s'il n'y avait aucun témoignage, il faudrait postuler une réforme d'ailleurs plus vaste que ce qu'en disent les textes, qui ne mentionnent que des institutions cultuelles bien enracinées dans le terroir cananéen, puisqu'elle a dû s'attaquer aussi, et avant tout, aux cultes d'origine assyrienne[88].

Il est gratuit de supposer que la réforme d'Ézéchias a porté aussi sur des cultes d'origine assyrienne, dont les tcxtes ne soufflent mot. Il est d'ailleurs gratuit de supposer que l'on pratiquait en Juda des

[83] B. STADE, *Geschichte des Volkes Israel*, I, 1887, pp. 607-608; I. BENZINGER, *Die Bücher der Könige*, 1899, p. 177; G. HOELSCHER, *Die Propheten*, Leipzig, 1914, p. 165; A. LODS, *Des Prophètes à Jésus*, Paris, 1935, p. 34, n. 3 et pp. 130-132; M. NOTH, *Ueberlieferungsgeschichtliche Studien*, 1943, pp. 76 et 85, n. 6; D. CONRAD, *Einige (archäologische) Miszellen zur Kultgeschichte Judas in der Königszeit*, dans A.H.J. GUNNEWEG und O. KAISER (éds), *Textgemäss. Aufsätze und Beiträge zur Hermeneutik des Alten Testaments. Festschrift für Ernst Würthwein*, Göttingen, 1979, pp. 28-32; H.-D. HOFFMANN, *Reform und Reformen*, 1980, pp. 146-149 et 151-155; H. SPIECKERMANN, *op. cit.*, pp. 170-175.

[84] *II Chr.*, XXXII, 12 dépend de *II Rois*, XVIII, 22 par. *Is.*, XXXVI, 7.

[85] Voir G. HOELSCHER, *Geschichtsschreibung in Israel*, Oslo, 1952, p. 402; C. VAN LEEUWEN, *Sanchérib devant Jérusalem*, dans OTS, XIV, 1965, p. 258; H. WILDBERGER, *Die Rede des Rabsake vor Jerusalem*, dans ThZ, XXXV, 1979, pp. 38-39; H.-D. HOFFMANN, *op. cit.*, pp. 149-155.

[86] Voir B. DUHM, *Das Buch Jesaja*, 1914, pp. 234-235; A. CONDAMIN, *Le livre d'Isaïe* (EB), Paris, 1905, p. 215, n. 7; A. LODS, *op. cit.*, p. 34, n. 3; J. LE MOYNE, *Les deux ambassades de Sennachérib à Jérusalem*, dans *Mélanges Bibliques A. Robert*, 1957. p. 150, n. 6.

[87] Voir R. KITTEL, *Die Bücher der Könige*, 1900, pp. 278-279; A. ŠANDA, *Die Bücher der Könige*, II, p. 241; J.A. MONTGOMERY, *Archival Data in the Book of Kings*, dans JBL, LIII, 1934, pp. 46-52, à la p. 50; ID., *The Books of Kings*, 1951, pp. 480-481; N. SNAITH, *The Books of Kings*, 1954, pp. 289-290; E.W. TODD, *The Reforms of Hezekiah and Josiah*, dans ScotJTh IX, 1956, p. 290; J. GRAY, *I & II Kings*, 1977, p. 670.

[88] Voir, par exemple, H.H. ROWLEY, *Hezekiah's Reform and Rebellion*, dans BJRL, XLIV, 1962, pp. 425-431.

cultes d'origine assyrienne au temps d'Ézéchias. Rien ne permet donc de voir un lien intrinsèque entre la réforme religieuse et la révolte politique. Par conséquent, le fait de la révolte politique ne nous autorise nullement à postuler une réforme religieuse, et encore moins une réforme plus vaste que ce qu'en disent les textes.

Cela dit, l'hypothèse selon laquelle *II Rois*, XVIII, 4a et *II Rois*, XVIII, 22 seraient dépourvus de valeur historique ne nous semble pas tenir compte de la nature de ces textes. En effet, les objections soulevées contre l'appartenance de *II Rois*, XVIII, 22 à la couche primitive du récit n'emportent pas la conviction[89]. *II Rois*, XVIII, 4 n'est certes pas un récit dont le but serait de décrire les mesures cultuelles d'Ézéchias, mais un passage rédactionnel dont la fonction est avant tout d'expliquer et de fonder le jugement entièrement favorable porté sur Ézéchias au v. 3[90].

En partant justement de l'analyse des formules d'appréciation des rois de Juda et d'Israël, Helga Weippert défend, à notre avis, avec de bons arguments, l'hypothèse d'une première rédaction des livres des *Rois* au temps d'Ézéchias, qui serait axée sur la polémique contre les *bāmôt*[91]. Certes, Helga Weippert exclut *II Rois*, XVIII, 3-4 de cette rédaction, et attribue ce passage à une deuxième rédaction datant du temps de Josias[92]. W. B. Barrick nous semble toutefois avoir raison de voir en *II Rois*, XVIII, 3-4 la conclusion de la première rédaction dégagée par Helga Weippert. Après une dégradation progressive, qui a atteint son point le plus bas au temps d'Achaz, l'histoire telle que racontée par ce premier rédacteur trouve son dénouement avec Ézéchias[93].

Dans cette hypothèse, *II Rois*, XVIII, 3-4 serait l'œuvre d'un contemporain des événements qu'il y mentionne, et non d'un rédacteur dtr du temps de l'exil ou du temps de Josias, comme on le suppose habituellement[94]. Du coup, la question de l'historicité de *II Rois*, XVIII, 4 apparaît sous une tout autre lumière. La présentation de l'histoire de Juda, dont *II Rois*, XVIII, 3-4 serait la conclusion, est sans nul doute tendancieuse, car, d'une part, elle ne s'intéresse qu'à la politique adoptée par les différents rois à l'égard des institutions cultuelles d'origine

[89] Voir *infra*, pp. 390-392.

[90] Voir *infra*, p. 338.

[91] *Op. cit.*, dans Bib., LIII, 1972, pp. 307-323 et 334-339. Voir cependant la critique de E. CORTESE, *Lo schema deuteronomistico per i re di Giuda e d'Israele*, dans Bib., LVI, 1975, pp. 37-52.

[92] *Op. cit.*, dans Bib., LIII, 1972, pp. 319 et 323-333.

[93] W. B. BARRICK, *op. cit.*, dans Bib., LV, 1974, pp. 257-259.

[94] Voir *supra*, chap. IIe, n. 129.

cananéenne ou influencées par les cultes cananéens et, d'autre part, elle est destinée à mettre en valeur, et probablement à justifier, sinon à défendre, l'œuvre réformatrice d'Ézéchias[95], qui pouvait apparaître à bon nombre de Judéens comme de l'iconoclasme impie[96]. Loin de l'exclure, cette tendance suppose, au contraire, l'historicité de la réforme d'Ézéchias, car autrement la présentation de l'histoire qu'elle façonne n'aurait pas de raison d'être.

Bref, nous tenons pour historiques tous les renseignements fournis par *II Rois*, XVIII, 4a.22 et, par conséquent, concluons qu'Ézéchias ne s'est pas limité à écarter le serpent d'airain du culte judéen — pourquoi aurait-il visé seulement cet objet qui pouvait se réclamer de l'autorité de Moïse? — mais qu'il a promu une importante réforme religieuse dont l'aspect le plus révolutionnaire était sans doute la suppression de tous les lieux de culte judéens, les *bāmôt*, à l'exception du Temple de Jérusalem.

Bien que le témoignage de l'archéologie soit difficile à manier, il paraît bien confirmer en l'occurrence l'existence d'importantes mesures de nature cultuelle, voire d'un essai de centralisation du culte à Jérusalem au temps d'Ézéchias. Les fouilles entreprises à Arad et à Tell es-Seba'[97] ont montré en effet que les temples qui s'y trouvaient ont été complètement détruits à la fin du VIIIe siècle av. J.-C., et n'ont plus été reconstruits. Sur l'emplacement du temple de Arad[98], et probablement aussi sur l'emplacement du temple de Tell es-Seba'[99], on a certes érigé des bâtiments, mais à usage profane.

[95] Voir H. WEIPPERT, *op. cit.*, dans Bib., LIII, 1972, p. 322; W.B. BARRICK, *op. cit.*, dans Bib., LV, 1974, pp. 257-259. D'après R.P. MERENDINO tel aurait été aussi le but immédiat de la compilation du Deutéronome et de sa première rédaction; *Die Zeugnisse, die Satzungen und die Rechte. Ueberlieferungsgeschichtliche Erwägungen zu Deut 6*, dans H.J. FABRY (éd.), *Bausteine biblischer Theologie. Festgabe für G. Johannes Botterweek* (BBB, 50), Bonn, 1977, pp. 185-208; ID., *op. cit.*, dans BZ, NF XXV, 1981, pp. 249-255.

[96] *Cf. II Rois*, XVIII, 22 par. *Is.*, XXXVI, 7 et *II Chr.*, XXXII, 12.

[97] Généralement acceptée, l'identification de Tell es-Seba' avec la Bersabée biblique a été cependant mise en question, voir M.D. FOWLER, *The Excavation of Tell Beer-Sheba and the Biblical Record*, dans PEQ, CXIV, 1982, pp. 7-11.

[98] Voir Y. AHARONI, *Arad: Its Inscriptions and Temple*, dans BA, XXXI, 1968, pp. 18-32; ID., *Arad*, dans EAEHL, I, 1975, pp. 74-89, aux pp. 74-75 et 82-88; V. FRITZ, *Tempel und Zelt. Studien zum Tempelbau in Israel und zu dem Zeltheiligtum der Priesterschrift* (WMANT, 47), Neukirchen-Vluyn, 1977, pp. 41-46.

[99] Lors des fouilles on a trouvé les pierres d'un autel à cornes. N'étant pas «in situ», ces pierres supposent l'existence d'un sanctuaire sans pour autant fournir des indications sur son emplacement. D'après Y. AHARONI, généralement suivi par l'ensemble des archéologues, le temple était situé près de l'angle nord-ouest de la ville à l'emplacement d'un grand bâtiment appartenant au niveau II, «la maison 32» ou «la maison à sous-sols». A la fin du VIIIe s. le temple du niveau III aurait été jeté bas et son emplacement excavé jusqu'au roc; à sa place on aurait construit le grand «bâtiment 32»; Y. AHARONI,

a. *Inspiration septentrionale de la réforme d'Ézéchias.*

De la nature des objets visés il ressort clairement que, d'un point de vue religieux, la réforme était destinée à purifier la religion yahviste des influences cananéennes. La réforme apparaît ainsi comme l'aboutissement logique d'un long combat pour la pureté du yahvisme face au danger que représentait son assimilation à la religion cananéenne. Commencé peut-être dès les origines du peuple d'Israël[100], ce combat fut l'une des caractéristiques de l'histoire religieuse du royaume du Nord au cours des IXe-VIIIe siècles, comme en témoignent chacun à sa façon et avec des nuances particulières les traditions sur Élie[101] et Élisée[102], Amos[103] et Osée[104], les traditions élohistes[105] et les couches littéraires les plus anciennes du Deutéronome[106].

Les couches protodeutéronomiques, qui ont vu le jour très probablement dans le royaume du Nord avant sa chute en 722[107], sont spécialement intéressantes pour notre propos, car l'opposition à la canaanisation du yahvisme s'y exprime de façon particulièrement

The Horned Altar at Beer-Sheba, dans BA, XXXVII, 1974, pp. 2-6; ID., *Tel Beer-Sheba*, dans RB, LXXXII, 1975, pp. 92-95, pl. VI-VIIa.IXb; LXXXIII, 1976, pp. 74-76; M. AHARONI, *Some Observations on the Recent Article by Y. Yadin in BASOR 222*, dans BASOR, CCXXV, 1977, p. 47; Z. HERZOG - A.F. RAINEY - Sh. MOSKOVITZ, *The Stratigraphy at Beer-Sheba and the Location of the Sanctuary*, dans BASOR, CCXXV, 1977, pp. 49-58. En contestant aussi bien l'emplacement du temple que sa date de destruction proposée par Y. AHARONI, Y. YADIN fait cavalier seul, *Beer-Sheba: The High Place Destroyed by King Josiah*, dans BASOR, CCXXII, 1976, pp. 5-17.

[100] *Cf. Ex.*, XXIII, 24; XXXIV, 11-16. Selon certains critiques, ces textes témoignent de l'état d'esprit sinon de la pratique des Israélites lors de leur installation en Canaan; voir F. LANGLAMET, *«Israel et l'Habitant du Pays». Vocabulaire et formules d'Ex., XXXIV, 11-16*, dans RB, LXXVI, 1969, pp. 321-350 et 481-507; E. WILMS, *Das Jahwistische Bundesbuch in Exodus 34* (StANT, 32), München, 1973; E. OTTO, *Das Bundes-Mazzotfest von Gilgal* (BWANT, 107), Stuttgart-Berlin, 1975, pp. 203-279.

[101] *Cf. I Rois*, XVII, 1-*II Rois*, I, 18.

[102] *Cf. II Rois*, II, 1-XIII, 25.

[103] *Cf. Am.*, IV, 4; V, 4-6.

[104] *Cf. Os.*, IV, 10-15; X, 1-8.

[105] Voir K. JAROŠ, *Die Stellung des Elohisten zur kanaanäischen Religion* (OBO, 4), Freiburg-Göttingen, 1974.

[106] F. GARCÍA LÓPEZ, *Deut., VI et la tradition-rédaction du Deutéronome*, dans RB, LXXXVI, 1979, pp. 60-76.

[107] Proposée par A.C. WELCH (*The Code of Deuteronomy: A New Theory of its Origin*, London, 1924; ID., *The Problem of Deuteronomy*, dans JBL, XLVIII, 1929, pp. 291-306), l'origine israélite des parties les plus anciennes du Deutéronome est assez généralement admise de nos jours. Pour une discussion récente, voir F.R. MCCURLEY, *The Home of Deuteronomy Revisited: A Methodological Analysis of the Northern Theory*, dans H.N. BREAM - R.D. HEIM - C.A. MOORE (éds), *A Light unto my Path. Old Testament Studies in Honor of Jacob M. Myers*, 1974, pp. 295-317 et les travaux signalés supra, n. 78.

tranchée dans les lois de la séparation à l'égard des Cananéens et de l'anéantissement de leurs institutions cultuelles[108].

Comme l'a fait remarquer justement F. Langlamet, «(...) la loi de *Deut.*, VII, 5 et d'*Ex.*, XXXIV, 13 ne réclame aucunement la centralisation du culte. Elle n'exige pas la suppression des *bāmôt*. Ce n'est pas aux lieux de culte israélites (même canaanisés) qu'elle s'en prend, c'est aux autels, aux *maṣṣébôt*, aux *ashérîm* cananéens»[109]. Cela dit, si cette loi, qui correspond peut-être à une pratique de l'époque de l'installation en Canaan[110], gardait son actualité dans le royaume du Nord vers le milieu du VIIIe s., elle devait viser l'héritage religieux cananéen — autels, stèles et *ashérîm* — qui se transmettait dans les sanctuaires jadis cananéens, mais que les Israélites avaient adopté depuis longtemps. Autrement dit, en (re)formulant cette loi, l'auteur de *Deut.*, VII, 5 incite ouvertement ses contemporains à anéantir l'héritage religieux cananéen tel qu'il existait de son temps. Cela est d'ailleurs confirmé par *Deut.*, XVI, 21-22, qui exclut formellement du sanctuaire yahviste *ashérîm* et stèles.

Apportés sans doute par des réfugiés israélites, les textes protodeutéronomiques sont parvenus à Jérusalem après la ruine du royaume du Nord. Si les lois de la séparation à l'égard des Cananéens et de la destruction de leurs institutions cultuelles y étaient déjà connues depuis longtemps, comme le pensent plusieurs critiques[111], elles ont dû tout au moins recevoir une nouvelle vigueur grâce à l'arrivée des textes protodeutéronomiques ainsi que de l'ensemble des traditions septentrionales[112] auxquels la catastrophe qui venait de s'abattre sur le royaume d'Israël apportait une confirmation dramatique. Voilà ce qui explique les mesures d'Ézéchias à l'égard des stèles, de l'*Ashérāh* et du *Neḥushtān*, objects liés aux cultes cananéens.

b. *Les stèles (maṣṣébôt).*

Les termes hébreux *maṣṣébāh-maṣṣébôt*, comme d'ailleurs leurs équivalents ouest-sémitiques, désignent toute pierre dressée.

[108] *Cf. Deut.*, VII, 1-6 et XVI, 21-22. Au sujet du caractère protodeutéronomique et de l'origine septentrionale de ces textes, voir F. GARCÍA LÓPEZ, *Analyse littéraire de Deutéronome V-XI*, dans RB, LXXXIV, 1977, pp. 481-522, aux pp. 486-488 et 499; ID., *op. cit.*, dans RB, LXXXVI, 1979, pp. 70-76 et 82-83; ID., *«Un peuple consacré»: analyse critique de Deutéronome* VII, dans VT, XXXII, 1982, pp. 438-463.

[109] *Op. cit.*, dans RB, LXXVI, 1969, pp. 486-487; voir aussi F. GARCÍA LÓPEZ, *op. cit.*, dans RB, LXXXVI, 1979, pp. 74-76.

[110] Voir *supra*, n. 100.

[111] Voir *supra*, n. 100.

[112] Voir F. LANGLAMET, *op. cit.*, dans RB, LXXVI, 1969, pp. 506-507.

Universelle, la pratique des pierres dressées est largement attestée au Proche-Orient ancien, notamment en Palestine[113]. Dans le monde hébraïque ancien, les pierres dressées pouvaient remplir différentes fonctions : représenter une personne ou un groupe humain, notamment en contexte cultuel[114], commémorer un événement[115], être témoin d'un engagement ou d'un voeu[116]. Comme le fait remarquer A. de Pury, le rôle de la *maṣṣébāh* comme témoin est lié étroitement au rôle de la pierre comme demeure ou «reposoir» d'une divinité, ce qui est sans doute l'une des principales fonctions de la pierre dressée, particulièrement dans un cadre cultuel[117].

Comme les sanctuaires cananéens, les sanctuaires yahvistes possédaient sans doute une ou plusieurs stèles. Les fouilles du temple de Arad y ont mis au jour plusieurs stèles, dont une occupait probablement une niche. Étant donné sa position privilégiée, cette *maṣṣébāh* avait sans doute pour fonction de représenter ou de marquer la présence de Yahvé de façon non figurative[118].

La légitimité des *maṣṣébôt* dans le cadre du culte yahviste ne fut pas contestée avant le milieu du VIIIe siècle av. J.-C. Osée fut sans doute le premier à s'attaquer aux stèles ainsi qu'aux autels israélites dont il annonce la destruction en châtiment du fait que le coeur des Israélites est partagé entre Yahvé et les dieux cananéens. Bien que le culte fût le lieu privilégié de cette infidélité d'Israël, Osée ne condamne pas pour autant les institutions cultuelles israélites, notamment les stèles, en tant que telles[119]. Cela dit, ce fut sans doute leur association

[113] Voir E. STOCKTON, *Stones at Worship*, dans AJBA, I, 1970, pp. 58-81; C.F. GRAESSER, *Standing Stones in Ancient Palestine*, dans BA, XXXV, 1972, pp. 34-63; K. JAROŠ, *op. cit.*, pp. 147-211; A. DE PURY, *Promesse divine et légende cultuelle dans le cycle de Jacob*, II (EB), Paris, 1975, pp. 409-422; J.V. CANBY, *The Stelenreihen at Assur, Tell Halaf, and Maṣṣēbōt*, dans Iraq, XXXVIII, 1976, pp. 113-128.

[114] *Cf. Ex.*, XXIV, 4b. En *Jos.*, IV, 1-9.19-24 les douze pierres dressées perpétuent la présence des douze tribus devant Yahvé. Dressée sur l'emplacement d'un tombeau, la stèle représente la personne qui y est enterrée, et lui sert de «reposoir» ou de mémorial. Voir A. DE PURY, *op. cit.*, pp. 411-416.

[115] *Cf. Jos.*, IV, 6-7.20-24; *I Sam.*, VII, 2.

[116] *Gen.*, XXVIII, 18.22; XXXI, 13.45.51-52; XXXV, 14; *Jos.*, XXIV, 26-27; cf. aussi *Deut.*, XXVII, 1-8 et *Jos.*, VIII, 30-35. Un monceau de pierres peut avoir la même fonction qu'une stèle; l'un et l'autre servent en outre à marquer une limite territoriale. *Cf. Gen.*, XXXI, 46-53.

[117] *Op. cit.*, pp. 404-411 et 422-423.

[118] Voir V. FRITZ, *Tempel und Zelt*, 1977, pp. 48-52. Il y a lieu de se demander si les colonnes (*h'mdym*) Yakîn et Boaz du Temple de Jérusalem (*I Rois*, VII, 21) n'étaient pas en réalité des stèles. Voir C.F. GRAESSER, *op. cit.*, p. 46; A. DE PURY, *op. cit.*, p. 415; J. GRAY, *I & II Kings*, 1977, pp. 183-189 et 575-577.

[119] *Cf. Os.*, III, 4; X, 1-2. Voir F. LANGLAMET, *«Israël et l'Habitant du Pays»*, dans RB, LXXVI, 1969, p. 487; K. JAROŠ, *op. cit.*, pp. 153-211.

aux cultes cananéens qui valut aux stèles d'être proscrites du culte yahviste[120]. Attestée pour la première fois en *Deut.*, XVI, 22, l'interdiction des stèles sera reprise systématiquement par le courant dtn-dtr[121], et entraînera un phénomène de censure tendant à remplacer *mṣbh-mṣbwt* par les termes plus neutres de *'bn- 'bnym* («pierre-pierres») dans les traditions anciennes[122]. La condamnation des stèles ne semble pas s'être imposée de façon universelle, car *Is.*, XIX, 19, texte que l'on date communément de la période postexilique, annonce en termes très positifs l'érection d'une stèle consacrée à Yahvé près de la frontière de l'Égypte.

c. *L'Ashérāh ou les ashérîm.*

Les termes *'šrh-'šrym* (parfois *'šrwt*) sont très fréquents dans la Bible; *'šrh* est également attesté dans les inscriptions de Kuntilat ʿAjrud[123] et de Khirbet el-Qôm[124], qui datent probablement du VIIIe siècle av. J.-C.

Malgré leur fréquence, le sens précis de ces termes et la réalité qu'ils

[120] D'après *Lév.*, XXVI, 1 et *Mich.*, V, 12, elles semblent tomber sous l'interdiction qui frappe les idoles.

[121] *Cf. Deut.*, XII, 3; *I Rois*, XIV, 23; *II Rois*, XVII, 10; XVIII, 4; XXIII, 14; *II Chr.*, XIV, 2; XXX, 1; *cf.* aussi *II Rois*, III, 2; X, 26-27; *Jér.*, XLIII, 13; *Éz.*, XXVI, 11.

[122] *Cf. Deut.*, XXVII, 1-8; *Jos.*, IV, 1-9.19-24; VIII, 30-35; XXIV, 26-27; *I Sam.*, VII, 12 comp. *Gen.*, XXVIII, 18.22; XXXI, 13.45.51-52; XXXV, 14.20; *Ex.*, XXXIV, 4; *II Sam.*, XVIII, 18. Voir R. DE VAUX, *Institutions*, II, 1967, pp. 116-117.

[123] Apparemment une sorte de khan situé à environ 50 km au sud de Kadesh Barnea, sur la route menant de la Méditerranée à Eilat (Darb el-Gharb). Z. MESHEL, qui a fouillé le site, propose de dater les bâtiments entre le milieu du IXe et le milieu du VIIIe s.; Z. MESHEL and C. MYERS, *The Name of God in the Wilderness of Zin*, dans BA, XXXIX, 1976, pp. 6-10; Z. MESHEL, *Kuntillet-ʿAjrud*, dans IEJ, XXVII, 1977, pp. 52-53; ID., *Kuntillet-ʿAjrud. A Religious Centre from the Time of the Judaean Monarchy on the Border of Sinai*, Jerusalem, 1978; ID., *Kuntillat-ʿAjrud*, dans *Le Monde de la Bible*, X, 1979, pp. 32-36; ID., *Did Yahweh have a Consort?* dans BAR, V, 1979, pp. 24-35. Étant donné leur importance pour la connaissance de la religion yahviste, les découvertes de Kuntilat-ʿAjrud font actuellement l'objet d'une grande discussion. A la vaste bibliographie donnée par A. LEMAIRE, *Les écoles et la formation de la Bible dans l'ancien Israël*, 1981, pp. 25-32 et 90-92, on peut ajouter parmi d'autres M. WEINFELD, *A Sacred Site of the Monarchic Period*, dans *Shnaton*, XIV, 1980, pp. 280-285 (en hébreu); A. ANGERSTORFER, *Ašerah als «Consort of Jahwe» oder Aširtah*, dans BN, XVII, 1982, pp. 7-16; J. EMERTON, *New Light on Israelite Religion: The Implications of the Inscriptions from Kuntillet ʿAjrud*, dans ZAW, XCIV, 1982, pp. 2-20; W.G. DEVER, *Asherah, Consort of Yahweh? New Evidence from Kuntillet ʿAjrud*, dans BASOR, CCLV, 1984, pp. 21-37.

[124] Lieu-dit situé à 14 km à l'ouest d'Hébron et à 10 km à l'est sud-est de Lakish. Voir parmi d'autres, A. LEMAIRE, *Les inscriptions de Khirbet el-Qôm et l'Ashérah de Yhwh*, dans RB, LXXXIV, 1977, pp. 595-608 et Z. ZEVIT, *The Khirbet el-Qôm Inscription Mentioning a Goddess*, dans BASOR, CCLV, 1984, pp. 33-47.

recouvrent restent assez obscurs comme en témoigne la diversité des interprétations que l'on en a proposées[125]. D'après l'interprétation traditionnelle, notamment rabbinique, l'*ashérāh* désigne un arbre (ou un bosquet) sacré[126]. A leur tour, la plupart des critiques modernes distinguent deux, sinon trois sens différents, à savoir une déesse nommée Ashérah[127], le symbole cultuel de ladite déesse constitué par un pieu ou un arbre sacré[128], et peut-être aussi son image sculptée (*psl h'šrh*)[129].

D'après *Deut.*, XVI, 21 et *Jug.*, VI, 25.26.28.30, qui sont sans doute les passages les plus clairs et aussi parmi les plus anciens, *'šrh* désigne sans nul doute un objet de bois qui se dresse à côté de l'autel. S'agissait-il d'un arbre naturel ou d'un pieu artificiel? Le fait que les termes *'šrh-'šrym* soient parfois compléments d'objet des verbes *'śh*[130], *nṣb*[131] et *bnh*[132] favorise sans doute la seconde hypothèse[133]. Cela dit, la tradition ancienne a peut-être raison de voir dans les *ashérîm* des arbres naturels à mettre sans doute en rapport avec les arbres plus ou moins doués d'un caractère sacré dont parlent les traditions anciennes, notamment les récits patriarcaux[134].

Symboles de vie et de fertilité, qui étaient les dons de Yahvé, les *ashérîm* auraient donc été reconnues pendant longtemps comme des

[125] Parmi d'autres, voir M.-J. LAGRANGE, *Études sur les religions sémitiques. Les déesses : Achéra et Astarté*, dans RB, X, 1901, pp. 546-566; W.L. REED, *The Asherah in the Old Testament*, Fort Worth, TX, 1949; R. PATTAI, *The Goddess Asherah*, dans JNES, XXIV, 1965, pp. 37-52; K.-H. BERNHARDT, *Aschera in Ugarit und im Alten Testament*, dans MIO, XIII, 1967, pp. 163-174; E. LIPIŃSKI, *The Goddess Aṯirat in Ancient Arabia, in Babylon and in Ugarit*, dans OLP, III, 1972, pp. 101-119; A. LEMAIRE, *Les inscriptions de Khirbet el-Qôm et l'Ashérah de Yhwh*, dans RB, LXXXIV, 1977, pp. 595-608, aux pp. 603-608; A. ANGERSTORFER, *op. cit.*, ibidem; J. EMERTON, *op. cit.*, *ibidem*; W.G. DEVER, *op. cit.*, *ibidem*; Z. ZEVIT, *op. cit.*, *ibidem*.

[126] Voir M. JASTROW, *A Dictionary of the Targumim*, I, New York, 1950, p. 127.

[127] *Cf. Jug.*, III, 7; *I Rois*, XV, 13; XVIII, 19; *II Rois*, XXIII, 4.7; *II Chr.*, XV, 16; XXIV, 18.

[128] *Cf. Ex.*, XXXIV, 13; *Deut.*, VII, 5; XII, 3; XVI, 21; *Jug.*, VI, 25.26.28.30; *I Rois*, XIV, 15.23; *II Rois*, XVII, 10; XXIII, 14; *Is.*, XVII, 8; XXVII, 9; *Jér.*, XVII, 2; *Mich.*, V, 13; *II Chr.*, XIV, 2; XVII, 6; XIX, 3; XXXI, 1; XXXIII, 3.19; XXXIV, 3.4.7 et peut-être *I Rois*, XVI, 33; *II Rois*, XIII, 6; XVII, 16; XVIII, 4; XXI, 3; XXIII, 6.7.15.

[129] *Cf. II Rois*, XXI, 7 et peut-être *I Rois*, XV, 13; XVI, 33; *II Rois*, XIII, 6; XVII, 16; XVIII, 4; XXI, 3; XXIII, 6.7.15; *II Chr.*, XV, 16.

[130] *Cf. I Rois*, XIV, 15 et peut-être XVI, 33; *II Rois*, XVII, 16; XXI, 3; *II Chr.*, XXXIII, 3.

[131] *Cf. II Rois*, XVII, 10.

[132] *Cf. I Rois*, XIV, 23.

[133] Voir R. PATTAI, *op. cit.*, p. 40 et K.-H. BERNHARDT, *op. cit.*, p. 171.

[134] Voir A. LEMAIRE, *op. cit.*, dans RB, LXXXIV, 1977, pp. 605-608. Les arbres étaient l'un des éléments caractéristiques des lieux de culte traditionnels (*cf. Jug.*, VI, 11.19; *Jos.*, XXIV, 26), comme il ressort notamment de la polémique contre les cultes canaanisés, pratiqués «sous tout arbre verdoyant» (*cf. Deut.*, XII, 2; *I Rois*, XIV, 23; *II Rois*, XVI, 4; XVII, 10; *Is.*, LVII, 5; *Jér.*, II, 20; III, 6.13; *Éz.*, VI, 13).

objets du culte yahviste tout à fait légitimes, et, comme les stèles, auraient constitué l'un des éléments caractéristiques des sanctuaires yahvistes[135], comme elles l'étaient sans doute aussi des sanctuaires cananéens. La condamnation des *ashérîm* aurait cependant provoqué une censure beaucoup plus sévère que celle qui a visé les stèles, et dont le résultat fut l'elimination totale des termes *'šrh-'šrym* en contexte favorable, et leur remplacement par des noms d'arbres[136].

Quoi qu'il en soit, dans les textes bibliques les plus anciens, le terme *'šrh* désigne un objet et non une divinité de ce nom. Tel est probablement aussi le sens dans les inscriptions de Kuntilat ʿAjrud et de Khirbet el-Qôm, si l'on accepte la lecture la plus courante selon laquelle *'šrth* serait le nom *'šrh* construit avec le suff. de la 3e pers. *h*[137].

Par contre, il y a une série de textes bibliques qui présentent incontestablement l'Ashérah comme une divinité plus ou moins parèdre de Baal[138]. Comme Baal, l'Ashérah a ses prophètes[139], et dispose d'un équipement, voire d'un personnel cultuel dans le Temple de Jérusalem[140]. Comme Baal, Ashérah a une pluralité de manifestations selon les différents lieux où on lui rendait un culte[141]. Cela dit, les

[135] Au sanctuaire de Yahvé à Sichem, il y avait un térébinthe ou un chêne, sous lequel Josué a dressé une grosse pierre, pour être témoin de l'alliance (*Jos.*, XXIV, 26-27).

[136] *Cf. Jos.*, XXIV, 26-27, et aussi *Gen.*, XII, 6; XXI, 33; XXXV, 4.8; *Deut.*, XI, 30; *Jug.*, VI, 11.19; IX, 6.37; voir R. DE VAUX, *Institutions*, II, 1967, pp. 116-117. Les *ashérah-ashérîm* ne sont jamais mentionnées en contexte favorable ou simplement neutre.

[137] Voir A. LEMAIRE, *op. cit.*, dans RB, LXXXIV, 1977, pp. 607-608; F. STOLZ, *Monotheismus in Israel*; dans O. KEEL (éd.), *Monotheismus im Alten Israel und seiner Umwelt* (Biblische Beiträge, 14), Fribourg, 1980, pp. 143-184, à la p. 170; J. EMERTON, *op. cit.*, dans ZAW, XCIV, 1982, pp. 2-20. Cette lecture n'est cependant pas unanimement admise. Ainsi, A. ANGERSTORFER, *op. cit.*, dans BN, XVII, 1982, pp. 7-16 et Z. ZEVIT, *op. cit.*, dans BASOR, CCLV, 1984, pp. 33-47 voient en *'šrth*, non pas le nom commun *'šrh* avec le suff. *h*, mais le nom propre de la divinité Ashirtah ou Asheratah. Voir aussi W.G. DEVER, *op. cit.*, dans BASOR, CCLV, 1984, pp. 21-37.

[138] Les deux sont souvent associés: *Jug.*, III, 7; VI, 25-32; *I Rois*, XVI, 31-33; XVIII, 19; *II Rois*, XVII, 16; XXI, 3; XXIII, 4.

[139] *Cf. I Rois*, XVIII, 19. Le mention des 400 prophètes d'Ashérah semble secondaire; voir J.A. MONTGOMERY, *The Books of Kings*, 1951, p. 300.

[140] *Cf. II Rois*, XXIII, 4.7. *II Rois*, XXIII, 7 parle des «maisons des *qdšym*» («prostitués sacrés») où les femmes tissaient des «maisons» (TM) ou plutôt des voiles ou des robes, d'après la lecture généralement adoptée (voir A. LEMAIRE, *op. cit.*, dans RB, LXXXIV, 1977, pp. 606-607). D'après *I Rois*, XV, 13, par. *II Chr.*, XV, 16, la reine-mère Maakah fit une *mplṣt l'šrh*. Le hapax *mplṣt* implique l'idée d'horreur ou d'épouvante (voir BDB, p. 814), mais il est difficile à savoir de quoi il s'agit. Étant donné leur obscurité, les textes bibliques ne ne nous permettent donc pas de déterminer exactement quels étaient les objets et les personnes consacrés à Ashérah ni quels étaient les rites de son culte.

[141] Cette interprétation des plur. *h'šrwt* associé à *bʿlym* en *Jug.*, III, 7 et *h'šrym* en *II Chr.*, XXIV, 18 nous paraît préférable à celle qui y voit une désignation générique des divinités féminines (voir, par exemple, A. CAQUOT - M. SZNYCER - A. HERDNER, *Textes Ougaritiques. I. Mythes et Légendes* (LAPO, 7), Paris, 1974, p. 74). Ashérah

indications bibliques déconseillent l'identification d'Ashérah avec son homonyme la déesse *ᵃṯrt* bien connue par les textes ougaritiques dans lesquels celle-ci apparaît comme la parèdre de El et la «créatrice (ou la génitrice) des dieux»[142].

Il y a donc lieu de se demander avec A. Lemaire si la présentation de l'Ashérah comme une divinité n'est pas le résultat de la personnification de ce qui n'était en réalité qu'un objet cultuel parmi d'autres[143]. Si l'on en admet la compréhension la plus courante, les inscriptions de Kuntilat ʿAjrud et de Khirbet el-Qôm, sans doute expressions de la religion populaire vers le milieu du VIIIᵉ av. J.-C., témoigneraient de cette évolution. En effet, l'Ashérah de Yahvé y «est intimement associée à la divinité et est presque hypostasiée, puisqu'on bénit par elle»[144].

Cette évolution devrait mener logiquement à l'apparition d'une divinité que l'on envisageait sans doute comme la contrepartie féminine de Yahvé[145], d'autant plus que celui-ci avait hérité en partie les attributs de Baal. On comprend alors que non seulement l'on soit venu à condamner l'*Ashérāh-ashérîm*, mais aussi que cette condamnation soit plus violente que celle qui a frappé les stèles, dans la mesure où les premières représentaient un danger beaucoup plus grave que les secondes pour la pureté du yahvisme. Il est d'ailleurs vraisemblable que les rédacteurs dtn-dtr aient exagéré la personnification de l'*ashérāh* pour les besoins de la polémique[146].

Bref, en s'attaquant à l'*ashérāh*, Ézéchias essaie d'éliminer du culte

paraît donc occuper une place en partie identique à celle d'Astarté. Dans les textes ougaritiques Ashérah (*ʾᵃṯrt*) et Astarté (*ʿṯtrt*) sont deux divinités distinctes (voir A. CAQUOT - M. SZNYCER - A. HERDNER, *op. cit.*, pp. 68-73 et 92-94). dans les textes bibliques, *ʿštrt* au sg. désigne une divinité individuelle empruntée aux Sidoniens (*I Rois*, XI, 5.33; *II Rois*, XXIII, 13); cependant le nom est employé le plus souvent au plur. (*ʿštrwt* / *ʿštrt*) et en couple avec le plur. *bʿlym* (*Jug.*, II, 13; X, 6; *I Sam.*, VII, 3.4; XII, 10; *cf.* aussi XXXI, 10). Il y eut peut-être une assimilation des deux déesses.

[142] Voir K.-H. BERNHARDT, *op. cit.*, dans MIO, XIII, 1967, pp. 163-174; E. LIPIŃSKI, *op. cit.*, dans OLP, III, 1972, pp. 101-119; A. CAQUOT - M. SZNYCER - A. HERDNER, *op. cit.*, pp. 70-71; A. LEMAIRE, *op. cit.*, dans RB, LXXXIV, 1977, pp. 603-604.

[143] *Op. cit.*, dans RB, LXXXIV, 1977, pp. 606-608.

[144] A. LEMAIRE, *op. cit.*, dans RB, LXXXIV, 1977, p. 608; ID., *Les écoles et la formation de la Bible dans l'ancien Israël*, 1981, p. 28. D'après l'interprétation de A. ANGERSTORFER, W. G. DEVER et Z. ZEVIT, les inscriptions de Kuntilat ʿAjrud et Khirbet el-Qôm parleraient de *Ashérah* / *Ashirtah* / *Asheratah*, une déesse à côté de Yahvé; voir *supra*, n. 137.

[145] Voir K.-H. BERNHARDT, *op. cit.*, dans MIO, XIII, 1967, p. 172. Dans le milieu assez syncrétiste des Juifs d'Éléphantine au Vᵉ s. Yahô avait une parèdre en la personne de ʿAnat. Voir P. GRELOT, *Documents araméens d'Égypte* (LAPO, 5), Paris, 1972, pp. 345-354 et 365-366.

[146] Voir A. LEMAIRE, *op. cit.*, dans RB, LXXXIV, 1977, p. 606.

yahviste un objet qui, comme les stèles, était lié aux cultes cananéens et, de surcroît, était sans doute en train de devenir, ou était déjà, une divinité à côté de Yahvé. La mesure d'Ézéchias a dû toucher non seulement les sanctuaires provinciaux, mais aussi le Temple de Jérusalem. Le sg. *'šrh* du texte hébreu de *II Rois*, XVIII, 4 se rapporte peut-être explicitement à l'*ashérāh* du Temple de Jérusalem. Certes, la présence de l'*ashérāh* dans le Temple de Jérusalem n'est explicitement signalée qu'au temps de Manassé et lors de la réforme de Josias[147]. On peut cependant douter qu'elle y ait fait son apparition seulement à la fin de la monarchie judéenne. La *mplṣt l'šrh* que *II Rois*, XV, 13 par. *II Chr.*, XV, 16 imputent à la Reine-mère Maakah était sans doute en rapport avec le Temple de Jérusalem[148]. Si Asa l'a vraiment écartée du Temple, l'*ashérāh* y a été sans doute réintroduite avant d'être de nouveau écartée par Ézéchias.

d. *Le Serpent d'airain (Neḥushtān).*

A la différence des stèles et des *ashérim*, le *Neḥushtān* n'est nulle part ailleurs objet de polémique[149]. Quoi qu'il en soit de son rapport avec le récit de *Nomb.*, XXI, 4b-9, le culte du serpent est un emprunt au monde cananéen ou peut-être madianite[150]; rattaché sans doute assez tôt à la personne de Moïse, le serpent a acquis droit de cité, sinon une place très honorable dans le culte judéen[151]. La présence de représentations du serpent dans le cadre du culte judéen a été confirmée par la découverte à Tell es-Seba' d'une pierre ayant un serpent gravé sur l'une des faces. Cette représentation avait certainement une signification cultuelle, puisque la pierre qui la porte, avant d'avoir été réemployée

[147] *II Rois*, XXI, 3.7; XXII, 4.6-7.

[148] Voir R. PATTAI, *op. cit.*, dans JNES, XXIV, 1965, p. 48; K.-H. BERNHARDT, *op. cit.*, dans MIO, XIII, 1967, p. 172, n. 51.

[149] Au sujet du *Neḥushtān*, voir notamment H.H. ROWLEY, *Zadok and Nehushtân*, dans JBL, LVIII, 1939, pp. 113-141; K. JAROŠ, *op. cit.*, pp. 259-281; K.R. JOINES, *Serpent Symbolism in the Old Testament. A Linguistic, Archaeological, and Literary Study*, Haddonfield, N. J., 1974.

[150] S. YEIVIN suggère d'y voir un objet cultuel édomite introduit à Jérusalem peu avant le règne d'Ézéchias, peut-être par Amasias (*cf. II Chr.*, XXV, 14); *The Sudden Appearance of the Bronze Serpent in the time of King Hezekiah*, dans *Beth Mikra*, XXIII, 1977, pp. 10-11 (hébreu).

[151] Voir H.H. ROWLEY, *op. cit.*, dans JBL, LVIII, 1939, pp. 113-141; M. NOTH, *Das vierte Buch Mose. Numeri* (ATD, 7), Göttingen, 1966, pp. 136-138; G.W. COATS, *Rebellion in the Wilderness. The Murmuring Motif in the Wilderness Traditions of the Old Testament*, Nashville, 1968, pp. 115-124; V. FRITZ, *Israel in der Wüste* (Marburger Theologische Studien, 7), Marburg, 1970, pp. 93-96; R. DE VAUX, *Histoire ancienne d'Israël*, I, Paris, 1971, p. 513; K. JAROŠ, *op. cit.*, pp. 272-281; K.R. JOINES, *op. cit.*, pp. 61-96; H.-D. HOFFMANN, *Reform und Reformen*, 1980, p. 153.

dans un mur à la fin du VIIIe s., a appartenu à un autel à cornes, qui devait se trouver dans le temple local. L'autel en question fut effectivement démantelé à la fin du VIIIe siècle av. J.-C.[152]. Comme dans les autres civilisations voisines, le serpent était le symbole de la puissance de guérison ou de renouvellement de la vie, ou encore de fertilité, qui étaient des attributs de Yahvé[153]. En plus de ses liens avec les cultes cananéens, le serpent était devenu en réalité une idole. Voilà ce qui explique sa destruction par Ézéchias. Bien que *II Rois*, XVIII, 4b ne le dise pas explicitement, le *Neḥushtān* était probablement la forme que prenait le serpent dans le cadre du Temple de Jérusalem[154].

e. *La suppression des bāmôt et la centralisation du culte.*

La destruction des *bāmôt* et la centralisation du culte dans le Temple de Jérusalem qu'elle suppose sont les aspects les plus controversés de la réforme d'Ézéchias.

Bien qu'ils en parlent souvent, les textes bibliques fournissent fort peu de renseignements sur les *bāmôt*[155]. On y voit communément des sanctuaires assez rudimentaires, à la campagne et en plein air, à savoir des aires sacrées au sommet des collines ou des plate-formes artificielles que marquait notamment la présence de stèles et d'*ashérîm*.

Déjà contestée par H. Torczyner[156], cette opinion courante est actuellement rejetée par nombre de critiques[157], à juste titre. Certaines *bāmôt* du moins étaient en réalité des complexes cultuels urbains assez élaborés qui, comme le Temple de Jérusalem, comprenaient un ensemble de bâtiments, de cours et d'objets de culte.

[152] Voir *supra*, n. 99.

[153] Voir surtout K.R. JOINES, *op. cit.*, pp. 100-108.

[154] Voir, par exemple, H.H. ROWLEY, *Hezekiah's Reform and Rebellion*, dans BJRL, XLIV, 1962, p. 426.

[155] Voir parmi d'autres, L.-H. VINCENT, *La notion biblique du Haut-Lieu*, dans RB, LV, 1948, pp. 245-278 et 438-445; C.C. MCCOWN, *Hebrew High Places and Cultic Remains*, dans JBL, LXIX, 1950, pp. 205-219; W.F. ALBRIGHT, *The High-Places in Ancient Palestine*, dans VTS, IV, 1957, pp. 242-258; W.B. BARRICK, *The Funerary Character of «High-Places» in Ancient Palestine: A Reassessment*, dans VT, XXV, 1975, pp. 565-595; ID., *What we really know about «High-Places»?*, dans SEÅ, XLV, 1980, pp. 50-57; P.H. VAUGHAN, *The Meaning of 'bamâ' in the Old Testament. A Study of Etymological, Textual and Archaeological Evidence* (The Society for Old Testament Study, Monograph Series, 3), Cambridge, 1974; J.M. GRINTZ, *Some Observations on the «High-Place» in the History of Israel*, dans VT, XXVII, 1977, pp. 111-113; J.T. WHITNEY, *'Bamoth' in the Old Testament*, dans TB, XXX, 1979, pp. 125-147; G.W. AHLSTROEM, *Royal Administration and National Religion in Ancient Palestine* (Studies in the History of the Ancient Near East, I), Leiden, 1982, pp. 65-83; M.D. FOWLER, *The Israelite bāmâ: A Question of Interpretation*, dans ZAW, XCIV, 1982, pp. 203-213.

[156] *Lachish I (Tell ed Duwweir): The Lachish Letters*, Oxford, 1938, p. 30, n. 3.

[157] Voir l'état de la question donné par M.D. FOWLER, *op. cit.*, pp. 203-213.

Quoi qu'il en soit de leur sens primitif[158], les termes *bmh-bmwt* dans la Bible semblent bien désigner tous les sanctuaires — yahvistes ou païens[159] — à l'exception du Temple de Jérusalem, indépendamment de leur situation topographique et de leur structure architecturale plus ou moins élaborée.

Pendant longtemps Israël/Juda a rendu un culte à Yahvé dans plusieurs sanctuaires, dont la plupart étaient sans doute d'origine cananéenne. Dès son origine le Temple de Jérusalem a certainement occupé une place spéciale du fait notamment qu'il abritait l'Arche et était le sanctuaire royal. Cela conférait au Temple de Jérusalem un prestige et une importance supérieurs à ceux d'autres sanctuaires qui étaient à d'autres égards plus vénérables. Il est probable qu'il ait existé de tout temps au sanctuaire royal de Jérusalem une certaine tendance centralisatrice[160]. La légitimité des autres sanctuaires n'a cependant pas été contestée pendant plus de deux siècles[161]. En ce qui concerne Juda, l'archéologie a révélé l'existence d'un temple tout à fait officiel à Arad[162], et d'un autre à Tell es-Seba'[163], qui sont restés en usage jusqu'à la fin du VIIIe siècle av. J.-C.

Comment en est-on venu à condamner tous les sanctuaires yahvistes à l'exception de celui de Jérusalem, à prôner leur destruction, voire à la mettre à exécution au temps d'Ézéchias?

Du point de vue religieux, à notre avis, la condamnation des *bāmôt* est, elle aussi, l'aboutissement logique du combat qui fut mené surtout dans le royaume du Nord pour la pureté du yahvisme face au danger

[158] Voir la bibliographie donnée *supra*, n. 155.

[159] *Cf. I Rois*, XI, 7 et *II Rois*, XXIII, 13, où il est fait mention de *bāmôt* en rapport avec Kamosh, Molek ou Milkom et Astarté. Le terme *bmh* est attesté en moabite. Dans la stèle de Mésha *bmh* désigne sans doute un sanctuaire de Kamosh que Mésha construisit dans *qrḥh*, qui est peut-être le quartier royal de la capitale moabite (voir H. Donner - W. Roellig, *KAI*, n° 181, l. 3; W.B. Barrick, *op. cit.*, dans SEÅ, XLV, 1980, pp. 55-56). Les *bāmôt* de Moab sont également mentionnées dans la Bible (*Is.*, XV, 2; XVI, 12 et *Jér.*, XLVIII, 35). Cela n'autorise cependant pas à supposer, comme fait J.M. Grintz (*op. cit.*, pp. 111-113), que les *bāmôt* seraient originaires de Moab, où les Israélites les auraient adoptées avant de les introduire en Palestine.

[160] Voir K.-D. Schunck, *Zentralheiligtum, Grenzheiligtum und Höhenheiligtum*, dans *Numen*, XVIII, 1971, p. 132-140.

[161] D'après la présentation de «l'histoire dtr», la construction du Temple de Jérusalem aurait marqué le tournant. Normale (*I Sam.*, IX, 2.13.14.19; X, 5; *I Chr.*, XVI, 39; XXI, 29) ou excusable (*I Rois*, III, 2-4 et *II Chr.*, I, 3.13) avant, la fréquentation des autres sanctuaires était absolument condamnable après la construction du Temple de Jérusalem.

[162] Le Temple faisait partie intégrante de la forteresse royale. Situé sur l'emplacement d'un sanctuaire antérieur, il fut construit au temps de Salomon et plusieurs fois reconstruit par la suite; voir *supra*, n. 98.

[163] Voir *supra*, n. 99.

de sa canaanisation. Le souci de préserver le culte yahviste des objets cultuels cananéens, du moins à lui seul, ne suffit certes pas à rendre compte du rejet de tous les autres sanctuaires au profit du Temple de Jérusalem, car l'expérience montrait que ce dernier n'était pas plus immunisé que les autres contre les influences cananéennes, mais avait besoin lui aussi d'en être purifié[164].

La loi de la centralisation du culte a connu une longue histoire dont témoignent ses différentes formulations[165]. Bien que cette histoire soit difficile à retracer, il paraît peu probable que, à la différence de la loi interdisant les stèles et les *ashérîm*, les premières formulations de la loi prescrivant la centralisation du culte à Jérusalem, et par conséquent l'exclusion de tous les autres sanctuaires, soient antérieurs au règne d'Ézéchias[166]. Cela dit, sans pour autant interdire explicitement la pluralité des lieux de culte ni prescrire formellement l'unicité de sanctuaire, les couches protodeutéronomiques posaient probablement les fondements de l'une et l'autre loi. F. García López a en effet attiré l'attention sur le fait que, aux yeux de l'auteur de *Deut.*, VI, 4b, qui appartient à la même couche littéraire que *Deut.*, VII, 5, les objets cultuels cananéens n'étaient pas les seuls à mettre la pureté du yahvisme en péril; loin d'être inoffensive la multiplicité de sanctuaires yahvistes constituait également un danger, certes plus subtil, mais peut-être non moins grave, car il menaçait «l'intégrité» de Yahvé lui-même.

En effet, dans le monde cananéen, la pluralité de sanctuaires aboutissait à une sorte de dissolution de Baal en une «entité multiforme»[167]. «Ce dernier apparaissait divisé en un grand nombre de divinités et portait des titres multiples, selon les sanctuaires où on lui rendait un culte»[168]. La pluralité de sanctuaires israélites risquait de réserver à Yahvé un sort pareil à celui de Baal. C'est pourquoi, en même temps que l'on prescrit «la loi de séparation à l'égard des Cananéens et l'anéantissement de leurs sanctuaires et leurs objets de culte», l'on «proclame

[164] Voir Y. KAUFMANN, *The Religion of Israel*, Chicago-London, 1960, pp. 161-162.

[165] Parmi les travaux récents, voir R. DE VAUX, *«Le lieu que Yahvé a choisi pour y établir son nom»*, dans F. MAASS (éd.), *Das ferne und nahe Wort. Festschrift Leonhard Rost* (BZAW, 105), Berlin, 1967, pp. 219-228; Helga WEIPPERT, *«Der Ort, den Jahwe erwählen wird, um dort seinen Namen wohnen zu lassen. Die Geschichte einer alttestamentlichen Formel*, dans BZ, NF XXIV, 1980, pp. 76-94; B. HALPERN, *The Centralization Formula in Deuteronomy*, dans VT, XXXI, 1981, pp. 20-38; N. LOHFINK, *Zur deuteronomischen Zentralisationsformel*, dans Bib., LXV, 1984, pp. 297-329.

[166] Voir *supra*, n. 165.

[167] Voir F. GARCÍA LÓPEZ, *Deut., VI et la tradition-rédaction du Deutéronome*, dans RB, LXXXVI, 1979, pp. 72-76.

[168] F. GARCÍA LÓPEZ, *op. cit.*, p. 74.

aussi dans une 'déclaration polémique' l'unité de Yahvé»[169]. Voilà, nous semble-t-il, le fondement religieux de l'unicité de sanctuaire avec ce que celle-ci implique[170].

Cela dit, en supprimant tous les lieux de culte à l'exception et au profit du Temple de Jérusalem, Ézéchias n'était probablement pas mû par le seul zèle yahviste; il obéissait aussi à des considérations politiques, à savoir les intérêts de la cour et ceux du Temple de Jérusalem. Grâce à la suppression des autres sanctuaires, le Temple de Jérusalem voyait satisfaite sa tendance centralisatrice et accrue son importance, sans doute aussi sa richesse. A son tour, le roi, d'une part, renforçait sa mainmise sur le culte dont il était le patron, et, d'autre part, resserrait les liens qui unissaient le peuple de la province à la capitale[171].

C. La présentation de II Chr., XXIX, 3-XXXI, 21 : Ézéchias le nouveau Salomon qui réinaugure le Temple et le culte de Yahvé, et refait l'unité du peuple d'Israël. Valeur historique de cette présentation.

II Chr., XXIX, 3-XXXI, 21 rapporte très longuement une véritable restauration du culte de Yahvé, qui aurait été l'événement marquant du règne d'Ézéchias[172]. Commencée dès le premier jour du règne, cette opération s'est déroulée en plusieurs étapes :

— réouverture et purification du Temple (*II Chr.*, XXIX, 3-17);

— rétablissement du culte (*II Chr.*, XXIX, 20-36);

— célébration de la Pâque par une grande foule venue de tout Israël (*II Chr.*, XXX, 1-27);

[169] F. García López, *op. cit.*, pp. 74-75.

[170] D'après Y. Kaufmann, *op. cit.*, pp. 161-162, la centralisation du culte serait une conséquence de la vision sacerdotale du monothéisme. De même, M. Haran estime que la réforme d'Ézéchias a été inspirée par l'école sacerdotale, et serait liée à la formation du document sacerdotal (*Temples and Temple-Service in Ancient Israel. An Inquiry into the Character of Cultic Phenomena and the Historical Setting of the Priestly School*, Oxford, 1978, pp. 132-148; Id., *Behind the Scenes of History : Determining the Date of the Priestly Source*, dans JBL, C, 1981, pp. 321-333. L'unicité de Yahvé dont nous paraît découler la loi de centralisation du culte n'implique pas le monothéisme. Par ailleurs, la datation très haute du document sacerdotal proposée par Y. Kaufmann et M. Haran semble peu probable; voir H. Cazelles, Recension du livre de M. Haran, dans VT, XXX, 1980, pp. 373-380.

[171] Que l'on songe aux raisons qui, d'après *I Rois*, XII, 26-27, ont amené Jéroboam I à organiser le culte dans son royaume. Au sujet des incidences politiques de la centralisation du culte, voir par exemple, E. Nicholson, *The Centralisation of the Cult in Deuteronomy*, dans VT, XIII, 1963, pp. 380-389; M. Weinfeld, *Cult Centralization in Israel in the Light of a Neo-Babylonian Analogy*, dans JNES, XXIII, 1964, pp. 202-212; Helga Weippert, *op. cit.*, dans BZ, NF XXIV, 1980, pp. 85-86.

[172] Voir *infra*, pp. 490-494.

— destruction par la foule rassemblée pour la fête, d'abord, des autels et de tous les brûle-parfums qui se trouvaient à Jérusalem (*II Chr.*, XXX, 14) et, ensuite, des stèles, *ashérîm*, *bāmôt* et autels qui se trouvaient en Juda, Benjamin et Manassé (*II Chr.*, XXXI, 1);
— réorganisation du clergé et du culte dans le Temple (*II Chr.*, XXXI, 2-19).

Qu'en est-il de la valeur historique de cette présentation? La critique s'est montrée en général très sceptique, et y a vu le plus souvent un développement des données de *II Rois*, XVIII, 4.22 à partir de la réforme de Josias, que le Chroniste a voulu transposer à Ézéchias, ainsi que de la liturgie postexilique[173]. Il est cependant surprenant de constater que les critiques ne se sont pas demandé — ou l'ont fait assez rarement — pourquoi le Chroniste a reporté sur le règne d'Ézéchias l'œuvre cultuelle de Josias ni, de façon plus fondamentale, pourquoi il a mis si fortement en valeur la réforme religieuse d'Ézéchias[174].

Ayant tendance à accorder plus de crédit aux données propres aux livres des *Chroniques* en tant que documents historiques[175], une partie de la critique récente accepte l'historicité des récits de *II Chr.*, XXIX-XXXI soit dans les moindres détails[176], soit dans les grandes lignes, quitte à admettre un certain développement de la part du Chroniste et une certaine influence des pratiques de son temps[177].

On remarquera d'abord que, sous sa forme actuelle, l'ensemble de *II Chr.*, XXIX-XXXI n'est peut-être pas d'une seule venue[178]. Sauf en

[173] Voir, par exemple, E.L. CURTIS and A.A. MADSEN, *The Books of Chronicles*, 1910, pp. 462-485; A.C. WELCH, *The Work of the Chronicler*, London, 1939, p. 101; K. GALLING, *Die Bücher der Chronik* (ATD, 12), Göttingen, 1954, pp. 154-163; W. RUDOLPH, *Chronikbücher*, pp. 293-309; H. CAZELLES, *Les livres des Chroniques* (BJ), Paris, 1961, p. 214, n. *a*; p. 218, n. *d*; p. 221, n. *b*; H.H. ROWLEY, *op. cit.*, dans BJRL, XLIV, 1962, pp. 395-431; R. DE VAUX, *Institutions*, II, 1967, p. 182; F. MICHAELI, *Les livres des Chroniques*, 1967, pp. 221-233.

[174] A notre connaissance, J.M. MYERS, qui est pourtant enclin à accorder une assez grande confiance à la présentation du Chroniste, est l'un des rares à envisager ces questions. Voici ce qu'il en dit : «As a matter of fact, the tragic end of the reforming king (Josiah) cast a shadow over his reformation; there is at least a suspicion though it ought not be pressed too strongly that the circumstances of Josiah's death may have lead the Chronicler to shift some of the glory of Josiah to Hezekiah». (*I Chronicles*, 1965, p. XXIII).

[175] Voir par exemple, J.M. MYERS, *I Chronicles*, 1965; ID., *II Chronicles*, 1965.

[176] Voir J. ROSENBAUM, *Hezekiah's Reform and the Deuteronomistic Tradition*, dans HThR, LXXII, 1979, pp. 23-43.

[177] Voir E.W. TODD, *The Reforms of Hezekiah and Josiah*, dans ScotJTh, IX, 1956, pp. 288-293; F.L. MORIARTY, *The Chronicler's Account of Hezekiah's Reform*, dans CBQ, XXVII, 1965, pp. 399-406.

[178] Th. WILLI, *Die Chronik als Auslegung*, 1972, pp. 199-200, tient XXIX, 12-15.25. 30.34-35a et XXXI, 12b-19 pour secondaires. H. HAAG, *Das Mazzenfest des Hiskia*, dans H. GESE und H.P. RUEGER (éds), *Wort und Geschichte. Festschrift für Karl Elliger*

ce qui concerne *II Chr.*, XXX, les incertitudes au sujet de la critique littéraire ne compromettent cependant pas la présente recherche sur la valeur historique de *II Chr.*, XXIX-XXXI, car les passages dont l'originalité est niée ou mise en doute, portent sur des détails qui n'affectent pas le tableau d'ensemble[179].

Comme nous l'avons déjà remarqué[180], le Chroniste oppose systématiquement l'œuvre religieuse d'Ézéchias à celle d'Achaz : Ézéchias, d'une part, détruit ce que Achaz avait construit et, d'autre part, rétablit ce que Achaz avait détruit ou abandonné. Ainsi, alors que Achaz s'était fait des autels à tous les coins de rue de Jérusalem (*II Chr.*, XXVIII, 24b), et des *bāmôt* dans chaque ville de Juda pour y encenser d'autres dieux (*II Chr.*, XXVIII, 25a), la foule qui, à l'appel d'Ézéchias, s'était rendue à Jérusalem pour la Pâque a supprimé, d'abord, les autels et tous les brûle-parfums qui se trouvaient à Jérusalem (*II Chr.*, XXX, 14) et, ensuite, les stèles, *ashérîm*, *bāmôt* et autels dans tout Juda, Benjamin, Ephraïm et Manassé (*II Chr.*, XXXI, 1). Par contre, Ézéchias rouvre les portes du Temple (*II Chr.*, XXIX, 1.7) que Achaz avait fermées (*II Chr.*, XXVIII, 24aα)[181], rétablit le mobilier cultuel (*II Chr.*, XXIX, 19) et le culte de Yahvé (*II Chr.*, XXIX, 35b) que son prédécesseur avait respectivement détruit (*II Chr.*, XXVIII, 24aα)[182] et abandonné (*II Chr.*, XXVIII, 24-25). En outre il réorganise le clergé, que l'abandon du culte de Yahvé par Achaz ne pouvait qu'avoir désorganisé (*II Chr.*, XXXI, 2-19). En bref, l'œuvre cultuelle d'Ézéchias, qui représente un recommencement absolu du culte de Yahvé, s'oppose directement à l'apostasie totale d'Achaz.

Représentant un recommencement absolu du culte de Yahvé, l'œuvre cultuelle d'Ézéchias a non seulement dépassé de loin toutes les réformes antérieures[183], mais elle ne sera même pas égalée par la réforme de Josias. Il y a certes un parallélisme entre ces deux réformes, qui, à l'exception des épisodes de la découverte du livre de la Loi et de la célébration de l'Alliance[184], comportent les mêmes éléments principaux, à savoir, la purification du Temple (*II Chr.*, XXIX, 3-19 comp. XXXIV, 8-13), la destruction de l'appareil cultuel païen ou paganisé dans

(AOAT, 18), Neukirchen-Vluyn, 1973, pp. 87-94, à la p. 92, porte un jugement identique sur XXIX, 21a.23-24.25-28.30-35a.

179 Pour ce qui concerne le chapitre XXX, voir *infra*, pp. 96-99.

180 Voir *supra*, chap. IIe, pp. 47-49.

181 *II Chr.*, XXIX, 7 impute l'abandon du Temple aux «pères» en général.

182 En mentionnant seulement la sanctification des objets qu'Achaz avait mis au rebut, *II Chr.*, XXIX, 19 ne correspond pas tout à fait à *II Chr.*, XXVIII, 24a.

183 *Cf. II Chr.*, XIV, 1-4 et XV, 8-18; XVII, 6; XIX, 3; XXIII, 17-19; XXIV, 2-14.

Jérusalem, Juda et Israël (*II Chr.*, XXX, 14 et XXXI, 1 comp. XXXIV, 3-7.33), la célébration de la Pâque-Azymes (*II Chr.*, XXX comp. XXXV, 1.7-19) et la réorganisation du clergé (*II Chr.*, XXIX, 25-30 et XXXI, 2-19 comp. XXXV, 2-6.10). Sauf en ce qui concerne la destruction de l'appareil cultuel païen ou paganisé, les mesures prises par Ézéchias sont nettement plus importantes que celles prises par Josias. Ainsi, la purification et la reconsécration du Temple que *II Chr.*, XXIX, 3-36 prête à Ézéchias ont une portée religieuse autrement plus grande que les simples travaux de restauration que *II Chr.*, XXXIV, 8-17 attribue à Josias. Ayant duré deux semaines, la fête de Pâque-Azymes au temps d'Ézéchias fut nettement plus solennelle que la Pâque-Azymes de Josias, qui n'a duré qu'une semaine. La réorganisation du clergé attribuée à Ézéchias est plus vaste que la réorganisation prêtée à Josias (*II Chr.*, XXXI, 2-19 comp. XXXV, 2-6). Et, surtout, à la différence de la restauration du culte yahviste entreprise par Ézéchias, la réforme de Josias n'était nullement un recommencement absolu du culte de Yahvé. En bref, alors que, d'après les livres des *Rois*, Josias fut le plus grand réformateur du culte judéen, d'après les livres des *Chroniques*, la première place revient incontestablement à Ézéchias.

Selon les livres des *Chroniques*, seul David, qui a préparé la construction du Temple et l'organisation du culte[185], et surtout Salomon, qui a mis à exécution l'une et l'autre[186], ont réalisé une œuvre cultuelle plus importante que la restauration cultuelle d'Ézéchias[187]. Plusieurs indices, dont certains furent souvent relevés par les commentateurs, montrent d'ailleurs que le Chroniste veut présenter la restauration cultuelle d'Ézéchias comme une reprise de l'œuvre cultuelle de Salomon, et Ézéchias comme le nouveau Salomon[188]. Les indices en question ayant été récemment étudiés par H. G. M. Williamson, qu'il nous suffise de les mentionner rapidement, et de renvoyer à cet exégète pour les détails[189].

[184] On remarquera cependant la mention de l'alliance en *II Chr.*, XXIX, 10.

[185] *Cf. I Chr.*, XXIII-XXVI; XXVIII, 1-XXIX, 21; *II Chr.*, VIII, 13-16.

[186] *Cf. II Chr.*, II-VIII, 16.

[187] David et Salomon mis à part, Ézéchias est le roi à qui le Chroniste consacre les récits les plus longs.

[188] *Cf.* R.B. SCOTT, *Solomon and the Beginnings of Wisdom*, dans VTS, III, 1955, pp. 273-279; F. MICHAELI, *op. cit.*, pp. 231-232; K.-F. POHLMANN, *Studien zum dritten Esra. Ein Beitrag zur Frage nach dem ursprünglichen Schluss des chronistischen Geschichtswerkes* (FRLANT, 104), Göttingen, 1970, pp. 147-148; P.R. ACKROYD, *I & II Chronicles*, 1973, 179-196.

[189] *Israel in the Books of Chronicles*, 1977, pp. 119-125. Certains critiques pensent que le Chroniste a présenté Ézéchias à l'image de David; voir R. MOSIS, *Untersuchungen zur Theologie des chronistischen Geschichtswerkes* (Freiburger Theologische Studien, 92), Freiburg, 1973, pp. 186-194 et H. CAZELLES, Recension du livre de H.G.M. WILLIAMSON, dans VT, XXIX, 1979, pp. 375-380, à la p. 377.

Le renvoi à Salomon le plus clair, puisqu'il est explicite, se trouve en *II Chr.*, XXX, 26 : «Il y eut une grande joie à Jérusalem, car depuis les jours de Salomon, fils de David, il n'y avait eu rien de semblable à Jérusalem.» Ce commentaire fait sans doute allusion au rassemblement des Israélites à Jérusalem comme on n'en avait plus vu depuis la séparation des deux royaumes à la mort de Salomon. Plusieurs indices révèlent d'ailleurs que le Chroniste se réfère à une fête déterminée, à savoir la dédicace du Temple : comme la dédicace, la Pâque d'Ézéchias a réuni dans la joie l'ensemble d'Israël (*II Chr.*, VII, 8-10 comp. surtout à XXX, 11.18.21.25), et a duré deux semaines (*II Chr.*, VII, 8-9 comp. XXX, 23). En outre, l'intercession d'Ézéchias (*II Chr.*, XXX, 18-20) rappelle la prière de Salomon lors de la dédicace du Temple (*II Chr.*, VI, 21-24), et semble s'en faire l'écho (*II Chr.*, XXX, 9 comp. *I Rois*, VIII, 50); le thème de «l'écoute dans les cieux» dans la conclusion du récit sur la Pâque répond sans doute à la supplication de Salomon (*II Chr.*, XXX, 27 comp. VI, 21-39)[190].

Par ailleurs, certaines mesures cultuelles attribuées à Ézéchias apparaissent comme une reprise de l'œuvre de Salomon : c'est le cas de la réorganisation du clergé (*II Chr.*, XXXI, 2 comp. VIII, 14), et des sacrifices aux frais du roi (*II Chr.*, XXXI, 3 comp. VIII, 12-13).

Le parallélisme entre Ézéchias et Salomon ne se limite d'ailleurs pas à leurs activités cultuelles respectives. H. G. M. Williamson a signalé la richesse (*II Chr.*, XXXII, 27-29 comp. IX, 13 ss) et la gloire auprès des étrangers (*II Chr.*, XXXII, 23 comp. IX, 23) dont jouirent l'un et l'autre roi[191]. Finalement, en partant des quatre emplois de l'expression *'rṣ yśr'l* dans les *Chroniques*, à savoir en rapport avec David (*I Chr.*, XXII, 2), Salomon (*II Chr.*, II, 16), Ézéchias (*II Chr.*, XXX, 25) et Josias (*II Chr.*, XXXIV, 7), H. G. M. Williamson conclut que, aux yeux du Chroniste, au temps d'Ézéchias le pays d'Israël a retrouvé pour la première fois ses frontières du temps de Salomon[192].

De ce qui précède il ressort, nous semble-t-il, que les récits concernant la réforme d'Ézéchias en *II Chr.*, XXIX-XXXI ne sont pas commandés par un souci historique, mais obéissent plutôt à une préoccupation théologique. Le Chroniste veut présenter Ézéchias comme un nouveau

[190] A la différence de H. G. M. WILLIAMSON, nous ne voyons aucune indication nous permettant de supposer que le Chroniste a vu dans la date de Pâque, le second mois, le résultat de l'adoption du calendrier israélite, et donc le retour à l'unité de calendrier, qui avait été perdue à la mort de Salomon (*I Rois*, XII, 32); voir *infra*, pp. 98-99.

[191] *Op. cit.*, pp. 122-123.

[192] *Op. cit.*, pp. 123-124.

Salomon, qui réinaugure le Temple que Salomon avait inauguré, réorganise le culte que Salomon avait organisé et, comme Salomon et pour la première fois depuis ce roi, rassemble tout Israël au Temple de Jérusalem.

Cette présentation est liée aux préoccupations majeures du Chroniste et à sa vision de l'histoire d'Israël. H. G. M. Williamson nous semble avoir montré que l'auteur des *Chroniques* n'a pas la vision étroite de l'appartenance au peuple d'Israël qu'on lui prête souvent. Certes, le noyau d'Israël est constitué par ceux qui sont revenus de l'exil et se sont rassemblés autour du Temple de Jérusalem. Toutefois, si ces derniers veulent rester fidèles à leur histoire, ils devront recevoir à bras ouverts tous les Israélites qui désireront se joindre à eux, voire œuvrer à leur retour. Par là l'auteur des *Chroniques* essaie de contrecarrer l'attitude de ceux parmi ses contemporains qui, pour éviter les dangers du syncrétisme et de l'assimilation, avaient tendance à exclure de la communauté certains de ceux qui avaient le droit d'y appartenir[193].

Ce souci de l'unité et de la totalité du peuple, qui est l'une des préoccupations majeures du Chroniste[194], a influencé profondément sa présentation de l'histoire d'Israël. Ainsi, comme le font remarquer la plupart des critiques, en passant sous silence les tensions, le Chroniste souligne l'unité des douze tribus sous les règnes de David et Salomon[195]. Le souci de l'unité et de l'intégrité du peuple transparaît également dans la présentation de l'histoire de Juda postérieure à la séparation des tribus du Nord, à la mort de Salomon[196]. En effet, plusieurs études récentes ont montré que, contrairement à l'opinion courante, le Chroniste ne voue pas à l'anathème les tribus du Nord qui ont rompu avec la dynastie davidique, mais témoigne plutôt d'un grand intérêt et d'une attitude très favorable à leur égard[197]. H. G. M. Williamson a montré

[193] H.G.M. WILLIAMSON, *op. cit.*, pp. 130-140.

[194] Voir H.G.M. WILLIAMSON, *op. cit.*, pp. 87-140, et aussi parmi d'autres, A. CAQUOT, *Peut-on parler de Messianisme dans l'œuvre du Chroniste?*, dans RThPh, XVI, 1966, pp. 110-120; F. MICHAELI, *op. cit.*, pp. 29-31; P.R. ACKROYD, *I & II Chronicles*, 1973, p. 187.

[195] Voir H.G.M. WILLIAMSON, *op. cit.*, pp. 95-96.

[196] H.G.M. WILLIAMSON, *op. cit.*, pp. 97-131.

[197] Voir R. MOSIS, *op. cit.*, pp. 200-201; J.D. NEWSOME, *Toward a New Understanding of the Chronicler and His purpose*, dans JBL, XCIV, 1975, pp. 201-217, aux pp. 204-207; R.L. BRAUN, *A Reconsideration of the Chronicler's Attitude toward the North*, dans JBL, XCVI, 1977, pp. 59-62; ID., *Chronicles, Ezra and Nehemiah: Theology and Literary History*, dans VTS, XXX, 1979, pp. 52-64; H.G.M. WILLIAMSON, *op. cit.*, pp. 87-140. La différence d'attitude à l'égard des tribus du Nord est l'une des raisons pour lesquelles la plupart des critiques actuels rejettent la position traditionnelle concernant l'unité d'auteur de *Chroniques*, *Esdras*, et *Néhémie*. En plus des auteurs que nous venons de mentionner, à l'exception de R. MOSIS, on peut voir D.N. FREEDMAN,

que, aux yeux du Chroniste, les tribus du Nord, qui avaient eu de bonnes raisons de se séparer (*II Chr.*, X, 1-XI, 4), ne sont devenues rebelles qu'au temps d'Abiya (*II Chr.*, XIII); elles n'ont pas perdu pour autant leur qualité de fils d'Israël. Tout comme Juda, les tribus du Nord sont nécessaires à la plénitude du peuple d'Israël; celle-ci ne pourra se réaliser que moyennant le retour des Israélites au Temple de Jérusalem[198].

A cette lumière, le règne d'Ézéchias occupe une place privilégiée à l'intérieur de l'histoire d'Israël. La chute du royaume du Nord vient d'enlever le plus grand obstacle à la réunification de toutes les tribus. Pour la première fois depuis la mort de Salomon, il n'y a qu'un seul roi israélite. A ce titre, Ézéchias se trouve donc, en quelque sorte, dans la situation de David et Salomon.

Aussi, plus soucieux de l'unité religieuse que de l'unité politique, le Chroniste présente l'œuvre réformatrice d'Ézéchias, dont parlait la tradition, comme une réplique de l'œuvre cultuelle de Salomon. En soulignant notamment l'appel adressé par Ézéchias aux tribus du Nord et la participation de celles-ci à la Pâque ainsi qu'à la destruction de l'appareil cultuel paganisé, le Chroniste veut montrer que l'unité du Peuple autour du Temple, qui avait caractérisé le temps de Salomon, a été restaurée, grâce à l'initiative d'Ézéchias et à la réponse favorable des Israélites. En dernier ressort, le Chroniste veut montrer à la communauté juive de son temps l'attitude qu'elle doit adopter face aux «frères» qui n'en font pas encore partie à part entière[199].

Commandée par la vision que le Chroniste a de l'histoire d'Israël, la mise en valeur de l'œuvre cultuelle d'Ézéchias était d'autant plus aisée qu'elle s'accordait parfaitement avec une autre de ses préoccupations majeures, à savoir le principe de la rétribution, d'après lequel à un roi pieux, c'est-à-dire zélé à l'égard du culte et du Temple, revient un règne heureux[200]. En effet, l'image que la tradition donnait du règne

The Chronicler's Purpose, dans CBQ, XXIII, 1961, pp. 436-442; S. JAPHET, *The Supposed Common Authorship of Chronicles and Ezra-Nehemiah Investigated Anew*, dans VT, XVIII, 1968, pp. 330-371. Dans l'hypothèse où l'œuvre du Chroniste comportait *Esd - Néh* sans les mémoires de Néhémie (K.-F. POHLMANN, *Studien zum dritten Esra*, 1970, pp. 143-148), l'objection contre l'unité *Chr - Néh*, tirée de la différence d'attitude à l'égard du Nord, tombe.

[198] *Op. cit.*, pp. 110-118.

[199] Voir H.G.M. WILLIAMSON, *op. cit.*, pp. 119-140, et aussi P.R. ACKROYD, *I & II Chronicles*, 1973, p. 184.

[200] Au sujet du principe de la rétribution chez le Chroniste, voir H. G. M. WILLIAMSON, *op. cit.*, pp. 67-68. Aux travaux cités par l'auteur, on pourrait ajouter: A.-H. BRUNET, *La Théologie du Chroniste. Théocratie et Messianisme*, dans *Sacra Pagina* I (BEThL, XII-XIII), Gembloux, 1959, pp. 384-397; D.N. FREEDMAN, *op. cit.*, dans CBQ, XXIII, 1961, pp. 436-442; R.L. BRAUN, *op. cit.*, dans VTS, XXX, 1979, pp. 53-56; G.W.

d'Ézéchias était celle d'un règne couronné de succès. Le Chroniste ne manquera d'ailleurs pas d'insister sur la réussite d'Ézéchias et d'en souligner la grandeur, notamment en changeant ou en passant sous silence certains faits qui amoindriraient cette réussite[201]. Il en était bien autrement du règne de Josias qui s'est soldé par un échec. Malgré l'explication que le Chroniste s'efforce d'en donner (*II Chr.*, XXXV, 21-22)[202], l'échec de Josias reste un scandale. Sans en être la raison principale, la fin malheureuse de Josias a sans doute favorisé le transfert à Ézéchias du mérite de la plus importante réforme religieuse[203].

C'est à la lumière de ce qui précède qu'il faudra apprécier la valeur historique de *II Chr.*, XXIX-XXXI. Tout d'abord, on peut affirmer que le recommencement absolu du culte de Yahvé attribué à Ézéchias est aussi invraisemblable que l'apostasie totale imputée à Achaz dont il est la contrepartie. L'existence de cultes païens à côté du culte légitime de Yahvé, ou infiltrés dans ce dernier de façon syncrétiste, est certaine au temps d'Achaz comme d'ailleurs à d'autres moments de l'histoire de Juda; l'abandon complet du Temple et la rupture totale avec le culte de Yahvé est cependant inconcevable. Il en va de même du recommencement absolu prêté à Ézéchias. Voulant présenter Ézéchias comme un second Salomon, le Chroniste lui a prêté un recommencement absolu du culte de Yahvé dans le Temple de Jérusalem, ce qui a d'ailleurs rendu nécessaire d'imputer à Achaz une apostasie totale.

Compte tenu de cela, les récits de *II Chr.*, XXIX-XXXI reposent-ils sur des informations touchant la réforme d'Ézéchias qui seraient propres au Chroniste? Nous ne le pensons pas, sauf peut-être en ce qui concerne le ch. XXX, qui pourrait incorporer une source ancienne[204].

TROMPF, *Notions of Historical Recurrence in Classical Hebrew Historiography*, dans VTS, XXX, 1979, pp. 213-229, aux pp. 224-229.

[201] Voir *infra*, chap. XIIIe, pp. 518-519.

[202] De l'avis de H.G.M. WILLIAMSON, *The Death of Josiah and the Continuing Development of the Deuteronomic History*, dans VT, XXXII, 1982, pp. 242-248, cette explication ne serait pas une création du Chroniste; celui-ci l'aurait trouvée dans sa *Vorlage*, qui serait donc différente du texte de *II Rois*, XXIII, 29-30.

[203] Voir la suggestion de J.M. MYERS, citée *supra*, n. 174.

[204] La critique tend actuellement à admettre que le Chroniste ne dépend pas toujours des textes bibliques sous la forme que nous leur connaissons. A supposer qu'elles existent, peut-on tenir les sources propres au Chroniste pour des documents historiques indépendants? Au terme de son étude consacrée à «four test cases» (*II Chr.*, XX, 1-30; XXXII, 3.30. XXXIII, 10-17 et XXXV, 20-24), où l'on croit habituellement déceler la présence de sources propres aux livres des *Chroniques*, R. NORTH écrit ceci : «Unless we have some of our facts wrong or have interpreted them more tendentiously than is done by current consensus, it would follow as a fact that no single use of extrabiblical sources by the Chronicler has ever been proved. From this further follows not the fact but the undeniable possibility that any information communicated to

En ce qui concerne le côté négatif de la réforme, *II Chr.*, XXX, 14 et XXX, 1 reprennent essentiellement les éléments mentionnés en *II Rois*, XVIII, 4.22, à l'exception du serpent d'airain[205], en changeant le sg. *ashérāh* en plur. *ashérîm* et en ajoutant les autels à encens[206]. A la différence de *II Rois*, XVIII, 4.22, *II Chr.*, XXX, 14 et XXXI, 1 attribue la destruction de ces objets à la foule, et étend cette destruction au territoire de l'ancien royaume d'Israël. En attribuant la destruction de l'appareil cultuel paganisé à la foule, le Chroniste veut sans doute souligner son zèle. Menée certes par le roi, la restauration du culte de Yahvé fut l'œuvre de toute la communauté, unie dans une même piété. La participation d'Israélites à ce mouvement de foule[207], ainsi que la destruction des lieux de culte situés dans l'ancien royaume du Nord étaient nécessaires dans la perspective du Chroniste, qui voulait justement insister sur le retour des Israélites au Temple de Jérusalem.

Parmi les différentes mesures cultuelles attribuées à Ézéchias, la convocation d'une fête de Pâque-Azymes à Jérusalem est sans doute celle dont l'historicité se prête davantage à discussion. Cet épisode, dont la place dans le schéma d'opposition entre Ézéchias et Achaz ne paraît pas clair, est cependant un élément important dans la comparaison d'Ézéchias avec Salomon[208].

us only by the Chronicler may be due in every case to his own legitimate theological inference or paraphrase from the canonical Scripture» (*Does Archaeology prove Chronicles Sources?*, dans H.N. BREAM - R.D. HEIM - C.A. MOORE (éds), *A Light unto my Path. Old Testament Studies in Honor of Jacob M. Myers*, 1974, p. 392).

[205] L'omission du serpent d'airain s'explique soit par le fait que, n'ayant aucun rapport avec Achaz, cet objet n'entrait pas dans le schéma d'opposition entre ce roi et Ézéchias, soit, comme on le pense couramment, par le souci d'éviter son attribution à Moïse. Ces deux raisons ne s'excluent d'ailleurs pas. En tout cas, contrairement à la supposition de J. ROSENBAUM, *op. cit.*, dans HThR, LXXII, 1979, p. 37, on ne peut pas s'appuyer sur l'absence du serpent d'airain pour postuler une source spéciale propre au Chroniste.

[206] On notera l'insistance sur les offrandes d'encens en rapport avec Achaz; *Cf. II Chr.*, XXVIII, 3a.4.25 comp. *II Rois*, XVI, 4.

[207] La ruine du royaume du Nord a provoqué probablement un afflux de réfugiés israélites en Juda et spécialement à Jérusalem. Contrairement à la suggestion de W. MEIER, «... *Fremdlinge, die aus Israel gekommen waren* ...». *Eine Notiz im 2 Chronik 30, 25f. aus der Sicht der Ausgrabungen in jüdischen Viertel der Altstadt von Jerusalem*, dans BN, XV, 1981, pp. 40-43, il nous semble cependant très douteux que *II Chr.*, XXX, 25 garde un quelconque souvenir de ce fait.

[208] Déjà J.W. ROTHSTEIN, *Die Bücher der Chronik* (HSAT, II), Tübingen, 1923[4], p. 660 a signalé que, le chap. XXXI constituant une meilleure suite au chap. XXIX que le chap. XXX, on pourrait facilement écarter ce dernier de son contexte actuel. Pour sa part, K.-F. POHLMANN, *op. cit.*, pp. 140-142, a fait remarquer que, dans la présentation du Chroniste, les grands moments de l'histoire sont marqués par la célébration d'une fête : Salomon (*II Chr.*, VI-VII), Ézéchias (*II Chr.*, XXX), Josias (*II Chr.*, XXXV) et Esdras (*Néh.*, VIII). K.-F. POHLMANN, *op. cit.*, pp. 145-148 a également attiré l'attention sur la

Plusieurs tensions à l'intérieur de *II Chr.*, XXX trahissent peut-être son caractère composite. H. Haag y décèle trois couches littéraires différentes et quelques harmonisations secondaires[209]. A la base il y aurait un récit antérieur au Chroniste racontant la célébration de la fête des Azymes — sans aucune référence à la Pâque — pendant sept jours par un peuple (*'m*) nombreux venu d'Israël et de Juda. En l'insérant dans son œuvre, le Chroniste a développé le récit en ajoutant notamment le discours du roi aux vv. 6b-9; pour l'harmoniser avec ce qui était dit en *II Chr.*, XXIX au sujet du temps qui avait été nécessaire à la purification du Temple, le Chroniste précise que la fête a eu lieu le second mois (*II Chr.*, XXX, 13aβ). A la fête des Azymes étant liée la fête de Pâque dans la pratique postexilique, un second rédacteur a retravaillé le texte et, en prenant *II Chr.*, XXXV, 1-19 pour modèle, y a inséré une célébration pascale, et a donc ajouté une seconde semaine de fête.

H. Haag conclut donc que *II Chr.*, XXX garde le souvenir d'une fête des Azymes célébrée au Temple de Jérusalem au temps d'Ézéchias. Étant donné les libertés prises par Ézéchias à l'égard de l'Assyrie, il n'est pas impossible que ce roi ait encouragé et obtenu la participation d'habitants de l'ancien royaume du Nord à ladite fête[210]. Par ailleurs, puisque les Azymes étaient une vieille fête de pèlerinage[211], leur célébration au Temple de Jérusalem n'aurait rien de suprenant[212], et, pourrait-on ajouter, n'impliquait pas la centralisation du culte à Jérusalem. Introduite secondairement et dépendante de *II Chr.*, XXXV, 1-19, la célébration de la Pâque attribuée à Ézéchias et, à plus forte raison, les deux semaines de fête qui résultèrent de la juxtaposition de la célébration de Pâque à la célébration des Azymes, ainsi que la date de la fête le deuxième mois, qui est due à l'harmonisation avec les indications chronologiques de *II Chr.*, XXIX, 3.17, n'auraient évidemment pas les mêmes garanties d'historicité[213].

Quoi qu'il en soit de la valeur de la critique littéraire de *II Chr.*, XXX

correspondance que le Chroniste établit entre les grandes époques de l'histoire du peuple :

II Chr., XXX, 26	Ézéchias-Salomon	
II Chr., XXXV, 18	Josias	Samuel
Néh., VIII, 17 b	Esdras	Josué

[209] *Das Mazzenfest des Hiskia*, dans *Festschrift für K. Elliger*, 1973, pp. 87-94.

[210] H. HAAG, *op. cit.*, p. 91.

[211] *Cf. Ex.*, XXIII, 15; XXXIV, 18 et *Deut.*, XVI, 16.

[212] De la sorte, H. HAAG répond à l'une des principales objections contre l'historicité de la fête convoquée par Ézéchias : sa célébration dans le Temple de Jérusalem supposerait la loi deutéronomique et la réforme de Josias; *op. cit.*, pp. 90-91.

[213] Voir H. HAAG, *op. cit.*, pp. 91-93.

proposée par H. Haag, l'explication que cet auteur donne de la durée de la fête de Pâque-Azymes ne nous semble pas à retenir. En effet, la célébration de la fête de Pâque-Azymes à l'époque postexilique ne durant qu'une semaine[214], la juxtaposition hypothétique de ces deux fêtes dans le sens proposé par H. Haag n'impliquait pas le prolongement des festivités pendant deux semaines. Aussi pensons nous que ce trait de la fête s'explique au mieux par le souci de la modeler sur la consécration du Temple par Salomon[215].

Par contre, H. Haag nous semble avoir raison de voir dans la date de la fête le fruit de l'harmonisation avec les données chronologiques de *II Chr.*, XXIX, et non pas un souvenir historique[216]. Les raisons de la remise de la Pâque au deuxième mois sont explicitement données en *II Chr.*, XXX, 2-3 : les prêtres ne s'étaient pas sanctifiés en nombre suffisant, et le peuple ne s'était pas rassemblé à Jérusalem. En faisant remarquer que les prêtres ne s'étaient pas sanctifiés en nombre suffisant, l'auteur souligne indirectement le grand nombre des participants à la fête et des victimes. Dans la logique du récit, il était normal que, faute de temps, le peuple, spécialement les habitants du Nord, ne fût pas encore rassemblé à Jérusalem. La remarque témoigne cependant, à notre avis, de l'importance que revêt aux yeux du Chroniste la participation de tout Israël, spécialement des habitants du Nord, à cette «célébration de l'unité». Pour que tous puissent y participer, y compris ceux qui sont encore loin ou en état d'impureté, on n'hésite pas à recourir à une mesure d'exception qui permettrait de reporter la Pâque au deuxième mois[217]. Le même souci transparaît clairement en *II Chr.*, XXX, 16-20 : même si la plupart des Israélites n'avaient pas la pureté requise pour célébrer la Pâque, ils n'en furent pas pour autant exclus, car leur participation était plus importante que l'observance stricte des lois de pureté.

Par ailleurs, la logique des récits exigeait la remise de la Pâque au deuxième mois. En effet, d'après *II Chr.*, XXIX, 3, Ézéchias a ouvert les portes du Temple le premier mois de sa première année de règne. Comme on l'a souvent fait remarquer, il pourrait s'agir soit du premier mois du règne d'Ézéchias à n'importe quel moment de l'année, soit

[214] *Cf. Ex.*, XII, 1-20; *Nomb.*, IX, 11; *Deut.*, XVI, 1-8; *Esd.* VI, 19-22. Voir R. DE VAUX, *Institutions*, II, 1967, p. 393.

[215] *Cf. II Chr.*, VII, 9.

[216] Voir aussi W. RUDOLPH, *op. cit.*, p. 299. Sh. TALMON suppose qu'Ézéchias a suivi le calendrier nord-israélite, et tient ce détail chronologique pour historique (*Divergences in Calendar-Reckoning in Ephraim and Judah*, dans VT, VIII, 1958, pp. 58-65).

[217] Voir A.C. WELCH, *The Work of the Chronicler*, 1939, pp. 108-109.

du mois de nisan au cours de sa première année de règne, ou encore d'une coïncidence des deux[218]. A la lumière de *II Chr.*, XXIX, 17, où il est dit que la purification du Temple a commencé le premier jour du premier mois et a été achevée le seizième jour du même mois, il faut cependant conclure, nous paraît-il, que l'auteur pense au mois de nisan. Si la purification du Temple n'a été achevée que le 16 nisan, il n'était évidemment plus possible d'y célébrer la Pâque à la date normale, c'est-à-dire le 14 nisan. Il fallait donc reporter la fête au deuxième mois, éventualité qui était d'ailleurs prévue[219].

Destinées à souligner le zèle d'Ézéchias, qui, sans perdre de temps[220], a commencé la restauration du culte le premier jour de son règne, les indications chronologiques de *II Chr.*, XXIX, 3.17 et la date de la Pâque qui en dépend, n'ont, à notre avis, aucune valeur historique.

Sans exclure complètement la possibilité d'une source spéciale gardant le souvenir d'une fête des Azymes[221], nous inclinons à penser que *II Chr.*, XXX n'est qu'une construction littéraire et théologique, qui ne provient peut-être pas d'une seule main, et dont le but est, d'une part, d'attribuer à la restauration religieuse d'Ézéchias une célébration pascale plus grande que celle de Josias[222] et, d'autre part, de souligner les ressemblances entre Ézéchias et Salomon, et, ce faisant, d'insister sur l'unité de tout Israël autour du Temple de Jérusalem.

En bref, nous voyons en *II Chr.*, XXIX-XXXI une construction du Chroniste destinée à mettre en valeur l'œuvre cultuelle d'Ézéchias. Entièrement commandés par les préoccupations théologiques de l'auteur (ou des auteurs), les récits de *II Chr.*, XXIX-XXXI n'ajoutent aucun renseignement historique certain aux informations fournies par *II Rois*, XVIII, 4.22, qui servirent au Chroniste de point de départ[223].

[218] Voir les commentaires, *ad locum.*

[219] *Cf. Nomb.*, IX, 6-11.

[220] Voir P.R. ACKROYD, *I & II Chronicles*, 1973, pp. 180-181; R.J. COGGINS, *The First and Second Books of the Chronicles*, 1976, pp. 266-267. *II Chr.*, XXXIV, 3 témoigne sans doute d'un souci semblable au sujet de Josias. Tandis que, d'après *II Rois*, XXII, 3, Josias n'a commencé sa réforme qu'en la 18ᵉ année de son règne, c'est-à-dire à l'âge de 26 ans, d'après *II Chr.*, XXXIV, 3, ce roi a commencé à chercher Yahvé en sa 8ᵉ année de règne alors qu'il n'était encore qu'un jeune homme, et en sa 12ᵉ année de règne, c'est-à-dire dès qu'il eut atteint l'âge de 20 ans, il a commencé à purifier le pays.

[221] Dans le même sens, P. WELTEN, *Geschichte*, 1973, p. 183, nn. 11 et 13; R.J. COGGINS, *op. cit.*, pp. 270-276.

[222] Voir *supra*, n. 173.

[223] D'après J. ROSENBAUM, *Hezekiah's Reform and the Deuteronomistic Tradition*, dans HThR, LXXII, 1979, pp. 23-34, le Chroniste n'a nullement amplifié la réforme d'Ézéchias. Au contraire, *II Rois* l'a minimisée au profit de la réforme de Josias. Écrivant au temps de Josias, le Dtr voulait mettre en valeur l'œuvre de ce roi. Avec beaucoup plus de recul, le Chroniste présente les deux réformes de façon plus objective. Certes, *II Rois* ne donne pas un récit de la réforme d'Ézéchias. En ce sens, on concédera à

D. **Conclusions.**

Ézéchias a promu une importante réforme religieuse dont l'objectif, du point de vue religieux, était la purification du culte judéen des nombreux éléments cananéens qui l'entachaient, et mettaient la foi yahviste en danger. Située dans le droit fil des traditions religieuses du Nord sous la forme qu'elles prirent aux IXe-VIIIe siècles av. J.-C. [224], la réforme d'Ézéchias marque un tournant dans la guerre à la canaanisation du yahvisme. Le royaume du Nord a fourni à la réforme d'Ézéchias non seulement l'inspiration, mais probablement aussi l'occasion. En effet, l'œuvre réformatrice d'Ézéchias fut la réponse à l'avertissement que la ruine d'Israël constituait pour le royaume de Juda. La chute d'Israël apparaissait aux yeux des pieux yahvistes, de certains du moins, comme le fruit de son infidélité, qui se manifestait spécialement dans la canaanisation de sa religion. Si Juda veut éviter le sort d'Israël, la purification de sa religion, qui est elle aussi canaanisée, s'impose de toute urgence.

Parmi les différentes mesures prises par Ézéchias, la centralisation

J. Rosenbaum que, à la différence de ce qui se passe avec la réforme de Josias, *II Rois* ne met pas spécialement en valeur l'activité réformatrice d'Ézéchias. Il est vraisemblable que cela tienne au lien entre la réforme de Josias et l'une des rédactions des livres des *Rois*, laquelle n'était peut-être pas la première ni la responsable de *II Rois*, XVIII, 4. Cela dit, le plaidoyer de J. Rosenbaum pour l'historicité de *II Chr.*, XXIX-XXXI ne nous paraît nullement convaincant.

[224] Certains critiques songent à l'influence des prophètes judéens contemporains, Michée (*cf. Jér.*, XXVI, 16-19 et *Mich.*, III, 12) et surtout Isaïe (voir, par exemple, F.L. Moriarty, *The Chronicler's Account of Hezekiah's Reform*, dans CBQ, XXVII, 1965, p. 402). H.-D. Hoffmann, qui attribue à Ézéchias une simple mesure isolée contre le *Neḥushtān*, y voit la réponse du roi aux critiques isaïennes à l'égard du culte (*Reform und Reformen*, 1980, pp. 153 et 319). A l'opposé, M. Weinfeld estime que le prophète Isaïe, ou du moins ses disciples, étaient hostiles à la réforme d'Ézéchias, en tout cas à la centralisation du culte (*Cult Centralization in Israel in the Light of a Neo-Babylonian Analogy*, dans JNES, XXIII, 1964, pp. 202-212; Id., *Deuteronomy and the Deuteronomic School*, 1972, p. 154, n. 3, p. 166 et n. 5, p. 190). On ne décèle aucune allusion à la réforme d'Ézéchias chez Isaïe et Michée, ce que la critique a souvent relevé avec étonnement; nous sommes donc réduits aux conjectures au sujet de la position de ces prophètes à l'égard de ladite réforme. En tout cas, les opinions contradictoires que nous avons rapportées nous semblent à rejeter. À en juger par les oracles d'Isaïe et de Michée qui nous sont parvenus, il est peu vraisemblable que ces prophètes, qui ne critiquent pas spécialement les influences cultuelles cananéennes, aient été les inspirateurs de la réforme d'Ézéchias. A son tour, l'opinion de M. Weinfeld, qui s'appuie exclusivement sur une compréhension discutable de la fonction de *II Rois*, XVIII, 22, par. *Is.*, XXXVI, 7, n'emporte nullement la conviction. Tout compte fait, le silence d'Isaïe et de Michée au sujet de la réforme d'Ézéchias trahit sans doute le peu d'intérêt que ces prophètes portaient à une entreprise, dont le but ne coïncidait pas, ou du moins pas entièrement, avec ce qu'ils croyaient être les exigences fondamentales de Yahvé. Au sujet de l'écart entre les exigences formulées par ces prophètes et la réforme d'Ézéchias, voir Y. Kaufmann, *The Religion of Israel*, 1960, pp. 143, 161-162 et 391-392.

du culte est sans doute la plus révolutionnaire. Bien que, du point de vue religieux, la centralisation du culte à Jérusalem procède du souci de la pureté du yahvisme, sa mise à exécution avait certainement une grande portée politique, notamment dans la mesure où, d'une part, elle accroissait la dépendance de la province par rapport à la capitale et resserrait sans doute les liens qui unissaient l'ensemble du peuple et, d'autre part, renforçait la mainmise du roi et du clergé de Jérusalem sur le culte. Il n'est d'ailleurs pas impossible que, comme le pensent certains critiques, les raisons politiques aient joué un rôle déterminant dans la centralisation du culte[225], une mesure révolutionnaire que les considérations d'ordre religieux contribuaient peut-être à rendre plus acceptable aux yeux du peuple.
Voyant dans la réforme l'expression de la révolte anti-assyrienne dans les domaines religieux et cultuel, la plupart des critiques tendent à la situer entre 705-701[226]. L'hypothèse d'un lien intrinsèque entre la réforme et la révolte nous paraît dépourvue de fondement. Par ailleurs, les textes ne fournissent à ce sujet aucune donnée chronologique digne de foi. Cela dit, les mesures réformatrices, dont le Rab-Shaqé tire argument contre Ézéchias (*II Rois*, XVIII, 22), ont eu lieu très probablement avant 701.

Inspirées et prônées par une élite de pieux yahvistes, peut-être sans grand appui populaire, et non sans rencontrer une opposition, les mesures cultuelles prises par Ézéchias ne furent pas toutes d'un effet durable. A en juger par la suite de l'histoire de Juda, aux éléments cananéens qui reprirent leur place dans le culte yahviste sont venus s'ajouter des éléments d'autres origines. Si plusieurs parmi les mesures concrètes prises par Ézéchias furent vite réduites à néant, l'esprit qui les avait inspirées restera bien vivant. Porté par le courant dtn-dtr, cet esprit inspirera un nouvel essai de réforme environ un siècle plus tard, au temps de Josias; d'une façon plus générale, il marquera profondément la vision qu'Israël aura de son histoire, la formulation de sa théologie et les formes concrètes de sa pratique religieuse.

[225] Voir *supra*, n. 171. Les textes ne permettent pas d'affirmer, comme le fait M. WEINFELD, qu'Ézéchias a aboli les sactuaires provinciaux dans le but immédiat d'éviter que les villes de province fassent défection lors des représailles assyriennes.

[226] Voir, par exemple, H. H. ROWLEY, *Hezekiah's Reform and Rebellion*, dans BJRL, XLIV, 1962, p. 430.

CHAPITRE QUATRIÈME

LA RÉVOLTE CONTRE L'ASSYRIE ET L'EXPÉDITION PUNITIVE DE SENNACHÉRIB

La renaissance littéraire, théologique et religieuse, et les grands travaux qui ont caractérisé la politique intérieure de Juda au temps d'Ézéchias furent accompagnés, en politique extérieure, d'un essai de secouer le joug assyrien. Les grands travaux d'Ézéchias, ainsi que ses activités en matière de politique étrangère étaient sans doute étroitement liés à son projet de rétablir l'indépendance politique de Juda. La révolte anti-assyrienne et l'expédition punitive de Sennachérib qui s'ensuivit furent ainsi des événements marquants du règne d'Ézéchias.

1. Sources historiques.

La révolte anti-assyrienne de la Phénicie-Palestine, ainsi que l'expédition punitive de Sennachérib sont rapportées à la fois par des documents assyriens et hébraïques, les uns et les autres exceptionnellement nombreux et longs. On en voit aussi généralement un écho dans une tradition rapportée par Hérodote, II, 141.

A. **Documents assyriens**[1].

Étant la principale source historique sur le règne de Sennachérib, les annales de ce roi nous renseignent le mieux sur son expédition en Phénicie-Palestine. On connaît plusieurs éditions des annales de Sennachérib incluant le rapport de cette campagne, qui était la troisième de ce roi; ces différentes éditions sont d'ailleurs attestées en plusieurs

[1] Pour l'inventaire des sources sur le règne de Sennachérib, avec bibliographie correspondante, voir D.D. Luckenbill, *The Annals of Sennacherib* (Oriental Institute Publications, 2), Chicago, 1924; L.L. Honor, *Sennacherib's Invasion of Palestine. A Critical Source Study*, 1926, pp. 1-12; R. Borger, BAL, II, 1963, pp. 59-62; J. Reade, *Sources for Sennacherib : The Prisms*, dans JCS, XXVII, 1975, pp. 189-196; M. Liverani, *Critique of Variants and the Titulatury of Sennacherib*, dans F.M. Fales (éd.), *Assyrian Royal Inscriptions : New Horizons in Literary, Ideological, and Historical Analysis* (Orientis Antiqui Collectio, XVII), Roma, 1981, pp. 225-257; L.D. Levine, *Preliminary Remarks on the Historical Inscriptions of Sennacherib*, dans H. Tadmor and M. Weinfeld (éds), *History, Historiography and Interpretation. Studies in Biblical and Cuneiform Literatures*, Jerusalem, 1983, pp. 58-75.

exemplaires dont certains contiennent le texte intégral, d'autres seulement des fragments. Ces textes sont inscrits principalement sur des cylindres et des prismes d'argile; généralement sous une forme plus courte, ils se trouvent aussi incisés sur des tablettes d'argile, sur des éléments architecturaux, notamment des taureaux, des dalles de pierre, et même des rochers en pleine campagne.

L'édition la plus ancienne des annales de Sennachérib qui contienne le récit de sa troisième expédition est celle du cylindre Rassam. Cette édition comprend le récit des trois premières campagnes de Sennachérib. Daté du mois de *ajaru* de l'éponymat de Mitunu (avril-mai 700 av. J.-C.), le cylindre Rassam a été écrit peu de temps après l'expédition en Palestine. En effet, ne figurant pas encore dans le cylindre Bellino, qui a été écrit le septième mois de l'éponymat de Nabûle' (septembre-octobre 702 av. J.-C.), la troisième expédition de Sennachérib doit être postérieure à cette date.

N. Na'aman propose de voir en K 6205 + BM 82-3-23, 131, textes que l'on rapportait d'habitude respectivement à Tiglath-phalazar III et à Sargon II, un fragment d'un premier récit beaucoup plus détaillé de la troisième campagne de Sennachérib. Écrit immédiatement après la fin de la campagne, ce récit aurait servi de base à l'auteur du cylindre Rassam, qui l'aurait repris sous une forme abrégée[2].

Quoi qu'il en soit, le récit de la troisième campagne donné par le cylindre Rassam est devenu la version officielle que les éditions postérieures, du moins les éditions faites sur prismes, ne feront que reproduire avec des changements mineurs, dont le principal intervient dans la liste du tribut qu'Ézéchias a dû verser, qui devient moins détaillée[3]. Parmi les éditions postérieures au cylindre Rassam, on en connaît qui rapportent respectivement quatre, cinq, six, sept, huit et neuf campagnes de Sennachérib. Les éditions les plus connues sont celles du

[2] N. NA'AMAN, *Sennacherib's 'Letter to God' on his Campaign to Judah*, dans BASOR, CCXIV, 1974, pp. 25-39; ID., *Sennacherib's Campaign to Judah and the Date of the lmlk Stamps*, dans VT, XXIX, 1979, pp. 61-64. Dans le second travail l'auteur a renoncé au classement de K 6205 + BM 82-3-23, 131 parmi les «Lettres à la divinité» (p. 63, n. 4).

[3] Au sujet des rapports entre les rééditions successives des annales assyriennes, on peut voir A.T. OLMSTEAD, *Assyrian Historiography. A Source Study* (The University of Missouri Studies. Social Science Series III, 1), Columbia, Missouri, 1916; L.D. LEVINE, *The Second Campaign of Sennacherib*, dans JNES, XXXII, 1973, pp. 312-317; ID., *Manuscripts, Texts and the Study of the Neo-Assyrian Royal Inscriptions*, dans F.M. FALES (éd.), *Assyrian Royal Inscriptions*, 1981, pp. 49-70; H. TADMOR, *Observations on Assyrian Historiography*, dans Maria de Jong ELLIS (éd.), *Essays on the Ancient Near East in Memory of J.J. Finkelstein* (Memoirs of the Connecticut Academy of Arts and Sciences, XIX), Hamden, Con., 1977, pp. 209-213; ID., *History and Ideology in the Assyrian Royal Inscriptions*, dans F.M. FALES (éd.), *Assyrian Royal Inscriptions*, 1981, pp. 13-33; W.W. HALLO, *Assyrian Historiography Revisited*, dans ErIs, XIV, 1978, pp. 1-7.

prisme Taylor datant de 691 et celle du prisme de Chicago datant de 689 (= OIP), qui contiennent chacune un récit complet de huit campagnes de Sennachérib. Ces éditions des annales de Sennachérib sont parmi les dernières que l'on connaisse[4]. Suivant la pratique commune, nous nous rapporterons normalement à l'édition de l'OIP[5]. Nous tiendrons cependant compte des autres versions rapportant la troisième campagne de Sennachérib, notamment du cylindre Rassam[6], ainsi que des inscriptions sur la dalle de pierre de Nebi-Yunus[7] et sur les taureaux I, II, III[8] et IV[9].

On a trouvé des bas-reliefs célébrant certains épisodes de l'expédition de Sennachérib en Phénicie-Palestine. Le plus connu et aussi le plus détaillé est celui qui représente le siège et la prise de Lakish. Trouvé dans la chambre XXVI du palais du sud-ouest de Kuyunjik, ce bas-relief est exposé au British Museum[10]. On connaît également un bas-relief représentant la fuite de Luli, roi de Sidon[11].

[4] J. READE signale l'existence à Jérusalem d'un autre prisme datant de 691 contenant un récit complet de huit campagnes de Sennachérib dont la publication est annoncée (*op. cit.*, p. 194).

[5] II, 37-III, 49. Nous utiliserons la transcription et la traduction de D. D. LUCKENBILL, *op. cit.*, pp. 29-34 et la transcription donnée par R. BORGER, *op. cit.*, pp. 67-70.

[6] D.D. LUCKENBILL, *op. cit.*, pp. 60-61; R. BORGER, *op. cit.*, p. 69; voir aussi M. GOERG, *Ein Keilschriftfragment des Berichtes von dritten Feldzug des Sanherib mit dem Namen des Hiskija*, dans BN, XXIV, 1984, pp. 16-17 et pl. 1.

[7] D.D. LUCKENBILL, *op. cit.*, p. 86, ll. 13-15; R. BORGER, *op. cit.*, p. 70.

[8] D.D. LUCKENBILL, *op. cit.*, p. 77, ll. 17-22; R. BORGER, *op. cit.*, p. 70.

[9] D.D. LUCKENBILL, *op. cit.*, pp. 68-70, ll. 18-32; R. BORGER, *op. cit.*, pp. 69-70.

[10] A. PATERSON, *Assyrian Sculptures : The Palace of Sinacherib*, The Hague, 1915, pl. 68-76 ou ANEP, n° 371-374; voir, parmi d'autres, les études de R.D. BARNETT, *The Siege of Lachish*, dans IEJ, VIII, 1958, pp. 161-164, pl. 30-32, A-B; M. WAEFLER, *Nicht-Assyrer neuassyrischer Darstellungen*, 1975, pp. 42-45; R. JACOBY, *How Accurate is Sennacherib's Relief of Lachish?*, dans *Sixth Archaeological Conference in Israel, Tel Aviv 14-15 March*, 1979, p. 28; D. USSISHKIN, *The 'Lachish Reliefs' and the City of Lachish*, dans IEJ, XXX, 1980, pp. 170-195; ID., *The Conquest of Lachish by Sennacherib*, Tel Aviv, 1982. Pour l'inscription, voir D.D. LUCKENBILL, *op. cit.*, p. 156; R. BORGER, *op. cit.*, p. 70. Pour la discussion du témoignage archéologique concernant la prise de Lakish par Sennachérib, voir notamment D. DIRINGER, *Sennacherib's Attack on Lachish : New Epigrapical Evidence*, dans VT, I, 1951, pp. 134-136; A.F. RAINEY, *The Fate of Lachish during the Campaigns of Sennacherib and Nebuchadrezzar*, dans Y. AHARONI (éd.), *Investigations at Lachish. The Sanctuary and the Residency (Lachish V)*, Tel Aviv, 1975, pp. 47-60; D. USSISHKIN, *The Destruction of Lachish by Sennacherib and the Dating of the Royal Judean Storage Jars*, dans TA, IV, 1977, pp. 28-60; ID., *Excavations at Tel Lachish, 1973-1977*, dans TA, V, 1978, pp. 1-97; ID., *Excavations et Tel Lachish 1978-1983; Second Preliminary Report*, dans TA, X, 1983, pp. 97-175, aux pp. 13-44; ID., *Defensive Judaean Counter-Ramp Found at Lachish in 1983 Season*, dans BAR, X/2, 1984, pp. 66-73; W.H. SHEA, *Nebuchadnezzar's Chronicle and the Date of the Destruction of Lachish III*, dans PEQ, CXI, 1979, pp. 113-116; I. EPHA'L, *The Assyrian Siege Ramp at Lakish : Military and Lexical Aspects*, dans TA, XI, 1984, pp. 60-70.

[11] A. PATERSON, *op. cit.*, pl. 10.

B. **Documents hébraïques.**

Les récits de *II Rois*, XVIII, 13-XIX, 37 par. *Is.*, XXXVI-XXXVII et *II Chr.*, XXXII, 1-23 sont la principale source hébraïque sur l'expédition de Sennachérib en Palestine. Plusieurs autres textes bibliques, surtout prophétiques, ont trait à cette conjoncture historique. Les uns se rapportent très probablement à l'organisation de la révolte qui a provoqué l'expédition : *Is.*, XVIII, 1-4; XXII, 8b-11; XXVIII, 7-13.14-18; XXIX, 1-4; XXX, 1-5.6-8.9-14.15-17; XXXI, 1-3.4; XXXII, 9-14; *II Rois*, XX, 12-19 par *Is.*, XXXIX, 1-8; d'autres se réfèrent à l'expédition elle-même et à son issue ou s'en font l'écho : *Mich.*, I, 8-16; *Is.*, I, 4-9; VIII, 8b-10; XVII, 12-14; XXII, 1-14; XXIX, 5-9; XXX, 27-33; XXXI, 5.8-9; *Sir.*, XLVIII, 17-21; *Tobit*, I, 18-22; *I Mac.*, VII, 41-42; *II Mac.*, VIII, 19; XV, 22-24.

2. La révolte et son organisation.

L'occasion de la révolte qui a secoué une grande partie de l'empire fut le changement de roi en Assyrie. En effet, à Sargon II, mort en 705 sur le champ de bataille peut-être dans le pays de Tabal (Anatolie)[12], succède la même année son fils Sennachérib[13], qui avait déjà été associé au gouvernement de l'empire[14]. Croyant que le moment leur était propice, plusieurs régions de l'empire ont essayé de secouer le joug assyrien. Au sud, la Babylonie, qui était personnellement gouvernée par Sennachérib, se soulève en 703, revendique son indépendance et choisit pour roi le Babylonien Marduk-zākir-šumi II[15]. Quelques semaines plus tard Marduk-apal-iddina II (Merodak-baladan), qui s'était déjà opposé à Tiglath-phalazar III, et avait été roi de Babylone de 722-709, fait de nouveau son apparition sur la scène babylonienne et détrône Marduk-zākir-šumi. Marduk-apal-iddina réussit à rallier à sa

[12] Canon des Eponymes C^{b} 6, rev. 9 et la Chronique Babylonienne, II, 9-10; à ce sujet, voir H. Tadmor, *The Campaigns of Sargon II of Assur*, dans JCS, XII, 1958, pp. 85 et 97; A.K. Grayson, *Assyrian and Babylonian Chronicles*, 1975, p. 76. Sur le pays de Tabal, voir M. Waefler, *Zu Status und Lage von Tabal*, dans Or., LII, 1983, pp. 181-193.

[13] En ce qui concerne la date et les circonstances de l'accession de Sennachérib, voir J. Lewy, *The Chronology of Sennacherib's Accession*, dans *Miscellanea orientalia dedicata A. Deimel* (AnOr, 12), Roma, 1935, pp. 225-231.

[14] Voir J.A. Brinkman, *Sennacherib's Babylonian Problem : An Interpretation*, dans JCS, XXV, 1973, pp. 89-95, à la p. 90.

[15] Voir J.A. Brinkman, *Merodach-baladan II*, dans *Studies presented to A.L. Oppenheim*, 1964, pp. 22-24; Id., *Elamite Military Aid to Merodach-baladan*, dans JNES, XXIV, 1965, pp. 164-165; Id., *op. cit.*, dans JCS, XXV, 1973, p. 91.

cause non seulement les différentes tribus chaldéennes, mais aussi une grande partie des Babyloniens, renforce sa position grâce à l'appui d'Élam et encourage sans doute la révolte anti-assyrienne en Palestine[16].

Quoi qu'il en soit du rôle qu'y a joué Marduk-apal-iddina II, la révolte éclate aussi au sud-ouest : Sidon et sans doute Tyr, les États philistins d'Eqrôn et d'Ashqelôn et le royaume de Juda refusent de renouveler l'allégeance au nouveau roi d'Assyrie. Ces États étaient d'ailleurs encouragés et appuyés militairement par l'Égypte, qui était alors soucieuse d'éloigner l'Assyrie de ses frontières, et probablement d'étendre à nouveau son influence en Asie.

Faisant partie d'un vaste mouvement, l'organisation de la révolte anti-assyrienne a provoqué en Juda une importante activité diplomatique, et sans doute aussi militaire, destinée à unir les forces palestiniennes et à trouver des alliés à l'extérieur des frontières de la Palestine.

A. **Le royaume de Juda et les États philistins.**

Les annales de Sennachérib rapportent explicitement l'intervention d'Ézéchias dans les affaires d'Eqrôn. Déposé par le parti anti-assyrien de la ville, son roi Padi est livré à Ézéchias qui le garde prisonnier à Jérusalem[17].

A son tour, *II Rois*, XVIII, 8 mentionne parmi les réussites d'Ézéchias sa victoire sur les Philistins[18]. Si la lecture, l'interprétation et la date proposées par N. Na'aman sont justes, le fragment d'inscription K 6205 suppose non seulement qu'Ézéchias a remporté des victoires sur les Philistins, mais qu'il a annexé certains territoires philistins dans le nord de la Shephéla, peut-être la ville de Gat[19].

[16] Voir les références à la n. précédente. Si comme l'estimait déjà F. JOSÈPHE (*Ant.*, X, 2,2) et le pensent unanimement les exégètes modernes (voir par exemple O. KAISER, *Der Prophet Jesaja*, II, 1973, pp. 324-325; P.R. ACKROYD, *An Interpretation of the Babylonian Exile : A Study of 2 Kings 20, Isaiah 38-39*, dans ScotJTh, XXVII, 1974, p. 331; H. WILDBERGER, *Jesaja*, III, 1982, p. 1475), *II Rois*, XX, 12-19 par. *Is.*, XXXIX, 1-8 conserve le souvenir historique d'une démarche de Marduk-apal-iddina II destinée à encourager Juda à la révolte contre l'Assyrie, elle a eu probablement lieu au début du règne de Sennachérib; voir surtout J.A. BRINKMAN, *op. cit.*, dans *Studies presented to A.L. Oppenheim*, 1964, pp. 31-33.

[17] *Cf.* OIP, II, 76-77; III, 14-16 et parallèles.

[18] O. EISSFELDT, *Ezechiel als Zeuge für Sanheribs Eingriff in Palästina*, dans PB, XXVII, 1931, pp. 58-66 (= KS, I, 1962, pp. 239-246); ID., *Hezekiel Kap. 16 als Geschichtsquelle*, dans JPOS, XVI, 1936, pp. 286-292 (= KS, II, 1963, 101-106) voit une allusion à ces événements en *Éz.*, XVI, 26-27. Voir cependant W. ZIMMERLI, *Ezechiel*, 1 (BK, XIII, 1), Neukirchen-Vluyn, 1969, pp. 358-359.

[19] *Sennacherib's 'Letter to God' on his Campaign to Judah*, dans BASOR, CCXIV, 1974, pp. 25-39; ID., *Sennacherib's Campaign to Judah and the Date of the lmlk stamps*, dans VT, XXIX, 1979, pp. 61-70.

B. Oded pense que les activités diplomatiques et militaires d'Ézéchias en Philistie faisaient partie d'un grand projet de restauration des frontières davidico-salomoniennes. Profitant de l'affaiblissement des États philistins consécutif aux invasions assyriennes successives, Ézéchias veut non seulement récupérer les territoires perdus au temps de son père Achaz (*II Chr.*, XXVIII, 18), mais aussi étendre les frontières de Juda au détriment d'Ashdod, ainsi que de Gaza, dont une partie du territoire aurait été occupé par les Siméonites (*I Chr.*, IV, 34-43)[20].

II Rois, XVIII, 8 est le seul passage des livres des *Rois* à signaler des hostilités entre le royaume de Juda et ses voisins de l'Ouest. Certes, *II Chr.*, XXVI, 6 attribue à Ozias des conquêtes en Philistie, et *II Chr.*, XXVIII, 18 rend responsable Achaz de la perte de territoires dans la Shephéla et dans le Neguev au profit des Philistins[21]. L'historicité de ces textes étant cependant douteuse[22], on ne peut affirmer avec certitude l'existence d'un différend territorial entre le royaume de Juda et les États philistins. Par ailleurs, *II Chr.*, XXIX-XXXII prête certes à Ézéchias une certaine restauration de l'unité religieuse du peuple d'Israël[23], mais il est loin d'être certain que ce roi ait caressé l'espoir de retrouver, sinon essayé de restaurer, les frontières politiques du temps de David et Salomon.

Avec la plupart des critiques, il nous semble donc préférable de voir un rapport immédiat entre les hostilités de Juda avec les Philistins et l'organisation de la révolte anti-assyrienne, comme ce fut le cas dans l'intervention d'Ézéchias à Eqrôn dont parlent les annales de Sennachérib. Ézéchias chercherait de la sorte à vaincre les résistances des villes philistines à s'engager dans le soulèvement[24], et peut-être aussi à renforcer l'accès aux collines de Juda grâce à l'annexion de territoires dans le nord de la Shephéla[25]. Joignant l'action armée aux pressions diplomatiques, Ézéchias paraît avoir exercé une certaine hégémonie en Philistie, s'il n'en a pas annexé quelques territoires. Cela dit, contrairement à ce que *II Rois*, XVIII, 8 pourrait faire croire, en 701 Juda n'avait pas toute la Philistie dans son orbite. En effet, si Eqrôn

[20] *Judah and the Exile*, dans J.H. HAYES and J.M. MILLER (éds), *Israelite and Judaean History*, 1977, pp. 444-446.

[21] D'après *II Chr.*, XVII, 11, les Philistins auraient payé tribut à Josaphat.

[22] Voir *supra*, chap. Ier, n. 25; chap. IIe, n. 69 et chap. IIIe, n. 204.

[23] Voir *supra*, pp. 92-99.

[24] Voir, par exemple, N.H. SNAITH, *The Books of Kings*, 1954, p. 291; H.H. ROWLEY, *Hezekiah's Reform and Rebellion*, dans BJRL, XLIV, 1962, p. 416; J. ROBINSON, *The Second Book of Kings* (CambBC), Cambridge, 1976, p. 167; J. GRAY, *I & II Kings*, 1977, p. 671.

[25] Voir N. NA'AMAN, *op. cit.*, dans VT, XXIX, 1979, pp. 61-70 et 76.

et Ashqelôn se sont engagés à fond dans la révolte, comme Juda, et ont résisté jusqu'au bout, Ashdod s'est empressé de se soumettre alors que Sennachérib était encore en Phénicie, et Gaza n'a probablement pas trempé dans le soulèvement [26].

B. **Le royaume de Juda et l'Égypte.**

Après une période de détente, voire peut-être d'entente, qui a duré jusqu'à la fin du règne de Shabako (716-702), l'Égypte va changer de politique à l'égard de l'Assyrie au temps de Shebitku [27]. Estimant sans doute que le moment était venu de chasser l'Assyrie de ses frontières et de recouvrer son influence en Asie, l'Égypte s'engage à fond avec les révoltés palestiniens.

D'après les annales de Sennachérib, l'Égypte serait intervenue en Palestine en réponse à une demande d'aide que lui avait adressée Eqrôn [28]. La réalité historique fut sans doute plus complexe. Comme il y allait de son intérêt, l'Égypte a probablement encouragé les États palestiniens à la révolte, dont l'organisation a sans doute comporté plusieurs va-et-vient de délégations entre les rives du Nil et la Palestine. En ce qui concerne Juda, plusieurs oracles d'Isaïe se réfèrent aux négociations entre ce pays et l'Égypte, menées aussi bien en Égypte [29] qu'à Jérusalem [30]. Il est impossible de savoir qui a pris l'initiative de ces négociations et d'en retracer l'histoire. Il est cependant certain que Jérusalem s'appuyait sur l'Égypte, misant spécialement sur les chevaux et les chars égyptiens [31].

3. L'EXPÉDITION DE SENNACHÉRIB.

Sennachérib s'est tourné d'abord vers la Babylonie, où il a mené la première expédition militaire de son règne en 703. Malgré la forte coalition de Chaldéens, Araméens, Babyloniens et Élamites qu'il avait rassemblés, Marduk-apal-iddina est vaincu et doit se réfugier dans les

[26] Les annales de Sennachérib ne mentionnent Gaza que dans le contexte de la répartition du territoire judéen entre les États philistins. *Cf.* OIP, III, 33-34 et parallèles.

[27] Voir K.A. KITCHEN, *The Third Intermediate Period in Egypt (1100-650* B.C.), 1973, pp. 143-144, 153-156 et 380.

[28] *Cf. OIP*, II, 78-III, 6 et parallèles.

[29] *Cf. Is.*, XXX, 1-5.6-8; XXXI, 1-3.

[30] *Cf. Is.*, XVIII, 1-4.

[31] *Cf. Is.*, XXX, 15-17; XXXI, 1-3; *II Rois*, XVIII, 23-24 par. *Is.*, XXXVI, 8-9.

[32] *Cf. OIP*, I, 20-64 et parallèles; voir les études de J.A. BRINKMAN signalées *supra*, n. 15.

régions marécageuses du sud de la Babylonie[32]. Au lieu de reprendre le titre de roi de Babylone, Sennachérib installe sur le trône un indigène, Bēl-ibni, qui avait été élevé à la cour assyrienne[33]. Après une expédition dans l'Est contre les Kassites et les Yasubigalléens, en 702[34], Sennachérib consacrera sa 3e campagne à mater la révolte en Phénicie et en Palestine en 701.

A. La présentation des annales de Sennachérib.

D'après le récit des annales, la campagne de Sennachérib s'est déroulée en trois grandes étapes suivant une progression géographique et stratégique naturelle.

En Phénicie. La première étape se passe en Phénicie[35]. Devant la menace de l'armée assyrienne, Luli, roi de Sidon, s'enfuit à Chypre[36]. Les villes phéniciennes de Sidon la Grande, Sidon la Petite, Bit-Zitti, Sarepta, Mahalliba, Ushû[37], Akzib et Akko se soumettent à Sennachérib, qui place Ittobaal sur le trône de Sidon. Plusieurs vassaux de Phénicie (Minhimmu de Samsimuruna, Abdili'ti d'Arvad, Urumilki de Byblos, en plus d'Ittobaal de Sidon), de Philistie (Mitinti d'Ashdod) et de Transjordanie (Puduilu de Ammon, Kamusunabdi de Moab et Ayarammu d'Édom) apportent chacun leur tribut et font acte d'allégeance dans le voisinage de la ville d'Ushû[38].

En Philistie. La Philistie constitue la deuxième étape. Les opérations y connaissent deux phases. Dans un premier temps, Sennachérib s'en prend à Ashqelôn : il s'empare des villes d'Ashqelôn, Beth-Dagon, Jaffa, Benéy Beraq et Azor; il fait de nombreux prisonniers dont Sidqâ, roi d'Ashqelôn, et sa famille; et il confie le trône d'Ashqelôn à Sharruludari, fils de Rukibtu le roi précédent[39]. Dans un second temps

[33] *Cf.* le cylindre rapportant la 1e expédition de Sennachérib (D.D. LUCKENBILL, *The Annals of Sennacherib*, p. 54); *le Cylindre Bellino* (D.D. LUCKENBILL, *op. cit.*, p. 57); le cylindre Rassam (R. BORGER, BAL, p. 64); *la Chronique Babylonienne*, II, 20-23 (A.K. GRAYSON, *Assyrian and Babylonian Chronicles*, 1975, p. 77); et aussi les travaux de J.A. BRINKMAN signalés *supra*, n. 15.

[34] *Cf. OIP*, I, 65-II, 36 et parallèles; voir L.D. LEVINE, *The Second Campaign of Sennacherib*, dans JNES, XXXII, 1973, pp. 312-317.

[35] *Cf. OIP*, II, 37-60 et parallèles.

[36] Les éditions des annales contenues dans les grands prismes disent seulement que Luli s'est enfui au loin, en pleine mer, mais les inscriptions sur les taureaux, précisent *«ana māt(KUR) Ia-ad-na-na»* (Chypre).

[37] Communément identifiée à Palaityros, la partie de la ville de Tyr située sur le continent. Voir R. BORGER, BAL, III, p. 112; E. VOGT, *Sennacherib und die letzte Tätigkeit Jesajas*, dans Bib., XLVII, 1966, p. 429, n. 1.

[38] La précision sur le lieu où les vassaux apportent leur tribut est donnée par l'inscription sur le taureau IV, 20.

[39] *Cf. OIP*, II, 60-72 et parallèles.

les activités se concentrent autour d'Eqrôn. Près d'Elteqé, Sennachérib défait une armée égypto-kushite qui se portait au secours d'Eqrôn; il s'empare ensuite d'Elteqé, Timna et Eqrôn. Ayant mis à mort les meneurs de la révolte d'Eqrôn, Sennachérib y réinstalle Padi sur le trône[40].

En Juda. La troisième étape des opérations se déroule en Juda[41]. Sennachérib s'empare de 46 villes fortifiées et de nombreux villages, fait 200 150 prisonniers, ramasse un important butin et partage entre Ashdod, Ashqelôn[42], Eqrôn et Gaza les territoires judéens qu'il a conquis.

En ce qui concerne Jérusalem, une chose est certaine : en s'abstenant d'employer à son sujet l'expression «j'assiégeai (et) je conquis» (*alme akšud*), qui revient à trois reprises dans le récit de la troisième expédition de Sennachérib[43], le scribe reconnaît implicitement que la ville ne fut pas prise d'assaut[44]. Quelles sont alors les activités rapportées en OIP III, 27-30 et dans les passages parallèles? S'agit-il d'un véritable siège, comme le pensent les uns[45] ou seulement d'un blocus plus ou moins lâche, comme l'estiment les autres[46]? L'image de l'oiseau en cage (*kīma iṣṣur quppi ... esiršu*), employée pour évoquer la situation d'Ézéchias à Jérusalem, se retrouve dans les annales de Tiglath-phalazar III, où, d'après le contexte, elle se réfère à un véritable siège[47]. Les mesures rapportées à la l. 29 (*^uru ḫalṣī elīšú úrakkisma*), «J'établis contre lui des postes fortifiés»[48], font normalement partie des préparatifs d'un siège[49]. L'existence d'un véritable siège, ou tout au moins d'un

[40] *Cf. OIP*, II, 73-III, 17 et parallèles.

[41] *Cf. OIP*, III, 18-49 et parallèles.

[42] La mention d'Ashqelôn se trouve seulement dans l'inscription du taureau IV, 30.

[43] Au sujet de Beth-Dagon, Jaffa, Benéy Beraq et Azor (*OIP*, II, 72), Elteqé et Timna (*OIP*, III, 7) et des 46 villes de Juda (*OIP*, III, 23).

[44] Voir J. Briend - M.-J. Seux, *Textes du Proche-Orient ancien et histoire d'Israël*, 1977, p. 122.

[45] Voir, par exemple, E. Vogt, *op. cit.*, dans Bib., XLVII, 1966, p. 429; J.B. Geyer, *2 Kings XVIII 14-16 and the Annals of Sennacherib*, dans VT, XXI, 1971, pp. 604-606; W. von Soden, *Sanherib vor Jerusalem 701 v. Chr.*, dans *Antike und Universalgeschichte. Festschrift H.E. Stier*, 1972, pp. 45-46.

[46] Voir, par exemple, R.W. Rogers, *Sennacherib and Judah*, dans *Festschrift J. Welhausen*, 1914, p. 323; H. Haag, *La campagne de Sennachérib contre Jérusalem en 701*, dans RB, LVIIII, 1951, pp. 355-358; G. Brunet, *Essai sur l'Isaïe de l'histoire*, 1975, pp. 191-193; R.E. Clements, *Isaiah and the Deliverance of Jerusalem*, 1980, pp. 13, 19-21 et 91.

[47] Voir P. Rost, *Die Keilschrifttexte Tiglat-Pilesers III*, I, 1893, pp. 34-35, l. 203.

[48] En raison du déterminatif de ville qui précède *ḫalṣi*, sa traduction par «poste fortifié» est préférable aux traductions habituelles, «fortification» et «retranchements». Nous devons cette remarque à H. Sauren.

[49] Voir J.B. Geyer, *op. cit.*, p. 606.

blocus très étroit, est confirmée par la l. 30 (*aṣē abul ālīšu útirra ikkibuš*), «je supprimai les sorties par la porte de sa ville; ce fut pour lui l'interdiction»[50]. La ville est donc étroitement surveillée, et coupée du reste du pays. On ne peut compter sur l'arrivée de renforts ni sur l'approvisionnement nécessaire à la survie de ceux qui se trouvent à l'intérieur des remparts[51]. Cela dit, le texte ne permet pas de savoir si Sennachérib a essayé de donner l'assaut à Jérusalem ni même s'il avait l'intention de le faire, ou s'il s'attendait plutôt à la capitulation de la ville grâce à une simple démonstration de force.

Il est également difficile à savoir ce que les ll. 39-40 disent au sujet des troupes qui défendaient Jérusalem[52]. Il y est question des *Úrbi* et des *ṣābīšu damqūti* qu'Ézéchias avait introduits à Jérusalem, sa ville royale, pour la renforcer (*ša ana dunnun Uršalimmu al šarrutišu ušēribuma*). Selon certains auteurs, la proposition relative se rapporterait seulement aux *ṣābīšu damqūti*, «ses meilleurs soldats», «ses troupes d'élite»[53]. Cependant, la plupart des assyriologues pensent, à juste titre, que la relative se rapporte à la fois aux *Úrbi* et aux *ṣābīšu damqūti*, qui forment une unité logique. Ils divergent au sujet du sens de *Úrbi*. Ce terme est d'un emploi très rare. On ne le trouve que dans le récit de la première campagne de Sennachérib[54], et une fois dans les annales d'Assurbanipal[55]. Le cadre géographique de ces deux derniers passages est la Babylonie. Certains assyriologues s'abstiennent prudemment de traduire le terme[56]. Ceux qui le traduisent se partagent en deux groupes. Les uns pensent qu'il s'agit d'un terme technique du

[50] Nous voyons en *ikkibuš* une proposition nominale. Cette compréhension du texte nous a été suggérée par H. SAUREN.

[51] La légende tardive «Vitae Prophetarum» parle explicitement d'un siège; voir C.C. TORREY, *The Lives of the Prophets. Greek Text and Translation* (JBL, Monogr. Ser., I), Philadelphia, 1946, pp. 20-21, et F. JOSÈPHE, *De Bello Judaico*, V, 303, 504-507 parle d'un endroit à Jérusalem appelé le «Camp des Assyriens», à situer vraisemblablement soit à l'angle nord-ouest de la vieille ville actuelle, soit un peu plus haut sur la colline occupée par la Municipalité et le «Russian Compound»; voir D. USSISHKIN, *The 'Camp of the Assyrians' in Jerusalem*, dans IEJ, XXIX, 1979, pp. 137-142.

[52] Pour l'état de la question, voir D. NEIMAN, *Urbi - «Irregulars» or «Arabs»*, dans JQR, LX, 1969-1970, pp. 237-258.

[53] Voir R.P. DOUGHERTY, *Sennacherib and the Walled Cities of Judah*, dans JBL, XLIX, 1930, pp. 160-171, à la p. 165, n. 13; D. NEIMAN, *op. cit.*, p. 255.

[54] *OIP*, I, 39.

[55] Prisme A, III, 65.

[56] Voir C. BEZOLD, *Inschriften Sanherib's (705-681 v. Chr.). I. Die Prisma-Inschrift des sog. Taylor-Cylinders*, dans E. SCHRADER, *Sammlung von assyrischen und babylonischen Texten in Umschrift und Uebersetzung* (Keilinschriftliche Bibliothek, II), Berlin, 1890, p. 95 (III, 31); H. GRESSMANN, *Altorientalische Texte zum Alten Testament*, Berlin-Leipzig, 1926², p. 354; R.W. ROGERS, *Sennacherib and Judah*, dans *Festschrift J. Wellhausen*,

langage militaire désignant un type spécial de soldat ; on le rend habituellement par «irréguliers»[57]. Les autres y voient le gentilice «Arabes»[58]. Contre la première hypothèse, on peut invoquer la rareté du terme. Mais, d'autre part, *Úrbi* n'est pas l'orthographe habituelle du gentilice «arabe» dans les inscriptions assyriennes[59]. Si le terme désigne vraiment des Arabes, on doit probablement y voir des mercenaires d'origine arabe. On peut d'ailleurs se demander si les *Úrbi* et les *ṣābīšu damqūti* représentent deux catégories de personnes ou une seule. Le terme *Úrbi* ne preciserait-il pas l'origine ethnique des troupes d'élite d'Ézéchias?

Ce que la l. 41 dit des *Úrbi* et des *ṣābīšu damqūti* est également discuté. Les uns transcrivent *iršu baṭlāti*, et estiment que le texte rapporte une mutinerie, qui aurait rendu la situation de Jérusalem désespérée, et aurait forcé Ézéchias à la capitulation[60]. Les autres transcrivent *iršu tillāti*, et y voient une précision concernant le rôle de troupes auxiliaires des *Úrbi* et des *ṣābīšu damqūti*[61]. Le contexte conseille cette dernière interprétation. Il paraît, en effet, plus logique qu'Ézéchias soit obligé de livrer ses troupes auxiliaires plutôt que ses troupes d'élite mutinées.

Quoi qu'il en soit des difficultés de détail, Ézéchias s'est rendu et a finalement envoyé à Ninive un lourd tribut. Les troupes auxiliaires, qui étaient en réalité des troupes d'élite, en faisaient partie. Sennachérib a sans doute apprécié leur valeur, et a voulu les intégrer dans son armée. En plus des troupes en question, le texte mentionne 30 talents d'or et 800 talents d'argent, des objets précieux de toute sorte, ainsi que les

1914, p. 321 ; M. STRECK, *Assurbanipal und die letzten assyrischen Könige bis zum Untergange Niniveh's*, II, (Vorderasiatische Bibliothek, VII, 2), Leipzig, 1916, pp. 28-29.

[57] Voir A. L. OPPENHEIM, dans ANET, p. 288 ; I. EPH'AL, *«Arabs» in Babylonia in the 8th Century B.C.*, dans JAOS, XCIV, 1974, pp. 108-115, aux pp. 110-111, n. 16 ; M.-J. SEUX, dans TPOA, 1977, p. 121. W. VON SODEN, *Akkadisches Handwörterbuch*, III, Wiesbaden, 1981, p. 1428, signale le sens «eine Arbeitstruppe», mais en le faisant suivre d'un point d'interrogation.

[58] Voir P. DHORME, *Les pays bibliques et l'Assyrie*, dans RB, VII, 1910, p. 502 ; D. D. LUCKENBILL, *The Annals of Sennacherib*, 1924 ; T. WEISS-ROSMARIN, *Aribi und Arabien in den babylonisch-assyrischen Quellen*, dans JSOR, XVI, 1932, pp. 1-37, à la p. 11 ; ID., *The Urbi*, dans JQR, LXI, 1970-1971, p. 172 ; D. NEIMAN, *op. cit.*, pp. 237-258 ; H. SAUREN, ^{lu}2*UR$_2$-bi* = ^{lu}2*uru$_8$*-bi, "*Arabes*", dans *Akkadica*, XLVII, 1986 (à paraître). R. BORGER, BAL, III, 1963, p. 111, émet des réserves.

[59] On y trouve habituellement ^{lú}*A-ri-bi/A-ru-bu*, ^{lú}*A-ra-bi* et ^{lu}*Ar-ba-a-a* ; voir la discussion de H. SAUREN, *op. cit.*

[60] Voir A. L. OPPENHEIM, dans ANET, p. 288 ; D. NEIMAN, *op. cit.*, p. 255 et n. 56a. R. BORGER, BAL, III, p. 112, signale la traduction «sie bekammen Aufhören, d.h. 'sie verweigerten den Dienst'», mais ne prend pas fermement position en sa faveur.

[61] Voir M.-J. SEUX, dans TPOA, 1977, p. 121.

filles d'Ézéchias, des femmes de son palais, des chanteurs et des chanteuses et de l'armement[61a].

On a souvent souligné les difficultés que pose le récit assyrien de la troisième expédition de Sennachérib.

En ce qui concerne la première étape, on s'étonne du silence au sujet du sort de Tyr. Cette ville est certes mentionnée dans la version du taureau IV[62], mais dans un contexte un peu étrange. Tyr y apparaît en effet comme le lieu d'où Luli, qui est présenté comme roi de Sidon, s'enfuit vers Chypre. On se demande si cela ne trahit pas le souci de cacher un échec de Sennachérib dans ses rapports avec Tyr. L'explication couramment admise est la suivante : Luli était en réalité roi de Tyr, et Ittobaal roi de Sidon. Cette dernière ville était cependant sous l'hégémonie tyrienne. Luli a certes pris la fuite, mais Sennachérib ne s'est pas emparé de Tyr, du moins de la partie insulaire de la ville, soit parce que, faute de moyens, il ne lui a pas donné l'assaut, soit parce qu'il a échoué dans sa tentative. Ne voulant pas avouer cet échec, les scribes présentent Luli comme s'il était directement roi de Sidon, et centrent leurs récits autour de cette ville, qui, elle, s'était soumise à l'Assyrie. En conséquence, la confirmation d'Ittobaal dans sa fonction de roi de Sidon après sa soumission à l'Assyrie est présentée comme si elle était le début absolu de son règne à la suite de la fuite de Luli[63].

Au sujet de l'étape philistine, on se demande si les scribes respectent l'ordre chronologique des événements. On admet communément que tel n'est pas le cas pour ce qui concerne la libération de Padi et sa réinstallation sur le trône d'Eqrôn. Voulant finir avec le récit sur Eqrôn, les scribes ont anticipé ces événements qui supposent la reddition d'Ézéchias[64]. La question se pose également pour la conquête d'Ashqelôn : a-t-elle précédé la bataille d'Elteqé et la prise des villes

[61a] La mention des différentes armes se trouve seulement dans la partie de la liste propre au cylindre Rassam; voir D.D. LUCKENBILL, *The Annals of Sennacherib*, 1924, p. 60 (l. 57).

[62] D.D. LUCKENBILL, *op. cit.*, p. 69, l. 18; R. BORGER, *op. cit.*, p. 69.

[63] Voir K. FULLERTON, *The Invasion of Sennacherib*, dans BS, LXIII, 1906, pp. 624-626; R.W. ROGERS, *Sennacherib and Judah*, dans *Festschrift J. Wellhausen*, 1914, p. 322; L.L. HONOR, *Sennacherib's Invasion of Palestine*, 1926, pp. 19-22; A.J. KATZENSTEIN, *The History of Tyre*, 1973, pp. 245-252.

[64] Voir K. FULLERTON, *op. cit.*, pp. 585-586, nn. 40-41; R.W. ROGERS, *op. cit.*, p. 322; L.L. HONOR, *op. cit.*, p. 33, n. 101; H. HAAG, *La campagne de Sennachérib contre Jérusalem en 701*, dans RB, LVIII, 1951, p. 354; H.H. ROWLEY, *Hezekiah's Reform and Rebellion*, dans BJRL, XLIV, 1962, pp. 415-416; W.J. MARTIN, *«Dischronologized» Narrative in the Old Testament*, dans VTS, XVII, 1969, pp. 179-186, aux pp. 183-184; N. NA'AMAN, *Sennacherib's Campaign to Judah and the Date of the lmlk Stamps*, dans VT, XXIX, 1979, p. 65, n. 9.

d'Elteqé, Timna et Eqrôn? Bien que la localisation de ces villes reste controversée, on les situe en général nettement au nord et au nord-est d'Ashqelôn[65]. Il aurait donc été normal que Sennachérib s'en emparât avant de s'en prendre à Ashqelôn.

Certains critiques estiment que la présentation des annales correspond au déroulement géographique et chronologique des activités de Sennachérib en Philistie. Ils supposent en effet que, dès son arrivée en Philistie, l'armée assyrienne s'est divisée en deux corps, dont l'un a avancé le long de la côte et l'autre a pénétré à l'intérieur de la Shephéla. Ayant rencontré sans doute moins de résistance, le corps d'armée qui a longé la côte s'est emparé Ashqelôn avant que l'autre ait remporté des succès appréciables. A la nouvelle de l'approche des armées égypto-kushites, les troupes qui avaient conquis Ashqelôn seraient cependant remontées vers le Nord pour rejoindre l'autre partie des forces assyriennes[66].

D'autres critiques estiment que le récit des activités de Sennachérib en Philistie suit un ordre logique et non géographique et chronologique. Le scribe réserverait «pour la fin deux thèmes qui se rapportent dans un certain sens l'un à l'autre : Eqrôn et Jérusalem»[67].

On s'est également demandé pourquoi Sennachérib n'a pas profité de la victoire d'Elteqé pour envahir l'Égypte[68]. Surtout, on s'étonne du fait que Sennachérib ne se soit pas emparé militairement de Jérusalem et n'ait pas changé le statut de Juda, et encore davantage du fait que, à la différence du sort qu'il a réservé à Sidqâ, le roi d'Assur ait laissé Ézéchias sur le trône judéen[69]. Ne trouvant pas de réponse à ces questions dans les annales, de nombreux critiques les soupçonnent d'exagérer considérablement la réussite de Sennachérib et de cacher soigneusement de graves revers, comme il arrive souvent dans les communiqués de victoire des états-majors de tous les temps. Ainsi la

[65] Ville lévitique de la tribu de Dan (*Jos.*, XIX, 44 et XXI, 23), Elteqé a été identifié avec Tell el-Melāt (voir K. ELLIGER, *Eltheke*, dans BHH, I, p. 403), et plus couramment avec tell esh-Shallaf, à environ 4 km de Yabné (voir Y. AHARONI, *The Land of the Bible*, London, 1967, p. 337). Située dans les collines du pays de Juda (*Gen.*, XXXVIII, 12-13.14; *Jos.*, XV, 57; *cf.* aussi *Jos.*, XV, 10; *Jug.*, XIV, 1.2.5; *II Chr.*, XXVIII, 18), attribuée à la tribu de Dan (*Jos.*, XIX, 43), Timna est peut-être à localiser à Tell Batash, à environ 7 km au nord-ouest de Beth-Shemesh (voir Y. AHARONI, *The Land of the Bible*, 1967, p. 337 et les rapports de fouilles de G.E. KELM - A. MAZAR, dans IEJ, XXVII, 1977, 167-168; XXVIII, 1978, pp. 195-196; dans RB, LXXXV, 1978, pp. 94-96). Eqrôn est assez généralement identifiée à Kh. el-Muqanna' (voir Y. AHARONI, *The Land of the Bible*, 1967, p. 339).

[66] Voir L.L. HONOR, *op. cit.*, pp. 22-24.

[67] H. HAAG, *op. cit.*, p. 354; voir aussi W. RUDOLPH, *Sanherib in Palästina*, dans PB, XXV, 1929, pp. 65-66.

[68] K. FULLERTON, *op. cit.*, pp. 586-587; L.L. HONOR, *op. cit.*, pp. 16-18.

[69] Voir, par exemple, L.L. HONOR, *op. cit.*, pp. 18-19.

victoire d'Elteqé fut sans doute plus modeste ou plus coûteuse que ce que prétendent les annales[70]. Si Sennachérib a laissé Ézéchias sur le trône avec le statut de vassal, c'est parce que des circonstances défavorables à l'Assyrie — que les scribes cachent soigneusement — l'y ont contraint, et l'ont empêché d'atteindre ses véritables objectifs[71].

Le chiffre de 200 150 prisonniers judéens que Sennachérib prétend avoir faits relèverait également de la propagande[72]. Plus de 7 fois supérieur au nombre d'Israélites déportés par Sargon II[73], le chiffre de 200 150 est sans doute beaucoup trop élevé. Les essais d'explication de ce chiffre au moyen de sa réduction ne s'imposent pourtant pas. En effet, rien ne recommande la correction en 150 suggérée par A. T. E. Olmstead[74]. Souvent reprise, la proposition de A. Ungnad selon laquelle il faudrait lire 2 150[75] paraît invraisemblable à R. Borger pour des raisons orthographiques[76]. Tout compte fait, le chiffre 200 150 comprend peut-être l'ensemble de la population des territoires judéens conquis, généreusement calculée, comme pensent plusieurs auteurs[77].

Certes réelles, leurs difficultés internes ne sont pas la seule ni la principale cause des soupçons que l'on fait peser sur les récits assyriens de la troisième expédition de Sennachérib. En réalité, ces soupçons sont nés en grande partie de la comparaison de ces récits avec les récits hébraïques, qui donnent une version très différente des mêmes événements.

[70] Voir, par exemple, K. FULLERTON, *op. cit.*, pp. 586-587; L. L. HONOR, *op. cit.*, pp. 16-18; H. HAAG, *op. cit.*, pp. 358-359.

[71] Voir, par exemple, L. L. HONNOR, *op. cit.*, pp. 18-19.

[72] *OIP*, III, 24. Voir, par exemple, W. VON SODEN, *Sanherib vor Jerusalem 701 v. Chr.*, dans *Antike und Universalgeschichte. Festschrift H.E. Stier*, 1972, p. 44.

[73] *Cf.* «*Fastes*» (TPOA, n° 35B) et *Prisme de Nimrud* (TPOA, n° 36).

[74] *A History of Assyria*, New York, 1923, p. 305; voir aussi L. L. HONOR, *op. cit.*, p. 32, n. 87.

[75] *Die Zahl der von Sanherib deportierten Judäer*, dans ZAW, LIX, 1942-1943, pp. 199-202.

[76] BAL, III, p. 112; voir aussi B. ODED, *Mass Deportations and Deportees in the Neo-Assyrian Empire*, 1979, pp. 18-19.

[77] H. H. ROWLEY, *op. cit.*, p. 403; W. DIETRICH, *Jesaja und die Politik*, 1976, p. 105, n. 19; J. GRAY, *I & II Kings*, 1977, p. 673. Voir la discussion récente de S. STOHLMANN, *The Judaean Exile after 701 B.C.E.*, dans W. W. HALLO - J.C. MOYER - L.G. PERDUE (éds), *Scripture in Context II. More Essays on the Comparative Method*, Winona Lake, Indiana, 1983, pp. 147-175. Cet auteur pense qu'il faut faire une distinction entre le nombre des Judéens inscrits au registre des prisonniers, à savoir 200.150, et le nombre beaucoup plus réduit de ceux qui ont été réellement déportés, que rien ne permet de déterminer. Selon H. SAUREN, 200.150 serait plutôt le nombre global de personnes que Sennachérib avait le droit de déporter lors de sa troisième campagne; le compte commencerait à partir de Sidon; *Sennachérib, les Arabes, les déportés Juifs*, dans WO, XVI, 1985, pp. 22-35.

B. **Présentation biblique.**

Les récits bibliques sont bien connus. La 14e année d'Ézéchias, Sennachérib envahit Juda et s'empare de toutes ses villes fortifiées[78]. Ézéchias se rend et demande les termes de sa reddition à Sennachérib. Le roi d'Assyrie impose le versement de 300 talents d'argent et de 30 talents d'or. Pour s'acquitter de cette somme, Ézéchias doit non seulement vider les trésors du Temple et les trésors du palais de tout leur argent, mais aussi enlever le revêtement de métal des portes du Temple[79].

Alors que l'affaire paraît close, les récits qui suivent racontent longuement et de façon très détaillée des rebondissements vraiment surprenants[80]. De Lakish le roi d'Assyrie envoie à Jérusalem son Rab-Shaqé accompagné d'une troupe importante avec la mission d'amener la ville à la capitulation. Le Rab-Shaqé se poste sur le chemin du terrain aux foulons, où trois hauts fonctionnaires d'Ézéchias viennent le rencontrer[81].

Dans un premier discours, transmis aux représentants d'Ézéchias, le Rab-Shaqé souligne la faiblesse militaire de Juda, la vanité de la confiance en l'appui égyptien, et l'erreur de se confier en Yahvé, dont Ézéchias a détruit les lieux de culte; Yahvé lui-même a envoyé le roi d'Assur pour détruire le pays de Juda[82].

Craignant le découragement du peuple qui, du haut des murailles, écoutait le discours en judéen, les délégués d'Ézéchias supplient le Rab-Shaqé de parler en araméen, langue inaccessible au peuple. Loin d'accéder à cette requête, le Rab-Shaqé se tourne vers le peuple pour l'exhorter à ne pas se laisser berner par Ézéchias; faisant miroiter les avantages que le peuple a à se rendre, il le presse de le faire[83]. Dans une dernière tirade le Rab-Shaqé s'attaque à Yahvé lui-même : aussi impuissant que les autres dieux dont les pays ont été conquis par l'Assyrie, Yahvé ne pourra pas sauver Jérusalem[84].

Sans rien répondre, les ambassadeurs rapportent à Ézéchias les paroles du Rab-Shaqé. En habits de deuil, Ézéchias se rend au Temple, et envoie une délégation au prophète Isaïe le suppliant d'intercéder auprès de Yahvé dans l'espoir que celui-ci punira le blasphème du roi

[78] *II Rois*, XVIII, 13 par. *Is.*, XXXVI, 1; *cf.* aussi *II Chr.*, XXXII, 1.
[79] *II Rois*, XVIII, 14-16.
[80] *II Rois*, XVIII, 17-XIX, 37 par. *Is.*, XXXVI, 2-XXXVII, 38 et *II Chr.*, XXXII, 9-23.
[81] *II Rois*, XVIII, 17-18 par. *Is.*, XXXVI, 2-3; *cf.* aussi *II Chr.*, XXXII, 9.
[82] *II Rois*, XVIII, 19-25 par. *Is.*, XXXVI, 4-10; *cf.* aussi *II Chr.*, XXXII, 10-12.
[83] *II Rois*, XVIII, 26-32a par. *Is.*, XXXVI, 11-17; *cf.* aussi *II Chr.*, XXXII, 18.
[84] *II Rois*, XVIII, 32b-35 par. *Is.*, XXXVI, 18-20; *cf.* aussi *II Chr.*, XXXII, 13-15.

d'Assyrie[85]. En réponse, Isaïe exhorte Ézéchias à ne pas craindre les menaces du roi d'Assyrie et annonce que, à la suite d'un esprit que Yahvé mettra dans le roi d'Assyrie et d'une nouvelle qu'il entendra, il retournera dans son pays, où il périra par l'épée[86].

Le Rab-Shaqé quitte Jérusalem — rien n'est dit de la troupe qui l'accompagnait — et va rejoindre le roi d'Assyrie, qui entre-temps avait quitté Lakish pour attaquer Libna[87]. Ayant appris que Tirhaqa (Taharqa), roi de Kush, était parti en campagne contre lui, Sennachérib envoie de nouveau des messagers à Ézéchias[88]. Contenu dans des lettres, le message se résume en un avertissement adressé au roi de Juda de ne pas se laisser tromper par son dieu, car, celui-ci, aussi impuissant que les dieux des nations, ne pourra pas empêcher le souverain assyrien de s'emparer de Jérusalem[89].

Ézéchias monte au Temple, ouvre les lettres devant Yahvé, le seul Dieu, à qui il adresse une prière pleine de confiance[90]. En réponse, Yahvé transmet à Ézéchias un long oracle par l'intermédiaire du prophète Isaïe : le roi d'Assyrie n'entrera pas dans Jérusalem, il n'assiégera même pas la ville, car Yahvé la protégera à cause de lui-même et de son serviteur David[91].

Cette même nuit l'Ange de Yahvé frappe dans le camp assyrien 185000 hommes. Sennachérib retourne à Ninive, où il sera assassiné un jour qu'il se trouvait dans le temple de Nisrok, son dieu[92].

C. II Rois, XVIII, 13-16 et les annales de Sennachérib.

Le récit de *II Rois*, XVIII, 13-16 et la partie du récit des annales de Sennachérib concernant ses hostilités avec Juda présentent certes quelques différences, mais s'accordent pour l'essentiel. Unanimement soulignés par tous ceux qui se sont occupés de cette question, les

[85] *II Rois*, XVIII, 36-XIX, 5 par. *Is.*, XXXVI, 21-XXXVII, 5.

[86] *II Rois*, XIX, 6-7 par. *Is.*, XXXVII, 6-7.

[87] La localisation de Libna reste très controversée. On propose Tell Bornât et Tell el-Judeideh, tous deux à quelques km au nord de Lakish (Tell ed-Duweir), et encore Tell eṣ-Ṣafi, qui se trouve beaucoup plus au nord dans la Shephéla. Parmi les discussions récentes, voir P. WELTEN, *Die Königs-Stempel. Ein Beitrag zur Militärpolitik Judas unter Hiskia und Josia* (ADPV, 4), Wiesbaden, 1969, pp. 80-81. Contestant la localisation de Lakish à Tell ed-Duweir, G.W. AHLSTROEM, *Tell Ed-Duweir : Lakish or Libnah?*, dans PEQ, CXV, 1983, pp. 103-104, propose d'y situer Libna.

[88] *II Rois*, XIX, 8-9 par *Is.*, XXXVII, 8-9.

[89] *II Rois*, XIX, 10-13 par. *Is.*, XXXVII, 10-13; *cf.* aussi *II Chr.*, XXXII, 16-17.19.

[90] *II Rois*, XIX, 14-19 par. *Is.*, XXXVII, 14-20; *cf.* aussi *II Chr.*, XXXII, 20.

[91] *II Rois*, XIX, 20-34 par. *Is.*, XXXVII, 21-35.

[92] *II Rois*, XIX, 35-37 par. *Is.*, XXXVII, 36-38; *cf.* aussi *II Chr.*, XXXII, 21.

points d'accord sont frappants. On remarquera d'abord l'ampleur des conquêtes assyriennes : 46 villes fortifiées et d'innombrables villages, d'après les annales ; toutes les villes fortifiées de Juda, d'après *II Rois*, XVIII, 13 par *Is.*, XXXVI, 1. On relèvera ensuite la capitulation d'Ézéchias, explicitement affirmée par *II Rois*, XVIII, 14 et supposée par les annales, et les indemnités de guerre imposées par Sennachérib. Au sujet de la capitulation et des indemnités de guerre, il y a certes des différences, mais celles-ci ne concernent que des points de détail. Ainsi, alors que *II Rois*, XVIII, 14 précise que la reddition d'Ézéchias a eu lieu au moment où Sennachérib se trouvait à Lakish, les annales n'en indiquent pas les circonstances. Inversement, tandis que les annales précisent que la remise des idemnités de guerre a eu lieu à Ninive, *II Rois*, XVIII, 15 ne dit pas où elle a eu lieu. Les deux textes s'accordent sur le montant de l'or qu'Ézéchias a dû verser, à savoir 30 talents ; ils divergent sur le montant de l'argent, à savoir 800 talents, d'après les annales, et 300, d'après *II Rois*, XVIII, 14[93]. Les annales enregistrent en outre une longue liste d'objets précieux que le récit de *II Rois*, XVIII, 13-16 ne mentionne pas.

On constate aussi d'autres différences entre le récit des annales et celui de *II Rois*, XVIII, 13-16, dont les principales concernent le sort de Jérusalem, ainsi que le sort des territoires judéens conquis par Sennachérib. Tandis que les annales parlent d'un siège de Jérusalem, ou tout au moins d'un blocus, ainsi que de l'octroi des territoires judéens aux États philistins de Gaza, Ashqelôn, Ashdod et Eqrôn, le récit de *II Rois*, XVIII, 13-16 ne dit rien sur le sort de la capitale ni sur le sort des territoires judéens conquis par Sennachérib.

Quoi qu'il en soit des différences de détail entre les deux récits, leur accord foncier permet d'affirmer avec certitude qu'ils se rapportent aux mêmes événements[94]. Aucun des deux textes ne permet cependant de reconstituer le déroulement précis de ces événements.

La capitulation d'Ézéchias et l'acquittement des indemnités de guerre devant normalement mettre un terme aux hostilités, l'un et l'autre textes supposent que l'expédition de Sennachérib en Palestine a été couronnée de succès et, par conséquent, désastreuse pour Juda.

[93] On a souvent proposé d'expliquer cette divergence par l'existence de deux talents d'argent de poids différents respectivement en Assyrie et en Juda. Voir la liste d'auteurs donnée par H. H. ROWLEY, *Hezekiah's Reform and Rebellion*, dans BJRL, XLIV, 1962, p. 415, n. 3.

[94] Il n'y a aucune raison sérieuse de rapporter *II Rois*, XVIII, (13)14-16 au règne de Sargon II comme l'ont proposé certains. Voir les références données *supra*, chap. IIe, n. 53.

D. Les récits de II Rois, XVIII, 17-XIX, 37 par. Is., XXXVI, 1-XXXVII, 38.

Le seul point commun entre les récits de *II Rois*, XVIII, 17-XIX, 37 par. *Is.*, XXXVI, 1-XXXVII, 38 et le récit de *II Rois*, XVIII, 13-16 est le fait qu'ils rapportent tous les deux la présence de Sennachérib à Lakish; c'est à Lakish que les émissaires judéens offrent la capitulation d'Ézéchias (*II Rois*, XVIII, 14); c'est de Lakish que Sennachérib envoie son Rab-Shaqé à Jérusalem (*II Rois*, XVIII, 17 et XIX, 8b).

Il y a peut-être aussi des points de contact entre *II Rois*, XVIII, 17-XIX, 37 et les annales. Ainsi, *II Rois*, XVIII, 17 suppose la présence d'une troupe importante devant les murs de Jérusalem. Mais, à la différence des annales, la suite du récit n'attribue absolument aucune activité à l'armée, elle ne suppose aucun siège ni même un blocus de la ville. Le siège est d'ailleurs explicitement exclu en *II Rois*, XIX, 32.

II Rois, XIX, 9a signale l'approche de Tirhaqa, roi de Kush à la tête d'une armée. S'agit-il de l'armée égypto-kushite dont les annales rapportent la défaite près d'Elteqé? Cette identification ne va pas sans difficultés. En effet, les annales ne mentionnent pas explicitement Taharqa, mais parlent des rois de Muṣur et de l'armée de Meluhha. De plus, les annales situent l'affrontement à une phase nettement antérieure de la campagne. Aussi certains critiques pensent à deux armées égyptiennes[95].

Quoi qu'il en soit des points de contact entre le récit de *II Rois*, XVIII, 13-16 et les annales, d'une part, et les récits de *II Rois*, XVIII, 17-XIX, 37, de l'autre, ces derniers supposent une issue des hostilités entre Sennachérib et le royaume de Juda diamétralement opposée. Loin d'avoir été une réussite, les hostilités auraient tourné à la catastrophe pour l'Assyrie. Son armée décimée, Sennachérib a regagné son pays sans avoir réussi à s'emparer de Jérusalem ni à soumettre Ézéchias.

Cette version des faits paraît trouver une confirmation dans une légende rapportée par Hérodote.

[95] Voir H. von Zeissl, *Aethiopen und Assyrer in Aegypten* (Aegyptologische Forschungen, 14), Glückstadt, 1955, p. 26. D'après K.A. Kitchen, la bataille d'Elteqé, qui a eu lieu au début des hostilités en Palestine, est à distinguer de l'avance égyptienne dont parle *II Rois*, XIX, 9a, et qui se situe à la fin de l'expédition de Sennachérib en Palestine; *The Third Intermediate Period in Egypt* (1100-650 B.C.), 1973, pp. 383-386. Id., *Further Thoughts on Egyptian Chronology in the Third Intermediate Period*, dans RdE, XXXIV, 1982-1983, pp. 59-69, à la p. 65. Voir aussi N. Na'aman, *op. cit.*, dans VT, XXIX, 1979, p. 66.

E. **La légende rapportée par Hérodote, II, 141.**

Au temps du roi Sethos, prêtre d'Hephaïstos, Sennachérib mène une grande campagne avec des Arabes et des Assyriens contre l'Égypte. Mécontents à cause du mauvais traitement dont ils avaient été les victimes de la part du roi, les soldats égyptiens se refusent au combat. «Réduit à un grand embarras, le prêtre entra dans le temple; et là, s'adressant à la statue du dieu, il gémissait sur le sort qu'il était en risque de subir. Pendant qu'il se lamentait, le sommeil le prit; et il lui sembla, dans la vision qu'il eut, que le dieu se tenait près de lui, l'encourageait, l'assurant qu'il ne lui arriverait rien de fâcheux s'il allait au-devant de l'armée des Arabes; car lui-même lui enverrait du secours. Confiant dans ce qu'il avait vu et entendu en songe, Séthos prit avec lui les Égyptiens qui voulaient bien l'accompagner, et campa à Péluse (car c'est par là qu'on pénètre en Égypte); (...). Arrivés en ce lieu, les adversaires...; un flot de rats des champs se répandit chez eux pendant la nuit, rongeant les carquois, rongeant les arcs, et aussi les courroies des boucliers; si bien que, le lendemain, étant sans défense (et sans armes), ils prirent la fuite, et périrent en grand nombre. Et aujourd'hui se dresse dans le sanctuaire d'Hephaïstos une statue de ce roi, en pierre; elle tient sur la main un rat, et une inscription lui fait dire: 'Regardez-moi, et apprenez à être pieux'[96].»

Ce texte parle donc d'une grande défaite de l'armée de Sennachérib à Péluse aux portes de l'Égypte. Le rapprochement entre ce texte et les récits de *II Rois*, XVIII, 17-XIX, 37 est ancien, puisqu'il fut fait déjà par Flavius Josèphe[97] et Jérôme[98]. D'après ces auteurs, tandis que le Rab-Shaqé se trouvait à Jerusalem, Sennachérib mettait le siège à Péluse, où son armée a été défaite[99].

Tout en reconnaissant son caractère légendaire, bon nombre de critiques modernes estiment que le texte d'Hérodote garde le souvenir d'un événement historique, que l'on ne peut que mettre en rapport, sinon identifier, avec le massacre de l'armée assyrienne par l'Ange de Yahvé,

[96] HÉRODOTE, *Histoires*. Livre II, 141. Texte établi et traduit par Ph.-E. LEGRAND, 1936, pp. 164-166.

[97] *Ant.*, X, I, 1-2.4.5.

[98] *Commentarium in Esaiam Libri I-XI* (Corpus Christianorum. Series Latina. LXXIII), Turnhout, 1963, p. 437.

[99] Cette opinion se retrouve dans certaines études critiques anciennes. Voir F. DELITZSCH, *Das Buch Jesaja* (Biblischer Kommentar über das Alte Testament, III, 1), Leipzig, 1889⁴, p. 383; S. LANGDON, *Evidence for an Advance on Egypt by Sennacherib in the Campaign of 701-700*, dans JAOS, XXIV, 1903, pp. 265-274.

dont il est question en *II Rois*, XIX, 35[100]. On pense d'ailleurs qu'il est possible de déterminer la nature de l'événement dont témoignent Hérodote, II, 141 et *II Rois*, XIX, 35 indépendamment l'un de l'autre. En effet, on constate que l'Ange de Yahvé apparaît en *II Sam.*, XXIV, 15-17 comme étant l'agent de la peste qui frappe le peuple en punition du recensement fait par David. Par ailleurs, en rapportant le châtiment dont la «main de Yahvé» a frappé les Philistins pour avoir pris et gardé l'Arche du Dieu d'Israël, *I Sam.*, V, 6-VI, 16 parle à la fois d'une épidémie de tumeurs, dont la nature est difficile à déterminer, et de rats qui ravageaient le pays. A la lumière de ces textes, on conclut que *II Rois*, XIX, 35 et Hérodote, II, 141 gardent le souvenir d'une épidémie qui a frappé l'armée de Sennachérib[101]. Appuyés sur la mention des rats dans la légende d'Hérodote, certains précisent avec plus ou moins de prudence qu'il s'agirait de la peste bubonique propagée par des rats[102].

4. Revue critique des hypothèses sur la reconstitution des événements.

Vu là très grande complexité des témoins, il n'est pas surprenant que les hypothèses de reconstitution des événements qui ont été proposées, soient très nombreuses[103]. Au lieu de passer en revue toutes les

[100] Voir, par exemple, K. Fullerton, *The Invasion of Sennacherib*, dans BS, LXIII, 1906, pp. 600-620 et 630-634; R.W. Rogers, *Sennacherib and Judah*, dans *Festschrift J. Welhausen*, 1914, pp. 327-328; W. von Soden, *Sanherib vor Jerusalem 701 v. Chr.*, dans *Antike und Universalgeschichte. Festschrift H.E. Stier*, 1972, pp. 43-51; J. Gray, *I & II Kings*, 1977, p. 694.

[101] Voir, par exemple, R.W. Rogers, *ibidem*; A. Parrot, *Ninive et l'Ancien Testament*, 1953, pp. 40-45; W. von Soden, *ibidem*; J. Gray, *ibidem*.

[102] Voir, par exemple, W.A. Cornaby, *2 Kings XIX, 35 (Is. XXXVII, 36) and Herodotus, II, 141*, dans ET, XXV, 1913/14, pp. 379-380; B. Duhm, *Das Buch Jesaja*, 1914, p. 248; A. Šanda, *Die Bücher der Könige*, II, 1912, pp. 284-285; F. Feldmann, *Das Buch Isaias*, 1925, pp. 437-438; R. Kittel, *Geschichte des Volkes Israel*, II, Gotha, 1917^3, p. 568; W.O.E. Oesterley and Th.H. Robinson, *A History of Israel*, I, 1932, pp. 409-410; G. Ricciotti, *Histoire d'Israël*, I, Paris, 1947, pp. 479-488; J.A. Montgomery, *The Books of Kings*, 1951, pp. 497-498; R. de Vaux, *Les livres des Rois* (BJ), Paris, 1958, p. 217, n. *a*; H.H. Rowley, *op. cit.*, pp. 423-424; C. van Leeuwen, *Sanchérib devant Jérusalem*, dans OTS, XIV, 1965, pp. 263-265; J. Bright, *A History of Israel*, 1972, pp. 286 et 299. Z. Ilan songe plutôt à une épidémie d'avitaminose due au fait que, ayant ravagé la campagne judéenne, l'armée assyrienne ne pouvait plus s'approvisionner en aliments frais (*Sennacherib's Siege of Jerusalem (Zachariah 12-14)*, dans Y. Aharoni (éd.), *Excavations and Studies. Essays in Honor of Professor Sh. Yeivin* (Publications of the Institute of Archaeology, 1), Tel-Aviv, 1973, pp. 191-193 (hébreu, avec résumé en anglais à la p. XXIII)).

[103] Voir L.L. Honor, *Sennacherib's Invasion of Palestine*, 1926, pp. 13-77, surtout le tableau des pp. 61-62.

hypothèses, qu'il nous suffise d'en examiner les grands types, sans prétendre relever toutes les variations de détail[104].

A. Les récits de II Rois, XVIII, 13-XIX, 37 rapportent les phases successives de l'expédition de Sennachérib en 701.

De l'avis de nombreux critiques, les récits bibliques correspondent aux différentes phases de l'expédition de Sennachérib en Juda, en 701[105]. *II Rois*, XVIII, 13-16 et le récit des annales de Sennachérib ne rapportent que la première phase des hostilités, qui a tourné mal pour Juda. Ayant perdu de nombreuses villes, notamment les villes de la Shephéla, Ézéchias offre sa reddition à Sennachérib, qui lui impose des indemnités de guerre très lourdes. Sennachérib n'est cependant pas entré dans Jérusalem, et la ville est restée intacte.

Alors qu'elles paraissent terminées, les hostilités entre Sennachérib et Juda sont en fait entrées dans une nouvelle phase, et ont connu des rebondissements inattendus, dont les récits de *II Rois*, XVIII, 17-XIX, 37 et parallèles, et sans doute aussi Hérodote, II, 141, seraient les seuls témoins explicites. Pour des raisons que les textes ne nous donnent pas — on a pensé à une nouvelle révolte d'Ézéchias ou au désir de Sennachérib d'assurer ses arrières en prévision d'un affrontement avec l'Égypte — Sennachérib en est venu à regretter le traitement qu'il avait accordé à Jérusalem, traitement que l'on estime exceptionnellement indulgent pour la pratique assyrienne. Rompant l'accord qu'il avait imposé lui-même à Ézéchias, Sennachérib décide de s'emparer de Jérusalem, de préférence par des moyens diplomatiques, sinon par la force. De Lakish, Sennachérib dépêche donc des émissaires à Jérusalem

[104] Voir B.S. CHILDS, *Isaiah and the Assyrian Crisis*, 1967, pp. 12-18; W. DIETRICH, *Jesaja und die Politik*, 1976, pp. 102-105; R.E. CLEMENTS, *Isaiah and the Deliverance of Jerusalem*, 1980, pp. 9-27.

[105] Voir parmi d'autres, S.R. DRIVER, *Isaiah. His Life and Times*, London, 1888, pp. 75-77; F. DELITZSCH, *Das Buch Jesaja*, 1889, p. 308; F. WILKE, *Jesaja und Assur*, 1905, pp. 101-102, 124; A. ŠANDA, *op. cit.*, pp. 267-294; F. FELDMANN, *op. cit.*, pp. 439-441; R. KITTEL, *Die Bücher der Könige*, 1900, pp. 280-281; ID., *Geschichte des Volkes Israel*, II, 1917, pp. 567-570; E. KOENIG, *Das Buch Jesaja*, 1926, p. 314; S. LANDERSDORFER, *Die Bücher der Könige* (HS, III, 2), Bonn, 1927, pp. 206-218; J. FISCHER, *Das Buch Isaias* (HS, VII, 1,1), Bonn, 1937, pp. 229-236; G. RICCIOTTI, *Histoire d'Israël*, I, 1947, pp. 479-488; A. PARROT, *op. cit.*, pp. 40-45; H.H. ROWLEY, *op. cit.*, pp. 421-425; J. SCHARBERT, *Die Propheten Israels bis 700 v. Chr.*, 1965, surtout pp. 195-197, 282-285, 288-294. E.J. YOUNG, *The Book of Isaiah*, II, Grand Rapids, 1969, pp. 457-465; K.A. KITCHEN, *The Third Intermediate Period in Egypt (1100-650 B.C.)*, 1973, pp. 383-386; ID., *Late Egyptian Chronology and the Hebrew Monarchy. Critical Studies in Old Testament Mythology*. I, dans JANES, V, 1973, pp. 225-231; ID., *Egypt, the Levant and Assyria in 701 BC*, dans M. GOERG (éd.), *Fontes atque Pontes. Eine Festgabe für Hellmut Brunner* (Aegypten und Altes Testament, 5), Wiesbaden, 1983, pp. 243-253.

avec la mission d'exiger la capitulation de la ville. Estimant que les récits de *II Rois*, XVIII, 17-XIX, 37 décrivent le déroulement des événements, certains auteurs pensent que Sennachérib a envoyé d'abord son Rab-Shaqé, et plus tard des ambassadeurs anonymes porteurs d'un message écrit[106]. Par contre, la plupart des critiques voient en *II Rois*, XVIII, 17-XIX, 37 deux récits parallèles rapportant une seule et même ambassade.

Ézéchias refuse les nouvelles exigences de Sennachérib. En cela il a été encouragé par le prophète Isaïe. Jérusalem a tenu bon, et Sennachérib a dû quitter précipitamment la Palestine sans avoir réussi à s'emparer de la ville. On a proposé plusieurs raisons de ce départ précipité, qui ne s'excluent d'ailleurs pas les unes les autres. A la lumière de *II Rois*, XIX, 7.9, certains pensent à l'approche de l'armée égypto-kushite de Tirhaqa[107]. Pour d'autres, *II Rois*, XIX, 7 pourrait se référer à la nouvelle de troubles en Babylonie, où Sennachérib a dû intervenir l'année suivante[108]. Sur la base de *II Rois*, XIX, 35 et de la légende rapportée par Hérodote, la plupart estiment que Sennachérib a dû interrompre ses activités en Palestine à la suite d'une épidémie, qui aurait fait de nombreuses victimes parmi les troupes assyriennes[109].

Cette reconstitution des événements repose essentiellement sur la supposition selon laquelle à l'ordre actuel des récits bibliques doit correspondre une succession chronologique d'événements. Pour expliquer un enchaînement d'événements aussi surprenant, on a recours à l'une ou plusieurs des conjectures suivantes : la capitulation d'Ézéchias a été conditionnelle ; peu après sa reddition, Ézéchias s'est de nouveau révolté ; peu de temps après avoir accepté la soumission d'Ézéchias, Sennachérib change d'avis : regrettant pour une raison ou pour une autre l'indulgence dont il aurait fait preuve à l'égard de Jérusalem, le roi d'Assur décide d'exiger la reddition inconditionnelle de la ville, et de lui imposer des conditions plus drastiques.

L'idée d'une reddition conditionnelle d'Ézéchias va à l'encontre de *II Rois*, XVIII, 14. L'hypothèse d'un second soulèvement d'Ézéchias peu après sa capitulation n'a absolument aucun appui en *II Rois*, XVIII, 17-XIX, 37. Dans ces récits, qui ne contiennent absolument aucune

[106] S.R. DRIVER, *ibidem*; A. ŠANDA, *ibidem*; F. FELDMANN, *ibidem*; E. KOENIG, *ibidem*; S. LANDERSDORFER, *ibidem*; J. FISCHER, *ibidem*; G. RICCIOTTI, *ibidem*; A. PARROT, *ibidem*; E.J. YOUNG, *ibidem*.

[107] Voir par exemple R. KITTEL, *Die Bücher der Könige*, 1900, p. 285; ID., *Geschichte des Volkes Israel*, II, 1917, p. 568.

[108] A. ŠANDA, *op. cit.*, p. 265; F. FELDMANN, *op. cit.*, p. 424; E. KOENIG, *op. cit.*, p. 305, n. 7.

[109] Voir, par exemple, H.H. ROWLEY, *op. cit.*, pp. 423-425.

allusion aux événements rapportés en *II Rois*, XVIII, 13-16, il est question de la révolte et non pas de la nouvelle révolte d'Ézéchias. L'hypothèse d'un second soulèvement au cours de l'expédition de Sennachérib en 701 est d'ailleurs incompatible avec la remise des indemnités de guerre à Ninive rapportée par les annales. Finalement, l'hypothèse d'un quelconque changement d'avis de la part de Sennachérib n'a aucun appui dans le contenu des récits de *II Rois*, XVIII, 13-XIX, 37 ni dans la relation donnée par les annales assyriennes. Le seul texte invoqué en faveur de cette hypothèse, à savoir *Is.*, XXXIII, 1-12 (surtout vv. 1.7-8), constitue un appui beaucoup trop fragile[110].

Aux difficultés internes auxquelles se heurtent les essais de situer la succession des événements suggérée par les récits bibliques dans le cadre d'une même expédition, de nombreux critiques ont ajouté plusieurs objections, tirées cette fois-ci des chronologies égyptienne et assyrienne, ainsi que de la comparaison de l'attitude que les récits de *II Rois*, XVIII, 17-XIX, 37 attribuent à Isaïe avec le reste du message du prophète.

La mention de Tirhaqa (Taharqa) en *II Rois*, XIX, 9a a de tout temps posé un problème à l'exégèse historico-critique. En effet, d'après la chronologie communément acceptée, Taharqa est devenu roi d'Égypte en 690. Contrairement à ce que suppose *II Rois*, XIX, 9a, Taharqa n'était donc pas encore pharaon en 701. D'aucuns ont donc proposé de voir en *II Rois*, XIX, 9a l'attribution du titre royal à Taharqa par anticipation[111]. Cette hypothèse a cependant été abandonnée à la suite de la publication des inscriptions du temple de Kawa, et des conclusions que M. F. L. Macadam en a tirées au sujet de la chronologie de Taharqa, qui ont considérablement compliqué le problème posé par la mention de ce roi en *II Rois*, XIX, 9a. En effet, d'après M. F. L. Macadam, les inscriptions du temple de Kawa permettraient d'établir que Taharqa n'avait que 20 ans en 690 : il serait donc né en 710, et n'aurait que 9 ans en 701. Par conséquent, contrairement à ce que dit *II Rois*, XIX, 9a, Taharqa n'aurait pu en aucun cas se trouver à la tête d'une armée en 701[112].

Par ailleurs, plusieurs critiques voient en *II Rois*, XIX, 7.37 un indice selon lequel l'assassinat de Sennachérib aurait suivi de près son retour

[110] Voir les remarques de K. FULLERTON, *op. cit.*, pp. 581 et 622-623, n. 20, et la discussion de E. VOGT, *Sennacherib und die letzte Tätigkeit Jesajas*, dans Bib., XLVII, 1966, pp. 434-437 avec J. SCHARBERT.

[111] Voir la liste d'auteurs donnée par H. H. ROWLEY, *Hezekiah's Reform and Rebellion*, dans BJRL, XLIV, 1962, p. 419, n. 5.

[112] *The Temples of Kawa. I. The Inscriptions*, 1949.

de Palestine. Or, en réalité, Sennachérib n'a été assassiné qu'en 681, c'est-à-dire vingt ans après son expédition palestinienne de 701 [113].

Enfin, en ce qui concerne le message d'Isaïe, on constate un contraste flagrant entre les menaces que le prophète adresse à Juda et à Jérusalem lors de la préparation de la révolte anti-assyrienne [114] et les promesses que, d'après *II Rois*, XVIII, 17-XIX, 37, le prophète aurait formulées lors de l'expédition punitive de Sennachérib [115]. A l'inverse, l'Assyrie, qui était l'exécutant du jugement de Yahvé à l'encontre de Juda et de Jérusalem, devient elle-même l'objet du jugement de Yahvé [116]. Ce contraste paraît supposer un changement de la part d'Isaïe. De l'avis d'une partie de la critique, l'invasion de Sennachérib en 701 aurait été justement l'occasion de ce retournement [117]. Constatant que *Is.*, I, 4-9 et surtout XXII, 1-14, oracles qui se rapportent très probablement à l'issue de l'expédition de Sennachérib en 701, sont aussi menaçants pour Juda et Jérusalem, sinon plus, que les oracles que le prophète avait prononcés lors de l'organisation de la révolte [118], d'autres critiques estiment que le changement dans le message d'Isaïe n'a pu avoir lieu qu'après 701, et sans doute à la faveur des événements de cette année-là [119].

B. Les récits de II Rois, XVIII, 13-XIX, 37 rapportent deux expéditions de Sennachérib.

Vu les nombreuses difficultés que soulève l'hypothèse selon laquelle les récits de *II Rois*, XVIII, 13-XIX, 37 rapporteraient les phases successives de l'expédition de Sennachérib en 701, plusieurs historiens pensent que ces récits relatent en fait deux expéditions différentes, dont la première a eu lieu en 701, et la seconde serait à situer environ une dizaine d'années plus tard [120].

Les éditions classiques des annales de Sennachérib dont nous

[113] Voir, par exemple, R. W. ROGERS, *Sennacherib and Judah*, dans *Festschrift J. Wellhausen*, 1914, pp. 325-326; J. BRIGHT, *A History of Israel*, 1972, p. 305. Au sujet du meurtre de Sennacherib, voir *infra*, chap. XIe, n. 296.

[114] *Cf. Is.*, XVIII, 1-4; XXVIII, 7-13.14-18; XXIX, 1-4; XXX, 1-5.6-8.9-14.15-17; XXXI, 1-3.4; XXXII, 9-14.

[115] *Cf. II Rois*, XIX, 6-7, 20-34 par. *Is.*, XXXVII, 6-7.21-35.

[116] *Cf. II Rois*, XIX, 7 par. *Is.*, XXXVII, 7. De plus, on fait évidemment appel aux oracles anti-assyriens : Is., X, 5-15; XIV, 24-27; XXX, 27-33; XXXI, 8-9 et aussi XXXIII.

[117] Voir *infra*, pp. 255-261 et 318-319.

[118] Voir *infra*, pp. 235-255.

[119] Voir *infra*, p. 257.

[120] La datation de la seconde expédition proposée par G. RAWLINSON, à savoir 698, n'a pas été retenue (*The Five Great Monarchies of the Ancient Eastern World*, II, London, 1864, p. 439).

disposons, qui s'arrêtent aux événements de la première partie de l'an 691, n'enregistrent aucune expédition de ce roi en Palestine après 701 [121]. Les partisans de la seconde expédition estiment cependant que celle-ci a eu lieu dans le cadre des activités des armées de Sennachérib en Arabie rapportées par l'inscription fragmentaire de la plaque d'albâtre du Musée de Berlin[122], et que mentionnent également le prisme B, IV, 1-5 d'Assarhaddon[123] et une inscription d'Assurbanipal[124].

L'expédition en Arabie n'est pas datée. Comme dans la plaque d'albâtre elle suit immédiatement la huitième expédition, qui a eu lieu en 691, la campagne en Arabie a dû avoir lieu encore en 691 ou, plus probablement, en 690. D'après J. Reade, son omission dans l'OIP, qui pourtant date de 689, s'expliquerait sans doute par le fait que cette expédition ne fut pas menée par Sennachérib lui-même, mais par l'un de ses généraux[125]. D'autres critiques la situeraient plutôt en 688, après la deuxième prise de Babylone en 689[126]. En tout cas, tous ceux qui voient dans cette expédition l'occasion d'une nouvelle intervention des armées de Sennachérib en Palestine sont obligés de la situer avant 687, la plus récente parmi les dates proposées pour la fin du règne d'Ézéchias.

Proposée déjà par G. Rawlinson en 1858[127], l'hypothèse de la double expédition de Sennachérib en Palestine a été soutenue indépendamment par H. Winckler trois décennies plus tard[128], et est devenue par la suite assez commune surtout parmi les orientalistes de langue anglaise[129].

[121] On a proposé de voir en *II Rois*, XVIII, 17-XIX, 37 un écho de l'expédition d'Assarhaddon contre l'Égypte en 673 av. J.-C. (voir S. SMITH, *Sennacherib and Esarhaddon*, dans CAH, III, 1965, pp. 61-87, à la p. 74 et R.H. HALL, *The Ethiopians and the Assyrians in Egypt*, dans CAH, III, 1965, pp. 270-288, à la p. 278.

[122] D.D. LUCKENBILL, *The Annals of Sennacherib*, 1924, pp. 92-93, ll. 25-27.

[123] R. BORGER, *Die Inschriften Asarhaddons Königs von Assyrien*, Graz, 1967, p. 53, §27.

[124] K 3087/K 3405; M. STRECK, *Assurbanipal und die letzten assyrischen Könige bis zum Untergange Niniveh's*, II, 1916, pp. 216-219 et 222-225.

[125] *Sources for Sennacherib : The Prisms*, dans JCS, XXVII, 1975, p. 194.

[126] Voir, parmi d'autres, R.W. ROGERS, *op. cit.*, p. 325; W.F. ALBRIGHT, *New Light from Egypt on the Chronology and History of Israel and Judah. II. The Date of Sennacherib's Second Campaign against Hezekiah*, dans BASOR, CXXX, 1953, p. 9; J. BRIGHT, *A History of Israel*, 1972, pp. 285-286 et 307-308.

[127] *The History of Herodotus*, I, London, 1858, pp. 477-478.

[128] *Beiträge zur Quellenscheidung der Königsbücher*, dans *Alttestamentliche Untersuchungen*, Leipzig, 1892, pp. 1-54, aux pp. 26-49.

[129] A la longue liste d'auteurs donnée par H.H. ROWLEY, *Hezekiah's Reform and Rebellion*, dans BJRL, XLIV, 1962, pp. 405-406, n. 4, on peut ajouter W. STAERK, *Das assyrische Weltreich im Urteil der Propheten*, 1908, pp. 65-119; E. NICHOLSON, *The Centralisation of the Cult in Deuteronomy*, dans VT, XIII, 1963, pp. 384-389; C. VAN LEEUWEN, *Sanchérib devant Jérusalem*, dans OTS, XIV, 1965, pp. 245-272; S.H. HORN,

Vu son accord foncier avec les annales de Sennachérib, le récit de *II Rois*, XVIII, (13)14-16 est unanimement attribué à l'expédition de 701. Les partisans de la double expédition ne s'accordent cependant pas sur les récits de *II Rois*, XVIII, 17-XIX, 37. Estimant que parmi les récits bibliques seul celui de *II Rois*, XVIII, (13)14-16 se rapporte à la campagne de 701, d'aucuns voient dans l'ensemble de *II Rois*, XVIII, (13)17-XIX, 37 la relation de la seconde expédition[130]. Alors qu'en 701 Sennachérib aurait remporté une victoire complète, sa seconde expédition se serait soldée par un échec, ou par une vraie catastrophe. Pour une ou plusieurs des raisons suivantes, à savoir le besoin de mater une nouvelle rébellion en Babylonie[131], le désir d'éviter un affrontement avec l'armée égypto-kushite menée par Taharqa[132], une défaite devant ladite armée[133], une épidémie dans l'armée assyrienne[134], lors de sa seconde expédition Sennachérib a été contraint de quitter la Palestine sans avoir atteint ses objectifs par rapport à Juda, notamment sans la soumission d'Ézéchias et la capitulation de Jérusalem, malgré les mesures qu'il a prises en ce sens.

Constatant que le récit de *II Rois*, XVIII, (13)14-16 et les annales de Sennachérib ne coïncident pas parfaitement et, surtout, estimant que ni l'un ni l'autre de ces récits ne permet de rendre compte de la surprenante indulgence dont Sennachérib aurait fait preuve à l'égard d'Ézéchias en 701, plusieurs partisans de la double expédition rapportent *II Rois*, XVIII, (13)17-XIX, 8(9a.36-37) à la première, et *II Rois*, XIX, 9(9b)-35 à la seconde[135]. Dans cette hypothèse, en 701 Sennachérib n'aurait pas atteint entièrement ses objectifs par rapport à Juda. Certes, le souverain assyrien s'est emparé de la plus grande partie du territoire de Juda et l'a distribuée entre les États philistins, il a reçu un lourd

Did Sennacherib campaign once or twice against Hezekiah, dans AUSS, IV, 1966, pp. 1-28; R. DE VAUX, *Jérusalem et les Prophètes*, dans RB, LXXIII, 1966, pp. 481-509, aux pp. 498-500; J. BRIGHT, *op. cit.*, pp. 284-286 et 296-308.

[130] Voir G. RAWLINSON, *The History of Herodotus*, I, London, 1858, pp. 477-478; K. FULLERTON, *The Invasion of Sennacherib*, dans BS, LXIII, 1906, pp. 606-620; G. GOETZEL, *Ḥizḳia und Sanherib*, dans BZ, VI, 1908, pp. 133-154; J. GOETTSBERGER, *Die Bücher der Chronik* (HS), Bonn, 1939, p. 357; S.H. HORN, *op. cit.*, pp. 1-28; J. BRIGHT, *op. cit.*, pp. 284-286 et 296-308.

[131] Voir L.L. HONOR, *Sennacherib's Invasion of Palestine*, 1926, p. 50.

[132] Voir L.L. HONOR, *op. cit.*, p. 50.

[133] Voir K. FULLERTON, *op. cit.*, p. 620.

[134] Voir K. FULLERTON, *op. cit.*, p. 620.

[135] H. WINCKLER, *op. cit.*, pp. 26-49; J.V. PRAŠEK, *Sennacherib's Second Expedition to the West, and the Siege of Jerusalem*, dans ET, XII, 1900-1901, pp. 225-229; ID., *Sennacherib's Second Expedition to the West, and the Date of his Siege of Jerusalem. II*, dans ET, XII, 1900-1901, pp. 405-407; *III*, dans ET, XIIII, 1901-1902, pp. 326-328; R.W. ROGERS, *Sennacherib and Judah*, dans *Festschrift J. Wellhausen*, 1914, p. 326.

tribut, mais, malgré ses efforts, il ne serait pas parvenu à venir à bout de la résistance d'Ézéchias à Jérusalem, sans doute parce que des troubles en Babylonie l'ont empêché de poursuivre les opérations en Palestine.

Le début du récit de *II Rois*, XIX, 9(9b)-35(36-37) ayant été écarté par le rédacteur qui l'a inséré à sa place actuelle, et la relation assyrienne étant elle aussi fragmentaire, il n'est possible de suivre le déroulement de l'expédition de Sennachérib en Arabie que dans sa dernière phase, c'est-à-dire la phase palestinienne. Quoi qu'il en soit, l'affaire a très mal tourné pour Sennachérib. En prévision de l'affrontement avec Taharqa, Sennachérib envoie une lettre à Ézéchias le sommant de se rendre. Encouragé par Isaïe, Ézéchias refuse. Sur ces entrefaites, l'armée a été mise en déroute par Taharqa ou frappée par une épidémie. Sennachérib a donc été contraint de regagner l'Assyrie, où il a été assassiné quelques années plus tard.

Pour sa part, C. Van Leeuwen fait remarquer que les partisans de l'attribution de *II Rois*, XIX, 9-35(36-37) à la seconde expédition, dans leur souci d'y rapporter la mention de Tirhaqa, brisent la continuité entre *II Rois*, XIX, 7 et 9a. Par ailleurs, cet auteur estime que la localisation du quartier général assyrien à Lakish (*II Rois*, XVIII, 17) ne cadre pas bien avec l'expédition de 701. Aussi propose-t-il de situer *II Rois*, XIX, 9b-35 en 701, et de rapporter *II Rois*, XVIII, 13.17-XIX, 9a(37) à la seconde expédition[136]. Sennachérib aurait donc été contraint d'interrompre les opérations et de battre en retraite sans être venu à bout de la résistance d'Ézéchias ni s'être emparé de Jérusalem, en 701, à cause d'une épidémie, et lors de sa seconde expédition en Palestine, à cause de l'intervention de l'armée de Taharqa.

Cette deuxième série d'hypothèses partage son fondement avec la première série dont nous avons parlé. En effet, tout comme les hypothèses du premier groupe, celles du deuxième groupe reposent essentiellement sur la supposition que les récits de *II Rois*, XVIII, 13-XIX, 37 rapportent une succession chronologique d'événements. A la différence des partisans du premier groupe d'hypothèses, les partisans du deuxième groupe, estimant que ladite succession d'événements n'a pu avoir lieu au cours de l'expédition de 701, postulent l'existence d'une seconde expédition palestinienne de Sennachérib, et appellent les documents assyriens à la rescousse, non pas parce qu'ils contiendraient un quelconque écho

[136] *Sanchérib devant Jérusalem*, dans OTS, XIV, 1965, pp. 267-272.

de cette hypothétique seconde expédition, mais parce qu'il faut bien trouver les circonstances qui auraient pu lui servir de cadre.

Pour le moment nous nous bornerons à examiner le bien-fondé des arguments que les partisans d'une seconde expédition de Sennachérib en Palestine tirent de la chronologie de Taharqa, ainsi que de la date de l'assassinat de Sennachérib.

La chronologie de Taharqa, surtout après les précisions que lui a apportées M. F. L. Macadam, est l'un des principaux arguments invoqués en faveur d'une seconde expédition palestinienne de Sennachérib, qui aurait eu lieu aux environs de 690 ou peu après. Certes, Taharqa n'était pas encore pharaon en 701, et ne le deviendra qu'en 690. Cela dit, les précisions apportées par M. F. L. Macadam à la chronologie de Taharqa ont fait fortune parmi les biblistes, mais elles ont été accueillies avec beaucoup de réserve [137] ou rejetées par les égyptologues. Elles ont été réfutées de façon particulièrement radicale par K. A. Kitchen [138], et aussi par A. F. Rainey [139]. D'après ces auteurs, la chronologie proposée par M. F. L. Macadam repose entièrement sur une mauvaise interprétation des inscriptions de Kawa. Contrairement à l'interprétation de M. F. L. Macadam, Kawa IV, 11-13 ne dit pas que Taharqa était encore jeune homme lorsqu'il a commencé à régner [140]. En tout cas, son père Pianky étant mort au plus tard en 713, peut-être déjà en 717 [141], Taharqa avait certainement plus de 20 ans en 690. Rien ne permet donc de supposer, comme le fait M. F. L. Macadam, que l'arrivée de Taharqa en Égypte, à l'âge de 20 ans [142], se situe vers la fin du règne de son frère Shebitku, ni que celui-ci a associé Taharqa au trône dès son arrivée de sa Nubie natale. L'hypothèse d'une corégence de Taharqa et Shebitku semble d'ailleurs exclue par Kawa V, 15 [143]. Il est au contraire plus probable que, dès le début de son règne

[137] Voir J. LECLANT et J. YOYOTTE, *Notes d'histoire et de civilisation éthiopiennes. A propos d'un ouvrage récent*, dans BIFAO, LI, 1952, pp. 15-27; J. M. A. JANSSEN, *Que sait-on actuellement du Pharaon Taharqa?*, dans Bib., XXXIV, 1953, pp. 23-43.

[138] *The Third Intermediate Period in Egypt (1100-650 B.C.)*, 1973, pp. 157-172 et 383-386; ID., *Late Egyptian Chronology and Hebrew Monarchy. Critical Studies in Old Testament Mythology*, I, dans JANES, V, 1973, pp. 225-231.

[139] *Taharqa and Syntax*, dans TA, III, 1976, pp. 38-41.

[140] Voir J. LECLANT et J. YOYOTTE, *op. cit.*, pp. 20-21; J. M. A. JANSSEN, *op. cit.*, pp. 32-33; K. A. KITCHEN, *The Third Intermediate Period in Egypt (1100-650 B.C.)*, 1973, pp. 166-167; A. F. RAINEY, *op. cit.*, pp. 38-41.

[141] K. A. KITCHEN, *The Third Intermediate Period in Egypt (1100-650 B.C.)*, 1973, pp. 164-166, et aussi J. M. A. JANSSEN, *op. cit.*, p. 33.

[142] KAWA, V, 16-18 et IV, 7-13; traduction française dans J. M. A. JANSSEN, *op. cit.*, aux pp. 29 et 32-33.

[143] Voir la traduction française dans J. M. A. JANSSEN, *op. cit.*, p. 29.

en 702 ou 701, Shebitku a convoqué de Nubie ses frères, dont Taharqa alors âgé de 20 ans[144]. En ce qui concerne notre propos, K. A. Kitchen conclut donc que rien ne s'oppose à ce que Taharqa soit intervenu en Palestine en 701. «Aged 20 or 21, Taharqa could well have been titular head of the expedition, with generals to advise him»[145]. L'attribution du titre royal à Taharqa en 701 est une anticipation tout à fait normale de la part d'un auteur qui compose son récit certainement après l'avènement de Taharqa en 690, puisqu'il rapporte l'assassinat de Sennachérib, qui a eu lieu en 681[146].

En bref, quoi qu'il en soit de l'interprétation que l'on donne de *II Rois*, XIX, 9a, et de la valeur historique que l'on attribue à ce passage, on ne peut pas invoquer la mention de Taharqa pour postuler l'existence d'une seconde campagne palestinienne de Sennachérib aux environs de 690[147].

L'autre argument d'ordre chronologique que l'on a parfois fait valoir en faveur d'une seconde expédition de Sennachérib en Palestine est pris du fait que *II Rois*, XIX, 7.36-37 associe étroitement l'assassinat de Sennachérib, qui n'a eu lieu qu'en 681, à son retour de Palestine[148]. En effet, en *II Rois*, XIX, 7 l'annonce de la mort violente de Sennachérib suit immédiatement l'annonce de son retour en Assyrie. Certes, pour que l'annonce du retour ait un sens dans le contexte il faut qu'il soit imminent. Faut-il pour autant conclure qu'il en va de même de la mort violente de Sennachérib? Autrement dit, *II Rois*, XIX, 7.36-37 supposent-ils que la mort de Sennachérib a suivi d'assez près son retour de Palestine, et, par conséquent, favorisent-ils l'hypothèse d'une seconde expédition chronologiquement plus rapprochée de 681 que celle de 701?

Rien ne permet une telle conclusion. En effet, on lit en *II Rois*, XIX, 36 : «Sennachérib, roi d'Assyrie, décampa, s'en alla, s'en retourna et resta à Ninive». En signalant que Sennachérib est resté à Ninive, le narrateur ne prétend certes pas nous renseigner sur l'histoire du

[144] Voir K.A. KITCHEN, *The Third Intermediate Period in Egypt (1100-650 B.C.)*, 1973, pp. 157-160.

[145] *The Third Intermediate Period in Egypt (1100-650 B.C.)*, 1973, p. 158.

[146] Voir K.A. KITCHEN, *The Third Intermediate Period in Egypt (1100-650 B.C.)*, 1973, pp. 159-160; J. GRAY, *I & II Kings*, 1977, pp. 660-661.

[147] Outre les travaux de K.A. KITCHEN, A.F. RAINEY et J. GRAY que nous avons cités, voir J. LECLANT et J. YOYOTTE, *op. cit.*, pp. 26-27; A. SPALINGER, *The Foreign Policy of Egypt preceding the Assyrian Conquest*, dans CEg, LIII, 105, 1978, pp. 39-40; C.D. EVANS, *Judah's Foreign Policy from Hezekiah to Josiah*, dans C.D. EVANS, W.W. HALLO, and J.B. WHITE (éds), *Scripture in Context : Essays on the Comparative Method* (Pittsburg Theological Monograph Series, 34), Pittsburg, 1980, pp. 157-178, aux pp. 164-166.

[148] Voir *supra*, n. 113.

souverain assyrien, il veut dire avant tout que Sennachérib n'est plus revenu inquiéter Juda[149]. Cela dit, l'affirmation de *II Rois*, XIX, 36b suppose que Sennachérib ne fut pas assassiné immédiatement après son retour de Palestine, mais qu'un certain temps s'était écoulé entre les deux événements. Dans le même sens, on remarquera que la notice de l'assassinat de Sennachérib au verset suivant n'établit aucun rapport spécial entre le moment où a eu lieu cet événement et le moment où le roi est retourné de Palestine.

Bref, le narrateur associe le retour de Sennachérib de Palestine et sa mort violente parce que, à ses yeux, ces événements ne sont que les deux moments de l'action punitive de Yahvé à l'égard de l'Assyrien. Cependant cela n'implique en aucune façon que les deux événements se sont suivis immédiatement du point de vue chronologique. Écrivant après 681, l'auteur du récit laisse entendre qu'un laps de temps s'est écoulé entre la fin de l'expédition de Sennachérib en Palestine et le moment de sa mort violente. Puisque le narrateur n'en précise pas la durée, il n'y a pas plus de raisons de supposer un laps de temps de 7 ou 8 ans, comme font les partisans de la double expédition, que de penser aux 20 ans qui séparent 701 de 681[150]. Par conséquent, la date de la mort de Sennachérib ne constitue en aucun cas un argument en faveur d'une hypothétique seconde expédition de ce roi en Palestine aux environs de 690[151].

C. Les récits de II Rois, XVIII, 13-XIX, 37 contiennent trois versions différentes de l'expédition de 701.

Contrairement aux deux types d'hypothèses que nous venons d'exposer, plusieurs critiques estiment que l'ensemble de *II Rois*, XVIII, 13-XIX, 37 ne rapporte pas une suite d'événements, ni à l'intérieur de l'expédition de 701 ni dans le cadre de deux expéditions différentes, mais qu'il contient en réalité trois versions différentes de l'expédition de 701. Les partisans de ce type d'hypothèse s'accordent pour voir en *II Rois*, XVIII, 13-16 et dans les annales de Sennachérib le canevas sur lequel on doit reconstituer les événements de 701. Les divergences portent essentiellement sur la valeur historique que chacun des critiques attri-

[149] Voir B. DUHM, *Das Buch Jesaja*, 1914, p. 249; A. ALT, *Israel und Aegypten. Die politischen Beziehungen der Könige von Israel und Juda zu den Pharaonen* (BWAT, I, 6), Leipzig, 1909, p. 81.

[150] Voir H.H. ROWLEY, *Hezekiah's Reform and Rebellion*, dans BJRL, XLIV, 1962, p. 408.

[151] A. ALT, *op. cit.*, p. 81; B. DUHM, *op. cit.*, p. 249; L.L. HONOR, *Sennacherib's Invasion of Palestine*, 1926, p. 72, n. 21.

bue à l'ensemble de *II Rois*, XVIII, 17-XIX, 37, où l'on voit deux récits parallèles. Tandis que certains critiques voient en *II Rois*, XVIII, 17-XIX, 37 des «récits légendaires» ou des «récits théologiques» dont on ne peut pas se servir pour la reconstitution historique des événements de l'expédition palestinienne de Sennachérib[152], d'autres accordent une valeur historique plus ou moins grande au récit de *II Rois*, XVIII, 17-XIX, 9a.36-37[153], voire au récit parallèle en *II Rois*, XIX, 9b-35, en particulier à sa conclusion au v. 35[154], et en tiennent donc compte dans leurs reconstitutions respectives des événements.

Par delà leurs différences de détail tous s'accordent pour dire que *II Rois*, XVIII, 17-XIX, 37 ou *II Rois*, XVIII, 17-XIX, 9a.36-37 ne rapportent pas le dernier épisode de l'expédition de Sennachérib en 701. Celui-ci est constitué par la soumission d'Ézéchias et le versement des indemnités rapportés en *II Rois*, XVIII, 14-16 et dans les documents assyriens. Tout renseignement historique fourni par *II Rois*, XVIII, 17-XIX, 37 doit donc se situer avant la soumission d'Ézéchias, et trouver sa place à l'intérieur du cadre fourni par *II Rois*, XVIII, 13-16 et les annales de Sennachérib. Autrement dit, contrairement à ce que semblent supposer les récits de *II Rois*, XVIII, 17-XIX, 37, les démarches assyriennes à Jérusalem se seraient soldées par la capitulation d'Ézéchias. Sommé de se rendre, probablement à un moment où la plus grande partie du territoire judéen était déjà tombée aux mains des Assyriens, et Jérusalem soumise à un siège, Ézéchias offre sa reddition. Ayant accepté la capitulation d'Ézéchias et imposé de lourdes indemnités que le roi de Juda doit faire parvenir à Ninive, Sennachérib décide de mettre fin à l'expédition et de regagner l'Assyrie, non sans avoir partagé une grande partie du territoire judéen entre les États philistins.

On discute beaucoup sur les raisons qui ont amené Sennachérib

[152] Voir B. STADE, *Anmerkungen zu 2Kö. 15-21*, dans ZAW, VI, 1886, p. 179; W. RUDOLPH, *Sanherib in Palästina*, dans PB, XXV, 1929, pp. 79-80; W. DIETRICH, *Jesaja und die Politik*, 1976, pp. 102-106; R.E. CLEMENTS, *Isaiah and the Deliverance of Jerusalem*, 1980, pp. 14-16, 18-23 et 90-92.

[153] E. VOGT, *Sennacherib und die letzte Tätigkeit Jesajas*, dans Bib., XLVII, 1966, pp. 430-437; B.S. CHILDS, *Isaiah and the Assyrian Crisis*, 1967, pp. 118-120; M. AVAUX, *La Mention de Taharqa en II Rois, 19,9 / Isaïe, 37,9*, dans AIPHOS, XX, 1968-1972, p. 33; O. KAISER, *Der Prophet Jesaja, II*, 1973, pp. 297-311; H. WILDBERGER, *Die Rede des Rabsake vor Jerusalem*, dans ThZ, XXXV, 1979, pp. 35-47; ID., *Jesaja*, III, 1982, pp. 1390-1391 et 1411.

[154] Voir H. HAAG, *La campagne de Sennachérib contre Jérusalem en 701*, dans RB, LVIII, 1951, pp. 353-359; W. VON SODEN, *Sanherib vor Jerusalem 701 v. Chr.*, dans *Antike und Universalgeschichte. Festschrift H.E. Stier*, 1972, pp. 43-45; G. BRUNET, *Essai sur l'Isaïe de l'histoire*, 1975, pp. 206-213; M. WAEFLER, *Nicht-Assyrer neuassyrischer Darstellungen*, 1975, pp. 44-50.

à mettre fin à son expédition en Palestine. Supposant que l'un des objectifs de cette expédition était d'occuper militairement Jérusalem et d'annexer le territoire judéen, ou tout au moins de remplacer le monarque régnant, qui avait joué un rôle de premier plan dans l'organisation de la révolte, par un autre qui fût acquis à la cause assyrienne, comme ce fut le cas pour Ashqelôn et Eqrôn, de nombreux critiques trouvent très surprenante la politique adoptée par Sennachérib à l'égard de Juda et surtout d'Ézéchias. De l'avis de ces critiques, l'indulgence dont Ézéchias aurait bénéficié, qui s'explique difficilement dans la perspective de la politique assyrienne, supposerait que Sennachérib a été contraint d'interrompre précipitamment son expédition sans avoir atteint pleinement ses objectifs. Sur les raisons qui auraient amené Sennachérib à couper court à ses activités en Palestine, les uns ne se prononcent pas[155], d'autres, en invoquant *II Rois*, XIX, 7 et surtout le fait de l'expédition babylonienne de 700, pensent à la situation en Babylonie, qui exigerait de toute urgence la présence du souverain assyrien et de son armée[156], d'autres encore, appuyés sur *II Rois*, XIX, 7.9.35 ou seulement *II Rois*, XIX, 35, songent à un dangereux affaiblissement de l'armée assyrienne soit à la suite de lourdes pertes subies lors de la bataille d'Elteqé[157], soit à la suite d'une grave épidémie[158].

Ne voyant pas de raisons de supposer une interruption prématurée de l'expédition, quelques critiques pensent que Sennachérib n'y a mis fin que parce qu'il estimait avoir atteint pleinement ses objectifs, à savoir la soumission inconditionnelle de tous les États palestiniens, Juda y compris[159]. N'est-il pas gratuit en effet de supposer que Sennachérib

[155] Voir Y. AHARONI, *The Land of the Bible*, 1967, pp. 336-340; M. AVAUX, *op. cit.*, p. 33; G. BRUNET, *ibidem*; H. WILDBERGER, *op. cit.*, dans ThZ, XXXV, 1979, pp. 35-47; ID., *Jesaja*, III, 1982, pp. 1390-1391 et 1411.

[156] Voir W. RUDOLPH, *op. cit.*, pp. 67-68; W. BAUMGARTNER, *Herodots babylonische und assyrische Nachrichten*, dans ArOr, XVIII,1/2, 1950, p. 91; E. VOGT, *op. cit.*, pp. 430-437; M. WAEFLER, *op. cit.*, p. 49.

[157] Voir H. HAAG, *op. cit.*, pp. 353-359. Contrairement à ce que semblent supposer les annales de Sennachérib, la bataille d'Elteqé, selon H. HAAG, aurait été le dernier épisode militaire de l'expédition (*II Rois*, XIX, 7.9a), et aurait entraîné des pertes très lourdes dans les rangs assyriens dont *II Rois*, XIX, 35 se ferait l'écho. A la suite de ce revers, Sennachérib, qui s'était déjà emparé de Lakish (*II Rois*, XIX, 8), renonce à donner l'assaut à Jérusalem, où ses envoyés avaient déjà mené des pourparlers (*II Rois*, XVIII, 17-XIX, 35), pour rentrer à Ninive. Sennachérib «n'avait d'ailleurs plus de raison urgente» de s'emparer de Jérusalem, «puisque celle-ci avait donné la preuve de sa soumission par le paiement du tribut envoyé ou offert par Ézéchias» (p. 358). Bref, si Jérusalem et Ézéchias furent épargnés, ils le doivent avant tout à la défaite assyrienne devant les forces égyptiennes, défaite que la tradition biblique a attribué à une merveilleuse intervention de l'Ange de Yahvé (*II Rois*, XIX, 35).

[158] Voir, par exemple, W. VON SODEN, *op. cit.*, pp. 43-51.

[159] Voir W. DIETRICH, *op. cit.*, pp. 102-105; R.E. CLEMENTS, *op. cit.*, pp. 14-16, 18-23 et 90-92.

avait l'intention d'annexer le territoire de Juda, alors qu'il se serait contenté de ramener à la vassalité les États philistins et phéniciens[160]? Ayant rétabli la suzeraineté assyrienne, et pris des mesures pour prévenir de nouvelles révoltes, Sennachérib n'avait plus aucune raison de s'attarder en Palestine, d'autant plus que des tâches urgentes l'attendaient sans doute ailleurs, notamment en Babylonie[161].

Selon ces auteurs, Jérusalem a été épargnée, non pas à la faveur d'un hypothétique revers assyrien, mais parce qu'Ézéchias s'est soumis à temps[162]. Ézéchias a pu garder son trône, et Juda son statut de vassal, non parce que les circonstances auraient empêché Sennachérib d'en disposer autrement, mais parce que le roi d'Assur l'a bien voulu.

L'annexion de Juda n'était pas dans les plans de Sennachérib; d'après plusieurs auteurs, elle n'aurait jamais été dans les plans assyriens. Selon M. Cogan, l'Assyrie n'a jamais envisagé de faire du royaume de Juda une province assyrienne: le territoire judéen avait trop peu d'importance économique et stratégique[163]. H. Donner[164] et B. Otzen[165] pensent, au contraire, que l'Assyrie n'a pas voulu annexer Juda en raison du rôle stratégique que la politique assyrienne accordait au territoire judéen. Pendant la période qui a précédé la conquête de l'Égypte par Assarhaddon (673 et 671), l'Assyrie a voulu, estiment ces auteurs, faire du sud de la Palestine une sorte de tampon entre le territoire sous administration assyrienne directe et l'Égypte. A cet effet, l'Assyrie avait donc décidé de préserver l'indépendance nominale des États philistins et de Juda.

Sennachérib a confirmé Ézéchias sur le trône de Jérusalem: en effet, à la différence de ce qui se passait dans d'autres États, en Juda la dynastie davidique était incontestée et n'avait pas de rivale[166]. Or, Ézéchias en était le représentant légitime, ce qui explique sans doute qu'il ait été maintenu.

[160] Voir W. Dietrich, *op. cit.*, p. 105, n. 19.

[161] Voir W. Dietrich, *op. cit.*, p. 103, n. 14 et p. 105, n. 19.

[162] Voir W. Dietrich, *op. cit.*, p. 103, n. 14; R.E. Clements, *op. cit.*, pp. 19-22, 59 et 90-91.

[163] *Imperialism and Religion*, 1974, p. 72.

[164] *Neue Quellen zur Geschichte des Staates Moab in der zweiten Hälfte des 8. Jahrh. v. Chr.*, dans MIO, V, 1957, p. 166; Id., *The Separate States of Israel and Judah*, dans J.H. Hayes and J.M. Miller (éds), *Israelite and Judaean History*, 1977, p. 420.

[165] *Israel under the Assyrians*, dans ASTI, XI, 1978, pp. 96-110, repris dans M.T. Larsen (éd.), *Power and Propaganda*, 1979, pp. 251-261.

[166] Voir R.E. Clements, *op. cit.*, pp. 19-20, 90-92.

DEUXIÈME PARTIE

LES PROPHÈTES ISAÏE ET MICHÉE ET LA CRISE DES ANNÉES 705-701

CHAPITRE CINQUIÈME

LE PROPHÈTE ISAÏE

D'après *Is.*, I, 1, l'activité prophétique d'Isaïe fils d'Amos s'est déroulée sous les règnes d'Ozias, Yotam, Achaz et Ézéchias. *Is.*, VI, 1 date plus précisément l'envoi du prophète l'année de la mort d'Ozias. Généralement située entre 746 et 736, la date exacte de la mort d'Ozias reste néanmoins objet de discussion. Par ailleurs, il n'est pas entièrement certain que l'événement rapporté par *Is.*, VI marque le début absolu de l'activité prophétique d'Isaïe[1]. Vu ces incertitudes, nous nous contenterons de situer le commencement de l'activité d'Isaïe aux environs de 740.

D'autre part, on ne décèle dans les oracles isaïens aucune référence certaine à des événements postérieurs à 701.

On distingue habituellement quatre périodes dans les quatre décennies de l'activité d'Isaïe[2]. La crise provoquée par la menace des coalisés syro-éphraïmites (vers 735-734) met fin à la première période et inaugure la deuxième qui durera autant que la crise en question. Séparées par de longs intervalles où le prophète se retire de la vie publique, les deux autres périodes correspondent aux deux moments de crise à l'occasion des soulèvements anti-assyriens qui secouèrent la Palestine entre 713-712 et entre 705-701. On notera cependant que l'activité d'Isaïe ne s'est probablement pas limitée à ces quatre temps forts. En effet, *Is.*, XXVIII, 1-4 témoigne sans doute de l'intervention du prophète peu avant la chute de Samarie en 722[3].

L'histoire de la formation de *Is.*, I-XXXIX restant très obscure, il est bien difficile de départager ce qui appartient au prophète du VIIIe s. et les apports des rédacteurs postérieurs, comme en témoigne le désaccord qui règne à ce sujet parmi les critiques[4]. Une fois établie ou admise

[1] Voir J. VERMEYLEN, *Du prophète Isaïe à l'Apocalyptique*, I, 1977, pp. 187-194.

[2] Voir G. FOHRER, *Wandlungen Jesajas*, dans *Festschrift für Wilhelm Eilers*, Wiesbaden, 1967, pp. 58-71, repris dans *Studien zu alttestamentlichen Texten und Themen (1966-1972)* (BZAW, 155), Berlin-New York, 1981, pp. 11-23.

[3] E. VOGT, *Das Prophetenwort Jes 28,1-4 und das Ende der Königsstadt Samaria*, dans L. ALVAREZ VERDES y E.J. ALONSO HERNÁNDEZ (éds), *Homenaje a Juan Prado. Miscelánea de estudios bíblicos y hebraicos*, Madrid, 1975, pp. 109-130; O. LORETZ, *Das Prophetenwort über das Ende der Königsstadt Samaria (Jes 28,1-4)*, dans UF, IX, 1977, pp. 361-363; H. WILDBERGER, *Jesaja*, III, 1982, pp. 1045-1046.

[4] Voir l'état de la question donné par J. VERMEYLEN, *op. cit.*, I, pp. 1-31 et la solution proposée par cet exégète, II, 1978, pp. 654-759.

l'authenticité isaïenne d'une pièce, il reste encore à la dater. La place d'un oracle dans le recueil ne constituant pas un critère absolu de datation, celle-ci dépendra en dernier ressort des indications fournies par la pièce elle-même. Or la plus grande partie des oracles isaïens manquent de références historiques claires. Celles-ci sont d'autant plus difficiles à saisir que nous connaissons mal la trame des événements visés par le prophète. Il est donc très difficile, parfois impossible, de savoir exactement dans quelles circonstances et à quel moment précis le prophète a prononcé telle ou telle parole.

L'essai de repérer et d'isoler tous les oracles isaïens se rapportant à une période déterminée, en l'occurrence entre les années 705 et 701, s'avère donc une tâche très délicate. Cela dit, notre démarche ne nous semble pas pour autant irrémédiablement compromise. En effet, d'une part plusieurs oracles peuvent être situés avec une certitude relativement grande à l'intérieur de la période entre 705-701, et d'autre part l'apport des pièces dont la datation est plus problématique ne semble pas changer essentiellement le tableau d'ensemble.

Indépendamment de leur position au sujet de l'histoire de la rédaction de *Is.*, I-XXXIX, la plupart des critiques situe entre 705-701 la plus grande partie sinon la totalité des oracles isaïens de *Is.*, XXVIII, 7-XXXII (XXXIII). De l'avis d'un grand nombre, à la base de ces chapitres il y aurait justement un recueil d'oracles isaïens relatifs aux événements des années 705-701 [5]. Bien qu'il refuse l'hypothèse d'une collection spéciale à la base de ces chapitres, J. Vermeylen rapporte lui aussi la plupart des pièces isaïennes qu'ils comprennent à la période qui nous occupe [6]. A cela on doit ajouter d'autres oracles situés ailleurs dans le recueil, notamment *Is.*, I, 4-8; XVIII, 1-2.4 et XXII, 1-14 [7].

Tout en étant conscient des limites inhérentes à une telle démarche, nous tâcherons, autant que possible, d'organiser notre exposé sur les oracles isaïens relatifs à la crise des années 705-701 en suivant des critères à la fois chronologiques et logiques [8].

[5] Voir l'état de la question donné par J. VERMEYLEN, *op. cit.*, I, pp. 5-26 et 383-384.

[6] *Op. cit.*, I, pp. 383-384 et 409; II, p. 675.

[7] Vu les incertitudes au sujet de l'identification de l'ennemi ainsi que de l'enraciment de *Is.*, X, 27b-32(33-34), nous n'utiliserons pas ce texte. Parmi les travaux récents on peut se rapporter à H. DONNER, *Der Feind aus dem Norden. Topographische und archäologische Erwägungen zu Jes. 10,27-34*, dans ZDPV, LXXXIV, 1968, pp. 46-54; H. WILDBERGER, *Jesaja*, I, 1972, pp. 425-435; D. L. CHRISTENSEN, *The March of Conquest in Isaiah X 27c-34*, dans VT, XXVI, 1976, pp. 385-399; H. BARTH, *Die Jesaja-Worte*, 1977, pp. 54-74; J. VERMEYLEN, *op. cit.*, I, pp. 265-268.

[8] La plupart des oracles dont nous aurons à nous occuper ont fait l'objet de plusieurs études récentes. Outre les commentaires de O. KAISER et de H. WILDBERGER et l'étude de J. VERMEYLEN, *Du prophète Isaïe à l'Apocalyptique*, I, 1977 et II, 1978, on se

A. ISAÏE ET L'ORGANISATION DE LA RÉVOLTE ANTI-ASSYRIENNE

A en juger par les oracles que la tradition nous a transmis, le prophète a été particulièrement actif lors de l'organisation de la révolte anti-assyrienne qui a commencé sans doute peu après la mort de Sargon II en 705. En effet, la plupart des oracles datant des années 705-701 se rapportent à cette phase des événements. Cela dit, il nous paraît impossible de situer chronologiquement ces textes les uns par rapport aux autres, car pas plus que les autres témoins aussi bien bibliques qu'assyriens ils ne nous permettent de dégager les différents épisodes de l'organisation de la révolte ni de suivre leur enchaînement.

I. Isaïe dénonce l'alliance avec l'Égypte et annonce son échec

Faisant partie d'un vaste mouvement, la révolte anti-assyrienne a provoqué en Juda une importante activité diplomatique destinée à unir les forces palestiniennes et à trouver des alliés à l'extérieur des frontières de la Palestine. Parmi les alliés de Juda, l'Égypte occupait sans aucun doute la première place. L'alliance avec l'Égypte est, en tout cas, la seule dont la tradition a conservé les virulentes dénonciations par le prophète. Isaïe s'en prend à l'Égypte elle-même (XVIII, 1-2.4 et XXX, 6b-8), mais surtout à Juda (XXX, 1-5 et XXXI, 1.3).

1. *Oracles contre l'Égypte*[9]

a) *Is.*, *XVIII, 1-2.4 — l'Égypte sera vaincue par l'Assyrie.*

1. Malheur! pays de bruissement d'ailes[10],
qui est au-delà des fleuves de Kush,
2. qui envoie des légats par mer,
dans des barques de jonc sur la surface des eaux.

rapportera aux monographies de H. Donner, *Israël unter den Völkern*, 1964, pp. 117-164; B.S. Childs, *Isaiah and the Assyrian Crisis*, 1967; H.W. Hoffmann, *Die Intention der Verkündigung Jesajas*, 1974; W. Dietrich, *Jesaja und die Politik*, 1976; F. Huber, *Jahwe, Juda und die anderen Völker beim Propheten Jesaja*, 1976; H. Barth, *Die Jesaja-Worte*, 1977; R.E. Clements, *Isaiah and the Deliverance of Jerusalem*, 1980.

[9] Nous n'étudierons pas *Is.*, XIX, 1-15, passage assez généralement tenu pour postérieur à Isaïe et qui ne semble pas se rapporter à la période qui nous occupe.

[10] Le sens de *ṣilṣal k^enāp^{h}āyim* est discuté. En suivant la LXX, qui rend l'expression par *ploîôn ptéruges*, certains y voient la mention de bateaux à voile (E.J. Kissane, *The Book of Isaiah*, 1960, p. 197; G.R. Driver, *Isaiah I-XXXIX: Textual and Linguistic Problems*, dans JSS, XIII, 1968, pp. 36-57, à la p. 45). La plupart s'en tiennent au TM et, étant donné le sens de la racine *ṣll* I («tinter»), pensent soit au bruissement des ailes des insectes soit à des insectes déterminés.

«Allez, messagers rapides, vers une nation élancée[11] et glabre[12],
vers un peuple redouté de près et au loin,
une nation vigoureuse[13] et dominatrice,
dont les fleuves sillonnent[14] le pays.»

4. Car ainsi m'a parlé Yahvé :
«je resterai tranquille et contemplerai du lieu où je suis,
comme une chaleur brûlante[15] au-dessus de la lumière,
comme un nuage de rosée dans la chaleur[16] de la moisson.»

La pièce s'ouvre par le cri *hôy*, et se poursuit par l'évocation assez énigmatique de l'Égypte[17] dont le comportement, à savoir l'envoi de légats, est ensuite rapporté. La suite logique est alors brusquement interrompue par un ordre d'envoi donné à des messagers. Adressé non plus aux messagers, mais à tous les habitants du monde, le v. 3 introduit un nouveau changement d'interlocuteur. La citation d'une parole que Yahvé a révélée au prophète, au v. 4, représente un nouveau changement dans la suite logique. Enchaînés de façon assez lâche au v. 4 au moyen du mot-crochet *qāṣîr*, les vv. 5-6 se présentent comme une réflexion du prophète. Finalement, le v. 7, qui reprend en grande partie le v. 2, mais en le retournant, contraste avec tout ce qui précède.

[11] Employé seulement ici et au v. 7 en rapport avec des personnes, le part. pual de *mšk* («tirer», «étirer», «traîner») paraît avoir le sens d'«élancé»; voir BDB, s.v. *mšk*.

[12] Au lieu de *ûmôrāṭ*, 1QIs[a] et quelques mss lisent *ûm[e]môrāṭ*, part. pual de *mrṭ*, qui est sans doute aussi la forme supposée par le TM en dépit de l'absence de la préformante *m* (G-K, §, 52s.). Ayant normalement le sens de «lisse», «poli», «fourbi», «luisant» (*I Rois*, VII, 45 et *Éz.*, XXI, 15-16), le terme évoque probablement la peau des Kushites. Nous empruntons le terme glabre à la TOB.

[13] Au lieu de *qaw-qāw*, 1QIs[a] et le *ketib* Or ont *qwqw*. Le sens du terme reste obscur. En général on pense à un dérivé de la racine *qwh*, au sens d'«être fort», avec redoublement d'intensité (BDB, *s.v.*; G.R. DRIVER, *Isaiah I-XXXIX : Textual and Linguistic Problems*, dans JSS, XIII, 1968, p. 45).

[14] Le sens de *bz'*, attesté seulement ici et au v. 7, reste hypothétique.

[15] A la lumière d'une inscription trouvée à Tell Arad, on a proposé de voir en *ṣaḥ* (*cf.* aussi *Jér.*, IV, 11) le nom cananéen de l'un des mois de l'été (Y. AHARONI - R. AMIRAN, *Excavations at Tel Arad. Preliminary Report on the First Season, 1962*, dans IEJ, XIV, 1964, pp. 131-147, aux pp. 142-143; H.W. HOFFMANN, *Die Intention der Verkündigung Jesajas*, 1974, p. 67; F. HUBER, *Jahwe, Juda und die anderen Völker beim Propheten Jesaja*, 1976, p. 131 et n. 192). Cette interprétation du terme *ṣaḥ* en *Is.*, XVIII, 4 s'appuie cependant sur une lecture très contestée de l'ostracon en question; voir A. LEMAIRE, *Note épigraphique sur la pseudo-attestation du mois «ṣḥ»*, dans VT, XXIII, 1973, pp. 243-245.

[16] Au lieu de *b[e]ḥom*, certains mss ont *bywm* (*Prov.*, XXV, 13 et *II Sam.*, XXI, 9), lecture supposée également par la LXX, Pesh., V, et préférée par certains critiques; voir H. DONNER, *Israel unter den Völkern*, 1964, p. 122.

[17] L'expression *mé'ébèr l[e]nah[a]réy kûš* se retrouve en *Soph.*, III, 10 dans un contexte proche de celui de *Is.*, XVIII, 7. De l'avis de plusieurs critiques, en *Is.*, XVIII, 1, il s'agirait d'une glose; voir B. DUHM, *Das Buch Jesaja*, 1914, pp. 112-113; H. DONNER, *Israel unter den Völkern*, 1964, p. 122; F. HUBER, *Jahwe, Juda und die anderen Völker beim Propheten Jesaja*, 1976, p. 130.

Ces constatations posent le problème de l'unité de *Is.*, XVIII, 1-7. Avec la presque totalité des critiques, nous pouvons tenir le v. 7 pour une addition postexilique. La dimension universelle introduite par le v. 3 paraît elle aussi étrangère à l'horizon de l'oracle primitif[18].

Suivi de l'évocation de l'Égypte et d'une proposition participiale, le *hôy* n'est pas une simple exclamation destinée à attirer l'attention[19], mais le cri de deuil dont les prophètes ont fait l'introduction d'un type d'oracles largement attesté chez Isaïe[20]. Ce qui attire le *hôy* fatidique sur l'Égypte, c'est son envoi de légats. Bien que le texte ne mentionne ni la destination ni le but de la mission, la condamnation dont elle fait l'objet de la part d'Isaïe ne laisse aucun doute que les légats se rendent à Jérusalem[21] en vue de fomenter ou d'organiser le soulèvement anti-assyrien.

L'interprétation du v. 2aβ est très difficile. En identifiant les *mal'ākîm* aux *ṣîrîm* du v. 2aα, la plupart des critiques pense au renvoi des ambassadeurs égyptiens. Comme on l'a fait remarquer, cette interprétation ne rend pas compte du verbe employé — *l^{e}kû* («allez») et non *šûbû* («retournez») — ni de l'évocation du peuple et du pays auxquels les *mal'ākîm* sont envoyés, qui serait gratuite s'ils étaient renvoyés chez eux[22].

Aussi, plusieurs auteurs distinguent-ils les *ṣîrîm* des *mal'ākîm*. Ainsi P. Auvray suggère de voir dans les *mal'ākîm* des Judéens que le prophète enverrait en Égypte. Vu l'hostilité d'Isaïe à l'égard de l'alliance avec l'Égypte, l'ordre de s'y rendre, bien conforme à la politique officielle de l'heure, serait profondément ironique[23]. On objectera à cette interprétation que l'on ne voit pas quelle serait la fonction de cet envoi dans la logique de l'oracle. Par ailleurs, comment expliquer que le *hôy* prononcé sur l'Égypte ne soit pas immédiatement suivi d'une menace contre ce pays?

[18] Voir K. MARTI, *Das Buch Jesaja*, 1900, pp. 148-149; G. FOHRER, *Das Buch Jesaja*, I, 1966, pp. 221 et 223, n. 38; J. VERMEYLEN, *Du prophète Isaïe à l'Apocalyptique*, I. 1977, p. 319; H. WILDBERGER, *Jesaja*, II, 1978, pp. 681 et 693-694.

[19] Contre H. DONNER, *Israel unter den Völkern*, 1964, p. 124; G. WANKE, *'ôy und hôy*, dans ZAW, LXXVIII, 1966, p. 217; B.S. CHILDS, *Isaiah and the Assyrian Crisis*, 1967, pp. 41-42.

[20] Au sujet des oracles en *hôy*, voir J. VERMEYLEN, *Du prophète Isaïe à l'Apocalyptique*, I, 1977, 603-652. On se rapportera cependant à Chr. HARDMEIER, *Texttheorie und biblische Exegese. Zur rhetorischen Funktion der Trauermetaphorik in der Prophetie* (BevTh, 79), München, 1978. D'après cet exégète, les oracles introduits par *hôy* ne formeraient pas un genre littéraire propre.

[21] C'est aussi l'avis de l'auteur du v. 7.

[22] Voir, par exemple, E.J. KISSANE, *The Book of Isaiah*, 1960, p. 198; B.S. CHILDS, *Isaiah and the Assyrian Crisis*, 1967, pp. 45-46.

[23] P. AUVRAY, *Isaïe 1-39*, 1972, pp. 184-185.

L'interprétation de ceux qui voient au v. 2aβ-b une allusion à l'Assyrie nous paraît donc préférable. Les *mal'ākîm* seraient-ils des messagers que Yahvé depêche en Assyrie, comme le pense W. Janzen[24], ou plutôt les armées assyriennes que Yahvé envoie contre l'Égypte, comme le propose J. Vermeylen[25]? On objectera à l'hypothèse de W. Janzen que l'évocation du peuple et du pays correspond sans doute mieux à l'Égypte qu'à l'Assyrie[26]. On notera par ailleurs que le terme *mal'ākîm* peut désigner une armée (*Éz.*, XXX, 9). Souvent employée en contexte militaire ou de combat (*cf. Am.*, II, 14-15; *Is.*, V, 26; XXX, 16; *Jér.*, IV, 13; XLVI, 6; *Hab.*, I, 8; *Lam.*, IV, 19), la racine *qll* caractérise justement la marche de l'armée assyrienne en *Is.*, V, 26 et XXX, 16. Avec J. Vermeylen nous voyons donc en *Is.*, XVIII, 2aβ-b l'expression du plan de Yahvé d'envoyer l'Assyrie contre l'Égypte. Telle est sans doute aussi l'interprétation donnée par *Éz.*, XXX, 9, passage qui paraît faire allusion à *Is.*, XVIII, 2[27], et qui annonce l'envoi en Égypte de *mal'ākîm*, à savoir les armées de Nabuchodonosor.

Suivant la structure normale de ce type d'oracles, après le *hôy*, le v. 2 introduit donc la menance contre l'Égypte. Caractéristique de ces oracles, la correspondance entre l'objet du reproche et la menace est ici parfaite[28] : ayant envoyé des messagers à Jérusalem pour y chercher une alliance contre l'Assyrie, l'Égypte est menacée de l'envoi d'autres messagers, à savoir les armées assyriennes. A cette lumière, le v. 4 révèle l'attitude que Yahvé entend garder lors de l'affrontement entre les deux puissances : de sa demeure[29] il contemplera[30] calmement[31]

[24] *Mourning Cry and Woe Oracle* (BZAW, 125), Berlin-New York, 1972, pp. 60-61; voir aussi H. BARTH, *Die Jesaja-Worte*, 1977, pp. 13-14.

[25] *Du prophète Isaïe à l'Apocalyptique*, I, 1977, pp. 317-318.

[26] On a souvent rapproché l'expression *m^emuššāk ûmôrāt* de ce que HÉRODOTE, III, 20 dit des Nubiens : «les plus grands et les plus beaux de tous les hommes». Voir par exemple, TOB, p. 788, n. *p*.

[27] W. ZIMMERLI, *Ezechiel, 2* (BK, XIII, 2), Neukirchen-Vluyn, 1969, pp. 726 et 733; W. JANZEN, *Mourning Cry and Woe Oracle*, 1972, p. 60; J. VERMEYLEN, *Du prophète Isaïe à l'Apocalyptique*, I, 1977, p. 318.

[28] Voir W. JANZEN, *Mourning Cry and Woe Oracle*, 1972, pp. 34-39, 52 et 60.

[29] Le terme *m^ekôn* peut désigner soit le Temple terrestre (*Ex.*, XV, 17; *I Rois*, VIII, 13; *II Chr.*, VI, 2; *Is.*, IV, 5) soit la demeure céleste de Yahvé (*I Rois*, VIII, 39.43.49; *II Chr.*, VI, 30.33.39; *Ps.*, XXXIII, 13-14). L'image du v. 4, dont on trouve des parallèles assez proches en *Ps.*, XXXIII, 13-14; LXXX, 15; CII, 20 et CIV, 32, favorise sans dout la seconde branche de l'alternative.

[30] *Is.*, XVIII, 4 contient la seule attestation isaïenne de la racine *nbṭ* ayant Yahvé comme sujet. Sauf en *Is.*, V, 30 et VIII, 22, chez Isaïe cette racine exprime la confiance soit dans les fausses sécurités, l'armement (*Is.*, XXII, 8) et Kush (*Is.*, XX, 5.6), soit en Yahvé et son œuvre (*Is.*, V, 21; XXII, 11).

[31] C'est le seul emploi isaïen de la racine *šqṭ* ayant Yahvé comme sujet. Chez Isaïe

sans intervenir. L'issue de l'affrontement ne laisse cependant aucun doute. Il tournera certainement au désavantage de l'Égypte contre laquelle Yahvé envoie l'Assyrie.

Après le v. 4, qui ferait une bonne conclusion, le sens et le rôle des vv. 5-6 sont difficiles à saisir. Assuré par le mot-crochet *qāṣîr*, terme qui désigne la moisson au v. 4 et la vendange au v. 5[32], le lien entre les vv. 4 et 5 est lâche. Si le v. 5 évoque clairement l'élagage dont l'auteur doit être Yahvé, il est par contre difficile d'identifier la réalité désignée par la vigne. Également obscurs sont le sens des images du v. 6 ainsi que leur rapport avec l'image du v. 5. L'hypothèse assez répandue selon laquelle les vv. 5-6[33] ou, du moins, le v. 6[34] viseraient l'Assyrie, se heurte à des difficultés insurmontables. Du point de vue formel, il serait insolite qu'un oracle en *hôy* contre l'Égypte tourne brusquement à la menace envers l'Assyrie. D'ailleurs, chez Isaïe l'opposition à l'alliance avec l'Égypte n'est jamais liée à l'annonce de la défaite assyrienne. Par ailleurs, si l'on rapporte le v. 5 à l'Assyrie, il faudra supposer que celle-ci est évoquée par la vigne, qui est normalement une image d'Israël ou Juda[35]. Le but de l'élagage n'étant pas de détruire la vigne[36], mais plutôt de la purifier en vue d'un meilleur fruit[37], il faudra

cette racine exprime normalement l'appel au calme et à la tranquilité, qui sont le fruit de la confiance en Yahvé (*Is.*, VII, 4; XXX, 15).

[32] K. MARTI, *Das Buch Jesaja*, 1900, pp. 149-150; M. LOEHR, *Jesajas-Studien* III, dans ZAW, XXXVII, 1917-1918, pp. 59-76, à la p. 63; G.B. GRAY, *The Book of Isaiah*, 1912, p. 315; J. VERMEYLEN, *Du prophète Isaïe à l'Apocalyptique*, I, 1977, p. 319.

[33] C.E. NAEGELSBACH, *Der Prophet Jesaja*, Leipzig, 1877, pp. 210-211; B. DUHM, *Das Buch Jesaja*, 1914, pp. 114-115; G.B. GRAY, *op. cit.*, pp. 306-315; H. DONNER, *Israel unter den Völkern*, 1964, p. 126; B.S. CHILDS, *Isaiah and the Assyrian Crisis*, 1967, pp. 45-46; G.R. HAMBORG, *Reasons for Judgement in the Oracles against the Nations of the Prophet Isaiah*, dans VT, XXXI, 1981, pp. 145-159, à la p. 149.

[34] O. PROCKSCH, *Jesaja I*, 1930, pp. 241-242; R. AUGÉ, *Isaias* (La Biblia, XIII), Montserrat, 1935, p. 184; L. DENNEFELD, *Les grands prophètes* (La Sainte Bible, VII), Paris, 1947, p. 79.

[35] *Is.*, III, 14; V, 1-7; XXVII, 2-6; *Os.*, X, 1; *Jér.*, II, 21; V, 10; VI, 9; VIII, 13; XII, 10; *Éz.*, XV, 2-8; XVII, 3-10; XIX, 10-14; *Ps.*, LXXX, 9-17. L'image de la vigne est rarement en rapport avec des peuples étrangers (*cf. Deut.*, XXXII, 32). Il n'est pas clair que la vigne soit le symbole de Moab en *Is.*, XVI, 7-10 et *Jér.*, XLVIII, 32-33; voir W. RUDOLPH, *Jesaja XV-XVI*, dans D.W. THOMAS & W.D. MCHARDY (éds), *Hebrew and Semitic Studies presented to G.R. Driver*, Oxford, 1963, pp. 130-143, à la p. 140.

[36] Contrairement à l'opinion courante, l'image du v. 5 ne nous semble pas impliquer l'idée de saccage. Les *mazmérôt* sont de paisibles instruments agricoles, tout ce qu'il y a de plus opposé aux instruments destructeurs (*Is.*, II, 4; *Mich.*, IV, 3; *Joël*, IV, 10). A cause sans doute du caractère technique du vocabulaire, la plupart des termes employés au v. 5 sont des hapax : *zalzallîm* («pampres») et *hétaz* («élaguer») ou peu fréquents : *qāṣîr* au sens de «vendange» (*Is.*, XVI, 9), *bosèr* («grape verte») (*Jér.*, XXXI, 29.30; *Éz.*, XVIII, 2; *Job*, XV, 33), *gāmal* au sens de «mûrir» (*Nomb.*, XVII, 23), *niṣṣāh* («fleur») (*Gen.*, XL, 10; *Job*, XV, 33) et *n^{e}ṭîšôt* («sarments») (*Jér.*, V, 10; XLVIII, 32).

[37] L'émondage est une opération nécessaire pour qu'une vraie récolte s'ensuive (*Lév.*, XXV, 3.4). Faute d'être émondée, la vigne deviendra des broussailles inutiles (*Is.*, V, 6).

admettre de surcroît que le v. 5 annonce une épreuve purificatrice de l'Assyrie.

Ces deux dernières objections valent également contre l'hypothèse selon laquelle les vv. 5-6 poursuivraient la menace contre l'Égypte[38].

Sous l'image de l'élagage de la vigne au v. 5 on doit voir, nous semble-t-il, l'annonce d'une épreuve purificatrice de Juda[39]. Dans cette perspective les bêtes des champs et les rapaces (v. 6) n'évoquent pas un massacre[40], mais prolongent l'image du v. 5 en soulignant l'abandon auquel sont voués les sarments; taillés au début de l'été, ils sont abandonnés de sorte que les bêtes des champs et les rapaces peuvent y faire leur gîte[41].

Certes, Isaïe associe parfois Juda et l'Égypte dans une même menace (XXXI, 3), mais le malheur qui attend alors Juda ne se présente pas comme une épreuve purificatrice. Avec plusieurs critiques nous voyons donc en *Is.*, XVIII, 5-6 un ajout rédactionnel[42] dont le but est d'éviter une mauvaise interprétation du v. 4 (*cf.*, *Is.*, V, 18-19) ou d'y couper court : Non, Yahvé ne restera pas toujours inactif; surtout, il ne se désintéressera pas du sort de son peuple. Yahvé interviendra en Juda. Certes douloureuse, cette intervention ne visera pas la destruction du peuple, mais sa purification[43].

Bref, à notre avis, seuls les vv. 1-2.4 faisaient partie de l'oracle isaïen primitif dont le sens général paraît relativement clair. Le prophète reproche à l'Égypte de proposer à Juda une alliance militaire, et annonce le plan qu'a Yahvé d'envoyer les armées assyriennes contre l'Égypte. L'Assyrie accomplira sa mission sans que Yahvé se porte au secours de l'Égypte. Bien que l'oracle vise directement l'Égypte, Isaïe

[38] Interprétation proposée, par exemple, par G. BEER, *Zur Zukunftserwartung Jesajas*, dans *Festschrift J. Wellhausen*, (BZAW, 27), Giessen, 1914, pp. 13-35, à la p. 28; N.K. GOTTWALD, *All the Kingdoms of the Earth*, New York-Evanston, 1964, p. 163; H.W. HOFFMANN, *Die Intention der Verkündigung Jesajas*, 1974, pp. 69-73; W. DIETRICH, *Jesaja und die Politik*, 1976, p. 129; H. BARTH, *Die Jesaja-Worte*, 1977, pp. 13-14.

[39] Voir P. AUVRAY, *Isaïe 1-39*, 1972, pp. 183-187.

[40] Les rapaces et les bêtes sauvages sont, certes, souvent associés à un massacre, mais celui-ci est alors explicitement évoqué. *Cf. Deut.*, XXVIII, 26; *I Sam.*, XVII, 44; *Jér.*, VII, 33; XV, 3; XVI, 4; XIX, 7; XXXIV, 20; *Éz.*, XXIX, 5; XXXIX, 4.7-20.

[41] Voir G. FOHRER, *Das Buch Jesaja*, I, 1966, pp. 223-224; P. AUVRAY, *Isaïe 1-39*, 1972, pp. 185-186.

[42] Voir K. MARTI, *Das Buch Jesaja*, 1900, pp. 149-150; H.G. MITCHELL, *Isaiah on the Fate of his People and their Capital*, dans JBL, XXXVII, 1918, pp. 149-162, à la p. 161; M. LOEHR, *Jesajas-Studien*, dans ZAW, XXXVII, 1917-1918, p. 63; J. VERMEYLEN, *Du prophète Isaïe à l'Apocalyptique*, I, 1977, p. 319.

[43] J. VERMEYLEN, *Du prophète Isaïe à l'Apocalyptique*, II, 1978, surtout pp. 713-714 suggère de rattacher *Is.*, XVIII, 5-6 à ce qu'il appelle la «relecture eschatologique» de la première moitié du Ve s.

s'adresse avant tout à Juda pour l'inviter à refuser l'alliance. La position du prophète paraît obéir à des considérations politiques : si, en dépit de sa puissance apparente, l'Égypte doit être vaincue, Juda n'a évidemment aucun intérêt à entrer dans le jeu de son alliance[44]. Cela dit, l'annonce de la défaite égyptienne n'apparaît pas comme une conclusion du réalisme politique d'Isaïe, mais plutôt comme le résultat de la connaissance que le prophète a du plan de Yahvé.

Unanime à situer le présent oracle après 716, puisqu'il suppose la domination nubienne en Égypte, qui n'a commencé qu'à cette date[45], la critique diverge cependant au sujet d'une datation plus précise. Alors que les uns, en rapprochant cet oracle de *Is.*, XX, 1-6, le situent entre 713-711[46], les autres le datent de la crise des années 705-701[47]. La part d'initiative attribuée par *Is.*, XVIII, 1 à l'Égypte s'accorde mal non seulement avec le rôle que celle-ci a joué lors de la révolte menée par Ashdod entre 713-712, mais aussi avec la politique généralement adoptée par Shabako à l'égard de l'Assyrie. Par ailleurs, rien ne permet d'affirmer une participation active de Juda à la révolte anti-assyrienne entre 713-712[48]. La datation entre 705-701, à un moment où l'Égypte était certainement engagée dans la révolte dont Ézéchias était le meneur parmi les États palestiniens, est donc préférable.

b) *Is.*, *XXX*, *6b-8 — l'impuissance de l'Égypte.*

6. Oracle des bêtes du Neguev.
Dans un pays d'angoisse et de détresse,
de lionnes et de lions rugissants[49],
de vipères et de dragons volants,
ils apportent sur le dos des ânes leurs richesses,

[44] A la différence de plusieurs critiques (H. Donner, *Israel unter den Völkern*, 1964, p. 125; H.W. Hoffmann, *Die Intention der Verkündigung Jesajas*, 1974, p. 73; J. Vermeylen, *Du prophète Isaïe à l'Apocalyptique*, I, 1977, p. 318), nous ne pensons pas que notre passage formule un appel à la neutralité et que cet appel se fonde sur la neutralité de Yahvé. En effet, d'après notre interprétation du v. 2aβ-b, Yahvé est loin de rester neutre, puisqu'il envoie lui-même les armées assyriennes contre l'Égypte.

[45] Voir K.A. Kitchen, *The Third Intermediate Period in Egypt (1100-650 B.C.)*, 1973, pp. 378-380.

[46] Voir, parmi d'autres, O. Procksch, *Jesaja I*, 1930, p. 237; J. Fischer, *Das Buch Isaias*, 1937, p. 137; R.B.Y. Scott, *The Book of Isaiah* (IB, V), Nashville, 1956, p. 276; E.J. Kissane, *The Book of Isaiah*, 1960, p. 195; G. Fohrer, *Das Buch Jesaja*, I, 1966, pp. 220-224; A. Penna, *Isaia* (La Sacra Bibbia), Torino-Roma, 1958, p. 178; W. Eichrodt, *Der Herr der Geschichte*, 1967, p. 59; H.W. Hoffmann, *Die Intention der Verkündigung Jesajas*, 1974, pp. 68-69.

[47] Voir, parmi d'autres, B. Duhm, *Das Buch Jesaja*, 1914, p. 111; G.B. Gray, *The Book of Isaiah*, 1912, p. 309; H. Donner, *Israel unter den Völkern*, 1964, pp. 123-124; W. Zimmerli, *Jesaja und Hiskia*, dans *Festschrift für K. Elliger*, 1973, p. 206.

[48] Voir *supra*, chap. IIe, pp. 30-33.

[49] En corrigeant *méhèm* en *nohém*; voir H. Wildberger, *Jesaja*, III, 1982, p. 1158.

et sur la bosse des chameaux leurs trésors
à un peuple qui ne sera d'aucune utilité.
7. L'Égypte, du vent et du vide sera son aide;
aussi je l'appelle «Rahab réduit à l'inactivité»[50].
8. Maintenant va, écris-le sur une tablette en leur présence,
et sur un document grave-le,
et qu'il soit pour un jour à venir
un témoin[51] à jamais.

La critique s'accorde en général pour voir en *Is.*, XXX, 6 le début d'une unité littéraire, qui fut rattachée aux vv. 1-5 en raison des affinités de vocabulaire et de contenu. La fin de l'unité reste par contre controversée. L'hypothèse courante selon laquelle l'oracle trouverait sa conclusion au v. 7 est à rejeter. En effet, étant lié au v. 7 par les pron. suff. de *kŏtᵉbāh* et de *ḥuqqāh*, le v. 8 ne peut pas en être séparé[52]. Par ailleurs, il n'y a aucune raison de diviser le v. 7 de manière à rattacher le v. 7a à ce qui précède et le v. 7b à ce qui suit. En séparant ainsi la mention de l'inutilité de l'Égypte (v. 7a) du nom symbolique qui l'évoque (v. 7b), W. Dietrich[53] prive le nom symbolique de sa raison d'être et élimine tout indice permettant d'identifier la réalité qu'il désigne[54]. En soulignant le refus que les contemporains d'Isaïe opposent à son message, les vv. 9-11 pourraient fournir la raison de la mise par écrit du nom symbolique, un témoin à jamais, mais ils n'expliquent ni l'imposition ni le choix du nom[55]; ils ne

[50] Unanimement soulignées, les difficultés posées par l'expression *rahab hém šābèt* sont bien connues. Gardé par certains critiques, qui s'efforcent de lui trouver un sens, le TM paraît incompréhensible à la plupart, qui proposent donc de le corriger. En assemblant différemment les consonnes la plupart des critiques obtiennent une proposition de deux mots, dont le second serait un part. que l'on rattache le plus souvent à *šbt*, mais aussi à *yšb*, voire à *šwb*. Tout en reconnaissant la difficulté du choix entre les différentes corrections proposées, dont la plupart donneraient un sens acceptable dans le contexte, notre traduction suppose la correction de *hém šābèt* en *hammŏšbāt*, part. hof. de *šbt* («cesser», «se reposer»); voir P. AUVRAY, *Isaïe 1-39*, 1972, pp. 265-266; H. WILDBERGER, *op. cit.*, pp. 1158-1159.

[51] En lisant avec 2 mss, Aq., Sym., Théod., Pesh., V et la plupart des critiques *lᵉʿéd* à la place de *lāʿad*.

[52] H. SCHMIDT, *Die grossen Propheten* (SAT, II, 2), Göttingen, 1915, pp. 89-90; F. FELDMANN, *Das Buch Isaias*, I, 1925, p. 360; K.-D. SCHUNCK, *Jes. 30,6-8 und die Deutung der Rahab im Alten Testament*, dans ZAW, LXXVIII, 1966, pp. 48-56, à la p. 50; P. AUVRAY, *op. cit.*, p. 267; J. VERMEYLEN, *Du prophète Isaïe à l'Apocalyptique*, I, 1977, p. 411.

[53] *Jesaja und die Politik*, 1976, pp. 140-144.

[54] Estimant que le nom symbolique désigne l'Égypte, W. DIETRICH est obligé de restituer arbitrairement le nom de ce pays à la place de *lāzoʾt* au v. 7b; *op. cit.*, p. 143.

[55] W. DIETRICH reconnaît lui-même que les vv. 9-11 laissent le nom inexpliqué, mais la raison qu'il suggère pour rendre compte d'une pareille anomalie, à savoir

permettent pas non plus d'identifier avec l'Égypte la réalité ainsi désignée. Rien n'invite d'ailleurs à tenir les vv. 9-11 pour la suite primitive du v. 8. Bref, contrairement à l'opinion la plus répandue, nous voyons au v. 8 la conclusion de la pièce commencée au v. 6[56].

En dépit de l'absence de formule d'introduction, c'est certainement Yahvé qui donne l'ordre au v. 8, et parle au v. 7b. Rien n'indiquant un changement de locuteur, on doit conclure que Yahvé garde la parole d'un bout à l'autre, et s'adresse directement au prophète.

La critique admet généralement que les vv. 6-8 ont subi quelques remaniements secondaires. Telle est l'origine du titre (v. 6a). comme il arrive dans plusieurs des oracles introduits par *maśśā'* en *Is.*, XIII-XXIII[57], ce titre donne une indication vague sur le contenu de la pièce moyennant la reprise de certains de ses éléments : la mention des bêtes, et l'évocation du pays traversé par la caravane[58]. Le terme *maśśā'* a pu être attiré par le verbe *ns'*. L'auteur du v. 6a joue peut-être sur l'ambivalence de ce mot, qui peut signifier «fardeau» et désigner un «oracle»[59]. Sont également des ajouts *miṣrayim* (v. 7a)[60], destiné à écarter une éventuelle ambiguïté au sujet du peuple en question, et sans doute aussi *'ittām* (v. 8a)[61].

La pièce commence par l'évocation d'un pays inhospitalier[62] que la présence d'animaux réels ou fantastiques rend particulièrement

le fait qu'il ne s'agit pas d'une vraie imposition d'un vrai nom (*op. cit.*, p. 143, n. 54), est surprenante. En réalité, l'explication du sobriquet est d'autant plus nécessaire que celui-ci est purement symbolique et n'a jamais été un vrai surnom de l'Égypte.

[56] Dans le même sens, voir H. SCHMIDT, *Die grossen Propheten*, 1915, pp. 89-90; K.-D. SCHUNCK, *op. cit.*, dans ZAW, LXXVIII, 1966, p. 50; J. VERMEYLEN, *Du prophète Isaïe à l'Apocalyptique*, I, 1977, pp. 410-411.

[57] *Cf. Is.*, XXI, 1.13; XXII, 1.

[58] Voir A. PENNA, *Isaia*, 1958, p. 276; E.J. KISSANE, *The Book of Isaiah*, 1960, p. 331; J. VERMEYLEN, *Du prophète Isaïe à l'Apocalyptique*, I, 1977, pp. 410-411.

[59] Cf. *Jér.*, XXIII, 33-40. Parmi les études récentes sur *maśśā'* on peut se rapporter à W. MCKANE, *maśśā' in Jeremiah 23:33-40*, dans BZAW, 150, 1980, pp. 35-54.

[60] L'opinion de ceux qui tiennent l'ensemble du v. 7b pour un ajout postérieur à l'insertion du mot *miṣrayim* (F. HUBER, *Jahwe, Juda und die anderen Völker beim Propheten Jesaja*, 1976, pp. 119-120 et C. PETERSEN, *Mythos im Alten Testament. Bestimmung des Mythos Begriffs und Untersuchung der mythischen Elemente in den Psalmen* (BZAW, 157), Berlin-New York, 1982, pp. 135-138) nous semble méconnaître la forme littéraire des vv. 6-8.

[61] À la différence de certains critiques (par exemple, K.-D. SCHUNCK, *op. cit.*, dans ZAW, LXXVIII, 1966, pp. 52-53 et G. FOHRER, *Das Buch Jesaja*, II, 1967, p. 94), nous ne voyons pas de raisons de tenir également pour secondaire *'al-lûaḥ*.

[62] Il s'agit du désert. On remarquera que la LXX rend *nègèb* par «dans le désert», et 1QIs^a ajoute *ṣyh* («sécheresse», «aridité») et *'yn mym* («sans eau») respectivement entre *ṣārāh* et *ṣûqāh* et après *layiš*. Au sujet du texte de 1QIs^a on se rapportera à J. KOENIG, *L'Herméneutique analogique du Judaïsme antique d'après les témoins textuels d'Isaïe* (VTS, XXXIII), Leiden, 1982, pp. 237-248.

redoutable, comme cadre de la marche d'une caravane chargée de richesses destinées à un peuple qui ne sera d'aucune utilité. Malgré l'absence de toute référence explicite à Juda, la place de la pièce dans le recueil isaïen, et surtout l'intérêt que Yahvé porte à l'affaire invitent à y voir une caravane d'origine judéenne. Les expressions de la fin du v. 6 et du v. 7a ainsi que le nom symbolique du v. 7b désignent l'Égypte[63].

Les vv. 6b-7 établissent un contraste entre d'une part les difficultés et le caractère onéreux de la démarche judéenne et d'autre part son inutilité[64]. L'incapacité de l'Égypte est fortement soulignée, voire dramatisée, au moyen de l'imposition d'un nom symbolique (v. 7b). L'ordre donné au prophète de mettre par écrit ce nom achève la pièce[65].

Ayant en son centre le nom symbolique, *Is.*, XXX, 6b-8 se présente formellement comme un récit d'action symbolique dont la structure est à rapprocher surtout de celle de *Is.*, VIII, 1-4, et aussi de XX, 1-6[66]. La principale différence entre *Is.*, VIII, 1-4 et XXX, 6b-8 réside dans l'ordre des éléments : tandis qu'en *Is.*, VIII, 1-4 l'ordre d'écrire et le nom symbolique (vv. 1 et 3) précèdent l'explication du nom (v. 4),

[63] Estimant que le pays évoqué au v. 6 correspond mal à la route normale entre Juda et l'Égypte, laquelle ne traversait pas le Neguev ni le Sinaï mais longeait la côte, d'aucuns ont pensé à la fuite de Hanun de Gaza ou de Yamani d'Ashdod en Arabie du Nord (K. MARTI, *Das Buch Jesaja*, 1900, p. 221), à une ambassade judéenne envoyée à des tribus arabes (H. GUTHE, *Das Buch Jesaja*, dans E. KAUTZSCH (éd.), *Die Heilige Schrift des Alten Testament*, I, Tübingen, 1922⁴, p. 639) ou encore à une délégation envoyée en Égypte par des tribus arabes (O. PROCKSCH, *Jesaja I*, 1930, pp. 387-388). Ces hypothèses méconnaissent la fonction du v. 6, qui n'est pas de décrire objectivement la route empruntée par la caravane, mais plutôt d'insister sur les difficultés du voyage (E.J. KISSANE, *The Book of Isaiah*, 1960, p. 331), en vue de souligner l'échec de la démarche judéenne.

[64] P. AUVRAY, *Isaïe 1-39*, 1972, p. 265.

[65] On a proposé de voir le contenu de l'inscription au v. 9 (E.J. KISSANE, *op. cit.*, pp. 329 et 332; G. FOHRER, *Das Buch Jesaja*, II, 1967, pp. 96-98), ou même d'y inclure la plus grande partie des chap. XXVIII-XXX (K. MARTI, *Das Buch Jesaja*, 1900, p. 222; B. DUHM, *Das Buch Jesaja*, 1914, pp. 218-219; B.R.Y. SCOTT, *The Book of Isaiah*, 1956, p. 331). Ces hypothèses reposent sur ce qui nous semble être une délimitation erronée de l'unité littéraire commencée au v. 6 ainsi que sur la méconnaissance de la forme de l'unité littéraire en question. Le sobriquet que Yahvé donne à l'Égypte était l'une de ces formules qui méritait d'être gravée comme témoin (P. AUVRAY, *Isaïe 1-39*, 1972, p. 267).

[66] J. VERMEYLEN, *Du prophète Isaïe à l'Apocalyptique*, I, 1977, pp. 410-411. Au sujet des récits d'action symbolique chez les prophètes, voir G. FOHRER, *Die Gattung der Berichte über symbolische Handlungen der Propheten*, dans ZAW, LXIV, 1952, pp. 101-120, repris dans BZAW, 99, 1967, pp. 92-112; ID., *Die symbolischen Handlungen der Propheten* (AthANT, 54), Zürich, 1953, 1968². Cet exégète n'a pas reconnu en *Is.*, XXX, 6-8 la forme qu'il étudie.

en XXX, 6b-8 l'explication du nom (vv. 6b-7a) précède son imposition (v. 7b) et l'ordre de le mettre par écrit (v. 8).

Comme XX, 1-6, XXX, 6b-8 vise l'Égypte. Les raisons de l'attribution à l'Égypte du nom Rahab, qui désigne normalement le monstre mythique du Chaos vaincu par Yahvé lors de la création[67], restent difficiles à saisir. On a pensé à l'orgueil égyptien[68], à la configuration géographique du pays, un énorme serpent étendu le long du Nil[69] et, le plus souvent, à l'assimilation de la victoire de Yahvé sur la mer des Roseaux à sa victoire sur le Chaos primordial[70]. Cette dernière hypothèse est séduisante. On hésitera cependant à y adhérer. D'une part, la tradition de la traversée de la mer ne joue aucun rôle dans les oracles isaïens; d'autre part, l'ancienneté de l'introduction du langage mythique dans cette tradition (*Ex.*, XV, 1-9; *Is.*, XLIV, 27; L, 2; LI, 9-10; *Ps.*, LXXIV, 9-14; LXXVII, 17-21; *Nah.*, I, 4; *Hab.*, III, 8) reste controversée[71].

Quoi qu'il en soit, et en dépit des difficultés de détail posées par le v. 7b, le sens du nom symbolique paraît clair : même si elle semble aussi redoutable que Rahab, l'Égypte n'est en fait qu'un «Rahab réduit à l'inactivité». Dans la logique de l'image, il faut sans doute conclure que cette inaction est l'œuvre de Yahvé lui-même.

Bien qu'il vise directement l'Égypte, l'oracle s'adresse à Juda. L'impuissance de l'Égypte n'est pas envisagée pour elle-même, mais en fonction de Juda. Ce qui est dit de l'Égypte n'a d'autre but que de souligner l'impossibilité où elle se trouve de porter un quelconque

[67] *Ps.*, LXXXIX, 11; *Is.*, LI, 9-10; *Job*, IX, 13; XXVI, 12. L'autre attestation de Rahab pour désigner l'Égypte se trouve au *Ps.*, LXXXVII, 4, passage qui est probablement postexilique. Parmi les études les plus récentes sur Rahab, voir H. RINGGREN, *Jahvé et Rahab-Léviatan*, dans A. CAQUOT et M. DELCOR (éds), *Mélanges bibliques et orientaux en l'honneur de M. Henri Cazelles* (AOAT, 212), Neukirchen-Vluyn, 1981, pp. 387-393 et C. PETERSEN, *op. cit.*, pp. 138-143.

[68] E. HERTLEIN, *Rahab*, dans ZAW, XXXVIII, 1919-1920, pp. 113-154. L'auteur s'appuie sur le sens de la racine *rhb* en hébreu («s'en prendre à», «agir bruyamment», «avec arrogance»), en assyrien («être irrité») et en araméen («être orgueilleux»). E. HERTLEIN estime d'ailleurs que Rahab désigne toujours l'Égypte, et jamais le monstre mythique.

[69] Voir A. HEIDEL, *The Babylonian Genesis. The Story of the Creation*, Chicago, 1951², pp. 102-114.

[70] Voir P. DHORME, *Le livre de Job* (EB), Paris, 1926², pp. 27-28, 94 et 121; E. BEAUCAMP, *Le problème du Ps. 87*, dans SBFLA, XIII, 1962-1963, pp. 53-75, aux pp. 71-74.

[71] Parmi les travaux les plus récents on peut voir J. SCHARBERT, *Das «Schilfmeerwunder» in den Texten des Alten Testaments*, dans A. CAQUOT et M. DELCOR (éds), *Mélanges bibliques et orientaux en l'honneur de M. Henri Cazelles* (AOAT, 212), Neukirchen-Vluyn, 1981, pp. 395-417. A l'opposé de l'opinion commune, B.F. BATTO, *The Reed Sea : Requiescat in Pace*, dans JBL, CII, 1983, pp. 27-35, estime que la tradition de la traversée de la Mer est d'origine mythique et ne reflète en rien les circonstances historiques de la sortie d'Égypte.

secours et, par conséquent, d'annoncer l'échec des onéreuses démarches judéennes visant à se procurer son appui [72].

La place de l'oracle dans le recueil isaïen, ses affinités étroites avec *Is.*, XXX, 1-5, le rôle et la part d'initiative qu'il attribue à Juda conseillent de le situer entre 705 et 701 [73].

c) *Conclusions.*

Isaïe s'en prend à l'Égypte. Le prophète ne s'intéresse cependant pas à ce pays pour lui-même, mais exclusivement en fonction de Juda [74]. Le seul grief d'Isaïe contre l'Égypte est qu'elle propose à Juda une alliance (XVIII, 1-2a).

Si le prophète paraît reconnaître à l'Égypte une certaine puissance militaire (XVIII, 2a; *cf.* aussi XXX, 3 et XXXI, 1a), il insiste surtout sur le fait que cette puissance n'est qu'apparente. L'Égypte n'est en réalité qu'un monstre (Rahab) condamné à l'inaction (XXX, 7b), qui ne pourra donc prêter aucun secours (XXX, 6b-7; *cf.* aussi XXX, 3-5); elle a d'ailleurs pour ennemi Yahvé lui-même, lequel se servira de l'Assyrie pour lui livrer combat (XVIII, 2b; *cf.* aussi XX, 1-6 et XXXI, 3b).

En insistant sur l'impuissance de l'Égypte et en annonçant sa défaite, Isaïe n'a pour but que de faire prendre conscience à ses concitoyens de l'échec certain de leur politique d'alliance avec le pays du Nil, dont il souligne d'ailleurs le caractère onéreux (XXX, 6b), et de les amener à y mettre fin.

Isaïe disposait peut-être de renseignements lui permettant de déceler la faiblesse égyptienne, de mesurer le désiquilibre des forces en faveur de l'Assyrie et de prévoir la défaite de l'Égypte. Ce que le prophète dit au sujet de l'Égypte n'a cependant rien d'une analyse stratégique, mais se place d'un point de vue exclusivement religieux. Au dire du prophète, c'est de Yahvé qu'il tient sa certitude au sujet de la faiblesse de l'Égypte (XXX, 7b; *cf.* aussi XXX, 3-5); s'il peut en annoncer la

[72] L'hypothèse de K.-D. SCHUNCK, *Jes. 30, 6-8 und die Deutung der Rahab im Alten Testament*, dans ZAW, LXXVIII, 1966, pp. 48-56, selon laquelle *Is.*, XXX, 6-8 menacerait l'Égypte d'un retour au Chaos n'emporte pas la conviction.

[73] Estimant que la caravane traverse le Neguev et le Sinaï, route inhabituelle pour se rendre en Égypte, et que ce fait suppose l'occupation assyrienne de la Philistie par où passait la route normale, H. WILDBERGER propose de situer notre passage peu après la bataille d'Elteqé en 701 (*Jesaja*, III, 1982, pp. 1160-1161). L'évocation de la route étant destinée avant tout à souligner les difficultés du voyage, il nous paraît délicat de s'en servir pour dater la pièce avec autant de précision.

[74] Cela est également vrai en ce qui concerne les autres nations. Voir F. HUBER, *Jahwe. Juda und die anderen Völker beim Propheten Jesaja*, 1976, surtout pp. 175-182; G.R. HAMBORG, *Reasons for Judgement in the Oracles against the Nations of the Prophet Isaiah*, dans VT, XXXI, 1981, pp. 145-159.

défaite, cela ne résulte pas de sa clairvoyance politique, mais de la connaissance qu'il a du plan de Yahvé (XVIII, 2b. 4; *cf.* aussi XX, 1-6 et XXXI, 3b).

2. *Oracles contre Juda.*

a) *Is.*, XXX, *1-5 — Juda échange Yahvé contre l'Égypte.*

1. Malheur! des fils qui se rebellent, oracle de Yahvé,
en mettant à exécution un plan, mais non de moi,
en répandant une effusion, mais non de mon esprit,
en sorte d'accumuler [75] péché sur péché;
2. qui se mettent en route pour descendre en Égypte,
mais ma bouche, ils ne l'ont pas consultée,
pour se réfugier [76] dans le refuge du Pharaon,
et s'abriter à l'ombre de l'Égypte.
3. Le refuge du Pharaon deviendra votre honte,
et l'abri à l'ombre de l'Égypte (votre) confusion.
4. Même si ses princes sont à Soan
et que ses messagers atteignent Hanes,
5. tous seront déçus [77] par un peuple qui ne leur sera d'aucune utilité [78],
ni aide, (ni utilité), sinon pour leur honte et même leur opprobre.

[75] En gardant *s*^{e}*p*^{h}*ôt* et en y voyant l'inf. const. de *ysp*, «ajouter», sens demandé par le contexte et supposé par les versions anciennes. Forme normale de *sph* («ôter», «enlever», «supprimer»), *s*^{e}*p*^{h}*ôt* a sans doute été préféré à la forme attendue *sèp*^{h}*èt* à cause de l'assonance. Les contaminations entre les verbes ayant *s*, *p* et une consonne faible ne sont pas rares. Voir P. JOÜON, *Notes de lexicographie hébraïque (suite). Racines. V. Racines ʾsp, ysp, sph* et *swp*, dans MUSJ, V, 1911-1912, pp. 436-439.

[76] Vu *māʿôz* qui suit ainsi que le parallélisme avec *laḥsôt*, il faut voir en *lāʿôz* l'inf. const. de *ʿûz* («chercher refuge», «se réfugier») et non de *ʿzz* («être» ou «devenir fort», «l'emporter»). Le choix de la forme *ô* au lieu de *û*, qui a des parallèles dans d'autres verbes *ʿ«w* (G-K, §72q et P. JOÜON, §80k), est dû sans doute à la recherche d'assonance.

[77] *kl hbʾyš.* En demandant le sens de «confusion», «déception», le contexte favorise le *qeré hobìš* attesté également par quelques mss. On remarquera cependant que, d'après certains, le verbe *bʾš (hibʾîš)*, qui signifie normalement «sentir mauvais» et «(se) rendre odieux», peut avoir aussi le sens d'être confondu», «déçu». Voir G.R. DRIVER, *Studies in the Vocabulary of the Old Testament*, V, dans JThS, XXXIV, 1933, pp. 33-44, à la p. 38; P.R. ACKROYD, *A Note on the Hebrew Roots bʾš and bwš*, dans JThS, XLIII, 1942, pp. 160-161. La lecture de 1QIs^{a} (*klh bʾš*), généralement tenue pour le résultat d'une division fautive du texte, est retenue par J.A. EMERTON, qui propose de vocaliser soit *kullōh bāʾš* (part. act. qal de *bwš*, assimilé à *qām*), soit plutôt *kullōh bāʾōš* ou *bāʾēš* (part. act. qal de *bʾš*, forme secondaire de *bwš*); *A Textual Problem in Isaiah XXX.5*, dans JThS, NS XXXII, 1981, pp. 125-128; ID., *A Further Note on Isaiah XXX.5*, dans JThS, NS XXXIII, 1982, p. 161.

[78] En suivant le texte et la ponctuation massorétiques. On notera cependant que l'on a souvent proposé de placer l'*atnaḥ* après *loʾ-yôʿîlû* ainsi que de corriger *lāmô* en *lāʿām*, voire en *lānû*. Voir H. WILDBERGER, *Jesaja*, III, 1982. p. 1149.

Is., XXX, 1-5 est en entier un discours de Yahvé. Les vv. 1-2 formulent le reproche. La structure de ces versets est très rigoureuse. Le cri *hôy* est suivi de la mention des personnes visées dont le comportement est décrit au moyen de deux part. (*sor^{e}rîm* et *hahol^{e}kîm*), suivis l'un et l'autre de trois propositions infinitives introduites par *lamed*. A chacune des deux premières propositions infinitives de la première série s'oppose une proposition nominale négative, formulée à la 1e pers. sg. (*w^{e}lo' minnî* et *w^{e}lo' rûḥî*). A la première proposition infinitive de la seconde série s'oppose une proposition verbale négative (*ûp^{h}î lo' šā'ālû*). Les vv. 1-2 sont donc entièrement construits sur l'opposition entre ce que les Judéens font et l'avis de Yahvé.

Le changement syntaxique du début du v. 3 (*w^{e}hāyāh*) marque un tournant dans le discours, à savoir le début de la menace. L'appartenance de ce verset à l'oracle a été niée[79], mais avec des arguments qui n'emportent pas la conviction. Le fait qu'il reprenne les termes du v. 2, l'un des principaux arguments invoqués, est en réalité un trait assez caractéristique de l'oracle en *hôy*[80]. On a d'ailleurs l'impression que l'oracle pourrait s'arrêter là[81], d'autant plus que le v. 4 représente la principale difficulté dans la suite logique du discours. En rapportant à Juda ou à Ézéchias, sujet logique du contexte, les pron. de *śārāyw* et de *mal'ākāyw*, une partie de la critique pense que le v. 4 parle des princes et des messagers judéens envoyés à d'importants centres administratifs égyptiens[82] : *Ṣo'an*[83] et *Ḥanes*[84]. Du point de vue grammatical, cette interprétation paraît un peu forcée[85]. De plus, la fonction du v. 4 ne serait pas claire.

[79] Voir K. Marti, *Das Buch Jesaja*, 1900, p. 219; M. Loehr, *Jesajas-Studien III*, dans ZAW, XXXVII, 1917-1918, p. 67; H. Donner, *Israel unter den Völkern*, 1964, p. 132; O. Kaiser, *Der Prophet Jesaja*, II, 1973, pp. 224 et 228; J. Vermeylen, *Du prophète Isaïe à l'Apocalyptique*, I, 1977, p. 410.

[80] W. Janzen, *Mourning Cry and Woe Oracle*, 1972, pp. 35-39 et 56.

[81] Voir W. Dietrich, *Jesaja und die Politik*, 1976, pp. 137-140.

[82] Voir K. Marti, *Das Buch Jesaja*, 1900, p. 219; E. Koenig, *Das Buch Jesaja*, 1926, p. 270; A. Penna, *Isaia*, 1958, pp. 275-276; J. Scharbert, *Die Propheten Israels bis 700 v. Chr.*, 1965, p. 272; P. Auvray, *Isaïe 1-39*, 1972, p. 264; H.-J. Krause, *hôj als profetische Leichenklage über das eigene Volk im 8. Jahrhundert*, dans ZAW, LXXXV, 1973, pp. 15-46, à la p. 36.

[83] Mentionnée en *Nomb.*, XIII, 22; *Is.*, XIX, 11.13; *Éz.*, XXX, 14; *Ps.*, LXXVIII, 12.43, *Ṣo'an* est généralement identifiée avec Tanis (*ṣan el-ḥagar*) dans le nord-est du Delta.

[84] Généralement identifiée avec *Heracleopolis Magna*, située entre le Nil et le Fayoûm dans la Moyenne Égypte. Cette identification est cependant contestée. A la place, on propose d'y voir *Heracleopolis Parva*, à l'est de *Ṣo'an*/Tanis. On fait remarquer que *ṣa'nu* et *hininši* sont associées dans une liste d'États du Delta donnée par les annales d'Assurbanipal (Rassam, I, 95); voir K.A. Kitchen, *The Third Intermediate Period in Egypt (1100-650 B.C.)*, 1973, p. 374, n. 749; H. Wildberger, *Jesaja*, III, 1982, pp. 1154-1155.

[85] H. Wildberger, *Jesaja*, III, 1982, pp. 1148 et 1154-1155, préfère la LXX, où on ne lit pas les pronoms.

Il est plus normal que l'antécédent des pron. soit le Pharaon ou l'Égypte, les noms sg. masc. qui précèdent immédiatement[86]. Aussi, de nombreux exégètes estiment-ils que le v. 4 parle des princes et des messagers du Pharaon, et voient aux vv. 4-5 une phrase concessive dont le v. 4 est la protase et le v. 5 l'apodose[87]. Ces versets répondraient donc à une objection implicite des auditeurs. On pense généralement que l'objection porte sur la grandeur du territoire égyptien, et partant sur la puissance du Pharaon[88]. Comment les espoirs que Juda met en l'Égypte (v. 2) seront-ils déçus (v. 3), si le Pharaon, dont la domination s'étend de *Ṣoʿan* à *Ḥanes*, peut intervenir en Palestine avec une puissante armée? Cette compréhension du v. 4 suppose la localisation de *Ḥanes* en Moyenne Égypte[89]. Cela dit, la localisation de *Ḥanes* dans le nord-est du Delta n'interdit pas de voir au v. 4 la réponse à une objection soulevée par le v. 3. En effet, l'objection peut porter sur la proximité géographique des forces du Pharaon, et sur la certitude de leur intervention. Comment les espoirs mis en l'Égypte seront-ils déçus, si les envoyés du Pharaon atteignent *Ḥanes* et, par conséquent, sont à même de se porter rapidement au secours des États palestiniens, s'ils ne sont pas déjà en route vers la Palestine?

Quoi qu'il en soit de l'interprétation du v. 4, le v. 5 confirme et renforce la menace du v. 3, et semble encore l'étendre aux autres États palestiniens qui comptaient sur l'aide égyptienne.

Les personnes visées par l'oracle sont désignées par le terme fils (*bānîm*) où il faut voir les Judéens. En effet, alors qu'on ne trouve jamais dans les oracles d'Isaïe le sg. *bén* pour désigner l'ensemble du Peuple[90], le plur. *bānîm* y désigne à plusieurs reprises les Judéens[91]. La majorité des critiques estime, probablement à juste titre, qu'Isaïe emprunte cette présentation au courant sapientiel[92]. En employant le

[86] *Miṣrayim* peut être masc. ou fém.

[87] Voir, par exemple, H. DONNER, *Israel unter den Völkern*, 1964, p. 134; G. FOHRER, *Das Buch Jesaja*, II, 1967, pp. 89 et 91; F.L. MORIARTY, *Isaias* (La Sagrada Escritura, AT, V), Madrid, 1970, pp. 312-313.

[88] Voir, parmi d'autres, A. KUSCHKE, *Zu Jes 30¹⁻⁵*, dans ZAW, LXIV, 1952, pp. 194-195; F. HUBER, *Jahwe, Juda und die anderen Völker beim Propheten Jesaja*, 1976, p. 114; J. VERMEYLEN, *Du prophète Isaïe à l'Apocalyptique*, I, 1977, p. 409.

[89] Cette interprétation est par ailleurs liée à l'hypothèse proposée par A. KUSCHKE, *op. cit.*, pp. 194-195, selon laquelle les princes et les messagers mentionnés au v. 4 représenteraient deux formes de gouvernement en Égypte : le Pharaon confierait certaines régions à ses fonctionnaires et laisserait d'autres sous l'autorité de princes locaux soumis à la vassalité.

[90] *Ex.*, IV, 22; *Os.*, II, 1; XI, 1; *Jér.*, XXXI, 20; *cf.* aussi *Deut.*, XXXII, 26.

[91] *Is.*, I, 2.4; XXX, 1.9.

[92] H. WILDBERGER, *Jesaja*, I, 1972, pp. 12-13; I. VON LOEVENCLAU, *Zur Auslegung von Jesaja 1,2-3*, dans EvTh, XXVI, 1966, pp. 294-308; J.W. WHEDBEE, *Isaiah and Wisdom*, Nashville, 1971, pp. 36-39; J. JENSEN, *The Use of tôrâ by Isaiah. His Debate*

terme «fils» toujours dans un contexte de reproche, le prophète souligne le contraste entre les bienfaits dont Yahvé a comblé les Judéens (I, 2-3), lui qui tel un père-maître montre aux fils-disciples la voie à suivre (XXX, 9-11), et l'ingratitude, voire la perversion de ces derniers, qui ne reconnaissent pas l'auteur de tant de bienfaits, et se refusent à l'écouter (I, 2-3.4; XXX, 9). En *Is.*, XXX, 1 les Judéens sont justement qualifiés de *sôr^e^rîm*, terme technique pour désigner des fils désobéissants et rebelles à l'égard de leurs parents[93].

Tandis que les deux premières propositions infinitives du v. 1 explicitent ce en quoi consiste la rébellion, la troisième en formule la conséquence, à savoir le péché dont les Judéens se rendent coupables. Le sens précis de l'expression *lin^e^sok massékāh* n'est pas clair. La suite de l'oracle, en particulier le v. 2, ne laisse cependant aucun doute que *lin^e^sok massékāh*, comme l'expression parallèle *la'^a^śôt 'éṣāh*, se réfère à des démarches en vue d'une alliance entre Juda et l'Égypte. Aussi, avec la plupart des critiques, rattachons-nous *lin^e^sok massékāh* à la racine *nsk* I et la rendons par «en répandant une effusion», où nous voyons la mention d'un rite lié à la célébration d'un traité[94].

with the Wisdom Tradition (CBQ, Monograph Series, III), Washington, 1973, pp. 60-61; W. SCHLISSKE, *Gottessöhne und Gottessohn im Alten Testament. Phasen der Entmythisierung im Alten Testament* (BWANT, 97), Stuttgart, 1973, pp. 177-179. Soutenue par certains critiques (W. EICHRODT, *Prophet and Covenant: Observations on the Exegesis of Isaiah*, dans J.I. DURHAM & J.R. PORTER (éds), *Proclamation and Presence. Old Testament Essays in Honour of G.H. Davies*, London, 1970, pp. 167-188, aux pp. 172-175), l'hypothèse d'un emprunt à la théologie de l'Alliance, dont on ne trouve aucune trace dans les oracles isaïens, nous paraît peu probable.

[93] *Cf.*, *Deut.*, XXI, 18.20, où *sôrér* est associé à *môrèh*.

[94] K. MARTI, *Das Buch Jesaja*, 1900, p. 218; B. DUHM, *Das Buch Jesaja*, 1914, p. 190; O. PROCKSCH, *Jesaja I*, 1930, pp. 384-385; G. FOHRER, *Das Buch Jesaja*, II, 1967, p. 89; B.S. CHILDS, *Isaiah and the Assyrian Crisis*, 1967, p. 33; F. HUBER, *Jahwe, Juda und die anderen Völker beim Propheten Jesaja*, 1976, p. 113; H. WILDBERGER, *Jesaja*, III, 1982, pp. 1147-1148 et 1152. On a souvent rapproché *lin^e^sok massékāh*, que la LXX rend par *sunthêkê* («traité»), de l'expression grecque *spondas spéndesthai* (ou *poiein*), qui a le sens de «conclure un traité». Le terme *massékāh* (dérivé de *nsk* I) désignant normalement une image de métal fondu, *Is.*, XXX, 1 contiendrait la seule attestation de ce subst. avec le sens d'«effusion», «libation», réalité qui est d'habitude exprimée par *nèsèk* ou *nāsîk*. Proposée par M. DAHOOD (*Accusative 'ēṣāh, Wood in Isaiah 30,1b*, dans Bib., L, 1969, pp. 57-58; voir aussi W.H. IRWIN, *Isaiah 28-33. Translation with Philological Notes* (BibOr, 30), Rome, 1977, p. 68), le sens d'image de métal fondu nous paraît exclu par le contexte de *Is.*, XXX, 1-5. En effet, Yahvé n'ayant jamais ordonné ni même inspiré la fabrication d'idoles, pareille compréhension de *Is.*, XXX, 1 ne tient pas compte des oppositions si marquées à l'intérieur de ce verset; voir J.L. SICRE, *Los Dioses olvidados*, 1979, p. 55, n. 18. Par ailleurs, rien dans la suite de l'oracle ne permet de soupçonner la moindre allusion à une forme grossière d'idolâtrie de type cultuel. Finalement, le fait que, à notre connaissance, l'image d'une trame ou d'une couverture (*Is.*, XXV, 7 et XXVIII, 20) n'évoque jamais dans la Bible la réalité d'une alliance politique, déconseille le rattachement de l'expression *lin^e^sok massékāh* à *nsk* II, «tisser»,

Attestée en Assyrie[95], l'existence de rites comportant de l'huile dans ce contexte est sans doute supposée par *Os.*, XII, 2b[96].

Les deux propositions nominales du v. 1 (*w^elo' minnî* et *w^elo' rûḥî*), ainsi que *ûp^hî lo' šā'ālû* du v. 2, disent pourquoi les démarches des Judéens sont une rébellion. Le plan qu'ils sont en train de mettre à exécution n'est pas le plan de Yahvé. Le sens précis de *w^elo' rûḥî* nous paraît cependant difficile à saisir. A la lumière de *Is.*, XXIX, 10, où *rû^aḥ* (*tardémāh*) est complément d'objet de *nsk* I, nous rendons *lin^esok massékāh w^elo' rûḥî* par «en répandant une effusion, mais non pas de mon esprit», c'est-à-dire une effusion à laquelle l'esprit de Yahvé est totalement étranger. Empruntant le vocabulaire technique de la consultation oraculaire, la proposition *ûp^hî lo' šā'ālû*[97] reproche aux Judéens de ne pas avoir cherché à connaître la volonté de Yahvé, sans doute auprès d'Isaïe, ou plutôt de ne pas avoir tenu compte du message du prophète[98].

On doit sans doute rapprocher *Is.*, XXX, 1 de *Is.*, XXIX, 15. Ce verset contient un oracle en *hôy* prononcé sur des personnes qui prétendent cacher à Yahvé leur plan (*'éṣāh* comme en *Is.*, XXX, 1), où l'on voit généralement une allusion à l'alliance avec l'Égypte[99]. Par là le prophète

sens supposé par la V (*ordiremini telam*) et retenu par A.B. EHRLICH, *Randglossen zur hebräischen Bibel*, IV, Leipzig, 1912, p. 106 et P. AUVRAY, *Isaïe 1-39*, 1972, pp. 263-264.

[95] Voir le prisme B d'Assarhaddon (R. BORGER, *Die Inschriften Asarhaddons Königs von Assyrien*, 1956, p. 43, ll. 50-52) et le traité d'Assurbanipal avec Qédar (K. DELLER - S. PARPOLA, *Ein Vertrag Assurbanipals mit dem arabischen Stamm Qedar*, dans Or., XXXVII, 1968, pp. 464-466 et P. BUIS, *Un traité d'Assurbanipal*, dans VT, XXVIII, 1978, pp. 469-472).

[96] D.J. MCCARTHY, *Hosea XII 2 : Covenant by Oil*, dans VT, XIV, 1964, pp. 215-221; K. DELLER, *šmn bll (Hosea 12,2). Additional Evidence*, dans Bib., XLVI, 1965, pp. 349-352.

[97] *Cf.*, *Jos.*, IX, 14. Les formules les plus fréquentes dans les livres des *Juges* et de *Samuel* sont *š'l b'lhym* (*Jug.*, XVIII, 5; XX, 18; *I Sam.*, XIV, 37; XXII, 13.15) et *š'l byhwh* (*Jug.*, I, 1; XX, 23.27; *I Sam.*, X, 22; XXII, 10; XXIII, 2.4; XXVIII, 6; XXX, 8; *II Sam.*, II, 1; V, 19.23; *II Chr.*, XIV, 14).

[98] Le Tg rend *ûp^hî lo' šā'ālû* par «sans avoir demandé à mes prophètes»; voir W.H. SCHMIDT, *«Suchet den Herrn, so werdet Ihr leben». Exegetische Notizen zum Thema «Gott suchen» in der Prophetie*, dans *Ex Orbe Religionum. Studia G. Widengren.* I. *Studies in the History of Religions* (Suppl. to *Numen*, XXI), Leiden, 1972, pp. 127-140, aux pp. 133-140; H. MADL, *Die Gottesbefragung mit dem Verb ša'al*, dans H.J. FABRY (éd.), *Bausteine biblischer Theologie. Festgabe für G.J. Botterweck* (BBB, 50), Köln-Bonn, 1977, pp. 37-70, aux pp. 58-59; H. WILDBERGER, *Jesaja*, III, 1982, pp. 1152-1153.

[99] O. KAISER, *Der Prophet Jesaja*, II, 1973, pp. 218-220; W. DIETRICH, *Jesaja und die Politik*, 1976, pp. 170-171; F. HUBER, *Jahwe, Juda und die anderen Völker beim Propheten Jesaja*, 1976, pp. 134-135; H. BARTH, *Die Jesaja-Worte,*, 1977, pp. 87-88; H. WILDBERGER, *Jesaja*, III, 1982, pp. 1126-1132; J.L. SICRE, *Los Dioses olvidados*, 1979, p. 63.

souligne non seulement l'orgueil des politiciens de Jérusalem, mais aussi la conscience qu'ils avaient de s'opposer à la volonté de Yahvé[100].

Alors que le v. 1 évoquait en termes vagues l'objet du reproche, le v. 2 dit en clair que la rébellion et le péché des Judéens consistent dans le fait qu'ils s'appuient sur la puissance égyptienne.

Le vocabulaire et les images du v. 2, repris en grande partie au v. 3, méritent de retenir particulièrement l'attention, car ils révèlent quelle gravité revêt aux yeux d'Isaïe le péché des Judéens. Telle quelle l'expression *lāʿôz bᵉmāʿôz* ne se retrouve pas dans la Bible. le verbe *ʿûz* est d'ailleurs d'un emploi relativement rare : outre *Is.*, XXX, 2, qui contient sa seule attestation certaine au qal[101], il est employé 4 fois au hif. au sens propre de «(se) mettre en sécurité», «à l'abri»[102], normalement dans un contexte de guerre[103]. Le subst. *māʿôz* est par contre fréquent : 36 emplois dont 14 au sens propre et 22 au sens figuré de refuge. Parmi les 19 emplois de *māʿôz* au sens figuré se rapportant à un refuge dont l'homme est le bénéficiaire[104] 17, dont 13 dans le *Psautier* ou dans des pièces apparentées, désignent Yahvé[105] ou une réalité en relation immédiate avec Yahvé[106]. *Is.*, XXX, 2-3 est donc le seul passage où le terme au sens figuré se réfère à une réalité humaine en tant que refuge de l'homme[107].

Telles sont aussi les connotations de la proposition *wᵉlaḥsôt bᵉṣél miṣrāyim*. L'expression *hsḥ bᵉṣél* se retrouve 3 autres fois dans la Bible : au sens propre elle se réfère ironiquement à l'abri à l'ombre d'un buisson d'épines (*Jug.*, IX, 15), et au sens figuré à l'abri à l'ombre des ailes de Yahvé (*Ps.*, XXXVI, 8 et LVII, 2). Parmi les 53 emplois du mot *ṣél* dans la Bible 33 ou 34 mentionnent l'ombre en raison de sa fonction d'abri et de protection au sens propre ou figuré, dont 10 comme image de la

[100] J.L. SICRE, *op. cit.*, p. 63.

[101] Voir cependant *Ps.*, LII, 9.

[102] *Ex.*, IX, 19.

[103] *Is.*, X, 31; *Jér.*, IV, 6; VI, 1.

[104] Le terme est appliqué à Éphraïm présenté sous l'image du casque de Yahvé (*Ps.*, LX, 9 et CVIII, 9) et évoque la protection qu'un ange accorde à un autre ange (*Dan.*, XI, 1).

[105] *II Sam.*, XXIII, 23; *Is.*, XVII, 10; XXV, 4; XXVII, 5; *Jér.*, XVI, 19; *Joël*, IV, 16; *Nah.*, I, 7; *Ps.*, XXVII, 1; XXVIII, 8; XXXI, 3.5; XXXVII, 39; XLIII, 2; LII, 9. Cette épithète divine est souvent associée à d'autres exprimant également l'idée de refuge, de protection, de sécurité : *maḥsèh* (*Is.*, XXV, 4; *Joël*, IV, 16), *ṣûr* («rocher») (*Is.*, XVII, 10; *Ps.*, XXXI, 3), *ʿoz* («force») (*Jér.*, XVI, 19; *Ps.*, XXVIII, 7-8), *sèlaʿ* («roc») (*Ps.*, XXXI, 2-4), *mᵉṣûdāh* («forteresse») (*Ps.*, XXXI, 2-4), *māgén* («bouclier») (*Ps.*, XXVIII, 7-8).

[106] Le chemin (*Prov.*, X, 29) ou la joie de Yahvé (*Néh.*, VIII, 10).

[107] Sur l'emploi de *ʿûz* et *māʿôz* dans la Bible, voir F. HUBER, *Jahwe, Juda und die anderen Völker beim Propheten Jesaja*, 1976, pp. 154-155.

protection de Yahvé, surtout dans le *Psautier*[108]. Tels sont également, et de façon encore plus massive, la fonction et le contexte des emplois de la racine *ḥsh* dans la Bible. Normalement construit avec *b*[109], le verbe *ḥsh* au qal est employé 37 fois, dont 27 dans le *Psautier*. Sauf en *Jug.*, IX, 15, le verbe a toujours un sens figuré. Il se réfère à l'abri que l'on cherche ou que l'on trouve auprès de Yahvé[110] ou d'une réalité en rapport immédiat avec Yahvé, notamment Sion[111]. Outre l'ombre de l'Égypte dans notre passage, l'expression *ḥsh b* au sens figuré ne se rapporte qu'aux dieux païens (*Deut.*, XXXII, 37) et peut-être à l'innocence du juste (*Prov.*, XIV, 32)[112]. Si le subst. *ḥasût* n'est attesté qu'en *Is.*, XXX, 3, le synonyme *maḥsèh* se trouve 20 fois dans la Bible, dont 12 dans le *Psautier*. Sauf dans le *Ps.*, CIV, 18 et en Job, XXIV, 8, le terme a un sens figuré et se rapporte à Yahvé lui-même[113] ou à un abri procuré par Yahvé à Sion[114]. La seule exception est *Is.*, XXVIII, 15.17 où le terme

[108] *Is.*, IV, 6; XXV, 4; *Ps.*, XCI, 1; CXXI, 5; l'ombre des ailes de Yahvé (*cf. Ps.*, XVII, 8; XXXVI, 8; LVII, 2; LXIII, 8), de sa main (*Is.*, XLIX, 2; LI, 16). Le terme se rapporte encore à la protection du roi (*Lam.*, IV, 20) ou des chefs (*Is.*, XXXII, 2) à l'égard d'Israël. En *Nomb.*, XIV, 9 il s'agit de la protection des dieux cananéens. L'image de l'ombre pour évoquer la protection divine est courante dans les littératures du Proche-Orient ancien; P. HUGGER, *Jahwe meine Zuflucht. Gestalt und Theologie des 91. Psalms*, Münsterschwarzach, 1971, pp. 149-152.

[109] Le verbe *ḥsh* est parfois construit avec *taḥat* (*Ps.*, XCI, 4 et *Ruth*, II, 12) ou employé sans aucune préposition (*Ps.*, XVII, 7 et peut-être *Prov. XIV, 32)*.

[110] *II Sam.*, XXII, 3.31; *Is.*, LVII, 13; *Soph.*, III, 12; *Nah.*, I, 7; *Ps.*, II, 12; V, 12; VII, 2; XI, 1; XVI, 1; XVII, 7; XVIII, 3.31; XXV, 20; XXXI, 2.20; XXXIV, 9.23; XXXVI, 8; XXXVII, 40; LVII, 2.2; LXI, 5; LXIV, 11; LXXI, 1; XCI, 4; CXVIII, 8.9; CXLI, 8; CXLIV, 2; *Prov.*, XXX, 5; *Ruth*, II, 12. Le verbe est souvent associé à des épithètes divines exprimant l'idée de refuge, d'abri, de protection: *mā'ôz*, «refuge» (*II Sam.*, XXII, 31-33; *Nah.*, I, 7; *Ps.*, XXXI, 2-4; XXXVII, 39-40; LXXI, 1-3), *ṣûr*, «rocher» (*Ps.*, XVIII, 3.32; XXXI, 2-4; LXI, 3-5; LXXI, 1-3; CXLIV, 1-2; *Deut.*, XXXII, 37; *Nah.*, I, 7), *sèla'*, «roc» (*II Sam.*, XXII, 2; *Ps.*, XVIII, 3; XXXI, 3; LXXI, 1-3), *sétèr*, «cachette» (*Deut.*, XXXII, 37-38; *Ps.*, XXXI, 20-21), *m^eṣûdāh*, «forteresse» (*II Sam.*, XXII, 2-3; *Ps.*, XVIII, 3; XXXI, 2-4; LXXI, 1-3; CXLIV, 2), *miśgāb*, «citadelle» (*II Sam.*, XXII, 3; *Ps.*, XVIII, 3; CXLIV, 2), *māgén*, «bouclier» (*II Sam.*, XXII, 3.31; *Ps.*, XVIII, 3.31).

[111] *Is.*, XIV, 32.

[112] En suivant la LXX et la Pesh., qui supposent *b^etummô*. Le TM lit *b^emôtô*, «dans sa mort».

[113] *Is.*, XXV, 4; *Jér.*, XVII, 17; *Joël*, IV, 16; *Ps.*, XIV, 6; XLVI, 2; LXI, 4; LXII, 8.9; LXXI, 7; LXXIII, 28; XCI, 2.9; XCIV, 22; CXLII, 6; *Prov.*, XIV, 26. Le terme se trouve souvent associé à d'autres épithètes divines exprimant également l'idée de refuge, d'abri, de protection: *mā'ôz*, «refuge» (*Is.*, XXV, 4; *Joël*, IV, 16), *ṣûr*, «rocher» (*Ps.*, LXII, 8-9; LXXIII, 26-28; XCIV, 22), *'oz*, «force» (*Ps.*, XLVI, 2; LXI, 4; LXII, 7-8; LXXI, 7; *Prov.*, XIV, 26), *m^eṣûdāh*, «forteresse» (*Ps.*, XCI, 2), *miśgāb*, citadelle» (*Ps.*, LXII, 7-9; XCIV, 22).

[114] *Is.*, IV, 6.

désigne les faux abris que les Judéens se sont procurés, et cela dans un contexte proche de celui de *Is.*, XXX, 2-3[115].

Il ressort donc que le vocabulaire et les images de *Is.*, XXX, 2-3 sont caractéristiques de la prière[116]. La datation des *Psaumes* posant en général de grands problèmes, il est très difficile de savoir si tel ou tel *Psaume* où l'on trouve ce vocabulaire et ces images est antérieur à Isaïe. Cela dit, leur fréquence et leur répartition supposent que le vocabulaire et les images en question sont une constante du langage cultuel foncièrement conservateur, et expriment une conception théologique étroitement liée au Temple de Jérusalem. Tout paraît donc indiquer que le prophète emprunte le langage traditionnel du culte de Jérusalem et les conceptions théologiques qu'il véhiculait[117].

Les oppositions si tranchées à l'intérieur des vv. 1-2 soulignent le fait que la politique d'alliance avec l'Égypte, non seulement ne tient pas compte de l'avis de Yahvé, mais s'y oppose positivement. Le vocabulaire et les images du v. 2, repris au v. 3, vont beaucoup plus loin dans le dévoilement de la portée religieuse de cette politique. En en faisant leur refuge et leur abri, les Judéens attribuent au Pharaon et à l'Égypte un rôle que la prière célébrait comme étant le privilège exclusif de Yahvé. En mettant ainsi le Pharaon et l'Égypte à la place de Yahvé, la politique judéenne est une idolâtrie[118], sans doute plus subtile, mais non moins grave et dangereuse que celle qui consiste dans le culte des idoles de métal et de bois.

Pareille politique ne peut que mener à l'échec, que le prophète évoque au moyen d'un vocabulaire assez stéréotypé: «honte», «déception» (*bošèt*, *hobîs* ou *hib^{e}'îš*), «confusion», «déshonneur» (*k^{e}limmāh*), «inutilité» (*lo' yô'îlû*, *lo' l^{e}'ézèr*), «opprobre», «infamie» (*ḥèrpāh*). Les racines *bwš*, *ḥrp* et *klm* appartiennent au même champ sémantique et se retrouvent dans des contextes identiques surtout dans le langage de la prière[119]. La racine *klm* n'est pas attestée ailleurs chez Isaïe; le subst.

[115] Au sujet de la racine *ḥsh* on peut voir, par exemple, E. GERSTENBERGER, *ḥsh*, dans ThHAT, I, cc. 621-623; P. HUGGER, *op. cit.*, pp. 58-87; D. EICHHORN, *Gott als Fels, Burg und Zuflucht. Eine Untersuchung zum Gebet des Mittlers in den Psalmen* (Europäische Hochschulschriften, XXXIII/4), Frankfurt/M-Bern, 1972, pp. 107-113; F. HUBER, *Jahwe, Juda und die anderen Völker beim Propheten Jesaja*, 1976, pp. 152-154; J. GAMBERONI, *ḥāsāh*, dans ThWAT, III, cc. 71-83.

[116] Voir P. HUGGER, *op. cit.*, *ibidem*; D. EICHHORN, *op. cit.*, *ibidem*.

[117] Voir O. KAISER, *Der Prophet Jesaja*, II, 1973, pp. 227-228; G. FOHRER, *Das Buch Jesaja*, II, 1967, pp. 90-91; F. HUBER, *Jahwe, Juda und die anderen Völker beim Propheten Jesaja*, 1976, pp. 115-116 et 152-155; J.L. SICRE, *Los Dioses olvidados*, 1979, pp. 56-57.

[118] Voir F. HUBER, *op. cit.*, pp. 115-116 et 152-155; J.L. SICRE, *op. cit.*, pp. 58-59.

[119] Elles se trouvent souvent associées comme en *Is.*, XXX, 3.5. *Cf.*, par exemple, *Ps.*, LXIX, 8.20; LXXI, 13; *Jér.*, XXIII, 40; XXXI, 19. Au sujet de ce vocabulaire, voir

ḥèrpāh se retrouve en IV, 1 ; le verbe *bwš* est également en rapport avec la confiance en l'Égypte en XX, 5 [120]. Ces termes évoquent le sort de ceux qui abandonnent Yahvé [121], mettent leur confiance dans des réalités humaines [122], et surtout dans les dieux païens [123] ou les idoles [124], et des impies en général [125]. Par contre, ceux qui mettent leur confiance en Yahvé ne seront pas déçus [126]. La racine *ʿzr* est relativement fréquente dans les oracles d'Isaïe. Sauf en X, 3, elle y est toujours explicitement en rapport avec l'aide de l'Égypte [127]. L'enquête révèle que parmi les 129 emplois de cette racine dans la Bible, 66, dont 39 dans le *Psautier*, concernent l'aide que Yahvé ou Dieu accorde ou est supplié d'accorder soit à l'ensemble du peuple d'Israël soit à l'un de ses membres [128]. Tous les passages ayant trait à l'aide d'un peuple étranger, le plus souvent l'Égypte [129], ou des dieux étrangers [130] à l'égard d'Israël nient l'existence de l'aide en question ou affirment sa vanité. *Is.*, XXX, 5.6 mis à part, les plus anciennes attestations du verbe *hôʿîl*, qui est normalement à la

M. A. KLOPFENSTEIN, *Scham und Schande nach dem Alten Testament. Eine begriffsgeschichtliche Untersuchung zu den hebräischen Wurzeln bôš, klm und ḥpr* (AThANT, 62), Zürich, 1972.

[120] *Cf.* aussi *Jér.*, II, 36.

[121] *bôš*. *Cf. Jér.*, VIII, 9; XVII, 13; XXXI, 19; L, 12; *Is.*, LXV, 13.

[122] *bôš*. *Cf. Mich.*, VII, 16; *Zach.*, X, 5.

[123] *bôš*. *Cf. Os.*, II, 7; IV, 19; IX, 10; X, 6; *Is.*, I, 29; *Jér.*, III, 24; XI, 13; XLVIII, 13. *klm*. *Cf. Is.*, XLV, 16; *Jér.*, III, 3.25; *Éz.*, XVI, 52.54.63; XLIV, 13.

[124] *Cf. Jér.*, II, 26; VII, 19; X, 14; L, 2; LI, 17; *Is.*, XLII, 17; XLIV, 9.11; XLV, 16; *Ps.*, XCVII, 7.

[125] *bôš*. *Cf. Jér.*, XX, 11; *Ps.*, VI, 11; XXXV, 4.26; XL, 15; XLIV, 8; LIII, 6; LXX, 3; LXXI, 13.24; LXXXIII, 18; LXXXVI, 17; CIX, 28; CXXIX, 5; CXXXII, 8; *Job*, VIII, 22. *klm*. *Cf. Ps.*, XXXV, 4.26; XL, 15; LXXI, 13; CIX, 29.

[126] *Cf. Is.*, XLIX, 23; L, 7; *Soph.*, III, 11; *Ps.*, XIV, 6; XXII, 6; XXV, 3.20; XXXI, 2.18-20; XXXVII, 17; LIII, 6; LXIX, 7; LXXI, 1; CXXVII, 5.

[127] Sous la forme verbale (*Is.*, XXX, 7; XXXI, 3) et sous les formes nominales *ʿézèr* (*Is.*, XXX, 5) et *ʿèzrāh* (*Is.*, XX, 6; XXXI, 1).

[128] Sous forme verbale (*Gen.*, XLIX, 25; *I Sam.*, VII, 12; *Is.*, XLI, 10.13.14; XLIV, 2; XLIX, 8; L, 7.9; *Ps.*, X, 14; XXVIII, 7; XXX, 11; XXXVII, 40; XLVI, 6; LIV, 6; LXXIX, 9; LXXXVI, 17; CIX, 26; CXVIII, 7.13; CXIX, 86.173.175; *I Chr.*, V, 20; XII, 19.19; XV, 26; *II Chr.*, XIV, 10.10; XVIII, 31; XXV, 8; XXVI, 7.15; XXXII, 8; *Dan.*, XI, 34) et sous les formes nominales *ʿézèr* (*Ex.*, XVIII, 4; *Deut.*, XXXIII, 7.26.29; *Os.*, XIII, 9; *Ps.*, XX, 3; XXXIII, 20; LXX, 6; LXXXIX, 20; CXV, 9.10.11; CXXI, 1.2; CXXIV, 8; CXLVI, 5; *Dan.*, XI, 34) et *ʿèzrāh* (*Ps.*, XXII, 20; XXVII, 9; XXXV, 2; XXXVIII, 23; XL, 14.18; XLIV, 27; XLVI, 2; LX, 13; LXIII, 8; LXX, 2; LXXI, 12; XCIV, 17; CVIII, 13).

[129] Sous forme verbale (*Is.*, XXX, 7; XXXI, 3.3; *II Chr.*, XXVIII, 16; *cf.* aussi *Zach.*, I, 15) et sous les formes nominales *ʿézèr* (*Is.*, XXX, 5) et *ʿèzrāh* (*Is.*, XX, 6; XXXI, 1.2; *Jér.*, XXXVII, 7; *Nah.*, III, 9; *Lam.*, IV, 17; *II Chr.*, XXVIII, 21).

[130] Sous la forme verbale (*II Chr.*, XXVIII, 23). En *Deut.*, XXXII, 38 et *II Chr.*, XXVIII, 23 il est question de l'aide des dieux étrangers à l'égard de leurs peuples respectifs. Au sujet de l'usage de la racine *ʿzr*, voir F. HUBER, *Jahwe, Juda und die anderen Völker beim Propheten Jesaja*, 1976, pp. 157-160.

négative, se trouvent dans les *Proverbes*, où il sert à nier l'utilité des fausses sécurités : les trésors mal acquis[131] et la richesse[132]. Par la suite, le verbe est relativement fréquent chez *Jérémie* et le *Deutéro-Isaïe*, le plus souvent dans un contexte de polémique anti-idolâtrique[133].

Malgré les difficultés de détail, le sens de l'oracle, que la critique s'accorde pour situer dans le contexte de l'organisation de la révolte anti-assyrienne après la mort de Sargon II en 705, est clair. Isaïe reproche aux Judéens leur politique d'alliance avec l'Égypte. Aux yeux du prophète, cette politique est en réalité une rébellion à l'égard de Yahvé, et un péché. En cherchant leur sécurité dans la puissance égyptienne, les Judéens échangent Yahvé, le seul vrai refuge de son peuple, contre l'Égypte, et de la sorte se rendent coupables d'une vraie idolâtrie.

Aussi puissante, ou déterminée à intervenir en Palestine qu'elle puisse paraître, l'Égypte, loin d'être d'un quelconque secours lors de la riposte assyrienne, sera une source de déception, de confusion et de honte, non seulement pour Juda, mais aussi pour tous les autres États palestiniens qui comptaient sur l'appui égyptien.

b) *Is., XXXI, 1.3 — Juda préfère la faiblesse de l'Égypte à la force de Yahvé.*

1. Malheur ! ceux qui descendent en Égypte pour de l'aide.
Ils s'appuient sur les chevaux,
se confient dans les chars parce qu'ils sont nombreux,
et dans les cavaliers parce qu'ils sont très puissants,
mais ils ne portent pas leurs regards sur le Saint d'Israël,
et ne recherchent pas Yahvé.

3. L'Égypte est humaine, et non pas divine,
ses chevaux sont chair, et non pas esprit.
Yahvé étendra sa main ;
trébuchera celui qui aide et tombera celui qui est aidé,
et tous ensemble périront.

Introduit par le cri *hôy*, *Is.*, XXXI, 1 marque le début d'une unité littéraire dont le v. 3 est la conclusion[134]. *Is.*, XXXI, 1-3 n'est probable-

[131] *Prov.*, X, 2.

[132] *Prov.*, XI, 4.

[133] *Cf. I Sam.*, XII, 21 ; *Jér.*, II, 8.11 ; XVI, 19 ; *Is.*, XLIV, 9-10 ; XLVII, 12 ; XLVIII, 17 ; *Hab.*, II, 18 ; *Job*, XXI, 15.

[134] L'hypothèse de ceux qui voudraient y rattacher les vv. 4 et 8a, voire 4-5 et 8a (voir O.H. STECK, *Friedensvorstellungen im alten Jerusalem. Psalmen, Jesaja, Deutero-Jesaja* (Theologische Studien, CXI), Zürich, 1972, p. 55, n. 150 ; H. BARTH, *Die Jesaja-Worte*, 1977, pp. 77-92) ne nous semble pas à retenir. En effet, alors que le v. 3, dans une sorte d'inclusion, reprend le thème de l'aide du v. 1 (*'zr*), l'imagerie change complètement à partir du v. 4. Ce verset formule une nouvelle menace, qui est cette fois-ci adressée exclusivement à Jérusalem.

ment pas d'une seule venue. Des indices pris à la fois du vocabulaire, du style, du contenu et de la forme conseillent en effet de voir au v. 2 un développement postérieur [135], peut-être de l'époque postexilique. L'auteur de ce verset semble faire porter le poids de la menace sur certains parmi les Juifs ses contemporains en qui il voyait des impies qui ne tenaient pas compte de Yahvé [136].

Réduite aux vv. 1 et 3, la pièce constitue un oracle en *hôy* remarquablement clair. Le v. 1 décrit les agissements, action et surtout attitudes, qui attirent sur les Judéens le *hôy* fatidique. Le v. 3a poursuit l'exposé des motifs en dévoilant la portée religieuse du choix politique fait par les Judéens et, en même temps, prépare l'annonce de l'échec de cette politique au v. 3b.

L'exposé des motifs (vv. 1 et 3a) est entièrement bâti sur l'opposition entre ce que font les Judéens et ce qu'ils omettent et, en dernier ressort, entre l'Égypte et Yahvé. Le vocabulaire mérite qu'on s'y arrête. Comme nous l'avons vu, la racine *ʿzr*, que Isaïe emploie à plusieurs reprises en rapport avec l'Égypte, a le plus souvent une connotation religieuse, et exprime l'aide ou le secours que seul Yahvé peut accorder [137]. La paire *šʿn* - *bṭḥ* se retrouve en *Is.*, XXX, 12 [138]. Parmi les 15 emplois bibliques de *šʿn* au nif. [139] au sens figuré, 7 expriment une attitude à l'égard de Yahvé [140]. Les 7 emplois se rapportant à l'appui sur d'autres réalités, notamment les peuples étrangers, se trouvent dans un contexte négatif où les faux appuis sont explicitement opposés à Yahvé, le seul vrai appui de son peuple ou de ses fidèles [141]. Il en va de même du verbe *bṭḥ*. Plus de la moitié des emplois de *bṭḥ ʿl*, *b* ou *ʾl* («se confier en», «compter sur», «se fier à», «s'en remettre à») expriment la confiance

[135] Voir B.S. CHILDS, *Isaiah and the Assyrian Crisis*, 1967, pp. 34-35; W. JANZEN, *Mourning Cry and Woe Oracle*, 1972, p. 56; J. JENSEN, *The Use of tôrâ by Isaiah. His Debate with the Wisdom Tradition*, 1973, pp. 51-52; F. HUBER, *Jahwe, Juda und die anderen Völker beim Propheten Jesaja*, 1976, p. 123, n. 163. L'appartenance du v. 2 à l'unité primitive est néanmoins défendue par plusieurs critiques; J.W. WHEDBEE, *Isaiah and Wisdom*, 1971, pp. 133-135; W. DIETRICH, *Jesaja und die Politik*, 1976, p. 145, n. 66; H. BARTH, *Die Jesaja-Worte*, 1977, pp. 77-92; H. WILDBERGER, *Jesaja*, III, 1982, pp. 1228-1231.

[136] J. VERMEYLEN, *Du prophète Isaïe à l'Apocalyptique*, I, 1977, p. 421.

[137] Voir *supra*, p. 159.

[138] Le verbe *šʿn* est également construit avec *ʿal* et *bṭḥ* avec *b*, au lieu de *ʿal*. *Is.*, III, 1 contient trois dérivés de *šʿn* : *mašʿén*, *mašʿénāh* et *mišʿan*.

[139] Normalement construit avec *ʿal* et rarement *ʾèl*, *l* et *b*.

[140] *Is.*, X, 20; L, 10; *Mich.*, III, 11; *II Chr.*, XIII, 18; XIV, 10; XVI, 7-8.

[141] *Is.*, X, 20; XXX, 12; XXXI, 1; *Job*, VIII, 15; *Prov.*, III, 5; *II Chr.*, XVI, 7. *Éz.*, XXIX, 7 est le seul passage où l'opposition n'est pas explicite. Le sens de *Job*, XXIV, 23 reste obscur. Au sujet de *šʿn*, voir F. HUBER, *Jahwe, Juda und die anderen Völker beim Propheten Jesaja*, 1976, pp. 155-156.

en Yahvé[142]. A l'exception de *Jug.*, XX, 36 et *Prov.*, XXXI, 11, tous les emplois de *bṭḥ ʿl*, *b* et *ʾl* en rapport avec d'autres réalités sont en contexte négatif; ils désignent une confiance dépourvue de fondement et fallacieuse, qui est souvent explicitement opposée, comme dans notre texte et en XXX, 12, à la confiance en Yahvé[143].

Comme la racine *ʿzr*, les verbes *šʿn* et *bṭḥ* ont donc une forte connotation religieuse. Ils désignent une attitude que l'on ne peut avoir qu'à l'égard de Yahvé[144]. En employant ces termes pour évoquer l'espoir que les Judéens mettent dans les chars et les chevaux égyptiens, le prophète suggère donc qu'ils ont adopté envers l'Égypte une attitude dont Yahvé seul peut être l'objet.

A l'attitude que les Judéens adoptent à l'égard de l'Égypte s'oppose l'attitude qu'ils auraient dû adopter envers Yahvé, exprimée en deux propositions négatives parallèles : *wᵉloʾ šāʿû ʿal qᵉdôš yiśrāʾél wᵉʾèt-yhwh loʾ dārāšû* (v. 1b). Le verbe *šʿh* n'est pas d'un emploi fréquent. En *Is.*, XXII, 4, où l'on trouve sa seule autre attestation dans les oracles isaïens, il est suivi de *min*, et signifie détourner le regard. Ayant un sujet humain, *šʿh ʿl*, *ʾl* ou *b* a normalement la nuance de regarder avec intérêt et confiance vers Yahvé[145] ou d'autres réalités[146], connotation demandée par le contexte de *Is.*, XXXI, 1[147].

Bon nombre d'auteurs rendent *wᵉʾèt-yhwh loʾ dārāšû* par «et ils n'ont pas consulté Yahvé[147a]. Certes, *drš ʾt yhwh* est l'expression technique désignant la consultation de Yahvé par l'entremise d'un prophète. Ce sens n'est cependant pas le seul. Cette expression a aussi le sens plus général de «chercher» ou «rechercher Yahvé» et désigne alors l'attitude

[142] Au sujet de *bṭḥ* sans préposition, voir *infra*, p. 169.

[143] Voir E. GERSTENBERGER, *bṭḥ*, dans ThHAT, I, cc. 300-305; A. JEPSEN, *bāṭaḥ*, dans ThWAT, I, cc. 608-615; F. HUBER, *op. cit.*, pp. 149-152; B. BECK, *Kontextanalysen zum Verb bṭḥ*, dans H.J. FABRY (éd.), *Bausteine biblischer Theologie. Festgabe für G.J. Botterweck* (BBB, 50), Köln-Bonn, 1977, pp. 71-97.

[144] F. HUBER, *op. cit.*, pp. 149-152; B. BECK, *ibidem*.

[145] *II Sam.*, XXII, 42; *Is.*, XVII, 7; *cf.* aussi *Ps.*, CXIX, 117.

[146] *Ex.*, V, 9; *Is.*, XVII, 8. En *Is.*, XVII, 7-8 il y a opposition entre Yahvé et les autels illégitimes.

[147] F. HUBER, *Jahwe, Juda und die anderen Völker beim Propheten Jesaja*, 1976, p. 157. La même réalité est le plus souvent exprimée chez Isaïe par d'autres termes appartenant au même champ sémantique : *rʾh* (V, 12; XXII, 9a.11b) et *hbyṭ* (V, 12; VIII, 22; XX, 5-6; XXII, 8b.11b; *cf.* aussi XVIII, 4). Le verbe *šʿh* a peut-être été choisi à cause de l'assonance avec *šʿn*; voir H. WILDBERGER, *Jesaja*, III, 1982, p. 1230.

[147a] Voir, par exemple, les traductions de OSTY, BJ, ALONSO SCHÖKEL, et, parmi les travaux récents, B.S. CHILDS, *Isaiah and the Assyrian Crisis*, 1967, p. 33; E. RUPRECHT, *drš*, dans ThHAT, I, cc. 463-464; W.H. SCHMIDT, *«Suchet den Herrn, so werdet ihr leben». Exegetische Notizen zum Thema «Gott suchen» in der Prophetie*, dans *Ex Orbe Religionum. Studia Geo Widengren Oblata*, I, 1972, pp. 133-134.

globale de celui qui se soucie de Yahvé, s'en tient et s'en remet à lui[148]. On a voulu voir dans ce sens un développement tardif, qui ne serait apparu qu'à l'époque exilique[149]. Cette hypothèse se heurte cependant au témoignage des textes, notamment des prophètes du VIIIe s. En effet, en *Is.*, IX, 12, qui contient la seule autre attestation isaïenne de l'expression, *w[e]'èt-yhwh ṣb'wt lo' dārāšû*, en parallélisme avec *lo'-šāb ad-hammakkéhû*, désigne sans nul doute une attitude globale d'adhésion à Yahvé. Tel est aussi le sens de *drš 't-yhwh* en *Am.*, V, 6 et *Os.*, X, 12. Ce sens convient le mieux au contexte de *Is.*, XXXI, 1[150]. Le prophète ne reproche pas avant tout aux Judéens d'avoir agi à l'insu de Yahvé, mais de ne pas s'en être remis à Yahvé[151].

Ce qui était demandé aux Judéens était de se tourner vers Yahvé et de s'en remettre entièrement à lui. Aux yeux du prophète, cela est absolument incompatible avec l'alliance avec l'Égypte et la confiance que les Judéens mettent dans la puissance égyptienne. Encore plus clairement que *Is.*, XXX, 1-5 notre passage révèle que, de l'avis d'Isaïe, la politique judéenne d'alliance avec l'Égypte revient à attribuer à la puissance égyptienne un rôle que Yahvé seul peut jouer, et équivaut donc à mettre la puissance égyptienne à la place de Yahvé. En un mot, en mettant sa confiance en l'Égypte, Juda en fait son dieu, et se rend donc coupable d'une sorte d'idolâtrie[152].

C'est ce qu'expriment encore plus clairement les oppositions si tranchées du v. 3, qui explicitent et renforcent les oppositions du v. 1. Il était sans doute évident pour tout Judéen que les Égyptiens étaient humains et non pas divins, que leurs chevaux étaient chair et non esprit[153]. En revanche, il était peut-être moins évident aux yeux des dirigeants de Jérusalem que leur alliance avec l'Égypte impliquait leur refus de Yahvé, et que, en se fiant à l'Égypte et à sa puissance militaire au lieu de se fier à Yahvé, ils optaient pour l'homme et la chair, c'est-à-dire l'impuissance de la créature, contre Dieu et l'Esprit, c'est-à-dire la force et la puissance[154].

[148] Au sujet de la racine *drš*, voir E. RUPRECHT, dans ThHAT, I, cc. 462-464 et S. WAGNER, dans ThWAT, II, cc. 313-329.

[149] Voir E. RUPRECHT, dans ThHAT, I, c. 464.

[150] Voir S. WAGNER, dans ThWAT, II, c. 322; W. DIETRICH, *Jesaja und die Politik*, 1976, p. 146, n. 71; F. HUBER, *Jahwe, Juda und die anderen Völker beim Propheten Jesaja*, 1976, p. 125; J. L. SICRE, *Los Dioses olvidados*, 1979, pp. 61-63.

[151] Voir J. L. SICRE, *op. cit.*, pp. 61-63.

[152] Voir F. HUBER, *op. cit.*, pp. 123-130; J. L. SICRE, *op. cit.*, pp. 59-64.

[153] Il est possible que les oppositions du v. 3a aient été suggérées par la croyance égyptienne en la divinité du Pharaon et que le prophète polémique contre ladite croyance. Voir H. WILDBERGER, *Jesaja*, III, 1982, pp. 1233-1234.

[154] Les oppositions parallèles *'ādām-'él* et *bāśār-rû[a]ḥ*, qui sont à prendre au sens dynamique et non ontique ou statique, soulignent avant tout l'impuissance et la faiblesse,

Pareille politique, non seulement ne profitera à personne, mais ne pourra qu'attirer le châtiment de Yahvé. Celui-ci frappera[155] à la fois le protecteur (*'ôzér*) et le protégé (*'āzur*)[156].

De l'avis unanime de la critique, *Is.*, XXXI, 1.3, tout comme *Is.*, XXX, 1-5 qui en est très proche, se situe dans le contexte de l'organisation de la révolte anti-assyrienne matée par Sennachérib en 701. Il nous paraît cependant difficile de dater l'oracle avec plus de précision, notamment de déterminer son rapport chronologique à d'autres oracles ayant trait aux mêmes événements. Cela dit, il est possible que *Is.*, XXXI, 1.3, qui formule de manière particulièrement incisive la raison de l'opposition d'Isaïe à l'alliance avec l'Égypte, soit postérieur à *Is.*, XXX, 1-5[157], et peut-être même le dernier oracle d'Isaïe concernant les démarches diplomatiques de Juda en vue de s'assurer l'appui militaire égyptien[158].

c) *Conclusions.*

Isaïe dénonce la politique d'alliance avec l'Égypte et annonce, non seulement son échec total (XXX, 3.5), mais aussi que celui-ci sera l'œuvre de Yahvé lui-même (XXXI, 3). Le prophète pousse d'avance le cri de deuil (*hôy*) sur les Judéens comme s'ils étaient déjà morts (XXX, 1 et XXXI, 1).

Contrairement à ce que prétend G. Brunet[159], l'opposition farouche d'Isaïe à l'alliance avec l'Égypte ne peut être nullement réduite à un

qui caractérisent l'homme et la créature en général, opposées à la toute-puissance et à la force, qui sont propres à Dieu (*cf. Gen.*, VI, 3; *Nomb.*, XVI, 22; XXIII, 19; XXVII, 16; *Is.*, XL, 5-6; *Jér.*, XVII, 5-8; *Éz.*, XXVIII, 2; *Ps.*, LVI, 5; LXXVIII, 39; *Job*, X, 4; *Dan.*, II, 11; *II Chr.*, XXXII, 8). Voir, parmi d'autres, D. LYS, *Rûach. Le Souffle dans l'Ancien Testament. Enquête anthropologique à travers l'histoire théologique d'Israël*, Paris, 1962, surtout pp. 84-85; ID., *La chair dans l'Ancien Testament. «Bâsâr»*, Paris, 1967; G. GERLEMAN, *bāśār*, dans ThHAT, I, cc. 376-379; N.P. BRATSIOTIS, *bāśār*, dans ThWAT, I, cc. 864-867; F. MAASS, *'ādām*, dans ThWAT, I, cc. 81-94; R. ALBERTZ - C. WESTERMANN, *rûaḥ*, dans ThWAT, II, cc. 747-748; H. WILDBERGER, *Jesaja*, III, 1982, pp. 1231-1235; C. WESTERMANN, *'ādām*, dans ThHAT, I, cc. 50-51; ID., *Geist im Alten Testament*, dans EvTh, XLI, 1981, pp. 223-230.

155 L'image de la main de Yahvé étendue, qui revient à plusieurs reprises chez *Isaïe* (V, 25; IX, 11.16.20; XXXI, 3; *cf.* aussi X, 4; XIV, 26-27), a toujours un sens menaçant. Sauf en *Prov.*, I, 24, tel est également le contexte de *nṭh yd ('l)* ayant pour sujet des personnes autres que Yahvé.

156 Bon nombre de critiques tiennent *Is.*, XXXI, 3bβ pour une glose récapitulative; B. DUHM, *Das Buch Jesaja*, 1914, p. 205; H. DONNER, *Israel unter den Völkern*, 1964, p. 136; W. DIETRICH, *Jesaja und die Politik*, 1976, p. 146, n. 68.

157 A. PENNA, *Isaia*, 1958, pp. 286-287; E.J. KISSANE, *The Book of Isaiah*, 1960, p. 341.

158 H. WILDBERGER, *Jesaja*, III, 1982, pp. 1228-1230. L'auteur s'appuie cependant sur une interprétation de *Is.*, XXX, 6b qui nous paraît contestable.

159 *Essai sur l'Isaïe de l'histoire*, 1975, pp. 141-158.

nationalisme et à un isolationnisme plus ou moins chauvins. Elle ne découle d'aucune considération stratégique ou politique, mais elle est commandée exclusivement par les convictions religieuses du prophète. Rien ne permet cependant de penser, comme font certains[160], que le prophète condamne l'alliance avec l'Égypte parce qu'elle impliquerait une certaine reconnaissance des dieux égyptiens et entraînerait, ou du moins favoriserait, la contamination du culte yahviste par les cultes égyptiens. A supposer que l'alliance avec l'Égypte eût de pareilles conséquences, ce qui reste une pure conjecture, il s'agirait d'un type d'infidélité qui ne semble avoir retenu l'attention d'Isaïe à aucun moment.

Isaïe s'oppose à l'alliance avec l'Égypte parce qu'il l'estime radicalement incompatible avec le rapport de confiance absolue et sans partage qui doit exister entre Juda et Yahvé. Aux yeux du prophète, cette confiance en Yahvé exclut absolument l'alliance avec l'Égypte parce qu'elle revenait à s'en remettre à cette puissance. Faire alliance avec l'Égypte, c'est lui accorder la place qui ne peut revenir qu'à Yahvé. C'est opter pour l'Égypte contre Yahvé, pour l'Homme contre Dieu, pour la Chair contre l'Esprit, pour la Faiblesse contre la Force[161].

Cela ressort clairement aussi bien de la structure de *Is.*, XXX, 1-2 et XXXI, 1.3, qui sont entièrement bâtis sur l'opposition entre la confiance en l'Égypte et la confiance en Yahvé, que du vocabulaire que le prophète utilise pour désigner cette confiance.

Bien que l'Égypte dispose d'une armée considérable, notamment de chars et de chevaux en grand nombre (XXXI, 1; *cf.* aussi XXX, 4), en regard de Yahvé tout cela n'est que faiblesse (XXX, 3), qui ne pourra donc servir à rien (XXX, 3.5), d'autant plus que Yahvé lui-même se dressera à la fois contre l'Égypte et contre Juda (XXXI, 3b).

Bien que la tradition n'ait conservé que les prises de position d'Isaïe à l'égard de l'alliance avec l'Égypte, le prophète s'est certainement opposé — exactement pour la même raison — aux autres alliances nouées par Juda lors du soulèvement anti-assyrien des années 705 à 701. A l'origine de *II Rois*, XX, 12-19 par. *Is.*, XXXIX, 1-8 il y a probablement la dénonciation des tractations entre Ézéchias et le Chaldéen Marduk-apal-iddina II (Merodak-baladan) en vue d'organiser la révolte. On n'en trouve cependant plus aucune trace dans le récit sous sa forme actuelle[162].

160 G. Ricciotti, *Histoire d'Israël*, I, 1947, pp. 465-466; W.O.E. Oesterley and Th. H. Robinson, *A History of Israel*, I, 1948, pp. 390-391; K. Koch, *The Prophets*, I. *The Assyrian Period*, 1982, p. 125.

161 F. Huber, *Jahwe, Juda und die anderen Völker beim Propheten Jesaja*, 1976, pp. 204-212, 226-232; J.L. Sicre, *Los Dioses olvidados*, 1979, pp. 51-65.

162 Voir *infra*, chap. VIIIe, p. 337.

II. Isaïe dénonce la confiance de Juda dans sa stratégie et annonce son échec

1. *Is., XXX, 15-17 — à l'inactivité militaire qui leur donnerait la victoire les Judéens préfèrent la rapidité de leur cavalerie, qui ne leur servira que pour s'enfuir.*

15. Car ainsi parle le Seigneur Yahvé, le Saint d'Israël :
«Par l'inactivité et le repos vous serez victorieux,
dans la tranquillité et l'assurance sera votre vaillance»,
mais vous n'en voulez pas.
16. Vous dites : «Non! Nous prendrons la course à cheval.»
Eh bien, vous prendrez la fuite.
Et (encore) : «Nous monterons des coursiers rapides.»
Eh bien, rapides seront vos poursuivants.
17. Un millier devant la menace d'un seul[163],
devant la menace de cinq vous fuirez
jusqu'à ce que vous restiez comme un mât au sommet de la montagne,
comme un signal sur la colline.

Bien qu'il soit rattaché aux vv. 9-14 par le motif de la confiance (vv. 15a et 12) et du refus (vv. 15b et 9b), le v. 15 commence une nouvelle unité littéraire. Celle-ci ne doit pas dépasser le v. 17, car au v. 18 débute quelque chose de nouveau.

La formule du messager introduit une citation de Yahvé, qui comprend deux propositions parallèles, et formule, à la 2e pers., les conditions de la victoire. Reprenant la parole, le prophète accuse les destinataires de refuser lesdites conditions. Ce refus est ensuite explicité et dramatisé au moyen d'une citation des destinataires, qui prend exactement le contre-pied de la parole de Yahvé tant au point de vue stylistique et littéraire qu'au point de vue logique. Aux deux propositions parallèles de la citation de Yahvé (v. 15a) correspondent symétriquement les deux propositions parallèles de la citation des destinataires (v. 16); à la lenteur des paroles attribuées à Yahvé (v. 15a) s'oppose la rapidité des paroles mises dans la bouche des Judéens (v. 16); aux images de quiétude (v. 15a) s'opposent les images de

[163] La proposition paraît manquer d'un verbe. On a souvent proposé de corriger le premier *'èḥād* en *yèḥèrad* («sera terrifié») ou *yéḥattû* («seront brisés par la peur»); voir la discussion de H. Wildberger, *Jesaja*, III, 1982, pp. 1180 et 1182. Le premier *'èḥād* a peut-être un sens adjectival et joue un rôle d'attribut par rapport à *'èlèph*, «millier», au sens militaire du terme; *cf. Ex.*, XVIII, 21.25; *Nomb.*, I, 16; X, 4; *Jos.*, XXII, 21.30; *I Sam.*, XXIX, 2.

mouvement (v. 16); aux moyens proposés par Yahvé pour obtenir la victoire (v. 15a) les destinataires opposent leurs propres plans (v. 16).

A la différence de la citation de Yahvé, la citation des destinataires est faite en deux temps. En effet, à chacune des deux propositions parallèles s'enchaîne immédiatement, moyennant la reprise des mêmes mots, une proposition symétrique prononcée par le prophète. Comme nous verrons, les deux propositions prononcées par le prophète prennent exactement le contre-pied de la citation des destinataires, tout comme celle-ci prend le contre-pied de la citation de Yahvé.

Le discours du prophète se poursuit au v. 17, et y trouve sa conclusion. Le v. 17 pose quelques problèmes. La première phrase n'a pas de verbe. Par ailleurs, le thème d'un millier d'Israélites poursuivi par un seul ennemi se retrouve en *Deut.*, XXXII, 30. En *Jos.*, XXIII, 10 il est question au contraire d'un millier d'ennemis poursuivis par un seul Israélite. Le thème des cinq poursuivants revient en *Lév.*, XXVI, 8, mais alors il s'agit de cinq Israélites qui poursuivent cent ennemis. Bien que *Is.*, XXX, 17 se trouve en dehors du jeu des oppositions précédentes, il prolonge bien le v. 16 en illustrant et en accentuant la grandeur de la débandade des Judéens. Cela dit, le v. 17a a peut-être été retouché secondairement sous l'influence de textes tels que *Lév.*, XXVI, 8; *Deut.*, XXXII, 30 et *Jos.*, XXIII, 10[164].

Quoi qu'il en soit de ce détail, *Is.*, XXX, 15-17 est une unité littéraire remarquablement bien construite à l'aide d'une double opposition littéraire et logique, dont la citation des Judéens au v. 16 est la charnière. Comprenant l'exposé des motifs (vv. 15-16) et l'annonce du malheur (vv. 16-17), *Is.*, XXX, 15-17 est formellement un oracle de malheur. Il présente cependant deux particularités par rapport à la structure habituelle de ce type d'oracles.

Il y a d'abord le jeu des citations. La présence d'une citation des destinataires dans l'exposé des motifs et d'une citation de Yahvé dans l'annonce du malheur — les deux citations étant souvent clairement opposées — est courante[165]. Par contre, une citation de Yahvé directe-

[164] Le caractère secondaire du v. 17aα ainsi que sa dépendance par rapport aux textes mentionnés sont affirmés par un grand nombre de critiques; K. MARTI, *Das Buch Jesaja*, 1900, p. 224; H. SCHMIDT, *Die grossen Propheten*, 1915, p. 93; H. DONNER, *Israel unter den Völkern*, 1964, p. 161; G. FOHRER, *Das Buch Jesaja*, II, 1967, pp. 101 et 104, n. 121; W. DIETRICH, *Jesaja und die Politik*, 1976, pp. 149-151.

[165] *Cf. Am.*, II, 11-15; IV, 1-3; VI, 13-14; VII, 16-17; VIII, 4-8; *Is.*, XXII, 13-14; XXX, 9-14; *Jér.*, V, 12-14; VI, 13-15; VIII, 10-12; XI, 21-22; *Ez.*, XXVI, 2-6; XXVIII, 2-9; XXXV, 10-15; H.W. WOLFF, *Das Zitat im Prophetenspruch. Eine Studie zur prophetischen Verkündigungsweise* (Beihefte zur EvTh, 4), München, 1937, repris dans *Gesammelte Studien zum Alten Testament* (ThB, 22), München, 1973², pp. 36-129, aux pp. 92-100.

ment opposée à une citation des destinataires dans le cadre de l'exposé des motifs, à notre connaissance, n'apparaît qu'en *Is.*, XXX, 15-17 et dans deux autres oracles de malheur isaïens, à savoir XXVIII, 7b-13 et XXVIII, 14-18[166]. Comme l'a montré R.F. Melugin, nous sommes en présence d'une adaptation de la structure classique de l'oracle de malheur propre à Isaïe[167]. Par ce procédé littéraire, le prophète souligne très fortement l'extrême gravité du comportement des destinataires qui disent catégoriquement non à une parole de Yahvé leur proposant les conditions du salut, et lui opposent une parodie (XXVIII, 7b-13) ou leurs propres plans (XXVIII, 14-18 et XXX, 15-17). De la sorte l'oracle prend un caractère particulièrement dramatique.

Par ailleurs, comme l'a bien remarqué J. Vermeylen, *Is.*, XXX, 15-17 ne reproduit pas le schéma bipartite traditionnel, mais témoigne d'une «organisation plus complexe» de l'oracle de malheur[168]. En effet, au lieu d'être séparé, l'exposé des motifs et l'annonce du malheur se trouvent imbriqués dans le v. 16. Mais, contrairement à J. Vermeylen, nous ne voyons pas dans cette imbrication une quelconque «anomalie», qui trahirait le caractère secondaire du v. 16[169], mais plutôt un moyen stylistique et formel de souligner la correspondance normale entre l'exposé des motifs et l'annonce de malheur, grâce à la reprise immédiate à l'intérieur de la menace, mais avec un glissement de sens, nous le verrons, des mots et des images employés dans l'exposé des motifs. Par là le prophète met en pleine lumière la relation de cause à effet qui existe entre les plans des Judéens et le sort qui les attend[170].

La compréhension de *Is.*, XXX, 15-17 pose quelques difficultés bien connues. D'abord, le sens précis de plusieurs mots de la citation de Yahvé, dont deux hapax (*šûbāh* et *biṭḥāh*), reste objet de discussion. Nous commencerons par la seconde paire de mots (*b^e^hašqéṭ ûb^e^biṭḥāh*), dont le sens nous paraît plus facile à saisir que celui de la première.

Le hif. de *šqṭ* a parfois le sens factitif normal de «faire reposer»[171], «apaiser»[172], mais le plus souvent il signifie comme le qal «se tenir» ou «rester tranquille», «se tenir» ou «être calme». Isaïe emploie le

[166] Voir *infra*, pp. 187-195 et pp. 195-220. En *Is.*, XXX, 9-14 la citation des destinataires (vv. 10-11) et la citation de Yahvé (v. 12) se suivent et se complètent, mais ne s'opposent pas; voir *infra*, pp. 220-224.

[167] R.F. MELUGIN, *The Conventional and the Creative in Isaiah's Judgement Oracles*, dans CBQ, XXXVI, 1974, pp. 301-311.

[168] *Du prophète Isaïe à l'Apocalyptique*, I, 1977, pp. 414-416.

[169] Voir nos critiques de la position de J. VERMEYLEN, dans RB, LXXXVII, 1980, pp. 613-615.

[170] R.F. MELUGIN, *op. cit.*, p. 304.

[171] *Ps.*, XCIV, 13.

[172] *Prov.*, XV, 18.

qal en XVIII, 4. Associé à *hibbîṭ*, le verbe y signifie «rester inactif»[173]. On retrouve le hif. en *Is.*, VII, 4. Étant donné d'une part l'opposition avec la panique qui secoue Achaz et tout le peuple (VII, 2), et d'autre part le parallélisme avec *hiššāmér*[174], *'al-tîrā'* et *l^ebābkā 'al-yérak*, *hašqéṭ* y signifie «être sans crainte ni inquiétude»[175].

On traduit habituellement *biṭḥāh* par «confiance», et l'on y voit la confiance en Yahvé. Certes, quand il est construit avec les prépositions *b*, *'al* ou *'èl*, le verbe *bṭḥ* signifie «se confier en», «compter sur», «se fier à», «s'en remettre à». C'est le sens du verbe en *Is.*, XXX, 12 et XXXI, 1. Employé de façon absolue, le verbe *bṭḥ* a plutôt le sens de «se sentir en sécurité», «être tranquille», «serein», «sans souci», «insouciant». Le sujet du verbe se croit, à tort ou à raison, à l'abri du danger[176]. Ce sens du verbe *bṭḥ* se trouve en *Is.*, XXXII, 9.10.11. En parallélisme avec *ša'^anannôt*, le part. *boṭḥôt* sert à évoquer le comportement insouciant des femmes de Jérusalem qui se croient, à tort, en toute sécurité. Les nuances de sécurité au sens objectif ou d'assurance au sens subjectif sont de loin prédominantes parmi les formes nominales de la racine. Ainsi, sauf en *Is.*, XXXII, 17, *bèṭaḥ* ou, le plus souvent, *lābèṭaḥ*, a toujours le sens adverbial de «en sécurité». Ces nuances sont également représentées par le hapax *baṭuḥôt*[177], par *biṭaḥôn*[178], et par certains emplois de *mibṭāḥ*[178a]. En l'absence de la mention d'une réalité qui serait l'objet de la confiance, nous voyons en *biṭḥāh* l'assurance de ceux qui se croient en sécurité, et partant sont tranquilles et sans soucis[178b].

Les racines *šqṭ* et *bṭḥ* se trouvent ailleurs associées. On a *šoqéṭ ûboṭé^aḥ* (*Jug.*, XVIII, 7.27)[179], *haššoqṭîm yošbéy lābèṭaḥ* (*Éz.*, XXXVIII,

[173] Voir *supra*, pp. 142-145.

[174] Au sujet du sens et des implications de *hiššāmér*, voir par exemple, H. WILDBERGER, *Jesaja*, I, 1972, pp. 279-281; G. BRUNET, *Essai sur l'Isaïe de l'histoire*, 1975, p. 102, n. 10; F. HUBER, *Jahwe, Juda und die anderen Völker beim Propheten Jesaja*, 1976, pp. 22-24.

[175] Th. LESCOW, *Jesajas Denkschrift aus der Zeit der syrisch-ephraimitischen Krieges*, dans ZAW, LXXXV, 1973, pp. 315-331, aux pp. 317-318; O.H. STECK, *Rettung und Verstockung. Exegetische Bemerkungen zu Jesaja 7,3-9*, dans EvTh, XXXIII, 1973, pp. 77-90, aux pp. 83-90; G. BRUNET, *op. cit.*, p. 102.

[176] *Jug.*, XVIII, 7.10.27; *Is.*, XII, 2; XXXII, 9.10.11; *Jér.*, XII, 5; *Ps.*, XXVII, 3; *Job*, VI, 20; XI, 18; XL, 23; *Prov.*, XI, 15; XIV, 16; XXVIII, 1 et peut-être *Am.*, VI, 1; voir F. HUBER, *op. cit.*, pp. 140-143 et 145-147; B. BECK, *Kontextanalysen zum Verb bṭḥ*, dans *Festgabe für G.J. Botterweck*, 1977, pp. 71-97.

[177] *Job*, XII, 6.

[178] *II Rois*, XVIII, 19b par. *Is.*, XXXVI, 4b. En *Qoh.*, IX, 4 la nuance n'est pas claire.

[178a] *Cf. Is.*, XXXII, 18; *Job.*, XVIII, 14; *Prov.*, XIV, 26.

[178b] F. HUBER, *op. cit.*, pp. 140-143 et 145-147.

[179] Il s'agit de l'évocation de la vie paisible et tranquille que mènent les habitants de Laïsh dans leur riche territoire: ils ne disposent ni de moyens de défense propres ni d'une quelconque protection extérieure.

11)[180], et *hašqéṭ wābèṭaḥ* (*Is.*, XXXII, 17). Ces paires de mots évoquent toujours la situation d'un peuple ou d'une ville qui mènent une vie paisible, sans se soucier de leur défense. Par là on souligne soit la vulnérabilité de ce peuple ou de cette ville, lesquels ne se méfiant même pas du danger, ne font rien pour y parer, et sont donc une proie facile pour un agresseur éventuel (*Jug.*, XVIII, 7.27-28; *Éz.*, XXXVIII, 11), soit la grande paix dont ils jouissent, et que rien ne peut troubler (*Is.*, XXXII, 17).

A la lumière de ce qui précède, il faut voir dans l'expression *b^ehašqéṭ ûb^ebiṭḥāh* (*Is.*, XXX, 15) un appel à la tranquilité et à la sérénité qui excluent tout souci des Judéens au sujet de leur sécurité et, à plus forte raison, toute aventure militaire. Paradoxalement, Yahvé dit donc aux Judéens que leur vaillance[181] réside précisément dans une attitude et un comportement qui apparemment ne pouvaient être qu'une source de faiblesse et de vulnérabilité.

L'autre paire de mots est *b^ešûbāh wānaḥat*. On a proposé de rendre *naḥat* par «fidélité à l'alliance» et d'y voir un appel à la loyauté à l'égard du suzerain assyrien[182]. Cette interprétation repose sur une base philologique très fragile[183]. En effet, elle s'appuie essentiellement sur la traduction discutable que O. Eissfeldt a donnée de *nû^aḥ ʿal* en *Is.*, VII, 2, à savoir «s'accorder» (*sich vertragen*). Même si l'on acceptait cette hypothétique nuance de *nû^aḥ ʿal* en *Is.*, VII, 2, rien n'autoriserait à attribuer également à *naḥat*, en *Is.*, XXX, 15, une nuance qui s'écarte des sens habituels de *nû^aḥ*, à savoir «camper», «(se) reposer», sens attestés en *Is.*, XXVIII, 12, dans le cadre d'un oracle formellement et logiquement très proche de *Is.*, XXX, 15-17, et appartenant probablement à la même période de l'activité du prophète[184]. L'interprétation de *naḥat* dans le sens d'un appel à la fidélité à l'égard de l'Assyrie soulève de surcroît de sérieuses difficultés. Isaïe a, certes, vigoureusement dénoncé l'alliance avec l'Égypte, laquelle avait certainement un caractère

[180] L'expression fait partie de l'évocation d'un peuple qui habite paisiblement un pays sans défense, sans remparts, sans portes ni verrous. En *Jér.*, XLIX, 31 l'expression *yôšéb lābèṭaḥ*, en parallélisme avec *gôy š^eléyw*, est dans un contexte tout à fait identique. On notera la même mention de l'absence de portes et de verrous. Comme *Jug.*, XVIII, 7.27-28, on signale l'isolement à l'égard d'autres peuples, ce qui exclut évidemment toute possibilité d'aide extérieure.

[181] Vu le contexte, notamment le parallélisme avec *tiwwāšéʿûn* et le contenu des vv. 16-17, *g^ebûrāh* désigne la valeur guerrière; *cf. Is.*, III, 25.

[182] O. EISSEFELDT, *Nûah «sich vertragen»*, dans *Schweizerische Theologische Umschau*, XX, 1950, pp. 171-174, repris dans *Kleine Schriften*, III, Tübingen, 1966, pp. 124-128, à la p. 127; G. FOHRER, *Das Buch Jesaja*, II, 1967, pp. 101-103.

[183] Voir les critiques de H. WILDBERGER, *Jesaja*, III, 1982, p. 1181.

[184] D'après le contexte, le hif. *hnyḥ* en *Is.*, XXVIII, 2 a le sens de «jeter à terre».

anti-assyrien, mais rien ne permet de supposer que le prophète l'a fait au nom de la fidélité au serment de vassalité à l'égard de l'Assyrie ou d'une quelconque option pro-assyrienne[185].

L'hypothèse d'un appel à la loyauté à l'égard de l'Assyrie nous paraît à exclure. En effet, bien qu'il ne soit pas dit explicitement que Isaïe s'est opposé aux démarches d'Achaz qui aboutirent à la vassalité judéenne[186], le message du prophète, non seulement lors de la crise syro-éphraïmite mais aussi tout au long de son activité, impliquait certainement l'exclusion du recours à l'Assyrie, pour la même raison qu'il exclura par la suite le recours à l'Égypte. Or, rien ne permet de supposer que Isaïe en soit venu à exhorter à la fidélité à une alliance qu'il avait d'abord condamnée. Aux yeux d'Isaïe, l'alliance avec l'Assyrie faisait partie des moyens humains de s'assurer la sécurité qu'il n'avait cessé de dénoncer avec beaucoup de virulence.

Is., XXX, 15 implique d'ailleurs que Isaïe ne prônait nullement la soumission à l'Assyrie, bien au contraire. En effet, le prophète énonce les conditions posées par Yahvé en vue de la victoire judéenne. Or, dans le contexte historique d'Isaïe, on ne voit pas sur qui d'autre, si ce n'est justement l'Assyrie, Juda remporterait la victoire.

Bref, rien ne conseille d'attribuer à *naḥat*, en *Is.*, XXX, 15, un sens différent de celui que ce terme a habituellement. Nous le rendons donc par «repos», qui est la traduction communément admise.

Le sens du hapax *šûbāh* est sans doute plus difficile à saisir. D'après l'opinion la plus courante, il s'agirait d'une forme nominale de la racine *šwb*, «revenir», «retourner». Mais, alors que la plupart traduit *šûbāh* par «conversion»[187], et y voit un «retour à Yahvé»[188], plusieurs critiques pensent à un «retour de», et interprètent le terme dans le sens d'un abandon ou d'une abstention de la guerre[189], de la recherche des appuis terrestres[190], de la rivalité avec les grandes puissances[191], de toute activité[192].

[185] Dans le même sens, voir F. HUBER, *Jahwe, Juda und die anderen Völker beim Propheten Jesaja*, 1976, p. 145, n. 34.

[186] Voir P. R. ACKROYD, *Historians and Prophets*, dans SEÅ, XXXIII, 1968, pp. 18-54, aux pp. 26-33 et 36-37; J. L. SICRE, *Los Dioses olvidados*, 1979, pp. 51-52.

[187] Voir, par exemple, W. L. HOLLADAY, *The Root šûbh in the Old Testament*, Leiden, 1958, p. 125; H. WILDBERGER, *Jesaja*, III, 1982, pp. 1181 et 1184-1185.

[188] Voir, par exemple, L. DENNEFELD, *Les grands prophètes*, 1947, p. 117; J. FISCHER, *Das Buch Isaias*, 1937, p. 202; A. PENNA, *Isaia*, 1958, p. 279.

[189] Voir, par exemple, K. MARTI, *Das Buch Jesaja*, 1900, pp. 223-224; B. DUHM, *Das Buch Jesaja*, 1914, p. 196; G. FOHRER, *Das Buch Jesaja*, II, 1967, pp. 101-103.

[190] T. K. CHEYNE, *The Prophecies of Isaiah*, I, London, 1889[5], p. 173.

[191] E. KOENIG, *Das Buch Jesaja*, 1926, p. 274. R. KILIAN, *Die Verheissung Immanuels Jes 7,14* (SBS, 35), Stuttgart, 1968, p. 20 y voit l'appel à l'abstention du pacte avec l'Égypte.

[192] H. BARTH, *Die Jesaja-Worte*, 1977, pp. 49-50.

Le sens de conversion à Yahvé ne convient pas au contexte. En effet, vu le parallélisme synonymique de *naḥat*, *hašqéṭ* et *biṭḥāh*, on s'attend à ce que *šûbāh* exprime également une notion parallèle, ce qui n'est pas le cas de la conversion. D'ailleurs, on ne trouve dans les oracles isaïens aucune autre attestation certaine de la racine *šwb* employée de façon absolue pour désigner la conversion[193]. Tel est, certes, le sens de *šwb* en *Is.*, IX, 12, mais ce verbe est alors suivi de *'ad hammakkéhû* (Yahvé)[194].

Le sens d'abandon ou d'abstention de la guerre, des rivalités entre les grandes puissances ou de toute activité, par contre, conviendrait parfaitement au contexte. Le verbe *šwb* peut certes avoir la nuance de «cesser», «(se) désister de», «renoncer à», «s'abstenir de». Cependant, la réalité à laquelle on renonce ou l'action dont en s'abstient sont alors explicitement indiquées[195]. Ceux qui attribuent à *šûbāh* la nuance d'abandon ou d'abstention de la guerre invoquent généralement *Mich.*, II, 8. Bien que la compréhension de ce texte ne soit pas aisée, il ne nous paraît pas confirmer l'hypothèse en question. En effet, construit avec *milḥāmāh*, le part. pass. *šûbéy*, si du moins l'on retient cette lecture, ne désigne pas ceux qui s'abstiennent de faire la guerre, mais plutôt la troupe des guerriers qui revient, au sens propre, une fois la guerre terminée[196].

Aussi a-t-on cherché à expliquer autrement *šûbāh* en le rattachant à la racine *yšb*, «s'asseoir», «être assis», «demeurer». Cette explication a été déjà signalée par W. Gesenius[197] et J. Fürst[198], et proposée par H.

[193] Les autres emplois de la racine *šwb* dans le *Proto-Isaïe* susceptibles de désigner la conversion sont secondaires (I, 27 et X, 22) ou d'interprétation controversée : *wāšāb* (VI, 10) et surtout le nom *šeʾār yāšûb* (VII, 3). Voir l'état de la question concernant les interprétations du nom *šeʾār yāšûb* donné par J. VERMEYLEN, *Du prophète Isaïe à l'Apocalyptique*, I, 1977, pp. 207-208, auquel on peut ajouter J. DAY, *Shear-Jashub (Isaiah VII 3) and «the Remnant of Wrath» (Psalm LXXVI 11)*, dans VT, XXXI, 1981, pp. 76-78.

[194] *Is.*, XIX, 22 et XXXI, 6 sont communément tenus pour secondaires. Au sujet de la conversion chez Isaïe, voir G. SAUER, *Die Umkehrforderung in der Verkündigung Jesajas*, dans *Wort - Gebot - Glaube. Festschrift W. Eichrodt zum 80 Geburtstag* (AThANT, 59), Zürich, 1970, pp. 277-295.

[195] Celles-ci sont normalement introduites par *min* et exprimées respectivement par un nom ou un pron. (*cf. Ex.*, XXXII, 12; *Nomb.*, VIII, 25; *Deut.*, XIII, 18; *I Rois*, XIII, 33; *II Rois*, XVIII, 14; *Jér.*, IV, 28; *Ez.*, XVIII, 24.27) ou par un infinitif construit (*cf. I Sam.*, XXIII, 28; *II Sam.*, XVIII, 16; *II Chr.*, XI, 4); *cf.* cependant *Jug.*, XI, 35 et *Is.*, LIX, 20.

[196] G. BRUNET, *Essai sur l'Isaïe de l'histoire*, 1975, pp. 135 et 138 voit en *šûbāh* la retraite d'une armée en campagne.

[197] *Thesaurus philologicus*, III, 1853, p. 1375.

[198] *Hebräisches und chaldäisches Handwörterbuch*, Leipzig, 1876, p. 418.

Ewald[199]. Plus récemment, elle a été défendue par M. Dahood[200], et elle jouit actuellement de la faveur de bon nombre de critiques[201]. M. Dahood a invoqué l'attestation en ougaritique[202] et en phénicien[203] de la paire de mots correspondant à *yšb* - *nwḥ*[204]. Étant donné les problèmes morphologiques que poserait le passage de *yšb* à *šûbāh*, M. Dahood en est venu à supposer l'existence d'une racine *šwb*, qui serait apparentée à *yšb* et synonyme[205].

Indépendamment de M. Dahood, A. Ahuvya a lui aussi proposé l'existence de deux racines synonymes *yšb* - *šwb*, à l'instar de *yṭb* - *ṭwb*; *šûbāh* dériverait de *šwb* et désignerait le fait d'être assis et, par métonymie, l'inactivité, le repos, la tranquillité, la paix et la quiétude[206].

Tout compte fait, nous nous rangeons à cette explication. Au moyen de la paire *b^e^šûbāh wānaḥat*, comme au moyen de *b^e^hašqéṭ ûb^e^biṭḥāh*,

[199] *Ausfürliches Lehrbuch der hebräischen Sprache*, Göttingen, 1863⁷, p. 396. Alors que W. GESENIUS et J. FUERST préfèrent l'hypothèse du rattachement de *šûbāh* à la racine *šwb*, H. EWALD ne mentionne même pas cette possibilité. A son tour, A. B. EHRLICH, *Randglossen zur hebräischen Bibel*, IV, 1912, p. 108 propose la correction de *b^e^šûbāh* en *b^e^šèbèt* et traduit par *durch Nichtstun*.

[200] *Some Ambiguous Texts in Isaiah (30,15; 33,2; 45,1)*, dans CBQ, XX, 1958, pp. 41-49, aux pp. 41-43.

[201] G. SAUER, *op. cit.*, p. 288; F.L. MORIARTY, *Isaias*, 1970, p. 314; Y. AVISHUR, *Word Pairs Common to Phoenician and Biblical Hebrew*, dans UF, VII, 1975, pp. 13-47, aux pp. 35-36; W. DIETRICH, *Jesaja und die Politik*, 1976, p. 149; W.H. IRWIN, *Isaiah 28-33*, 1977, pp. 85-86.

[202] *Ba'al et la Mort*, I AB, III: 18-19; *Danel et Aqhat*, II D, II: 13-14; on trouvera une traduction dans A. CAQUOT, M. SZNYCER et A. HERDNER, *Textes ougaritiques. I. Mythes et légendes*, 1974, aux pp. 262 et 424.

[203] *Inscription de Azitawaddu*; H. DONNER - W. ROELLIG, *KAI*, 26, A I: 17-18 et II: 7-8.13.

[204] L'association des racines *yšb* et *nwḥ* se retrouve ailleurs dans la Bible; *cf. Ps.*, CXXXII, 13-14 et *Lam.*, I, 3.

[205] *Psalms I, 1-50. Introduction, Translation, and Notes* (AB, 16), Garden City, New York, 1966, pp. 44 et 148; *Psalms III, 101-150. Introduction, Translation, and Notes. With an Appendix: The Grammar of the Psalter* (AB, 17A), Garden City, New York, 1970, p. 247.

[206] *whnh «yšb» w«šwb» kmw «yṭb» w«ṭwb»*, dans *Lešonénu*, XXXIX, 1975, pp. 21-36. Ces nuances de la racine *yšb* sont certainement attestées: inaction libre (*Jér.*, VIII, 14; *Ps.*, CXXVII, 2; *cf.* aussi *II Rois*, VII, 3.4) ou imposée (peut-être *Ex.*, XXI, 19 et *Is.*, XXX, 7); la tranquillité de ceux que la guerre ne trouble pas (*I Rois*, XXII, 1; *II Rois*, IV, 13; *Zach.*, I, 11) ou de ceux qui restent à l'écart des combats (*Jug.*, V, 7). Sans se prononcer sur l'étymologie, I.L. SEELIGMANN, *Menschliches Heldentum und göttliche Hilfe. Die doppelte Kausalität im alttestamentlichen Geschichtsdenken*, dans ThZ, XIX, 1963, p. 409, rend *b^e^šûbāh* par *In Stille*, et exclut fermement le sens de «conversion». G.R. DRIVER, *Isaiah I-XXXIX: Textual and Linguistic Problems*, dans JSS, XIII, 1968, p. 51, suggère un développemnt sémantique de la racine *šwb* identique à celui de l'arabe *raja'a*. Signifiant «revenir», ce terme a pris aussi le sens de «se reposer», «être tranquille». Bien que dérivé de la racine *šwb*, *šûbāh* aurait donc le sens de *staying quiet*.

Yahvé dit aux Judéens que, paradoxalement, c'est par l'inactivité et le repos qu'ils auront la victoire[207].

La portée pratique de cette parole fait l'objet de discussions. Isaïe s'oppose-t-il seulement à la confiance excessive que les Judéens mettaient dans leur stratégie aux dépens de la confiance en Yahvé ou prône-t-il le désarmement absolu de Juda? Étant donné son opposition au v. 16, le v. 15 exclut tout au moins le recours à la cavalerie. On ne peut pourtant pas interpréter XXX, 15-17 dans le sens d'une opposition entre deux stratégies proprement dites : la stratégie défensive (v. 15) et la stratégie offensive (v. 16), comme fait G. Brunet. D'après cet auteur, Isaïe serait fermement opposé à toute stratégie offensive, voire à la défense mobile et à toute guerre en rase campagne (v. 16), dont le nom de *šᵉʾār yāšûb* (*Is.*, VII, 3) prédirait l'échec[208]. Le prophète serait, par contre, un chaud partisan de la stratégie défensive, qui consistait concrètement dans la «retraite à l'abri des murs» de Jérusalem (*Is.*, XXX, 15)[209]. *Is.*, XXX, 15-17 exclurait le recours au combat en rase campagne et ses préparatifs, tels que les envisageaient les Judéens (v. 16), mais n'excluait nullement les préparatifs de la défense. Bien au contraire, la stratégie prônée par le prophète exigeait d'importantes mesures destinées à renforcer au maximum la défense de Jérusalem[210].

Sans doute ingénieuse, l'interprétation que G. Brunet donne de *Is.*, XXX, 15-17 est dépourvue de fondements sérieux. L'option pour la «solution du rempart», au sens où l'entend G. Brunet, nous paraît déconseillée par les termes de *Is.*, XXX, 15, et exclue par l'ensemble du message du prophète. Cette compréhension de *Is.*, XXX, 15 dépend d'ailleurs en grande partie de l'interprétation fantaisiste que G. Brunet donne de *Is.*, XXII, 11b et VIII, 5-8, selon laquelle Isaïe aurait été le promoteur acharné d'un vaste projet de travaux hydrauliques à Jérusalem, comportant notamment la construction du «réservoir entre

[207] Telle nous semble être, d'après le contexte, notamment le parallélisme avec *gᵉbûratᵉkèm*, la nuance de *tiwwāšéʿûn*. Cette nuance de la racine *yšʿ* est bien attestée : au nif. (*Deut.*, XXXIII, 29; *I Sam.*, XIV, 47; *Zach.*, IX, 9; *Ps.*, XXXIII, 16); au hif. (*Deut.*, XX, 4; *Jug.*, VII, 2.7; *I Sam.*, XIV, 6.23.39; XVII, 47; *II Sam.*, VIII, 6.14; *I Chr.*, XI, 14; XVIII, 6.13; *Ps.*, XX, 7; XLIV, 4.7.8) et sous les formes nominales : *yéšaʿ* (*Ps.*, XX, 7), *yᵉšûʿāh* (*Ex.*, XIV, 13; XV, 2; *I Sam.*, XIV, 45; *Is.*, XII, 2; *Hab.*, III, 8; *Ps.*, XVIII, 51 = *II Sam.*, XXII, 51; *Ps.*, XX, 6; XXI, 2.6; XLIV, 5; CXVIII, 14.15.21; *II Chr.*, XX, 17) et *tᵉšûʿāh* (*Jug.*, XV, 18; *I Sam.*, XI, 13; XIX, 5; *II Sam.*, XIX, 3; XXIII, 10.12; *II Rois*, V, 1; XIII, 17; *Ps.*, XXXIII, 17; CXLIV, 10; *Prov.*, XXI, 31; *I Chr.*, XI, 14).

[208] *Essai sur l'Isaïe de l'histoire*, 1975, pp. 123-134.

[209] *Op. cit.*, pp. 134-139, 183-189, 223-249 et 288-289.

[210] *Op. cit.*, pp. 159-183.

les deux murs» (*Is.*, XXII, 11b)[211] et le creusement du tunnel de Siloé (*Is.*, VIII, 5-8)[212].

Pris individuellement, l'un ou l'autre des termes du v. 15 pourrait, certes, être interprété comme un simple appel au calme et à l'assurance, qui n'exclurait en rien le recours aux moyens militaires, mais, bien au contraire, en chassant la peur paralysante, préparerait au combat dans de bonnes conditions. L'ensemble des termes employés ainsi que l'opposition entre cette parole de Yahvé et la parole des Judéens au v. 16 indiquent, nous semble-t-il, qu'il ne faut pas interpréter le v. 15 de la sorte, mais que l'on doit y voir un appel à l'inactivité militaire.

Les Judéens refusent[213] les conditions posées par Yahvé, à vrai dire déconcertantes, et leur préfèrent leur propre stratégie, diamétralement opposée, et apparemment plus réaliste.

D'après une interprétation courante, la proposition *'al-sûs nānûs* annoncerait la rapidité de la fuite des Judéens[214]. Il y aurait donc identité entre ce que les Judéens espéraient et ce dont ils sont menacés par le prophète. Il faudrait alors supposer que, à la victoire proposée par Yahvé (v. 15a), les Judéens n'ont rien de mieux à opposer que leur défaite, dont la fuite, même rapide, n'est qu'une conséquence, et que, de surcroît, ils se vantent à l'avance précisément de la déroute dont le prophète les menace.

On pourrait éviter pareilles invraisemblances en supposant que la proposition *'al-sûs nānûs* ne correspond pas aux espoirs des Judéens; en la mettant dans leur bouche, le prophète, avec une amère ironie, les ferait annoncer la débâcle qui les attend. Cette interprétation suppose néanmoins que le prophète fait dire d'abord aux destinataires ce que lui-même leur annonce ensuite. Ce procédé serait sans parallèle dans les oracles isaïens[215] et, de surcroît, vu les particularités stylistiques de

[211] *Op. cit.*, pp. 159-171; voir *infra*, pp. 182-185.

[212] *Op. cit.*, pp. 171-183; voir nos critiques dans RB, LXXXIII, 1976, pp. 440-442.

[213] Sauf en XXX, 15b, chez Isaïe, le verbe *'bh* est toujours suivi du verbe *šm'* soit dans un contexte conditionnel (I, 19) soit dans un contexte négatif de refus d'écouter la Parole de Yahvé (XXVIII, 12b et XXX, 9b).

[214] Voir notamment les versions modernes (PlAT, BJ, OSTY, TOB, CHOURAQUI, ALONSO SCHÖKEL) et, parmi d'autres, P. AUVRAY, *Isaïe 1-39*, 1972, pp. 268-269; G. BRUNET, *Essai sur l'Isaïe de l'histoire*, 1975, p. 136; J. VERMEYLEN, *Du prophète Isaïe à l'Apocalyptique*, I, 1977, pp. 414-416.

[215] *Is.*, XXVIII, 7-13 attribue à Yahvé la reprise littérale (v. 13a) de la parole des destinataires de l'oracle (v. 10). La fonction de cette parole est cependant entièrement différente selon qu'elle est attribuée aux destinataires ou à Yahvé. Elle dramatise le refus des destinataires dans le premier cas et évoque l'instrument de leur châtiment dans le second; voir *infra*, pp. 187-195.

Is., XXX, 16, d'une platitude vraiment déplacée. Étant donné non seulement la structuration du v. 16, à savoir le jeu des oppositions entre la citation des Judéens et la parole du prophète leur annonçant la débâcle, mais aussi l'opposition si marquée entre la citation des Judéens et la citation de Yahvé posant les conditions de la victoire (v. 15a), l'hypothèse qui voit dans la citation des Judéens, notamment en *ʿal-sûs nānûs*, l'annonce de leur débandade, nous paraît à exclure.

La citation des Judéens est susceptible d'une autre interprétation. Malgré son caractère elliptique, le sens de la proposition *wᵉʿal-qal nirkāb* paraît relativement clair. Rien n'implique l'idée de fuite, que l'on n'a pu y lire que sous l'influence de la proposition parallèle. La proposition *wᵉʿal-qal nirkāb* exprime simplement l'idée de rapidité. Les Judéens comptent donc sur la vélocité de leurs chars ou de leurs chevaux. Sans doute utile lors d'une retraite éventuelle, cette rapidité de mouvement constitue aussi et avant tout un avantage majeur pour décider du sort du combat. Si l'on comprend la proposition *wᵉʿal-qal nirkāb* dans ce sens, on peut supposer que la proposition parallèle *ʿal-sûs nānûs* signifie quelque chose identique. Avec un grand nombre de critiques, il faut alors admettre un glissement de sens entre les deux emplois du verbe *nws* au v. 16a. Tandis que le second a certainement le sens normal de «fuir», «s'enfuir» devant l'ennemi, le premier doit signifier quelque chose comme «courir», «prendre la course»[216]. Ce jeu de mots faisant appel à une nuance de *nws* sans parallèle dans la Bible paraît commandé par des raisons stylistiques. D'une part, comme dans le stique parallèle (v. 16b) il reprend la même racine *qll*, l'auteur veut employer dans la citation des Judéens et dans la menace correspondante le verbe *nws*, lequel convient parfaitement à la menace et, grâce à un glissement sémantique assez naturel, peut évoquer aussi la rapidité de la course, caractéristique de la fuite. D'autre part, l'auteur veut probablement jouer sur l'assonance entre *sûs* et *nûs*[217].

[216] Voir, parmi d'autres, *volare - fugere* (W. GESENIUS, *Thesaurus philologicus*, II, 1839, s.v.), *celerrime vectus est, advolavit - fugere* (F. ZORELL, *Lexicon*, s.v.). Plusieurs auteurs essaient de rendre le jeu de mots, selon les possibilités de la langue qu'ils utilisent : *fly (to the attack) - flee* (BDB, suivi par certains commentateurs, notamment T.K. CHEYNE, J. SKINNER), *speed - speed away* (R.B.Y. SCOTT, B.S. CHILDS, *Isaiah and the Assyrian Crisis*, 1967, p. 36); chez les commentateurs de langue allemande on trouve plusieurs jeux de mots: *(dahin)fliegen – fliehen* (H. GUTHE, K. MARTI, F. FELDMANN, J. FISCHER, G. FOHRER, W. EICHRODT et aussi H. DONNER, *Israel unter den Völkern*, 1964, p. 160 et H. W. HOFFMANN, *Die Intention der Verkündigung Jesajas*, 1974, pp. 43-44), *fliegen - flüchten* (B. DUHM), *einherrasen - davonrasen* (H. WILDBERGER); en français : «prendre la course» - «fuir à la course» (Bible de L. SECOND ; voir encore BR et Bible de Maredsous).

[217] Voir C.W.E. NAEGELSBACH, *Der Prophet Jesaja*, 1877, p. 329; J. SKINNER,

Bref, l'opposition entre la parole de Yahvé et la parole des Judéens n'implique pas l'opposition entre la victoire et la défaite, mais plutôt entre les moyens d'obtenir la victoire. Tandis que Yahvé propose la tranquillité, qui exclut le recours aux moyens militaires, les Judéens leur préfèrent la rapidité de leurs chevaux et de leurs chars, rapidité à laquelle à son tour le prophète oppose celle de la fuite devant l'ennemi, donc la défaite.

Poursuivant le v. 16, les images du v. 17 soulignent le caractère ignominieux et l'ampleur de la débandade. Pris d'une panique disproportionnée au nombre de leurs ennemis, les Judéens essaieront de se sauver par une fuite éperdue[218]. Cette fuite est évoquée au moyen du signal et de son support, le mât[219]. Demeurés seuls, ces signes de rassemblement[220] seront les témoins muets de la dispersion des fugitifs[221].

Bien que ni l'Égypte ni l'Assyrie ne soient nommées, les deux puissances de l'heure se profilent à l'horizon de *Is.*, XXX, 15-17. En effet, c'était sans doute en Égypte que les Judéens espéraient se procurer les chevaux (*cf. Is.*, XXXI, 1.3 et *II Rois*, XVIII, 23-24 par. *Is.*, XXXVI, 8-9). D'autre part, la rapidité des poursuivants n'est autre que celle des armées assyriennes (*cf. Is.*, V, 26 et XVIII, 2)[222]. Comme *Is.*, XVIII, 1-2.4; XXX, 1-5.6b-8 et XXXI, 1.3, *Is.*, XXX, 15-17 doit se rapporter

The Book of the Prophet Isaiah. Chapters I-XXXIX (CambB), Cambridge, 1900, pp. 229-230; F. FELDMANN, *Das Buch Isaias*, 1937, pp. 362-363.

[218] On pense en général que la racine *g'r* exprime le défi au combat destiné à intimider l'ennemi; voir H. GUNKEL, *Schöpfung und Chaos in Urzeit und Endzeit*, Göttingen, 1895, p. 113; G. LIEDKE, *g'r*, dans ThWAT, I, cc. 429-431; L. MARKERT, *Struktur und Bezeichnung des Scheltworts. Eine gattungskritische Studie anhand des Amosbuches* (BZAW, 140), Berlin - New York, 1978, pp. 238-242 et 300-303; H. WILDBERGER, *Jesaja*, III, 1982, p. 1187. Certes, la plupart des 21 emplois de cette racine ayant Yahvé ou Dieu comme sujet se trouvent dans un contexte de combat, notamment contre le Chaos ((*II Sam.*, XXII, 16; *Is.*, XVII, 13; L, 2; *Nah.*, I, 4; *Ps.*, XVIII, 16; CIV, 7; CVI, 9; *Job*, XXVI, 11; *cf.* aussi *Mal.*, III, 11 et *Ps.*, LXVIII, 31), ou dans des textes empreints d'une imagerie guerrière (*Is.*, LI, 20; LXVI, 15; *Ps.*, IX, 6; LXXVI, 7). On notera cependant que la racine hébraïque désignant normalement le défi au combat paraît être plutôt *ḥrp* (*cf.* surtout *I Sam.*, XVII, 10.25.26.36.45; *II Sam.*, XXI, 21 et aussi *Jug.*, VIII, 15; *I Sam.*, XI, 2; *Soph.*, II, 8.10). Par ailleurs, ayant l'homme comme sujet, la racine *g'r* a le sens de réprimander», «gronder», et semble appartenir à la sphère de l'éducation (*cf. Gen.*, XXXVII, 10; *Prov.*, XIII, 1.8; XVII, 10 et aussi *Jér.*, XXIX, 27; *Qoh.*, VII, 5 et *Ruth*, II, 16).

[219] Au sujet de *torèn* et *nés*, voir B. COUROYER, *Le NES biblique, signal ou enseigne?*, dans RB, XCI, 1984, pp. 5-29.

[220] *Cf. Is.*, V, 20; XI, 12; XIII, 2; XVIII, 3; XXXI, 9. Le terme *torèn* se retrouve seulement en *Is.*, XXXIII, 23 et *Éz.*, XXVII, 5; il y est également associé à *nés*, au sens de pavillon, et a la nuance de mât d'un bateau.

[221] B. COUROYER, *op. cit.*, pp. 11-12.

[222] Voir *supra*, pp. 142-143.

à la période de révolte anti-assyrienne entre 705 et 701[223]. Cependant, à la différence des passages mentionnés, *Is.*, XXX, 15-17 ne nous semble pas viser directement l'alliance avec l'Égypte[224]; il dénonce plutôt les espoirs que les Judéens mettaient dans la cavalerie, parce qu'ils sont eux aussi aux antipodes de la confiance absolue en Yahvé.

Cela dit, *Is.*, XXX, 15-17 contient une sorte de condensé du message d'Isaïe lors de la crise des années 705-701, et l'expression typique et particulièrement dramatique du refus judéen, ainsi que des conséquences qui s'ensuivront[225].

2. *Is., XXII, 8b-11 — au lieu de se tourner vers Yahvé, les Hiérosolymites s'affairent à renforcer la défense de leur ville*[226].

Contrairement à l'opinion dominante, nous tenons *Is.*, XXII, 8b-11 pour un élément primitif de l'unité littéraire constituée par les vv. 1-14, et nous y voyons le jugement que Isaïe a porté rétrospectivement sur les mesures prises par Ézéchias en vue d'améliorer la défense de Jérusalem[227].

Encadrés par la paire *hbyṭ - r'h*, employée aux vv. 8b-9a et reprise sous forme négative au v. 11b, les vv. 8b-11 sont eux aussi construits sur l'opposition entre ce que les destinataires ont fait (vv. 8b-11a) et ce qu'ils ont omis (v. 11b).

Vu les obscurités du texte et les lacunes dans notre connaissance de la Jérusalem de la fin du VIIIe s. av. J.-C., notamment au sujet des réservoirs d'eau que possédait la ville[228], il est très difficile de savoir en quoi ont consisté les mesures rapportées par *Is.*, XXII, 8b-11, et cela en dépit du témoignage d'autres textes relatifs aux travaux d'Ézéchias dans sa capitale[229], et de l'apport de l'archéologie.

D'après l'interprétation courante, le v. 8b concerne le recours aux armes. En effet, *nèšèq* est un terme générique pour désigner l'armement.

[223] C'est l'avis de la plupart des critiques. Seules quelques voix isolées se prononcent en faveur d'une autre datation, notamment entre 711 et 705; H. SCHMIDT, *Die grossen Propheten*, 1915, p. 93 et G. FOHRER, *Das Buch Jesaja*, II, 1967, p. 101.

[224] Contre K. ELLIGER, *Prophet und Politik*, dans ZAW, LIII, 1935, pp. 3-22, à la p. 17 = *KS zum Alten Testament* (ThB, 32), 1966, pp. 119-140; R. KILIAN, *Die Verheissung Immanuels Jes 7,14*, 1968, p. 20.

[225] F. HUBER, *Jahwe, Juda und die anderen Völker beim Propheten Jesaja*, 1976, p. 137.

[226] Voir la traduction, *infra*, p.236.

[227] Voir *infra*, pp. 238-241.

[228] Pour une présentation rapide des différents systèmes d'identification et de localisation des réservoirs d'eau de Jérusalem à l'époque monarchique, voir G. BRUNET, *Essai sur l'Isaïe de l'histoire*, 1975, pp. 293-295.

[229] *II Rois*, XX, 20; *II Chr.*, XXXII, 3-5.30; *Sir.*, XLVIII, 17.

La Maison de la Forêt, qui est probablement à identifier à la Maison de la Forêt du Liban, doit donc avoir servi d'arsenal.

Cette compréhension du v. 8b n'est cependant pas entièrement sûre. D'une part, si la Bible nous fournit des renseignements détaillés sur les dimensions et l'architecture de la Maison de la Forêt du Liban, ainsi que sur les matériaux dont elle était construite (*I Rois*, VII, 2-5), il n'en va pas de même de sa destination ou de ses destinations[230]. Son utilisation comme arsenal ne paraît pas clairement attestée ailleurs. D'après *I Rois*, X, 17, elle a servi, certes, d'entrepôt de boucliers. Fabriqués ou du moins plaqués d'or, ces boucliers n'étaient cependant pas des armes de combat, mais de parade. Ce fut en raison de l'or qu'ils contenaient que Roboam a dû remettre ces boucliers au pharaon Shéshonq Ier, de même que tout le contenu des trésors du palais et du Temple (*I Rois*, XIV, 25-26). *I Rois*, X, 21 insiste d'ailleurs sur le fait que tous les objets de la Maison de la Forêt du Liban étaient en or fin. D'autre part, *nèšèq* ne désigne peut-être pas que des armes. En effet, la LXX rend ce terme par *eklektoí* en *Is.*, XXII, 8b, et par *staktê* («huile de myrrhe») en *I Rois*, X, 25. Ces traductions semblent correspondre aux sens de l'ak. *nasāqu* («choisir»), *nasqu* («choisi») et *nisiqtu* («prix», «objets précieux»). Aussi H. Wildberger se demande si la Maison de la Forêt du Liban n'était pas une sorte de trésor — peut-être identique à *béyt nekotoh* (*II Rois*, XX, 13 par. *Is.*, XXXIX, 2) — et si *nèšèq* ne désigne pas des objets précieux. Dans ce cas, le v. 8b viserait directement les moyens nécessaires au financement de la guerre[231].

Si, comme paraît le suggérer *I Rois*, XIV, 26-28, la Maison de la Forêt du Liban était la salle de la garde palatine[232], *Is.*, XXII, 8b pourrait peut-être se référer aux troupes d'élite et à leur équipement sur lesquels on misait pour défendre Jérusalem.

D'après l'interprétation traditionnelle, qui remonte aux anciennes versions, le v. 9a rapporte des mesures concernant les brèches de la muraille de la cité de David, sans doute la partie la plus ancienne de Jérusalem. Cette opinion a cependant été contestée. A. B. Ehrlich a fait remarquer que cette interprétation suppose d'une part la lecture

[230] Voir l'état de la question donné par Th. A. BUSINK, *Der Tempel von Jerusalem von Salomo bis Herodes*, 1970, pp. 129-140, auquel on peut ajouter D. USSISHKIN, *King Solomon's Palaces*, dans BA, XXXVI, 1973, pp. 92-94; M. J. MULDER, *Einige Bemerkungen zur Beschreibung des Libanonwaldhauses in Reg 7,2f*, dans ZAW, LXXXVIII, 1976, pp. 99-105.

[231] *Jesaja*, II, 1978, pp. 821-822.

[232] Voir notamment L.-H. VINCENT et A.-M. STÈVE, *Jérusalem de l'Ancien Testament*, *II-III*, 1956, pp. 426-428 et R. de VAUX, *Institutions*, I, 1961, p. 189; II, 1967, pp. 20-21.

(*ḥômat*) *'îr-dāwid*, et d'autre part attribue à *beqî'a* le sens de brèche dans un mur, sens qui est normalement rendu par *bèdèq*[233]. A la lumière de *Jug.*, XV, 19, où le verbe *bq'* désigne l'action de dégager une source, A.B. Ehrlich a proposé de voir en *beqî'éy 'îr-dāwid* les «sources de la ville de David». L'auteur a en outre supposé la chute de *lo'* entre *kî* et *rābbû*[234].

Telle quelle, l'hypothèse de A. B. Ehrlich n'a guère été retenue. Cependant l'hypothèse qui voit en *Is.*, XXII, 9a, comme au v. 9b, une mesure concernant l'approvisionnement de Jérusalem en eau a été également proposée par G. R. Driver. En s'appuyant sur le sens du terme en hébreu postbiblique, cet auteur voit en *beqî'éy* des cavités naturelles aménagées en citernes. En outre, le verbe *r'ytm*, qui serait à vocaliser *ré'îtèm*, ne se rattacherait pas à la racine *r'h* («voir»), mais à une racine *r'h* (au *pi.*), synonyme de *rwh* («remplir»). *Is.*, XXII, 9a rapporterait donc le souci qu'ont eu les habitants de Jérusalem de remplir toutes les citernes afin de stocker à l'intérieur de la ville le plus possible d'eau, notamment d'eau de pluie[235].

L'explication que G. R. Driver donne de *r'ytm*, qui ne tient pas compte du parallélisme entre ce verbe et le verbe *hbyṭ* ni de la correspondance entre les vv. 8b-9a et le v. 11b, où l'on retrouve la même paire de mots, nous semble à exclure[236]. L'hypothèse qui voit en *Is.*, XXII, 9a une mesure en rapport avec l'approvisionnement de Jérusalem en eau, et suppose l'unité thématique du v. 9, n'est pas pour autant compromise. En effet, loin d'exclure la présence de la racine *r'h* («voir»), au v. 9a, la traduction de *beqî'éy* par citernes permettrait plutôt de donner à ce verbe la connotation de confiance que paraissent lui imposer le parallélisme avec *hbyṭ* (v. 8b) et la correspondance entre les vv. 8b-9a et le v. 11b. Si, comme le suppose l'hypothèse traditionnelle, il a pour objet direct les brèches de la muraille, le verbe *re'îtèm*, au v. 9a, ne peut pas avoir la connotation d'espoir et de confiance qu'il a certainement au v. 11b. Bien au contraire! Par conséquent, ni la correspondance entre les deux emplois de *re'îtèm*, aux vv. 9a et 11b, ni le parallélisme entre *hbyṭ* et *r'h*, aux vv. 8b et 9a, ne seraient parfaits.

[233] La traduction de *beqî'éy* par brèches est ancienne, puisqu'elle est supposée par la V («scissuras»), la Pesh. (*tûrā'tā'*) et le Tg (*peluggat*).

[234] *Randglossen zur hebräischen Bibel*, IV, 1912, p. 77.

[235] *Isaiah I-XXXIX: Textual and Linguistic Problems*, dans JSS, XIII, 1968, p. 48; ID., *«Another Little Drink» - Isaiah 28: 1-22*, dans *Words and Meanings. Essays presented to D. W. Thomas*, Cambridge, 1968, pp. 47-67, aux pp. 52-53; ID., *Water in the Mountains!*, dans PEQ, CII, 1970, pp. 83-91, aux pp. 83-85.

[236] Voir les remarques de J.A. EMERTON, *Notes on the Text and Translation of Isaiah XXII, 8-11 and LXV, 5*, dans VT, XXX, 1980, pp. 437-451, aux pp. 443-444.

Par contre, si l'on accepte la traduction de *b^e^qî'éy* par citernes, on obtient un parallélisme parfait entre *wattabbîṭû* et *r^e^'îtèm*, aux vv. 8b-9a, et une correspondance également parfaite entre les deux emplois de *r^e^'îtèm* aux vv. 9a et 11b[237].

Si l'on identifie assez généralement la piscine inférieure à l'actuelle Birket el-Ḥamra[238], les opinions divergent considérablement au sujet de la nature exacte et du but des mesures mentionnées au v. 9b. Alors que J. Simons y voit de simples travaux d'entretien, antérieurs à la percée du tunnel, et sans rapport avec celui-ci[239], et que L.-M. Vincent pense à des aménagements destinés à augmenter la capacité de la piscine de manière à ce qu'elle puisse contenir l'eau amenée par le tunnel, en attendant que soit construite un peu plus haut, au débouché du tunnel, la piscine de Siloé[240], G.R. Driver estime qu'il s'agit de l'inutilisation de la piscine inférieure, au moyen du détournement des eaux de surface qui s'y déversaient vers des citernes à l'intérieur de la ville dont il serait question au v. 9a[241].

Aussi bien le rapport entre les vv. 10a et 10b que le but des mesures qu'ils rapportent restent objet de discussion. On a vu dans la destruction des maison (v. 10b) un moyen de se procurer en toute hâte les matériaux nécessaires au colmatage des brèches de la muraille dont parlerait le v. 9a[242]. Le *pi.* de *bṣr* («couper», «rendre inaccessible») nous paraît cependant favoriser l'hypothèse de ceux qui estiment que la destruction des maisons a été rendue nécessaire du fait que, se trouvant à l'extérieur trop près des remparts, elles auraient pu couvrir l'approche des assiégeants, et leur faciliter l'escalade des murailles[243].

Pourquoi les maisons sont-elles dénombrées (v. 10a)? Y a-t-il un rapport immédiat entre le recensement (v. 10a) et la destruction (v. 10b) des maisons? S'agit-il des mêmes maisons dans les deux cas? On ne

[237] J.A. Emerton, *op. cit.*, pp. 445-446.

[238] Estimant que les qualificatifs «supérieure» et «inférieure» ont été attribués à deux bassins de Jérusalem en raison de leur emplacement par rapport au tunnel de Siloé, certains critiques identifient la piscine inférieure soit à la piscine de Siloé, soit à un bassin antérieur qui a occupé sensiblement le même emplacement au débouché du tunnel. Voir G. Brunet, *Essai sur l'Isaïe de l'histoire*, 1975, pp. 168 et 293-295.

[239] *Jerusalem in the Old Testament*, 1952, pp. 191-192.

[240] L.-H. Vincent et M.-A. Stève, *Jérusalem de l'Ancien Testament*, I, 1954, pp. 291-295 et 334ss.

[241] *Water in the Mountains!*, dans PEQ, CII, 1970, p. 84.

[242] Voir, par exemple, G.B. Gray, *The Book of Isaiah*, 1912, pp. 371-372; E.J. Kissane, *The Book of Isaiah*, 1960, p. 239; O. Kaiser, *Der Prophet Jesaja*, II, 1973, pp. 118-119.

[243] Voir G.R. Driver, *Water in the Mountains!*, dans PEQ, CII, 1970, pp. 84-85; H. Wildberger, *Jesaja*, II, 1978, p. 823.

voit pas pourquoi on aurait insisté sur le dénombrement ni quel serait le rapport entre celui-ci et la destruction des maisons, si celles-ci se trouvaient à l'intérieur de la ville, et si leur démolition n'était qu'un expédient désespéré pour se procurer les matériaux nécessaires au colmatage des brèches de la muraille[244]. Si les maisons démolies se trouvaient hors les murs, il serait, par contre, tout à fait naturel que l'on comptât aussi bien les maisons condamnées à la destruction que celles dont on aurait besoin à l'intérieur de la ville pour abriter les personnes ainsi délogées[245]. Cela dit, le recensement des maisons faisait probablement partie d'un plan plus vaste que celui de reloger quelques familles dont les maisons auraient été détruites pour des raisons de sécurité. Il s'agissait probablement de faire l'inventaire de la capacité de la ville, en vue de l'installation de troupes spéciales[246], de l'accueil des habitants des villages voisins, et peut-être aussi des habitants des quartiers de la ville hors les murs, et du stockage d'armements et de provisions[247].

Cela dit, *Is.*, XXII, 10 pourrait rapporter des mesures destinées à agrandir les remparts de Jérusalem, de façon à enfermer un ou plusieurs quartiers qui se trouvaient jusqu'alors hors les murs. En effet, les fouilles ont montré que, pour faire place au nouveau mur d'enceinte découvert par N. Avigad dans le quartier juif de l'actuelle vieille ville, il a fallu détruire des maisons[248].

Le v. 11a revient aux travaux touchant l'approvisionnement de Jérusalem en eau. Aussi bien l'identification des deux bassins mentionnés que le but des mesures prises restent discutés, Pour certains critiques l'ancienne piscine serait à identifier à l'actuelle Birket el-Ḥamra[249], et le bassin entre les deux murs serait la même Birket el-Ḥamra sous une forme réaménagée[250] ou un nouveau réservoir situé entre deux murs qui barraient le bas du Tyropéôn[251]. D'après l'opinion la plus

[244] Voir les remarques de H. WILDBERGER, *Jesaja*, II, 1978, p. 823.

[245] H. WILDBERGER, *op. cit.*, *ibidem*.

[246] Voir *supra*, chap. IVe, pp. 111-112.

[247] Voir H. WILDBERGER, *Jesaja*, II, 1978, p. 823.

[248] D. BAHAT, *The Wall of Manasseh in Jerusalem*, dans IEJ, XXXI, 1981, p. 235-236.

[249] Voir J. SIMONS, *Jerusalem in the Old Testament*, 1952, pp. 190-192; G. BRUNET, *Essai sur l'Isaïe de l'histoire*, 1975, pp. 168-169 et 293-295.

[250] J. SIMONS, *op. cit.*, *ibidem*. Pour cet auteur le v. 9b et le v. 11a concerneraient les mêmes réalités et rapporteraient des mesures antérieures au percement du tunnel et sans aucun rapport avec celui-ci. Les deux murs mentionnés au v. 11a seraient les murs d'enceinte respectivement de l'Ophel et de la colline du sud-ouest qui enfermeraient la partie inférieure du Tyropéôn; pp. 98-111, 128-129, 190-192, 226-281 et 334-337.

[251] Voir G. BRUNET, *Essai sur l'Isaïe de l'histoire*, 1975, pp. 168-169, 293-295, et les références données par cet auteur.

répandue, l'ancienne piscine serait à identifier à la piscine supérieure (*Is.*, VII, 3; *II Rois*, XVIII, 17 par., *Is.*, XXXVI, 2), sans doute une cavité naturelle dans le voisinage de la source de Giḥon que l'on aurait aménagée en vue de la régulation du cours de l'eau. Le bassin entre les deux murs ne serait autre que la piscine de Siloé [252]. La construction de ce réservoir au débouché du tunnel de Siloé aurait rendu inutile l'ancien bassin régulateur en amont. Les mesures rapportées au v. 11a seraient donc étroitement liées à la percée du tunnel de Siloé, et feraient partie du même grand projet d'Ézéchias.

Quoi qu'il en soit des incertitudes au sujet des mesures rapportées en *Is.*, XXII, 8b-11a, il est certain que celles-ci étaient destinées à améliorer la défense de Jérusalem. Ces mesures ont été probablement jugées nécessaires en prévision de la riposte assyrienne que la révolte judéenne ne pourrait qu'attirer. Cela dit, étant donné l'ampleur des travaux, leur exécution exigeait un temps considérable. Par conséquent, ils n'ont pas dû être faits en toute hâte à la veille de l'expédition de Sennachérib.

A l'attention à la stratégie le prophète oppose ce que Jérusalem a omis, et aurait dû faire (v. 11b). Tout indique que le sujet implicite des part. *ʿośèyhā* et *yoṣrāh* est Yahvé. Sauf dans le *Ps.*, XCIV, 20, dont le texte est d'ailleurs obscur [253], le verbe *yṣr* ayant l'homme pour sujet n'a jamais le sens figuré de «concevoir un projet» ou «un dessein», mais toujours le sens propre de «façonner l'argile» ou un autre matériau, et il n'apparaît que dans le contexte de l'activité du potier [254] ou du fabricant d'images [255]. Partout ailleurs, le verbe *yṣr* a Yahvé ou Dieu pour sujet, et, souvent associé à *ʿśh*, constitue l'un des termes les plus fréquents pour désigner la création, non seulement de l'homme [256], du monde et de tous ses éléments [257], mais aussi d'Israël [258] et des événe-

[252] Voir L.-H. VINCENT et M.-A. STÈVE, *Jérusalem de l'Ancien Testament*, I, 1954, pp. 291-295; G.R. DRIVER, *Water in the Mountains!*, dans PEQ, CII, 1970, p. 85.

[253] L'auteur de l'action supposée par le hof. en *Is.*, LIV, 17 reste indéterminé.

[254] II *Sam.*, XVII, 28; *Is.*, XXIX, 16; XXX, 14; XLI, 25; *Jér.*, XVIII, 2.3.4.6; XIX, 1.11; *Ps.*, II, 9; *Lam.*, IV, 2; I *Chr.*, IV, 23. En *Is.*, XXIX, 16 et *Jér.*, XVIII, 6 le potier est l'image de Yahvé, l'argile et le vase sont l'image des Judéens. En *I Rois*, VII, 15; *II Rois*, XII, 11 et *Zach.*, XI, 13 le verbe *yṣr* paraît désigner la fonte du métal, mais la lecture de ces textes reste incertaine.

[255] *Is.*, XLIV, 9.10.12; *Hab.*, II, 18. Par contre, le subst. *yéṣèr* a le plus souvent le sens figuré de pensée ou dessein dont l'homme est l'auteur. *Cf. Gen.*, VI, 5; VIII, 21; *Deut.*, XXXI, 21; *I Chr.*, XXVIII, 9; XXIX, 18.

[256] *Gen.*, II, 7.8; *Jér.*, I, 5; *Zach.*, XII, 1; *Ps.*, XCIV, 9. Associé à *ʿśh* (*Ps.*, XXXIII, 15).

[257] *Gen.*, II, 19; *Jér.*, X, 16; LI, 19; *Am.*, VII, 1; *Ps.*, LXXIV, 17; CIV, 26. Associé à *ʿśh*, *Is.*, XLV, 7.18; *Am.*, IV, 13; *Ps.*, XCV, 5.

[258] *Is.*, XLIII, 1.21; XLIV, 21; XLV, 11; XLIX, 5. Associé à *ʿśh*, *Is.*, XXVII, 11; XLIII, 7; XLIV, 2.24. En *Is.*, XLV, 9 et LXIV, 7 Yahvé est présenté sous l'image du potier.

ments de l'histoire[259]. L'expression *mérāḥôq* (ou : *l^eméraḥôq*) au sens temporel ne se rapporte jamais à une action humaine, mais toujours à une action divine[260].

Cette identification du sujet des part. est confirmée par la comparaison avec *Is.*, V, 12b, texte qui est très proche de XXII, 11b. Construit sur l'opposition entre ce que les destinataires ont fait (vv. 11-12a) et ce qu'ils ont omis (v. 12b), V, 11-12 présente une structure identique à celle de XXII, 8b-11. Comme en XXII, 8b-11, on a en V, 12b la paire *hbyṭ* - *r'h* au sens de «regarder», «se tourner vers», avec une nuance d'attention, d'intérêt et de confiance. Comme en XXII, 11b, en V, 12b, ce couple de verbes est à la négative, et formule une accusation d'omission[261], qui s'oppose[262] à l'action des destinataires. On trouve dans les deux cas la racine *'śh*. L'accusation de XXII, 11b est semblable à celle de V, 12b, mais plus grave dans la mesure où elle concerne l'inattention, non pas à l'égard de l'œuvre de Yahvé, mais à l'égard de Yahvé lui-même[263].

Il reste à déterminer le complément d'objet des part. et donc à identifier l'œuvre de Yahvé. Pour des raisons structurelles et logiques, il nous paraît exclu que l'antécédent des pron. *-āh* se trouve aux vv. 8b-11. En effet, l'opposition entre les vv. 8b-11a et le v. 11b introduit une division entre ces deux parties du discours. D'un point de vue logique, il est impossible de trouver aux vv. 8b-11a l'antécédent des pron. *-āh* du v. 11b, car il faudrait alors identifier l'œuvre de Yahvé soit à l'une des réalités que les Hiérosolymitains ont rendues inutiles ou détruites, ce qui n'aurait aucun sens, soit à l'une ou l'autre des mesures défensives que le prophète leur reproche, ce qui serait

[259] *Jér.*, XVIII, 11. Associé à *'śh*, *Is.*, XLVI, 11; *Jér.*, XXXIII, 2. La formulation de *II Rois*, XIX, 25 = *Is.*, XXXVII, 26 est très proche de celle de *Is.*, XXII, 11b.

[260] *II Sam.*, VII, 19; *II Rois*, XIX, 25; *Is.*, XXV, 1; XXXVII, 26; *Ps.*, CXXXIX, 2; *I Chr.*, XVII, 17.

[261] Seules différences dans la formulation : les verbes sont à la 3e pers. plur. en *Is.*, V, 12b et à la 2e pers. plur. en *Is.*, XXII, 11b; *hbyṭ* est construit avec *'ét* en V, 12b et *'èl* en XXII, 11b.

[262] L'opposition est marquée dans les deux cas par le *w-* avec une nuance adversative.

[263] J. VERMEYLEN, qui voit en *Is.*, XXII, 8b-11 une addition deutéronomiste de la période exilique, estime que la «formulation de XXII, 11b est empruntée à celle de V, 12b» (*Du prophète Isaïe à l'Apocalyptique*, I, 1977, pp. 335-337). Tout en admettant que *Is.*, V, 11-13 est antérieur à XXII, 8b-11, nous ne voyons pas de raisons d'affirmer une dépendance du second passage par rapport au premier. Rien n'empêche que Isaïe ait exprimé dans les mêmes termes l'inattention à Yahvé qu'il voyait aussi bien dans le luxe et l'insouciance des dirigeants de Jérusalem, échauffés par le vin (*cf.* aussi XXVIII, 7b-13), que dans leur affairement à préparer la défense de la ville.

absurde[264]. Il faut donc penser à un antécédent éloigné, à savoir le jour que Jérusalem vient de vivre, et dont l'évocation se trouve aux vv. 5-8a[265]. Les habitants de la ville ont cru pouvoir l'écarter grâce à leurs mesures défensives, au lieu de se tourner vers Yahvé, le seul à pouvoir leur éviter ce malheur qu'il avait lui-même projeté depuis longtemps.

3. *Conclusions.*

Isaïe dénonce l'espoir que les Judéens mettent dans leur stratégie. Il condamne aussi bien la confiance des Judéens dans leurs armes offensives, notamment la cavalerie (XXX, 16), que leur confiance dans le dispositif défensif qu'ils ont mis en place à Jérusalem (XXII, 8b-11).

Cette prise de position du prophète n'est pas le résultat d'un quelconque calcul stratégique ou politique. Elle n'est pas non plus l'expression d'un idéal pacifiste. La position d'Isaïe découle exclusivement de ses convictions religieuses.

Isaïe aspire, sans doute plus vivement que n'importe qui en Juda, à la victoire et au bien-être de son peuple (*Is.*, XXX, 15). Il est cependant en désaccord radical avec les politiciens de Jérusalem au sujet des moyens d'y parvenir (*Is.*, XXII, 8b-11 et XXX, 15-17). Aux yeux du prophète, la victoire et le bien-être de Juda ne peuvent être que l'œuvre exclusive de Yahvé. C'est donc vers Yahvé seul que les Judéens doivent se tourner ; c'est en Yahvé seul qu'ils doivent mettre leur confiance (XXII, 11b). En misant sur leur cavalerie pour remporter la victoire et sur les mesures défensives pour mettre Jérusalem à l'abri de l'assaut assyrien, les Judéens s'opposent diamétralement à ce que Yahvé leur demandait, et prennent exactement le contre-pied du comportement qui seul leur vaudrait la victoire et la paix. En dernier ressort, ils attribuent à leur cavalerie et à leurs mesures défensives un rôle qui ne peut revenir

264 G. BRUNET, *Essai sur l'Isaïe de l'histoire*, 1975, pp. 168-171 propose d'identifier le sujet des participes du v. 11b au prophète Isaïe et de voir en *miqwāh* du v. 11aα l'antécédent des pronoms *-hā*. Isaïe reprocherait donc aux Hiérosolymites d'avoir fait un certain réservoir «et de ne pas s'être souvenus que cette idée était de lui» (p. 171). Cette interprétation est exclue aussi bien par le contexte immédiat, comme nous l'avons vu, que par l'ensemble du message d'Isaïe, qui s'est toujours violement opposé à la recherche de sécurités humaines. Cette interprétation aboutirait d'ailleurs à abaisser la prédication du prophète au niveau d'une mesquine querelle de jalousie ou d'orgueil personnels, que rien ne permet de soupçonner. Voir notre recension de l'ouvrage de G. BRUNET dans RB, LXXXIII, 1976, pp. 440-442 et aussi J. VERMEYLEN, *Du prophète Isaïe à l'Apocalyptique*, I, 1977, p. 336, n. 1; H. WILDBERGER, *Jesaja*, II, 1978, pp. 824-826.

265 Voir notre recension de l'ouvrage de G. BRUNET dans RB, LXXXIII, 1976, pp. 441-442 et aussi W. DIETRICH, *Jesaja und die Politik*, 1976, pp. 195-196; H. WILDBERGER, *Jesaja*, II, 1978, pp. 824-826.

qu'au seul Yahvé; ils se mettent eux-mêmes à la place de Yahvé dont ils prétendent ainsi orgueilleusement se passer. Voilà la raison fondamentale pour laquelle Isaïe condamne la confiance que Juda met dans ses propres moyens militaires, exactement la même qui amène le prophète à dénoncer la confiance en l'Égypte.

Isaïe prônait-il le désarmement complet de Juda et l'abstention absolue de toute activité militaire et de toute mesure défensive? Cette question est objet de controverses. Tandis que les uns voient en Isaïe le partisan d'un «quiétisme» militaire absolu[266], d'autres, tout en reconnaissant que le prophète relativise complètement l'importance des moyens militaires, estime qu'il ne les exclut pas[267].

Une chose est certaine : Isaïe voit dans les espoirs que Juda met dans sa cavalerie et dans ses mesures défensives lors de la révolte des années 705-701 l'expression d'une confiance radicalement mal placée et absolument incompatible avec la confiance dont Yahvé seul peut être l'objet. La confiance dans les moyens militaires dont les Judéens font preuve et la confiance en Yahvé s'excluent mutuellement.

Il reste cependant à savoir si le prophète condamne seulement l'attitude d'esprit de ses compatriotes ou s'il interdit absolument le recours aux moyens militaires et à la stratégie. Autrement dit, aux yeux du prophète, est-il possible de se servir des moyens militaires et de s'occuper de la défense tout en se remettant entièrement à Yahvé et en n'espérant la victoire que de lui? Isaïe, qui ne fait évidemment pas un traité sur le rapport entre la cause première et les causes secondes, mais qui prend position devant une situation politique bien déterminée, ne répond pas directement à ces questions[268].

[266] Le terme «quiétiste» a été employé par C. A. KELLER, *Das quietistische Element in der Botschaft des Jesaja*, dans ThZ, XI, 1955, pp. 81-97; Voir également H. GRESSMANN, *Der Messias* (FRLANT, 26), Göttingen, 1929, p. 237; G. VON RAD, *Der Heilige Krieg im alten Israel* (AThANT, 20), Zürich, 1951, pp. 56-58; H.W. WOLFF, *Frieden ohne Ende. Jesaja 7, 1-17 und 9, 1-6 ausgelegt* (Biblische Studien, 35), Neukirchen, 1962, pp. 18-26; I. L. SEELIGMANN, *Menschliches Heldentum und göttliche Hilfe. Die doppelte Kausalität im alttestamentlichen Geschichtsdenken*, dans ThZ, XIX, 1963, pp. 408-409; G. FOHRER, *Das Buch Jesaja*, I, 1966, p. 107; II, 1967, pp. 102-105; F. STOLZ, *Jahwes und Israels Kriege. Kriegstheorien und Kriegserfahrungen im Glauben des alten Israels* (AThANT, 60), Zürich, 1972, pp. 117-118; F. HUBER, *Jahwe, Juda und die anderen Völker beim Propheten Jesaja*, 1976, surtout pp. 22-24, 26, 137, 140 et 147; H. BARTH, *Die Jesaja-Worte*, 1977, pp. 49-50.

[267] K. ELLIGER, *Prophet und Politik*, dans ZAW, LIII, 1935, pp. 17-18; H. DONNER, *Israel unter den Völkern*, 1964, pp. 11-12 et 169-174; H. WILDBERGER, *Jesaja*, I, 1972, pp. 279-280; 1982, II, p. 1185; S. AMSLER, *Les Prophètes et la Politique*, dans RThPh, XXIII, 1973, pp. 14-31, à la p. 28.

[268] I.L. SEELIGMANN, *op. cit.*, p. 408 nous semble avoir raison d'affirmer que l'insistance d'Isaïe sur la toute puissance absolue de Dieu opposée à l'inanité de ce

Cela dit, il est certain que, du point de vue d'Isaïe, la stratégie judéenne ne peut jouer aucun rôle dans l'obtention de la victoire, car celle-ci ne peut venir que de Yahvé. De plus, les termes dont le prophète se sert pour formuler les conditions de la victoire en XXX, 15 impliquent concrètement, à notre avis, l'abstention absolue de toute activité militaire, offensive ou défensive.

Dans la perspective d'Isaïe, il n'y a pas de différence essentielle entre la confiance que les Judéens mettent dans leurs propres moyens militaires et la confiance qu'ils mettent dans la puissance égyptienne. L'une et l'autre confiance se substituent à la confiance en Yahvé, dont la place est ainsi prise par la force militaire judéenne ou la force militaire égyptienne. Si le prophète exclut absolument l'alliance avec l'Égypte, ce dont personne ne doute, il est logique qu'il exclue également de façon absolue le recours de Juda à des moyens militaires qu'il aurait en propre.

III. La présence de Yahvé à Sion gage de protection sous conditions

1. *La Foi et la Justice conditions de la protection de Yahvé.*

a) *Is., XXVIII, 7b-13 — les prêtres et les prophètes de Jérusalem parodient l'appel à la Justice.*

7. Eux aussi, ils sont troublés par le vin
et par la boisson égarés.
Prêtre et prophète sont troublés par la boisson,
engloutis par le vin;
ils sont égarés par la boisson,
ils sont troublés dans la vision,
ils vacillent dans la sentence[269].
8. Oui, toutes les tables sont couvertes de vomissements,
de saletés, pas une place nette.
9. «A qui enseigne-t-il la connaissance?
A qui explique-t-il le message?
A ceux qui ont été à peine sevrés,
éloignés des mamelles?
10. Puisque c'est : *ṣaw lāṣāw, ṣaw lāṣāw,*
qaw lāqāw, qaw lāqāw,
z^{e}*ʿéyr šām, z*^{e}*ʿéyr šām.*»

qui n'est pas Dieu et à l'impuissance de l'homme, qui implique l'exclusivisme de la causalité divine, ne laisse aucune place à la causalité humaine.

[269] En lisant *bapp*^{e}*lîlîyāh.*

11. Eh bien oui, c'est par des lèvres bégayantes
et en langue étrangère
qu'il va parler à ce peuple,
12. lui qui leur a dit :
«C'est ici le lieu du repos! faites donc reposer le fatigué;
c'est ici le lieu de la traquillité!»
mais ils n'ont pas voulu[270] écouter.
13. Aussi la parole de Yahvé deviendra-t-elle pour eux :
«*ṣaw lāṣāw, ṣaw lāṣāw, qaw lāqāw, qaw lāqāw,*
z^eʿéyr šām, z^eʿéyr šām»,
afin qu'en marchant ils trébuchent à la renverse et soient brisés,
pris au piège et capturés.

Is., XXVIII, 7 introduit de nouveaux destinataires, et marque ainsi le début d'une nouvelle unité littéraire. Celle-ci ne doit pas dépasser le v. 13, car le v.14 commence un nouvel oracle. Par delà les vv. 5-6, *w^egam-ʾéllèh* rattache le v. 7 aux vv. 1-4. Le v. 7a, dont le vocabulaire et le contenu se retrouvent entièrement au v. 7b, est une suture rédactionnelle entre les vv. 1-4 et les vv. 7-13[271].

Les vv. 7b-8 décrivent de façon assez réaliste une scène d'ivrognerie dont les prêtres et les prophètes sont les acteurs[272], et qui a sans doute pour cadre un banquet sacrificiel dans le Temple de Jérusalem[273]. Assommés par le vin, ils sont incapables de remplir leurs fonctions respectives : les prophètes sont troublés dans la vision[274] et les prêtres vacillent dans la sentence[275]. Cette description est l'œuvre du prophète.

Aux vv. 9-10, Isaïe cite, par contre, les destinataires. Ces versets

[270] En lisant *ʾābû* avec 1QIs[a] et plusieurs mss.

[271] H. DONNER, *Israel unter den Völkern*, 1964, p. 147; B.S. CHILDS, *Isaiah and the Assyrian Crisis*, 1967, p. 28; R.F. MELUGIN, *The Conventional and the Creative in Isaiah's Judgement Oracles*, dans CBQ, XXXVI, 1974, p. 305; J. VERMEYLEN, *Du prophète Isaïe à l'Apocalyptique*, I, 1977, p. 390; H. WILDBERGER, *Jesaja*, III, 1982, pp. 1052 et 1055-1056.

[272] Les prêtres et les prophètes sont souvent associés; *II Rois*, XXIII, 2; *Jér.*, II, 8.26; VI, 13; VIII, 10; XIV, 18; XVIII, 18; XXIII, 11; XXXII, 32; *Éz.*, VII, 26; *Mich.*, III, 11; *Soph.*, III, 4; *Zach.*, VII, 1-3; *Lam.*, II, 20.

[273] Voir O. PROCKSCH, *Jesaja I*, 1930, p. 353; W. EICHRODT, *Der Herr der Geschichte*, 1967, p. 123; G. FOHRER, *Das Buch Jesaja*, II, 1967, p. 51; G. PFEIFFER, *Entwöhnung und Entwöhnungsfest im Alten Testament : der Schlüssel zu Jesaja 28,7-13?*, dans ZAW, LXXXIV, 1972, pp. 341-347, à la p. 345; H. WILDBERGER, *Jesaja*, III, 1982, p. 1057.

[274] La vision était l'un des moyens de communication entre Yahvé et le prophète. *Cf. Is.*, VI, 1; XXX, 10; *Am.*, VII, 1.4.7; VIII, 1; IX, 1; *Mich.*, III, 6; *Lam.*, II, 9.

[275] La communication des décisions divines faisait partie des attributions du prêtre. *Cf. Ex.*, XXVIII, 30; *Lév.*, X, 8-11; XXVII, 8.11-12.14; *Nomb.*, XXVII, 21; *Deut.*, XVII, 8-13; *I Rois*, VIII, 31-32; *Jér.*, XVIII, 18; *Éz.*, VII, 26; *Ag.*, II, 11; *Zach.*, VII, 1-3; *Sir.*, XLV, 17.26.

contiennent ce que A. Van Selms appelle une «motivated interrogative sentence»: deux questions introduites par le pron. interrogatif (v. 9a) sont suivies de leur justification introduite par *kî* (v. 10). Cette construction servant à exprimer la «reductio ad absurdum», le v. 10, qui soulève les questions du v. 9, doit impliquer quelque chose d'apparemment absurde[276].

Le v. 10 reste une «crux interpretum». Quoi qu'il en soit de l'explication de détail que l'on en donne[277], ce verset doit contenir une parodie de l'enseignement et du message mentionnés au v. 9a, et que les prêtres et les prophètes présentent sous les traits des balbutiements d'enfants à peine sevrés. Il faut sans doute voir au v. 10 plus précisément l'imitation de la leçon d'un maître d'école faisant répéter les rudiments de la lecture à des enfants[278].

Il est tentant de tenir Yahvé pour le sujet des verbes *yôrèh* et *yābîn*, comme c'est le cas de *y^edabbér* (v. 11) et *'āmar* (v. 12)[279], et de conclure que les prêtres et les prophètes se moquent ouvertement du message de Yahvé. Il nous paraît cependant plus probable que le sujet de *yôrèh* et de *yābîn* soit Isaïe, et que la moquerie porte sur son message, que les prêtres et les prophètes, conscients d'être les professionnels de l'enseignement, ne reconnaissent sans doute pas comme un message

[276] *Isaiah 28,9-13: An Attempt to give a new Interpretation*, dans ZAW, LXXXV, 1973, pp. 332-339, aux pp. 332-333.

[277] Voir l'état de la question donné par H. WILDBERGER, *Jesaja*, III, 1982, pp. 1053-1054.

[278] Voir K. MARTI, *Das Buch Jesaja*, 1900, p. 206; J.A. MONTGOMERY, *Notes on the Old Testament. 4. The Barbarous Syllables in Is. 28,10*, dans JBL, XXXI, 1912, pp. 141-142; W.W. HALLO, *Isaiah 28,9-13 and the Ugaritic Abecedaries*, dans JBL, LXXVII, 1958, pp. 324-338, aux pp. 337-338; G. FOHRER, *Das Buch Jesaja*, II, 1967, p. 51; G. PFEIFFER, *op. cit.*, dans ZAW, LXXXIV, 1972, pp. 345-346; A. LEMAIRE, *Les écoles et la formation de la Bible dans l'Ancien Israël*, 1981, pp. 38-39. L'hypothèse de G.R. DRIVER, *«Another Little Drink» — Isaiah 28:1-22*, dans *Words and Meanings. Essays presented to D.W. Thomas*, 1968, pp. 53-57, selon laquelle, au v. 10, Isaïe imiterait les cris des prêtres et des prophètes en état d'ébriété et répondrait ainsi ironiquement aux questions du v. 9 ne nous semble pas à retenir, car elle méconnaît l'unité syntaxique et logique des vv. 9-10. L'hypothèse de A. VAN SELMS, *op. cit.*, dans ZAW, LXXXV, 1973, pp. 332-339, selon laquelle le v. 10 rapporterait les ordres donnés par les Assyriens dans leur propre langue enjoignant aux prisonniers judéens de quitter leur pays, nous paraît également exclue. A. VAN SELMS reconnaît, certes, l'unité syntaxique des vv. 9-10, mais méconnaît leur unité thématique. Fondant les questions du v. 9, dont la pointe est la comparaison à des enfants, le v. 10 doit avoir également trait à des enfants. Par ailleurs, A. VAN SELMS ne tient pas compte de la forme littéraire de *Is.*, XXVIII, 7b-13. Appartenant à l'exposé des motifs, le v. 10 doit impliquer un reproche et non pas une menace. C'est grâce à sa reprise et à son retournement contre ceux qui l'ont prononcée que la parole du v. 10 devient, moyennant un changement de sens, une menace au v. 13a.

[279] Voir A. VAN SELMS, *op. cit.*, dans ZAW, LXXXV, 1973, pp. 332-333.

venant de Yahvé. Cette interprétation rend bien compte des traits de dispute qui se dégagent de l'oracle[280].

Le rattachement primitif des vv. 9-13 aux vv. 7b-8, essentiel pour notre interprétation des vv. 9-10, a été contesté par A. Van Selms, qui y voit deux unités distinctes[281]. Les arguments avancés par cet auteur n'emportent cependant pas la conviction.

Certes, la menace du v. 11, et probablement aussi celle du v. 13, visent l'ensemble du peuple. Cela dit, en séparant les vv. 7b-8 des vv. 9-13 on n'élimine pas la tension entre une catégorie spéciale de personnes et l'ensemble du peuple, car ladite tension existe à l'intérieur même des vv. 9-13. Pareille dualité est tout à fait normale, car c'est sur l'ensemble du peuple que retombent les conséquences des décisions prises par les dirigeants.

Contrairement à ce qu'il peut paraître, le thème de l'ivrognerie (vv. 7b-8) n'est pas sans rapport avec les vv. 9-13. Sur le plan des images, le trébuchement à la renverse (v. 13b) correspond bien à la situation de l'ivrogne privé de son équilibre. Il y a plus. On trouve à plusieurs reprises dans les oracles isaïens la polémique contre l'abus du vin[282]. Le prophète dénonce l'ivrognerie parce que celle-ci aveugle l'homme, et le rend incapable de percevoir l'œuvre de Yahvé et de la reconnaître[283]. Le rapport entre l'ivrognerie et le contenu des vv. 9-13, surtout des vv. 9-10, est alors clair. L'ivrognerie explique l'aveuglement dont les prêtres et les prophètes font preuve. C'est parce que le vin les égare que les prêtres et les prophètes sont, non seulement incapables de remplir leurs fonctions (v. 7b)[284], mais aussi de reconnaître la parole que Yahvé leur adresse et d'en saisir le sens (vv. 9-10).

[280] Voir B. S. CHILDS, *Isaiah and the Assyrian Crisis*, 1967, pp. 27-28; G. PFEIFFER, *op. cit.*, dans ZAW, LXXXIV, 1972, pp. 341-347; F. H. HOSSFELD - I. MEYER, *Prophet gegen Prophet*, 1973, pp. 51-55.

[281] *Op. cit.*, dans ZAW, LXXXV, 1973, pp. 332-339.

[282] V, 11-13.22-23; XXII, 13; XXVIII, 1-4.7-8; XXIX, 9-10.

[283] *Is.*, V, 11-13; XXII, 13 et XXIX, 9-10. La polémique contre l'abus du vin se retrouve chez d'autres prophètes (*Am.*, IV, 1; *Os.*, IV, 18), notamment dans des contextes où il s'agit spécialement des prêtres (*Os.*, IV, 11), des prophètes (*Mich.*, II, 11) et des chefs (*Os.*, VII, 5). La mise en garde contre les méfaits des excès du vin est assez fréquente dans les *Proverbes* (XX, 1; XXI, 17; XXIII, 20-21.29-35; XXVI, 9; XXXI, 4-5; *cf.* aussi *Ps.*, CVII, 26-27). Celui qui s'adonne au vin aura l'esprit troublé (*Prov.*, XXIII, 29-35), ne réussira pas (*Prov.*, XXI, 17; XXIII, 20-21) et n'accédera pas à la Sagesse (*Prov.*, XX, 1). Isaïe transpose au rapport avec l'œuvre de Dieu ce que le courant sapientiel disait du rapport avec la Sagesse. Voir H. WILDBERGER, *Jesaja*, I, 1972, pp. 185-189.

[284] *Lév.*, X, 8-11 interdit aux prêtres de boire du vin ou d'autres boissons alcoolisées quand ils exercent leurs fonctions, afin de pouvoir distinguer le sacré du profane, le pur de l'impur, et enseigner au peuple les décrets du Seigneur. *Cf.* aussi *Éz.*, XLIV, 21.

D'autres indices témoignent en faveur de l'unité des vv. 7b-13. Ainsi, la double question du v. 9a correspond aux deux catégories de personnes mentionnées au v. 7b, à savoir les prêtres, à qui revient l'enseignement (*yrh - dé'āh*)[285], et les prophètes, à qui revient la révélation[286]. Finalement, on voit difficilement comment une unité littéraire pourrait débuter avec la citation des vv. 9-10, sans aucune introduction[287].

Malgré l'absence d'une formule de transition typique, le v. 11 commence la menace. Le sujet implicite de *y^edabbér* ne peut être que Yahvé. Au-delà des cercles de prêtres et de prophètes, l'horizon s'élargit à l'ensemble du peuple désigné par l'expression isaïenne très défavorable *hā'ām hazzèh*[288]. C'est dans une langue étrangère incompréhensible que Yahvé va parler à ce peuple[289].

La pièce pourrait s'arrêter là. Comprenant l'exposé des motifs (vv. 7b-10) et l'annonce du malheur (v. 11), les vv. 7b-11 pourraient constituer un oracle complet. Et pourtant au v. 11 s'enchaîne le v. 12a, qui contient une nouvelle citation, cette fois explicitement signalée. Comme le sujet de *y^edabbér* (v. 11), le sujet implicite de *'āmar* est Yahvé. Du point de vue grammatical, le plus naturel serait de voir en *hā'ām hazzèh* (v. 11b) l'antécédent du pron. 3e pers. masc. *'^aléyhèm*, et de tenir donc l'ensemble du peuple pour le destinataire de la parole de Yahvé citée au v. 12a. Cette interprétation se heurte cependant à l'ordre *hānîḥû lè'āyép^h*, qui ne peut s'adresser qu'à une catégorie spéciale de personnes portant, d'une façon ou d'une autre, la responsabilité du sort du

[285] Au hapax *p^elîlîyāh* («sentence») du v. 7bβ correspond au v. 9aα l'expression *yôrèh dé'āh*. L'enseignement était l'une des attributions du prêtre. Outre les textes mentionnés *supra*, n. 275, *cf. Deut.*, XXIV, 8; XXXI, 9-13; XXXIII, 10; *II Rois*, XII, 3; XVII, 27-28; *Jér.*, II, 8; *Éz.*, XXII, 26; XLIV, 23; *Os.*, IV, 6; *Mich.*, III, 11; *Soph.*, III, 4; *Mal.*, II, 6-9; *II Chr.*, XV, 3. *Is.*, XXVIII, 9 est, certes, le seul passage où Isaïe est sujet de *yrh*, mais le prophète utilise à plusieurs reprises le subst. *tôrāh* pour désigner son message (I, 10; V, 24b; VIII, 16) ou le message d'autres prophètes (XXX, 9). Le subst. *dé'āh* n'est pas attesté ailleurs dans les oracles isaïens authentiques, mais *cf. dā'at* (V, 13) et le verbe *yd'* (I, 3; V, 19; VI, 9).

[286] Au lieu de la vision (v. 7b), le v. 9 mentionne l'audition (*š^emû'āh*), qui était un autre moyen de la communication entre Yahvé et le prophète. *Cf. Is.*, V, 9; XXII, 14; LIII, 1; *Jér.*, XLIX, 14; *Abd.*, 1; *Hab.*, III, 2.

[287] Voir R.F. MELUGIN, *The Conventional and the Creative in Isaiah's Judgement Oracles*, dans CBQ, XXXVI, 1974, p. 305; J. VERMEYLEN, *Du prophète Isaïe à l'Apocalyptique*, I, 1977, p. 390, n. 1.

[288] *Is.*, VI, 9.10; VIII, 6.11.12; IX, 15; XXVIII, 11.14; XXIX, 13.14.

[289] La racine *l'g* a normalement le sens de «se moquer». Le nif. est en rapport avec *lāšôn* en *Is.*, XXXIII, 19. Vu le parallélisme avec *ûb^elāšôn 'aḥèrèt*, *b^ela'^agéy śāp^hāh* évoque certainement une langue étrangère et souligne peut-être le fait qu'elle paraît balbutiante à ceux qui ne la comprennent pas. Le motif de la langue incompréhensible évoque naturellement un peuple étranger (*Is.*, XXXIII, 19; *Éz.*, III, 5-6; *Ps.*, CXIV, 1), particulièrement dans un contexte de menace dont il sera l'exécutant (*Deut.*, XXVIII, 49; *Is.*, XXVIII, 11; *Jér.*, V, 15).

peuple. Dans la cohérence de l'oracle, la parole de Yahvé doit donc s'adresser aux prêtres et aux prophètes, qui sont aussi, par conséquent, le sujet de la proposition du v. 12b.

La parole de Yahvé citée au v. 12a correspond à la *dé'āh* et à la *šᵉmû'āh* du v. 9a, et doit leur être identique. Le v. 12 reprend donc l'invective des vv. 9-10. Tandis que les vv. 9-10 contiennent la caricature méprisante que les prêtres et les prophètes font de la parole de Yahvé transmise par Isaïe, au v. 12, Isaïe cite fidèlement cette parole, et accuse les prêtres et les prophètes de s'être formellement refusés à l'écouter.

Le *wᵉqataltí* du début du v. 13 constitue clairement une transition[290]. Ce verset revient sur la menace : la première partie illustre la menace du v. 11, la seconde en annonce les conséquences. L'appartenance du v. 13, en totalité ou en partie, à l'unité primitive est controversée. Comme le fait remarquer J. Vermeylen, l'exclusion de la totalité du v. 13 tronquerait l'oracle[291]. En effet, si le v. 11 pourrait clore la pièce, il n'en va pas de même du v. 12[292]. Si l'on garde le v. 12, il faut en faire autant avec le v. 13, et y voir la conclusion. Or, contrairement à l'opinion de O. Kaiser[293], on ne voit pas de raisons sérieuses de nier le caractère primitif du v. 12. L'exclusion du v. 13a[294], sous le prétexte qu'il répète le v. 10, priverait en réalité l'oracle de l'un de ses principaux ressorts, à savoir la reprise des termes de l'exposé des motifs dans la menace. *Is.*, XXVIII, 13b est, certes, pratiquement identique à VIII, 15. *Is.*, XXVIII, 13bα, dont l'image correspond à la fois au thème de l'ivrognerie (vv. 7b-8) et à celui de la fatigue (v. 12a), doit appartenir à l'unité primitive. Cela dit, les deux ou trois derniers mots du verset proviennent peut-être de VIII, 15, où ils semblent mieux à leur place[295].

Is., XXVIII, 7b-13 est un oracle de malheur dont la structure présente quelques particularités. La division bipartite classique y est dédoublée en une sorte de division quadripartite : exposé des motifs (vv. 7b-10), annonce du malheur (v. 11), exposé des motifs (v. 12) et annonce du malheur (v. 13). Il en résulte une imbrication de l'exposé des motifs et

[290] *Cf. Is.*, III, 17; VIII, 14; XXII, 14; XXVIII, 17; XXIX, 2; XXX, 3.

[291] *Du prophète Isaïe à l'Apocalyptique*, I, 1977, p. 390, n. 1.

[292] Contre H. DONNER, *Israel unter den Völkern*, 1964, p. 148; H. BARTH, *Die Jesaja-Worte*, 1977, pp. 49-50; H. WILDBERGER, *Jesaja*, III, 1982, pp. 1055-1056.

[293] *Der Prophet Jesaja*, II, 1973, pp. 194-197.

[294] Voir E.J. KISSANE, *The Book of Isaiah*, 1960, pp. 301 et 306.

[295] Voir, parmi d'autres, K. MARTI, *Das Buch Jesaja*, 1900, p. 207; B. DUHM, *Das Buch Jesaja*, 1914, p. 174; H. SCHMIDT, *Die grossen Propheten*, 1915, p. 82; W. EICHRODT, *Der Herr der Geschichte*, 1967, p. 122, n. 1; G. FOHRER, *Das Buch Jesaja*, II, 1967, pp. 50 et 55, n. 47; G. PFEIFFER, *op. cit.*, dans ZAW, LXXXIV, 1972, p. 346, n. 23; A. VAN SELMS, *op. cit.*, dans ZAW, LXXXV, 1973, p. 338.

de l'annonce du malheur comme en *Is.*, XXX, 16[296]. Notre passage partage encore avec XXX, 15-17, ainsi qu'avec XXVIII, 14-18[297], d'autres particularités formelles. L'exposé des motifs de ces trois oracles comprend une citation des destinataires et une citation de Yahvé directement opposées. A la différence de XXVIII, 14-18 et XXX, 15-17, en XXVIII, 7b-13, les prêtres et les prophètes opposent aux conditions du salut formulées par Yahvé la parodie qu'ils en font (vv. 9-10), et non pas leurs propres plans. Comme XXX, 15b, XXVIII, 12b accuse les destinataires de s'être refusés à écouter la parole de Yahvé. Dans les trois cas, la menace retourne contre les destinataires leurs propres paroles.

La brièveté et la concision de la citation de Yahvé rendent sa compréhension difficile. Elle contient deux propositions nominales parallèles (*zo't hamm^{e}nûḥāh - w^{e}zo't hammargé'āh*), dont la première est suivie d'un ordre (*hānîḥû lè'āyép^h*)[298]. Le sens précis de cet ordre dépend de la nuance de *m^{e}nûḥāh*. Si le terme signifie «repos», l'ordre pourrait se comprendre comme une explication de la proposition nominale qui précède[299]. En paraphrasant on dirait : le repos consiste à faire reposer le fatigué. Il serait cependant plus naturel de voir dans l'ordre une conséquence : «voici le (temps du) repos, faites donc reposer le fatigué». Si *m^{e}nûḥāh* a plutôt le sens de lieu de repos, l'impératif ne peut exprimer qu'une conséquence : «celui-ci est (voici ou c'est ici) le lieu du repos, faites donc reposer le fatigué». La nuance locale de *m^{e}nûḥāh*, qui est la la plus fréquente dans la Bible et probablement la seule attestée lorsque ce terme précédé de *zo't* constitue une proposition nominale[300], est préférable[301]. De même *margé'āh* doit avoir le sens local de lieu de la tranquillité[302].

[296] Voir *supra*, pp. 166-168.

[297] Voir *supra*, pp. 166-178 et infra, pp. 195-220.

[298] *Is.*, XXVIII, 12a paraît incomplet. La parfaite symétrie demanderait un ordre après *w^{e}zo't hammargé'āh* qui soit le pendant de *hānîḥû lè'āyép^h*. J. J. M. ROBERTS a donc proposé d'y restaurer *hrgy'w l'bywn* («donnez la tranquilité au pauvre»), qui serait tombé accidentellement (*A Note on Isaiah 28:12*, dans HThR, LXXIII, 1980, pp. 49-51). Certes séduisante, cette reconstruction reste conjecturale.

[299] *Cf. Gen.*, XX, 13.

[300] *Cf. Mich.*, II, 10; *Ps.*, CXXXII, 14.

[301] Voir W. GESENIUS, *Thesaurus philologicus*, II, 1839, p. 863; A. DILLMANN, *Der Prophet Jesaja*, 1890, p. 254; E. KOENIG, *Das Buch Jesaja*, 1926, pp. 252-253; G. FOHRER, *Das Buch Jesaja*, II, 1967, pp. 50 et 54; F.L. HOSSFELD - I. MEYER, *Prophet gegen Prophet*, 1973, pp. 52-53; F. STOLZ, *nû^{a}ḥ*, dans *ThHAT*, II, cc. 45-46; H. BARTH, *Die Jesaja-Worte*, 1977, pp. 49-50; W.H. IRWIN, *Isaiah* 28-33, 1977, pp. 23-24; H. WILDBERGER, *Jesaja*, III, 1982, pp. 1052, 1060-1061; J. J. M. ROBERTS, *op. cit.*, pp. 49-51.

[302] KBL, II, 1974^3, s.v. F. ZORELL, *Lexicon*, traduit *margé'āh* par *locus quietis* (s.v.), mais, de façon un peu surprenante, rend *m^{e}nûḥāh* par *fons, causa quietis* (s.v.).

Fréquent dans la Bible[303], le thème du repos peut se rapporter soit au peuple dans son pays[304], soit à Yahvé lui-même dans son Temple à Jérusalem[305], selon qu'il appartient à la tradition de la possession du pays ou aux traditions de Sion. Il était facile de lier ces deux thèmes; ils le seront explicitement en *I Chr.*, XXIII, 25. Le repos du peuple dans son pays dépend alors du repos de Yahvé dans son Temple à Sion.

Le contexte immédiat favorise l'idée d'un enracinement de *Is.*, XXVIII, 12a dans les traditions de Sion. En effet, cette parole s'adresse directement aux prêtres et aux prophètes de Jérusalem, que les vv. 7b-8 situent très probablement dans le cadre de la liturgie du Temple. Le rattachement du passage aux traditions de Sion est également appuyé par la comparaison à d'autres oracles isaïens, notamment VIII, 11-15, dont la conclusion (v. 15) est pratiquement identique à XXVIII, 13, et XXVIII, 14-18, qui a les mêmes caractéristiques formelles que XXVIII, 7b-13. Aussi bien VIII, 11-15[306] que XXVIII, 14-18 puisent leur substance dans les traditions de Sion.

Bref, tout indique que l'on doit comprendre *Is.*, XXVIII, 12a à la lumière des traditions de Sion, souvent empruntées par Isaïe, et non pas à la lumière de la tradition de la possession du pays, thème dont on ne trouve pas d'autres traces chez Isaïe[307]. Les termes *m^e^nûḥāh* et *margé'āh* désignent donc Jérusalem en tant que lieu du repos et de la tranquillité[308]. Ayant choisi Sion pour demeure, Yahvé en a fait son lieu de repos. De ce fait, Jérusalem devient également le lieu du repos et de la

[303] Voir G. VON RAD, *Es ist noch eine Ruhe vorhanden dem Volke Gottes : Eine biblische Begriffsuntersuchung*, dans *Zwischen den Zeiten*, XI, 1933, pp. 104-111, repris dans *Gesammelte Studien zum Alten Testament* (ThB, 8), München, 1958, pp. 101-108; J. FRANKOWSKI, *Requies, Bonum promissum populi Dei in VT et in Judaismo (Heb. 3, 7-4, 11) (I)*, dans VD, XLIII, 1965, pp. 124-149; G. BRAULIK, *Die Ruhe Gottes und des Volkes im Lande*, dans *Bibel und Kirche*, XXIII, 1968, pp. 75-78.

[304] *m^e^nûḥāh*, *Deut.*, XII, 9; *I Rois*, VIII, 56; *Is.*, XXXII, 18; *Mich.*, II, 10; *Ps.*, XCV, 11; *manôaḥ*, *Deut.*, XXVIII, 65; verbe *hnyḥ*, *Ex.*, XXXIII, 14; *Deut.*, III, 20; XII, 10; XXV, 19; *Jos.*, I, 13.15; XXI, 44; XXIII, 1; *II Sam.*, VII, 1.11; *I Rois*, V, 18; *Is.*, XIV, 1.3; LXIII, 14; *I Chr.*, XXII, 18; XXIII, 25; *II Chr.*, XIV, 5.6; XV, 15; XX, 30; XXXII, 22; verbe *hrgy'*, *Deut.*, XXVIII, 65; *Jér.*, XXXI, 2; L, 34.

[305] *m^e^nûḥāh*, *Ps.*, CXXXII, 8.14; *Is.*, XI, 10; LXVI, 1; *I Chr.*, XXVIII, 2; *manôaḥ*, *I Chr.*, VI, 16; *nûaḥ*, *II Chr.*, VI, 41.

[306] Au sujet du renversement des images en *Is.*, VIII, 11-15, voir L. ALONSO SCHÖKEL, *Tres imágenes de Isaías*, dans EstB, XV, 1956, pp. 63-84, aux pp. 81-84; H. WILDBERGER, *Jesaja*, I, 1972, p. 338. *Is.*, XXX, 15a, où l'on trouve également la racine *nwḥ*, renvoie peut-être lui aussi aux traditions de Sion.

[307] Le caractère secondaire de *Is.*, XIV, 1.3 et XXXII, 18 est généralement reconnu.

[308] Voir H. BARTH, *Die Jesaja-Worte*, 1977, pp. 49-50; H. WILDBERGER, *Jesaja*, III, 1982, pp. 1060-1061; J. J. M. ROBERTS, *op. cit.*, pp. 49-51. Plusieurs critiques y voient plutôt une référence à l'ensemble du pays; W. GESENIUS, *Thesaurus philologicus*, II, 1839, p. 863; E. KOENIG, *Das Buch Jesaja*, 1926, pp. 252-253; A. VAN SELMS, *op. cit.*, p. 333.

sécurité pour ses habitants, en tout premier lieu, pour les plus démunis[309].

Si la présence de Yahvé à Jérusalem est pour la ville la seule source de la sécurité, elle est aussi une source d'exigences. Yahvé ne garantit pas la sécurité de Jérusalem de façon automatique et quoi que fassent ses habitants. La présence de Yahvé à Sion exige que justice y soit rendue. C'est le sens de l'ordre adressé aux prêtres et aux prophètes, représentants des classes dirigeantes[310], de procurer le repos au fatigué, c'est-à-dire au peuple, probablement en lui épargnant le fardeau de la guerre et de ses préparatifs[311].

Égarés par le vin, qui les empêche de saisir le sens de la parole de Yahvé transmise par Isaïe, et jaloux de leurs prérogatives de professionnels de l'enseignement, les prêtres et les prophètes tiennent cette parole pour enfantine, s'en moquent et la récusent. C'est pourquoi Yahvé va parler aux habitants de Jérusalem dans une langue aussi étrange que la caricature que les prêtres et les prophètes faisaient du message d'Isaïe. Yahvé se servira de la langue des conquérants assyriens qu'il va envoyer contre son peuple.

Is., XXVIII, 7b-13 ne fournit aucune indication permettant de le dater[312]. Ses points de contact avec XXVIII, 14-18 et XXX, 15-17 et sa place dans le recueil isaïen conseillent cependant de le situer, avec un grand nombre de critiques, entre 705 et 701.

b) *Is., XXVIII, 14-18 — les dirigeants de Jérusalem refusent l'appel à la Foi et à la Justice.*

14. Écoutez donc la Parole de Yahvé, vous, présomptueux,
gouvernants de ce peuple qui est à Jérusalem.
15. Vous dites : « Nous avons conclu une alliance avec la Mort,
et avec le Shéol nous avons fait un pacte.
Le flot[313] débordant, quand il passera[314], ne nous atteindra pas,

[309] *Cf.* surtout *Is.*, XIV, 32b, mais aussi *Is.*, XXVIII, 15b.17a.

[310] Les prêtres et les prophètes sont souvent associés aux autres classes dirigeantes dans les invectives prophétiques; *cf. Jér.*, II, 8.26; XVIII, 18; XXXII, 32; *Éz.*, VII, 26-27; *Mich.*, III, 11; *Soph.*, III, 3-4.

[311] Voir B. DUHM, *Das Buch Jesaja*, 1914, p. 173; F. FELDMANN, *Das Buch Isaias*, I, 1925, p. 330; G. FOHRER, *Das Buch Jesaja*, II, 1967, p. 54; G. PFEIFFER, *op. cit.*, p. 346; F. L. HOSSFELD - I. MEYER, *Prophet gegen Prophet*, 1973, pp. 52-53; W. DIETRICH, *Jesaja und die Politik*, 1976, pp. 154-155; H. BARTH, *Die Jesaja-Worte*, 1977, pp. 49-50; J. J. M. ROBERTS, *op. cit.*, pp. 49-51.

[312] Voir H. WILDBERGER, *Jesaja*, III, 1982, pp. 1056-1057.

[313] *šôṭ* du *qeré* est appuyé par le v. 18 et 1QIs^a.

[314] En suivant le *qeré ya'^{a}bor*, confirmé par le v. 18 et 1QIs^a.

car nous avons fait du mensonge notre refuge
et dans la fausseté nous nous sommes cachés.»
16. En vérité, ainsi parle le Seigneur Yahvé :
«Voici que c'est moi celui a posé[315] Sion comme une pierre
(de fondation),

[315] La forme *yissad* pourrait être la 3e pers. sg. masc. de l'imparfait qal du verbe *ysd* (G-K, §71), mais il est plus naturel d'y voir la 3e pers. sg. masc. du parfait piel. Le témoignage du TM reste cependant isolé à côté des participes *mysd* (1QIsa), *ywsd* (1QIsb), *memanéy* (Tg), *mtqn* (Pesh.), *themeliôn* (Aq., Sym., Théod.), confirmés par les futurs *embalô* (LXX) et *mittam* (V) et par les présents des citations du NT (*Rom.*, IX, 33 et *I Pi.*, II, 6). Un grand nombre de critiques corrige donc la vocalisation massorétique en *yoséd* (participe qal) et obtient, sans aucun changement consonnantique, un texte beaucoup plus simple et plus régulier. En effet, alors que la construction *hinenî* + 3e pers. parf. n'est pas attestée avec certitude — *Is.*, XXIX, 14 et XXXVIII, 5 posent un problème identique à celui de XXVIII, 16 — et *hinenî* est rarement suivi de la 1e pers. parf. (*cf. Jér.*, XLIV, 26; *Éz.*, XXV, 7 et XXXVI, 6), *hinenî* suivi de participe est une construction très fréquente dans l'ensemble de la Bible et d'une très grande régularité; voir P. Humbert, *La formule hébraïque hinenî suivi d'un participe*, dans REJ, XCVII, 1934, pp. 58-64. Bien qu'elle puisse exprimer le passé (*cf. Gen.*, XLI, 17 et aussi *Gen.*, XXXVII, 7, où on a *hinnéh* suivi de *'anaḥnû* et participe) — sens retenu par certains partisans de la correction de *yissad* en *yoséd* dans notre texte; voir R. Fey, *Amos und Jesaja. Abhängigkeit und Eigenständigkeit des Jesaja* (WMANT, 12), Neukirchen, 1963, p. 121; J. Schreiner, *Sion - Jerusalem Jahwes Königssitz* (StANT, 7), München, 1963, pp. 70-71; F. Huber, *Jahwe, Juda und die anderen Völker beim Propheten Jesaja*, 1976 p. 91, n. 8 —, cette formule exprime normalement le futur ou le présent et introduit souvent une menace, rarement une promesse. Un grand nombre de traducteurs et de commentateurs rend donc *hinenî ysd* par «voici que je vais poser ...» ou «voici que je pose ...». On a expliqué la vocalisation massorétique soit par l'influence de *Is.*, XIV, 32 (E. Koenig, *Das Buch Jesaja*, 1926, pp. 254-255) soit par le souci des Naqdanim d'éviter l'idée d'une nouvelle fondation à côté du Temple (O. Procksch, *Jesaja I*, 1930, p. 356) ou encore de se démarquer par rapport à l'interprétation messianique que les chrétiens donnaient du passage (K. Fullerton, *The Stone of Foundation*, dans AJSL, XXXVII, 1920-1921, pp. 1-50). La singularité de la vocalisation massorétique en fait une *lectio difficilior* et donc *potior*. Malgré l'ancienneté et l'autorité de certains parmi les autres témoins, le part. est plus facile à expliquer soit par l'harmonisation avec la construction courante, soit par l'influence de l'interprétation du passage dans un sens personnel, dont témoignent le Tg et la LXX. De plus, comme nous le verrons, le parf. *yissad* est appuyé par la construction syntaxique de l'ensemble des vv. 14-18; le sens passé nous paraît d'ailleurs exigé par la fonction du v. 16 dans la pièce. A la suite de Rashi et de W. Gesenius (G-K, §155f), nous comprenons la proposition *hinenî yissad* comme une relative asyndétitique et la rendons par «Me voici qui ai posé (comme fondation)» ou «Voici que c'est moi qui ai posé (comme fondation)». La vocalisation massorétique et, par conséquent, la traduction au passé sont adoptées par un bon nombre de critiques. Voir, par exemple, B. Duhm, *Das Buch Jesaja*, 1914, p. 175; F. Feldmann, *Das Buch Isaias*, 1925, p. 333; A. Condamin, *Le livre d'Isaïe* (EB), Paris, 1905, p. 183; E. J. Kissane, *The Book of Isaiah*, 1960, p. 301; G. Fohrer, *Das Buch Jesaja*, II, 1967, pp. 56 et 61; W. Eichrodt, *Der Herr der Geschichte*, 1967, pp. 126 et 131; H.-M. Lutz, *Jahwe, Jerusalem und die Völker. Zur Vorgeschichte von Sach 12,1-8 und 14, 1-5* (WMANT, 27), Neukirchen-Vluyn, 1968, p. 153; W.H. Irwin, *Isaiah 28-33*, 1977, pp. 30-31.

une pierre de *boḥan*,
une lourde pierre angulaire de fondation, fondée[316].
Celui qui tient ferme[317] ne bougera pas[318].
17. Je ferai du droit le cordeau,
et de la justice le niveau.
La grêle balaiera le refuge du mensonge
et les eaux emporteront la cachette.
18. Elle sera annulée votre alliance avec la Mort,
et votre pacte avec le Shéol ne tiendra pas.
Le flot débordant, quand il passera,
vous en serez écrasés. »

L'appel à écouter et le changement des destinataires, au v. 14, trahissent le début d'un oracle. Celui-ci ne doit pas dépasser le v. 22, car le nouvel appel à écouter, au v. 23, et l'introduction d'un nouveau sujet signalent la présence d'une autre unité littéraire aux vv. 23-29.

L'appel à écouter la parole de Yahvé est suivi de deux citations, l'une des destinataires (v. 15) et l'autre de Yahvé ; commencée au v. 16, cette dernière paraît se poursuivre jusqu'au v. 20. La citation des destinataires (v. 15) et la citation de Yahvé, aux vv. 16-17a, s'opposent littérairement et logiquement :

v. 15	vv. 16-17a
— *kî '^{a}martèm*	— *lākén koh 'āmar 'dny yhwh*
— *kāratnû b^{e}rît* (...) *'āśînû ḥozèh*	— *hin^{e}nî yissad* ...
— *šôṭ šôṭép^{h}* (...) *lo' y^{e}bô'énû*	— *hamma'^{a}mîn lo' yāḥîš*
— *kî śamnû kāzāb maḥsénû*	— *w^{e}śamtî mišpāṭ l^{e}qāw*
— *ûbaššèqèr nistārnû*	— *ûṣ^{e}dāqāh l^{e}mišqālèt*

A la parole des destinataires (v. 15aα) s'oppose la parole de Yahvé (v. 16aα) ; à leurs démarches en vue d'obtenir la sécurité (v. 15a), l'action de Yahvé posant une pierre de solide fondation (v. 16aβ.bα) ; à leur espoir d'être à l'abri du malheur (v. 15bα), la stabilité de celui qui tient ferme (v. 16bβ) ; au mensonge et à la fausseté dont ils firent

[316] Le part. hof. *mûssād* (G-K, § 71) est dû peut-être à une dittographie.

[317] Le *ep'autô* après *pisteúôn* dans la LXX est un ajout qui résulte de l'interprétation de la pierre dans un sens personnel.

[318] A *lo' yāḥîš* correspondent respectivement *ou mê kataiskhunthê* (« ne sera pas confondu ») dans la LXX, suivie par les citations dans le NT (*Rom.*, IX, 33 ; X, 11 ; *I Pi.*, II, 6), *lo' yizda'z^{e}'ûn* (« ne seront pas agités ») dans le Tg et *lo' nèdḥal* (« n'aura pas peur ») dans la Pesh. Les corrections du TM que l'on a proposées sur la base de ces versions, notamment en *lo' yébôš* et *lo' yaḥîl* ou *lo' yéḥat*, ne sont guère retenues. Voir la discussion de H. WILDBERGER, *Jesaja*, III, 1982, p. 1067.

leur refuge et leur cachette (v. 15bβ), le droit et la justice que Yahvé prendra pour cordeau et pour niveau (v. 17a)[319].

D'autre part, il y a également une correspondance entre le v. 15 et les vv. 17b-18[320]. Seules quelques légères différences empêchent que la symétrie entre le v. 15 et les vv. 17b-18 soit parfaite. Ainsi les deux derniers éléments du v. 15 viennent en tête des vv. 17b-18, sans que pour autant cela donne lieu à un chiasme.

La correspondance entre les vv. 17b-18, qui formulent la menace, et le v. 15, qui en expose les motifs, est un trait normal de l'oracle de malheur[321]. Il n'en va pas de même de l'opposition entre le v. 15 et les vv. 16-17a. Aussi le sens des vv. 16-17a et leur fonction dans l'oracle sont-ils controversés.

De l'avis courant, ces versets formulent une promesse qui est en train de se réaliser ou dont la réalisation est imminente. Or, étant donné la stabilité du schéma de l'oracle de malheur depuis son apparition jusqu'à l'époque postexilique, la présence d'une promesse entre l'exposé des motifs et l'annonce du malheur serait vraiment insolite, particulièrement chez un prophète de VIIIe s.[322]. C'est pourquoi plusieurs critiques retranchent de l'oracle primitif les vv. 16-17a ou du moins les vv. 16aβ-17a — le v. 16aα pouvant constituer l'introduction des vv. 17b-18 — et y voient soit un oracle ou un fragment d'oracle isaïen[323], soit l'œuvre d'un rédacteur postérieur[324].

Cette hypothèse de critique littéraire s'appuie essentiellement sur des considérations relevant de la critique de la forme. A notre connaissance, le seul argument d'ordre littéraire que l'on a invoqué est tiré du v. 17b. Le fait que ce demi-verset ne suit pas l'ordre des éléments que

[319] L'opposition entre le v. 15 et les vv. 16-17a a été signalée notamment par L. ALONSO SCHÖKEL, *Estudios de poética hebrea*, Barcelona, 1963, p. 497.

[320] Elle a été généralement remarquée par les critiques.

[321] Voir H.W. WOLFF, *Die Begründungen der prophetischen Heils- und Unheilssprüche*, dans ZAW, LII, 1934, pp. 1-22; C. WESTERMANN, *Grundformen prophetischer Rede* (BEvTh, 31), München, 1978⁵, pp. 114-115.

[322] Voir, par exemple, B.S. CHILDS, *Isaiah and the Assyrian Crisis*, 1967, pp. 30-31; J. VERMEYLEN, *Du prophète Isaïe à l'Apocalyptique*, I, 1977, pp. 392-395.

[323] Voir O. PROCKSCH, *Jesaja I*, 1930, pp. 356-360; R.B.Y. SCOTT, *The Book of Isaiah*, 1956, p. 318; R. FEY, *Amos und Jesaja*, 1963, pp. 120-125; S. HERRMANN, *Die prophetischen Heilserwartungen im Alten Testament* (BWANT, 85), Stuttgart, 1965, p. 144; B.S. CHILDS, *Isaiah and the Assyrian Crisis*, 1967, pp. 28-31 et 65-67.

[324] Voir K. FULLERTON, *The Stone of Foundation*, dans AJSL, XXXVII, 1920-1922, pp. 1-50; J. BOEHMER, *Der Glaube und Jesaja. Zu Jes. 7,9 und 28,16*, dans ZAW, XLI, 1923, pp. 89-93; O. KAISER, *Der Prophet Jesaja*, II, 1973, pp. 198-199. 203; J. VERMEYLEN, *Du prophète Isaïe à l'Apocalyptique*, I, 1977, pp. 392-395. W. DIETRICH, *Jesaja und die Politik*, 1976, pp. 161-168 exclut seulement le v. 16aβ.b et estime impossible de déterminer l'origine d'un passage si court.

l'on trouve au v. 15, et paraît anticiper l'image du flot du v. 18 trahirait son caractère de suture rédactionnelle destinée à assurer la transition entre l'exposé des motifs (v. 15) et la menace (v. 18), que l'insertion des vv. 16(16aβ)-17a aurait séparés[325]. Le changement dans l'ordre des éléments aux vv. 17b-18 est susceptible d'une autre explication qui nous paraît préférable. Il a été commandé par l'opposition entre le v. 17a et le v. 15bβ. La mention du droit et de la justice (v. 17a) ayant attiré leurs opposés, c'est-à-dire le mensonge et la fausseté (vv. 15bβ et 17b), il s'ensuivit l'annonce en premier lieu (v. 17b) de la destruction des réalités qui étaient associées à ces derniers, c'est-à-dire le refuge et la cachette.

L'exclusion des vv. 16 (16aβ)-17a méconnaît les indications littéraires qui militent fortement en faveur de l'appartenance de ces versets à l'unité primitive. Les vv. 15-17a(b) sont homogènes au point de vue sémantique, et se rattachent aux mêmes traditions[326]. Cela s'explique au mieux si les vv. 15-17a(b) appartiennent à la même couche littéraire.

L'unité primitive des vv. 15-17a est confirmée par leur structure. Ces versets sont, en effet, construits sur l'opposition littéraire et logique entre le v. 15 et les vv. 16-17a. Certes, les vv. 15.(17b).18 seraient tout à fait compréhensibles sans les vv. 16-17a. Il paraît néanmoins peu probable que la construction si soignée des vv. 15-17a ne soit pas primitive, mais le fruit d'un assemblage ou d'une réélaboration postérieurs. Si les vv. 16(16aβ)-17a étaient un oracle ou un fragment d'oracle isaïen indépendant, il faudrait évidemment supposer non seulement l'existence dudit oracle qui, par pure coïncidence, aurait une structure littéraire identique à celle de *Is.*, XXVIII, 15, et, de surcroît, en prendrait exactement le contre-pied au point de vue logique, mais aussi qu'un rédacteur l'aurait inséré à la place qui paraissait lui convenir. Si les vv. 16(16aβ)-17a étaient plutôt l'œuvre d'un rédacteur, l'habileté avec laquelle il les aurait modelés sur le v. 15, pour en formuler la contrepartie logique, serait tout aussi surprenante.

Bref, tout indique qu'il faut retenir les vv. 16-17a dans l'unité primitive, et essayer de les comprendre dans ce cadre[327]. Il n'en va pas de même

[325] B.S. CHILDS, *Isaiah and the Assyrian Crisis*, 1967, p. 31; voir aussi H. DONNER, *Israel unter den Völkern*, 1964, p. 148.

[326] Voir H. WILDBERGER, III, *Jesaja*, 1982, p. 1073. En affirmant que le vocabulaire du v. 16 est hétérogène par rapport à celui du v. 15, W. DIETRICH, *Jesaja und die Politik*, 1976, p. 165, oublie l'enracinement traditionnel du subst. *maḥsèh* et du verbe *str*.

[327] Bien qu'elle soit fortement contestée, cette hypothèse reste majoritaire. Voir B. DUHM, *Das Buch Jesaja*, 1914, p. 175; J. LINDBLOM, *Der Eckstein in Jes. 28,16*, dans *Interpretationes ad Vetus Testamentum pertinentes S. Mowinckel septuagenario missae*, Oslo, 1955, pp. 123-132; E. ROHLAND, *Die Bedeutung der Erwählungstraditionen Israels*

des vv. 19-22. Les vv. 19-21 prolongent la menace des vv. 17b-18, mais les liens qu'ils entretiennent avec ce qui précède sont secondaires[328]. Le v. 22 est une addition de type apocalyptique, qui élargit à toute la terre les menaces qui précèdent et leur confère une nouvelle portée. Désormais il ne s'agit plus seulement du sort de Juda, mais de celui de l'ensemble des nations dont Yahvé a decrété le jugement. Mais alors que les autres nations seront certainement frappées, au peuple juif est offerte la possibilité d'échapper à la catastrophe, à condition qu'il renonce à son arrogance (*w^e ʿattāh ʾal-titlôṣāṣû*)[329].

Si l'on s'accorde pour voir en *Is.*, XXVIII, 14-18 un oracle de malheur, l'accord ne règne plus dès qu'il s'agit d'en délimiter les parties. Le problème réside essentiellement dans la détermination de la fonction des vv. 16aβ-17a. A l'encontre de l'opinion courante, H. Wildberger voit aux vv. 16-17a, non pas une promesse, mais le début de la menace. D'après cet exégète, la pierre dont il est question au v. 16 serait une «Stein der Erprobung» ou «der Prüfung», c'est-à-dire un instrument du jugement, à l'instar du cordeau et du niveau (v. 17a)[330].

H. Wildberger a certes raison de tenir le cordeau et le niveau pour les instruments du jugement. Cependant, la cohérence de la métaphore du v. 16 interdit d'attribuer un tel rôle à la pierre. A la différence du cordeau et du niveau, la lourde pierre angulaire n'est point un outil; sa fonction est d'assurer la solidité et la stabilité de l'édifice dont elle constitue l'une des bases, et nullement de vérifier quoi que ce soit[331]. En réalité, H. Wildberger voit dans la pierre un instrument parce que, pour des raisons de critique de la forme, il estime que le v. 16 doit se situer du côté de la menace.

Bien que le v. 16 soit introduit par *lākén*, qui marque normalement le

für die Eschatologie der alttestamentlichen Propheten (Thèse, Heidelberg), 1956, pp. 147-155; J. SCHREINER, *Sion - Jerusalem Jahwes Königssitz*, 1963, pp. 168-173; H. DONNER, *Israel unter den Völkern*, 1964, pp. 147 et 151-153; G. FOHRER, *Das Buch Jesaja*, II, 1967, pp. 60-63; H.-J. HERMISSON, *Zukunftserwartung und Gegenwartskritik in der Verkündigung Jesajas*, dans EvTh, XXXIII, 1973, pp. 54-77, à la p. 56, n. 7 et à la p. 69, n. 39; R.F. MELUGIN, *The Conventional and the Creative in Isaiah's Judgement Oracles*, dans CBQ, XXXVI, 1974, pp. 306-311; F. HUBER, *Jahwe, Juda und die anderen Völker beim Propheten Jesaja*, 1976, pp. 89-102; H. BARTH, *Die Jesaja-Worte*, 1977, pp. 10-12; H. WILDBERGER, *Jesaja*, III, 1982, pp. 1068-1078.

[328] Voir les raisons données par J. VERMEYLEN, *Du prophète Isaïe à l'Apocalyptique*, I, 1977, pp. 396-399, et aussi O. KAISER, *Der Prophet Jesaja*, II, 1973, pp. 199-203 et H. WILDBERGER, *Jesaja*, III, 1982, pp. 1070 et 1078.

[329] J. VERMEYLEN, *op. cit.*, pp. 398-399 et H. WILDBERGER, *Jesaja*, III, 1982, pp. 1071 et 1080.

[330] *Jesaja*, III, 1982, pp. 1069-1070 et 1075-1077.

[331] Dans le même sens, J. SCHREINER, *Sion - Jerusalem Jahwes Königssitz*, 1963, p. 171.

début de la menace, le contenu de ce verset ne correspond pas à une menace. Si, comme tout l'indique, le v. 16 appartient à l'unité primitive, il doit se situer du côté de l'exposé des motifs. Cela est d'ailleurs confirmé par la syntaxe des vv. 14-18. En effet, du point de vue syntaxique, le v. 17a constitue clairement un tournant. Alors que, après l'impér. du v. 14, les vv. 15-16 roulent sur des *qatal-yiqtol*, à partir du v. 17 on passe aux *w^{e}qataltí-yiqtol*. A ce changement syntaxique si net correspond sans nul doute l'articulation majeure de la pièce, à savoir le passage de l'exposé des motifs (vv. 14-16) à la menace (vv. 17-18), marqué, comme souvent, par un *w^{e}qataltí*[332]. Par la même occasion, on notera que la syntaxe appuie la vocalisation massorétique de *ysd*, au v. 16aβ, à savoir *yissad*. Il est, en effet, normal que la chaîne des *qatal* se poursuive, et ne soit interrompue que lorsqu'elle cède la place à la chaîne des *w^{e}qataltí*.

En *Is.*, XXVIII, 14-18 l'exposé des motifs comprend donc une citation des destinataires et une citation de Yahvé directement opposées. L'oracle a ainsi une structure identique à celle de *Is.*, XXVIII, 7b-13 et XXX, 15-17, passages dont le contenu est proche de celui de XXVIII, 14-18 et qui datent probablement de la même période. C'est à la lumière de *Is.*, XXVIII, 7b-13 et XXX, 15-17 que l'on doit interpréter la fonction de *Is.*, XXVIII, 16.

Comme nous l'avons vu[333], en *Is.*, XXVIII, 7b-13 et XXX, 15-17 la citation de Yahvé (XXVIII, 12a et XXX, 15a) pose les conditions du salut, et la citation des destinataires (XXVIII, 9-10 et XXX, 16) illustre le refus que ceux-ci opposent à ces conditions. A la différence de XXVIII, 7b-13 et XXX, 15-17, XXVIII, 14-18 ne rapporte pas explicitement le refus, mais celui-ci ressort clairement de l'opposition entre la citation des destinataires et celle de Yahvé.

Dans la mesure où elle énonce les conditions de la victoire ou du salut, la citation de Yahvé en *Is.*, XXVIII, 12a et XXX, 15a implique foncièrement une promesse. Tel est aussi le sens de *Is.*, XXVIII, 16. Loin d'atténuer la gravité de la faute des destinataires ou d'adoucir la menace, cette promesse ne fait que souligner l'une et renforcer l'autre. En effet, la faute des destinataires devient d'autant plus grave qu'ils refusent formellement les conditions du salut que Yahvé leur avait explicitement

[332] *Cf. Is.*, III, 17; VIII, 14; XXII, 14; XXVIII, 12; XXIX, 2; XXX, 3; *Os.*, IV, 9; *Am.*, VIII, 9; *Mich.*, V, 9. Voir H.W. WOLFF, *Die Begründungen der prophetischen Heils- und Unheilssprüche*, dans ZAW, LII, 1934, pp. 1-22, à la p. 2, repris dans *Gesammelte Studien zum Alten Testament* (ThB, 22), München, 1973², pp. 9-35, aux pp. 9-10.

[333] *supra*, pp. 187-195 et 166-178.

dictées et leur opposent leurs propres plans. D'autre part, aux antipodes de ce qui aurait pu arriver si les destinataires avaient écouté la parole de Yahvé, le malheur qui les attend, et dont ils sont les seuls responsables, n'en est que plus tragique[334]. Loin d'être étrangère à l'exposé des motifs, la promesse formulée par la citation de Yahvé constitue donc un élément fondamental de cette partie de l'oracle de malheur en *Is.*, XXVIII, 7b-13. 14-18 et XXX, 15-17. Sans la citation de Yahvé, l'exposé des motifs serait privé de son principal ressort.

On notera au passage que le parallélisme formel de *Is.*, XXVIII, 16 avec XXVIII, 12a et XXX, 15a confirme notre compréhension de *ysd* comme un *qatal*. A l'instar de ces passages, *Is.*, XXVIII, 16 ne doit pas se rapporter à une réalité encore à venir, mais plutôt à une action de Yahvé déjà accomplie, dont les destinataires n'ont pas tenu et s'obstinent à ne pas tenir compte.

Bref, *Is.*, XXVIII, 14-18 suit le schéma classique de l'oracle de malheur, mais avec une innovation propre à Isaïe[335]. L'exposé des motifs commence, comme souvent, par un appel à écouter formulé par le prophète (v. 14), et se poursuit par une citation des destinataires (v. 15) et une citation de Yahvé (v. 16) directement opposées. La citation de Yahvé et la promesse conditionnelle dont elle est porteuse tourne ensuite brusquement à la menace, et cela moyennant un simple changement syntaxique (vv. 17-18).

L'oracle s'adresse aux dirigeants de Jérusalem désignés par les expressions *'anšéy lāṣôn* et *mošléy hā'ām hazzèh*. Déjà contestée par P. Joüon[336], la traduction habituelle de *'anšéy lāṣôn* par «railleurs», «moqueurs», «plaisantins», doit être abandonnée[337]. Qu'il existe ou non une ou deux racines *lwṣ/lyṣ*[338], à la lumière de ses (ou : de leurs)

[334] Voir les remarques de R. F. MELUGIN, *op. cit.*, pp. 303-311.

[335] Voir R. F. MELUGIN, *op. cit.*, pp. 303-311.

[336] *Notes de Lexicographie hébraïque* (suite), dans MUSJ, V, 1911-1912, pp. 405-446, aux pp. 440-443.

[337] Ces sens sont propres à l'hébreu postbiblique.

[338] P. JOÜON, *op. cit.*, dans MUSJ, V, 1911-1912, pp. 440-443, suggère l'existence de deux racines dont l'une exprime l'idée de manque de sagesse et l'autre, attestée au hif., celle d'interprétation. F. BUHL, *Die Bedeutung des Stammes lwṣ oder lyṣ im Hebräischen*, dans *Studien zur semitische Philologie und Religionsgeschichte J. Wellhausen zum siebzigsten Geburtstag gewidmet* (BZAW, 27), Giessen, 1914, pp. 79-86, propose lui aussi l'existence de deux racines distinctes; celle dont dérivent les formes qui nous intéressent aurait le sens fondamental neutre de «être fort», «puissant» (*kräftig, machtvoll sein*), d'où dériveraient les nuances péjoratives «violent», «brutal», «inflexible» (*gewaltsam, brutal, unbeugsam*). D'autres lexicographes s'en tiennent à une seule racine. D'après M. A. CANEY, *The Hebrew mlyṣ*, dans AJSL, XL, 1923-1924, pp. 135-137, le sens fondamental serait «parler librement» ou «se vanter» (*to talk freely or big*), d'où dériveraient les sens de «bavard» et babillard» de *léṣ* et équivalents, et de «faire

33 emplois dans la Bible, dont 23 dans la littérature sapientielle[339] — 21 dans les *Proverbes* — il faut rendre *'anšéy lāṣôn* par «arrogants», «présomptueux»[340], voire «vantards», «fanfarons»[341].

Son association à *'anšéy lāṣôn* invite à voir en *mošléy hā'ām hazzèh* une expression sapientiale. Cela ne recommande pourtant pas la traduction souvent proposée, à savoir «frappeurs» ou «rabâcheurs de proverbes» ou encore «faiseurs de satires». En effet, le verbe *mšl* au sens de «parler en proverbes» ou «en paraboles», fréquent chez Ézéchiel[342], n'apparaît jamais dans les écrits sapientiaux[343], où, par contre, le sens de «gouverner» est très fréquent[344]. Il en va de même des oracles isaïens : on y trouve le verbe *mšl* au sens de gouverner[345], mais non au sens de dire un proverbe[346]. *Is.*, XXVIII, 14-18 s'adressant certainement aux responsables politiques de Jérusalem, nous rendons donc *mošléy hā'ām hazzèh* par «gouvernants de ce peuple». En faisant précéder cette désignation de l'épithète «présomptueux», le prophète introduit d'emblée l'objet du reproche que la citation du v. 15 ne fera qu'expliciter. Bien que le reproche vise directement les dirigeants, il concerne aussi l'ensemble du peuple désigné par l'expression péjorative *hā'ām hazzèh*[347].

Les difficultés posées par la compréhension du v. 15 sont bien connues. Quoi qu'il en soit de leur étymologie[348], le terme *ḥozèh* (v. 15) et son

parler librement» (les autres), aux formes hif. Voir aussi H. N. RICHARDSON, *Some Notes on lyṣ and its Derivatives*, dans VT, V, 1955, pp. 163-179 et 434-436 et W. MCKANE, *Proverbs. A New Approach* (OTL), London, 1970, p. 273. BDB, s.v., suggère le sens fondamental de «parler indirectement» ou «de façon oblique».

[339] A cela on pourra ajouter 9 attestations dans le texte hébraïque du *Siracide*, III, 28; VIII, 11; X, 2; XI, 30; XIII, 1; XV, 8; XXXIV, 26; XXXV, 18; XXXVII, 17.

[340] *Cf.* surtout *Prov.*, XXI, 24; voir JOÜON, §§81f et 88Mb et F. ZORELL, *Lexicon*, pp. 394 et 400.

[341] KBL, II, 1974³, pp. 503 et 507; H. WILDBERGER, *Jesaja*, III, 1982, pp. 1063-1064 et 1072.

[342] XII, 23; XVI, 44; XVII, 2; XVIII, 2.3; XXI, 5; XXIV, 3; *cf. Nomb.*, XXI, 27. On notera que *Éz.*, XXI, 5 est le seul passage où le verbe (part. piel) a une connotation péjorative, à savoir «rabâcheur de paraboles», mais il se trouve alors dans la bouche du peuple qui méprise le message du prophète.

[343] En *Job*, XXX, 19 on lit le hitp. de *mšl*, «devenir semblable à».

[344] *Cf. Prov.*, VI, 7; XII, 24; XVI, 32; XVII, 2; XIX, 10; XXII, 7; XXIII, 1; XXVIII, 15; XXIX, 2.12.26; *Job*, XXV, 2 (hif.); *Qoh.*, X, 4.

[345] III, 4.12. XIV, 5 est secondaire.

[346] En *Is.*, XIV, 10, texte généralement tenu pour secondaire, on trouve le nif. de *mšl*, «devenir semblable à».

[347] VI, 9.10; VIII, 6.11.12; IX, 15; XXVIII, 11.14 et XXIX, 13.14.

[348] Au sujet des différentes solutions proposées, voir notamment E. KUTSCH, *Sehen und bestimmen. Die Etymologie von bryt*, dans A. KUSCHKE - E. KUTSCH (éds), *Archäologie und Altes Testament. Festschrift für K. Galling*, Tübingen, 1970, pp. 165-178, aux pp. 174-175, et H. WILDBERGER, *Jesaja*, III, 1982, pp. 1064-1065.

équivalent *ḥāzût* (v. 18) n'ont certainement pas leurs sens habituels de «voyant» et «vision», mais doivent désigner une notion parallèle à celle de *b^erît*[349]. Le sens et la portée de cette alliance sont cependant difficiles à saisir, et restent controversés.

On notera d'abord que, dans la logique des vv. 14-15, la parole des dirigeants de Jérusalem doit fonder l'épithète présomptueux ou arrogants que le prophète leur décerne et qu'il met si fortement en relief. Tel est sans nul doute le sens de *šôṭ šôṭép^h kî-ya'^abor lo' y^ebô'énû* du v. 15bα. Cette partie du verset ne contient peut-être pas une vraie citation rapportant réellement les *ipsissima verba* des destinataires. Il peut s'agir, en effet, d'une citation fictive que le prophète met dans la bouche des dirigeants de Jérusalem. Quoi qu'il en soit, il est certain que le contenu du v. 15bα correspond à la prétention que les dirigeants de Jérusalem ont d'être à l'abri du malheur, et exprime donc leur point de vue. Tout paraît indiquer que l'on doit interpréter dans le même sens l'alliance du v. 15a. Par conséquent il faut y voir, comme au v. 15bα, le point de vue des destinataires et non pas, comme ce sera le cas au v. 15bβ, le jugement que le prophète porte sur leurs agissements[350].

G.R. Driver a attiré l'attention sur *Os.*, II, 20 et *Job*, V, 22-23, textes qui éclairent le sens de *Is.*, XXVIII, 15a.18[351]. En *Os.*, II, 20, Yahvé annonce qu'il conclura en faveur d'Israël une alliance avec les bêtes sauvages, les oiseaux du ciel et les reptiles du sol (*w^ekāratí lāhèm b^erît ... 'im ḥayyat haśśādèh ...*). A son tour, Job, V, 22-23 mentionne l'alliance avec les pierres des champs (*kí 'im-'abnéy haśśādèh b^erîtèkā*) qui met le Juste à l'abri de la disette. Dans l'un et l'autre cas il s'agit d'une sorte d'engagement pris par les animaux sauvages de ne pas faire de mal à Israël d'une part, et par les pierres des champs de ne pas nuire à la fertilité du sol d'autre part.

C'est dans un sens identique que l'on doit, à notre avis, comprendre l'alliance de *Is.*, XXVIII, 15a.18. Quoi qu'il en soit de la valeur de ses explications étymologiques de *b^erît* et *ḥozèh/ḥāzût*, E. Kutsch a donc

[349] Ce sens est supposé par la LXX (*sunthékê*) et la V (*pactum*) et communément adopté par les critiques.

[350] Voir J. SCHREINER, *Sion - Jerusalem Jahwes Königssitz*, 1963, pp. 168-169. M.A. KLOPFENSTEIN, *Die Lüge nach dem Alten Testament. Ihr Begriff, ihre Bedeutung und ihre Beurteilung*, Zürich und Frankfurt a. M., 1964, pp. 148-152; W. DIETRICH, *Jesaja und die Politik*, 1976, p. 163 et F. HUBER, *Jahwe, Juda und die anderen Völker beim Propheten Jesaja*, 1976, p. 93, n. 21 et p. 95, par contre, tiennent l'ensemble du v. 15 pour une citation entièrement fictive.

[351] *«Another Little Drink» - Isaiah 28 : 1-22*, dans P.R. ACKROYD and B. LINDARS (éds), *Words and Meanings. Essays presented to D.W. Thomas*, Cambridge, 1968, pp. 47-67, à la p. 58. Le rapprochement avec Job fut fait également par G. FOHRER, *Das Buch Jesaja*, II, 1967, p. 59.

raison de voir en *Is.*, XXVIII, 15a.18 l'obligation que les dirigeants de Jérusalem prétendent avoir imposé à la Mort et au Shéol de les épargner [352]. Ils se targuent ainsi de n'avoir rien à craindre des puissances maléfiques, plus précisément d'être à l'abri du malheur dont le prophète ne cessait de les menacer de la part de Yahvé.

A cette lumière, l'hypothèse d'une référence directe à l'alliance avec l'Égypte [353] ou avec la Phénicie et l'Égypte [354] paraît exclue. En effet, il faudrait supposer soit que les dirigeants de Jérusalem cherchaient dans les alliances une protection contre leurs propres alliés présentés sous les traits de la Mort et du Shéol, soit que cette présentation des alliés des Judéens reflète en réalité le point de vue du prophète affirmant le caractère mortel desdites alliances : puissances de mort, ceux sur qui Juda s'appuie ne peuvent que l'entraîner à la ruine. La première supposition est aux antipodes de la réalité. La seconde méconnaît le rôle du v. 15a, qui n'est pas d'annoncer aux dirigeants de Jérusalem la ruine qui les attend, mais de leur mettre dans la bouche une manifestation éclatante de la présomption qui les caractérise.

La formulation de *Is.*, XXVIII, 15a.18 s'inspire peut-être de certaines pratiques de nécromancie ou de certains rites magiques de conjuration envisagés comme une sorte de célébration d'une alliance avec les puissances de la Mort en vue de les neutraliser, mais, à notre avis, rien ne permet d'affirmer qu'elle suppose l'accomplissement de tels rites par les dirigeants de Jérusalem [355]. Les expressions sont plutôt à comprendre comme des images de toutes les précautions que les chefs de Jérusalem ont prises, alliances politiques et mesures militaires, grâce auxquelles ils

[352] D'après E. KUTSCH, *b^e^rît* et *ḥozèh/ḥāzût* dériveraient de deux racines synonymes, *brh* II («voir») et *ḥzh* («voir»). Aboutissement d'un développement sémantique parallèle, les termes *b^e^rît* et *ḥozèh/ḥāzût* auraient les mêmes sens de «détermination» (*Bestimmung*), «obligation», «engagement» (*Verpflichtung*); *Sehen und bestimmen. Die Etymologie von bryt*, dans *Festschrift für K. Galling*, 1970, pp. 165-178; ID., *b^e^rît*, dans ThHAT, I, cc. 339-352; ID., *Verheissung und Gesetz. Untersuchungen zum sogenannten «Bund» im Alten Testament* (BZAW, 131), Berlin - New York, 1973, pp. 28-39; voir aussi H.W. HOFFMANN, *Die Intention der Verkündigung Jesajas*, 1974, p. 24; W. DIETRICH, *Jesaja und die Politik*, 1976, p. 161; F. HUBER, *Jahwe, Juda und die anderen Völker beim Propheten Jesaja*, 1976, p. 90.

[353] W. EICHRODT, *Der Herr der Geschichte*, 1967, p. 128. Derrière *māwèt* et *š^e^'ôl* se profilerait Osiris, représentant l'Égypte.

[354] Voir, parmi d'autres, E. ROHLAND, *Die Bedeutung der Erwählungstraditionen Israels für die Eschatologie der alttestamentlichen Propheten*, 1956, pp. 149-150; J. SCHREINER, *Sion - Jerusalem Jahwes Königssitz*, 1963, pp. 168-169; F.L. MORIARTY, *Isaías*, 1970, p. 307; W. DIETRICH, *Jesaja und die Politik*, 1976, p. 163; F. HUBER, *Jahwe, Juda und die anderen Völker beim Propheten Jesaja*, 1976, p. 94; J. VERMEYLEN, *Du prophète Isaïe à l'Apocalyptique*, I, 1977, p. 393, n. 1 et p. 395.

[355] Voir la discussion de H. WILDBERGER, *Jesaja*, III, 1982, pp. 1073-1075.

se croyaient hors de l'atteinte du malheur[356]. Aussi, la Mort et le Shéol ne sont-ils peut-être plus que de simples représentations des puissances maléfiques[357].

Le malheur est ensuite évoqué au moyen de l'image du flot[358] débordant qui submerge et emporte tout sur son passage (v. 15bα). A cela *Is.*, XXVIII, 17b ajoutera l'image de la grêle et de l'orage dévastateurs. *Is.*, XXVIII, 15bα.17b.18b associe deux images dont Isaïe s'est servi pour évoquer l'invasion assyrienne de Juda (VIII, 7-8a)[359] et d'Israël (XXVIII, 2)[360]. *Is.*, XXVIII, 15bα.17b.18b vise assurément la même réalité[361], comme le confirme la reprise, au v. 18bβ, du thème

[356] E. J. KISSANE, *The Book of Isaiah*, 1960, pp. 306-307; R. FEY, *Amos und Jesaja. Abhängigkeit und Eigenständigkeit des Jesaja* (WMANT, 12), Neukirchen-Vluyn, 1963, pp. 123-124; G. R. DRIVER, *«Another Little Drink» — Isaiah 28 : 1-22*, dans *Words and Meanings. Essays presented to D.W. Thomas*, 1968, pp. 57-58.

[357] R. FEY, *Amos und Jesaja*, 1963, pp. 123-124; G. FOHRER, *Das Buch Jesaja*, II, 1967, p. 59. Au sujet des représentations mythiques touchant le monde des morts, voir, parmi d'autres, N. J. TROMP, *Primitive Conceptions of Death and the Nether World in the Old Testament* (BibOr, 21), Rome, 1969; W. HERRMANN, *Jahwes Triumph über Mot*, dans UF, XI, 1979, pp. 371-377.

[358] D'après le contexte, *šôṭ*, que la LXX, le Tg et la Pesh. rendent respectivement par *kataigis* («bourrasque»), *naḥal* («torrent») et *šwwṭ' dgrwpy'* («extension de l'inondation»), doit désigner un torrent ou un flot furieux. Les différentes corrections que l'on a proposées, notamment en *šôṭ šôṭéṭ* (K. MARTI, *Das Buch Jesaja*, 1900, pp. 207-208; B. DUHM, *Das Buch Jesaja*, 1914, pp. 174-175) et *šèṭèp^h šôṭèp^h* ou en *šèṭèp^h* (P. JOÜON, *Notes de critique textuelle (Ancien Testament)*, dans MUSJ, IV, 1910, pp. 19-32, à la p. 24; W. DIETRICH, *Jesaja und die Politik*, 1976, p. 161, n. 163), ne sont guère retenues. Les critiques se partagent entre deux hypothèses. Appuyés sur la tradition juive, la plupart supposent, à la suite de J. BARTH, l'existence en hébreu d'un terme *šôṭ*, qui serait apparenté à l'éthiopien *sôṭa* («verser») et à l'arabe *sauṭu* («torrent») et à distinguer de *šôṭ*, «fouet» (*šwṭ šwṭp*, dans ZAW, XXXI, 1913, pp. 306-307; ID., *Miscellen 1. Zu šwṭ «Flut»*, dans ZAW, XXXII, 1914, p. 69; S. POZNAŃSKI, *Zu šwṭ šwṭp*, dans ZAW, XXXIV, 1916, pp. 119-120; E. KOENIG, *Das Buch Jesaja*, 1926, p. 213, n. 3; G. R. DRIVER, *«Another Little Drink» - Isaiah 28 : 1-22*, dans *Words and Meanings. Essays presented to D.W. Thomas*, 1968, pp. 58-59; H.W. HOFFMANN, *Die Intention der Verkündigung Jesajas*, 1974, pp. 24-25; H. WILDBERGER, III, 1982, p. 1065. A la suite de H. GESE, plusieurs critiques récents s'en tiennent au sens habituel de *šôṭ*, mais y voient une référence au fouet qui était l'attribut de Hadad, dieu de l'orage (*Die strömende Geissel des Hadad und Jesaja 28,15 und 18*, dans *Festschrift für K. Galling*, 1970, pp. 127-134; H.-J. HERMISSON, *Zukunftserwartung und Gegenwartskritik in der Verkündigung Jesajas*, dans EvTh, XXXIII, 1973, p. 69; F. HUBER, *Jahwe, Juda und die anderen Völker beim Propheten Jesaja*, 1976, p. 91; W. H. IRWIN, *Isaiah 28-33*, 1977, pp. 26-28. Cette hypothèse est, certes, séduisante. Étant donné que, comme nous le verrons, *Is.*, XXVIII, 15bα.18b reprend une image que Isaïe avait employé le premier, on hésitera cependant à y adhérer.

[359] Indépendamment de la glose explicative (v. 7aβ), le débordement du *nāhār*, c'est-à-dire l'Euphrate (*Gen.*, XXXI, 21; XXXVI, 37; *Ex.*, XXIII, 31; *Nomb.*, XXII, 5; *Jos.*, XXIV, 2.3.14.15; *II Sam.*, VIII, 3; *Is.*, VII, 20; XXVII, 12; *Jér.*, II, 18; *Mich.*, VII, 12; *Zach.*, IX, 10; *Ps.*, LXXII, 8), est sans nul doute l'image de l'invasion assyrienne.

[360] Dans le contexte historique d'Isaïe, le fort et le puissant est certainement l'Assyrie.

[361] Les images du torrent (*naḥal šôṭép^h*) et de l'averse de pluie et de grêle reviennent en *Is.*, XXX, 28.30, mais elles sont alors retournées contre l'Assyrie.

du piétinement (*mirmās*), à vrai dire hétérogène au contexte, mais qui fait partie de l'évocation de la mission punitive dont Yahvé charge Assur (X, 6), et qui se trouvait aussi dans la menace contre Samarie (XXVIII, 3a)[362]. En *Is.*, VIII, 7-8a, et sans doute aussi en XXVIII, 2, la menace prend les intéressés par surprise. Alors même que les Judéens escomptaient trouver un puissant protecteur en l'Assyrie, le prophète leur annonce l'invasion assyrienne sous les traits de la crue de l'Euphrate (VIII, 7-8a). Par contre, en XXVIII, 15b, la menace de l'invasion apparaît comme une réalité dont les chefs de Jérusalem sont bien conscients, mais dont ils se croient à l'abri. *Is.*, XXVIII, 15b se réfère donc explicitement à la menace de VII, 7-8a[363], que les dirigeants de Jérusalem se vantent de n'avoir nullement à craindre.

Sans justifier un appel au mythe du Chaos[364], les images de *Is.*, XXVIII, 15bα.17b.18b s'expliquent comme le fruit de l'expérience des catastrophes naturelles provoquées par l'eau. Celles-ci étaient particulièrement aptes à évoquer l'invasion d'une armée qui, telle une tempête dévastatrice ou un torrent débordant, détruit et emporte tout sur son passage[365]. Il était donc tout à fait naturel d'appliquer à l'Assyrie ces images dont les scribes assyriens eux-mêmes se servaient habituellement pour célébrer les campagnes militaires assyriennes[366], et cela d'autant

[362] *Cf.* aussi *Is.*, V, 5.

[363] On notera dans les deux cas l'association de *šṭp* et *ʿbr*.

[364] Dans le même sens, H.-J. HERMISSON, *Zukunftserwartung und Gegenwartskritik in der Verkündigung Jesajas*, dans EvTh, XXXIII, 1973, p. 69. Contre J. JEREMIAS, *Golgotha* (Angelos, I), Leipzig, 1926, pp. 56,73-79 et 85; H. GRESSMANN, *Der Messias*, 1929, pp. 106-110; R. FEY, *Amos und Jesaja*, 1963, p. 122; H.-P. MUELLER, *Glauben und bleiben. Zur Denkschrift Jesajas Kapitel VI 1-VIII 18*, dans VTS, XXVI, 1974, pp. 25-54, à la p. 46; F. STOLZ, *Strukturen und Figuren im Kult von Jerusalem* (BZAW, 118), Berlin, 1970, p. 65.

[365] L'image du torrent débordant est appliquée dans la Bible à d'autres armées: égyptienne assimilée à la crue du Nil (*Jér.*, XLVI, 7-8); babylonienne (*Jér.*, XLVII, 2); séleucide (*Dan.*, XI, 10.22.26.40). On notera la présence des mêmes verbes dans ces passages: *ʿlh* (*Is.*, VIII, 7-8a; *Jér.*, XLVI, 7-8; XLVII, 2), la paire *šṭp* -*ʿbr* (*Is.*, VIII, 8a; XXVIII, 15b.18b; *Dan.*, XI, 10.40), *šṭp* seul (*Is.*, XXVIII, 17b; *Jér.*, XLVII, 2; *Dan.*, XI, 22.26).

[366] Il s'agit en général des images d'un ouragan ou d'un orage torrentiel qui détruisent et emportent tout; elles sont le plus souvent mises explicitement en rapport avec Adad, le dieu de l'orage, dont la puissance se trouve derrière le roi d'Assur. Parmi les très nombreux exemples attestés à toutes les époques, signalons quelques-uns pris des inscriptions des rois contemporains d'Isaïe: Tiglath-phalazar III (ARAB, I, §§774, 777, 781, 783, 791-792), Sargon II (ARAB, II, §§155, 183) et Sennachérib (OIP II,15; IV, 80; V,75,77; VI,3-4 et encore dans D.D. LUCKENBILL, *The Annals of Sennacherib*, 1924, p. 51, l. 25; p. 59, l. 28; p. 72, l. 47; p. 77, l. 23; p. 83, l. 44; p. 86, l. 17). L'image de l'orage est d'ailleurs appliquée par un scribe assyrien à une armée ennemie, *cf.* OIP, V,59. Au sujet de l'emploi de ces images dans les inscriptions assyriennes, voir R. LABAT, *Le caractère religieux de la Royauté assyro-babylonienne*, Paris, 1939, pp. 263-264 et D.R. HILLERS, *Treaty-Curses and the Old Testament Prophets* (BibOr, 16), Rome, 1964, pp. 70-71.

plus que l'Euphrate, symbole facile de l'Assyrie, fournissait un bon exemple de torrent débordant (*Is.*, VIII, 7b-8a).

Le v. 15bβ se présente comme la raison pour laquelle, au dire des dirigeants de Jérusalem, ils n'ont rien à craindre de l'invasion assyrienne : ils ont fait du mensonge leur refuge et se sont cachés dans la fausseté. Comme toutes les formes de la racine *ḥsh*, le subst. *maḥsèh* évoque le refuge en Yahvé. *Is.*, XXVIII, 15.17 et XXX, 2.3 sont pratiquement les seuls passages bibliques où la racine *ḥsh* au sens figuré exprime un refuge qui n'est pas Yahvé ni une réalité en rapport immédiat avec Yahvé [367]. D'un emploi plus large au sens profane et plus varié au sens religieux, la racine *str* apparaît, surtout dans le *Psautier*, dans des contextes identiques à ceux de *ḥsh* [368]. Yahvé lui-même [369], ses ailes [370], sa tente [371] sont une cachette (*sétèr*) où l'on est en sécurité [372]. Les formes verbales, surtout le hif., expriment l'action de Yahvé procurant un abri [373] à l'ombre de ses ailes [374], dans sa tente [375], dans sa cachette [376]. En parallélisme avec *maḥsèh*, *mistôr* désigne l'abri que constituera la gloire de Yahvé au-dessus de Sion [377]. Même Moab espère trouver abri à Sion [378].

Is., XXVIII, 15b emprunte donc deux termes caractéristiques du vocabulaire cultuel de Jérusalem qui servent habituellement à présenter Yahvé comme le seul vrai refuge et le seul vrai abri. Cette présentation est liée à la présence de Yahvé dans son Temple, et constitue l'un des éléments des traditions de Sion [379].

En en faisant leur refuge et leur abri, les dirigeants de Jérusalem ont donc mis le mensonge et la fausseté à la place de Yahvé. On y voit généralement une allusion aux alliances politiques, surtout avec l'Égypte, au moyen desquelles les Judéens espéraient secouer la domination

[367] *supra*, pp. 156-158.
[368] G. WEHMEIER, *str*, dans ThHAT, II, cc. 173-181, surtout c. 181.
[369] *Ps.*, XXXII, 7; CXIX, 114.
[370] *Ps.*, LXI, 5.
[371] *Ps.*, XXVII, 5.
[372] *Ps.*, XXXI, 21; XCI, 1.
[373] *Jér.*, XXXVI, 26; *Ps.*, LXIV, 3; *Job*, XIV, 13.
[374] *Ps.*, XVII, 8.
[375] *Ps.*, XXVII, 5.
[376] *Ps.*, XXXI, 21.
[377] *Is.*, IV, 6.
[378] *Is.*, XVI, 3.4.
[379] Voir P. HUGGER, *Jahwe meine Zuflucht. Gestalt und Theologie des 91. Psalms*, 1971; D. EICHHORN, *Gott als Fels, Burg und Zuflucht. Eine Untersuchung zum Gebet des Mittlers in den Psalmen*, 1972; O.H. STECK, *Friedensvorstellungen im alten Jerusalem*, 1972.

assyrienne. N'étant pas Yahvé, le refuge et l'abri que les politiciens de Jérusalem se sont procurés ne peuvent qu'être faux et illusoires. Cette compréhension de *Is.*, XXVIII, 15bβ correspond sans nul doute à la position constante d'Isaïe à l'égard, non seulement des alliances[380], mais aussi de toutes les autres mesures au moyen desquelles Juda entendait assurer sa sécurité.

Et pourtant, vu l'opposition entre le v. 15bβ et le v. 17a, il faut se demander si les termes *kāzāb* et *šèqèr* n'expriment pas des notions directement opposées à *mišpāṭ* et *ṣᵉdāqāh*. On notera que, chez Isaïe, *kāzāb* ne se retrouve que dans le présent oracle (v. 17), et *šèqèr* nulle part ailleurs[381]. Ces termes se rapportent souvent à l'injustice dans les rapports sociaux[382]. Ils désignent le faux témoignage dans le cadre de l'administration de la justice[383] et, d'une façon générale, la fraude, l'escroquerie et les moyens fourbes dont on se sert pour priver les autres de leur droit[384]. On se reportera particulièrement à *Os.*, VII, 1, où *pāʿᵃlû šāqèr* est associé à *wᵉgannāb yābôʾ* («le voleur entre dans la maison») et *pāšaṭ gᵉdûd baḥûṣ* («une bande razzie au dehors»), à *Jér.*, VI, 13 et VIII, 10, où *kullô ʿośèh šāqèr*[385] est en parallélisme avec *kullô bôṣéᵃʿ bāṣaʿ* («tous font un profit malhonnête»), et à *Os.*, XII, 2, où *kāzāb* est associé à *šod* («violence», «pillage», «ruine»)[386]. A cette lumière, il est probable que *Is.*, XXVIII, 15bβ vise en réalité l'injustice dont sont coupables les gouvernants de Jérusalem, ceux-là même qui devaient faire régner la justice.

A l'action des chefs de Jérusalem le prophète oppose l'œuvre de

380 *Cf.* notamment *Is.*, XXX, 1-5 où la racine *ḥsh* est explicitement en rapport avec l'Égypte. On a proposé de voir dans le mensonge et la fausseté une allusion à l'infidélité à l'égard de l'Assyrie (O. PROCKSCH, *Jesaja I*, 1930, p. 360 et TOB, *Ancien Testament*, 1979, p. 808, n. *b*). Rien ne nous semble appuyer pareille interprétation de notre passage. A son tour, H. WILDBERGER, *Jesaja*, III, 1982, p. 1073, y voit une critique de la croyance en l'inviolabilité de Jérusalem telle qu'elle s'exprime, par exemple, au *Ps.*, XLVI, 6b.12.

381 On trouve *šèqèr* en *Is.*, IX, 14 et XXXII, 7, mais ces textes sont généralement tenus pour secondaires. Au sujet de IX, 14, voir J. VERMEYLEN, *Du prophète Isaïe à l'Apocalyptique*, I, 1977, pp. 180-181. Isaïe n'emploie pas non plus d'autres formes de ces racines.

382 M. A. KLOPFENSTEIN, *Die Lüge nach dem Alten Testament*, 1964, surtout pp. 18-32 et 184-187.

383 *šqr*, *Ex.*, XX, 16; *Lév.*, V, 22; XIX, 12; *Deut.*, XIX, 18; *Is.*, XXXII, 7; *Zach.*, VIII, 17; *Ps.*, XXVII, 12; *Prov.*, VI, 19; XII, 17; XIV, 5; XIX, 5.9; XXV, 18. *kzb*, *Prov.*, VI, 19; XIV, 5.25; XIX, 5.9; XXI, 28.

384 *šqr*, *Ex.*, XXIII, 7; *Lév.*, XIX, 11; *II Sam.*, XVIII, 13; *Is.*, LIX, 3.13; *Jér.*, VI, 13; VIII, 8.10; IX, 4; XXIII, 14; *Os.*, VII, 1; *Mich.*, VI, 12; *Ps.*, LXIX, 5; CXIX, 69.78.86; *Prov.*, VI, 17; XX, 17; XXI, 6. *kzb*, *Os.*, XII, 2; *Ps.*, V, 7.

385 L'accusation vise spécialement les chefs.

386 En *Os.*, XII, 2 l'accusation d'injustice est suivie de la mention des alliances avec l'Assyrie et l'Égypte.

Yahvé à Sion (v. 16a.bα). Si le v. 15 est difficile à interpréter, le v. 16 l'est encore davantage[387]. Commençons par la pierre et par les qualificatifs qu'elle reçoit. La répétition de la racine *ysd* ne laisse aucun doute qu'il s'agit d'une pierre de fondation. Si le contexte de construction interdit de rendre *'èbèn boḥan* par «pierre de touche»[388], il nous paraît cependant difficile de décider entre les sens de *boḥan* que l'on a proposés, à savoir celui de «éprouvée»[389] ou celui d'un type spécial de pierre, notamment la pierre de *bḫn* égyptienne[390] ou la pierre de taille caractéristique des fortifications de l'époque royale[391]. Il n'est d'ailleurs pas exclu que le prophète joue sur une possible polysémie de *boḥan*. Quoi qu'il en soit, ce terme doit désigner une qualité de la pierre la rendant apte à devenir pierre de fondation[392].

Les qualités requises d'une pierre de fondation n'étant pas sa rareté ni son prix, mais sa solidité et son caractère massif, on doit abandonner la traduction habituelle de *yiqrat* par précieuse, et rendre ce terme par «lourde», «massive», en conformité avec ce qui semble être le sens fondamental de la racine *yqr*[393], et ses emplois en contexte de construction, à savoir *I Rois*, V, 31 et VII, 9.10.11[394].

[387] Ce verset est sans doute parmi les passages de l'AT les plus étudiés, et cela non seulement en raison de son importance pour la compréhension du message d'Isaïe, mais aussi du rôle qu'il joue à Qumran (1QS, VIII, 7-8; 1QH, VI, 24-27; VII, 9) et surtout dans le NT (*Mat.*, XXI, 42; *Rom.*, IX, 33; X, 11; *Eph.*, II, 19-22 et *I Pi.*, II, 6-8); voir H. MUSZYŃSKI, *Fundament, Bild und Metapher in den Handschriften aus Qumran. Studie zur Vorgeschichte des ntl. Begriffs themelios* (AnBib, 61), Rome, 1975, pp. 130-136, 174-189 et 212-215.

[388] Contre F. DREYFUS, *La doctrine du Reste d'Israël chez le prophète Isaïe*, dans RSPhTh, XXXIX, 1955, pp. 361-386, aux pp. 373-376. Moins précise, la traduction *Stein der Prüfung* ou *der Erprobung* proposée par H. WILDBERGER, *Jesaja*, III, 1982, pp. 1066-1067, se situe dans la même ligne.

[389] Conforme aux sens habituels de la racine *bḥn*, «examiner», «essayer», «éprouver», cette traduction est la plus courante.

[390] Voir, parmi d'autres, L. KOEHLER, *Zwei Fachwörter der Bausprache in Jesaja 28, 16*, dans ThZ, III, 1947, pp. 390-393; Th. O. LAMBDIN, *Egyptian Loan Words in the Old Testament*, dans JAOS, LXXIII, 1953, pp. 145-155, à la p. 148; H. DONNER, *Israel unter den Völkern*, 1964, p. 147; G. R. DRIVER, *«Another Little Drink» - Isaiah 28 : 1-22*, dans *Words and Meanings. Essays presented to D. W. Thomas*, 1968, p. 59; F. HUBER, *Jahwe, Juda und die anderen Völker beim Propheten Jesaja*, 1976, p. 91, n. 10; W. H. IRWIN, *Isaiah 28-33*, 1977, pp. 30-31. On pense à la diorite, au granit ou à une autre pierre dure. Au sujet de la pierre de *bḫn* égyptienne, voir A. LUCAS, *Ancient Egyptian Materials and Industries*, London, 1962^4, p. 420.

[391] A la lumière de *baḥîn/baḥûn* (*Is.*, XXIII, 13) et *baḥan* (*Is.*, XXXII, 14), qui paraissent désigner des tours; M. TSEVAT, *bḥn*, dans ThWAT, I, c. 591.

[392] C'est dans ce sens que *Is.*, XXVIII, 16a est repris dans les écrits de Qumran (1QS, VIII, 7-8; 1QH, VI, 26; VII, 8-9).

[393] D'après W. GESENIUS, *Thesaurus philologicus*, I, 1835, s.v. et F. ZORELL, *Lexicon*, s.v., *gravis, ponderosus* serait le sens fondamental de la racine *yqr*; les sens de «rare», «coûteux», «précieux», en dériveraient. BDB, KBL, II, 1974^3, pp. 412-413 et S. WAGNER,

On a souvent signalé les points de contact entre *Is.*, XXVIII, 16 et les notices que nous venons de mentionner concernant les matériaux que Salomon s'est procurés pour poser les fondations du Temple (*I Rois*, V, 31) et pour la maçonnerie de son palais (*I Rois*, VII, 9-12). On y trouve associés, comme en *Is.*, XXVIII, 16, les termes *'èbèn/'ᵃbānîm, yᵉqārāh/yᵉqārôt* et la racine *ysd*. Le point de contact le plus significatif est la racine *yqr*, puisque nos passages sont les seuls où elle est attribut de pierres de construction[395]. Appartenant au vocabulaire technique de l'architecture, la racine *ysd* est normale dans ce contexte. On notera cependant que cette racine se rapporte souvent au Temple[396] et, avec une connotation plus ou moins cosmogonique, à Sion[397] et à la terre en général[398].

Il est tentant de voir en *Is.*, XXVIII, 16 une allusion aux constructions de Salomon à Jérusalem, particulièrement au Temple[399]. On a proposé

yāqar, dans ThWAT, III, c. 855, reconnaissent à *yqr* le sens d'«être lourd», mais le tiennent pour secondaire. W. H. IRWIN, *Isaiah 28-33*, 1977, pp. 30-31, retient ce sens en *Is.*, XXVIII, 16. L'hypothèse de L. KOEHLER, *Zwei Fachwörter der Bausprache in Jesaja 28, 16*, dans ThZ, III, 1947, pp. 390-393, selon laquelle *yiqrat* (état construit de *yqrh*) dériverait de la racine *qrh* («rencontrer») et serait un terme technique du langage architectural désignant le point de rencontre de deux murs, n'a guère été retenue. Les critiques s'en tiennent au rattachement à la racine *yqr*. Au sujet de la construction grammaticale du v. 16aα, voir G-K, § 130f, n. 4 et H. WILDBERGER, *Jesaja*, III, 1982, p. 1067.

394 Associée à *'ᵃbānîm gᵉdolôt* (*I Rois*, V, 31 et VII, 10) et précisée par *kᵉmidôt gāzît* (*I Rois*, VII, 9.11), l'expression *'ᵃbānîm yᵉqārôt* doit souligner le caractère massif, la grandeur et la lourdeur des pierres en question. BR a donc raison de rendre *yᵉqārôt* par «lourdes» (*I Rois*, V, 31) et «massives» (*I Rois*, VII, 9.10.11).

395 *Is.*, LIV, 11-12 mentionne différentes pierres précieuses dont sera bâtie Jérusalem, mais il s'agit alors de l'évocation idéalisée de la gloire promise à la ville. L'expression *'èbèn yᵉqārāh*, employée le plus souvent dans un sens collectif, désigne normalement des pierres précieuses destinées à l'ornementation; *cf. II Sam.*, XII, 30; *I Rois*, X, 2.10.11; *Éz.*, XXVII, 22; XXVIII, 13; *Dan.*, XI, 38; *I Chr.*, XX, 2; *II Chr.*, IX, 1.9.10; XXXII, 27. En *I Chr.*, XXIX, 2 et *II Chr.*, III, 6, il s'agit, certes, de la construction du Temple, mais les pierres ont une fonction décorative.

396 *Cf. I Rois*, V, 31; VI, 37; VII, 9.10; *Is.*, XLIV, 28; *Éz.*, XLI, 8; *Zach.*, IV, 9; VIII, 9; *Ag.*, II, 18; *Esd.*, III, 6.10.11.12; *II Chr.*, III, 3; VIII, 16; XXIII, 5 et aussi *Ex.*, XXIX, 12; *Lév.*, IV, 7.18.25.30.34; V, 9; VIII, 15; IX, 9 où il s'agit des fondations de l'autel.

397 *Is.*, XIV, 32; LIV, 11; *Ps.*, LXXXVII, 1; CXXXVII, 7; *Lam.*, IV, 11.

398 *Is.*, XXIV, 18; XL, 21; XLVIII, 13; LI, 13.16; *Jér.*, XXXI, 37; *Mich.*, VI, 2; *Zach.*, XII, 1; *Ps.*, XVIII, 16 (= *II Sam.*, XXII, 16); LXXVIII, 69; LXXXII, 5; CII, 26; CIV, 5.8; *Prov.*, III, 19. En *Deut.*, XXXII, 22; *II Sam.*, XXII, 8 et *Ps.*, XVIII, 16 il s'agit des fondations des montagnes. Le *Ps.*, LXXVIII, 69 compare la stabilité du sanctuaire à celle de la terre que Yahvé a fondée à jamais. Au sujet de la racine *ysd*, voir P. HUMBERT, *Note sur yāsad et ses dérivés*, dans *Hebräische Wortforschung. Festschrift W. Baumgartner* (VTS, XVI), Leiden, 1967, pp. 135-142.

399 J. SCHREINER, *Sion - Jerusalem Jahwes Königssitz*, 1963, pp. 167ss; G. R. DRIVER, *«Another Little Drink» - Isaiah 28: 1-22*, dans *Words and Meanings. Essays presented to*

d'identifier la pierre avec un élément déterminé, et particulièrement important, dans les bâtiments du Temple, à savoir le rocher qui se trouve actuellement au centre du *Qubbet eṣ-Ṣahra* (Mosquée d'Omar)[400], ou la première pierre à avoir été posée[401]. La première hypothèse paraît bien hasardeuse, car l'inclusion dudit rocher dans les bâtiments du Temple, bien qu'elle soit assez généralement admise[402], est loin d'être prouvée[403]. D'ailleurs, ce rocher n'est jamais mentionné dans la Bible, du moins explicitement[404], et sa vénération n'est directement attestée avec certitude qu'après la conquête arabe[405]. Vu le silence

D. W. Thomas, 1968, pp. 59-60. *Rab. Tanhuma* (380), dont l'opinion est rapportée par le *Midrash Deut. Rab.*, III, 13, y voit l'annonce de la reconstruction du Temple détruit par Hadrien.

[400] J. JEREMIAS, *Golgotha*, 1926, p. 73; H. SCHMIDT, *Der Heilige Fels in Jerusalem. Eine archäologische und religionsgeschichtliche Studie*, Tübingen, 1933, pp. 94-102; E. ROHLAND, *Die Bedeutung der Erwählungstraditionen Israels für die Eschatologie der alttestamentlichen Propheten*, 1956, p. 152; G. FOHRER, *Das Buch Jesaja*, II, 1967, pp. 60-61; H.-M. LUTZ, *Jahwe, Jerusalem und die Völker*, 1968, p. 153; D. EICHHORN, *Gott als Fels, Burg und Zuflucht. Eine Untersuchung zum Gebet des Mittlers in den Psalmen*, 1972, pp. 83ss.

[401] K. GALLING, *Serubabel und der Wiederaufbau des Tempels in Jerusalem*, dans A. KUSCHKE (éd.), *Verbannung und Heimkehr. Beiträge zur Geschichte und Theologie Israels im 6. und 5. Jahrhundert v. Chr., Wilhelm Rudolph zu 70. Geburtstag*, Tübingen, 1961, pp. 67-96, aux pp. 72-73. L'auteur pense cependant que *'èbèn* est un collectif et que les angles des bases des murs étaient formés, non pas par une seule pierre, mais par trois assises de parpaings entrecroisés. En Mésopotamie la première brique et sa pose lors de la construction ou de la reconstruction d'un temple prenaient une importance spéciale. La première brique était solennellement moulée et posée par le roi lui-même et portait une inscription commémorative. Voir R.S. ELLIS, *Foundation Deposits in Ancient Mesopotamia* (Yale Near Eastern Researches, 2), New Haven and London, 1968, pp. 20-32.

[402] Le rocher aurait constitué le soubassement de l'autel des holocaustes pour les uns (L.-H. VINCENT - A.-M. STÈVE, *Jérusalem de l'Ancien Testament*, II-III, 1956, pp. 587-595), du Debir pour les autres (R. DE VAUX, *Institutions*, II, 1967, pp. 155-157).

[403] L'hypothèse traditionnelle a été contestée par B. BAGATTI, *Il tempio di Gerusalemme dal II all' VIII secolo*, dans Bib., XLIII, 1962, pp. 1-21; ID., *La posizione del tempio erodiano di Gerusalemme*, dans Bib., XLVI, 1965, pp. 428-444; Th. A. BUSINK, *Der Tempel von Jerusalem von Salomo bis Herodes*, I, 1970, pp. 1-44; E. VOGT, *Vom Tempel zum Felsendom*, dans Bib., LV, 1974, pp. 23-64, et aussi A.S. KAUFMAN, *New Light on the Ancient Temple of Jerusalem*, dans *Christian News from Israel*, XXVII, 1979, pp. 54-58 et E.W. COHN, *Second Thoughts about the Perforated Stone on the Haram of Jerusalem*, dans PEQ, CXIV, 1982, pp. 143-146. D'après ces auteurs, il n'y aurait eu aucun rapport entre le rocher et le Temple, dont l'emplacement serait à chercher au sud (BAGATTI et VOGT) ou au nord du rocher (BUSINK).

[404] On a parfois proposé de voir dans ledit rocher le point de départ de l'épithète divine «Rocher», très courante surtout dans les *Psaumes* et que *Is.*, VIII, 14 emprunte, mais en la retournant contre Israël. Voir H. SCHMID, *Der Tempelbau Salomos in religionsgeschichtlicher Sicht*, dans A. KUSCHKE - E. KUTSCH (éds), *Archäologie und Altes Testament. Festschrift für K. Galling*, Tübingen, 1970, pp. 241-250.

[405] Voir notamment les discussions de E. VOGT, *op. cit.*, pp. 42-60; H. DONNER, *Der Felsen und der Tempel*, dans ZDPV, XCIII, 1977, pp. 1-11 et E.W. COHN, *op. cit.*, pp. 143-146. On remarquera cependant que H. DONNER est partisan de l'inclusion du rocher dans le Temple.

des récits bibliques au sujet d'une cérémonie de pose de la première pierre du Temple ou d'une quelconque pierre spéciale, on hésitera à adhérer à la seconde hypothèse[406].

On a également remarqué les contacts entre *Is.*, XXVIII, 16 et XIV, 32b, au niveau, non seulement du vocabulaire, mais aussi des images et du contenu. Il y a d'abord la proposition *hinᵉnî yissad bᵉṣiyyôn 'ābèn* (XXVIII, 16), qui est très proche de *kî yhwh yissad ṣiyyôn* (XIV, 32b). Ce n'est d'ailleurs pas seulement le v. 16 mais l'ensemble des vv. 14-18 qui présentent des affinités très étroites avec *Is.*, XIV, 32b. Ainsi, *maḥsèh* (vv. 15b.17b) a son équivalent en *ḥsh* (XIV, 32b); *mišpāṭ* et *ṣᵉdāqāh* (v. 17a; *cf.* aussi *kāzāb* et *šèqèr* aux vv. 15b et 17b) correspondent à *'ᵃnîyyéy 'ammô* (XIV, 32b).

Aussi, lisons-nous *Is.*, XXVIII, 16 à la lumière de *Is.*, XIV, 32b. Avec plusieurs critiques nous comprenons le *b* qui précède *ṣiyyôn*, non pas dans son acception locale, mais au sens de *bet essentiae*, et voyons dans la pierre une métaphore de Sion elle-même, solidement posée comme une pierre angulaire[407]. L'allusion à la fondation du Temple n'est pas pour autant exclue. L'association de la fondation de Sion à la fondation du Temple est d'autant plus naturelle que Sion tient toute sa stabilité de la présence de Yahvé dans son Temple.

Que le passage se réfère au Temple de façon spéciale ou à Sion de façon générale, ou encore aux deux réalités à la fois, *Is.*, XXVIII, 16a.bα contient sans nul doute une affirmation de la solidité de Sion, et surtout du fait que cette solidité est l'œuvre exclusive de Yahvé. Sion est la demeure de Yahvé[408], solidement fondée, et partant le seul abri sûr offert au peuple. Isaïe oppose donc le vrai refuge offert par Yahvé, mais dont les chefs de Jérusalem n'ont pas voulu, aux faux refuges qu'ils se sont procurés eux-mêmes.

L'idée du refuge et de la sécurité que l'on trouve auprès de Yahvé, présent à Sion, est l'une des composantes des traditions de Sion qui

[406] On a d'ailleurs dénié à Salomon une vraie fondation du Temple israélite. D'après K. RUPRECHT, *Der Tempel von Jerusalem. Gründung Salomos oder jebusitische Erbe?* (BZAW, 144), Berlin-New York, 1977, Salomon n'aurait fait que restaurer un vieux temple jébusite. *Esd.*, III, 10-13 rapporte une vraie cérémonie de pose des fondations du second Temple, événement dont l'importance est bien soulignée par les prophètes contemporains (cf. *Ag.*, II, 15-19; *Zach.*, IV, 6b-10; VIII, 9-13); à ce sujet, voir A. PETITJEAN, *Les oracles du Proto-Zacharie. Un programme de restauration pour la communauté juive après l'exil* (EB), Paris-Louvain, 1969, pp. 206-267.

[407] Voir G-K, § 119i; F. HUBER, *Jahwe, Juda und die anderen Völker beim Propheten Jesaja*, 1976, p. 91, n. 9 et p. 98; W.H. IRWIN, *Isaiah 28-33*, 1977, pp. 30-31.

[408] *Is.*, VIII, 18. *Cf.* aussi II, 2-5; IV, 5-6; XI, 19; XXXI, 9; XXXIII, 5, passages dont la paternité isaïenne est généralement refusée.

se sont développées et transmises autour du Temple de Jérusalem[409]. Isaïe s'enracine dans cette tradition qu'il reprend à son compte. Il ne le fera pas cependant sans y avoir apporté des chagements très importants. C'est ce qui ressort notamment de la finale du v. 16 : *hamma'ᵃmîn lo' yāḥîš*[410]. Les nuances précises aussi bien du sujet que du prédicat étant difficiles à saisir, la compréhension de cette proposition n'est pas aisée. Le sujet, *hamma'ᵃmîn* est le part. hif. de *'mn*. Comme en *Is.*, VII, 9b, qui contient la seule autre attestation isaïenne du hif. de *'mn*, le verbe est employé de façon absolue, usage qui n'est pas fréquent.

En dépit des nombreuses études consacrées à la racine *'mn*, son sens fondamental reste discuté[411]. On lui attribue le plus souvent le sens de «être ferme, solide, sûr», d'où dériveraient les sens de «constance», «durabilité», «fidélité», «fiabilité», «confiance». Quoi qu'il en soit du sens fondamental de la racine *'mn*, le hif. employé de façon absolue est attesté dans la Bible avec les nuances de «se tenir tranquille» (*Job*, XXXIX, 24), «tenir bon» ou «tenir ferme» devant le danger (*Is.*, VII, 9b), «tenir bon», c'est-à-dire «garder confiance» au milieu du malheur (*Ps.*, CVI, 10; *Hab.*, I, 5), et aussi «croire» (*Ex.*, IV, 31; *Job*, XXIX, 24). Vu le contexte de *Is.*, XXVIII, 14-18, notamment l'image du danger (v. 15) et surtout l'image de la lourde pierre de fondation (v. 16a.bα), le part. *hamma'ᵃmîn* doit avoir un sens identique à celui de *ta'ᵃmînû* en *Is.*, VII, 9b, à savoir «celui qui tient ferme», «celui qui tient bon».

Employés de façon absolue, le part. *hamma'ᵃmîn* (XXVIII, 16b) et *ta'ᵃmînû* (VII, 9b) sont essentiellement une affirmation sur le sujet lui-même. Ils expriment l'attitude de fermeté dont le sujet doit faire preuve[412]. Cette attitude a cependant sa source dans une réalité extérieure au sujet[413]. Bien que le rapport à cette réalité extérieure

[409] Voir les références données *supra*, n. 379.

[410] On voit assez couramment dans cette phrase lapidaire l'inscription que portait la pierre de fondation. K. GALLING, *Serubabel und der Wiederaufbau des Tempels in Jerusalem*, dans *Verbannung und Heimkehr* (Festschrift W. Rudolph), 1961, pp. 72-73, a cependant fait remarquer que la pratique de graver une inscription sur la pierre de fondation d'un temple n'est pas attestée en Syrie-Palestine.

[411] Parmi les travaux récents, voir R. SMEND, *Zur Geschichte von h'myn*, dans *Hebräische Wortforschung. Festschrift W. Baumgartner* (VTS, XVI), Leiden, 1967, pp. 284-290; H. WILDBERGER, *«Glauben», Erwägungen zu h'myn*, dans *Hebräische Wortforschung. Festschrift W. Baumgartner*, pp. 382-386; ID., *«Glauben» im Alten Testament*, dans ZThK, LXV, 1968, pp. 129-159; ID., *'mn*, dans ThHAT, I, cc. 177-209; A. JEPSEN, *'mn*, dans ThWAT, I, cc. 313-348; H.-P. MUELLER, *Glauben und bleiben. Zur Denkschrift Jesajas Kapitel vi 1-viii 18*, dans *Studies on Prophecy. A Collection of Twelve Papers* (VTS, XXVI), Leiden, 1974, pp. 25-54, aux pp. 33-38.

[412] H.-P. MUELLER, *op. cit.*, pp. 36-37.

[413] H.-P. MUELLER, *op. cit.*, pp. 37-38.

ne soit pas explicite[414], il ressort du contexte. Ainsi la fermeté dont dépend le sort d'Achaz et du peuple (*Is.*, VII, 9b) se fonde probablement sur la promesse de stabilité et de pérénnité faite par Yahvé à la dynastie davidique[415]. De la même façon, la fermeté dont il est question en *Is.*, XXVIII, 16b a sa source dans le fait que Yahvé a posé Sion comme une pierre de fondation solide. Cette fermeté se traduit par des comportements déterminés : elle s'oppose à toute peur et exclut toute recherche de sécurités en dehors de Yahvé. Voilà ce en quoi consiste la «foi» chez Isaïe.

Comme en témoigne la diversité des traductions données par les anciennes versions, la nuance précise de *yāḥîš* est difficile à saisir[416]. En effet, on se demande si les sens habituels de *ḥwš*, «hâter», «se hâter», attestés chez Isaïe[417], conviennent bien au contexte[418]. Aussi a-t-on proposé soit d'attribuer à la racine *ḥwš* les sens «être agité, troublé», en plus des sens habituels[419], soit de rattacher *yāḥîš* à une racine *ḥwš* II ayant l'acception de «se soucier», «être soucieux»[420].

[414] Ce rapport est le plus souvent explicite. Le hif. de *'mn* est alors construit avec *b*, *l* ou suivi d'une proposition introduite par *kî*, et a les sens de «croire» (en, à, que), «avoir confiance en», «se fier à». Il peut être ainsi pratiquement synonyme de *bṭḥ* (*cf. Mich.*, VII, 5; *Jér.*, XII, 5-6; *Ps.*, LXXVIII, 21-22; *Job*, XXIV, 22-23; XXXIX, 11-12). On notera cependant que Isaïe, qui emploie un vocabulaire assez varié pour exprimer la confiance dans des réalités qui n'en sont pas dignes, n'utilise jamais la racine *'mn* en mauvaise part; voir H. WILDBERGER, *«Glauben» im Alten Testament*, dans ZThK, LXV, 1968, pp. 136-152.

[415] E. WUERTHWEIN, *Jesaja 7, 1-9. Ein Beitrag zu dem Thema Prophetie und Politik*, dans *Theologie und Glaubenwagnis. Festschrift für K. Heim*, Hamburg, 1954, pp. 47-63 (= *Wort und Existenz*, Göttingen, 1970, pp. 127-143). A la suite de E. WUERTHWEIN, on voit généralement en *Is.*, VII, 9b un jeu de mots sur les termes de la promesse de Nathan à David en *II Sam.*, VII, 16 (*cf.* aussi *I Sam.*, XXV, 28; *II Sam.*, XXIII, 5; *I Rois*, XI, 38; *Is.*, IX, 6; LV, 3; *Ps.*, LXXXIX, 5.29.38). Cela a été cependant contesté par R. SMEND, *op. cit.*, pp. 287-288 et T. VEIJOLA, *Die ewige Dynastie. David und die Entstehung seiner Dynastie nach der deuteronomischen Darstellung* (Annales Academiae Scientiarum Fennicae, Ser. B, Tom. 193), Helsinki, 1975, p. 135.

[416] Voir la discussion de H. WILDBERGER, *Jesaja*, III, 1982, pp. 1067-1068.

[417] V, 19; VIII, 1.3.

[418] Ces sens sont retenus par plusieurs critiques; B.S. CHILDS, *Isaiah and the Assyrian Crisis*, 1967, p. 67; W. DIETRICH, *Jesaja und die Politik*, 1976, p. 164, n. 180; W.H. IRWIN, *Isaiah 28-33*, 1977, pp. 30-32; TOB.

[419] G.R. DRIVER, *Studies in the Vocabulary of the Old Testament. II*, dans JThS, XXXII, 1931, pp. 250-257. A la lumière de l'akkadien *ḫâšu* («être agité», «troublé»), de l'arabe *ḥawwasa* («être perplexe», «troublé») et de l'éthiopien *taḥaw(w)asa* («fut ébranlé», «agité»), l'auteur a proposé de rendre *lo' yāḥiš* (qal) par *shall not be agitated or moved*.

[420] F. ELLERMEIER, *Das Verbum ḥwš in Koh 2^{25}. Eine exegetische auslegungsgeschichtliche und semasiologische Untersuchung*, dans ZAW, LXXV, 1963, pp. 197-217; W. VON SODEN, *Akkadisch ḫašum I «sich sorgen» und hebräisch ḥuš II*, dans UF, I, 1969, p. 197; F. HUBER, *Jahwe, Juda und die anderen Völker beim Propheten Jesaja*, 1976, p. 92. En plus de l'akkadien *ḫâšu*, F. ELLERMEIER invoque l'arabe *ḥassa* («sentir»),

Quoi qu'il en soit de l'étymologie, le contexte, à savoir les idées de fermeté et de solidité, conseille d'attribuer à *yāḥîš* le sens de «agitation», «ébranlement», «commotion»[421], et de voir en *lo' yāḥîš* l'équivalent négatif du nif. de *'mn* en *Is.*, VII, 9b.

Bien que *Is.*, XXVIII, 14-18 vise avant tout les chefs, c'est le sort de l'ensemble du peuple qui est en jeu. Le v. 16bβ n'établit donc pas une distinction à l'intérieur du peuple entre ceux qui croient et ceux qui ne croient pas; il formule plutôt une restriction dont la fonction est identique à celle de la proposition conditionnelle en *Is.*, VII, 9b[422]. Adressé sans doute avant tout à Achaz, *Is.*, VII, 9b l'avertit que la réalisation de la promesse de pérennité dont la dynastie davidique était la bénéficiaire — et dont dépendait aussi le sort de l'ensemble du peuple — n'était pas inconditionnelle, mais était subordonnée à la foi. De façon semblable, *Is.*, XXVIII, 16bβ avertit les dirigeants de Jérusalem que Sion, la fondation et la demeure de Yahvé, n'est le sûr abri pour le peuple que s'il se remet entièrement à Yahvé.

Aussi naturelle qu'elle puisse paraître, l'interprétation habituelle selon laquelle le v. 17a poursuivrait l'image de la construction et rapporterait l'élévation de l'édifice ne tient pas compte du sens des images, et ignore la fonction de ce demi-verset dans l'ensemble de l'oracle.

Le *qāw* est le cordeau à mesurer[423]. Le terme *mišqālèt* ne se retrouve qu'en *II Rois*, XXI, 13, également associé à *qāw*. Dérivé de la racine *šql*, «peser», *mišqālèt* implique l'idée de poids. On peut cependant hésiter entre le fil à plomb et le niveau à plomb, puisque l'un et l'autre de ces instruments ont un poids pour pièce maîtresse, ou même la balance[424]. Quoi qu'il en soit, *mišqālèt* est certainement un instru-

l'araméen *ḥašaš* («souffrir», «s'affliger», «méditer») et le syriaque *ḥš* («sentir une douleur, de la peine, une affliction»).

421 Ces sens dont retenus par plusieurs critiques; voir H. DONNER, *Israel unter den Völkern*, 1964, p. 148; O. KAISER, *Der Prophet Jesaja*, II, 1973, p. 198; H. WILDBERGER, *Jesaja*, III, 1982, pp. 1067-1068; BJ.

422 Voir H. WILDBERGER, *Jesaja*, III, 1982, pp. 1070 et 1077.

423 *I Rois*, VII, 23; *II Chr.*, IV, 2; *Is.*, XXXIV, 17; *Éz.*, XLVII, 3.

424 G. BRUNET, *Les Lamentations contre Jérémie. Réinterprétation des quatre premières Lamentations*, Paris, 1968, pp. 189-198, voit en *mišqālèt* la balance. L'auteur s'appuie sur la comparaison de *Is.*, XXVIII, 17a et *II Rois*, XXI, 13 à *Is.*, XXXIV, 11. Dans ce dernier passage on trouve *qaw-tohû* en parallélisme avec *'abnéy-bohû*. Le terme *'ᵃbānim* y correspond donc à *mišqālèt*. En conformité avec un usage courant (*cf. Lév.*, XIX, 36; *Deut.*, XXV, 13; *II Sam.*, XIV, 26; *Mich.*, VI, 11; *Prov.*, XI, 1; XVI, 11; XX, 10.23; XXVII, 3), G. BRUNET voit en *'ᵃbānim* les poids de balance et conclut que *mišqālèt* ou *mišqolèt* en *Is.*, XXVIII, 17b et *II Rois*, XXI, 13 désigne la balance. Le fait que, en *Is.*, XXVIII, 17, *mišqālèt* soit une métaphore de la justice pourrait favoriser l'hypothèse de G. BRUNET. Elle nous paraît cependant déconseillée par le fait que aussi bien *'abnéy-bohû*, en *Is.*, XXXIV, 11, que *mišqolèt*, en *II Rois*, XXI, 13, sont compléments d'objet direct du

ment destiné à mesurer, et l'idée qu'il implique est celle de mesure. Le contexte de *II Rois*, XXI, 13 suggérant l'action de raser jusqu'au sol, nous rendons *mišqālèt* par niveau.

Attirés sans doute par l'image de la pose des fondations (v. 16), les images du cordeau et du niveau n'évoquent pourtant pas la poursuite de la construction. Instrument de mesure, le *qāw* est nécessaire lors de la construction[425], mais apparaît aussi dans des contextes de démolition. Ainsi l'action d'étendre ou de tendre le cordeau évoque la destruction des remparts de Jérusalem (*Lam.*, II, 8). C'est également dans un contexte de destruction totale que l'on trouve la seule autre attestation biblique de la paire *qāw* — *mišqolèt* (*II Rois*, XXI, 13) et de la paire, sans doute équivalente, *qaw tohû* et *'abnéy bohû* (*Is.*, XXXIV, 11).

Cela dit, il ressort de la comparaison avec *II Rois*, XXI, 13 et *Is.*, XXXIV, 11 que la pointe des images est l'idée de mesure. Yahvé réserve à Jérusalem un sort dont la mesure est la ruine qu'il a déjà infligée à Samarie et à la Maison d'Achab (*II Rois*, XXI, 13). La ruine d'Édom aura pour mesure le chaos lui-même, c'est-à-dire cette ruine sera si grande qu'elle équivaudra à un retour au chaos (*Is.*, XXXIV, 11).

Étant des images du droit (*mišpāṭ*) et de la justice (*ṣ^edāqāh*), le cordeau et le niveau, en *Is.*, XXVIII, 17, ne peuvent pas évoquer la mesure de la destruction. La mesure qu'ils représentent doit plutôt jouer un rôle dans le jugement. La fonction du *qāw* et du *mišqālèt* n'est pourtant pas, à notre avis, d'affirmer l'équité du jugement de Yahvé, idée que l'on ne retrouve pas chez Isaïe[426].

Les termes *mišpāṭ* et *ṣ^edāqāh* peuvent caractériser l'ensemble des rapports entre les hommes et Yahvé d'une part, et des hommes entre eux de l'autre[427]. Cependant, dans les oracles isaïens, où elles sont fré-

verbe *nṭh* («tendre», «étendre», «déployer»). Or, l'action de tendre ou d'étendre ne paraît pas convenir ni aux poids ni à la balance. Associée à l'image du nettoyage d'un plat, l'action de tendre ou d'étendre le *qāw* et le *mišqolèt*, en *II Rois*, XXI, 13, suggère plutôt l'idée d'un rasage complet. Sans pour autant supposer que le v. 17a poursuit l'image de la construction du v. 16a.bα, il nous paraît donc préférable de voir en *mišqālèt* un instrument du maçon.

[425] *Jér.*, XXXI, 39; *Zach.*, I, 16; *Job*, XXXVIII, 5. En *Is.*, XLIV, 13 il s'agit de la fabrication d'une idole.

[426] Contre J. VERMEYLEN, *Du prophète Isaïe à l'Apocalyptique*, I, 1977, pp. 394-395. On notera que cet exégète ne reconnaît pas l'authenticité isaïenne du passage.

[427] Voir, parmi les travaux récents, H.H. SCHMID, *Gerechtigkeit als Weltordnung. Hintergrund und Geschichte des alttestamentlichen Gerechtigkeitsbegriffes* (Beiträge zur historischen Theologie, 40), Tübingen, 1968; K. KOCH, *ṣdq*, dans ThHAT, II, cc. 507-530; G. LIEDKE, *špṭ*, dans ThHAT, II, cc. 999-1009; F.V. REITERER, *Gerechtigkeit als Heil. ṣdq bei Deuterojesaja. Aussage und Vergleich mit der alttestamentlichen Tradition*, Graz, 1976.

quentes, les racines *špṭ*[428] et *ṣdq*[429] ne qualifient jamais les rapports entre les hommes et Yahvé, mais s'appliquent toujours aux rapports sociaux. Nous interprétons donc *Is.*, XXVIII, 17a dans le sens de la justice sociale, qui constitue l'un des thèmes majeurs du message d'Isaïe[430], et nous voyons dans le cordeau-droit et le niveau-justice les instruments que Yahvé prendra pour éprouver le mensonge et la fausseté dont les dirigeants de Jérusalem ont fait leur refuge et leur cachette (v. 15b)[431].

Cette compréhension est confirmée par d'autres textes isaïens où le thème de la justice est explicitement mis en rapport avec l'œuvre et la présence de Yahvé à Sion. Ainsi *Is.*, XIV, 32b, texte dont nous avons déjà signalé l'étroite parenté avec *Is.*, XXVIII, 14-18, affirme explicitement que, du fait que Yahvé a fondé Sion, les pauvres de son peuple y trouveront refuge. Interprétant *ʿ^{a}nîyyéy ʿammô* dans le sens religieux que le terme «pauvre» prendra plus tard, on a, certes, refusé l'authenticité isaïenne de ce passage et proposé d'y voir l'expression des préoccupations de la communauté juive postexilique[432]. Cependant, cette hypothèse est loin de s'imposer, car rien dans le contexte n'empêche d'attribuer au terme «pauvre» le sens sociologique qu'il a toujours chez Isaïe[433]. De même en *Is.*, XXVIII, 7-13, le rappel de la présence de Yahvé à Sion s'accompagne d'un appel à la justice (v. 12)[434].

[428] Verbe *špṭ* (I, 17.23; V, 3), *šôp^{h}éṭ* (I, 26; III, 2), *mišpāṭ* (I, 17; III, 14; X, 2), en parallélisme avec *ṣ^{e}dāqāh* (V, 7; XXVIII, 17a) ou *ṣèdèq* (I, 21).

[429] *hṣdyq* (V, 23), *ṣèdèq* (I, 26 et en parallélisme avec *mišpāṭ*, I, 21), *ṣ^{e}dāqāh* (V, 23 et en parallélisme avec *mišpāṭ*, V, 7 et XXVIII, 17a), *ṣaddîq* (III, 10; V, 23).

[430] *Is.*, I, 10-17.21-26; III, 14-15; V, 8-10.11-14.22-23; X, 1-4. Dans le même sens, voir F. L. HOSSFELD - I. MEYER, *Prophet gegen Prophet*, 1973, p. 54; W. DIETRICH, *Jesaja und die Politik*, 1976, pp. 167-168; F. V. REITERER, *Gerechtigkeit als Heil*, 1976, p. 157; H. WILDBERGER, *Jesaja*, III, 1982, pp. 1077 et 1080-1082.

[431] H. H. SCHMID, *Gerechtigkeit als Weltordnung*, 1968, p. 114; W. DIETRICH, *Jesaja und die Politik*, 1976, pp. 167-168.

[432] Voir J. VOLLMER, *Geschichtliche Rückblicke*, 1971, pp. 193-194. Bien qu'il admette la possibilité d'un fond isaïen, J. VERMEYLEN, *Du prophète Isaïe à l'Apocalyptique*, I, 1977, pp. 297-303, suggère de voir dans la mention des pauvres, qu'il interprète dans le sens théologique, le fruit d'un remaniement postexilique. Plusieurs exégètes tiennent pour secondaire l'ensemble de *Is.*, XIV, 28-32; voir K. MARTI, *Das Buch Jesaja*, 1900, p. 132; DUHM, *Das Buch Jesaja*, 1914, p. 101; O. KAISER, *Der Prophet Jesaja*, II, 1973, pp. 44 et 47; W. DIETRICH, *Jesaja und die Politik*, 1976, pp. 208-209. Au sujet de ce passage, on se reportera aux études récentes de J. VERMEYLEN, *op. cit.*, et de A. K. JENKINS, *Isaiah 14: 28-32 - An Issue of Life and Death*, dans *Folia Orientalia*, XXI, 1980, pp. 47-63.

[433] III, 14-15; X, 2. En X, 30, le fém. *ʿ^{a}nîyāh* n'est pas certain du point de vue textuel. L'authenticité de X, 4 est très discutée. On notera en X, 2 l'expression *ʿ^{a}nîyéy ʿammî*, que seule la personne du pron. différencie de *ʿ^{a}nîyéy ʿammô* en XIV, 32. En III, 15, *ʿ^{a}nîyîm* est en parallélisme avec *ʿammî*. *Is.*, III, 14-15 et X, 2 rapportent de violentes attaques contre les chefs du peuple qui pillent les pauvres à qui ils devaient rendre la justice. La compréhension de *ʿ^{a}nîyéy ʿammô*, en XIV, 32, au sens sociologique est défendue par plusieurs auteurs; voir F. L. HOSSFELD - I. MEYER, *Prophet gegen Prophet*,

Le rapport entre la justice à l'égard des plus faibles et Jérusalem est affirmé de façon particulièrement claire en *Is.*, I, 21-26. A la vénalité des dirigeants actuels de Jérusalem le prophète oppose le temps idéal des commencements, sans doute les règnes de David et de Salomon[435], lorsque le droit remplissait la ville et que la justice y habitait (vv. 21-23); Isaïe annonce que Yahvé fera régner à nouveau la justice dans la ville après l'avoir purifiée et y avoir installé de justes juges comme ceux de jadis[436].

Bref, *Is.*, XXVIII, 14-18 affirme que Yahvé a solidement fondé Sion, et en a donc fait le sûr abri de son peuple. Cela ne constitue pourtant pas une garantie absolue de sécurité pour les Hiérosolymitains. Loin d'être automatique, l'action de Yahvé en faveur de Jérusalem dépendra de l'attitude de ses habitants. Elle dépendra de la foi, qui se traduit dans la confiance absolue en Yahvé à l'exclusion de toute autre sécurité, et de la justice au sein du peuple, qui implique un souci particulier à l'égard des plus démunis.

Les gouvernants de Jérusalem ont refusé en même temps l'une et

1973, p. 54; H. W. HOFFMANN, *Die Intention der Verkündigung Jesajas*, 1974, pp. 64-66; A. K. JENKINS, *op. cit.*, p. 55.

434 Voir *supra*, pp. 193-195.

435 Voir J. VOLLMER, *Geschichtliche Rückblicke*, 1971, pp. 155-160; H. WILDBERGER, *Jesaja*, I, 1972, pp. 65-66. Il nous paraît difficile d'y voir avec J. VERMEYLEN, *op. cit.*, pp. 90-91, une référence à l'époque prémonarchique, car Jérusalem, qui est au centre du passage, n'est devenue israélite qu'au temps de David.

436 J. VERMEYLEN, *op. cit.*, pp. 71-105 a, certes, contesté l'authenticité isaïenne de *Is.*, I, 21-26 et plaidé pour l'origine deutéronomiste (exilique) de ce passage, mais avec des arguments qui ne nous semblent pas convaincants; voir RB, LXXXVII, 1980, pp. 612-613. Le lien entre la Justice et Jérusalem découle du fait que la ville est le lieu de la demeure de Yahvé, source et garant de la Justice (*cf. Is.*, II, 4; XXVIII, 15; XXXIII, 5.22; *Jér.*, XXIII, 5-6; XXXIII, 16; *Mich.*, IV, 3; *Ps.*, XLVIII, 11-12; L, 4-6; LXXVI, 9-11; LXXXII, 1.8; LXXXIX, 15; XCIV, 2; XCVI, 10.13; XCVII, 2; XCVIII, 9; XCIX, 2-4; voir, parmi d'autres, N. H. PORTEOUS, *Jerusalem - Zion : The Growth of a Symbol*, dans A. KUSCHKE (éd.), *Verbannung und Heimkehr. Beiträge zur Geschichte und Theologie Israels im 6. und 5. Jahrhundert v. Chr., Wilhelm Rudolph zu 70. Geburtstag*, Tübingen, 1961, pp. 235-252; A. GAMPER, *Gott als Richter in Mesopotamien und im Alten Testament. Zum Verständnis einer Gebetsbitte*, Innsbruck, 1966; H. H. SCHMID, *Gerechtigkeit als Weltordnung. Hintergrund und Geschichte des alttestamentlichen Gerechtigkeitsbegriffes*, 1968, pp. 78-82 et 144-154; H. WILDBERGER, *Jesaja*, I, 1972, pp. 58-68), et le siège de la dynastie davidique chargée de faire régner le droit (*cf. II Sam.*, VIII, 15; XXIII, 3-4; *I Rois*, X, 9; *Is.*, IX, 6; XI, 3-5; *Jér.*, XXI, 12; XXII, 1-5.15-16; XXIII, 5-6; XXXIII, 14-16; *Os.*, V, 1; *Zach.*, IX, 9; *Ps.*, XLV, 7-8; LXXII, 1-4.7.12-14; CI, 1; CXII, 5; *Prov.*, VIII, 15; XVI, 12; XX, 28; XXV, 5; XXIX, 4; XXXI, 9). Faire régner la justice, particulièrement à l'égard des plus faibles, était l'une des principales fonctions du roi. Parmi les nombreux travaux traitant de cet aspect de l'idéologie royale, qui n'était d'ailleurs pas propre à Israël, on peut voir H. H. SCHMID, *op. cit.*, pp. 83-89 et K. W. WHITELAM, *The Just King : Monarchical Judicial Authority in Ancient Israel* (JSOT, Suppl. Series, 12), Sheffield, 1979, surtout pp. 29-37.

l'autre de ces exigences. C'est pourquoi le prophète leur annonce l'échec des mesures au moyen desquelles ils prétendaient n'avoir rien à craindre de l'invasion assyrienne dont Yahvé les menaçait depuis la crise syro-éphraïmite ; il réitère la menace, et la renforce, grâce à la reprise des images de la grêle (*bārād*, v. 17b) et du piétinement (*mirmās*, v. 18b) que l'on trouvait dans la menace — déjà exécutée — contre Israël (*cf. Is.*, XXVIII, 2a.3a).

Reprenant en partie *Is.*, XXVIII, 1-4, XXVIII, 14-18 doit être postérieur à 722. La prétention qu'ont les dirigeants de Jérusalem d'être à l'abri du danger assyrien, qui paraît imminent, s'explique au mieux dans le cadre de la révolte anti-assyrienne des années 705 à 701, datation également favorisée par la place de l'oracle dans le recueil isaïen[437].

c. *Is., XXX, 9-14 — des fils renégats qui rejettent le message de Yahvé et s'appuient sur l'oppression et la fourberie.*

9. Parce que c'est un peuple révolté, des fils renégats,
des fils qui ne veulent pas écouter l'instruction de Yahvé,
10. qui disent aux voyants : « Ne voyez pas ! »
et aux visionnaires : « N'ayez pas pour nous des visions de choses droites !
11. Détournez-vous de la voie, éloignez-vous du chemin,
supprimez-nous le Saint d'Israël ! »
12. C'est pourquoi, ainsi parle le Saint d'Israël :
« Puisque vous rejetez cette parole,
puisque vous vous confiez dans l'oppression[438] et la fourberie[439]
et vous appuyez dessus,
13. à cause de cela, il en sera pour vous de cette faute
comme d'une lézarde menaçante
qui fait saillie dans une haute muraille,
et dont soudain, en un instant,
surviendra l'écroulement.
14. Son écroulement est comme le bris d'un vase de potier, mis en pièces sans pitié,
et sans que l'on trouve dans ses débris un tesson
pour prendre du feu au foyer
ou puiser de l'eau à la mare. »

[437] Voir H. WILDBERGER, *Jesaja*, III, 1982, pp. 1071-1072.

[438] De nombreux critiques corrigent *b^{e}ʿošèq* en *b^{e}ʿiqqéš*, correction qui peut invoquer la LXX (*en pseudei*).

[439] A la place de *nālôz*, la LXX lit *kai hoti egoggusas*, ce qui semble supposer une forme de la racine *lwn* II (« murmurer »). 1QIs^{a} lit *wtʿlwz*, de la racine *ʿlz* (« exulter »).

Is., XXX, 9-14 se détache formellement du récit d'action symbolique qui précède (vv. 6b-8)[440]. Les vv. 15-17 constituant une unité littéraire complète[441], l'oracle commencé au v. 9 ne doit pas dépasser le v. 14. L'unité littéraire des vv. 9-14 est cependant discutée, plusieurs critiques y voyant deux oracles distincts, à savoir les vv. (8)9-11 et 12-14[442].

Les vv. 12-14 pourraient, certes, former un oracle de malheur complet[443]. Il n'en va pas de même des vv. 9-11 qui se limitent à l'exposé des motifs. Les vv. 12-14 étant clairement liés aux vv. 9-11 par la correspondance littéraire et logique qui existe entre le v. 12aβ-b et les vv. 10-11, nous proposons de tenir les vv. 9-14 pour une unité littéraire[444].

On y distingue trois locuteurs: le prophète (vv. 9.10.12aα), les destinataires (vv. 10-11) et Yahvé (vv. 12aβ-14). Formulé d'abord par le prophète (v. 9), l'objet du reproche est ensuite illustré au moyen d'une citation des destinataires (vv. 10-11), et, finalement, repris par Yahvé (v. 12aβ-b). Introduite par *lākén*, la menace qui s'ensuit se présente comme la continuation de la parole de Yahvé (vv. 13-14). L'exposé des motifs comprend de la sorte à la fois une citation des destinataires et une citation de Yahvé. A la différence de *Is.*, XXVIII, 7b-13.14-18 et XXX, 15-17[445], les deux citations ne s'opposent pas, mais se complètent.

L'oracle vise l'ensemble du peuple. La caractérisation de celui-ci, au v. 9, a des points de contact très étroits avec *Is.*, I, 2b.4.19-20; XXVIII, 12 et XXX, 1.15b. La présentation du peuple en termes de fils rebelles a des parallèles très proches en *Is.*, I, 2b.4 et XXX, 1, passages dont la fonction est identique à celle de *Is.*, XXX, 9[446]. L'association de *'am m^{e}rî* et *bānîm lo'-'ābû š^{e}mô^{a}' tôrat yhwh* a son équivalent en *Is.*, I, 19-20: *'im-to'bû ûš^{e}ma'tèm (...) w^{e}'im t^{e}mā'^{a}nû ûm^{e}rîtèm.* Simple possibilité en *Is.*, I, 19-20, la révolte ou le refus d'écouter est une réalité en XXX, 9[447]. L'accusation de refus d'écouter revient en XXVIII, 12b[448].

440 Voir *supra*, pp. 145-150.

441 Voir *supra*, pp. 166-178.

442 Voir O. KAISER, *Der Prophet Jesaja*, II, 1973, pp. 233-234; H. WILDBERGER, *Jesaja*, III, 1982, pp. 1166-1179.

443 Voir J. VERMEYLEN, *Du prophète Isaïe à l'Apocalyptique*, I, 1977, p. 414. L'auteur se demande si les vv. 12-14 n'auraient pas constitué un oracle ancien qu'un éditeur deutéronomiste exilique «aurait commenté par l'adjonction des vv. 9-11».

444 Position assez commune.

445 Voir *supra*, pp. 166-168, 192-193 et 197-202.

446 On remarquera que *kèḥāšîm* est un hapax et constitue la seule attestation de la racine *kḥš* chez Isaïe.

447 La racine *mrh* se retrouve en *Is.*, III, 8.

448 *Cf.* aussi *Is.*, XXX, 15 où l'on a seulement *w^{e}lo' '^{a}bîtèm.*

Les vv. 10-11 ne laissent aucun doute sur l'identification de la *tôrat yhwh* avec le vrai message des prophètes[449].

Selon un procédé courant[450], le prophète complète son portrait des destinataires par une citation — certainement fictive — de leurs paroles. Celle-ci est construite sur l'opposition entre ce que les destinataires interdisent aux voyants et ce qu'ils leur ordonnent de faire. Le prophète met ainsi dans la bouche des destinataires les conséquences ultimes de leur comportement et les fait prononcer son propre jugement de valeur : leur refus de l'authentique message des voyants montrant la voie[451] équivaut au refus du Saint d'Israël dont ils ne veulent pas entendre parler.

En dépit des termes employés, *ro'îm* et *ḥozîm*, *Is.*, XXX, 10-11 ne polémique pas avec les voyants. Ceux-ci sont mentionnés en fonction du peuple. La légitimité des voyants n'est pas mise en doute, et il n'est pas dit qu'ils accédaient aux désirs du peuple. A cet égard, *Is.*, XXX, 10-11 se distingue nettement de *Is.*, XXVIII, 7b-13 qui vise les prophètes[452]. Cela dit, le texte ne permet pas de conclure s'il s'agit de voyants qui cautionnaient le comportement des dirigeants du peuple ou plutôt de personnes qui persistaient à transmettre l'authentique instruction de Yahvé, et dont Isaïe était solidaire[453].

Sous la forme d'une citation de Yahvé, cette fois-ci, le v. 12aβ-b clôt l'exposé des motifs. L'accusation est construite sur l'opposition entre ce que les Judéens rejettent (*m's*)[454] et l'objet de leur confiance (*bṭḥ* et *š'n*). Le v. 12aβ-b présente donc une structure identique à celle des vv. 10-11.

Les termes restant très vagues, il est difficile de saisir ce que dénonce concrètement l'oracle. La plupart des critiques pensent à l'alliance avec

[449] Chez Isaïe le subst. *tôrāh* est construit avec *yhwh* (*ṣ^ebā'ôt*) (V, 24b et XXX, 9) ou *'^èlohéynû* (I, 10), et en parallélisme avec *d^ebar-yhwh* (I, 10), *'im^erat q^edôš-yiśrā'él* (V, 24b) et *t^e'ûdāh* (VIII, 16.20). Sauf en VIII, 20, où *tôrāh* désigne l'instruction que chacun cherche auprès de son dieu, ce terme se rapporte toujours à l'instruction de Yahvé transmise par Isaïe. Tel est aussi le sens du verbe correspondant en *Is.*, XXVIII, 9. A ce sujet, voir J. JENSEN, *The Use of tôrâ by Isaiah. His Debate with the Wisdom Tradition*, 1973, pp. 65-121. De l'avis de cet auteur, Isaïe emprunterait ce langage au courant sapientiel.

[450] Voir *supra*, n. 165.

[451] La paire *dèrèk-'oraḥ*, au sens figuré, se retrouve en *Is.*, III, 12; *cf.* aussi *dèrèk* en *Is.*, VIII, 11. Au sujet du caractère sapientiel de ces expressions, voir J. JENSEN, *op. cit.*, pp. 93-94 et 118-119.

[452] Voir *supra*, pp. 187-195.

[453] H. DONNER, *Israel unter den Völkern*, 1964, p. 161; G. FOHRER, *Das Buch Jesaja*, II, 1967, p. 98 et F. L. HOSSFELD - I. MEYER, *Prophet gegen Prophet*, 1973, pp. 55-56, penchent vers la seconde branche de l'alternative.

[454] *Cf. Is.*, V, 24b; VIII, 6 et VII, 15.16.

l'Égypte, qui était trompeuse et décevante. Cette interprétation est, certes, favorisée par les expressions *bṭḥ ʿl* et *šʿn ʿl* que l'on retrouve en XXXI, 1 explicitement en rapport avec l'Égypte, ainsi que par la place de l'oracle après les vv. 1-5 et 6b-8, qui concernent l'alliance avec l'Égypte. Cela dit, les termes *ʿošèq* et *n^ekoḥôt* paraissent étranges dans cette perspective. En effet, *ʿošèq* signifie «oppression», «exaction», «extorsion». C'est pourquoi, la plupart des critiques, suivant la LXX (*en pseudei*), corrigent en *ʿiqqéš* et, grâce à la simple interversion de deux consonnes et au changement d'une voyelle, obtiennent un bon parallèle de *nālôz*. Certes, *nālôz* n'est jamais associé à *ʿošèq*, mais ce terme se trouve en parallélisme synonymique avec *ʾîš ḥāmās* («violent»), expression dont le sens est proche de celui de *ʿošèq*[455]. D'après la structure de l'oracle, *ʿošèq w^enālôz* doivent avoir un sens opposé à celui de *n^ekoḥôt* (v. 10a) et de *tôrat yhwh* (v. 9b). L'opposition entre *ḥ^alāqôt/mah^atallôt*[456] et *n^ekoḥôt* invite à rendre ce dernier terme par «choses droites», au sens de «franches», «véridiques» et «dignes de confiance». On notera que *Am.*, III, 9-10 emploie justement *ʿśh n^ekoḥāh* en parallélisme antithétique avec *ʿ^ašûqîm* («opprimés») et *hāʾôṣ^erîm ḥāmās wāšod* («entasseurs de violence et de rapine»)[457], et les expressions *tôrat ʾ^elohéynû* (*Is.*, I, 10b) et *tôrat yhwh* (*Is.*, V, 24b) désignent l'instruction de Yahvé concernant la justice dans les rapports sociaux[458].

A cette lumière, il est tentant de voir en *Is.*, XXX, 9-14 la dénonciation avant tout de l'injustice sociale. Au point de vue logique, le v. 12 est à rapprocher de *Is.*, XXVIII, 15b[459]. L'alliance avec l'Égypte n'est peut-être pas exclue pour autant. *Is.*, XXX, 6b nous apprend en effet que Juda «achetait» l'appui égyptien au prix de trésors qui étaient sans doute prélevés sur la population judéenne. Le prophète ne dénoncerait-il pas ces prélèvements qu'il tiendrait pour des exactions, destinées, de surcroît, à une fin perverse[460]? Le lien logique entre *Is.*, XXX,

[455] *Cf. Prov.*, III, 31-32.

[456] La racine *ḥlq II*, «être lisse», «glissant», prend souvent le sens figuré de «tromper», «décevoir», «flatter», surtout dans les écrits sapientiaux (*Os.*, X, 2; *Ps.*, V, 10; XII, 3; LV, 22; *Prov.*, II, 16; VI, 24; VII, 5.21; XXVIII, 23; *Dan.*, XI, 32). Quoi qu'il en soit de la racine dont dérive le hapax *mah^atallôt* (outre les dictionnaires, A. D. SINGER, *The Derivation of Hebrew htl*, dans JQR, NS. XXXVI, 1945-1946, pp. 255-259 et F. C. FENSHAM, *The Stem htl in Biblical Hebrew*, dans VT, IX, 1959, pp. 310-311), le sens des termes apparentés est régulièrement «se moquer» ou «se jouer de quelqu'un», «tromper» (*Gen.*, XXXI, 7; *Ex.*, VIII, 25; *Jug.*, XVI, 10.13.15; *I Rois*, XVIII, 27; *Jér.*, IX, 4; *Is.*, XLIV, 20; *Job*, XIII, 9; XVII, 2).

[457] *Cf.* aussi *II Sam.*, XV, 3, où *n^ekoḥîm* signifie «justes» dans un sens juridique, et *Is.*, XXVI, 10 et LIX, 13-14.

[458] Telle est aussi la connotation de hif. de *yrh* en *Is.*, XXVIII, 9.

[459] Voir *supra*, pp. 208-209.

[460] C'est l'avis de C. W. E. NAEGELSBACH, *Der Prophet Jesaja*, 1877, pp. 328-329.

9-14 et les vv. 6b-8 serait alors très étroit. Alors que les vv. 6b-8 opposent le caractère onéreux de l'alliance avec l'Égypte à son inutilité, les vv. 9-14 dénonceraient les injustices qu'entraînait cette politique. Bien qu'il s'adresse à l'ensemble du peuple (v. 9), l'oracle viserait avant tout les gouvernants[461].

Quoi qu'il en soit, le prophète s'insurge contre un comportement où il voit un abandon de Yahvé; ce comportement ne pourra que mener à l'échec. Introduite par *lākén*, la menace est exprimée par les images du brusque effondrement d'une haute muraille et du bris d'un vase d'argile en maints petits morceaux inutilisables[462], liées par le mot-crochet *šèbèr*. Ces images soulignent le caractère à la fois soudain et irrémédiable de la catastrophe.

Faute d'allusions claires à des événements ou à des circonstances historiques, *Is.*, XXX, 9-14 est particulièrement difficile à dater. Si l'interprétation que nous avons suggérée est juste, l'oracle doit se situer entre 705-701, date favorisée par ses points de contact avec *Is.*, XXXI, 1 et sa place dans le recueil isaïen, et admise par la plupart des critiques[463].

2. *Yahvé lui-même deviendra l'ennemi de Jérusalem.*

a) *Is.*, *XXIX*, *1-4 — Yahvé assiégera Ariel et l'abaissera à l'extrême.*

1. Malheur! Ariel, Ariel,
cité où campa David.
Ajoutez[464] année sur année,
que les fêtes fassent leur ronde.
2. Je presserai Ariel :
elle sera plainte et gémissement,
elle deviendra pour moi comme un *ariel.*

[461] On notera que si le passage se rapporte directement à l'alliance avec l'Égypte, comme on le pense habituellement, il faut également admettre qu'il vise avant tout les gouvernants qui prenaient les décisions politiques.

[462] Sur le sens des derniers mots du v. 14, voir Ph. REYMOND, *Un tesson pour «ramasser de l'eau à la mare» (Esaïe XXX, 14)*, dans VT, VII, 1957, pp. 203-207.

[463] L'authenticité isaïenne, surtout des vv. 9-11, est contestée notamment par J. VERMEYLEN, *Du prophète Isaïe à l'Apocalyptique*, I, 1977, pp. 412-414. Les arguments linguistiques et thématiques que l'auteur invoque en faveur du caractère secondaire surtout du v. 9 ne nous semblent pas convaincants. En effet, on ne peut pas prouver la dépendance littéraire de ce verset par rapport aux nombreux passages isaïens avec lesquels il a des points de contact étroits.

[464] Le sg. fém. *spy* de 1QIs[a] résulte vraisemblablement de l'harmonisation avec les vv. 3-4.

3. Je camperai contre toi comme David[465],
je t'entourerai de retranchements(?)[466],
je dresserai contre toi des ouvrages de siège(?)[467].
4. Abaissée, depuis la terre tu parleras
et de la poussière, atténuée montera ta parole.
Comme celle d'un revenant, de la terre montera ta voix,
et, de la poussière, ta parole murmurera.

Dans son état actuel, l'unité littéraire commencée en *Is.*, XXIX, 1 se poursuit jusqu'au v. 8. Si la critique reconnaît de façon presque unanime l'unité et l'origine isaïenne des vv. 1-4a(b)[468], les opinions divergent au sujet des vv. (4b)5-7[469]. Les uns voient aux vv. (4b)5-7[470], ou du moins aux vv. 5bβ-6[471], la suite primitive des vv. 1-4a, les autres restreignent l'unité primitive aux vv. 1-4a(b), et tiennent les vv. 5-8 pour des développements secondaires[472]. Les arguments en faveur de cette

[465] En suivant la LXX. Le TM lit *kadûr*, «comme un cercle» ou «comme un mur d'enceinte». Voir H. WILDBERGER, *Jesaja*, III, 1982, p. 1098. A la lumière du stique précédent, où l'on trouve la comparaison à *ariel* impliquant un jeu de mots par rapport aux autres emplois de ce terme (vv. 1a et 2a), la comparaison à David accompagnée d'un glissement du sens de *ḥānāh* nous paraît parfaitement en place, et plus probable que la simple comparaison à un cercle ou à un mur d'enceinte.

[466] Le sens du hapax *muṣṣāb* reste incertain. Il s'agit probablement d'un nom technique pour désigner un ouvrage ou une machine de siège. Voir H. WILDBERGER, *Jesaja*, III, 1982, pp. 1098-1099. Y. YADIN, *The Art of Warfare in Biblical Lands in the Light of Archaeological Discovery*, London, 1963, pp. 314-315 et 390-393, y voit le bélier ou une sorte de tour mobile utilisés par l'armée assyrienne lors de l'assaut.

[467] Pour la discussion du terme *m^{e}ṣurot*, voir H. WILDBERGER, *Jesaja*, III, 1982, pp. 1098-1099.

[468] L'opinion de O. KAISER, *Das Prophet Jesaja*, II, 1973, p. 211, selon laquelle l'unité primitive ne comprendrait que les vv. 1.2aα.3, reste isolée.

[469] La critique voit assez généralement au v. 8 une explication secondaire du v. 7.

[470] Voir, par exemple, J. SCHREINER, *Sion - Jerusalem Jahwes Königssitz*, 1963, pp. 255-263; G. FOHRER, *Das Buch Jesaja*, II, 1967, pp. 70-76; P. AUVRAY, *Isaïe 1-39*, 1972, pp. 256-259; O. H. STECK, *Friedensvorstellungen im alten Jerusalem*, 1972, pp. 54-55 et n. 149; H.-J. HERMISSON, *Zukunftserwartung und Gegenwartskritik in der Verkündigung Jesajas*, dans EvTh, XXXIII, 1973, p. 56, n. 8; W. ZIMMERLI, *Jesaja und Hiskia*, dans *Festschrift für K. Elliger*, 1973, p. 202; H. BARTH, *Die Jesaja-Worte*, 1977, pp. 184-190; H. WILDBERGER, *Jesaja*, III, 1982, pp. 1100-1102; J. Ch. EXUM, *Of Broken Pots, Fluttering Birds and Visions in the Night: Extended Simile and Poetic Technique in Isaiah*, dans CBQ, XLIII, 1981, pp. 331-352 aux pp. 338-346.

[471] Voir K. MARTI, *Das Buch Jesaja*, 1900, pp. 212-214; R. B. Y. SCOTT, *The Book of Isaiah*, 1956, p. 323; B.S. CHILDS, *Isaiah and the Assyrian Crisis*, 1967, pp. 53-57; W. EICHRODT, *Der Herr der Geschichte*, 1967, pp. 141-142; W. JANZEN, *Mourning Cry and Woe Oracle*, 1972, pp. 55-56.

[472] Voir B. DUHM, *Das Buch Jesaja*, 1914, pp. 180-183; H. GUTHE, *Das Buch Jesaja*, 1922, p. 637; H. DONNER, *Israel unter den Volkern*, 1964, p. 155; J. G. WILLIAMS, *The Alas-Oracles of the Eighth Century Prophets*, dans HUCA, XXXVIII, 1967, pp. 75-91, aux pp. 79-80; H.-M. LUTZ, *Jahwe, Jerusalem und die Völker*, 1968, pp. 100-110; J. VOLLMER, *Geschichtliche Rückblicke*, 1971, pp. 165-166; H.-J. KRAUSE, *hôj als*

dernière hypothèse nous semblent l'emporter. Aussi limitons-nous l'unité littéraire primitive aux vv. 1-4, qui constituent un oracle en *hôy* formellement et logiquement complet. Celui-ci pourrait d'ailleurs s'arrêter au v. 4a, qui constituerait une bonne conclusion[473]. Les arguments que l'on a invoqués en faveur du caractère secondaire du v. 4b, notamment le fait qu'il soit introduit par *w^e^hāyāh*, et son parallélisme très étroit avec le v. 4a, ne nous semblent pas décisifs. En effet, le parallélisme est un procédé stylistique classique[474]. Le *w^e^hāyāh k^e^-* n'aurait-il pas fourni justement l'expression au moyen de laquelle les différents ajouts postérieurs furent accrochés à la pièce primitive?

Bien que son nom ne soit pas mentionné explicitement, celui qui parle à la 1e pers. aux vv. 2-3 ne peut être que Yahvé. Comme rien ne suggère un changement de locuteur, on doit supposer que c'est également Yahvé qui donne les ordres au v. 1b. *Is.*, XXIX, 1-4 se présente donc entièrement comme un discours de Yahvé.

Le cri *hôy* est suivi du nom Ariel, qui est répété et explicité au moyen d'une proposition (v. 1a). A la différence de la plupart des oracles de ce type, les raisons qui provoquent le *hôy* sont à peine évoquées (v. 1b). Le *w^e^qataltí* du début du v. 2 marque le commencement de la menace[475].

Vu l'explicitation fournie au v. la (*qiryat ḥānāh dāwid*), et probablement l'autre mention de David au v. 3a, Ariel, aux vv. 1aα et 2a, doit être un surnom de Jérusalem. Ainsi l'a compris l'auteur du v. 8, qui remplace Ariel par «montagne de Sion». Le contexte exige, en revanche, un sens différent au v. 2b.

L'étymologie du terme, son sens précis, la raison de son choix, ainsi que la portée du jeu de mots entre les mentions d'*ariel* aux vv. 1a.2a et au v. 2b, restent très obscurs. On a proposé de très nombreuses explications, mais aucune ne s'impose de façon irrécusable[476]. L'inter-

profetische Leichenklage über das eigene Volk im 8. Jahrhundert, dans ZAW, LXXXV, 1973, pp. 33-34; W. DIETRICH, *Jesaja und die Politik*, 1976, pp. 188-191; J. VERMEYLEN, *Du prophète Isaïe à l'Apocalyptique*, I, 1977, pp. 401-403.

[473] C'est l'avis de plusieurs critiques: B. DUHM, *Das Buch Jesaja*, 1914, p. 182; H. GUTHE, *Das Buch Jesaja*, 1922, p. 638; H.-M. LUTZ, *Jahwe, Jerusalem und die Völker*, 1968, pp. 101-102; J. VERMEYLEN, *op. cit.*, pp. 402-403.

[474] Au sujet de la construction de ce verset, voir J.S. KSELMAN, *The ABCB Pattern: Further Examples*, dans VT, XXXII, 1982, pp. 224-229, aux pp. 226-227.

[475] Voir les références, *supra* n. 332.

[476] A la bibliographie donnée par H. WILDBERGER, *Jesaja*, III, 1982, pp. 1097, on peut ajouter, parmi les travaux récents, H. PETZOLD, *Die Bedeutung von Ariel im AT und auf der Mescha-Stele. Verbunden mit einem Beitrag zur altorientalischen Feldzeichenkunde*, dans *Theologia*, XL, 1969, pp. 372-415.

prétation du terme *ariel*, en *Is.*, XXIX, 1-2.7, à la lumière de *Éz.*, XLIII, 15-16 nous paraît la plus probable[477]. Avec des variantes d'orthographe, *ariel* apparaît trois fois en *Éz.*, XLIII, 15-16 : *hhr'l* (v. 15a), *h'r'yl* (vv. 15b.16a). Proposant partout *hā'arîél*, le *qeré* indique que la tradition massorétique y voyait le même terme qu'en *Is.*, XXIX, 1-2.7. En *Éz.*, XLIII, 15-16 *'arî'él* est le nom de la partie supérieure de l'autel, le foyer où brûlaient les victimes[478]. Le terme *'r'l* avec le sens d'«autel» est peut-être attesté également en moabite, dans la stèle de Mesha, l. 12[479]. Ce sens est retenu par le Tg d'Isaïe qui rend *'arî'él* par *mdbḥ'*[480].

Le contexte du v. 1 appuie, nous semble-t-il, l'hypothèse de la connotation cultuelle de *'arî'él*. On remarquera, en effet, l'évocation du cycle des fêtes, au v. 1b[481], ainsi que la proposition *qiryat ḥānāh dāwid*, en apposition à Ariel. On a vu au v. 1aβ une référence à la prise de Jérusalem par David (*II Sam.*, V, 6-9)[482]. Tel est le cas au v. 3a, si, comme cela nous paraît préférable, l'on retient la lecture de la LXX. Construit avec *'al*, le verbe *ḥnh* y a certainement le sens d'assiéger. Il ne s'ensuit cependant pas qu'il en soit de même au v. 1aβ, où le verbe est employé de façon absolue. La construction de la phrase[483], qui ne comporte pas de préposition impliquant l'idée d'hostilité, conseille de comprendre *ḥnh* dans le sens de «s'établir», «prendre demeure»[484]. En s'installant à Jérusalem, David a finalement trouvé le campement

[477] H. SCHMIDT, *Die grossen Propheten*, 1915, p. 99; H. GUTHE, *Das Buch Jesaja*, 1922, p. 637; E. KOENIG, *Das Buch Jesaja*, 1926, pp. 262-263; J. FISCHER, *Das Buch Isaias*, 1937, p. 192; W. EICHRODT, *Der Herr der Geschichte*, 1967, p. 242; H.-M. LUTZ, *Jahwe, Jerusalem und die Völker*, 1968, pp. 100-101; P. AUVRAY, *Isaïe 1-39*, 1972, p. 257; H. WILDBERGER, *Jesaja*, III, 1982, pp. 1104-1105.

[478] W. ZIMMERLI, *Ezechiel. 2*, 1969, pp. 1093-1094.

[479] H. DONNER - W. ROELLIG, KAI, n. 181.

[480] Ariel est aussi le nom porté par le chef de l'une des familles revenues de l'exil babylonien (*Esd.*, VIII, 16) et *'ar'élî* est compté parmi les fils de Gad (*Gen.*, XLVI, 16 et *Nomb.*, XXVI, 17). Par ailleurs, en *II Sam.*, XXIII, 20 et *I Chr.*, XI, 22 *'arî'él* semble désigner des héros moabites, peut-être comparés à des lions : lions de dieu ou lions merveilleux.

[481] BJ, 1973, p. 1120, n. *d*; H.-J. KRAUSE, *op. cit.*, dans ZAW, LXXXV, 1973, p. 33.

[482] Voir E. KOENIG, *Das Buch Jesaja*, 1926, p. 262; O. PROCKSCH, *Jesaja I*, 1930, p. 371; H.G. MAY, *Ephod and Ariel*, dans AJSL, LVI, 1939, pp. 44-69, à la p. 60; L. DENNEFELD, *Isaïe*, 1946, p. 111; R.B.Y. SCOTT, *The Book of Isaiah*, 1956, p. 323; B.S. CHILDS, *Isaiah and the Assyrian Crisis*, 1967, p. 55; J. VOLLMER, *Geschichtliche Rückblicke*, 1971, pp. 165-166; TOB, p. 810.

[483] Voir JOÜON, § 129 p.

[484] Voir B. DUHM, *Das Buch Jesaja*, 1914, p. 181; F. FELDMANN, *Das Buch Isaias*, 1925, p. 342; J. FISCHER, *Das Buch Isaias*, 1937, p. 193; E.J. KISSANE, *The Book of Isaiah*, 1960, p. 313; G. FOHRER, *Das Buch Jesaja*, II, 1967, p. 70; H.-J. LUTZ, *Jahwe, Jerusalem und die Völker*, 1968, p. 105; W. JANZEN, *Mourning Cry and Woe Oracle*, 1972, p. 55; O. KAISER, *Der Prophet Jesaja*, II, 1973, p. 212; J. Ch. EXUM, *Of Broken Pots, Fluttering Birds und Visions in the Night: Extended Simile and Poetic Technique in Isaiah*, dans CBQ, XLIII, 1981, pp. 342-344.

définitif qui a mis fin à son errance. Du même coup, Yahvé lui-même, dont David fit transférer l'Arche à Jérusalem (*II Sam.*, VI), a trouvé le repos à Sion. En construisant un autel à Jérusalem (*II Sam.*, XXIV, 18-25), David y a inauguré le culte yahviste dont le v. 1b évoque le déroulement.

En bref, nous tendons à penser qu'Isaïe a choisi de désigner Jérusalem par le nom du foyer de l'autel dans le Temple, dont la ville tirait toute sa signification et son importance[485]. En insistant ainsi sur le caractère cultuel de Jérusalem, le prophète prépare le reproche (v. 1b), ainsi que l'annonce des carnages dont la ville sera le théâtre et qui la rendront semblable au foyer de l'autel (v. 2b)[486].

Dans la structure normale de l'oracle en *hôy*, le v. 1 occupe la place de l'exposé des motifs. A cette lumière, l'impér. *s*^{e}*p*^{h}*û* et le jussif *yinqop*^{h}*û* doivent être ironiques et impliquent un reproche. Yahvé dénonce la bonne conscience et l'insouciance que Jérusalem puise dans le culte. Grâce à son déroulement régulier, la ville croit plaire à Yahvé et se tenir à l'abri du malheur[487]. Voilà une illusion fatale. Ni le fait que Jérusalem est la demeure de la dynastie davidique, ni la célébration régulière du culte de Yahvé ne mettent automatiquement la ville à l'abri du danger. Bien au contraire. Yahvé lui-même deviendra l'ennemi de sa propre ville et va l'assiéger comme a fait jadis David. Mais, tandis que le siège de David, auquel le v. 3a fait probablement allusion[488], a été à l'origine de la gloire de Jérusalem, le siège que Yahvé va mettre devant la ville l'abaissera à l'extrême[489]. Jérusalem sera réduite à une ombre dont la voix montera de la terre comme celle d'un revenant[490]. Alors que les Hiérosolymitains poursuivent sans souci

[485] Dans le même sens, H. WILDBERGER, *Jesaja*, III, 1982, pp. 1104-1105.

[486] Voir, par exemple, K. MARTI, *Das Buch Jesaja*, 1900, pp. 212-213; B. DUHM, *Das Buch Jesaja*, 1914, pp. 180-181. H. WILDBERGER, *Jesaja*, III, 1982, pp. 1106-1107, suggère d'identifier les victimes avec les ennemis de Jérusalem. Cette interprétation suppose que les vv. 5-7(8) sont la suite primitive des vv. 1-4, hypothèse qui ne nous semble pas à retenir. Dans le cadre des vv. 1-4 les victimes ne peuvent être que les Hiérosolymites.

[487] Voir B. DUHM, *Das Buch Jesaja*, 1914, p. 181; R. B. Y. SCOTT, *The Book of Isaiah*, 1956, p. 323; B.S. CHILDS, *Isaiah and the Assyrian Crisis*, 1967, p. 55; G. FOHRER, *Das Buch Jesaja*, I, 1967, p. 73; W. JANZEN, *Mourning Cry and Woe Oracle*, 1972, p. 55. Sous-jacente au v. 1b, il y a donc une critique proche à la fois de celle que l'on trouve en *Is.*, I, 10-17 et en XXXII, 9-14.

[488] On notera que *II Sam.*, V, 6-8 ne décrit pas à proprement parler un siège de Jérusalem.

[489] Voir J. VOLLMER, *Geschichtliche Rückblicke*, 1971, pp. 165-166.

[490] Au sujet de *'ôb*, on peut voir, parmi d'autres, H. A. HOFFNER, *'ôb*, dans ThWAT, I, cc. 141-145; J. LUST, *On Wizards and Prophets*, dans VTS, XXVI, 1974, pp. 133-142.

la célébration du cycle des fêtes, la ville n'est plus qu'un mort en sursis sur lequel on peut déjà pousser le *hôy* funèbre.

Le prophète rappelle certaines prérogatives de Jérusalem, à savoir le fait qu'elle était la cité de David et de sa dynastie, ainsi que le siège du culte de Yahvé. Contrairement à l'attente des Hiérosolymites, ces prérogatives ne constituent pas une garantie absolue de la sécurité de la ville. Yahvé lui-même se retournera contre sa propre ville qu'il menace d'assiéger personnellement et de réduire à une ombre. Il y a toutes les raisons de penser que Yahvé se servira à cet effet de l'instrument de sa colère, les armées assyriennes.

En dépit de l'absence de toute référence explicite aux événements historiques du temps d'Isaïe, on doit probablement dater l'oracle de la période de révolte anti-assyrienne qui a suivi la mort de Sargon II. Il est probable, comme le suggère H. Wildberger, que l'oracle se situe à un stade assez avancé de la révolte après que les dirigeants de Jérusalem ont refusé de multiples avertissements de la part du prophète[491].

Is., XXXII, 9-14 formule un message proche de celui de *Is.*, XXIX, 1-4. Adressée aux femmes insouciantes (*ša'ᵃnannôt-boṭḥôt*), *Is.*, XXXII, 9-14 dénonce, comme *Is.*, XXIX, 1, l'illusion qu'avait Juda (ou Jérusalem) d'être à l'abri du malheur, et annonce que le malheur surviendra dans un an. Le prophète invite donc les femmes insouciantes à prendre le deuil pour la campagne abandonnée, où l'on ne fera plus ni vendange ni récolte, et pour les maisons joyeuses de la ville en liesse, qui deviendra une ruine à jamais.

L'authenticité isaïenne de *Is.*, XXXII, 9-14 est contestée[492]. Il est possible que le v. 14, où il est question de la ruine définitive de la ville (Jérusalem), et qui constitue l'un des principaux arguments invoqués par H. Wildberger contre l'authenticité isaïenne de la pièce, soit rédactionnel. Nous ne voyons cependant pas de raisons contraignantes contre l'authenticité des vv. 9-13. Le thème de la fausse sécurité, qui rapproche la pièce non seulement de *Is.*, XXIX, 1, mais aussi de *Is.*, XXII, 1-14; XXVIII, 14-18; XXX, 1-5.6b-8.9-14.15-17 et XXXI, 1.3, conseille de la situer lors de la crise des années 705-701. Il nous paraît cependant difficile de décider si elle se situe avant l'expédition de Sennachérib, comme d'aucuns le pensent[493], ou après, comme l'estiment d'autres, qui y voient le dernier oracle isaïen[494].

[491] *Jesaja*, III, 1982, p. 1103.

[492] B. STADE, *Miscellen. 4. Jes. 32. 33*, dans ZAW, IV, 1884, pp. 266-271; K. MARTI, *Das Buch Jesaja*, 1900, p. 237; O. KAISER, *Der Prophet Jesaja*, II, 1973, pp. 259-263; H. WILDBERGER, *Jesaja*, III, 1982, pp. 1264-1272.

[493] J. VERMEYLEN, *Du prophète Isaïe à l'Apocalyptique*, I, 1977, pp. 425-426.

[494] G. FOHRER, *Das Buch Jesaja*, II, 1967, pp. 128-131.

b) *Is.*, XXXI, *4 — Yahvé lui-même livrera combat à Sion.*

Car ainsi m'a parlé Yahvé :
Comme rugit le lion et le lionceau sur sa proie,
quand on fait appel contre lui à l'ensemble des bergers
sans qu'il soit effrayé par leurs cris,
ni troublé par leur tapage, ainsi descendra Yahvé Sabaot
pour faire la guerre au mont Sion et à sa colline.

De par son vocabulaire et ses images, le v. 4 se détache nettement de ce qui précède. Jérusalem, qui ne joue aucun rôle aux vv. 1-3, se trouve au centre des vv. 4-5. Aussi la critique s'accorde-t-elle assez généralement pour dissocier le v. 4 de ce qui précède et y voir le début d'une nouvelle unité littéraire[495]. Cependant les opinions divergent considérablement au sujet de l'étendue de cette unité littéraire[496] : les vv. 4-6.8-9[497], les vv. 4-6. 8a.9b[498], les vv. 4-5.8-9[499], les vv. 4-5.8a[500]. L'hypothèse de ceux qui restreignent l'unité au seul v. 4 nous paraît cependant la plus probable[501]. Étant donné que *Is.*, XXXI, 4 parle de Yahvé à la 3ᵉ pers., il faut tenir pour secondaire la formule du messager qui l'introduit[502].

Is., XXXI, 4 est compris en deux sens diamétralement opposés : les uns y voient une promesse de protection[503], et les autres une menace[504].

[495] Soutenu par certains (voir E. J. KISSANE, *The Book of Isaiah*, 1960, p. 342; P. AUVRAY, *Isaïe 1-39*, 1972, pp. 275-277; H. BARTH, *Die Jesaja-Worte*, 1977, pp. 83-87), le rattachement primitif du v. 4 au v. 3 nous paraît exclu.

[496] Le v. 7 est généralement tenu pour secondaire.

[497] H.-M. LUTZ, *Jahwe, Jerusalem und die Völker*, 1968, p. 154.

[498] O. PROCKSCH, *Jesaja I*, 1930, pp. 406-409. Cet exégète intercale le v. 6 entre le v. 4 et le v. 5.

[499] H. WILDBERGER, *Jesaja*, III, 1982, pp. 1238-1240.

[500] B. DUHM, *Das Buch Jesaja*, 1914, pp. 205-208.

[501] Voir G. HOELSCHER, *Die Propheten. Untersuchungen zur Religionsgeschichte Israels*, Leipzig, 1914, p. 370; H. GUTHE, *Das Buch Jesaja*, 1922, p. 643; E. KOENIG, *Das Buch Jesaja*, 1926, p. 280; H. DONNER, *Israel unter den Völkern*, 1964, pp. 136 et 138-139; B. S. CHILDS, *Isaiah and the Assyrian Crisis*, 1967, pp. 58-59; J. VOLLMER, *Geschichtliche Rückblicke*, 1971, pp. 174-176; W. DIETRICH, *Jesaja und die Politik*, 1976, pp. 183-185; J. VERMEYLEN, *op. cit.*, pp. 421-422. L'authenticité isaïenne de *Is.*, XXXI, 4 est niée par O. KAISER, *Der Prophet Jesaja*, II, 1973, pp. 251-252, mais sans raisons convaincantes.

[502] Opinion assez commune.

[503] T. K. CHEYNE, *The Prophecies of Isaiah*, I, London, 1889⁵, pp. 184-185; J. HEMPEL, *Jahwegleichnisse der israelitischen Propheten*, dans ZAW, XLII, 1924, pp. 74-104, aux pp. 98-99; R. B. Y. SCOTT, *The Book of Isaiah*, 1956, p. 340; J. SCHREINER, *Sion - Jerusalem Jahwes Königssitz*, 1963, pp. 244-246; G. FOHRER, *Das Buch Jesaja*, II, 1967, pp. 120-121; H.-M. LUTZ, *Jahwe, Jerusalem und die Völker*, 1968, p. 154; P. AUVRAY, *Isaïe 1-39*, 1972, pp. 276-277; G. J. BOTTERWECK, *Gott und Mensch in der alttestamentlichen Löwenbildern*, dans J. SCHREINER (éd.), *Wort, Lied und Gottesspruch. Beiträge zu Psalmen und Propheten. Festschrift für J. Ziegler* (ForBib, 2), Würzburg, 1972, pp. 117-128, à la p. 127; BJ, p. 1123; A. S. HERBERT, *The Book of the Prophet*

Is., XXXI, 4 compare l'action de Yahvé à l'égard du mont Sion à celle d'un lion rugissant sur sa proie. Certes, le lion évoque parfois simplement les idées de force, d'assurance et d'acharnement [505], mais il est le plus souvent une image de menace, de danger et de destruction [506]. L'image du lion ou de tout autre fauve rugissant sur sa proie implique toujours un danger mortel pour cette dernière, et jamais l'idée de protection dont elle serait la bénéficiaire [507]. Par définition, la proie subit une action violente de la part du fauve. Certes, celui-ci défend sa proie avec acharnement et empêche que l'on ne s'en empare, mais ce n'est qu'au plus grand dam de cette dernière, qui est ainsi privée de tout espoir d'être sauvée [508]. Employée à plusieurs reprises, la comparaison de Yahvé à un lion rugissant se trouve toujours dans un contexte de menace à l'égard de l'ensemble du peuple d'Israël [509], d'un peuple étranger [510] ou d'un individu [511].

Isaiah (CambrBC), Cambridge, 1973, pp. 180-181; H. WILDBERGER, *Jesaja*, III, 1982, pp. 1236 et 1238-1243; TOB, p. 816. Plusieurs critiques émondent les vv. 4-5 pour n'y laisser qu'une seule comparaison, celle du lion rugissant, qui serait l'image de Yahvé protégeant Jérusalem. Ainsi, B. DUHM, *Das Buch Jesaja*, 1914, pp. 206-207 élimine *ṣ^{e}bā'ôt liṣ^{e}bo'* et *w^{e}'al-gib'ātāh* (v. 4b) et *k^{e}ṣip^{o}rîm 'āp^{h}ôt* (v. 5a); cette dernière expression est également exclue par M. LOEHR, *Jesajas-Studien*, III, dans ZAW, XXXVII, 1917-1918, p. 71.

[504] J. SKINNER, *The Book of the Prophet Isaiah*, 1896, p. 253; K. MARTI, *Das Buch Jesaja*, 1900, pp. 231-232; G. HOELSCHER, *Die Propheten*, 1914, p. 370; H. G. MITCHELL, *Isaiah and the Fate of his People and their Capital*, dans JBL, XXXVII, 1918, p. 161; H. GUTHE, *op. cit.*, p. 643; E. KOENIG, *op. cit.*, p. 280; O. PROCKSCH, *Jesaja I*, 1930, pp. 407-408; S. H. BLANK, *Prophetic Faith in Isaiah*, New York and London, 1958, pp. 14-15; E. J. KISSANE, *The Book of Isaiah*, 1960, p. 342; H. DONNER, *op. cit.*, p. 135; B. S. CHILDS, *op. cit.*, pp. 58-59; OSTY, p. 1588; W. DIETRICH, *op. cit.*, pp. 183-185; F. HUBER, *Jahwe, Juda und die anderen Völker beim Propheten Jesaja*, 1976, pp. 56-57; J. VERMEYLEN, *op. cit.*, pp. 421-422.

[505] *Cf. Nomb.*, XXIV, 9; *Jug.*, XIV, 18; *II Sam.*, I, 23; XVII, 10; *Prov.*, XXVIII, 1; XXX, 30; *Ps.*, XXXIV, 11; et aussi *Am.*, I, 2; III, 8 et *Joël*, IV, 16.

[506] *Gen.*, XLIX, 9; *Deut.*, XXXIII, 22; *Is.*, XXX, 6; XXXV, 9; XXXVIII, 13; *Jér.*, II, 30; IV, 7; V, 6; XXV, 38; XLIX, 19; L, 17.44; LI, 38; *Ez.*, XIX, 1-9; *Joël*, I, 6; *Am.* V, 19; *Ps.*, XXII, 17; XXXV, 17; LVII, 5; LVIII, 7; *Prov.*, XIX, 12; XX, 2; XXII, 13; XXVI, 13; XXVIII, 15; *Lam.*, III, 10-11; *II Mac.*, XI, 11.

[507] *Cf. Nomb.*, XXIII, 24; *Deut.*, XXXIII, 20; *Is.*, V, 29; *Os.*, V, 14; XIII, 7-8; *Am.*, III, 4.8.12; *Mich.*, V, 7; *Jér.*, II, 15; XII, 8; *Soph.*, III, 3; *Nah.*, II, 12-13; *Ps.*, VII, 3; X, 9; XVII, 12; XXII, 14.22; *I Mac.*, III, 4-5.

[508] *Cf.* surtout *Is.*, V, 29; *Os.*, V, 14; *Mich.*, V, 7; *Ps.*, VII, 3; L, 22 et aussi *Prov.*, XXVIII, 1 et XXX, 30.

[509] *Os.*, V, 14; XIII, 7-8; *Lam.*, III, 10-11. En *Am.*, I, 2 et III, 8 et *Joël*, IV, 16 le rugissement du lion évoque la puissance irrésistible de Yahvé et la terreur qu'elle provoque.

[510] *Jér.*, XLIX, 19; L, 44.

[511] *Is.*, XXXVIII, 13; *Ps.*, L, 22. *Os.*, XI, 10 est sans doute le seul passage où le rugissement du lion, image de Yahvé, paraît avoir un sens favorable à Israël. La fonction de l'image est cependant étrange. En effet, au lieu d'éloigner, la terreur provoquée par le rugissement attire et sert de signe de ralliement aux Israélites dispersés. De l'avis

Le seul moyen d'interpréter *Is.*, XXXI, 4a dans un sens favorable à Jérusalem serait de supposer que la proie est une image des ennemis en train d'assiéger la ville[512]. Il est cependant gratuit de faire appel à des ennemis dont il n'y a aucune trace en *Is.*, XXXI, 4. La proie doit donc représenter Jérusalem, et, sous peine de supposer que l'image est employée de façon complètement incohérente, il faut y voir une menace à l'égard de la ville. C'est ce qui ressort aussi de l'expression *liṣᵉbo' ʿal* qui a invariablement le sens de «combattre contre»[513]. La traduction par «combattre sur»[514] ou le rattachement de la préposition *ʿal* à *yrd* ne découlent pas du v. 4, mais dépendent du présupposé selon lequel le v. 4, à l'instar du v. 5, doit avoir un sens favorable à Jérusalem[515].

A la différence de la plupart des oracles de malheur, *Is.*, XXXI, 4 ne contient pas d'exposé des motifs. Cela dit, la raison de la menace est probablement suggérée par la mention des bergers que l'on convoque et qui accourent en vain au secours. Le prophète se réfère sans doute aux pays alliés de Juda. Comme en *Is.*, XXXI, 1.3; XXX, 1-5.6b-8, la raison de la menace serait donc les alliances. L'intervention des coalisés serait absolument inutile devant la détermination de Yahvé d'attaquer Jérusalem. Tel un lion que rien n'effarouche, Yahvé exécutera son dessein sans que personne puisse l'en empêcher[516].

Comme *Is.*, XXIX, 1-4, *Is.*, XXXI, 4 vise directement Jérusalem. Yahvé menace d'attaquer personnellement la ville, mais il se servira de l'Assyrie, que *Is.*, V, 29 présente justement sous l'image du lion rugissant et

des commentateurs, nous sommes en présence d'un texte composite dont le sens a été obscurci par les développements secondaires; H. W. WOLFF, *Dodekapropheton 1. Hosea* (BK, XIV/1), Neukirchen-Vluyn, 1965², pp. 251 et 263; W. RUDOLPH, *Hosea* (KAT, XIII/1), Gütersloh, 1966, pp. 209, 212-213 et 218-219.

[512] *Cf. I Mac.*, III, 4-5.

[513] *Nomb.*, XXXI, 7; *Is.*, XXIX, 7.8; *Zach.*, XIV, 12. Tel est aussi le sens de *ṣb'* sans préposition en *Nomb.*, XXXI, 42, le seul autre passage où ce verbe signifie combattre, faire la guerre.

[514] Voir, par exemple, H.-M. LUTZ, *Jahwe, Jerusalem und die Völker*, 1968, p. 154, surtout n. 2.

[515] Cela apparaît clairement dans le raisonnement de H. WILDBERGER, *Jesaja*, III, 1982, p. 1238. L'interprétation de H. BARTH, *Die Jesaja-Worte*, 1977, pp. 83-88, selon laquelle *Is.*, XXXI, 4 contiendrait à la fois une menace et une promesse est, certes, originale, mais elle ne découle pas de son analyse du texte. Celle-ci amène H. BARTH à y lire une menace, et ce n'est qu'à cause de sa théorie relative à l'espérance isaïenne qu'il y projette un élément de promesse; voir J. VERMEYLEN, *Du prophète Isaïe à l'Apocalyptique*, I, 1977, p. 422, n. 2.

[516] *Is.*, XXXI, 4 a des traits théophaniques, notamment le verbe *yrd* avec Yahvé comme sujet (*cf. Ex.*, XIX, 11.18.20; XXXIV, 5; *Nomb.*, XI, 25; *Mich.*, I, 3; *Ps.*, CXLIV, 5 et aussi *Gen.*, XI, 5; XVIII, 21; *Mich.*, I, 12). Voir J. JEREMIAS, *Theophanie. Die Geschichte einer alttestamentlichen Gattung* (WMANT, 10), Neukirchen-Vluyn, 1965, pp. 61, 135 et 160.

emportant sa proie sans que personne ne puisse la lui arracher. L'oracle date probablement de la période de révolte anti-assyrienne entre 705-701.

3. *Conclusions.*

Il ressort de ce qui précède que, lors de la révolte anti-assyrienne entre 705-701, Isaïe s'est insurgé, d'une part, contre la présomption des gouvernants judéens qui, sans compter sur Yahvé, se targuaient de ne pas avoir à craindre l'invasion assyrienne dont Yahvé les menaçait depuis la crise syro-éphraïmite (*Is.*, XXVIII, 15), et, d'autre part, contre l'injustice dont le petit peuple était la victime (*Is.*, XXVIII, 12.15bβ.17a; *cf.* aussi XXX, 9-14). Cette dénonciation s'accompagne, corrélativement, de l'appel à la foi (*Is.*, XXVIII, 16b) qui exclut tout recours aux alliances et à sa propre puissance militaire, et de l'appel à la justice qui exige que droit soit fait particulièrement aux plus faibles (*Is.*, XXVIII, 12.15bβ.17a; *cf.* aussi XXX, 9-14).

Si l'appel à la foi est unanimement reconnu, il n'en va pas de même de l'appel à la justice, qui semble avoir passé inaperçu à la plupart des critiques. Ceux qui l'ont relevé à propos de l'un ou l'autre texte[517], à notre avis, n'en ont pas suffisamment souligné l'importance.

Et, pourtant, ces deux aspects du message d'Isaïe sont étroitement liés. D'abord, sur le plan socio-politique, la course aux armements et les alliances (*cf.*, *Is.*, XXX, 6b et sans doute aussi 9-14), qui étaient la conséquence directe du manque de foi, se faisaient aux dépens de l'ensemble du peuple (*cf.*, *II Rois*, XV, 19-20; XVI, 8.17-18; XXIII, 33-35), qui serait aussi victime des aventures militaires.

Plus profondément, aux yeux d'Isaïe, il y a un rapport entre l'exigence de la foi et l'exigence de la justice, du fait qu'elles sont l'une et l'autre liées à la présence (*Is.*, VIII, 18) et à l'œuvre de Yahvé dans Sion (*Is.*, XIV, 32b; XXVIII, 12.16), et peut-être aussi à la promesse de Yahvé à la dynastie davidique dont le siège était à Jérusalem (*Is.*, VII, 1-9; XXIX, 1-4 et aussi I, 21-26). Comme nous le verrons, la confiance dans sa propre puissance militaire ou dans celle des alliés et l'injustice sociale se rejoignent dans le fait que, en définitive, elles équivalent l'une et l'autre à un refus de la seigneurie de Yahvé.

La croyance en la présence et en l'œuvre de Yahvé à Sion, Isaïe la tient des traditions sacrales de Jérusalem. Bien que les contours de ce que l'on appelle les «Traditions de Sion» ou la «Théologie de Sion»,

[517] Voir les références données *supra*, nn. 311, 430, et 460, et J. L. SICRE, *Los Dioses olvidados*, 1979, pp. 83-84.

la délimitation, l'origine et le développement des différents thèmes qui les composent restent controversés [518], il est néanmoins certain, d'une part, que la croyance en la présence de Yahvé dans son Temple en est le noyau et, d'autre part, que cette croyance, qui s'enracine dans les faits historiques du transfert de l'Arche à Jérusalem et de la construction du Temple, est antérieure à Isaïe.

Si le prophète partage avec ses concitoyens la croyance en la présence protectrice de Yahvé à Sion, il ne partage nullement — il dénonce même violemment — les conséquences que certains parmi ses contemporains voulaient en tirer. Michée, judéen comme Isaïe et son contemporain, nous apprend, en effet, que, en dépit des nombreux crimes dont ils étaient les responsables, les dirigeants de Jérusalem se prétendaient à l'abri du malheur du fait que Yahvé était au milieu d'eux (*Mich.*, III, 11). C'est contre une telle fausse sécurité, puisée dans le fait que Jérusalem était la ville de David et le lieu du culte de Yahvé, que s'insurge *Is.*, XXIX, 1, et peut-être aussi XXXII, 9-14. Pour Isaïe, comme pour ses contemporains, la présence de Yahvé à Sion est un gage de protection pour Jérusalem. Cependant, aux yeux du prophète, cela n'implique que Jérusalem soit inviolable, ni que ses habitants soient inconditionnellement à l'abri du malheur [519]. La ville ne sera le sûr refuge et le lieu du repos de ses habitants que s'ils s'en remettent exclusivement à Yahvé et ont entre eux des rapports justes. Si Yahvé, qui est à la fois le vrai refuge de son peuple et le fondement et le garant de la justice, réside à Jérusalem, il ne peut pas y avoir de place dans la ville pour d'autres refuges ni pour l'injustice.

Les dirigeants de Jérusalem, qui étaient responsables des décisions politiques et de l'administration de la justice, ont formellement refusé ces exigences (*Is.*, XXVIII, 12b; XXX, 9.15), et leur ont préféré leurs propres plans. Aussi Yahvé réitère-t-il sa menace d'une terrible invasion assyrienne (*Is.*, XXVIII, 11.13.17b-18). Loin de promettre sa protection

[518] Parmi les nombreuses études, voir E. ROHLAND, *Die Bedeutung der Erwählungstraditionen Israels für die Eschatologie der alttestamentlichen Propheten*, 1956; J. H. HAYES, *The Tradition of Zion's Inviolability*, dans JBL, LXXXII, 1963, pp. 419-426; J. SCHREINER, *Sion - Jerusalem Jahwes Königssitz*, 1963; R. DE VAUX, *Jérusalem et les Prophètes*, dans RB, LXXIII, 1966, pp. 481-509; G. WANKE, *Die Zionstheologie der Korachiten* (BZAW, 97), Berlin, 1966; H.-M. LUTZ, *Jahwe, Jerusalem und die Völker*, 1968; J. JEREMIAS, *Lade und Zion. Zur Entstehung der Ziontradition*, dans H. W. WOLFF (éd.), *Probleme biblischer Theologie, G. von Rad zum 70. Geburtstag*, München, 1971, pp. 183-198; J. J. M. ROBERTS, *The Davidic Origin of the Zion Tradition*, dans JBL, XCII, 1973, pp. 329-344.

[519] Cela est largement reconnu. Voir, par exemple, F. HUBER, *Jahwe, Juda und die anderen Völker beim Propheten Jesaja*, 1976, pp. 233-240. En général les critiques pensent uniquement à la foi comme condition du salut.

à Jérusalem, Yahvé se présente comme l'ennemi de sa propre ville qu'il menace d'investir et d'assiéger lui-même (*Is.*, XXIX, 1-4), sans que personne ne puisse l'en empêcher (*Is.*, XXXI, 4).

B. LA CAMPAGNE DE SENNACHÉRIB, ULTIME APPEL A SE TOURNER VERS YAHVÉ DONT JUDA N'A PAS TENU COMPTE

1. *Is., XXII, 1-14 — les célébrations du départ des armées assyriennes de Jérusalem sont absurdes et impies.*

1. Oracle de la Vallée de la Vision [520].
Qu'as-tu donc à monter tout entière aux terrasses,
2. Pleine de tumulte, ville bruyante, cité en liesse?
Tes victimes n'ont pas été victimes de l'épée
ni tuées au combat.
3. Tous tes chefs se sont enfuis ensemble,
sans arc, ils ont été faits prisonniers;
tous tes réfugiés [521] ont été faits prisonniers,
au loin ils s'étaient enfuis.
4. C'est pourquoi j'ai dit :
«Détournez-vous de moi, que je pleure amèrement;
n'insistez pas pour me consoler
de la dévastation de la fille de mon peuple».
5. Car le Seigneur Yahvé Sabaot a eu un jour d'affolement,
d'écrasement et d'effarement.
Dans la Vallée de la Vision [522] on fit un grand vacarme
et (on poussa) une clameur vers la montagne [523].

[520] A la place de *ḥizzāyôn* la LXX lit, ici et au v. 5, Sion. Il s'agit probablement d'une leçon facilitante.

[521] Traduction proposée par S. IWRY, *whnmṣh - A Striking Variant Reading in 1QIs^a^*, dans *Textus*, V, 1966, pp. 34-43, aux pp. 38-39. De nombreux critiques suivent la LXX (*iskhúontes en soi*), qui suppose *'ammîṣayik* au lieu de *nimṣā'ayik*.

[522] En déplaçant l'atnaḥ après *ṣb'wt* avec la plupart des critiques.

[523] Les divergences des principaux témoins textuels (LXX et 1QIs^a^) au sujet du v. 5b témoignent de sa très grande obscurité; voir H. WILDBERGER, *Jesaja*, II, 1978, pp. 806-807. En rattachant *m^e^qarqar* à *qrr II* («arracher», «démolir», «renverser») et voyant en *qir* l'écriture défective de *qîr* («mur»), on traduit souvent : «on sape le mur». J. CARMIGNAC, *Six passages d'Isaïe éclairés par Qumran (Isaïe 14, 11; 21, 10; 22, 5; 25, 4; 26, 3; 50, 6)*, dans S. WAGNER (éd.), *Bibel und Qumran. Beiträge zur Erforschung der Beziehungen zwischen Bibel- und Qumranwissenschaft*, Berlin, 1968, pp. 37-46, aux pp. 40-41, préfère la leçon de 1QIs^a^ (*mqrqr qdšw 'l hhr)* qu'il rend par «qui fait jaillir sa sainteté sur la montagne». La traduction que nous suggérons, à la suite de M. WEIPPERT, *Zum Text von Ps. 19^5^ und Jes 22^5^*, dans ZAW, LXXIII, 1961, pp. 97-99, s'appuie sur la comparaison de *m^e^qarqar qir* avec l'ougaritique *qr* («bruit», «son»), l'araméen *qarqer* III («caqueter», «cacaner», «crier») et l'arabe *qarqara* («hurler»,

6. Élam a pris le carquois,
avec chars montés et cavaliers [524],
et Qir a mis à nu le bouclier.
7. Tes meilleures plaines furent remplies de chars
et les cavaliers ont pris position aux portes.
8. On a enlevé la protection de Juda.
Vous avez regardé [525], ce jour-là, vers l'arsenal(?) de la Maison de la Forêt
9. et les citernes(?) de la Ville de David, vous avez vu qu'elles étaient nombreuses.
Vous avez collecté les eaux de la piscine inférieure.
10. Vous avez compté les maisons de Jérusalem
et vous avez démoli les maisons pour rendre inaccessible la muraille.
11. Vous avez fait un réservoir entre les deux murs
pour les eaux de l'ancienne piscine.
Mais vous n'avez pas regardé vers celui qui a fait cela,
et celui qui le façonnait depuis longtemps, vous ne l'avez pas vu.
12. Le Seigneur Yahvé Sabaot appelait, ce jour-là,
aux pleurs et aux lamentations,
à se tondre la tête et à revêtir le sac.
13. Mais voici la joie et l'allégresse :
on tue des bœufs et on égorge des moutons,
on mange de la viande et on boit du vin :
«Mangeons et buvons, car demain nous mourrons!»
14. Yahvé Sabaot [526] s'est révélé à mes oreilles :
«Cette iniquité ne sera pas expiée pour vous que vous ne mouriez»,
dit le Seigneur Yahvé Sabaot [527].

Is., XXII, 1-14 est très controversé. Une partie de la critique y distingue deux unités littéraires primitives, mais les délimitations proposées divergent : vv. 1-8a et vv. 8b-14 [528], vv. 1-5 et vv. 6-14 [529], vv. 1-5 et

«rugir», «crier»). Cela dit, cette compréhension du v. 5, comme toutes les autres qui ont été proposées, reste hypothétique.

524 La traduction de *bᵉrèkèb ʾādām pārāšîm* reste conjecturale; voir la discussion de H. WILDBERGER, *Jesaja*, II, 1978, p. 807.

525 Le contexte demande le plur. au lieu du sg. du TM.

526 *yhwh ṣbʾwt* est absent de certains mss.

527 Le v. 14b n'a pas d'équivalent dans la LXX.

528 B. DUHM, *Das Buch Jesaja*, 1914, pp. 132-137; O. PROCKSCH, *Jesaja I*, 1930, pp. 275-287; R. B. Y. SCOTT, *The Book of Isaiah*, 1956, pp. 289-291.

529 T. K. CHEYNE, *Introduction to the Book of Isaiah*, London, 1895, pp. 132-136.

vv. 12-14[530], vv. 1-4 et vv. 5-14[531], vv. 1-4 et vv. 12-14[532]. L'autre partie de la critique y voit une seule unité littéraire primitive comprenant au moins les vv. 1b-3 et 12-14. L'appartenance des vv. 4-11 à l'oracle primitif est discutée. Les vv. 8b-11[533], ou du moins les vv. 9b-11a[534] sont assez généralement tenus pour une insertion secondaire. Le même jugement est parfois porté sur les vv. 5-8a[535] ou encore sur les vv. 4-6.8a[536].

Les vv. 1b-2a.4 et les vv. 12-13 se correspondent parfaitement. L'une et l'autre section opposent la joie dont les Hiérosolymitains font montre à la lamentation qui leur était demandée. Les vv. 12-13 reprennent les thèmes des vv. 1b-2a.4 en forme de chiasme : a. joie bruyante de la ville (vv. 1b-2a); b. lamentation du prophète (v. 4); b'. lamentation demandée (v. 12); a'. réjouissances (v. 13). Cela rend difficile tout essai de séparer les vv. 1-4 des vv. 12-14[537] ou d'exclure le v. 4 de la pièce primitive[538].

Le v. 5a est syntaxiquement et logiquement lié au v. 4. En effet, ces deux versets contiennent une *Selbstaufforderung zur Klage* : le v. 4 formule l'exhortation et le v. 5 en donne la raison (*kî* suivi d'une

[530] K. MARTI, *Das Buch Jesaja*, 1900, pp. 169-173.

[531] M. LOEHR, *Jesajas - Studien III*, dans ZAW, XXXVII, 1917-1918, p. 64.

[532] O. KAISER, *Der Prophet Jesaja*, II, 1973, pp. 111-120; R.E. CLEMENTS, *The Prophecies of Isaiah and the Fall of Jerusalem in 587 B.C.*, dans VT, XXX, 1980, pp. 421-436, aux pp. 429-431.

[533] Voir J. VERMEYLEN, *Du prophète Isaïe à l'Apocalyptique*, I, 1977, pp. 335-337. Ces versets seraient l'œuvre d'un rédacteur exilique et rapporteraient certaines mesures prises à la veille de la chute de Jérusalem. D'un point de vue proche de celui d'Isaïe, l'auteur de ce passage voit dans les mesures en question une infidélité à Yahvé qui explique la ruine de la ville; voir aussi R.E. CLEMENTS, *op. cit.*, pp. 430-431.

[534] Voir G.B. GRAY, *The Book of Isaiah*, 1912, pp. 362-363; H. DONNER, *Israel unter den Völkern*, 1964, p. 128; K. ELLIGER, *Prophet und Politik*, dans ZAW, LIII, 1935, p. 20, n. 1; G. FOHRER, *Das Buch Jesaja*, I, 1966, p. 248 et p. 250, n. 54; B.S. CHILDS, *Isaiah and the Assyrian Crisis*, 1967, p. 23, n. 9; W. EICHRODT, *Der Herr der Geschichte*, 1967, p. 92 et p. 95, n. 1; W. DIETRICH, *Jesaja und die Politik*, 1976, pp. 193-196. Le caractère secondaire des vv. 9b-11 est également défendu par plusieurs parmi les partisans de la double unité littéraire primitive en *Is.*, XXII, 1-14; voir K. MARTI, *Das Buch Jesaja*, 1900, p. 172; B. DUHM, *Das Buch Jesaja*, 1914, p. 136; M. LOEHR, *op. cit.*, pp. 64-65. Œuvre d'un contemporain d'Isaïe ou de quelqu'un qui se trouvait encore assez proche des événements rapportés, cet ajout nous renseignerait sur certains travaux entrepris par Ézéchias à Jérusalem en prévision de l'offensive de Sennachérib, et porterait sur ces travaux un jugement conforme au message d'Isaïe.

[535] O. KAISER, *Der Prophet Jesaja*, II, 1973, pp. 111-120, distingue, aux vv. 5-11, trois ajouts différents : vv. 5-6 (*eschatologische Bearbeitung*), vv. 7-8 et 11b (*frühexilische Bearbeitung*) et vv. 9-11a (*historisierende Bearbeitung*). R.E. CLEMENTS, *op. cit.*, pp. 430-431, tient les vv. 5-8a pour une addition du temps de l'exil.

[536] J. VERMEYLEN, *op. cit.*, pp. 337-339.

[537] Contre l'opinion des exégètes mentionnés *supra*, nn. 528-532.

[538] Contre J. VERMEYLEN, *op. cit.*, p. 337.

proposition nominale)[539]. Quoi qu'il en soit de leur obscurité, les vv. 5b-8a évoquent ce en quoi a consisté le Jour de Yahvé et prolongent de la sorte le v. 5a. Ces versets correspondent aux vv. 2b-3 et doivent se rapporter aux mêmes événements. Mais, tandis que les vv. 5b-8a évoquent les événements militaires eux-mêmes, les vv. 2b-3 en soulignent les conséquences pour Jérusalem. Il n'existe donc aucune raison d'exclure les vv. 5b-8a de l'oracle primitif.

Tout comme les vv. 1b-4 et les vv. 12-13, les vv. 8b-11 sont construits sur l'opposition entre le comportement qu'ont eu les habitants de Jérusalem (vv. 8b-11a) et le comportement que Yahvé leur demandait (v. 11b). De même que les vv. 1b-4, les vv. 8b-11 forment un chiasme avec les vv. 12-13 : a. comportement des Hiérosolymitains (vv. 8b-11a); b. ce que Yahvé demandait (v. 11b); b'. ce que Yahvé demandait (v. 12); a'. comportement des Hiérosolymitains (v. 13).

Les vv. 8b-11 posent, certes, des problèmes d'ordre stylistique et logique. Comme on l'a souvent remarqué, le caractère poétique de ces versets n'est pas clair[540]. Le premier membre de l'opposition (vv. 8b-11a) est beaucoup plus long que le second (v. 11b). L'énumération détaillée des mesures pratiques (vv. 9b-11a) paraît déplacée dans le contexte[541] et, de surcroît, semble séparer les hémistiches qui expriment directement l'opposition, les vv. 8b-9a et le v. 11b[542]. L'expression *bayyôm hahû'* (vv. 8b et 12a), qui encadre les vv. 8b-11, est souvent l'indice d'une intervention rédactionnelle[543]. Du point de vue logique, les vv. 8b-11 semblent briser l'unité thématique de l'oracle[544]. Directement enchaînée au v. 13, la menace du v. 14 se comprendrait très bien sans les vv. 8b-11.

Certes, l'exclusion des vv. 9b-11a écarterait quelques-unes des difficultés que l'on vient de signaler. On notera cependant que la régularité

[539] *Cf. Is.*, XVI, 9; *Jér.*, IX, 9 et *Mich.*, I, 8-9. Le schéma est identique à celui du *Aufruf zur Volksklage* étudié par H. W. WOLFF, *Der Aufruf zur Volksklage*, dans ZAW, LXXVI, 1964, pp. 48-56.

[540] Voir G. B. GRAY, *The Book of Isaiah*, 1912, pp. 362-363 et 370; J. A. EMERTON, *Notes on the Text and Translation of Isaiah XXII, 8-11 and LXV, 5*, dans VT, XXX, 1980, pp. 437-451, aux pp. 438-440.

[541] G. B. GRAY, *op. cit.*, pp. 362-363 et 370; H. DONNER, *Israel unter den Völkern*, 1964, p. 128, n. 1.

[542] Voir G. B. GRAY, *op. cit.*, p. 370; H. DONNER, *op. cit.*, p. 128, n. 1; B. S. CHILDS, *Isaiah and the Assyrian Crisis*, 1967, p. 23, n. 9.

[543] Voir J. VERMEYLEN, *Du prophète Isaïe à l'Apocalyptique*, I, 1977, p. 335.

[544] J. VERMEYLEN, *op. cit.*, p. 336.

syntaxique [545] et la structure concentrique [546] des vv. 8b-11 déconseillent d'en retrancher les vv. 9b-11a et invitent à voir aux vv. 8b-11 une seule couche littéraire.

Or, les vv. 8b-11 rentrent parfaitement dans la structure des vv. 1b-14, grâce à l'opposition sur laquelle ils sont construits. Les termes les plus significatifs de ces versets sont bien attestés chez Isaïe : c'est le cas du couple *hbyṭ* - *r'h* [547] et de la racine *'śh* pour désigner l'œuvre de Yahvé [548]. Renvoyant clairement à *yôm ... la'donāy* du v. 5a, *bayyôm hahû'*, aux vv. 8b et 12a, ne se présente pas comme une formule passe-partout, dont le but serait de ménager un espace pour les vv. 8b-11 [549]. Située chaque fois dans l'introduction de l'opposition entre le comportement que Yahvé attendait des Hiérosolymites et le comportement qu'ils ont eu, l'expression *bayyôm hahû'* joue un rôle important dans la structuration de l'oracle : en articulant les trois étapes de l'exposé des motifs, elle contribue à son unité formelle; du point de vue logique, elle souligne l'identité du moment historique dont parle le prophète, ainsi que l'importance de ce Jour de Yahvé, qui devient ainsi une idée maîtresse de l'oracle. L'idée exprimée par les vv. 8b-11 correspond parfaitement à l'opposition constante d'Isaïe à la confiance dans les moyens humains. L'unité thématique de la pièce est assurée non pas par l'identité matérielle de l'objet du reproche, mais par le fait que, aussi bien en mettant leur confiance dans les moyens humains qu'en s'adonnant à la fête, les Hiérosolymitains prennent directement le contre-pied de ce que Yahvé leur demandait. Du point de vue historique, le

[545] Soulignée par L. ALONSO SCHÖKEL, *Estudios de poética hebrea*, 1963, p. 443 :

vv. 8b-9a	– *wayyiqtol... w't* + subst. ... *qatal*
vv. 9b-10a	– *wayyiqtol* ... *w't* + subst. ... *qatal*
vv. 10b-11a	– *wayyiqtol* ... *w-* + subst. ... *qatal*
v. 11a	– *wl' qatal* ... *wl' qatal.*

[546] Soulignée par J. VERMEYLEN, *Du prophète Isaïe à l'Apocalyptique*, I, 1977, p. 335 :

a.	Attention à l'arsenal (?)	– v. 8b
b.	Aménagement du système d'approvisionnement en eau	– v. 9
c.	Recensement des maisons	– v. 10a
c'.	Démolition des maisons	– v. 10b
b'.	Aménagement du système d'approvisionnement en eau	– v. 11a
a'.	Inattention à Yahvé	– v. 11b.

A la différence de J. VERMEYLEN, qui interprète le v. 9a dans le sens du colmatage des brèches de la muraille, nous tendons à y voir des travaux destinés à améliorer l'approvisionnement en eau.

[547] V, 12. La racine *nbṭ* seule se retrouve en VIII, 22; XVIII, 4 et XX, 5.6.

[548] V, 12.

[549] Dans le même sens, W. DIETRICH, *Jesaja und die Politik*, 1976, p. 196, n. 328; H. WILDBERGER, *Jesaja*, II, 1978, p. 810.

contenu des vv. 8b-11 correspond bien à ce que nous savons des travaux d'Ézéchias, notamment de ses travaux hydrauliques à Jérusalem [550].

Il nous paraît donc plus simple d'admettre l'appartenance des vv. 8b-11 à l'oracle primitif que d'attribuer leur insertion à un rédacteur aussi habile fût-il [551]. Nous tenons donc *Is.*, XXII, 1-14 pour une unité primitive, à l'exclusion toutefois du titre (v. 1a) [552], peut-être de *b^erèkèb 'ādām pārāšîm* (v. 6a) et de la finale *'āmar 'dny yhwh ṣb'wt* (v. 14b).

Is., XXII, 1-14 comprend un exposé des motifs très long (vv. 1b-13) et une annonce de malheur très courte (v. 14). Très bien charpenté, l'exposé des motifs se développe en trois étapes et se situe sur trois registres temporels distincts.

Les vv. 1b-8a constituent la première étape. Le prophète reproche aux Hiérosolymitains les réjouissances auxquelles ils sont en train de se livrer (vv. 1b-2a) [553]. Reculant légèrement dans le temps, les vv. 2b-3 évoquent les conséquences pour Jérusalem des événements qu'elle vient de vivre. Loin d'être une victoire et un motif de réjouissance, ce qui vient d'arriver à Jérusalem a été un désastre qui aurait dû inciter à la lamentation. En effet, Jérusalem a eu des morts, qui ne sont pas tombés glorieusement au combat (v. 2b); ses chefs ont pris honteusement la fuite et ont été faits prisonniers (v. 3) [554]. Au milieu de l'absurde

[550] *Supra*, chap. IIIe, pp. 60-68.

[551] Dans le même sens, H. W. HOFFMANN, *Die Intention der Verkündigung Jesajas*, 1974, pp. 49-51; F. HUBER, *Jahwe, Juda und die anderen Völker beim Propheten Jesaja*, 1976, pp. 38-40; H. WILDBERGER, *Jesaja*, II, 1978, pp. 809-810; J.A. EMERTON, *op. cit.*, dans VT, XXX, 1980, pp. 438-439.

[552] De l'avis unanime de la critique, le titre est rédactionnel. Il reprend l'expression *géy' ḥizzāyôn* du v. 5. Il est cependant difficile de rendre compte du choix de *maśśā'*, terme qui introduit normalement des oracles contre les nations, et de la place de *Is.*, XXII, 1-14 au milieu d'oracles contre les nations. Voir la discussion de J. VERMEYLEN, *Du prophète Isaïe à l'Apocalyptique*, I, 1977, pp. 332-334. Le contexte conseille, certes, de voir en *géy' ḥizzāyôn* une vallée aux abords de Jérusalem, mais son identification avec la Géhenne ou le Tyropéôn reste conjecturale.

[553] Rien ne recommande l'interprétation de E. J. KISSANE, *The Book of Isaiah*, 1960, pp. 232-233 et 236 et de H.L. GINSBERG, *Reflexes of Sargon in Isaiah after 715 B.C.E.*, dans JAOS, LXXXVIII, 1968, pp. 47-53, à la p. 47, selon laquelle les vv. 1b-2a évoqueraient une lamentation future. Certes, les terrasses peuvent être le cadre d'une lamentation (*cf. Is.*, XV, 3 et *Jér.*, XLVIII, 38), mais l'expression *qiryāh 'allîzāh* interdit de voir aux vv. 1b-2a l'évocation d'une bruyante lamentation. *Cf. Is.*, V, 14; XXXII, 13; *Soph.*, II, 15; III, 11 et la discussion de G. BRUNET, *Essai sur l'Isaïe de l'histoire*, 1972, pp. 290-292. Par ailleurs, aucun indice ne permet de supposer que les vv. 1b-2a annoncent un comportement futur. En effet, *mh-l* + pron. 2e pers. + *kî* est la façon normale de s'enquérir auprès de quelqu'un au sujet de son comportement, mais d'un comportement qui pose actuellement des questions. *Cf. Is.*, XXII, 16; *Jug.*, XVIII, 23; *Ps.*, CXIV, 5 et aussi *Gen.*, XXI, 17; *Jos.*, XV, 18; *Jug.*, I, 14; *II Sam.*, XIV, 5; *I Rois*, I, 16; *II Rois*, VI, 28; *Est.*, V, 3. A ce sujet, B. S. CHILDS, *Isaiah and the Assyrian Crisis*, 1967, p. 25, n. 13.

[554] Le sens de la proposition *miqqèšèt 'ussārû* (v. 3a) est difficile à saisir. Celui-ci dépend de la nuance de *min*. Si *min* a la nuance causale-instrumentale, le sens de la

liesse générale, seul Isaïe pleure amèrement la ruine de son peuple et refuse toute consolation (v. 4), car ce qui vient d'arriver était un terrible Jour de Yahvé dont Jérusalem n'a pas tenu compte (vv. 5-8a).

L'explication de détail des vv. 5-8a, surtout des vv. 5b, 6aβ et 8a, est très difficile. A la lumière du v. 6, certains critiques lisent au v. 5b la mention de deux peuples, Qôa (ou Qir) et Šoa [555], qui seraient parmi les ennemis de Jérusalem. D'après la traduction que, à la suite de M. Weippert, nous suggérons, le v. 5b évoquerait plutôt le vacarme de l'armée ennemie prenant position autour de Jérusalem. Sans doute corrompu, le v. 6aβ paraît difficilement compréhensible. Il est également difficile de déterminer le sujet du verbe *wayᵉgal* et de saisir la nuance précise du subst. *māsak* au v. 8a. On y voit assez généralement une évocation de la situation de Juda ou de Jérusalem, privés de toute protection, et donc à la merci de l'ennemi. Quoi qu'il en soit des incertitudes de détail, les vv. 5-8a évoquent des événements de type militaire que Jérusalem vient de vivre, et où le prophète voit un Jour de Yahvé dans toute son horreur.

Les vv. 8b-11 constituent la deuxième étape de l'exposé des motifs. Ces versets représentent un recul dans le temps par rapport aux vv. 5-8a. En effet, alors que les vv. 5-8a évoquent le siège dont Jérusalem vient de faire l'objet, les vv. 8b-11 passent en revue rétrospectivement les mesures défensives que la ville a prises, non seulement pendant le siège, mais aussi en prévision de celui-ci. Isaïe reproche sévèrement aux Hiérosolymitains d'avoir mis leur confiance dans leur stratégie [556] au lieu de se remettre entre les mains de Yahvé, l'auteur du jour qu'ils viennent de vivre.

La troisième étape, aux vv. 12-13, revient sur les manifestations de joie que reprochaient déjà les vv. 1b-4. Alors que les vv. 1b-8a montrent que la liesse de Jérusalem est absurde, les vv. 12-13 révèlent qu'elle est aussi impie. En effet, Yahvé appelait à la lamentation et au deuil (v. 12). En faisant bombance (v. 13), la ville prend donc le contre-pied,

proposition sera : sous la menace de l'arc de l'ennemi les chefs de Jérusalem furent faits prisonniers. Cette compréhension paraît déconseillée par la teneur du v. 2b. Si *min* a plutôt la nuance privative, la proposition *miqqèšèt 'ussārû* est susceptible de deux interprétations différentes : soit les chefs de Jérusalem ont été faits prisonniers sans leurs arcs, qu'ils avaient abandonné lors de leur fuite ou dont ils ne se sont pas servis lors de leur capture (BDB, p. 578), soit les ennemis n'ont pas eu à recourir à leurs arcs pour capturer les chefs de Jérusalem (G-K, § 119w). Dans l'un ou l'autre cas la proposition souligne la lâcheté des chefs de Jérusalem.

[555] *Cf. Éz.*, XXIII, 23; O. PROCKSCH, *Jesaja I*, 1930, pp. 276 et 280; R. B. Y. SCOTT, *The Book of Isaiah*, 1956, p. 290; A. GUILLAUME, *A Note on the Meaning of Is XXII 5*, dans JThS, NS, XIV, 1963, pp. 283-285.

[556] Pour la discussion des détails des mesures mentionnées, voir *supra*, pp. 178-183.

non seulement de ce que la situation imposait, mais aussi de ce que Yahvé demandait.

Le v. 13b reprend sans doute un proverbe[557]. En le mettant dans la bouche des habitants de Jérusalem, Isaïe les fait annoncer leur propre sort.

Après un si long exposé des motifs, l'oracle se termine par une menace très courte, mais terrible (v. 14). Elle se présente sous la forme d'un *Auditionsbericht* dont le contenu est un serment de Yahvé[558]. Selon un procédé courant, la menace s'enchaîne immédiatement à la citation des destinataires moyennant la reprise du verbe *mwt*. En refusant, d'abord, la confiance en Yahvé et, ensuite, l'appel à la pénitence que Yahvé leur adressait, les Hiérosolymitains se sont rendus coupables d'une impiété[559], qui ne sera pas expiée.

Is., XXII, 1-14 suppose des événements dont l'issue était susceptible d'appréciations diamétralement opposées. On pense généralement à l'une des expéditions assyriennes en Palestine : celle du Turtanu de Sargon II en 712 ou 711, d'après certains; celle de Sennachérib en 701, d'après la très grande majorité.

L'hypothèse selon laquelle *Is.*, XXII, 1b-2.13 témoignerait de la joie de Jérusalem à la nouvelle de la cessation des hostilités ou du départ des troupes assyriennes commandées par le Turtanu de Sargon II[560] repose sur une reconstitution conjecturale des événénements de 713-712, laquelle dépend en grande partie de notre texte[561].

Il n'en va pas de même de l'autre hypothèse. En effet, quoi qu'il en soit des obscurités de *Is.*, XXII, 1-14, la situation historique supposée par cet oracle correspond bien — mieux qu'à tout autre moment du ministère connu d'Isaïe — à ce que l'on sait de l'expédition de Sennachérib en 701. Malgré les incertitudes au sujet des vv. 5b-8a, ces versets supposent un siège de Jérusalem ou du moins la présence de troupes aux portes de la ville. Or, d'après ce que nous connaissons de l'histoire

[557] *Cf. Qoh.*, II, 24; V, 17; VIII, 15; IX, 7 et les parallèles dans d'autres littératures anciennes cités par H. WILDBERGER, *Jesaja, II*, 1978, pp. 827-828.

[558] *Cf. Is.*, V, 9.

[559] L'expression *hè'āwôn hazzèh* se retrouve en *Is.*, XXX, 13; *cf.* aussi I, 4 et V, 18. En VI, 7 *'āwôn* est complément d'objet de *swr* et se trouve en parallélisme avec *ḥaṭṭā'āh*, qui est complément de *kpr*.

[560] Voir R. B. Y. SCOTT, *The Book of Isaiah*, 1956, p. 289; H. L. GINSBERG, *op. cit.*, dans JAOS, LXXXVIII, 1968, pp. 48-49; J. VERMEYLEN, *Du prophète Isaïe à l'Apocalyptique*, I, 1977, p. 334. D'après O. PROCKSCH, *Jesaja, I*, 1930, pp. 276-277 et 293-294, *Is.*, XXII, 1-8a et 8b-14 se rapporteraient plutôt à la première phase des événements, à savoir au moment où Jérusalem se serait allié à Ashdod et révolté contre Sargon II.

[561] Voir *supra*, chap. IIe, pp. 30-33.

de Juda au temps d'Isaïe, Jérusalem ne fut directement menacée que par les coalisés syro-éphraïmites, qui ont peut-être assiégé la ville[562], et par l'armée de Sennachérib[563]. L'invasion syro-éphraïmite paraissant exclue, il ne reste que l'expédition de Sennachérib. La fuite des chefs (v. 3) correspond bien à la défection des troupes d'élite dont parlent peut-être les annales de Sennachérib; la mention des prisonniers (v. 3) correspond parfaitement à ce que disent lesdites annales[564].

Si notre passage est l'œuvre d'Isaïe, ce que la critique admet communément du moins en ce qui concerne les vv. 1b-3.12-14, on peut le rapporter avec beaucoup d'assurance à l'expédition de Sennachérib en 701[565]. Vu les allusions au siège (vv. 5-8a) et la défaite déjà intervenue (vv. 2b-3), la datation de l'oracle dans le cadre de l'organisation de la révolte, notamment au moment de la conclusion de l'alliance avec l'Égypte[566], paraît exclue. Les manifestations de joie (vv. 1b-2a.13) s'opposent à l'hypothèse selon laquelle l'oracle daterait des pires moments du siège de Jérusalem[567]. La liesse de Jérusalem suppose au contraire la fin du siège[568]. *Is.*, XXII, 1-14 doit donc se situer soit lors de l'issue, soit après la levée du siège.

562 *II Rois*, XVI, 5 et *Is.*, VII, 1.

563 Voir *supra*, chap. IVe, pp. 110-113.

564 Voir *supra*, chap. IVe, pp. 111-113 et 115.

565 On a, certes, invoqué la mention de Élam et Qir (v. 6) en faveur du caractère secondaire des vv. 5-6 (J. VERMEYLEN, *Du prophète Isaïe à l'Apocalyptique*, I, 1977, p. 338, n. 3), voire des vv. 5-8a (R. E. CLEMENTS, *The Prophecies of Isaiah and the Fall of Jerusalem in 587 B.C.*, dans VT, XXX, 1980, p. 430). Estimant que la présence d'Élamites est plus probable dans l'armée de Nabuchodonosor que dans celle de Sennachérib, R. E. CLEMENTS, en tire argument pour rapporter les vv. 5-8a au siège de Jérusalem en 587. On notera cependant que à la fin du VIIIe s. les Assyriens incorporaient régulièrement dans leur armée des contingents étrangers (voir B. ODED, *Mass Deportations and Deportees in the Neo-Assyrian Empire*, 1979, pp. 48-54). Déjà Sargon II compte des Élamites parmi ses prisonniers (ARAB, II, §33). Sennachérib rapporte avoir capturé notamment des archers élamites lors de sa première expédition (703 av. J.C.) (ARAB, II, §259). La participation de troupes élamites dans la 3e expédition de Sennachérib (701 av. J.C.) n'aurait donc rien de surprenant. La localisation de Qir restant trop incertaine, on ne peut pas s'en servir.

566 Voir, par exemple, E. J. KISSANE, *The Book of Isaiah*, 1960, pp. 232-233. B. DUHM, *Das Buch Jesaja*, 1914, pp. 132-133, propose de dater les vv. 1-8a lors de la déclaration de la révolte et les vv. 8b-14 après le départ de l'armée de Sennachérib.

567 Voir E. KOENIG, *Das Buch Jesaja*, 1926, pp. 219-220; L. L. HONOR, *Sennacherib's Invasion of Palestine*, 1926, pp. 107-108. Cette hypothèse s'appuie sur une interprétation littérale du v. 13b. On trouvera dans L. L. HONOR, *op. cit.*, pp. 104-108 une liste d'autres datations proposées.

568 Position la plus commune. Parmi les travaux les plus récents, voir H. W. HOFFMANN, *Die Intention der Verkündigung Jesajas*, 1974, pp. 49-51 et 56-59; W. DIETRICH, *Jesaja und die Politik*, 1976, pp. 193-196; F. HUBER, *Jahwe, Juda und die anderen Völker beim Propheten Jesaja*, 1976, pp. 38-40; H. WILDBERGER, *Jesaja, II*, 1978, pp. 812-813; J. T. WILLIS, *The First Pericope in the Book of Isaiah*, dans VT, XXXIV, 1984, pp. 63-77.

Quoi qu'il en soit, *Is.*, XXII, 1-14 témoigne de deux appréciations opposées des événements. Alors que les Hiérosolymitains voyaient dans le fait que leur ville n'avait pas été prise d'assaut ni détruite un motif de soulagement et de joie, qu'ils manifestaient bruyamment, Isaïe ne voit que la grandeur de la défaite et, surtout, la grande impiété dont ses concitoyens se sont rendus coupables.

Aux yeux d'Isaïe, Assur était l'instrument de Yahvé (X, 5ss), et l'expédition de Sennachérib un Jour de Yahvé (XXII, 5a). Il y a, certes, des différences entre l'évocation du Jour de Yahvé en *Is.*, II, 12-17 et XXII, 1b-14. En effet, alors que, en II, 12-17, le Jour de Yahvé est envisagé comme une réalité à venir et évoqué sous les traits d'un bouleversement cosmique[569], en XXII, 1b-14, il prend la forme d'une défaite militaire, qui a déjà eu lieu[570], et dont la présentation s'inspire peut-être des traditions des guerres de Yahvé[571]. Le prophète retourne cependant contre Jérusalem l'intervention de Yahvé qui visait normalement les ennemis d'Israël[572].

Is., II, 12-17 et XXII, 1b-14 ont cependant en commun le fait que, dans une ligne bien isaïenne, les deux passages présentent le Jour de Yahvé comme celui où l'orgueil humain doit être abaissé et Yahvé seul exalté[573].

[569] Cette imagerie provient sans doute de la tradition de la Théophanie. Voir H. WILDBERGER, *Jesaja, I*, 1972, pp. 106-112.

[570] Le Jour de Yahvé est envisagé le plus souvent comme une réalité à venir, mais il sert aussi à caractériser des événements passés. Cette ambivalence, qui n'est pas propre à Isaïe, fut souvent signalée. On se reportera, parmi d'autres, à G. VON RAD, *The Origin of the Concept of the Day of Yahweh*, dans JSS, IV, 1959, pp. 97-108, à la p. 106; M. WEISS, *The Origin of the «Day of the Lord» - Reconsidered*, dans HUCA, XXXVII, 1966, pp. 29-71, aux pp. 44-45. Comme le souligne A.J. EVERSON, *The Days of Yahweh*, dans JBL, XCIII, 1974, pp. 329-337, il n'y a pas un jour mais plusieurs jours de Yahvé.

[571] Le terme *mᵉhûmāh* appartient au vocabulaire des guerres de Yahvé, où il désigne la panique et la confusion que Yahvé sème dans les rangs ennemis; *cf. Deut.*, VII, 23; *I Sam.*, V, 9.11; XIV, 20; *Zach.*, XIV, 13. Le subst. *mᵉbûsāh* est un hapax, mais le verbe *bws* se trouve plus d'une fois dans le contexte des guerres de Yahvé; *cf. Is.*, XIV, 25; LXIII, 6; *Ps.* XLIV, 6; LX, 14; CVIII, 14; voir H. WILDBERGER, *Jesaja*, II, 1978, pp. 817-818. La question de l'origine de la représentation d'un Jour de Yahvé reste controversée. D'après la plupart des auteurs, cette représentation serait antérieure aux prophètes du VIIIᵉ s. Pour les uns, elle proviendrait de la tradition des guerres de Yahvé (voir G. VON RAD, *op. cit.*, pp. 97-108; E. HAAG, *Der Tag Jahwes im Alten Testament*, dans *Bibel und Leben*, XIII, 1972, pp. 238-248), pour d'autres, elle s'enracinerait dans la fête de l'intronisation de Yahvé (voir J. GRAY, *The Day of Yahweh in Cultic Experience and Eschatological Prospect*, dans SEÅ, XXXIX, 1974, pp. 5-37), ou dans le culte d'une façon générale (K.-D. SCHUNCK, *Der «Tag Jahwes» in der Verkündigung der Propheten*, dans *Kairos*, NF, XI, 1969, pp. 14-21). D'après M. WEISS, *op. cit.*, pp. 29-71, le Jour de Yahvé serait une création du prophète Amos inspirée des traditions relatives à la théophanie.

[572] Ce retournement se retrouve ailleurs; *cf. Deut.*, XXVIII, 20; *Éz.*, VII, 7.

[573] Cette idée se retrouve dans des textes postérieurs à Isaïe; *cf. Soph.*, I, 16 et *Is.*, XIII, 11.

Pour Isaïe, l'expédition de Sennachérib n'a évidemment pas atteint le but que Yahvé lui assignait. En effet, loin d'avoir amené Jérusalem à reconnaître la souveraineté absolue de Yahvé, l'invasion de Sennachérib a été, bien au contraire, l'occasion d'une manifestation éclatante de l'orgueil de la ville. Au lieu de s'en remettre entièrement à Yahvé, Jérusalem a mis sa confiance dans ses propres moyens défensifs. Comme le prophète l'avait prédit inlassablement, cette politique valut à Juda une grande défaite. Ce malheur n'était cependant pas le dernier mot de Yahvé, mais un ultime appel à la pénitence et à se tourner vers Yahvé. Jérusalem n'a pas reconnu ou a sciemment refusé cet ultime appel. L'impiété dont les Hiérosolymitains se sont ainsi rendus coupables ne pourra pas être expiée. Par conséquent, ils ne pourront pas éviter le châtiment qui est nécessairement lié à leur iniquité [574].

Is., XXII, 1b-14 est parmi les derniers oracles d'Isaïe, sinon le dernier [575]. Il est aussi parmi les plus sombres, sinon le plus sombre [576]. H. W. Hoffmann a sans doute raison de parler d'une rupture dans le message d'Isaïe à l'occasion de l'expédition de Sennachérib en 701 [577]. En effet, à la lumière de *Is.*, XXII, 1b-14, les oracles que le prophète avait prononcés avant apparaissent plutôt comme des avertissements. La menace formulée par *Is.*, XXII, 14 est, par contre, inconditionnelle et elle ne laisse aucune échappatoire.

2. *Is.*, *I*, *4-9 — Juda s'obstine dans sa révolte envers Yahvé.*

> 4. Malheur ! Nation pécheresse, peuple chargé d'iniquité,
> race de malfaisants, fils pervers.
> Ils ont abandonné Yahvé, méprisé le Saint d'Israël,
> se sont détournés en arrière [578].

[574] *Cf. I Sam.*, III, 14 ; *Is.*, XLVII, 11 ; *Jér.*, XVIII, 23 ; voir H. WILDBERGER, *Jesaja*, II, 1978, p. 829.

[575] Voir S. H. BLANK, *Prophetic Faith in Isaiah*, 1958, pp. 10-11 et 59 ; R. FEY, *Amos und Jesaja*, 1963, p. 136 ; H. W. HOFFMANN, *Die Intention der Verkündigung Jesajas*, 1974, pp. 50-59 ; W. DIETRICH, *Jesaja und die Politik*, 1976, pp. 193-196.

[576] Voir, parmi d'autres, G. B. GRAY, *The Book of Isaiah*, 1912, p. 372 ; H. DONNER, *Israel unter den Völkern*, 1964, p. 132 ; W. EICHRODT, *Der Herr der Geschichte*, 1967, p. 92 ; F. L. MORIARTY, *Isaias*, 1970, p. 295 ; H. W. HOFFMANN, *op. cit.*, pp. 49-51 et 56-59.

[577] *Die Intention der Verkündigung Jesajas*, 1974, pp. 49-59.

[578] Le sens de la proposition *nāzorû 'āḥôr*, qui n'a pas d'équivalent dans la LXX, reste obscur. On y voit en général le nif. de zwr I, « être étranger ». On a souvent proposé de corriger *'āḥôr*, notamment en *mé'aḥarāyw* (K. BUDDE, *Zu Jesaja 1-5*, dans ZAW, XLIX, 1931, pp. 16-40, à la p. 21) ou en *ke'èḥād* (N. H. TUR-SINAI, *A Contribution to the Understanding of Isaiah I-XII*, dans SH, VIII, 1961, pp. 154-188, aux pp. 155-156). W. L. HOLLADAY, *A New Suggestion for the Crux in Isaiah I 4b*, dans VT, XXXIII, 1983, pp. 235-237, suggère de rattacher le verbe à la racine *nzr* (« dédier », « consacrer »), de

5. Où [579] faut-il encore vous frapper, vous qui persistez dans la rébellion?
La tête est toute malade, le cœur est tout souffrant [580].
6. De la plante des pieds à la tête, rien en lui n'est intact :
blessures, contusions, plaies ouvertes,
qui n'ont pas été nettoyées [581], ni pansées, ni adoucies avec de l'huile.
7. Votre pays est une désolation, vos villes sont brûlées par le feu.
Votre sol, sous vos yeux, des étrangers de dévorent.
C'est une désolation [582] comme un bouleversement d'étrangers.
8. La Fille Sion est laissée comme une hutte dans une vigne,
comme un abri dans un champ de concombres, comme une ville assiégée [583].

Encadrés par les expressions *kî yhwh dibbér* (v. 2a) et *kî pî yhwh dibbér* (v. 20b), *Is.*, I, 2-20 se présente comme une unité littéraire [584]. D'après certains exégètes, cette unité serait primitive [585]. Cependant, la plupart y voit, à juste titre, une unité rédactionnelle, qui intègre plusieurs pièces plus courtes [586].

vocaliser *nizz^{e}rû* (nif.) *'aḥér*, et de rendre la proposition par «They have dedicated themselves to another (god)».

[579] *Cf. Job*, XXXVIII, 6; *II Chr.*, XXXII, 10. Vu l'image du corps entièrement blessé, cette traduction est préférable à celle qui rendrait *'al mèh* par «pourquoi».

[580] JOÜON, § 139e.

[581] On voit généralement en *zorû* un parf. qal passif, que la plupart rattachent à une racine *zrr* (JOÜON, §821; G-K, §67m et 52e; KBL, I, 1967^{3}, s.v. *zrr* I), et que certains font dériver d'une racine *zwr* (W. GESENIUS, *Thesaurus philologicus*, I, 1835, s.v. *zwr* I; BDB, s.v. *zwr* III) au sens de «presser» (c'est-à-dire les plaies en vue de les nettoyer).

[582] La leçon de 1QIs^{a} *wšmmw 'lyh* est sans doute une paraphrase inspirée de *Lév.*, XXVI, 32; S. SPEIER, *Zu drei Jesajastellen, Jes. 1,7; 5,24; 10,7*, dans ThZ, XXI, 1965, pp. 310-313.

[583] Le TM *k^{e}'îr n^{e}ṣûrāh*, «comme une ville gardée», ne semble pas convenir au contexte, à moins d'attribuer au verbe *nṣr* le sens hostile d'«assiéger», nuance supposée par les anciennes versions : *ôs pólis poliorkouménê* (LXX), *k^{e}qārtā' d^{e}ṣîrîn '^{a}lah* (Tg), *m^{e}dîntā' h^{e}bištā'* (Pesh.), *sicut civitas quae vastatur* (V). Ce sens hostile de *nṣr* est peut-être attesté en *Jér.*, IV, 16 et *Éz.*, VI, 12, mais ces textes sont également obscurs. Il est donc tentant d'adopter la correction minime en *n^{e}ṣôrāh* et d'y voir, avec la plupart des critiques, le part. nif. de *ṣwr*, «assiéger».

[584] Il s'agit d'un plaidoyer prophétique; J. HARVEY, *Le plaidoyer prophétique contre Israël après la rupture de l'Alliance. Étude d'une formule littéraire de l'Ancien Testament* (Studia, 22), Bruges-Montréal, 1967, pp. 36-42; J. VERMEYLEN, *Du prophète Isaïe à l'Apocalyptique*, I, 1977, pp. 42-49 et 65-71. D'après A. MATTIOLI, *Due schemi letterari negli oracoli d'introduzione al libro d'Isaia*, dans RivBib., XIV, 1966, pp. 345-364, le *rîb* se poursuivrait jusqu'au v. 31. Selon S. NIDITCH, *The Composition of Isaiah 1*, dans Bib., LXI, 1980, pp. 509-529, le *rîb* se trouverait aux vv. 2-3 et 21-31.

[585] Voir Y. GITAY, *Reflections on the Study of the Prophetic Discourse. The Question of Isaiah I 2-20*, dans VT, XXXIII, 1983, pp. 207-221 ; J. T. WILLIS, *On the Interpretation of Isaiah 1 : 18*, dans JSOT, 1983, pp. 35-54; ID., *The First Pericope in the Book of Isaiah*, dans VT, XXXIV, 1984, pp. 63-77.

[586] Voir H. WILDBERGER, *Jesaja*, I, 1972, pp. 9-74; J. VERMEYLEN, *op. cit.*, pp. 50-65.

L'exclamation *hôy*, qui ouvre normalement un oracle, marque le début de l'une de ces unités au v. 4 [587]. Celle-ci ne doit pas dépasser le v. 9, car au v. 10 commence quelque chose de différent [588]. Pratiquement unanime à admettre l'appartenance des vv. 4-7bα à l'unité primitive [589] et à en exclure le v. 7bβ [590], la critique diverge au sujet des vv. 8-9. Tandis que la plupart y voient la conclusion primitive de la pièce, plusieurs tiennent le v. 9 [591], ou les vv. 8-9 [592], pour un développement secondaire.

Les principales objections soulevées contre le caractère primitif du

[587] L'hypothèse selon laquelle les vv. 2-9 formeraient une unité littéraire (E. ROBERTSON, *Isaiah Chapter I*, dans ZAW, LII, 1934, pp. 231-236; J. MILGROM, *Did Isaiah prophesy during the Reign of Uzziah?*, dans VT, XIV, 1964, pp. 164-182, aux pp. 174-177; P. AUVRAY, *Isaïe 1-39*, 1972, pp. 38-43) nous paraît donc à exclure.

[588] D'après S. NIDITCH, *op. cit.*, pp. 516 ss, *Is.*, I, 4-20 contient un sermon que le prophète a construit au moyen de deux formes littéraires différentes : un oracle en *hôy* (vv. 4-9) et une polémique anti-cultuelle (vv. 10-20).

[589] Seul le v. 4b a fait l'objet de soupçons de la part de la critique. Si l'exlusion de l'ensemble du v. 4b (G. B. GRAY, *The Book of Isaiah*, 1912, pp. 6 et 10-11; H. DONNER, *Israel unter den Völkern*, 1964, pp. 119-120; W. DIETRICH, *Jesaja und die Politik*, 1976, p. 191) ne s'impose pas, les deux derniers mots (*nāzorû ʿāhôr*), qui ne sont d'ailleurs pas attestés par tous les témoins textuels, constituent peut-être un ajout secondaire; B. DUHM, *Das Buch Jesaja*, 1914, p. 3; B.S. CHILDS, *Isaiah and the Assyrian Crisis*, 1967, p. 20, n. 1; H. WILDBERGER, *Jesaja*, I, 1972, pp. 18-19 et 25.

[590] Les termes *šᵉmāmāh* et *zārîm* se retrouvent au v. 7aα.bα. Le terme *mahpékāh* étant toujours construit avec *sᵉdom* et *ʿᵃmorāh* (*Deut.*, XXIX, 22; *Is.*, XIII, 19; *Jér.*, XLIX, 18; L, 40; *Am.*, IV, 11; *cf.* *hᵃpʰékāh* en *Gen.*, XIX, 29 et le verbe *hpk* en *Gen.*, XIX, 21.25.29; *Deut.*, XXIX, 22; *Jér.*, XX, 16; *Lam.*, IV, 6), sa construction avec *zārîm* est surprenante. D'où la correction habituelle en *sᵉdom*. Au point de vue logique, le v. 7bβ prolonge et renforce le v. 7a.bα, mais il le fait de façon maladroite. En effet, après l'affirmation du v. 7bα la comparaison à une destruction provoquée par des étrangers paraît tautologique (P. AUVRAY, *Isaïe 1-39*, 1972, p. 40). Par ailleurs, impliquant la comparaison au sort de Sodome et Gomorrhe, le terme *mahpékāh* anticipe le v. 9b, mais de façon peu cohérente, puisque ce dernier verset ne dit pas que le sort de Juda est comparable à celui des deux villes, mais que peu s'en fallait pour qu'il en fût ainsi. Les corrections que l'on a proposées n'ayant aucun appui textuel, il nous paraît préférable de tenir le v. 7bβ pour un ajout secondaire et d'expliquer ses maladresses par sa dépendance à la fois à l'égard du v. 7a.bα, d'où proviennent les termes *šᵉmāmāh* et *zārîm*, et du v. 9b, qui a inspiré le terme *mahpékāh*.

[591] Voir H.-M. LUTZ, *Jahwe, Jerusalem und die Völker*, 1968, pp. 44-45, n. 4 et p. 50; F. CRUESEMANN, *Studien zur Formgeschichte von Hymnus und Danklied in Israel* (WMANT, 32), Neukirchen-Vluyn, 1969, pp. 163-164; H. BARTH, *Die Jesaja-Worte*, 1977, pp. 190-191; R.E. CLEMENTS, *The Prophecies of Isaiah and the Fall of Jerusalem in 587 B.C.*, dans VT, XXX, 1980, p. 425.

[592] Mise en doute par K. MARTI, *Das Buch Jesaja*, 1900, p. 9, et H.-J. KRAUSE, *hôj als profetische Leichenklage über das eigene Volk im 8. Jahrhundert*, dans ZAW, LXXXV, 1973, p. 38, n. 84, l'authenticité isaïenne des vv. 8-9 est niée par E. ROBERTSON, *Isaiah Chapter I*, dans ZAW, LII, 1934, pp. 233-234 et 236; Th. LESCOW, *Die dreistufige Tora, Beobachtungen zu einer Form*, dans ZAW, LXXXII, 1970, pp. 362-379, à la p. 373, n. 37; J. VERMEYLEN, *Du prophète Isaïe à l'Apocalyptique*, I, 1977, pp. 50-53.

v. 8 sont l'emploi apparemment maladroit de *w^enôtrāh* et surtout l'expression *bat-ṣiyyôn*.

Le parfait consécutif se rapporte certes le plus souvent au futur, mais il peut aussi se rapporter au présent et au passé. La référence temporelle de *w^enôtrāh* doit être la même que celle des propositions participiales qui précèdent au v. 7[593].

Th. Lescow[594] et J. Vermeylen[595] s'appuient surtout sur l'expression *bat-ṣiyyôn* pour nier le caractère primitif du v. 8. Très fréquente à partir de l'exil pour désigner Jérusalem, cette expression serait étrangère aux oracles authentiques d'Isaïe.

Il est vrai que l'expression *bat-ṣiyyôn* ne se retrouve pas de façon certaine dans les oracles isaïens. Elle est attestée par une partie importante de la tradition textuelle en *Is.*, X, 32bα, mais ce passage reste incertain[596]. Même si l'on accepte la lecture *bat-* comme préférable, le parallélisme entre *har ṣiyyôn* et *gib'at y^erûšālāyim* conseille de tenir ce mot pour une glose. De plus, il n'y a aucune attestation de l'expression *bat-ṣiyyôn* que l'on puisse dater d'avant l'époque d'Isaïe.

L'origine de l'expression est discutée. D'après H. Cazelles, elle proviendrait de la pratique d'appeler filles d'une ville principale les cités qui en dépendaient, et aurait été frappée à la fin du VIIIe siècle. A l'origine *bat-ṣiyyôn* n'aurait pas désigné l'ensemble de Jérusalem, mais le *Mishné*, c'est-à-dire le nouveau quartier fortifié construit en dehors des murs de la ville après 721 pour accueillir les réfugiés d'Israël[597].

On notera cependant que *bat-ṣiyyôn* et *b^etûlat* (*bat-*) *ṣiyyôn* peuvent difficilement être dissociées de toute une série d'expressions également composées de *bat-* ou *b^etûlat* (*bat-*) construites avec le nom d'une

593 Voir les remarques de W. H. IRWIN, Recension du livre de J. VERMEYLEN cité à la n. précédente, dans Bib., LXII, 1981, pp. 134-142, à la p. 136. Ne se contentant pas de la correction de *zārîm* en *s^edom* (v. 7bβ), certains corrigent aussi *w^enôtrāh* en *'^amorāh* (v. 8a); voir B. STADE, *Emendationen. Jes I, 8*, dans ZAW, XXII, 1902, p. 328; K. BUDDE, *Zu Jesaja 1-5*, dans ZAW, XLIX, 1931, pp. 23-24; E. ROBERTSON, *op. cit.*, pp. 233-234; J. VERMEYLEN, *op. cit.*, pp. 50-51. La tradition textuelle témoignant unanimement du texte reçu, il faudrait supposer une intervention rédactionnelle délibérée portant sur un texte généralement tenu pour secondaire. Au lieu de conjecturer une double intervention rédactionnelle et un texte différent du texte reçu, il nous paraît plus simple de garder le texte et d'expliquer les maladresses du v. 7bβ par sa dépendance à l'égard à la fois du v. 7a.bα et du v. 9b.

594 *Op. cit.*, p. 373, n. 37.

595 *Op. cit.*, p. 51.

596 *qeré* confirmé par 1QIs[a], LXX, Pesh. et V; contre *byt* du *ketib*.

597 *Histoire et géographie en Michée IV, 6-13*, dans *Proceedings of the Fourth World Congress of Jewish Studies*, I, Jerusalem, 1967, pp. 87-89.

capitale, d'un pays ou d'un peuple. Ces expressions ne sont nullement réservées à Jérusalem, mais sont également appliquées aux villes de Babel[598], Dibbon[599], Sidon[600], Tyr[601], aux pays d'Édom[602], d'Égypte[603], de Tarsis[604] ou encore au peuple chaldéen[605]. Liée à une particularité de Jérusalem, à savoir le fait que cette ville n'avait qu'une seule dépendance, acquise d'ailleurs relativement tard à la fin du VIIIᵉ siècle, l'hypothèse de H. Cazelles ne nous semble pas rendre compte de l'étendue et de la diversité de l'emploi de ces expressions.

Aussi, l'hypothèse de A. Fitzgerald nous paraît-elle préférable. D'après cet auteur, les expressions *bat-* ou *bᵉtûlat* (*bat-*) et le nom d'une capitale ou d'un pays s'enracine dans la pratique cananéenne de représenter les cités comme des déesses. A l'origine, ces expressions désigneraient non pas des cités dépendantes, comme c'est régulièrement le cas des expressions composées d'un nom de ville et du plur. *bᵉnôt*, mais des capitales[606].

Du point de vue grammatical, entre les termes *bat-* et *bᵉtûlat* et les noms des villes et des pays qui suivent existe un rapport de génitif d'apposition, sinon de simple apposition. Par conséquent, *bat-ṣiyyôn* ne doit pas être traduit par «fille de Sion», mais par «Fille Sion»[607].

La présentation de Jérusalem sous les traits d'une femme peut remonter à une époque bien antérieure à la fin du VIIIᵉ s. L'expression *bat-ṣiyyôn* n'aurait donc rien de surprenant dans la bouche d'Isaïe de Jérusalem, d'autant plus que la présentation de la ville sous les traits d'une femme se retrouve peut-être également en *Is.*, XXII, 4 (*bat-ʿammî*)[608].

Les principaux arguments invoqués en faveur du caractère secondaire du v. 9 sont le changement de personne[609], le fait que le v. 9 paraît

[598] *Jér.*, L, 42; LI, 33; *Zach.*, II, 11; *Ps.*, CXXXVII, 8; et *bᵉtûlat bat-bābèl* en *Is.*, XLVII, 1.

[599] *Jér.*, XLVIII, 18.

[600] *bᵉtûlat bat-ṣîdôn* en *Is.*, XXIII, 12.

[601] *Ps.*, XLV, 13.

[602] *Lam.*, IV, 21.22.

[603] *Jér.*, XLVI, 19.24 et *bᵉtûlat bat-miṣrāyim* en *Jér.*, XLVI, 11.

[604] *Is.*, XXIII, 10.

[605] *Is.*, XLVII, 1.5.

[606] *BTWLT and BT as Titles for Capital Cities*, dans CBQ, XXXVII, 1975, pp. 167-183.

[607] Voir A. FITZGERALD, *op. cit.*, pp. 180-181, et aussi F. FELDMANN, *Das Buch Isaias*, 1925, p. 10; O. PROCKSCH, *Jesaja I*, 1930, p. 34; W.F. STINESPRING, *No Daughter of Zion. A Study of the Appositional Genitive in Hebrew Grammar*, dans *Encounter*, XXVI, 1965, pp. 133-141.

[608] A. FITZGERALD, *op. cit.*, p. 174, n. 19.

[609] Th. LESCOW, *op. cit.*, p. 373, n. 37; H. BARTH, *Die Jesaja-Worte*, 1977, p. 190; J. VERMEYLEN, *Du prophète Isaïe à l'Apocalyptique*, I, 1977, p. 52.

adoucir les images des vv. 4-7a.bα[610] et la mention de Sodome et Gomorrhe comme symboles du châtiment[611].

Ces arguments ne sont pas tous de même valeur. L'adoucissement apporté par le v. 9 pouvant refléter la situation historique à laquelle l'oracle se rapporte, il est peu avisé de l'invoquer en faveur du caractère secondaire du verset. L'argument tiré de la mention de Sodome et Gomorrhe non seulement nous paraît dépourvu de force probante, mais il pourrait facilement être retourné. En évoquant respectivement la grandeur de la ruine (v. 9) et la grandeur de péché (v. 10), les vv. 9 et 10 représentent chacun un aspect du double symbolisme attaché à Sodome et Gomorrhe[612]. Rien ne permet de supposer que Isaïe n'a pas employé ces villes comme symbole du châtiment divin et de la ruine de Juda, motif que l'on trouve déjà dans le récit J de *Gen.*, XVIII, 16-XIX, 29 et en *Am.*, IV, 11, tout comme il les a utilisées pour évoquer la grandeur du péché[613]. Par ailleurs, sauf en *Gen.*, XVIII, 16-XIX, 29 et *Lam.*, IV, 6, les deux motifs étant toujours employés indépendamment l'un de l'autre, on pourrait supposer que tel était aussi le cas en *Is.*, I, 9 et I, 10, et que ces versets ont été rapprochés justement, du moins en partie, à la faveur des mots-crochets Sodome et Gomorrhe[614].

Le changement de personne et surtout la tension entre le v. 9 et les vv. 4-8 qui en découle, constituent, par contre, des arguments plus sérieux. Alors que, aux vv. 5-8, le prophète s'adresse aux destinataires de l'oracle à la 2e pers. (vv. 5 et 7) ou en parle à la 3e pers. (vv. 4, 6 et 8), le v. 9, formulé à la 1e pers. plur. se situe du côté des destinataires. D'après N.A. Van Uchelen, le v. 9 contiendrait une citation des Hiérosolymitains exprimant leur rejet de la comparaison implicite de leur

[610] H. BARTH, *op. cit.*, p. 191; J. VERMEYLEN, *op. cit.*, p. 53; R.E. CLEMENTS, *The Prophecies of Isaiah and the Fall of Jerusalem in 587 B.C.*, dans VT, XXX, 1980, p. 425.

[611] H. BARTH, *op. cit.*, p. 191; J. VERMEYLEN, *op. cit.*, p. 53; R.E. CLEMENTS, *op. cit.*, p. 425.

[612] Sodome et Gomorrhe sont des symboles d'une société pécheresse d'une part (*Deut.*, XXXII, 32; *Is.*, I, 10; III, 9; *Jér.*, XXIII, 14; *Éz.*, XVI, 46-56), et de la ruine totale provoquée par le châtiment divin d'autre part (*Deut.*, XXIX, 22; *Is.*, I, 9; XIII, 19; *Jér.*, XLIX, 18; L, 40; *Am.*, IV, 11; *Soph.*, II, 9; *cf.* aussi *Jér.*, XX, 16). Ces deux motifs se trouvent associés en *Gen.*, XVIII, 16-XIX, 29 et en *Lam.*, IV, 6.

[613] I, 10. *kis^edom* en III, 9 est assez généralement tenu pour une glose; voir J. VERMEYLEN, *op. cit.*, p. 146.

[614] C'est l'avis de plusieurs critiques; voir J. MILGROM, *Did Isaiah prophesy during the Reign of Uzziah?*, dans VT, XIV, 1964, pp. 174-175; J. HARVEY, *Le plaidoyer prophétique contre Israël après la rupture de l'Alliance*, 1967, p. 38; J. VOLLMER, *Geschichtliche Rückblicke*, 1971, pp. 160-163; H.W. HOFFMANN, *Die Intention der Verkündigung Jesajas*, 1974, p. 92.

sort au sort de Sodome et Gomorrhe (vv. 7-8), parce qu'ils l'estiment exagérée[615]. Cette interprétation, d'une part, est étroitement liée à l'acceptation du caractère primitif du v. 7bβ ainsi que de l'unité entre les vv. 2-9 et 10-20 — hypothèses qui nous semblent peu probables — et, d'autre part, suppose, au v. 9, une polémique qu'aucun indice ne confirme. Par ailleurs, la reconnaissance de la faute supposée par le v. 9, et l'affirmation que, si la ruine ne fut pas totale et définitive, cela est dû entièrement à la bonté de Yahvé ne conviennent pas aux destinataires que le prophète accuse justement de persévérer dans leur révolte (v. 5a)[616].

L'hypothèse commune qui reconnaît au v. 9 la voix du prophète se heurte elle aussi à de sérieuses difficultés logiques et formelles. Il est en effet peu vraisemblable que le prophète se situe du côté des destinataires après les avoir accusés si sévèrement (vv. 4-5a) et s'en être démarqué si fortement (v. 7)[617]. Du point de vue de la forme, pareille solidarité du prophète avec les destinataires serait sans parallèle dans les oracles isaïens[618]. Il nous paraît donc probable que *Is.*, I, 9 soit littérairement secondaire. Le *nous* ne serait prononcé ni par Isaïe lui-même ni par ses premiers destinataires, mais par une communauté postérieure, qui se reconnaît dans la situation évoquée par le prophète et confesse que seule la bonté divine lui a épargné l'anéantissement qu'elle méritait[619].

Is., I, 4-8 est un oracle en *hôy*. Le v. 5 est une charnière : alors que la proposition *tôsîp^hû sārāh* constitue le sommet de l'exposé des motifs, la question *ʿal mèh tukkû ʿôd* introduit l'évocation du châtiment que Yahvé a déjà infligé à Juda. Suivant le schéma classique, Juda est d'abord présenté, en termes très durs, comme une nation pécheresse, un peuple chargé d'iniquité, une engeance de malfaisants, des fils pervertis (v. 4a). Isaïe emploie un vocabulaire et des images dont il se sert plus d'une fois pour parler de Juda ou d'Israël[620].

615 *Isaiah I 9 - Text and Context*, dans OTS, XXI, 1981, pp. 155-163.

616 Contre W. H. IRWIN, dans Bib., LXII, 1981, p. 139.

617 La quadruple répétition du pron. de la 2e pers. plur. masc. (v. 7) souligne fortement la distance du prophète à l'égard des destinataires; voir F. CRUESEMANN, *Studien zur Formgeschichte von Hymnus und Danklied in Israel*, 1969, p. 164; J. VERMEYLEN, *op. cit.*, p. 52.

618 XVII, 14b appartient à un oracle qui n'est pas isaïen. En outre, le contexte est entièrement différent, puisque XVII, 12-14 ne vise pas Juda, mais ses ennemis.

619 Les critiques divergent au sujet de la datation de la relecture : le temps de Josias ou assez tard à l'époque postexilique (R. E. CLEMENTS, *op. cit.*, p. 425, n. 11), l'époque exilique (H. BARTH, *Die Jesaja-Worte*, 1977, pp. 190-191) ou l'époque postexilique (J. VERMEYLEN, *op. cit.*, pp. 52-53).

620 I, 2; XXX, 1.9. Si l'on ne retrouve pas dans les oracles isaïens le part. *ḥoṭéʾ* comme attribut de *gôy*, la racine *ḥṭʾ* y apparaît à plusieurs reprises en rapport avec

La présentation des destinataires de l'oracle est suivie et explicitée par les accusations des vv. 4b-5a. Le texte ne précise pas comment se sont traduits concrètement l'abandon et le mépris de Yahvé ni la rébellion à son égard. Cependant, aussi bien la suite de l'oracle, qui évoque les ravages de l'armée assyrienne, que les contacts avec XXX, 1.9.17 suggèrent que le prophète se réfère avant tout à la politique internationale judéenne[621].

A la place de l'habituelle annonce de malheur, les vv. 5-8 évoquent le châtiment que Yahvé a déjà infligé à Juda[622]. D'abord, les vv. 5-6 présentent le peuple sous les traits d'un corps entièrement malade et complètement recouvert de blessures qui n'ont pas été soignées[623]. Ensuite, les vv. 7-9 évoquent clairement la dévastation générale du pays. Seule Jérusalem fut épargnée (v. 8)[624], mais sa situation est précaire[625].

En remplaçant ainsi l'annonce de malheur par l'évocation d'un châtiment déjà infligé, *Is.*, I, 4-8 se sépare de la plupart des oracles du même type, mais il paraît rester d'autant plus proche du *Sitz im Leben* primitif du cri *hôy*, à savoir la lamentation funéraire[626]. Cette différence s'explique par les circonstances historiques où *Is.*, I, 4-8 a été prononcé[627]. Le châtiment que Isaïe avait si souvent annoncé a été finalement exécuté. A cet égard, on notera les contacts entre *Is.*, I, 5-8 et VI, 9ss. Ainsi l'absence des soins médicaux (I, 6b) correspond à

l'ensemble du peuple (I, 18; III, 9; XXX, 1), d'une catégorie de personnes (V, 18) et du prophète lui-même (VI, 7). La racine *ḥṭ'* est en parallélisme avec *'āwôn* en V, 18 et VI, 7; *'āwôn* se retrouve en XXII, 14 et XXX, 13.

621 Voir H. DONNER, *Israel unter den Völkern*, 1964, p. 121; W. DIETRICH, *Jesaja und die Politik*, 1976, p. 191.

622 A l'encontre de cette interprétation commune, L. G. RIGNELL, *Isaiah Chapter I*, dans StTh, XI, 1957, pp. 140-158, aux pp. 145-146 et E. J. KISSANE, *The Book of Isaiah*, 1960, pp. 3-4 et 9-10, y voient une menace tournée vers l'avenir.

623 Pour l'image de la maladie, *cf. Is.*, VI, 10 et *Os.*, V, 12-13; VII, 1; pour celle des blessures, *cf. Is.*, III, 7 et *Os.*, VI, 1-2.

624 Le nif. de *ytr* se retrouve en XXX, 17. En I, 9, on a le hif.

625 Destinés à servir seulement tant qu'il y a des fruits dans la vigne ou dans le champ de concombres, la hutte (*Job*, XXVII, 18) ou l'abri (*Is.*, XXIV, 20) évoquent avant tout la précarité et la fragilité. L. G. RIGNELL, *Isaiah Chapter I*, dans StTh, XI, 1957, p. 145; J. VERMEYLEN, *Du prophète Isaïe à l'Apocalyptique*, I, 1977, p. 53. Ces images suggèrent peut-être aussi l'idée de solitude et d'isolement; P. AUVRAY, *Isaïe 1-39*, 1972, p. 41; W. T. CLAASSEN, *Linguistic Arguments and the Dating of Isaiah 1:4-9*, dans JNWS, III, 1974, p. 14.

626 Voir W. JANZEN, *Mourning Cry and Woe Oracle*, 1972, pp. 56-57; H.-J. KRAUSE, *hôj als profetische Leichenklage über das eigene Volk im 8. Jahrhundert*, dans ZAW, LXXXV, 1973, pp. 37-38.

627 B. S. CHILDS, *Isaiah and the Assyrian Crisis*, 1967, pp. 21-22; W. JANZEN, *op. cit.*, pp. 56-57; H. WILDBERGER, *Jesaja*, I, 1972, p. 20.

l'absence de guérison (VI, 10) et, surtout, l'état actuel de Juda (I, 7) correspond à la désolation (*š^e^māmāh*) annoncée (VI, 11)[628].

La critique est pratiquement unanime à reconnaître l'authenticité isaïenne de *Is.*, I, 4-8[629], ainsi qu'à dater ce passage de l'expédition de Sennachérib en 701[630]. En effet, la situation évoquée par *Is.*, I, 4-8 correspond bien à la situation créée en Juda par l'expédition de Sennachérib telle qu'on la connaît à la fois par *II Rois*, XVIII, 13-16 et les annales assyriennes. Du temps d'Isaïe on ne connaît aucun autre moment auquel *Is.*, I, 4-8 puisse correspondre aussi bien. Si la référence aux événements de 701 paraît certaine, il est par contre moins aisé de savoir si notre passage se rapporte à un moment précis au cours de la campagne ou s'il se situe plutôt immédiatement après la fin des hostilités.

En faveur de la première hypothèse on a invoqué notamment la persistance dans la rébellion dont le prophète accuse les Judéens (5a) et la proposition *'admatkèm l^e^nègd^e^kèm zārîm 'oklîm 'otāh* (v. 7b).

Estimant que *sārāh* désigne la révolte anti-assyrienne, d'aucuns ont conclu que l'oracle doit se situer avant la soumission d'Ézéchias[631]. Rien ne conseille pareille compréhension de *sārāh*. Comme en XXX, 1, la rébellion dont le prophète accuse les Judéens n'est pas la révolte politique à l'égard de l'Assyrie, mais leur révolte à l'égard de Yahvé lui-même. Tout comme *Is.*, XXII, 1b-14, *Is.*, I, 5a constate amèrement que, en dépit du châtiment que constituait l'expédition de Sennachérib, les Judéens n'ont en rien changé leur attitude, mais s'obstinent dans leur révolte à l'égard de Yahvé. La proposition *tôsîp^h^û sārāh* ne fournit donc aucune indication permettant de décider si l'oracle se situe pendant ou après les opérations militaires.

Le verbe *'kl*, au v. 7b, a été compris en deux sens différents, à savoir «détruire» (les champs cultivés) et «se nourrir» (des produits du sol). Si l'on retient le premier sens, les *zārîm* doivent être l'armée assyrienne en

[628] *Cf.* aussi V, 9.

[629] L'authenticité isaïenne de ce passage a été contestée par J. VERMEYLEN, *op. cit.*, pp. 54-57, mais avec des arguments qui n'emportent pas la conviction; voir les critiques de C. BREKELMANS, dans RTL, X, 1979, pp. 466-468 et de W. H. IRWIN, dans Bib., LXII, 1981, pp. 136-140, ainsi que nos propres remarques dans RB, LXXXVII, 1980, pp. 610-612.

[630] Rares sont les voix discordantes. Ainsi, d'après E. ROBERTSON, *Isaiah Chapter I*, dans ZAW, LII, 1934, p. 232, *Is.*, I, 2-7 refléterait la situation d'Israël entre 734 et 722; selon H. G. MITCHELL, *Isaiah on the Fate of his People and their Capital*, dans JBL, XXXVII, 1918, pp. 154-155, *Is.*, I, 2-9 se rapporterait à la situation d'Israël et Juda après la chute de Samarie.

[631] J. BRIGHT, *A History of Israel*, 1972, pp. 291 et 306; W. T. CLAASSEN, *Linguistic Arguments and the Dating of Isaiah 1:4-9*, dans JNWS, III, 1974, pp. 10-11 et 16.

train de ravager le pays[632]. Si l'on adopte le second sens, qui paraît plus naturel[633], les *zārîm* peuvent être soit l'armée assyrienne se nourrissant des produits de la campagne judéenne pendant les opérations[634], soit les Philistins à qui Sennachérib, au terme de son expédition, a accordé une partie du territoire de Juda[635].

Tout compte fait, l'hypothèse selon laquelle *Is.*, I, 4-8 se rapporte à la situation de Juda immédiatement après le départ de l'armée assyrienne nous paraît préférable. Dans cette perspective, les images du v. 8 évoquent sans doute la précarité de la situation ainsi que l'isolement où se trouve Jérusalem à l'issue de l'expédition de Sennachérib. Saignée à blanc, appauvrie par la guerre et les indemnités dont elle a dû s'acquitter, Jérusalem a été en outre amputée d'une partie du territoire judéen.

Is., I, 4-8 nous apprend que, aux yeux d'Isaïe, l'expédition de Sennachérib en 701 a été un terrible châtiment dont Yahvé a frappé Juda. Bien qu'elle fût très grande, la ruine n'a pas amené le peuple à la conversion. Loin de se tourner vers Yahvé et de mettre en lui sa confiance, le peuple s'est obstiné dans la révolte à l'égard de celui qui seul pouvait lui procurer la paix et le bien-être.

3. *Conclusions.*

Prononcés sans doute au terme de l'expédition de Sennachérib en Juda, *Is.*, I, 4-8 et XXII, 1b-14 témoignent de l'appréciation que Isaïe donne de ces événements.

L'expédition de Sennachérib s'est soldée par une grande défaite de Juda : il y eut des morts et des prisonniers et le pays fut dévasté (*Is.*, I, 5-8 et XXII, 3-8a). Cette défaite était l'œuvre de Yahvé dont Sennachérib n'était que l'instrument (*cf.*, *Is.*, X, 5-14). Yahvé a mis ainsi à exécution la menace de l'invasion assyrienne qu'il avait brandie à maintes reprises par la bouche d'Isaïe. L'invasion de Sennachérib n'était cependant pas une sorte de châtiment ultime. Elle était un «Jour de Yahvé», c'est-à-dire un jour où Yahvé seul devait être exalté et l'orgueil de Juda abaissé. Yahvé adressait ainsi aux Judéens un ultime appel au repentir,

[632] W. T. CLAASSEN, *op. cit.*, pp. 11-13 et 16.

[633] *Cf. Gen.*, III, 17 où le complément d'objet de *'kl* est comme ici un pron. ayant *'ᵃdāmāh* pour antécédent; *cf. Is.*, I, 19.

[634] K. MARTI, *Das Buch Jesaja*, 1900, p. 7; G. B. GRAY, *The Book of Isaiah*, 1912, pp. 12-14; S. H. BLANK, *Prophetic Faith in Isaiah*, 1958, p. 10; W. EICHRODT, *Der Heilige in Israel. Jesaja 1-12* (BotAT, XVII, 1), Stuttgart, 1960, p. 28; N. K. GOTTWALD, *All the Kingdoms of the Earth*, 1964, pp. 188-189.

[635] W. STAERK, *Das assyrische Weltreich im Urteil der Propheten*, 1908, p. 79, n. 1; O. PROCKSCH, *Jesaja, I*, 1930, pp. 35-36; H. DONNER, *Israel unter den Völkern*, 1964, pp. 120-121.

à mettre fin à leur orgueil et à se tourner exclusivement vers lui. Les Judéens n'ont pas reconnu ce «Jour de Yahvé» ou, en tout cas, n'en ont pas tenu compte (*Is.*, XXII, 2.8b-11.12-13; *cf.*, I, 4-5). Ils ont refusé cet ultime appel, comme ils avaient refusé les autres. Ce faisant, les concitoyens d'Isaïe se sont endurcis dans leur orgueil[636] et ont perdu la dernière chance de salut que Yahvé leur offrait (*Is.*, XXII, 14).

C. CONCLUSIONS SUR LE MESSAGE D'ISAÏE ENTRE 705-701 ET SES PRÉSUPPOSÉS.

1. Lors de l'organisation de la révolte anti-assyrienne des années 705-701 Isaïe s'est violemment opposé à la stratégie judéenne. Il a denoncé aussi bien l'alliance avec l'Égypte que les préparatifs militaires et a annoncé l'échec de l'une et des autres. En même temps le prophète n'a cessé de rappeler aux dirigeants de Jérusalem les conditions de la victoire, mais en vain, car ils les ont refusées obstinément.

D'après le témoignage du prophète, les faits lui ont donné raison. En effet, l'expédition de Sennachérib s'est soldée par une grande défaite de Juda. Aux yeux d'Isaïe, l'invasion de Sennachérib a apporté le malheur qu'il n'avait cessé d'annoncer à Juda de la part de Yahvé. L'état du pays semble d'ailleurs correspondre à la dévastation que Yahvé assignait comme terme à la mission d'Isaïe (*cf.*, *Is.*, I, 7 comp. VI, 11).

Isaïe y a vu un «Jour de Yahvé». Mais, contrairement à ce qui aurait dû se produire (*Is.*, II, 12-17), le peuple s'est obstiné dans son orgueil et s'est rendu coupable d'une terrible impiété (*Is.*, I, 4-5a; XXII, 1-2a.8b-11.12-13). L'endurcissement annoncé lors de l'envoi d'Isaïe (VI, 9-10) paraît ainsi devenir une réalité. Aussi Jérusalem ne pourra-t-elle plus expier cette iniquité (*Is.*, XXII, 14).

2. De l'avis d'un grand nombre de critiques, en annonçant la destruction d'Assur, le prophète aurait apporté un contrepoids à ses menaces contre Juda, qui se trouveraient ainsi atténuées. D'aucuns pensent même que Isaïe a vu dans l'issue des événements de 701 une libération de Juda.

Isaïe a sans nul doute brandi le *hôy* fatidique contre Assur (*Is.*, X, 5-15) et probablement annoncé le projet de Yahvé de l'écraser sur le sol judéen (*Is.*, XIV, 24-25a). En effet, si la critique admet assez généralement le caractère secondaire de *Is.*, X, 16-19.24-27; XXX, 27-33

[636] C'est sans doute aussi à cette situation que se rapporte *Is.*, XXIX, 9-10; voir H. W. HOFFMANN, *Die Intention der Verkündigung Jesajas*, 1974, pp. 51-56.

et XXXI, 8-9, elle est, par contre, pratiquement unanime au sujet de l'authenticité isaïenne de *Is.*, X, 5-15[637]. *Is.*, XIV, 24-27 est discuté. Si les raisons invoquées en faveur du caractère secondaire des vv. 25b. 26.27 nous paraissent convaincantes[638], il n'en va pas de même des vv. 24-25a.

On trouve ainsi chez Isaïe deux présentations entièrement différentes de l'Assyrie. Alors que la plupart des textes isaïens attribuent à ce pays le rôle d'exécuteur du jugement de Yahvé à l'égard de Juda, d'après *Is.*, X, 5-15 et XIV, 24-25a, il est un instrument rebelle et, partant, l'objet de la colère de Yahvé. Cette double présentation de l'Assyrie pose un problème qui reste très controversé.

La plupart des critiques y voit deux présentations successives qui supposent donc un changement de la part d'Isaïe. De l'avis de O. Procksch[639] et de W. Dietrich[640], les oracles de menace à l'égard de l'Assyrie seraient antérieurs à ceux qui la présentent dans le rôle d'instrument de Yahvé. La volte-face d'Isaïe serait due à un tournant dans la politique judéenne. D'après O. Procksch, Isaïe aurait espéré entre 720 et 713 le salut de Juda grâce à la destruction d'Assur. Ce salut serait l'œuvre de Yahvé agissant seul et sans aucune intervention humaine. L'entrée d'Ézéchias dans la coalition anti-assyrienne menée par Ashdod en 713 fait s'écrouler cette espérance du prophète. Dès lors il se met à annoncer le malheur de Juda dont Assur serait l'exécuteur. D'après W. Dietrich, le changement aurait eu lieu en 713 et se serait répété entre 705 et 701[641].

Ces deux critiques restent cependant assez isolés. En effet, la plupart pensent à la succession exactement inverse des deux présentations isaïennes de l'Assyrie, et situent le passage de l'une à l'autre dans le cadre des événements de 701. D'après certains, le changement se serait produit avant la soumission d'Ézéchias. Parmi les raisons que l'on a proposées pour expliquer ce retournement on a songé à un sursaut d'Isaïe, qui à l'heure de la vérité, aurait finalement consenti à l'union nationale[642]. Cependant, la plupart pensent que la volte-face d'Isaïe

[637] Certains critiques ont refusé l'authenticité isaïenne de tous les oracles anti-assyriens; G. HOELSCHER, *Die Propheten*, 1914, pp. 363-365, surtout p. 364, n. 1; G. BEER, *Zur Zukunftserwartung Jesajas*, dans *Festschrift J. Wellhausen*, 1914, pp. 25-26; W. A. IRWIN, *The Attitude of Isaiah in the Crisis of 701*, dans JR, XVI, 1936, pp. 416-417; S. H. BLANK, *op. cit.*, pp. 14-15.

[638] Voir *infra*, pp. 258 et 307-309.

[639] *Jesaja I*, 1930, pp. 181-182.

[640] *Jesaja und die Politik*, 1976, pp. 101-114.

[641] *Op. cit.*, p. 114.

[642] Voir G. BRUNET, *Essai sur l'Isaïe de l'histoire*, 1975, pp. 191-200.

est due, d'une part, à sa meilleure connaissance de l'Assyrie, maintenant qu'il la voyait à l'œuvre de près, et, d'autre part, à des changements intervenus en Juda[643]. D'une part, Isaïe aurait compris que l'Assyrie, dont la cruauté et l'arrogance lui seraient alors apparues dans toute leur horreur, ne se comportait pas en instrument de Yahvé, mais était poussée exclusivement par ses visées impérialistes et son orgueil, et s'apprêtait même à attaquer «l'inviolable Sion»[644], au lieu de se contenter d'exécuter le châtiment decrété par Yahvé. D'autre part, Isaïe a vu sans doute la réalisation du jugement dans l'état lamentable de Juda et a vraisemblablement aussi constaté un commencement de conversion, incarné notamment par l'apparition d'un groupe de disciples autour de lui.

D'aucuns pensent que, au plus tard en 701, Isaïe a cessé d'accorder à l'Assyrie le rôle d'instrument de Yahvé à cause du refus assyrien de l'assumer[645]. De l'avis de F. Huber, le prophète s'écarte alors de sa présentation antérieure de l'Assyrie pour révéler l'intention divine de détruire cette puissance. De la sorte il entend amener Juda à ne pas craindre l'Assyrie et, en dernier ressort, à s'en remettre entièrement à Yahvé[646].

Appuyés surtout sur *Is.*, XXXIII, 1.7-8, certains estiment que la volte-face d'Isaïe a eu lieu après la soumission d'Ézéchias et s'expliquerait par une violation particulièrement grave de la part de Sennachérib des termes de la reddition[647].

Estimant que *Is.*, I, 4-9 et XXII, 1-14 interdisent de situer le revirement aussi bien avant 701 qu'au cours des événements de cette année, d'aucuns le placent après 701 et en tirent d'ailleurs argument pour postuler une seconde expédition de Sennachérib en Palestine. Tandis que les oracles de menace contre l'Assyrie se rapporteraient à la première expédition, les oracles anti-assyriens auraient pour cadre la seconde[648].

Indépendamment de leurs différences de détail, toutes ces hypothèses reposent entièrement sur les présupposés suivants : les deux présentations isaïennes de l'Assyrie sont incompatibles, et cela d'autant plus que la

643 F. WILKE, *Jesaja und Assur*, 1905, pp. 96-120; W. ZIMMERLI, *Jesaja und Hiskia*, dans *Festschrift für K. Elliger*, 1973, p. 202.

644 Voir R. KITTEL, *Geschichte des Volkes Israel*, II, 1917, pp. 564-565; G. VON RAD, *Theologie des Alten Testament*, II, München, 1960, p. 194.

645 G. FOHRER, *Das Buch Jesaja*, I, 1966, pp. 154-158.

646 *Jahwe, Juda und die anderen Völker beim Propheten Jesaja*, 1976, pp. 35-67.

647 Voir H. H. ROWLEY, *Hezekiah's Reform and Rebellion*, dans BJRL, XLIV, 1962, pp. 422-423; J. SCHARBERT, *Die Propheten Israels bis 700 v. Chr.*, 1965, pp. 292-293.

648 W. STAERK, *Das assyrische Weltreich im Urteil der Propheten*, 1908, pp. 65-119; J. BRIGHT, *A History of Israel*, 1972, pp. 285-286.

destruction de l'Assyrie impliquait la libération de Juda. Isaïe n'a pas pu présenter l'Assyrie comme l'instrument de Yahvé à l'égard de Juda et en même temps annoncer sa destruction. On conclut donc que ces deux présentations de l'Assyrie doivent correspondre à deux périodes différentes de l'activité d'Isaïe et qu'il y eut un moment où le prophète a fait une volte-face spectaculaire dans son attidude à l'égard de l'Assyrie.

Ces présupposés nous semblent dépourvus de fondement. En effet, aussi surprenant que cela puisse paraître, Isaïe n'établit aucun rapport entre la ruine de l'Assyrie et le sort de Juda. L'Assyrie est menacée de ruine, non pas parce qu'elle s'en prend à Juda, ce dont Yahvé l'avait d'ailleurs chargée; c'est parce que par sa prétention à agir de sa propre initiative et avec son seul pouvoir, par son ambition de domination universelle, et peut-être aussi par sa pratique des déportations, elle s'est montrée rebelle à l'égard de Yahvé (*Is.*, X, 7-9.13-14). L'exécution de cette menace, à laquelle Yahvé s'engage par serment, ne dépend en aucune façon du comportement de Juda (*Is.*, XIV, 24-25a). Inversement, aux yeux d'Isaïe, le sort de Juda ne dépendait en rien du sort de l'Assyrie, comme il ne dépendait en rien du sort des coalisés lors de la menace syro-éphraïmite. La ruine des ennemis, les coalisés syro-éphraïmites ou l'Assyrie, n'assure pas le salut de Juda. Celui-ci dépend exclusivement de sa propre attitude à l'égard de Yahvé, laquelle n'est pas commandée par le sort de l'Assyrie.

Certes, *Is.*, XIV, 25b affirme explicitement que l'écrasement de l'Assyrie aura pour conséquence la libération de Juda, mais ce demi-verset est, à juste titre, tenu assez généralement pour secondaire[649]. A son tour *Is.*, X, 12 précise que le châtiment de l'orgueilleuse Assyrie interviendra après que celle-ci aura achevé son œuvre sur le Mont Sion et à Jérusalem. Le caractère secondaire de ce verset[650], du moins du v. 12a[651], celui qui contient justement cette précision, est cependant reconnu par la plupart des critiques. On a souvent invoqué aussi *Is.*, VIII, (8b)9-10;

[649] Cela est reconnu aussi bien par ceux qui rattachent *Is.*, XIV, 24-27 à *Is.*, X, 5-15 (F. HUBER, *Jahwe, Juda und die anderen Völker beim Propheten Jesaja*, 1976, p. 42, n. 16; J. VERMEYLEN, *Du prophète Isaïe à l'Apocalyptique*, I, 1977, p. 261) que par ceux qui y voient un oracle ou un fragment d'oracle isaïen indépendant (G. FOHRER, *Das Buch Jesaja*, I, 1966, p. 199; H. W. HOFFMANN, *Die Intention der Verkündigung Jesajas*, pp. 70-71, n. 276; W. DIETRICH, *Jesaja und die Politik*, 1976, pp. 120-121).

[650] Parmi d'autres, voir H. DONNER, *Israel unter den Völkern*, 1964, pp. 142-143; H. WILDBERGER, *Jesaja*, I, 1972, pp. 390 et 392; W. DIETRICH, *op. cit.*, pp. 117-119; F. HUBER, *op. cit.*, pp. 44-45; J. VERMEYLEN, *op. cit.*, pp. 255-258; R. E. CLEMENTS, *Isaiah and the Deliverance of Jerusalem*, 1980, pp. 36-38.

[651] P. W. SKEHAN, *A Note on Is 10, 11b-12a*, dans CBQ, XIV, 1952, p. 236; B. S. CHILDS, *Isaiah and the Assyrian Crisis*, 1967, p. 43; H. BARTH, *Die Jesaja-Worte*, 1977, pp. 23-24.

XVII, 12-14; XXIX, 5-7(8); XXXI, 5 et XXXIII, 1. Ces textes refléteraient l'issue de l'offensive assyrienne de 701 ou, du moins, témoigneraient de l'espoir qu'avait Isaïe touchant la délivrance de Jérusalem, au plus fort du danger, grâce à l'intervention de Yahvé contre Assur. Avec un grand nombre de critiques, nous estimons que ces textes, sur lesquels nous reviendrons, ne sont pas l'œuvre d'Isaïe[652].

Par ailleurs, rien n'indique que, aux yeux d'Isaïe, il y eût la moindre incompatibilité entre les deux présentations de l'Assyrie ou entre l'annonce de la ruine de l'Assyrie et la menace contre Juda. En effet, aucun indice ne permet de supposer qu'il y a eu un moment où Isaïe a cessé de voir dans l'Assyrie un instrument de Yahvé. F. Huber croit trouver une confirmation du rejet d'Assur comme instrument de Yahvé dans le fait que *Is.*, XXII, 1-14; XXX, 1-5 et XXXI, 1-3, oracles que l'auteur tient pour postérieurs à X, 5-6a.7a.13-15 et XIV, 24-25a.26-27, et XXXI, 8-9a, ne la mentionnent pas comme l'exécuteur de la menace contre Juda[653]. L'argument serait peut-être probant si Isaïe mentionnait habituellement l'Assyrie dans ses menaces contre Juda. Or, Assur n'est nommé ni désigné de façon explicite dans aucun oracle contre Juda postérieur à la crise syro-éphraïmite[654]. Surtout, l'hypothèse de F. Huber se heurte au témoignage de *Is.*, I, 4-9 et XXII, 1-14, passages qui présentent l'invasion assyrienne comme un châtiment de Yahvé. Le dernier de ces textes en parle précisément en termes de jour (v. 5) et d'œuvre (v. 11) de Yahvé[655].

Certes, dans sa prétention, l'Assyrie a refusé sa condition d'instru-

[652] Voir *infra*, chap. VIIe, pp. 291-327.

[653] *Jahwe, Juda und die anderen Völker beim Propheten Jesaja*, 1976, pp. 66-67.

[654] L'Assyrie est, certes, explicitement mentionnée en *Is.*, XX, 1.4.6. Bien qu'il remonte probablement à une époque voisine des événements et corresponde en tout point aux préoccupations d'Isaïe, le récit de XX, 1-6, écrit à la 3e pers., n'est pas l'œuvre du prophète lui-même, mais probablement de l'un de ses proches. Par ailleurs, l'action symbolique rapportée par ce récit ne vise pas directement le sort de Juda, mais celui de l'Égypte; voir J. VERMEYLEN, *op. cit.*, pp. 324-325.

[655] F. HUBER, *op. cit.*, pp. 40, 67, 178 et 181, reconnaît cela, mais en même temps suppose que, en 701, Sennachérib n'était plus, aux yeux d'Isaïe, l'instrument de Yahvé, mais, exactement comme les coalisés syro-éphraïmites, agissait de sa propre initiative, sans aucun mandat de Yahvé. Ces deux opinions ne sont-elles par incompatibles? Si l'Assyrie n'était plus l'instrument de Yahvé, mais un simple agresseur, comme les coalisés syro-éphraïmites, comment l'invasion de Sennachérib peut-elle être un «jour» et une «œuvre» de Yahvé, et non pas une agression contraire à la volonté de Yahvé? Les explications de F. HUBER ont de quoi surprendre. D'après cet auteur, l'invasion de Sennachérib exécutait en fait le jugement de Yahvé, mais puisqu'Isaïe n'accordait plus à l'Assyrie le rôle d'instrument de Yahvé, il ne la nomme pas; il nomme plutôt ses satellites, les lointains Qir et Élam (XXII, 5-6) dont les contingents faisaient probablement partie de l'armée assyrienne; *op. cit.*, pp. 40, 66-67, 163, 171, 178 et 181; voir nos critiques dans RB, LXXXV 1978, pp. 439-440.

ment, mais elle ne s'est pas pour autant soustraite à la souveraineté de Yahvé. Le seul changement, c'est que, à cause de son orgueil, l'Assyrie devient elle-même l'objet de la colère de Yahvé dont elle était et demeure l'instrument.

Il est difficile de savoir à quel moment Isaïe a annoncé la ruine d'Assur. *Is.*, X, 5-15 suppose que le prophète est parfaitement au courant des projets et des méthodes impérialistes de l'Assyrie, et peut-être même du style des inscriptions célébrant les exploits des rois d'Assur[656]. La mention de Karkémish (v. 9) fixe le *terminus a quo* en 717, date à laquelle cette ville a été prise par Sargon II[657]. Si l'on retient le v. 11[658], le texte suppose que l'Assyrie constitue déjà une menace pour Jérusalem; contrairement à l'opinion la plus répandue, rien ne permet cependant d'y voir une référence aux événements des années 705 à 701. Le silence au sujet d'Ashdod conseillerait plutôt de dater l'oracle d'avant 712[659]. F. Huber invoque en faveur de la datation en 701 de *Is.*, X, 5-15 et XIV, 24-25a.26-27 le fait que XIV, 25a prévoit l'écrasement de l'Assyrie dans le pays de Yahvé, ce qui suppose évidemment l'invasion de Juda par l'armée assyrienne. Or, cela n'a eu lieu qu'en 701, date à laquelle on devrait donc situer *Is.*, X, 5-15 et XIV, 24-25a.26-27[660]. On notera seulement que, par la même logique, F. Huber devrait dater en 701 tous les oracles isaïens qui envisagent une invasion assyrienne en Juda, par exemple, VIII, 5-8a.

En bref, rien ne permet de supposer qu'Isaïe ait jamais envisagé sa

656 R. E. CLEMENTS, *Isaiah and the Deliverance of Jerusalem*, 1980, pp. 37-38; P. MACHINIST, *Assyria and its Image in the First Isaiah*, dans JAOS, CIII, 1983, pp. 722-723.

657 ANET, p. 285.

658 Le v. 10 est généralement tenu pour secondaire. Plusieurs exégètes estiment que le v. 11 tout entier est de même origine; B. DUHM, *Das Buch Jesaja*, 1914, pp. 75-76; H. WILDBERGER, *Jesaja*, I, 1972, pp. 390, 392, 401-402; W. DIETRICH, *Jesaja und die Politik*, 1976, pp. 117-119; F. HUBER, *Jahwe, Juda und die anderen Völker beim Propheten Jesaja*, 1976, pp. 44-45; R. E. CLEMENTS, *Isaiah and the Deliverance of Jerusalem*, 1980, pp. 36-37. Si l'on retranche les termes *w^{e}lè$^{'è}$lîlèyhā* et *w^{e}la$^{'a}$ṣabbèyhā*, rien ne s'oppose à l'appartenance du v. 11 à l'oracle primitif. Ce verset constitue une bonne conclusion des vv. 8-9; voir B. S. CHILDS, *Isaiah and the Assyrian Crisis*, 1967, pp. 42-43; H. BARTH, *Die Jesaja-Worte*, 1977, p. 23; J. VERMEYLEN, *Du prophète Isaïe à l'Apocalyptique*, I, 1977, p. 255.

659 On propose de le dater entre 722 et 715 (R. E. CLEMENTS, *op. cit.*, pp. 37-38), entre 717 et 711 (F. FELDMANN, *Das Buch Isaias*, 1925, pp. 149-150; O. PROCKSCH, *Jesaja I*, 1930, p. 166; H. BARTH, *Die Jesaja-Worte*, 1977, pp. 26-27), en 717 (H. WILDBERGER, *Jesaja*, I, 1972, p. 398), entre 713 et 711 (J. FISCHER, *Das Buch Isaias*, 1937, p. 99; O. KAISER, *Der Prophet Jesaja*, I, 1970, pp. 112-113; W. DIETRICH, *op. cit.*, pp. 115 et 118-119).

660 *Op. cit.*, pp. 59-67, surtout pp. 59-60.

menace contre Assur comme un contrepoids à ses menaces contre Juda et, à plus forte raison, qu'il l'ait fait précisément au cours des années 705 à 701. Juda et Assur sont condamnés chacun pour ses propres agissements. Le sort de l'un ne dépend pas du sort de l'autre. Comme la menace contre les coalisés syro-éphraïmites a été suivie d'une menace contre Juda (*Is.*, VII, 1-9; VIII, 1-4.5-8a), l'annonce de la destruction de l'Assyrie a sans doute été accompagnée et suivie de menaces contre Juda.

L'analyse des textes ne fonde donc pas les hypothèses selon lesquelles le prophète aurait annoncé la libération de Juda ou de sa capitale grâce à la défaite de l'Assyrie ou aurait vu dans l'issue de l'expédition de Sennachérib une quelconque libération de Juda.

Isaïe a, certes, rappelé à maintes reprises aux dirigeants de Jérusalem les moyens qui, à son avis, pouvaient conduire à la victoire; puisqu'ils n'ont cessé à aucun moment de les rejeter, le prophète non plus n'a pas cessé d'annoncer le malheur à Juda entre 705 et 701. L'invasion de Sennachérib n'a d'ailleurs pas marqué la fin de cette menace. Bien au contraire, le comportement que les Judéens ont eu alors n'a fait que la confirmer.

3. Bien que cela reste parfois implicite, la plupart des critiques supposent que l'opposition d'Isaïe à l'alliance avec l'Égypte et aux préparatifs militaires, qui étaient certainement tournés contre l'Assyrie, impliquait l'opposition à la révolte[661], ou même l'exhortation à la soumission à l'égard de l'Assyrie[662]. Pour expliquer cette opposition supposée à la révolte anti-assyrienne on a invoqué plusieurs raisons : des considérations de *Realpolitik*, à savoir la trop grande puissance d'Assur qui aurait raison de toute velléité de secouer son emprise[663]; la conception isaïenne d'Assur comme l'instrument de Yahvé pour punir Juda[664]; le fait que Juda était lié à Assur par un serment prêté au nom de Yahvé[665]. On pourrait songer également à la certitude qu'avait le prophète au sujet du plan de Yahvé de détruire l'Assyrie.

Certes, environ un siècle plus tard, Jérémie et Ézéchiel, confrontés à la révolte anti-babylonienne, la condamneront sans appel et feront

[661] Voir, par exemple, J. BRIGHT, *A History of Israel*, 1972, pp. 283, 290-291; R. E. CLEMENTS, *op. cit.*, pp. 29-31, 47 et 50.

[662] Voir, par exemple, R. KITTEL, *Geschichte des Volkes Israel*, II, 1917, p. 558; G. FOHRER, *Das Buch Jesaja*, II, 1967, pp. 101-102.

[663] Voir H. DONNER, *Israel unter den Völkern*, 1964, pp. 162 et 169-171.

[664] Voir H. DONNER, *op. cit.*, p. 171.

[665] Voir H. H. ROWLEY, *Hezekiah's Reform and Rebellion*, dans BJRL, XLIV, 1962, pp. 422-423.

de la soumission à Nabuchodonosor la condition pour éviter à Jérusalem sa destruction, pour sauver la vie de ses habitants et pour leur permettre de vivre paisiblement (*Jér.*, XXI, 9; XXVII-XXVIII; XXXVIII, 2-3.17-23; XLII, 9-12; *Éz.*, XVII, 11-21). Chez Jérémie, l'exhortation à la soumission à la Babylonie est étroitement liée au fait que le prophète voyait en Nabuchodonosor le serviteur de Yahvé (*Jér.*, XXV, 9; XXVII, 6; XLIII, 10) et l'instrument de son jugement à l'égard, non seulement de Juda, mais aussi des autres peuples voisins.

Rien n'indique cependant qu'il en soit de même chez Isaïe. Le fait que l'Assyrie soit l'instrument du jugement de Yahvé n'entraîne jamais chez ce prophète un appel à la soumission à cette puissance[666].

Juda est sans nul doute lié à l'Assyrie par un serment prêté très probablement au nom de Yahvé. On notera cependant qu'Isaïe ne mentionne jamais explicitement le traité avec l'Assyrie. A plus forte raison, on ne trouve chez lui rien qui ressemble à la dénonciation faite par Ézéchiel de la violation du serment prêté par Sédécias à Nabuchodonosor, parjure que ce prophète tient pour une insulte à Yahvé lui-même, témoin et garant du serment (*Éz.*, XVII, 11-21).

De même, rien ne permet de supposer que, aux yeux du prophète, la destruction dont Yahvé menaçait Assur rendait inutile la révolte et que, pour cette raison, il en soit venu à la dénoncer. Isaïe n'établit d'ailleurs aucun rapport entre l'annonce de l'écrasement de l'Assyrie et la dénonciation des moyens par lesquels Juda espérait mener la révolte à bonne fin. La dénonciation de l'alliance avec l'Égypte s'accompagne, certes, de l'annonce d'une défaite, celle des coalisés (*cf.* surtout *Is.*, XVIII, 1-2 et XXXI, 3), et non pas celle de l'Assyrie[667]. De même, Isaïe s'insurge contre les préparatifs militaires, non pas parce que le fait que Yahvé lui-même va écraser Assur les rendrait inutiles, mais parce qu'ils prendraient la place de Yahvé.

En réalité, on ne décèle chez Isaïe aucune trace d'opposition à la révolte elle-même[668] et, à plus forte raison, d'exhortation à la soumission à l'Assyrie. Supposer que le prophète exhorte à la neutralité, comme font plusieurs critiques[669], c'est oublier que, si Juda pouvait

[666] Selon W. ZIMMERLI, *Jesaja und Hiskia*, dans *Festschrift für K. Elliger*, 1973, p. 203, pareil appel est impensable dans la bouche d'Isaïe.

[667] D'après certains critiques, l'opposition à l'alliance avec l'Égypte, en XVIII, 1-6, se fonderait sur l'annonce de la destruction de l'Assyrie (vv. 5-6). Ni cette interprétation des vv. 5-6 ni leur appartenance à l'oracle primitif ne sont, à notre avis, à retenir; voir *supra*, pp. 143-144.

[668] Voir K. KOCH, *The Prophets*. I. *The Assyrian Period*, 1982, p. 131.

[669] Voir, parmi d'autres, K. ELLIGER, *Prophet und Politik*, dans ZAW, LIII, 1935, pp. 3-22, à la p. 17; H. DONNER, *Israel unter den Völkern*, 1964, pp. 169-172; R. MARTIN-

rester neutre lors de la crise syro-éphraïmite, cela ne lui était plus possible par la suite, notamment entre 705 et 701, car alors Juda était déjà lié à Assur par un traité, et faisait donc partie du bloc assyrien. A l'égard de l'Assyrie Juda n'avait que le choix entre la soumission et la révolte.

Les textes relatifs à la crise syro-éphraïmite ne contiennent aucune référence certaine à l'alliance avec l'Assyrie[670]. Cependant, le message que le prophète a alors proclamé, et dont il ne déviera jamais, excluait le recours à l'Assyrie, et cela essentiellement pour la même raison pour laquelle il condamnera plus tard l'alliance avec l'Égypte ou avec les États philistins. La réponse du prophète au traité avec Assur au moyen duquel Juda entendait écarter le danger syro-éphraïmite est justement la menace de l'invasion assyrienne, plus grave pour Juda que la guerre que lui firent Israël et Damas. De la sorte, l'Assyrie reçoit, certes, de Yahvé la charge de punir Juda. Mais rien n'indique que de ce fait le prophète en soit venu à accepter le traité avec l'Assyrie, et encore moins à exhorter à la fidélité audit traité. Aux yeux d'Isaïe, celui-ci restait foncièrement condamnable.

La plupart des oracles que nous avons étudiés se caractérisent par le fait qu'ils sont entièrement construits sur l'opposition entre la confiance en Yahvé, d'une part, et la confiance en l'Égypte, dans la force des armes ou dans d'autres réalités, d'autre part. Parmi ces oracles, les uns annoncent l'échec de la confiance dans les réalités humaines[671], les autres déplorent la catastrophe à laquelle pareille politique a déjà conduit en 701[672]. En bonne logique, on doit conclure que la confiance exclusive en Yahvé aurait mené, au contraire, à la victoire, à la paix et au bien-être de Juda. C'est ce que disent *Is.*, XXVIII, 16b et surtout XXX, 15. Dans ce dernier passage le prophète indique explicitement, et de façon particulièrement incisive, ce en quoi, au dire de Yahvé, résiderait la vaillance (*g^e^bûrāh*) des Judéens qui leur vaudrait

ACHARD, *Esaïe et Jérémie aux prises avec les problèmes politiques. Contribution à l'étude du thème: Prophète et Politique*, dans RHPhR, XLVII, 1967, pp. 208-224, à la p. 217; W. DIETRICH, *Jesaja und die Politik*, 1976, p. 133. Certains exégètes s'appuient particulièrement sur *Is.*, XVIII, 1-2.4; voir H. DONNER, *op. cit.*, pp. 123-126; J. VERMEYLEN, *Du prophète Isaïe à l'Apocalyptique*, I, 1977, p. 318. Voir cependant nos remarques au sujet de ce passage, *supra*, pp. 139-145.

670 A ce sujet, voir P. R. ACKROYD, *Historians and Prophets*, dans SEÅ, XXXIII, 1968, pp. 26-33 et J. L. SICRE, *Los Dioses olvidados*, 1979, pp. 51-52. Plusieurs critiques comprennent le verbe *hiššāmér* (*Is.*, VII, 4) dans le sens d'une mise en garde contre l'alliance avec l'Assyrie; voir les références données, *supra*, n. 174.

671 *Is.*, XXVIII, 14-18; XXIX, 1-4; XXX, 1-5.9-14.15-17; XXXI, 1.3; XXXII, 9-14.

672 *Is.*, I, 4-8; XXII, 1-14 et peut-être aussi XXXII, 9-14.

la victoire (*hôšî^a*). La référence de ces textes à la menace syro-éphraïmite étant exclue, on ne voit pas sur quel ennemi Juda espérait remporter la victoire, si ce n'est justement l'Assyrie. Or, la victoire sur l'Assyrie impliquait le rejet de sa suzeraineté, en un mot la révolte. Certes, aucun texte isaïen ne témoigne explicitement d'une incitation au soulèvement — les politiciens de Jérusalem n'en avaient certainement pas besoin — mais tout paraît indiquer que, loin de s'y opposer, et encore moins de prôner la soumission à l'Assyrie, le prophète cautionnait plutôt la révolte[673].

4. Isaïe est cependant en opposition radicale avec les dirigeants de Jérusalem au sujet des moyens de mener la révolte à bonne fin. Les politiciens judéens misent sur le potentiel militaire de leurs alliés, notamment de l'Égypte, sur leur propre armée et sur le renforcement du système défensif de leur capitale. Du point de vue d'Isaïe, l'attitude d'Ézéchias et de sa cour ne diffère en rien de l'attitude d'Achaz lors de l'invasion syro-éphraïmite. Seuls les acteurs changent. De même que Achaz s'est appuyé sur l'Assyrie pour éloigner le danger syro-éphraïmite, Ézéchias s'appuie sur l'Égypte et sur son propre potentiel militaire pour se libérer, cette fois-ci, de l'emprise assyrienne qui avait résulté de la politique d'Achaz.

Isaïe s'oppose radicalement à une telle stratégie, non pas pour des raisons stratégiques, mais pour des raisons exclusivement idéologiques, à savoir ses convictions religieuses. Aux yeux du prophète, la victoire et le bien-être de Juda ne peuvent être que l'œuvre exclusive de Yahvé. Sous peine non seulement d'échouer complètement dans sa révolte, mais aussi de s'attirer une terrible catastrophe, Juda doit donc s'en remettre entièrement et exclusivement à Yahvé. Cette confiance absolue en Yahvé, la foi, exclut tout recours aux moyens humains, car, de l'avis du prophète, ceux-ci prendraient alors la place qui ne peut revenir qu'à Yahvé. En s'en remettant au potentiel militaire de leurs alliés ou au

673 Voir W. ZIMMERLI, *Jesaja und Hiskia*, dans *Festschrift für K. Elliger*, 1973, pp. 206-207. Cet exégète s'appuie sur des considérations différentes des nôtres. En effet, il part du fait que le plan de Yahvé prévoit la destruction de l'Assyrie, non pas dans son propre pays, mais au pays de Juda (XIV, 24-27), et se demande si Isaïe n'a pas vu dans la révolte, qui devait provoquer l'invasion assyrienne, l'expression de la volonté de Yahvé, dans la mesure où elle était une condition de la réalisation du plan divin. Dans ce cas, Isaïe serait l'un des pères spirituels, ou du moins un partisan sans réserves, de la révolte anti-assyrienne. Le raisonnement de W. ZIMMERLI est peut-être juste, mais, étant donné que l'on ne décèle dans les textes aucun lien entre l'annonce de la destruction de l'Assyrie et le comportement ou le sort de Juda, nous hésitons à le faire valoir.

leur propre, les Judéens prétendent, en dernier ressort, détrôner Yahvé et mettre leurs alliés ou se mettre eux-mêmes à sa place.

Bien que cela soit passé inaperçu à la majorité des critiques, nous avons décelé dans le message d'Isaïe au cours des années 705-701, parallèlement à la condamnation du recours aux moyens militaires et lui faisant pendant, la dénonciation de l'injustice sociale. Nous concluons donc que la foi, qui s'exprime dans une attitude de confiance absolue en Yahvé, et la justice au sein du peuple sont, aux yeux d'Isaïe, les deux conditions de la victoire de Juda.

5. La critique admet en général que l'opposition d'Isaïe aux alliances et au recours aux armes n'est pas une pure création du prophète, mais s'enracine dans des traditions antérieures. L'identification des traditions en question reste cependant très controversée[674].

L'opposition portant à la fois, et pour la même raison, sur la confiance que les Judéens mettent dans leurs alliés et dans leur propre potentiel militaire, il faudra évidemment faire appel à une tradition qui rende compte de ces deux aspects de la position d'Isaïe.

L'hypothèse selon laquelle la position du prophète découlerait de l'alliance entre Yahvé et son peuple ne nous paraît donc pas à retenir. En effet, s'il est vrai que l'alliance avec Yahvé peut rendre compte de l'opposition aux alliances avec d'autres peuples, on voit, par contre, moins bien pourquoi elle entraînerait également l'exclusion du recours au potentiel militaire de Juda. D'ailleurs, Isaïe, qui témoigne d'une relation très spéciale entre Yahvé et Israël ou Juda, ne l'exprime jamais en termes d'alliance.

Chez Isaïe l'appel à la foi, comme d'ailleurs l'appel à la justice, est sans aucun doute associé à l'œuvre et à la présence de Yahvé à Sion. Cela ressort non seulement des rappels explicites de l'œuvre (*Is.*, XXVIII, 16) et de la présence de Yahvé à Sion (*Is.*, XXVIII, 12; *cf.* aussi XXIX, 1), qui fondent les exigences de la confiance en Yahvé (*Is.*, XXVIII, 16) et de la justice (*Is.*, XXVIII, 12.15-17), mais aussi du vocabulaire et des images, caractéristiques des traditions de Sion, dont le prophète se sert pour parler de la confiance en l'Égypte (*Is.*, XXX 2-3) et dans les autres fausses sécurités (*Is.*, XXVIII, 15 et XXX, 12). Cela dit, l'hypothèse selon laquelle l'opposition d'Isaïe au recours aux alliances et aux moyens militaires reprendrait simplement une donnée propre aux traditions de Sion se heurte au fait que Osée, qui est certainement

[674] Voir l'état de la question donné par F. HUBER, *Jahwe, Juda und die anderen Völker beim Propheten Jesaja*, 1976, pp. 211-225.

étranger auxdites traditions, témoigne lui-aussi d'une opposition semblable (*Os.*, V, 12-14; VII, 8-12; VIII, 8-10; X, 13; XII, 2; XIV, 4)[675].

Impliquant l'exclusivité le l'action de Yahvé en faveur de son peuple, l'opposition d'Osée et d'Isaïe aux alliances et à tout recours à la force militaire est sans nul doute très proche de certaines présentations des «guerres de Yahvé» selon lesquelles Yahvé intervient seul et sans aucune collaboration humaine pour mettre en déroute les ennemis (*cf.* surtout *Ex.*, XIV; *Jos.*, VI; *Jug.*, VII et I *Sam.*, XVII, 45-47). Aussi, l'hypothèse très répandue selon laquelle Osée et Isaïe sont, sur ce point, tributaires de l'idéologie de la «guerre de Yahvé» est-elle très séduisante[676]. Cela dit, l'origine et le développement de cette idéologie étant controversés[677], il est difficile à savoir si Osée et Isaïe ne font que reprendre, sous forme polémique, une représentation déjà existante ou si, au contraire, ils radicalisent une idéologie qui était encore en voie de formation et, de la sorte, contribuent à l'élaboration de la théorie de la «guerre de Yahvé» dont on trouvera la forme achevée chez les auteurs dtn et dtr.

Quoi qu'il en soit du rapport d'Isaïe avec l'idéologie de la «guerre de Yahvé», le «quiétisme» militaire prôné par ce prophète se trouve au cœur même de sa théologie et a été, à notre avis, marqué du sceau de sa perception personnelle de Yahvé, laquelle est tributaire des traditions hiérosolymitaines.

En effet, Yahvé s'est révélé à Isaïe comme le roi siégeant sur un trône élevé et dont la gloire s'étend à toute la terre (*Is.*, VI, 3b) et comme le trois fois Saint devant qui le prophète ne peut que reconnaître son impureté et s'écrier: «Malheur à moi, je suis perdu» (*Is.*, VI, 5). Sans doute d'origine cultuelle, voire rituelle, les catégories de sainteté et d'impureté dans la bouche d'Isaïe expriment cependant la transcendance et la puissance irrésistible de Yahvé, d'une part, et la faiblesse fondamentale de la créature, d'autre part[678].

Les motifs de la royauté et de la sainteté de Yahvé, que le prophète

[675] Voir F. HUBER, *op. cit.*, pp. 212-217; J.L. SICRE, *Los Dioses olvidados*, 1979, pp. 34-50.

[676] Proposée par G. VON RAD, *Der Heilige Krieg im alten Israel*, 1951, pp. 33-62, cette hypothèse est acceptée par la plupart des critiques.

[677] Voir l'état de la question donné par A. DE PURY, *La guerre sainte israélite: réalité historique ou fiction littéraire? L'état des recherches sur un thème de l'Ancien Testament*, dans EThR, LVI, 1981, pp. 5-38, et les remarques de F. HUBER, *op. cit.*, pp. 222-224.

[678] Voir, entre autres, K. GOUDERS, *Die Berufung des Propheten Jesaja (Jes. 6,1-13)*, dans *Bibel und Leben*, XIII, 1972, pp. 89-106, 172-184, aux pp. 93-97; J. VERMEYLEN, *Du prophète Isaïe à l'Apocalyptique*, I, 1977, pp. 188-189 et 194; W. ZIMMERLI, *Das Gottesrecht bei den Propheten Amos, Hosea und Jesaja*, dans *Festschrift für C. Westermann*, 1980, pp. 229-230.

emprunte probablement à la tradition liturgique du sanctuaire de Jérusalem[679], expriment ainsi sa grandeur, sa seigneurie absolue et sa puissance irrésistible. Devant la grandeur de Yahvé, qui ne peut pas avoir de rival, il n'y a place pour aucune prétention humaine. Aux yeux d'Isaïe, toute prétention d'autonomie par rapport à Yahvé ne peut être qu'une démesure, un attentat contre la souveraineté de Yahvé, dont l'homme essaie d'usurper les prérogatives, et une tentative insensée de renverser l'ordre des choses[680]. Voilà ce en quoi consiste, selon Isaïe, le péché fondamental non seulement d'Israël et de Juda, mais aussi de toute créature. Dans la perspective d'Isaïe, et en cela il se distingue nettement d'Amos, le «Jour de Yahvé» se caractérise justemnt par l'exaltation de Yahvé seul et l'abaissement correspondant de toute prétention et de tout orgueil des créatures (*cf. Is.*, II, 12-17 comp. à *Am.*, V, 18-20).

Yahvé, le souverain majestueux et le trois fois Saint, n'a pourtant pas voulu s'enfermer dans sa transcendance. Bien au contraire. Il a fait d'Israël son peuple (*Is.*, I, 3; III, 14.15; V, 25; XIV, 32)[681] et des Israélites des fils (*Is.*, I, 2.4; XXX, 1.9); il est devenu le Saint d'Israël (*Is.*, I, 4; V, 19.24; XXX, 11.12.15; XXXI, 1; *cf.* aussi VIII, 13) et a établi sa demeure à Sion (*Is.*, VIII, 18).

Israël peut donc compter sur l'intervention toute puissante de Yahvé en sa faveur, à condition toutefois qu'il reconnaisse en pratique que Yahvé seul est saint et seigneur, et ne prétende en aucune façon le remplacer par une autre réalité. Cela exige concrètement, aux yeux d'Isaïe, que le peuple s'en remette entièrement à Yahvé pour sa sécurité face aux dangers extérieurs au lieu de prétendre l'assurer grâce à ses alliés ou à ses propres moyens militaires, puisque cela équivaut à vouloir usurper au profit de ses alliés ou de soi-même les prérogatives de Yahvé.

Cela exige également que les dirigeants procurent au peuple sa sécurité interne en faisant régner la justice. Yahvé, dont le trône a le droit et la justice pour bases (*Ps.*, LXXXIX, 15 et XCVII, 2), exige un

[679] Voir H. WILDBERGER, *Jesaja*, I, 1972, p. 244; A. SCHOORS, *Isaiah, the Minister of Royal Anointment?*, dans OTS, XX, 1977, pp. 85-107, à la p. 102; J. VERMEYLEN, *op. cit.*, p. 189.

[680] Voir F. WEINRICH, *Der religiös-utopische Charakter der profetischen Politik* (Aus der Welt der Religion. Biblische Reihe, 7), Giessen, 1932, pp. 39-40 et 49; W. ZIMMERLI, *Das Gottesrecht bei den Propheten Amos, Hosea und Jesaja*, dans *Festschrift für C. Westermann*, 1980, pp. 229-235; J. BARTON, *Ethics in Isaiah of Jerusalem*, dans JThS, NS, XXXII, 1981, pp. 1-18.

[681] Le contexte de *Is.*, III, 12; V, 13; X, 2 et XXXII, 13 ne permet pas de dire avec certitude si le pron. de la 1e pers. sg. se rapporte à Yahvé ou au prophète.

ordre social juste[682]. En pratiquant l'injustice, les dirigeants rejettent l'ordre social voulu par Yahvé et le remplacent par un autre de leur choix. Ce faisant, ils s'insurgent contre la seigneurie de Yahvé, qu'ils prétendent en quelque sorte usurper à leur avantage[683].

Comme nous avons vu, quelques rares critiques ont reconnu dans le message d'Isaïe lors des années 705-701 une polémique contre l'injustice, à côté de la polémique contre les alliances politiques et la course aux armements[684], et ont signalé le rapport qu'il y a entre ces deux aspects

[682] On remarquera cependant que la prédication sociale d'Isaïe n'emprunte la formulation ni n'invoque l'autorité d'aucun code légal; voir W. DIETRICH, *Jesaja und die Politik*, 1976, pp. 199-218; W. ZIMMERLI, *op. cit.*, aux pp. 230 et 234. Elle porte d'ailleurs sur des points qui n'étaient pas prévus par la Loi; voir E.W. DAVIES, *Prophecy and Ethics. Isaiah and the Ethical Tradition of Israel* (JSOT. Suppl. Series, 16), Sheffield, 1981. En réalité, Isaïe vise avant tout ceux qui avaient la charge de faire régner la justice, à savoir les dirigeants (*Is.*, I, 23; III, 14-15), les législateurs (X, 1-4a) et les juges (I, 17; V, 23); voir M. SCHWANTES, *Das Recht der Armen* (Beiträge zur biblischen Exegese und Theologie, 4), Frankfurt am Main-Bern-Las Vegas, 1977, 102-112.

[683] Voir W. ZIMMERLI, *Das Gottesrecht bei den Propheten Amos, Hosea und Jesaja*, dans *Festschrift für C. Westermann*, 1980, pp. 229-233. Selon J.L. SICRE, *Los Dioses olvidados*, 1979, pp. 101-179, la raison fondamentale du combat des prophètes contre l'injustice résiderait dans le fait que, à leurs yeux, les richesses, qui constituent le mobile de l'injustice, prendraient la place de Yahvé, exactement comme les puissances étrangères avec lesquelles Juda fait alliance. Certes, Isaïe utilise probablement en rapport avec l'injustice un vocabulaire normalement réservé aux rapports avec Yahvé. C'est le cas des termes *maḥsèh* et *nistār* (XXVIII, 15), de *bṭḥ* et *niš'an* (XXX, 12). Ces indications, que J.L. SICRE n'invoque d'ailleurs pas, ne sont peut-être pas assez généralisées ni assez claires pour fonder solidement l'hypothèse selon laquelle le prophète accuserait les Judéens de mettre la richesse à la place de Yahvé. D'après H.H. SCHMID, *Gerechtigkeit als Weltordnung. Hintergrund und Geschichte des alttestamentlichen Gerechtigkeitsbegriffes*, 1968, au centre de l'éthique de l'Ancien Testament, comme d'ailleurs de l'éthique des peuples voisins de l'ancien Israël, se trouverait l'affirmation de l'«ordre du monde» (*Weltordnung*), idée qui serait exprimée par *ṣèdèq* et *ṣ*ᵉ*dāqāh*, et aussi par *mišpāṭ*, et correspondrait à la notion égyptienne de *ma'at*. Voir cependant les remarques critiques de F. CRUESEMANN, *Jahwes Gerechtigkeit (ṣ*ᵉ*dāqāh/sädäq) im Alten Testament*, dans EvTh, XXXVI, 1976, pp. 427-450, à la p. 430. Tout en contestant que Isaïe affirme l'existence d'un «ordre du monde», J. BARTON, *Ethics in Isaiah of Jerusalem*, dans JThS, NS, XXXII, 1981, pp. 1-18, soutient qu'une sorte de loi naturelle est le présupposé implicite d'où découlent toutes les prises de position de ce prophète dans le domaine de l'éthique. Au dire de cet auteur, «Isaiah (...) begins with a picture of a world in which God is the creator and preserver of all things, and occupies by right the supreme position over all that he has made. The essence of morality is cooperation in maintaining the ordered structure which prevails, under God's guidance, in the natural constitution of things, and the keynote of the whole system is order, a proper submission to one's assigned place in the scheme of things and the avoidance of any action that would challenge the supremacy of God or seek to subvert the orders he has established. Such is the basic premiss from which all Isaiah's thinking about ethical obligation begins" (p. 11).

[684] Voir *supra*, nn. 311, 430 et 460 au sujet respectivement de *Is.*, XXVIII, 12.17a et XXX, 12.

du message du prophète sur le plan socio-politique[685]. Ces critiques ont probablement raison de voir dans l'effort de guerre et dans le malheur que les chefs préparaient ainsi à leur peuple la motivation immédiate de la polémique contre l'injustice. Cela dit, dans la pensée d'Isaïe, le lien entre la confiance dans les moyens militaires et l'injustice est, à notre avis, beaucoup plus profond. La confiance dans les moyens militaires et l'injustice se rejoignent dans le fait qu'elles expriment chacune à sa façon le refus de la seigneurie de Yahvé et constituent, aux yeux du prophète, les deux principales manifestations de l'orgueil judéen. On comprend alors que, pour Isaïe, le sort du peuple, notamment face à une menace extérieure, dépende des décisions des gouvernants, non seulement dans le domaine diplomatique et militaire, mais aussi dans le domaine social.

[685] Voir F.L. HOSSFELD - I. MEYER, *Prophet gegen Prophet*, 1973, pp. 52-54; W. DIETRICH, *Jesaja und die Politik*, 1976, pp. 154-155, n. 119 et pp. 167-168; J.L. SICRE, *Los Dioses olvidados*, 1979, pp. 83-84.

CHAPITRE SIXIÈME

LE PROPHÈTE MICHÉE

D'après *Mich.*, I, 1, Michée de Morèshèt a exercé son activité prophétique sous les règnes de Yotam, Achaz et Ézéchias. Michée est donc le contemporain d'Isaïe fils d'Amos, et comme lui judéen. Mais, à la différence d'Isaïe, qui est hiérosolymite, Michée est un provincial originaire de Morèshèt, que l'on identifie généralement avec Tell-el-Judeideh dans la Shéphéla.

A en juger par les oracles généralement reconnus comme authentiques[1], Michée, tout comme Isaïe, s'en prend avant tout aux classes dirigeantes. Mais, alors qu'Isaïe se prononce sur l'ensemble de la politique judéenne, Michée semble restreindre son attention à la politique sociale. En effet, il fustige la vénalité des responsables qui profitent de leur pouvoir pour écraser les pauvres et leur extorquer le peu de biens qu'ils possèdent (*Mich.*, II-III; VI, 9-15), mais, à la différence d'Isaïe, il ne semble se prononcer ni sur les mesures touchant la défense nationale, ni sur la politique internationale, notamment les alliances. La plupart des oracles michéens manquent ainsi de références historiques et sont donc particulièrement difficiles à dater.

D'après *Jér.*, XXVI, 17-19, qui cite *Mich.*, III, 12, *Mich.*, III, 9-12 fut prononcé au temps d'Ézéchias. *Jér.*, XXVI, 19 précise que, en réponse à la terrible menace prononcée par Michée, Ézéchias et le peuple ont apaisé Yahvé, qui a donc renoncé au malheur qu'il avait décrété. *Jér.*, XXVI, 17-19 se réfère sans doute aux événements de 701[2]. On remarquera cependant que *Jér.*, XXVI, 17-19 va bien au-delà des indications fournies par *Mich.*, III, 9-12. En effet, ce dernier passage, dont l'objet est la dénonciation de l'injustice et de la vénalité des dirigeants de Jérusalem, ne fait aucune allusion à des événements de politique internationale, n'établit aucun rapport avec le temps d'Ézéchias[3], ne contient aucun

[1] Voir B. Renaud, *La formation du livre de Michée*, 1977.

[2] Voir S.H. Blank, *Jeremiah - Man and Prophet*, Cincinnati, 1961, pp. 20-22; G.P. Couturier, *Jeremiah* (The Jerome Biblical Commentary, I. The Old Testament), Englewood Cliffs, N.J., 1968, p. 323; Th. Lescow, *Redaktionsgeschichtliche Analyse von Micha 1-5*, dans ZAW, LXXXIV, 1972, pp. 46-85, aux pp. 63-64 et 68, n. 87; W. Rudolph, *Micha*, 1975, p. 75.

[3] A moins de lire en *Mich.*, III, 10 une allusion aux travaux d'Ézéchias à Jérusalem. Voir cependant Th.H. Robinson - F. Horst, *Die Zwölf Kleinen Propheten* (HAT, I, 14), Tübingen, 1964[3], p. 139.

écho de la réponse des personnes visées. En bref, *Mich.*, III, 9-12 ne fournit aucun indice permettant de le dater avec précision. Sa mise en rapport avec les événements de 701, en *Jér.*, XXVI, 17-19, est le fruit d'une réflexion sur le sort de Jérusalem au temps d'Ézéchias. Si la ville a alors échappé au désastre et si la menace de Michée n'a pas été exécutée du temps du prophète, cela est dû au fait que, grâce à sa conversion en réponse à la parole prophétique, Ézéchias avait obtenu un répit[3a].

On a proposé de rapporter aux événements de 705-701 plusieurs autres passages du livre de Michée, notamment, *Mich.*, IV, 6-13[4] ou IV, 9-13[5]; V, 4-5[6]; VI, 9-15[7], voire VII, 7-20[8]. En réalité, on ne décèle de références certaines aux événements en question dans aucun de ces textes. D'ailleurs, parmi ces passages, *Mich.*, VI, 9-15 est le seul dont l'authenticité michéenne ne paraît pas faire de doute[9]. *Mich.*, IV, 6-13 et VII, 7-20 datent probablement du temps de l'exil babylonien[10]. L'origine de *Mich.*, V, 4-5 est très controversée[11]. Nous n'étudierons donc que *Mich.*, I, (8-9)10-15(16), qui est, à notre avis, le seul passage que l'on puisse rapporter avec beaucoup d'assurance à l'expédition de Sennachérib en 701.

MICH., I, (8-9)10-15(16)

8. A cause de cela, je veux me lamenter et hurler
marcher déchaussé et nu,
faire une lamentation comme les chacals
et un deuil comme les autruches,

[3a] Voir R. E. CLEMENTS, *The Prophecies of Isaiah and the Fall of Jerusalem in 587 B.C.*, dans VT, XXX, 1980, pp. 421-422.

[4] H. CAZELLES, *Histoire et géographie en Michée IV. 6-13*, dans *Proceedings of the Fourth World Congress of Jewish Studies*, I, 1967, pp. 87-89.

[5] Voir, entre autres, W. BEYERLIN, *Die Kulttraditionen Israels in der Verkündigung des Propheten Micha* (FRLANT, 72), Göttingen, 1959, pp. 17-19; R. VUILLEUMIER, *Michée* (ComAT, XIb), Neuchâtel, 1971, pp. 55-58; W. RUDOLPH, *Micha*, 1975, p. 87.

[6] Voir J. T. WILLIS, *Micah IV, 4-V, 5 - A Unit*, dans VT, XVIII, 1968, pp. 529-547, à la p. 545.

[7] Voir B. RENAUD, *La formation du livre de Michée*, 1977, pp. 341-342.

[8] Voir J. T. WILLIS, *A Reapplied Prophetic Hope Oracle*, dans VTS, XXVI, 1974, pp. 64-76. Composé lors de l'occupation de la Galilée et du Galaad en 732, ce psaume aurait été appliqué à la situation de Juda peu après l'invasion de Sennachérib en 701, et enfin réappliqué à la situation qui suivit la chute de Jérusalem en 587.

[9] Voir B. RENAUD, *op. cit.*, pp. 341-342; J. VERMEYLEN, *Du prophète Isaïe à l'Apocalyptique*, II, 1978, pp. 598-600.

[10] Voir B. RENAUD, *op. cit.*, pp. 185-194 et 372-382.

[11] Voir B. RENAUD, *op. cit.*, pp. 250-254.

9. car incurable est son coup[12],
car il est arrivé jusqu'à Juda,
a atteint jusqu'à la porte de mon peuple, jusqu'à Jérusalem.
10. Dans Gat ne le publiez pas[13],
ne versez pas vos pleurs[14].
Dans Beth-Leaphra,
roule-toi dans la poussière[15].
11. Va-t-en[16], habitante de Shaphir, nue et honteuse.
Elle ne s'est pas mise en campagne, l'habitante de Ṣaanan.

[12] Le plur. *makkôtèyhā* («ses coups») ne s'accorde pas avec les sg. du v. 9. Nous suivons les versions anciennes qui supposent uniformément le sg. *makkātāh* («son coup»), leçon adoptée par un grand nombre de critiques. Le TM est peut-être dû à l'influence des cinq subst. plur. avec suff. 3ᵉ pers. fém. sg. des vv. 6-7; voir I. WILLI-PLEIN, *Vorformen der Schriftexegese innerhalb des Alten Testaments. Untersuchungen zum literarischen Werden der auf Amos, Hosea und Micha zurückgehenden Bücher im hebräischen Zwölfprophetenbuch* (BZAW, 123), Berlin-New York, 1971, p. 72.

[13] Le v. 10aα a fait l'objet de nombreuses conjectures; voir B. RENAUD, *La formation du livre de Michée*, 1977, pp. 21-23. Le TM, qui est appuyé par le Tg, Aq. et Sym., nous paraît préférable aux lectures de la LXX (*mê megalúnesthe*) et de la Pesh. (*l' tḥdwn*), qui supposent respectivement *'al-tagdîlû* («ne vous célébrez pas») et *'al-tāgîlû* («ne vous réjouissez pas»). On se reportera aux raisons données par B. RENAUD, *op. cit.*, pp. 21-23. Le TM a été généralement suivi dans les travaux récents; voir W. RUDOLPH, *Micha*, 1975, p. 34; J. NUNES CARREIRA, *Kunstsprache und Weisheit bei Micha*, dans BZ, NF, XXVI, 1982, pp. 50-74, à la p. 54, ainsi que les traductions: PlAT, BJ, OSTY, TOB, ALONSO SCHÖKEL, CHOURAQUI. On notera cependant que J. L. MAYS, *Micah*, 1976, pp. 48 et 56, adopte la correction proposée par K. ELLIGER (*bᵉgannôt gîloh*, «dans les jardins de Gilo»), et H. W. WOLFF, *Micha*, 1982, pp. 9, 12 et 29, opte pour la leçon de la LXX.

[14] A la suite de la LXX (*hoi en Akim*), plusieurs exégètes voient en *bakô* la corruption d'un nom de ville. A tout essai de restitution du nom d'une ville au v. 10aβ s'oppose, cependant, le fait remarqué par K. ELLIGER, *Die Heimat des Propheten Micha*, dans ZDPV, LVII, 1934, pp. 81-152, repris dans *Kleine Schriften zum Alten Testament*, 1966, pp. 9-71, à la p. 11, et généralement reconnu, que dans le reste de la pièce il n'y a qu'un seul nom de ville par vers. Sous le prétexte que l'interdiction de pleurer ne convient pas dans le contexte, on a proposé de nombreuses conjectures tendant à supprimer *'al*, notamment en le remplaçant par *'apʰ* (voir BHS, J. L. MAYS, *op. cit.*, pp. 48 et 56; B. RENAUD, *op. cit.*, pp. 21-22 et H. W. WOLFF, *op. cit.*, pp. 9, 12 et 29), et, par conséquent, à faire dire au passage exactement le contraire de ce que dit le TM. Nous nous en tenons à ce dernier qui est confirmé par Aq. et la V, et est adopté par A. S. VAN DER WOUDE, *Micha I 10-16*, dans *Hommages à A. Dupont-Sommer*, Paris, 1971, pp. 347-353, à la p. 349; W. RUDOLPH, *Micha*, 1975, p. 34; J. NUNES CARREIRA, *op. cit.*, p. 54.

[15] Au *ketib htplšty*, dont le dernier *t* a été peut-être introduit à cause de l'assonance avec *pᵉlèšèt* (Philistie), nous préférons le *qeré*. Il y a cependant lieu d'hésiter entre l'impér. sg. fém. (*cf.* les sg. aux vv. 11-13a.14-15) et le plur. (*cf.* les plur. au v. 10a), qui est adopté par la plupart des critiques; voir, par exemple, H. W. WOLFF, *Micha*, 1982, pp. 9 et 12.

[16] Retenant le TM, nous suggérons de rendre *'ibrî* par «va-t-en», «pars» (voir la traduction de BR, ALONSO SCHÖKEL et W. RUDOLPH, *Micha*, 1975, p. 35), et de rattacher *'èryāh-bošèt* à *yošèbèt šāpʰîr*. Étant donné le sens collectif de *yôšèbèt*, le pron. 2ᵉ pers. plur. (*lākèm*) se comprend.

La lamentation de Beth-ha-Eṣel vous enlève son appui[17].
12. Oui, elle a tremblé pour son bonheur[18], l'habitante de Marôt
Oui, le malheur est descendu de la part de Yahvé
aux portes de Jérusalem[19].
13. Attelle le char au coursier, habitante de Lakish.
Ce fut l'origine du péché pour la Fille Sion, car en toi se sont trouvées les rébellions d'Israël.
14. C'est pourquoi tu donneras des cadeaux d'adieu
en ce qui concerne Morèshèt-Gat.
Les ateliers d'Akzib[20] deviennent une déception
pour les rois d'Israël.
15. De nouveau je t'amènerai[21] le conquérant,
habitante de Marésha.
Jusqu'à Adullam viendra la gloire d'Israël.
16. Rase-toi, tonds-toi
pour les fils qui faisaient ta joie;
élargis ta tonsure comme le vautour,
car ils sont exilés loin de toi.

Les difficultés textuelles posées surtout par les vv. 10-15, notamment par les différences entre le TM et la LXX, sont notoires. D'une façon générale, le TM a servi de base à la critique. A notre connaissance, la seule voix discordante a été celle de M. Collin[22]. Partant de la

[17] OSTY.

[18] Nous retenons le TM et voyons en *ḥālāh* le verbe *ḥwl-ḥyl*, «tournoyer», «se tordre», «trembler»; voir BR, OSTY. On propose souvent de lire *yiḥ^a^lāh*, dont le *y* serait tombé ou aurait été séparé accidentellement, et de rendre : «Peut-elle espérer le bonheur, l'habitante de Marôt?»; voir B. RENAUD, *La formation du livre de Michée*, 1977, pp. 24-25; J. NUNES CARREIRA, *op. cit.*, p. 54 et H.W. WOLFF, *Micha*, 1982, pp. 9, 13 et 30. Par ailleurs, R. GORDIS, *Note on ṭwb*, dans JThS, XXXV, 1934, pp. 186-188, propose d'attribuer à *ṭôb* le sens de «très», «beaucoup»; d'où «elle tremble fortement»; voir aussi G.R. DRIVER, *Linguistic and Textual Problems : Minor Prophets*, dans JThS, XXXIX, 1938, pp. 260-273, à la p. 265 et A.S. VAN DER WOUDE, *op. cit.*, p. 350.

[19] Le *y* ayant pu tomber par haplographie, le choix entre le sg. *ša'ar* du TM et le plur. *ša'aréy* supposé par la LXX est difficile.

[20] Pour la traduction de *bātéy* par «ateliers», voir A. DEMSKY, *The Houses of Achzib. A Critical Note on Micah 1:14b (cf. I Chron 4, 21-23)*, dans IEJ, XVI, 1966, pp. 211-215.

[21] Si l'on retient le TM, le sujet implicite de *'ābî* doit être Yahvé. Plusieurs critiques inversent l'ordre des consonnes en *yābô'* («viendra»), dont le sujet serait *hayyoréš* («le conquérant?» «l'héritier?»); voir J.L. MAYS, *Micah*, 1976, p. 49; H.W. WOLFF, *Micha*, 1982, pp. 10 et 13. A son tour, B. RENAUD, *op. cit.*, pp. 26-27 joint *'abî* à *lk* et lit *y'bylk* : «il (le conquérant) te fera porter le deuil».

[22] *Recherches sur l'histoire textuelle du prophète Michée*, dans VT, XXI, 1971, pp. 281-297.

comparaison des témoins textuels hébreux[23] et grecs, il conclut à l'existence de deux traditions textuelles différentes du livre de *Michée*, l'une constituée par le TM et Murabbaat (Mur 88) et l'autre par la LXX, et peut-être d'une troisième représentée par les fragments de Qumrân. La LXX supposerait un texte hébreu notablement différent du TM[24].

B. Renaud nous semble avoir cependant montré que l'hypothèse de M. Collin n'est pas fondée[25]. Bien qu'il soit cohérent, le texte de la LXX de *Mich.*, I, 8-16 se présente comme le résultat d'une traduction interprétative et facilitante d'un texte hébreu foncièrement identique au TM et à Mur 88. Ce texte était difficilement intelligible pour le traducteur, en grande partie, parce que celui-ci n'a reconnu que la moitié des noms de villes, n'a pas perçu le principe des jeux de mots et a été gêné par l'apparent hiatus entre les vv. 6-7 et 8-9[26].

Dans l'état actuel de la recherche, l'option pour le texte hébreu, TM et Mur 88, nous semble pleinement justifiée. L'apport des versions, y compris la LXX, n'est qu'auxiliaire.

Cela dit, l'hypothèse de K. Elliger[27], qui a dominé la critique textuelle du passage pendant des décennies[28] et selon laquelle les difficultés

[23] Outre le TM, on dispose du rouleau des Douze Prophètes du Wady Murabbaat (Mur 88); P. BENOIT - J. T. MILIK - R. DE VAUX (éds), *Discoveries in the Judean Desert II : Les Grottes de Murabba'ât*, Oxford, 1960, pp. 192-196 et pl. LXI-LXVI; on a aussi deux textes trouvés à Qumran : *1Qp Mic*; D. BARTHÉLEMY - J. T. MILIK (éds), *Discoveries in the Judean Desert I : Cave 1*, Oxford, 1955, pp. 77-80 et pl. XV, et les améliorations proposées par J. CARMIGNAC, *Notes sur les Pesharim*, dans RQ, XII, 1962, pp. 515-520 et les fragments d'un autre pesher (?) édité par J. M. ALLEGRO, *Discoveries in the Judean Desert of Jordan V : Qumran Cave 4*, Oxford, 1968, p. 36 et pl. XII; améliorations proposées par J. STRUGNELL, *Notes en marge du volume V des 'Discoveries in the Judean Desert of Jordan'*, dans RQ, XXVI, 1970, pp. 163-276, à la p. 204.

[24] En ce qui concerne *Mich.*, I, 8-16, M. COLLIN a d'ailleurs prolongé ses conclusions de critique textuelle par une hypothèse sur l'histoire de la rédaction de ce passage. Le texte grec, qui se réfère exclusivement à Samarie, contiendrait une attaque virulente contre les villes voisines de la capitale d'Israël qui se réjouirent et se moquèrent de sa chute en 721; *op. cit.*, pp. 292-293. La tradition massorétique, attestée aussi par Mur 88, serait peut-être une relecture du passage, faite à Babylone, en fonction cette fois de la chute de Jérusalem; *op. cit.*, p. 297.

[25] *La formation du livre de Michée*, 1977, pp. 18-20. Selon L. A. SINCLAIR, *Hebrew Text of the Qumran Micah Pesher and Textual Traditions of the Minor Prophets*, dans RQ, XLII, 1983, pp. 253-263, les fragments de Qumran ne représentent pas une tradition textuelle de *Michée* différente de celle qui est attestée par le TM.

[26] Voir aussi I. WILLI-PLEIN, *Vorformen der Schriftexegese innerhalb des Alten Testaments*, 1971, pp. 72-75; W. RUDOLPH, *Zu Micha 1, 10-16*, dans *Festschrift für J. Ziegler* (ForBib, 2), Würzburg, 1972, pp. 233-238, aux pp. 233-235.

[27] *Die Heimat des Propheten Micha*, dans ZDPV, LVII, 1934, pp. 81-152, repris dans *Kleine Schriften zum Alten Testament*, 1966, pp. 9-71, aux pp. 9-24.

[28] Voir, par exemple, S. J. SCHWANTES, *Critical Notes on Micah I, 10-16*, dans VT, XIV, 1964, pp. 454-461; G. FOHRER, *Micha 1*, dans *Festschrift L. Rost*, 1967, pp. 74-80 et J. L. MAYS, *Micah*, 1976, pp. 48-51.

du TM se concentreraient surtout au début des vers, et résulteraient de la détérioration matérielle du bord extérieur de la feuille ou de la colonne sur laquelle le poème était écrit, doit être abandonnée. En effet, comme le fait remarquer A.S. Van der Woude[29], cette hypothèse suppose que le texte était disposé en vers et que chaque vers commençait une nouvelle ligne. Or, dans le plus ancien manuscrit de *Michée* connu, à savoir Mur 88, les vers sont placés les uns à la suite des autres, sans le moindre souci de faire coïncider une nouvelle ligne et un nouveau vers, et il faut présumer qu'il en était ainsi dès l'origine[30]. Certes, le texte est mal conservé, mais les corruptions, moins nombreuses qu'on ne l'a cru pendant longtemps, ne sont pas localisées au seul début des vers[31].

La composition de *Mich.*, I, 2-16, passage clairement délimité par les césures de la fin du v. 1 et du v. 16, est controversée[32]. Tandis que certains tiennent ces versets pour une unité fondamentale, d'autres les découpent en trois, quatre, voire cinq petites unités ou fragments. Cependant la plupart des critiques y voient deux unités littéraires. Les divergences portent avant tout sur la fonction des vv. 8-9. A quelques nuances près, on peut dire que les uns tiennent ces versets pour la conclusion des vv. 2-7[33] et les autres pour l'introduction des vv. 10-16[34].

Les vv. 8-9 contiennent une *Selbstaufforderung zur Trauer und Klage*[35], à laquelle correspond au v. 16 un *Aufruf zur Volksklage*[36]. Ainsi

[29] *Micha I 10-16*, dans *Hommages à A. Dupont-Sommer*, 1971, pp. 347-349.

[30] P. BENOIT - J.T. MILIK - R. DE VAUX (éds), *Discoveries in the Judean Desert II: Les Grottes de Murabba'ât*, Oxford, 1960, p. 192, pl. LXII.

[31] A.S. VAN DER WOUDE, *op. cit.*, pp. 348-349; W. RUDOLPH, *op. cit.*, dans *Festschrift für J. Ziegler*, 1972, p. 235; B. RENAUD, *op. cit.*, pp. 16-20; J. NUNES CARREIRA, *op. cit.*, pp. 52-56.

[32] Voir l'état de la question donné par G. FOHRER, *op. cit.*, pp. 65-69.

[33] Voir, entre autres, G. FOHRER, *op. cit.*, pp. 69-74 et I. WILLI-PLEIN, *op. cit.*, pp. 70-75.

[34] Voir, entre autres, K. ELLIGER, *op. cit.*, dans *Kleine Schriften zum Alten Testament*, pp. 58-60; A. JEPSEN, *Kleine Beiträge zum Zwölfprophetenbuch, 2. Micha*, dans ZAW, LVI, 1938, pp. 85-100, à la p. 98; W. BEYERLIN, *Die Kulttraditionen Israels in der Verkündigung des Propheten Micha*, 1959, pp. 12-15; J.T. WILLIS, *The Structure of the Book of Micah*, dans SEÅ, XXXIV, 1969, pp. 5-42, aux pp. 31-33; V. FRITZ, *Das Wort gegen Samaria Mi 1, 2-7*, dans ZAW, LXXXVI, 1974, pp. 316-331, aux pp. 316-318. Selon H.W. WOLFF, *Micha*, 1982, pp. 14-19, l'unité primitive comprendrait les vv. 6.7b. 8-13a.14-16.

[35] A. WEISER, *Das Buch der zwölf Kleinen Propheten*, I (ATD, 24), Göttingen, 1967^2, p. 212; Th. LESCOW, *Redaktionsgeschichtliche Analyse von Micha 1-5*, dans ZAW, LXXXIV, 1972, p. 54, n. 40; V. FRITZ, *op. cit.*, p. 317.

[36] Voir H.W. WOLFF, *Der Aufruf zur Volksklage*, dans ZAW, LXXVI, 1964, pp. 48-56; ID., *Micha*, 1982, pp. 17-19, 27-29 et 32-33.

encadrés, les vv. 10-15 s'ouvrent, au v. 10aα, par une citation de la complainte de David sur Saül et Jonathan (*II Sam.*, I, 20), et s'achèvent, au v. 15b, par une allusion à un autre épisode malheureux de la vie de David, sa fuite à Adullam (*I Sam.*, XXII, 1 et XXIII, 13). L'expression *k^e^bôd yiśrāʾēl* (v. 15b) n'est pas sans rappeler *haṣṣ^e^bî yiśrāʾēl* (*II Sam.*, I, 19aα). Si l'allusion est voulue, le v. 15b renvoie également à l'élégie [37], dont la citation ouvre le v. 10aα, et l'inclusion est parfaite.

Les vv. 10-15 parlent de douze villes au moyen de jeux de mots sur leurs noms et d'assonances. Ces versets sont construits sur l'opposition entre le v. 10a et les vv. 10b-15. En effet, alors que le v. 10a interdit d'annoncer la nouvelle du malheur dans Gat et d'y pleurer, les vv. 10b-15 exhortent à la lamentation dans les autres villes ou en évoquent le malheur. Jérusalem occupe exactement le centre de la série des onze villes mentionnées aux vv. 10b-15.

On trouve une opposition identique dans l'élégie de David sur Saül et Jonathan (*II Sam.*, I, 19-27) : à l'interdiction de publier la nouvelle dans Gat et Ashqelôn, de peur que les filles des Philistins ne s'en réjouissent (*II Sam.*, I, 20), s'oppose l'ordre donné aux filles d'Israël de pleurer (*II Sam.*, I, 24). Difficilement fortuite, cette coïncidence révèle que la dépendance de *Mich.*, I, 10-15 par rapport à *II Sam.*, I, 19-27 ne se limite pas à la citation du début (v. 10aα) et peut-être à l'allusion plus discrète à la fin (v. 15b); c'est la structure de *Mich.*, I, 10-15 elle-même qui est empruntée à *II Sam.*, I, 19-27.

Ces constatations conseillent de tenir les vv. 10-15 pour une unité littéraire complète. A notre connaissance, l'unité interne des vv. 10-15 n'a été niée que par A.S. Van der Woude [38]. Appuyé essentiellement sur des considérations touchant le rythme, l'auteur y distingue deux unités littéraires différentes, les vv. 10-12 et les vv. 13-16. A.S. Van der Woude a sans doute raison de voir la prédominace du mètre 2+2 aux vv. 10-12 et du mètre 3+2 aux vv. 13-16. Cela dit, les conclusions qu'il en tire n'emportent pas la conviction [39]. La dualité de rythme correspond en réalité à la double liste de cinq villes qui encadre la mention de Jérusalem (v. 12b) et joue sans doute un rôle dans la structuration de la pièce. Situé en plein centre du poème, précisément dans le vers qui mentionne Jérusalem (v. 12b), le changement de rythme sert à souligner la place centrale de cette ville.

Seul le v. 13b, qui se détache nettement de son contexte aussi bien du

[37] Voir B. RENAUD, *La formation du livre de Michée*, 1977, pp. 27 et 35.

[38] *Micha I, 10-16*, dans *Hommages à A. Dupont-Sommer*, 1971, pp. 347-353.

[39] Voir les critiques de B. RENAUD, *op. cit.*, pp. 33-36.

point de vue stylistique que du point de vue logique, doit être tenu, avec la plupart des critiques, pour un ajout secondaire[40].

Bien que le vocabulaire caractéristique de la lamentation ne se trouve qu'aux vv. 10-11 (*bkh*, *'pr htplš* et *mspd*) et que le passage ne suive pas de façon régulière le rythme de la *qînāh*, les vv. 10-13a.14-15 constituent formellement une élégie[41], et cela indépendamment des vv. 8-9 et du v. 16 qui les encadrent.

Le v. 8 est étroitement lié à ce qui précède. En effet, comme l'a bien montré B. Renaud[42], l'expression *'al-zo't*, qui correspond à *kŏl-zo't* du v. 5aα, ne se trouve jamais en début absolu, ni ne se rapporte à ce qui suit, mais tire toujours les conséquences de ce qui précède et marque ainsi un tournant dans la pensée. L'expression *'al-zo't* n'est cependant pas, à notre avis, le seul point d'attache entre les vv. 8-9 et ce qui précède. Nous en voyons un autre au v. 9a. Introduite par *kî*, la proposition nominale du v. 9a contient la motivation de la *Selbstaufforderung zur Trauer und Klage* (v. 8)[43]. Or, si on lit, au v. 9a, le suff. de la 3e pers. fém. (*makkātāh*), comme nous proposons de le faire, son antécédent ne peut être que Samarie (v. 6)[44]. Le v. 9a donne donc comme raison de la lamentation le caractère incurable de la ruine de Samarie dont il est question aux vv. 6-7. De la sorte, les vv. 8-9 sont grammaticalement et logiquement liés aux vv. 6-7.

Le *kî* du début du v. 9b a été, certes, compris de façons très différentes. Certains critiques ne le rendent pas [45], d'autres lui attribuent une

[40] Voir, entre autres, W. Rudolph, *Micha*, 1975, pp. 36 et 37-39; J.L. Mays, *Micah*, 1976, pp. 52 et 58; B. Renaud, *op. cit.*, pp. 55-56; J. Vermeylen, *Du prophète Isaïe à l'Apocalyptique*, II, 1978, pp. 576-577; H.W. Wolff, *Micha*, 1982, pp. 18-19 et 31-32. On doit porter le même jugement sur *lākén* au début du v. 14.

[41] H.W. Wolff, *Micha*, 1982, pp. 17-19, l'appelle un *Aufruf zur Untergansklage*.

[42] *Op. cit.*, pp. 38-41; voir aussi H.W. Wolff, *Micha*, 1982, pp. 16-17.

[43] H.W. Wolff, *Der Aufruf zur Volksklage*, dans ZAW, LXXVI, 1964, pp. 48-56, a montré que la raison de la lamentation est exprimée normalement par une ou plusieurs propositions verbales au parfait, mais elle peut l'être aussi par une proposition nominale (*cf. Is.*, XIII, 6; XXII, 4-5; *Éz.*, XXX, 2-3; *Joël*, 1, 15). Il est tout à fait injustifié de ne pas traduire *kî* (Alonso Schökel, H. McKeating, *Amos, Hosea, Micah* (CambBC), Cambridge, 1971, p. 156), de le rendre par «vraiment» (TOB) ou «oui» (Chouraqui) et, à plus forte raison, de le supprimer (P. Haupt, *Micah's Capucinade*, dans JBL, XXIX, 1910, pp. 85-112, aux pp. 86 et 96, n. 4).

[44] Voir A. Van Hoonacker, *Les Douze petits Prophètes* (EB), Paris, 1908, p. 358; H. Donner, *Israel unter den Völkern*, 1964, p. 95. Contre R.E. Wolfe, *The Book of Micah* (IB, VI), Nashville, 1956, p. 906, qui voudrait le rapporter à Jérusalem.

[45] Voir J. Wellhausen, *Die Kleinen Propheten*, Berlin, 1963[4], p. 21; A. Deissler et M. Delcor, *Les petits prophètes* (La Sainte Bible, VIII, 2), Paris, 1964, p. 36 et les traductions: PlAT, BR, Alonso Schökel, BJ. K. Budde, *Das Rätsel von Micha 1*, dans ZAW, XXXVII, 1917-1918, pp. 77-108, aux pp. 94 et 105, et W. Nowack, *Die kleinen Propheten* (HK, III, 4), Göttingen, 1922[3], p. 202, proposent explicitement de le supprimer.

nuance emphatique[46], d'autres encore une nuance temporelle[47]. Rien ne recommande pourtant d'attribuer à ce *kî* une nuance différente de la nuance causale que ce mot a au v. 9a[48]. Rien n'indiquant que le v. 9b donne la raison du caractère incurable du coup mentionné au v. 9a, le *kî* du v. 9b doit avoir une fonction identique à celle du *kî* du v. 9a et introduire une nouvelle raison de la lamentation, exprimée cette fois par deux propositions verbales. L'auteur se lamente donc aussi à cause du sort de Juda et surtout de Jérusalem. De la sorte, les vv. 8-9 anticipent les vv. 10-15. La proposition nominale du v. 9a et les propositions verbales du v. 9b ayant le même sujet, l'auteur des vv. 8-9 se lamente à la fois sur le sort de Samarie et sur le sort de Juda et de Jérusalem qu'un même coup a frappés. Plus précisément, le coup dont Samarie fut frappée a frappé aussi Juda et a atteint Jérusalem.

Bien qu'ils soient ainsi rattachés à la fois à ce qui précède et à ce qui suit, les vv. 8-9 ne sont nullement nécessaires ni aux vv. 2-7[49], qui constituent un oracle de malheur complet, ni aux vv. 10-15, dont la citation de *II Sam.*, I, 20 au v. 10aα forme un excellent début, et qui se présentent comme une unité complète. Les vv. 8-9 sont donc un raccordement entre les vv. 2-7 et les vv. 10-15.

D'après B. Renaud, ce raccordement serait l'œuvre de Michée lui-même. Le prophète aurait annoncé d'abord la chute de Samarie (vv. 3-5a. 6-7) et, plus tard, lors d'une menace pesant sur Juda, aurait complété cette annonce par l'adjonction des vv. 8-16, où il présente le sort qui attend Juda comme étant le prolongement du malheur qui avait entre temps frappé Samarie[50].

[46] Voir, par exemple, «yea» (J. M. P. SMITH, *The Books of Micah, Zephaniah and Nahum* (ICC), Edinburgh, 1911, p. 32; «oui» (CHOURAQUI).

[47] Voir Th. H. ROBINSON, *Die Zwölf Kleinen Propheten*, 1964, p. 130; P. G. RINALDI - F. LUCIANI, *I Profeti Minori*, III (La Sacra Bibbia), Torino-Roma, 1969, p. 15; Th. LESCOW, *Redaktionsgeschichtliche Analyse von Micha 1-5*, dans ZAW, LXXXIV, 1972, p. 55.

[48] Voir K. ELLIGER, *Die Heimat des Propheten Micha*, dans *Kleine Schriften zum Alten Testament*, p. 13; A. WEISER, *Das Buch der zwölf Kleinen Propheten*, I, 1967², p. 210; H. DONNER, *op. cit.*, p. 93; H. MCKEATING, *op. cit.*, p. 156; B. RENAUD, *La formation du livre de Michée*, 1977, p. 21, et les traductions de OSTY et TOB.

[49] La délimitation exacte de cet oracle reste discutée. Il comprendrait les vv. 3-5a.6-7, d'après B. RENAUD, *op. cit.*, pp. 9-59, les vv. 3-5a.6, d'après J. VERMEYLEN, *Du prophète Isaïe à l'Apocalyptique*, II, 1978, pp. 572-576; ID., dans Bib., LXI, 1980, p. 288.

[50] *Op. cit.*, pp. 46-49. Une hypothèse très proche, sinon identique, avait été suggérée par J. T. WILLIS, *Some Suggestions on the Interpreting of Micah I 2*, dans VT, XVIII, 1968, pp. 372-379, à la p. 374; ID., *The Structure of the Book of Micah*, dans SEÅ, XXXIV, 1969, pp. 31-33. D'après W. RUDOLPH, *Micha*, 1975, pp. 37-39, *Mich.*, I, 2-16 serait d'une seule venue. Cet exégète n'en exclut que les vv. 5bβ.13b et des retouches au v. 7.

Cette hypothèse repose, en grande partie, sur la conception que B. Renaud se fait de la structure des vv. 8-16, laquelle repose, à son tour, sur la correspondance entre le v. 9bβ et le v. 12b. Attribuant à *kî*, au v. 12b, le même sens et la même fonction que ce mot a au début du v. 9, B. Renaud distingue, aux vv. 9-15, deux strophes (vv. 9-12a et vv. 12b-15) contenant chacune une justification de la lamentation[51]. Dans cette perspective, le lien entre le v. 9 et les vv. 10-15 doit être primitif. Par conséquent, le v. 8, dont on ne peut pas séparer le v. 9, doit être lui aussi primitif. Or, le v. 8 est certainement lié à ce qui précède[52]. Si Michée est lauteur des vv. 8-15, il doit être aussi le responsable de leur lien avec les vv. 3-5a.6-7[53].

Ce raisonnement s'appuie sur des bases fragiles. L'interprétation de *kî*, au début du v. 12b, dans le sens de l'introduction d'une seconde justification de la lamentation nous paraît contestable. En effet, dans la structure normale de la *Selbstaufforderung zur Trauer* ou du *Aufruf zur Volksklage*, la justification n'est pas séparée de l'exhortation, mais la suit immédiatement. La *Selbstaufforderung zur Trauer und Klage* (v. 8) a, certes, deux justifications. La seconde justification n'est cependant pas à chercher au v. 12b, mais au v. 9b. On notera que tout en traduisant *kî*, au début du v. 9b, par «car»[54], B. Renaud n'en tient pas compte dans son analyse. Par contre, le *kî* du début du v. 12b, où B. Renaud voit l'introduction de la seconde justification, a probablement une nuance emphatique[55] et est destiné à mettre en relief Jérusalem, qui occupe exactement le centre de la liste des onze villes mentionnées aux vv. 10b-15.

En bref, partie intégrante de la *Selbstaufforderung zur Trauer und Klage* commencée au v. 8, le v. 9 est étranger à la structuration des vv. 10-15. Certes, le v. 9bβ et le v. 12b ont en commun le thème de Jérusalem. Les expressions, les images et le contenu de ces deux versets sont cependant différents. Alors que le v. 9bβ parle de la «porte de mon peuple», que le parallélisme avec Jérusalem oblige à tenir pour une désignation imagée de la ville elle-même, le v. 12b parle de la «porte» ou des «portes de Jérusalem», c'est-à-dire du voisinage immédiat de la ville. L'expression *šaʿar ʿammî*, à notre connaissance, ne se retrouve

[51] *Op. cit.*, pp. 21, 36-37 et 45-46. Cette division de la pièce en deux strophes est également défendue par H. W. Wolff, *Micha*, 1982, p. 17.

[52] *Op. cit.*, pp. 38-41.

[53] Selon H. W. Wolff, *Micha*, 1982, pp. 16-19, les vv. 6.7b.8-13a.14-16 appartiennent à la même unité littéraire.

[54] *Op. cit.*, p. 21.

[55] TOB, Chouraqui.

qu'en *Ruth*, III, 11 [56] et *Abd.*, 13. Dans ce dernier passage, elle désigne probablement Jérusalem comme en *Mich.*, I, 9b [57]. Le prophète adjure Édom de ne pas pénétrer (*bw'*) dans la ville le jour de son malheur, c'est-à-dire de sa chute en 587 [58]. A la différence des expressions et des images correspond une différence logique. Alors que, d'après le v. 12b, la catastrophe est descendue aux «portes de Jérusalem», mais semble avoir épargné la ville, d'après le v. 9bβ, cette dernière en a été la principale victime, comme le suggère l'insistance marquée par la répétition «jusqu'à la porte de mon peuple, jusqu'à Jérusalem» [59].

D'après notre interprétation du v. 9, la raison de la complainte annoncée au v. 8 est à la fois le sort de Samarie (v. 9a) et le sort de Jérusalem et de Juda (v. 9b) frappés du même coup [60]. *Mich.*, I, 8-9 doit donc être rapproché de *Mich.*, I, 5b.13b et VI, 16, passages où Juda et Jérusalem sont également associés à Israël et Samarie, cette fois dans le péché. On s'accorde en général pour voir en *Mich.*, I, 5b.13b et VI, 16 le travail d'un éditeur exilique apparenté aux cercles deutéronomistes, qui lit et retouche les oracles michéens en fonction de la situation créée par la chute de Jérusalem et l'exil [61]. J. Vermeylen a raison d'attribuer *Mich.*, I, 8-9 à la même rédaction et d'y voir un lien secondaire entre les vv. 2-7 et les vv. 10-15 [62]. En raccordant ces deux pièces au moyen

[56] Le sens de l'expression *kōl-ša'ar 'ammî* est difficile à saisir. S'agit-il de la porte en tant qu'elle est le lieu où l'on administre la justice? voir G. GERLEMAN, *Ruth. Das Hohelied* (BK, XVIII), Neukirchen-Vluyn, 1965, pp. 29 et 32; est-ce l'assemblée légale qui siège à la porte? voir E. F. CAMPBELL, *Ruth* (AB), Garden City, N. Y., 1975, p. 124; s'agit-il, par synecdoque, de l'ensemble des habitants de chaque ville? voir W. RUDOLPH, *Das Buch Ruth. Das Hohe Lied. Die Klagelieder* (KAT, XVII, 1-3) Gütersloh, 1962, p. 55; J. GRAY, *Joshua, Judges and Ruth* (The Century Bible), London, 1967, p. 418; E. WUERTHWEIN, *Die fünf Megillot* (HAT, I, 18), Tübingen, 1969², p. 16.

[57] Voir A. DEISSLER, *Les petits prophètes* (La Sainte Bible, VIII, 1), Paris, 1961, pp. 253-254; W. RUDOLPH, *Joel - Amos - Obadia - Jona* (KAT, XIII, 2), Gütersloh, 1971, pp. 303 et 305.

[58] C'est vraisemblablement aussi le sens de *Abd.*, 11, si, avec le *ketib*, Mur 88 et le Tg, l'on adopte le sg. *ša'ᵃrô*, comme font plusieurs critiques.

[59] Voir J. VERMEYLEN, *Du prophète Isaïe à l'Apocalyptique*, II, 1978, p. 578; ID., dans Bib., LXI, 1980, p. 288. Pour l'expression *ng' 'd*, *cf. Jér.*, IV, 10.18; *Job*, IV, 5, et au hif., *Is.*, VIII, 8; XXV, 12; XXVI, 5.

[60] Appuyés en grande partie sur leur interprétation de la correspondance entre le v. 9 et le v. 12, B. RENAUD, *La formation du livre de Michée*, 1977, pp. 21 et 36-37, et H. W. WOLFF, *Micha*, 1982, pp. 9, 12 et 30, adoptent la correction très répandue de *makkôtèyhā* («ses coups») en *mkt yh* («le coup de Yahvé»); en éliminant ainsi le pron. 3ᵉ pers. fém. sg., ils suppriment du v. 9 la référence explicite au coup dont Samarie a déjà été la victime.

[61] Voir J. L. MAYS, *Micah*, 1976, pp. 42, 45, 52, 58, 144-145 et 148-149; B. RENAUD, *op. cit.*, pp. 54-56, 58 et 337-339; J. VERMEYLEN, *op. cit.*, pp. 574-575, 576-577 et 599-600; H. W. WOLFF, *Micha*, 1982, pp. 18, 21-22, 25-26, 31-32, 163 et 171-173.

[62] *Op. cit.*, pp. 577-579; ID., Recension de B. RENAUD, *La formation du livre de Michée*, dans Bib., LXI, 1980, pp. 287-291, à la p. 288.

des vv. 8-9, le rédacteur veut montrer que la ruine de Juda en 587 est le prolongement de la ruine d'Israël, tout comme les péchés de Juda étaient la reproduction des péchés d'Israël (*Mich.*, I, 5b.13b et VI, 16).

Le *Aufruf zur Volksklage* (v. 16), qui correspond à la *Selbstaufforderung zur Trauer und Klage* (vv. 8-9) et avec laquelle elle fait inclusion, est l'œuvre du même rédacteur[63].

Nous retenons donc comme primitifs les vv. 10-13a.14 (sans *lākén*)-15.

A l'exception de Jérusalem, les villes que l'on a pu identifier avec plus ou moins de probabilité se trouvent toutes dans la Shephéla, probablement entre Gat[64], au nord, Lakish[65], au sud, et Adullam (*Kh. esh-Sheikh Madhkur*), au nord-ouest : Maresha (*Tell Sandḥanna*), Morèshèt-Gat (*Tell el-Judeideh*), Akzib (*Tell el-Beida*). Ṣaanan est probablement à identifier avec *Ṣ^e^nan*, qui est comptée parmi les villes de la région de Lakish (*Jos.*, XV, 37)[66]. Il est donc légitime de supposer que Beth-Leaphra, Shaphir, Beth-ha-Eṣel et Marôt, qui ne sont pas attestées ailleurs, se trouvent également dans la Shephéla ou sur les pentes du sud-ouest de la montagne de Juda. Cela dit, l'auteur de l'élégie s'intéresse avant tout au sort de Jérusalem, comme il ressort de la place centrale que cette ville occupe dans la liste[67].

Exprimé normalement à l'aide de jeux de mots sur le nom de la ville, ce qui est dit au sujet de chacune des villes reste difficile à saisir. Il est néanmoins certain qu'il s'agit toujours de l'évocation soit d'un rite de lamentation soit d'un malheur. Beth-Leaphra est clairement invitée à la lamentation (v. 10b); Shaphir est peut-être «conviée» à la déportation (v. 11a); on reproche à Ṣaanan de ne pas avoir livré combat (v. 11bα) et l'on constate l'inutilité de compter sur l'appui de Beth-ha-Eṣel, qui

[63] Voir J. VERMEYLEN, *op. cit.*, pp. 577-579; ID., dans Bib., LXI, 1980, p. 288. Le caractère secondaire du v. 16 est également défendu par G. FOHRER, *Micha 1*, dans *Festschrift L. Rost*, 1967, p. 76; Th. LESCOW, *Redaktionsgeschichtliche Analyse von Micha 1-5*, dans ZAW, LXXXIV, 1972, p. 55; J. L. MAYS, *Micah*, 1976, pp. 52 et 60.

[64] La localisation de Gat reste discutée; pour l'état de la question, voir H. WEIPPERT, *Gath*, dans BRL^2, 1977, pp. 85-86. L'hypothèse de ceux qui identifient Gat avec Tell eṣ-Ṣafi nous paraît cependant la plus probable; voir A. F. RAINEY, *The Identification of Philistine Gath. A Problem in Source Analysis for Historical Geography*, dans ErIs, XII, 1975, pp. 63*-76*; ID., *Gath*, dans IDB, Suppl., 1976, p. 353.

[65] On s'accorde pour le localiser à Tell ed-Duweir. A notre connaissance, la seule voix encore discordante est celle de G. W. AHLSTROEM, *Tell Ed-Duweir : Lakish or Libnah?*, dans PEQ, CXV, 1983, pp. 103-104, qui propose d'identifier Tell ed-Duweir avec Libna.

[66] Voir D. KELLERMANN, *Ueberlieferungsprobleme alttestamentlicher Ortsnamen*, dans VT, XXVIII, 1978, pp. 423-432, aux pp. 425-428.

[67] Voir H. DONNER, *Israel unter den Völkern*, 1964, pp. 103-104; Chr. HARDMEIER, *Texttheorie und biblische Exegese. Zur rhetorischen Funktion der Trauermetaphorik in der Prophetie*, 1978, pp. 355-361.

est en deuil (v. 11bβ). Marôt a tremblé (v. 12a) et Jérusalem a eu le malheur à ses portes (v. 12b). Lakish est probablement «invitée» à prendre la fuite devant le malheur (v. 13a). Comme la fille à qui son père donne le cadeau d'adieu lors du mariage, Morèshèt-Gat change de maître (v. 14a). Les fabriques royales d'Akzib sont perdues (v. 14b)[68]. Marésha est probablement menacée d'un nouveau malheur (v. 15a). Le roi ou l'armée royale prendra la fuite[69], comme au jour où David s'enfuit à Adullam (v. 15b).

Le v. 12b affirme clairement l'origine divine du malheur, mais les vv. 10-13a.14-15 n'en fournissent aucune justification[70].

Unanime à reconnaître l'authenticité michéenne de *Mich.*, I, (8-9) 10-15(16)[71] et à rapporter ce passage à une défaite militaire[72], la critique est cependant divisée au sujet de l'identification des événements en question ainsi que du fait de savoir si ceux-ci ont déjà eu lieu ou sont encore à venir. Les partisans de l'unité littéraire de *Mich.*, I, 2-16 y voient une menace visant à la fois Israël et Juda[73], qu'ils situent avant[74] ou, au plus tard, lors de la chute de Samarie en 722[75]. Ceux qui tiennent *Mich.*, I, (8-9)10-15(16) pour une unité littéraire indépendante se partagent en deux camps : les uns y voient une vraie lamentation sur des événements qui ont déjà eu lieu ou sont en train de se dérouler, à savoir la campagne de Sennachérib en 701[76] ou, plus rarement, l'expédition du Turtanu de Sargon II en 712[77]; les autres y voient un

[68] Voir *supra*, n. 20.

[69] Voir B. RENAUD, *La formation du livre de Michée*, 1977, pp. 27 et 35.

[70] Voir H.W. WOLFF, *Micha*, 1982, pp. 18 et 35.

[71] J. VERMEYLEN, *Du prophète Isaïe à l'Apocalyptique*, II, 1978, pp. 576-578, reconnaît l'ancienneté de la pièce, mais ne se prononce pas sur son auteur.

[72] W.C. GRAHAM, *Some Suggestions toward the Interpretation of Micah 1:10-16*, dans AJSL, XLVII, 1930-1931, pp. 237-258, à notre connaissance, fut le seul à interpréter le passage dans un sens exclusivement cultuel.

[73] Voir F. HITZIG (H. STEINER), *Die zwölf kleinen Propheten* (KeH), Leipzig, 1881⁴, pp. 191-201.

[74] Voir K. BUDDE, *Das Rätsel von Micha 1*, dans ZAW, XXXVII, 1917-1918, pp. 77-108; E. SELLIN, *Das Zwölfprophetenbuch*, I (KAT, XII), Leipzig, 1929², pp. 309-317; W. RUDOLPH, *Micha*, 1975, pp. 37-39.

[75] Voir A. VAN HOONACKER, *Les Douze petits Prophètes*, 1908, pp. 355-364. Selon H.W. WOLFF, *Micha*, 1982, pp. 22-23, *Mich.*, I, 6.7b.8-13a.14-16 doit se situer entre 733 et 723, et plus probablement en 724 ou 723, au plus grave du siège de Samarie.

[76] Voir, entre autres, K. ELLIGER, *Die Heimat des Propheten Micha*, dans *Kleine Schriften zum Alten Testament*, pp. 56-66; J. LIPPL - J. THEIS, *Die zwölf kleinen Propheten*, I (HS, VIII/3/I), Bonn, 1937, p. 187; J. SCHARBERT, *Die Propheten Israels bis 700 v. Chr.*, 1965, pp. 331-332; V. FRITZ, *Das Wort gegen Samaria Mi 1,2-7*, dans ZAW, LXXXVI, 1974, pp. 316-317; J.L. MAYS, *Micah*, 1976, pp. 53-54; N. NA'AMAN, *Sennacherib's Campaign to Judah and the Date of the lmlk Stamps*, dans VT, XXIX, 1979, pp. 67-68 et 84-85.

[77] Th. H. ROBINSON, *Die Zwölf Kleinen Propheten*, 1964, pp. 132-133.

avertissement[78], un cri d'alarme[79], une menace[80] sous forme d'une lamentation anticipée[81] et situent le passage avant[82] ou pendant la campagne de 712[83] ou, plus rarement, avant l'expédition de Sennachérib en 701[84].

Comme l'élégie de David sur Saül et Jonathan (*II Sam.*, I, 19-27), la complainte de *Mich.*, I, 10-15, qui en dépend, doit se rapporter à des événements qui ont déjà eu lieu. Or, les événements évoqués par *Mich.*, I, 10-15, à savoir la défaite de plusieurs villes situées dans la Shephéla et sur les pentes du sud-ouest de la montagne de Juda et une grave menace pesant sur Jérusalem correspondent bien aux résultats de l'expédition de Sennachérib en 701. D'après ce que nous savons de l'histoire de Juda au temps de Michée, aucun autre moment ne correspond aussi bien — ni même de loin — à la situation supposée par notre passage.

G. Fohrer a, certes, opposé à cette interprétation de *Mich.*, I, 10-15 une série impressionnante d'arguments d'ordre stylistique, formel, géographique et historique[85]. On peut les résumer de la façon suivante : a) *Mich.*, I, 10-15 n'est pas une lamentation; le passage n'en suit pas le rythme; d'ailleurs, il n'y a dans la tradition prophétique aucune lamentation sur des événements passés; les affinités entre notre passage et *Is.*, X, 27b-32, qui est sans aucun doute tourné vers l'avenir, rendent peu vraisemblable l'hypothèse selon laquelle *Mich.*, I, 10-15 se rapporterait au passé. b) Ne mentionnant que quelques villes dans la région de Morèshèt-Gat, le passage ne reflète pas l'ampleur des conquêtes de

[78] P. HAUPT, *Micah's Capucinade*, dans JBL, XXIX, 1910, p. 89.

[79] Voir R.E. WOLFE, *The Book of Micah*, 1956, pp. 907-910; H. MCKEATING, *Amos, Hosea, Micah*, 1971, p. 159.

[80] Voir W. NOWACK, *Die kleinen Propheten*, 1922, pp. 202-207; G. FOHRER, *Micha 1*, dans *Festschrift L. Rost*, 1967, pp. 74-80; R. VUILLEUMIER, *Michée*, 1971, pp. 18-24.

[81] Voir B. DUHM, *Anmerkungen zu den Zwölf Propheten, III. Buch Micha*, dans ZAW, XXXI, 1911, pp. 81-93, aux pp. 83-84; J.T. WILLIS, *The Structure of the Book of Micah*, dans SEÅ, XXXIV, 1969, pp. 31-33; F. BUCK, *Profetas Menores* (La Sagrada Escritura, AT, VI), Madrid, 1971, p. 291; J. JEREMIAS, *Die Deutung der Gerichtsworte Michas in der Exilzeit*, dans ZAW, LXXXIII, 1971, pp. 330-354, aux pp. 337-338; B. RENAUD, *op. cit.*, pp. 34-35, 48 et 58.

[82] Voir Sh. VERGON, *Two Dirges concerning Cities in Judah. A Literary-Historical Analysis of Micah 1, 10-16*, dans B.Z. LURIA (éd.), *Jubilee Volume B. Ben-Yehudah*, Jerusalem, 1981, pp. 259-280.

[83] O. PROCKSCH, *Gat*, dans ZDPV, LXVI, 1943, pp. 174-191, à la p. 180.

[84] Voir R. VUILLEUMIER, *op. cit.*, pp. 18-24. Selon Chr. HARDMEIER, *Texttheorie und biblische Exegese. Zur rhetorischen Funktion der Trauermetaphorik in der Prophetie*, 1978, pp. 355-361, *Mich.*, I, 8-16 est à la fois une lamentation sur les villes de la Shephéla conquises par Sennachérib (vv. 10-15), et une annonce de malheur adressée à Jérusalem (v. 16); la pièce daterait de peu avant la capitulation de Jérusalem.

[85] *Micha 1*, dans *Festschrift L. Rost*, 1967, pp. 76-80.

Sennachérib. De plus, il ne s'intéresse pas au sort de Jérusalem, qui était sans aucun doute l'un des principaux objectifs de Sennachérib. Finalement, la mention de Gat (v. 10aα) exige une datation antérieure à 711, date où la ville fut conquise par l'Assyrie. G. Fohrer conclut donc que *Mich.*, I, 10-15 est une annonce de malheur que le prophète a adressée à Juda peu après 721 [86].

Reprenons rapidement les arguments de G. Fohrer. a) Certes, la pièce ne suit pas le rythme de la *qînāh* de façon régulière, mais ce n'est qu'en faisant une certaine violence au texte que G. Fohrer peut exclure entièrement le mètre 3+2 des vv. 13-15. Et, surtout, ce n'est qu'en adoptant la lecture de la Pesh. (*l' tḥdwn*) ou de la LXX (*mê megalúnesthe*) [87], au v. 10aα, et en écartant ainsi la citation de *II Sam.*, I, 20 que G. Fohrer peut évacuer le ton élégiaque de la pièce. *Mich.*, I, 10-15 a sans doute des affinités avec *Is.*, X, 27b-32. L'un et l'autre passage contiennent une liste de villes dont ils évoquent le sort à l'aide d'assonances et de jeux de mots sur leurs noms respectifs. Procédé stylistique courant en poésie hébraïque, notamment chez les prophètes [88], l'emploi des assonances et des jeux de mots ne permet en aucune façon de conclure que les deux pièces ont la même forme ni qu'elles se réfèrent aux événements historiques de la même façon. En réalité, *Is.*, X, 27b-32 n'a aucun des éléments propres à la lamentation que l'on trouve en *Mich.*, I, 10-15. Contrairement à ce que dit G. Fohrer, I, 10-15 n'est pas le seul passage dans la tradition prophétique où on se lamente sur des événements passés [89]. G. Fohrer lui-même reconnaît le ton de la lamentation en *Is.*, I, 4-9, passage qu'il situe justement à la suite de l'expédition de Sennachérib [90]. D'après *Is.*, XXII, 1-14, passage que G. Fohrer situe également à la suite des événements de 701 [91], Isaïe se lamente sur ce qui vient d'arriver (vv. 4-8a) et affirme que la lamentation

[86] H.W. WOLFF, *Micha*, 1982, p. 18, reprend essentiellement les objections de G. FOHRER contre l'interprétation de la pièce dans le sens d'une vraie lamentation sur les villes conquises par Sennachérib en 701. H.W. WOLFF y ajoute le fait que le passage, tel qu'il le délimite (vv. 6.7b.8-13a.14-16), associe Israël et Juda dans le même malheur.

[87] *Op. cit.*, pp. 75-76.

[88] Voir, par exemple, L. ALONSO SCHÖKEL, *Estudios de poética hebrea*, Barcelona, 1963, pp. 86-117.

[89] Cela vaut aussi contre H.W. WOLFF, *Micha*, 1982, p. 18. Cet auteur reconnaît que le passage est une lamentation, mais estime que les prophètes se sont toujours servi de ce genre littéraire pour annoncer un malheur.

[90] *Das Buch Jesaja*, I, 1966, pp. 27-30; ID., *Jesaja 1 als Zusammenfassung der Verkündigung Jesajas*, dans ZAW, LXXIV, 1962, pp. 251-268, aux pp. 257-259, repris dans *Studien zur alttestamentlichen Prophetie (1949-1965)* (BZAW, 99), Berlin, 1967, pp. 148-166, aux pp. 154-156.

[91] *Das Buch Jesaja*, I, 1966, pp. 249-251.

était le comportement que Yahvé demandait à tout le peuple de Jérusalem (v. 12). L'affirmation relative au manque d'intérêt pour le sort de Jérusalem repose entièrement sur la correction arbitraire de *l^e^ša'ar y^e^rûšālāyim* en *l^e^ša'^a^rayim* (v. 12b)[92] et, comme nous l'avons vu, est à l'opposé même de la réalité. Certes, *Mich.*, I, 10-15 n'évoque pas la catastrophe de 701 dans toute son ampleur. G. Fohrer a sans doute raison d'expliquer le choix des villes, d'une part, par l'horizon du prophète, qui regarde à partir de Morèshèt-Gat, et, d'autre part, par les jeux de mots auxquels leurs noms se prêtaient[93]. Mais cette explication vaut aussi bien s'il s'agit d'une lamentation sur le malheur que les armées de Sennachérib viennent d'infliger à Juda, notamment aux environs de Morèshèt-Gat, qui a été parmi les régions les plus durement frappées, que s'il s'agit d'une menace prononcée peu après 721. Finalement, l'argument tiré de la mention de Gat (v. 10aα) en faveur d'une datation antérieure à 711 suppose que *Mich.*, I, 10a annonce un malheur à Gat. Or, cela repose entièrement sur ce qui nous semble être une incompréhension totale du sens et de la fonction du v. 10a. En effet, préférant la lecture de la Pesh. ou de la LXX à la lecture du TM, au v. 10a et corrigeant arbitrairement *bakô 'al-tibkû* en *bib^e^kî l^e^tibkû* (v. 10aβ)[94], G. Fohrer lit, au v. 10a, une menace adressée à Gat, ce qui est exactement le contraire de ce qui est écrit dans le TM. Appartenant à une expression plus ou moins stéréotypée[95] que le prophète emprunte à la complainte de David sur Saül et Jonathan pour en faire, non seulement l'ouverture de sa complainte, mais aussi un élément décisif dans la structuration de cette dernière[96], la mention de Gat, en *Mich.*, I, 10aα, ne fournit peut-être aucune donnée au sujet de la datation de *Mich.*, I, 10-15. Si toutefois l'opposition entre le v. 10a et les vv. 10b-15 reflète vraiment une situation historique, tout comme en *II Sam.*, I, 19-27, Gat a un statut ou un sort différents de ceux des autres

[92] *Micha 1*, dans *Festschrift L. Rost*, 1967, p. 76. G. FOHRER voit en *ša'^a^rayim* un nom de ville.

[93] *Micha 1*, dans *Festschrift L. Rost*, 1967, p. 79.

[94] *Op. cit.*, pp. 75-76. En cela G. FOHRER suit S. J. SCHWANTES, *Critical Notes on Micah I, 10-16*, dans VT, XIV, 1964, p. 455. D'après cet auteur, le *lamed* aurait une valeur emphatique, et la proposition serait à traduire : «with weeping you shall certainly weep». A un moment où la valeur emphatique du *lamed* n'était plus perçue on aurait introduit *'alef.* Voir les objections de B. RENAUD, *La formation du livre de Michée*, 1977, p. 22, n. 31, qui est pourtant partisan lui aussi de l'inversion du sens du v. 10aβ, et corrige *'l* en *'p*.

[95] A. S. VAN DER WOUDE, *Micha I, 10-16*, dans *Hommages à A. Dupont-Sommer*, 1971, pp. 352-353.

[96] A la différence de B. RENAUD, *op. cit.*, pp. 23 et 33-34, nous ne pensons pas que Gat ait été mentionnée avant tout à cause de son voisinage avec les autres villes nommées, ni de son rapport spécial à Morèshèt-Gat.

villes recensées aux vv. 10b-15. A la différence de ces dernières, Gat doit être une ville ennemie — indépendante ou sous contrôle de l'Assyrie ou d'un autre État philistin — que le malheur n'a pas touchée et à laquelle il fallait cacher le malheur de Juda, de peur que la réjouissance que celui-ci ne manquerait pas de provoquer dans Gat ne vienne agraver la douleur des Judéens[97].

En bref, nous concluons que *Mich.*, I, 10-15 témoigne de l'appréciation que Michée de Morèshèt donne de l'expédition de Sennachérib en Juda ainsi que de la réaction de ce prophète devant les conséquences de ladite expédition.

Aux yeux de Michée, l'expédition s'est soldée par un grand désastre pour Juda, sur lequel le prophète invite à se lamenter. En s'inspirant de

[97] Tout en acceptant le TM du v. 10a, W. RUDOLPH, *Zu Micha 1, 10-16*, dans *Festschrift für J. Ziegler*, 1972, pp. 234-236; ID., *Micha*, 1975, pp. 39, 45 et 50, pense que Michée a changé le sens de la citation de *II Sam.*, I, 20 en fonction d'une situation historique nouvelle. Ce sens aurait été bien rendu par la LXX (*hoi en Geth*). A la différence de *II Sam.*, qui s'adresse à l'ensemble des Israélites leur ordonnant de ne pas annoncer le malheur qui vient de les frapper dans la ville philistine de Gat, *Mich.*, I, 10a est une consigne de discrétion adressée aux habitants de la ville judéenne de Gat qui ne doivent pas pleurer trop fort. W. RUDOLPH interprète d'ailleurs dans le même sens le v. 10b. La raison de cette consigne de discrétion résiderait dans le fait que Gat et Beth Leaphra (ou Afra selon W. RUDOLPH) seraient des villes frontalières et que, par conséquent, il y aurait danger que, à partir de là, la nouvelle du malheur judéen se répandît en Philistie. W. RUDOLPH a, certes, senti l'opposition, mais, à notre avis, en a mal délimité les termes et en a proposé une interprétation que rien ne fonde. Contrairement à l'opinion de W. RUDOLPH, ce n'est pas l'ensemble du v. 10 qui s'oppose aux vv. 11-16. L'opposition existe déjà à l'intérieur du v. 10. A l'interdiction de publier la nouvelle dans Gat et d'y pleurer (v. 10a) s'oppose le rite de deuil que l'on doit accomplir à Beth Leaphra (v. 10b). L'opposition est donc entre le v. 10a et les vv. 10b-15. L'interprétation de W. RUDOLPH repose entièrement sur le présupposé selon lequel Gat était une ville judéenne au moment où la complainte fut entonnée, quelque temps avant 722 selon cet exégète. Or, ce présupposé est loin d'être certain. *II Chr.*, XXVI, 6 attribue, certes, à Ozias le démantelement des remparts de Gat, Yabné et Ashdod, et la colonisation de ces villes. Si l'on accepte ces informations, à vrai dire très suspectes, il faudra admettre qu'au moins Ashdod et Gat ont vite repris leur indépendance. En effet, il ressort clairement des documents assyriens relatifs à la révolte menée par Ashdod entre 713 et 712 et à l'expédition punitive de 712 que les cités d'Ashdod et Gat n'étaient pas alors dépendantes de Juda. En ce qui concerne la ville de Gat, si elle était dépendante — ce qui n'est pas certain — c'était d'Ashdod. On pourrait peut-être invoquer *II Chr.*, XXVIII, 8, qui rapporte des conquêtes philistines en territoire sous contrôle judéen, au temps d'Achaz, mais la valeur historique de ce passage est également très douteuse. N. NA'AMAN, *Sennacherib's 'Letter to God' on his Campaign to Judah*, dans BASOR, CCXIV, 1974, pp. 25-39; ID., *Sennacherib's Campaign to Judah and the Date of the lmlk Stamps*, dans VT, XXIX, 1979, pp. 61-86, suggère que la ville de Gat a été conquise et annexée par Ézéchias dans le cadre de sa révolte anti-assyrienne, et qu'elle a été parmi les premières villes conquises par Sennachérib. La conquête assyrienne de Gat aurait donc entraîné la libération de cette ville par rapport à Juda. *Mich.*, I, 10a témoignerait-il de rapports hostiles entre Juda et Gat, supposés par l'hypothèse de N. NA'AMAN?

l'élégie de David sur Saül et Jonathan (*II Sam.*, I, 19-27) pour composer sa propre complainte, Michée indique qu'il voit dans ce qui vient d'arriver à Juda un malheur comparable au malheur qui avait jadis frappé Israël lorsque la mort de Saül et de Jonathan sur le champ de bataille avait mis la survie du peuple en danger. A la différence de l'élégie sur Saül et Jonathan, *Mich.*, I, 10-15 dit explicitement que ce malheur est l'œuvre de Yahvé.

Le point de vue de Michée sur les événements de 701 coïncide donc avec celui d'Isaïe de Jérusalem, tel qu'il s'exprime en *Is.*, I, 4-8 et XXII, 1-14. Mais, à la différence de *Is.*, I, 4-8 et de XXII, 1-14, *Mich.*, I, 10-15 ne donne pas la raison d'une si terrible intervention de Yahvé contre son peuple.

TROISIÈME PARTIE

LA MENACE DE SENNACHÉRIB ET LA DÉLIVRANCE DE JÉRUSALEM DANS LES TEXTES SECONDAIRES DE IS., I-XXXV

Les critiques s'accordent en général pour mettre en rapport avec les événements de 701, non seulement les oracles isaïens que nous avons étudiés dans la deuxième partie, mais aussi une série de passages de *Is.*, I-XXXIII : ceux-ci annoncent l'intervention de Yahvé pour protéger Jérusalem (XXXI, 5) et mettre en déroute l'Assyrie (XXX, 27-33; XXXI, 8-9) ou la horde des peuples se ruant à l'assaut de Jérusalem (XVII, 12-14; XXIX, 5-8). Nous allons passer en revue quelques-uns de ces textes.

1. *Is., XXXI, 5.8-9 — Yahvé protège et délivre Jérusalem et défait l'Assyrie.*

5. Comme des oiseaux qui volent,
ainsi Yahvé Sabaot défendra Jérusalem,
défendant il délivrera,
protégeant il fera échapper.

8. Assur tombera par une épée qui n'est pas d'un homme,
l'épée qui n'est pas d'un humain le dévorera.
Il s'enfuira devant l'épée,
et ses jeunes gens seront soumis à la corvée.

9. Dans sa terreur il abandonnera son rocher
et ses chefs seront effrayés par le signal.
Oracle de Yahvé, dont le feu est à Sion
et la fournaise à Jérusalem.

La structure du v. 5 est identique à celle du v. 4. Ces deux versets sont en effet construits sur une comparaison, dont les articulations sont *ka'ᵃšèr - kén* (v. 4) et *k - kén* (v. 5). La réalité que l'on compare est, dans les deux cas, une action de Yahvé à l'égard de Jérusalem. Le terme de comparaison est emprunté au monde animal : l'action du lion rugissant sur sa proie, au v. 4, et des oiseaux qui volent, au v. 5.

Pourtant, le sens des deux versets est diamétralement opposé. Alors que le v. 4 annonce à Jérusalem que Yahvé lui-même lui fera la guerre, le v. 5 promet que Yahvé protégera la ville et la fera échapper (à ses ennemis). Les deux versets étant simplement juxtaposés, rien ne permet de rendre compte de la succession de ces deux comportements contradictoires. Certes, plusieurs critiques estiment que le v. 5 est la suite primitive du v. 4. D'aucuns s'appuient sur l'interprétation du v. 4 dans le sens d'une promesse de protection faite à Jérusalem, interprétation qui nous paraît à rejeter[1]. D'autres supposent que les vv. 4-5

[1] Voir *supra*, chap. Vᵉ, pp. 230-233.

correspondent à la conception d'Isaïe concernant le plan de Yahvé à l'égard de Jérusalem : selon le prophète, le châtiment purificateur serait suivi du salut[2]. Rien ne permet de supposer que l'attaque de Yahvé (v. 4) a en vue la purification de Jérusalem. Nous nous rangeons donc à l'opinion des auteurs qui dissocient le v. 5 du v. 4, et y voient quelque chose de nouveau[3].

Avec de nombreux critiques, on peut admettre que l'appel à la conversion, identifiée au rejet des idoles (vv. 6-7), n'est pas la suite primitive du v. 5, mais un ajout postérieur[4].

En revanche, l'annonce de la défaite de l'Assyrie, aux vv. 8-9, fait pendant à la protection de Yahvé, promise à Jérusalem au v. 5. L'opinion de ceux qui rattachent les vv. 8-9 au v. 5 nous paraît donc la plus probable[5].

Certains auteurs estiment que «des oiseaux qui volent» sont une mauvaise image aussi bien de Yahvé que de la protection. C'est pourquoi ils pensent que les oiseaux évoquaient primitivement les habitants ou les défenseurs de Jérusalem en fuite[6]. La comparaison avec les «oiseaux qui volent» représenterait un fragment d'un oracle isaïen dans lequel les oiseaux seraient une image de la défaite. Cette image de malheur aurait cependant été postérieurement changée en une évocation du salut[7]. Pareille hypothèse est dépourvue de fondements convaincants. Comme le remarque E. J. Kissane[8], si les oiseaux avaient évoqué la fuite, il serait normal que la réinterprétation de l'image donnât lieu à une annonce du rassemblement[9], et non à une promesse de protection pour Jérusalem.

L'image «des oiseaux qui volent», utilisée pour évoquer la protection,

[2] Voir, par exemple, O. H. STECK, *Friedensvorstellungen im alten Jerusalem*, 1972, p. 55, n. 150; H.-J. HERMISSON, *Zukunftserwartung und Gegenwartskritik in der Verkündigung Jesajas*, dans EvTh, XXXIII, 1973, pp. 54-77, à la p. 56, n. 9; K. KOCH, *The Prophets*. I. *The Assyrian Period*, 1982, pp. 130-132; J. J. M. ROBERTS, *Isaiah in Old Testament Theology*, dans Interp., XXXVI, 1982, pp. 130-143, à la p. 137.

[3] Voir les références *supra*, chap. V^e^, n. 501.

[4] Voir entre autres K. MARTI, *Das Buch Jesaja*, 1900, p. 232; R. B. Y. SCOTT, *The Book of Isaiah*, 1956, p. 340; H. DONNER, *Israel unter den Völkern*, 1964, p. 136; O. KAISER, *Der Prophet Jesaja*, II, 1973, pp. 250 et 253-254; H. BARTH, *Die Jesaja-Worte*, 1977, pp. 80-81, 90-92 et 292-294; J. VERMEYLEN, *Du prophète Isaïe à l'Apocalyptique*, I, 1977, p. 423; H WILDBERGER, *Jesaja*, III, 1982, pp. 1236, 1239 et 1244-1245.

[5] Voir H. BARTH, *op. cit.*, pp. 80-92; R. E. CLEMENTS, *Isaiah and the Deliverance of Jerusalem*, 1980, pp. 48-50.

[6] Voir G. FOHRER, *Das Buch Jesaja*, II, 1967, p. 121.

[7] Voir K. MARTI, *Das Buch Jesaja*, 1900, p. 232; O. PROCKSCH, *Jesaja I*, 1930, pp. 407-408; W. EICHRODT, *Der Herr der Geschichte*, 1967, p. 193, n. 1; J. VOLLMER, *Geschichtliche Rückblicke*, 1971, pp. 174-175.

[8] *The Book of Isaiah*, 1960, pp. 342-343.

[9] *Cf. Os.*, XI, 11.

doit être rapprochée d'une image semblable en *Is.*, X, 14[10]. Ce verset se présente comme une citation de l'Assyrie personnifiée, qui se vante dans les termes suivants :

«Ma main a atteint comme un nid les richesses des peuples.
Comme on ramasse des œufs abandonnés,
moi, j'ai ramassé toute la terre
et nul n'a battu des ailes,
ouvert le bec, poussé un pépiement».

L'Assyrie se targue d'être invincible : elle prétend que les peuples ne lui ont pas opposé la moindre résistance, et les compare à des oiseaux effrayés qui abandonnent leur nid au prédateur, sans même avoir esquissé un geste de défense.

A notre avis, XXXI, 5 et X, 14 emploient la même image. Plus précisément, XXXI, 5 prend le contre-pied de X, 14 : l'Assyrie s'est bien emparée de la richesse des peuples, comme on pille un nid que l'oiseau effrayé n'ose pas défendre. Il n'en ira pas de même avec Jérusalem, car Yahvé sera là pour protéger la ville, comme des oiseaux défendent farouchement le nid. Voilà ce qui explique l'image de *Is.*, XXXI, 5, que d'aucuns ont trouvée peu adéquate.

Le v. 5b développe la promesse de protection au moyen de deux paires de verbes, constituées chacune par un infinitif abs. qal et un parf. consec. hif. La première paire reprend *gnn* («défendre», «protéger») et ajoute *hṣyl* («délivrer»); la seconde est formée par *psḥ* et *hmlyṭ* («faire échapper»). Le verbe *hṣyl* est très fréquent dans la Bible. On notera cependant qu'il est l'un des mots-clés des récits de *II Rois*, XVIII, 13-XX, 19 et par.[11]. Le hif. de *mlṭ* ne se retrouve qu'en *Is.*, LXVI, 7, où il a la nuance d'accoucher. Le nif. et le piel sont cependant assez fréquents, tandis qu'il y a aussi des attestations du hitp. En revanche, le verbe *gnn* est d'un emploi assez rare. En dehors de *Is.*, XXXI, 5, il ne se retrouve que dans les récits de *II Rois*, XVIII, 13-XX, 19 et par., au qal, et aussi en *Zach.*, IX, 15 et XII, 8, au hif.[12].

A son tour, le verbe *psḥ*, avec une connotation proche de celle qu'il a dans notre passage, est encore plus rare, puisqu'il ne se retrouve qu'en *Ex.*, XII, 13.23.27[13]. La traduction courante, «passer outre»,

[10] Voir R. E. CLEMENTS, *Isaiah and the Deliverance of Jerusalem*, 1980, p. 49.

[11] Voir *infra*, pp. 335, 430-431 et 466-467.

[12] Voir *infra*, p. 469.

[13] Les lexicographes discutent pour savoir s'il existe une ou deux racines *psḥ* en hébreu. BDB, p. 820 et F. ZORELL, *Lexicon*, p. 659 distinguent *psḥ* I («pass» or «spring over», «protexit», «salvavit») et *psḥ* II («limp», «claudicavit»). D'après B. COUROYER, *L'origine égyptienne du mot Pâque*, dans RB, LXII, 1955, pp. 481-496, il y aurait à l'origine un mot égyptien *pèsaḥ* signifiant «coup» et une racine hébraïque composée des

«épargner», ne paraît pas convenir au contexte de *Is.*, XXXI, 5. Cette traduction suppose en effet que Yahvé s'abstiendrait d'exécuter une menace qu'il ferait peser lui-même sur Jérusalem. Or, tel n'est pas le cas. *Is.*, XXXI, 5 suppose sans nul doute que Jérusalem est menacée, mais pas par Yahvé. Au contraire, Yahvé est celui qui protège Jérusalem contre la menace de quelqu'un d'autre. Le parallélisme invite à voir en *psḥ* pratiquement un synonyme de *gnn* («défendre», protéger»)[14], de même que *ḥṣyl* et *hmlyṭ* sont pratiquement synonymes.

L'emploi du verbe *psḥ* en *Is.*, XXXI, 5, le seul, en dehors de *Ex.*, XII, à avoir la connotation de protection et de salut, paraît difficilement fortuit. Nous y voyons une référence explicite aux traditions de la Pâque[15]. On notera encore que, en *Ex.*, XII, 27, on trouve associés *psḥ* et *hṣyl*, comme en *Is.*, XXXI, 5.

Le v. 8a applique à l'Assyrie ce que *Is.*, XXXI, 3 dit de l'Égypte et, en partie, de Juda. L'épée, qui n'est pas celle d'un homme, correspond aux oppositions entre l'Homme et Dieu, la Chair et l'Esprit du v. 3a. Dans les deux cas, on trouve l'image de la chute (*npl*) : celle de Juda (v. 3b) et celle d'Assur (v. 8a) qui, l'une et l'autre, sont l'œuvre de Yahvé. Par ailleurs, l'épée dévorante, qui est une des branches de l'alternative devant laquelle se trouve Juda (*Is.*, I, 19-20), est ici tournée contre l'Assyrie. La fuite devant l'Assyrie est l'un des thèmes dont Isaïe se sert plus d'une fois pour évoquer le châtiment que Yahvé infligera à son peuple (*Is.*, X, 3.29; XXX, 16-17). *Is.*, XXXI, 8b tourne donc ce thème contre l'Assyrie. Le v. 9a paraît prendre le contre-pied du v. 4 : alors que Yahvé ne sera pas effrayé (*lo' yéhāt*) par les cris des défenseurs de Jérusalem (v. 4), les chefs assyriens seront effrayés par le signal (*nés*), vraisemblablement «le signal de rassemblement et de danger hissé sur

mêmes consonnes et signifiant «clocher», «claudiquer». Grâce à leur rapprochement, *pèsaḥ*, le «coup de Yahvé» contre les Égyptiens est devenu le «saut» du même Yahvé épargnant les Hébreux, et le verbe *psḥ* a pris le sens d'épargner. On se reportera encore à KBL, III, 1983^3, pp. 892-893, où l'on trouve des indications bibliographiques.

[14] Voir notamment F. ZORELL, *ibidem*; L. KOPF, *Arabische Etymologien und Parallelen zum Bibelwörterbuch*, dans VT, VIII, 1958, pp. 161-215, aux pp. 194-195; T. F. GLASSON, *The 'Passover', a Misnomer : The Meaning of the Verb pasach*, dans JThS, NS, X, 1959, pp. 79-84, à la p. 79; W. H. IRWIN, *Isaiah 28-33*, 1977, p. 114. La nuance de «protéger», «défendre» est certainement préférable à celle de «passer outre», «épargner», du moins en *Ex.*, XII, 23b, passage que l'on attribue habituellement à J.

[15] L'allusion est habituellement reconnue par la critique. D'après certains auteurs, *pāsoªḥ*, en *Is.*, XXXI, 5, dériverait justement du subst. *pèsaḥ*, et signifierait «faisant une Pâque» : c'est en répétant l'intervention de la nuit de Pâque que Yahvé sauvera Jérusalem; voir W. RIEDEL, *Miscellen*, dans ZAW, XX, 1900, p. 323; J. B. SEGAL, *The Hebrew Passover*, London, 1963, pp. 97-98; E. OLÁVARRI, *La celebración de la Pascua y Acimos en la Legislación del Antiguo Testamento*, dans EstB, XXXI, 1972, pp. 17-41, aux pp. 28-29.

Sion»[16]. Isaïe emploie le thème le thème du signal aussi bien en rapport avec l'Assyrie qu'en rapport avec Juda, mais dans des contextes entièrement différents. *Is.*, XXXI, 9aβ paraît prendre le contre-pied de l'un et de l'autre de ces emplois. Alors que, d'après V, 26, l'Assyrie accourt dès que Yahvé hisse le signal, d'après XXXI, 9aβ, ses chefs seront effrayés à la vue du signal, et s'en éloigneront. Alors que, en *Is.*, XXX, 17, le thème du signal sert à évoquer la fuite de Juda devant l'Assyrie, en XXXI, 9aβ, ce thème est associé à la fuite de l'Assyrie elle-même.

On a fait remarquer que l'annonce de la fuite et de la corvée, aux vv. 8b-9a, a de quoi surprendre après le v. 8a, où il est question d'être dévoré par une épée qui n'est pas celle d'un humain[17]. «Le manque apparent de logique» est peut-être dû, comme le suggère J. Vermeylen[18], au style nettement anthologique du passage.

La formule de conclusion de l'oracle (v. 9b) donne finalement la raison de l'intervention de Yahvé, à savoir son lien étroit avec Sion, où se trouve son feu et sa fournaise. Quoi qu'il en soit de l'origine de ces thèmes, qui reste difficile à déterminer, le feu et la fournaise évoquent les conséquences de la présence de Yahvé à Sion : protection pour Jérusalem et destruction pour ses ennemis[19]. La «fournaise» est sans doute à rapprocher du «bûcher» mentionné en *Is.*, XXX, 33. L'une et l'autre se trouvent à Jérusalem et sont en rapport avec la destruction de l'Assyrie[20].

D'aucuns soutiennent l'authenticité isaïenne de *Is.*, XXXI, 5.8-9[21]. H. Wildberger propose de le dater précisément des dernières phases du siège de Jérusalem par Sennachérib en 701[22].

Le caractère nettement anthologique du passage déconseille de l'attribuer à Isaïe, et cela d'autant plus que *Is.*, XXXI, 5.8-9 ne dépend pas seulement des oracles isaïens, mais puise aussi dans les traditions de l'Exode, qui ne sont nulle part ailleurs mentionnées dans les oracles authentiques du prophète[23].

[16] B. COUROYER, *Le NES biblique, signal ou enseigne?*, dans RB, XCI, 1984, pp. 5-29, à la p. 20.

[17] Voir, par exemple, K. MARTI, *Das Buch Jesaja*, 1900, pp. 232-233; H. DONNER, *Israel unter den Völkern*, 1964, p. 136; H. BARTH, *Die Jesaja-Worte*, 1977, pp. 81-82.

[18] *Du prophète Isaïe à l'Apocalyptique*, I, 1977, p. 424, n. 2.

[19] Voir, par exemple, H. BARTH, *op. cit.*, p. 82, n. 34 et H. WILDBERGER, *Jesaja*, III, 1982, pp. 1246-1248.

[20] Voir J. VERMEYLEN, *Du prophète Isaïe à l'Apocalyptique*, I, 1977, p. 424.

[21] On notera que ces auteurs y rattachent aussi le v. 4, sinon les vv. 1-4. Voir *supra*, chap. Ve, nn. 497-500.

[22] *Jesaja*, III, 1982, p. 1240.

[23] La seule raison pour laquelle H. WILDBERGER, *Jesaja*, III, 1982, pp. 1243-1244, hésite à voir en *Is.*, XXXI, 5 une allusion explicite à l'Exode est le fait que les oracles d'Isaïe ne se réfèrent pas à ces traditions.

Le v. 5 se présente comme une sorte de neutralisation de la menace du v. 4. Nous nous rallions dès lors à l'opinion qui tient le v. 5 pour une réinterprétation du v. 4 dans un sens favorable à Jérusalem[24]. L'auteur du v. 5 a repris la structure du v. 4, mais il y a inséré un message entièrement opposé; il l'exprime, entre autres, au moyen d'une image empruntée à *Is.*, X, 14 et par une référence aux traditions de la Pâque.

La reprise de l'image de *Is.*, X, 14 suggère l'identité de l'ennemi contre lequel Yahvé défendra Jérusalem : il s'agirait de l'Assyrie. Certes, le v. 4 annonce que Yahvé lui-même fera la guerre à Sion. On sait cependant que Yahvé se servait pour cela de l'Assyrie (*Is.*, X, 5). Par ailleurs, l'allusion à la Pâque suggère que l'intervention de Yahvé est à double sens : elle est protectrice pour Jérusalem, comme pour les premiers-nés des Hébreux, et destructrice pour l'Assyrie, comme pour les premiers-nés des Égyptiens. Cela confirme le lien qui rattache le v. 5 et les vv. 8-9, ainsi que leur appartenance à la même couche rédactionnelle[25].

2. *Is., XXX, 27-33 — à la grande joie de Jérusalem, le feu de Yahvé dévorera l'Assyrie.*

27. Voici que le Nom de Yahvé arrive de loin
— ses narines sont enflammées,
dense est la colonne de fumée[26];
ses lèvres sont remplies de fureur
et sa langue est comme un feu dévorant,
28. son souffle est comme un torrent débordant qui atteint jusqu'au cou —

[24] Voir, par exemple, S. H. BLANK, *Prophetic Faith in Isaiah*, New York, 1958, pp. 14-15; H. DONNER, *Israel unter den Völkern*, 1964, p. 136; B.S. CHILDS, *Isaiah and the Assyrian Crisis*, 1967, pp. 58-59; J.G. WILLIAMS, *The Alas-Oracles of the Eighth Century Prophets*, dans HUCA, XXXVIII, 1967, pp. 75-91, aux pp. 90-91; H. BARTH, *Die Jesaja-Worte*, 1977, pp. 83-85 et 88-90; J. VERMEYLEN, *Du prophète Isaïe à l'Apocalyptique*, I, 1977, pp. 422-423; R.E. CLEMENTS, *Isaiah and the Deliverance of Jerusalem*, 1980, pp. 48-49; J.Ch. EXUM, *Of Broken Pots, Fluttering Birds and Visions in the Night : Extended Simile and Poetic Technique in Isaiah*, dans CBQ, XLIII, 1981, pp. 336-338.

[25] J. VERMEYLEN, *Du prophète Isaïe à l'Apocalyptique*, I, 1977, pp. 423-424, suggère de dissocier les vv. 8-9 du v. 5, mais uniquement parce que, à son avis, «la relecture des oracles anti-assyriens» à laquelle appartient *Is.*, XXXI, 5, «ne parle jamais de la défaite d'Assur (v. 8a), mais de l'anéantissement des 'peuples nombreux' qui assaillent Jérusalem (...)».

[26] Le sens de *w^{e}kobèd maśśā'āh* est discuté. Voir H. WILDBERGER, *Jesaja*, III, 1982, pp. 1207-1208 et 1218. Notre traduction suppose que *mś'h* est synonyme de *maś'ét* attesté en *Jug.*, XX, 38-40, *Jér.*, VI, 1 et dans les Lettres de Lakish (IV, 10) au sens de «signal de fumée». Dans le même sens, voir H. BARTH, *Die Jesaja-Worte*, 1977, pp. 92-93. Avec V. SASSON, *An Unrecognized «Smoke-Signal» in Isaiah XXX, 27*, dans VT, XXXIII, 1983, pp. 90-95, il faut peut-être vocaliser *ûk^{e}bad maśśû'āh*.

pour passer les nations au crible destructeur[27]
et mettre une bride d'égarement aux mâchoires des peuples.
29. Vous chanterez
comme la nuit où l'on célèbre la fête,
la joie au coeur comme celui qui marche au son de la flûte
pour venir à la montagne de Yahvé,
vers le Rocher d'Israël.
30. Yahvé fera entendre sa voix majestueuse,
et il montrera son bras qui s'abat,
dans la violence de sa colère,
dans la flamme d'un feu dévorant,
dans une tornade de pluie et de grêle.
31. Car Assur sera effrayé à la voix de Yahvé
qui frappera du bâton.
32. Chaque fois qu'il passera, ce sera la férule du châtiment[28]
que Yahvé fera tomber sur lui,
au son des tambourins et des harpes,
et dans les combats[29], qu'il livrera,
la main brandie contre lui[30].
33. Car depuis longtemps est préparé le bûcher[31]
— il l'est aussi pour le roi —
On a préparé son bûcher profond et large,

[27] La traduction de *lah*^{a}*nāp*^{h}*āh* (...) *b*^{e}*nāp*^{h}*at* (...) par «passer au crible» est contestée. Sur la base de la comparaison à l'arabe *nāfa* («être haut», «dominer») et *jāfun* ou *jūfun* («joug»), H.L. GINSBERG, *An Obscure Hebrew Word*, dans JQR, XXII, 1931-1932, pp. 143-145, a proposé de rendre le passage par «To yoke the nations in a yoke of error ...». Cette traduction fournirait peut-être un meilleur parallèle aux images du stique suivant; voir H. BARTH, *op. cit.*, pp. 92-94.

[28] En lisant avec quelques mss un dérivé de la racine *ysr* au lieu de *mûsādāh*. La forme *mûsārāh* n'étant pas attestée, on pourrait penser à *mûsāroh* («son châtiment»). Voir H. BARTH, *op. cit.*, pp. 92 et 94-95; H. WILDBERGER, *Jesaja*, III, 1982, pp. 1207-1209.

[29] Le v. 32b est probablement corrompu. On corrige habituellement *ûb*^{e}*milḥ*^{a}*môt* («et dans les combats») en *ûbim*^{e}*ḥolôt* («et dans les danses»); voir, par exemple, J. VERMEYLEN, *Du prophète Isaïe à l'Apocalyptique*, I, 1977, p. 417, n. 3; H. WILDBERGER, *Jesaja*, III, 1982, pp. 1207 et 1209.

[30] En vocalisant *boh* au lieu de *bāh*. Voir H. WILDBERGER, *Jesaja*, III, 1982, pp. 1207 et 1209.

[31] Une grande incertitude entoure le mot *top*^{h}*tèh*. On se demande notamment si le *h* final fait partie du mot, ou s'il est un élément qui lui a été ajouté à tort ou à raison. Le contexte suggère le sens de «bûcher»; voir, entre autres, H. BARTH, *Die Jesaja-Worte*, 1977, pp. 92 et 95-96; H. WILDBERGER, *Jesaja*, III, 1982, pp. 1207 et 1210. Le terme fait peut-être aussi allusion à l'endroit de la Géhenne (*Tophèt*) où l'on pratiquait le culte de Moloch. Voir, par exemple, J. VERMEYLEN, *Du prophète Isaïe à l'Apocalyptique*, I, 1977, p. 418, n. 3; H. WILDBERGER, *Jesaja*, III, 1982, pp. 1223-1224.

feu et bois sont en abondance.
Le souffle de Yahvé comme un torrent de soufre
y mettra le feu.

En dépit des difficultés de détail, le sens global de *Is.*, XXX, 27-33 est clair.

Les vv. 27-28 évoquent une théophanie. Le v. 27aα affirme que le Nom de Yahvé vient de loin. Les vv. 27aβ-28aα signalent les manifestations de la terrible colère de Yahvé. Le v. 28aβ-b énonce le but de la théophanie : Yahvé intervient contre les nations.

Formulé à la 2e pers. plur. (*lākèm*), le v. 29 s'adresse aux habitants de Jérusalem, comme il ressort clairement de la proposition «pour venir à la Montagne de Yahvé, vers le Rocher d'Israël». Ce verset interrompt l'évocation de la théophanie pour brosser le tableau de ce qui se passera chez le peuple de Yahvé, à Jérusalem. Ce seront les chants et la joie, comme la nuit où l'on célèbre la fête, comme lorsqu'on se rend joyeusement en pèlerinage à Jérusalem.

Les vv. 30-32aαβ reviennent à la théophanie et annoncent le châtiment, non pas des nations en général, comme le laisserait supposer le v. 28b, mais uniquement d'Assur.

Au v. 32a et peut-être aussi au v. 32b, il est de nouveau question des manifestations de joie.

Finalement, le v. 33 revient au châtiment d'Assur, et évoque les préparatifs en vue de sa destruction. Celle-ci est présentée sous les traits d'une grandiose cérémonie d'exécution par le bûcher, un bûcher auquel le souffle de Yahvé lui-même a mis le feu.

La plupart des critiques voient en *Is.*, XXX, 27-33 une unité littéraire[32] mais, alors que d'aucuns l'attribuent avec plus ou moins de précautions au prophète Isaïe[33], d'autres datent le passage du VIIe siècle[34] ou

[32] On tient cependant en général pour secondaires, à la fin du v. 29, soit *behar-yhwh* (voir, par exemple, B. DUHM, *Das Buch Jesaja*, 1914, pp. 201-202; G. FOHRER, *Das Buch Jesaja*, II, 1967, pp. 110 et 113, n. 138), soit *'él-ṣûr yiśrā'él* (voir H. DONNER, *Israel unter den Völkern*, 1964, pp. 162-163), ainsi que *gam hû' lammèlèk* au v. 33 (voir, par exemple, B. DUHM, *op. cit.*, p. 203; O. PROCKSCH, *Jesaja I*, 1930, pp. 399 et 403; O. KAISER, *Der Prophet Jesaja*, II, 1973, pp. 243 et 246-247; H. BARTH, *op. cit.*, p. 96; J. VERMEYLEN, *op. cit.*, p. 418, n. 3; H. WILDBERGER, *op. cit.*, pp. 1207 et 1210).

[33] Voir, entre autres, B. DUHM, *op. cit.*, pp. 199-204; O. PROCKSCH, *op. cit.*, pp. 399-400; A. GUILLAUME, *Isaiah's Oracle Against Assyria (Isaiah 30, 27-33) in the Light of Archaeology*, dans BSOAS, XVII, 1955, pp. 413-415; J. SCHREINER, *Sion-Jerusalem Jahwes Königssitz*, 1963, pp. 253-255; G. FOHRER, *Das Buch Jesaja*, II, 1967, p. 111; L. SABOTKA, *Is. 30, 27-33 : ein Uebersetzungsvorschlag*, dans BZ, NF XII, 1968, pp. 241-245.

[34] De la première moitié; voir H. GRESSMANN, *Der Messias*, 1929, pp. 112-113; de la seconde moitié; voir P. AUVRAY, *Isaïe 1-39*, 1972, pp. 272-274.

plus précisément du règne de Josias[35], d'autres encore le situent après l'exil[36] ou plus précisément à l'époque séleucide[37].

L'unité de la pièce est cependant contestée par une partie de la critique. On a fait remarquer que *Is.*, XXX, 27-33 comporte deux scènes parallèles[38]. Il y a, d'une part l'intervention de Yahvé contre les peuples ou contre Assur (vv. 27-28. 30-32aβ.33), d'autre part les manifestations de joie de Jérusalem (vv. 29.32aγ.b[?]). Les deux scènes diffèrent complètement par les images et le contenu. Les images proviennent respectivement de la tradition de la théophanie et de la pratique de la fête.

B. S. Childs a en outre attiré l'attention sur le fait que, dans le premier niveau des oracles d'Isaïe, on ne trouve pas la fusion d'une menace contre les nations et d'un oracle de salut adressé à Israël. Pareille fusion est caractéristique de la littérature postexilique[39]. Pour cet auteur, l'histoire de la tradition de la théophanie confirme cette observation. En effet, la très grande majorité des promesses adressées à Israël qui en font usage sont postexiliques[40].

B. S. Childs conclut au caractère composite de *Is.*, XXX, 27-33. Ce passage comprend un fond isaïen et un développement secondaire. Le fond isaïen est représenté par la menace contre Assur (vv. 27-28. 30-32aαβ.33), le développement secondaire par la promesse à Juda (vv. 29.32aγ.b [?])[41].

De même que *Is.*, XXXI, 5.8-9, *Is.*, XXX, 27-33 a beaucoup de points de contact avec plusieurs oracles isaïens qui ont trait, explicitement ou implicitement, à l'Assyrie[42]. Parmi ces oracles on signalera surtout V, 26-29; VIII, 5-8a; X, 3.5-15*; XXVIII, 1-4.14-18; XXXI, 4.

On constate que *Is.*, XXX, 27-33 applique à Yahvé ce que les oracles isaïens disent de l'Assyrie. Comme l'Assyrie, Yahvé vient de loin

[35] H. BARTH, *Die Jesaja-Worte*, 1977, pp. 102-103.

[36] J. VERMEYLEN, *Du prophète Isaïe à l'Apocalyptique*, I, 1977, pp. 416-418.

[37] K. MARTI, *Das Buch Jesaja*, 1900, p. 230; H. DONNER, *Israel unter den Völkern*, 1964, p. 164.

[38] Voir G. FOHRER, *Das Buch Jesaja*, II, 1967, pp. 110-115; H. BARTH, *Die Jesaja-Worte*, 1977, pp. 97-98.

[39] B. S. CHILDS, *Isaiah and the Assyrian Crisis*, 1967, pp. 47-48.

[40] *Op. cit.*, pp. 48-50.

[41] *Op. cit.*, p. 50. Cette position est adoptée par H. WILDBERGER, *Jesaja*, III, 1982, pp. 1210-1215. Cet auteur tient aussi pour secondaire le mot *šém* (v. 27), car pareille représentation du Nom de Yahvé serait certainement sans parallèle chez Isaïe : *op. cit.*, pp. 1207 et 1214. Le caractère secondaire de *šém* est également affirmé par d'autres; voir B. DUHM, *Das Buch Jesaja*, 1914, pp. 199-200; G. FOHRER, *Das Buch Jesaja*, II, 1967, p. 110.

[42] Cela a été souligné par H. BARTH, *Die Jesaja-Worte*, 1977, pp. 101-102.

(*cf.* XXX, 27a[43] comp. V, 26a; X, 3 et aussi VIII, 9a); comme l'Assyrie, le souffle de Yahvé est comparé à un torrent débordant qui atteint jusqu'au cou (*cf.* XXX, 28a comp. VIII, 7-8a; XXVIII, 15b.18b et aussi XXVIII, 2b). A la comparaison de l'Assyrie à une averse (*zèrèm*) et à la grêle (*bārād*) (XXVIII, 2.17b) correspondent l'averse (*zèrèm*) et la grêle (*'èbèn bārād*) qui accompagnent la manifestation de Yahvé (XXX, 30). Dans tous ces textes, le flot débordant et les averses de pluie et de grêle suggèrent l'idée du caractère irrésistible. Mais, alors qu'en VIII, 5-8a et XXVIII, 1-4.14-18, ces images évoquent l'invasion assyrienne dont Yahvé se sert pour punir son peuple, en XXX, 27-33, elles évoquent l'intervention de Yahvé pour détruire l'Assyrie.

Comme en X, 5, il est question en XXX, 27 de la colère (*'ap^h*) de Yahvé et de sa fureur (*za'am*); comme en X, 5.15, il est question en XXX, 31-32 du bâton (*šébèt*) et de la férule (*maṭṭéh*). Mais, tandis que, en X, 5, la colère et la fureur de Yahvé ont Juda pour objet et l'Assyrie pour instrument, en XXX, 27, elles se portent contre l'Assyrie. Alors que, en X, 5-15, l'Assyrie est le bâton et la férule dont Yahvé se sert pour frapper Juda, en XXX, 31-32, c'est l'Assyrie elle-même que Yahvé frappera du bâton et de la férule.

La proposition *kî-miqqôl yhwh yéḥat 'aššûr* (XXX, 31a) est très proche de *miqqôlām lo' yéḥāt* (*Is.*, XXXI, 4). Yahvé ne sera pas effrayé par le bruit de ceux qui veillent sur Jérusalem (XXXI, 4). En revanche, Assur sera effrayé par le bruit de Yahvé (XXX, 31a).

On trouve aussi des points de contact entre *Is.*, XXX, 27-33 et des passages du livre d'Isaïe généralement tenus pour secondaires. Ces contacts cependant ne sont pas de même nature que ceux dont nous avons parlé jusqu'ici. Alors qu'il retourne, notamment contre l'Assyrie, les images de V, 26; VIII, 5-8a; X, 3.5-15*; XXVIII, 1-4.14-18; XXXI, 4, notre texte a en commun avec des passages secondaires quelques images employées exactement dans le même contexte de menace contre l'Assyrie. Tel est le cas des images du feu et de la flamme dévorants (XXX, 27. 30b.33b), que l'on retrouve en X, 16-17. Tel est aussi le cas de l'image de la bride aux mâchoires (XXX, 28), que l'on doit probablement rapprocher du croc et du mors que Yahvé mettra aux narines et aux lèvres du roi d'Assyrie (*II Rois*, XIX, 28 par. *Is.*, XXXVII, 29)[44].

On discute l'identification de la fête mentionnée en XXX, 29[45].

[43] Le «Nom de Yahvé».

[44] Les termes employés ne sont pas les mêmes. On a *rèsèn* (XXX, 28) et *mètèg* (*II Rois*, XIX, 28 par. *Is.*, XXXVII, 29). Ces termes se trouvent associés dans le *Ps.*, XXXII, 9. Ils désignent probablement deux pièces du harnais, dont la fonction est assez semblable («bride», «frein», «mors»), et difficile à déterminer exactement.

[45] Voir H. WILDBERGER, *Jesaja*, III, 1982, pp. 1220-1221.

Avec un grand nombre de critiques, on doit y voir, selon nous, la Pâque, la seule fête nocturne connue dans la période de l'Ancien Testament (*Ex.*, XII, 42; *Deut.*, XVI, 6-7; *cf.* aussi *Ex.*, XXXIV, 25; *Lév.*, XXIII, 5)[46]. Aussi rapprochons-nous XXX, 29 de XXXI, 5, où nous avons décelé une allusion à la Pâque[47], ainsi que de *II Rois*, XIX, 35 par. *Is.*, XXXVII, 36, où nous voyons également une référence aux événements de l'Exode[48].

De ce qui précède, il ressort donc que *Is.*, XXX, 27-33 présente un caractère anthologique. Plus précisément, ce passage retourne contre l'Assyrie plusieurs menaces isaïennes à l'encontre de Juda, menaces dont l'Assyrie était l'exécutrice. L'Assyrie devient ainsi, à son tour, la victime du traitement que, d'après les oracles en question, elle avait été chargée par Yahvé d'infliger à Juda et à Israël[49].

Ce retournement des oracles isaïens confère à *Is.*, XXX, 27-33 un caractère nettement secondaire[50]. Nous avons constaté par ailleurs un procédé semblable en *Is.*, XXXI, 5.8-9, passage qui contient lui aussi un élément de promesse à l'égard de Juda et un élément de menace à l'encontre de l'Assyrie; or, de sérieuses raisons conseillent de tenir ces versets pour secondaires[51]. Si, comme le pense H. Barth, *Is.*, XXX, 27-33 a d'abord suivi immédiatement *Is.*, XXX, 17[52], il y a eu entre *Is.*, XXX, 27-33 et *Is.*, XXX, 15-17 un rapport identique à celui qui existe entre *Is.*, XXXI, 5.8-9 et *Is.*, XXXI, 4. Dans les deux cas, la promesse à l'égard de Juda et la menace à l'encontre de l'Assyrie avaient pour but de corriger en quelque sorte la menace à l'encontre de Juda, qui précède.

Tous les indices nous semblent donc s'opposer à l'hypothèse de l'authenticité isaïenne. Il ne suffit pas de retrancher la promesse à l'égard de Juda, comme le font B. S. Childs[53] et H. Wildberger[54], car

[46] Parmi d'autres, A. DILLMANN, *Der Prophet Jesaja*, 1890⁵, p. 278; K. MARTI, *Das Buch Jesaja*, 1900, p. 228; O. PROCKSCH, *Jesaja I*, 1930, pp. 401-402; H. DONNER, *Israel unter den Völkern*, 1964, p. 164; H. BARTH, *Die Jesaja-Worte*, 1977, pp. 102-103; J. VERMEYLEN, *Du prophète Isaïe à l'Apocalyptique*, I, 1977, p. 418; H. WILDBERGER, *Jesaja*, III, 1982, p. 1220.

[47] Voir *supra*, pp. 293-294.

[48] Voir *infra*, chap. XIIᵉ, pp. 471-474.

[49] Voir H. BARTH, *Die Jesaja-Worte*, 1977, pp. 101-102; J. VERMEYLEN, *Du prophète Isaïe à l'Apocalyptique*, I, 1977, p. 417.

[50] Voir H. BARTH, *ibidem*; J. VERMEYLEN, *ibidem*.

[51] Voir *supra*, pp. 291-296.

[52] *Die Jesaja-Worte*, 1977, pp. 46-48 et 207. J. VERMEYLEN, *op. cit.*, pp. 416-419, estime lui aussi que *Is.*, XXX, 18.27-33 est antérieur à *Is.*, XXX, 19-26 et qu'il fut un temps où *Is.*, XXX, 18.27-33 suivait immédiatement *Is.*, XXX, 17.

[53] Voir *supra*, nn. 39-41.

[54] Voir *supra*, n. 41.

la formulation de la menace à l'encontre de l'Assyrie porte précisément les traces les plus nombreuses de dépendance à l'égard de plusieurs oracles isaïens[55]. On doit donc tenir pour secondaire l'ensemble de *Is.*, XXX, 27-33. Selon nous, ce passage fait partie de la même couche rédactionnelle que *Is.*, XXXI, 5.8-9 et que plusieurs autres relectures anti-assyriennes du livre d'Isaïe, dont nous parlerons plus loin[56].

De l'avis pratiquement unanime de la critique, *Is.*, XXX, 27-33 suppose que la destruction de l'Assyrie aura lieu à Jérusalem. Cette opinion a été contestée par H. Barth[57]; celui-ci s'appuie avant tout sur l'affirmation que Yahvé vient de loin. Yahvé part du lieu de sa demeure pour se rendre ailleurs. Trois lieux de la demeure de Yahvé — et par conséquent trois points de départ de la théophanie — sont théoriquement possibles : le ciel[58], le Sinaï[59] et Sion[60]. L'expression «de loin» déconseille l'hypothèse du ciel. Les traditions isaïennes ne parlent pas du Sinaï. Il ne reste que l'hypothèse de Sion. *Is.*, XXX, 27-33 suppose donc que Yahvé va intervenir loin de Sion. Vu que l'intervention vise l'Assyrie, on peut conclure, estime H. Barth, qu'elle aura pour cadre le lointain pays assyrien[61].

L'hypothèse de H. Barth est loin d'emporter la conviction. L'emploi du verbe *bw'* («venir») suppose que celui qui rapporte l'intervention divine se trouve, réellement ou fictivement, là où elle aura lieu. Dans l'hypothèse de H. Barth, il faut donc supposer que l'auteur de *Is.*, XXX, 27-33 se situe, du moins fictivement, au pays d'Assyrie. Or, rien dans le texte n'indique qu'il en soit ainsi. Bien au contraire, il n'y a aucun doute que l'auteur se situe à Jérusalem[62]. Aucun indice ne permet de supposer un changement spatial, ne fût-ce que fictif, de la part de l'auteur. Celui-ci s'adresse aux habitants de Jérusalem pour leur annoncer à la fois leur propre bonheur et le malheur de l'Assyrie, les deux étant d'ailleurs liés. H. Barth envisage de façon rigide la croyance en la présence de Yahvé à Sion. Cette croyance, qu'Isaïe exprime clairement en VIII, 18 («... de la part de Yahvé Sabaot qui réside dans la Montagne de Sion»), n'empêche pas ce même prophète de dire que Yahvé descendra, vraisemblablement du ciel, pour guerroyer contre

[55] Il ne suffit pas d'en retrancher l'un ou l'autre mot, comme font certains.
[56] Dans le même sens, H. BARTH, *Die Jesaja-Worte*, 1977, pp. 102-103 et 203-275.
[57] *Die Jesaja-Worte*, 1977, pp. 98-100.
[58] *Is.*, XXVI, 21; LXIII, 19; *Jér.*, XXV, 30; *Mich.*, I, 3; *Ps.*, XVIII, 10; CXLIV, 5.
[59] *Deut.*, XXXIII, 2; *Jug.*, V, 4-5; *Hab.*, III, 3; *Ps.*, LXVIII, 18.
[60] *Am.*, I, 2; *Ps.*, L, 2-3. D'après *Éz.*, I, 4, Yahvé vient du Nord.
[61] *Die Jesaja-Worte*, 1977, pp. 98-99.
[62] *Cf.* v. 29bβ.

la montagne de Sion (*Is.*, XXXI, 4)[63]. Selon nous, le complément de lieu «de loin» (*Is.*, XXX, 27), a été commandé par le souci d'opposer Yahvé à l'Assyrie, le peuple que Yahvé appelait «de loin» pour frapper Israël (*Is.*, V, 26; X, 3).

3. *Is.*, *XXIX*, *5-8 — par l'intervention de Yahvé la multitude des assiégeants de Jérusalem s'évanouit comme un rêve.*

5. La multitude de tes ennemis[64] sera comme une fine poussière,
La multitude des tyrans comme la bale qui s'envole.
Et il arrivera qu'en un instant, soudain,
6. elle sera visitée par Yahvé Sabaot,
dans le tonnerre, le fracas, le vacarme,
l'ouragan, la tempête et la flamme d'un feu dévorant.
7. Comme un rêve, une vision nocturne,
sera la multitude de toutes les nations qui guerroient contre Ariel
et tous ceux qui guerroient contre elle et sa forteresse
et la pressent.
8. Ce sera comme un affamé rêvant qu'il mange,
puis se réveillant le gosier vide,
Comme un assoiffé rêvant qu'il boit,
puis se réveille, et le voici épuisé, le gosier sec,
ainsi en sera-t-il de la multitude de toutes les nations
qui guerroient contre la montagne de Sion.

Is., XXIX, 5-8 est un passage très discuté. Aux vv. 4b-8 on lit à quatre reprises *w^e hāyāh* suivi de *k^e*- ou de *ka^a šèr* introduisant une comparaison, voire deux. A cela on ajoutera d'ailleurs *w^e hāyāh l^e* au v. 5bβ. Le texte paraît ainsi se diviser en une série de comparaisons juxtaposées.

Si la comparaison du v. 4b constitue une excellente conclusion de l'oracle en *hôy* des vv. 1-4[65], il n'en va pas de même avec les suivantes.

La construction du v. 5a.bα est très proche de celle du v. 4b. Par ailleurs, bien qu'en d'autres termes, le v. 5a.bα reprend l'idée de poussière. La fonction des images est cependant entièrement différente. La poussière

[63] Voir H. WILDBERGER, *Jesaja*, III, 1982, pp. 1216-1217.

[64] Au lieu de *zārāyik* («tes étrangers»), 1QIs^a lit *zèdāyik* («tes orgueilleux») et la LXX *asebôn* («des impies»). Le TM et 1QIs^a ne se distinguent que par la deuxième consonne, à savoir *r* et *d*, qui prêtent facilement à confusion. Les deux paires de mots sont attestées, notamment dans des passages secondaires du livre d'Isaïe : *zédîm-ʿārîṣîm* (*Is.*, XIII, 11; *Ps.*, LXXXVI, 14) et *zārîm-ʿārîṣîm* (*Is.*, XXV, 2-3.5; *Ps.*, LIV, 5). En *Is.*, XXV, 2.5, la LXX rend également *zārîm* (TM et 1QIs^a) par *asebôn*. En *Is.*, XXIX, 5a, le contexte favorise l'idée d'une multitude d'ennemis de l'extérieur, idée que *zārîm* rend bien (*cf. Is.*, I, 7; XXV, 2.5).

[65] Voir *supra*, chap. V^e, pp. 225-226.

évoque l'humiliation extrême infligée par Yahvé à Jérusalem qui, au v. 4b, se trouve réduite à un spectre; au v. 5a.bα, elle représente la disparition rapide de la multitude des étrangers et des tyrans de Jérusalem. Optant pour la lecture de 1QIs^{a} (*zèdāyik*) au lieu de la lecture du TM (*zārāyik*), plusieurs critiques voient au v. 5a.bα une menace contre les orgueilleux et les oppresseurs qui se trouvent parmi les habitants de Jérusalem, et dont notre texte annoncerait la disparition. Une fois la ville purifiée des impies, Yahvé la protégera. Voilà ce qui expliquerait l'annonce, aux vv. 7-8, de l'échec de toutes les nations qui guerroient contre Jérusalem[66].

Du point de vue de la critique textuelle, la lecture de 1QIs^{a} ne s'impose pas plus que celle du TM. Par ailleurs, il est normal que l'on identifie les multitudes (*h^{a}môn*) du v. 5a.bα et des vv. 7-8. Or, aux vv. 7-8, l'expression *h^{a}môn kŏl-haggôyim* désigne certainement une multitude d'étrangers. Il nous paraît donc préférable de garder le TM (*h^{a}môn zārāyik*) au v. 5a et d'y voir une allusion à des étrangers qui s'attaquent à Jérusalem[67].

D'après G. Fohrer[68], le passage de la menace contre Jérusalem (vv. 1-4) à la menace contre ses ennemis (vv. 5-8) s'expliquerait par la conversion de la ville, qui serait évoquée au v. 4. On ne peut pas non plus retenir cette hypothèse, car rien ne permet d'interpréter le v. 4 dans le sens d'une conversion. Par ailleurs, aux vv. 1-4, Yahvé menace Jérusalem de lui faire personnellement la guerre et de l'humilier. Qui est donc cette multitude anonyme d'ennemis, apparue ainsi brusquement au v. 5? Bref, la continuité entre le v. 4 et le v. 5a.bα paraît difficile, sinon impossible.

Les vv. 5bβ-6 posent eux aussi des problèmes. A la différence des versets qui les entourent, les vv. 5bβ-6, introduits par *w^{e}hāyāh l^{e}*, ne formulent aucune comparaison. Ils évoquent une théophanie[69]. Dans son contexte actuel, la visite de Yahvé est sans aucun doute favorable à Jérusalem. En a-t-il toujours été ainsi? Certains critiques pensent que

[66] Voir J. SCHARBERT, *Die Propheten Israels bis 700 v. Chr.*, 1965, p. 278; A. PENNA, *Isaia*, 1958, pp. 267-268; O.H. STECK, *Friedensvorstellungen im alten Jerusalem*, 1972, pp. 54-55, n. 149; H. BARTH, *Die Jesaja-Worte*, 1977, pp. 185-188; H. WILDBERGER, *Jesaja*, III, 1982, pp. 1099 et 1101.

[67] Dans le même sens, voir J.Ch. EXUM, *Of Broken Pots, Fluttering Birds and Visions in the Night: Extented Simile and Poetic Technique in Isaiah*, dans CBQ, XLIII, 1981, p. 344.

[68] *Das Buch Jesaja*, II, 1967, pp. 74-76.

[69] J. JEREMIAS, *Theophanie*, 1965, pp. 71 et 89-90; H.-M. LUTZ, *Jahwe, Jerusalem und die Völker*, 1968, p. 101.

les vv. 5bβ-6 évoquaient primitivement une visite punitive et constituaient, soit la suite des vv. 1-4[70], soit un fragment d'oracle contre Jérusalem[71], ou encore une variante secondaire, de type théophanique, des vv. 1-4.

Les vv. 5bβ-6 peuvent difficilement être la suite primitive des vv. 1-4. On notera les changements de locuteur et de destinataire. Alors que, aux vv. 2-4, Yahvé parle à la 1e pers. et s'adresse à Ariel à la 2e pers., au v. 6, on parle de Yahvé et de Jérusalem à la 3e pers.[72]. D'ailleurs, pourquoi insister sur la soudaineté de la théophanie (*lepʰèta' pit'om*) si Yahvé est déjà en train d'assiéger la ville depuis le v. 2? Pourquoi cette intervention réitérée de Yahvé contre Jérusalem, alors que la ville n'est plus qu'un spectre? Du point de vue de la forme, on ne perçoit pas ce que viendraient faire les vv. 5bβ-6 après le v. 4; celui-ci constitue une excellente conclusion, ce qui ne serait pas le cas des vv. 5bβ-6.

Le rapport entre les vv. 5bβ-6 et le v. 5a.bα n'est pas non plus facile à élucider. En effet, la disparition des ennemis (v. 5a.bα) précède l'intervention de Yahvé qui en est la cause (vv. 5bβ-6). Or, rien n'appuie les déplacements du v. 5a.bα, que l'on a parfois proposés, soit après le v. 6[73], soit après le v. 8[74].

Introduit par *wehāyāh ke-*, comme le v. 5a, le v. 7 contient une nouvelle comparaison. La multitude de tous les peuples qui guerroient contre Ariel est comparée à un rêve et à une vision nocturne. Le v. 7 annonce ainsi la disparition subite des ennemis de Jérusalem : cette idée était déjà exprimée par les images de la poussière et de la bale au v. 5a.bα, et par la soudaineté de la théophanie (v. 5bβ).

Introduit par *wehāyāh kaašèr*, le v. 8 contient également une comparaison. Terme de comparaison et réalité comparée sont les mêmes qu'au v. 7, à savoir le rêve[75] et la multitude de toutes les nations qui guerroient contre le mont Sion. Le v. 8b répète littéralement le v. 7aβ avec le seul changement de *arî'él* en *har ṣiyyôn*. L'image du rêve a cependant une fonction différente. Tandis que, au v. 7, il évoque la disparition des ennemis de Jérusalem, au v. 8, le rêve est attribué aux ennemis : il évoque leur frustration et leur déception[76]. Alors qu'ils croient s'emparer de

[70] Voir K. MARTI, *Das Buch Jesaja*, 1900, pp. 212-214; R.B.Y. SCOTT, *The Book of Isaiah*, 1956, p. 323; B.S. CHILDS, *Isaiah and the Assyrian Crisis*, 1967, pp. 53-57; W. JANZEN, *Mourning Cry and Woe Oracle*, 1972, pp. 55-56.

[71] Voir W. EICHRODT, *Der Herr der Geschichte*, 1967, pp. 141-142.

[72] La correction habituelle de *tippāqéd* en *tippāqdî* ne nous paraît pas justifiée.

[73] Voir H. GRESSMANN, *Der Messias*, 1929, p. 101; L. ALONSO SCHÖKEL, *Estudios de poética hebrea*, 1963, pp. 499-500, n. 15 et p. 503.

[74] Voir O. PROCKSCH, *Jesaja I*, 1930, p. 370.

[75] Au v. 7, il est aussi question de la vision nocturne.

[76] Voir J. VERMEYLEN, *Du prophète Isaïe à l'Apocalyptique*, I, 1977, pp. 403-404.

la ville, les ennemis sont comme l'affamé qui mange en rêve et s'éveille l'estomac creux, comme l'assoiffé qui boit en rêve et s'éveille la gorge sèche. On s'accorde pour voir au v. 8 une explication secondaire du v. 7.

L'exclusion du v. 8 est loin de résoudre tous les problèmes littéraires posés par *Is.*, XXIX, 1-8. A la lumière de ce qui précède, il est difficile de tenir, à l'encontre d'une partie de la critique[77], les vv. 5-7 pour la suite primitive des vv. 1-4. Tout indique au contraire que les vv. 5-7 ont été ajoutés secondairement aux vv. 1-4, qui constituent un oracle en *hôy* en tout point complet. A l'annonce de l'intervention de Yahvé contre Jérusalem (vv. 1-4), dont personne ne conteste l'authenticité isaïenne, on a joint l'annonce d'une intervention de Yahvé contre les ennemis de la ville[78].

Entre *Is.*, XXIX, 5-8 et XXIX, 1-4 il y a, on le voit, un rapport identique à celui qui existe entre *Is.*, XXXI, 5.8-9 et XXXI, 4. *Is.*, XXIX, 1-4 et XXXI, 4 formulent chacun une menace d'intervention personnelle de Yahvé contre Jérusalem. Dans les deux cas, cette menace a été cependant corrigée par une promesse d'intervention de Yahvé, également personnelle, en faveur de la ville (*cf.* surtout XXIX, 5-6 et XXXI, 5). La promesse a été jointe à la menace exactement de la même façon. Le rédacteur a repris la structure de ce qui précédait — une comparaison dans les deux cas — mais il y a inséré un autre contenu (XXXI, 5), ou du moins il lui a conféré une fonction nouvelle (XXIX, 5 et XXXI, 5). *Is.*, XXX, 27-33 a peut-être joué un rôle identique par rapport à l'ensemble de XXX, 1-17 ou à l'une de ses unités[79].

Comme XXX, 27-33 et XXXI, 5.8-9, XXIX, 5-7 retourne contre les ennemis ou en faveur de Jérusalem des expressions et des thèmes que le prophète Isaïe a employés dans un contexte de menace à l'égard de Juda : *l^{e}p^{h}èta' pit'om* («en un instant», «soudain») (v. 5b) se trouve en XXX, 13; *mé'im yhwh ṣb'wt* («de la part de Yahvé des armées») (v. 6aα) est attesté en VIII, 18.

Comme XXX, 27-33 et XXXI, 5.8-9, notre passage formule la promesse, à la fois de manière directe (vv. 5bβ-6) et de manière indirecte, au moyen d'une menace contre les ennemis de la ville (vv. 5a.bα.7.8). De même qu'en XXX, 27-33 et XXXI, 5.8-9, il ressort clairement de notre passage que Yahvé met en déroute les ennemis de Jérusalem à cause de sa relation spéciale avec la ville.

[77] Voir la liste d'auteurs *supra*, au chap. V^e, n. 470.
[78] Voir la liste d'auteurs *supra*, au chap. V^e, n. 472.
[79] Voir *supra*, p. 301.

On notera cependant que les ennemis ne sont pas désignés, ni leur sort évoqué de la même manière. Alors que *Is.*, XXXI, 8-9 parle d'Assur, en *Is.*, XXIX, 5-8, il est question de la multitude de toutes les nations qui guerroient contre Ariel ou le mont Sion. En XXX, 27-33 on a à la fois Assur (XXX, 31) et les nations (XXX, 28). D'autre part, tandis que *Is.*, XXXI, 8-9 annonce la chute de l'Assyrie, victime d'une épée qui n'est pas celle d'un homme, et que XXX, 33 prédit son exécution par un bûcher qu'allumera le souffle de Yahvé, XXIX, 5-7 parle de la disparition soudaine de la multitude de toutes les nations qui font la guerre à Jérusalem. Selon les vv. 5bβ-6, il n'y a aucun doute que cette disparition sera l'œuvre de Yahvé, mais le texte ne parle pas de massacre.

Les constatations qui précèdent nous amènent à attribuer *Is.*, XXIX, 5-7; XXX, 27-33 et XXX, 5.8-9 à la même couche rédactionnelle[80]. Vu la répétition de *w^e hāyāh k^e-*, qui divise XXIX, 5-7 et confère à ce passage un caractère composite, étant donné les difficultés posées par la suite logique entre le v. 5a.bα et les vv. 5bβ-6, on hésitera à attribuer l'ensemble des vv. 5-7 à la même main[81]. Si, comme le proposent certains, les vv. 5-7 proviennent de mains différentes[82], celles-ci doivent se situer dans le cadre de la même relecture des oracles isaïens. En effet, les trois petites sections (v. 5a.bα, vv. 5bβ-6 et v. 7) expriment chacune à sa manière la même idée de la soudaineté et de la rapidité avec lesquelles la multitude de tous les ennemis de Jérusalem disparaîtra. A cela, le v. 8, qui est probablement postérieur, a ajouté l'idée d'irréalité de la menace.

4. *Is., XIV, 24-27 — la main de Yahvé étendue contre toutes les nations.*

24. Yahvé Sabaot a fait ce serment:
«Oui, comme je l'ai projeté, ainsi en sera-t-il,
comme je l'ai décidé, cela se réalisera.
25. Je briserai Assur dans mon pays,
et sur mes montagnes je le piétinerai;
son joug se retirera de dessus eux,
et son fardeau se retirera de dessus son épaule[83]».
26. Telle est la décision prise à l'encontre de toute la terre,
telle est la main étendue sur toutes les nations.

[80] Voir R. E. CLEMENTS, *Isaiah and the Deliverance of Jerusalem*, 1980, pp. 47-50.

[81] Voir H.-M. LUTZ, *Jahwe, Jerusalem und die Völker*, 1968, pp. 101-104.

[82] W. DIETRICH, *Jesaja und die Politik*, 1976, pp. 188-191, voit aux vv. 5abα, vv. 5bβ-7 et v. 8 l'œuvre de trois rédacteurs différents, dont l'ordre chronologique correspond à l'ordre actuel du texte. R. E. CLEMENTS, *Isaiah and the Deliverance of Jerusalem*, 1980, pp. 47-48, suggère deux étapes dans la formulation du texte, représentées par les vv. 5-6 et les vv. 7-8.

[83] En conformité avec le stique parallèle, nombre de témoins textuels lisent le pron. 3e pers. plur. : voir BHS.

27. Quand Yahvé Sabaot a pris une décision,
qui pourrait la casser?
et sa main étendue, qui la ramènerait?

Les vv. 24-25a se présentent sous la forme d'un serment de Yahvé. Celui-ci jure qu'il a pris la décision irrévocable, et dont l'exécution ne fait aucun doute, de briser l'Assyrie dans son pays et de la fouler aux pieds sur ses montagnes. Le v. 25b en tire les conséquences: l'écrasement de l'Assyrie impliquera la libération de Juda. Le v. 26 résume en quelque sorte ce qui précède[84]; en réalité, il en change considérablement la portée. La menace qui visait Assur s'étend ici à tous les peuples, sans qu'aucune raison ne soit suggérée pour cela[85]. En soulignant le caractère inéluctable de la décision de Yahvé, le v. 27 prolonge l'idée du v. 26.

On s'accorde en général pour voir au v. 25b un ajout secondaire dépendant de IX, 3. D'après l'opinion la plus répandue, les vv. 24.25a. 26-27 appartiennent au même niveau littéraire. La plupart des critiques y voient un passage isaïen, la conclusion de *Is.*, X, 5-15*[86], un oracle ou un fragment d'oracle isaïen indépendant[87]. Pour sa part, H. Barth[88] attribue l'ensemble des vv. 24-25a.26-27 à ce qu'il appelle la «Assur-Redaktion» du temps de Josias, opinion partagée par R. E. Clements[89].

Les vv. 26-27 sont rattachés aux vv. 24-25a par la reprise de l'idée de projet ou de décision (*yā'āṣ*, v. 27), fréquente aussi bien dans les oracles d'Isaïe (V, 19; VII, 5; XXIX, 15; XXXI, 1), que dans les parties secondaires du recueil isaïen (VIII, 10; XXVIII, 29 et XXXII, 7-8).

[84] C'est ce que B. S. CHILDS a proposé d'appeler «summary-appraisal form»; voir *Isaiah and the Assyrian Crisis*, 1967, pp. 38-39 et 128-136.

[85] D'aucuns lisent au v. 26 l'annonce de la libération de tous les peuples dominés par l'Assyrie: voir O. PROCKSCH, *Jesaja I*, 1930, pp. 180-181; N. H. GOTTWALD, *All the Kingdoms of the Earth*, 1964, p. 184; H. L. GINSBERG, *Reflexes of Sargon in Isaiah after 715 B.C.E.*, dans JAOS, LXXXVIII, 1968, p. 50, n. 21. Cette opinion se heurte au sens normal des expression employées. L'expression *y'ṣ* ou *'éṣāh* suivis de *'al* a toujours un sens hostile (*II Sam.*, XVII, 21; *Is.*, VII, 5; XIX, 12.17; XXIII, 8; *Jér.*, XVIII, 23; XLIX, 30; *Ps.*, LXXXIII, 4; suivi de *'él*, *cf. Jér.*, XLIX, 20; L, 45). De même l'expression *(hay)yād (han)nᵉṭûyāh*, employée surtout en *Isaïe*, a toujours un sens menaçant (*Is.*, V, 25; IX, 11.16.20; X, 4 et *Jér.*, XXI, 5). Sauf en *Prov.*, I, 24, telle est aussi la connotation de *nṭh yād* (*Ex.*, VIII, 13; XV, 12; *Is.*, XXXI, 3)) et, à plus forte raison, celle de *nṭh yād 'al* (*Ex.*, VIII, 1.2; IX, 22; X, 12.21.22; XIV, 21.26.27; *Is.*, V, 25; XXIII, 11; *Jér.*, LI, 25; *Éz.*, VI, 14; XIV, 9.13; XVI, 27; XXV, 7.13.16; XXXV, 3; *Soph.*, I, 4; II, 13; *cf.* aussi *Jos.*, VIII, 18.19.26; *Jér.*, VI, 12; XV, 6; *Job*, XV, 25).

[86] Voir les références données par J. VERMEYLEN, *Du prophète Isaïe à l'Apocalyptique*, I, 1977, p. 253, n. 3.

[87] Voir B. S. CHILDS, *Isaiah and the Assyrian Crisis*, 1967, pp. 38-39; W. DIETRICH, *Jesaja und die Politik*, 1976, pp. 120-121.

[88] *Die Jesaja-Worte*, 1977, pp. 103-119, 203-275.

[89] *Isaiah and the Deliverance of Jerusalem*, 1980, pp. 45-46.

Le motif de la main de Yahvé étendue se trouve en IX, 11.16.20; X, 4 et V, 25. Elle y évoque une menace de Yahvé à l'encontre d'Israël. Selon un procédé que nous avons repéré également en *Is.*, XXX, 27-33 et XXXI, 5.8-9, la menace est tournée contre les ennemis du peuple de Dieu. Comme en *Is.*, XXIX, 5-8 et en XXX, 27-33, l'Assyrie cède la place à toutes les nations.

Que *Is.*, XIV, 24-27 soit la conclusion de X, 5-15*, un oracle ou un fragment d'oracle, on doit probablement en retrancher les vv. 26-27[90]. Ces versets sont à rattacher à la relecture du recueil isaïen que nous avons décelée en XXIX, 5.8-9; XXX, 27-33 et XXXI, 5.8-9. Le fait que ces passages formulent à la fois une promesse à l'égard de Jérusalem et une menace contre ses ennemis paraît plaider en faveur de l'appartenance du v. 25b à la même relecture.

5. *Is., VIII, 8b-10 — la décision des peuples sera cassée.*

8b. Mais il arrivera que le déploiement de ses ailes
remplira la largeur de ton pays, Emmanuel.
9. Poussez le cri de guerre[91], peuples, et soyez effrayés.
Prêtez l'oreille, toutes les nations lointaines de la terre.
Ceignez (vos armes) et soyez effrayés.
Ceignez (vos armes) et soyez effrayés.
10. Prenez une décision, elle sera cassée;
dites une parole, elle ne tiendra pas,
car Dieu est avec nous.

En ce qui concerne la délimitation de la pièce, seul le début fait difficulté. La discussion porte sur l'appartenance du v. 8b.

La transition entre le v. 8a et le v. 8b pose un problème bien connu.

[90] Voir J. VERMEYLEN, *Du prophète Isaïe à l'Apocalyptique*, I, 1977, pp. 261-262; G.R. HAMBORG, *Reasons for Judgement in the Oracles against the Nations of the Prophet Isaiah*, dans VT, XXXI, 1981, pp. 145-159, aux pp. 154-155. Le caractère secondaire du v. 26 est également admis par W. DIETRICH, *Jesaja und die Politik*, 1976, pp. 120-121; celui du v. 27 est défendu par V. O. EARECKSON, *The Originality of Isaiah XIV, 27*, dans VT, XX, 1970, pp. 490-491.

[91] Les témoins textuels diffèrent beaucoup au sujet du premier verbe du v. 9. Par ailleurs, il est difficile de déterminer à quelle racine appartient l'hébreu *ro'û*. Voir, par exemple, la discussion de H. WILDBERGER, *Jesaja*, I, 1972, p. 329. Notre traduction suit l'hypothèse déjà proposée par H. SCHMIDT, *Jesaja, 8, 9 und 10*, dans G. BERTRAM (éd.), *Stromata. Festgabe des Akadem. Theol. Vereins zu Giessen im Schmalkaldischen Kartell anlässlich seines 50. Stiftungstages*, Leipzig, 1930, pp. 3-10, à la p. 7, et remise en valeur par M. SAEBØ, *Zur Traditionsgeschichte von Jesaja 8, 9-10*, dans ZAW, LXXVI, 1964, pp. 132-144, à la p. 143. D'après cette hypothèse, on suppose que *ro'û* est l'impératif qal de *rw'*. Bien que le qal de ce verbe ne soit pas attesté ailleurs, le hif. est fréquent, au sens de «pousser un cri», notamment le cri de guerre, ou «sonner du cor». Voir, entre autres, H.-M. LUTZ, *Jahwe, Jerusalem und die Völker*, 1968, pp. 41-43; G. FOHRER, *Das Buch Jesaja*, I, 1966, p. 128; H. BARTH, *Die Jesaja-Worte*, 1977, p. 178.

Tandis que les vv. 6-7 parlent de «ce peuple» ou des Judéens à la 3e pers., au v. 8b on a la 2e pers. (*'arṣᵉkā*)[92]. L'image du flot qui submerge tout (vv. 7a.8a) cède la place à celle d'un oiseau gigantesque dont les ailes déployées couvrent la largeur du pays[93].

Les ailes déployées sont une image classique de la protection, concrètement de la protection divine[94]. Ce sens favorable des ailes déployées est confirmé par le nom *'immānû 'ēl* («Dieu avec nous»)[95]. Au changement d'image correspond donc le passage de la menace de l'invasion assyrienne à la promesse de la protection divine[96].

A la lumière de ces observations, le v. 8b peut difficilement être la suite du v. 8a[97]. Il reste cependant à préciser la fonction du v. 8b. Ce demi-verset est-il un ajout aux vv. 5-8a[98], un lien rédactionnel, un fragment indépendant, l'introduction des vv. 9-10?[99]

[92] D'après l'opinion la plus répandue, la 2e pers. se réfère à l'Emmanuel, dont le nom suit. D'aucuns tiennent *'immānû 'ēl* pour une proposition nominale, comme au v. 10b («Dieu est avec nous»), et estiment que la 2e pers., au v. 8b, se réfère au royaume de Juda personnifié. Voir, par exemple, H. BARTH, *Die Jesaja-Worte*, 1977, pp. 200-201.

[93] L'opinion de E. J. KISSANE, *The Book of Isaiah*, 1960, pp. 95-96 et de H. DONNER, *Israel unter den Völkern*, 1964, p. 23, selon laquelle les ailes désigneraient les bras d'un fleuve et prolongeraient donc l'image des vv. 7-8a, ne peut invoquer aucun texte à son appui. On peut en dire autant de l'hypothèse qui propose de voir dans les ailes déployées une désignation réaliste des ailes de l'armée assyrienne.

[94] *Cf. Ps.*, XVII, 8; XXXVI, 8; LVII, 2; LXI, 5; LXIII, 8; XCI, 4; *cf.* aussi Ex., XIX, 4; *Deut.*, XXXII, 11; *Is.*, XXXI, 5. C'est un thème courant dans les littératures du Proche-Orient ancien. A ce sujet, on peut voir P. HUGGER, *Jahwe meine Zuflucht. Gestalt und Theologie des 91. Psalms*, 1971, pp. 149-152; D. EICHHORN, *Gott als Fels, Burg und Zuflucht. Eine Untersuchung zum Gebet des Mittlers in den Psalmen*, 1972, pp. 107-113. La teneur de l'image s'oppose à l'idée d'un oiseau de proie évoquant une menace. Contre O. PROCKSCH, *Jesaja I*, 1930, p. 133 et J. BECKER, *Isaias*, 1968, pp. 56-57.

[95] Ceux qui voient en *Is.*, VIII, 8b une menace contre Juda en retranchent habituellement *'immānû 'ēl* comme une glose. Voir H. DONNER, *Israel unter den Völkern*, 1964, p. 23 et J. BECKER, *Isaias. Der Prophet und sein Buch* (SBS, 30), Stuttgart, 1968, pp. 56-57.

[96] Voir, entre autres, K. MARTI, *Das Buch Jesaja*, 1900, pp. 84-86; G.B. GRAY, *The Book of Isaiah*, 1912, p. 148; K. FULLERTON, *The Interpretation of Isaiah, 8,5-10*, dans JBL, XLIII, 1924, pp. 253-289, aux pp. 277 et 287-288; N.H. TUR-SINAI, *A Contribution to the Understanding of Isaiah I-XII*, dans SH, VIII, 1961, pp. 154-188, à la p. 174; H. WILDBERGER, *Jesaja*, I, 1972, pp. 327-328; H. BARTH, *Die Jesaja-Worte*, 1977, pp. 200-201; J. VERMEYLEN, *Du prophète Isaïe à l'Apocalyptique*, I, 1977, pp. 223-224.

[97] Voir, par exemple, K. MARTI, *op. cit.*, pp. 84-85; B. DUHM, *Das Buch Jesaja*, 1914, p. 58; H. BARTH, *Die Jesaja-Worte*, 1977, p. 200.

[98] Voir, entre autres, B. DUHM, *op. cit.*, *ibidem*; G. FOHRER, *Das Buch Jesaja*, I, 1966, p. 127, n. 69; J. BECKER, *Isaias*, 1968, pp. 56-57; H. WILDBERGER, *Jesaja*, I, 1972, pp. 327-328; H. BARTH, *op. cit.*, pp. 200-201.

[99] Le rattachement de *Is.*, VIII, 8b à ce qui suit a été proposé par K. MARTI, *op. cit.*, pp. 83-86; G.B. GRAY, *The Book of Isaiah*, 1912, pp. 148-150; K. FULLERTON, *The Interpretation of Isaiah 8, 5-10*, dans JBL, XLIII, 1924, pp. 272-289; J. VERMEYLEN, *Du prophète Isaïe à l'Apocalyptique*, I, 1977, pp. 223-224.

M. Saebø[100] a montré que les vv. 9-10 sont une sorte de parodie de l'exhortation au combat adressée aux ennemis.

En raison de la place de VIII, 9-10 dans le recueil isaïen et des points de contact de ce passage avec VII, 1-9.10-17, plusieurs critiques identifient les peuples aux coalisés syro-éphraïmites; ils datent alors le passage du moment où Israël et Damas ont envahi Juda[101]. A cela on a souvent objecté le fait que VIII, 9-10 est très différent des oracles dont la datation lors de la crise syro-éphraïmite ne fait pas de doute. On se demande pourquoi Isaïe désignerait de façon aussi vague les coalisés qu'il nomme habituellement (VII, 1-2.4-5.8a.9a; VIII, 4; XVII, 1-3; XXVIII, 1-4). Pourquoi parlerait-il des lointains de la terre, s'il ne s'agissait que de voisins immédiats de Juda? Pourquoi accorderait-il une si grande importance à «ces deux bouts de tisons fumants» (VII, 4)?

Il n'y a pourtant pas de raison d'éliminer «toutes les régions lointaines de la terre»[102], ni d'en faire des spectatrices ou des témoins[103]. Par ailleurs, même si l'on admettait une coalition plus vaste comprenant aussi Édom[104], il s'agirait toujours des voisins immédiats de Juda.

Chez Isaïe, le peuple qui vient de loin est l'Assyrie (V, 26a; X, 3; *cf.* aussi XXX, 27). Or, il est justement question de l'Assyrie dans les versets qui précèdent VIII, 9-10. En VIII, 5-8a Yahvé menace Juda de l'invasion assyrienne. Tout paraît donc indiquer que les expressions «peuples» et «les régions lointaines de la terre», en VIII, 9-10, se réfèrent en réalité à l'Assyrie, devenue à son tour l'objet de la menace de Yahvé.

Dans ce cas, il est peu vraisemblable que ces versets datent de la fin de la crise syro-éphraïmite, car l'Assyrie était alors le seul parmi les quatre acteurs en scène à ne pas être menacé. L'Assyrie était plutôt l'exécutrice des menaces de Yahvé, tant contre Damas et Israël que contre Juda[105].

Is., VIII, 8b-10 emprunte le vocabulaire et les thèmes aux oracles isaïens, mais les réinterprète ou les retourne contre les peuples. Ainsi, *ʿimmānû ʾēl* reprend le nom de l'enfant mentionné en VII, 14, mais en l'interprétant dans le sens d'une garantie inconditionnelle de salut. Le

[100] *Zur Traditionsgeschichte von Jesaja 8, 9-10*, dans ZAW, LXXVI, 1964, pp. 132-144.

[101] Voir, par exemple, B. DUHM, *Das Buch Jesaja*, 1914, pp. 58-59; K. FULLERTON, *op. cit., ibidem*; J. LINDBLOM, *A Study of the Immanuel Section in Isaiah. Isa. VII, 1-IX, 6*, Lund, 1958, pp. 32-33; M. SAEBØ, *op. cit.*, p. 142; H.-M. LUTZ, *Jahwe, Jerusalem und die Völker*, 1968, pp. 43-44; H. WILDBERGER, *Jesaja*, I, 1972, pp. 330-332.

[102] Contre K. FULLERTON, *op. cit.*, p. 287.

[103] Contre M. SAEBØ, *op. cit.*, p. 143.

[104] Voir H. DONNER, *Israel unter den Völkern*, 1964, pp. 25-27.

[105] W. DIETRICH, *Jesaja und die Politik*, 1976, pp. 134-135, date l'oracle vers 705.

motif des ailes déployées prend peut-être, comme XXXI, 5, le contre-pied de X, 14. La racine *y'ṣ* est assez fréquente dans le *Proto-Isaïe*. Le verbe *qwm* est lui aussi relativemnt fréquent chez Isaïe (VII, 7; XIV, 24; XXVIII, 18). En *Is.*, XIV, 24-27, on trouve également associés trois des principaux termes de *Is.*, VIII, 9-10: *'éṣāh*[106], *qwm*, *prr*. Au point de vue logique, ces passages s'opposent: la décision de Yahvé contre l'Assyrie (XIV, 24-25a), ou contre toutes les nations (XIV, 26-27), tiendra; la décision des peuples, au contraire, sera cassée (VIII, 9-10). Le verbe *ḥtt* fait normalement partie de la formule d'exhortation au combat, empruntée par le passage[107], mais le terme est bien attesté chez Isaïe (XX, 5; XXXI, 4). Comme en *Is.*, XXX, 31 et XXXI, 9a, le verbe *ḥtt* en VIII, 9 paraît prendre le contre-pied de XXXI, 4: Yahvé ne sera pas effrayé par le bruit des défenseurs de Jérusalem (XXXI, 4); les peuples, au contraire, sont ironiquement exhortés à être effrayés (VIII, 9; *cf.* aussi XXX, 31).

Nous retrouvons donc en VIII, 8b-10 les mêmes procédés rédationnels que nous avons dégagés en XIV, 26-27; XXIX, 5-8; XXX, 27-33 et XXXI, 5.8-9. *Is.*, VIII, 8b-10 présente encore d'autres affinités avec ces passages. On a la même menace contre les peuples en XIV, 26-27; XXIX, 5-8 et XXX, 27-33. Comme en XXIX, 5-8; XXXI, 5.8-9 et peut-être aussi en XXX, 27-33, cette menace apparaît comme l'inverse d'une menace contre Juda, dont l'Assyrie sera l'exécutrice. Comme en XXIX, 5-8; XXX, 29 et XXXI, 9b, Yahvé intervient en raison de son rapport spécial avec les siens : cette relation s'exprime dans la formule *kî 'immānû 'él* («car Dieu est avec nous») (VIII, 10b; *cf.* aussi v. 8b). Cette affirmation correspond au refrain du *Ps.*, XLVI, 8.12 (*yhwh ṣb'wt 'immānû*), qui témoigne de la croyance en l'inviolabilité de Sion devant l'assaut de la horde des peuples.

Nous nous rallions donc à l'opinion qui tient VIII, 9-10 pour secondaire[108]; plus précisément, nous l'attribuons à la rédaction dont font partie XIV, 26-27; XXIX, 5-8; XXX, 27-33 et XXXI, 5.8-9. Puisque ces passages comprennent à la fois une promesse à l'égard de Juda ou de Jérusalem et une menace contre l'Assyrie ou la multitude des

[106] En VIII, 10 on a la forme rare *'wṣ* et le nom *'éṣāh*.

[107] *Cf. Deut.*, I, 21; XXXI, 8; *Jos.*, I, 9; VIII, 1; X, 25; *II Chr.*, XX, 15.17; XXXII, 7.

[108] Voir, parmi d'autres, B. STADE, *Weitere Bemerkungen zu Mich. 4.5*, dans ZAW, III, 1883, pp. 1-16, à la p. 14; G.B. GRAY, *The Book of Isaiah*, 1912, pp. 148-150; M. LOEHR, *Jesajas-Studien II*, dans ZAW, XXXVI, 1916, pp. 210-221; K. BUDDE, *Zu Jesaja 8, vers 9 und 10*, dans JBL, XLIX, 1930, pp. 423-428; G. FOHRER, *Das Buch Jesaja*, I, 1966, p. 128; F. HUBER, *Jahwe, Juda und die anderen Völker*, 1976, pp. 73-74; H. BARTH, *Die Jesaja-Worte*, 1977, pp. 178-180; J. VERMEYLEN, *Du prophète Isaïe à l'Apocalyptique*, I, 1977, pp. 223-225.

peuples, le rattachement de VIII, 8b à VIII, 9-10 nous paraît probable. La relecture se trouverait ainsi délimitée par *'immānû 'ēl* (vv. 8b et 10b).

6. *Is.*, *XVII*, *12-14* — *à la menace de Yahvé, la horde grondante des nations s'enfuit au loin.*

12. Malheur ! Un grondement de peuples sans nombre :
comme grondent les mers, ils grondent.
Et un mugissement de nations :
comme mugissent les eaux puissantes, elles mugissent.
13. Des nations qui mugissent comme mugissent les grandes eaux.
Il le menacera[109] et (celui-ci) s'enfuira au loin,
et sera chassé comme la bale des montagnes par le vent,
comme les cœurs de chardons[110] par l'ouragan.
14. Au soir, c'est l'épouvante,
avant le matin, ils ne sont plus.
Telle est la part de ceux qui nous dépouillent,
le sort de ceux qui nous pillent.

Le *hôy* marque le début d'une unité littéraire qui, par son contenu, se détache de manière très nette de ce qui précède. La pièce s'arrête au v. 14.

Le cri *hôy* est suivi, au v. 12, de l'évocation du tumulte de peuples nombreux comparé au grondement de la mer. Le vocabulaire et l'imagerie proviennent, on l'a souvent fait remarquer, du mythe du chaos[111]. Le v. 13a paraît incomplet ou corrompu[112]. Du point de vue de la construction, la proposition du v. 13a se détache, sans raison apparente, des deux propositions symétriques du v. 12. Il manque, au début du v. 13aα, le nom que l'on répète ensuite dans une comparaison et dont on reprend finalement la racine sous forme verbale. Par ailleurs, le v. 13aα répète littéralement le v. 12b. Les seules différences sont l'absence de *ûš*[e]*'ôn*, au début, et l'emploi de l'attribut *rabbîm* au lieu de *kabbîrîm*. Le mot *rabbîm* se trouve cependant au v. 12a, où il est

[109] 1QIs[a] lit *wyg'r* («il a menacé»).
[110] Traduction de la TOB.
[111] Pour l'emploi de *hmh*, *cf. Jér.*, V, 22; VI, 23; XXXI, 35; L, 42; LI, 55; *Is.*, LI, 15; *Ps.*, XLVI, 4.7; et aussi *Is.*, XXIX, 5-8; pour *š'h*, *cf. Jér.*, LI, 55; *Ps.*, LXV, 8. Au sujet du mythe lui-même, voir H. GUNKEL, *Schöpfung und Chaos in Urzeit und Endzeit*, Göttingen, 1895, pp. 91-111; O. KAISER, *Die mythische Bedeutung des Meeres in Aegypten, Ugarit und Israel* (BZAW, 78), Berlin, 1959, 1962[2]; G. MOLIN, *Das Motiv vom Chaoskampf im alten Orient und in den Traditionen Jerusalems und Israels*, dans J.B. BAUER & J. MARBÖK (éds), *Memoria Jerusalem. Freundesgabe Franz Sauer zum 70. Geburtstag*, Graz, 1977, pp. 13-28.
[112] Le v. 13aα manque dans certains mss et dans la Pesh.

attribut, non pas de *mayim*, mais de *'ammîm*. Dès lors, il faut sans doute tenir le v. 13aα pour une dittographie[113].

Dans la structure normale d'un oracle en *hôy*, le v. 13aβ doit marquer le début de la menace[114]. Ce verset soulève lui aussi des problèmes. Du point de vue de la métrique, le stique paraît court. La dittographie du v. 13aα pourrait cacher une lacune[115]. Le verbe *g'r* («réprimander», «menacer») n'a pas de sujet explicite. Parmi les 13 autres emplois de ce verbe dans la Bible, 10 ont Yahvé comme sujet[116]. Ce verbe ainsi que le nom de même racine *g^e'ārāh* sont d'un emploi relativement fréquent dans le contexte du mythe du chaos[117]. La racine *g'r* y désigne la menace que Yahvé adresse à la mer ou aux eaux chaotiques. Par sa menace, Yahvé assèche la mer[118], met à nu le lit des eaux, les fondements du monde[119]. Le *Ps.*, CIV, 7 associe, exactement comme *Is.*, XVII, 13aβ, les motifs de la menace et de la fuite : à la menace de Yahvé (*g^e'ārāh*), les eaux s'enfuient (*nws*), à la voix de son tonnerre, elles se précipitent (*ḥpz*). Ces deux motifs ont également été employés par les traditions relatives au passage de la mer des Roseaux : à la menace de Yahvé, la mer fut asséchée[120]; elle a vu et s'est enfuie[121].

Ces analogies permettent de dire que le sujet sous-entendu de *g'r* est certainement Yahvé. L'antécédent du pron. de la 3e pers. sg. masc. (*bô*), qui est le complément de *g'r* et deviendra le sujet de *w^enās* («s'enfuir») et du pual de *w^eruddap^h* («sera chassé»), devrait être normalement *h^amôn* ou *š^e'ôn*, les seuls noms sg. qui précèdent[122]. Étant donné l'arrière-fond mythique du passage, il est possible que l'antécédent sous-entendu soit la mer personnifiée ou le Chaos[123]. La Mer cependant ne peut être qu'un symbole des peuples, car les images de la bale et des cœurs de chardon (v. 13b) évoquent bien la rapidité d'une armée en fuite, mais

[113] Opinion très répandue.

[114] La menace est souvent introduite par *w^eqatalti* (*cf. supra*, chap. V^e, n. 332); on s'attend dès lors à un changement syntaxique, et à lire *w^egā'ar* (TM) au lieu de *wyg'r* (1QIs^a).

[115] On a souvent proposé de compléter le texte. Voir, par exemple, BHS et H. WILDBERGER, *Jesaja*, II, 1978, pp. 664-665.

[116] *Is.*, LIV, 9; *Nah.*, I, 4; *Zac.*, III, 2.2; *Mal.*, II, 3; III, 11; *Ps.*, IX, 6; LXVIII, 31; CVI, 9; CXIX, 21. De même, parmi les 15 emplois du subst. *g^e'ārāh*, 9 désignent une action divine. *Cf. Is.*, L, 2; LI, 20; LXVI, 15; *Ps.*, XVIII, 16 (*II Sam.*, XXII, 16); LXXVI, 7; LXXX, 17; CIV, 7; *Job*, XXVI, 11.

[117] Sous forme verbale, *cf. Nah.*, I, 4; *Ps.*, CVI, 9; sous forme nominale, *cf. Is.*, L, 2; *Ps.*, XVIII, 16 (*II Sam.*, XXII, 16); LXXVI, 7; CIV, 6-7.

[118] *Is.*, L, 2; *Nah.* I, 4; *Ps.*, CVI, 9.

[119] *Ps.*, XVIII, 16; *II Sam.* XXII, 16.

[120] *Ps.*, CVI, 9; et aussi *Ps.*, LXXVI, 7.

[121] *Ps.*, CXIV, 3.5.

[122] M. LOEHR, *Jesajas-Studien III*, dans ZAW, XXXVII, 1917-1918, p. 61.

[123] H.-M. LUTZ, *Jahwe, Jerusalem und die Völker*, 1968, p. 49, n. 7.

peuvent difficilement s'appliquer à la mer. D'ailleurs, au v. 14a, on a le pron. 3e pers. pl. masc. (*'éynènnû*), dont l'antécédent sous-entendu doit être ceux qui, le soir, faisaient régner l'épouvante, c'est-à-dire les ennemis.

L'imagerie des vv. 12-13a est homogène. Le v. 12 ayant évoqué des peuples nombreux sous les traits des eaux chaotiques, le v. 13aβ annonce l'intervention de Yahvé qui les mettra soudainement en fuite, comme il l'a fait au Chaos et à la mer des Roseaux.

Quoi qu'il en soit des difficultés de détail, il est certain que le v. 13aβ annonce la rapidité et la soudaineté de l'éloignement des peuples nombreux, grâce à l'intervention de Yahvé. L'idée de la disparition soudaine des peuples est ensuite évoquée par deux images empruntées, non plus au mythe, mais à l'expérience des intempéries : la bale et les chardons désséchés que le vent emporte (v. 13b).

Le fait que la délivrance a lieu entre le soir et le matin implique également la soudaineté et la rapidité. Cela dit, ce motif souligne avant tout l'idée que la disparition des ennemis et la délivrance sont l'œuvre exclusive de Yahvé. Étonnés, les bénéficiaires n'en verront que le résultat.

L'expression *b[e]ṭèrèm boqèr* ne se trouve nulle part ailleurs. On doit la rapprocher de *lip[h]nôt boqèr* que l'on trouve en *Ex.*, XIV, 27 et dans le *Ps.*, XLVI, 6. Le motif du salut la nuit a eu probablement son origine dans les traditions relatives à l'Exode. *Ex.*, XIV présente un schéma tripartite identique à celui de *Is.*, XVII, 14[124]. Or, nous venons de le voir, l'action de Yahvé à propos de la mer des Roseaux a été assimilée à sa victoire sur le Chaos[125]. Aussi proposons-nous de voir sous les images du «Chaoskampf» de *Is.*, XVII, 12-13a une allusion au passage de le mer des Roseaux. L'auteur de *Is.*, XVII, 12-14 assimile ainsi le salut attendu à la merveilleuse intervention de Yahvé lors de la traversée de la Mer. Comme il a fait périr noyée l'armée égyptienne, Yahvé mettra en déroute la horde des ennemis; comme lors de la destruction de l'armée égyptienne, cela se passera la nuit.

Le v. 14 a de quoi surprendre dans le cadre d'un oracle en *hôy*[126]. plusieurs critiques excluent le v. 14b. Il s'agirait d'un commentaire qui actualise l'oracle et confère à l'événement rapporté une valeur exemplaire[127]. Cela ne résout pas le problème, car le v. 14a est lui aussi insolite

[124] Voir *infra*, chap. XIIe, p. 474.

[125] Voir aussi *supra*, chap. V[e], p. 149.

[126] B.S. CHILDS, *Isaiah and the Assyrian Crisis*, 1967, pp. 52 et 129, appelle ce verset «a summary appraisal form».

[127] Voir, entre autres, M. LOEHR, *Jesajas-Studien III*, dans ZAW, XXXVII, 1917-1918, pp. 61-62; H.-M. LUTZ, *Jahwe, Jerusalem und die Völker*, 1968, p. 50; J. VERMEYLEN, *Du prophète Isaïe à l'Apocalyptique*, I, 1977, p. 316.

dans le contexte d'un oracle en *hôy*. Il faut sans doute admettre que *Is.*, XVII, 12-14 représente un état déjà affaibli de la forme.

Entièrement bâti au moyen de motifs traditionnels, *Is.*, XVII, 12-14 est très vague. Il parle d'une horde grondante de peuples sans contours définis. Le fait qu'ils s'enfuient au loin fait penser à l'Assyrie (*Is.*, V, 26; X, 3; *cf.* aussi XXX, 27). Le caractère hostile de la horde des peuples ressort des images (v. 12) et est explicitement affirmé au v. 14: les agresseurs agissent de leur propre initiative, mais rien n'est dit de leur objectif. Yahvé les mettra en déroute : ils s'enfuiront. Le texte ne fournit cependant aucune indication sur la localisation des événements.

J. Schreiner a fait remarquer la similitude des péricopes *Is.*, XVII, 12-14 et XXIX, 5-7[128]. Toutes deux présentent l'ennemi sous les traits d'une multitude de peuples indéterminés. A la suite de l'intervention de Yahvé, cette multitude est mise en fuite (XVII, 13) ou disparaît précipitamment (XXIX, 5-7). Dans les deux textes, elle est comparée à la bale (*k^emoṣ*: XVII, 13; XXIX, 5) emportée par le vent. Il y a, dans les deux cas, l'idée de nuit: les ennemis disparaîtront entre le soir et le matin (XVII, 14a); leur menace sera aussi éphémère qu'un songe ou une vision nocturne (XXIX, 7). De cette comparaison on peut induire que Jérusalem est l'objectif des peuples et le lieu où Yahvé les mettra en déroute.

Les constatations qui précèdent s'opposent à l'hypothèse de l'authenticité isaïenne de *Is.*, XVII, 12-14[129]. Nous y voyons plutôt un apport de la rédaction dont font également partie VIII, 8b-10; XIV, (25b) 26-27; XXIX, 5-8; XXX, 27-33 et XXXI, 5.8-9[130].

7. *Is.*, *V*, *26a.30 — les peuples qui grondent comme la mer.*

En *Is.*, V, 26a.30*, on retrouve les peuples associés au grondement de la mer.

D'après la plupart des critiques, V, 25-30 était primitivement la conclusion du grand oracle à refrains de IX, 7-20, dont il a été séparé au cours de la formation du recueil isaïen. *Is.*, V, 26-30* menace Israël de l'invasion d'un peuple évoqué sous des traits surhumains. A l'appel de Yahvé, ce peuple accourra de loin, des confins de la terre. Bien qu'elle ne soit pas nommée, il s'agit sans nul doute de l'Assyrie.

[128] *Sion - Jerusalem Jahwes Königssitz*, 1963, pp. 261-263.

[129] L'authenticité de la pièce est défendue par la plupart des critiques. Voir les références données par J. VERMEYLEN, *Du prophète Isaïe à l'Apocalyptique*, I, 1977, p. 313, n. 2. On peut y ajouter H. WILDBERGER, *Jesaja*, II, 1978, pp. 667-671.

[130] Voir J. VERMEYLEN, *op. cit.*, pp. 313-316; R.E. CLEMENTS, *Isaiah and the Deliverance of Jerusalem*, 1980, pp. 46-47.

Il est surprenant de lire au v. 26a : *w^enāśā'-nés laggôyim mérāḥôq*. En effet, le plur. *gôyim* ne s'accorde ni avec le pron. sg. *lô* de la proposition suivante, ni avec la suite de l'oracle, qui demande le sg. *gôy*. L'unanimité des témoins paraît interdire l'hypothèse d'un simple accident dans la transmission du texte : la division fautive de *lgwy mmrḥq*, opinion généralement admise, ou la dittographie du *m* de *lgwy mrḥq*. Il doit donc s'agir d'un remaniement antérieur à tous les témoins textuels connus. Son auteur a remplacé l'Assyrie par des peuples indéterminés [131].

Le v. 26a n'est pas le seul à témoigner d'une relecture de *Is.*, V, 26-30. La critique s'accorde pour dire que le v. 29 était la conclusion primitive du poème IX, 7-20 + V, 25-30. Le v. 30 est déplacé [132] ou secondaire [133].

L'expression *bayyôm hahû'* marque souvent un commencement. Par ailleurs, le v. 30 se rattache au v. 29 par la reprise de *w^eyinhom*. Ce verbe prend cependant, au v. 30, une nuance différente. Il ne désigne plus le rugissement du lion, sens normal de la racine *nhm* [134], mais le mugissement de la mer, nuance de la racine qui n'est attestée nulle part ailleurs. Le v. 30a introduit de la sorte une image entièrement différente. Au rugissement du lion sur sa proie succède le mugissement de la mer. Par ailleurs, le v. 30b est très proche de VIII, 22-23. Le mugissement de la mer et les ténèbres sont des traits du Chaos [135].

Tout paraît appuyer l'hypothèse commune qui tient le v. 30 pour rédactionnel. Le rédacteur emprunte au v. 29 le verbe *w^eyinhom* et s'en sert comme mot-crochet pour raccorder son ajout. En composant le v. 30b, il s'inspire probablement de VIII, 22-23a. Ce sont là les procédés du rédacteur ou des rédacteurs que nous avons vus à l'œuvre en XIV, 25b-27 ; XXIX, 5-8 ; XXX, 27-33 et XXXI, 5.8-9.

Is., V, 30 a été compris dans deux sens diamétralement opposés. Les uns estiment que le sujet de *yinhom* n'est plus le peuple accouru de

[131] Voir J. BECKER, *Isaias*, p. 51 ; R. LACK, *La symbolique du livre d'Isaïe* (AnBib, 59), Rome, 1973, p. 45 ; J. VERMEYLEN, *Du prophète Isaïe à l'Apocalyptique*, I, 1977, p. 184.

[132] O. PROCKSCH, *Jesaja I*, 1930, pp. 97-100, voit au v. 30 la suite du v. 25a. Ces deux versets seraient la conclusion de IX, 7-X, 4. V, 26-29 n'appartiendrait pas au même poème.

[133] Voir K. MARTI, *Das Buch Jesaja*, 1900, p. 62 ; B. DUHM, *Das Buch Jesaja*, 1914, pp. 40-41 ; H. DONNER, *Israel unter den Völkern*, 1964, p. 69 ; G. FOHRER, *Das Buch Jesaja*, I, 1966, p. 146 et 152, n. 83 ; J. BECKER, *Isaias*, 1968, pp. 50-51 ; J. VOLLMER, *Geschichtliche Rückblicke*, 1971, p. 135, n. 41 ; H. WILDBERGER, *Jesaja*, I, 1972, pp. 226-227 et 229 ; H. BARTH, *Die Jesaja-Worte*, 1977, pp. 192-194 ; J. VERMEYLEN, *Du prophète Isaïe à l'Apocalyptique*, I, 1977, p. 185.

[134] *Cf. Is.*, V, 29 ; *Prov.*, XIX, 12 ; XX, 2 ; XXVIII, 15.

[135] Voir H. WILDBERGER, *op. cit.*, *ibidem* ; H. BARTH, *op. cit.*, pp. 193-194.

loin, mais une réalité indéterminée ou Yahvé. Le peuple accouru de loin serait plutôt l'antécédent du pron. de *'ālāyw*. Le v. 30 menacerait donc celui qui, aux versets précédents, était l'exécuteur du châtiment de Yahvé[136]. Pareil revirement se produit certes en *Is.*, VIII, 5-8a et 8b-10; XXIX, 1-4 et 5-8; XXXI, 4 et 5.8-9, mais la compréhension de V, 30 dans ce sens nous paraît contestable. En tout cas, le sujet de *yinhom* peut difficilement être Yahvé : il faudrait alors supposer que celui-ci est comparé au Chaos. D'ailleurs, si le grondement de la mer évoque plus d'une fois la menace dont le peuple ou la ville de Dieu sont l'objet de la part des peuples (*Ps.*, XLVI, 7; LXV, 8; *Is.*, XVII, 12-13), il ne se réfère jamais à une menace contre ces derniers. Tout paraît donc indiquer que le v. 30 prolonge la menace des versets précédents[137]. Le sujet de *w^{e}yinhom* est le peuple des vv. 26-29; l'antécédent du pron. (*'ālāyw*) est *ṭèrèp^h* («la proie»), image d'Israël (v. 29b).

Bref, nous avons relevé deux remaniements secondaires en *Is.*, V, 26-30. Au v. 26a, un peuple déterminé, sans nul doute l'Assyrie, a été remplacé par des peuples indéterminés. D'autre part, en ajoutant le v. 30, un rédacteur a présenté l'ennemi sous les traits du Chaos. A la lumière de *Is.*, XVII, 12-14, on peut attribuer ces deux remaniements à la même rédaction, sinon à la même main[138]. On remarquera que, à la différence des autres passages où l'Assyrie est remplacée par des peuples indéterminés et assimilés au Chaos, *Is.*, V, 30 se termine par la menace contre Israël.

8. *Conclusion*

D'une façon générale, la critique classique se partage en deux camps au sujet de l'interprétation et de la datation des textes du livre d'Isaïe que nous venons d'étudier.

Les uns admettent l'authenticité isaïenne de ces textes, ou du moins de plusieurs d'entre eux; ils les datent de 701 et y voient des évocations de l'invasion de Sennachérib, en particulier de ce qu'ils pensent avoir été son échec devant Jérusalem[139]. D'aucuns estiment que ces textes ne

[136] Voir K. MARTI, *Das Buch Jesaja*, 1900, p. 62; B. DUHM, *Das Buch Jesaja*, 1914, pp. 40-41; J. BECKER, *Isaias*, 1968, pp. 50-51; J. VOLLMER, *op. cit.*, p. 135, n. 41; H. BARTH, *op. cit.*, *ibidem*.

[137] Voir T. K. CHEYNE, *The Prophecies of Isaiah*, I, 1889^5, p. 35; F. FELDMANN, *Das Buch Isaias*, I, 1925, pp. 135-136; E. KOENIG, *Das Buch Jesaja*, 1926, p. 88; A. PENNA, *Isaia*, 1964, p. 84; H. WILDBERGER, *Jesaja*, I, 1972, pp. 226-227 et 229. A l'exception de H. WILDBERGER, ces auteurs voient au v. 30 la suite primitive du v. 29.

[138] Voir J. VERMEYLEN, *Du prophète Isaïe à l'Apocalyptique*, I, 1977, pp. 184-186.

[139] Voir, parmi d'autres, S. R. DRIVER, *Isaiah. His Life and Times*, London, 1888, p. 75; G. B. GRAY, *The Book of Isaiah*, 1912, pp. 262-264 et 303-306; M. LOEHR, *Jesajas-Studien III*, dans ZAW, XXXVII, 1917-1918, pp. 61-62 et 70-73; B. DUHM, *Das*

peuvent être contemporains de *Is.*, I, 4-9 et XXII, 1-14, oracles qui se réfèrent très probablement à l'issue de l'expédition de Sennachérib en 701 ; ces auteurs les situent dès lors plus tard et les mettent en rapport avec une hypothétique seconde campagne palestinienne de ce même roi, vers 690[140].

A la suite de B. Stade, l'autre courant de la critique pense que les textes en question sont postexiliques et qu'ils expriment l'espérance de la communauté juive au sujet de la victoire de Yahvé lors de l'assaut eschatologique des peuples contre Sion[141].

Notre analyse nous a amené à renoncer à l'hypothèse de l'authenticité isaïenne de ces textes : plusieurs raisons nous incitent à les tenir pour rédactionnels. La plupart de ces passages se présentent comme des développements d'oracles antérieurs et sont dépourvus d'autonomie (cf. V, 26.30 ; XIV, 25b-27 ; XXIX, 5-8 et XXXI, 5.8-9). Ils développent le plus souvent des oracles de malheur isaïens, qui attribuent explicitement ou implicitement à l'Assyrie le rôle d'exécutrice de la menace divine à l'égard de Jérusalem (XXIX, 5-8 ; XXXI, 5.8-9) ou de Juda (VIII, 8b-10) ou d'Israël (V, 26-30). Plus rarement, il peut s'agir du développement d'une menace contre l'Assyrie (XIV, 25b-27). En général, ces différents développements ont été raccordés de la même manière aux oracles respectifs (V, 30 ; XIV, 25b-27 ; XXIX, 5-8 ; XXXI, 5.8-9). A l'exception de V, 30, tous nos textes comportent une menace contre l'Assyrie ou contre des peuples indéterminés, dont le malheur implique le salut de Jérusalem ou de Juda. Le plus souvent, cet élément de promesse est formulé explicitement (VIII, 8b ; XIV, 25b ; XXIX, 5bβ-6 ; XXX, 29.32aγ.b(?) ; XXXI, 5). Les développements de VIII, 8b-10 ; XXIX, 5-8 et XXXI, 5.8-9 ont clairement pour effet de corriger les menaces à l'encontre de Juda ou de Jérusalem, contenues respectivement en VIII, 5-8a ; XXIX, 1-4 et XXXI, 4.

Les textes en question utilisent certes un vocabulaire et des thèmes isaïens. Ils les empruntent aux oracles isaïens dans lesquels l'Assyrie est,

Buch Jesaja, 1914, pp. 111-112 et 199-208 ; R. B. Y. SCOTT, *The Book of Isaiah*, 1956, pp. 274-275, 322-323 et 336-341 ; J. SCHREINER, *Sion - Jerusalem Jahwes Königssitz*, 1963, pp. 236-278 ; J. BECKER, *Isaias*, 1968, pp. 29, 32, 65 et 67 ; P. AUVRAY, *Isaïe 1-39*, 1972, pp. 181-182, 256-259, 277-278 ; H. WILDBERGER, *Jesaja*, II, 1978, pp. 565-572, 664-677 ; III, 1982, pp. 1097-1111, 1207-1225 et 1236-1248.

[140] Voir W. STAERK, *Das assyrische Weltreich im Urteil der Propheten*, 1908, pp. 65-119 ; J. BRIGHT, *A History of Israel*, 1972, pp. 285-286.

[141] B. STADE, *Weitere Bemerkungen zu Micha 4.5*, dans ZAW, III, 1883, pp. 14-16 ; K. MARTI, *Das Buch Jesaja*, 1900, pp. 129-130, 146-147, 212-214 et 230 ; G. WANKE, *Die Zionstheologie der Korachiten*, 1966, pp. 113-117 ; O. KAISER, *Der Prophet Jesaja*, II, 1973, pp. 70-74, 209-214, 242-247 et 250-254 ; F. HUBER, *Jahwe, Juda und die anderen Völker beim Propheten Jesaja*, 1976, pp. 69-82.

explicitement ou implicitement, l'exécutrice du châtiment divin, mais ils les tournent contre l'Assyrie. La menace qui visait primitivement Jérusalem ou Juda se trouve ainsi pointée sur celle qui en était l'exécutrice.

Le procédé qui consiste à détourner de Juda ou Jérusalem une menace et à la diriger contre un peuple étranger est attesté dans d'autres livres prophétiques. P.-M. Bogaert a signalé le cas de l'oracle contre Sion de *Jér.*, VI, 22-24, qui se retrouve littéralement en *Jér.*, L, 41-43, adressé à Babylone[141a]. B. Lang et P.-M. Bogaert ont montré que ce procédé a été employé respectivement en *Éz.*, XXI, 33-37 et XXVIII, 11-19 : ces oracles qui visaient Jérusalem ont été retournés l'un contre Ammon[141b], et l'autre contre Tyr[141c].

Jérusalem est au centre de la plupart, sinon de tous les passages du livre d'Isaïe en question. Ceux-ci annoncent à Jérusalem que, en raison du lien spécial qu'il a avec elle, Yahvé lui accorde le salut. Aucune autre raison de l'intervention de Yahvé n'est suggérée. Aucune condition n'est posée à la ville, dont le rôle est celui d'une spectatrice entièrement passive. Nos textes supposent donc que le rapport privilégié de Yahvé avec Jérusalem confère à cette dernière une sorte d'immunité ou d'inviolabilité, qui la mettent à l'abri de tout danger (*cf.* surtout XXIX, 5-8 et aussi XVII, 12-14).

Sans doute, le prophète Isaïe croit-il lui aussi à la relation spéciale entre Yahvé et Jérusalem. Mais, aux yeux d'Isaïe, le fait que Yahvé ait fondé Sion (*Is.*, XIV, 32; XXVIII, 16) et en ait fait sa demeure (*Is.*, VIII, 18) ne constitue en aucune manière une garantie absolue et inconditionnelle de sécurité et de bien-être pour la ville. La présence de Yahvé à Jérusalem est une source de paix et de bien-être, mais seulement à certaines conditions[142].

Bien que les oracles isaïens et nos textes s'enracinent dans la même conviction de la présence de Yahvé à Sion, ils en tirent donc des conclusions très différentes. Force est de reconnaître que nos textes sont plus proches des paroles des « faux prophètes » dénoncés par Michée (II, 6-11; III, 11), et plus tard par Jérémie (*cf.* IV, 10; VI, 14; VIII, 11; XIV, 13-16; XXIII, 16-17; XXVII, 9-14; XXVIII, 1-11) et Ézéchiel (*cf.*

[141a] *Montagne sainte, jardin d'Éden et sanctuaire (hiérosolymitain) dans un oracle d'Ézéchiel contre le prince de Tyr (Éz 28, 11-19)*, dans H. LIMET et J. RIES (éds), *Le mythe, son langage et son message*, 1983, pp. 143, 147 et 153, n. 80.

[141b] B. LANG, *A neglected Method in Ezekiel Research : Editorial Criticism*, dans VT, XXIX, 1979, pp. 39-44; ID., *Das vergessene Kuhlsche Prinzip und die Ammoniter im Buch Ezechiel*, dans ZDMG, Suppl. IV, 1980, pp. 124-125.

[141c] P.-M. BOGAERT, *op. cit.*, pp. 131-153.

[142] Voir *supra*, chap. V^e^, pp. 187-235.

XIII, 10-16); ils diffèrent considérablement des oracles d'Isaïe, comme d'ailleurs de ceux de son contemporain Michée, ou de ceux de Jérémie et d'Ézéchiel, environ un siècle plus tard [143].

Il y a dans nos textes un glissement entre Assur, peuple précis, et des peuples ou une multitude de peuples indéterminée. Ce glissement est clair en V, 26; XIV, 26-27 et XXX, 28-31. *Is.*, XXXI, 8-9 nomme Assur. *Is.*, VIII, 8b-10; XVII, 12-14 et XXIX, 5-8 parlent des peuples ou d'une multitude de peuples. Tout indique cependant que ces textes se réfèrent à l'Assyrie, l'exécutrice des menaces de VIII, 5-8a et de XXIX, 1-4.

Ce thème des peuples que Yahvé met en déroute est l'un des aspects les plus caractéristiques de plusieurs parmi nos textes, et aussi l'un des plus discutés. A ce sujet, on a surtout comparé nos textes à ce que l'on appelle les Cantiques de Sion, notamment aux *Ps.*, XLVI, XLVIII et LXXVI [144]. Comme *Is.*, V, 26; VIII, 8b-10; XVII, 12-14 et XXIX, 5-8, le *Ps.*, XLVI, 7 parle d'une menace que des peuples indéterminés font peser sur Jérusalem. Il reste que les Cantiques de Sion évoquent plutôt une coalition des rois de la terre (*Ps.*, XLVIII, 5 et LXXVI, 13), des princes (*Ps.*, LXXVI, 13), des royaumes (*Ps.*, XLVI, 7). Comme *Is.*, V, 30 et XVII, 12-14, le *Ps.*, XLVI, 3-4.7 présente la ruée des peuples sous les traits du déferlement du Chaos. Dans les Cantiques de Sion, comme en *Is.*, XXIX, 5-8, l'objectif des peuples est explicitement Jérusalem, la ville de Dieu et la plus sainte des demeures du Très-Haut (*'Èlyôn*) (*Ps.*, XLVI, 5), Sion (*Ps.*, XLVIII, 3; LXXVI, 3), Salem (*Ps.*, LXXVI, 3), les Extrémités du Nord (*ṣāpʰôn*) (*Ps.*, XLVIII, 3).

Les peuples agissent de leur propre initiative. En s'en prenant à Jérusalem, ils se heurtent à Yahvé, qui fait échouer leurs projets. La seule raison de l'intervention de Yahvé est sa relation spéciale avec Jérusalem, le lieu de sa demeure. Grâce à la présence de Yahvé, Jérusalem est à l'abri de l'assaut des peuples et jouit de l'inviolabilité.

L'intervention de Yahvé contre les peuples ne paraît pas se solder par un massacre. La multitude des peuples s'enfuit, ou disparaît, aussi soudainement qu'elle était apparue.

[143] Voir B. BARTH, *Die Jesaja-Worte*, 1977, pp. 230-232.

[144] Voir notamment J. HAYES, *The Tradition of Zion's Inviolability*, dans JBL, LXXXII, 1963, pp. 419-426; J. SCHREINER, *Sion - Jerusalem Jahwes Königssitz*, 1963, pp. 219-234; H.-M. LUTZ, *Jahwe, Jerusalem und die Völker*, 1968, surtout pp. 157-172; F. STOLZ, *Strukturen und Figuren im Kult von Jerusalem*, 1970, pp. 86-101; L. NEVE, *The Common Use of Traditions by the Author of Psalm 46 and Isaiah*, dans ET, LXXXVI, 1974-1975, pp. 243-246. A l'encontre de l'opinion commune, M. D. GOULDER, *The Psalms of the Sons of Korah* (JSOT. Suppl. Series, 20), Sheffield, 1982, défend l'origine septentrionale des Psaumes en question et les met en rapport avec le Sanctuaire de Dan.

D'où vient cette idée d'un assaut des peuples contre Jérusalem («Völkersturmmotiv») repoussé par Yahvé? Les opinions à ce sujet sont fort divergentes. Pour un grand nombre de critiques, surtout parmi les plus anciens, les textes du livre d'Isaïe, tout comme les Cantiques de Sion, ne feraient qu'évoquer les événements de 701, et cela peu avant qu'ils n'aient lieu, ou au moment où ils se déroulaient dans le cas du livre d'Isaïe[145], peu après, dans le cas des Cantiques de Sion[146]. La multitude des peuples ferait allusion aux nombreux peuples qu'englobait l'empire assyrien et parmi lesquels le grand roi pouvait recruter des contingents pour son armée[147].

D'après G. Wanke, le thème de l'assaut des peuples aurait été amorcé par une tradition sur les Peuples de la Mer, mais sa véritable pré-histoire serait à chercher dans l'ennemi du Nord dont parle Jérémie (I, 14; IV, 6; VI, 1; XIII, 20; XLVII, 2. *Cf.* aussi XLVI, 20; L, 3.41; LI, 48) et dans les oracles contre Gog (*Éz.*, XXXVIII-XXXIX). Jérusalem serait devenue l'objectif des peuples et le lieu de leur déroute en raison des événements de 701, tels que les rapportent les récits de *II Rois*, XVIII, 17-XIX, 37 et par. Sous sa forme achevée, le thème de l'assaut des peuples ainsi que les textes qui en témoignent, seraient postexiliques[148].

Selon l'opinion actuellement majoritaire, le «Völkersturmmotiv» est un vieux thème du culte hiérosolymitain, l'un des quatre ou cinq thèmes majeurs de ce que l'on appelle les traditions de Sion[149]. Ce thème

[145] Voir *supra*, n. 139.

[146] Voir, entre autres, A.F. KIRKPATRICK, *The Psalms* (The Cambridge Bible), Cambridge, 1902, p. 253; W.E. BARNES, *The Psalms, II. Psalms xlii-cl*, London, 1931, pp. 226-230; J. CALÈS, *Le Livre des Psaumes, I. Introduction. Psaumes: I-LXXII* (Vulgate: I-LXXI), Paris, 1936, pp. 480, 485, 492; *II. Psaumes: LXXIII-CL* (Vulgate: LXXII-CL), Paris, 1936, pp. 28-29; H. HERKENNE, *Das Buch der Psalmen* (HS, V, 2), Bonn, 1936, pp. 174-177; E. PANIER, *Les Psaumes* (La Sainte Bible) Paris, 1937, pp. 182-185, 188-191 et 298-301; E.J. KISSANE, *The Book of Psalms. I (Psalms 1-72)*, Dublin, 1953, pp. 202-211; L. JACQUET, *Les Psaumes et le cœur de l'homme. Étude textuelle, littéraire et doctrinale. II. Psaumes 42 à 100*, Gembloux, 1977, pp. 68-69, 93 et 494.

[147] Voir, par exemple, G.B. GRAY, *The Book of Isaiah*, 1912, p. 305; O. PROCKSCH, *Jesaja*, I, 1930, p. 234.

[148] G. WANKE, *Die Zionstheologie der Korachiten*, 1966, pp. 70-118; opinion favorablement accueillie par R.E. MURPHY, dans CBQ, XXIX, 1967, p. 185 et par R. TOURNAY, dans RB, LXXIX, 1972, pp. 52-53.

[149] E. ROHLAND, *Die Bedeutung der Erwählungstraditionen Israel für die Eschatologie der alttestamentlichen Propheten* (Thèse Heidelberg), 1956, p. 142, a relevé quatre thèmes dans les traditions de Sion: 1) Sion est Saphôn, «la plus haute montagne» de la mythologie cananéenne; 2) de Sion coule le fleuve du Paradis; 3) Dieu a vaincu le Chaos à Sion; 4) Dieu y a vaincu les rois et leurs peuples. Ce dernier thème n'est peut-être qu'une variante du précédent. A ces quatre thèmes, généralement acceptés par les critiques, H. WILDBERGER, *Die Völkerwallfahrt zum Zion. Jes. II, 1-5*, dans VT,

ferait déjà partie des traditions cultuelles de la Jérusalem jébusite, dont aurait hérité le yahvisme. Ce serait une version locale du thème de l'assaut des peuples contre la montagne sacrée [150], et sans doute une sorte «d'historicisation» du mythe de la victoire du Créateur sur le Chaos [151].

En revanche, d'autres critiques ont insisté sur le fait que l'on retrouve le thème de l'assaut des peuples au *Ps.*, II [152], un Psaume royal qui faisait peut-être partie du rituel du sacre. Ce Psaume évoque en effet une grande agitation de peuples et nations (*gôyim*, *l*ᵉ*'ummîm*) et un soulèvement concerté des rois de la terre contre Yahvé et contre son messie, dont ils tentent de secouer le joug (vv. 2-3). Yahvé intervient en faveur du roi qu'il a sacré lui-même sur Sion, sa sainte montagne, et à qui il a donné les nations en héritage (vv. 5-9). Aussi la révolte des rois de la terre est-elle vouée à l'échec.

Certains critiques concluent donc que le thème de l'assaut des peuples a son origine, non pas dans le mythe de la montagne sacrée ou dans le mythe du Chaos, mais dans les événements de l'histoire de l'empire davidico-salomonien. Ce thème serait précisément l'expression des prétentions hégémoniques de la dynastie davidique: ses ambitions seraient nées à la faveur de la domination que David et Salomon ont exercée sur plusieurs États voisins [153]. Le thème de l'assaut des peuples serait donc un aspect de l'idéologie royale de la dynastie davidique. Dans le cadre du culte de Jérusalem qui l'a véhiculé, ce thème se serait cependant approprié certains éléments des mythes de la montagne sacrée et du Chaos [154].

Quoi qu'il en soit de son origine, le motif de l'assaut des peuples trahit des influences diverses : non seulement des mythes de la montagne sacrée et du Chaos, mais aussi des traditions des guerres de Yahvé [155].

Ayant refusé l'authenticité isaïenne des passages où l'on trouve l'assaut

VII, 1957, pp. 62-81; ID., *Jesaja*, I, 1972, pp. 75-90, a suggéré d'ajouter le thème du pèlerinage des peuples à Sion (*Is.*, II, 2-4 et *Mich.*, IV, 1-5).

[150] Jörg JEREMIAS, *Lade und Zion. Zur Entstehung der Ziontradition*, dans H. W. WOLFF (éd.), *Probleme biblischer Theologie. Festschrift G. von Rad*, 1971, pp. 183-198.

[151] Voir, par exemple, J. H. HAYES, *The Tradition of Zion's Inviolability*, dans JBL, LXXXII, 1963, pp. 419-426; F. STOLZ, *Strukturen und Figuren im Kult von Jerusalem*, 1970, pp. 72-101; H.-J. KRAUS, *Theologie der Psalmen* (BK, XV/3), Neukirchen-Vluyn, 1979, pp. 94-103.

[152] Signalé par H.-M. LUTZ, *Jahwe, Jerusalem und die Völker*, 1968, pp. 175-176, n. 3, cela a été développé surtout par J. J. M. ROBERTS, *The Davidic Origin of the Zion Tradition*, dans JBL, XCII, 1973, pp. 329-344 et R. E. CLEMENTS, *Isaiah and the Deliverance of Jerusalem*, 1980, pp. 78-82.

[153] J. J. M. ROBERTS, *op. cit.*, pp. 338-344 et R. E. CLEMENTS, *op. cit.*, *ibidem*.

[154] R. E. CLEMENTS, *op. cit.*, pp. 81-82.

[155] Voir, par exemple, H.-J. KRAUS, *Theologie der Psalmen*, 1979, p. 99.

des peuples, nous excluons évidemment l'hypothèse très répandue[156] selon laquelle le prophète Isaïe lui-même aurait fait usage de ce thème. Faut-il pour autant conclure que nos textes sont postexiliques? Les points de contact qu'ils présentent avec le *Ps.*, II conseillent une datation préexilique tant pour nos textes que pour les Cantiques de Sion.

D'après J. Vermeylen[157], les textes du recueil isaïen dont nous nous occupons font partie de la première grande relecture des oracles d'Isaïe. Cette relecture a eu pour toile de fond les événements relatifs à la campagne de Sennachérib en 701. A la différence de Samarie, deux décennies plus tôt, Jérusalem a alors échappé à la destruction. Assez vite on est venu à opposer le sort des deux villes et à voir dans celui de Jérusalem la confirmation de la croyance populaire à son inviolabilité. Le message d'Isaïe a alors été interprété dans cette perspective, qui est aux antipodes de la vision isaïenne du monde. Œuvre vraisemblablement de plusieurs auteurs d'un même milieu, sans doute proche de la Cour, cette édition du livre d'Isaïe pourrait se situer aux environs de 670 av. J.-C.

J. Vermeylen a raison, à notre avis, de voir dans nos textes une interprétation des événements de 701 dans le sens d'une croyance à l'inviolabilité de Sion; comme lui, nous pensons que la différence entre le sort de Samarie, en 722, et celui de Jérusalem, en 701, a contribué à cette interprétation. Nous sommes d'accord avec lui aussi pour situer cette relecture aux antipodes du message d'Isaïe.

Néanmoins, il nous semble que cet exégète ne tient pas compte de l'orientation temporelle des textes. Ceux-ci se présentent, non comme des rappels d'un événement passé, mais comme des annonces d'un événement à venir.

Nos textes réitèrent l'annonce du prophète Isaïe lui-même concernant le renversement de l'Assyrie. *Is.*, XXIX, 5-8 et XXXI, 5.8-9 associent clairement ce renversement à une manifestation éclatante de la protection de Yahvé à l'égard de Jérusalem. Or, ces passages se présentent, nous l'avons vu, comme des corrections de menaces adressées à Jérusalem en XXIX, 1-4 et XXXI, 4: ces oracles se réfèrent probablement aux événements de 701. Il nous paraît donc légitime de conclure avec R. E. Clements[158] que cette correction et l'annonce d'une merveilleuse inter-

[156] Voir, par exemple, J. SCHREINER, *Sion-Jerusalem Jahwes Königssitz*, 1963, pp. 243-270; H.-M. LUTZ, *Jahwe, Jerusalem und die Völker*, 1968, pp. 40-51 et 150-157; F. STOLZ, *Strukturen und Figuren im Kult von Jerusalem*, 1970, pp. 86 et 90; L. NEVE, *The Common Use of Traditions by the Author of Psalm 46 and Isaiah*, dans ET, LXXXVI, 1974-1975, pp. 243-246; H.-J. KRAUS, *Theologie der Psalmen*, 1979, pp. 101-102.

[157] *Du prophète Isaïe à l'Apocalyptique*, II, 1978, pp. 678-688.

[158] *Isaiah and the Deliverance of Jerusalem*, 1980, pp. 48-51 et 83-89.

vention de Yahvé en faveur de Jérusalem sont la conclusion que les rédacteurs ont tirée du sort de la ville lors de l'expédition de Sennachérib. Ces rédacteurs ont vu dans le fait que Jérusalem a été épargnée, alors que Samarie avait succombé, la preuve que Yahvé accorde à Jérusalem une protection toute spéciale.

C'est peut-être en raison de la différence des sorts que, de façon exceptionnelle, *Is.*, V, 30 ne comporte pas de promesse ni de retournement de la menace contre l'Assyrie ou contre les peuples. A la différence des autres passages que nous avons vus, *Is.*, V, 30 a été joint à la conclusion d'un oracle contre Israël. Cet oracle s'était pleinement accompli en 722; il n'y avait pas lieu d'en corriger la menace, ni de la changer en promesse.

Aux yeux des auteurs de la relecture en cause, ce que Yahvé a fait pour Jérusalem n'est pas un épisode occasionnel. Il est l'illustration d'un principe général, valable dans n'importe quelle situation de menace ou de danger (*Is.*, XVII, 14b et XXIX, 7). Chaque fois que Jérusalem sera menacée ou en danger, Yahvé refera en sa faveur ce qu'il a fait en 701. Les événements de 701 sont ainsi devenus une sorte de modèle de ce que Jérusalem peut toujours espérer de Yahvé[159].

Pour évoquer la protection dont Yahvé a fait preuve à l'égard de Jérusalem, et dont il fera de nouveau preuve lors de n'importe quel danger, les rédacteurs ont utilisé plusieurs thèmes, dont la plupart étaient courants dans le culte de Jérusalem. La critique a insisté spécialement sur le thème de l'assaut des peuples dont la coloration, sinon l'origine mythique, ne laisse aucun doute. Ce thème n'est cependant pas le seul auquel les rédacteurs ont eu recours. On signalera aussi la théophanie (XXIX, 5bβ-6; XXX, 27-33), la tradition des guerres de Yahvé (VIII, 8b-10; XXXI, 8-9) et surtout les traditions relatives à la Pâque (XXX, 29; XXXI, 5) et à la traversée de la Mer (XVII, 12-14), cette dernière étant d'ailleurs liée aux représentations de la victoire de Yahvé sur le Chaos.

La datation de cette relecture aux environs de 670 av. J.-C., telle que la propose J. Vermeylen, s'appuie sur des indices, à notre avis, extrêmement ténus[160]. L'hypothèse selon laquelle l'invasion de Sennachérib aurait été interprétée à la lumière de la croyance à l'inviolabilité de Sion aux environs de 670 av. J.-C. ne s'accorde pas avec la teneur du récit de *II Rois*, XVIII, 17-32a.36-37-XIX, 9a.36-37. Datant probablement du milieu du VIIe siècle, ce récit ne contient aucune trace de la

159 Voir R. E. CLEMENTS, *op. cit.*, pp. 83-84.

160 Ayant discuté en détail cette question ailleurs, qu'il nous soit permis d'y renvoyer : RB, LXXXVII, 1980, pp. 617-618.

croyance à l'inviolabilité de Sion. D'ailleurs, on ne voit pas quelles circonstances historiques, aux environs de 670 av. J.-C., auraient poussé à réitérer avec autant d'insistance l'annonce de la ruine de l'Assyrie.

L'hypothèse de H. Barth[161] et de R. E. Clements[162], situant la rédaction de nos textes au temps de Josias, nous paraît donc plus probable. Vu son rapide déclin, l'empire assyrien paraissait alors avoir ses jours comptés. Tout indiquait que l'annonce d'Isaïe concernant la ruine de l'Assyrie allait finalement se réaliser. Dans ce contexte, on comprend très bien la nouvelle formulation de la menace.

L'interprétation que les rédacteurs du temps de Josias ont donné des événements de 701 est aux antipodes de celle qu'en a donné Isaïe lui-même (*Is.*, I, 4-8; XXII, 1-14)[163]. Leur croyance à l'inviolabilité de Sion est elle aussi aux antipodes du message d'Isaïe, tout comme du message de son contemporain Michée.

A la différence de R. E. Clements[164], nous ne tenons pas ces rédacteurs pour les créateurs de la croyance à l'inviolabilité de Sion. Cette croyance est plus ancienne. *Mich.*, III, 11 en témoigne. Le prophète y dénonce la prétention qu'ont les chefs de Jérusalem d'être à l'abri du malheur pour la seule raison que Yahvé est au milieu d'eux. On ne trouve pas chez Isaïe de dénonciation aussi claire. Il est cependant probable que la croyance à l'inviolabilité soit la raison de l'insouciance des Hiérosolymitains (*Is.*, XXIX, 1-4 et XXXII, 9-14); il se peut aussi qu'elle contribue à l'outrecuidance des autorités de la ville (*Is.*, XXVIII, 15).

Les rédacteurs du temps de Josias sont plutôt des promoteurs de la croyance à l'inviolabilité de Sion. A leurs yeux, le sort de Jérusalem en 701 a confirmé le bien-fondé de cette croyance, que Michée avait dénoncée explicitement et que le message d'Isaïe contredisait sans nul doute. Ils ont donc relu — et corrigé — les oracles d'Isaïe à la lumière de cet événement[165]. Cela ne pouvait que renforcer une croyance si favorable à Jérusalem et contribuer à sa propagation. Voilà ce qui expliquerait l'ampleur du combat qu'eurent à mener surtout Jérémie, mais aussi Ézéchiel, contre une croyance qu'ils tenaient, à l'instar de leurs prédécesseurs, Isaïe et Michée, pour une illusion funeste. S'ils

[161] *Die Jesaja-Worte*, 1977, pp. 239-275.

[162] *Isaiah and the Deliverance of Jerusalem*, 1980, pp. 41-51 et 72-89.

[163] Voir *supra*, chap. V^{e}, pp. 235-255.

[164] *Op. cit.*, pp. 84-87.

[165] C'est aussi l'interprétation de J. VERMEYLEN, *Du prophète Isaïe à l'Apocalyptique*, II, 1978, pp. 678-688, mais cet exégète situe la rédaction vers 670 av. J.-C. Il attribue *Mich.*, IV, 11-13a à la même rédaction; voir Bib., LXI, 1980, pp. 287-291, aux pp. 289-290. L'action de Jérusalem contre les ennemis (*Mich.*, IV, 13a) nous paraît déconseiller cette hypothèse.

n'en faisaient pas partie, nos rédacteurs semblent très proches des «prophètes de bonheur» dénoncés par Jérémie et Ézéchiel [166]. Les événements de 587 apporteront un cruel démenti à tous ceux parmi les habitants de Jérusalem qui croyaient leur ville — et se croyaient en elle — à l'abri de tout malheur. La croyance à l'inviolabilité de Sion ne semble pourtant pas être tombée dans l'oubli. Elle se transformera en expression de l'espérance que Jérusalem sera sauvée lors de l'assaut eschatologique des peuples (*cf. Zach.*, XII, 1-4.8-10; XIV, 3.12-14).

[166] Voir H. BARTH, *Die Jesaja-Worte*, 1977, p. 232. Les affinités objectives entre plusieurs textes du livre d'Isaïe, dont ceux que nous étudions, et le message des adversaires de Jérémie et Ézéchiel, du moins tel que ces derniers le présentent, ont souvent été signalées; voir, par exemple, K. FULLERTON, *Viewpoints in the Discussion of Isaiah's Hopes for the Future*, dans JBL, XLI, 1922, pp. 1-101, aux pp. 52-53.

QUATRIÈME PARTIE

LES RÉCITS DE II ROIS, XVIII, 13-XIX, 37 PAR. IS., XXXVI-XXXVII ET II CHR., XXXII, 1-23

CHAPITRE HUITIÈME

RAPPORT ENTRE II ROIS, XVIII, 13-XX, 19 ET IS., XXXVI-XXXIX

1. Identité foncière de II Rois, XVIII, 13-XX, 19 et Is., XXXVI-XXXIX.

II Rois, XVIII, 13-XX, 19 et *Is.*, XXXVI-XXXIX sont foncièrement identiques. Les deux livres contiennent les mêmes récits dans le même ordre[1]. A part le récit de *II Rois*, XVIII, 14-16 et le psaume de *Is.*, XXXVIII, 9-20, les différences entre les deux textes sont minimes. En nous en tenant au TM, nous en avons compté 146 en tout: «plus» de *II Rois*, 38; «plus» d'*Isaïe*, 21; autres, 87.

Les «plus» de *II Rois* sont de dimension et d'importance très inégales. Outre *II Rois*, XVIII, 14-16, il s'agit de passages comportant entre une et six propositions très courtes[2] ou, le plus souvent, de petites incises comprenant quelques mots[3], ou même un seul[4], notamment un pronom[5], un adjectif[6], ou une simple particule[7].

Sauf dans le psaume en *Is.*, XXXVIII, 9-20, les «plus» du texte d'*Isaïe* sont nettement moins importants. Ils ne dépassent jamais un mot; celui-ci, le plus souvent, n'affecte pas sensiblement le sens du texte[8].

II Rois, XX, 11b par. *Is.*, XXXVIII, 8 mis à part, les autres différences entre les deux textes ne concernent jamais plus d'un mot. Environ la moitié de ces différences, soit 42 sur 87, sont purement orthographiques[9]; une ne concerne que l'ordre des mots[10]. On remarque une nette pré-

[1] Voir P. Vannutelli, *Libri synoptici Veteris Testamenti*, II, 1934, pp. 538-609.

[2] XVIII, 17bα.β. 18aα. 28bα. 32aα.β.bα; XIX, 20bβ. 35aα; XX, 4a. 5b. 7b. 8aγ. 9aα. 9b-11a.

[3] XVIII, 17a. 34a; XX, 5aα. 6bβ.γ.8b.

[4] XVIII, 22bβ. 26aα. 29bβ. 33a. 36aα; XIX, 19bβ. 24aβ; XX, 8aα.

[5] XVIII, 17bγ. 21aα. 27aα; XIX, 16.

[6] XIX, 4aα; XX, 13.

[7] XVIII, 21aα. 30bα; XIX, 9aβ. 11a. 19aβ; XX, 2a.

[8] XXXVI, 1.10.13.16.19.20; XXXVII, 2.16.17.18.32.36.38; XXXVIII, 2.7.7; XXXIX, 2.2. 3.5.

[9] XVIII, 17.17 comp. XXXVI, 2.2; XVIII, 18.26 comp. XXXVI, 3.11; XVIII, 34 comp. XXXVI, 19; XVIII, 37 comp. XXXVI, 22; XIX, 12 comp. XXXVII, 12; XIX, 13 comp. XXXVII, 13; XIX, 22 comp. XXXVII, 23; XIX, 23.23.23 comp. XXXVII, 24.24.24; XIX, 25.25 comp. XXXVII, 26.26; XIX, 35 comp. XXXVII, 36; XX, 3 comp. XXXVIII, 3; XX, 7 comp. XXXVIII, 21; XX, 12 comp. XXXIX, 1; XX, 17 comp. XXXIX, 6.

[10] XIX, 2 comp. XXXVII, 2.

férence du texte d'Isaïe pour la «scriptio plena»[11]. A 8 reprises les deux textes ont des prépositions différentes, mais plus ou moins équivalentes. Alors que *II Rois* emploie *'al-*, *'èl-*, *'im*, *lip^h^néy* et *l-*, *Isaïe* utilise régulièrement *'èl-* à leur place[12]. A cela on ajoutera 4 cas de particules différentes[13]. Dans 14 cas on trouve un même verbe, mais à des conjugaisons[14], modes[15], temps[16], personnes[17] ou nombre[18] différents. Dans 5 cas, il s'agit de verbes différents[19]. On trouve 3 fois un nom ou un pronom à des nombres différents[20], et 7 fois des noms différents[21]. Finalement, à la place d'un nom, on a un pronom[22] ou un verbe[23].

Parmi ces 87 variantes, seules 13 impliquent un changement de sens plus ou moins important.

2. Caractère composite de II Rois, XVIII, 13-XX, 19 et Is., XXXVI-XXXIX.

Les récits relatent trois épisodes différents du règne d'Ézéchias: l'invasion de Juda par Sennachérib et la délivrance de Jérusalem (*II Rois*, XVIII, 13-XIX, 37 par. *Is.*, XXXVI-XXXVII); la maladie et la guérison du roi (*II Rois*, XX, 1-11 par. *Is.*, XXXVIII); et finalement, l'ambassade

[11] XVIII, 26 comp. XXXVI, 11; XVIII, 27 comp. XXXVI, 12; XVIII, 31 comp. XXXVI, 16; XIX, 2 comp. XXXVII, 2; XIX, 6 comp. XXXVII, 6; XIX, 7 comp. XXXVII, 7; XIX, 10 comp. XXXVII, 10; XIX, 12 comp. XXXVII, 12; XIX, 20 comp. XXXVII, 21; XIX, 23 comp. XXXVII, 24; XIX, 25.25 comp. XXXVII, 26.26; XIX, 27 comp. XXXVII, 28; XIX, 32.33 comp. XXXVII, 33.34; XX, 1 comp. XXXVIII, 1; XX, 15 comp. XXXIX, 4; XX, 18 comp. XXXIX, 7. Il arrive plus rarement qu'on ait la «scriptio plena» en *II Rois* et la «scriptio defectiva» en *Isaïe*. Voir XVIII, 29 comp. XXXVI, 14; XIX, 16 comp. XXXVII, 17; XIX, 24 comp. XXXVII, 25; XIX, 25 comp. XXXVII, 26; XIX, 35 comp. XXXVII, 36.

[12] XVIII, 25bβ. 27 et XIX, 22 comp. XXXVI, 10bβ. 12 et XXXVII, 23; XVIII, 26 comp. XXXVI, 11; XIX, 6.7aβ comp. XXXVII, 6.7aβ; XIX, 15 comp. XXXVII, 15. Inversement à la place de *'èl* (XIX, 9aα), on trouve *'al-* (XXXVII, 9aα).

[13] XVIII, 23 comp. XXXVI, 8; XVIII, 32b comp. XXXVI, 18aα; XX, 9 comp. XXXVIII, 7; XX, 19 comp. XXXIX, 8.

[14] XIX, 12 comp. XXXVII, 12.

[15] XIX, 15 comp. XXXVII, 15; XIX, 18 comp. XXXVII, 19; XIX, 29 comp. XXXVII, 30; XX, 2 comp. XXXVIII, 3; XX, 6 comp. XXXVIII, 5.

[16] XVIII, 36 comp. XXXVI, 21; XIX, 26 comp. XXXVII, 27; XIX, 33 comp. XXXVII, 34; XX, 8 comp. XXXVIII, 22; XX, 12 comp. XXXIX, 1.

[17] XVIII, 20aα comp. XXXVI, 5aα.

[18] XVIII, 17 comp. XXXVI, 2; XVIII, 22aα comp. XXXVI, 7aα.

[19] XIX, 9b comp. XXXVII, 9b; XX, 5 comp. XXXVIII, 5; XX, 7.7 comp. XXXVIII, 21.21; XX, 13 comp. XXXIX, 2.

[20] XVIII, 18 comp. XXXVI, 3; XVIII, 28 comp. XXXVI, 13; XIX, 14 comp. XXXVII, 14.

[21] XVIII, 25aβ comp. XXXVI, 10aβ; XIX, 17 comp. XXXVII, 18; XIX, 23.23.23 comp. XXXVII, 24.24.24; XIX, 26 comp. XXXVII, 27; XIX, 29 comp. XXXVII, 30.

[22] XX, 4 comp. XXXVIII, 4.

[23] XX, 12 comp. XXXIX, 1.

que lui a envoyée Merodak-baladan (*II Rois*, XX, 12-19 par. *Is.*, XXXIX). Dans ces trois épisodes, Isaïe entre en scène à côté d'Ézéchias. Le prophète annonce au roi la délivrance de Jérusalem, intervient dans sa guérison et, à l'occasion de l'ambassade de Merodak-baladan, lui prédit le pillage de ses trésors par les Babyloniens ainsi que la déportation à Babylone de certains de ses descendants.

Les récits ne sont pas seulement juxtaposés, mais littérairement et logiquement reliés. Il en résulte une étroite association des trois épisodes, dont le centre de gravité est l'invasion de Sennachérib et surtout la délivrance de Jérusalem.

La maladie et la guérison d'Ézéchias sont rattachées à l'invasion de Sennachérib et à la délivrance de Jérusalem de trois manières. Il y a d'abord l'expression initiale *bayyāmîm hāhém* (*II Rois*, XX, 1aα par. *Is.*, XXXVIII, 1aα). Bien que cette expression marque le début d'un nouveau sujet, beaucoup plus qu'elle ne fournit une indication chronologique précise, dans son contexte actuel elle suppose que la maladie et la guérison d'Ézéchias ont eu lieu en même temps que l'invasion de Sennachérib et la délivrance de Jérusalem.

Le lien entre ces deux séries d'épisodes est confirmé par *II Rois*, XX, 6 par. *Is.*, XXXVIII, 5b-6, et cela d'une double manière. D'une part, ce passage associe explicitement, dans la même promesse, la guérison d'Ézéchias et la délivrance de la menace assyrienne. D'autre part, la promesse des quinze années de vie suppose que la guérison d'Ézéchias et la délivrance de Jérusalem eurent lieu la même année. En effet, si Ézéchias a été guéri quinze années avant la fin de son règne de vingt neuf ans (*II Rois*, XVIII, 2), cela a eu lieu en sa quatorzième année de règne; or, celle-ci a été aussi l'année de l'invasion de Sennachérib et de la délivrance de Jérusalem (*II Rois*, XVIII, 13 par. *Is.*, XXXVI, 1).

A son tour, la visite des émissaires babyloniens est liée à la maladie-guérison d'Ézéchias, et cela d'une double façon. Comme *bayyāmîm hāhém, bā'ét hahî'* marque avant tout un commencement. Mais, étant donné le contexte, cette expression suppose que les événements qui suivent sont chronologiquement liés à ceux qui précèdent. Ce lien est confirmé par le but de l'ambassade, à savoir rendre une visite de courtoisie à Ézéchias à l'occasion de sa maladie (*II Rois*, XX, 12b) ou de sa guérison (*Is.*, XXXIX, 1b).

Aussi étroits qu'ils puissent paraître, les liens entre les différents récits sont littérairement secondaires.

Les récits de la maladie-guérison d'Ézéchias ne sont pas d'une seule venue. On peut facilement isoler le psaume de *Is.*, XXXVIII, 9-20, qui fut sans doute le dernier élément à y avoir été inséré[24]. Il est par contre difficile de démêler les autres éléments qui constituent les récits actuels[25].

Comme l'a déjà fait remarquer B. Stade[26], *II Rois*, XX, 1-7 paraît contenir un récit complet. En effet, avec la finale de *II Rois*, XX, 7b (*wayyèḥî*), qui prend exactement le contre-pied de la finale du v. 1b (*w*ᵉ*lo' tiḥyèh*), le récit pourrait trouver son dénouement. La finale de *II Rois*, XX, 7b ayant déjà rapporté la guérison, la demande d'un signe la garantissant (*II Rois*, XX, 8) et la réalisation dudit signe (*II Rois*, XX, 9-11) sont de trop, ou du moins déplacées. Aussi plusieurs critiques tiennent-ils *II Rois*, XX, 1-7 pour un récit autonome[27] et voient en *II Rois*, XX, (8)9-11, soit un autre récit primitivement indépendant[28], soit un développement secondaire[29].

On notera cependant que le récit de *II Rois*, XX, 1-7 ne paraît pas très cohérent. Entre la promesse solennelle de Yahvé et la guérison obtenue au moyen d'un modeste emplâtre de figues, il y a un contraste très grand, qui semble trahir le caractère composite de *II Rois*, XX, 1-7. A l'encontre de l'opinion de certains critiques[30], rien n'invite cependant à tenir le v. 7 pour un ajout secondaire. Privé de ce verset

[24] Au sujet de ce psaume on se reportera à J. BEGRICH, *Der Psalm des Hiskia* (FRLANT, NF 25), Göttingen, 1926; P.A.H. DE BOER, *Notes on Text and Meaning of Isaiah XXXVIII 9-20*, dans OTS, IX, 1951, pp. 170-186; J.A. SOGGIN, *Il « Salmo di Ezechia » in Isaia 38, 9-20*, dans BeO, XVI, 1974, pp. 177-189; H.S. NYBERG, *Hiskias Danklied Jes 38, 9-20*, dans ASTI, IX, 1974, pp. 85-97.

[25] En plus des commentaires, voir K. FULLERTON, *The Original Text of 2 K. 20 7-11 = Is 38 7, 8, 21f*, dans JBL, XLIV, 1925, pp. 44-62 et C. JEREMIAS, *Zu Jes XXXVIII 21f*, dans VT, XXI, 1971, pp. 104-111.

[26] *Anmerkungen zu 2 Kö 15-21*, dans ZAW, VI, 1886, pp. 183-185.

[27] En plus de B. STADE, *ibidem*, voir parmi d'autres, K. FULLERTON, *ibidem*; J.A. MONTGOMERY, *The Books of Kings*, 1951, pp. 508-509; G. FOHRER, *Das Buch Jesaja*, II, 1967, p. 192; J. GRAY, *I & II Kings*, 1977, pp. 696-703.

[28] Voir J. GRAY, *ibidem*. D'après G. FOHRER, *ibidem*, l'introduction de ce récit aurait été sacrifiée au moment où il a été joint au récit précédent. Si le signe de l'ombre qui recule (vv. 9-11) faisait l'objet d'un récit indépendant, le v. 8 doit être une suture rédactionnelle.

[29] Voir J.A. MONTGOMERY, *The Books of Kings*, 1951, pp. 508-509. Les hypothèses que l'on vient de mentionner partent du texte de *II Rois*. Le texte correspondant d'*Isaïe* est sensiblement différent. Ce qui correspond à la conclusion du premier récit (*II Rois*, XX, 7) est relégué après le signe de l'ombre qui recule (vv. 7-8) et même après la prière d'Ezéchias (vv. 9-20), au v. 21. Le contenu n'est pas exactement le même. *Is.*, XXXVIII, 21, dont les verbes sont au jussif, ne rapporte ni l'exécution du traitement ni la guérison. Une simple différence de vocalisation de *wyḥy* fait de ce verbe la constatation de la guérison en *II Rois*, XX, 7 *(wayyèḥî)* et l'expression du souhait de la guérison en *Is.*, XXXVIII, 21 (*w*ᵉ*yèḥî*). Le récit de l'ombre qui recule présente lui aussi des différences significatives. Comp. *II Rois*, XX, 9-11 à *Is.*, XXXVIII, 7-8.

[30] Voir A. JEPSEN, *Nabi. Soziologische Studien zum alttestamentlichen Literatur- und Religionsgeschichte*, München, 1934, p. 87; J. GRAY, *I & II Kings*, 1977, p. 698.

qui rapporte la guérison, le récit serait incomplet. Par ailleurs, on ne voit pas pourquoi un rédacteur, voulant compléter le récit, se serait contenté d'une guérison obtenue apparemment au moyen d'un traitement assez banal, alors que tout faisait prévoir le recours à des moyens exceptionnels, voire merveilleux. En revanche, il est tentant de voir dans les vv. 1a.bα.7 une très courte légende racontant comment Isaïe avait guéri Ézéchias d'une plaie mortelle au moyen d'un emplâtre de figues[31]. Les vv. 1bβ-6 pourraient, soit constituer un autre récit autonome, soit appartenir à un récit plus vaste, comprenant également le signe de l'ombre qui recule (*II Rois*, XX, 8-11 par. *Is.*, XXXVIII, 7-8. 22)[32] ou encore être un développement secondaire[33].

Quoi qu'il en soit de l'origine de *II Rois*, XX, 1-7 par. *Is.*, XXXVIII, 1-6.21, *II Rois*, XX, 6aβ-b par. *Is.*, XXXVIII, 6 se présente comme un ajout secondaire. En effet, ce passage est entièrement formulé à l'aide d'expressions reprises à *II Rois*, XVIII, 17-XIX, 37 par. *Is.*, XXXVII, 2-XXXVII, 38, surtout à *II Rois*, XIX, 34 par. *Is.*, XXXVII, 35[34]. En outre, son contenu est étranger à l'enjeu du récit de *II Rois*, XX, 1-11 par. *Is.*, XXXVIII. Aussi la critique est-elle pratiquement unanime à voir en *II Rois*, XX, 6aβ-b par. *Is.*, XXXVIII, 6 un ajout destiné à rattacher la guérison d'Ézéchias à la délivrance de Jérusalem lors de l'invasion de Sennachérib[34a].

[31] Voir O. KAISER, *Der Prophet Jesaja*, II, 1973, pp. 318-319; A. ROFÉ, *Classes in the Prophetical Stories. Didactic Legenda and Parable*, dans VTS, XXVI, 1974, pp. 143-164, aux pp. 150-151. L'utilisation médicinale des figues dans l'antiquité est attestée à Ougarit, en Mésopotamie et en Égypte. Voir les références données par H. WILDBERGER, *Jesaja*, III, 1982, p. 1454. Le caractère extraordinaire de la guérison résidait peut-être dans le fait qu'Isaïe, et lui seul, avait su prescrire le traitement capable de guérir Ézéchias d'une maladie qui, sans cela, aurait été mortelle. Voir O. KAISER, *ibidem*.

[32] Voir O. KAISER, *op. cit.*, p. 318.

[33] Voir A. ROFÉ, *op. cit.*, p. 151.

[34] La proposition *w^{e}gannôtî ʿal-hāʿîr hazzoʾt* (*II Rois*, XX, 6bα par *Is.*, XXXVIII, 6b) est reprise de *II Rois*, XIX, 34a par. *Is.*, XXXVII, 35a. *II Rois*, XX, 6bβγ emprunte encore à ces mêmes versets la motivation *l^{e}maʿ^{a}nî ûl^{e}maʿan dāwid ʿabdî*; elle est absente du TM de *Isaïe*, mais figure en *1QIs^a*. L'expression *ʾét hāʿîr hazzoʾt* revient à plusieurs reprises en *II Rois*, XVIII, 17-XIX, 37 par. *Is.*, XXXVI-XXXVII (*cf. II Rois*, XVIII, 30; XIX, 32.33 et par. *Is.*, XXXVI, 15; XXXVII, 33.34). Le hif. de *nṣl* est l'un des mots-clés de ces récits (*II Rois*, XVIII, 29.30.32.33.34.35a.35b; XIX, 12 par. *Is.*, XXXVI, 14.15.18a. 18b.19.20a.20b; XXXVII, 12; *cf.* aussi le nif. en *II Rois*, XIX, 11 par. *Is.*, XXXVII, 11). La seule différence réside dans le fait que ce verbe est normalement construit non pas avec *mikkap^h*, comme ici, mais avec son équivalent *mîyād* (*II Rois*, XVIII, 29.33.34.35a.35b par. *Is.*, XXXVI, 14.18b.19.20a.20b).

[34a] H. TADMOR - M. COGAN, *Hezekiah's Fourteenth Year: The King's Illness and the Babylonian Embassy*, dans ErIs, XVI, 1982, pp. 198-201 estiment, au contraire, que *II Rois*, XX, 6aβ-b par. *Is.*, XXXVIII, 6 est primitif, et la source de *II Rois*, XIX, 34 par. Is., XXXVII, 35. L'hypothèse de ces auteurs n'emporte cependant pas la conviction.

En revanche, la plupart des critiques tiennent les quinze années de vie promises à Ézéchias (*II Rois*, XX, 6aα par. *Is.*, XXXVIII, 5b) pour un élément primitif. Et pourtant, tout indique qu'il n'en est rien. Contrairement à ce que l'on attendrait, la demande d'un signe ne mentionne cet aspect de la promesse ni en *II Rois*, ni en *Isaïe*. En *II Rois*, XX, 8, il n'est question que de la guérison et de la montée au Temple, ce qui correspond exactement à *II Rois*, XX, 5b.

En *Is.*, XXXVIII, 22, il n'est question que de la montée au Temple, élément qui ne figure d'ailleurs pas dans la promesse des vv. 5b-6[35].

La promesse des quinze années de vie reste donc isolée dans les deux textes. Tant de précision sur le nombre d'années n'est-elle pas d'ailleurs surprenante? Pourquoi justement quinze? Si nombre précis il y avait, on s'attendrait plutôt à dix, autant que le nombre de degrés qui mesurent le recul de l'ombre (*II Rois*, XX, 9b-11 par. *Is.*, XXXVIII, 8)[36]. Le plus simple est de voir dans les quinze années de vie, exactement comme dans la promesse de la délivrance du pouvoir assyrien (*II Rois*, XX, 6aβ-b par. *Is.*, XXXVIII, 6), un élément secondaire, à la fois résultat de l'association de la guérison d'Ézéchias à la délivrance de Jérusalem, et moyen de la fonder. Si la guérison d'Ézéchias a eu lieu en même temps que la délivrance de la ville, c'est-à-dire en la quatorzième année de son règne de vingt-neuf ans (*II Rois*, XVIII, 2), le roi aurait donc encore vécu quinze années. Sur la base de ce calcul, un rédacteur a introduit l'annonce de ces quinze années de vie dans le cadre de la promesse à Ézéchias[37]. L'absence de cet aspect de la promesse dans la demande d'un signe semble indiquer que son introduction en *II Rois*, XX, 6aα est plus récente que *II Rois*, XX, 8, qui est probablement, lui aussi, rédactionnel.

[35] En *Isaïe*, aussi bien la place que la formulation de la demande d'un signe sont très surprenantes. La critique s'accorde en général pour voir en *Is.*, XXXVIII, 22 un ajout très tardif. Voulant mentionner le motif de la montée au Temple, un scribe a repris en partie *II Rois*, XX, 8 et l'a écrit peut-être dans la marge. En *1QIs*^{a}, ce verset a été ajouté dans la marge de la place qu'il occupe dans le TM. Voir, par exemple, C. JEREMIAS, *Zu Jes XXXVIII, 21f*, dans VT, XXI, 1971, pp. 109-110; H. WILDBERGER, *Jesaja*, III, 1982, pp. 1446-1447 et 1454.

[36] O. PROCKSCH, *Jesaja I*, 1930, p. 461, remarque ce décalage et en tire argument en faveur de l'existence de deux récits différents à la base de *II Rois*, XX, 1-11 par. *Is.*, XXXVIII.

[37] Dans le même sens, A. DILLMANN, *Der Prophet Jesaja*, 1890, p. 333; E. KOENIG, *Das Buch Jesaja*, 1926, pp. 328-329; R. E. CLEMENTS, *Isaiah and the Deliverance of Jerusalem*, 1980, p. 65. J. GRAY, *I & II Kings*, 1977 suggère de voir dans les quinze années tantôt le résultat (p. 668), tantôt la raison de l'association de la guérison d'Ézéchias à l'expédition de Sennachérib (pp. 696 et 698); or, ces hypothèses sont incompatibles.

De l'avis unanime de la critique, à l'origine de *II Rois*, XX, 12-19 par. *Is.*, XXXIX, il y a une tradition rapportant des tractations politico-militaires entre Marduk-apal-iddina II et Ézéchias. Ces tractations, dont rien ne permet de mettre en doute l'existence, datent probablement de 703 et se situent dans le contexte de l'organisation de la révolte anti-assyrienne du début du règne de Sennachérib[38]. La critique s'accorde encore pour dire que le récit primitif témoignait de la condamnation de ces négociations par Isaïe. Ni le but politique de l'ambassade, ni le sens primitif de l'intervention d'Isaïe ne sont perceptibles dans le récit actuel. D'après celui-ci, les émissaires de Marduk-apal-iddina rendent à Ézéchias une simple visite de courtoisie à l'occasion de sa maladie (*II Rois*, XX, 12b) ou de sa guérison (*Is.*, XXXIX, 1b). La pointe du récit actuel est cependant l'annonce du pillage de tous les trésors de la maison royale judéenne et de la déportation de certains des descendants d'Ézéchias (*II Rois*, XX, 17-18 par. *Is.*, XXXIX, 6-7)[39].

On voit généralement dans cette annonce un «vaticinium ex eventu», qui suppose les conquêtes de Nabuchodonosor II en Juda[40]. Le silence sur la destruction de Jérusalem et la déportation de la population judéenne semble indiquer que le récit a trouvé sa forme actuelle après 597 av. J.C., mais avant 587 av. J.C.[41]. Avant sa forme actuelle, le récit en a connu probablement une autre ou d'autres. Il nous paraît cependant très difficile de retracer l'histoire antérieure du récit à l'aide de la critique littéraire.

Quoi qu'il en soit, le thème de la visite de courtoisie (*II Rois*, XX, 12b par. *Is.*, XXXIX, 1b), qui relie notre récit à ce qui précède, ne joue, et n'a probablement jamais joué, aucun rôle dans le corps du récit. Aussi faut-il y voir, avec un grand nombre de critiques, un élément secondaire destiné à associer l'épisode de l'ambassade de Merodak-baladan à celui de la maladie-guérison d'Ézéchias[42].

[38] Voir *supra*, chap. IVe, n. 16.

[39] On se reportera en particulier à P. R. ACKROYD, *An Interpretation of the Babylonian Exile: A Study of 2 Kings 20, Isaiah 38-39*, dans ScotJTh, XXVII, 1974, pp. 329-343 et R. E. CLEMENTS, *Isaiah and the Deliverance of Jerusalem*, 1980, pp. 66-69.

[40] Parmi les critiques récents, R. D. NELSON, *The Double Redaction of the Deuteronomistic History*, 1981, pp. 129-132 est, à notre connaissance, le seul à contester pareille interprétation. Cet exégète voit en *II Rois*, XX, 17-18 une vraie annonce, remontant apparemment au temps d'Isaïe.

[41] Voir J. A. MONTGOMERY, *The Books of Kings*, 1951, p. 510; R. E. CLEMENTS, *op. cit.*, pp. 67-68 et 100.

[42] Voir O. KAISER, *Der Prophet Jesaja*, II, 1973, pp. 324-325; J. GRAY, *I & II Kings*, 1977, pp. 701-702; H. WILDBERGER, *Jesaja*, III, 1982, pp. 1469-1473. D'après R. DEUTSCH, *Die Hiskiaerzählungen*, 1969, p. 48 et H. WILDBERGER, *op. cit.*, pp. 1469-1471 et 1474, l'indication chronologique (*bā'ét hahî'*) du début du récit, qui constitue l'autre lien avec ce qui précède, serait elle aussi secondaire. On notera cependant que, tenant sa fonction de lien avec ce qui précède uniquement de sa place actuelle, l'expression *bā'ét hahî'* pourrait tout aussi bien introduire le récit primitif.

3. II Rois, xviii, 13-xx, 19 dans le cadre des livres des Rois.

Suivant le schéma général classique, *II Rois*, xviii, 1-8 présente le roi Ézéchias et son règne.

Tout d'abord, les vv. 1-2 donnent le synchronisme avec le roi d'Israël, l'âge d'Ézéchias à son avènement, la durée de son règne et le nom de sa mère; ensuite, les vv. 3-6 contiennent l'appréciation sur le roi; finalement, les vv. 7-8 rapportent les conséquences de a très grande piété et concluent ainsi la présentation générale du règne.

Les vv. 3-8 se divisent en trois petites sections, à savoir les vv. 3-4, 5-6 et 7-8. Ces petites sections sont construites selon un même schéma : elles comprennent une affirmation générale suivie de son explicitation ou de son illustration.

L'appréciation sur Ézéchias se présente sous deux formes différentes. Les vv. 3-4 font un premier éloge du roi. Dans le v. 3, nous trouvons l'affirmation générale : «Il fit ce qui est droit aux yeux de Yahvé exactement comme son père David»; ensuite le v. 4 précise que le roi a montré concrètement sa droiture en réformant le culte. Les vv. 5-6 font un nouvel éloge d'Ézéchias. Comme le v. 3, le v. 5 affirme d'une façon générale : «En Yahvé, le Dieu d'Israël, il a mis sa confiance» (*bṭḥ*) et il n'a pas eu son pareil parmi tous les rois de Juda. Comme le v. 4, le v. 6 explicite les affirmations précédentes en disant comment s'est traduite concrètement la confiance d'Ézéchias en Yahvé.

Le v. 5a mérite de retenir l'attention. On constate, en effet, que la racine *bṭḥ* apparaît neuf fois en *II Rois*, xviii, 17-xix, 37 où le thème de la confiance est donc au premier plan[43]. En soulignant la confiance d'Ézéchias en Yahvé, l'auteur de *II Rois*, xviii, 5a reprend et annonce l'un des thèmes majeurs de *II Rois*, xviii, 17-xix, 37; plus précisément, il répond à l'avance aux questions que le Rab-Shaqé pose au nom de son maître, d'entrée de jeu, comme une sorte d'en-tête de son discours (*II Rois*, xviii, 19-20); il répond particulièrement à la question : «En qui donc as-tu mis ta confiance pour te révolter contre moi?» (v. 20b).

Les vv. 7-8 décrivent les conséquences de la très grande piété d'Ézéchias. Tout d'abord, au v. 7a, il est affirmé d'une façon générale : «Yahvé fut avec lui et il réussit en tout ce qu'il entreprit»; ensuite les vv. 7b-8 illustrent la réussite par deux faits saillants du règne, à savoir la révolte contre l'Assyrie (v. 7b) et la victoire sur les Philistins (v. 8).

Comme le thème de la confiance en Yahvé, au v. 5a, la mention de la révolte contre l'Assyrie, au v. 7b, annonce évidemment les récits

[43] Voir *infra*, pp. 409-412 et 475.

relatifs à l'expédition de Sennachérib (*II Rois*, XVIII, 13-XIX, 37). On notera la présence du même verbe *mrd* («se révolter») au v. 7b et en *II Rois*, XVIII, 20b. Les récits de *II Rois*, XVIII, 13-XIX, 37 se présentent donc comme l'illustration détaillée, à la fois de la réussite d'Ézéchias dans sa révolte contre l'Assyrie et de la confiance en Yahvé, qui valut au roi une telle réussite.

II Rois, XVIII, 9-11 (12) reprend la notice de la chute de Samarie et de la fin du royaume d'Israël, qui se trouve à sa place normale en *II Rois*, XVII, 3-6. Pareille reprise est sans parallèle dans les livres des *Rois*.

Plutôt que par un souci historique, celui de situer la ruine du royaume d'Israël dans le contexte du règne d'Ézéchias[44], l'insertion de *II Rois*, XVIII, 9-12 a été commandée, à notre avis, par un souci théologique. On oppose ainsi le sort de Samarie et d'Israël à celui de Jérusalem et de Juda. Confrontés au même envahisseur assyrien, ils ont eu des sorts entièrement différents : à cause de leur infidélité à l'alliance de Yahvé (v. 12), Samarie a été détruite et le royaume d'Israël a cessé d'exister (vv. 9-11); le royaume de Juda a certes souffert (vv. 13-16) mais, grâce à la très grande piété d'Ézéchias (vv. 3-8, surtout 5-7), il a survécu et, en particulier, Jérusalem a été épargnée (*II Rois*, XVIII, 17-XIX, 37).

En opposant le sort de Samarie et d'Israël à celui de Jérusalem et de Juda, *II Rois*, XVIII, 9-12 souligne indirectement la réussite d'Ézéchias et ce qui en est la cause, à savoir la grande piété de ce roi. *II Rois*, XVIII, 9-12 remplit donc une fonction identique à celle de *II Rois*, XVIII, 13-XIX, 37.

Il en va de même de *II Rois*, XX, 1-11. Certes les vv. 9-11 soulignent le pouvoir d'Isaïe auprès de Yahvé : à l'appel du prophète, Yahvé réalise le prodige réclamé par Ézéchias. Cela dit, Ézéchias reste le protagoniste du récit. Ce qui en ressort, c'est la très grande piété du roi : en réponse à cette piété, non seulement Yahvé l'arrache à la mort, mais il délivre aussi Jérusalem du pouvoir assyrien et promet à la ville sa protection (vv. 5b-6).

Sous sa forme actuelle, *II Rois*, XX, 12-19 s'intéresse avant tout au sort de la dynastie davidique, comme il ressort spécialement des vv. 17-18. Le but du récit est de rendre compte de la déportation de Joiakîn et du pillage des trésors royaux en 597 av. J.C. (*II Rois*, XXIV, 12-16). D'après *II Rois*, XX, 17-18, Yahvé avait déjà décrété ces événements au temps d'Ézéchias et les avait annoncés par l'entremise d'Isaïe.

[44] Contre J.A. MONTGOMERY, *The Books of Kings*, 1951, p. 482.

Le récit met concrètement les événements en rapport avec le bon accueil qu'Ézéchias a réservé à une ambassade envoyée par Merodak-baladan.

On notera que le récit ne précise pas en quoi le geste de courtoisie d'Ézéchias était blâmable; à plus forte raison, il ne dit pas pourquoi ce qui paraît n'être tout au plus qu'une manifestation de vanité assez naïve de la part d'Ézéchias mériterait un châtiment aussi sévère[45]. En réalité, l'étalage de tous les trésors royaux était en quelque sorte nécessaire à l'économie du récit. En les leur montrant, Ézéchias a conféré aux Babyloniens le droit de propriété sur les trésors royaux judéens. Lorsque Nabuchodonosor s'en emparera, il ne fera qu'exercer son droit[46].

Voulant rendre compte des malheurs de Joiakîn, tombé aux mains des Babyloniens en 597 av. J.C., l'auteur du récit actuel de *II Rois*, XX, 12-19 n'a apparemment pas trouvé d'autre raison que le comportement d'Ézéchias à l'égard des envoyés de Merodak-baladan[47]. Notre récit suppose ainsi un sursis dans l'exécution du châtiment que Yahvé avait déjà décrété au temps d'Ézéchias. Yahvé n'a pas voulu faire venir le malheur au temps de ce roi, mais il l'a différé[48]. Bien que de façon un peu paradoxale, *II Rois*, XX, 12-19 illustre probablement, lui aussi, la réussite que valut à Ézéchias sa grande piété[49].

[45] Voir R. E. Clements, *op. cit.*, p. 67 et P. R. Ackroyd, *Isaiah 36-39 : Structure and Function*, dans *Festschrift für J. P. M. Van der Ploeg*, 1982, pp. 13-14.

[46] D'après P. R. Ackroyd, *An Interpretation of the Babylonian Exile : A Study of 2 Kings 20, Isaiah 38-39*, dans ScotJTh, XXVII, 1974, pp. 339-343, l'insistance sur l'action d'Ézéchias *montrant* tous ses biens (3 emplois du hif. de *rā'āh*) et sur l'action des Babyloniens les voyant (2 emplois du qal de *rā'āh*) ferait précisément allusion à la pratique légale du transfert de propriété; voir aussi Id., *Isaiah 36-39 : Structure and Function*, dans *Festschrift für J. P. M. Van der Ploeg*, 1982, p. 13.

[47] Voir R. E. Clements, *Isaiah and the Deliverance of Jerusalem*, 1980, p. 67.

[48] Voir P. R. Ackroyd, *An Interpretation of the Babylonian Exile : A Study of 2 Kings 20, Isaiah 38-39*, dans ScotJTh, XXVII, 1974, pp. 335-338; Id., *Isaiah 36-39 : Structure and Function*, dans *Festschrift für J. P. M. Van der Ploeg*, 1982, pp. 13-14. Cet exégète propose de comprendre dans ce sens la seconde partie — certes énigmatique — de la réponse d'Ézéchias à l'annonce du malheur (*II Rois*, XX, 19b). Pour d'autres cas de châtiment différé, notamment en raison de la pénitence du roi, *cf. I Rois*, XXI, 27-29 (Achab) et *II Rois*, XXII, 15-20 (Josias).

[49] Selon R. E. Clements, *Isaiah and the Deliverance of Jerusalem*, 1980, pp. 63-71, *II Rois*, XX, 1-11 et 12-19 auraient été ajoutés l'un après l'autre, probablement au temps de Joiakîn et de Sédécias, en vue de couper court à une interprétation trop rassurante de *II Rois*, XVIII, 17-XIX, 37. On pourrait induire de ces derniers récits que Jérusalem et la dynastie davidique jouissaient de la protection inconditionnelle de Yahvé et n'avaient donc rien à craindre (*cf. II Rois*, XIX, 34). Les faits, notamment la mort de Josias et les malheurs de Joiakîn, avaient démenti entretemps pareille interprétation. En insistant sur la piété exceptionnelle d'Ézéchias (XX, 1-11), le rédacteur veut faire comprendre que c'est la raison pour laquelle Jérusalem a été délivrée. On ne pourra espérer une nouvelle intervention de Yahvé que si le davidide régnant est lui aussi très pieux. L'hypothèse de

Finalement, *II Rois*, XX, 20-21 conclut, selon le schéma classique, les longs récits consacrés à Ézéchias.

4. IS., XXXVI-XXXIX DANS LE CADRE DU LIVRE D'ISAÏE.

En général, la critique voit en *Is.*, XXXVI-XXXIX un appendice : un rédacteur, soucieux de rassembler dans un même recueil toutes les traditions relatives à Isaïe, l'aurait ajouté à la fin d'un recueil comprenant les chap. I-XXXV [50], sinon à l'intérieur d'un livre plus vaste embrassant déjà les chap. I-LV, ou même I-LXVI,

Seuls quelques exégètes se sont interrogés sur le point d'ancrage de *Is.*, XXXVI-XXXIX et ont essayé de repérer les rapports de ces chapitres avec ce qui précède et avec ce qui suit, puis de dégager leur fonction à l'intérieur du livre qui porte le nom d'Isaïe.

Et pourtant, les attaches littéraires et logiques de *Is.*, XXXVI-XXXIX avec le reste du livre sont nombreuses.

Is., XXXVI-XXXIX présente de nombreux points de contact avec ce qui précède. Anticipant sur nos conclusions, qu'il nous suffise de signaler que, d'après *Is.*, XXXVI-XXXIX, Jérusalem a dû son salut à trois facteurs principaux : l'engagement de Yahvé à l'égard de sa ville et de la dynastie davidique, la confiance absolue en Yahvé dont Ézéchias a fait preuve, et le châtiment de l'orgueil assyrien. Ce sont là trois des principaux thèmes isaïens conservés en *Is.*, I-XXXV. Plus précisément, les récits de *Is.*, XXXVI-XXXVII présentent les événements de 701 comme s'ils avaient été l'occasion pour ces aspects du message d'Isaïe de trouver leur réalisation; ils montrent de la sorte le bien-fondé de la prédication du prophète [51].

A son tour, *Is.*, XXXIX est tourné vers ce qui suit. En effet, comme l'ont

R. E. CLEMENTS suppose que *II Rois*, XIX, 34 (passage susceptible d'être interprété dans le sens d'une protection inconditionnelle accordée par Yahvé à Jérusalem et à la dynastie davidique) faisait déjà partie des récits au temps de Joiakîn ou de Sédécias. Or, à notre avis, le récit auquel appartient ce verset n'est pas antérieur à l'exil. Voir *infra*, chap. XIIe, pp. 478-480.

[50] Voir, par exemple, G. FOHRER, *The Origin, Composition and Tradition of Isaiah I-XXXIX*, dans AnLeeds, III, 1961-1962, pp. 3-37, à la p. 23 = *Entstehung, Komposition und Ueberlieferung von Jesaja 1-39*, dans *Studien zur alttestamentlichen Prophetie* (1949-1965), (BZAW, 99), Berlin, 1967, pp. 113-147, à la p. 134; R. LACK, *La symbolique du livre d'Isaïe*, 1973, p. 76; J. VERMEYLEN, *Du prophète Isaïe à l'Apocalyptique*, I, 1977, p. 3, n. 1.

[51] Dans le même sens, voir J. FISCHER, *Das Buch Isaias*, 1937, p. 228; E. J. YOUNG, *The Book of Isaiah*, II, 1969, p. 560, n. 1; A. VAN DER KOOIJ, *Die alten Textzeugen des Jesajabuches* (OBO, 35), Freiburg-Göttingen, 1981, pp. 17-19.

fait remarquer plusieurs critiques[52], l'annonce de la déportation à Babylone de certains des descendants d'Ézéchias (v. 7) sert d'introduction à la promesse du retour de l'exil babylonien (*Is.*, XL-LV).

Les chap. XXXVI-XXXVIII eux-mêmes ne sont pas dépourvus de signification pour la suite du livre ; ils garantissent en quelque sorte la réalisation de la promesse contenue dans les chap. XL-LV. Yahvé tiendra sa promesse de ramener le peuple de l'exil, comme il a tenu ses promesses à l'égard de Jérusalem et d'Ézéchias.

En bref, *Is.*, XXXVI-XXXIX se présente comme une sorte de pont entre I-XXXV et XL-LV ; il apparaît comme un joint permettant d'enchaîner au recueil isaïen l'œuvre anonyme des chap. XL-LV, qui se trouve ainsi sous l'autorité d'Isaïe[53].

II Rois, XVIII, 13-XX, 19 et *Is.*, XXXVI-XXXIX sont pratiquement identiques, mais les récits qu'ils contiennent ne jouent pas le même rôle dans les deux livres. Chacun des livres s'intéresse à l'un des personnages dominants de ces récits, à savoir Ézéchias et Isaïe. Ainsi *II Rois* rapporte nos récits en fonction d'Ézéchias : le but est d'illustrer la réussite de ce roi, favorisé en raison de sa piété, en particulier de sa confiance en Yahvé. De son côté, le livre d'*Isaïe* rapporte les récits en fonction du prophète. En montrant que le message d'Isaïe a déjà trouvé, du moins en partie, sa réalisation lors de l'expédition de Sennachérib, le rédacteur veut en souligner le bien-fondé. Étant donné leur place, les récits de *Is.*, XXXVI-XXXIX apportent une garantie à la promesse du retour d'exil contenue en *Is.*, XL-LV (LXVI).

5. Rapport entre II Rois, XVIII, 13-XX, 19 et Is., XXXVI-XXXIX.

Si *II Rois*, XVIII, 13-XX, 19 et *Is.*, XXXVI-XXXIX sont pratiquement identiques, on doit s'interroger sur le rapport entre les deux formes d'un même texte.

[52] J. Fischer, *op. cit.*, p. 228; C. C. Torrey, *Some important Editorial Operations in the Book of Isaiah*, dans JBL, LVII, 1938, pp. 109-139, à la p. 139; E. J. Young, *The Book of Isaiah*, II, 1969, p. 560, n. 1; P. R. Ackroyd, *An Interpretation of the Babylonian Exile : A Study of 2 Kings 20, Isaiah 38-39*, dans ScotJTh, XXVII, 1974, p. 349; Id., *The Death of Hezekiah - A Pointer to the Future?*, dans J. Doré, P. Grelot et M. Carrez (éds), *De la Torah au Messie. Mélanges Henri Cazelles*, 1981, pp. 219-226, aux pp. 220 et 222; Id., *Isaiah 36-39 : Structure and Function*, dans *Festschrift für J. P. M. Van der Ploeg*, 1982, pp. 3-21; A. Van der Kooij, *op. cit.*, pp. 17-19; R. Rendtorff, *Zur Komposition des Buches Jesaja*, dans VT, XXXIV, 1984, pp. 295-320, aux pp. 296-298. D'après J. Fischer, *op. cit.*, p. 228, l'ordre actuel (*Is.*, XXXVI-XXXVII avant XXXVIII-XXXIX), qui ne correspond pas à l'ordre des événements, serait dû justement à la fonction des récits dans le livre d'*Isaïe*.

[53] Voir A. Van der Kooij, *op. cit.*, pp. 17-19.

L'exégèse traditionnelle voyait dans ces textes l'œuvre du prophète Isaïe. Cependant, déjà au XVIIIe s., J. G. Eichhorn[54] s'écartait de cette opinion. En se référant à *II Chr.*, XXXII, 32, cet auteur admet encore qu'Isaïe aurait écrit la vie d'Ézéchias, mais il estime que *II Rois*, XVIII, 13-XX, 19 par. *Is.*, XXXVI-XXXIX n'en donne qu'un résumé composé à l'époque exilique. Depuis plus d'un siècle, seuls quelques exégètes ont encore soutenu l'authenticité isaïenne de ces passages[55].

Pour expliquer le rapport entre *II Rois*, XVIII, 13-XX, 19 et *Is.*, XXXVI-XXXIX, on peut envisager théoriquement trois possibilités : ou les deux formes du texte dépendent d'une source commune, ou bien *II Rois* dépend d'*Isaïe*, ou encore, inversement, *Isaïe* dépend de *II Rois*. Chacune de ces trois hypothèses a trouvé ses défenseurs[56].

Déjà suggérée par J. G. Eichhorn[57], la priorité du texte de *II Rois* a été soutenue par W. Gesenius[58]. D'après ce dernier, un rédacteur du livre d'*Isaïe* a repris le texte de *II Rois*, XVIII, 13-XX, 19, mais l'a abrégé légèrement et a éliminé quelques-unes des difficultés qu'il pose.

L'hypothèse de la priorité du texte de *II Rois* a été généralement admise par la critique ; seules quelques voix isolées l'ont contestée et ont proposé, soit la reprise d'une source commune par les deux livres[59], soit l'emprunt du texte du livre d'*Isaïe* par *II Rois*[60].

[54] *Einleitung ins Alte Testament*, III, Leipzig, 1787², pp. 73-75.

[55] F. DELITZSCH, *Das Buch Jesaja*, Leipzig, 1889⁴, pp. 366-368 ; A. KAMINKA, *Le développement des idées du prophète Isaïe (et l'unité de son livre)*, dans REJ, LXXXI, 1925, pp. 27-47 ; E. J. YOUNG, *The Book of Isaiah*, II, 1969, pp. 457-565.

[56] Pour ce qui concerne *II Rois*, XVIII, 13-XIX, 37 par. *Is.*, XXXVI-XXXVII, P. AUVRAY, *Isaïe 1-39*, 1972, pp. 332-333, a insinué une solution plus complexe : vu ses affinités avec d'autres récits rapportés par les historiens deutéronomistes, *Is.*, XXXVI, 1-XXXVII, 8 par. *II Rois*, XVIII, 13.17-XIX, 8 aurait appartenu d'abord au livre des *Rois* ; présentant les caractéristiques d'un « récit prophétique », *Is.*, XXXVII, 9-38 par. *II Rois*, XIX, 9-37 aurait appartenu d'abord au livre d'*Isaïe*.

[57] *Einleitung ins Alte Testament*, III, Leipzig, 1787², p. 74.

[58] *Philologisch-kritischer und historischer Commentar über den Jesaias*, II, 1, 1821, p. 22 et II, 2, pp. 933-935.

[59] Voir W. M. L. DE WETTE, *Lehrbuch der historisch-kritischen Einleitung*, Berlin, 1852⁷, p. 287 ; W. WATKE, *Historisch-kritische Einleitung in das Alte Testament*, Bonn, 1866, p. 624 ; W. W. Graf BAUDISSIN, *Einleitung in die Bücher des Alten Testaments*, Leipzig, 1901, p. 260 ; G. NAGEL, *Der Zug Sanheribs gegen Jerusalem*, Leipzig, 1902, p. 32 ; A. JEPSEN, *Nabi*, 1934, p. 85, n. 1 ; ID., *Die Quellen des Königsbuches*, 1956, pp. 54, 56, 62 et 77 ; ID., *Zur Chronologie der Könige von Israël und Juda*, dans BZAW, 88, Berlin, 1964, pp. 29-33.

[60] A. T. OLMSTEAD, *The Earliest Book of Kings*, dans AJSL, XXXI, 1915, pp. 196-201 ; A. JEPSEN, *ibidem* ; G. BRUNET, *Essai sur l'Isaïe de l'histoire*, 1975, p. 206 ; S. NORIN, *An Important Kennicott Reading in 2 Kings XVIII 13*, dans VT, XXXII, 1982, pp. 337-338 ; F. LINDSTROEM, *God and the Origin of Evil* (ConBib. OT, 21), Lund, 1983, pp. 105-106. M. AVAUX, *La mention de Taharqa en II Rois, 19, 9 / Isaïe, 37, 9*. dans AIPHOS, XX, 1968-1972, p. 42, estime qu'il « faudra bien abandonner l'idée » que les récits de *Is.*,

Contre la priorité de *II Rois*, et par conséquent en faveur de l'hypothèse d'une source commune, mais surtout de la dépendance de *II Rois* par rapport au livre d'*Isaïe*, on a invoqué des arguments d'ordre général, notamment la longueur différente des deux formes du texte. Le fait que la tendance habituelle soit d'amplifier un texte, et non de le raccourcir, plaide en faveur de l'antériorité du texte d'*Is.*, XXXVI-XXXIX : celui-ci, en effet, est légèrement plus court[61] que celui de *II Rois*, XVIII, 13-XX, 19[62]. G. Brunet fait encore valoir l'ordre des récits. Cet ordre, qui ne suit pas le déroulement des faits, «(...) s'explique mal dans un livre historique, mais n'a rien de surprenant dans un livre prophétique (...)». G. Brunet en conclut que «le livre d'*Isaïe* semble donc être le «berceau» de nos récits»[63].

L'argument puisé dans l'ordre des récits, qui prête aux rédacteurs des *Rois* un souci d'historien moderne, qu'ils n'ont jamais eu, nous paraît dépourvu de toute valeur. En revanche, l'argument tiré de la longueur différente des textes nous paraît sérieux; il faudra en tenir compte.

On a cependant avancé un argument plus précis, fondé sur la fonction de *II Rois*, XVIII, 13 par. *Is.*, XXXVI, 1. En *II Rois*, ce verset introduit *II Rois*, XVIII, 14-16, qui n'a pas de correspondant dans le livre d'*Isaïe*. Dans le livre d'*Isaïe*, par contre, ce verset introduit les récits qui suivent, et dont le correspondant se trouve en *II Rois*, XVIII, 17 ss.

D'après plusieurs critiques, *II Rois*, XVIII, 13 par. *Is.*, XXXVI, 1 garderait sa fonction primitive dans le livre d'*Isaïe*[64]. Quelques-uns en concluent que le texte d'*Is.*, XXXVI-XXXIX est antérieur à celui de *Rois*, XVIII, 13-XX, 19, ou qu'il serait même sa source[65].

Le rattachement primitif de *II Rois*, XVIII, 13 à *II Rois*, XVIII, 17 ss n'impliquerait pas nécessairement la priorité du texte d'*Isaïe*[66], mais la rendrait très probable. On pourrait en effet supposer que *II Rois*, XVIII, 14-16 a été inséré à un moment où *II Rois*, XVIII, 13.17 ss

XXXVI-XXXVII sont tirés des *Rois*, mais il ne précise pas quel est, à son avis, le rapport entre les deux textes.

[61] Vu son caractère secondaire, *Is.*, XXXVIII, 9-20 n'entre pas en ligne de compte.

[62] Voir A. T. OLMSTEAD, *op. cit.*, pp. 196-201; G. BRUNET, *op. cit.*, p. 205.

[63] *Essai sur l'Isaïe de l'histoire*, 1975, p. 206.

[64] Voir *infra*, chap. Xe, n. 6.

[65] A. T. OLMSTEAD, *op. cit.*, pp. 196-201; A. JEPSEN, *Nabi*, 1934, p. 85, n. 1; ID., *op. cit.*, dans BZAW, 88, Berlin, 1964, pp. 29-33. Voir aussi G. BRUNET, *op. cit.*, p. 206; S. NORIN, *op. cit.*, pp. 337-338.

[66] Tout en rattachant *II Rois*, XVIII, 13 à *II Rois*, XVIII, 17, plusieurs critiques acceptent la priorité du texte de *II Rois* par rapport à celui d'*Isaïe*. Voir, par exemple, I. BENZINGER, *Könige*, 1899, pp. 176 et 179; C.F. BURNEY, *Notes on the Hebrew Text of the Books of Kings*, Oxford, 1903, pp. 338-339; H. HAAG, *La campagne de Sennachérib contre Jérusalem en 701*, dans RB, LVIII, 1951, pp. 349 et 352-353.

était déjà à sa place actuelle. Dans ce cas, on ne pourrait en tirer argument pour déterminer le rapport entre les textes de *II Rois* et d'*Isaïe*. La teneur de *II Rois*, XVIII, 14-16 rend cependant cette hypothèse peu plausible. Il serait sans nul doute plus normal de penser que *II Rois*, XVIII, 14-16 a été mis dans le livre de *II Rois* avant, ou en même temps, que *II Rois*, XVIII, 13.17 ss[67]. Dans ce cas, on devrait probablement conclure, soit à la dépendance de *II Rois* par rapport à *Isaïe*, soit à la dépendance des deux textes par rapport à une source commune.

Ces hypothèses seraient beaucoup plus simples qu'une autre, selon laquelle, grâce à l'omission de *II Rois*, XVIII, 14-16, le rédacteur du livre d'*Isaïe* aurait retrouvé le récit de *II Rois*, XVIII, 13.17 ss dans sa teneur primitive.

Nous reviendrons sur *II Rois*, XVIII, 13 par. *Is.*, XXXVI, 1; nous espérons montrer alors que la fonction originelle de ce verset était celle qu'il a gardée en *II Rois*, c'est-à-dire d'introduire *II Rois*, XVIII, 14-16[68]. Par conséquent, la présence de ce verset en *Is.*, XXXVI, 1, sans l'équivalent de *II Rois*, XVIII, 14-16, exclut l'hypothèse de l'antériorité du texte d'*Isaïe*[69]. Étant donné que *II Rois*, XVIII, 13-16 est un récit indépendant, qui n'a été associé à *II Rois*, XVIII, 17 ss que dans le cadre de *II Rois*, la dépendance de *II Rois* et d'*Isaïe* par rapport à une source commune est également exclue. Bref, on doit conclure que *Is.*, XXXVI-XXXIX a été emprunté à *II Rois*, XVIII, 13-XX, 19.

La même conclusion découle, à notre avis, des quinze années de vie promises à Ézéchias (*II Rois*, XX, 6aα par. *Is.*, XXXVIII, 5b). Nous y voyons en effet le résultat d'un calcul secondaire, qui ne s'explique que dans le contexte de *II Rois*, car ce livre est le seul à contenir les deux données chronologiques dont dépend ce calcul : les vingt-neuf années de règne (*II Rois*, XVIII, 2) et la datation des événements rapportés par *II Rois*, XVIII, 13-XX, 19 par. *Is.*, XXXVI-XXXIX en la quatorzième année d'Ézéchias (*II Rois*, XVIII, 13 par. *Is.*, XXXVI, 1)[70].

[67] Selon A. JEPSEN, *Die Quellen des Königsbuches*, 1956, pp. 54, 56, 62 et 77 et les tables à la fin de l'ouvrage, cc. 4-7, *II Rois*, XVIII, 14-16 appartient à une première rédaction des livres des *Rois*, la rédaction sacerdotale, et *II Rois*, XVIII, 13.17-XX, 19 à une rédaction postérieure, la rédaction «nébiistique». En intégrant *II Rois*, XVIII, 13.17-XX, 19 dans son œuvre, le rédacteur «nébiistique» aurait détaché *II Rois*, XVIII, 13 de *II Rois*, XVIII, 17ss et l'aurait placé avant *II Rois*, XVIII, 14-16, pour en faire l'introduction de l'ensemble des récits de *II Rois*, XVIII, 13-XX, 19.

[68] Voir *infra*, chap. X^e^, pp. 356-361.

[69] Voir, entre autres, O. KAISER, *Die Verkündigung des Propheten Jesaja im Jahre 701*, dans ZAW, LXXXI, 1969, pp. 305-307; H. WILDBERGER, *Jesaja*, III, 1982, pp. 1371-1373.

[70] Voir *supra*, p. 336. Le fait que les quinze années de vie soient l'un des principaux liens entre *II Rois*, XVIII, 17-XIX, 37 et XX, plaide, il faut le noter, contre l'hypothèse commune (voir, par exemple, G. FOHRER, *The Origin, Composition and*

La même conclusion s'impose si, avec plusieurs critiques[71], on pense plutôt que c'est la date fournie par *II Rois*, XVIII, 13 par. *Is.*, XXXVI, 1, qui résulte d'un calcul secondaire.

La dépendance de *Is.*, XXXVI-XXXIX par rapport à *II Rois*, XVIII, 13-XX, 19 nous paraît d'ailleurs confirmée par la place et la fonction des récits dans chacun des livres.

Les récits de *II Rois*, XVIII, 13-XX, 19 sont parfaitement intégrés, aussi bien littérairement que logiquement, dans la présentation d'Ézéchias et de son règne : ils constituent, matériellement, la plus grande partie de cette présentation ; ils ont en outre contribué dans une large mesure à en façonner la trame. En effet, si l'on excluait *II Rois*, XVIII, 13-XX, 19 des récits relatifs à Ézéchias, il faudrait en retrancher aussi *II Rois*, XVIII, 5-6.7b et 9-12[72].

L'enracinement des récits dans le livre d'*Isaïe* est nettement moins profond. Sans doute *Is.*, XXXVI-XXXIX n'est pas, contrairement à une opinion très répandue, un simple appendice : le but en aurait été avant tout de rassembler dans un même ouvrage toutes les traditions relatives au prophète Isaïe. Ces chapitres ne sont pas non plus un bloc erratique dans leur contexte actuel, mais ils ont de nombreux points de contact avec ce qui précède, et préparent ce qui suit. En fait, *Is.*, XXXVI-XXXIX se présente comme une unité rédactionnelle complète ; ses attaches avec le reste du livre sont en quelque sorte extrinsèques. L'exclusion de *Is.*, XXXVI-XXXIX priverait bien sûr le livre du joint qui relie les chapitres I-XXXV et XL-LV (LXVI), mais n'entraînerait pas l'élimination d'autres passages du recueil. Cela révèle que nos récits n'ont pas pris leur forme dans le cadre de l'une des rédactions du livre d'*Isaïe*, mais dans le cadre de l'une des rédactions (ou de la rédaction) des livres des *Rois*.

Étant donné qu'ils accordent un rôle de premier plan à Isaïe et présentent des affinités évidentes avec ce que la tradition attribuait à ce prophète, les récits de *II Rois*, XVIII, 17-XX, 19 étaient cependant tout désignés pour trouver leur place dans le recueil isaïen. De plus, grâce à l'annonce de l'exil babylonien (*II Rois*, XX, 17-18), ces récits se prêtaient

Tradition of Isaiah I-XXXIX, dans AnLeeds, III, 1961-1962, p. 134 et H. WILDBERGER, *Jesaja*, III, 1982, p. 1374) qui suppose l'existence d'un recueil constitué par *II Rois*, XVIII, 17-XX, 19 avant l'entrée de ces récits en *II Rois*. Cela dit, on peut concevoir un recueil dont l'unité était assurée par les indications temporelles vagues de *II Rois*, XX, 1 et 12. *II Rois*, XX, 6aβ-b par. *Is.*, XXXVIII, 6 constitue lui aussi un lien entre *II Rois*, XVIII, 13-XIX, 37 et XX par. *Is.*, XXXVI-XXXVII et XXXVIII-XXXIX. Reprenant *II Rois*, XIX, 34 par. *Is.*, XXXVII, 35, ce passage ne peut être, à notre avis, antérieur à un moment assez avancé de l'exil.

[71] Voir *infra*, chap. X^{e}, nn. 13-16.

[72] Contre H. WILDBERGER, *Jesaja*, III, 1982, p. 1374.

tout naturellement à devenir le joint entre la promesse du retour (*Is.*, XL-LV) et le recueil isaïen (*Is.*, I-XXXV).

En ce qui concerne la date de l'insertion de *II Rois*, XVIII, 17-XX, 19 dans le livre d'*Isaïe*, un moment postérieur à l'ajout de *Is.*, XL-LV (LXVI) nous paraît peu probable. Par contre, on peut hésiter entre le moment où fut ajouté *Is.*, XL-LV (LXVI) et un moment antérieur. Le choix entre ces deux hypothèses est étroitement lié au but que l'on attribue au rédacteur responsable de l'insertion de *Is.*, XXXVI-XXXIX. Voulait-il faire de ces récits, qui témoignent de la réalisation du message d'Isaïe, la conclusion d'un recueil isaïen comprenant globalement *Is.*, I-XXXV? Dans ce cas, l'insertion de *Is.*, XXXVI-XXXIX aurait eu lieu probablement avant, et aurait ensuite favorisé, l'ajout de *Is.*, XL-LV (LXVI). Le rédacteur voulait-il avant tout préparer sa place à *Is.*, XL-LXV (LXVI)? Dans ce cas, *Is.*, XXXVI-XXXIX et XL-LXV (LXVI) auraient été ajoutés dans le cadre d'une même rédaction du livre d'*Isaïe*[73].

Quoi qu'il en soit, l'auteur de l'ajout de *Is.*, XXXVI-XXXIX n'envisage pas *II Rois*, XVIII-XX comme un texte définitivement fixé. Ce rédacteur y prend ce qui sert son propos. Dès lors, ne se proposant pas de présenter Ézéchias et son règne, le rédacteur n'a pas repris *II Rois*, XVIII, 1-8 et XX, 20-21. Comme il s'intéressait au sort de Jérusalem, et non pas à ce qui est arrivé jadis à Samarie, il a également omis *II Rois*, XVIII, 9-12, passage qui ne met d'ailleurs pas en scène Isaïe et qui est plutôt à la gloire d'Ézéchias. Tout en reprenant *II Rois*, XVIII, 13, dont il avait besoin pour introduire les récits[74], le rédacteur a encore omis *II Rois*, XVIII, 14-16. On a pensé à un accident : un copiste aurait sauté du *wayyišlaḥ* du début du v. 14 à celui du début du v. 17[75]. Une omission délibérée nous paraît cependant plus probable. En effet, de même que *II Rois*, XVIII, 9-12, *II Rois*, XVIII, 14-16 ne mentionne pas Isaïe[76], ni ne concerne directement le sort de la ville

[73] Cette dernière hypothèse est proposée par C. C. TORREY, *Some Important Editorial Operations in the Book of Isaiah*, dans JBL, LVII, 1938, p. 139; R. F. MELUGIN, *The Formation of Isaiah 40-55* (BZAW, 141), Berlin-New York, 1976, pp. 176-178; A. VAN DER KOOIJ, *Die alten Textzeugen des Jesajabuches*, 1981, pp. 17-19; P. R. ACKROYD, *Isaiah 36-39 : Structure and Function*, dans *Festschrift für J. P. M. Van der Ploeg*, 1982, pp. 4-9 et 20.

[74] L. L. HONOR, *Sennacherib's Invasion of Palestine*, 1926, p. 38.

[75] B. S. CHILDS, *Isaiah and the Assyrian Crisis*, 1967, pp. 69-70, n. 1.

[76] R. KITTEL, *Die Bücher der Könige*, 1900, p. 280; A. ŠANDA, *Die Bücher der Könige*, II, 1912, p. 305; J. A. MONTGOMERY, *The Books of Kings*, 1951, p. 513; O. KAISER, *Die Verkündigung des Propheten Jesaja im Jahre 701*, dans ZAW, LXXXI, 1969, p. 306.

de Jérusalem ; en outre, ce passage rapporte un épisode peu glorieux[77], qui ne s'accorde guère avec le contenu des récits suivants[78].

C'est probablement à des omissions ou à des raccourcissements de la part du rédacteur du livre d'*Isaïe* que sont encore dus quelques «moins» de *Is.*, XXXVI-XXXIX par rapport à *II Rois*, XVIII, 17-XX, 19[79].

Cela dit, contrairement à l'opinion courante, tous les «moins» du texte d'*Isaïe* ne résultent pas d'omissions ou d'un abrégement systématique du texte de *II Rois*. L'analyse montre en effet qu'à certains de ces «moins» correspondent en réalité des développements du texte de *II Rois* postérieurs à sa reprise dans le livre d'*Isaïe*[80]. D'ailleurs, le texte d'*Isaïe* ne témoigne pas seulement de «moins», mais aussi de «plus». L'ajout de *Is.*, XXXVIII, 9-20 mis à part, ceux-ci ont été moins remarqués par la critique, sans doute parce qu'ils sont moins nombreux et de proportions moindres que ceux du texte de *II Rois*.

Force est de constater que, dans la plupart des cas, — qu'il s'agisse de «plus» ou de «moins» de l'un des textes par rapport à l'autre, ou d'autres différences — il est très difficile de dire lequel des deux livres représente le texte primitif. Cela suppose que l'origine des différences entre les deux textes est plus complexe qu'on ne le pense habituellement. Si certaines différences sont apparues au moment où le récit a été repris dans le livre d'*Isaïe*, les autres n'ont vu le jour qu'après. Autrement dit, l'insertion de *II Rois*, XVIII, 13-XX, 19 en *Is.*, XXXVI-XXXIX n'a pas arrêté l'évolution des deux textes ; ceux-ci ont continué à évoluer parallèlement et indépendamment l'un de l'autre[81], sans que l'on puisse dégager clairement le sens de cette évolution. Exception faite de l'ajout de *Is.*, XXXVIII, 9-20, le texte d'*Isaïe* semble avoir connu des développements moins importants que celui de *II Rois*[82]. La différence dans la longueur des deux textes est due peut-être à quelques raccourcissements en *Isaïe*, mais aussi aux développements en *II Rois*, plus nombreux qu'en *Isaïe*.

[77] A. KUENEN, *Historisch-kritische Einleitung in die Bücher des Alten Testaments*, II, Leipzig, 1892, pp. 78-79.

[78] Voir H. WILDBERGER, *Jesaja*, III, 1982, p. 1373.

[79] *Cf. Is.*, XXXVII, 25aβ comp. *II Rois*, XIX, 24aβ ; probablement aussi *Is.*, XXXVI, 2 comp. *II Rois*, XVIII, 17bα ; *Is.*, XXXVI, 3aα comp. *II Rois*, XVIII, 18aα ; *Is.*, XXXVI, 11aα comp. *II Rois*, XVIII, 26aα ; *Is.*, XXXVI, 17 comp. *II Rois*, XVIII, 32 ; *Is.*, XXXVII, 36aα comp. *II Rois*, XIX, 35aα et *Is.*, XXXVIII, 7-8.21-22 comp. *II Rois*, XX, 7b-11.

[80] *Cf. II Rois*, XVIII, 17a comp. *Is.*, XXXVI, 2 ; *II Rois*, XVIII, 34a comp. *Is.*, XXXVI, 19a ; *II Rois*, XVIII, 36aα comp. *Is.*, XXXVI, 21aα ; *II Rois*, XIX, 16 comp. *Is.*, XXXVII, 17 ; *II Rois*, XX, 5aα comp. *Is.*, XXXVIII, 5aα ; *II Rois*, XX, 5b comp. *Is.*, XXXVIII, 6.

[81] Voir O. KAISER, *op. cit.*, dans ZAW, LXXXI, 1969, p. 314, et H. WILDBERGER, *Jesaja*, III, 1982, pp. 1372-1373.

[82] Voir H. WILDBERGER, *ibidem*.

Parmi les développements de *II Rois*, il en est qui sont probablement très tardifs. H.M. Orlinsky a montré de façon assez convaincante que quatre parmi les cas d'excès de TM de *II Rois* sont des développements postérieurs à la traduction des LXX [83].

Les différences entre *II Rois*, XVIII, 13-XX, 19 et *Is.*, XXXVI-XXXIX ne relèvent donc pas uniquement, ni peut-être avant tout, de la critique textuelle; elles relèvent en grande partie de la critique littéraire et de l'histoire de la rédaction de chacun des livres.

L'étude approfondie des différentes formes du texte de *II Rois*, XVIII, 13-XX, 19 par. *Is.*, XXXVI-XXXIX est encore à faire [84]. Elle n'entre pourtant pas dans notre propos. Vu la longueur des passages en question et la multiplicité des témoins, l'étude comparée des différentes formes du texte de *II Rois*, XVIII, 13-XX, 19 et de *Is.*, XXXVI-XXXIX devrait faire à elle seule l'objet d'un travail spécifique.

Sans préjuger des résultats d'une telle recherche, ceux-ci ne pourraient cependant compromettre nos conclusions au sujet du rapport entre *II Rois*, XVIII, 13-XX, 19 et *Is.*, XXXVI-XXXIX. Tous nos arguments en faveur de la priorité foncière de *II Rois* par rapport à *Isaïe* reposent en effet sur une base qui est commune à toutes les formes connues des deux textes. La place et le rôle des récits — notre argument d'ordre général — sont les mêmes dans les différentes formes de chacun des deux textes. Il y a aussi unanimité au sujet des deux passages dont nous tirons les arguments les plus précis. *II Rois*, XVIII, 13 par. *Is.* XXXVI, 1 introduit dans tous les témoins de *II Rois* le récit de XVIII,

[83] *The Kings-Isaiah Recensions of the Hezekiah Story*, dans JQR, XXX, 1939-1940, pp. 44-49. Les passages en question sont : *II Rois*, XVIII, 17b (le second *wayya'ᵃlû wayyābo'û*) par. *Is.*, XXXVI, 2; *II Rois*, *XVIII, 34a (héna' wᵉ'iwwāh)* par. *Is.*, XXXVI, 19a; *II Rois*, XVIII, 36aα (*hā'ām*) par. *Is.*, XXXVI, 21aα et *II Rois*, XIX, 16 (*[šᵉlāḥ]ô*) par. *Is.*, XXXVII, 17. Sur la base de l'accord entre le texte d'*Isaïe* et celui de la LXX de *II Rois*, O. KAISER, *op. cit.*, dans ZAW, LXXXI, 1969, pp. 307-309, 312 et 314, croit déceler d'autres traces des changements subis par le TM de *II Rois* après la traduction en grec : changement de *'élāyw* (*Is.*, XXXVI, 3aα confirmé par *pròs autón* de la LXX de *II Rois*, XVIII, 18aβ) en *'ᵃléyhèm*; perte de la particule cop. de *wᵉ'attāh* (*Is.*, XXXVI, 10aα confirmé par *kaì nun* de *II Rois*, XVIII, 25aα) et disparition de *bānāyw*, attesté en *Is.*, XXXVII, 38a et confirmé par *hoi huioi autou* de la LXX de *II Rois*, XIX, 37a. Voir aussi A. T. OLMSTEAD, *The Earliest Book of Kings*, dans AJSL, XXXI, 1915, pp. 196-201.

[84] Le travail de H. M. ORLINSKY, cité à la note précédente, est bien antérieur aux découvertes de Qumran; celui de M. S. HURWITZ, *The Septuagint of Isaiah 36-39 in Relation to that of 1-35, 40-66*, dans HUCA, XXVIII, 1957, pp. 75-83, traite avant tout de la façon dont le traducteur grec rend les anthropomorphismes de *Is.*, XXXVII, 17. M. S. HURWITZ croit déceler dans la LXX de *Is.*, XXXVI-XXXIX une tendance anti-anthropomorphique et en conclut que ces chapitres n'ont peut-être pas eu le même traducteur que le reste du livre. Ces opinions sont restées sans grand écho. Voir A. VAN DER KOOIJ, *Die alten Textzeugen des Jesajabuches*, 1981, p. 32.

14-16, qui n'a de parallèle dans aucun témoin d'*Isaïe*; ce même verset est suivi de *Is.*, XXXVI, 2 ss par. *II Rois*, XVIII, 17 ss dans toutes les formes du texte d'*Isaïe*. Tous les témoins s'accordent sur le nombre d'années de vie promises à Ézéchias (*II Rois*, XX, 6a par. *Is.*, XXXVIII, 5b). Il en va d'ailleurs de même pour la date de l'expédition de Sennachérib (*II Rois*, XVIII, 13 par. *Is.*, XXXVI, 1).

L'étude comparée des différents témoins textuels pourrait infirmer notre critique littéraire sur des points de détail : le moment de l'apparition de l'un ou l'autre mot, de l'une ou l'autre expression; elle n'en affecterait pourtant pas, à notre avis, les grandes lignes. Notre délimitation des récits repose, nous le verrons, sur des indications qui sont communes aux différentes formes textuelles connues.

Nous prendrons le TM de *II Rois* comme base de notre étude. Nous ferons appel aux autres témoins textuels de *II Rois* et aux textes d'*Isaïe* chaque fois que cela nous semblera utile.

CHAPITRE NEUVIÈME

DÉLIMITATION DES UNITÉS LITTÉRAIRES QUI COMPOSENT II ROIS, XVIII, 13-XIX, 37 par. Is., XXXVI-XXXVII

La voie de la critique littéraire de *II Rois*, 13-XIX, 37 a été tracée voici un siècle par B. Stade [1]. Ce critique a montré le caractère composite du passage : il y a distingué trois récits, et peut-être les vestiges d'un quatrième.

L'un des récits serait constitué par *II Rois*, XVIII, 14-16, élément qui est propre à ce livre; les deux (ou trois) autres se trouveraient en *II Rois*, XVIII, 13.17-XIX, 37. B. Stade constate en effet que ce dernier contient trois oracles annonçant, indépendamment les uns des autres, le retour de Sennachérib dans son pays sans que celui-ci soit parvenu à ses fins (*II Rois*, XIX, 7.28b.33) [2]; il constate également qu'il est possible d'isoler en *II Rois*, XVIII, 13.17-XIX, 37 deux récits complets, étroitement parallèles, aussi bien par leur structure que par leur contenu, mais sans aucun lien interne entre eux [3]. Par ailleurs, la succession des faits supposée par *II Rois*, XVIII,13.17-XIX, 37, qu'aucun indice propre à l'un ou à l'autre récit ne vient d'ailleurs confirmer, est historiquement invraisemblable, estime B. Stade [4]. Cet exégète conclut donc que le passage se compose de deux récits indépendants qui relatent chacun la tentative de Sennachérib d'amener Ézéchias à la capitulation.

Le premier de ces récits se trouverait en *II Rois*, XVIII, 13.17-XIX, 9bα (*wayyāšŏb*) par. *Is.*, XXXVI, 1-XXXVII, 9a. Constatant la correspondance entre *wayyišmaʿ* (...) *wayyāšŏb* (*II Rois*, XIX, 9a.bα) et *wᵉšāmaʿ šᵉmûʿāh wᵉšāb lᵉʾarṣô* (*II Rois*, XIX, 7 par. *Is.*, XXXVII, 7), Stade voit en effet au v. 9 la réalisation des deux premiers éléments de l'oracle du v. 7. Comme au v. 7, le verbe *wayyāšŏb* était probablement suivi de *lᵉʾarṣô* et de la mention de l'assassinat de Sennachérib, troisième élément de l'oracle. Le récit commencé en *II Rois*, XVIII, 13 [5] par.

[1] *Geschichte des Volkes Israel*, I, 1887, pp. 617-618; de façon plus détaillée en *Anmerkungen zu Kö. 15-21*, dans ZAW, VI, 1886, pp. 173-183 et aussi dans B. STADE - F. SCHWALLY, *The Books of Kings*, 1904, *in loco*.

[2] *Anmerkungen zu Kö. 15-21*, dans ZAW, VI, 1886, pp. 173-174.

[3] *Anmerkungen zu Kö. 15-21*, dans ZAW, VI, 1886, pp. 175-177.

[4] *Op. cit.*, dans ZAW, VI, 1886, p. 174.

[5] B. STADE changera d'avis au sujet de *II Rois*, XVIII, 13 par. *Is.*, XXXVI, 1. D'après B. STADE - F. SCHWALLY, *The Books of Kings*, 1904, *in loco* et nn. p. 270, ce verset

Is., XXXVI, 1 trouverait ainsi sa conclusion; le responsable de l'adjonction du récit suivant l'aurait sacrifiée en partie[6].

L'autre récit comprend *II Rois*, XIX, 9bα (à partir de *wayyišlaḥ*)-37* par. *Is.*, XXXVII, 9bα-38*. Ce récit contient bien sûr deux oracles, mais seul celui de *II Rois*, XIX, 20b.32-34 par. *Is.*, XXXVII, 21b.33-35 en faisait primitivement partie; celui de *II Rois*, XIX, 21-31 par. *Is.*, XXXVII, 22-32 y a été interpolé. Il est impossible de décider si ce dernier oracle provient d'un troisième récit parallèle aux deux autres, dont le compilateur n'aurait retenu que cette partie, ou s'il n'a existé que dans son contexte actuel[7].

Les grandes lignes de l'hypothèse de B. Stade ont été généralement acceptées. Seule une minorité d'exégètes les ont contestées. La contestation la plus radicale provient de ceux qui refusent toute division à l'intérieur de *II Rois*, XVIII, 13.17-XIX, 37. Parmi ceux-ci on mentionnera A. Šanda[8], suivi par F. Feldmann[9], E. König[10], S. Landersdorfer[11], et J. Fischer[12]. Un refus identique a été formulé plus récemment par E. J. Young[13]. D'après ces auteurs, le passage contient un récit unique et continu relatant deux ambassades successives, qui correspondent à deux étapes des tractations entre Sennachérib et Ézéchias. De l'avis de A. Šanda, les différences entre les deux parties du récit s'expliqueraient psychologiquement par le changement de la situation. A l'appui de sa position, cet exégète invoque les rapports entre *II Rois*, XVIII, 13.17-XIX, 37 et *Is.*, XXXI, 1-9. En effet, *II Rois*, XVIII, 21 et 24b présentent des points de contact avec *Is.*, XXXI, 1; *II Rois*, XIX, 34 et 35 renvoient respectivement à *Is.*, XXXI, 5 et 8. Estimant que, en dépit de la pluralité des événements auxquels il se rapporte, *Is.*, XXXI, 1-9 forme une unité littéraire provenant du prophète lui-même, A. Šanda conclut que *II Rois*, XVIII, 13.17-XIX, 37 doit également constituer une unité littéraire et être l'œuvre d'un seul auteur[14].

Les points de contact signalés par A. Šanda sont indéniables, mais ils ne fondent en aucune manière la conclusion que cet exégète veut

ne se rattachait primitivement ni à *II Rois*, XVIII, 14-16, ni à *II Rois*, XVIII, 17 ss par. *Is.*, XXXVI, 2ss, mais provient de l'Epitomé prophétique des Rois d'Israël et de Juda, écrit par un auteur qui subit l'influence de Dtn. au temps de Joiakîn ou de Sédécias.

[6] *Op. cit.*, dans ZAW, VI, 1886, pp. 174-175.

[7] *Op. cit.*, dans ZAW, VI, 1886, pp. 177-179.

[8] *Die Bücher der Könige*, II, 1912, pp. 289-291.

[9] *Das Buch Isaias*, I, 1925, p. 439-440.

[10] *Das Buch Jesaja*, 1926, p. 314.

[11] *Die Bücher der Könige*, 1927, pp. 206-218.

[12] *Das Buch Isaias*, 1937, pp. 228-237.

[13] *The Book of Isaiah*, II, 1969, pp. 457-565.

[14] A. Šanda, *Die Bücher der Könige*, II, 1912, pp. 289-291.

en tirer au sujet de l'unité littéraire de *II Rois*, XVIII, 13.17-XIX, 37. D'ailleurs, contrairement à l'opinion de A. Šanda, *Is.*, XXXI, 1-9 n'est ni une unité littéraire primitive, ni entièrement l'œuvre d'Isaïe[15].

Selon M. Hutter[15a], *II Rois*, XVIII, 17-XIX, 37 contiendrait un seul récit primitif, à savoir *II Rois*, XVIII, 17-XIX, 14. Les indices invoqués par cet exégète nous paraissent cependant très faibles en regard des indications relevées par B. Stade. Contrairement à l'opinion de M. Hutter, on peut difficilement voir en *II Rois*, XVIII, 17-XIX, 14 un récit complet. L'auteur laisse inexpliqué le fait que *II Rois*, XVIII, 17-XIX, 37 comporte deux séries de démarches foncièrement identiques.

De son côté, R. B. Y. Scott[16] estime que *II Rois*, XVIII-XX est composite, mais il propose une division du texte entièrement différente de celle qui est couramment admise à la suite de B. Stade. D'après R. B. Y. Scott, à la base de *II Rois*, XVIII-XX, il y aurait deux sources: la plus ancienne se trouverait en *II Rois*, XVIII, 1-XIX, 4c.21[17] -28[18]; l'autre rapporterait, dans leur ordre chronologique, la maladie-guérison d'Ézéchias (*II Rois*, XX, 1-11), l'ambassade de Merodak-baladan (*II Rois*, XX, 12-19) et, finalement, la menace de Sennachérib et son humiliation (*II Rois*, XIX, 8b.9-19.4d-7.20.32-34.29-31.35-37 par. *Is.*, XXXVII, 8b.9-20.4b-7.21.33-35.30-32.36-38)[19]. Faisant fi des indications du texte les plus obvies, pareille division, pour ne rien dire du réarrangement du texte, nous paraît dépourvue de fondements sérieux.

On signalera aussi l'hypothèse avancée par J. Le Moyne[20]. D'après cet auteur, la frontière actuelle entre les deux ambassades n'est pas primitive. Dans l'état le plus ancien de la tradition, la première ambassade aurait compris seulement le premier discours du Rab-Shaqé (*II Rois*, XVIII, 17-25). Le second discours (*II Rois*, XVIII, 26-34) aurait appartenu à la seconde ambassade. Cette hypothèse repose sur une interprétation discutable de quelques indices puisés dans le contenu. Elle méconnaît

[15] Voir *supra*, pp. 160-164, 230-233 et 291-296.

[15a] *Ueberlegung zu Sanheribs Palästinafeldzug im Jahr 701 v. Chr.*, dans BN, XIX, 1982, pp. 24-30.

[16] *The Book of Isaiah*, 1956, pp. 155-157 et 361-370.

[17] On lit le v. 20, mais ce doit être à la suite d'une coquille, puisque plus loin ce verset est attribué à l'autre source.

[18] D'après R. B. Y. SCOTT, ce passage, comme d'ailleurs *Is.*, VII, 1-7, proviendrait d'une biographie d'Isaïe. Très proche des événements, cette source serait historiquement la plus fiable.

[19] Le rédacteur des livres des *Rois* aurait renversé l'ordre chronologique primitif et réarrangé la partie relative à la menace de Sennachérib.

[20] *Les deux ambassades de Sennachérib à Jérusalem*, dans *Mélanges Bibliques rédigés en l'honneur de A. Robert*, 1957, pp. 149-153.

complètement le rapport entre les deux discours du Rab-Shaqé et, d'une façon générale, la construction assez soignée du premier récit.

Cela dit, les grandes lignes de la critique littéraire proposée par B. Stade sont, à juste titre, généralement admises. Dès lors, la discussion porte avant tout sur la délimitation exacte des contours de chacune des trois unités littéraires : où débute et où s'achève chacun des récits ? Les réponses apportées à ces questions sont passablement divergentes. Bien que cela occupe une place moins importante, on discute aussi le nombre et l'ampleur des éléments secondaires qui sont venus s'insérer dans chacun des récits, surtout dans les deux derniers.

Seule l'étude détaillée des récits nous permettra d'examiner ces questions et de tenter une réponse. Anticipant sur nos conclusions, nous adoptons la délimitation suivante des récits :

— *II Rois*, XVIII, 13-16 (A)

— *II Rois*, XVIII, 17-XIX, 9a.bα (*wayyāšōb*). 36-37*
par. *Is.*, XXXVI, 2-XXXVII, 9a.37-38* (B1)

— *II Rois*, XIX, 9bα (*wayyišlaḥ*)-35*
par. *Is.*, XXXVII, 9b (*wayyišlaḥ*)-36* (B2)

CHAPITRE DIXIÈME

II ROIS, XVIII, 13-16 (A)

1. Traduction et notes de critique textuelle.

(v. 13)[1] L'an quatorze du roi Ézéchias[2], Sennachérib, roi d'Assyrie, monta contre toutes[3] les villes fortifiées de Juda et s'en empara. (v. 14) Ézéchias, roi de Juda, envoya[4] dire au roi d'Assyrie à Lakish: «J'ai péché. Cesse de m'attaquer; ce que tu m'imposeras, je le supporterai». Le roi d'Assyrie exigea d'Ézéchias, roi de Juda, trois cents talents d'argent et trente talents d'or. (v. 15) Ézéchias livra tout l'argent qui se trouvait dans le Temple de Yahvé et dans les trésors du palais royal. (v. 16) En ce temps-là, Ézéchias brisa les battants et les montants des portes du sanctuaire de Yahvé qu'Ézéchias[5], roi de Juda, avait plaqués de métal; il les livra au roi d'Assyrie.

[1] *Is.*, XXXVI, 1 commence par *way^{e}hî*, qui est sans doute un moyen d'insérer ce verset dans son contexte actuel.

[2] La tradition textuelle est partagée au sujet de la graphie du nom d'Ézéchias en *II Rois*, XVIII, 13. La plupart des mss de Kennicott lisent *ḥizqîyāhû*, forme également attestée dans le TM de *Is.*, XXXVI, 1. Cette forme longue fut adoptée par l'«editio bombergiana» de Jacob ben Ḥayyim (1524-1525) et par les deux premières éditions de la BHK. Le ms. B 19A de Leningrad, adopté par la 3e éd. de la BHK (1929) et par la BHS, a la forme courte *ḥizqîyāh*, graphie que l'on retrouve aussi dans le Codex d'Alep, dans le Codex des Prophètes du Caire, dans 22 mss de Kennicott, dans 5 mss en première lecture, ainsi que dans le passage correspondant de 1QIs^a. On ne peut cependant pas invoquer le témoignage de 1QIs^a, car ce texte omet systématiquement l'élément théophore du nom d'Ézéchias. Faut-il, avec S. Norin, *An Important Kennicott Reading in 2 Kings XVIII 13*, dans VT, XXXII, 1982, pp. 337-338, voir dans la graphie longue la «lectio difficilior», lui accorder la priorité et tenir la forme courte pour une harmonisation avec ce qui suit? Cette conclusion s'imposerait sans doute si *II Rois* employait la forme courte du nom d'Ézéchias partout ailleurs, ou du moins dans les parties qui lui sont propres. Or, tel n'est pas le cas. L'ancienneté et l'importance du ms. B 19A de Leningrad, du Codex d'Alep et du Codex des Prophètes du Caire font pencher la balance de leur côté.

[3] *kŏl* («toutes») manque dans la LXX de *II Rois* et de *Is.*, XXXVI, 1.

[4] La LXX et la V supposent que le verbe avait *mal'ākîm* («messagers») pour complément d'objet direct.

[5] Ézéchias étant déjà le sujet explicite de *qiṣṣas*, la répétition de son nom, suivi en outre du titre *mèlèk y^{e}hûdāh*, après le verbe *ṣippāh* est non seulement inutile, mais aussi maladroite. Le nom d'Ézéchias a vraisemblablement pris, par erreur, la place du nom de l'un de ses prédécesseurs.

2. Unité littéraire.

Si la critique est unanime au sujet de l'unité des vv. 14-15, elle ne accorde plus dès qu'il s'agit des vv. 13 et 16.

a) *début de l'unité.*

L'origine du v. 13, du moins de sa première partie, et sa fonction primitive sont très discutées. Si le débat a pris une telle ampleur, c'est parce que ce verset joue un rôle décisif à la fois dans l'établissement de la chronologie d'Ézéchias et dans la détermination du rapport entre *II Rois*, XVIII, 13-XX, 19 et *Is.*, XXXVI-XXXIX.

De l'avis de plusieurs critiques, *II Rois*, XVIII, 13 par. *Is.*, XXXVI, 1 aurait gardé sa fonction primitive dans le texte d'*Isaïe*. Ce verset serait donc l'introduction originelle de *II Rois*, XVIII, 17ss par. *Is.*, XXXVI, 2 ss[6]. En faveur de cette hypothèse, on fait valoir essentiellement deux arguments, tirés l'un de l'orthographe du nom d'Ézéchias, l'autre de la formulation de l'indication chronologique au début du verset.

On constate en effet que *II Rois*, XVIII, 14-16 emploie la graphie courte *ḥizqîyāh*, et *II Rois*, XVIII, 17-XX, 19, la graphie longue *ḥizqîyāhû*[7]. Suivant une partie de la tradition textuelle, les critiques anciens et quelques modernes retiennent la graphie longue en *II Rois*, XVIII, 13, graphie également attestée dans le passage parallèle de *Is.*, XXXVI, 1[8], et en concluent que ce verset devait avoir sa suite primitive

[6] Dans ses premières études, B. Stade présente cette hypothèse comme étant commune. Voir *Anmerkungen zu 2 Kö. 15-21*, dans ZAW, VI, 1886, pp. 172-173 et 180-182. On peut voir également A. Klostermann, *Die Bücher Samuelis und der Könige*, 1887, p. 458; I. Benzinger, *Die Bücher der Könige*, 1899,\p. 179; C.F. Burney, *Notes on the Hebrew Text of the Books of Kings*, 1903, p. 339; A. Šanda, *Die Bücher der Könige*, II, 1912, pp. 245 et 289 ss; A. Van Hoonacker, *L'invasion de Judée par Sennachérib, an 701 av. J.-C. et les récits bibliques 2 Rois, XVIII, 13-XIX*, dans *Mélanges d'Histoire offerts à Charles Moeller*, I, 1914, pp. 1-10; F. Feldmann, *Das Buch Isaias*, I, 1925, p. 415; H. Haag, *La campagne de Sennachérib contre Jérusalem en 701*, dans RB, LVIII, 1951, pp. 349 et 352; A. Jepsen, *Die Quellen des Königsbuches*, 1956, pp. 54, 56, 62 et 77 et tables cc. 4-7; Id., *Zur Chronologie der Könige von Israel und Juda*, dans BZAW, 88, 1964, pp. 29-30; C. Van Leeuwen, *Sanchérib devant Jérusalem*, dans OTS, XIV, 1965, p. 250; W. von Soden, *Sanherib vor Jerusalem 701 v. Chr.*, dans *Festschrift H.E. Stier*, 1972, p. 44.

[7] En *II Rois*, XX, 10, on a exceptionnellement la forme *y*^{e}*ḥizqîyāhû*.

[8] Voir *supra*, n. 2.

[9] Voir, entre autres, C.F. Burney, *Notes on the Hebrew Text of the Books of Kings*, 1903, p. 339; A. Šanda, *Die Bücher der Könige*, II, 1912, pp. 245 et 289; A. Jepsen, *op. cit.*, dans BZAW, 88, 1964, pp. 29-30; G. Brunet, *Essai sur l'Isaïe de l'histoire*, 1975, p. 206. S. Norin, *An important Kennicott Reading in 2 Kings XVIII 13*, dans VT, XXXII, 1982, pp. 337-338, opte pour la forme longue du nom d'Ézéchias en *II Rois*, XVIII, 13 et l'invoque en faveur de la dépendance du texte de *II Rois* par rapport à celui d'*Isaïe*; il ne se prononce pas explicitement sur le rattachement primitif de *II Rois*, XVIII, 13 à *II Rois*, XVIII, 17 ss, mais celui-ci découle logiquement de la position de l'auteur.

en *II Rois*, XVIII, 17 ss par. *Is.*, XXXVI, 2 ss, et non pas en *II Rois*, XVIII, 14-16[9].

Au point de vue de la critique textuelle, la graphie courte du nom d'Ézéchias, en *II Rois*, XVIII, 13, nous paraît préférable[10]. La graphie longue ne fournirait d'ailleurs pas un indice d'un grand poids, car *II Rois* emploie tantôt l'une, tantôt l'autre[11]. A ce sujet, on remarquera particulièrement le petit récit de *II Rois*, XVIII, 9-12 : on a la graphie longue au v. 9 et la graphie courte au v. 10, sans que pour autant rien ne permette de dissocier ces versets.

On a souvent signalé que la formulation de l'indication chronologique au début de *II Rois*, XVIII, 13 par. *Is.*, XXXVI, 1 ne suit pas le schéma le plus courant. En effet, au lieu du schéma plus habituel *baššānāh* ou *bišenat* + nombre ordinal ou cardinal, on y lit *w* + *b* + nombre cardinal + *šānāh*.

Selon A. Jepsen, les particularités de cette formulation indiqueraient que *II Rois*, XVIII, 13 par. *Is.*, XXXVI, 1 n'appartenaient pas primitivement à la pièce des annales (*II Rois*, XVIII, 14-16), mais aux «légendes» (*II Rois*, XVIII, 17 ss)[12]. Nombre de critiques y voient plutôt un indice du caractère secondaire de la date[13].

Le caractère secondaire du début[14], sinon de la totalité[15], de *II Rois*, XVIII, 13 par. *Is.*, XXXVI, 1 est par ailleurs défendu par un grand nombre de critiques pour des raisons purement chronologiques. Jugeant la date donnée par ce verset inconciliable avec les indications fournies par *II Rois*, XVIII, 1.9-10, ces critiques la tiennent pour le résultat d'un calcul secondaire qui dépend de *II Rois*, XVIII, 2 et de *II Rois*, XX, 6aα par. *Is.*, XXXVIII, 5b. Croyant à tort que la délivrance de Jérusalem et la guérison d'Ézéchias ont eu lieu la même année, un rédacteur aurait remplacé une indication chronologique vague par la date «en l'an quatorze d'Ézéchias», date qu'il aurait obtenue en soustrayant les quinze

[10] Voir *supra*, n. 2.

[11] Dans les parties propres à *II Rois*, on a la forme courte *ḥizqîyāh* (XVIII, 1.10.(13).14.15.16) et la forme longue *ḥizqîyāhû* (XVI, 20; XVIII, 9; XX, 20.21; XXI, 3).

[12] *Op. cit.*, dans BZAW, 88, 1964, pp. 29-30.

[13] A. ŠANDA, *Die Bücher der Könige*, II, 1912, pp. 246 et 301; B. DUHM, *Das Buch Jesaja*, 1914, p. 233; O. PROCKSCH, *Jesaja I*, 1930, p. 441; R. DEUTSCH, *Die Hiskiaerzählungen*, 1969, pp. 7-8; H. WILDBERGER, *Jesaja*, III, 1982, p. 1380, 1385 et 1393-1394.

[14] I. BENZINGER, *Die Bücher der Könige*, 1899, pp. 176 et 179; R. KITTEL, *Die Bücher der Könige*, 1900, p. 281; F. FELDMANN, *Das Buch Isaias*, I, 1925, pp. 415 et 447; W. RUDOLPH, *Sanherib in Palästina*, dans PJ, XXV, 1929, p. 69, n. 1; J. FISCHER, *Das Buch Isaias*, 1937, p. 229; B. S. CHILDS, *Isaiah and the Assyrian Crisis*, 1967, p. 70.

[15] Voir K. MARTI, *Das Buch Jesaja*, 1900, p. 249 et B. STADE - F. SCHWALLY, *The Books of Kings*, 1904, *in loco* et nn. p. 270.

années de vie promises au roi (*II Rois*, XX, 6aα par. *Is.*, XXXVIII, 5b) de ses vingt-neuf années de règne (*II Rois*, XVIII, 2)[16].

Finalement, quelques critiques pensent que seule la place actuelle de la date est secondaire. Celle-ci aurait introduit primitivement le récit de la maladie-guérison d'Ézéchias (*II Rois*, XX). Un rédacteur l'aurait cependant transférée à sa place actuelle et aurait ainsi daté de la même année tous les événements rapportés en *II Rois*, XVIII, 13-XX, 19[17].

Quoi qu'il en soit du difficile problème que pose la date fournie par *II Rois*, XVIII, 13 par. *Is.*, XXXVI, 1[18], à notre avis, il n'y a aucune raison de la tenir pour secondaire, bien au contraire. En effet, la promesse des quinze années de vie (*II Rois*, XX, 6aα par. *Is.*, XXXVIII, 5b) se présente comme un élément secondaire en *II Rois*, XX, 1-11 par. *Is.*, XXXVIII. Au lieu d'être la base d'un calcul, le chiffre quinze doit en être, au contraire, le résultat. Or, ce calcul ne se comprend que sur la base, à la fois, des vingt-neuf années de règne d'Ézéchias (*II Rois*, XVIII, 2) et de la quatorzième année mentionnée en *II Rois*, XVIII, 13 par. *Is.*, XXXVI, 1. A moins de supposer que, pour une raison inconnue de nous, un rédacteur a inventé de toutes pièces la date de *II Rois*, XVIII, 13, il faut donc admettre qu'il la tient de sa source[19]. On doit également

[16] Voir, entre autres, I. BENZINGER, *Die Bücher der Kön8ge*, 1899, pp. 176 et 179; R. KITTEL, *Die Bücher der Könige*, 1900, p. 281; A. ŠANDA, *Die Bücher der Könige*, II, 1912, pp. 246 et 301; O. PROCKSCH, *Jesaja I*, 1930, p. 441; J. FISCHER, *Das Buch Isaias*, 1937, p. 229; J.A. MONTGOMERY, *The Books of Kings*, 1951, p. 483; H. WILDBERGER, *Jesaja*, III, 1982, pp. 1380, 1385 et 1393-1394.

[17] Voir *supra*, chap. IIIe, n. 5.

[18] Commandés uniquement par le souci d'harmoniser cette date avec les données de *II Rois*, XVIII, 1.9-10, les corrections de 14 en 24, et plus rarement en 27, 26 ou 19 (voir notamment H.H. ROWLEY, *Hezekiah's Reform and Rebellion*, dans BJRL, XLIV, 1962, pp. 411-412) — le chiffre avancé dépend de la date à laquelle chacun place le début du règne d'Ézéchias — sont arbitraires.

[19] R. DEUTSCH, *Die Hiskiaerzählungen*, 1969, pp. 7-8, 30 et 32, n. 4, tient pour rédactionnels tant la date de *II Rois*, XVIII, 13 par. *Is.* XXXVI, 1 que les quinze années de vie promises à Ézéchias (*II Rois*, XX, 6aα par. *Is.*, XXXVIII, 5b). Cet auteur cependant ne nous dit pas comment les rédacteurs ont pu forger ces deux données chronologiques uniquement à partir du nombre d'années du règne d'Ézéchias (*II Rois*, XVIII, 2). Ce dernier étant égal à la somme de 14 (la date de l'invasion de Sennachérib et, dans l'état actuel du texte, de la guérison d'Ézéchias) plus 15 (le nombre d'années de vie promises à Ézéchias lors de sa guérison), on peut supposer que l'un des trois chiffres est le résultat d'une opération arithmétique. Trois possibilités sont théoriquement envisageables : a) la durée du règne d'Ézéchias est le résultat de l'addition : 14 + 15 = 29; b) la date de l'invasion de Sennachérib (et de la guérison d'Ézéchias) est le résultat de la soustraction : 29 — 15 = 14; c) le nombre d'années de vie promises à Ézéchias est le résultat de la soustraction : 29 — 14 = 15. Les quinze années de vie promises à Ézéchias se présentant comme un élément secondaire en *II Rois*, XX, 1-11 par. *Is.*, XXXVIII, l'hypothèse b) paraît exclue. On doit également écarter l'hypothèse a). En effet, on ne peut pas supposer que le nombre vingt neuf résulte d'une addition qui

admettre que l'indication sur la durée du règne est indépendante des données chronologiques fournies par *II Rois*, XVIII, 13 et XX, 6aα [20].

Dictées par des raisons chronologiques et historiques, et sans aucun appui littéraire, l'hypothèse selon laquelle la quatorzième année (*II Rois*, XVIII, 13) aurait été la date de la maladie et de la guérison d'Ézéchias repose uniquement sur les quinze années de vie promises au roi (*II Rois*, XX, 6aα). Si, comme nous l'estimons, *II Rois*, XX, 6aα est secondaire [21], l'hypothèse en question perd son seul appui.

Finalement, on remarquera que, si l'ordre des éléments de la date en *II Rois*, XVIII, 13 n'est pas le plus fréquent, il est bien attesté ailleurs dans les livres des *Rois*. De même qu'en *II Rois*, XVIII, 13, il apparaît normalement dans la date de certains événements rapportés à l'intérieur des récits d'un règne [22], mais jamais dans des pièces que l'on puisse classer parmi les «légendes» [23]. L'opinion de A. Jepsen [24], selon laquelle la formulation de la date en *II Rois*, XVIII, 13 trahirait l'appartenance de ce verset au récit B1, nous paraît donc dépourvue de fondements convaincants.

La date de *II Rois*, XVIII, 13 convient beaucoup mieux à A qu'à B1 ou à tout autre parmi les récits de *II Rois*, XVIII, 17-XX, 19. En effet, les récits prophétiques ne comportent pas ce type de dates précises. Quand ils ont une indication chronologique, celle-ci reste plus vague [25]. Certes, tous les récits d'invasion apparentés à *II Rois*, XVIII, 13-16 ne comportent pas une date précise, mais on en trouve une dans plusieurs d'entre eux [26].

aurait été faite après l'insertion de *II Rois*, XX, 6aα par. *Is.*, XXXVIII, 5b : dans ce cas, en effet, on ne pourrait pas rendre compte de l'apparition du nombre de quinze années de vie promises à Ézéchias. Il ne reste donc que la possibilité c). A l'encontre de l'opinion de A. CATASTINI, *Il quattordicesimo anno del regno di Ezechia (II Re 18 : 13)*, dans Henoch, IV, 1982, pp. 257-263, il n'y a pas de raison de tenir le chiffre quatorze pour symbolique, et dépourvu de valeur chronologique.

[20] Au sujet des données chronologiques de l'introduction des différents règnes, on se reportera surtout à M. NOTH, *Ueberlieferungsgeschichtliche Studien*, 1943, pp. 60-69; A. JEPSEN, *Die Quellen des Königsbuches*, 1956, pp. 30-54; Sh. R. BIN-NUN, *Formulas from Royal Records of Israel and of Judah*, dans VT, XVIII, 1968, pp. 414-432 et E. CORTESE, *Lo schema deuteronomistico per i re di Giuda e d'Israele*, dans Bib., LVI, 1975, pp. 37-42 et 52.

[21] Voir *supra*, chap. VIIIe, p. 336.

[22] On ne le trouve jamais dans l'introduction d'un règne.

[23] Sans *w-* (*II Rois*, XXIII, 23); précédé de *way^{e}hî* (*I Rois*, VI, 1; *II Rois*, XXII, 3; XXV, 27; *cf.* encore *II Rois*, XXV, 2. On retrouve le même ordre dans d'autres parties de la Bible, surtout chez Ézéchiel (*Gen.*, XIV, 4b.5a; *Deut.*, I, 3; *Jér.*, I, 2; XXXIX, 2; *Éz.*, I, 1; XXVI, 1; XXIX, 17; XXX, 20; XXXI, 1; XXXII, 1.17; XXXIII, 21; XL, 1).

[24] *Zur Chronologie der Könige von Israel und Juda*, dans BZAW, 88, 1964, pp. 29-30.

[25] *Cf. I Rois*, XX, 26; *II Rois*, VI, 24; XX, 1.12 et aussi *Is.*, VII, 1; XX, 1. Parfois ces récits débutent sans aucune indication temporelle. *Cf. I Rois*, XX, 1; *II Rois*, VI, 8.

[26] Voir *infra*, nn. 63 et 64.

C'est d'ailleurs l'ensemble de *II Rois*, XVIII, 13, et pas seulement la date, qui se rattache beaucoup mieux à *II Rois*, XVIII, 14-16 qu'à B1. De même que *II Rois*, XVIII, 14-16, *II Rois*, XVIII, 13 a pour horizon l'ensemble du pays. Ni l'un, ni l'autre ne s'intéresse particulièrement au sort de Jérusalem, qui est, par contre, au centre de B1 et de B2.

Dans l'état actuel des textes, *II Rois*, XVIII, 13 par. *Is.*, XXXVI, 1 contribue sans aucun doute à situer les récits B1 et B2, non seulement dans le livre d'*Isaïe*, où il n'a pas d'autre fonction, mais aussi en *II Rois*. En rapportant la conquête de toutes les villes de Juda, ce verset souligne la gravité de la situation supposée par les récits B1 et B2 et, du fait même, met en lumière la grandeur de la confiance d'Ézéchias en Yahvé. Cela dit, *II Rois*, XVIII, 13 par. *Is.*, XXXVI, 1 n'est pas indispensable à la compréhension des récits B1 et B2. Inversement, les récits B1 et B2 ne font aucune allusion au contenu de ce verset, pas plus qu'à celui de *II Rois*, XVIII, 14-16. Pareil silence serait vraiment surprenant si *II Rois*, XVIII, 13 par. *Is.*, XXXVI, 1 introduisait primitivement *II Rois* XVIII, 17 ss; dans ce cas, on attendrait que, dans son essai de briser la résistance de Jérusalem, l'Assyrien fît valoir sa conquête de toutes les villes fortifiées de Juda.

En revanche, la demande d'Ézéchias rapportée en *II Rois*, XVIII, 14-15(16) a absolument besoin d'une introduction. A. Jepsen a cherché cette introduction en *II Rois*, XVIII, 7b[27], mais sans aucune raison convaincante[28]. *II Rois*, XVIII, 7b, dont le but est d'illustrer la réussite d'Ézéchias, peut difficilement préparer le récit de sa capitulation. Loin de se compléter, *II Rois*, XVIII, 7b et 14-15(16) se contredisent. En effet, à moins d'y voir un simple synonyme de *wayyimrod b^emèlèk 'aššûr*, interprétation que la fonction de ce verset paraît interdire, il faut rendre *w^elo' '^{a}bādô* par «et il ne lui fut pas assujetti». Cela ne s'accorde évidemment pas avec la reddition d'Ézéchias, ni avec le tribut dont il est question en *II Rois*, XVIII, 14-15(16). *II Rois*, XVIII, 7b suppose plutôt la connaissance des récits B1 et B2, dont il dépend et qu'il annonce[29].

Nous concluons que *II Rois*, XVIII, 13 par. *Is.*, XXXVI, 1 trouve sa suite normale en *II Rois*, XVIII, 14-15(16) et fait donc partie du récit A.

[27] *Die Quellen des Königsbuches*, 1956, p. 62, n. 2; voir aussi pp. 54 et 56 et tables 4-6 à la fin de l'ouvrage. Dans le même sens, déjà I. BENZINGER, *Die Bücher der Könige*, 1899, p. 179.

[28] Voir les objections de O. KAISER, *Die Verkündigung des Propheten Jesaja im Jahre 701*, dans ZAW, LXXXI, 1969, p. 305.

[29] M. NOTH, *Ueberlieferungsgeschichtliche Studien*, 1943, p. 76, n. 6, a raison de tenir ce demi-verset pour rédactionnel (dtr); à la différence de cet exégète, nous pensons qu'il dépend de *II Rois*, XVIIII, 17-XIX, 37, et non pas de *II Rois*, XVIIII, 13-16.

Ce verset fournit la conjoncture historique permettant de rendre compte de la capitulation d'Ézéchias, rapportée aux vv. 14-15(16)[30].

b) *La fin de l'unité.*

Comme le début, la fin du récit est, elle aussi, discutée. Le v. 16 débute par *bā'ét hahî'*, qui semble constituer une introduction. Le Temple y est désigné par *héykal yhwh*[31], au lieu de *béyt yhwh*. Finalement, au point de vue logique, l'action rapportée au v. 16 ne poursuit pas celle du v. 15.

C'est pourquoi, plusieurs exégètes dissocient le v. 16 des vv. (13) 14-15 et y voient deux sources différentes : les premiers sont généralement

[30] Opinion la plus répandue. Voir notamment J.A. MONTGOMERY, *The Books of Kings*, 1951, p. 483; M. NOTH, *op. cit.*, pp. 76, n. 6 et 85, n. 7; G. HOELSCHER, *Geschichtsschreibung in Israel*, 1952, pp. 147 et 402-404; O. KAISER, *Die Verkündigung des Propheten Jesaja im Jahre 701*, dans ZAW, LXXXI, 1969, pp. 305-306; ID., *Der Prophet Jesaja*, II, 1973, p. 291; W. DIETRICH, *Prophetie und Geschichte*, 1972, pp. 138-139, n. 115; J. GRAY, *I & II Kings*, 1977, pp. 658-660 et 672-675; T. VUK, *Wiedererkaufte Freiheit. Der Feldzug Sanheribs gegen Juda nach dem Invasionsbericht 2 Kön 18, 13-16*, 1979, pp. 60-75; R.E. CLEMENTS, *Isaiah and the Deliverance of Jerusalem*, 1980, pp. 13-14 et 53; R. RENDTORFF, *Das Alte Testament. Eine Einführung*, Neukirchen-Vluyn, 1983, pp. 190-191. Tenant la datation pour rédactionnelle, de nombreux critiques pensent que seule la seconde partie de *II Rois*, XVIII, 13 par. *Is.*, XXXVI, 1 appartenait primitivement au récit A. Voir, entre autres, R. KITTEL, *Die Bücher der Könige*, 1900, p. 281; W. RUDOLPH, *Sanherib in Palästina*, dans PJ, XXV, 1929, p. 69, n. 1; B.S. CHILDS, *Isaiah and the Assyrian Crisis*, 1967, p. 70; R. DEUTSCH, *Die Hiskiaerzählungen*, 1969, pp. 7-8; H. WILDBERGER, *Jesaja*, III, 1982, pp. 1371 et 1385. De l'avis de C. SCHEDL, *Textkritische Bemerkungen zu den Synchronismen der Könige von Israel und Juda*, dans VT, XII, 1962, pp. 112-119, la date appartenait primitivement à *II Rois*, XX, 1 par., *Is.*, XXXVIII, 1, et le reste se rattache à A. Pour sa part, A.K. JENKINS, *Hezekiah's Fourteenth Year*, dans VT, XXVI, 1976, pp. 286-288 et 296, rattache la date à B1 et le reste à A.

[31] Le terme *héykāl* est le nom de la partie médiane des bâtiments du Temple (*I Rois*, VI, 3.5.33; VII, 50; *Éz.*, XLI, 1.4.15.20.21.23.25; XLII, 8; *II Chr.*, III, 17; IV, 22 et peut-être *I Rois*, VI, 17; VII, 21) mais, le plus souvent, il désigne la totalité du sanctuaire terrestre ou céleste. Ce sens général est fréquent quand *héykāl* est à l'état absolu (*Am.*, VIII, 3; *Is.*, XLIV, 28; LXVI, 6; *Zach.*, VIII, 9; *Néh.*, VI, 10.11; *II Chr.*, IV, 7.8; Temple céleste, *Is.*, VI, 1) et le seul quand ce terme est construit avec *yhwh* (*I Sam.*, I, 9; III, 3; *II Rois*, XXIII, 4; XXIV, 13; *Jér.*, VII, 4; XXIV, 1; *Ag.*, II, 15.18; *Zach.*, VI, 12.13.14.15; *Esd.*, III, 6.10; *II Chr.*, XXVI, 16; XXVII, 2; XXIX, 16) ou avec *qodeš* et suff. pers. se rapportant à Yahvé (*Jon.*, II, 5.8; *Ps.*, V, 8; LXXIX, 1; CXXXVIII, 2; Temple céleste, *Mich.*, I, 2; *Hab.*, II, 20 et *Ps.*, XI, 4) ou encore avec un suff. pers. ayant Yahvé pour antécédent (*Mal.*, III, 1; *Ps.*, XXVII, 4; XXIX, 9; XLVIII, 10; LXV, 5; *Ps.*, XVIII, 7; *II Sam.*, XXII, 7). En *Jér.*, L, 28; LI, 11 et *Ps.*, XXIX, 9, on peut hésiter entre le Temple céleste et le Temple terrestre. *Éz.*, VIII, 16 est le seul passage où l'expression *héykal yhwh* désigne peut-être la partie médiane du sanctuaire. Contrairement à l'opinion de J.A. MONTGOMERY, *The Books of Kings*, 1951, p. 485, *héykal yhwh*, en *II Rois*, XVIII, 16 doit, selon nous, désigner la totalité du sanctuaire, et pas seulement la partie médiane de ses bâtiments.

attribués aux annales du royaume de Juda, le second à une autre source[32], notamment les archives[33] ou une Histoire du Temple[34].

Comme le remarque B. S. Childs, l'expression *bā'ét hahî'*, en début de phrase, sert avant tout à synchroniser des événements distincts, qui se trouvent ainsi associés, parfois de façon assez lâche[35]. Cela paraît indiquer que le v. 16 se réfère à un événement primitivement distinct de celui qui est rapporté aux versets précédents. De l'avis de B. S. Childs, il est cependant impossible de savoir si le compilateur responsable de l'association du v. 16 aux vv. 13-15 a utilisé deux sources différentes, ou simplement deux entrées d'une même source[36].

Le v. 16 complète l'information du v. 15 au sujet de l'origine des biens versés en tribut. Ézéchias a été contraint, non seulement de vider les trésors du Temple et ceux du palais (v. 15), mais aussi de dépouiller les portes du Temple de leur revêtement de métal (v. 16).

On constate par ailleurs que, en plus des trésors du Temple et de ceux du palais, la mention de certains objets ou de tous les objets précieux du Temple est un élément habituel du schéma des textes d'invasion relatifs au royaume de Juda[37]. Ces objets font partie, soit du butin pris par l'envahisseur[38], soit, comme en *II Rois*, XVIII, 16, du tribut payé par le roi de Juda pour obtenir la fin de l'invasion[39].

Ces remarques s'opposent à l'hypothèse selon laquelle le v. 16 serait un ajout secondaire. Quoi qu'il en soit de l'origine de l'information qu'il contient — qu'elle provienne de la même source que les informations fournies par les vv. 13-15, ou d'une autre source — nous estimons donc

[32] Voir A. Šanda, *Die Bücher der Könige*, II, 1912, p. 296.

[33] Voir, entre autres, L. L. Honor, *Sennacherib's Invasion of Palestine*, 1926, pp. 36-37; J. A. Montgomery, *The Books of Kings*, 1951, p. 485. R. Deutsch, *Die Hiskiaerzählungen*, 1969, pp. 31 et 79, semble mettre en rapport avec le Temple les deux sources qu'il distingue à la base de *II Rois*, XVIII, 13-15 et 16.

[34] Voir I. Benzinger, *Die Bücher der Könige*, 1899, p. 179. B. Stade - F. Schwally, *The Book of Kings*, 1904, *in loco* et p. 270, attribuent le v. 16, comme le v. 13, à l'Epitomé des Rois d'Israël et de Juda.

[35] *Isaiah and the Assyrian Crisis*, 1967, pp. 70-71. L'expression *(û)bā'ét hahî'*, en tête de proposition, suivie d'un *qatal* est relativement fréquente. *Cf. Deut.*, X, 1.8; *Jos.*, V, 2; *I Rois*, XIV, 1; *II Rois*, XVI, 6; XVIII, 16; XX, 12; XXIV, 10; *Is.*, XX, 2; XXXIX, 1; *Neh.*, IV, 16; *II Chr.*, XVI, 7; XXVIII, 16, et aussi *Jug.*, XIV, 4; *I Rois*, XI, 29; *I Chr.*, XXI, 28; *wayᵉhî bā'ét hahî'* suivi de *wayyiqtol*, *cf. Gen.*, XXI, 22; XXXVIII, 1; *ûbā'ét hahî'* suivi de *yiqtol*, *cf. Is.*, XVIII, 7; *Jér.*, III, 17; IV, 11; VIII, 1; XXXI, 1; *Soph.*, III, 20; *Dan.*, XII, 1. Selon J. A. Montgomery, *Archival Data in the Book of Kings*, dans JBL, LIII, 1934, p. 49, dans les annales, les scribes officiels auraient souvent substitué *ba'ét hahî'* à une date précise.

[36] *Op. cit.*, p. 71.

[37] Voir T. Vuk, *Wiedererkaufte Freiheit*, 1979, p. 229-233.

[38] *I Rois*, XIV, 26; *II Rois*, XIV, 14; XXIV, 13; XXV, 13-15.

[39] *II Rois*, XII, 19. Voir aussi *II Rois*, XVI, 17-18 et *supra*, pp. 34 et 42-43.

que l'on doit attribuer le v. 16 à l'auteur des vv. 13-15 et considérer les vv. 13-16 comme une unité littéraire[40].

3. ANALYSE.

Commencés par *qatal*, les vv. 13-15 se poursuivent par une chaîne *wayyiqtol* que seul le discours d'Ézéchias, au v. 14, interrompt. Comme au v. 13, on a au v. 16 deux propositions principales, dont la première est en *qatal* et la seconde en *wayyiqtol*.

Les propositions s'enchaînent au moyen de l'alternance des deux acteurs, à savoir Sennachérib et Ézéchias, dans les rôles de sujet et de complément d'objet indirect : Sennachérib est sujet (vv. 13-14b) et complément d'objet indirect (vv. 14a.16b); Ézéchias est sujet (vv. 14a. 15-16) et complément d'objet indirect (v. 14b).

II Rois, XVIII, 13-16 n'emploie que des verbes d'action (*'lh*, *tpś*, *šlḥ*, *ḥṭ'*, *šwb*, *ntn*, *nś'*, *śwm*, *qṣṣ*, *ṣph*), Parmi les noms, prédominent, d'une part, les noms propres et les titres officiels des deux acteurs (*sanḥérîb mèlèk-'aššûr*, v. 13; *mèlèk-'aššûr*, vv. 14a.b.16b; *mèlèk ḥizqîyāh*, v. 13; *ḥizqîyāh mèlèk-y^{e}hûdāh*, v. 14a.b; *hizqîyāh*, vv. 15.16) et, d'autre part, des noms de choses ayant une valeur financière, concentrés aux vv. 14b-16 (*kèsèp^{h}*, *zāhāb*, *'oṣrôt*, *daltôt héykal yhwh*, *ha'omnôt*).

Le passage est structuré au moyen de deux actions de chacun des acteurs. Ceux-ci alternent. L'invasion de Sennachérib déclenche le processus, et les autres actions s'enchaînent par mode de réaction :

— *Sennachérib* envahit Juda et s'empare de toutes ses villes fortifiées (v. 13);
— *Ézéchias* capitule et se déclare prêt à accepter les conditions du roi d'Assur pour mettre fin à son invasion (v. 14a);
— *Sennachérib* impose un lourd tribut (v. 14b).
— *Ézéchias* s'acquitte du tribut (vv. 15-16).

a) *Sennachérib envahit Juda et s'empare de toutes les villes fortifiées (v. 13).*

Sans en faire un récit circonstancié, le v. 13 se borne à présenter l'invasion de façon sommaire : il la situe dans le temps, précisément en l'an quatorze d'Ézéchias et, en termes généraux, signale ses consé-

[40] Voir, entre autres, R. KITTEL, *Die Bücher der Könige*, 1900, p. 281; W. RUDOLPH, *Sanherib in Palästina*, dans PJ, XXV, 1929, p. 69, n. 1; H. HAAG, *La campagne de Sennachérib contre Jérusalem en 701*, dans RB, LVIII, 1951, p. 352; C. VAN LEEUWEN, *Sanchérib devant Jérusalem*, dans OTS, XIV, 1965, pp. 249-250; J. GRAY, *I & II Kings*, 1977, p. 672; T. VUK, *Wiederkaufte Freiheit*, 1979, pp. 79-81 et 229-233.

quences : la prise de toutes les villes fortifiées de Juda. Rien n'y est dit de la cause de l'invasion, ni des objectifs de l'envahisseur.

La teneur du v. 13 révèle que son but n'est pas de décrire l'invasion pour elle-même, mais plutôt d'introduire les épisodes qui y ont mis fin. Ce verset rapporte la conquête de toutes les villes fortifiées de Juda, car celle-ci fournit le cadre historique indispensable à la compréhension de la capitulation inconditionnelle d'Ézéchias, voire la cause de cette capitulation. L'intérêt du texte porte donc sur la fin de l'invasion et, en particulier, sur les conditions auxquelles cette fin a été obtenue.

b) *Ézéchias capitule et se déclare prêt à accepter les conditions du roi d'Assur pour mettre fin à son invasion (v. 14a).*

Étant donné la situation évoquée par le v. 13, il ne reste plus à Ézéchias qu'à se soumettre au roi d'Assyrie. Par ailleurs, le v. 13 ayant rapporté la conquête de toutes les villes fortifiées de Juda, il est naturel que Sennachérib se trouve dans l'une d'entre elles, à savoir Lakish, et que les messagers d'Ézéchias s'y rendent pour offrir la capitulation au nom de leur maître.

Les termes de la capitulation comprennent trois éléments. D'abord, le roi de Juda reconnaît sa faute : *ḥāṭāʾtî*. Sans doute employée le plus souvent dans le contexte des rapports entre les hommes et Dieu, la racine *ḥṭʾ* («manquer le but», «s'égarer», «pécher») est néanmoins fréquente dans le contexte des rapports entre humains, individus et peuples. Le verbe y est parfois employé de façon absolue[41], mais il est plus couramment suivi des prépositions *l-*[42] ou *b-*[43] introduisant la personne. Dans ce contexte des rapports entre humains, la racine *ḥṭʾ* désigne un tort ou une offense faits injustement à quelqu'un d'un rang supérieur[44], de même rang[45], ou même de rang inférieur[46]. A l'encontre de l'opinion de J. A. Montgomery[47], la racine *ḥṭʾ*, en hébreu, n'est pas un terme technique utilisé pour désigner la rébellion politique, comme c'est le cas dans la littérature assyrienne, où les termes *ḫaṭu* et *ḫiṭitu*

[41] *Nomb.*, XII, 11 ; *I Sam.*, XXVI, 21 ; *II Sam.*, XIX, 21 ; *I Rois*, XVIII, 9 ; *II Rois*, XVIII, 14 ; peut-être aussi *Ex.*, V, 16.

[42] *Gen.*, XX, 9 ; XL, 1 ; *Jug.*, XI, 27 ; *I Sam.*, II, 25 ; XIX, 4 ; XXIV, 12 ; *I Rois*, VIII, 31 ; *Jér.*, XXXVII, 18.

[43] *Gen.*, XLII, 22 ; *I Sam.*, XIX, 4.5.

[44] *Gen.*, XX, 9 ; XL, 1 ; XLI, 9 ; *Nomb.*, XII, 11 ; *I Sam.*, XIX, 4 ; XX, 1 ; XXIV, 12 ; *II Sam.*, XIX, 21 ; *I Rois*, VIII, 9 ; *II Rois*, XVIII, 14 ; *Jér.*, XXXVII, 18.

[45] *Gen.*, XXXI, 36 ; XLII, 22 ; L, 17 ; *Nomb.*, V, 6 ; *Jug.*, XI, 27 ; *I Sam.*, II, 25 ; *I Rois*, VIII, 31.

[46] *I Sam.*, XIX, 4.5 ; XXVI, 21.

[47] *The Books of Kings*, 1951, p. 484.

sont relativement fréquents, aussi bien dans les textes des traités[48] que dans les textes historiques[49] pour exprimer la révolte, notamment dans le contexte de la rupture du serment de vassalité[50].

Or, dans le contexte des rapports entre Juda et l'Assyrie, la faute dont Ézéchias s'avoue coupable ne peut être que sa rébellion contre le pouvoir assyrien. L'aveu d'Ézéchias implique donc que l'invasion n'était pas une agression arbitraire, mais qu'elle avait un caractère punitif. En envahissant Juda, Sennachérib revendiquait ses droits de suzerain. Bien qu'indirectement, le verbe *ḥāṭā'tî* nous renseigne ainsi sur la cause et le but de l'invasion, aspects que le v. 13 passait sous silence. L'invasion a été provoquée par la révolte d'Ézéchias, et était destinée à le ramener à la vassalité. Ces renseignements ne sont cependant pas au premier plan du texte, et ne constituent pas son but.

L'opinion de T. Vuk[51], selon laquelle *ḥāṭā'tî* (*II Rois*, XVIII, 14a) renverrait à *II Rois*, XVIII, 7b, qui mentionne explicitement la révolte d'Ézéchias (*wayyimrod bᵉmèlèk-'aššûr wᵉlo' ʿᵃbādô*), et appartiennent au même niveau rédactionnel, ne mérite pas, nous semble-t-il, d'être retenue; en effet, la portée ainsi que la fonction des deux passages sont entièrement différentes.

II Rois, XVIII, 7b insiste sur la réussite de la révolte et la présente comme une illustration du succès dont furent couronnées toutes les entreprises d'Ézéchias (*bᵉkol 'ᵃšèr-yéṣé' yaśᵉkkîl*, v. 7a)[52]. Par contre, en *II Rois*, XVIII, 14a, l'idée de la révolte, implicite dans l'aveu d'Ézéchias, apparaît justement comme la faute dont le roi de Juda s'avoue coupable. D'après le contexte, la révolte était une faute dans la mesure où elle constituait une rupture du serment de vassalité — sans nul doute garanti par les dieux — qui liait, depuis le règne d'Achaz, les rois de Juda aux rois d'Assyrie[53].

[48] Voir le traité imposé par Assur-nirâri V à Mati'ilu de Arpad, I, 32; III, 5-6; IV, 18; V, 8.15; les traités d'Assarhaddon, V, 397-398.

[49] Voir, par exemple, les annales de Tiglath-phalazar III (P. ROST, *Die Keilschrifttexte Tiglat-Pilesers III*, I, 1893, pp. 22-23, l. 131), de Sargon II (A. G. LIE, *The Inscriptions of Sargon II King of Assyria, I: The Annals*, 1929, pp. 10-11 et 14-15 ll. 72 et 88-89); de Sennachérib (OIP, I, 42; III, 8-9.12), d'Assarhaddon (R. BORGER, *Die Inschriften Asarhaddons Königs von Assyrien*, 1956, p. 103, §68, ll. 12 et 21) et d'Assurbanipal (Cylindre de Rassam, I, 118.132-133; VII, 18; IX, 73).

[50] Voir CAD, VI, 1956, pp. 157 et 209; et aussi D. R. HILLERS, *Treaty-Curses and the Old Testament Prophets*, 1964, pp. 86-87, n. 27; D. J. MCCARTHY, *Treaty and Covenant* (AnBib, 21A), Rome 1978², pp. 107, 112, n. 18 et p. 120. Étant donné le caractère impérialiste de leur idéologie, les rois d'Assur considéraient comme une rébellion et un péché tout refus d'accepter leur domination. Voir M. LIVERANI, *The Ideology of the Assyrian Empire*, dans M. T. LARSEN (éd.), *Power and Propaganda*, 1979, p. 311.

[51] *Wiedererkaufte Freiheit*, 1979, pp. 90-94.

[52] Voir *supra*, chap. VIIIᵉ, pp. 338-339.

[53] Voir *supra*, chap. IIᵉ, pp. 24-25 et *infra*, chap. XIᵉ, pp. 412-416.

En réalité, Ézéchias a été contraint d'avouer sa faute parce qu'il n'a pu mener à bien sa révolte. En termes de «Realpolitik», et d'un point de vue strictement judéen, Ézéchias n'est fautif que pour la raison suivante : ayant mal apprécié le rapport des forces, il a été incapable d'atteindre l'objectif qu'il s'était fixé, de secouer le joug assyrien. Son but initial ayant échoué, et pour éviter le pire, Ézéchias a dû se contenter d'un objectif beaucoup plus modeste : la fin de l'invasion. Il y parvint, mais au prix de la capitulation et du versement d'un lourd tribut, qui confirmaient, et sans doute renforçaient, sa soumission à l'Assyrie.

Il ressort de ce qui précède que *II Rois*, XVIII, 7b et 13-16 se contredisent. Il est donc difficile d'admettre que le verbe *ḥāṭā'tî* (*II Rois*, XVIII, 14a) renvoie à *II Rois*, XVIII, 7b. *II Rois*, XVIII, 7b, comme d'ailleurs l'ensemble des vv. 5-7, dont il fait partie, est rédactionnel mais, à notre avis, il n'a aucun rapport avec les vv. 13-16. Il résume plutôt et annonce l'issue de la révolte, telle qu'elle est présentée, non pas en *II Rois*, XVIII, 13-16, mais en *II Rois*, XVIII, 17-XIX, 37[54].

La requête concernant la fin de l'invasion, qui occupe le centre du discours, exprime le but de la démarche d'Ézéchias. D'après T. Vuk[55], *šûb mé'ālay* renverrait à *II Rois*, XIX, 7.28.33.36, où il est question du retour (*šwb*) de Sennachérib dans son pays, et constituerait une trace de l'activité rédactionnelle dont *II Rois*, XVIII, 13-16 a fait l'objet.

On notera cependant que le verbe *šwb* n'a pas le même sens en *II Rois*, XVIII, 14a et XIX, 7.28.33.36. Alors que l'impératif *šûb* suivi de *min* + *'al* + pronom 1ère pers. signifie «détourne-toi de moi», ou plus précisément «cesse de te dresser contre moi, de m'attaquer»[56], ce même verbe, en *II Rois*, XIX, 7.28.33.36, a la nuance de «retourner» (dans son pays). Le retour de Sennachérib en Assyrie suppose, bien sûr, la fin de l'invasion; pourtant nous ne voyons aucun indice sérieux suggérant que *šûb mé'ālay*, en *II Rois*, XVIII, 14a, anticipe les autres emplois du verbe *šwb*, en *II Rois*, XIX, 7.28.33.36.

Pour obtenir la fin de l'invasion, Ézéchias se déclare prêt à accepter les conditions que Sennachérib voudra lui imposer.

c) *Sennachérib accepte la capitulation d'Ézéchias et lui impose un lourd tribut.*

Sennachérib accepte la capitulation d'Ézéchias, mais exige de lui 300 talents d'argent et 30 talents d'or.

[54] Voir *supra*, chap. VIIIe, pp. 338-339.

[55] *Wiedererkaufte Freiheit*, 1979, pp. 91-94.

[56] Les sens de «(se) désister», «renoncer à», «s'abstenir de» du verbe *šwb* suivi de *min* sont largement attestés dans la Bible. *Cf. Ex.*, XXXII, 12; *Nomb.*, VIII, 25; *Deut.*, XIII, 18; *I Rois*, XIII, 33; *Jér.*, IV, 28; *Ez.*, XVIII, 24.27 et aussi *I Sam.*, XXIII, 28; *II Sam.*, XVIII, 16; *II Chr.*, XI, 4.

d) *Ézéchias s'acquitte du tribut.*

Les vv. 15-16 ne se limitent pas à rapporter le versement du tribut [57], ils précisent aussi la provenance des biens livrés au roi d'Assyrie et les moyens auxquels Ézéchias a eu recours. Ces versets soulignent en outre le caractère très élevé du tribut, eu égard aux ressources du royaume de Juda. Tel nous paraît être en effet le sens du fait que, au lieu de reprendre les montants précis d'argent et d'or mentionnés au v. 14b, le v. 15 rapporte la remise de tout l'argent qui se trouvait dans le Temple et dans les trésors du palais, ce à quoi le v. 16 ajoute encore le revêtement des portes du Temple qu'Ézéchias a dû dépouiller.

L'expression *'et - kŏl - hakkèsèp^h*, au v. 15, semble désigner non pas le métal argent, comme *kèsèp^h* au v. 14b, mais le numéraire englobant l'or, l'argent et, peut-être aussi, d'autres métaux de valeur [58].

On peut supposer que, moyennant la réception du tribut, Sennachérib a atteint son objectif. On attendrait alors une conclusion rapportant la fin de l'invasion, qui était le but d'Ézéchias. Dans la logique du texte, la fin de l'invasion est assurée, mais elle reste implicite. Ce silence est d'autant plus frappant que la requête concernant la fin de l'invasion occupe le centre du discours d'Ézéchias.

On peut donc se demander si la conclusion attendue a jamais existé ou si elle a été écartée lors de l'association du récit au récit B1, dont la finale rapporte le retrait de Sennachérib et son retour à Ninive (*II Rois*, XIX, 36-37). La comparaison avec les autres textes relatifs à des invasions inciterait peut-être à préférer la seconde branche de l'alternative, mais pas de façon décisive. En effet, la plupart de ces passages rapportent explicitement le retrait de l'envahisseur [59], mais certains le laissent implicite [60].

4. II Rois, XVIII, 13-16 : récit d'invasion.

II Rois, XVIII, 13-16 présente des traits caractéristiques d'un texte officiel. Les deux acteurs sont désignés par leurs noms et leurs titres officiels. Écrit dans un style très concis, le texte se limite à rapporter ce qui est strictement nécessaire aux actions des protagonistes, sans événements marginaux ni aucun commentaire.

[57] On notera l'emploi du même verbe *ntn*, mais avec deux nuances différentes, à savoir «imposer» (v. 14a) et «donner, livrer» (vv. 15a et 16b). Pour la seconde nuance, dans le contexte de la remise d'un tribut, *cf. II Rois*, XV, 19 et XXIII, 35.

[58] Voir J. A. Montgomery, *The Books of Kings*, 1951, p. 485; T. Vuk, *Wiedererkaufte Freiheit*, 1979, pp. 95-96.

[59] *I Rois*, XV, 17-22; *II Rois*, XII, 18-19; XIV, 8-14; XV, 19-20; *cf.* aussi XVI, 7-9 et XXIV, 10-17.

[60] *Cf. I Rois* XIV, 25-26; *II Rois*, XXIII, 29-30.33-35.

La perspective est purement politique. Le texte ne mentionne ni Dieu ni son action ; il ne témoigne d'aucun trait légendaire ou merveilleux.

Dans les livres des *Rois* on trouve un assez grand nombre de textes étroitement apparentés à *II Rois*, XVIII, 13-16, tant du point de vue formel que du point de vue logique. Ces textes ont pour thème une invasion de Juda[61] ou d'Israël[62]. Ils suivent un même schéma, comprenant deux éléments, à savoir l'invasion elle-même et ce qui y a mis fin ; ils sont construits selon un même enchaînement d'action et réaction ; ils ont pour but de dire comment et à quel prix l'invasion s'est terminée.

Ces textes ont en commun les mêmes éléments formels. La relation de l'invasion proprement dite comprend d'ordinaire les mêmes éléments : une indication temporelle précise[63] ou vague[64], le verbe *'lh*[65], le nom et le titre de l'envahisseur[66], la préposition *'al*[67] et l'objet de l'invasion[68].

Les invasions se terminent normalement[69], soit par une prise de butin dont l'envahisseur lui-même s'empare[70], soit par le versement d'un tribut imposé par l'envahisseur au roi du pays envahi[71] ou offert par ce dernier à l'envahisseur[72] ou encore à une tierce puissance[73].

[61] *I Rois*, XIV, 25-28 ; XV, 17-22 ; *II Rois*, XII, 18-19 ; XIV, 8-14 ; XVI, 5.7-9 ; XXIII, 29-30.33-35 ; XXIV, 10-17 ; XXV, 1-15.18-20.

[62] *II Rois*, XV, 19-20.29-30 ; XVII, 3-4.5-6 ; XVIII, 9-12. Voir l'étude de T. Vuk, *Wiedererkaufte Freiheit*, 1979, pp. 103-232.

[63] *I Rois*, XIV, 25 ; *II Rois*, XVIII, 9.13 ; XXV, 1.

[64] *'āz* (*II Rois*, XII, 18 ; XIV, 8 ; XVI, 5) ; *bîméy* + nom pers. (*II Rois*, XV, 29), *b^eyāmāw* (*II Rois*, XXIII, 29 ; XXIV, 1), *bā'ét hahî'* (*II Rois*, XXIV, 10). Sans aucune indication temporelle, *cf. I Rois*, XV, 18 ; *II Rois*, XV, 19 ; XVII, 3.5. D'après J. A. Montgomery, *Archival Data in the Book of Kings*, dans JBL, LIII, 1934, pp. 46-52, les datations précises étaient les plus caractéristiques des annales judéennes, qui contenaient aussi des indications temporelles vagues : *bayyôm hahû'*, *bayyāmîm hâhém*, *b^eyāmāyw*, *bā'ét hahî'*.

[65] Le plus souvent au *qatal* (*II Rois*, XVII, 3 ; XVIII, 13 ; XXIII, 29 ; XXIV, 1.10), même lorsqu'il est précédé de *way^ehî* (*I Rois*, XIV, 25 ; *II Rois*, XVIII, 9). On trouve aussi *wayyiqtol* (*I Rois*, XV, 17 ; *II Rois*, XIV, 11 ; XVII, 5) et *yiqtol* (*II Rois* XII, 18 ; XVI, 5). A la place de *'lh*, on a plus rarement *bw'*, d'ordinaire au *qatal* (*II Rois*, XV, 19.29), même précédé de *way^ehî* (*II Rois*, XXV, 1).

[66] Dans tous les textes.

[67] *I Rois*, XIV, 25 ; XV, 17 ; *II Rois*, XII, 18 ; XV, 19 ; XVII, 3 ; XVIII, 9 ; *cf.* aussi *II Rois*, XXIII, 29. En *II Rois*, XVII, 5 on a la préposition *b^e*.

[68] Jérusalem (*I Rois*, XIV, 25 ; *II Rois*, XII, 18 ; XVI, 5 ; XXIV, 10 ; XXV, 1), Samarie (*II Rois*, XVII, 5 ; XVIII, 9), Juda (*I Rois*, XV, 17), le pays (Israël) (*II Rois*, XV, 19 ; XVII, 5), un roi (*II Rois*, XVII, 3 ; *cf.* aussi XXIII, 29).

[69] En *II Rois*, XV, 29-30, c'est le coup d'état d'Osée qui entraîne la fin de l'invasion.

[70] *I Rois*, XIV, 25-26 ; *II Rois*, XIV, 8-14 ; XXIV, 10-17 ; XXV, 1-15.

[71] *II Rois*, XVIII, 13-16 ; XXIII, 33-35.

[72] *II Rois*, XII, 18-19 ; XV, 19-20.

[73] *I Rois*, XV, 17-22 ; *II Rois*, XVI, 5.7-9.

Les textes en question s'intéressent au montant du butin ou du tribut, et plus spécialement à leur provenance. Le montant est parfois indiqué de façon précise : 1.000 talents d'argent (*II Rois*, XV, 19), 300 talents d'argent et 30 talents d'or (*II Rois*, XVIII, 14b), 100 talents d'argent et 1 talent d'or (*II Rois*, XXIII, 33). Cependant, le montant est indiqué le plus souvent en termes généraux : les trésors (*'oṣrôt*) du Temple et les trésors du palais (*I Rois*, XIV, 26); tout l'argent et l'or qui restaient (*hannôtārîm*) dans les trésors du Temple, et les trésors[74] du palais (*I Rois*, XV, 18); tout l'or qui se trouvait (*hannimṣā'*) dans les trésors du Temple et du palais (*II Rois*, XII, 19); tout l'or et l'argent qui se trouvaient dans le Temple et dans les trésors du palais (*II Rois*, XIV, 14); l'argent et l'or qui se trouvaient dans le Temple et dans les trésors du palais (*II Rois*, XVI, 8a); tout l'argent qui se trouvait dans le Temple et dans les trésors du palais (*II Rois*, XVIII, 15); tous les trésors du Temple et les trésors du palais (*II Rois*, XXIV, 13).

Plus qu'au montant du butin ou du tribut, nos textes s'intéressent à leur origine. Dans les textes relatifs au royaume de Juda, les biens proviennent normalement des trésors du Temple et des trésors du palais[75]. A cela s'ajoutent à plusieurs reprises différents objets de valeur appartenant au Temple : tous les objets consacrés par plusieurs rois (*II Rois*, XII, 19) : «tous les objets» (*II Rois*, XIV, 14); le revêtement (d'or ?) des portes du Temple (*II Rois*, XVIII, 16); «tous les objets d'or» (*II Rois*, XXIV, 13); tous les objets de valeur (*II Rois*, XXV, 13-15)[76]. Sauf en *II Rois*, XIV, 14 et XXV, 13-15, on précise au moyen d'une proposition relative qui a fait fabriquer les objets en question.

Parmi ces textes, certains sont plus développés que d'autres. Il en est qui, réduits au strict minimum, rapportent uniquement le fait de l'invasion et le prix payé pour que le royaume de Juda ou le royaume d'Israël en soient débarrassés, sans la moindre description d'aucun des épisodes de l'invasion, sans un mot sur les circonstances historiques qui l'encadrent, sur les causes ni sur les objectifs de l'envahisseur[77]. T. Vuk, qui appelle ces textes «notices d'invasion», a probablement raison d'y voir des extraits des annales, vraisemblablement repris de façon littérale, sans aucune intervention rédactionnelle[78].

[74] TM. Plusieurs mss hébreux et les principales versions anciennes lisent «et dans les trésors ...».

[75] *II Rois*, XXIII, 33-35 est une exception. D'après ce texte, Joïaqim s'est procuré le montant du tribut en imposant la population de Juda.

[76] Tel est probablement aussi le sens de *II Rois*, XVI, 17-18. Voir *supra*, pp. 42-43. En *I Rois*, XIV, 26, il est question des boucliers d'or qu'avait faits Salomon.

[77] *I Rois*, XIV, 25-26; *II Rois*, XII, 18-19; XV, 19-20; *cf. II Rois*, XVII, 3-4; XXIV, 1-2a.

[78] *Wiedererkaufte Freiheit*, 1979, pp. 208-210.

Tout en suivant le même schéma fondamental, avec la même structure et le même but, d'autres textes sont plus développés et présentent les événements de manière un peu plus circonstanciée. Au lieu de deux acteurs, comme dans les simples notices, il y en a parfois trois[79]. Plusieurs parmi ces textes comprennent, comme *II Rois*, XVIII, 13-16, un discours, ou même deux. Il s'agit de la citation d'un message que le roi dont le pays est envahi adresse à l'envahisseur (*II Rois*, XVIII, 14a) ou à une tierce personne (*I Rois*, XV, 19; *II Rois*, XVI, 7aβ.b). En *II Rois*, XIV, 8b. 9-10, il y a un échange de messages entre les deux acteurs. Les discours renseignent sur les circonstances ou les causes de l'invasion (*I Rois*, XV, 19; *II Rois*, XIV, 8b. 9-10; XVIII, 14a) ou sur les objectifs de l'envahisseur (*II Rois*, XVIII, 14a). Selon T. Vuk[80], ces textes représentent un développement rédactionnel de la simple notice des annales, qui devient ainsi un petit «récit d'invasion».

II Rois, XVIII, 13-16 fait partie de ce dernier groupe. Il est possible que, comme le propose T. Vuk[81], *II Rois*, XVIII, 13-16 ait fait l'objet d'une certaine activité rédactionnelle et que l'apport de celle-ci se trouve surtout au v. 14. A la différence de T. Vuk, nous estimons cependant que l'on ne peut pas invoquer en ce sens les verbes *ḥāṭā'tî* et *šûb* (v. 14a), car nous n'y voyons aucun renvoi respectivement à *II Rois*, XVIII, 7b et *II Rois*, XIX, 7.28.33.36[82]. Par ailleurs, d'après T. Vuk lui-même[83], le v. 14 est unifié par la citation d'Ézéchias; il défie donc tout découpage.

Les vv. 15-16 pourraient sans doute se rattacher directement au v. 13 et se passer du v. 14. Dans ce cas, on aurait, comme en *II Rois*, XII, 18-19 et XV, 19-20, une simple notice rapportant uniquement l'invasion et le versement du tribut. Nous ne voyons cependant pas de raison suffisante de tenir l'ensemble du v. 14 pour rédactionnel. Si apport rédactionnel il y eut, il nous paraît impossible de départager celui-ci et ce qui reprend littéralement les annales du royaume de Juda.

En bref, *II Rois*, XVIII, 13-16 constitue un petit récit d'invasion. Il a pour objet l'invasion de Sennachérib. Son but n'est cependant pas de décrire ladite invasion. Construit selon le schéma invasion-libération, le récit a pour but de montrer comment Ézéchias a obtenu la fin de l'invasion; il s'intéresse avant tout au prix payé à cet effet, ainsi qu'à l'origine de l'argent.

[79] *I Rois*, XV, 17-22; *II Rois*, XIV, 8-14; XVI, 5.7-9; XVIII, 13-16; XXIII, 29-30.33-35.
[80] *Wiedererkaufte Freiheit*, 1979, pp. 211-214.
[81] *Op. cit.*, pp. 89-97.
[82] Voir *supra*, pp. 365-366.
[83] *Wiedererkaufte Freiheit*, 1979, pp. 95-97.

5. Valeur historique du récit.

Comme tous les récits ou notices d'invasion, *II Rois*, XVIII, 13-16 a pour but de renseigner. Reprenant, ou suivant de très près, un document officiel contemporain[84], dont rien ne permet de mettre en doute la valeur historique, les renseignements fournis par *II Rois*, XVIII, 13-16 offrent toutes les garanties d'authenticité. Étant donné la nature des événements rapportés, il est d'ailleurs exclu que ceux-ci soient une invention de la propagande judéenne à l'époque d'Ézéchias, ou à une époque ultérieure.

L'objectif du récit n'est cependant pas de décrire le déroulement de l'invasion — ne fût-ce que de manière concise — mais de dire comment et à quelles conditions elle s'est terminée. Cet objectif détermine à la fois le choix de ce qui est rapporté et la présentation. Il détermine également l'ampleur des informations historiques que fournit le récit.

II Rois, XVIII, 13-16 ne permet pas, loin de là, une reconstitution, ne fût-ce que schématique, du déroulement de l'expédition de Sennachérib en Palestine. Ce récit contient néanmoins plusieurs renseignements historiques. Ceux-ci ne concernent d'ailleurs pas seulement ce qui constitue l'objet premier du récit, à savoir le prix payé pour la cessation de l'invasion et l'origine des moyens de payement. Nous signalerons les informations suivantes :

1. Le fait même de l'invasion et l'identité de l'envahisseur. *II Rois*, XVIII, 13-16 a trait à une invasion de Sennachérib. Il ne peut s'agir que de la seule expédition palestinienne de ce roi qui soit connue : elle eut lieu en 701. Les hypothèses de ceux qui voudraient rapporter *II Rois*, XVIII, 13-16, en partie ou en totalité, à l'expédition palestinienne de Sargon II en 712, doivent donc être exclues[85].

2. L'expédition avait un caractère punitif. Sennachérib est venu mater la révolte judéenne.

3. Sennachérib s'est emparé de toutes les villes fortifiées de Juda. Cela dit, Jérusalem tout au moins n'a pas été prise d'assaut. Le fait que la capitulation n'a pas été présentée par Ézéchias en personne à Jérusalem, paraît d'ailleurs indiquer que le roi d'Assyrie n'y est pas allé. Le siège de Jérusalem dont parlent les annales de Sennachérib aurait-il eu lieu en l'absence du roi d'Assur?

4. Ézéchias a capitulé et a demandé à Sennachérib ses conditions. Rien ne permet de douter de la capitulation, ni du fait qu'elle a eu lieu à Lakish.

[84] Peut-être deux documents, si le v. 16 était primitivement indépendant des vv. 13-15.
[85] Voir *supra*, IIe chap., n. 53.

5. Ézéchias a payé le tribut imposé par Sennachérib. Il lui a livré tout l'argent qui se trouvait dans le Temple de Yahvé et dans les trésors du palais royal, et même le revêtement métallique des portes du Temple.

D'après notre récit, le paiement du tribut, et la soumission dont il est l'expression, est la raison de la fin de l'invasion entreprise par Sennachérib. *II Rois*, XVIII, 13-16 ne mentionne aucune autre raison. Y eut-il une autre raison, ou d'autres, à la cessation de l'expédition dont l'auteur de la notice des annales, ou l'auteur du récit, n'avait pas connaissance ou dont il n'aurait pas tenu compte? Si le récit n'exclut pas pareille hypothèse, il ne lui fournit non plus aucun appui.

Pareille question ne se poserait même pas s'il n'y avait pas les récits de *II Rois*, XVIII, 17-XIX, 37. En effet, à la lumière de *II Rois*, XVIII, 13-16, le plus normal est de penser que, ayant provoqué la soumission d'Ézéchias, Sennachérib avait atteint pleinement l'objectif qu'il s'était fixé; il n'avait donc aucune raison de poursuivre sa campagne.

Comme on l'a souvent souligné, les principaux renseignements donnés par *II Rois*, XVIII, 13-16 sont confirmés, de façon entièrement indépendante, par les documents assyriens relatifs à l'expédition palestinienne de Sennachérib en 701.

CHAPITRE ONZIÈME

II ROIS, XVIII, 17-XIX, 9bα.36-37 PAR. IS., XXXVI, 2-XXXVII, 9bα. 37-38 (B1)

1. Traduction et notes de critique textuelle.

(XVIII, 17) Le roi d'Assyrie envoya de Lakish vers le roi Ézéchias à Jérusalem le Tartan, le Rab-Saris et le Rab-Shaqé avec une imposante escorte. Ils montèrent et arrivèrent à Jérusalem. Ils montèrent, arrivèrent [1] et se postèrent près du canal de la piscine supérieure, qui est sur la chaussée du terrain aux foulons. (18) Ils convoquèrent le roi [2]. Élyaqîm, fils de Hilqîyahû, le préfet du palais, Shebna, le secrétaire, et Yoah, fils d'Asaph, le héraut, sortirent vers eux. (19) Le Rab-Shaqé leur dit : «Dites à Ézéchias : Ainsi parle le grand roi, le roi d'Assyrie : 'Qu'est-ce que c'est, cette confiance que tu as ? (20) Penses-tu que paroles en l'air tiennent lieu de conseil et de vaillance pour faire la guerre? En quoi donc as-tu mis ta confiance, pour t'être révolté contre moi? (21) Voici donc que tu as mis ta confiance sur cette canne de roseau brisé, sur l'Égypte, qui pénètre et perce la main de quiconque s'appuie sur elle : tel est Pharaon, roi d'Égypte, pour tous ceux qui mettent leur confiance en lui. (22) Si vous me dites [3] : 'C'est en Yahvé, notre Dieu, que nous avons mis notre confiance', mais n'est-ce pas celui dont Ézéchias a fait disparaître les *bāmôt* et les autels en disant à Juda et à Jérusalem : 'C'est devant cet autel que vous vous prosternerez, à Jérusalem'. (23) Fais donc un pari [4] avec mon seigneur le roi d'Assyrie :

[1] Les versions (LXX, Pesh. et V) n'ont pas au v. 17 la répétition de «ils montèrent, arrivèrent», qui résulte probablement d'une dittographie. Voir, par exemple, B. Stade - F. Schwally, *The Books of Kings*, 1904, p. 271; H. M. Orlinsky, *The Kings - Isaiah Recensions of the Hezekiah Story*, dans JQR, XXX, 1939-1940, pp. 44-45; O. Kaiser, *Die Verkündigung des Propheten Jesaja im Jahre 701*, dans ZAW, LXXXI, 1969, p. 308; J. Gray, *I & II Kings*, 1977, p. 675, n. *e*.

[2] A la place de *'èl-hammèlèk*, la LXX lit *pròs Hezekían*. Le texte primitif était probablement *'élāyw*. Voir H. M. Orlinsky, *op. cit.*, p. 42, n. 23 et O. Kaiser, *op. cit.*, pp. 308 et 313. Le texte d'Isaïe n'a pas d'équivalent.

[3] Au lieu du plur., attesté aussi par la V, la LXX et la Pesh. lisent le sg. Le plur. est appuyé par le passage correspondant de 1QIs[a], de la LXX et du Tg d'*Isaïe*, et le sg. par le TM et la V d'*Isaïe*. En général les critiques préfèrent le plur. et voient dans le sg. une harmonisation avec le contexte. Voir entre autres B. Stade - F. Schwally, *op. cit.*, p. 272; O. Kaiser, *op. cit.*, pp. 308 et 313; J. Gray, *op. cit.*, p. 676, n. *c*.

[4] La LXX, la Pesh. et la V, appuyés par le passage correspondant de 1QIs[a] et la LXX d'*Isaïe* lisent le verbe au plur.

je te[5] donnerai deux mille chevaux si tu peux[6] te procurer des cavaliers pour les monter! (24) Comment pourrais-tu faire reculer[7] un simple gouverneur, le moindre des serviteurs de mon seigneur? Mais tu as mis ta confiance dans l'Égypte pour avoir chars et cavaliers! (25) D'ailleurs[8], est-ce sans l'assentiment de Yahvé que je suis monté contre ce lieu pour le détruire? C'est Yahvé qui m'a dit : 'Monte contre ce pays et détruis-le!'»

(26) Élyaqîm, fils de Hilqîyahû, Shebna et Yoah dirent au Rab-Shaqé : «Veuille parler à tes serviteurs en araméen, car nous le comprenons; mais ne nous parle pas en judéen aux oreilles du peuple qui est sur la muraille». (27) Le Rab-Shaqé leur répondit : «Est-ce à ton seigneur et à toi que mon seigneur m'a envoyé dire ces paroles? N'est-ce pas plutôt aux gens assis sur la muraille (et qui seront réduits) à manger leurs excréments et à boire leur urine[9] avec vous?»

(28) Le Rab-Shaqé se tint debout et cria d'une voix forte en judéen; il parla et dit : «Écoutez la parole[10] du grand roi, le roi d'Assyrie. (29) Ainsi parle le roi : 'Qu'Ézéchias ne vous abuse pas, car il ne pourra pas vous délivrer de ma main[11]. (30) Qu'Ézéchias ne vous persuade pas de mettre votre confiance en Yahvé en disant : 'Sûrement Yahvé nous délivrera, et[12] cette ville[13] ne sera pas livrée aux mains du roi d'Assyrie'.

[5] La V de *II Rois* et le passage correspondant de la LXX d'*Isaïe* lisent le plur. «vous», en accord avec le plur. du début du verset. A cet égard, la LXX de *II Rois* et 1QIs[a] sont incohérents, puisqu'ils emploient le verbe au plur. et le pron. au sg.

[6] En conformité avec les plur. signalés aux deux notes précédentes, la V de *II Rois* et la LXX d'*Isaïe* lisent le texte au plur.

[7] La LXX et la V lisent le plur.

[8] Au lieu de *'attāh*, la LXX et la Pesh. supposent *w[e]'attāh*, leçon appuyée par 1QIs[a], TM, LXX et V du passage correspondant d'*Isaïe*, et qui est probablement primitive. Voir O. KAISER, *op. cit.*, pp. 309 et 313; J. GRAY, *op. cit.*, p. 676, n. *f.*

[9] Les termes *ḥ[a]rîhèm* («leur fumier») et *šéynéyhèm* («leur urine») paraissant — ou étant devenus — trop vulgaires, le *qeré* les remplace par *ṣô'ātām* («leurs excréments») et par l'euphémisme *méyméy ragléyhèm* («l'eau de leurs pieds»). Voir R. GORDIS, *The Biblical Text in the Making*, Philadelphia, 1937, p. 86.

[10] La LXX et la V lisent le plur. «les paroles», lecture appuyée par 1QIs[a], TM, LXX et V du passage correspondant d'*Isaïe*.

[11] A la place de *mîyādô* («de sa main»), plusieurs mss hébreux, LXX[B], Pesh., Tg et V ont ou supposent *mîyādî*. Dans le TM, la dernière proposition du v. 29 est une parenthèse du Rab-Shaqé; d'après l'autre leçon, elle poursuit le discours du roi d'Assur lui-même. La seconde compréhension paraît la plus naturelle. Voir cependant la discussion de O. KAISER, *op. cit.*, p. 310.

[12] Au lieu de *w[e]lo'*, appuyé par la V et par le passage correspondant de 1QIs[a] et la LXX d'*Isaïe*, la plupart des mss grecs supposent *lo'*, appuyé par le TM et la V d'*Isaïe*.

[13] La proposition *w[e]lo' tinnātén 'èt - hā'îr hazzo't* est grammaticalement incorrecte. La particule *'èt* est absente de plusieurs mss hébreux, de 1QIs[a] et du TM d'*Isaïe*. Cette dernière leçon est confirmée par toutes les versions qui voient en *hā'îr hazzo't* le sujet. De l'avis de la plupart des critiques, on aurait eu primitivement la 3e pers. masc. *yinnātén* (nif. avec sujet indéfini) dont *'èt - hā'îr hazzo't* serait le complément d'objet. A la suite

(31) N'écoutez pas Ézéchias, car ainsi parle le roi d'Assyrie: 'Faites la paix avec moi, rendez-vous à moi, et chacun de vous mangera le fruit de sa vigne et de son figuier et boira l'eau de sa citerne, (32) jusqu'à ce que je vienne et vous emmène vers un pays comme le vôtre, un pays de blé et de moût, un pays de pain et de vignobles, un pays d'oliviers, d'huile et de miel; ainsi vous aurez la vie sauve et vous ne mourrez pas. Mais n'écoutez pas Ézéchias, car il vous dupe en disant: 'Yahvé nous délivrera!'. (33) Les dieux des nations ont-ils vraiment délivré chacun son pays de la main du roi d'Assyrie? (34) Où sont les dieux de Hamat et d'Arpad? Où sont les dieux de Sepharwaïm, de Hena et Iwwa[14]? Ont-ils délivré Samarie de ma main? (35) Parmi tous les dieux des pays, quels sont ceux qui ont délivré leur pays de ma main pour que Yahvé délivre Jérusalem de ma main?»

(36) Le peuple[15] garda le silence[16] et ne lui répondit pas un mot, car l'ordre du roi était: «vous ne lui répondrez pas!» (37) Élyaqîm, fils de Hilqîyahû, le préfet du palais, Shebna, le secrétaire, et Yoah fils d'Asaph, le héraut, se rendirent auprès d'Ézéchias, les vêtements déchirés, et lui rapportèrent les paroles du Rab-Shaqé. (XIX, 1) Dès que le roi

d'une confusion entre *y* et *t*, le verbe serait devenu *tinnātén*. En supprimant la particule de l'acc. *'èt*, les autres témoins auraient corrigé le texte. En revanche, le TM de *II Rois* aurait gardé tel quel le texte devenu incorrect. Voir G.-K., § 121, *a-b* et n. 1; O. KAISER, *op. cit.*, pp. 310 et 313.

[14] Les noms *hénaʿ wᵉʿîwwāh* manquent dans la LXX et dans le passage correspondant d'*Isaïe*. De l'avis de H. M. ORLINSKY, *The Kings - Isaiah Recensions of the Hezekiah Story*, dans JQR, XXX, 1939-1940, pp. 45-46, ces deux noms sont une glose marginale postérieure à la version grecque. Au lieu de cela, la recension lucianique (mss borc$_2$e$_2$) lit *kai pou eisin hoi theoi tês chôras Samareias* («et où sont les dieux du pays de Samarie?»), qui suppose l'original hébreu: *wᵉ'ayyéh 'ᵉlohéy ('èrèṣ) šomrôn*. Plusieurs critiques adoptent cette leçon, qui paraît exigée par la suite du verset. Voir parmi d'autres: A. KLOSTERMANN, *Die Bücher Samuelis und der Könige*, 1887, p. 462; R. KITTEL, *Die Bücher der Könige*, 1900, p. 260; C.F. BURNEY, *Notes on the Hebrew Text of the Books of Kings*, 1903, p. 342; H. M. ORLINSKY, *op. cit.*, pp. 45-46; J. GRAY, *I & II Kings*, 1977, p. 677, n. *g*. Le témoignage de la recension lucianique reste isolé. Par ailleurs, *II Rois*, XVIII, 34 est un développement secondaire sur la base de *II Rois*, XIX, 13 et de *Is.*, X, 9.11. La recension lucianique représente probablement un pas de plus dans la croissance du texte. Voir A. RAHLFS, *Septuaginta-Studien I-III*, Göttingen, 1965^2, p. 278; O. KAISER, *Die Verkündigung des Propheten Jesaja im Jahre 701*, dans ZAW, LXXXI, 1969, p. 311; D. BARTHÉLEMY (éd.), *Critique textuelle de l'Ancien Testament*, 1 (OBO, 50/1), Fribourg-Göttingen, 1982, p. 411.

[15] Le terme *hāʿām*, qui n'est pas rendu par la LXX, et est absent du passage correspondant d'*Isaïe* est une glose marginale postérieure à la version grecque. Voir B. STADE - F. SCHWALLY, *The Books of Kings*, 1904, p. 275; H. M. ORLINSKY, *op. cit.*, p. 47; B. S. CHILDS, *Isaiah and the Assyrian Crisis*, 1967, p. 76, n. 25; O. KAISER, *op. cit.*, p. 312.

[16] La lecture du TM d'*Isaïe* (*wayyaḥᵃrîšû*) est préférable à celle du TM de *II Rois* et de 1QIs^a (*wᵉhèḥᵉrîšû*). Cette dernière est due peut-être à une confusion de *y* et *h* ou à une pseudo-dittographie, le *ḥ* ayant attiré *h* à la place de *y*. Voir O. KAISER, *op. cit.*, pp. 312-313.

Ézéchias eut entendu (cela), il déchira ses vêtements, revêtit le sac et se rendit au Temple. (2) Il envoya Élyaqîm, le préfet du palais, Shebna, le secrétaire, et les Anciens des Prêtres, revêtus du sac, auprès d'Isaïe, le prophète, fils d'Amos. (3) Ils lui dirent : «Ainsi parle Ézéchias : «ce jour est un jour de détresse, de décision et de mépris, car des fils sont arrivés à terme mais il n'y a pas de force pour enfanter!» (4) Peut-être Yahvé, ton Dieu, entendra-t-il toutes les paroles du Rab-Shaqé que son seigneur, le roi d'Assyrie, a envoyé pour défier le Dieu Vivant et jugera-t-il selon les paroles que Yahvé, ton Dieu, aura entendues! Fais monter une prière en faveur du reste qui subsiste».

(5) Les serviteurs du roi Ézéchias arrivèrent auprès d'Isaïe. (6) Isaïe leur dit : «vous parlerez ainsi à votre seigneur : Ainsi parle Yahvé : 'N'aie pas peur des paroles que tu as entendues et par lesquelles les valets du roi d'Assyrie m'ont outragé. (7) Voici que je vais mettre en lui un esprit, il entendra une nouvelle et retournera dans son pays; je le ferai tomber par l'épée dans son pays».

(8) Le Rab-Shaqé s'en retourna et retrouva le roi d'Assyrie en train de combattre contre Libna; il avait appris, en effet, qu'il (le roi) était parti de Lakish. (9a) Il (le roi) entendit (cette nouvelle) au sujet de Tirhaqa, roi de Kush : «Voici qu'il s'est mis en campagne pour t'attaquer.» (9b) (Il retourna) ... (36) Sennachérib, roi d'Assyrie, décampa, partit et s'en retourna, et il resta à Ninive. (37) Et comme il était prosterné dans le temple de Nisrok, son dieu, Adrammèlèk et Sarèsèr, ses fils[17], le frappèrent de l'épée et se sauvèrent au pays d'Ararat. Assarhaddon, son fils, devint roi à sa place.

2. Délimitation du récit primitif.

II Rois, XVIII, 13 appartenant au récit A[18], B1 doit commencer en *II Rois*, XVIII, 17.

Si l'introduction du récit B1 est discutée, sa conclusion l'est aussi, peut-être même davantage. De l'avis de B. Stade, le récit trouverait sa conclusion dans la nouvelle de l'entrée en campagne de Tirhaqa et dans le rapport tronqué du retour de Sennachérib dans son pays

[17] «Ses fils» ne se trouve pas dans le *ketîb*, mais est demandé par le *qeré* et confirmé par plusieurs mss hébreux, la LXX, la V et par les passages correspondants d'*Isaïe* et de *II Chr.*, XXXII, 21. Il faut admettre une perte accidentelle de *bānāyw* dans le texte de *II Rois*, peut-être par «homoteleuton» avec *hikkuhû*. Voir B. Stade - F. Schwally, *op. cit.*, p. 284; O. Kaiser, *op. cit.*, pp. 312 et 314.

[18] Voir *supra*, chap. X^{e}, pp. 356-361.

(*II Rois*, XIX, 9a.bα *wayyāšŏb*). La nouvelle relative à Tirhaqa et le retour de Sennachérib dans son pays réalisent en effet deux éléments de l'annonce attribuée à Isaïe (*II Rois*, XIX, 7). *II Rois*, XIX, 9a.bα (*wayyāšŏb*) ne peut cependant pas constituer la conclusion complète du récit.

Remarquant que le retour et l'assassinat de Sennachérib dans son pays, rapportés en *II Rois*, XIX, 36-37, correspondent aux deux derniers éléments de l'oracle de *II Rois*, XIX, 7, B. Duhm propose de voir en *II Rois*, XIX, 36-37 la suite primitive de *II Rois*, XIX, 9a et la partie de la conclusion qui manquait[19].

L'hypothèse de B. Duhm a l'avantage de retrouver un récit complet. Dans ses grandes lignes, elle est assez généralement acceptée par la critique. Cependant, on continue à discuter le départ de ce qui, en *II Rois*, XIX, 8-9 et 36-37, appartient à l'un ou l'autre récit, ou relève de l'intervention rédactionnelle.

a) *La première suture rédactionnelle, II Rois, XIX, 8-9.*

Hormis les quelques exégètes qui défendent l'unité de *II Rois*, XVIII, (13).17-XIX, 37[20], les critiques s'accordent en général pour voir en *II Rois*, XIX, 8-9 une suture — ou la seule suture — entre les récits B1 et B2. Il existe cependant des divergences au sujet de l'emplacement exact de la frontière entre les deux récits et au sujet de ce qui provient du rédacteur qui les a assemblés.

Quelques auteurs tiennent pour rédactionnel l'ensemble de *II Rois*, XIX, 8-9[21]. Plus nombreux sont cependant ceux qui dissocient ces deux versets. D'après certains, le v. 8 marquerait la fin du récit B1[22], ou aurait sa suite aux vv. 36-37[23]. Selon d'autres, le v. 8aβ-b serait l'œuvre du rédacteur[24].

En ce qui concerne le v. 9, on s'accorde généralement pour attribuer

[19] B. DUHM, *Das Buch Jesaja*, 1914, pp. 232-233.

[20] Voir *supra*, chap. IXe, p. 352.

[21] E. VOGT, *Sennacherib und die letzte Tätigkeit Jesajas*, dans Bib., XLVII, 1966, pp. 430-431; P. R. ACKROYD, *Isaiah 36-39 : Structure and Function*, dans *Festschrift für J. P. M. Van der Ploeg*, 1982, pp. 11-12.

[22] Voir H. WINCKLER, *Beiträge zur Quellenscheidung der Königsbücher*, dans *Alttestamentliche Untersuchungen*, 1892, pp. 26-49; I. BENZINGER, *Die Bücher der Könige*, 1899, pp. 179 et 185; R. W. ROGERS, *Sennacherib and Judah*, dans *Festschrift J. Wellhausen*, 1914, pp. 324-325; P. AUVRAY, *Isaïe 1-39*, 1972, pp. 307-308.

[23] K. FULLERTON, *The Invasion of Sennacherib*, dans BS, LXIII, 1906, pp. 612-613, 618-619 et 628-629, n. 70; E. W. HEATON, *The Hebrew Kingdoms*, Oxford, 1968, pp. 109-110; H. WILDBERGER, *Jesaja*, III, 1982, pp. 1376, 1390-1391; F. LINDSTROEM, *God and the Origin of Evil*, 1983, pp. 108-109.

[24] K. MARTI, *Das Buch Jesaja*, 1900, p. 253; B. DUHM, *Das Buch Jesaja*, 1914, p. 240; O. PROCKSCH, *Jesaja I*, 1930, pp. 452-453.

le v. 9b à B2. La discussion porte sur le v. 9a, que maints critiques refusent de rattacher à B1. D'aucuns attribuent l'ensemble du v. 9 à B2 [25], d'autres le tiennent pour rédactionnel [26], du moins dans sa première partie [27].

Correspondant à sa montée à Jérusalem, le départ du Rab-Shaqé (XIX, 8aα) a sa place normale dans la structure du récit. Il marque la fin de la pression directe sur Jérusalem, avant que le danger soit vraiment écarté.

On attendrait cependant que le récit rapportât le retour du Rab-Shaqé à Lakish, d'où il était parti, ou simplement auprès du roi d'Assur. Au lieu de cela, le v. 8aβ-b contient une notice plus circonstanciée : ayant appris que Sennachérib avait entretemps quitté Lakish et était en train d'attaquer Libna, le Rab-Shaqé l'y rejoint. Cette notice qui rapporte le déplacement de Sennachérib de Lakish à Libna paraît sans intérêt dans l'économie du récit [28]. Faut-il pour autant y voir, avec plusieurs critiques, un apport rédactionnel dont le but serait d'aménager la transition entre B1 et B2, envisagés comme les rapports de deux ambassades différentes, parties, la première de Lakish, la seconde de Libna? [29]

Contre l'appartenance de *II Rois*, XIX, 8aβ-b à B1, B. Duhm invoque le fait que *II Rois*, XVIII, 13 ayant déjà rapporté la conquête de toutes les villes fortifiées de Juda, il n'y avait plus de place pour une attaque contre Libna [30]. L'argument n'est valable que si l'on admet que *II Rois*, XVIII, 13 appartient à B1 ou, tout au moins, qu'il rapporte des événements chronologiquement antérieurs à celui dont il est question en *II Rois*, XIX, 8. La première hypothèse est à exclure; rien n'étaye la seconde.

L'hypothèse selon laquelle le v. 8aβ-b serait un lien rédactionnel suppose que B2 mentionnait Libna comme le point de départ des messagers, dont il est question au v. 9b. Ce n'est qu'une conjecture; l'absence de détails relatifs aux lieux de l'action en B2 invite à l'écarter.

Il nous paraît préférable de tenir *II Rois*, XIX, 8aβ-b pour un élément primitif de B1. Ce détail n'est peut-être pas aussi insignifiant qu'il peut paraître à première vue. Ce verset nous apprend que, parallèlement aux démarches diplomatiques, Sennachérib poursuivait ses conquêtes.

[25] Aux auteurs cités *supra*, n. 22, on peut ajouter K. FULLERTON, *The Invasion of Sennacherib*, dans BS, LXIII, 1906, pp. 612-613, 618-619 et 628-629, n. 70; E.W. HEATON, *op. cit.*, pp. 109-110.

[26] F. LINDSTROEM, *op. cit.*, pp. 108-109.

[27] H. WILDBERGER, *Jesaja, III*, 1982, pp. 1376, 1390-1391.

[28] Voir B. DUHM, *Das Buch Jesaja*, 1914, p. 240.

[29] Voir *supra*, n. 24.

[30] *Das Buch Jesaja*, 1914, p. 240.

Le narrateur ne voudrait-il pas souligner par là la gravité de la situation et la grandeur de la confiance qu'Ézéchias met en Yahvé?

On a signalé plus d'une fois que le v. 9 ne prolonge pas le v. 8. A son retour auprès du roi d'Assyrie (v. 8), on attendrait que le Rab-Shaqé rendît compte de sa mission[31]. Au lieu de cela, le v. 9 rapporte que Sennachérib a appris la nouvelle de la campagne de Tirhaqa (v. 9a).

Pourtant, les hypothèses qui proposent de dissocier le v. 9a du v. 8, ou d'une façon générale de B1, ne s'appuient pas sur des observations de critique littéraire; elles sont plutôt commandées par des considérations historiques qui, de surcroît, ne sont pas toutes indiscutables.

Ces hypothèses reposent essentiellement sur les deux convictions suivantes: Tirhaqa n'ayant pu intervenir, ou du moins n'étant pas encore roi en 701, sa mention en *II Rois*, XIX, 9a est un anachronisme; étant donné que le rapport des forces était largement favorable à l'Assyrie, il est invraisemblable que Sennachérib ait battu en retraite devant l'Égypte.

Voilà pourquoi, à cause de la mention de Tirhaqa, H. Winckler a postulé une seconde expédition palestinienne de Sennachérib. Voyant le récit de cette campagne en B2, H. Winckler doit y rattacher le v. 9a[32]. H. Wildberger, par contre, refuse l'hypothèse d'une seconde expédition: estimant invraisemblable la fuite de Sennachérib devant une menace égyptienne, il déclare rédactionnel le v. 9a[33].

L'erreur méthodologique nous paraît flagrante. Ces hypothèses partent du présupposé selon lequel le récit contient un rapport en tout point conforme à la réalité historique. Au lieu de scruter les indications et la cohérence interne du récit, ces hypothèses le mesurent donc à l'aune de l'historicité et le délimitent sur la base de ce seul critère. Or, du point de vue de la critique littéraire, la question qui se pose est de savoir si le v. 9a joue ou non un rôle dans le récit B1, et cela indépendamment des questions chronologiques ou historiques que ce verset pourrait soulever[34].

[31] Voir H. Wildberger, *Jesaja, III*, 1982, p. 1376; F. Lindstroem, *op. cit.*, pp. 108-109.

[32] *Op. cit.*, pp. 26 et 33; voir aussi R. W. Rogers, *Sennacherib and Juda*, dans *Festschrift J. Wellhausen*, 1914, pp. 319-328.

[33] *Jesaja, III*, 1982, pp. 1376 et 1390-1391. C'est également pour des raisons historiques, du moins en partie, que E. Vogt, *Sennacherib und die letzte Tätigkeit Jesajas*, dans Bib., XLVII, 1966, pp. 430-431 et M. Avaux, *La mention de Taharqa en II Rois, 19, 9 / Isaïe, 37, 9*, dans AIPHOS, XX, 1968-1972, pp. 31-43, retranchent du récit primitif respectivement l'ensemble de *II Rois*, XIX, 8-9 et tout ce qui se trouve entre les verbes *wayyišmaʿ* (v. 9aα) et *wayyāšōb* (v. 9bα).

[34] Dans le même sens, voir T. Vuk, *Wiedererkaufte Freiheit*, 1979, p. 49, n. 1. D'une façon plus générale, voir W. Richter, *Exegese als Literaturwissenschaft. Entwurf einer alttestamentlichen Literaturtheorie und Methodologie*, Göttingen, 1971, p. 58.

La correspondance entre *wayyišmaʿ ʾèl-tirhāqāh* (v. 9aα) et *wᵉšāmaʿ šᵉmûʿāh* (v. 7) est indéniable. Or, aucun indice d'ordre littéraire ne permet de soupçonner que cette correspondance n'est pas un trait primitif du récit. L'interprétation de B. Stade, qui voit au v. 9a le commencement de la conclusion du récit B1, est donc de loin la plus naturelle[35]. Le v. 9a marque ainsi un tournant, ce qui explique qu'il ne poursuit pas l'action du v. 8.

Ceux qui situent la fin du récit en *II Rois*, XIX, 8 l'amputent de toute conclusion. Ceux qui tiennent pour secondaire le v. 9a privent le récit B1 de l'accomplissement du premier élément de l'oracle. Sans cet élément auquel s'enchaînent les autres, la conclusion serait incomplète. Cela est d'ailleurs reconnu par la plupart des auteurs qui, pour des raisons historiques, considèrent la notice sur Tirhaqa comme secondaire. En effet, ils s'accordent en général pour supposer que cette notice en a remplacé une autre, concernant sans doute des troubles survenus ailleurs dans l'empire; ils estiment cette notice antérieure plus conforme à la conjoncture historique[36].

On doit cependant se demander si le rôle que le v. 9a attribue à l'Égypte dans le départ de Sennachérib est compatible avec les mises en garde du Rab-Shaqé contre l'impuissance de ce pays[37]. Plus profondément, ce rôle est-il compatible avec la confiance en Yahvé, qui est au centre du récit B1?

D'après ce récit, Ézéchias, contrairement aux affirmations du Rab-Shaqé, ne met pas sa confiance en l'Égypte, mais en Yahvé. Celui-ci est aussi le seul qui agit. L'Égypte n'est qu'un instrument. Le fait que Yahvé se sert de l'Égypte, si décriée par le Rab-Shaqé, pour mettre l'Assyrie en échec, ne soulignerait-il pas la vantardise de cette dernière?

Le problème du début de *II Rois*, XIX, 9bα et par. se complique du fait que l'on dispose de trois textes différents. En effet, au lieu de la leçon *wayyāšōb* de *II Rois*, la tradition textuelle du livre d'*Isaïe* témoigne de deux leçons différentes. Alors que le TM, le Tg, la Pesh. et la V lisent *wayyišmaʿ*, 1QIs^a et la LXX témoignent d'une leçon qui comprend les éléments des deux autres, à savoir *wayyišmaʿ wayyāšōb*.

Dans l'état actuel du texte de *II Rois*, XIX, 9b on ne peut guère

[35] Il est intéressant de remarquer que C. VAN LEEUWEN, *Sanchérib devant Jérusalem*, dans OTS, XIV, 1965, pp. 245-272, qui voit dans la mention de Tirhaqa le témoignage d'une seconde expédition, y reporte le récit B1 parce qu'il tient les vv. 7 et 9 pour inséparables.

[36] Voir par exemple M. AVAUX, *op. cit.*, p. 41; H. WILDBERGER, *Jesaja, III*, 1982, pp. 1410-1412, et aussi 1376 et 1390-1391.

[37] Voir O. KAISER, *op. cit.*, pp. 299-300; T. VUK, *op. cit.*, p. 49.

rendre *wayyāšŏb* que par «de nouveau» et y voir un joint entre les récits B1 et B2[38]. Nombre de critiques estiment que ce verbe n'a jamais eu d'autre fonction et le tiennent donc pour rédactionnel[39].

Cette hypothèse ne nous paraît pas tenir compte du fait que *wayyāšŏb*, exactement comme *wayyišma'*, a son correspondant au v. 7. Cette correspondance est encore plus étroite dans le texte de 1QIs[a] et de la LXX d'*Isaïe*. En effet, 1QIs[a] ne se limite pas à reprendre le verbe *šm'* au début du v. 9a, mais le reprend aussi au début du v. 9bα, et le fait suivre immédiatement, comme au v. 7, du verbe *šwb* (*wayyāšŏb*)[40]. 1QIs[a] et la LXX témoignent-ils d'une «lectio conflata», qui combine les deux autres textes, ou représentent-ils plutôt le texte primitif d'où dériveraient, par la chute de l'un des éléments, les deux autres textes?[41] Quoi qu'il en soit de la réponse à ces questions, la correspondance entre le v. 9 et le v. 7 indique, nous semble-t-il, que le verbe *wayyāšŏb*, au début du v. 9bα, appartenait primitivement au récit B1; il devait avoir le sens verbal de «et il retourna» et évoquer le retour de Sennachérib dans son pays, comme annoncé au v. 7[42].

A la faveur de l'ambivalence du verbe *wayyāšŏb* («il retourna» et «de nouveau»), le rédacteur a inséré, en pleine conclusion du récit B1, le récit B2, envisagé comme une nouvelle démarche de Sennachérib auprès d'Ézéchias. Dès lors, *wayyāšŏb* a pris le sens de «et de nouveau»;

---

[38] Voir, par exemple, H. HAAG, *La campagne de Sennachérib contre Jérusalem en 701*, dans RB, LVIII, 1951, p. 356 et n. 5.

[39] Voir B. DUHM, *Das Buch Jesaja*, 1914, p. 240; G. FOHRER, *Das Buch Jesaja, II*, 1967, p. 166, n. 7 et p. 187; P. AUVRAY, *Isaïe 1-39*, 1972, p. 308; H. WILDBERGER, *Jesaja, III*, 1982, pp. 1376, 1414 et 1416.

[40] Voir C. VAN LEEUWEN, *op. cit.*, pp. 252-253 et B.S. CHILDS, *Isaiah and the Assyrian Crisis*, 1967, p. 75.

[41] Voir les discussions de J. ZIEGLER, *Die Vorlage der Isaias - Septuaginta (LXX) und die erste Isaias-Rolle von Qumran (1QIs^a)*, dans JBL, LXXVIII, 1959, pp. 34-59, à la p. 56; Sh. TALMON, *Aspects of the Textual Transmission of the Bible in the Light of Qumran Manuscripts*, dans Textus, IV, 1960, pp. 95-132, aux pp. 107-108; B.S. CHILDS, *op. cit.*, pp. 138-140; M. AVAUX, *op. cit.*, pp. 39-41. J. ZIEGLER, Sh. TALMON et H. WILDBERGER, *Jesaja, III*, 1982, pp. 1376, 1414 et 1416 accordent la priorité au texte de *II Rois* et voient en 1QIs[a] et dans la LXX une addition des deux autres leçons divergentes. M. AVAUX penche, au contraire, pour la priorité de 1QIs[a] et la LXX d'*Isaïe*.

[42] Voir B. STADE, *Anmerkungen zu 2 Kö. 15-21*, dans ZAW, VI, 1886, surtout pp. 174-176; M.-Theresia BREME, *Ezechias und Sennacherib*, 1906, p. 49; G. GOETZEL, *Hizkia und Sanherib*, dans BZ, VI, 1908, pp. 142-145; C. VAN LEEUWEN, *op. cit.*, pp. 252-253; M. AVAUX, *op. cit.*, pp. 39-40; T. VUK, *Wiedererkaufte Freiheit*, 1979, pp. 46-57. H. HAAG, *op. cit.*, p. 356 et n. 5, invoque en faveur de cette interprétation l'incertitude de la tradition textuelle. La leçon du TM d'*Isaïe* prouverait, selon H. HAAG, que le rédacteur d'*Isaïe* a compris *wayyāšŏb* au sens verbal de «il retourna». Ne voulant pas l'utiliser à cause du récit suivant, envisagé comme le rapport d'une nouvelle phase des menaces de Sennachérib, le rédacteur l'a changé en *wayyišma'*.

par la même occasion, la nouvelle de la campagne de Tirhaqa est devenue la raison de l'ambassade rapportée aux vv. 9b ss.

Qu'il soit primitif ou secondaire, le second emploi du verbe *wayyišma'*, en Isaïe, doit avoir une fonction récapitulative par rapport au v. 9a[43].

b) *La seconde suture, II Rois, XIX, 36.*

L'autre point de suture entre les deux récits se trouve en *II Rois*, XIX, 36.

Pratiquement unanime au sujet de l'appartenance de *II Rois*, XIX, 36b-37 à B1[44], la critique diverge au sujet du v. 36a. On fait remarquer que, avec l'accumulation de trois *wayyiqtol*, ce demi-verset paraît surchargé[45]. On estime en particulier que le v. 35 ne constitue pas une bonne conclusion du récit B2. Il manque une notice sur le sort de Sennachérib, notamment sur son retour en Assyrie[46]. Aussi, plusieurs critiques estiment-ils que le v. 36a rassemble deux notices sur le retour de Sennachérib dans son pays : l'une proviendrait de B1, l'autre de B2. Cependant ils ne s'accordent pas au sujet du partage entre les deux récits. Ainsi, alors que O. Kaiser[47] et T. Vuk[48] rattachent le v. 36aα (*wayyissa' wayyélèk*) à B1 et le v. 36aβ (*wayyāšōb sanḥérîb mèlèk-'aššûr*) à B2, à l'inverse, H. Wildberger[49] et F. Lindström[50] attribuent le v. 36aα à B2 et le v. 36aβ à B1.

Comme nous le verrons, nous pensons qu'à l'origine le récit B2 ne comprenait pas le thème du retour de Sennachérib dans son pays, et se terminait en *II Rois*, XIX, 35[51]. Nous proposons de voir au v. 36a une reprise rédactionnelle du deuxième élément de la conclusion du récit B1. Le verbe *wayyāšōb* nous apparaît donc comme une *Wiederaufnahme*, rendue d'autant plus nécessaire que l'insertion est très longue (vv. 9b-35) et que ce verbe a changé de sens au v. 9bα.

Bref, les contours primitifs du récit B1 sont *II Rois*, XVIII, 17-XIX, 9a.bα (*wayyāšōb*). 36-37 par. *Is.*, XXXVI, 2-XXXVII, 9a.37-38.

43 Voir B. DUHM, *Das Buch Jesaja*, 1914, p. 240. T. VUK, *op. cit.*, p. 48.

44 C. VAN LEEUWEN, *Sanchérib devant Jérusalem*, dans OTS, XIV, 1965, pp. 245-272, attribue tout le v. 36 à B2 et hésite sur le rattachement du v. 37 à B1. H. HAAG, *op. cit.*, pp. 348-359, rattache tout le v. 36 à B1 et hésite au sujet du v. 37. E. VOGT, *Sennacherib und die letzte Tätigkeit Jesajas*, dans Bib., XLVII, 1966, p. 431, tient pour secondaires aussi bien le v. 37 que l'annonce correspondante au v. 7b.

45 T. VUK, *op. cit.*, pp. 54-55; F. LINDSTROEM, *God and the Origin of Evil*, 1983, p. 109.

46 O. KAISER, *Der Prophet Jesaja*, II, 1973, pp. 298-299, 310-311 et 313-314; T. VUK, *op. cit.*, pp. 56-57.

47 *Ibidem.*

48 *Op. cit.*, pp. 55-57.

49 *Jesaja, III*, 1982, pp. 1380, 1384, 1391, 1412-1413, 1416, 1420-1421 et 1437-1438.

50 *Op. cit.*, p. 109.

51 Voir *infra*, chap. XIIe, pp. 453-455.

c) *Retouches secondaires.*

Le récit primitif a fait l'objet d'une élaboration rédactionnelle; il a reçu divers ajouts et subi quelques corruptions accidentelles. Parmi celles-ci on relèvera la dittographie en XVIII, 17[52], la proposition de XVIII, 30bα[53] et *w^e hèḥ^e rišû* en XVIII, 34[54].

Certains changements sont antérieurs à l'entrée des récits dans le livre d'*Isaïe*, d'autres postérieurs.

Parmi les ajouts, certains, très courts, ont pour but d'expliciter le texte. Tel est probablement le cas du terme *'aššûr* en *II Rois*, XVIII, 23aβ. 31bα par. *Is.*, XXXVI, 8aβ. 16bα. Dans le texte primitif, on lisait respectivement *'èt-'^a donî ('èt-) hammèlèk* et *hammèlèk*. Le Rab-Shaqé ne donnant jamais à Ézéchias le titre de roi, *hammèlèk* suffisait à désigner le roi d'Assyrie. Voulant sans doute écarter toute ambiguïté, un scribe a ajouté *'aššûr*. Il fallait dès lors supprimer l'article de (*ham*)*mèlèk*, ce qui a été fait en *II Rois*, mais non pas en *Isaïe*[55].

Tel est aussi le cas de *paḥat*, en *II Rois*, XVIII, 24a par. *Is.*, XXXVI, 9a, où l'on voit généralement un ajout destiné à préciser que le Rab-Shaqé parle en réalité d'un gouverneur assyrien[56].

Parmi les gloses explicatives postérieures à l'entrée des récits dans le livre d'*Isaïe*, on signalera *hā'ām* en *II Rois*, XVIII, 34. Dans le texte primitif, représenté par *Is.*, XXXVI, 21, le sujet de *ḥrš* était probablement à la fois les délégués d'Ézéchias et le peuple. Par l'ajout de *hā'ām*, on précise que le sujet du verbe est le peuple à qui le Rab-Shaqé s'adresse depuis le v. 28[57]. Ce faisant, on souligne la fermeté du peuple, dont les délégués d'Ézéchias craignaient la défection (*cf. II Rois*, XVIII, 26).

[52] Voir *supra*, n. 1.

[53] Voir *supra*, n. 13.

[54] Voir *supra*, n. 16.

[55] Voir notamment B. STADE - F. SCHWALLY, *The Books of Kings*, 1904, pp. 272 et 274; E.J. KISSANE, *The Book of Isaiah*, 1960, p. 392; O. KAISER, *Die Verkündigung des Propheten Jesaja im Jahre 701*, dans ZAW, LXXXI, 1969, pp. 309-310 et 313; H. WILDBERGER, *Jesaja*, III, 1982, pp. 1378-1379 et 1381-1382.

[56] Voir entre autres B. STADE, *Anmerkungen zu 2 Kö. 15-21*, dans ZAW, VI, 1886, p. 182; A. ŠANDA, *Die Bücher der Könige*, II, 1912, p. 256; O. PROCKSCH, *Jesaja I*, 1930, p. 444; J.A. MONTGOMERY, *The Books of Kings*, 1951, p. 502; O. KAISER, *op. cit.*, dans ZAW, LXXXI, 1969, p. 309. Le mot *pèḥāh* est d'un usage relativement récent en hébreu. Il reprend l'assyrien *paḫati*, abréviation de *bêl piḫâti*, «maître d'une province», «gouverneur». Au sujet des attributions du *bêl piḫâti* assyrien, voir notamment les discussions de R.A. HENSHAW, *The Office of šaknu in Neo-Assyrian Times*, dans JAOS, LXXXVII, 1967, pp. 517-525; LXXXVIII, 1968, pp. 461-483 et de J.N. POSTGATE, *The Place of the šaknu in Assyrian Government*, dans AnSt, XXX, 1980, pp. 67-76.

[57] Voir *supra*, n. 15.

C'est probablement aussi dans le but d'expliciter le texte que l'on a ajouté *bîrûšālāyim* à la fin de *II Rois*, XVIII, 22[58].

D'autres ajouts complètent la mise en scène. C'est le cas des termes *tartān* et *rab-sārîs* en *II Rois*, XVIII, 17. Alors que *Is.*, XXXVI, 2 ne mentionne qu'un seul officier assyrien, à savoir le Rab-Shaqé[59], *II Rois*, XVIII, 17 lui en adjoint deux autres, le Tartan[60] et le Rab-Sarîs[61], dont il ne sera plus question dans la suite du récit. Bien que son rang soit inférieur à celui du Tartan, seul le Rab-Shaqé restera en scène et prendra la parole. Aussi s'accorde-t-on pour dire que, sur ce point, *Isaïe* atteste le texte primitif. Le Tartan et le Rab-Sarîs ont été ajoutés dans le texte de *II Rois* par quelqu'un qui voulait attribuer à la délégation assyrienne un nombre de membres égal à celui de la délégation judéenne[62]. L'addition du Tartan et du Rab-Sarîs a entraîné une série

[58] Le terme se retrouve dans le passage correspondant de 1QIs[a], mais est absent du TM d'*Isaïe*. Les deux textes impliquent l'unicité d'autel, mais *II Rois* et 1QIs[a] précisent qu'il s'agit de l'autel du Temple de Jérusalem. Cette précision est peut-être un ajout destiné à insister sur le fait que le Temple de Jérusalem est le seul lieu de culte légitime. Voir la discussion de O. KAISER, *op. cit.*, dans ZAW, LXXXI, 1969, p. 309.

[59] Le nom signifie littéralement «grand échanson»; W. VON SODEN, *Akkadisches Handwörterbuch*, III, Wiesbaden, 1981, p. 1182 et H. TADMOR, *Rab-saris and Rab-shakeh in 2 Kings 18*, dans C. L. MEYERS and M. O'CONNOR (éds), *The Word of the Lord shall go forth. Essays in Honor of David Noel Freedman in Celebration of his sixtieth Birthday*, Philadelphia, 1983, pp. 279-285. Le *Rab-Shaqé* était en réalité l'un des plus hauts fonctionnaires assyriens. Ses attributions sont difficiles à définir avec précision. Celles-ci étaient à la fois civiles — le gouvernement d'une province — et militaires. Voir notamment E. KLAUBER, *Assyrisches Beamtentum nach Briefen aus der Sargonidenzeit* (Leipziger Semitische Studien, V, 3), Leipzig, 1910, pp. 73-77; W. MANITIUS, *Das stehende Heer der Assyrerkönige und seine Organisation*, dans ZA, XXIV, 1910, pp. 97-148 et 185-224, aux pp. 199-209; D. OPITZ, *Beamter, d. Assyrische Zeit*, dans RLA, I, pp. 457-466, aux pp. 459-461; J. V. Kinnier WILSON, *The Nimrud Wine Lists. A Study of Men and Administration at the Assyrian Capital in the Eighth Century, B.C.*, London, 1972, pp. 14 et 35; Jana PEČIRKOVÁ, *The Administrative Organization of the Neo-Assyrian Empire*, dans ArOr, XLV, 1977, pp. 211-228, aux pp. 213 et 220.

[60] Le *tartānu* ou le *turtānu* était un général (généralissime?); en l'absence du roi, il lui revenait de conduire l'armée. Cela dit, les attributions du tartanu n'étaient pas seulement militaires. Il était gouverneur de l'une des provinces de l'Ouest. Voir notamment E. KLAUBER, *op. cit.*, pp. 60-63; D. OPITZ, *op. cit.*, pp. 459-461; J. V. Kinnier WILSON, *op. cit.*, pp. 14 et 35; E. SALONEN, *Heer*, dans RLA, IV, pp. 244-247; Jana PEČIRKOVÁ, *op. cit.*, pp. 213 et 220. Au sujet du témoignage iconographique relatif à la hiérarchie civile et militaire, voir J. E. READE, *The Neo-Assyrian Court and Army: Evidence from the Sculptures*, dans Iraq, XXXIV, 1972, pp. 87-112.

[61] Le nom signifie littéralement le «grand eunuque». Ce titre est attribué à un officier de haut rang de l'armée babylonienne (*Jér.*, XXXIX, 3.13) et à un fonctionnaire de la cour de Nabuchodonosor (*Dan.*, I, 3, *cf.* aussi *śar hassārîsîm*, *Dan.*, I, 7.8.9.10.11.18). Le titre *sārîs* est porté par un officier de l'armée judéenne (*II Rois*, XXV, 19 par. *Jér.*, LII, 25) et attribué à des fonctionnaires de la cour perse (*Est.*, I, 10.12.15; II, 3.14.15.21; IV, 4.5; VI, 2.14; VII, 9); voir l'étude de H. TADMOR citée *supra*, n. 59.

[62] Voir, entre autres, B. STADE, *Anmerkungen zu 2 Kö. 15-21*, dans ZAW, VI, 1886, p. 182; J. A. MONTGOMERY, *op. cit.*, p. 486; B. S. CHILDS, *Isaiah and the Assyrian Crisis*, 1967, p. 76; O. KAISER, *op. cit.*, dans ZAW, LXXXI, 1969, p. 307.

de changements de nombre : tous les verbes en XVIII, 17b, *wayyiqr^e'û* et *'^{a}léhèm* en XVIII, 18 sont passés du sg. au plur.[63].

Le même souci de compléter la mise en scène rend compte de certaines anomalies en *II Rois*, XVIII, 26-27 par. *Is.*, XXXVI, 11-12. En *II Rois*, XVIII, 26, le nom d'Élyaqîm est le seul à être suivi de son patronyme. Par ailleurs, les pron. sg. en *II Rois*, XVIII, 27 par. *Is.*, XXXVI, 12 supposent que le Rab-Shaqé s'adresse à une seule personne. Le plus simple est alors de supposer que le texte primitif avait uniquement le nom et le patronyme d'Élyaqîm, et que les noms de Shebna et de Yoah y ont été ajoutés par après. Ces ajouts ont entraîné d'autres changements. Ainsi, par souci d'harmonisation, le texte d'*Isaïe* a omis le patronyme d'Élyaqîm[64]. Au verset suivant, le sg. *'élāyw* a été changé en plur. (XVIII, 27), ou supprimé (XXXVI, 12). L'harmonisation n'a été complète que dans 1QIs^a [65].

En plus de ces gloses, il y eut d'autres additions plus importantes, qui trahissent l'influence du récit B2 et relèvent d'un processus rédactionnel au sens propre.

A notre avis, la plus vaste parmi ces additions se trouve, à la fin de la harangue que le Rab-Shaqé adresse au peuple assemblé sur les murailles (*II Rois*, XVIII, 28-35).

Le but des interventions du Rab-Shaqé était d'amener Jérusalem à la capitulation; le v. 31, qui intime finalement au peuple l'ordre de se rendre (*'^{a}śû 'ittî b^{e}rākāh ûṣ^e'û 'élay*) et lui annonce le sort que le roi d'Assur lui réserve s'il obtempère (v. 31bβ.γ), doit donc faire partie de sa conclusion. Le v. 31 ne paraît cependant pas constituer une conclusion complète du discours, car il se limite à évoquer le sort réservé aux habitants de Jérusalem s'ils se rendent et il ne dit rien de ce qui les attend s'ils refusent[66]. L'alternative devant laquelle se trouvent les habitants de Jérusalem n'est clairement formulée qu'au v. 32aβ : la vie sauve s'ils se rendent, la mort s'ils s'obstinent à résister (*wiḥyû w^{e}lo' tāmutû*). Le v. 32aβ paraît donc une excellente fin du discours.

[63] L'harmonisation n'a peut-être pas été complète dans toutes les formes du texte. Ainsi, il est possible que le sg. *pròs autón* de la LXX de *II Rois*, XVIII, 18a témoigne du texte antérieur à l'addition. Voir O. KAISER, *op. cit.*, dans ZAW, LXXXI, 1969, p. 307.

[64] Voir, parmi d'autres, I. BENZINGER, *Die Bücher der Könige*, 1899, p. 181; O. KAISER, *op. cit.*, dans ZAW, LXXXI, 1969, pp. 310 et 313; H. WILDBERGER, *Jesaja, III*, 1982, pp. 1379 et 1382.

[65] Les sg. *'^{a}donèykā w^e'élèykā* n'ont pas été touchés, si ce n'est en 1QIs^a, qui a aussi changé en plur. *wayyo'mrû* le verbe au début de *Is.*, XXXVI, 11.

[66] Contre H. WILDBERGER, *Die Rede des Rabsake vor Jerusalem*, dans ThZ, XXXV, 1979, p. 40; ID., *Jesaja, III*, 1982, pp. 1387 et 1405.

On attendrait alors la réponse du peuple de Jérusalem. Point de réponse. Le Rab-Shaqé poursuit son discours aux vv. 32b-35, sans que l'on puisse voir la raison de ce rebondissement.

On constate par ailleurs que les vv. 32b-35 ne présentent aucune originalité, ni dans la formulation, ni dans le contenu. Ils ont des affinités très grandes à la fois avec les vv. 29-31a et avec XIX, 10-13.

En dénonçant l'espoir de la délivrance divine, le v. 32b revient sur l'objet des vv. 29-31a, dont il reprend en grande partie la formulation; on constate aussi qu'il a son parallèle strict en XIX, 10. Ainsi, l'injonction de ne pas écouter Ézéchias (v. 32b) se trouvait déjà textuellement au v. 31a. Le thème de la duperie était déjà l'objet du v. 29 et sera l'objet de XIX, 10[67]. La duperie consiste dans l'espoir de la délivrance dont l'auteur serait Ézéchias, au v. 29, ou Yahvé, au v.32b et en XIX, 10. Le v. 30 met explicitement le peuple en garde contre l'espoir de la délivrance divine que lui inculquait Ézéchias.

Cette mise en garde du v. 30 n'est pas explicitement motivée. Tout indique cependant que la raison est la même qu'aux vv. 22 et 25: comme il est en colère contre Ézéchias, Yahvé ne veut pas intervenir pour délivrer Jérusalem du pouvoir assyrien.

En revanche, les vv. 33-35 donnent explicitement la raison de la mise en garde. Ces deux versets sont étroitement apparentés à XIX, 11-13, tant du point de vue de la formulation que du contenu. On a, dans les deux cas, les mêmes mots-clés (le hif. de *nṣl*[68], *'ᵉlohéy haggôyim*[69], *'èrèṣ* / *'ᵃrāṣôt*[70]) et le même type de propositions interrogatives. Le v. 34a est pratiquement identique à XIX, 13. Dans les deux cas, on trouve les mêmes cinq villes. La différence dans la formulation des questions, à savoir *'ayyéh 'ᵉlohéy ḥᵃmat* (...), au v. 34a, et *'ayyô mèlèk ḥᵃmat* (...), en *II Rois*, XIX, 13, s'explique sans doute par l'identité des destinataires, respectivement les habitants de Jérusalem (XVIII, 34) et le roi de Juda lui-même (XIX, 13).

En XVIII, 32b-35, l'Assyrien dénie à Yahvé le pouvoir de délivrer Ézéchias et Jérusalem de sa poigne. Il étaye son argumentation en faisant appel à l'histoire: l'Assyrie a conquis tous les pays et s'est emparée de nombreux rois, sans qu'aucun parmi leurs dieux respectifs ait pu délivrer son pays ou son roi. Comment Ézéchias et Jérusalem peuvent-ils espérer que Yahvé les délivre du pouvoir du roi d'Assyrie?

[67] Le verbe employé n'est pas le même. On a le hif. de *swt*, au v. 32b, et le hif. de *nš'*, aux v. 29 et en XIX, 10.

[68] Employé 5 fois aux vv. 33-35 et 1 fois au v. 32b. On le retrouve en XIX, 12. En XIX, 11 on a le nif. de la même racine.

[69] V. 33a et XIX, 12a. Au v. 35a on a encore *kŏl-'ᵉlohéy hā'ᵃrāṣôt*.

[70] *'èrèṣ*, vv. 33a.35a; *'ᵃrāṣôt*, v. 35a; XIX, 11a.

Ce thème du blasphème est également développé en XIX, 10-13. On notera cependant que le blasphème est plus poussé et plus grossier aux vv. 32b-35 qu'en XIX, 10-13. Les vv. 32b-35 insistent en effet lourdement sur la comparaison de Yahvé avec les dieux des nations conquises par l'Assyrie, ainsi que sur l'impuissance dont ces dieux ont fait preuve et qui sera aussi le lot de Yahvé.

Si la comparaison de Yahvé avec les dieux des nations et la négation de son pouvoir sont parfaitement en place en B2 (XIX, 10-13), elles sont incompatibles avec ce que les vv. 22, 25 et 30 disent de Yahvé. Dans ces derniers versets, l'Assyrien dénonce certes la «prétention» d'Ézéchias, certain de pouvoir compter sur Yahvé. D'après ces versets, cette confiance est illusoire, parce que Yahvé est en colère contre Ézéchias et ne veut pas intervenir en sa faveur. Yahvé intervient plutôt contre le roi de Juda. Contrairement à ce qui se passe aux vv. 32b-35, les vv. 22, 25 et 30 ne mettent nullement en doute la puissance de Yahvé. Bien au contraire. La puissance de Yahvé est non seulement supposée, mais soulignée, par le fait que l'Assyrien se présente comme l'envoyé de Yahvé et l'exécutant de ses ordres.

Malgré la part que l'on peut faire au manque de logique dans les circonstances supposées par le récit, il est invraisemblable que l'Assyrien ait fait appel, effectivement, ou d'après l'auteur du récit, à des arguments aussi ouvertement contradictoires, et cela d'autant plus que ce qui précède témoigne d'une grande cohérence[71].

Ce thème du blasphème ouvert s'accorderait d'ailleurs mal avec la conclusion du récit, somme toute assez modeste.

Avec B. Duhm et quelques autres critiques, nous tenons donc *II Rois*, XVIII, 32b-35 pour un développement secondaire, qui dépend de XIX, 10-13, de XVIII, 29-31a et d'*Is.*, X, 10-11[72]. L'auteur de ce développement a voulu introduire dans le récit B1 le thème du blasphème qui fait l'objet du récit B2.

On doit probablement attribuer au même rédacteur la relative *'ašèr*

[71] Selon M. WEINFELD, *Cult Centralization in Israel in the Light of a Neo-Babylonian Analogy*, dans JNES, XXIII, 1964, pp. 207-209, les deux discours du Rab-Shaqé représentent deux points de vue différents : alors que le premier (XVIII, 19-25) formule de façon déguisée les critiques d'Isaïe à l'égard d'Ézéchias, le second (XVIII, 28-35; *cf.* aussi XIX, 10-13) exprime le sentiment assyrien. Cette opinion ne tient pas compte des indications littéraires. D'ailleurs une telle séparation logique entre les deux discours ne nous paraît pas fondée.

[72] B. DUHM, *Das Buch Jesaja*, 1914, p. 237; K. MARTI, *Das Buch Jesaja*, 1900, p. 251; G. HOELSCHER, *Geschichtsschreibung in Israel*, 1952, p. 402; C. VAN LEEUWEN, *Sanchérib devant Jérusalem*, dans OTS, XIV, 1965, p. 258; F. LINDSTROEM, *God and the Origin of Evil*, 1983, pp. 107-108.

gidd^ep^hû na'^aréy mèlèk-'aššûr 'otî en *II Rois*, XIX, 6b. L'enchaînement de cette relative à une autre relative est une maladresse syntaxique[73]. De plus, le plur. *na'^aréy mèlèk-'aššûr* («les valets du roi d'Assur») ne s'accorde pas avec le passage correspondant dans le message à Isaïe (v. 4a), où il n'est question que des paroles du seul Rab-Shaqé. Il ne s'accorde pas non plus avec la forme primitive du récit B1, qui mentionnait uniquement le Rab-Shaqé.

A la place du piel de *ḥrp* («exciter», «provoquer», «blasphémer») de XIX, 4a, XIX, 6a emploie le piel de *gdp* («outrager», «injurier», «blasphémer»), terme que l'on retrouve en XIX, 22 associé à *ḥrp*. Comme le piel de *ḥrp*, mais de façon plus uniforme, le piel de *gdp* appartient au vocabulaire du blasphème contre Yahvé. Le verbe *gdp* est cependant d'un usage plus rare et apparemment plus récent. En dehors de nos récits (XIX, 6, 22 et par.), il n'est attesté que 3 fois[74]. On notera finalement que l'idée de l'outrage à Yahvé ne paraît pas convenir dans ce contexte d'exhortation à ne pas craindre. Plutôt qu'un motif de crainte, les outrages de l'Assyrien à Yahvé sont pour Ézéchias une raison d'espérer[75].

Comme l'ajout de XVIII, 32b-35, celui de la dernière relative de XIX, 6 a pour but d'insister sur le caractère blasphématoire des propos de l'Assyrien dans la ligne du récit B2[76].

Contrairement à ce qui se passe dans le récit B2 (v. 14), la notice qui relate le déplacement d'Ézéchias au Temple, en XIX, 1bβ, reste tout à fait isolée et, de surcroît, ne convient pas au contexte. Il n'est pas dit pourquoi Ézéchias est allé au Temple ni ce qu'il y a fait. Dans la suite du récit, il n'est pas question de la présence du roi au Temple. Sans que le retour du Temple soit mentionné, l'action du v. 2a, à savoir l'envoi de la délégation auprès d'Isaïe, a, semble-t-il, pour cadre le palais. Les termes du message adressé à Isaïe, en particulier ceux de la demande qu'Ézéchias lui fait, un peu timidement, d'intercéder auprès de Yahvé, ne donnent nullement l'impression que le roi a prié lui-même dans le Temple. Aussi, nous rallions-nous à l'hypothèse de

[73] Voir B. DUHM, *op. cit.*, p. 239; H. WILDBERGER, *Jesaja*, III, 1982, p. 1410.

[74] Le complément d'objet est Yahvé, comme dans nos récits (*Nomb.*, XV, 30; *Éz.*, XX, 27) ou un fidèle (*Ps.*, XLIV, 17). Le verbe est en parallélisme avec le piel de *ḥrp* (*II Rois*, XIX, 22 par. *Is.*, XXXVII, 23; *Ps.*, XLIV, 17). Sauf en *Is.*, XLIII, 28, tous les emplois de la racine *gdp* sous forme nominale se trouvent associés à la racine *ḥrp* (*Is.*, LI, 7; *Éz.*, V, 15; *Soph.*, II, 8).

[75] B. DUHM, *op. cit.*, p. 239; H. WILDBERGER, *Jesaja, III*, 1982, p. 1410; F. LINDSTROEM, *op. cit.*, p. 108.

[76] Le caractère secondaire de la proposition est admis par B. DUHM, *op. cit.*, p. 239; K. MARTI, *op. cit.*, pp. 252-253; H. WILDBERGER, *Jesaja*, III, 1982, p. 1410; F. LINDSTROEM, *ibidem.*

ceux qui excluent le v. 1bβ du récit primitif et le tiennent pour un ajout rédactionnel, introduit sous l'influence du récit B2 (v. 14)[77]. Cet ajout souligne la piété d'Ézéchias et montre que le roi a directement accès auprès de Yahvé.

L'ordre du texte en XIX, 3-6 est surprenant. La transmission du message (vv. 3-4) précède l'arrivée des messagers auprès du destinataire (v. 5))[78]. H. Wildberger remarque en outre que, au lieu de renseigner clairement Isaïe sur la situation et de lui demander conseil, Ézéchias se lamente en termes très généraux (vv. 3-4). Il paraît d'ailleurs évoquer une situation plus grave que celle qui est supposée par le reste du récit. H. Wildberger estime encore que le reste, dont il est question au v. 4, se comprend mal en 701, et suppose plutôt l'exil babylonien. Cet exégète conclut donc que les vv. 3-4 sont secondaires. Ils dépendent de B2 (XIX, 15b-18). Leur but est de faire d'Isaïe un intercesseur et de souligner l'humble piété d'Ézéchias[79].

L'interprétation de XIX, 3-4 pose certes quelques difficultés; on ne peut, pour autant, les retrancher du récit primitif. Ces versets sont d'ailleurs nécessaires dans la structure du récit. Il est en effet peu vraisemblable que le récit ait jamais rapporté l'envoi de messagers (XIX, 2) sans dire de quel message ils sont porteurs, ou de quelle mission ils sont chargés.

Primitivement, le v. 5 devait suivre le v. 2 et précéder les vv. 3-4. L'ordre actuel résulte sans doute d'une interversion[80]. A la suite de cette interversion, la transmission de l'oracle (vv. 6-7) suit immédiatement la notice de l'arrivée des messagers auprès d'Isaïe (v. 5). On a donc l'impression que le prophète n'a même pas eu besoin d'être renseigné sur la situation, qu'il était déjà au courant et prêt à prononcer l'oracle. Cela correspond à la présentation de B2 (XIX, 20). Nous inclinons donc à penser que l'interversion des vv. 3-4 et 5 a été faite sous l'influence du récit B2 et qu'elle est destinée à mettre en valeur le personnage d'Isaïe[81]. Grâce à sa relation privilégiée avec Yahvé, le prophète domine complètement la situation et, plein d'assurance, peut annoncer immédiatement au roi le dénouement heureux de la crise.

[77] Voir B. DUHM, *op. cit.*, p. 238; K. MARTI, *op. cit.*, p. 252; C. VAN LEEUWEN, *op. cit.*, p. 251, n. 1; H. WILDBERGER, *Jesaja*, III, 1982, pp. 1383, 1389 et 1406.

[78] On a certes proposé de corriger *wayyoʾmrû* («et ils dirent») en *w^e yoʾmrû* («et ils diront»), au début de XIX, 3 (voir BHS, *Isaïe*; W. RUDOLPH, *Zum Text der Königsbücher*, dans ZAW, LXIII, 1951, pp. 201-215, à la p. 214), mais cela n'améliore guère la cohérence du texte. Dans le même sens, voir H. WILDBERGER, *Jesaja*, III, 1982, p. 1389.

[79] H. WILDBERGER, *Jesaja*, III, 1982, pp. 1389 et 1408-1409.

[80] A. ŠANDA, *Die Bücher der Könige*, II, 1912, p. 264.

[81] K. MARTI, *Das Buch Jesaja*, 1900, p. 252.

Un vaste courant de la critique tient également pour secondaire XVIII, 22, ou du moins sa seconde partie. Cette opinion s'appuie sur des arguments stylistiques, logiques et historiques.

XVIII, 22 est marqué par un brusque changement à la fois de locuteur et d'interlocuteur. Le Rab-Shaqé ne cite plus les paroles de son maître, mais parle lui-même à la 1e pers. Son discours ne s'adresse plus directement à Ézéchias, mais aux trois délégués de ce dernier, si l'on adopte le plur. *to'mrûn*, ou au seul Élyaqîm, si l'on opte pour le sg. *to'mar*[82]. De tels changements rendent le verset suspect aux yeux de plusieurs critiques[83].

Ce n'est pas tout. Aux remarques touchant le style viennent s'ajouter des considérations logiques. Ainsi, selon B. Duhm, le thème de la confiance en Yahvé (v. 22a), qui fera l'objet du v. 25, serait prématuré[84]. H. Wildberger accepte le caractère primitif de la mise en garde contre la confiance en Yahvé (v. 22a), mais estime que, dans le texte actuel, elle se fonde sur deux raisons entièrement différentes, à savoir la destruction des autels yahvistes (v. 22b) et l'extrême faiblesse de Juda (vv. 23-24a)[85].

H. Wildberger estime encore qu'il serait étrange que le Rab-Shaqé fît de la réforme d'Ézéchias un argument contre la confiance en Yahvé et qu'il l'invoquât précisément devant les émissaires royaux[86].

Pourtant, ce furent surtout des considérations historiques qui amenèrent bon nombre de critiques à refuser le caractère primitif de XVIII, 22. Ceux-ci estiment que la réforme d'Ézéchias n'a pas eu l'ampleur que lui prête XVIII, 22b. Ce fut plutôt l'œuvre de Josias, environ un siècle plus tard[87].

Ces critiques concluent donc que XVIII, 22 est une addition sans doute d'origine dtr. Quelques-uns restreignent ce jugement à la seconde partie du verset[88].

[82] Voir *supra*, n. 3.

[83] Voir A. CONDAMIN, *Le livre d'Isaïe*, 1905, p. 217, n. 7; B. DUHM, *Das Buch Jesaja*, 1914, pp. 234-235; J. LE MOYNE, *Les deux ambassades de Sennachérib à Jérusalem*, dans *Mélanges Bibliques André Robert*, 1957, p. 150, n. 6; H. WILDBERGER, *Die Rede des Rabsake vor Jerusalem*, dans ThZ, XXXV, 1979, p. 38; ID., *Jesaja*, III, 1982, p. 1386.

[84] B. DUHM, *op. cit.*, pp. 234-235; voir aussi A. CONDAMIN, *op. cit.*, p. 217, n. 7.

[85] *Jesaja*, III, 1982, pp. 1386-1387.

[86] *Op. cit.*, dans ThZ, XXXV, 1979, p. 39.

[87] Voir *supra*, chap. IIIe, nn. 85-86.

[88] H. WILDBERGER, *op. cit.*, dans ThZ, XXXV, 1979, pp. 38-39; ID., *Jesaja*, III, 1982, pp. 1386-1387 et 1400-1401. Le v. 22b manque dans la LXX d'*Isaïe*. D'après A. VAN DER KOOIJ, *Die alten Textzeugen des Jesajabuches*, 1981, p. 55, il s'agirait d'une omission délibérée, due au fait que la centralisation cultuelle dont il est question dans ce demi-verset contredisait la pratique du temps du traducteur; ce dernier verrait d'un bon œil le Temple de Onias IV à Leontopolis.

A notre avis, aucun de ces arguments n'est convaincant.

Les changements de personne ne sont pas isolés dans le discours du Rab-Shaqé, où il y a un va-et-vient de locuteurs et d'interlocuteurs[89].

L'opinion de B. Duhm, selon laquelle le thème de la confiance en Yahvé serait prématuré méconnaît, selon nous, la structure du premier discours du Rab-Shaqé[90]. On peut en dire autant de l'opinion de H. Wildberger selon laquelle, dans le texte actuel, la mise en garde du v. 22a aurait deux raisons entièrement différentes[91].

H. Wildberger trouve étrange que le Rab-Shaqé tire argument de la réforme d'Ézéchias contre la confiance en Yahvé, parce qu'il suppose que tout le peuple était partisan fervent de ladite réforme, et le restait encore au temps de la composition du récit. C'est ce qu'il faudrait prouver. En réalité, on ignore tout de la réaction populaire aux mesures cultuelles d'Ézéchias. On songera néanmoins à la réaction provoquée par la réforme de Josias chez certaines femmes judéennes émigrées en Égypte. Si tout va mal, pensent-elles, c'est parce qu'elles ne rendent plus de culte à la Reine du Ciel (*Jér.*, XLIV, 15 ss). La réforme d'Ézéchias n'aurait-elle pas produit des réactions analogues dans une partie de la population qui restait attachée aux vieux lieux de culte et aux pratiques traditionnelles? L'œuvre cultuelle d'Ézéchias ne serait-elle pas l'affaire d'une élite de pieux yahvistes et de la cour? Le peuple sur les murailles n'était peut-être pas insensible à l'argument de XVIII, 22b[92].

Finalement, l'argument historique repose sur l'erreur méthodologique que nous avons déjà signalée à propos de XIX, 9a. En l'occurrence, il relève en partie du cercle vicieux. Estimant que le contenu du verset ne correspond pas à la réalité historique de la réforme d'Ézéchias, on déclare XVIII, 22b littérairement secondaire. Inversement, l'idée que l'on

[89] Voir *infra*, pp. 404-409; et aussi R. DEUTSCH, *Die Hiskiaerzählungen*, 1969, p. 10.

[90] Voir *infra*, pp. 398-399.

[91] L'argument de H. WILDBERGER, *op. cit.*, dans ThZ, XXXV, 1979, pp. 38-39; ID., *Jesaja*, III, 1982, pp. 1381, 1386-1387 et 1400-1401, suppose, sans aucune raison convaincante, l'exclusion du v. 24b. Il aboutit par ailleurs à une compréhension surprenante des vv. 22.23-24a, qui est la suivante : le manque de cavaliers dont souffre Juda rend vaine sa confiance en Yahvé. Cela reviendrait en réalité à affirmer la faiblesse de Yahvé, ce qui est incompatible avec le fait que l'Assyrien lui-même se vante d'être l'envoyé de Yahvé (v. 25).

[92] T.A. BOOGAART, *Reflections on Restoration. A Study of Prophecies in Micah and Isaiah about the Restoration of Northern Israel*, Groningen, 1981, p. 39, voit en *II Rois*, XVIII, 22 un indice du caractère impopulaire de la réforme d'Ézéchias. A son tour M. WEINFELD, *Cult Centralization in Israel in the Light of a Neo-Babylonian Analogy*, dans JNES, XXIII, 1964, p. 209, pense à un vieux courant prophétique, représenté notamment par Élie qui déplore amèrement la destruction des autels israélites (*I Rois*, XIX, 10).

a de la réforme d'Ézéchias dépend en partie de ce que l'on tient XVIII, 22b pour littérairement secondaire, et par conséquent non conforme à la réalité historique.

Bref, nous ne voyons pas de raisons d'exclure *II Rois*, XVIII, 22, en tout ou en partie, du discours primitif, dont ce verset constitue d'ailleurs une articulation importante.

L'appartenance de XVIII, 32a au récit primitif est, elle aussi, contestée. Au dire de certains critiques, le vocabulaire de ce demi-verset est fait de clichés dtr[93]. La déportation qu'il annonce, poursuit-on, contredit la promesse d'un séjour paisible à Jérusalem, faite au v. 31[94]. Finalement, l'annonce de la déportation était un bien mauvais moyen d'amener les habitants de Jérusalem à se rendre. De l'avis de H. Wildberger, s'il voulait encourager Jérusalem à la résistance, le Rab-Shaqé aurait difficilement trouvé un meilleur argument[95].

On attribue alors ce demi-verset à un rédacteur exilique[96], qui voulait peut-être faire prédire l'exil babylonien par Sennachérib[97].

Les termes employés au v. 32aα sont certes courants pour désigner les produits du pays d'Israël; ils sont particulièrement fréquents dans le Deutéronome. Sauf *'èrèṣ dāgān w^{e}tîrôš*, qui se trouve en *Deut.*, XXXIII, 28, les autres expressions ne sont pas attestés telles quelles ailleurs[98]. Le choix entre la vie et la mort est, bien sûr, le thème de *Deut.*, XXX, 15-20. On n'y trouve pourtant pas — ni ailleurs dans la Bible — un vrai parallèle de l'expression *wiḥyû w^{e}lo' tāmutû*. («vous aurez la vie sauve et vous ne mourrez pas»). Les affinités entre le v. 32a et le Deutéronome sont indéniables mais, contrairement à ce que l'on a suggéré[99], ce demi-verset n'est pas construit de clichés dtn.

L'exclusion du v. 32a tronque la conclusion du discours. Celui-ci n'atteint son terme qu'avec l'alternative du v. 32aβ *wiḥyû w^{e}lo' tāmutû*. C'est à la lumière de cette alternative qu'il faut comprendre le rapport

[93] Voir C. VAN LEEUWEN, *Sanchérib devant Jérusalem*, dans OTS, XIV, 1965, pp. 251 et 258; H. HAAG, *La campagne de Sennachérib contre Jérusalem en 701*, dans RB, LVIII, 1951, p. 350.

[94] C. VAN LEEUWEN, *op. cit.*, p. 258.

[95] H. WILDBERGER, *op. cit.*, dans ThZ, XXXV, 1979, p. 40; ID., *Jesaja*, III, 1982, pp. 1387 et 1405; voir aussi C. VAN LEEUWEN, *op. cit.*, p. 251.

[96] H. WILDBERGER, *op. cit.*, dans ThZ, XXXV, 1979, p. 40; ID., *Jesaja*, III, 1982, pp. 1387 et 1405.

[97] C. VAN LEEUWEN, *op. cit.*, p. 258.

[98] L'expression la plus proche de *'èrèṣ zéyt yiṣhār ûd^{e}baš* se retrouve en *Deut.*, VIII, 8 : *'èrèṣ zéyt šèmèn ûd^{e}bāš*.

[99] Contre C. VAN LEEUWEN, *op. cit.*, pp. 251 et 258.

entre le v. 31b et le v. 32aα, un rapport qui n'est pas de concurrence, mais de succession.

Le Rab-Shaqé met les habitants de Jéruslem devant une alternative dont chacune des branches comporte deux étapes. Dans la première étape, il s'agit de choisir : ou bien manger chacun le fruit de sa vigne et de son figuier et boire chacun l'eau de sa citerne (v. 31b), s'ils se rendent, ou bien manger chacun ses propres excréments et boire sa propre urine (v. 27b), s'ils résistent. En définitive, le choix est entre la vie dans un pays aussi bon que le pays de Juda (v. 32aα), s'ils se soumettent, et la mort sur place — morts de faim ou exécutés[100] — s'ils persistent dans la révolte.

Dans cette perspective, l'annonce de la déportation n'a rien de surprenant. Loin de constituer un encouragement à la résistance, comme le pense H. Wildberger, elle devait être un moyen terriblement efficace pour briser la résistance des Hiérosolymitains. La vie en exil ne serait-elle pas préférable à la mort?[101]

Si certains critiques[102] trouvent déplacées aussi bien l'annonce de la déportation que la présentation idyllique du pays d'exil, c'est parce qu'ils supposent chez les Judéens un attachement inébranlable à leur pays; ils voient aussi dans les transferts de populations, tels qu'ils étaient pratiqués par les Assyriens, une sorte de bagne, redoutable par-dessus tout.

Or, ces deux hypothèses sont contestables. Pour atteindre l'objectif des transferts de populations, qui étaient avant tout un moyen de colonisation et d'intégration des différents peuples dans l'empire, l'administration assyrienne veillait à ce qu'ils se fassent dans les

[100] On songera à ce que Sennachérib dit à propos de la ville d'Eqrôn, conquise au cours de la même expédition de 701 : «J'arrivai à Amqarruna; je tuai les gouverneurs (et) les nobles qui étaient cause du crime et je suspendis leurs cadavres aux tours de la périphérie de la ville ...», traduction dans TPOA, nº 44A, p. 120. On voit généralement en *II Rois*, XVIII, 27b l'annonce de la terrible famine que le siège de Jérusalem ne manquerait pas d'entraîner. P. XELLA, *«Mangiare feci e bere orina» : A proposito di 2 Re 18:27/Isaia 36:12*, dans *Studi Storico Religiosi*, III, 1979, pp. 37-51, fait remarquer que se nourrir d'excréments et boire de l'urine ne sont pas des motifs habituels pour évoquer une famine; pour cela, on se sert plutôt du thème de l'anthropophagie. Les excréments et l'urine semblent être l'aliment et la boisson des morts, notamment de ceux qui sont privés d'offrandes alimentaires. Aussi, P. XELLA conclut-il que *II Rois*, XVIII, 27b annonce, non pas la famine des Hiérosolymitains, mais leur mort. Cette interprétation est séduisante. Sans pour autant exclure l'idée de famine, il est tentant de voir en *II Rois*, XVIII, 27b l'annonce de la mort qui attend les Hiérosolymitains si ceux-ci s'obstinent dans leur révolte.

[101] Voir G. BRUNET, *Essai sur l'Isaïe de l'histoire*, 1975, p. 211, n. 148.

[102] C. VAN LEEUWEN, *op. cit.*, p. 251; H. WILDBERGER, *op. cit.*, dans ThZ, XXXV, 1979, p. 40; ID., *Jesaja*, III, 1982, pp. 1387 et 1405.

meilleures conditions[103]. Rien ne permet, par exemple, de soupçonner que les populations installées par Sargon II en Israël (*II Rois*, XVII, 24ss) ont connu un sort plus difficile que celui des Israélites restés sur place[104]. D'autre part, nous ne disposons d'aucun renseignement sur le degré du patriotisme des Judéens à l'époque en question. Quoi qu'il en soit, rien ne permet de supposer une baisse de ce sentiment entre la fin du VIIIe et le milieu du VIe s. av. J.-C. Or, le petit nombre des Judéens revenus de Babylonie (*Eds.*, VIII, 1ss) paraît indiquer que la majorité était plus attachée à sa prospérité dans son nouveau pays, qu'à l'ancien pays[105].

3. Analyse détaillée du récit.

II Rois, XVIII, 17-32a.36-37-XIX, 9bα (*wayyāšŏb*).36-37 par. *Is.*, XXXVI, 2-17.21-22-XIX, 9a (bα, *wayyišma'?*).37-38 contient un récit constitué par une série de discours encadrés et liés par des sections narratives. La structure du récit est très facile à dégager :

A. Les interventions du Rab-Shaqé en vue d'amener Ézéchias et Jérusalem à la reddition (*II Rois*, XVIII, 17-32a par., *Is.*, XXXVI, 2-17).

a) Introduction narrative (*II Rois*, XVIII, 17-18 par. *Is.*, XXXVI, 2-3).
b) Premier discours (*II Rois*, XVIII, 19-25 par. *Is.*, XXXVI, 4-10).
c) Transition (*II Rois*, XVIII, 26-27 par. *Is.*, XXXVI, 11-12).
d) Second discours (*II Rois*, XVIII, 28-32a par. *Is.*, XXXVI, 13-17).

B. Réaction judéenne aux propos du Rab-Shaqé (*II Rois* XVIII, 36-XIX, 5* par. *Is.*, XXXVI, 21-XXXVII, 5*).

a) Réaction du peuple et des émissaires d'Ézéchias (*II Rois*, XVIII, 36-37 par. *Is.*, XXXVI, 21-22).
b) Réaction d'Ézéchias lui-même (*II Rois*, XIX, 1a.bα.2*.3-5 par. *Is.*, XXXVII, 1a.bα.2*.3-5).

C. Oracle rassurant d'Isaïe, annonçant que Yahvé lui-même fera retourner Sennachérib dans son pays, où il sera assassiné (*II Rois*, XIX, 6*-7 par. *Is.*, XXXVII, 6*-7).

[103] Voir H. W. F. Saggs, *The Nimrud Letters, Part III : Miscellaneous Letters*, dans *Iraq*, XVIII, 1956, pp. 50-51 et 55; B. Oded, *Mass Deportations and Deportees in the Neo-Assyrian Empire*, 1979.

[104] Voir J. A. Montgomery, *The Books of Kings*, 1951, p. 489. D'après *II Rois*, XVII, 25-28, le roi d'Assyrie aurait même envoyé à Béthel un prêtre yahviste pour apprendre aux peuples étrangers à rendre un culte à Yahvé; on espérait écarter ainsi le fléau des lions qui sévissaient dans le pays.

[105] H. W. F. Saggs, *op. cit.*, dans *Iraq*, XVIII, 1956, p. 55, suggère même que la peur de voir les Judéens séduits par les promesses assyriennes serait la raison de la demande concernant la diplomatie secrète (XVIII, 26). Telle était peut-être la vraie raison mais, en tout cas, ce n'est pas celle qui est donnée par le texte.

D. Réalisation de l'oracle et conclusion du récit (*II Rois*, XIX, 8-9bα (*wayyāšōb*), 36-37 par. *Is.*, XXXVII, 8-9a (bα, *wayyišma'?*).37-38).

a) Le Rab-Shaqé rejoint le roi d'Assyrie à Libna (*II Rois*, XIX, 8 par. *Is.*, XXXVII, 8).

b) A la nouvelle de l'entrée en campagne de Tirhaqa, Sennachérib retourne dans son pays et demeure à Ninive (*II Rois*, XIX, 9a.bα (*wayyāšōb*). 36 par. *Is.*, XXXVII, 9a (bα, *wayyišma'?*). 37).

c) Sennachérib est assassiné et son fils Assarhaddon lui succède (*II Rois*, XIX, 37 par. *Is.*, XXXVII, 38).

A. Les interventions du Rab-Shaqé (II Rois, XVIII, 17-32a par. Is., XXXVI, 2-17).

a) *Introduction narrative (II Rois, XVIII, 17-18 par Is., XXXVI, 2-3).*

II Rois, XVIII, 17-18 introduit à la fois les démarches assyriennes en vue de la reddition de Jérusalem et l'ensemble du récit.

Ces deux versets nous renseignent sur la composition des deux délégations engagées dans les négociations et sur le lieu où celles-ci se dérouleront.

Le sens du syntagme *b^eḥéyl kābéd* est discuté. Il désigne certainement une troupe importante[106]. S'agit-il d'une vraie armée[107], ou d'une simple escorte militaire[108]?

Il ressort de la suite du récit que le gros de l'armée assyrienne est resté avec son roi dans le bas pays. En effet, à son retour, le Rab-Shaqé trouvera le roi d'Assyrie en train d'assiéger Libna (XIX, 8). Par ailleurs, la troupe qui accompagne le Rab-Shaqé ne joue aucun rôle dans la suite du récit; elle n'est plus mentionnée.

Dans la logique du récit, la «troupe importante» doit être, non pas une armée dont le but serait d'assiéger Jérusalem pendant les pourparlers ou en cas d'échec de ceux-ci, mais une escorte militaire. Normale en la circonstance, cette escorte équivalait peut-être aussi à une démonstration de force, destinée à influencer le déroulement des négociations.

Dans l'incertitude où l'on est au sujet de la localisation du canal de la

[106] *II Rois*, VI, 14. Étant donné l'apposition asyndétique avec «chameaux chargés d'aromates, d'or en grande quantité et de pierres précieuses», l'expression signifie, en *I Rois*, X, 2, «avec de (très, *m^e'od*) grandes richesses». Voir OSTY, p. 67. Dans le passage parallèle de *II Chr.*, IX, 1, il s'agit plutôt d'une «suite imposante». Voir J. GRAY, *I & II Kings*, 1977, p. 257, n. *d* et p. 260.

[107] Voir entre autres L. L. HONOR, *Sennacherib's Invasion of Palestine*, 1926, p. 74, n. 40; G. FOHRER, *Das Buch Jesaja*, II, 1967, p. 167; G. BRUNET, *Essai sur l'Isaïe de l'histoire*, 1975, p. 207.

[108] Voir H. HAAG, *La campagne de Sennachérib contre Jérusalem en 701*, dans RB, LVIII, 1951, p. 355; J. GRAY, *I & II Kings*, 1977, p. 679; H. WILDBERGER, *Jesaja*, 1982, p. 1396.

piscine supérieure et du terrain aux foulons, il n'est pas possible de determiner exactement l'endroit où ont lieu les pourparlers. Il s'agit certainement d'un endroit hors les murs. En effet, les émissaires sortent (v. 18) et le peuple est sommé de sortir vers (*yṣ' 'l*) (v. 31) le Rab-Shaqé. Vu que le peuple peut l'entendre du haut des murailles (vv. 26-32a), le Rab-Shaqé ne doit pas en être très éloigné.

Plusieurs critiques estiment que la scène des vv. 26-32a se situe au mieux à l'extérieur du mur nord, le seul qui ne surplombait pas de ravin plus ou moins profond. Ils proposent donc de localiser le canal de la piscine supérieure et le terrain aux foulons au nord ou au nord-ouest de la ville[109]. Ainsi, d'après J. Simons, la piscine supérieure se situerait dans la partie du Tyropéôn comprise à l'intérieur des remparts. Ce bassin recevrait, au moyen d'un canal (le canal de la piscine supérieure), l'eau d'un autre bassin, situé au nord-ouest de l'actuelle porte de Damas[110].

La plupart des critiques, par contre, proposent une localisation totalement opposée, à savoir dans le sud ou le sud-est de la ville. On s'appuie en grande partie sur la mention du terrain aux foulons. On pense, en effet, que le terrain aux foulons, généralement mis en rapport avec *'éyn rogél* (l'actuel *bir Ayub* au confluent de la Géhenne et du Cédron), doit se situer au sud ou au sud-est de la ville, les seuls endroits où l'eau est suffisamment abondante pour permettre l'activité des foulons[111]. Ces critiques identifient généralement la piscine supérieure à un bassin régulateur de la source de Giḥon, et le canal de la piscine supérieure au canal qui courait à ciel ouvert au flanc de la colline en dehors des remparts. D'aucuns pensent que le Rab-Shaqé se posta dans le Cédron, un peu en contrebas de la source de Giḥon[112]. D'autres estiment que la scène se comprend mieux si on la situe un peu

[109] Voir O. KAISER, *Der Prophet Jesaja*, II, 1973, p. 306.

[110] J. SIMONS, *Jerusalem in the Old Testament*, 1952, pp. 334-337; voir aussi pp. 190-192. Selon Marie-Joseph PIERRE et J.-M. ROUSÉE, *Sainte-Marie de la Probatique. État et orientations des recherches*, dans *Proche-Orient Chrétien*, XXXI, 1981, pp. 23-42, aux pp. 31-33, la «piscine supérieure» serait à identifier avec le plus ancien des bassins de Sainte-Anne; ce bassin serait relié au Temple par le «canal de la piscine supérieure».

[111] Voir H. WILDBERGER, *Jesaja*, I, 1972, p. 276. Le sens fondamental de la racine *kbs* est celui de «fouler», «piétiner». En hébreu, cette racine a généralement le sens dérivé de «laver», notamment les vêtements, que l'on foulait pour les nettoyer. Cela dit, *śᵉdéh kôbés* n'est peut-être pas un simple lavoir. On peut, en effet, se demander s'il ne s'agit pas plutôt d'ateliers de foulage des étoffes neuves ou de tannage des peaux. Voir G. BRUNET, *Le terrain aux foulons*, dans RB, LXXI, 1964, pp. 230-239.

[112] L.-H. VINCENT - A.-M. STÈVE, *Jérusalem de l'Ancien Testament*, I, 1954, pp. 289-291 et 293; II et III, p. 64.

plus au sud, là où la vallée s'élargit sensiblement, c'est-à-dire à la pointe de la colline de l'Ophel ou au débouché du Tyropéôn[113].

Le v. 18 présente la délégation d'Ézéchias. Sa composition révèle l'importance que le roi attache aux pourparlers. La délégation est en effet, constituée par les trois principaux «ministres» dans l'administration civile judéenne, à savoir le «préfet du palais» (*'ašèr 'al-habbāyit*)[114], Élyaqîm fils de Hilqîyahû, le secrétaire royal (*hassopʰér*)[115], Shebna, et le héraut (*hammazkîr*)[116], Yoah, fils d'Asaph.

b) *Premier discours (II Rois, XVIII, 19-25 par Is., XXXVI, 4-10).*

Le premier discours est introduit par la formule du messager mais, comme nous le verrons, le Rab-Shaqé ne tardera pas à s'écarter du schéma du message.

Le maître-mot de ce premier discours est la racine *bṭḥ*. Celle-ci y revient 7 fois : 6 fois sous forme verbale et 1 fois sous forme nominale. L'Assyrien commence par une question générale posée à Ézéchias : *māh habbiṭṭāḥôn hazzèh 'ašer bāṭāḥtā*? On rend généralement ce passage par «Quelle est cette confiance sur laquelle tu te reposes?»[117] ou «Quelle est cette confiance en laquelle tu tu fies?»[118] C'est sans nul doute le sens du passage en 1QIsᵃ, où *bṭḥth* est suivi de *bw*, pron. pers., dont l'antécédent est *habbiṭṭāḥôn*, précédé de la préposition *b*[119]. C'est

[113] Voir M. Burrows, *The Conduit of the Upper Pool*, dans ZAW, LXX, 1958, pp. 221-227.

[114] Le préfet du palais était avant tout l'administrateur de la maison et du domaine royal, mais il est devenu le principal personnage du royaume immédiatement après le roi. Voir R. de Vaux, *Institutions* I, 1961, pp. 199-201 et T. N. D. Mettinger, *Solomonic State Officials* (ConBib. OT, 5), Lund, 1971, pp. 70-110. L'origine du titre et de la fonction est discutée, mais on pense généralement à une origine égyptienne. De l'avis de R. M. Good, *The Israelite Royal Steward in the Light of Ugaritic 'l bt*, dans RB, LXXXVI, 1979, pp. 580-582; Id., *The Ugaritic Steward*, dans ZAW, XCV, 1983, pp. 110-111, le titre *'l bt* serait attesté en ougaritique. Voir cependant les critiques de O. Loretz, *Ugaritisch skn - šknt und hebraïsch skn-sknt*, dans ZAW, XCIV, 1982, pp. 124-126.

[115] C'était le chef du secrétariat royal. Il était responsable de la correspondance royale touchant aussi bien les affaires intérieures que les relations extérieures. Voir R. de Vaux, *op. cit.*, pp. 201-202; T. N. D. Mettinger, *op. cit.*, pp. 25-31. De l'avis de A. D. Crown, *Messengers and Scribes : The spr and ml'k in the Old Testament*, dans VT, XXIV, 1974, pp. 336-370, le *sôpʰér* serait avant tout une sorte d'ambassadeur à qui le roi pouvait confier différentes missions.

[116] Officier chargé des communications entre le roi et le peuple et vice-versa; il était en même temps le chef du protocole. Voir R. de Vaux, *op. cit.*, pp. 202-203; T. N. D. Mettinger, *op. cit.*, pp. 52-62. A. D. Crown, *op. cit.*, dans VT, XXIV, 1974, pp. 366-370, se demande si le *mazkîr* n'était pas l'interprète officiel travaillant en étroite collaboration avec le *sôpʰér*.

[117] Voir BJ, pp. 426 et 1127; TOB, pp. 712 et 824; voir aussi BR, pp. 644 et 701.

[118] Voir Osty, pp. 740 et 1595; PlAT, I, 1214; II, p. 121.

[119] 1QIsᵃ ajoute encore le pron. pers. *'th* avant le verbe. C'est aussi le sens du passage correspondant en *II Chr.*, XXXII, 10bα : «*'al-māh 'attèm boṭḥîm?*».

également avec les nuances de « se confier en, compter sur, se fier à » que le verbe *bṭḥ* est employé aux versets suivants. Mais il est alors construit avec les prépositions *'al* (vv. 20b.21a.21b.24b) ou *'èl* (v. 22a) introduisant l'objet de la confiance. Or, tel n'est pas le cas, ni dans le TM, ni dans les versions anciennes de *II Rois*, XVIII, 19b par. *Is.*, XXXVI, 4b. Le verbe y a un objet, mais c'est un objet interne. Aussi y voyons-nous l'idée de confiance, mais au sens de sécurité et d'assurance[120], sens habituels lorsque la racine *bṭḥ* est employée de façon absolue[121]. D'où notre traduction : « Qu'est-ce que c'est, cette confiance que tu as? »

Si Ézéchias fait montre de beaucoup d'assurance et s'est révolté contre l'Assyrie, c'est parce qu'il a mis sa confiance en quelque chose ou en quelqu'un (vv. 19b-20). Le Rab-Shaqé dénonce donc comme dépourvue de fondements et illusoire la confiance qu'Ézéchias mettrait en sa propre force, en l'Égypte et en Yahvé. Le Rab-Shaqé mentionne deux fois chacun de ces trois thèmes, en insistant à chaque fois sur un aspect particulier :

a) Faiblesse d'Ézéchias.	Ézéchias se paye de mots : il prend de vaines paroles pour de la stratégie et de la puissance militaire (v. 20a).
b) Confiance en l'Égypte.	La confiance d'Ézéchias en l'Égypte ne peut être que nuisible (v. 21).
c) Confiance en Yahvé.	La confiance en Yahvé est illusoire, car Ézéchias l'a gravement offensé en détruisant ses autels et ses *bāmôt* (v. 22).
a′) Faiblesse d'Ézéchias.	Sans cavalerie, Ézéchias ne peut rien contre le moindre chef assyrien (vv. 23-24a).
b′) Confiance en l'Égypte.	Aussi compte-t-il sur l'Égypte pour avoir chevaux et chars (v. 24b).
c′) Confiance en Yahvé.	Qu'Ézéchias se détrompe. Il ne peut rien attendre de bon de Yahvé, car Yahvé lui-même a mandaté l'Assyrien pour détruire le pays de Juda et Jérusalem (v. 25).

[120] Voir R. DEUTSCH, *Die Hiskiaerzählungen*, 1969, p. 57; A. CHOURAQUI, *Rois 2* et *Yesha'yah*, *in loco*.

[121] Voir *supra*, chap. V^{e}, p. 169.

Nombre de critiques estiment que l'argumentation du Rab-Shaqé manque de logique. D'après certains, ce prétendu manque de logique serait dû à des ajouts secondaires, notamment du v. 22, en entier ou en partie, et du v. 24b[122]. D'autres pensent que l'ordre primitif du texte a été changé, et que le texte actuel est en désordre. Ainsi, W. Rudolph suggère comme primitif l'ordre suivant : vv. 23-24a.24b.21.22 et 25[123]. Au lieu de l'alternance des deux arguments, puisés dans la confiance respectivement en l'Égypte (vv. 21 et 24b) et en Yahvé (vv. 22 et 25), W. Rudolph propose donc le blocage de tout ce qui concerne chacun de ces deux thèmes dans l'ordre : confiance en l'Égypte et confiance en Yahvé. Cet ordre serait certes plus conforme à notre logique, mais on suppose gratuitement son existence ici.

Le premier discours du Rab-Shaqé est soigneusement structuré par la reprise symétrique de chacun de ses trois thèmes. L'argumentation suit une sorte de crescendo, dont le sommet se trouve au v. 25, où l'Assyrien se présente comme l'envoyé de Yahvé. En effet, si Yahvé lui-même est du côté de l'Assyrien, il ne reste plus à Ézéchias aucun espoir de mener à bonne fin sa révolte.

Nous ne voyons aucune raison de mettre en doute le caractère primitif d'une construction aussi étudiée et d'une argumentation qui est en réalité très bien menée. L'une et l'autre nous semblent, au contraire, difficilement explicables comme résultat d'ajouts secondaires et, à plus forte raison, comme le fruit d'un bouleversement du texte.

c) *Transition (II Rois, XVIII, 26-27 par. Is., XXXVI, 11-12).*

Le v. 26 nous apprend que les émissaires d'Ézéchias n'étaient pas les seuls au rendez-vous avec le Rab-Shaqé. Il y avait aussi le peuple qui écoutait le discours du haut des murailles. Bien qu'il fût directement adressé à Ézéchias et à ses envoyés, le premier discours du Rab-Shaqé était donc prononcé également, sinon avant tout, à l'intention du peuple de Jérusalem. Le texte précise que le Rab-Shaqé parlait *y^ehûdît* (*judaice*), c'est-à-dire dans la langue du pays de Juda[124].

Redoutant la complète démoralisation du peuple, Élyaqîm demande au Rab-Shaqé de parler en araméen, langue que le peuple ne comprenait

[122] Voir *supra*, pp. 390-392.

[123] *Zum Text der Königsbücher*, dans ZAW, LXIII, 1951, p. 214. Opinion reprise par W. LINDSTROEM, *God and the Origin of Evil*, 1983, pp. 106-107.

[124] En dehors de *II Rois*, XVIII, 26.28 par. *Is.*, XXXVI, 11.13 et *II Chr.*, XXXII, 1, l'adverbe *y^ehûdît* ne réapparaît qu'en *Néh.*, XIII, 24. Dans ce dernier passage, le terme se réfère à la langue des Judéens par opposition à celle des Ashdodites. En *II Rois*, XVIII, 26.28, il s'agit probablement de la langue du pays de Juda, par opposition à l'araméen ou à la langue parlée en Israël.

pas[124a]. Loin d'accéder à cette requête, le Rab-Shaqé riposte en lui rappelant que l'objet de sa démarche n'intéresse pas seulement Ézéchias et ses envoyés, mais concerne aussi, et au plus haut point, l'ensemble du peuple de Jérusalem, qu'un siège réduirait à la dernière extrémité. Ensuite, délaissant les envoyés d'Ézéchias, le Rab-Shaqé s'adresse directement au peuple. Par leur consternation et leur appel aux pourparlers secrets, les envoyés d'Ézéchias ont donc fait involontairement le jeu du Rab-Shaqé, que le récit présente comme un habile diplomate, prêt à s'adapter aux nouvelles circonstances et à en tirer parti.

d) *Second discours (II Rois, XVIII, 28-32a par. Is.*, XXXVI, 13-17).

Le v. 28 marque un tournant. Le v. 28 campe de nouveau le Rab-Shaqé, et cela en empruntant des termes déjà employés aux vv. 17-18 (*wayya'ᵃmod* (...) *wayyiqrā'*), sans pour autant en reprendre toutes les indications. Les vv. 28b-29aα contiennent une nouvelle formule du messager aussi développée que celle du v. 19. On notera que, au lieu du *'imrû-nā' 'èl-ḥizqîyāhû* du v. 19, on lit *šim'û* au v. 28b. Aux vv. 28-32a, le roi d'Assyrie ne s'adresse donc plus à Ézéchias par l'entremise des trois envoyés, comme c'était le cas aux vv. 19-25, mais il s'adresse directement au peuple de Jérusalem qui, du haut des murailles, avait écouté le Rab-Shaqé depuis le début. Contrairement à la requête d'Élyaqîm, le Rab-Shaqé parle en judéen, la langue du peuple. Le texte précise encore qu'il parle à voix forte (*bᵉqôl-gādôl*) (v. 28aβ) pour être bien entendu du peuple, qui se trouvait à une certaine distance.

Ce second discours comprend deux parties nettement distinctes : dans la première, l'Assyrien met le peuple en garde contre le danger de se laisser abuser par Ézéchias (vv. 28-31a); dans la seconde, il somme le peuple de se rendre (vv. 31b-32a). Le début de la seconde partie est marqué par la reprise de la formule de transmission d'un message : *kî koh 'āmar mèlèk 'aššûr*. Cette formule introduit la sommation de se rendre, que le roi d'Assyrie adresse aux Hiérosolymitains. Cette sommation, qu'il faut évidemment écouter, s'oppose à l'injonction de ne pas écouter Ézéchias (*'al- tišmᵉ'û 'èl-ḥizqîyāhû*, v. 31a). Les deux parties du second discours se trouvent ainsi articulées par l'opposition entre ce que dit Ézéchias, qu'il ne faut pas écouter (vv. 29aβ-31a), et ce que dit le roi d'Assyrie, qu'il faut mettre en pratique (vv. 31b-32a).

124a Ce texte contient, à notre connaissance, la plus ancienne attestation de l'usage de l'araméen dans les relations internationales. L'authenticité de ce témoignage est niée par G. GARBINI, *Il bilinguismo dei Giudei*, dans *Vicino Oriente*, III, 1980, pp. 209-223, aux pp. 209-213. D'après cet auteur, *II Rois*, XVIII, 26-28 suppose une situation historique qui ne doit pas être antérieure à l'exil babylonien.

La teneur du second discours est nettement différente de celle du premier. Le ton n'est pas le même. Alors que, dans le premier discours, prédominent les interrogatives, le second est dominé par les modes volitifs : le jussif prohibitif, dans la première partie (vv. 29aβ-31a), et l'impératif, dans la seconde (vv. 31b-32a). Le choix des verbes est, lui aussi, différent. Alors que le verbe *bṭḥ* domine le premier discours, le second, même dans sa première partie, témoigne d'une plus grande variété. On y trouve certes *w*ᵉ*'al - yabṭaḥ* (...) (v. 30aα), mais celui-ci est à côté de *'al -yaššî'* (...) (v. 29aβ) et de *'al-tišm*ᵉ*'û* (...) (v. 31a). A la différence du premier discours, où il n'est jamais explicitement question de la délivrance, cette notion, exprimée par le hif. de *nṣl* (vv. 29b.30aβ) et par *lo' ntn b*ᵉ*yad* (v. 30b), joue un rôle important dans la première partie du second discours.

α) L'Assyrien met le peuple en garde contre les agissements d'Ézéchias (II Rois, XVIII, 29aβ-31a par. Is., XXXVI, 14aβ-16a).

La première partie du discours est constituée par trois mises en garde contre les agissements d'Ézéchias.

D'abord, l'Assyrien avertit les Hiérosolymitains de ne pas se laisser abuser par Ézéchias (*'al-yaššî' lākèm ḥizqîyāhû*), car celui-ci ne pourra pas les arracher à la poigne du roi d'Assyrie (*kî lo' yûkal l*ᵉ*haṣṣîl 'ètkèm mîyādî*) (v. 29aβ-b). Cela suppose qu'Ézéchias se prétendait capable auprès du peuple de tenir bon devant les armées assyriennes et de les empêcher se s'emparer de Jérusalem. En réalité, cette mise en garde ne fait que tirer les conséquences à l'intention du peuple de ce que l'Assyrien disait dans son premier discours, quand il insistait sur la faiblesse d'Ézéchias et de ses alliés égyptiens, ainsi que sur leur incapacité à faire face à la puissante Assyrie.

Le Rab-Shaqé revient ensuite sur ce qui était son argument le plus fort dans son premier discours, à savoir la confiance en Yahvé. Aux vv. 22 et 25, le Rab-Shaqé a montré que Jérusalem ne peut pas mettre sa confiance en Yahvé, et cela justement parce que Ézéchias l'a offensé. Le v. 30 en tire donc les conséquences à l'intention du peuple. Le Rab-Shaqé met les Hiérosolymites en garde contre l'essai d'Ézéchias de les «faire compter sur» une intervention de Yahvé (*w*ᵉ*'al-yabṭaḥ 'ètkèm ḥizqîyāhû 'èl- yhwh...*) qui éviterait à la ville de tomber sous le pouvoir assyrien. Yahvé, qui a envoyé l'Assyrien contre Jérusalem, n'interviendra pas en faveur de la ville.

La troisième mise en garde reste générale : *'al-tišm*ᵉ*'û 'èl-ḥizqîyāhû* («n'écoutez pas Ézéchias»). Instaurant une opposition immédiate avec les sommations du roi d'Assyrie qui suivent, la troisième mise en garde est surtout l'une des pièces — l'autre étant la formule du messager (*kî koh 'āmar mèlèk 'aššur*) — de la charnière entre les deux parties du second discours.

Il ressort de cette analyse que la première partie du second discours du Rab-Shaqé présuppose le premier. Le peuple qui a tout écouté (v. 26) est au courant de la situation. Aussi, le Rab-Shaqé n'a qu'à tirer à l'intention du peuple les conséquences de son premier discours. En affirmant que, contrairement à la propagande d'Ézéchias, Jérusalem n'échappera pas au pouvoir assyrien, le Rab-Shaqé cherche à briser la loyauté des Hiérosolymitains à l'égard d'Ézéchias et à provoquer leur défection. Ce faisant, l'Assyrien se présente d'ailleurs comme le vrai défenseur des intérêts du peuple contre l'inconscience ou l'intransigeance injustifiables d'Ézéchias.

β) L'Assyrien somme les Hiérosolymitains de se rendre (II Rois, XVIII, 31b-32a par. Is., XXXVI, 16-17).

Le début de la seconde partie du discours est marqué par la reprise de la formule de transmission d'un message : *kî koh 'āmar mèlèk 'aššûr*. Les jussifs prohibitifs des vv. 29aβ-31a cèdent la place à des impératifs : deux directs (*ʿaśû 'ittî berākāh ûṣeʾû 'élay*) exprimant ce que les Hiérosolymites doivent faire, et trois indirects (*weʾiklû ... ûštû ... wiḥyû*) ayant le sens consécutif. Le *yiqtol* négatif (*welo' tāmutû*), qui s'oppose directement au dernier des impératifs indirects (*wiḥyû*), a, lui aussi, le sens consécutif.

D'après le contexte, les deux impératifs directs *ʿaśû 'ittî berākāh ûṣeʾû 'élay* sont certainement un ultimatum sommant les Hiérosolymitains de se rendre. Tel est clairement le sens de *ûṣeʾû 'élay*. L'expression *yṣ' 'l*, dont le sens littéral est « sortir vers », est particulièrement apte à désigner la reddition d'une ville : la population sort de l'enceinte de la ville et se rend à l'ennemi qui est à l'extérieur [125].

Il est, par contre, difficile de savoir comment la proposition *ʿaśû 'ittî berākāh*, qui signifie littéralement « faites une bénédiction avec moi », a pris la connotation de capitulation. La plupart des critiques se partagent entre deux types d'explication. Appuyés sur la traduction du Tg qui rend *berākāh* par *šlm'* (« paix, » « bien être », « prospérité »), et sur le fait que le piel *brk*, tout comme la racine *šlm*, peut avoir le sens de « saluer », « présenter ses compliments », « féliciter » [126], les uns rendent

[125] *Cf. I Sam.*, XI, 3.10; *Jér.*, XXXVIII, 17, et aussi *Jér.*, XXXVIII, 21.

[126] *Cf. I Sam.*, XIII, 10; XXV, 14; *II Sam.*, VIII, 10; *I Rois*, I, 47; VIII, 66; *II Rois*, IV, 29; X, 15; *Ps.*, XLIX, 19; *I Chr.*, XVIII, 10.

ʿaśû ʾittî berākāh par «saluez-moi»[127], «faites la paix avec moi»[128], «liez-vous d'amitié avec moi»[129] ou d'autres expressions équivalentes. La proposition exprimerait donc une exhortation pressante à entrer dans une relation de paix et d'amitié avec le roi d'Assyrie. Grâce à cette relation, les Hiérosolymitains ne manqueraient d'ailleurs pas de participer à la bénédiction dont jouit le roi d'Assyrie[130].

L'autre partie de la critique explique la connotation de *ʿaśû ʾittî berākāh* en faisant appel aux traités d'alliance[131]. Cependant, deux développements sémantiques différents ont été proposés. G. Wehmeier part des bénédictions et des malédictions qui sanctionnent les traités d'alliance. Dans un contexte d'alliance, la *berākāh* désigne au sens propre la bénédiction découlant de la fidélité. Par synecdoque, elle en serait venue à désigner l'alliance elle-même. Selon cette interprétation, Sennachérib sommerait les Hiérosolymites d'accepter son alliance et ferait miroiter la bénédiction qui en découlerait pour eux[132].

P. Kalluveettil[133] part des deux constatations suivantes: le mot *berākāh* a relativement souvent le sens de «cadeau» (*Jos.*, XV, 19; *Jug.* I, 15) offert pour remercier quelqu'un (*II Rois*, V, 15), trouver grâce aux yeux de quelqu'un et susciter son amitié (*I Sam.*, XXX, 26), notamment quand on a des raisons de craindre sa colère (*Gen.*, XXXIII, 11; *I Sam.*, XXV, 27); la remise d'un cadeau est assez souvent un rite de célébration d'un traité[134] ou un témoin de l'existence d'un traité (*I Rois*, X, 25; *II Rois*, III, 4). A la lumière de ces constatations, P. Kalluveettil suggère que le terme *berākāh*, grâce à son sens de «cadeau» et au fait que la remise d'un cadeau était souvent un rite d'alliance en est venu à désigner, par métonymie, un traité. L'expression *ʿśh berākāh* aurait donc le sens de «faire une alliance». D'après cette interprétation, Sennachérib exigerait précisément un tribut au moyen duquel les Hiérosolymitains renouvelleraient leur traité de vassalité[135].

[127] J.A. MONTGOMERY, *The Books of Kings*, 1951, p. 488.

[128] BR, pp. 645 et 702; BJ, pp. 426 et 1127; B.S. CHILDS, *Isaiah and the Assyrian Crisis*, 1967, p. 77; J. SCHARBERT, *brk, berākāh*, dans ThWAT, I, c. 832.

[129] OSTY, pp. 741 et 1596; TOB, pp. 713 et 825.

[130] J. GRAY, *I & II Kings*, 1977, pp. 677 et 683 traduit: «Join in my good fortune».

[131] Voir BDB, «sub voce» *berākāh* («treaty of peace»); H. WILDBERGER, *Jesaja*, III, 1982, p. 1379, («Segen(svertrag)»).

[132] G. WEHMEIER, *Der Segen im Alten Testament. Eine semasiologische Untersuchung der Wurzel brk* (Theologische Dissertationen, VI), Basel, 1970, p. 94.

[133] *Declaration and Covenant*, 1982, pp. 28-30.

[134] *Cf. Gen.*, XXI, 25-26.28-30.32-34; *II Sam.*, VIII, 9-10; *I Rois*, XV, 16-20; *II Rois*, XII, 19; XV, 19-20; XVI, 5-9.

[135] Voir P. KALLUVEETTIL, *Declaration and Covenant*, 1982, pp. 28-30. A. MURTONEN, *The Use and Meaning of the Words lebårek and beråkåh in the Old Testament*, dans VT, IX, 1959, pp. 158-177, aux pp. 173-174, a fait également appel au sens de cadeau.

L'ultimatum est assorti des conséquences qui s'ensuivront, selon que les Hiérosolymitains se rendront ou s'obstineront dans la résistance. Si les Hiérosolymitains rompent avec Ézéchias et se rendent, Sennachérib leur promet d'abord une vie paisible à Jérusalem, dans la jouissance de leurs biens [136] — ils mangeront chacun le fruit de sa vigne et de son figuier et boiront chacun l'eau de sa citerne — ensuite, le transfert dans un autre pays aussi généreux que le leur; le plus important, ils auront la vie sauve.

Par contre, si les Hiérosolymitains se laissent duper par Ézéchias, et refusent de se rendre, leur sort sera exactement à l'opposé. Sennachérib les menace, en effet, d'un siège qui les réduira à la plus grande extrémité et les condamnera à manger leurs propres excréments et à boire leur propre urine (v. 27).

En définitive, l'Assyrien met les Hiérosolymitains devant le choix entre la vie et la mort. Si ceux-ci se rendent, ils auront la vie sauve; s'ils persistent dans la révolte, ils ne pourront pas échapper à la mort (v. 32aβ).

γ) Genre littéraire du discours.

Les deux discours du Rab-Shaqé s'ouvrent par les formules du messager.

Puisqu'il n'est pas prononcé en présence de son destinataire, le premier discours commence par un ordre que le messager adresse aux représentants du destinataire, qui deviennent ainsi à leur tour des messagers: il leur enjoint de transmettre le message à leur maître (*'imrû-nā' 'èl-ḥizqîyāhû*) (v. 19aβ). Suit la formule du messager proprement dite (*koh 'āmar hammèlèk haggādôl mèlèk 'aššûr*) (v. 19bα).

Comme il est prononcé en présence des destinataires, le second discours commence par un appel à écouter (*šim'û d^ebar-hammèlèk haggādôl mèlèk 'aššûr*) (v. 28bβ). Vient ensuite la formule du messager proprement dite (*koh 'āmar hammèlèk*) (v. 29aα) où l'expéditeur est désigné de façon plus courte par «le roi». La formule du messager revient encore

Cet auteur remarque cependant que, dans notre passage, *b^erākāh* ne désigne pas directement un «cadeau» ou un «tribut», mais désigne la capitulation dont le tribut était une manifestation. A. MURTONEN termine: «Perhaps it can be interpreted to mean a state in which both parties 'bless' each other, i.e. work for the benefit of one another — at least in theory» (p. 174).

[136] Demeurer chacun sous sa vigne et sous son figuier (*yšb ... taḥat*) est une image de la paix, de la tranquillité et de la sécurité (*I Rois*, V, 5; *Mich.*, IV, 4; *Zac.*, III, 10; *cf.* aussi *I Mac.*, XIV, 12). Dans notre passage, la vigne, le figuier et la citerne sont mentionnés parce qu'ils fournissent les moyens de subsistance normaux (*cf.* aussi *Nomb.*, XX, 5; *Deut.*, VIII, 8; *Jér.*, V, 17; *Os.*, II, 14; *Joël*, I, 7.12; II, 22; *Ag.*, II, 19; *Ps.*, CV, 33).

dans l'introduction de l'ultimatum (*kî koh 'āmar mèlèk 'aššûr*) (v. 31b); elle y prend le contre-pied de *'al-tišm'û 'èl-ḥizqîyāhû*, lequel à son tour est la contrepartie de *šim'û d^ebar-hammèlèk haggādôl mèlèk 'aššûr* du v.28.

La façon de les désigner révèle la différence de rang entre l'expéditeur et le destinataire. Dans l'introduction de chacun de ses discours, le Rab-Shaqé désigne son maître par deux de ses titres : «Le grand roi, le roi d'Assur» (vv. 19bα et 28bβ). Le titre *hammèlèk haggādôl* («le grand roi») correspond à l'ak. *šarru rabû*, qui était l'un des titres que les rois d'Assyrie s'accordaient à eux-mêmes[137]. Étant propre au suzerain, ce titre est celui qui convient dans la situation supposée par le récit. Le titre de «roi d'Assur» (*mèlèk 'aššûr*), qui suit, précise qui est le suzerain de Juda : ce n'est pas le roi d'Égypte, avec qui Ézéchias a fait alliance, mais le roi d'Assur.

Cependant, le plus souvent, le Rab-Shaqé désigne l'expéditeur de façon moins solennelle. Ainsi, au v. 29a, il l'appelle seulement «le roi» (*hammèlèk*). Bien que moins solennel, ce titre a une portée identique à celle du titre de «le grand roi»: comme ce dernier, il suppose que l'expéditeur est à la fois roi d'Assyrie et suzerain de Juda. Le Rab-Shaqé désigne encore l'expéditeur par «roi d'Assur» (v. 31b), «mon seigneur» (*'^adonî*) (vv. 24a.27a), «mon seigneur, le roi d'Assur» (v. 23a). Le nom propre (*sanḥérîb*) associé au titre de «roi d'Assur» n'apparaît que dans la conclusion narrative du récit (XIX, 36).

Aussi bien les parties narratives (XVIII, 17; XIX, 8.36) qu'Ézéchias (XIX, 4) et Isaïe (XIX, 6) désignent l'expéditeur par son titre de «roi d'Assyrie».

En revanche, le Rab-Shaqé n'accorde jamais à Ézéchias son titre de roi. Il le désigne par son nom propre (XVIII, 19.22.30.31) et, en s'adressant à Élyaqîm, par «ton seigneur» (*'^adonèykā*) (v. 27). Dans les parties narratives, le destinataire peut être désigné par son titre de roi et son nom propre (*hammèlèk ḥizqîyāhû*) (XIX, 1.5), son titre (XVIII, 36), ou encore son nom propre (XVIII, 37). En s'adressant à Isaïe, les envoyés d'Ézéchias mentionnent leur maître par son nom propre. A l'adresse des délégués d'Ézéchias, Isaïe parle de «votre seigneur» (*'^adonéykèm*) (XIX, 6a).

Bref, tous s'accordent pour reconnaître son titre de roi d'Assur à l'expéditeur. En outre, la partie assyrienne lui attribue aussi la suzeraineté sur Juda. La partie assyrienne par contre ne reconnaît pas à Ézéchias son titre royal. Cette différence de traitement correspond au rapport entre les deux parties: c'est un suzerain qui s'adresse à un vassal en

[137] M.-J. SEUX, *Epithètes royales akkadiennes et sumériennes*, 1967, pp. 298-300.

révolte. Tant qu'Ézéchias n'aura pas reconnu la suzeraineté du nouveau roi d'Assyrie, ce dernier ne le reconnaîtra pas comme roi de Juda.

Un vrai message se présente entièrement comme une parole de l'expéditeur, que le messager transmet directement au destinataire ou à un autre messager. La parole de l'expéditeur est citée textuellement en style direct. Le messager n'est que la bouche de celui qui l'envoie, et dont il doit citer les paroles, sans y rien ajouter ni retrancher. Il ne revient au messager aucune initiative. Son rôle reste tout à fait effacé derrière le message qu'il transmet.

Par ailleurs, le message est normalement très court. Lorsqu'il est adressé par un supérieur à un inférieur, comme c'est le cas dans notre passage, le message consiste généralement dans une sorte d'ultimatum ou d'injonction très précise à faire telle ou telle chose[138].

Le second discours du Rab-Shaqé (vv. 28-32a) a les principales caractéristiques formelles d'un message. Il se présente entièrement comme une citation du roi d'Assyrie, et comprend une série d'injonctions. Le seul écart par rapport au schéma classique du message réside dans la longeur exceptionnelle du discours.

Dans le premier discours (XVIII, 19-25), la formule du messager n'est certes pas la seule caractéristique formelle d'un message. Les interrogatives (vv. 19b.20b.21.22.24 et 25) sont, elles aussi, caractéristiques dans ce contexte[139].

Il n'empêche que le premier discours s'écarte considérablement du schéma classique d'un message[140]. L'expéditeur n'y tient pas la parole d'un bout à l'autre. De façon tout à fait régulière, aux vv. 19b-21, le roi d'Assyrie parle à la 1e pers. et s'adresse à Ézéchias à la 2e pers. En revanche, au v. 22, la 2e pers. ne se rapporte plus à Ézéchias, dont on parle à la 3e pers. La 2e pers. se réfère soit aux trois ambassadeurs d'Ézéchias, si l'on adopte le plur. (*to'mrûn*), soit à Élyaqîm, leur porte-parole, si l'on opte pour le sg. (*to'mar*). Il y a tout lieu de penser que, comme aux vv. 23-24, la 1e pers. ne se réfère plus au roi d'Assyrie, mais au Rab-Shaqé, et que le changement d'interlocuteur s'accompagne d'un changement de locuteur. En tout cas, il est certain que le Rab-Shaqé parle lui-même à la 1e pers. (*'ªdonî, wᵉ'ètnāh*), aux vv. 23-24, puisqu'il se réfère au roi d'Assyrie à la 3e pers. La 2e pers., à

[138] *I Rois*, II, 30; XX, 2-3; *II Rois*, I, 11. Voir C. WESTERMANN, *Grundformen prophetischer Rede*, 1978[5], pp. 71-81 et K. KOCH, *Was ist Formgeschichte?*, Neukirchen-Vluyn, 1967[2], pp. 230-232.

[139] *Jug.*, XI, 12; voir C. WESTERMANN, *ibidem*; K. KOCH, *ibidem*.

[140] Voir B.S. CHILDS, *Isaiah and the Assyrian Crisis*, 1967, p. 79.

qui s'adresse le Rab-Shāqé, (*hitʿārèb, lᵉkā, tûkal, tāšîb, watibṭaḥ*) doit être de nouveau Ézéchias. Il est, par contre, difficile d'identifier la 1ᵉ pers. du v. 25. Étant donné le contenu de ce verset, il faut sans doute penser au roi d'Assyrie lui-même, et non plus au Rab-Shaqé.

Que le discours ne se présente pas entièrement comme une citation du roi d'Assyrie n'est d'ailleurs pas la seule entorse au schéma d'un message. Il contient en outre plusieurs reproches, qui le rendent exceptionnellement long pour un message. Par ailleurs, le Rab-Shaqé discute, défie et menace, mais ne formule aucune injonction précise.

Dans sa première intervention, le Rab-Shaqé ne tient pas le rôle d'un messager. Il possède une marge d'initiative beaucoup plus grande que celle dont jouit un messager. La liberté du Rab-Shaqé, comme d'ailleurs celle des délégués judéens, ressort aussi du dialogue des vv. 26-27. Bien que Élyaqîm et le Rab-Shaqé ne soient que des intermédiaires, ce dialogue semble bien résulter de leur initiative. Son contenu est entièrement de leur cru.

C. Westermann qualifie *II Rois*, XVIII, 19ss de «message développé» (*entfaltete Botschaft*). Ses particularités seraient dues au rang élevé du messager. Puisqu'il n'est pas un messager quelconque, le Rab-Shaqé n'est pas tenu de transmettre littéralement un message que le roi d'Assyrie lui aurait confié, mais il peut développer, détailler et adapter le message en question [141].

En dépit des formules du messager qui encadrent *II Rois*, XVIII, 19-32a, la critique actuelle tend à déterminer le genre littéraire de ce passage en fonction de son contenu et du *Sitz im Leben* supposé par le récit dont il fait partie. Ainsi, J.A. Montgomery caractérise *II Rois*, XVIII, 19-25 comme «a notable diplomatic argument» [142]. L'explication de *II Rois*, XVIII, 19-32a en termes de «discussion diplomatique» a été développée surtout par B.S. Childs [143]. Cet exégète s'appuie sur un parallèle assyrien très proche; il s'agit d'une lettre découverte à Nimrud (ND. 2632), et que son éditeur, H.W.F. Saggs [144], propose

[141] C. WESTERMANN, *op. cit.*, p. 77.

[142] *The Books of Kings*, 1951, p. 487.

[143] *Isaiah and the Assyrian Crisis*, 1967, pp. 80-82.

[144] *The Nimrud Letters, 1952 - Part I, The Ukin-zer Rebellion and Related Texts*, dans Iraq, XVII, 1955, pp. 23 ss. H.W.F. SAGGS lui-même a fait le rapprochement entre la lettre en question et *II Rois*, XVIII, 17ss, *op. cit.*, p. 47 et n. 1. A la suite de B.S. CHILDS, J. GRAY, *I & II Kings*, 1977, p. 664 et H. WILDBERGER, *Die Rede des Rabsake vor Jerusalem*, dans ThZ, XXXV, 1978, pp. 43-45; ID., *Jesaja*, III, 1982, pp. 1387-1388, font appel à ladite lettre pour déterminer le genre littéraire de *II Rois*, XVIII, 19ss. W. VON SODEN, *Sanherib vor Jerusalem 701 v. Chr.*, dans *Antike und Universalgeschichte. Festschrift H.E. Stier*, 1972, pp. 46-48, y voit plutôt une confirmation de la valeur historique de *II Rois*, XVIII, 17ss.

de dater en 731 av. J.-C. Cette lettre, dont l'interprétation n'est pas toujours aisée, a été écrite par deux fonctionnaires assyriens. Ils rapportent au roi comment ils ont essayé d'amener la population de Babylone à retirer son appui à Ukin-zer, chef des tribus chaldéennes de Bit-Amukkani, qui contrôlait alors la ville, et à se soumettre à nouveau à l'Assyrie. Voici, d'après la traduction anglaise de H. W. F. Saggs[145] la partie de la lettre qui concerne notre propos :

> «To the King my lord your servant(s) *šamaš-bunaia* (and) *Nabu-eṭir* (...). On the twenty-eighth we came to Babylon. We took our stand before the Marduk-gate (and) argued with the Man of Babylon. *So-and-so* the servant of Ukin-zer was present at his side. (10) when they came out they were standing before the gate with the Babylonians. We spoke to the Babylonians in this way : «*Why* do you *act hostilely* to us for the sake of them?», (adding) : «Their *place* is in the midst of *Chaldaean tribesmen* ... (16) Babylon indeed shows favour to a Chaldaean! your citizen-privileges have been set down (in charter)».
>
> *I kept going* to Babylon[146] : we used many arguments with them. (20) The Five and the Ten were present. They would not *agree* to come out, they would not argue with us : they (just) kept sending us messages.
>
> We said to them : «Open the great gate! we would enter Babylon». He was not willing, (25) (and answered) thus : «we should only let you enter Babylon for our own submission». (I replied to them) thus : «when the King himself comes, what shall I say to the King? When the King comes they will open the great gate» (30). They did not believe that the King would come, (so) we spoke to them in this manner : «*So-and-So* and the servants of Ukin-zer have indeed *misled* you[147]. (35) We are certainly *staying in Kar-Nergal* until the royal household comes». We argued *in the presence of* the Babylonians : «What message are we to send to the King about the report *of hostility*?»[148]

Malgré les difficultés de détail, les ressemblances entre ce texte et les discours du Rab-Shaqé sont claires.

Les situations historiques supposées sont identiques. Dans les deux cas, il s'agit de l'effort déployé par un roi d'Assur en vue de ramener

[145] Les mots en italiques sont douteux. Certains de ces passages sont rendus de façon entièrement différente par W. von Soden. Nous signalerons les principales divergences entre les deux traductions.

[146] W. von Soden, *op. cit.*, p. 47, comprend autrement les lignes 13-18, à partir de ce que H. W. F. Saggs traduit par «*Why do you act hostilely ...*» Voici la traduction de W. von Soden : (13) «Der K[öni]g *(š[arr]u!)* hat uns zu euch! geschickt (*i!-[šap!-]ra-na-ši)* (14) mit dem Auftrag : ' ...... (15) ... (16) ... Babylon? möge zustimmen! (17) Euer Schutzverhältnis zu bestätigen² (18) komme ich nach Babylon'».

[147] W. von Soden, *op. cit.*, p. 47, rend par «... und die Diener (33) des Ukīn-zēr sollen zu euch herabkommen *(lu-[r]i!-du!-ni-ku-nu)!*»

[148] W. von Soden, *op. cit.*, p. 47, traduit par «Was immer ihr Bescheid sein wird *(ṭè-mu-ša-nu-ni!?)* ..., (38) werden wir meinen Herrn König schreiben».

à la soumission, par des moyens diplomatiques, une ville en révolte. Également identiques sont le cadre et les circonstances des discussions : elles ont lieu hors les murs, devant l'une des portes de la ville en révolte. Le suzerain assyrien et le vassal discutent par l'intermédiaire de leurs représentants. Aux délégués du roi rebelle se joint la population de la ville. En réalité, c'est à la population que les Assyriens s'adressent, dans le but de la soulever contre son roi et, par ce biais, de diviser la ville, de vaincre sa résistance et de la ramener à la vassalité sans siège ni coup férir. La reddition est exprimée en termes de «sortir» de la ville[149] et d'en ouvrir les portes[150]. Pour persuader la population de la ville de se rendre, les représentants du roi d'Assyrie manient à la fois la carotte et le bâton : ils font miroiter des promesses et brandissent des menaces.

Faute de mieux, à la suite de B. S. Childs, on qualifiera ces textes de «discussion diplomatique»[151]. En *II Rois*, XVIII, 19-32a, il s'agit d'une discussion «sui generis» dans la mesure où seul le Rab-Shaqé parle. La seule intervention de l'autre partie concerne, non pas le fond, mais la procédure (v. 26). Ce monopole de la parole, qui correspond au rapport des forces, sert à illustrer l'orgueil assyrien et à mettre en lumière la confiance d'Ézéchias en Yahvé.

En tout cas, le Rab-Shaqé apparaît ici comme un ambassadeur plénipotentiaire, à qui le roi d'Assyrie a confié la mission de ramener Jérusalem à la vassalité par des moyens diplomatiques. En réalité, cet ambassadeur doit se livrer à une guerre psychologique[152] dans l'espoir de faire ainsi l'économie d'une intervention armée. Il doit trouver pour cela les armes les plus adéquates dans l'arsenal des arguments, menaces et promesses selon les circonstances. A la lumière de ces considérations, la marche générale des discours, les changements de locuteur et d'interlocuteur et la diversité des arguments n'ont rien de surprenant. D'autre part, puisque le Rab-Shaqé n'est qu'un représentant du roi d'Assyrie, la présence des formules du messager est normale dans le contexte de notre récit.

δ) Le thème de la confiance.

Les discours du Rab-Shaqé ont pour thème central la confiance. Cela ressort, non seulement de l'emploi massif de la racine *bṭḥ*, mais

[149] ND. 2632, l. 21; *II Rois*, XVIII, 31bα.
[150] ND. 2632, ll. 23-30.
[151] *Isaiah and the Assyrian Crisis*, 1967, pp. 80-82.
[152] Voir Y. YADIN, *The Art of Warfare in Biblical Lands in the Light of Archaeological Discovery*, London, 1963, pp. 319-320.

aussi du hif. de *nš'* II (v. 29a) et de *šm' 'l* (v. 31a). Si Ézéchias s'est révolté, c'est parce qu'il met sa confiance en lui-même, en l'Égypte, en Yahvé. Le Rab-Shaqé entend donc montrer qu'Ézéchias a tort sur toute la ligne, et par là saper tous les fondements de son assurance.

D'après certains critiques, le thème de la confiance trahirait la main d'un auteur influencé par la théologie du *Deutéronome* ou de l'école deutéronomiste[153]. Il n'y a pas lieu de retenir pareille hypothèse. En effet, parmi les 180 emplois de la racine *bṭḥ* dans la Bible, le *Deutéronome* n'en compte que 4 et l'histoire deutéronomiste 19, dont 10 en *II Rois*, XVIII-XIX, 7 dans des passages anciens du livre des *Juges* (VIII, 11; IX, 26; XVIII, 7.7.10.27; XX, 36) et 1 dans un passage généralement tenu pour un ajout postexilique (*I Rois*, V, 5)[154]. *II Rois*, XVIII-XIX mis à part, aussi bien l'histoire deutéronomiste que le *Deutéronome* emploient la racine sous la forme adverbiale (*bèṭaḥ* ou *lābèṭaḥ*) ou au part. (*boṭēᵃḥ*), avec les nuances de «en sécurité», «en sûreté» au sens objectif[155], ou «en confiance, sans souci, tranquille» au sens subjectif[156]. Les seules exceptions sont *Deut.*, XXVIII, 52, passage généralement tenu pour exilique[157], et *Jug.*, IX, 26 et XX, 36, passages anciens.

Contrairement à l'opinion de B.S. Childs et de O. Kaiser[158], la confiance n'est donc nullement un thème favori des cercles dtn-dtr[159]. Elle n'est pas l'un de leurs critères d'appréciation habituels. Le seul personnage dont ils louent la confiance en Yahvé est justement Ézéchias (*byhwh 'ᵉlohéy-yiśrā'él bāṭāḥ*) (*II Rois*, XVIII, 5). Il est donc exclu que le thème de la confiance, en *II Rois*, XVIII, 19-32a, soit un apport dtr. Il s'agit plutôt d'un élément primitif du discours du Rab-Shaqé; l'auteur de *II Rois*, XVIII, 5 l'a d'ailleurs repris en tête de la présentation du règne, comme étant le trait caractéristique d'Ézéchias.

Le thème de la confiance est parfaitement à sa place dans le contexte supposé par le récit. Il revient en effet constamment dans les documents assyriens pour évoquer le comportement des vassaux en révolte contre l'Assyrie. Si le vassal a osé se révolter, c'est parce que, oubliant les dieux assyriens, en particulier Assur, et les serments qu'il a prêtés,

[153] B.S. CHILDS, *Isaiah and the Assyrian Crisis*, 1967, p. 85 et O. KAISER, *Der Prophet Jesaja II*, pp. 301-302, y voient précisément l'apport de l'historien deutéronomiste.

[154] Au sujet de *I Rois*, V, 5, voir J. GRAY, *I & II Kings*, 1977, p. 140.

[155] *Deut.*, XII, 10; XXXIII, 12.28; *I Sam.*, XII, 11; *I Rois*, V, 5.

[156] *Jug.*, VIII, 11; XVIII, 7.7.10.27.

[157] Voir G. VON RAD, *Das Fünfte Buch Mose. Deuteronomium* (ATD, 8), Göttingen, 1964, p. 126.

[158] Voir *supra*, n. 153.

[159] Voir R. DEUTSCH, *Die Hiskiaerzählungen*, 1969, p. 108.

il a mis sa confiance (*takālu, tukultu*) en quelque chose ou en quelqu'un : soi-même ou sa propre force, la puissance d'un allié, la situation géographique de ses positions qu'il estime imprenables. Par contre, le roi d'Assyrie prétend qu'il met sa confiance exclusivement dans les dieux assyriens, particulièrement en Assur[160].

Qu'il nous suffise de citer un texte illustrant chacune de ces accusations. Ainsi, au sujet de sa campagne contre l'Égypte en 667 ou 666, Assurbanipal dit de Taharqa (Tirhaqa): «(...) Tarqû (...), à qui Assarhaddon roi d'Assyrie, le père qui m'a engendré, avait infligé une défaite et dont il avait subjugué le pays, lui donc, oublia la force d'Assur, d'Ishtar et des grands dieux mes Seigneurs et se fia en ses propres forces (*ittakil ana émuq ramanišu*) (...)»[161].

Un scribe de Sennachérib fait dire aux Babyloniens qui apportent un cadeau au roi d'Élam, dont ils sollicitent l'aide militaire lors de leur révolte contre l'Assyrie[162] : «Gather thy army, prepare thy camp, haste to Babylon, come to our aid (lit. stand at our side), for thou art our trust (*tukultani lu attā*)»[163].

Au sujet de Marduk-apal-iddina II, qui avait l'habitude de se réfugier dans les marais du sud de la Mésopotamie, Sargon II dit[164] : «Marduk-apal-iddina (...) in the 'Bitter River' and the power of the flood put his trust (*ittakilma*) and the agreements (and) the oath to the great gods he broke, and withheld his gift. Humbanigaš, the Elamite, to his assistance turned, and the totality of the Sutê (...), he induced to rebellion against me (...)»[165].

Dans le contexte supposé par le récit, il est également tout à fait naturel que le Rab-Shaqé dénonce la faiblesse aussi bien d'Ézéchias que

[160] Voir M. COGAN, *Imperialism and Religion*, 1974, pp. 122-125; Ch. COHEN, *Neo-Assyrian Elements in the First Speech of the Biblical Rab-šāqê*, dans *Israel Oriental Studies*, IX, Tel Aviv, 1979, pp. 39-41; M. LIVERANI, *The Ideology of the Assyrian Empire*, dans M.T. LARSEN (éd.), *Power and Propaganda*, 1979, pp. 311-312.

[161] Traduction de M.-J. SEUX, dans TPOA, nº 52. La mention de la confiance en soi-même ou en ses propres forces revient souvent. Voir, entre autres, des textes de Salmanazar III (TPOA, nº 20), de Sargon II (TPOA, nº 40B) et d'Assarhaddon (R. BORGER, *Die Inschriften Asarhaddons Königs von Assyrien*, 1956, §27, Ep. 6, 25-27).

[162] OIP, V, 36-37 (D.D. LUCKENBILL, *The Annals of Sennacherib*, p. 42).

[163] Au sujet de la confiance dans des alliés, voir notamment des textes de Tiglath-phalazar III (P. ROST, *Die Keilschrifttexte Tiglat-pilesers III*, I, 1893, pp. 12-13, ll. 61-62), Sargon II (A.G. LIE, *The Inscriptions of Sargon II King of Assyria*, I, *The Annals*, 1929, pp. 8-9, ll. 59-60 et pp. 14-15, l. 84), Assarhaddon (R. BORGER, *Die Inschriften Asarhaddons Königs von Assyrien*, 1956, §76, 12).

[164] A.G. LIE, *op. cit.*, pp. 42-43; ll. 263-266.

[165] Voir aussi R. BORGER, *Die Inschriften Asarhaddons*, 1956, §27, Ep. 6, 20-23 et TPOA, nº 49, textes où Assarhaddon accuse respectivement Sanduarri, roi de Kundu et de Sissu, d'avoir mis sa confiance dans les montagnes inaccessibles et Abdimilkutti, roi de Sidon, d'avoir confié dans «la mer houleuse (?)».

de l'Égypte, son alliée. Un prisme de Sargon II, relatif à la révolte menée par Ashdod (713-712), exprime au sujet de l'Égypte une opinion très proche de celle que l'on trouve en *II Rois*, XVIII, 21. Voici ce qu'il dit : «Ils (c'est-à-dire les rois de Philistie, de Juda, d'Édom et de Moab) offrirent leur cadeau d'hommage à Pir'u (*Pharaon*), roi de Muçur (*Égypte*), un prince qui ne pouvait pas les sauver, et ils ne cessèrent pas de lui demander du renfort»[166].

ε) L'Assyrien mandaté par Yahvé.

L'Assyrien prétend qu'il n'est pas monté contre Jérusalem à l'insu ou contre la volonté de Yahvé : il a été positivement mandaté par lui. *II Rois*, XVIII, 25 se présente comme une révélation de Yahvé à Sennachérib. Bien que l'expression complète *ʿaléh ʿal* ne se retrouve pas dans le contexte de la réponse à une consultation de Yahvé ou d'un oracle enjoignant à quelqu'un de partir en guerre, l'impératif *ʿaléh* est le terme normal en de pareilles circonstances[167]. La critique s'accorde, sans doute à juste titre, pour dire que le texte ne se réfère pas à un véritable oracle, transmis par un prêtre ou un prophète de Yahvé[168]. L'interprétation en est néanmoins discutée.

On peut ranger les critiques en deux grands groupes, selon qu'ils interpretent ou non *II Rois*, XVIII, 25 à la lumière des oracles d'Isaïe qui attribuent à l'Assyrie le rôle de bâton de la colère de Yahvé.

Les uns estiment que *II Rois*, XVIII, 25 dépend des oracles isaïens en question. D'aucuns tiennent *II Rois*, XVIII, 25 pour un trait historique du récit et supposent que le Rab-Shaqé connaissait lesdits oracles et en fait une arme de propagande[169]. La plupart des critiques y voient plutôt l'œuvre du narrateur, qui prêterait ainsi à l'Assyrien la revendication du rôle que certains oracles d'Isaïe assignaient à l'Assyrie[170].

L'autre partie de la critique interprète le passage sans référence aux oracles isaïens. D'après certains, l'affirmation de *II Rois*, XVIII, 25,

[166] TPOA, n° 40B.

[167] *Jos.*, VIII, 1; *II Sam.*, II, 1; *I Rois*, XXII, 6.12.15; *I Chr.*, XIV, 10; *II Chr.*, XVIII, 5.11.14; *cf.* aussi *Jér.*, V, 10 et, sous forme négative, *Deut.*, I, 42.

[168] Voir cependant F. LINDSTROEM, *God and the Origin of Evil*, 1983, pp. 107, 110-111.

[169] Voir N. SCHLOEGL, *Die Bücher der Könige* (Kurzgefasster wissensch. Kom. zum Alten Testament), Wien, 1911, p. 300; E. J. KISSANE, *The Book of Isaiah*, 1960, p. 395; C. VAN LEEUWEN, *Sanchérib devant Jérusalem*, dans OTS, XIV, 1965, p. 258.

[170] Voir B. DUHM, *Das Buch Jesaja*, 1914, p. 235; O. PROCKSCH, *Jesaja I*, 1930, p. 444; J. FISCHER, *Das Buch Isaias*, 1937, p. 232; B.S. CHILDS, *Isaiah and the Assyrian Crisis*, 1967, pp. 84-85; O. KAISER, *Der Prophet Jesaja*, II, 1973, p. 307; R.E. CLEMENTS, *Isaiah 1-39*, Grand Rapids - London, 1980, p. 281.

certainement destinée à effrayer Jérusalem, ne serait que du bluff dont le Rab-Shaqé aurait réellement usé, ou que l'auteur du récit lui prête[171].

Cette interprétation a certes l'avantage d'essayer de comprendre l'affirmation du Rab-Shaqé de son point de vue; elle a pourtant l'inconvénient de présupposer sa mauvaise foi, ou d'admettre que l'auteur du récit la lui attribue. Or, étant donné le réalisme des autres arguments, il est peu probable que celui de *II Rois*, XVIII, 25 soit dépourvu de fondement. Si les envoyés d'Ézéchias redoutent l'effet des propos du Rab-Shaqé sur le peuple, c'est que la prétention assyrienne n'était pas gratuite. En présentant l'Assyrie comme l'agent de Yahvé, le Rab-Shaqé devait avoir de bonnes raisons d'être pris au sérieux par le peuple de Jérusalem.

Quelques exégètes voient en *II Rois*, XVIII, 25 une simple conclusion, tirée de la réussite de l'expédition de Sennachérib[172].

B. Albrektson[173] et M. Cogan[174] ont attiré l'attention sur nombre de textes du Proche-Orient ancien où le malheur d'un peuple, notamment une défaite ou un échec militaire, est attribué à la colère de son propre dieu ou de ses propres dieux. C'était une croyance courante, que l'on retrouve en Mésopotamie, chez les Hittites[175] et chez les Moabites[176], voisins d'Israël. C'est ce que M. Cogan appelle le «motif de l'abandon divin»[177].

Dans leur propagande, les Néo-Assyriens ont fait usage de ce motif, mais ils l'ont adapté à leur situation de conquérants. Ce qui était avant tout un moyen dont un peuple vaincu se servait pour rendre compte de sa défaite, devient, dans la propagande néo-assyrienne, un moyen de justifier et de légitimer certaines des victoires assyriennes. En effet, les rois néo-assyriens présentent à l'occasion leurs victoires comme si elles étaient dues au fait que les dieux des peuples vaincus les ont abandonnés. Dans cette perspective, les dieux des vaincus contribuent, ne fût-ce qu'indirectement, aux conquêtes assyriennes[178]. Le motif de l'abandon divin s'est d'ailleurs traduit dans la pratique par la déportation en Assyrie des images divines des pays étrangers[179].

[171] I. BENZINGER, *Die Bücher der Könige*, 1899, pp. 180-181; K. MARTI, *Das Buch Jesaja*, 1900, p. 250; A. CONDAMIN, *Le livre d'Isaïe*, 1905, p. 218.

[172] A. ŠANDA, *Die Bücher der Könige*, II, 1912, p. 256.

[173] *History and the Gods* (ConBib. OT, 1), Lund, 1967, pp. 16-41 et 98-114.

[174] *Imperialism and Religion*, 1974, pp. 9-41.

[175] Mursilis II (1339-1306 av. J.-C.) reconnaît dans une peste qui frappe son armée un châtiment infligé par ses propres dieux. Voir ANET, pp. 394-396.

[176] Voir la stèle de Mesha, l. 5. H. DONNER - W. ROELLIG, KAI, n° 181.

[177] *Imperialism and Religion*, 1974, pp. 9-21.

[178] Voir M. COGAN, *op. cit.*, pp. 9-21.

[179] Voir M. COGAN, *op. cit.*, pp. 22-41 et les tableaux pp. 119-121.

L'interprétation qu'Assarhaddon et Assurbanipal donnent de la destruction de Babylone par Sennachérib offre un bon exemple du motif de l'abandon divin, tel qu'il fut employé par les rois néo-assyriens. En 689 Sennachérib détruit Babylone et paraît décidé à en finir avec la ville. Même les temples sont ravagés et les images divines détruites ou emportées en Assyrie. En faisant cela, Sennachérib prétend obéir aux ordres de son dieu Assur[180].

A la différence de son père, Assarhaddon fait de la reconstruction de Babylone et de la réconciliation avec les Babyloniens l'une des priorités de son règne[181]. Curieusement, ses scribes racontent la destruction de Babylone sans dire un mot de la part qu'y prirent Sennachérib et son armée. Tout devient l'œuvre de Marduk. Les méfaits des Babyloniens ayant provoqué la colère de Marduk, celui-ci a décidé de détruire Babylone en se servant à cet effet d'un cataclysme[182]. Les inscriptions d'Assurbanipal reprennent cette explication de la destruction de Babylone[183], et en ajoutent une autre, sensiblement différente[184]. D'après cette dernière, au cours d'un règne précédent, Marduk aurait quitté Babylone pour vivre avec son père dans la ville d'Assur.

C'est sans doute à la lumière de cette utilisation du motif de l'abandon divin que l'on doit comprendre *II Rois*, XVIII, 25[185]. Mais, à la différence des textes assyriens connus, où l'abandon divin est toujours destiné à justifier une conquête déjà réalisée, dans notre récit, c'est un moyen de pression pour ramener à la soumission un vassal en révolte.

Reste à savoir la raison pour laquelle Yahvé est en colère contre Ézéchias et a envoyé l'Assyrien contre Jérusalem. Le plus simple est de penser à la réforme cultuelle d'Ézéchias, que le Rab-Shaqé a présentée, au v. 22, comme une impiété à l'égard de Yahvé[186]. Or, quand les textes assyriens mentionnent les raisons de l'abandon divin, les fautes d'ordre religieux et cultuel sont au premier plan.

A la suite de M. Tsevat[187], nombre de critiques interprètent *II Rois*,

180 D. D. Luckenbill, *The Annals of Sennacherib*, 1924, pp. 83-84, ll. 54-55 et p. 138, ll. 44-45; voir J. J. M. Roberts, *Myth versus History*, dans CBQ, XXXVIII, 1976, pp. 1-13, aux pp. 9-10.

181 Voir J. A. Brinkman, *Through a Glass darkly. Esarhaddon's Retrospects on the Downfall of Babylon*, dans JAOS, CIII, 1983, pp. 35-42, aux pp. 35-36.

182 R. Borger, *Die Inschriften Asarhaddons Königs von Assyrien*, 1956, § 11, Ep. 2-9. Voir aussi l'étude de J. A. Brinkman, *op. cit.*, dans JAOS, CIII, 1983, pp. 35-42.

183 M. Streck, *Assurbanipal und die letzen assyrischen Könige bis zum Untergange Niniveh's*, II, 1916, p. 262, l. 29.

184 M. Streck, *op. cit.*, p. 244, ll. 37-41.

185 Voir M. Cogan, *Imperialism and Religion*, 1974, p. 111, n. 1.

186 Voir P. Auvray, *Isaïe 1-39*, 1972, p. 305.

187 *Neo-Assyrian and Neo-Babylonian Vassal Oaths and the Prophet Ezekiel*, dans JBL, LXXVIII, 1959, pp. 199-204.

XVIII, 25 à la lumière du serment qui liait Ézéchias au roi d'Assyrie. En se révoltant, Ézéchias a rompu le serment et est devenu parjure. L'Assyrien est l'agent de Yahvé pour l'exécution des malédictions prévues par le traité [188].

Cette interprétation suppose que Yahvé était témoin et garant du serment qui liait le roi de Juda au roi d'Assyrie. La pratique assyrienne n'a peut-être pas été uniforme à ce sujet [189]. Dans les traités imposés respectivement par Assarhaddon à Ba'al de Tyr [190] et par Assurbanipal à Qedar [191], le vassal prête serment par les dieux de l'Assyrie et par ses propres dieux, Mati'ilu de Arpad a prêté serment au moins par la divinité syrienne, Hadad de Alep [192]. *Éz.*, XVII, 11-21 nous apprend indirectement que Sédécias était lié à Nabuchodonosor par un serment qu'il avait prêté au nom de Yahvé. La révolte de Sédécias équivaut donc à une infidélité à l'égard de Yahvé. Celui-ci ne la laissera pas impunie. *Chr.*, XXXVI, 13 dit explicitement que Nabuchodonosor avait fait prêter serment par Dieu à Sédécias. Bien que le terme employé soit *'elohîm*, le contexte ne laisse aucun doute : il s'agit de Yahvé.

A la lumière de ces témoignages, on peut conclure que le traité entre l'Assyrie et Juda avait pour garants non seulement les dieux assyriens, mais aussi Yahvé [193].

Si le thème de l'abandon divin est courant dans les documents assyriens, à notre connaissance, aucun texte ne témoigne de la prétention qu'aurait le roi d'Assyrie d'être positivement l'agent des dieux du vassal pour venger son parjure. Cela est peut-être dû à la nature de la documentation assyrienne. Les textes assyriens où apparaît le motif de l'abandon divin servent à justifier des événements passés. Bien qu'ils

[188] Voir H. Ch. BRICHTO, *The Problem of « Curse » in the Hebrew Bible* (JBL, Monogr. Series, 13), Philadelphia, 1963, p. 140, n. 4; R. FRANKENA, *The Vassal-Treaties of Esarhaddon and the Dating of Deuteronomy*, dans OTS, XIV, 1965, p. 150; D. R. HILLERS, *Covenant : The History of a Biblical Idea*, 1969, pp. 43-45; D. J. MCCARTHY, *Treaty and Covenant*, 1978², p. 287, n. 21; P. KALLUVEETTIL, *Declaration and Covenant*, 1982, p. 70. Voir aussi G. FOHRER, *Das Buch Jesaja*, II, 1967, pp. 169-170; H. WILDBERGER, *Jesaja*, III, 1982, pp. 1402-1403.

[189] Voir D. J. MCCARTHY, *op. cit.*, pp. 106-121.

[190] R. BORGER, *Die Inschriften Asarhaddons Königs von Assyrien*, 1956, p. 109, IV, 2ss.

[191] K. DELLER-S. PARPOLA, *Ein Vertrag Assurbanipals mit dem arabischen Stamm Qedar*, dans Or., XXXVII, 1968, pp. 464-466; P. BUIS, *Un traité d'Assurbanipal*, dans VT, XXVIII, 1978, p. 470.

[192] E. F. WEIDNER, *Der Staatsvertrag Assurnirâris VI. von Assyrien mit Mati'ilu von Bît-Agusi*, dans AfO, VIII, 1932-1933, p. 28, Rs. VI, 18.

[193] M. TSEVAT, *op. cit.*, p. 200, propose de voir dans l'invocation des dieux du vassal, pratique apparemment courante dans ce qui correspond à la partie ouest de l'empire assyrien, la persistance d'une tradition hittite.

accordent un certain rôle aux dieux des vassaux, ces textes ont été écrits à la plus grande gloire d'Assur et des autres divinités assyriennes. Dans ce contexte, il semble exclu que le souverain assyrien apparaisse aux ordres de quelqu'un d'autre que d'Assur et des autres divinités assyriennes. Par contre, dans un discours de propagande destiné à effrayer un vassal en révolte, comme c'est le cas dans notre récit, on comprendrait que le roi d'Assyrie revendique un mandat du dieu ou des dieux du vassal. Cela constituerait sans nul doute un moyen de pression beaucoup plus efficace que si le souverain assyrien se présentait comme l'envoyé de ses propres dieux. En effet, il est normal que les dieux de l'Assyrie soient de son côté. Mais, si Yahvé lui-même est du côté de l'Assyrie, alors il n'y a plus aucun espoir.

Bref, l'affirmation du Rab-Shaqé selon laquelle l'Assyrie a été mandatée par Yahvé peut se comprendre dans la perspective assyrienne supposée par le récit. On hésitera cependant au sujet de la raison qui motive la colère divine. Est-ce la réforme cultuelle comme en *II Rois*, XVIII, 22? Est-ce la révolte elle-même, dans la mesure où elle impliquait la rupture d'un serment dont Yahvé était garant? Nous penchons pour cette dernière hypothèse.

B. Réaction aux propos du Rab-Shaqé (II Rois, XVIII, 36-XIX, 5 par. Is., XXXVI, 21-XXXVII, 5).

a) *Réaction des émissaires d'Ézéchias (II Rois, XVIII, 36-37 par. Is., XXXVI, 21-22).*

Suivant les instructions de leur maître, les Judéens ne répondent rien. Dans une attitude d'affliction, les trois fonctionnaires rapportent à Ézéchias les propos du Rab-Shaqé. Le silence judéen est à la fois un aveu et un refus. Ézéchias avoue son incapacité à trouver une réponse adéquate. Il rejette la tentation de chercher une réponse humaine et s'en remet donc à Yahvé. Le silence judéen apparaît ainsi comme une manifestation de la confiance en Yahvé, que le Rab-Shaqé avait tenté de saper.

b) *Réaction d'Ézéchias (II Rois, XIX, 1-5 par. Is., XXXVII, 1-5).*

Les vv. 1, 2 et 5 fournissent le cadre narratif; les vv. 3-4 contiennent le message d'Ézéchias au prophète Isaïe.

Dès qu'il a entendu les propos du Rab-Shaqé, Ézéchias accomplit les gestes traditionnels d'affliction (v. 1a), et envoie des messagers à Isaïe; eux aussi ont une attitude de détresse. Outre Élyaqîm et Shebna, il y a les «Anciens des Prêtres», qui prennent la place de Yoah, remplacement dont il n'est pas aisé de saisir la signification. En effet, on n'est guère renseigné sur les «Anciens des Prêtres», qui ne réapparaissent que dans le TM de *Jér.*, XIX, 1; la lecture de la LXX, «quelques prêtres», est communément préférée[194]. A l'instar des «Anciens du Peuple», les «Anciens des Prêtres» étaient probablement les chefs des familles sacerdotales[195].

Le message d'Ézéchias à Isaïe comporte d'abord une évocation imagée de la situation de Jérusalem (v. 3). Le terme *n*ᵉ*'āṣāh* ne se trouve qu'en *II Rois*, XIX, 3 par. *Is.*, XXXVII, 3. A la lumière des emplois du verbe *n'ṣ*, le sens doit en être «mépris», «disgrâce». L'expression *yôm ṣārāh* («jour de détresse») est fréquente[196]. En revanche, (*yôm*) *tôkéḥāh* ne se retrouve qu'en *Os.*, V, 9. Le *Ps.*, CXLIX, 7 contient la seule autre attestation de *tôkéḥāh*.

On rend habituellement *tôkéḥāh* par «châtiment»[197], «réprimande», «correction»[198]. Cette compréhension suppose qu'Ézéchias reconnaît dans les événements un châtiment divin, s'avoue coupable d'un grave péché, qui l'a mérité, et exprime ainsi son repentir[199]. Mais cette interprétation s'accorde mal avec l'ensemble du récit, notamment avec l'oracle d'Isaïe (vv. 6-7) et avec la conclusion. S'il y est certes question de faute et de châtiment, ceux-ci concernent Sennachérib, et nullement Ézéchias. L'idée de châtiment n'est pas le sens premier, ni le plus fréquent, de la racine *ykḥ*. Nombre d'études récentes ont montré, en effet, que cette racine a pour sens fondamental «rectifier», «montrer ce qui est juste»; sa connotation dominante est juridique, voire judiciaire[200]. Aussi, proposons-nous de rendre *yôm tôkéḥāh* par «jour de

[194] Voir W. RUDOLPH, *Jeremia* (HAT, 12), 1947, 1968³, p. 124; J. BRIGHT, *Jeremiah* (AB, 21), 1965, p. 127.

[195] Voir R. DE VAUX, *Institutions*, II, 1967, p. 242.

[196] Elle apparaît à différentes époques et dans différents courants. *Cf. Gen.*, XXXV, 3; *II Rois*, XIX, 3 par. *Is.*, XXXVII, 3; *Jér.*, XVI, 19; *Abd.*, 12.14; *Nah.*, I, 7; *Soph.*, I, 15; *Hab.*, III, 16; *Zach.*, X, 11; *Ps.*, XX, 2; L, 15; LXXVII, 3; LXXXVI, 7; *Prov.*, XXIV, 10; XXV, 19. Le terme *ṣārāh* est plus d'une fois associé à l'image de la femme en travail. *Cf. Jér.*, XLIX, 24; L, 43.

[197] W. GESENIUS, *Thesaurus philologicus*, I, 1835, p. 593 («castigatio, poena»); F. ZORELL, *Lexicon*, 1947ss, p. 891. G. LIEDKE, *ykḥ*, dans ThHAT, I, cc. 730-732, à la c. 731.

[198] BDB, p. 407.

[199] Voir I. BENZINGER, *Die Bücher der Könige*, 1899, p. 182; K. MARTI, *Das Buch Jesaja*, 1900, p. 252; F. FELDMANN, *Das Buch Isaias*, I, 1925, p. 423; O. PROCKSCH, *Jesaja I*, 1930, pp. 446-447; J. FISCHER, *Das Buch Isaias*, 1937, pp. 234-235; E.J. KISSANE, *The Book of Isaiah*, 1960, pp. 396-397; R.E. CLEMENTS, *Isaiah 1-39* (The New Century Bible), Grand Rapids-London, 1980, p. 282.

[200] Voir G. MAYER, *ykḥ*, dans ThWAT, III, cc. 620-628, où l'on trouvera la bibliographie pertinente.

décision», ou «jour de jugement»[201]. Selon cette interprétation, Jérusalem vit, aux yeux d'Ézéchias, un jour où la décision va être prise et la sentence prononcée.

On ne manquera pas de rapprocher le nom *tôkéḥāh* du verbe de la même racine (*w^{e}hôkî^{a}ḥ*), employé au verset suivant. A la différence de la LXX[202] et de la V[203], qui comprennent *w^{e}hôkî^{a}ḥ* comme inf. const. ayant le Rab-Shaqé pour sujet[204], la critique est pratiquement unanime pour y voir un *w^{e}qatalti* avec Yahvé pour sujet. On le rend habituellement par «châtier», «punir», «venger», «reprocher», «réprimander», «réfuter»[205]. Le verbe aurait pour complément d'objet direct sous-entendu selon d'aucuns[206], le Rab-Shaqé, *badd^{e}bārîm*, d'après d'autres[207].

A l'encontre de l'hypothèse selon laquelle le Rab-Shaqé serait le complément d'objet direct sous-entendu, on se demandera pourquoi Ézéchias aurait attendu le châtiment du Rab-Shaqé, et non pas le châtiment de celui qui l'avait envoyé, le roi d'Assyrie. En réalité, c'est au roi d'Assyrie que le v. 6 annonce le malheur et c'est bien lui qui, finalement, sera puni. A l'hypothèse selon laquelle *badd^{e}barîm* serait le complément d'objet direct, on objectera que *Job*, VI, 25 contient la seule attestation du verbe *hôkî^{a}ḥ* ayant pour complément d'objet direct une chose, encore s'agit-il alors du pronom interrogatif *mah*. Lorsqu'il existe, le complément d'objet direct est partout ailleurs une personne. On notera d'ailleurs que *Prov.*, XXX, 6 est le seul passage où le complétement d'objet direct de *hôkî^{a}ḥ* est introduit par la préposition *b*[208].

L'idée de châtiment visant le roi d'Assyrie conviendrait au contexte, mais la construction grammaticale ne permet pas de comprendre ainsi

[201] C'est le sens proposé par E. M. GOOD, *Hosea, 5,8 - 6,6 : An Alternative to ALT*, dans JBL, LXXXV, 1966, pp. 273-286, à la p. 283, en *Os.*, V, 9.

[202] La proposition *w^{e}hôkî^{a}ḥ badd^{e}bārîm* est rendue par *kai blasphêmein en lógois* dans la LXX de *II Rois* et par *kai oneidizein lógous* dans la LXX d'*Isaïe*. Cette dernière répète *oneidizein* pour traduire *l^{e}ḥārép^h* et *w^{e}hôkî^{a}ḥ*.

[203] Le Rab-Shaqé est le sujet de «(et) argueret» (*II Rois*) et «(et) exprobandum» (*Is.*), les verbes qui correspondent à *hôkî^{a}ḥ*.

[204] Interprétation adoptée par O. PROCKSCH, *Jesaja I*, 1930, p. 447.

[205] Voir G. LIEDKE, *ykḥ*, dans ThHAT, I, c. 731; G. MAYER, *ykḥ*, dans ThWAT, III, cc. 624-625.

[206] Voir TOB, pp. 714 et 825; J. GRAY, *I & II Kings*, 1977, p. 678.

[207] Voir PIAT, I, p. 1217; II, p. 123; BJ, pp. 427 et 1128; OSTY, pp. 742 et 1569; B.S. CHILDS, *Isaiah and the Assyrian Crisis*, 1967, p. 77; H. WILDBERGER, *Jesaja*, III, 1982, p. 1379.

[208] Dans ce contexte, la préposition *b* a plutôt un sens instrumental (*II Sam.*, VII, 14; *Job*, XV, 3; XXXIII, 19) ou circonstantiel (*Is.*, XI, 4; *Ps.*, VI, 2; XXXVIII, 2).

le texte. De même que pour *tôkéḥāh* au verset précédent, il faut renoncer, nous semble-t-il, aux traductions de *hôkîaḥ baddebārîm* adoptées habituellement. Nous proposons plutôt les nuances de «juger, décider, prononcer la sentence», et rendons *wehôkîaḥ baddebārîm 'ašèr šāma' yhwh 'èlohéykā* par «... et décidera-t-il Yahvé, ton Dieu, en fonction des paroles qu'il aura entendues». D'après cette interprétation, le v. 4aβγ poursuivrait l'idée du «jour de décision», ou «de jugement» (*tôkéḥāh*), mentionné au verset précédent. Le v. 4aβγ préciserait que le jugement, dont l'auteur est certainement Yahvé, concerne aussi Sennachérib. Ézéchias paraît donc présenter la situation comme l'occasion d'une sorte d'arbitrage entre lui-même, qui met sa confiance en Yahvé, et le roi d'Assyrie, qui prétend avoir reçu un mandat de Yahvé, mais qui en réalité, ne fait que mettre Yahvé au défi. Ézéchias ose espérer que Yahvé décidera en fonction de ce défi; que, par conséquent, la décision sera défavorable à l'Assyrien et, du fait même, à son avantage.

La raison pour laquelle Ézéchias envisage la situation de Jérusalem comme «un jour de détresse, de décision et de mépris» est exprimée au moyen d'une image d'enfantement. On retrouve une image très proche en *Os.*, XIII, 13, où il est également question de la sortie du ventre maternel (*mšbr*). Le contexte est dans les deux cas celui d'une délivrance apparemment impossible, mais pour des raisons différentes: venu à terme, l'enfant n'a pas la sagesse de se présenter à la sortie du sein maternel (*Os.*, XIII, 13); les enfants se trouvent à la sortie, mais il manque la force de les mettre au monde (*II Rois*, XIX, 3).

Quoi qu'il en soit des obscurités de détail, le sens général de *II Rois*, XIX, 3 paraît clair. Ézéchias évoque en termes vagues l'extrême affliction de Jérusalem: la ville se trouve dans l'impossibilité d'affronter, par ses propres moyens, la riposte assyrienne et, par conséquent, d'obtenir la libération escomptée.

Cependant, dans la seconde partie de son message, Ézéchias reconnaît qu'une issue heureuse de la crise est encore possible, mais ce ne peut être que l'œuvre de Yahvé. Peut-être Yahvé tiendra-t-il compte du défi que l'Assyrien lui a lancé et le relèvera-t-il. Peut-être le prophète intercédera-t-il auprès de Yahvé en faveur du reste qui subsiste encore. Voilà les seules raisons d'espérer.

En bref, nous voyons en *II Rois*, XIX, 3, non pas l'aveu d'une faute et l'expression du repentir de la part d'Ézéchias, mais une manifestation de sa confiance en Yahvé. En ce moment décisif, Ézéchias s'en remet entièrement à Yahvé, passant d'ailleurs humblement par la médiation du prophète Isaïe. Vu le défi que l'Assyrien a lancé à

Yahvé et la possibilité de l'intercession d'Isaïe, Ézéchias ose espérer une décision de Yahvé qui lui soit favorable.

c) *Le thème du défi de Yahvé.*

La plupart des critiques rendent *l^eḥārép^h 'è lohîm ḥay* (v. 4aα) par «pour insulter» ou «pour blasphémer le Dieu vivant»; ils y voient une référence à *II Rois*, XVIII, 32b-35, le seul passage qui paraît vraiment blasphématoire[209]. Il est alors logique que les partisans du caractère secondaire de ce dernier passage portent un jugement identique sur le premier[210].

Cette compréhension de l'infinitive *l^eḥārép^h 'èlohîm ḥay* nous paraît cependant contestable. Le piel de *ḥrp* I, est attesté 35 fois dans la Bible, dont 9 en *II Rois*, XVIII, 17-XIX, 37 et par. (*II Rois*, XIX, 4.16. 22.23 par. *Is.*, XXXVII, 4.17.23.24 et par. *II Chr.*, XXXII, 17). On trouve une concentration semblable de cette forme verbale en *I Sam.*, XVII (vv. 10.25aα.26bβ.36bβ.45bβ. *Cf.* aussi *II Sam.*, XXI, 21 par. *I Chr.*, XX, 7 et *II Sam.*, XXIII, 9). En dehors de ces passages, qui contiennent à eux seuls plus de la moitié des attestations du piel de *ḥrp*, cette forme verbale apparaît 10 fois dans les *Psaumes* (XLII, 11; XLIV, 17; LV, 13; LVII, 4; LXXIV, 10.18; LXXIX, 12; LXXXIX, 52.52; CII, 9), 2 fois dans le livre des *Juges* (V, 18; VIII, 15), 2 fois dans les *Proverbes* (XIV, 31; XVII, 5), 2 fois chez *Sophonie* (II, 8.10), 1 fois dans le *Trito-Isaïe* (LXVI, 7) et 1 fois en *Néhémie* (VI, 13)[211].

D'après l'analogie des langues parentes, le sens fondamental de la racine est vraisemblablement 'être acéré, pointu'[212]. Au piel le sens le plus fréquent nous semble cependant être celui de «défier, provoquer». Tel est certainement le sens en *I Sam.*, XVII, 10.25.26.36.45; *II Sam.*, XXI, 21 par. *I Chr.*, XX, 7 et *II Sam.*, XXIII, 9, où il s'agit concrètement du défi ou de la provocation à un combat singulier. Ce sens s'impose également en *Jug.*, VIII, 15 et convient en *Jug.*, V, 18.

Dans les *Psaumes* le piel de *ḥrp* a le plus souvent pour sujet les

[209] Voir A. ŠANDA, *Die Bücher der Könige*, II, 1912, p. 264; F. FELDMANN, *Das Buch Isaias*, I, 1925, p. 424; O. PROCKSCH, *Jesaja I*, 1930, p. 447; E.J. KISSANE, *The Book of Isaiah*, 1960, pp. 396-397; G. FOHRER, *Das Buch Jesaja*, II, 1967, p. 173.

[210] B. DUHM, *Das Buch Jesaja*, 1914, pp. 238-239; K. MARTI, *Das Buch Jesaja*, 1900, p. 252.

[211] Ce verbe est également attesté dans l'une des inscriptions de Khirbet Beit Lei. Voir A. LEMAIRE, *Prières en temps de crise: les Inscriptions de Khirbet Beit Lei*, dans RB, LXXXIII, 1976, pp. 558-568, aux pp. 561-563 et 566-568 et P.D. MILLER, *Psalms and Inscriptions*, dans VTS, XXXII, 1981, pp. 311-332, aux pp. 323-328.

[212] R. DE VAUX, *Les combats singuliers dans l'Ancien Testament*, dans Bib., XL, 1959, pp. 495-508, à la p. 496 (= *Bible et Orient*, Paris, 1967, pp. 217-230); voir aussi E. KUTSCH, *ḥrp II*, dans ThWAT, III, cc. 223-229, à la c. 223.

ennemis de l'orant[213]. Malgré les traductions courantes, les nuances d'insulter ou d'outrager ne conviennent pas à tous ces textes. Ainsi, en demandant à l'orant «où est ton Dieu?», ses adversaires ne l'insultent pas à proprement parler, mais le mettent au défi de montrer le bien-fondé de sa confiance en son Dieu (*Ps.*, XLII, 11). C'est probablement la nuance du défi que l'on doit retenir aussi au *Ps.*, LV, 13, où *ḥrp* est en parallélisme avec *hgdyl* («traiter de haut»)[214].

Le défi et la provocation comportent un double aspect, à savoir l'exaltation de leur auteur et le rabaissement de celui qui en est l'objet[215]. Le défi au combat s'exprime à la fois par l'étalage que le sujet fait de sa propre force (*I Sam.*, XVII; *II Rois*, XIX, 22-24 par. *Is.*, XXXVII, 23-25) et par l'affirmation de la faiblesse de son adversaire (*I Sam.*, XVII); cette dernière tourne à l'insulte ouverte au fur et à mesure que l'engagement approche (*I Sam.*, XVII, 42-44)[216]. On rejoint ainsi un sens courant du piel de *ḥrp*, à savoir «mépris, honte, opprobre» infligés ou ressentis[217].

I Sam., XVII est particulièrement intéressant à ce sujet. De l'avis presque unanime de la critique, il y a à la base de *I Sam.*, XVII deux vieux récits indépendants dont l'un comprend les vv. 1-11 et l'autre les vv. 12-31. 55.58[218]. Par contre, le départ précis des vv. 32-54, qui résultent probablement de la fusion des deux récits, est discuté.

[213] *Ps.*, XLII, 11; XLIV, 17; LV, 13; LXXIV, 10.18; LXXXIX, 52; CII, 9.

[214] Les nuances de défi et de provocation pourraient convenir aussi à certains emplois du qal. *cf. Ps.*, CXIX, 42; *Prov.*, XXVII, 11.

[215] Le piel de *ḥrp* est normalement associé à d'autres verbes ou tournures verbales exprimant, soit l'éloge que celui qui lance le défi fait de soi-même (hif. de *gdl*, «s'élever», *Soph.*, II, 8.10; *Ps.*, LV, 13; de *rwm qwl*, «élever la voix», *II Rois*, XIX, 22a par. *Is.*, XXXVII, 23a; *nś' mrwm ʿyny* ..., «lever le regard hautain», *II Rois*, XIX, 22b par. *Is.*, XXXVII, 23b), soit le mépris de l'adversaire (piel de *gdp*, «insulter», «outrager», *II Rois*, XIX, 22a par. *Is.*, XXXVII, 23a; *Ps.*, XLIV, 17; *bzh*, «mépriser», *I Sam.*, XVII, 42; piel de *qll*, «maudire», *I Sam.*, XVII, 43; *n'ṣ*, «mépriser», *Ps.*, LXXIV, 10.18).

[216] Voir R. DE VAUX, *Les combats singuliers dans l'Ancien Testament*, dans Bib., XL, 1959, pp. 496-497.

[217] Voir R. DE VAUX, *ibidem*.

[218] Parmi les études récentes, voir H. J. STOEBE, *Die Goliathperikope 1 Sam. XVII, 1-XVIII, 5 und die Textform der Septuaginta*, dans VT, 1956, pp. 397-413; ID., *Das erste Buch Samuelis* (KAT², VIII, 1), 1973, pp. 312-341; L. KRINETZKI, *Ein Beitrag zur Stilanalyse der Goliath-perikope (I Sam 17, 1-18, 5)*, dans Bib., LIV, 1973, pp. 187-236; S. M. DE VRIES, *David's Victory over the Philistine as Saga and as Legend*, dans JBL, XCII, 1973, pp. 23-36; R. BARTELMUS, *Heroentum in Israel und seiner Umwelt. Eine Traditionsgeschichtliche Untersuchung zu Gen 6, 1-4 und verwandten Texten im Alten Testament und der altorientalischen Literatur* (AThANT, 65), Zürich, 1979, pp. 128-140; J. LUST, *The Story of David and Goliath in Hebrew and in Greek*, dans EThL, LIX, 1983, pp. 5-25; A. VAN DER LINGEN, *David en Saul in I Samuel 16 - II Samuel 5. Verhalen in Politiek en Religie*, 's-Gravenhage, 1983, pp. 12-23. En supposant l'unité de *I Sam.*, XVII, H. JASON, *The Story of David and Goliath: A Folk Epic*, dans Bib., LX, 1979, pp. 36-70, fait figure d'exception.

Le piel de *ḥrp* est un mot-clé de *I Sam.*, XVII. Le thème du défi ponctue ce chapitre dans une sorte de crescendo : le défi s'adresse d'abord aux lignes d'Israël (*ma'arkôt yiśrā'ēl*) (v. 10a) ou à Israël (v. 25a), dans un sens profane; ensuite, aux lignes du Dieu vivant (*ma'arkôt 'elohîm ḥayyîm*) (vv. 26b et 36b) et, finalement, à Yahvé Sabaôt lui-même, qui est le Dieu des lignes d'Israël (v. 45).

En dépit de ce que dit le v. 45, le Philistin ne défie pas directement Yahvé à qui il ne s'adresse jamais. Il invoque ses propres dieux par qui il maudit David (v. 43), mais ne mentionne jamais Yahvé.

En réalité, le Philistin met d'abord l'armée d'Israël au défi de trouver en son sein quelqu'un qui soit capable de se mesurer avec lui dans un combat singulier; ensuite, il provoque David au combat[219]. Mais, étant donné que l'armée d'Israël est l'armée du Dieu vivant (vv. 26b. 36b) et que David affronte le Philistin au nom de Yahvé (v. 45), le défi que le Philistin lance à l'armée d'Israël ou à David est, en réalité, un défi lancé à Yahvé lui-même. On reconnaît donc dans cette présentation l'idéologie des guerres de Yahvé.

Cette interprétation du défi lancé par le Philistin à Israël et à David appartient probablement à la couche la plus récente de *I Sam.*, XVII[220]. D'après la critique littéraire proposée par A. Van der Lingen, cette interprétation serait l'œuvre du dernier rédacteur (R III), qu'il situe entre 700-640[221]. A l'exception du v. 25, que A. Van der Lingen rattache à ce qu'il appelle le document A, tous les passages où l'on trouve le piel de *ḥrp* (vv. 10.26b.36b et 45) proviendraient de la plume de R III[222].

I Sam., XVII, 26b.36b et *II Rois*, XIX, 4 ont en commun non seulement le piel de *ḥrp*, mais aussi la désignation de Yahvé sous le titre de

[219] Au sujet des combats singuliers et de ses rites, on peut se reporter notamment à G. LANCZKOWSKI, *Die Geschichte von Riesen Goliath und der Kampf Sinuhes mit dem Starken von Retenu*, dans MDAI, Abt. Kairo, XVI, 1958, pp. 214-218; R. DE VAUX, *op. cit.*, dans Bib., XL, 1959, pp. 495-508; K. GALLING, *Goliath und seine Rüstung*, dans VTS, XV, 1966, pp. 150-169; H.A. HOFFNER, *A Hittite Analogue to the David and Goliath Contest of Champions?*, dans CBQ, XXX, 1968, pp. 220-225.

[220] Voir TOB, p. 541, n. *u*.

[221] Voir *David en Saul in I Samuel 16 - II Samuel 5. Verhalen in Politiek en Religie*, 1983, pp. 12-23. Cet exégète distingue en *I Sam.*, XVII deux documents, à savoir les documents B (vv. 1-9.11.32-36a.37bα.38.39b.40aα.bβ.42-44.48aβ.50bα.51bβ-53) et A (vv. 12-15.17-23aα.24-26a.27-30.39aα.40aβbα.48aα.b.49.51a.bα.55-58) datant respectivement des premiers temps et d'un moment postérieur du règne de David, et deux couches rédactionnelles : R II (vv. 4aβ.16.23aβb.26bα.31.39aβ.41.50a.bβ.54) et R III (vv. 10.26bβ. 36b.37a.bβ.45-47) datant respectivement du temps de Roboam et d'un moment entre 700-640.

[222] Voir *op. cit.*, pp. 22-23. On reconnaît généralement le caractère secondaire du v. 26b, qui est presque identique au v. 36b. Voir TOB, p. 541, n. *u*; J. LUST, *op. cit.*, dans EThL, LIX, 1983, p. 21.

«Dieu vivant». Or, le qualificatif «vivant» n'est pas souvent attribué à Yahvé dans la Bible. L'idée de «Dieu vivant» y est néanmoins formulée de trois façons différentes. Au lieu de l'expression *'ᵉlohîm ḥay* attestée dans nos récits (*II Rois*, XIX, 4.16 par. *Is.*, XXXVII, 4.17), on trouve plus fréquemment, soit *'ᵉlohîm ḥayyîm* (*Deut.*, V, 26; *I Sam.*, XVII, 26b. 36b; *Jér.*, X, 10; XXIII, 36), soit *'él ḥay* (*Jos.*, III, 10; *Os.*, II, 1; *Ps.*, XLII, 3; LXXXIV, 3). Il n'est pas facile de déterminer l'origine de ces expressions ni d'en saisir exactement la connotation. L'analyse des passages où on les trouve paraît indiquer qu'elles soulignent la force, ou la puissance, que Yahvé manifeste par ses interventions dans les événements[223].

I Sam., XVII fournit, à notre avis, l'éclairage qui nous amène à rendre l'infinitive *lᵉḥārépʰ 'ᵉlohîm ḥay* de *II Rois*, XIX, 4 par. *Is.*, XXXVII, 4 «pour défier le Dieu vivant». Contrairement à l'opinion courante, cette proposition peut très bien se comprendre indépendamment d'un renvoi à *II Rois*, XVIII, 32b-35, passage que nous tenons pour secondaire. *I Sam.*, XVII nous apprend en effet que l'idée du défi lancé à Yahvé ne présuppose pas nécessairement que l'ennemi s'en prend directement à Yahvé lui-même pour lui dénier sa puissance. En l'occurrence, le défi à Yahvé se manifeste concrètement dans la prétention qu'a l'Assyrien de jouir d'un mandat de Yahvé pour détruire Jérusalem et dans le mépris qu'il a de la faiblesse d'Ézéchias. Puisque Ézéchias et les Hiérosolymitains mettent en Yahvé toute leur confiance et ne comptent que sur lui pour être délivrés du pouvoir assyrien, les propos du Rab-Shaqé sur leur faiblesse et son ultimatum équivalent en réalité à un défi lancé à Yahvé lui-même. C'est la raison d'espérer que Yahvé interviendra contre l'Assyrien pour l'empêcher d'atteindre son objectif concernant Jérusalem.

d) *L'intercession d'Isaïe.*

La seconde raison d'espérer est l'intercession d'Isaïe.

Il est souvent question dans l'Ancien Testament de l'intercession des prophètes, soit des prophètes antérieurs au VIIIᵉ s. (Abraham[224] et Moïse[225] envisagés comme des prophètes, Samuel[226], Élie[227],

[223] Voir, entre autres, H.-J. KRAUS, *Der lebendige Gott. Ein Kapitel biblischer Theologie*, dans EvTh, XXVII, 1967, pp. 169-200, aux pp. 184-195; G. GERLEMAN, *ḥyh*, dans ThHAT, I, cc. 549-557, à la c. 554; H. RINGGREN, *ḥyh*, dans ThWAT, II, cc. 874-898, aux cc. 891-893; H. WILDBERGER, *Jesaja*, III, 1982, p. 1409.

[224] *Gen.*, XX, 7.17; *cf.* aussi *Gen.*, XVIII, 16-33.

[225] *Nomb.*, XII, 1-15. *Cf.* aussi *Ex.*, XXXII; *Nomb.*, XI, 2; XXI, 7; *Deut.*, IX, 20.26.

[226] *I Sam.*, VII, 5-9; XII, 19-23. Moïse et Samuel deviendront les modèles de l'intercession. *Jér.*, XV, 1; *Ps.*, XCIX, 6.

[227] *I Rois*, XVII, 20-22.

Élisée[228]), soit des prophètes classiques, notamment Amos[229], Isaïe[230] et, surtout, Jérémie[231] et Ézéchiel[232]. Essentiellement médiateur de la parole de Yahvé, le prophète se trouve de ce fait dans une relation spéciale avec Yahvé qui le recommande pour exercer l'intercession. Dans notre récit, le caractère spécial du rapport entre Isaïe et Yahvé est clairement souligné par l'expression *yhwh 'ᵉlohèykā*, qui est adressée au prophète à deux reprises en *II Rois*, XIX, 4. D'autre part, de par sa mission, le prophète devient en quelque sorte responsable du sort des destinataires de la parole de Yahvé qu'il a la charge d'annoncer.

L'intercession a tenu, à n'en pas douter, une place importante dans l'activité des prophètes[233]. Ceux-ci n'en avaient cependant pas le monopole. L'Ancien Testament connaît en effet d'autres intercesseurs : des personnages officiels tels les rois David (*II Sam.*, VII, 18-25; XIV, 17), Salomon (*I Rois*, VIII, 22-61) et Ézéchias (*II Rois*, XIX, 15-21 par. *Is.*, XXXVII, 15-22); de simples hommes pieux, tels Job (XLII, 8-10); et, plus tardivement, des anges (*Zach.*, I, 12-13; *Job*, XXXIII, 23-28; *Tob.*, XII, 12-15).

Les bénéficiaires de l'intercession qu'Ézéchias demande à Isaïe sont désignés par l'expression *hašš ᵉ'ērît hannimṣā'āh*. On s'accorde en général pour attribuer à cette expression son sens social, et non pas la connotation théologique souvent attachée au terme *šᵉ'ērît*[234]. Mais quel est exactement ce reste qui a survécu à un malheur? D'après 1QIs[a], il s'agit des habitants de Jérusalem. En effet, au lieu de *hannimṣā'āh*, 1QIs[a] lit *hnmṣ'ym bʿyr hzw't*. On s'accorde pour y voir un développement

[228] *II Rois*, IV, 33; VI, 17.

[229] *Am.*, VII, 1-6.

[230] *II Rois*, XIX, 4 par. *Is.*, XXXVII, 4.

[231] *Jér.*, X, 23-25; XV, 1; XVIII, 20; XXXVII, 3; XLII, 2-4.20. Jérémie semble même définir le vrai prophète par sa fonction d'intercession. *Cf. Jér.*, XXVII, 18. L'interdiction d'intercéder constitue la pire des menaces. *Jér.*, VII, 16; XI, 14; XIV, 11. La tradition fera de Jérémie un intercesseur céleste; *II Mac.*, XV, 12-16. Au sujet de l'intercession chez Jérémie, voir G. Chr. MACHOLZ, *Jeremia in der Kontinuität der Prophetie*, dans H. W. WOLFF (éd.), *Probleme biblischer Theologie. Gerhard von Rad zum 70. Geburtstag*, München, 1971, pp. 306-334, aux pp. 313-321.

[232] *Éz.*, IX, 8. Ézéchiel reproche aux faux prophètes de ne pas protéger leur peuple de la colère divine. *Cf. Éz.*, XIII, 5-14; XXII, 30.

[233] L'intercession faisait-elle partie de la fonction spécifique des prophètes? Oui, répondent H. Graf REVENTLOW, *Prophetenamt und Mittleramt*, dans ZThK, LVIII, 1961, pp. 269-284 et E. JACOB, *Prophètes et Intercesseurs*, dans J. DORÉ - P. GRELOT - M. CARREZ (éds), *De la Tôrah au Messie. Mélanges Henri Cazelles*, Paris, 1981, pp. 205-217; non, répond H. W. HERTZBERG, *Sind die Propheten Fürbitter*, dans E. WUERTHWEIN et O. KAISER (éds), *Tradition und Situation. Festschrift A. Weiser*, Göttingen, 1963, pp. 63-74. Voir les conclusions nuancées de S. E. BALENTINE, *The Prophet as Intercessor : A Reassessment*, dans JBL, CIII, 1984, pp. 161-173.

[234] Voir cependant B. DUHM, *Das Buch Jesaja*, 1914, p. 239.

destiné à préciser le texte commun[235]. De l'avis de S. Iwry, cette précision aurait été rendue d'autant plus nécessaire que le part. nif. de *mṣ'* aurait pris le sens de «rescapé», «réfugié», «captif», dans les écrits postexiliques tardifs. Si l'on comprenait de la sorte *hannimṣā'āh*, il faudrait admettre que l'expression *haššᵉ'ērît hannimṣā'āh* se réfère à des Judéens réfugiés ou exilés. Pour écarter cette compréhension, qui ne paraît pas convenir au contexte, un scribe a écrit le plur. *hnmṣ'ym* et l'a fait suivre de *b'yr hzw't*. Il devenait clair dès lors que les bénéficiaires de l'intercession demandée à Isaïe par Ézéchias étaient les Judéens qui se trouvaient à Jérusalem[236]. Certains commentateurs estiment que l'interprétation donnée par 1QIs^a correspond foncièrement au sens primitif du texte, et voient en *haššᵉ'ērît hannimṣā'āh* une référence aux Judéens réchappés des conquêtes assyriennes, et qui se trouvaient retranchés à Jérusalem[237]. D'autres pensent d'une façon plus générale à tous les Judéens qui n'avaient pas été déportés[238], ou à ce qui restait du pays de Juda après les conquêtes et les amputations opérées par Sennachérib[239].

Pour justifier ces façons de comprendre le reste mentionné en *II Rois*, XIX, 4, les critiques renvoient généralement aux informations fournies par les annales de Sennachérib et par quelques textes bibliques, notamment *II Rois*, XVIII, 13, *Is.*, I, 4-9 et XXII,1-14[240]. On remarquera cependant que ces interprétations peuvent se fonder sur les informations contenues dans le récit, sans faire appel à aucun autre texte. Notre récit suppose en effet que les armées assyriennes avaient pénétré en profondeur dans le territoire judéen (*II Rois*, XVIII 17) et poursuivaient leur progression au moment même où le Rab-Shaqué accomplissait sa mission (*II Rois*, XIX, 8).

Cela dit, le «reste» pourrait désigner, comme en *II Rois*, XXI, 14, l'ensemble de Juda, ce qui subsiste de l'héritage de Yahvé après la disparition du royaume d'Israël[241].

[235] Voir H. WILDBERGER, *Jesaja*, III, 1982, p. 1383.

[236] S. IWRY, *whnmṣ' - A Striking Variant Reading in 1QIs^a*, dans Textus, V, 1966, pp. 34-43, aux pp. 34 et 42.

[237] C. VAN LEEUWEN, *Sanchérib devant Jérusalem*, OTS, XIV, 1965, p. 250.

[238] Voir E.W. HEATON, *The Root š'r and the Doctrine of the Remnant*, JThS, N.S. III, 1952, pp. 27-39, à la p. 36.

[239] O. PROCKSCH, *Jesaja I*, 1930, p. 447; G. FOHRER, *Das Buch Jesaja*, II, 1967, p. 173; J. GRAY, *I & II Kings*, 1977, p. 685.

[240] Voir, parmi d'autres, L. DENNEFELD, *Les grands prophètes*, 1947, pp. 137-138; J.A. MONTGOMERY, *The Books of Kings*, 1951, pp. 490-491; OSTY, pp. 742 et 1596; TOB, p. 714, n. *p*.

[241] *Cf.* aussi *II Rois*, XVII, 18 et peut-être *Mich.*, VII, 18.

C. Isaïe rassure Ézéchias et lui annonce que Yahvé lui-même fera retourner Sennachérib dans son pays et l'y fera tomber par l'épée (II Rois, XIX, 6-7 par. Is., XXXVII, 6-7).

En réponse à la démarche d'Ézéchias, le récit rapporte un oracle de salut mis dans la bouche d'Isaïe. L'oracle prend la forme normale d'un message (*koh 'āmar yhwh*); celui-ci est d'abord confié aux délégués d'Ézéchias, qui ont la charge de le transmettre à leur maître.

L'oracle commence par exhorter Ézéchias à ne pas craindre le discours qu'il vient d'entendre[242]. La raison de cette exhortation est le plan de Yahvé au sujet du roi d'Assyrie, plan qui n'échouera pas car Yahvé lui-même le mettra à exécution. Comme le font remarquer habituellement les commentateurs, l'expression *notén bô rûᵃḥ*[243] désigne l'action de Yahvé sur l'intelligence et le cœur du souverain assyrien[244]. Yahvé agira précisément au moyen d'une nouvelle (*wᵉsāmaʿ šᵉmûʿāh*), à n'en pas douter inquiétante, qui amènera le roi d'Assyrie à prendre la décision de retourner dans son pays. Finalement, Yahvé l'y fera tomber par l'épée.

Rejetant la traduction habituelle «et il entendra une nouvelle» ou «une rumeur», F. Lindström voit en *wᵉsāmaʿ šᵉmûʿāh* la référence à une révélation. Celle-ci prendrait le contre-pied de la révélation que le roi d'Assyrie prétend avoir eue (*II Rois*, XVIII, 25)[245]. Alors que le souverain se vante d'avoir eu une révélation de Yahvé lui ordonnant de monter contre Jérusalem, le prophète lui annonce une révélation de Yahvé lui enjoignant de rentrer chez lui[246].

[242] La formule d'encouragement *'al-tîrā'* est très fréquente dans la Bible pour introduire un oracle de salut. Au sujet de son origine et de ses emplois on se reportera entre autres à L. KOEHLER, *Die Offenbarungsformel 'Fürchte dich nicht' im Alten Testament*, dans ThZ, XXXVI, 1919, pp. 33-39; J. BEGRICH, *Das priesterliche Heilsorakel*, dans ZAW, LII, 1934, pp. 81-92; P.-E. DION, *The Patriarchal Traditions and the Literary Forms of the Oracle of Salvation*, dans CBQ, XXIX, 1967, pp. 98-206; ID., *The «Fear not» Formula and the Holy War*, dans CBQ, XXXII, 1970, pp. 565-570; Ph. B. HARDNER, *The Salvation Oracle in Second Isaiah*, dans JBL, LXXXVIII, 1969, pp. 418-434; J.-G. HEINTZ, *Oracles prophétiques et «Guerre Sainte» selon les Archives royales de Mari et l'Ancien Testament*, dans VTS, XVII, 1969, pp. 112-138, aux pp. 121-125; E.W. CONRAD, *The «Fear not» Oracles in Second Isaiah*, dans VT, XXXIV, 1984, pp. 129-152.

[243] Cf. *I Rois*, XXII, 23, et aussi *Nomb.*, V, 14; *Jug.*, IX, 23; *I Sam.*, XVI, 14.15; XIX, 9; *Is.*, XIX, 14; XXIX, 10; *Os.*, IV, 12; V, 4.

[244] Voir, par exemple, K. MARTI, *Das Buch Jesaja*, 1900, p. 253; A. ŠANDA, *Die Bücher der Könige*, II, 1912, p. 265; E.J. KISSANE, *The Book of Isaiah*, 1960, p. 397; J. GRAY, *I & II Kings*, 1977, p. 685; H. WILDBERGER, *Jesaja*, III, 1982, p. 1410.

[245] *God and the Origin of Evil*, 1983, pp. 110-111.

[246] F. LINDSTROEM, *op. cit.*, p. 111, suggère que le récit primitif se poursuivait peut-être par une révélation à Sennachérib, accomplissant l'annonce prophétique, mais que cette scène a pu être omise lors de la jonction des récits B1 et B2.

L'opposition entre *II Rois*, XVIII, 25 et XIX, 7aβ nous paraît réelle. A l'ordre d'envoi que le roi d'Assyrie prétend avoir reçu de Yahvé (*II Rois*, XVIII, 25) s'oppose le renvoi dont il est l'objet de la part de Yahvé (*II Rois*, XIX, 7aβ). Il ne s'ensuit cependant pas pour autant que *II Rois*, XIX, 7aβ se réfère à une révélation divine immédiate ou à un oracle prophétique comme ce pourrait être le cas en *II Rois*, XVIII, 25.

Sans doute le terme *šᵉmûʿāh* désigne-t-il parfois la révélation divine ou l'oracle prophétique[247]. Pourtant, l'expression *wᵉšāmaʿ šᵉmûʿāh* peut difficilement être dissociée de *wayyišmaʿ ʾèl-tirhāqāh* en *II Rois*, XIX, 9a, passage que, contrairement à l'opinion de F. Lindström, nous estimons primitif. A la lumière de *II Rois*, XIX, 9a, l'expression *wᵉšāmaʿ šᵉmûʿāh* de *II Rois*, XIX, 7aβ ne peut signifier que «il entendra une nouvelle» ou «une rumeur».

L'oracle annonce directement le malheur du roi d'Assyrie. Cette prédiction est cependant adressée à Ézéchias et faite à son intention, car; l'annonce du malheur qui adviendra au souverain assyrien est avant tout une promesse de salut pour Ézéchias.

D. Départ et meurtre de Sennachérib (II Rois, XIX, 8-9bα (wayyāšōb). 36-37 par. Is., XXXVII, 8-9a.37-38).

a) *Départ du Rab-Shaqé (II Rois, XIX, 8 par. Is., XXXVII, 8).*

Avant de rapporter l'accomplissement de l'oracle concernant le roi d'Assyrie, le v. 8 mentionne le départ du Rab-Shaqé.

On dirait que le Rab-Shaqé attendait près du canal de la piscine supérieure la réponse d'Ézéchias qu'il devait transmettre au roi d'Assyrie. Mais, il n'est pas question de réponse. Ce n'est pas à Ézéchias, mais à Yahvé lui-même, qu'il revient de répondre. Par l'intermédiaire d'Isaïe (*II Rois*, XIX, 7), Yahvé a déjà fait connaître à Ézéchias la réponse qu'il réserve à l'arrogance du roi d'Assyrie.

b) *A la nouvelle de l'entrée en campagne de Tirhaqa, Sennachérib retourne dans son pays et demeure à Ninive (II Rois, XIX, 9a-ba (wayyāšōb). 36 par. Is., XXXVII, 9a.37).*

Comme Isaïe l'avait annoncé (*II Rois*, XIX, 7), le roi d'Assyrie entend une nouvelle, et à cette nouvelle il retourne dans son pays. Concrètement, le contenu de cette nouvelle est l'entrée en guerre de Tirhaqa, roi de Kush, contre le roi d'Assyrie.

[247] *Is.*, XXVIII, 9; LIII, 1; *Jér.*, XLIX, 14; *Abd.*, 1; *cf.* aussi *Is.*, V, 9; XXII, 14; *Hab.*, III, 2.

c) *Meurtre de Sennachérib à qui succède son fils Assarhaddon (II Rois, XIX, 37 par. Is., XXXVII, 38).*

Comme Isaïe l'avait annoncé, Sennachérib a péri de mort violente. Il a été assassiné. *II Rois*, XIX, 37 rapporte le meurtre et donne quelques précisions concernant les circonstances : le lieu, le nom des assassins et leur fuite au pays d'Ararat. Le récit s'achève par la notice sur la succession de Sennachérib assurée par son fils Assarhaddon.

A part Assarhaddon et Ararat, les réalités désignées par les noms propres sont difficiles à identifier. C'est le cas de Nisrok, le dieu dont le temple aurait été le cadre du meurtre. Comme on ne connaît aucune divinité de ce nom, on propose habituellement de voir en Nisrok la déformation d'un nom divin[248], notamment d'Assur[249], Nusku[250], Nimrod (Ninurta)[251], Merodak (Marduk)[252], voire d'un nom composé de Aššur et Marduk[253] ou encore de Nusku et Aššur[254].

Tout aussi conjecturale reste l'explication du nom des deux assassins et leur identification. Le nom Adrammèlèk se retrouve en *II Rois*, XVII, 31, mais il est alors porté par l'un des dieux de Sepharwaïm. Il est d'ailleurs associé à une autre divinité du nom de Anammèlèk. On s'accorde pour dire que Adrammèlèk, en *II Rois*, XIX, 37 par. *Is.*, XXXVII, 38, représente une déformation d'un autre nom. On en a cependant proposé plusieurs restitutions : Adadmèlèk[255], Arad-malik[256] et, surtout, Arad-Ninlil ou Ardi-Ninlil[257], qui était le nom de l'un des

[248] Les différentes transcriptions subies par le nom dans la tradition textuelle grecque ne sont d'aucune aide. Voir H. WILDBERGER, *Jesaja*, III, 1982, p. 1384.

[249] Voir E. SCHRADER, *Die Keilinschriften und das Alte Testament*, Giessen, 1883², p. 329; B. DUHM, *Das Buch Jesaja*, 1914, p. 249.

[250] Voir entre autres H. P. SMITH, *Old Testament Notes*, dans JBL, XXIV, 1905, pp. 27-30, à la p. 27 et J. GRAY, *I & II Kings*, 1977, pp. 694-695.

[251] A. UNGNAD, *Die Ermordung Sanheribs*, dans OLZ, XX, 1917, pp. 358-359, à la p. 359.

[252] H. WINCKLER, dans H. ZIMMERN und H. WINCKLER (éds), E. SCHRADER. *Die Keilinschriften und das Alte Testament*, Berlin, 1903³, p. 85; J. A. MONTGOMERY, *The Books of Kings*, 1951, pp. 500 et 506.

[253] J. P. LETTINGA, *A Note on II Kings XIX, 37*, dans VT, VII, 1957, pp. 105-106; F. M. DE LIAGRE BÖHL, *Blüte und Untergang des Assyrerreiches als historisches Problem*, dans *Studia Biblica et Semitica Th. C. Vriezen dedicata*, Wageningen, 1966, pp. 204-220, aux pp. 218-219, n. 3.

[254] J. DINELEY PRINCE, *Nisroch and Nusku*, dans JBL, XXIII, 1904, pp. 68-75; ID., *The God-Name Ninib*, dans JBL, XXIV, 1905, pp. 54-57.

[255] W. F. ALBRIGHT, *Archaeology and the Religion of Israel*, Baltimore, 1941, 1946², p. 163; R. DE VAUX, *Rois*, 1958, p. 203, n. *c*; J. GRAY, *I & II Kings*, 1977, p. 695; H. WILDBERGER, *Jesaja*, III, 1982, p. 1413.

[256] J. GRAY, *I & II Kings*, 1977, p. 695.

[257] C. H. W. JOHNS, *Assyrian Deeds and Documents recording the Transfer of Property*, I, Cambridge-London, 1898, p. XIV; P. DHORME, *Les pays bibliques et l'Assyrie*, dans RB, VII, 1910, p. 520; M. STRECK, *Assurbanipal und die letzten assyrischen Könige*, I, Leipzig, 1916, pp. CCXL; O. PROCKSCH, *Jesaja I*, 1930, p. 449.

fils de Sennachérib. Arad-Ninlil ou Ardi-Ninlil était connu depuis longtemps grâce à un document légal. S. Parpola vient de verser au dossier le témoignage de la lettre ABL 1091 [258]. D'après cet auteur, ABL 1091, dont il donne une nouvelle traduction, témoignerait directemet et explicitement de la responsabilité de Arad-Ninlil dans le meurtre de son père Sennachérib [259]. S. Parpola fait remarquer que la forme néo-assyrienne du nom akkadien de la déesse Ninlil était Muliššu ou Muleššu. Aussi conclut-il que l'on doit lire le nom du personnage en question, non pas Arid-Ninlil, comme on fait d'habitude, mais Arda-Mulišši. Ainsi s'expliqueraient les noms que lui donnent *II Rois*, XIX, 37 par. *Is.*, XXXVII, 38 (Adrammèlèk) et Bérose (Adramelos et Ardumuzan). Adrammèlèk, la forme biblique du nom, dériverait du nom assyrien avec métathèse entre *r* et *d* et changement du *s* en *k*. Adramelos, la forme grecque du nom, conservée dans le fragment d'Abydène, correspond au nom akkadien avec simple métathèse du *r* et du *d*. Ardumuzan, la forme du nom attestée dans le fragment de Polyhistor, reproduit dans le même ordre les trois premières consonnes du nom akkadien [260].

On voit généralement en *Śar'èsèr* l'abréviation d'un nom théophore, mais on ne s'accorde plus dès qu'il s'agit de déterminer le nom de la divinité en question [261]. On a proposé Assur (*Aššur-śar-eṣer*) [262], Nergal (*Nergal-śar-uṣur* ou *Nergal-śar-eṣer*) [263] et, surtout, Nabu (*Nabu-śar-uṣur* ou *Nabu-śar-eṣer*), qui était le nom de l'éponyme en 681, année de l'assassinat de Sennachérib [264].

La critique s'est beaucoup intéressée à *II Rois*, XIX, 37 par. *Is.*, XXXVII, 38, surtout pour des raisons historiques. Ce passage constitue en effet un témoin important des circonstances de la mort de Sennachérib et de l'accession au trône de Assarhaddon. Pourtant, le but du passage n'est pas avant tout de renseigner sur l'histoire assyrienne, mais de montrer que Sennachérib a été puni pour le défi qu'il a lancé à Yahvé, et cela en conformité avec l'annonce du prophète Isaïe. Ainsi

[258] *The Murderer of Sennacherib*, dans B. ALSTER (éd.), *Death in Mesopotamia*, 1980, pp. 171-182.

[259] D'après S. PARPOLA, la lettre serait adressée à Assarhaddon et destinée à dénoncer un certain Sillâ, lequel, malgré sa complicité avec Arad-Ninlil dans le meurtre de Sennachérib, gardait toujours sa place de fonctionnaire royal au temps d'Assarhaddon; *op. cit.*, pp. 172-173 et 175.

[260] S. PARPOLA, *op. cit.*, p. 174.

[261] Voir le nom *Béyt-'él ṣar-'èṣèr* en *Zac.*, VII, 2.

[262] O. PROCKSCH, *Jesaja I*, 1930, p. 449.

[263] R. DE VAUX, *Rois* (BJ), Paris, 1958², p. 217, n. *c*; H. WILDBERGER, *Jesaja*, III, 1982, p. 1413.

[264] J. GRAY, *I & II Kings*, 1977, pp. 694-695.

s'achève l'accomplissement de l'oracle d'Isaïe (*II Rois*, XIX, 7) et le récit B1 trouve sa conclusion.

4. Points de contact avec d'autres textes bibliques.

a) *I Sam.*, *XVII*.

B1 a des points de contact linguistiques et logiques très étroits avec *I Sam.*, XVII.

Ainsi, le Rab-Shaqé et le Philistin sont campés dans les mêmes termes.

II Rois, XVIII,	17	—	... *wy'md(w)* ...
	18	—	*wyqr'(w) 'èl-hammèlèk*[265]
	19	—	*wy'mr* ^{a}*léyhém* ...
		—	Proposition interrogative
II Rois, XVIII,	28	—	*wy'md* ...
		—	*wyqr' b*^{e}*qôl-gādôl*
		– *wydbr*[266]	*wy'mr*
I Sam., XVII,	8	—	*wy'md*
		—	*wyqr' 'èl-ma'arkôt yiśrā'él*
		—	*wy'mr lāhém*
		—	Proposition interrogative.

On remarquera cependant que les nuances de *qārā'* ne sont pas exactement les mêmes : suivi de *'èl*, il a la nuance de «convoquer» en *II Rois*, XVIII, 18, et celle d'«interpeller» en *I Sam.*, XVII, 8 ; suivi de *b*^{e}*qôl-gādôl*, il a la nuance de «crier» en *II Rois*, XVIII, 28.

B1 et *I Sam.*, XVII ont en commun le hif. de *nṣl* (*hiṣṣîl*) et le piel de *ḥrp*, pour exprimer respectivement la délivrance et le défi de Yahvé.

Les situations supposées par B1 et *I Sam.*, XVII sont assez différentes.

[265] Cette proposition ne se trouve pas en *Isaïe*. Sans elle, le contact entre le début de B1 et *I Sam.*, XVII, 8 est plus lâche et moins perceptible. Cette proposition paraît parfaitement à sa place, mais on ne voit pas pour quelle raison elle aurait été omise en *Isaïe*. Faute d'indices permettant de savoir lequel des textes a la priorité, la position des différents critiques à ce sujet dépend de leur explication générale des différences de longueur des deux textes. La critique classique mettait généralement l'absence de *II Rois*, XVIII, 18aα en *Isaïe* sur le compte de la tendance du rédacteur isaïen à l'abrègement (Voir O. Procksch, *Jesaja I*, 1930, p. 443). Les critiques actuels inclinent plutôt à accorder la priorité au texte d'*Isaïe* et à compter *II Rois*, XVIII, 18aα parmi les développements dont témoignerait le texte de *II Rois* (Voir J. Gray, *I & II Kings*, 1977, p. 675, n. *f*; H. Wildberger, *Jesaja*, III, 1982, p. 1372). On pourrait se demander si *II Rois*, XVIII, 18aα n'a pas été ajouté sous l'influence à la fois de *II Rois*, XVIII, 28 et de *I Sam.*, XVII, 8.

[266] Ce verbe manque en *Isaïe*. Voir O. Kaiser, *op. cit.*, dans ZAW, LXXXI, 1969, pp. 310 et 313.

En *I Sam.*, XVII, on a face à face l'armée israélite et l'armée philistine. Voulant décider du sort des deux armées, par un combat singulier, un soldat philistin, qui s'impose par sa taille, son armement et son expérience, met les Israélites au défi de trouver parmi eux quelqu'un qui ose se mesurer à lui. David ayant relevé le défi, le Philistin le provoque au combat. En B1, il s'agit d'un envoyé du roi d'Assyrie qui essaye de saper la confiance d'Ézéchias et de Jérusalem en révolte pour les ramener à la vassalité.

Vu la différence entre les deux situations, les points de contact entre B1 et *I Sam.*, XVII paraissent difficilement fortuits. On pourrait peut-être supposer que la ressemblance des deux scènes rend compte du choix des mêmes termes pour camper les deux personnages. Si l'on peut envisager que l'emploi de *hiṣṣîl*[267] est fortuit, on ne peut pas en dire autant de l'emploi du piel de *ḥrp*, ni de l'interprétation des deux démarches en termes de défi lancé à Yahvé, le Dieu vivant. Le piel de *ḥrp* ponctue *I Sam.*, XVII. En revanche, il n'apparaît qu'une fois en B1. Ézéchias s'en sert pour résumer en un mot le sens des propos du Rab-Shaqé (*II Rois*, XIX, 4). En *I Sam.*, XVII le thème du défi est dans son « Sitz im Leben » naturel. Aussi estimons-nous que ce passage a contribué à façonner B1, notamment en inspirant l'interprétation de la démarche du Rab-Shaqé dans le sens du défi de Yahvé[268]. On peut d'ailleurs se demander si l'influence de *I Sam.*, XVII ne rend pas compte de certains autres traits de B1. Ainsi, la consternation d'Ézéchias (*II Rois*, XVIII, 36-XIX, 5), qui paraît surprendre, ne correspondrait-elle pas à la panique des Israélites devant le défi du Philistin (*I Sam.*, XVII, 11.24 et 32)?

B1 n'est cependant pas un décalque de *I Sam.*, XVII. Leurs conclusions sont sensiblement différentes. Bien que la confiance soit au centre de B1, celui-ci n'a pas son David pour relever le défi et s'avancer, plein d'assurance, au nom de Yahvé (*cf. I Sam.*, XVII, 32-51). Yahvé, le défié, est le seul qui peut relever le défi. Il agit sans l'intervention d'Ézéchias ou de qui que ce soit à Jérusalem. Malgré cette insistance sur le rôle exclusif de Yahvé, la conclusion de B1 paraît plus discrète que celle de *I Sam.*, XVII. En effet, Yahvé a raison de Sennachérib; la manière est certes inattendue, mais elle n'a pas l'éclat de la victoire du jeune David sur le géant philistin.

[267] *II Rois*, XVIII, 29.30.30 par. *Is.*, XXXVI, 14.15.15 et *I Sam.*, XVII, 35.37.37.

[268] O. PROCKSCH a relevé certains contacts entre B1 et *I Sam.*, XVII et en a conclu que B1 et ce qu'il tient pour la partie la plus récente de *I Sam.*, XVII (vv. 1-9.16.19.21.26.31-40a*) datent de la même époque (*Jesaja I*, 1930, pp. 445-447 et 450).

b) *Les oracles d'Isaïe.*

Nombreux et variés, les contacts de B1 avec les oracles d'Isaïe sautent aux yeux. La critique n'a pas manqué de les signaler.

Ils apparaissent dès le premier verset. Les pourparlers ont le même cadre topographique que la rencontre entre Isaïe et Achaz, en *Is.*, VII, 3. En mentionnant l'extrémité du canal, *Is.*, VII, 3 est plus précis que *II Rois*, XVIII, 17, mais la référence topographique reste la même. Vu les incertitudes au sujet de sa localisation, on ne sait pas si quelque circonstance particulière faisait de l'endroit en question un lieu privilégié de rencontre.

La mention du canal de la piscine supérieure, en *Is.*, VII, 3, suggère peut-être l'espoir que Achaz met dans ses ouvrages hydrauliques, témoin de son manque de foi [269]. En tout cas, le «canal de la piscine supérieure» et la «chaussée du terrain aux foulons» ne jouent aucun rôle dans la marche de B1.

Parmi les trois émissaires d'Ézéchias, Élyaqîm et Shebna se retrouvent, également associés, en *Is.*, XXII, 15-25. D'après *Is.*, XXII, 15bβ, Shebna était, non pas secrétaire comme en B1, mais «préfet du palais». *Is.*, XXII, 15-18 reproche à Shebna sa démesure et lui prédit l'exil et la mort dans un pays étranger. *Is.*, XXII, 19-23 lui annonce la destitution de sa fonction de «préfet du palais» au profit de Élyaqîm fils de Hilqîyahû, charge dont ce dernier est effectivement titulaire en B1. Finalement, *Is.*, XXII, 24-25 prédit que, à son tour, la famille de Élyaqîm connaîtra la ruine.

Si l'on s'accorde pour dire que les personnages mentionnés en *Is.*, XXII, 15-25 et B1 sont les mêmes, on discute du rapport entre ces deux textes [270].

La critique s'accorde en général pour reconnaître l'authenticité isaïenne de *Is.*, XXII, 15-18 et le caractère secondaire de *Is.*, XXII, 24-25,

[269] Opinion commune.

[270] H. L. GINSBERG, *Gleaning in First Isaiah*, dans *H. M. Kaplan Jubilee Volume*, New York, 1953, pp. 245-259, aux pp. 252-257, a proposé de distinguer les deux personnages du nom de Shebna. Celui dont parle *Is.*, XXII, 15 serait à identifier avec un certain *šbnyhw*, «serviteur d'Ozias», connu par un sceau qui se trouve au Musée du Louvre. L'existence d'un «préfet du palais» et d'un secrétaire, au temps d'Isaïe, portant tous les deux le nom de Shebna paraît cependant peu probable, et cela d'autant plus que le nom présente un trait inhabituel : il ne comporte pas d'élément patronymique. On rapproche d'ailleurs de ce fait les paroles d'Isaïe déniant à Shebna parenté et possession à Jérusalem (*Is.*, XXII, 16a). On a pensé à un étranger, à un plébéen parvenu, ou encore à un réfugié du Nord, qui aurait fait une carrière rapide à Jérusalem. Au sujet de ce dernier point, voir R. MARTIN-ACHARD, *L'Oracle contre Shebnâ et le pouvoir des clés. Es. 22, 15-25*, dans ThZ, XXIV, 1968, pp. 241-254, aux pp. 246-247.

mais elle diverge au sujet de *Is.*, XXII, 19-23 [271]. Les arguments invoqués en faveur du caractère secondaire de ce dernier passage nous paraissent emporter la conviction [272].

L'appartenance de *Is.*, XXII, 15bβ à la pièce primitive est contestée. Faisant remarquer que la préposition *'al* suivi d'un nom de personne peut difficilement dépendre du verbe *bw'* qui a une personne pour sujet, nombre de critiques voient en *'al-Šèbnā' 'ašèr 'al-habbāyit* le titre rédactionnel de la pièce. Écrit peut-être d'abord en marge, ce titre aurait été ensuite inséré dans le texte, mais à une place inadéquate [273].

De l'avis de E. Jenni, la mention aussi bien de Shebna, en *Is.*, XXII, 15bβ, que de Élyaqîm, en *Is.*, XXII, 20b, dépendrait de B1. Voulant introduire des noms de personnes dans un oracle qui primitivement n'en comportait pas, un rédacteur aurait emprunté à B1 les noms de Shebna et de Élyaqîm fils de Hilqîyahû [274].

Que le nom de Élyaqîm soit secondaire en *Is.*, XXII, 20b, comme le pensent d'aucuns [275], ou qu'il y soit primitif, comme le pensent d'autres [276], l'annonce de son élévation à la fonction de «préfet du palais», fonction qu'il détient en B1, nous paraît être une conclusion tirée à la fois de *Is.*, XXII, 15-18 et de B1.

Il en va autrement de la mention de Shebna en *Is.*, XXII, 15bβ, car la fonction de secrétaire qu'il détient en B1 ne correspond nullement à la disgrâce que *Is.*, XXII, 15-18 lui annonce. Le secrétaire occupe, bien sûr, un rang inférieur à celui de «préfet du palais», mais il vient immédiatement après lui et représente le troisième personnage dans la hiérarchie du royaume. On ne voit pas pourquoi l'auteur de *Is.*, XXII, 15bβ aurait identifié à Shebna le personnage dont il est question en *Is.*,

[271] Voir, entre autres, R. MARTIN-ACHARD, *op. cit.*, pp. 241-254; J. VERMEYLEN, *Du prophète Isaïe à l'Apocalyptique*, I, 1977, pp. 339-342; H. WILDBERGER, *Jesaja*, II, 1978, pp. 831-852.

[272] Voir, entre autres, K. MARTI, *Das Buch Jesaja*, 1900, p. 175; J. VERMEYLEN, *Du prophète Isaïe à l'Apocalyptique*, I, 1977, pp. 340-342; H. WILDBERGER, *Jesaja*, II, 1978, pp. 842-852.

[273] Voir E. JENNI, *Die politischen Voraussagen der Propheten* (AThANT, 29), Zürich, 1956, pp. 42-48. H. WILDBERGER, *Jesaja*, II, 1978, pp. 833-834.

[274] E. JENNI, *op. cit.*, pp. 42-48.

[275] Le personnage évoqué en *Is.*, XXII, 20-23 reçoit des traits royaux, qui ne semblent pas convenir à un «préfet du palais». C'est pourquoi certains critiques pensent que l'oracle se référait primitivement à un personnage royal (voir, par exemple, J. VERMEYLEN, *Du prophète Isaïe à l'Apocalyptique*, I, 1977, pp. 340-342) ou à un antitype eschatologique du mauvais fonctionnaire évoqué aux vv. 15-18 (E. JENNI, *op. cit.*, pp. 42-48; O. KAISER, *Der Prophet Jesaja*, II, 1973, pp. 126-127). Un rédacteur aurait cependant identifié maladroitement ce personnage avec Élyaqîm fils de Hilqîyahû dont il aurait introduit le nom en *Is.*, XXII, 20bβ.

[276] H. WILDBERGER, *Jesaja*, II, 1978, pp. 845-846.

XXII, 15-18 et l'aurait «promu» «préfet du palais» pour lui annoncer ensuite une disgrâce, qui ne se serait pas réalisée, du moins telle qu'elle avait été annoncée.

La dépendance de B1 par rapport à *Is.*, XXII, 15bβ nous paraît tout aussi improbable. En effet, on ne voit pas pourquoi l'auteur de B1 aurait attribué la fonction si importante de secrétaire au personnage dont *Is.*, XXII, 15-18 annonçait la disgrâce complète et l'exil.

Dès lors, nous concluons à l'indépendance de *Is.*, XXII, 15bβ et B1 entre eux et estimons qu'ils rapportent, indépendamment l'un de l'autre, des informations relatives à deux moments différents de la carrière de Shebna. Le plus simple est de penser, avec la plupart des critiques, que *Is.*, XXII, 15-18 se réfère à un moment antérieur à celui auquel se rapporte B1[277]. Entre les deux moments l'annonce de *Is.*, XXII, 15-18 s'était réalisée, mais de façon très partielle. Shebna a été, certes, démis de ses fonctions de «préfet du palais», mais il n'est nullement tombé en complète disgrâce.

La plupart des éléments du premier discours du Rab-Shaqé peuvent être rapprochés d'un ou de plusieurs oracles isaïens.

Ainsi la *ʿéṣāh* et la *g^e bûrāh* au sens politico-militaire (*II Rois*, XVIII, 20) sont des termes et des concepts familiers à Isaïe. On les retrouve notamment dans des oracles qui se réfèrent probablement aux événements rapportés par B1. Tel est le cas de *Is.*, XXIX, 15 et XXX, 1 où l'on retrouve *ʿéṣāh*[278], et de *Is.*, XXX, 15, où l'on retrouve *g^e bûrāh*[279].

Dénoncer la confiance en l'Égypte, en ses chevaux et en ses chars (*II Rois*, XVIII, 21.24b) est l'un des thèmes majeurs de la prédication d'Isaïe lors de la révolte anti-assyrienne au temps de Sennachérib (*Is.*, XVIII, 1-2.4; XXX, 1-5.6-8; XXXI, 1.3)[280]. Parmi les différents termes employés par le prophète pour exprimer cette confiance, on compte le verbe *bṭḥ ʿal* (*Is.*, XXXI, 1)[281], comme en *II Rois*, XVIII, 21.24b et *šʿn ʿal* (*Is.*, XXXI, 1)[282], forme de la racine dont dérive *mišʿènèt* employé par *II Rois*, XVIII, 21. En affirmant le caractère nuisible de l'Égypte,

[277] Notamment R. MARTIN-ACHARD, *op. cit.*, pp. 242-244 et 248-249; J. VERMEYLEN, *Du prophète Isaïe à l'Apocalyptique*, I, 1977, pp. 339-340; H. WILDBERGER, *Jesaja*, II, 1978, pp. 835-836.

[278] Voir aussi *Is.*, V, 19 et, pour d'autres formes de la racine *yʿṣ*, *Is.*, III, 3; VII, 5; XIV, 24.

[279] Voir aussi *Is.*, III, 25 et le terme *gibôr* en *Is.*, III, 2 et V, 22.

[280] Voir *supra*, chap. V^e, pp. 139-165.

[281] Voir *Is.*, XXX, 12.

[282] *Cf. Is.*, XXX, 12 et III, 1.

et pas seulement son inutilité, *II Rois*, XVIII, 21 va au-delà des attaques lancées dans les invectives d'Isaïe[283].

L'affirmation du Rab-Shaqé, selon laquelle l'Assyrie a été mandatée par Yahvé pour détruire Juda, peut être évidemment rapprochée de *Is.*, X, 5, passage où le prophète attribue explicitement à l'Assyrie la fonction de bâton de la colère de Yahvé, ainsi que d'autres textes qui accordent implicitement à l'Assyrie le rôle d'instrument de Yahvé (*Is.*, V, 26-29; VIII, 5-8a; XXVIII, 11-13.17b-18; XXX, 16).

C'est pourquoi nombre de critiques voient en *II Rois*, XVIII, 19-25 une reprise de l'enseignement d'Isaïe. D'après M. Weinfeld, *II Rois*, XVIII, 19-25 exprimerait de façon détournée l'opposition du prophète Isaïe et du cercle de ses disciples à la politique d'Ézéchias. L'auteur du discours, que l'on doit situer parmi les disciples d'Isaïe, aurait mis dans la bouche du Rab-Shaqé ses propres critiques, et celles de son maître, à propos de la politique d'Ézéchias. Son but serait de montrer que les faits ont donné raison à Isaïe. La présence du Rab-Shaqé à Jérusalem serait, à elle seule, la preuve que la politique d'Ézéchias a échoué, mais aussi que les critiques d'Isaïe à propos de cette politique étaient fondées[284].

Il nous paraît hors de doute que l'auteur de B1 connaît bien la prédication d'Isaïe. A notre avis, M. Weinfeld a raison de dire que l'auteur du récit veut montrer que les événements ont donné raison au prophète. Nous estimons cependant que le raisonnement de l'auteur du récit est à l'opposé de celui que M. Weinfeld lui prête. L'interprétation de M. Weinfeld ne tient pas compte du contexte du discours et méconnaît sa fonction dans l'ensemble du récit.

Le Rab-Shaqé et Isaïe ont certes en commun de dénoncer la confiance qu'Ézéchias met en sa propre puissance et en l'Égypte. Ils expriment cette dénonciation dans les mêmes termes. Ils ne la fondent cependant pas sur les mêmes raisons[285], et le but poursuivi par l'un et par l'autre est entièrement différent. Isaïe cherche à persuader Juda de s'en remettre entièrement à Yahvé; le Rab-Shaqé cherche à saper le moral de Jérusalem pour que la ville se rende à l'Assyrie.

[283] La comparaison de l'Égypte à une canne de roseau se retrouve en *Éz.*, XXIX, 6-7. Ézéchiel applique à la Maison d'Israël ce que le Rab-Shaqé disait de quiconque s'appuie sur le pharaon. L'image est d'ailleurs plus colorée chez Ézéchiel, qui évoque à deux reprises le bris de la canne lorsqu'on s'appuie dessus. On notera cependant que les verbes employés pour exprimer les actions de s'appuyer et de percer ne sont pas les mêmes dans les deux textes. On a *smk ʿl* et *nqb* en *II Rois*, XVIII, 21; *šʿn ʿl* et *bqʿ* en *Éz.*, XXIX, 7. Voir W. ZIMMERLI, *Ezechiel*, 2. (BK, XIII/2), Neukirchen-Vluyn, 1969, pp. 710-711.

[284] M. WEINFELD, *Cult Centralization in Israel in the Light of a Neo-Babylonian Analogy*, dans JNES, XXIII, 1964, pp. 207-209.

[285] Isaïe ne fait valoir que des raisons d'ordre religieux.

Comme le Rab-Shaqé, Isaïe attribue à l'Assyrie le rôle d'agent de Yahvé pour punir son peuple. Mais les raisons de la colère de Yahvé avancées par l'un et par l'autre sont entièrement différentes, voire diamétralement opposées. D'après le Rab-Shaqé, Yahvé est en colère parce que Ézéchias lui a supprimé les autels et les *bāmôt* (XVIII, 22), peut-être aussi parce que le même Ézéchias, en se révoltant contre l'Assyrie, a rompu le serment dont Yahvé était garant (XVIII, 25). En dénonçant la confiance en Yahvé, exactement comme en dénonçant la confiance d'Ézéchias en ses propres moyens et en l'Égypte, le Rab-Shaqé entend briser la résistance de Jérusalem.

Il en va tout autrement avec Isaïe. Le prophète n'était peut-être pas partisan de la réforme d'Ézéchias, mais, contrairement à l'opinion de M. Weinfeld, rien ne permet de soupçonner qu'il l'ait combattue[286]. Contrairement à l'opinion commune, rien n'indique que le prophète fût contre la révolte anti-assyrienne, à plus forte raison qu'il y vît un quelconque parjure que l'Assyrie eût reçu mission de venger. D'après Isaïe, Yahvé est en colère et menace de son bâton, qui est l'Assyrie, précisément parce que Juda prétend se passer de lui. Le but de la menace est encore d'amener Juda à ne compter que sur Yahvé.

Sous l'apparence d'un accord objectif, le Rab-Shaqé et Isaïe s'opposent diamétralement. Le Rab-Shaqé dénonce comme une illusion fatale la confiance en Yahvé qu'Isaïe présente comme la condition «sine qua non» du salut.

Tous les arguments de *II Rois*, XVIII, 19-25 se trouvent parfaitement à leur place dans la bouche du Rab-Shāqé. Ils ont tous un fondement objectif. Le peuple peut donc les prendre au sérieux. Et, pourtant, la suite du récit contredit le Rab-Shaqé et lui apporte un démenti sur toute la ligne. Aux yeux de l'auteur du récit, les propos du Rab-Shaqé, non seulement ne correspondent pas à la réalité, mais s'y opposent carrément.

En tenant bon et en se tournant humblement vers le prophète Isaïe, dont il espère l'intercession auprès de Yahvé, Ézéchias montre que, contrairement aux affirmations du Rab-Shaqé, il ne s'appuie nullement sur sa propre puissance, ni sur la puissance égyptienne, mais qu'il se fie uniquement en Yahvé.

L'intervention de Yahvé contre le roi d'Assyrie prouve que, à l'encontre de la mise en garde du Rab-Shaqé, Ézéchias avait entièrement raison de mettre sa confiance en Yahvé et d'amener les Hiérosolymitains

[286] Voir *supra*, chap. IIIe, n. 224.

à faire de même; elle apporte un démenti éclatant au prétendu mandat de Yahvé, dont se prévalait le roi d'Assyrie.

Le jugement du narrateur sur le discours du Rab-Shaqé est clairement exprimé par Ézéchias : les paroles du Rab-Shaqé sont un défi lancé au Dieu vivant lui-même (*II Rois*, XIX, 4).

Le comportement d'Ézéchias répond d'ailleurs parfaitement à ce que Isaïe présente comme les exigences de Yahvé. Il paraît même prendre le contre-pied des agissements contre lesquels le prophète s'est insurgé sans relâche. La démarche auprès d'Isaïe s'oppose à la prétention de faire des projets sans consulter Yahvé (*Is.*, XXX, 1-2a) ou de les lui cacher (*Is.*, XXIX, 15). Surtout, la confiance en Yahvé, que le Rab-Shaqé dénonce et dont Ézéchias fait preuve, est en opposition avec la confiance dans des réalités humaines (*Is.*, XVIII, 1-2.4; XX, 1-6; XXII, 8b-11; XXVIII, 14-18; XXIX, 1-4; XXX, 1-5.6-8, 9-12.15-17; XXXI, 1.3; XXXII, 9-14).

B1 s'oppose d'une façon spéciale à *Is.*, VII, 1-9. On a dans les deux cas un récit mettant en scène un roi de Juda et le prophète Isaïe. Le roi est, dans l'un et l'autre cas, aux prises avec une grave menace. Achaz est menacé par les coalisés syro-éphraïmites; Ézéchias, par l'assyrien Sennachérib. Les syro-éphraïmites visent le monarque régnant; Sennachérib vise Jérusalem. Dans l'un et l'autre cas, le peuple est explicitement associé au roi et partage ses sentiments; dans les deux cas aussi, les événements ont pour cadre le «canal de la piscine supérieure» et la «chaussée du terrain aux foulons». Cette indication topographique ne se retrouve pas en dehors de ces deux textes. On constate qu'elle ne joue aucun rôle dans la suite des événements rapportés par B1. Sa présence en *II Rois*, XVIII, 18 constitue donc probablement un renvoi explicite à *Is.*, VII, 3, et est destinée à souligner l'analogie entre les deux situations [287]. Chacun des récits contient un oracle attribué à Isaïe. Il s'agit chaque fois d'un oracle de salut, qui commence par *'al-tîrā'*, puis annonce l'échec et la perte de l'ennemi. On notera que B1 constitue un récit beaucoup plus long, mais aussi plus complet que *Is.*, VII, 1-9. Dans ce dernier, la partie narrative sert uniquement à introduire l'oracle, qui occupe la plus grande partie de la pièce et la termine. A la différence de B1, *Is.*, VII 1-9 ne rapporte donc pas l'accomplissement de l'oracle.

Cette différence formelle n'est pas la seule qui sépare *Is.*, VII, 1-9 et B1. En effet, il y a entre les deux pièces des contrastes et des oppositions. Ainsi, *Is.*, VII, 4aβ insiste sur la faiblesse des syro-éphraïmites, «deux bouts de tisons fumants». Fortement soulignée, la panique d'Achaz est

[287] Voir G. FOHRER, *Das Buch Jesaja*, II, 1967, p. 167.

donc entièrement dépourvue de fondement. Elle témoigne de son manque de confiance en Yahvé. En revanche, l'image de l'Assyrie qui ressort de B1 est celle d'une puissance redoutable. Et pourtant, Ézéchias et le peuple de Jérusalem n'ont pas peur. Le discours du Rab-Shaqé plonge Ézéchias dans l'affliction, mais il ne l'effraye pas. Cela montre évidemment la grande confiance qu'Ézéchias a en Yahvé.

D'après *Is.*, VII, 1-9, c'est Yahvé qui prend l'initiative de s'adresser à Achaz par l'entremise d'Isaïe. En B1 par contre, l'oracle répond à la démarche d'Ézéchias auprès d'Isaïe, ce qui souligne encore la confiance du roi en Yahvé.

Is., VII, 9b précise que le malheur des ennemis syro-éphraïmites n'implique pas nécessairement le salut de Juda. Celui-ci dépend de la foi des Judéens. *II Rois*, XIX, 6-7 ne signale aucune condition. Il n'y a plus lieu d'en signaler, car ce qui précède montre qu'Ézéchias et Jérusalem remplissent la condition du salut posée par *Is.*, VII, 9b. Par conséquent, le malheur de l'ennemi s'accompagnera du salut de Jérusalem.

Is., VII, 1-9 ne rapporte pas le malheur des ennemis ni ne précise quelle fut la réponse d'Achaz à la condition du salut. Il est néanmoins certain que les coalisés syro-éphraïmites non seulement ont échoué dans leur projet, mais qu'ils ont péri l'un après l'autre sous les coups de l'Assyrie. Au lieu de s'en remettre à Yahvé, comme le lui demandait Isaïe, Achaz a préféré la protection de l'Assyrie au prix de la vassalité. Tout autre fut le comportement d'Ézéchias et des Hiérosolymitains quand, précisément parce qu'ils rejetaient cette domination assyrienne, Jérusalem eut à affronter le puissant Sennachérib. C'est pourquoi, au dire de l'auteur de B1, Sennachérib a échoué dans son essai de ramener Jérusalem à la soumission et a péri par l'épée, tandis que la ville a été délivrée du pouvoir assyrien.

Bref, notre récit établit une correspondance entre l'expédition de Sennachérib et l'invasion des coalisés syro-éphraïmites, et cela en vue d'opposer le comportement d'Ézéchias à celui d'Achaz. Aux yeux de l'auteur de B1, les deux menaces étaient comparables, mais le comportement des deux rois a été tout différent. Ézéchias a fait précisément ce que le prophète Isaïe avait demandé en vain à Achaz. Voilà pourquoi Ézéchias et Jérusalem ont pu résister à Sennachérib et secouer la domination assyrienne que le comportement d'Achaz avait attiré sur Juda. Du même coup, le récit B1 montre le bien-fondé de l'appel d'Isaïe à la confiance en Yahvé comme condition «sine qua non» du salut.

5. Genre littéraire et but du récit.

B1 est un récit très complexe. Il utilise des genres littéraires entièrement différents et met en œuvre plusieurs motifs et thèmes, qui trahissent des influences diverses.

Parmi les thèmes développés, on signalera la confiance, l'intercession prophétique et le défi de Yahvé. Ce dernier thème provient probablement de *I Sam.*, XVII ; il introduit dans notre récit l'idée d'affrontement entre Yahvé et les ennemis d'Israël, ce qui est caractéristique des traditions relatives aux guerres de Yahvé. Le thème de l'intercession est emprunté aux traditions prophétiques. Le thème de la confiance est exigé en quelque sorte par le contexte de révolte supposé par le récit. Pourtant, si l'auteur a gardé la confiance, thème des propos du Rab-Shaqé, c'est parce que ce sujet lui tenait particulièrement à cœur. Il se peut d'ailleurs que l'intérêt de l'auteur du récit pour les propos du Rab-Shaqé soit dû justement au fait qu'ils avaient la confiance pour objet.

Bien qu'elles soient introduites par les formules du messager et contiennent plusieurs traits propres au message, les interventions du Rab-Shaqé (*II Rois*, XVIII, 19-32a) relèvent plutôt de ce que B.S. Childs a qualifié de «discussion diplomatique» et que l'on pourrait peut-être appeler «discours de propagande» destiné à démoraliser l'ennemi.

A son tour, le message d'Ézéchias à Isaïe est apparenté à la lamentation (*I Rois*, XIX, 3-4).

Finalement, la réponse d'Isaïe se présente comme un oracle de salut (*II Rois*, XIX, 6-7).

Les éléments fort divers se trouvent bien intégrés dans une unité littéraire qui porte les marques d'un récit prophétique. Bien qu'Isaïe ne soit explicitement nommé que dans la deuxième et la troisième parties, la figure du prophète nous paraît dominer entièrement le récit.

Isaïe est celui qu'Ézéchias supplie d'intercéder auprès de Yahvé, son Dieu. Le roi reconnaît ainsi que le prophète se trouve dans un rapport très spécial avec Yahvé.

Cependant, Isaïe est avant tout le messager de Yahvé. En cette qualité, il transmet à Ézéchias un oracle de salut, lui annonçant l'heureux dénouement de la situation. Comme il arrive d'ordinaire dans les récits prophétiques, l'oracle s'accomplit littéralement.

D'une façon plus générale, l'auteur du récit B1 entend montrer que les événements relatifs à la menace de Sennachérib contre Jérusalem ont confirmé le bien-fondé de l'appel d'Isaïe à la confiance absolue, comme condition «sine qua non» du salut. En effet, au dire de notre auteur, Ézéchias s'en est remis entièrement à Yahvé; c'est pourquoi Jérusalem a été épargnée. Le sort d'Ézéchias n'est d'ailleurs pas le seul qui confirme le message d'Isaïe. A sa façon, le sort de Sennachérib lui-même en fait autant. En défiant Ézéchias et Jérusalem qui ne comptent que sur Yahvé, Sennachérib a défié le Dieu vivant lui-même. Voilà une manifestation éclatante de l'orgueil, qui est précisément l'envers de la confiance en Yahvé. C'est pourquoi Isaïe l'a dénoncé sans relâche et a annoncé son abaissement. L'échec et le malheur de Sennachérib ont donné raison au prophète.

L'auteur de B1 s'intéresse sans aucun doute au sort de Jérusalem en 701 et pense que la ville a alors été épargnée. L'auteur nous paraît cependant s'intéresser à la délivrance de la ville avant tout parce que, à ses yeux, c'est une confirmation du message d'Isaïe.

L'auteur du récit s'intéresse aussi, sans nul doute, à Ézéchias et même à l'ensemble du peuple de Jérusalem. A notre avis, cet intérêt s'explique parce que l'auteur voit en eux des modèles de la confiance en Yahvé que réclamait Isaïe : Ézéchias s'en remet entièrement à Yahvé et, qui plus est, amène tout le peuple à faire de même. A cet égard, B1 se trouve, du moins en partie, à l'origine de la tendance à idéaliser Ézéchias et à l'opposer à Achaz. Parallèlement, cette tendance à l'idéalisation d'Ézéchias, par opposition à Achaz, a aussi pour fondement la réforme d'Ézéchias (*II Rois*, XVI, 2b-4 comp. XVIII, 3-4).

Il ressort de ce qui précède que B1 n'a pas un but historique. Son objectif n'est pas de renseigner, mais de légitimer et d'édifier. En montrant que la confiance en Yahvé a été «payante», puisqu'elle a valu à Ézéchias et à Jérusalem d'être épargnés lors de la menace de Sennachérib, l'auteur du récit entend donc dire qu'Isaïe avait raison d'exhorter le peuple à s'en remettre entièrement à Yahvé. Du même coup, l'auteur indique au lecteur quelle attitude lui est demandée.

Il reste que, par ses nombreux détails, son caractère vivant et coloré, B1 se rapproche des écrits historiques. Dès lors, tout en reconnaissant que ce récit a quelques traits communs avec les légendes prophétiques, il nous paraît inadéquat de le classer parmi ces dernières[288].

[288] Au sujet de la détermination des genres littéraires parmi les récits prophétiques, voir entre autres K. Koch, *Was ist Formgeschichte?*, 1967^2, pp. 223-227 et 246-250 et A. Rofé, *The Classification of the Prophetical Stories*, dans JBL, LXXXIX, 1970, pp. 427-440; Id., *Classes in the Prophetical Stories : Didactic Legenda and Parable*, dans VTS, XXVI, 1974, pp. 143-164.

6. Origine du récit.

Si nous avons décelé le véritable but du récit, celui-ci doit provenir de cercles prophétiques qui s'intéressent au message et à la figure d'Isaïe.

Dans la mesure où il présente la confiance absolue en Yahvé comme une condition «sine qua non» du salut et l'orgueil comme une sorte de rivalité entre l'homme et Dieu lui-même, notre récit reste foncièrement fidèle au message d'Isaïe. En revanche, à en juger par *Is.*, I, 4-8 et XXII, 1-14, la conformité au message d'Isaïe que notre récit prête à Ézéchias, et à tout le peuple de Jérusalem, ne correspond nullement à ce qui s'est passé en 701. L'oracle que le récit met dans la bouche d'Isaïe ne correspond pas davantage à ce que fut réellement la position du prophète en 701.

Il reste le fait que Jérusalem n'a pas été prise d'assaut. Avec le temps, le sort de Jérusalem a dû paraître assez exceptionnel, et cela d'autant plus qu'il contrastait avec le sort de Samarie, tombée deux décennies plus tôt sous les coups des mêmes Assyriens.

Le fait que Jérusalem n'a pas été détruite, ni même prise d'assaut par Sennachérib, constitue, à notre avis, le point de départ de l'interprétation des événements dont témoigne notre récit. Aux yeux de notre auteur qui était attaché à l'enseignement d'Isaïe, le sort de Jérusalem doit s'expliquer par le fait que le roi Ézéchias et tout Jérusalem avec lui s'en sont remis à Yahvé et ont attendu de lui le salut. On notera que la manière dont le salut est réalisé reste assez modeste. Yahvé se sert d'un enchaînement de causes humaines, où il n'y a pas trace de merveilleux.

La composition du récit doit se situer bien après 701. Elle est certainement postérieure à 681 av. J.-C., année de la mort de Sennachérib. Si, comme il paraît vraisemblable, la mention de Tirhaqa (*II Rois*, 9a) suppose le succès — tout relatif et passager — de ce pharaon contre Assarhaddon en 674 ou 673 av. J.-C.[289], il faudra songer à une époque postérieure à cette date, peut-être même à la fin de la domination assyrienne, effective en Égypte en 655/654 av. J.-C.[290]. En tout cas, le texte paraît supposer que la pression assyrienne n'était plus très forte. Un moment vers le milieu du VIIe s. nous paraît la date la plus probable.

Malgré cette distance dans le temps, l'auteur du récit disposait probablement de traditions orales, relatives notamment à la mission

[289] Au sujet de ces événements, voir K. A. Kitchen, *The Third Intermediate Period in Egypt* (1100-650 B.C.), 1973, pp. 391, §352; A. Spalinger, *The Foreign Policy of Egypt Preceding the Assyrian Conquest*, dans CEg, LIII, 1978, pp. 42-43.

[290] Au sujet de la fin de la domination assyrienne en Égypte, voir K. A. Kitchen, *op. cit.*, p. 406, §367.

du Rab-Shaqé, qui doivent remonter aux événements. Plusieurs détails de *II Rois*, XVIII, 17-32a s'expliqueraient au mieux par cette hypothèse. C'est le cas, en particulier, de l'identité des participants aux discussions. Il paraît en effet peu probable que l'auteur du récit ait inventé la présence d'un fonctionnaire assyrien, le Rab-Shaqé, dont le titre n'est pas attesté ailleurs dans la Bible, alors qu'on y trouve celui du Tartan (*Is.*, XX, 1)[291]. Parmi les délégués d'Ézéchias, Shebna et Élyaqîm sont également attestés en *Is.*, XXII, 15-25[292]. Or, rien ne permet de soupçonner une dépendance de notre récit par rapport à *Is.*, XXII, 15-25. Au contraire, la mention d'Élyaqîm en *Is.*, XXII, 20 dépend de notre récit. Sans nullement prétendre que la tradition rapportait les *ipsissima verba* du Rab-Shaqé, nous pensons que le thème de son discours est parfaitement adapté à la situation historique supposée. Certains des arguments du Rab-Shaqé se comprennent mieux dans sa bouche que sous la plume d'un auteur judéen postérieur[292a]. Il se peut que le thème de la confiance soit justement ce qui explique, du moins en partie, l'intérêt que l'auteur de notre récit a porté aux traditions en question.

7. Valeur historique du récit.

Bien que son but ne soit pas historique, B1 prend appui sur le fait historique que Jérusalem n'a pas été détruite, ni même prise d'assaut, par Sennachérib.

[291] L'autre personnage ajouté secondairement en *II Rois*, XVIII, 17 porte un titre que *Jér.*, XXXIX, 3.13 attribue à un officier de l'armée babylonienne.

[292] On a proposé d'identifier Shebna avec le préfet du palais (*'šr 'l hbyt*), dont le tombeau se trouve à l'entrée de l'actuel village de Siloé; voir N. Avigad, *The Epitaph of a Royal Steward from Siloam Village*, dans IEJ, III, 1953, pp. 137-152; E. Vogt, *Sepulcrum praefecti palatii regum Juda*, dans Bib., XXXV, 1954, pp. 132-134; D. Ussishkin, *The Necropolis from the Time of the Kingdom of Juda at Silwan, Jerusalem*, dans BA, XXXIII, 1970, pp. 34-46, aux pp. 42 et 45. H. J. Katzenstein, *The Royal Steward (Asher 'al ha-Bayith)*, dans IEJ, X, 1960, pp. 149-154, pense plutôt à Hilqîyahû, le père d'Élyaqîm. Seul l'élément théophore du nom étant lisible, l'identification du personnage ne peut être qu'hypothétique. Quoi qu'il en soit, l'épigraphie paraît confirmer le rôle politique de la famille de Hilqîyahû au temps d'Ézéchias. R. Hestrin - M. Dayagi, *A Seal Impression of a Servant of King Hezekiah*, dans IEJ, XXIV, 1974, pp. 26-29, ont en effet publié une bulle appartenant à un certain «Yehozaraḥ, fils de *Ḥilqî(ya)hû*, serviteur de *Ḥizqî(ya)hû*», vraisemblablement un frère d'Élyaqîm; voir aussi A. Lemaire, *L'épigraphie paléo-hébraïque et la Bible*, dans VTS, XXIX, 1978, pp. 165-176, à la p. 174.

[292a] Ch. Cohen, *Neo-Assyrian Elements in the First Speech of the Biblical Rab-Šāqê*, dans *Israel Oriental Studies*, IX, Tel Aviv, 1979, pp. 32-48, a montré que le discours du Rab-Shaqé présente de nombreux points de contact avec la littérature néo-assyrienne.

Contrairement à ce que le récit laisse entendre, le fait que Jérusalem a été épargnée ne signifie pas qu'Ézéchias a réussi à secouer le joug assyrien.

Notre récit conserve sans aucun doute des souvenirs historiquement sûrs. Il nous apprend, en passant, que Sennachérib a fait des conquêtes dans le bas pays (*II Rois*, XVIII, 17 et XIX, 8), ce qui est confirmé par les sources de nature plus historique, aussi bien judéennes qu'assyriennes.

A la base du récit, il y a très probablement le souvenir d'une mission assyrienne envoyée à Jérusalem pour ramener la ville à la soumission. Le texte paraît supposer que cette mission a eu lieu alors que Sennachérib poursuivait ses conquêtes dans le bas pays. La mission du Rab-Shaqé est-elle à identifier avec le siège de Jérusalem dont parlent les documents assyriens? Est-ce seulement un épisode de ce siège? S'est-elle terminée par la soumission de Jérusalem? Voilà autant de questions auxquelles notre récit ne permet pas de répondre.

Du point de vue historique, l'une des questions les plus débattues est celle du rapport que notre récit établit entre la campagne de Tirhaqa et le départ de Sennachérib (*II Rois*, XIX, 9a). Ce passage garde probablement le souvenir de l'intervention égyptienne en Palestine en 701. Malgré une opinion très répandue parmi les exégètes, la présence de Tirhaqa en Palestine, en 701, n'est peut-être pas chronologiquement impossible[293]. Il se peut aussi que la mention de Tirhaqa en *II Rois*, XIX, 9a soit due au fait que, du temps de l'auteur du récit, ce pharaon, qui appartenait sans doute déjà au passé, était connu comme un grand conquérant : il était un adversaire acharné de l'Assyrie, contre laquelle il avait d'ailleurs remporté un petit succès en 674 ou 673 av. J.-C.[294].

Quoi qu'il en soit, le rapport entre l'expédition égyptienne et le départ de Sennachérib obéit vraisemblablement à un souci théologique : en faisant détaler Sennachérib devant l'Égypte si décriée par le Rab-Shaqé, l'auteur du récit souligne l'abaissement de l'orgueil assyrien. Par conséquent, on peut difficilement s'appuyer sur *II Rois*, XIX, 9a pour dire que Sennachérib a dû interrompre expédition en raison d'une menace égyptienne.

B1 mentionne le meurtre de Sennachérib avant tout pour des raisons théologiques. Sa mort violente est le châtiment du défi que Sennachérib a lancé à Yahvé[295]. Cependant, si l'auteur a interprété de la

[293] Voir *supra*, chap. IVe, pp. 124 et 129-130.

[294] Voir A. SPALINGER, *op. cit.*, dans CEg, LIII, 1978, p. 40.

[295] De façon tout à fait semblable, la Stèle de Nabonide, I, 35-41, établit un rapport entre le meurtre de Sennachérib et la destruction de Babylone; S. LANGDON, *Die Neubabylonischen Königsinschriften* (Vorderasiatische Bibliothek, IV), Leipzig, 1912, pp. 272-273.

sorte les circonstances de la mort de Sennachérib, c'est parce qu'il les connaissait. B1 constitue ainsi l'un des principaux témoins sur la fin de ce souverain assyrien[296].

[296] Le meurtre de Sennachérib est également rapporté par les annales d'Assurbanipal (cylindre Rassam, IV, 65-82; M. STRECK, *Assurbanipal und die letzten assyrischen Könige bis zum Untergange Niniveh's*, II, 1916, pp. 3-39), par la Chronique Babylonienne, III, 34-38; A.K. GRAYSON, *Assyrian and Babylonian Chronicles*, 1975, pp. 81-82; par la Stèle de Nabonide, I, 35-41; S. LANGDON, *op. cit.*, *ibidem*; et par Bérose; P. SCHNABEL, *Berossos und die babylonisch-hellenistische Literatur*, Leipzig, 1923, p. 269, 24-25 (Alexandre Polyhistor) et p. 270, 19-21 (Abydène) ou F. JACOBY, *Die Fragmente der griechischen Historiker. III. Geschichte von Städten und Völkern (Horographie und Ethnographie). C. Autoren über einzelne Länder Nr 608a-856* (Erster Band: *Aegypten - Geten* Nr 608a-708), Leiden, 1958, p. 386, 25-28 et p. 404, 11-14. Tous les documents s'accordent pour dire que Sennachérib a été victime d'un parricide, mais divergent au sujet du nombre des assassins: deux, d'après *II Rois*, XIX, 37 par. *Is.*, XXXVII, 38 — *II Chr.*, XXXII, 21 parle de fils au plur. sans en préciser le nombre —, un seul, selon les autres sources. Sans dire explicitement qu'ils ont tué leur père, le prisme B d'Assarhaddon (R. BORGER, *Die Inschriften Asarhaddons Königs von Assyrien*, 1956, pp. 42-43, ll. 41ss) rapporte le complot de ses frères aînés, et la lutte qu'il a dû mener contre eux pour s'assurer le pouvoir. La question du meurtre de Sennachérib a fait l'objet d'un très grand nombre d'études. On a cherché à identifier le parricide, ou les parricides, et à déterminer les circonstances du crime, notamment le lieu où il a été commis, à savoir l'Assyrie ou la Babylonie. Grâce à ABL 1091, S. PARPOLA estime pouvoir identifier le meurtrier en la personne d'Arad-Ninlil, fils de Sennachérib; *The Murderer of Sennacherib*, dans B. ALSTER (éd.), *Death in Mesopotamia* (Mesopotamia, 8), 1980, pp. 171-182. Aux indications bibliographiques données par cet auteur, à la p. 176, n. 5, on pourrait ajouter, parmi d'autres, J. OFFORD, *Archaeological Notes on Jewish Antiquities. XLIII. The Assassination of Sennacherib*, dans PEFQSt, L, 1918, pp. 88-90; B. MEISSNER, *Neue Nachrichten über die Ermordung Sanheribs und die Nachfolge Asarhaddons*, dans *Sitzungsberichte der Preussischen Akademie der Wissenschaften, Jahrgang 1932. Philosophisch-Historische Klasse*, Berlin, 1932, pp. 250-262; ID., *Wo befand sich Asarhaddon zur Zeit der Ermordung Sanheribs?*, dans *Miscellanea orientalia dedicata A. Deimel* (AnOr, 12), 1935, pp. 232-234; E.G. KRAELING, *The Death of Sennacherib*, dans JAOS, LIII, 1933, pp. 335-346; D.J. WISEMAN, *Murder in Mesopotamia*, dans Iraq, XXXVI, 1974, pp. 249-260, aux pp. 251-252.

CHAPITRE DOUZIÈME

II ROIS, XIX, 9b-20.32aβ-b. 34-35 PAR. IS., XXXVII, 9b-21.33aβ-b.35-36 (B2)

1. TRADUCTION ET NOTES DE CRITIQUE TEXTUELLE.

(9b) (De nouveau) [1] il [le roi d'Assyrie] envoya des messagers à Ézéchias pour lui dire : (10) «Vous parlerez ainsi à Ézéchias, roi de Juda [2] : Que ton Dieu en qui tu mets ta confiance ne t'abuse pas en disant : 'Jérusalem ne sera pas livrée aux mains du roi d'Assyrie!' (11) Voici que tu as entendu ce que les rois d'Assyrie ont fait à tous les pays, les vouant à l'anathème [3], et toi, tu serais délivré ! (12) Les ont-ils délivrées, les dieux des nations que mes pères ont détruites : Gozân, Harân, Rèṣèph et les fils de Éden qui étaient à Telassar ? (13) Où sont le roi de Hamat, le roi de Arpad, le roi de Laïr, de Sepharwaïm, de Héna et de Iwwa ?» (14) Ézéchias prit les lettres de la main des messagers, les lut et monta à la Maison de Yahvé. Ézéchias la [lettre] déroula devant Yahvé. (15) Ézéchias pria devant Yahvé [4] en disant : «Yahvé, Dieu d'Israël, qui sièges sur les chérubins, c'est toi qui es le seul Dieu de tous les royaumes de la terre ; tu as fait le ciel et la terre. (16) Tends l'oreille, Yahvé, et entends ; ouvre les yeux, Yahvé, et vois ! Entends les paroles [5] de Sennachérib qui l'a envoyé [6] pour blasphémer le Dieu vivant ! (17) Il est vrai, Yahvé,

[1] Au sujet des variantes textuelles, voir *supra*, chap. XIe, pp. 380-382.

[2] La proposition *koh to'mrûn 'èl-ḥizqîyāhû mèlèk-y^{e}hûdāh lé'mor* (v. 10aα) n'a pas d'équivalent dans la LXX^{B}. Arguant de la mention de la lettre (v. 14), d'aucuns optent pour la lecture de la LXX^{B} (B. DUHM, *Das Buch Jesaja*, 1914, p. 240). La plupart s'en tiennent cependant au TM et expliquent le texte de la LXX^{B} comme une omission, soit délibérée, en raison de la mention de la lettre (J. A. MONTGOMERY, *The Books of Kings*, 1951, p. 503), soit accidentelle (C. F. BURNEY, *Notes on the Hebrew Text of the Books of Kings*, 1903, p. 343).

[3] P. JOÜON, *Notes de critique textuelle (suite)*, dans MUSJ, V, 1911-1912, pp. 447-488, à la p. 483, et d'autres à sa suite (voir, par exemple, J. A. MONTGOMERY, *The Books of Kings*, 1951, p. 503 ; H. WILDBERGER, *Jesaja*, III, 1982, pp. 1414 et 1416) estiment que le verbe *l^{e}haḥ^{a}rîmām* est trop fort et ne correspond pas à la pratique assyrienne. Ils proposent donc de le corriger en *l^{e}haḥ^{a}rîbām*, et d'uniformiser le v. 11 avec le v. 17. Pareille correction n'a cependant aucun appui dans la tradition textuelle.

[4] La proposition *wayyitpallél ḥizqîyāhû lip^{h}néy yhwh* n'a pas d'équivalent dans la LXX de *II Rois*.

[5] Un grand nombre de mss, Pesh., Tg et V lisent *kŏl-dibréy*, qui est la lecture du passage parallèle en *Is.*, XXXVII, 17.

[6] Quelques mss lisent *šālaḥ*, comme le passage parallèle de *Is.*, XXXVII, 17b, leçon également appuyée par Pesh. et V de *II Rois*.

que les rois d'Assyrie ont dévasté les nations et leur pays[7]. (18) Ils ont livré au feu leurs dieux, car ce n'étaient pas des dieux, mais l'ouvrage de mains d'homme, du bois et de la pierre; et ils les ont détruits. (19) Mais maintenant, Yahvé, notre Dieu, de grâce sauve-nous de sa main, et que tous les royaumes de la terre sachent que toi, Yahvé, tu es Dieu, toi seul».

(20) Isaïe, fils d'Amos, envoie dire à Ézéchias: «Ainsi parle Yahvé, Dieu d'Israël: 'J'ai entendu[8] la prière que tu m'as adressée au sujet de Sennachérib, roi d'Assyrie'. (21) Voici la parole que Yahvé a dite contre lui:

Elle te méprise, elle se moque de toi,
la vierge, fille Sion;
derrière toi elle hoche la tête[9],
la fille Jérusalem.
(22) Qui donc as-tu blasphémé et outragé?
Contre qui as-tu élevé la voix
et levé ton regard hautain?
Contre le Saint d'Israël!
(23) Par tes messagers[10] tu as défié le Seigneur;
tu as dit: «Avec l'élan de mes chars[11],
j'ai gravi le sommet des montagnes,

[7] La LXX[B] n'a pas d'équivalent de *w[e]'èt-'arṣām* («et leur pays»), expression également absente du passage parallèle en 1QIs[a]. Sh. TALMON a suggéré l'explication suivante: le texte original de *II Rois* serait représenté par LXX[B], celui d'*Isaïe* par 1QIs[a]. S'inspirant du texte d'*Isaïe*, un glossateur aurait ajouté à *'èt-haggôyim* en *II Rois*, XIX, 17, les mots *w[e]'èt-'arṣām*, expression qu'un autre glossateur aurait ensuite ajoutée assez maladroitement à *'èt-kŏl-hā'[a]rāṣôt* en *Is.*, XXXVII, 18; *A Case of Faulty Harmonization*, dans VT, V, 1955, pp. 206-208; ID., *Synonymous Readings in the Textual Traditions of the Old Testament*, dans SH, VIII, 1961, pp. 335-383, à la p. 343; voir aussi D. BARTHÉLEMY (éd.), *Critique textuelle de l'Ancien Testament*, I, 1982, pp. 411-412.

[8] Le texte d'*Isaïe* (TM et 1QIs[a]) n'a pas *šāmā'tî*. Ce verbe est cependant supposé par la LXX. Par ailleurs, au lieu de *'élay*, 1QIs[a] lit *'lyw* (3e pers.). Le choix entre ces différentes leçons nous paraît difficile.

[9] 1QIs[a] lit *r'sh* («sa tête»).

[10] Le TM d'*Isaïe* et 1QIs[a] lisent *'[a]bādèykā*, mais la LXX s'accorde avec le texte de *II Rois*.

[11] Le *ketib* de *II Rois* (*brkb rkby*) reste isolé. Un grand nombre de mss, le *qeré* et tous les autres témoins lisent *brb rkby*, qui est la leçon du passage parallèle de *Is.*, XXXVII, 24. Le verbe *rkb* pouvant avoir pour accusatif le subst. *rèkèb* (*Jér.*, LI, 21), le *ketib*, vocalisé *birkob* (b + inf. const.), est grammaticalement correct. Sa rareté témoigne même en sa faveur. Il paraît en effet plus simple d'expliquer l'apparition de *b[e]rob* — par une assimilation au parallèle d'Isaïe — que l'apparition de *birkob*. Voir D. BARTHÉLEMY (éd.), *Critique textuelle de l'Ancien Testament*, 1, 1982, p. 412. Nous adoptons la traduction de la TOB.

les dernières cimes du Liban.
J'ai coupé[12] ses cèdres très élevés,
ses plus beaux cyprès.
J'ai atteint son gîte[13] le plus éloigné,
son verger de forêt.
(24) J'ai creusé et j'ai bu des eaux étrangères,
j'ai asséché sous la plante de mes pieds
tous les fleuves d'Égypte.
(25) N'as-tu pas entendu que depuis longtemps j'ai fait cela,
que depuis les temps anciens[14] je l'ai façonné?[15]
Maintenant je l'ai fait arriver.
Il t'est revenu[16] de réduire en monceaux de ruines
des villes fortifiées.
(26) Leurs habitants, la main courte,
furent épouvantés et confus;
ils furent comme herbe des champs et
vert gazon,
végétation des toits
et (grain) brûlé avant mûrissement.
(27) Quand tu te lèves[17] et quand tu t'assieds, quand tu sors et
quand tu entres, je le sais,
et aussi quand tu trembles de rage contre moi.
(28) Parce que tu as tremblé de rage contre moi[18]
et que ton arrogance est montée à mes oreilles,
je mettrai mon croc à tes narines

[12] En lisant, comme à l'habitude, le *wayyiqtol* demandé par le contexte temporel et supposé par les versions. Nous faisons de même avec le verbe *bw'* (v. 23) et *ḥrb* (v. 24).

[13] Le TM d'*Isaïe* lit *m^{e}rôm* («hauteur»).

[14] Les sept premiers mots du v. 25 manquaient dans le G ancien de *II Rois*, et «ont été rajoutés sous astérisque en des formes différentes par la recension origénienne et par l'antiochienne». D. BARTHÉLEMY (éd.), *Critique textuelle de l'Ancien Testament*, I, 1982, p. 412.

[15] En lisant, avec la plupart des critiques, *y^{e}ṣartîhā*, leçon attestée par les versions et par le passage parallèle de 1QIs^a XXXVII, 26.

[16] En vocalisant, avec la plupart des critiques, *watt^{e}hî* au lieu de *ût^{e}hî* du TM.

[17] Pour la finale de *II Rois*, XIX, 26 par. *Is.*, XXXVII, 27 et le début de *II Rois*, XIX, 27 par. *Is.*, XXXVII, 28, la tradition textuelle témoigne de diverses leçons qui révèlent probablement des transformations subies par le passage. On se reportera au rapport du comité pour l'analyse textuelle de l'Ancien Testament hébreu, D. BARTHÉLEMY (éd.), *Critique textuelle de l'Ancien Testament*, I, 1982, pp. 412-413.

[18] En général, la critique voit une dittographie en *w^e'ét hitraggèz^{e}kā 'élāy* au v. 27. Voir H. WILDBERGER, *Jesaja*, III, 1982, p. 1419. Ce sont plutôt les mots *ya'an hitraggè-z^{e}kā 'élay* du début du v. 28 qui manquent dans les mss 21 et 224 de Kenn. et dans le passage parallèle de 1QIs^a. Voir D. BARTHÉLEMY (éd.), *Critique textuelle de l'Ancien Testament*, I, 1982, p. 414.

et mon mors à tes lèvres;
je te ferai retourner par le chemin par lequel tu es venu.
(29) Et ceci te servira de signe.
On mangera cette année du grain tombé; la seconde année, du grain de jachère,
mais la troisième année, semez et moissonez,
plantez des vignes et mangez-en les fruits.
(30) Ce qui a échappé de la maison de Juda,
ce qui est resté[19],
poussera de nouveau des racines en profondeur
et produira des fruits en haut[20],
(31) Car de Jérusalem sortira un reste,
et des rescapés, de la montagne de Sion.
La jalousie de Yahvé[21] fera cela.
(32) C'est pourquoi ainsi parle Yahvé au sujet du roi d'Assyrie : Il n'entrera pas dans cette ville,
il n'y lancera pas de flèche,
il ne l'affrontera pas avec le bouclier,
il n'élèvera pas contre elle de remblais.
(33) Par le chemin par lequel il est venu[22], il retournera,
il n'entrera pas dans cette ville, oracle de Yahvé.
(34) Je protégerai cette ville pour la sauver[23],
à cause de moi et à cause de David, mon serviteur».

(35) Et il advint que cette nuit-là l'Ange de Yahvé sortit et frappa dans le camp des Assyriens cent quatre-vingt-cinq mille hommes. Le matin, au réveil, voilà qu'ils étaient tous des cadavres, des morts.

[19] A la place de *hanniš^{e}'ārāh*, attribut de *p^{e}léyṭat béyt-y^{e}hûdāh*, 1QIs^{a} lit *whnmṣ'* dans un rapport de coordination. D'après S. IWRY, *whnmṣ' — A Striking Variant Reading in 1QIs^{a}*, dans Textus, V, 1966, pp. 34-43, dans l'hébreu postexilique tardif *hnmṣ'* avait le sens de «rescapé», «captif», «réfugié», sens que 1QIs^{a} conserve. Aussi cet exégète conclut-il que le changement de *hnš'rh* en *whnmṣ'* aurait pour but de dire explicitement que la régénération annoncée n'est pas réservée aux rescapés de Juda, mais s'étend à tout exilé d'Israël survivant.

[20] Voir les discussions de H.L. GINSBERG, *«Roots below and Fruit above» and Related Matters*, dans D.W. THOMAS and W.D. MCHARDY (éds), *Hebrew and Semitic Studies presented to Godfrey Rolles Driver*, Oxford, 1963, pp. 72-76, et de J. BECKER, *Wurzel und Wurzelspross. Ein Beitrag zur hebräischen Lexikographie*, dans BZ, XX, 1976, pp. 22-44.

[21] Le *qeré*, un grand nombre de mss et les versions lisent *yhwh ṣ^{e}ba'ôt*, comme le passage parallèle de *Is.*, XXXVII, 31; *cf. Is.*, IX, 6.

[22] En lisant *bā'* comme dans le passage parallèle de *Is.*, XXXVII, 34. Cette leçon est attestée par 15 mss de Kenn. et confirmée par les versions. Elle paraît demandée par le contexte. La leçon *yābo'* résulte probablement d'un accident qui a eu lieu à la faveur de la présence de cette même forme dans la seconde partie du verset. Voir H. WILDBERGER, *Jesaja*, III, 1982, p. 1420.

[23] Parmi les témoins du texte grec seuls les origéniens ont l'équivalent à *l^{e}hôšî'āh*.

2. Délimitation du récit.

La discussion sur les limites de B1 nous a amené à conclure que B2 commence avec le verbe *wayyišlaḥ* en *II Rois*, XIX, 9b. Nous avons vu aussi que B2 a été inséré à l'intérieur de la conclusion de B1 à la faveur de l'ambivalence de *wayyāšōb*. Ce verbe, qui signifiait primitivement «il retourna» et rapportait le retour du roi d'Assur dans son pays, a pris le sens de «de nouveau» et a permis de raccorder B2 à B1 [24].

B2 présente une structure semblable à celle de B1, avec quatre séquences identiques :

A. Le roi d'Assyrie envoie un message à Ézéchias (*II Rois*, XIX, 9b-13 par. *Is.*, XXXVII, 9b-13).
B. Réaction d'Ézéchias. Il s'en va au Temple et y prie (*II Rois*, XIX, 14-19 par. *Is.*, XXXVII, 14-20).
C. Réaction de Yahvé. En réponse à la prière d'Ézéchias, Yahvé lui adresse un oracle par l'entremise d'Isaïe (*II Rois*, XIX, 20-34 par. *Is.*, XXXVII, 21-35).
D. Conclusion du récit. L'Ange de Yahvé frappe l'armée assyrienne (*II Rois*, XIX, 35 par. *Is.*, XXXVII, 36).

Du point de vue littéraire, les deux premières parties du récit ne posent pas de problèmes importants. On a fait remarquer que l'introduction narrative de la première partie est très courte et dépourvue de détails. L'identité de l'expéditeur ainsi que le point de départ et la destination des messagers ne sont pas explicitement désignés; ils ne sont connus que grâce au récit B1, dans lequel a été inséré le récit B2. Par ailleurs, le v. 14 rapporte qu'Ézéchias prit «les lettres» des mains des messagers. Or, contrairement à ce que semble supposer la formulation — l'emploi de l'article — le narrateur n'avait pas dit que les messagers étaient porteurs de lettres. Plusieurs critiques inclinent donc à penser que, sous sa forme actuelle, le début du récit est fragmentaire, et ne conserve que des restes du début primitif. Ce début aurait été sacrifié lors de l'insertion de B2 à l'intérieur de B1 [25].

Nous ne voyons pas de raisons suffisantes pour supposer que le récit B2 a jamais eu un début sensiblement plus circonstancié que le début actuel [26].

[24] Voir *supra*, chap. XIe, pp. 377-382.

[25] B. Duhm, *Das Buch Jesaja*, 1914, pp. 240-241; K. Marti, *Das Buch Jesaja*, 1900, p. 253; C. Van Leeuwen, *Sanchérib devant Jérusalem*, dans OTS, XIV, 1965, pp. 254-255. Tout en admettant que les vv. 9b-10a gardent peut-être les vestiges de l'introduction primitive du récit B2, R. Deutsch, *Die Hiskiaerzählungen*, 1969, p. 22 et p. 28, n. 50, attribue plutôt ces versets à un rédacteur.

[26] Dans la pratique du Proche-Orient ancien, la remise d'une lettre était normalement précédée de la transmission orale de son contenu. Cela rend peut-être compte du

L'oracle est sans conteste la partie du récit qui pose les plus grands problèmes de critique littéraire. Dans son travail de pionnier, B. Stade[27] a relevé plusieurs indices qui s'opposent à l'unité de *II Rois*, XIX, 20-34, et trahissent le caractère composite de ce passage. Ainsi, on constate que Yahvé y annonce à deux reprises le retour de Sennachérib par le chemin par lequel il est venu (*II Rois*, XIX, 28bβ.γ et 33a), pratiquement dans les mêmes termes. Le titre *zèh haddābār ʾᵃšèr-dibbèr yhwh ʿālāyw* (*II Rois*, XIX, 21a) paraît faire double emploi avec la formule du messager qui précède (*II Rois*, XIX, 20bα). D'autre part, poursuit B. Stade, *II Rois*, XIX, 28 se présente comme une conclusion. Après ce verset il y a encore de la place pour le signe des vv. 29-31, mais non pas pour le nouvel oracle des vv. 32-34. B. Stade conclut donc que *II Rois*, XIX, 20-34 se compose de deux oracles indépendants : un oracle assez court, comprenant les vv. 20b. 32-34, et un autre plus développé, comprenant les vv. 21-31.

Le caractère composite de *II Rois*, XIX, 20-34 est unanimement admis par la critique. On s'accorde aussi pour dissocier le v. 21 du v. 20 et pour voir dans le titre du v. 21a le début d'un oracle différent de celui qui est introduit au verset précédent. En effet, le v. 20 introduit un oracle adressé à Ézéchias et qui a Sennachérib pour objet. On s'attend normalement à ce que Yahvé poursuive son discours à la 1ᵉ pers., s'adresse directement à Ézéchias à la 2ᵉ pers. et parle de Sennachérib à la 3ᵉ pers.

Or, les vv. 21-28 ne répondent que partiellement à cette attente. En effet, le prophète a la parole, aux vv. 21b-23aα, et il cite le discours de son interlocuteur en style direct, aux vv. 23aβ-24. Aux vv. 25-28, c'est Yahvé lui-même qui parle à la 1ᵉ pers. Aussi bien le prophète (vv. 21b-23aα) que Yahvé (vv. 25-28) s'adressent à quelqu'un à la 2ᵉ pers. sg. masc., celui-là même dont le prophète cite les paroles en style direct. Cet interlocuteur n'est jamais explicitement identifié dans le corps de la pièce. Le contenu du passage exclut cependant son identification à Ézéchias. D'après le contexte actuel, il ne peut s'agir que de Sennachérib, l'antécédent du pron. de la 3ᵉ pers. sg. masc. (*ʿālāyw*) du titre (v. 21a). Ézéchias, que le v. 20 présente comme le destinataire direct de l'oracle, ne figure pas aux vv. 21-28.

fait que, lors de la présentation des messagers, on mentionne la forme orale du message, et que lors du rapport de la réaction d'Ézéchias, on mentionne sa forme écrite, la forme tangible et durable que le roi pouvait exposer devant Yahvé. Voir, entre autres, A. JIRKU, *Neues keilinschriftliches Material zum Alten Testament*, dans ZAW, XXXIX, 1921, pp. 144-160, aux pp. 146-147; J.A. MONTGOMERY, *The Books of Kings*, 1951, p. 503; O. KAISER, *Der Prophet Jesaja*, II, 1973, p. 311; H. WILDBERGER, *Jesaja*, III, 1982, p. 1424.

[27] *Anmerkungen zu 2Kö. 15-21*, dans ZAW, VI, 1886, pp. 177-178.

Bien qu'il ait clairement perçu que le v. 28 se présente comme une conclusion, B. Stade[28] n'a pas suffisamment souligné l'hiatus qui existe entre le v. 28 et le v. 29. Le v. 29aα (*w^e^zèh-l^e^kā hā'ôt*) constitue un nouveau titre. La pièce ainsi introduite peut trouver une bonne conclusion dans l'expression *qin'at yhwh ta'^a^śèh-zo't* (v. 31b). Le prophète est le locuteur aux vv. 29-31. Dans l'introduction (v. 29a), il s'adresse à son interlocuteur par la 2e pers. sg. masc. (*l^e^kā*), mais, dans la suite du v. 29, il emploie des impératifs plur. Le contenu du v. 29 s'oppose à l'identification de la 2e pers. sg. masc., au v. 29, avec la 2e pers. sg. masc. des vv. 21b-23aα.27-28. D'après le contexte, la 2e pers. sg. masc., au v. 29a, doit être Ézéchias (ou Juda ou Jérusalem personnifiés), et les impér. plur. doivent s'adresser à l'ensemble du peuple. Nous rejoignons donc l'opinion commune qui dissocie les vv. 29-31 des vv. 21-28[29].

Étant donné que le v. 29a tout au moins s'adresse peut-être à Ézéchias, ne pourrait-on pas voir dans les vv. 29-31, par delà les vv. 21-28, la suite primitive du v. 20? L'annonce d'un signe à l'intérieur d'un oracle adressé à Ézéchias n'aurait rien de suprenant. Et, pourtant, de sérieux indices s'opposent au rattachement des vv. 29-31 au v. 20. Le signe est normalement le gage de la réalisation d'une annonce déjà faite. Or, le v. 20 ne contient aucune annonce : s'il a pour but de garantir l'accomplissement de l'annonce formulée aux vv. 30-31, le signe vient donc trop tôt. De plus, le signe proposé ne convient pas à la situation supposée par B2. A quoi bon, en effet, un signe dont la réalisation ne serait achevée que trois ans plus tard, alors qu'Ézéchias avait besoin d'une certitude dans l'instant même. On remarquera finalement que B2 ne rapporte aucune conquête assyrienne en Juda et exclut le siège de Jérusalem. Dans ce contexte, il n'y a pas lieu de parler des «rescapés de la Maison de Juda» et, encore moins, du «reste de Jérusalem» ou des «rescapés du Mont Sion»[30].

Bref, l'opinion commune, qui dissocie les vv. 29-31 aussi bien de ce qui précède que de ce qui suit, nous paraît pleinement justifiée.

Avec la formule du messager, le v. 32aα introduit un nouvel oracle. Elle dit que l'oracle a pour objet le roi d'Assyrie. Celui-ci doit donc

[28] *Op. cit.*, p. 178.

[29] Voir notamment O. Procksch, *Jesaja I*, 1930, pp. 454 et 457; J. A. Montgomery, *The Books of Kings*, 1951, pp. 494-496; B. S. Childs, *Isaiah and the Assyrian Crisis*, 1967, pp. 96 et 103; O. Kaiser, *Der Prophet Jesaja*, II, 1973, pp. 298 et 314-315; J. Gray, *I & II Kings*, 1977, pp. 688-691; R. E. Clements, *Isaiah 1-39*, 1980, pp. 285-286; H. Wildberger, *Jesaja*, III, 1982, pp. 1420-1422 et 1429-1434.

[30] Dans le même sens, voir, par exemple, H. Wildberger, *Jesaja*, III, 1982, p. 1421.

être le sujet des verbes à la 3e pers. sg. masc. (vv. 32aβ-33). Le destinataire n'est pas indiqué. Yahvé s'adresse-t-il à tout lecteur, comme le suggère R. E. Clements?[31] Certes, l'annonce des vv. 32b-34 intéresse tout Jérusalem. Le premier concerné par le sort de Jérusalem est cependant son roi, Ézéchias. Celui-ci apparaît d'ailleurs comme l'antagoniste humain du roi d'Assyrie. C'est à Ézéchias que s'adressent les messagers du roi d'Assyrie (vv. 9b-13); c'est lui qui prie (vv. 14-19); c'est à lui que Yahvé répond (v. 20). Il est donc naturel que ce soit à Ézéchias aussi que Yahvé annonce l'échec du roi d'Assyrie au sujet de Jérusalem (vv. 32-34).

Rien ne s'oppose donc à l'hypothèse commune qui rattache les vv. 32-34 au v. 20. Au contraire, tout paraît indiquer que les vv. 32-34 sont la suite primitive de l'oracle commencé au v. 20. Cet oracle ne doit pas s'étendre au-delà du v. 34, car le v. 35 contient une nouvelle section narrative. Ses contours exacts restent cependant discutés. On ne s'accorde que pour y inclure le v. 32aβ-b. L'expression *n^{e}'um yhwh* étant normalement une formule de conclusion, d'aucuns estiment que l'oracle s'arrête à la fin du v. 33[32]. On tient alors le v. 34 soit pour un fragment d'oracle[33], soit pour un passage secondaire[34]. D'autres, par contre, rattachent le v. 34 aux vv. 20.32aβ-b, et tiennent le v. 33 pour rédactionnel[35].

On a fait valoir en faveur du caractère rédactionnel du v. 34 ses attaches littéraires et thématiques avec *Is.*, XXXI, 5, le *Deutéro-Isaïe* et dtr[36]. Il est incontestable que ce verset révèle des influences diverses, mais il n'y a aucune raison de le tenir pour un ajout secondaire. On notera que, en dépit de la diversité des influences, le v. 34 est unifié. Par ailleurs, il est parfaitement à sa place à l'intérieur de B2. En donnant les raisons de l'échec du roi d'Assyrie, le v. 34 se rattache immédiatement aux vv. 32aβ-33, et se présente donc comme une partie intégrante de l'oracle qui débute au v. 20. Il se rattache aussi aux autres parties du récit qui

[31] *Isaiah and the Deliverance of Jerusalem*, 1980, pp. 57-58.

[32] O. PROCKSCH, *Jesaja I*, 1930, pp. 452 et 459, propose de déplacer l'expression *ne'um yhwh* de la fin du v. 33 à la fin du v. 34.

[33] Voir J. GRAY, *I & II Kings*, 1977, pp. 693-694.

[34] I. BENZINGER, *Die Bücher der Könige*, 1899, p. 185; C. VAN LEEUWEN, *op. cit.*, p. 256; O. KAISER, *op. cit.*, p. 313; H. WILDBERGER, *Jesaja*, III, 1982, pp. 1416, 1421 et 1436.

[35] B. DUHM, *Das Buch Jesaja*, 1914, pp. 247-248; K. MARTI, *Das Buch Jesaja*, 1900, p. 258; K. FULLERTON, *The Invasion of Sennacherib*, dans BS, LXIII, 1906, p. 630, n. 79; F. FELDMANN, *Das Buch Isaias*, I, 1925, p. 435; B.S. CHILDS, *Isaiah and the Assyrian Crisis*, 1967, pp. 75-76 et 100; R. DEUTSCH, *Die Hiskiaerzählungen*, 1969, p. 28.

[36] Voir O. KAISER, *Der Prophet Jesaja*, II, 1973, p. 313; H. WILDBERGER, *Jesaja*, III, 1982, p. 1436.

précèdent, et cela de plusieurs façons. Ainsi, le fait que Jérusalem soit la seule bénéficiaire de la promesse est normal dans le cadre de B2, car la ville est la seule dont le sort soit en jeu. Le v. 34 correspond particulièrement à la conclusion de la prière d'Ézéchias (v. 19). La promesse de salut que Yahvé fait en faveur de Jérusalem (v. 34a) répond à la demande d'Ézéchias (v. 19aβ). L'emploi du même verbe *hôšaᶜ* est d'autant plus significatif que la même réalité est exprimée, aux vv. 11-12, par le verbe *nṣl*. La première raison du salut que Yahvé promet à savoir *lᵉmaᶜanî* («à cause de moi»), répond à la raison invoquée par Ézéchias pour appuyer sa demande, c'est-à-dire la reconnaissance universelle que son intervention salvifique vaudrait à Yahvé. Cette raison convient d'ailleurs parfaitement au récit B2, puisque ce qui y est en cause est précisément l'honneur même de Yahvé, à qui le roi d'Assyrie dénie le pouvoir de sauver Jérusalem.

La seconde raison donnée par Yahvé, à savoir son engagement à l'égard de la dynastie davidique, correspond bien à la place que Jérusalem et le roi Ézéchias occupent dans le récit.

Le v. 34 ne se rattache pas seulement à ce qui précède, mais prépare aussi ce qui suit. Comme nous le verrons, le v. 35 nous paraît difficilement compréhensible sans le v. 34. A notre avis, si l'on retranche le v. 34 du récit primitif, il faudra en faire autant avec le v. 35.

Loin d'être un ajout secondaire, le v. 34 constitue un élément important de B2. Les influences diverses dont il porte la marque doivent être le fait, non pas d'un rédacteur postérieur, mais de l'auteur du récit lui-même.

Il en va autrement du v. 33. En effet, ce verset manque d'originalité par rapport à son contexte. Le v. 33a répète le v. 28bβ. La principale différence réside dans le fait que, le v. 28bβ emploie le hif. de *bw'* à la 1ᵉ pers. du parfait, tandis que le v. 33a utilise le qal de ce même verbe à la 3ᵉ pers. sg. masc. de l'imparfait. Cette différence est commandée par le contexte immédiat de chacun des versets. Ils se trouvent l'un et l'autre dans un discours de Yahvé. Mais, alors que le v. 28bβ conclut un discours où Yahvé annonce au roi d'Assyrie ce qu'il lui fera, le v. 33a apparaît dans le cadre d'un discours où Yahvé annonce à Ézéchias que le roi d'Assyrie n'assiégera pas Jérusalem. A son tour, le v. 33b répète mot à mot le v. 32aβ. Seul l'ordre des mots dans la proposition est différent : le verbe précède le complément de lieu au v. 32, et le suit au v. 33.

Le retour du roi d'Assyrie dans son pays (v. 33a) est un thème important de B1. Yahvé renvoie, ou fait retourner, le roi d'Assyrie dans son pays (*II Rois*, XIX, 7). Ce retour y prend le contre-pied de l'envoi contre Juda dont le roi d'Assyrie prétend avoir été l'objet de la part de Yahvé (*II Rois*, XVIII, 25). Or, il n'y a rien d'équivalent en B2. Le thème du retour du roi d'Assyrie n'y a aucune attache avec ce qui précède ni avec ce qui suit.

Selon le schéma annonce-réalisation, on s'attend à ce que B2 rapporte le retour de Sennachérib dans son pays. Aussi plusieurs critiques estiment-ils que, en conclusion, ce récit commençait par rapporter la catastrophe de l'armée assyrienne (v. 35), élément qui lui est propre, et se terminait par le retour de Sennachérib dans son pays, élément qu'il aurait en commun avec B1. Ces critiques pensent que le v. 36a garde des vestiges de la notice du retour de Sennachérib provenant de B2, à côté de la notice équivalente provenant de B1 [37]. Du point de vue narratif, il serait très surprenant que le récit rapportât l'un après l'autre le massacre de l'armée assyrienne et le retour de Sennachérib dans son pays. En effet, comme le fait remarquer R. E. Clements, l'action de l'Ange de Yahvé frappant cent quatre-vingt-cinq mille hommes dans le camp assyrien a un caractère beaucoup plus dramatique que le simple retour de Sennachérib dans son pays. Si l'on accepte que la conclusion de B2 comportait ces deux éléments, on doit donc supposer qu'elle se terminait par une énorme chute de la tension dramatique, dont il faudrait rendre compte [38].

R. E. Clements résout la difficulté en excluant de B2 le thème du massacre de l'armée assyrienne (v. 35). Au dire de cet exégète, ce thème dépasse de très loin ce qu'annoncent les vv. 32-34. Le v. 35 ne peut donc pas être la conclusion primitive de B2. Sous sa forme originelle, la conclusion de B2 rapportait uniquement que, en raison de la protection accordée par Yahvé à Jérusalem, le roi d'Assyrie est rentré dans son pays sans avoir pris la ville. Lors de la fusion des deux récits, cette conclusion aurait été sacrifiée au profit de l'élément équivalent de B1.

La conclusion primitive de B2 serait donc très sobre. Elle ne disait même pas comment la protection de Yahvé s'était manifestée ni comment Yahvé avait fait échouer le dessein de Sennachérib. Trouvant sans doute que l'action de Yahvé était trop discrète et n'avait pas assez d'éclat, le rédacteur qui a fusionné les deux récits ou un rédacteur postérieur aurait ajouté le v. 35. Celui-ci précise que la protection de Yahvé, qui a valu à Jérusalem la délivrance, s'est manifestée par une merveilleuse intervention de l'Ange de Yahvé contre l'armée assyrienne.

[37] Voir *supra*, chap. XIe, p. 382.

[38] R. E. CLEMENTS, *Isaiah and the Deliverance of Jerusalem*, 1980, pp. 58-59.

L'action de Yahvé dans la délivrance de Jérusalem se trouve ainsi soulignée et dramatisée[39].

Contrairement à ce que pense R. E. Clements, le v. 35 ne nous paraît nullement isolé dans le cadre de B2. Bien au contraire, la merveilleuse action de l'Ange de Yahvé contre l'armée assyrienne est la conclusion qui convient à ce récit. Comme nous le verrons, l'action de l'Ange de Yahvé réalise spécialement la promesse du v. 34a, laquelle répond particulièrement à la conclusion de la prière d'Ézéchias (v. 19); à son tour, celle-ci prend le contre-pied des propos du roi d'Assyrie qui dénie à Yahvé le pouvoir de délivrer Jérusalem. Le merveilleux anéantissement de l'armée assyrienne en une nuit, et non point le simple retour de Sennachérib dans son pays, est l'un de ces coups d'éclat susceptibles de donner la réponse adéquate au blasphème du roi d'Assyrie et d'amener tous les royaumes de la terre à reconnaître, selon le voeu d'Ézéchias, que Yahvé est le seul Dieu (v.19).

Bref, dans sa forme primitive, le récit B2 comprenait *II Rois*, XIX, 9b (*wayyišlaḥ*)-20.32aβ-b.34-35. L'oracle des vv. 21-28 ne faisait pas partie du récit; il y a été inséré secondairement. Il en va de même des vv. 29-31. Le v. 32aα est rédactionnel : cette nouvelle introduction a été rendue nécessaire par la séparation entre les deux parties de l'oracle[40]. Nous tenons également pour rédactionnel le v. 33. Ce verset a pour but d'établir un rapport entre le thème du retour de Sennacherib dans son pays, qui est un élément essentiel de B1 (*II Rois*, XIX, 7.9bα [*wāyyāšōb*]. 36) et se trouve aussi dans l'oracle des vv. 21-28, et le thème de la destruction de l'armée assyrienne, qui est propre à B2. Puisque le v. 33a reprend le v. 28bβ, il ne peut être antérieur à l'insertion des vv. 21-28.

3. Analyse des différentes parties du récit.

A. Le message de Sennachérib avertissant Ézéchias de ne pas se laisser abuser par son dieu (vv. 9b-13).

L'introduction narrative est très courte et dépourvue de détails concrets, de références historiques ou topographiques précises. Elle ne comprend que le rapport de l'envoi de messagers à Ézéchias (v. 9b) et la

[39] R. E. Clements, *Isaiah and the Deliverance of Jerusalem*, 1980, pp. 58-61 et 91. Le caractère secondaire de *II Rois*, XIX, 35 avait déjà été proposé par A. Rofé, *Israelite Belief in Angels in the Pre-exilic Period as Evidenced by Biblical Traditions* (Thèse manuscrite, Jérusalem), 1969, pp. 203-219 (hébreu).

[40] Voir H. Wildberger, *Jesaja*, III, 1982, pp. 1416 et 1421.

formule de transmission du message de l'expéditeur à ses messagers (v. 10aα), suivie immédiatement du message lui-même (vv. 10aβ-13).

L'introduction ne désigne pas explicitement l'expéditeur. La détermination du sujet de *wayyišlaḥ* (v. 9b) et, par conséquent, l'identification de l'expéditeur avec le roi d'Assyrie dépendent de ce qui précède, c'est-à-dire de B1. Cependant, la suite du récit non seulement confirme cette identification, mais la précise. En effet, ce récit désigne l'expéditeur par son nom propre (v. 16) ou par son nom propre et son titre (v. 20)[41].

Par contre, les messagers restent dans l'anonymat total.

En insérant B2 après le v. 8, le rédacteur suppose que les messagers sont partis de Libna, mais le récit lui-même ne fournit aucun renseignement sur leur point de départ. L'introduction n'indique pas non plus de façon explicite leur destination. On conclut que c'est Jérusalem, puisqu'ils sont envoyés à Ézéchias, roi de Juda, dont la place normale est dans sa capitale. Cette conclusion est d'ailleurs confirmée par le fait que Ézéchias prend les lettres et monte au Temple de Yahvé (v. 14), lequel ne peut être que le Temple de Jérusalem.

En disant que Ézéchias a pris personnellement les lettres de leurs mains et est monté au Temple, le v. 14 suppose que les messagers se sont rendus effectivement à Jérusalem. Cependant leur voyage n'est pas signalé, l'accomplissement de leur mission n'est pas rapporté. Le récit «saute à pieds joints» du moment où le roi d'Assyrie «dicte» son message à Libna, au moment où Ézéchias prend les lettres des mains des messagers à Jérusalem.

Du point de vue stylistique, les vv. 10aβ-13 correspondent assez bien au modèle d'un message. L'expéditeur y parle à la 1e pers. sg. et s'adresse au destinataire à la 2e pers. sg. L'expéditeur fait d'abord une mise en garde, exprimée par le jussif prohibitif, et la fonde ensuite au moyen de trois questions.

Le message s'adresse directement et exclusivement à Ézéchias. En son centre, il y a la citation d'une parole de Yahvé[42] annonçant que Jérusalem ne sera pas livrée aux mains du roi d'Assyrie. Au dire de Sennachérib, cette annonce n'est qu'un leurre. Aussi engage-t-il Ézéchias à ne pas se laisser abuser par son dieu en continuant à se fier à ce qu'il annonce. Sennachérib fait appel à l'histoire des rapports entre ses prédécesseurs et nombre d'autres peuples et rois pour réfuter l'affirmation du dieu d'Ézéchias et, par conséquent, étayer sa mise en garde. Il fait cela au moyen de trois questions posées à Ézéchias.

[41] Au v. 32a, passage rédactionnel, il est désigné par son titre.
[42] Désigné par «ton dieu» en s'adressant à Ézéchias.

La première question (v. 11) vise directement l'objet de l'annonce attribuée à Yahvé. Ézéchias sait bien que les rois d'Assyrie ont dévasté tous les pays. Comment peut-il raisonnablement espérer être délivré?

La deuxième question (v. 12) porte sur le rôle des dieux des peuples soumis par les prédécesseurs de Sennachérib. Cette question s'attaque donc directement à la crédibilité de Yahvé et, de la sorte, correspond à l'objet de la mise en garde que Sennachérib adresse à Ézéchias. «Les dieux des nations les ont-ils délivrées, elles que mes pères ont détruites, Gozân, Harân, Rèṣèph, les Édénites qui étaient à Telassar?» (v. 12) Ézéchias espère-t-il que son dieu agisse autrement que les dieux de ces nations? Bien que le texte ne le dise pas explicitement, il n'y a aucun doute que, si les dieux des nations mentionnées ne les ont pas délivrées, c'est à cause de leur impuissance. S'ils n'ont pas délivré chacun leur propre peuple, ce n'est pas qu'ils ne l'aient pas voulu, c'est parce qu'ils n'ont pas pu le faire. Voilà ce qui ressort de la question du v. 12 qui vise à réfuter, non pas une affirmation d'Ézéchias, mais l'affirmation de son dieu lui annonçant la délivrance de Jérusalem. En paraphrasant, on pourrait formuler la question de la façon suivante : Comment Ézéchias peut-il espérer que son dieu réussisse à le délivrer du pouvoir assyrien, alors qu'aucun des autres dieux n'a été capable d'un tel exploit au profit de son peuple?

La troisième et dernière question (v. 13) porte sur le sort des rois d'une série de villes dont l'Assyrie a supprimé la royauté : Hamat, Arpad, Laïr, Sepharwaîm, Hena et Iwwa. Cette question souligne la place occupée par Ézéchias dans le récit, place qui est étroitement associée à celle qu'occupe Jérusalem. Jérusalem et Ézéchias sont étroitement associés, voire solidaires, aussi bien dans la protection que Yahvé leur accorde que dans la délivrance que cette protection procure à l'une et à l'autre.

Le message est tout aussi dépourvu de détails concrets et de références à l'histoire de Juda que son introduction narrative. Ainsi, il ne dit pas ce qui a provoqué la démarche de Sennachérib. Il n'est nulle part question d'une révolte d'Ézéchias, que Sennachérib viendrait mater, ni d'une quelconque autre raison. Apparemment c'est sans aucune raison que le roi d'Assyrie cherche querelle à Ézéchias.

Comme Sennachérib dénonce l'espoir que Jérusalem puisse être délivrée du pouvoir assyrien, on doit supposer qu'il veut s'emparer de la ville. Cela est d'ailleurs confirmé par la promesse des vv. 32 et 34. On notera cependant que, dans son message, Sennachérib ne somme pas la ville de se rendre; il ne propose rien; il ne pose aucune condition. Le seul objectif du message paraît être de détruire la confiance d'Ézéchias en son dieu et, en dernier ressort, de nier la crédibilité et la puissance de Yahvé.

Le message se résume donc en une attaque contre Yahvé, que Sennachérib ravale au rang des dieux des autres peuples. L'introduction narrative, dont nous avons remarqué le caractère stéréotypé et les lacunes, n'a pas pour but de rapporter une démarche assyrienne auprès d'Ézéchias; son objectif est de créer le scénario qui permette de placer dans la bouche de Sennachérib son attaque contre Yahvé. On comprend alors les «lacunes» de l'introduction narrative, notamment le saut entre le moment où le roi d'Assyrie dicte son message et le moment où Ézéchias prend les lettres des mains des messagers.

Manifestement, le message ne témoigne d'aucun intérêt pour le cadre historique judéen de ce qu'il rapporte. Ne s'intéresse-t-il pas, en revanche, à l'histoire des rapports entre l'Assyrie et les peuples voisins et ne suppose-t-il pas une vaste connaissance de cette histoire?

Il ne nous semble pas. On notera, en effet, le caractère schématique du «rappel historique». Les conquêtes de l'Assyrie étaient certes nombreuses, et grands les ravages de ses armées. Il est cependant très exagéré d'attribuer aux prédécesseurs de Sennachérib, comme fait le v. 11, la conquête et le dévastation de tous les pays.

La critique ne s'accorde que sur l'identification et la localisation de trois parmi les onze villes ou pays mentionnés aux vv. 12-13 : Gôzân (ass. Guzana - moderne Tel Ḥalaf), Ḥarân (Ḥarran) et Arpad (Tel-Erfad). Il s'agit de trois villes araméennes situées, les deux premières en Mésopotamie du Nord, la troisième en Syrie du Nord.

L'identification et la localisation de toutes les autres villes sont discutées, voire simplement conjecturées. Même l'identification de Hamat avec la ville de ce nom en Syrie centrale, si normale qu'elle puisse paraître en raison de sa fréquence dans la Bible, n'est pas à l'abri de la contestation. On a pensé, en effet, à une ville du même nom, située en Babylonie orientale ou en Élam[43].

Rèṣèph est généralement identifiée avec la ville de Raṣappa mention-

[43] Hamat est comptée parmi les villes d'où sont originaires des exilés que le roi d'Assyrie a installés dans les villes de Samarie (*II Rois*, XVII, 24.30). Hamat est associée à Babylone et Kutha, qui sont des villes babyloniennes bien connues. G. R. DRIVER, *Geographical Problems*, dans ErIs, V, 1958, pp. 16*-20*, à la p. 18* estime donc que Hamat, comme d'ailleurs Awwa et Sepharwaïm, les deux autres villes mentionnées dans ce contexte, doit se situer également en Babylonie ou dans son voisinage. A son tour, R. ZADOK, *Geographical and Onomastic Notes*, dans JANES, VIII, 1976, pp. 113-126, aux pp. 113-114 et 117-120, pense également que *II Rois*, XIX, 13 se réfère à cette ville babylonienne ou élamite de Hamat. A l'encontre de l'hypothèse de R. ZADOK, on notera que, en *II Rois*, XIX, 13, Hamat est immédiatement suivie de Arpad, qui était certainement une ville nord-syrienne, *cf.* aussi *Is.*, X, 9.

née dans les documents akkadiens. Mais, alors qu'on la localise le plus souvent à Ruṣafa, au nord-est de Palmyre[44], certains la situent quelque part entre le Djebel Sinjar et le Tigre[45].

Après trois noms de villes, la proposition *ûb^{e}néy-ʿèdèn ʾ^{a}šèr bitlaʾśśār* est surprenante. Éden se retrouve en *Éz.*, XXVII, 23 et peut-être aussi en *Am.*, I, 5, sous la forme *béyt ʿèdèn*. Si elle est correcte, la proposition parle des Édénites qui se trouvaient à Telassar, vraisemblablement l'une de leurs villes. On pense habituellement au royaume araméen de Bit Adini, situé sur les deux rives de la grande boucle de l'Euphrate, au sud de Karkémish; on propose dès lors de voir en Telassar la corruption d'un nom d'une ville de ce pays : Til Barsip (Tell Aḥmar), sa capitale[46] ou Til Bashir (Tell Basher)[47]. R. Zadok songe plutôt au territoire tribal de Bit Adini situé dans le sud de la Babylonie, et voit en Telassar une déformation de Til Aššur/Aššuri, ville située dans ce territoire[48].

La plupart, probablement à juste titre, identifient Laïr à l'akkadien Laḫiru[49] et à l'araméen Lʿr[50], ville que l'on localise au nord-est de la Babylonie[51]. D'aucuns suivent cependant la correction proposée par R. Dussaud[52] et y voient Laʿash[53], ville que la stèle de Zakir associe à Hamat, en Syrie centrale, et place sous l'autorité du même roi[54].

D'après *II Rois*, XVII, 24.31, où l'on trouve une seconde attestation de

[44] Voir, par exemple, R. DUSSAUD, *Topographie historique de la Syrie antique et médiévale*, Paris, 1927, p. 253 et R. KNIPPENBERG, *Rezeph* dans BHH, III, 1966, c. 1595.

[45] J. GRAY, *I & II Kings*, 1977, pp. 687-688; O. KAISER, *Der Prophet Jesaja*, II, 1973, p. 311.

[46] Voir J. SIMONS, *Geographical and Topographical Texts of the Old Testament. A Concise Commentary in XXXII* Chapters (Nederl. Inst. Nabije Osten. Studia F. Scholten Memoriae Dicata, 2), Leiden, 1959, § 1686; O. KAISER, *op. cit.*, p. 311.

[47] J. GRAY, *I & II Kings*, 1977, p. 688. On a aussi proposé d'identifier Telassar à la ville de *Til Aššur / Aššuri* mentionnée par les inscriptions néo-assyriennes, et de localiser cette ville dans le pays nord-syrien de Bit Adini. Voir entre autres F. DELITZSCH, *Who lag das Paradies? Eine biblisch assyriologische Studie. Mit zahlreichen assyriologischen Beiträgen zur biblischen Länder und Völkerkunde*, Leipzig, 1881, p. 264; J.A. MONTGOMERY, *The Books of Kings*, 1951, p. 493.

[48] R. ZADOK, *Geographical and Onomastic Notes*, dans JANES, VIII, 1976, pp. 123-124.

[49] Identification d'abord proposée par A. SARSOWSKY, *Notizen zu einigen biblischen geographischen und ethnographischen Namen, I. ʿiwwah, hénaʿ, sep^{h}arwāyim, laʿîr*, dans ZAW, XXXII, 1912, pp. 146-147.

[50] G. R. DRIVER, *Aramaic Documents of the Fifth Century B.C.*, Oxford, 1957, pp. 27-28.

[51] Voir M.C. ASTOUR, *Laʿir*, dans IDB, Suppl., 1976, p. 526; R. ZADOK, *op. cit.*, p. 114.

[52] *Topographie historique de la Syrie antique et médiévale*, Paris, 1927, pp. 236-237.

[53] Voir H. WILDBERGER, *Jesaja*, III, 1982, pp. 1414, 1416-1417 et 1424.

[54] Voir J. BRIEND - M.-J. SEUX, TPOA, p. 96, nº 25.

Sepharwaïm, des habitants de cette ville ont été déportés dans l'ancien royaume d'Israël. La critique est partagée entre l'hypothèse syrienne, la plus répandue, et l'hypothèse babylonienne. Parmi les partisans de l'hypothèse syrienne, les uns sont en faveur de Sibraïm, que *Éz.*, XLVII, 16 situe entre Hamat et Damas [55], les autres songent à une localisation plus au nord-est, dans la région d'Alep [56]. Parmi les partisans de l'hypothèse babylonienne, l'identification avec Sipar a la préférence des critiques, surtout parmi les anciens [57], mais d'autres identifications ont été proposées [58].

La tradition textuelle n'a pas toujours reconnu en *héna*ʿ *w*ᵉ ʿ*iwwāh* deux noms de villes. Ainsi, Symmaque rend ces deux mots en *Is.*, XXXVII, 13 par *ên anestatôse kai etapeinôse*, ce qui suppose qu'il a pris *héna*ʿ pour le hif. de *nw*ʿ («secouer», «agiter», «faire crier»), et a lu en ʿ*iwwāh* le piel de ʿ*wh* («courber», «tordre») ou plus probablement le piel de ʿ*nh* («humilier, «affliger»). Le Tg de *II Rois*, XVIII, 34 a, lui aussi, lu le hif. de *nw*ʿ et le piel de ʿ*wh*. On identifie assez généralement ʿ*iwwāh* à ʿ*awwā*ʾ (ʿ*awwāh* d'après nombre de mss) que *II Rois*, XVII, 24.31 mentionne comme étant l'une des villes d'où le roi d'Assyrie a déporté des gens dans l'ancien royaume d'Israël [59]. Les uns songent à une ville syrienne [60], les autres à une ville élamite [61]. L'identification de Hena, que la critique [62] tend à situer dans le Moyen Euphrate, apparaît tout aussi conjecturale, sinon plus.

On connaît néanmoins le moment ou les époques, où certaines parmi

[55] Voir B. DUHM, *Das Buch Jesaja*, 1914, p. 237; O. PROCKSCH, *Jesaja I*, 1930, p. 446; F.-M. ABEL, *Géographie de la Palestine*, II, (EB), Paris, 1938, p. 456; J.A. MONTGOMERY, *op. cit.*, p. 472; J. GRAY, *I & II Kings*, 1977, pp. 677 et 686, n. *f.*

[56] Voir O. KAISER, *Der Prophet Jesaja*, II, 1973, p. 308.

[57] Voir F. DELITZSCH, *op. cit.*, pp. 209-212; Y. LE GAC, *Sepharvaïm*, dans *Dictionnaire de la Bible*, V, 1912, cc. 1615-1617; G. R. DRIVER, *Geographical Problems*, dans ErIs V, 1958, pp. 16*-20*, aux pp. 18*-19*.

[58] Voir R. ZADOK, *Geographical and Onomastic Notes*, dans JANES, VIII, 1976, pp. 115-116. De l'avis de M.C. ASTOUR, *Sepharwaïm*, dans IDB, Suppl., 1976, p. 807, Sepharwaïm et Sepharad (*Abd.*, 20) désignent la même réalité, à savoir la ville de Saparda, en Médie, conquise par Sargon II en 716 et reconquise en 714.

[59] Voir R. ZADOK, *op. cit.*, p. 120.

[60] Voir B. DUHM, *Das Buch Jesaja*, 1914, p. 241; F.-M. ABEL, *Géographie de la Palestine*, II, 1938, p. 256; J.A. MONTGOMERY, *The Books of Kings*, 1951, p. 472; G. SAUER, *Awwa*, dans BHH, I, c. 174.

[61] A. ŠANDA, *Die Bücher der Könige*, II, 1912, pp. 224-225; G.R. DRIVER, *op. cit.*, dans ErIs, V, 1958, pp. 18*-19*; R. ZADOK, *op. cit.*, pp. 120-123.

[62] Voir O. KAISER, *Der Prophet Jesaja*, II, 1973, p. 312; H. WILDBERGER, *Jesaja*, III, 1982, p. 1424. R. ZADOK lui-même, qui pourtant identifie avec assez d'assurance plusieurs parmi les villes nommées en *II Rois*, XIX, 12-13, estime que l'on ne peut proposer aucune identification de Hena. En raison du contexte, ce critique penche néanmoins pour une ville dans l'Est de la Babylonie.

les villes mentionnées ont été conquises ou reconquises par l'Assyrie. Ainsi, Éden, si du moins celui-ci est le royaume nord-syrien de Bit Adini, a été annexé à l'Assyrie par Salmanazar III en 855[63], plus d'un siècle et demi avant le moment supposé par notre récit. La conquête de Harran est déjà revendiquée par Adad-nirâri I (1307-1275)[64]; en réalité, elle fut probablement incorporée à l'empire par Salmanazar III, en même temps que Bit-Adini[65]. Tel fut probablement aussi le cas de Guzana, que déjà Adad-nirâri II (911-891) se vante d'avoir soumis[66].

La région de Laḫiru a été conquise par Adad-nirâni II (911-891), reconquise par Salmanazar III (858-824) et par Shamshi-Adad V (823-811). Annexée par Tiglath-phalazar III (744-727), elle a vu son intégration renforcée par Sargon II (721-705)[67].

Arpad est devenue une capitale provinciale lors de la première série d'expéditions de Tiglath-phalazar III dans l'Ouest, entre 743 et 740[68].

Hamat, si toutefois il s'agit de la ville syrienne de ce nom — ce qui paraît le plus probable — faisait déjà partie de la coalition que Salmanazar III a affrontée à Qarqar, en 858; elle fut comptée parmi les tributaires de l'Assyrie à l'issue de la première série d'expéditions de Tiglath-phalazar III dans l'Ouest, entre 743 et 740, et a été finalement annexée par Sargon II en 720[69]. D'après l'inscription dite des Fastes, Sargon II a dépouillé de sa peau Ya'ubi'di (Ilubi'di), roi de Hamat[70]. Raṣappa était déjà sous un gouverneur assyrien au temps d'Adad-nirâri III (810-783)[71].

Le texte suppose en bloc que les prédécesseurs de Sennachérib ont détruit Gozan, Harân, Rèṣèph et les Édénites de Telassar (v. 12), et ont supprimé la royauté à Hamat, Arpad, Laïr, Sepharwaïm, Hena

[63] Voir *Inscription du Monolithe*, II, 13-78 (ARAB, I, §§601-609); *Portes de Bronze de Balawat*, III, 4-6 (E. MICHEL, *Die Assur-Texte Salmanassars III (858-824)*, dans WO, II, 5-6, 1959, pp. 408-415, aux pp. 414-415); *La Base du Trône*, 26-28 (P. HULIN, *The Inscriptions on the Carved Throne-Base of Shalmaneser III*, dans Iraq, XXV, 1963, pp. 48-69, aux pp. 51-54 et 60).

[64] A. K. GRAYSON, *Assyrian Royal Inscriptions*, I, 1972, p. 58, §381. Salmanazar I (1274-1245) se vante du même exploit dans les mêmes termes. Voir A. K. GRAYSON, *op. cit.*, pp. 82-83, §531.

[65] Voir J. N. POSTGATE, *Ḫarran*, dans RLA, IV, 1975, pp. 122-125, à la p. 123.

[66] A. K. GRAYSON, *Assyrian Royal Inscriptions*, II, 1976, p. 90, §433.

[67] Voir J. A. BRINKMAN, *A Political History of Post-Kassite Babylonia. 1158-722 B.C.*, 1968, p. 178, n. 1093.

[68] Voir *supra*, chap. Ier, p. 11.

[69] Voir *supra*, chap. IIe, p. 28.

[70] Voir J. BRIEND - M.-J. SEUX, TPOA, nº 34.

[71] Voir ARAB, I, §736 et la stèle de al Rimah (S. PAGE, *Joash and Samaria in a New Stela Excavated at Tell al Rimah, Iraq*, dans VT, XIX, 1969, pp. 483-484.

et Iwwa (v. 13). Il ne précise cependant pas qui a fait quoi, ni quand, ni dans quelles circonstances. On a fait aussi remarquer que, parmi les villes mentionnées au v. 13, Hamat et Arpad sont les seules dont on sait qu'elles avaient chacune son roi. De l'avis de R. Zadok, ces imprécisions seraient dues au fait que Sennachérib se livre à un exercice de propagande, et qu'il parle de régions lointaines inconnues d'Ézéchias[72].

R. Zadok part du présupposé que *II Rois*, XIX, 10-13 reproduit littéralement le contenu d'une lettre de Sennachérib. Ce présupposé nous paraît contestable. *II Rois*, XIX, 10-13 est plutôt une composition due à l'auteur de notre récit. C'est à lui qu'il faut imputer les imprécisions dont témoigne le passage. Il veut mettre dans la bouche de Sennachérib un discours où celui-ci prétend montrer par les conquêtes assyriennes que Yahvé est incapable de lui résister; il énumère donc une série de villes qui sont tombées sous la domination assyrienne et met tout naturellement dans sa liste Hamat et Sepharwaïm, peut-être aussi Awwa. De là, en effet, sont originaires une partie des exilés que le roi d'Assyrie a installés en Samarie (*II Rois*, XVII, 24.30-31); Gozan est un endroit où le roi d'Assyrie a déporté une partie des Israélites (*II Rois*, XVII, 6 et XVIII, 11), Arpad, une ville qu'il se vante d'avoir conquise (*Is.*, X, 9); peut-être aussi Beth-Éden, que Yahvé privera de son roi (*Am.*, I, 5). L'auteur du récit a encore ajouté Haran, ville mésopotamienne souvent mentionnée dans les récits patriarcaux; on la retrouve en *Éz.*, XXVII, 23, associée à Éden comme dans notre texte. Il a finalement nommé quatre autres villes, Rèṣèph, Telassar, Laïr et Hena, qui ne sont pas attestées ailleurs dans la Bible. Son auteur en avait sans doute connaissance d'une façon ou d'une autre, mais rien n'indique qu'il disposait de renseignements particuliers au sujet de l'histoire des rapports entre la plupart des villes qu'il mentionne et l'Assyrie[73].

B. **Réaction d'Ézéchias (vv. 14-19).**

a) *La réaction d'Ézéchias (vv. 14-15a).*

Les vv. 14-15aα rapportent tout d'abord la réaction d'Ézéchias. Celui-ci prend les lettres des mains des messagers, les lit et monte au Temple. Ézéchias y déplie les lettres devant Yahvé et lui adresse une prière.

[72] *Geographical and Onomastic Notes*, dans JANES, VIII, 1976, p. 116.

[73] Voir O. KAISER, *Der Prophet Jesaja*, II, 1973, pp. 311-312; H. WILDBERGER, *Jesaja*, III, 1982, p. 1424. Contre W. F. ALBRIGHT, *New Light from Egypt on the Chronology and History of Israel and Judah. II. The Date of Sennacherib's Second Campaign against Hezekiah*, dans BASOR, CXXX, 1953, p. 9; ID., *Further Light on Synchronisms between Egypt and Asia in the Period of 935-685 B.C.*, dans BASOR, CXLI, 1956, p. 25.

Dans le cadre narratif du récit, cette scène suit immédiatement la scène initiale où Sennachérib communique à ses messagers ce qu'ils devront dire au roi de Juda.

La mention inopinée des lettres a beaucoup intrigué les critiques. On notera cependant que la communication orale rapportée aux vv. 9b-10a et les lettres mentionnées au v. 14 ont des fonctions différentes dans le récit. Alors que la première a pour but de mettre explicitement dans la bouche de Sennachérib, et de lui seul, le blasphème contenu aux vv. 10a-13, les secondes jouent un rôle important dans la scène du Temple. En effet, ces lettres permettent à Ézéchias de communiquer à Yahvé les propos blasphématoires de Sennachérib, sans avoir à les répéter lui-même. Elles constituent surtout un témoin qu'Ézéchias, dans un geste dramatique, peut étaler sous les yeux de Yahvé.

Plusieurs critiques ont rapproché ce geste d'Ézéchias de la pratique mésopotamienne qui consiste à adresser des lettres aux divinités, lettres que l'on déposait peut-être dans les temples[74]. Cela pouvait être le fait de personnes privées, mais c'était surtout le fait du roi. On notera cependant que l'action d'Ézéchias ne correspond pas exactement à la pratique mésopotamienne. En effet, on n'y connaît pas d'exemple d'une personne, notamment d'un roi, qui remet à son dieu la lettre qu'un ennemi lui a envoyée[75]. Il reste que l'action d'Ézéchias correspond d'une façon générale à la pratique de porter des lettres à la connaissance des divinités.

b) *La prière d'Ézéchias (vv. 15aβ-19).*

Bien qu'elle soit en prose, la prière d'Ézéchias présente une structure et un contenu proches de ceux des Psaumes de Lamentation[76]. Elle commence par l'invocation (v. 15aβ-b), suivie d'un appel adressé à Yahvé et attirant son attention sur les faits qui sont à l'origine de la prière (vv. 16-18); elle se termine par la demande d'intervention (v. 19).

L'invocation initiale «Yahvé, Dieu d'Israël» est suivie d'un dévelop-pement de type hymnique. L'attribut *yošēb hakk^{e}rubîm* («qui siège sur les chérubins») est relativement rare. Dans les passages les plus anciens il est associé à l'epithète *ṣ^{e}ba'ôt*[77] et lié à la tradition de l'Arche[78].

[74] Voir J.-G. Heintz, *Lettres royales à la divinité en Mésopotamie et en Israël antique : esquisse d'un genre littéraire*, dans RHR, CLXXXI, 1972, pp. 111-113; O. Kaiser, *Der Prophet Jesaja*, II, 1973, p. 312; H. Wildberger, *Jesaja*, III, 1982, p. 1425. Au sujet des lettres à la divinité en Mésopotamie, voir aussi R. Borger, *Gottesbrief*, dans RLA, III, pp. 575-576.

[75] Voir H. Wildberger, *Jesaja*, 1981, p. 1425.

[76] Voir B. S. Childs, *Isaiah and the Assyrian Crisis*, 1967, p. 99; H. Wildberger, *Jesaja*, III, 1982, 1425.

[77] *yhwh ṣb'wt yošēb hakk^{e}rubîm, I Sam.*, IV, 4; *II Sam.*, VI, 2.

[78] *I Sam.*, IV, 4; *II Sam.*, VI, 2 et *I Chr.*, XIII, 6.

D'après l'opinion la plus courante, l'attribut «qui siège sur les chérubins», comme d'ailleurs la représentation iconographique qu'il suppose, est d'origine cananéenne, mais a été appliqué à Yahvé et associé à l'Arche déjà dans le cadre du sanctuaire de Silo[79].

Cet attribut a pour support symbolique — ou pour corollaire — la façon dont on représentait concrètement la présence de Yahvé dans son Temple : Yahvé siège sur les chérubins[80], vraisemblablement des sphinx ailés[81], et a l'Arche pour marchepied. Voilà son trône royal[82].

En s'adressant à Yahvé comme à celui «qui siège sur les chérubins», Ézéchias lui rappelle donc sa présence à Jérusalem et souligne sa royauté[83].

La royauté de Yahvé s'étend d'ailleurs à tous les royaumes de la terre, dont il est le seul Dieu. La suite suggère clairement que cette exclusivité de Yahvé dépend de la création : Yahvé est le seul Dieu de tous les royaumes de la terre parce que c'est lui qui a fait le ciel et la terre[84].

On retrouve l'affirmation du monothéisme dans la littérature dtn-dtr[85], le *Deutéro-Isaïe*[86], le *Psautier*[87] et les *Chroniques*[88]. La manière la plus proche de formuler l'exclusivité de Yahvé se trouve au *Ps.*, LXXXVI, 10 et en *Néh.*, IX, 6, où l'on lit aussi *l^ebadèkā*. En *Deut.*, IV, 35 on a *mil^ebad* associé à *'éyn 'ôd*. Le *Deutéro-Isaïe*, qui n'emploie jamais *l^ebad* dans ce contexte précis[89], se sert de plusieurs expressions pour exprimer la même idée[90].

[79] Voir R. DE VAUX, *Les chérubins et l'Arche d'Alliance, les sphinx gardiens et les trônes divins dans l'Ancien Orient*, dans MUSJ, XXXVII, 1960-1961, pp. 91-124, aux pp. 93-94 et 123-124 = *Bible et Orient*, Paris, 1967, pp. 231-259; T. N. D. METTINGER, *YHWH SABAOTH — The Heavenly King on the Cherubim Throne*, dans T. ISHIDA (éd.), *Studies in the Period of David and Solomon and other Essays*, Winona Lake, Ind., 1982, pp. 109-138; H. WILDBERGER, *Jesaja*, III, 1982, pp. 1425-1426.

[80] Leur présence dans le Temple est bien attestée : *cf. I Rois*, VI, 23-28; VIII, 6-7; et aussi *Ex.*, XXV, 18-22.

[81] Voir R. DE VAUX, *op. cit.*, pp. 97-118.

[82] Voir R. DE VAUX, *op. cit.*, pp. 93-97 et 118-124; R.E. CLEMENTS, *God and Temple*, 1965, pp. 28-39.

[83] *Ps.*, XCIX, 1; *cf.* aussi *Ps.*, LXXX, 2. Au sujet du rapport entre l'attribut «qui siège sur les chérubins» et la royauté de Yahvé, on peut voir parmi les études les plus récentes, W. DIETRICH, *Gott als König. Zur Frage nach der theologischen und politischen Legitimität religiöser Begriffsbildung*, dans ZThK, LXXVII, 1980, pp. 251-268, aux pp. 251-255; T. N. D. METTINGER, *op. cit.*, pp. 109-138.

[84] Voir H. WILDBERGER, *Jesaja*, III, 1982, p. 1426.

[85] *Deut.*, IV, 35.39; VII, 9; *II Sam.*, VII, 22b.

[86] *Is.*, XLIII, 10-11; XLIV, 6.8; XLV, 5-6.18-19.21.

[87] *Ps.*, LXXXVI, 10; aussi *Ps.*, LXXXIII, 19.

[88] *II Chr.*, XX, 6; aussi *Néh.*, IX, 6.

[89] *Is.*, XLIV, 24.

[90] *'éyn ('ôd) (mi)bal'ādāy* (*Is.*, XLIII, 11; XLIV, 6.8; XLV, 6.21); *'éyn 'ôd* (*Is.*, XLV, 5.18; aussi *Deut.*, IV, 39); *zûlātî 'éyn 'ᵉlohim* (*Is.*, XLV, 5; aussi *II Sam.*, VII, 22); *'ayin zûlātî* (*Is.*, XLV, 21).

Le thème de la création du ciel et de la terre est bien attesté chez P[91], *Jérémie*[92], le *Deutéro-Isaïe*[93], les *Chroniques*[94] et le *Psautier*[95]. En *Jér.*, XXXII, 17, dans un contexte identique à celui de *II Rois*, XIX, 15, on a exactement la même formulation. Les autres parallèles les plus proches sont *Ps.*, CXV, 15; CXXI, 2; CXXIV, 8; CXXXIV, 3; CXLVI, 6; *II Chr.*, II, 11, où l'on trouve également le verbe *'śh* ayant comme complément d'objet direct le ciel et la terre. Comme dans notre passage, les thèmes du monothéisme et de la création se trouvent associés en *Is.*, XLV, 18-19 et dans la prière de *Néhémie* (IX, 6). De même, plusieurs textes du *Deutéro-Isaïe* présentent la création comme le fondement de la seigneurie universelle de Yahvé[96].

La formulation de l'appel à l'attention (v. 16a) a son parallèle exact dans une prière de Daniel (IX, 18), où l'on trouve, comme dans notre passage, *haṭṭéh (...) 'ŏzn^{e}kā ûš^{e}ma' p^{e}qaḥ (...) 'éynèykā ûr^{e}'éh*[97]. La racine *pqḥ* se rapportant aux yeux de Yahvé apparaît encore, également dans un contexte de prière, en *Jer.*, XXXII, 19[98]. La même image, mais exprimée au moyen de la racine *ptḥ*, se trouve dans la prière de Salomon (*I Rois*, VIII, 29. 52 par. II *Chr.*, VI, 20.40; aussi *II Chr.*, VII, 15) et dans une prière de Néhémie (I, 6). L'expression *haṭṭéh 'ŏzn^{e}kā* est une formule d'appel à Yahvé fréquente dans les *Psaumes*[99]. On notera que l'invocation qui implore l'écoute de Yahvé revient comme un refrain dans la prière de Salomon (*I Rois*, VIII, 22-53). Ces formules sont parfaitement adaptées à la circonstance. Ézéchias demande à Yahvé de tendre l'oreille et d'écouter les paroles de Sennachérib, d'ouvrir les yeux et de voir ces mêmes paroles consignées dans les lettres. Yahvé est le premier concerné, car c'est lui, le Dieu vivant, que Sennachérib insulte (*l^{e}ḥārép^{h} '^{e}lohîm ḥāy*).

91 *Ex.*, XX, 11. En *Gen.*, I, 1, la même réalité est exprimée par le verbe technique *br'*.

92 *Jér.*, XXXII, 17; aussi *Jér.*, XXVII, 5.

93 Différents termes et images y expriment cette réalité. En rapport avec le ciel: *nṭh* («étendre») (XL, 22; XLII, 5; XLIV, 24; XLV, 12), *br'* («créer») (XLII, 5) et *ṭpḥ* («étendre», «étaler») (XLVIII, 13). En rapport avec la terre, il emploie surtout *rq'* (lit. «plaquer», «étaler») (XLII, 5; XLIV, 24), et aussi *'śh* («faire») (XLV, 12) et *ysd* («fonder») (XLVIII, 13).

94 *II Chr.*, II, 11.

95 *Ps.*, CXV, 15; CXXI, 2; CXXIV, 8; CXXXIV, 3; CXLVI, 6; aussi CII, 26.

96 *Is.*, XLIV, 24-28; XLV, 12-13; XLVIII, 13-14; voir aussi *Jér.*, XXVII, 5-11.

97 Les différences entre les deux formulations sont minimes: *Dan.*, IX, 18 a le vocatif *'^{e}lohay*, au lieu de *yhwh*, après l'impératif *haṭṭéh*; après l'impératif *p^{e}qaḥ*, il n'a aucun vocatif.

98 Cf. aussi *Zach.*, XII, 4. En *Job.*, XIV, 3, l'image a plutôt la connotation de surveillance malveillante.

99 *Ps.*, XVII, 6; XXXI, 3; LXXI, 2; LXXXVI, 1; LXXXVIII, 3; CII, 3. Cf. aussi *Ps.*, CXVI, 2.

Ézéchias reconnaît les faits mentionnés par Sennachérib : il est vrai que les rois d'Assyrie ont détruit les peuples et leurs pays respectifs. Ézéchias va même plus loin : il ajoute que les dieux n'ont pas connu un sort meilleur que celui de leurs nations respectives, car les rois d'Assyrie les ont jetés au feu et les ont détruits. Cela est arrivé, poursuit Ézéchias, parce qu'en réalité ce n'étaient pas des dieux, mais l'ouvrage des mains de l'homme, du bois et de la pierre. En reconnaissant les exploits des rois d'Assur contre les autres peuples, l'auteur de la prière se donne l'occasion de dire que les prétendus dieux des autres peuples ne sont pas des dieux. Le v. 18 se présente comme un corollaire de l'affirmation du monothéisme au v. 15. Si Yahvé est le seul Dieu de tous les royaumes de la terre, tous leurs prétendus dieux n'en sont pas[100].

L'expression *ma*ʿ*ᵃśéh yᵉdéy-ʾādām ʿéṣ waʾèbèn* se retrouve telle quelle en *Deut.*, IV, 28, où elle désigne également les dieux des peuples étrangers. Les expressions *ma*ʿ*ᵃśéh yᵉdéy-ʾādām*[101], *ma*ʿ*ᵃśéh yᵉdéy-ḥārāš/îm*[102], *ma*ʿ*ᵃśéh yᵉdéy* + suff. pers.[103] sont fréquentes pour désigner les idoles dans la littérature dtn-dtr et chez *Jérémie*; elles apparaissent aussi dans d'autres écrits prophétiques et dans les *Psaumes*. Il en va de même pour l'expression *ʿéṣ wāʾèbèn*[104]. Ces thèmes se retrouvent aussi dans la polémique anti-idolâtrique du *Deutéro-Isaïe*[105].

Le *wᵉʿattāh* (v. 19) est une sorte de pivot entre l'exposé de la situation et l'appel à l'intervention de Yahvé[106].

On attendrait le hif. de *nṣl* pour exprimer la délivrance, comme au v. 12[107]. A sa place on a le hif. de *yšʿ*, verbe que l'on retrouvera au v. 34. L'impératif de l'un et l'autre est très fréquent dans la prière pour demander le salut. Dans ce contexte, les deux verbes ont pratiquement la même acception. L'auteur veut-il éviter de mettre dans la bouche d'Ézéchias le verbe dont se sert Sennachérib pour dénier à Yahvé le

[100] O. Procksch, *Jesaja* I, 1930, p. 454.

[101] *Ps.*, CXV, 4; CXXXV, 15.

[102] *Deut.*, XXVII, 15; *Jér.*, X, 3; *Os.*, XIII, 2.

[103] *Deut.*, XXXI, 29; *I Rois*, XVI, 7; *II Rois*, XXII, 17; *Is.*, II, 8; *Jér.*, I, 16; XXV, 6.7; XXXII, 30; XLIV, 8; *Os.*, XIV, 4; *Mich.*, V, 12; cf. aussi *Is.*, XXXI, 7.

[104] *Deut.*, XXVIII, 36.64; XXIX, 16; *Jér.*, II, 27; III, 9; *Éz.*, XX, 32; cf. aussi *Jér.*, X, 3 et *Hab.*, II, 19.

[105] *Is.*, XL, 18-20; XLI, 6-7; XLIV, 9-10. 14-20; XLV, 16-17.

[106] Voir A. Laurentin, *Wᵉʿattah — Kai nun — Formule caractéristique des textes juridiques et liturgiques (à propos de Jean, 17,5)*, dans Bib., XLV, 1964, pp. 168-197; H. A. Brongers, *Bemerkungen zum Gebrauch des adverbialen wᵉʿattah im Alten Testament*, dans VT, XV, 1965, pp. 289-299.

[107] Voir aussi le nif. au v. 11.

pouvoir d'empêcher qu'il s'empare de Jérusalem? On notera que notre récit et *II Rois*, XVIII, 32b-35 sont les seuls passages bibliques où *hiṣṣîl* se trouve dans ce contexte de blasphème[108], contexte qui est étranger à *hôšîaʿ*[109].

Le verbe *hôšîaʿ* a le pron. 1e pers. plur. pour complément d'objet direct. Cela indique qu'Ézéchias prie au nom et en faveur de Jérusalem.

La motivation avancée par Ézéchias est le fait que, à cause de son intervention libératrice, tous les royaumes de la terre reconnaîtront que Yahvé est le seul Dieu. Cette motivation est exprimée à l'aide de ce que W. Zimmerli appelle la formule de reconnaissance de Yahvé[110]. Cette formule est fréquente dans la Bible. On la trouve dans les traditions relatives aux «plaies d'Égypte»[111], dans le *Deutéronome* et la littérature dtr[112], les *Psaumes*[113] et le *Deutéro-Isaïe*[114]. Elle revient constamment chez *Ézéchiel*[115]. Par son action, Yahvé se fait connaître à son peuple[116], aux Égyptiens[117], aux peuples[118]; à toute la terre[119], à tous les peuples de la terre[120].

La motivation de l'action de Yahvé que fournit le v. 19b est parfaite-

[108] Surtout *II Rois*, XVIII, 32b, 35b; XIX, 11 par. *Is*., XXXVI, 18a.20b; XXXVII, 11.

[109] Les deux verbes sont employés pour dénier aux idoles ou aux dieux des nations (*hiṣṣîl* — *I Sam*., XII, 21; *II Rois*, XVIII, 33.34.35a; XIX, 12 par. *Is*., XXXVI, 18b.19.20a; XXXVII, 12; *Is*., XLIV, 17.20; LVII, 13; *hôšîaʿ* — *Jér*., II, 28; *Is*., XLV, 20; XLVI, 7), aux devins (*hiṣṣîl* — *Is*., XLVII, 14; *hôšîaʿ* — *Is*., XLVII, 13.15) ou à l'argent (*hiṣṣîl* — *Éz*., VII, 19; *Soph*., I, 18) le pouvoir de délivrer celui qui met en eux sa confiance. *Éz*., XXXIII, 12 dénie à la justice du juste le pouvoir de le délivrer (*hiṣṣîl*) au jour de sa transgression.

[110] *Erkenntnis Gottes nach dem Buch Ezechiel* (AThANT, 27), Zürich, 1954. Voir aussi J. P. FLOSS, *Jahwe dienen — Götter dienen. Terminologische, literarische und semantische Untersuchung einer theologischen Aussage zum Gottesverhältnis im Alten Testament* (BBB, 45), Köln-Bonn, 1975, pp. 566-589.

[111] *Ex*., VII, 5.17; VIII, 6.18; IX, 14; XIV, 4.18; *cf.* aussi XVI, 12; XXIX, 46.

[112] *Deut*., XXIX, 5; *Jos*., III, 10; *I Sam*., XVII, 46.47; *I Rois*, VIII, 43b; XVIII, 36-37; XX, 13.28; *II Rois*, XIX, 19 par. *Is*., XXXVII, 20; *II Chr*., VI, 33. Pour l'idée, cf. *II Sam*., VII, 26 et *Jér*., XXXII, 20.

[113] *Ps*., LIX, 14; CIX, 26-27; CXXXV, 5.

[114] *Is*., XLIX, 26.

[115] *Éz*., VI, 7.13.14; VII, 4.27; XII, 15.16.20; XIII, 14.23; XV, 7; etc. Voir W. ZIMMERLI, *Erkenntnis Gottes nach dem Buch Ezechiel*, 1954.

[116] Voir *Ex*., XVI, 12; XXIX, 46; *Deut*., XXIX, 5; *Jos*., III, 10; *I Sam*., XVII, 47; *I Rois*, XVIII, 36.37; XX, 13.28. Très fréquent chez Ézéchiel, voir *Éz*., XX, 26.38.42.44; XXII, 16; XXIII, 49; XXIV, 24.27.

[117] *Ex*., VII, 5; XIV, 4.18; au pharaon, *Ex*., VII, 17; VIII, 6.18; IX, 14.

[118] *Éz*., XXXVI, 23.36; XXXVII, 28; XXXIX, 7; *Is*., XLIX, 26 (toute chair). L'expression «tous les royaumes de la terre» apparaît surtout chez *Jérémie*. Cf. I, 15; XV, 4; XXIV, 9; XXIX, 18; XXXIV, 1.17; mais aussi *Deut*., XXVIII, 25; *II Rois*, XIX, 15 par. *Is*., XXXVII, 16; *Is*., XXIII, 17; *Esd*., 1, 2; *I Chr*., XXIX, 30; *II Chr*., XXXVI, 23.

[119] *I Sam*., XVII, 46.

[120] *I Rois*, VIII, 43b par. *II Chr*., VI, 33.

ment en place dans le contexte, puisque la non-intervention de Yahvé donnerait raison à l'Assyrien blasphémateur[121].

En conclusion, la prière se présente comme une confession de monothéisme yahviste très bien construite. Ézéchias s'adresse à Yahvé, qui est avant tout le Dieu d'Israël, mais qui est aussi le seul Dieu de tous les royaumes de la terre (v. 15). Par conséquent, Ézéchias dénie la qualité divine à tous ceux que les nations tiennent pour dieux (v. 18). Il termine en disant à Yahvé que si celui-ci sauve Jérusalem, tous les royaumes de la terre le reconnaîtront pour le seul Dieu — ce qu'il est vraiment — et reprendront à leur compte la profession de monothéisme yahviste par laquelle débute la prière (v. 19b). Dans une sorte d'inclusion, la prière se termine comme elle avait commencé. En effet, le v. 19b reprend mot pour mot le v. 15aβγ, mais dans un ordre différent : «tous les royaumes de la terre» dont Yahvé, selon la confession d'Ézéchias (v. 15aβγ), est le seul Dieu, deviennent, à la fin, le sujet de la confession (v. 19b).

Dans la mesure même où elle est avant tout une profession de monothéisme yahviste, la prière est la réponse adéquate aux propos blasphématoires de Sennachérib[122].

Ézéchias est d'accord avec Sennachérib au sujet des conquêtes assyriennes. Il reconnaît que les dieux des nations ont fait preuve d'une totale impuissance. Il ajoute même que ces dieux ont été détruits. Ézéchias tire cependant des conclusions entièrement différentes de celles de Sennachérib. Alors que Sennachérib conclut que Yahvé sera lui aussi incapable de délivrer son peuple du pouvoir assyrien, Ézéchias, pour sa part, voit dans l'impuissance des prétendus dieux des nations la preuve qu'ils ne sont pas des dieux. En réalité, dit-il, ils ne sont que l'ouvrage de mains humaines, du bois et de la pierre. Yahvé, lui, n'est l'œuvre de personne. Au contraire, c'est lui qui a fait le ciel et la terre[123]. Par conséquent, il est le seul Dieu (v. 15). Bien que le trône terrestre de Yahvé soit à Jérusalem, sa seigneurie ne se restreint pas à Israël, mais s'étend à tous les royaumes de la terre. Ces derniers seront amenés à reconnaître, à leur tour, que Yahvé est le seul Dieu le jour où, contrai-

[121] *Ex.*, XXXII, 12-14; *Nomb.*, XIV, 13-16; *Deut.*, IX, 25-29; *Éz.*, XX, 9.14.22.44; XXXVI, 16-23.

[122] L'avis de W. DIETRICH, *Prophetie und Geschichte*, 1972, p. 38, n. 65 et pp. 138-139, n. 115, selon lequel *II Rois*, XIX, 15-19 résulterait de développements postérieurs ou serait une interprétation secondaire n'est donc pas à retenir. L'ensemble *II Rois*, XIX, 9b-19 doit être l'œuvre du même auteur.

[123] L'œuvre créatrice de Yahvé et l'œuvre du fabriquant d'idoles sont ici exprimées par la même racine *'śh*.

rement à ce qui s'est passé avec les prétendus dieux des nations, il sauvera Jérusalem du pouvoir assyrien.

C. **Oracle d'Isaïe (II Rois, XIX, 20.32.34 par. Is., XXXVII, 21.33.35).**

Brusquement le récit fait entrer en scène Isaïe. Sans que l'on nous apprenne comment il a été renseigné, Isaïe se montre au courant de toute l'affaire ; il est même en mesure de communiquer immédiatement à Ézéchias la réponse de Yahvé à sa prière. Sans avoir été consulté, Isaïe fait donc parvenir à Ézéchias un oracle. Introduit par la formule normale d'envoi (v. 20a), suivie de la formule du messager (v. 20b), l'oracle consiste en une promesse, exprimée d'abord sous forme négative et indirecte (v. 32), ensuite sous forme positive et directe (v. 34).

Yahvé commence par annoncer l'échec de Sennachérib, lequel implique le salut de Jérusalem : non seulement il n'entrera pas dans la ville, mais il ne l'assiégera pas (v. 32). Cela se doit à la protection que Yahvé promet à Jérusalem pour la sauver à cause de lui-même et à cause de son serviteur David (v. 34).

La protection est exprimée au moyen du verbe *gnn*, qui est d'un emploi assez rare. En effet, en dehos de *II Rois*, XIX, 34a par. *Is.*, XXXVII, 35a et de la reprise secondaire de ce texte en *II Rois*, XX, 6 par. *Is.*, XXXVIII, 6, ce verbe, au qal, ne se retrouve qu'en *Is.*, XXXI, 5. Au hif., il n'est attesté qu'en *Is.*, XXXI, 5; *Zach.*, IX, 15 et XII, 8. Tant au qal qu'au hif. le sujet est toujours Yahvé, et le bénéficiaire de la protection toujours Jérusalem (*Is.*, XXXI, 5.5 ; *II Rois*, XIX, 34 ; XX, 6 par. *Is.*, XXXVII, 35 ; XXXVIII, 6), ses habitants (*Zach.*, XII, 8) et ses captifs (*Zach.*, IX, 15). Sa reprise en *II Rois*, XX, 6 par. *Is.*, XXXVIII, 6 mise à part, *II Rois*, XIX, 34a par. *Is.*, XXXVII, 35a a son parallèle le plus proche en *Is.*, XXXI, 5.

La première raison pour laquelle Yahvé promet de protéger Jérusalem (*l^{e}ma$^{c a}$nî*) correspond à la raison que lui avait suggérée Ézéchias dans sa supplication (v. 19b). Cette motivation convient parfaitement au récit, car c'est justement l'honneur de Yahvé qui y est en jeu. En fait, l'idée selon laquelle Yahvé agit à cause de lui-même [124], de son nom [125], de sa fidélité [126], de sa justice [127] et de sa bonté [128], est fréquente dans

[124] *Is.*, XLIII, 25 ; XLVIII, 11 ; *Dan.*, IX, 17.19.

[125] *Is.*, XLVIII, 9 ; *Jér.*, XIV, 7.21 ; *Éz.*, XX, 9.14.22.44 ; *Ps.*, XXIII, 3 ; XXV, 11 ; XXXI, 4 ; LXXIX, 9b ; CVI, 8 ; CIX, 21 ; CXLIII, 11 ; *cf.* *Éz.*, XXXVI, 22-23.

[126] *Ps.*, VI, 5 ; XLIV, 27.

[127] *Is.*, XLII, 21.

[128] *Ps.*, XXV, 7.

la littérature prophétique et dans les *Psaumes*. Du point de vue de la formulation, *II Rois*, XIX, 34bα a ses parallèles stricts en *Is.*, XLIII, 25; XLVIII, 11.

L'expression *ûlᵉma'an dāwid 'abdî*[129], ainsi que l'idée selon laquelle Yahvé agit à cause de David, sont propres au courant deutéronomiste[130]. Cette idée est étroitement associée à une autre, selon laquelle Yahvé agit à cause de Jérusalem, la ville qu'il a choisie (*bḥr*) pour y établir (*śwm*) son nom[131].

Ces motivations apparaissent toujours dans des contextes où l'action de Yahvé décidera du sort de la dynastie davidique, de Jérusalem, son siège, ou de l'ensemble du royaume. On y recourt avec une fréquence particulière dans le contexte de l'annonce faite à Salomon de la division du royaume (*I Rois*, XI). C'est à cause de David, son serviteur, celui qu'il a choisi (*bḥr*), et qui a gardé ses commandements et ses lois, que Yahvé n'a pas arraché les dix tribus du Nord de la main de Salomon, mais a différé cela jusqu'au temps de Roboam (*I Rois*, XI, 34; aussi *I Rois*, XI, 12). C'est aussi à cause de David, son serviteur, et à cause de Jérusalem, qu'il a choisie pour y établir son nom, que Yahvé a laissé à la dynastie davidique la tribu de Juda (*I Rois*, XI, 13. 32), afin que David ait toujours une lampe devant Yahvé à Jérusalem (*I Rois*, XI, 36). C'est encore à cause de David que Yahvé promet la stabilité à la fois à la dynastie et à Jérusalem (*I Rois*, XV, 4), et qu'il épargne Juda (*II Rois*, VIII, 19 par. *II Chr.*, XXI, 7).

Le lien entre l'élection de David et l'élection de Jérusalem, lieu de la demeure de Yahvé et siège de la dynastie davidique, est également affirmé dans les *Ps.*, LXXVIII, 68-70 et CXXXII, 10-18. Ces deux élections sont en fait indissolublement liées comme deux aspects de la même réalité. La tradition de l'élection de Jérusalem trouve son origine dans le fait que l'Arche, symbole de la présence de Yahvé, se trouve dans la ville. Or, ce fut David qui amena l'Arche à Jérusalem (*II Sam.*, VI), et qui fut le premier à concevoir le dessein d'y construire un Temple à Yahvé (*II Sam.*, VII, 1-17).

Éclairée par ces remarques, la seconde raison pour laquelle Yahvé promet sa protection à Jérusalem, à savoir son engagement à l'égard de David et de sa lignée, convient particulièrement bien dans le contexte du récit.

[129] *I Rois*, XI, 13.34; *II Rois*, XIX, 34b par. *Is.*, XXXVII, 35b; *II Rois*, XX, 6. En *I Rois*, XI, 32, *'abdî* précède le nom propre. Cf. aussi *I Rois*, XI, 36; *II Rois*, VIII, 19.

[130] *I Rois*, XI, 12; XV, 4; *II Chr.*, XXI, 7.

[131] *I Rois*, XI, 13.32.36; XV, 4. Voir les indications bibliographiques, *supra*, chap. IIIᵉ, n. 165.

D. Massacre de l'armée assyrienne (II Rois, XIX, 35 par. Is., XXXVII, 36).

Le récit se clôt par l'intervention de l'Ange de Yahvé qui en une nuit, tue cent quatre-vingt-cinq mille hommes dans le camp assyrien.

Pour des raisons historiques, cette conclusion a particulièrement attiré l'attention des critiques. Aussi est-elle parmi les passages les plus controversés de nos récits. Et pourtant peu nombreux sont les auteurs qui ont essayé de la comprendre à la lumière de son contexte immédiat, ainsi que d'autres textes avec lesquels elle entretient des rapports.

On a rapproché le plus souvent *II Rois*, XIX, 35 de *II Sam.*, XXIV et encore de *I Sam.*, V, 6 - VI, 16. Les affinités de notre texte avec ces deux passages nous semblent cependant assez générales. *II Rois*, XIX, 35 et *II Sam.*, XXIV, 15-17 ont en commun la tuerie attribuée à l'Ange de Yahvé et l'emploi du hif. de *nkh* pour l'exprimer[132]. Il s'agit dans les deux cas d'un châtiment. Mais, alors que, en *II Rois*, XIX, 35, celui-ci vise l'Assyrie, en *II Sam.*, XXIV, 15-17, il vise le peuple d'Israël. Les affinités entre *II Rois*, XIX, 35 et *I Sam.*, V, 6-VI, 16 sont encore plus ténues. En réalité, leur seul point commun est le fait qu'ils rapportent un châtiment infligé par Yahvé à un peuple étranger. L'action divine est exprimée dans les deux cas par le hif. de *nkh* (*cf. I Sam.*, V, 6.9; et aussi V, 12). Les rapprochements entre *II Rois*, XIX, 35 d'une part, et *I Sam.*, V, 6 - VI, 16 et *II Sam.*, XXIV de l'autre ont été commandés, non pas par des raisons littéraires, mais avant tout par des raisons historiques.

II Rois, XIX, 35 a ses vrais parallèles dans une série d'oracles anti-assyriens du recueil proto-isaïen. A la lumière de ces oracles, on s'aperçoit que, contrairement à l'opinion de R. E. Clements[133], notre verset n'est nullement isolé dans le contexte de B2. Au contraire, il s'y trouve parfaitement à sa place et se rattache très bien au v. 34.

L'annonce de la destruction de l'orgueilleuse Assyrie par Yahvé est l'un des thèmes de la prédication d'Isaïe (X, 5-15; XIV, 24-25a); il sera souvent repris dans les relectures dont cette prédication fera l'objet (VIII, 8b-10; X, 12.16-19.24-27; XIV, 25b-27; XVII, 12-14; XXIX, 5-8; XXX, 27-33; XXXI, 5.8-9). Ce sont précisément ces relectures qui offrent les parallèles les plus proches, non seulement à *II Rois*, XIX, 35, mais aussi à l'ensemble de B2. Comme B2, la plupart de ces relectures ont en leur centre Jérusalem ou Sion. Elles comportent les mêmes grands thèmes : la menace que des ennemis puissants font peser sur

[132] *II Sam.*, XXIV, 16 utilise aussi *šḥt*.
[133] *Isaiah and the Deliverance of Jerusalem*, 1980, pp. 58-61.

Jérusalem, la protection dont Yahvé entoure la ville, la disparition des ennemis par l'action de Yahvé et le caractère nocturne de cette action[134].

Is., XXXI, 5.8-9 constitue sans nul doute l'un des meilleurs parallèles de *II Rois*, XIX, 34-35[135]. Les deux textes contiennent les mêmes thèmes dans le même ordre. On a, dans les deux cas, la promesse de protection que Yahvé fait à Jérusalem et le malheur de l'Assyrie. De part et d'autre la formulation de la promesse emprunte le verbe rare *gnn*. Le massacre de l'armée assyrienne réalise l'annonce de *Is.*, XXXI, 8, selon laquelle l'Assyrie tombera sous une épée qui n'est pas celle d'un homme. *II Rois*, XIX, 35 précise que le massacre annoncé fut l'œuvre de l'Ange de Yahvé, lequel, comme on l'a souvent remarqué, agit au nom et à la place de Yahvé lui-même dans une sorte d'identité fonctionnelle[136].

L'Ange de Yahvé intervient contre l'armée assyrienne dans un cadre temporel (*II Rois*, XIX, 35) qui reproduit un thème fréquent dans les relectures anti-assyriennes du *Proto-Isaïe*. Ainsi, *Is.*, XVII, 14a annonce la disparition subite, du soir à l'aube, de la horde grondante des ennemis[137]. *Is.*, XXIX, 7 compare la multitude de tous les peuples qui attaquaient Ariel à un songe et à une vision de la nuit, qui s'évanouissent subitement[138]. A son tour, *Is.*, XXX, 29 compare la joie qui s'emparera du peuple lors de l'intervention de Yahvé contre l'Assyrie à la liesse de la nuit où l'on célèbre la fête, vraisemblablement la Pâque[139].

Is., XXX, 29 n'est pas la seule parmi les relectures du *Proto-Isaïe* à s'inspirer des traditions relatives à l'Exode pour annoncer l'échec de l'Assyrie ou de la multitude des peuples dans leur dessein de s'emparer de Jérusalem. Tel est aussi le cas de *Is.*, XXXI, 5. En effet, ce passage présente la protection promise à Jérusalem par Yahvé sous les traits de son action en faveur des Hébreux en Égypte, la nuit de Pâque[140]. *Is.*, XVII, 12-14 se réfère probablement lui aussi aux traditions de l'Exode, mais l'événement envisagé cette fois est la traversée de la Mer[141].

[134] Voir *supra*, chap. VIIe, pp. 291-327.

[135] Voir *supra*, chap. VIIe, pp. 291-296.

[136] Au sujet de l'Ange de Yahvé, on peut se reporter, parmi les études les plus récentes, à R. FICKER, *mal'ak*, dans ThHAT, I, cc. 900-908; F. GUGGISBERG, *Die Gestalt des Mal'ak Jahwe im Alten Testament*, Neuchâtel, 1979; J. L. CUNCHILLOS, *Étude philologique de Mal'ak. Perspectives sur le Mal'ak de la Divinité dans la Bible Hébraïque*, dans VTS, XXXII, Leiden, 1981, pp. 30-51.

[137] Voir *supra*, chap. VIIe, pp. 315-316.

[138] Voir *supra*, chap. VII, pp. 305-307.

[139] Voir *supra*, chap. VIIe, pp. 298-301.

[140] Voir *supra*, chap. VIIe, pp. 293-296.

[141] Voir *supra*, chap. VIIe, pp. 315-316.

De même *II Rois*, XIX, 35 nous paraît renvoyer aux traditions de l'Exode. Les commentateurs ont souvent fait remarquer que *way^{e}hî ballaylāh hahû'* du début de *II Rois*, XIX, 35 rappelle les expressions *way^{e}hî baḥ^{a}ṣî hallaylāh* (*Ex.*, XII, 29), *ballaylāh hazzèh* (*Ex.*, XII, 8) ou *kaḥ^{a}ṣôt hallaylāh* (*Ex.*, XI, 4)[142], qui introduisent le coup mortel porté par Yahvé aux premiers-nés des Égyptiens[143]. On notera aussi que l'entrée en action de l'Ange de Yahvé contre l'armée assyrienne et l'entrée en action de Yahvé contre les premiers-nés égyptiens s'exprime par le même verbe *yṣ'* (*Ex.*, XI, 4). Dans les deux cas l'action elle-même est exprimée par le hif. de *nkh* (*Ex.*, XII, 12.13.29)[144].

La proposition *way^{e}hî ballaylāh hahû'*, qui ne se trouve pas en *Is.*, XXXVII, 36, est peut-être secondaire. Quoi qu'il en soit, le caractère nocturne de l'événement ne laisse aucun doute : il ressort clairement de la proposition *wayyaškîmû babboqèr* («le matin, au réveil»).

Or, la proposition *wayyaškîmû babboqèr* renvoie déjà à l'autre épisode majeur de l'Exode, à savoir la traversée de la Mer. En effet, le spectacle matinal des Assyriens que l'Ange de Yahvé avait tués pendant la nuit correspond au spectacle des Égyptiens que la Mer avait engloutis et vomis avant l'aurore (*b^e'ašmorèt habboqèr* et *lip^{h}nôt boqèr* (*Ex.*, XIV, 24.27), et que les Hébreux, la lumière du jour venue, voient gisant sur le rivage (*Ex.*, XIV, 30).

L'Ange de Yahvé de *II Rois*, XIX, 35 a d'ailleurs son équivalent dans l'Ange de Dieu en *Ex.*, XIV, 19. Le rôle de l'un et de l'autre est de protéger respectivement Jérusalem menacée et les Hébreux en fuite. Mais, alors que cette protection se traduit dans la destruction des Assyriens, en *II Rois*, XIX, 35, elle se réalise dans la simple interposition de l'Ange entre les Hébreux et leurs poursuivants, en *Ex.*, XIV, 19[145].

En conclusion, *II Rois*, XIX, 35 nous paraît renvoyer aux deux épisodes majeurs de l'Exode. Ce verset n'est d'ailleurs pas la seule partie de B2 à avoir des attaches avec les récits de l'Exode. B2 et les récits de l'Exode ont en commun la formule de reconnaissance de Yahvé. Grâce à son intervention, à la fois contre les ennemis du peuple et en

[142] *Cf.* encore *Ex.*, XII, 30.31.42.

[143] Voir K. MARTI, *Das Buch Jesaja*, 1900, p. 258; O. PROCKSCH, *Jesaja* I, 1930, p. 459; H. HAAG, *La campagne de Sennachérib contre Jérusalem en 701*, dans RB, LVIII, 1951, p. 358; E.J. KISSANE, *The Book of Isaiah*, 1960, p. 401; C. VAN LEEUWEN, *Sanchérib devant Jérusalem*, dans OTS, XIV, 1965, p. 257; F. GUGGISBERG, *op. cit.*, p. 73.

[144] *Ex.*, XII emploie aussi parallèlement la racine *ngp* pour désigner l'action de Yahvé : vv. 13.23.27.

[145] Le rôle de l'Ange de Yahvé, en *II Rois*, XIX, 35, ressemble plutôt à celui du *mašḥît* («destructeur») de *Ex.*, XII, 23 (aussi v. 13), mais celui-ci n'y reçoit pas le titre de *mal'ak*. *Cf.* cependant *II Sam.*, XXIV, 16-17.

faveur de ce dernier, les Égyptiens d'une part (*Ex.*, VII, 5; XIV, 4.18; *cf.* aussi VII, 17; VIII, 6.18; IX, 14) ou tous les royaumes de la terre (*II Rois*, XIX, 19b) d'autre part, reconnaîtront Yahvé. Étroitement liée au thème de la reconnaissance de Yahvé, la polémique contre les dieux des peuples (*II Rois*, XIX, 18) s'exprime en *Ex.*, XII, 12, bien que de façon plus discrète. Le massacre des premiers-nés y apparaît, en effet, comme une sorte de jugement des dieux de l'Égypte, dont l'impuissance est ainsi clairement manifestée.

Dans le caractère nocturne de l'intervention de l'Ange de Yahvé, en *II Rois*, XIX, 35 comme d'ailleurs dans les références à la nuit des oracles anti-assyriens du recueil proto-isaïen, on voit généralement ce que l'on appelle le motif du «secours ou du salut divins au matin»[146].

Cette opinion ne nous paraît cependant pas tenir compte du schéma temporel supposé par les textes en question. Leurs particularités ne se retrouvent pas dans tous les textes qui parlent du «secours ou du salut divins au matin». *Is.*, XVII, 14a et *II Rois*, XIX, 35 supposent un schéma tripartite, dont l'attestation la plus ancienne est fournie par le récit de la traversée de la Mer (*Ex.*, XIV). Le schéma se présente comme suit: 1) le soir, des ennemis font peser une grave menace sur le peuple, ou sur Jérusalem (*Ex.*, XIV, 2.9.20-21; *Is.*, XVII, 14); 2) au cours de la nuit, Yahvé fait disparaître ou détruit les ennemis en question (*Ex.* XIV, 24-29; *Is.*, XVII, 14; *II Rois*, XIX, 35); 3) le matin, les bénéficiaires de l'intervention de Yahvé, le peuple ou Jérusalem, constatent son résultat: ils s'aperçoivent qu'il n'y a plus d'ennemis et qu'ils ont donc été sauvés du danger (*Ex.*, XIV, 30-31; *II Rois*, XIX, 35)[147].

Par là on souligne le caractère exclusif de l'action de Yahvé. Leurs bénéficiaires n'y contribuent en rien. Ils ne sont même pas témoins de cette action, dont ils constatent, étonnés, le résultat. A cet égard, ce schéma pousse à ses dernières conséquences un trait de l'idéologie des guerres de Yahvé.

[146] L'origine et le sens de ce motif restent discutés. J. ZIEGLER, *Die Hilfe Gottes «am Morgen»*, dans *Alttestamentliche Studien F. Nötscher zum 60. Geburtstag gewidmet* (BBB, 1), Bonn, 1950, pp. 281-288 constitue le travail classique auquel tous les critiques se réfèrent. Voir cependant les réserves émises par Ch. BARTH, *boqèr*, dans ThWAT, I, c. 751-754.

[147] D'après cela, il faut supposer que c'est aux habitants de Jérusalem, étonnés, que s'offre le spectacle des cent quatre-vingt-cinq mille morts dans le camp assyrien. A l'encontre de l'opinion de B. DUHM, *Das Buch Jesaja*, 1914, p. 248 et de O. PROCKSCH, *Jesaja I*, 1930, p. 452, les Assyriens ne doivent donc pas être le sujet de *wayyaškîmû*. Le sujet de ce verbe est, ou bien indéfini, comme l'estiment la plupart des critiques, ou bien ce sont les habitants de Jérusalem.

4. Attaches de B2.

Le schéma de B2 est identique à celui de B1. Les deux récits supposent la même situation historique : une menace assyrienne contre Jérusalem. L'un et l'autre font intervenir, dans le même ordre, Sennachérib, Ézéchias et Isaïe, et ils mettent un discours dans la bouche de chacun de ces personnages.

Il y a pourtant des différences considérables entre les deux. Le cadre narratif de B2 est nettement plus schématique que celui de B1. Les deux récits se concluent par la disparition de la menace assyrienne, mais les moyens dont se sert Yahvé sont entièrement différents.

Parmi les trois discours, c'est celui de Sennachérib qui présente les plus grandes affinités littéraires et logiques avec la version de B1. Exprimé au moyen d'un jussif prohibitif et de trois interrogatives, le message de Sennachérib en B2 est stylistiquement très proche des propos du Rab-Shaqé (*II Rois*, XVIII, 19-32a); il rappelle surtout la première partie de son second discours (*II Rois*, XVIII, 28b-32a), avec laquelle il présente aussi une correspondance logique.

II Rois, XIX, 10aβ-b (*ʾal-yašši*ʾ^{a} *kā* ʾ^{è} *lohèykā* ʾ^{a} *šèr ʾattāh boṭé*^{a} *ḥ bô léʾmor loʾ tinnātén y*^{e} *rûšālayim b*^{e} *yad mèlèk ʾaššûr*) correspond de façon presque littérale à *II Rois*, XVIII, 29aβ.30 (*ʾal-yaššîʾ lākèm ḥizqîyāhû* (...) *w*^{e} *ʾal-yabṭaḥ ʾètkèm* (...) *ʾèl-yhwh léʾmor* (...) *w*^{e} *loʾ tinnātén ʾèt hāʿîr hazzoʾt b*^{e}*yad mèlèk ʾaššûr*). Le sens est cependant très différent. Les deux récits s'accordent, sans aucun doute, pour dire que l'on ne peut pas compter sur Yahvé pour le salut de Jérusalem, mais les raisons sont entièrement différentes. Adressé aux habitants de Jérusalem, *II Rois*, XVIII, 29-30 les avertit de ne pas se laisser abuser par Ézéchias, qui leur inculque la confiance en Yahvé. Non, Yahvé ne sauvera pas Jérusalem parce que, en raison de l'impiété d'Ézéchias, il ne le veut pas. Yahvé a précisément chargé l'Assyrie de punir Jérusalem. En revanche, *II Rois*, XIX, 10 est adressé à Ézéchias et l'avertit de ne pas se laisser abuser par son dieu, dont il espère le salut de Jérusalem. Non, le dieu d'Ézéchias ne sauvera pas Jérusalem, parce qu'il est incapable de résister au roi d'Assur.

Le discours de Sennachérib en B2 se ramène à nier le pouvoir de Yahvé, sa capacité de résister à l'Assyrie et de l'empêcher de s'emparer de Jérusalem. Finalement en B2, Sennachérib ne fait que dénier à Yahvé ses prérogatives de seul vrai Dieu. Cette polémique autour du monothéisme yahviste, dont on ne trouve pas de traces dans le récit B1, a ses parallèles les plus proches, nous l'avons vu, dans la littérature dtn-dtr, le *Deutéro-Isaïe*, les *Psaumes* et les écrits postexiliques.

Bien que Jérusalem soit au centre des discours du Rab-Shaqé, ceux-ci ont pour horizon le royaume de Juda dans son ensemble. Par contre, en *II Rois*, XIX, 10-13, Sennachérib ne parle que de Jérusalem et d'Ézéchias. A la différence du second discours du Rab-Shaqé, qui s'adresse à la population de Jérusalem, Sennachérib paraît envisager la ville comme une réalité en soi, indépendamment de ses habitants. Cet intérêt exclusif pour Jérusalem revient explicitement dans l'oracle d'Isaïe (II *Rois*, XIX, 32 et 34) et est impliqué dans la conclusion du récit.

Cet intérêt pour Jérusalem se retrouve à la fois dans le courant dtn-dtr, qui témoigne aussi d'un souci particulier pour la dynastie davidique, et dans ce que l'on appelle les traditions de Sion, telles qu'elles s'expriment notamment dans certaines relectures anti-assyriennes du *Proto-Isaïe* (*Is.*, XXIX, 5-7; XXXI, 5.8-9; *cf.* aussi XVII, 12-14).

La prière d'Ézéchias (*II Rois*, XIX, 15-19) correspond au message que ce roi adresse à Isaïe en B1 (*II Rois*, XIX, 3-4). Ils n'ont en commun que l'emploi de *ḥrp*, qui exprime le thème du défi (B1) et de l'insulte (B2) au Dieu vivant. La prière est entièrement construite au moyen d'expressions, d'images et de thèmes que l'on trouve dans les *Psaumes*, dans les prières deutéronomistes attribuées à David et à Salomon, dans la prière de *Jér.*, XXXII, 16-25, dans le *Deutéro-Isaïe* et dans les prières des écrits postexiliques (*II Chr.*, XX, 5-12; *Néh.*, IX, 6-37 et *Dan.*, IX, 3-19).

5. But du récit.

En dépit de la pluralité de ses attaches, B2 constitue un récit bien structuré et unifié. Sans doute, le cadre narratif est-il assez réduit. Mais les trois discours, beaucoup plus développés, s'enchaînent et se répondent avec une réelle cohérence. La prière d'Ézéchias prend le contre-pied du discours de Sennachérib, et cela d'un double point de vue: dramatique et logique. La démarche d'Ézéchias, qui, plein d'assurance, s'adresse à Yahvé, est à l'opposé de la défection recherchée par Sennachérib. La confession monothéiste d'Ézéchias s'oppose aux propos de Sennachérib mettant Yahvé au même rang que les dieux des nations conquises par l'Assyrie. Lorsqu'il aura sauvé Jérusalem, Yahvé, que Sennachérib assimile aux faux dieux des nations, sera reconnu comme le seul vrai Dieu par toutes les nations. A son tour, l'oracle d'Isaïe répond à la prière d'Ézéchias. Comme le lui demandait Ézéchias, Yahvé déclare qu'il sauvera la ville à cause de lui-même et de son serviteur David. Finalement, la conclusion narrative nous apprend que Yahvé a tenu parole, et cela de façon merveilleuse.

De cette analyse il ressort que l'enjeu du récit est la crédibilité et la puissance de Yahvé, en fait, ses prérogatives comme seul vrai Dieu. Le récit est donc dominé par l'idée du monothéisme yahviste. Plus précisément, il veut montrer que, en détruisant l'armée assyrienne et en sauvant ainsi Jérusalem, Yahvé s'est révélé comme le seul vrai Dieu et, par conséquent, le Dieu de tous les royaumes de la terre. On y trouve d'autres thèmes, mais subordonnés à ce thème principal. Le récit suppose entre autres, l'engagement de Yahvé à l'égard de Jérusalem pour la protéger et, en l'occurrence, lui éviter de tomber au pouvoir assyrien. Il suppose aussi l'engagement de Yahvé à l'égard de la dynastie davidique. C'est d'ailleurs en raison de ces deux engagements que Yahvé se doit de sauver Jérusalem. En effet, on ne manquerait pas de voir dans sa passivité la preuve de son impuissance devant le roi d'Assur, et la confirmation des propos de Sennachérib.

Le récit offre en outre une image très idéalisée d'Ézéchias surtout, mais aussi d'Isaïe. Ézéchias est la voix de la confiance en Yahvé; il est avant tout la voix du monothéisme yahviste et le défenseur des prérogatives de Yahvé que dénie Sennachérib. Ézéchias compte sur Yahvé avec une confiance que les arguments de Sennachérib ne peuvent ébranler. Bien au contraire, ils ne font que le confirmer dans sa foi selon laquelle Yahvé est le seul vrai Dieu. Ézéchias est dans un rapport spécial avec Yahvé, à qui il peut s'adresser directement, sans nul besoin d'intermédiaires. Il joue en quelque sorte le rôle d'intercesseur que B2 attribue à Isaïe. On remarquera cependant que, à la différence de B1, B2 ne souligne pas le rapport entre la piété d'Ézéchias et la délivrance de Jérusalem. L'image d'Ézéchias est somme toute très schématique. Bien qu'il brosse un tableau idéalisé du roi, le récit n'a pas été composé à sa gloire, mais plutôt à la gloire de Yahvé[148].

L'image d'Isaïe est, elle aussi, très schématique. A la différence de B1, qui attribue à Isaïe les rôles d'intercesseur et de messager, B2 ne lui accorde que son rôle de messager. Ce que le prophète annonce se réalise, mais il n'est pour rien dans cette réalisation. Puisqu'il est du côté de Yahvé, Isaïe domine de très haut la situation, dont il annonce le dénouement. Il n'empêche que, si le récit ne fut pas composé à la gloire d'Ézéchias, il le fut encore moins à la gloire d'Isaïe.

[148] R. DEUTSCH, *Die Hiskiaerzählungen*, 1969, surtout pp. 73-74. D'après cet auteur, le thème central du récit est l'honneur de Yahvé.

6. Origine du récit.

Les critiques s'accordent en général pour voir en B2 un récit autonome et sans aucun rapport de dépendance à l'égard de B1. C'est évidemment la position des critiques pour qui B2 se rapporte à des événements différents de ceux dont il est question en B1 : soit une seconde ambassade en 701 [149], soit une seconde expédition palestinienne de Sennachérib [150]. C'est aussi l'avis des auteurs — actuellement la grande majorité — qui voient en B1 et B2 deux récits parallèles des mêmes événements [151].

Bien que leur position sur cette question reste souvent implicite, les partisans des deux récits parallèles pensent qu'à l'origine il y avait un récit ou un noyau de tradition. Ayant bifurqué, cette tradition primordiale aurait donné naissance à deux récits différents. Tout en gardant la même structure et quelques éléments communs, qu'ils tiendraient de la tradition primitive, les deux récits auraient évolué indépendamment l'un de l'autre. Voilà ce qui expliquerait à la fois leurs points communs et leurs différences [152].

Cependant les critiques n'ont pas expliqué, à notre connaissance, pourquoi la prétendue bifurcation de la tradition primitive aurait eu lieu; ils n'ont pas déterminé non plus dans quels milieux se serait développé et transmis chacun des récits. Enfin, lacune essentielle, l'hypothèse commune ne nous paraît pas rendre compte des particularités de B2.

Or, nous avons vu que les discours assyriens sont la section qui présente les points de contact les plus étroits. Il existe, en réalité, une correspondance presque littérale entre *II Rois*, XIX, 10aβ-b et *II Rois*, XVIII, 29aβ.30aα.b. Ce dernier passage est une articulation importante dans les discours du Rab-Shaqé. En effet, il suppose tout le discours qui précède, dont il reçoit son sens. En même temps, il est structurellement lié à l'ordre de se rendre, qui suit.

II Rois, XIX, 10aβ-b donne nettement l'impression d'être une citation de *II Rois*, XVIII, 29-30 tirée de son contexte. Si l'on ne tenait pas

[149] Voir *supra*, chap. IVe, pp. 122-125.

[150] Voir *supra*, chap. IVe, pp. 125-131.

[151] A notre connaissance, G. Hoelscher, *Geschichtsschreibung in Israel. Untersuchungen zum Jahvisten und Elohisten*, Lund, 1952, pp. 147 et 402-404 et R. Deutsch, *Die Hiskiaerzählungen*, 1969, p. 78 font figure d'exceptions. D'après G. Hoelscher, B2 est une composition dépendante de B1. Dans le cadre de son hypothèse générale sur les livres des *Rois*, il attribue B1 à E1 et B2 à E2. R. Deutsch suppose lui aussi la dépendance de B2 par rapport à B1.

[152] Voir notamment H. Haag, *La campagne de Sennachérib contre Jérusalem en 701*, dans RB, LVIII, 1951, p. 351 et B. S. Childs, *Isaiah and the Assyrian Crisis*, 1967, p. 103.

compte de *II Rois*, XVIII, 22.25, il serait normal de lire en *II Rois*, XVIII, 30 la négation du pouvoir de Yahvé de délivrer Jérusalem. Voilà justement le sens retenu en *II Rois*, XIX, 10-13. La négation du pouvoir de Yahvé y est d'ailleurs développée et étayée en faisant appel à l'histoire.

C'est pourquoi, nous tenons *II Rois*, XIX, 10aβ-b pour littérairement dépendant de *II Rois*, XVIII, 29-30. Or, rien ne permet de dissocier *II Rois*, XIX, 10 de *II Rois*, XIX, 11-13 ni *II Rois*, XIX, 10-13 du reste du récit[153]. Par conséquent, *II Rois*, XIX, 10 n'est pas un élément de B1 inséré secondairement dans B2 déjà constitué. Autrement dit, B2 dépend, dans sa totalité, de B1.

Aussi estimons-nous que B2 n'a pas connu de stade oral, mais qu'il est apparu comme une œuvre écrite. Son auteur a pris B1 pour modèle, en a conservé la structure, les personnages et une partie de la matière; il a gardé notamment la première partie du second discours du Rab-Shaqé ainsi que le thème du défi de Yahvé qu'il a changé en blasphème ouvert. Il a cependant retravaillé l'ensemble en fonction de son objectif, montrer que, en tenant sa promesse de protéger Jérusalem et de la sauver, Yahvé s'est révélé comme le seul vrai Dieu. En empêchant l'Assyrie de s'emparer de Jérusalem, Yahvé a réussi ce qu'aucun autre dieu n'avait été capable de faire en faveur de son peuple. L'Ange de Yahvé a même décimé l'armée assyrienne, qui avait détruit les dieux des nations. Voilà la preuve que ces dieux n'étaient qu'un ouvrage de mains d'homme, et que Yahvé est le seul vrai Dieu de toutes les nations de la terre.

B2 prend appui à la fois sur B1 et sur les relectures anti-assyriennes du *Proto-Isaïe*, que nous situons respectivement vers le milieu du VIIe s. et au temps de Josias. Par ailleurs, ses parallèles les plus proches, au point de vue de la phraséologie, des thèmes et des préoccupations, se trouvent dans les couches les plus récentes du *Deutéronome* (IV et XXVII-XXXI)[154], dans le *Deutéro-Isaïe*, dans la littérature dtr et dans les écrits postexiliques tardifs.

[153] A l'encontre de la suggestion de J. GRAY, *I & II Kings*, 1977, p. 35, on ne peut pas tenir *II Rois*, XIX, 10-13 pour un résumé des interventions du Rab-Shaqé que le compilateur dtr aurait fait et inséré à l'intérieur d'un récit déjà existant.

[154] Ces chapitres font partie du cadre du *Deutéronome* et sont, de l'avis pratiquement unanime de la critique, parmi les plus récents du livre. Concrètement, on situe en général *Deut.*, IV, à l'époque exilique. Voir A. D. H. MAYES, *Deuteronomy 4 and the Literary Criticism of Deuteronomy*, dans JBL, C, 1981, pp. 23-51; H. D. PREUSS, *Deuteronomium* (Erträge der Forschung, 164), Darmstadt, 1982, pp. 84-90. D'après M. ROSE, *Der Ausschliesslichkeitsanspruch Jahwes. Deuteronomische Schultheologie und die Volksfrömmigkeit in der späten Königszeit* (BWANT, 106), Stuttgart-Berlin-Köln-Mainz, 1975, pp. 146-156, *Deut.*, IV, 28.35.39 seraient postexiliques.

A notre avis donc, tout s'explique au mieux si l'on admet que B2 est entièrement l'œuvre d'un auteur exilique[155]. On pourra même ajouter que le récit est apparu probablement à un moment assez avancé de la période exilique.

B2 est-il l'œuvre d'un rédacteur exilique des livres des *Rois*, ou a-t-il existé en dehors de sa place actuelle? Certains indices conseillent la seconde hypothèse. On peut invoquer d'abord le fait même qu'il constitue un récit complet. Si, comme nous l'estimons, *II Rois*, XIX, 33 est un ajout destiné à accorder la conclusion de B2 avec celle de B1, on doit probablement supposer que B2 n'a pas été écrit dans le cadre de l'une des rédactions de *II Rois*, mais qu'il a été composé de façon autonome, et ensuite inséré à sa place actuelle.

Si l'auteur de B2 et le rédacteur qui a mis le récit à sa place actuelle insistent sur le monothéisme yahviste, c'est probablement parce que les cultes d'autres dieux les préoccupent. On peut donc supposer que le rédacteur de B2 et le responsable de son insertion en *II Rois* veulent ramener à la foi au seul Yahvé et à son culte exclusif leurs contemporains qui s'adonnaient au culte des dieux étrangers ou étaient sérieusement tentés de le faire[156].

Cet appel à se détourner des dieux des nations ne s'appuierait-il pas implicitement sur l'opposition entre la ruine de Jérusalem en 587, envisagée comme une conséquence de l'idolâtrie de la ville, et sa «délivrance» en 701? Si, en dépit de ses engagements à l'égard de Jérusalem et de la dynastie davidique, Yahvé n'a pas renouvelé en 587 la «protection» qu'il leur avait accordée en 701, cela est dû à l'idolâtrie de la ville. Pour preuve on aurait rappelé la «délivrance» de Jérusalem en 701 et, à cet effet, elle aurait été présentée comme la réponse de Yahvé au monothéisme yahviste strict, dont témoigne Ézéchias.

7. Valeur historique du récit.

La conclusion de B2 est au centre des discussions historiques relatives

[155] C'est aussi l'avis de R. Deutsch, *Die Hiskiaerzählungen*, 1969, pp. 77-78 et 99.

[156] D'après A. D. H. Mayes, *op. cit.*, dans JBL, C, 1981, pp. 50-51, tel serait aussi le but de *Deut.*, IV, que cet exégète date de l'exil et met en rapport surtout avec le *Deutéro-Isaïe*. Au sujet des circonstances de l'apparition du monothéisme yahviste à l'époque exilique, on peut consulter, parmi les travaux récents, F. Stolz, *Monotheismus in Israel*, dans O. Keel (éd.), *Monotheismus im alten Israel und in seiner Umwelt* (Biblische Beiträge, 14), Fribourg, 1980, pp. 143-184; B. Lang, *Die Jahwe — allein — Bewegung*, dans B. Lang (éd.), *Der einzige Gott. Die Geburt des biblischen Monotheismus*, München, 1981, pp. 47-83 et 130-134; H. Vorländer, *Der Monotheismus Israels als Antwort auf die Krise des Exils*, dans B. Lang (éd.), *Der einzige Gott*, München, 1981, pp. 84-113 et 134-139.

aux rapports entre Sennachérib et le royaume de Juda. En effet, le massacre de l'armée assyrienne rapporté en *II Rois*, XIX, 35 est inconciliable avec les informations fournies par les autres textes, assyriens et bibliques, au sujet de l'expédition palestinienne de Sennachérib en 701.

Même s'ils font la part de la très grande exagération, la majorité des critiques estiment qu'il y a un fait historique à la base de *II Rois*, XIX, 35 : un malheur aurait frappé l'armée assyrienne et aurait obligé Sennachérib à mettre fin à son expédition.

H. Haag pense à la bataille d'Elteqé. Contrairement à ce que prétendent les annales de Sennachérib, la bataille se serait soldée par une défaite assyrienne, du moins relative[157]. La plupart des critiques pensent que, comme en *II Sam.*, XXIV, 15-17, l'intervention de l'Ange de Yahvé se réfère à une épidémie[158]. Ils voient d'ailleurs une confirmation de ce fait dans la légende rapportée par *Hérodote*, II, 141. D'après ce texte, Sennachérib a subi une grande défaite aux portes de l'Égypte parce qu'un flot de rats des champs a rongé les armes des troupes assyriennes. Estimant que *I Sam.*, V, 6-VI, 16 témoigne de la connaissance du rapport qui existe entre les rats et la peste, nombre de critiques concluent que la légende d'*Hérodote* et *II Rois*, XIX, 35 gardent le souvenir d'une épidémie de peste bubonique, dont les rats auraient été les propagateurs[159]. D'aucuns essaient d'insérer cette épidémie dans le cadre des événements de 701. D'autres estiment cela impossible. C'est l'une des raisons pour lesquelles certains postulent une seconde expédition de Sennachérib entre 690-688 av. J.-C.[160].

Du simple point de vue des images, aucun indice ne permet d'affirmer que l'auteur de *II Rois*, XIX, 35 pense à une épidémie. L'Ange de Yahvé est certes associé à la peste en *II Sam.*, XXIV, 15-17, mais les contacts entre ces deux textes restent assez généraux. Or, la peste n'est pas la seule arme dans l'arsenal de Yahvé. On pensera par exemple à *Ex.*, XII, 12-13.23.29 et XIV, 24-31, passages dont B2 s'inspire. On notera par ailleurs que, d'après une ancienne tradition exégétique représentée notamment par l'Apocalypse de Baruch, une addition du ms. de Reuchlin au Tg de *II Rois*, XIX, 35 et le Tg de *II Chr.*, XXXII, 21, l'Ange chargé de sévir contre l'armée de Sennachérib se serait servi

[157] *La campagne de Sennachérib contre Jérusalem en 701*, dans RB, LVIII, 1951, pp. 357-359.

[158] Voir *supra*, chap. IVe, n. 101.

[159] Voir *supra*, chap. IVe, n. 102.

[160] Voir *supra*, chap. IVe, pp. 125-131.

du feu. Il aurait brûlé les corps des Assyriens à l'intérieur, tout en gardant intact l'extérieur[161].

Que cet historien ait ou non un rapport avec *II Rois*, XIX, 35, l'interprétation de *Hérodote*, II, 141 dans le sens d'une peste bubonique repose essentiellement sur l'hypothèse selon laquelle *I Sam.*, V, 6 - VI, 16 témoignerait déjà de la connaissance du lien qui existe entre les rats et la peste. Sous sa forme actuelle, *I Sam.*, V, 6 - VI, 16 témoigne certes de deux fléaux : celui des *ʿŏpʰālîm/tᵉḥorîm*, termes que l'on rend habituellement par tumeurs, et celui des rats (*ʿakbārîm*). Le texte n'établit cependant aucun rapport entre les deux. Ils visent des réalités différentes : les tumeurs affectent les habitants; les rats ravagent le pays (VI, 5)[162]. De plus, le caractère primitif du fléau des rats est très douteux. D'après F. Schicklberger[163] et J. B. Geyer[164], le texte primitif ne parlait que de l'épidémie de «tumeurs». Les rats n'y figuraient que sous forme d'images en or, que les Philistins offraient à Yahvé dans le but de l'apaiser. Ne percevant plus le rapport entre l'offrande des rats en or et les «tumeurs», un rédacteur postérieur aurait conclu à l'existence de deux fléaux, comme en témoignent les insertions en *I Sam.*, VI, 5a (TM) et V, 6 et VI, 1.5a (LXX). Au sujet des images, le texte parle de *'āšām* (*I Sam.*, VI, 3.4.8.17), le terme qui désigne l'offrande pour le péché. Selon J. B. Geyer[165], rien ne permet de penser à un rite de magie sympathique, qui supposerait un rapport intrinsèque entre les «tumeurs» et les rats[166]. Dès lors, il paraît aventureux de s'appuyer sur *I Sam.*, V, 6 - VI, 16 pour changer les rongeurs de *Hérodote*, II, 141 en symboles ou en propagateurs de la peste bubonique.

Si, comme nous l'estimons, B2 dépend de B1, il est exclu que B2 ajoute, sur les événements de 701, un quelconque renseignement histori-

[161] Voir P. BOGAERT, *L'Apocalypse syriaque de Baruch. Introduction. Traduction et commentaire* (Sources Chrétiennes, 144-145), Paris, 1969, vol. I, p. 509; vol. II, p. 118; A. SPERBER, *The Bible in Aramaic*, vol. II. *The Former Prophets*, Leiden, 1959, p. 318; R. LE DÉAUT - J. ROBERT, *Targum des Chroniques* (AnBib, 51) 1971, vol. I, p. 167; vol. II, p. 155; P. GRELOT, *Le Targoum d'Isaïe, X, 32-34 dans ses diverses recensions*, dans RB, XC, 1983, pp. 216-218.

[162] Voir G. R. DRIVER, *The Plague of the Philistines (I Samuel V, 6-VI, 16)*, dans JRAS, 1950, pp. 50-52.

[163] *Die Ladeerzählungen des ersten Samuel-Buches. Eine literaturwissenschaftliche und theologiegeschichtliche Untersuchung* (ForBib, 7), Würzburg, 1973, surtout pp. 108-119.

[164] *Mice and Rites in 1 Samuel V-VI*, dans VT, XXXI, 1981, pp. 293-304.

[165] *Op. cit.*, pp. 298-304; voir aussi O. MARGALITH, *The Meaning of ʿPLYM in 1 Sam V-VI*, dans VT, XXXIII, 1983, pp. 339-341.

[166] L. I. CONRAD, *The Biblical Tradition for the Plague of the Philistines*, dans JAOS, CIV, 1984, pp. 281-287 estime qu'il est impossible de déterminer la maladie à partir des symptômes mentionnés par le texte.

que qui ne se trouve déjà dans sa source. Nous avons d'ailleurs constaté que B2 est entièrement dominé par son orientation théologique, et ne témoigne d'aucun intérêt pour les faits qui lui servent de base. Les rapports entre Sennachérib et Ézéchias ou Jérusalem ne sont qu'un prétexte ou un moyen, dont l'auteur de B2 se sert pour montrer que Yahvé est le seul vrai Dieu de tous les royaumes de la terre.

Comme B1, dont il dépend, B2 a pour point de départ le fait que Sennachérib n'a pas détruit Jérusalem, qu'il ne l'a même pas prise d'assaut. Telle que la présentait B1, l'issue des événements était trop modeste pour le propos de l'auteur de B2[167]. Voulant mettre en pleine lumière que Yahvé est le seul Dieu de toute la terre, l'auteur de B2 a besoin d'un dénouement beaucoup plus dramatique; de même il a besoin de changer le simple défi que l'Assyrien lance à Yahvé en un blasphème sous sa forme la plus grossière.

L'auteur de B2 n'a d'ailleurs pas créé entièrement la conclusion de son récit. Il l'a puisée en grande partie dans les relectures anti-assyriennes du *Proto-Isaïe*. Nous avons vu que certaines de ces relectures annoncent la destruction de l'Assyrie par une épée surhumaine (XXX, 27-33; XXXI, 8-9). D'autres annoncent que, grâce à l'intervention de Yahvé qui protège sa ville, les assaillants de Jérusalem disparaîtront soudainement (*Is.*, XVII, 12-14; XXIX, 5-8). Certains de ces textes présentaient concrètement la délivrance de Jérusalem à l'image des événements de l'Exode (*Is.*, XVII, 12-14; XXX, 29; XXXI, 5). Pour l'auteur de B2, l'issue des événements de 701 a accompli les annonces en question. Voilà ce qui explique, à notre avis, l'apparition du thème du massacre de l'armée assyrienne. Ce massacre est tout simplement la réplique de la tuerie des premiers-nés des Égyptiens et de la destruction de l'armée de Pharaon lors de la traversée de la Mer[168]. Il nous paraît donc vain de

[167] R. E. CLEMENTS, *Isaiah and the Deliverance of Jerusalem*, 1980, pp. 58-61, a raison de voir en *II Rois*, XIX, 35 la dramatisation de l'issue des événements survenus en 701. Mais, à la différence de cet auteur qui tient le verset en question pour secondaire, nous estimons que la dramatisation a toujours été l'un des traits caractéristiques de B2.

[168] La tradition juive continuera à assimiler l'épisode de Sennachérib aux événements de l'Exode. Cette assimilation s'exprime dans le fait que l'on en vient à situer le massacre de l'armée de Sennachérib dans la nuit de Pâque, comme en témoigne le *Tg Yerushalmi* représenté par un long développement du Codex Reuchlin relatif à *II Rois*, XIX, 35, et le Tg des *Chroniques*. Voir A. SPERBER, *The Bible in Aramaic, vol. II. The Former Prophets*, 1959, p. 318; R. LE DÉAUT - J. ROBERT, *Targum des Chroniques*, 1971, vol. I, p. 167; vol. II, p. 155; P. GRELOT, *Le Targoum d'Isaïe, X, 32-34 dans ses diverses recensions*, dans RB, XC, 1983, pp. 216-218. Cela correspond d'ailleurs à la «tendance à situer les libérations fameuses de l'histoire d'Israël dans la nuit de la Pâque, le salut opéré en Égypte étant devenu comme le type des interventions miraculeuses de Dieu en faveur de son peuple»; R. LE DÉAUT - J. ROBERT, *op. cit.*, 1971, vol. I, p. 167, n. 6; voir aussi R. LE DÉAUT, *La Nuit pascale* (AnBib, 22), Rome, 1963,

chercher le souvenir d'un quelconque revers assyrien — peste, défaite à Elteqé ou autre — dans ce qui n'est qu'une conclusion théologique.

Étant donné son enracinement traditionnel, la conclusion de B2 suppose sans doute l'extermination totale de l'armée assyrienne aux portes de Jérusalem. Le chiffre 185.000 a probablement une valeur symbolique, que nous ne parvenons cependant pas à saisir[169].

Pour terminer, un mot sur *Hérodote*, II, 141. Il s'agit d'une légende étiologique. Le fait dont elle prétend rendre compte, à savoir la présence dans le temple d'Héphaïstos d'une statue portant à la main la représentation d'un rat des champs, est égyptien. La légende, du moins telle qu'elle est rapportée par Hérodote, n'est pas égyptienne, mais grecque[170]. A supposer qu'elle ait existé, on ignore tout d'une étiologie égyptienne du même fait. Quel était le rôle des rats des champs? Étaient-ils en rapport avec une victoire égyptienne sur Sennachérib? Voilà autant de questions qui restent sans réponse.

W. Baumgartner a sans doute raison de dire que le rapport entre *Hérodote*, II, 141 et *II Rois*, XIX, 9b-35 se réduit au type spécifique de légende : un roi en difficulté est encouragé par un oracle ou une vision lui promettant l'aide divine, et il s'ensuit une défaite des ennemis. La légende d'*Hérodote*, II, 141, poursuit W. Baumgartner, ne peut avoir d'intérêt que comme «(...) ein schwacher Reflex des Schlacht von Altaqu (701) in der ägyptischen Tradition, wobei dieselbe auf den üblichen Kriegsschauplatz in Delta verlegt und nach beruhmten Mustern zu einem grossen ägyptischen Sieg umgewandelt, sowie — dies vielleicht erst in griechischen Kreisen — mit jener Tempelstatue im Verbindung gebracht wurde»[171].

pp. 279-298, et 350 et C. PERROT, *La lecture de la Bible : les anciennes lectures palestiniennes du Shabbat et des fêtes* (Collection Massorah, Série I, Études Classiques, n° 1), Hildesheim, 1973, pp. 233-236.

[169] W. RUDOLPH, *Zum Text der Königsbücher*, dans ZAW, LXIII, 1951, p. 214, fait remarquer que 185 est égal à la somme des lettres des propositions *'ᵃnî hû' yhwh 'ᵉlohîm* et *'ānokî hû' yhwh 'ᵉlohèykā*, «Moi, Yahvé, je suis (ton) Dieu», déclaration qui correspond bien aux professions de foi de *II Rois*, XIX, 15.19. D'après G. BRUNET, *Essai sur l'Isaïe de l'histoire*, 1974, pp. 299-301, le chiffre 185.000 en raison de sa complexité (5.000 fois 36 + 1), porterait la marque de l'esprit pythagoricien. Ce détail du texte ne serait pas antérieur à l'époque hellénistique.

[170] Voir W. BAUMGARTNER, *Herodots babylonische und assyrische Nachrichten*, dans ArOr, XVIII, 1950, pp. 89-92 (repris dans *Zum Alten Testament und seiner Umwelt*, Leiden, 1959, pp. 305-309) et J. A. WILSON, *Herodotus in Egypt* (Scolae Adriani de BUCK memoriae dicatae, V), Leiden, 1970, pp. 3-4.

[171] W. BAUMGARTNER, *op. cit.*, pp. 308-309.

Appendice : *Les additions de* II Rois, *XIX, 21-28.29-31 par.* Is., *XXXVII, 22-29.30-32.*

II Rois, XIX, 21-28 constitue un oracle de menace. Bien que le destinataire ne soit pas indiqué, vu le contexte de la pièce, ce ne peut être que le roi d'Assyrie. Au v. 21, le prophète signifie au roi d'Assyrie le mépris dont il est l'objet de la part de Jérusalem. Au v. 22 commence l'exposé des motifs. Ce verset comprend quatre interrogatives suivies de la réponse, qui est la même pour les quatre. Le prophète reproche au roi d'Assyrie son arrogance et son orgueil. Les vv. 23-24 explicitent et illustrent l'objet du reproche en citant les paroles du destinataire. On a souvent attiré l'attention sur les affinités de ce discours avec les «Inscriptions des Fastes» assyriennes[172]. On remarquera cependant que ce texte suit le schéma de ce que F. García López appelle le «monologue de l'arrogance et de l'orgueil»[173]. Cet exégète en a signalé plusieurs exemples dans le *Deutéronome* (VIII, 17-18; IX, 4-7a*) et dans le recueil isaïen (X, 13-14; XIV, 13-15). Les vv. 25-28 donnent la réponse de Yahvé au monologue. Tous les exploits dont le souverain assyrien se vante sont en réalité l'œuvre de Yahvé; le roi d'Assyrie n'est qu'un instrument. Finalement, le v. 28 formule la menace. Parce que le roi d'Assyrie s'est montré arrogant à son égard, Yahvé va le faire retourner par le chemin par lequel il est venu.

II Rois, XIX, 21-28 a des points de contact à la fois avec B1 et B2. On trouve dans les trois textes le verbe *ḥrp* (XIX, 4.16.22-23; voir aussi v. 6). *II Rois*, XIX, 25-26 et B2 (XIX, 11-13) ont en commun le rappel des conquêtes assyriennes. Comme en B2 (XIX, 9b), en *II Rois*, XIX, 23a, il est question de *mal'ākîm*, par l'entremise desquels le roi d'Assyrie a insulté Yahvé. *II Rois*, XIX, 23a paraît cependant supposer un message oral, comme B1. Le thème du retour du roi d'Assyrie est commun à *II Rois*, XIX, 28 et B1. *II Rois*, XIX, 28 souligne d'ailleurs le caractère humiliant de ce retour : comme un prisonnier ou peut-être comme une bête, le roi d'Assyrie aura un croc aux narines et un mors aux lèvres. *II Rois*, XIX, 28 suppose donc que le roi d'Assyrie se trouve en Juda, ce que B1 dit explicitement (*II Rois*, XVIII, 17; XIX, 8).

II Rois, XIX, 21-28 a également des points de contact en dehors de son contexte immédiat. On signalera particulièrement *Is.*, X, 5-15. Les deux textes ont en commun le «monologue de l'arrogance et de l'orgueil».

[172] Voir notamment J.A. MONTGOMERY, *The Books of Kings*, 1951, p. 496; B.S. CHILDS, *Isaiah and the Assyrian Crisis*, 1967, p. 103; G. FOHRER, *Das Buch Jesaja*, II, 1967, p. 182; P. MACHINIST, *Assyria and its Image in the First Isaiah*, dans JAOS, CIII, 1983, pp. 723-724.

[173] *Analyse littéraire de Deutéronome, V-XI*, dans RB, LXXXIV, 1977, pp. 484-485.

Ils attribuent à l'Assyrie le rôle d'instrument. Dans les deux cas, l'Assyrie refuse ce rôle et prétend agir de sa propre initiative. A la différence de *Is.*, X, 5-15, *II Rois*, XIX, 21-28 interprète cette prétention en termes d'insulte à Yahvé, thème que l'on ne trouve pas chez Isaïe. En ce qui concerne ce thème du blasphème contre Yahvé, *II Rois*, XIX, 21-28 nous paraît représenter un stade intermédiaire entre B1 et B2. Il ne témoigne pas encore du blasphème grossier que l'on trouve en B2. Vu son association à *gdp*, le verbe *ḥrp*, en *II Rois*, XIX, 22-23, n'a plus le sens de «défier», comme c'est le cas en B1. *II Rois*, XIX, 21-28 tient la prétention assyrienne d'agir de sa propre initiative pour une insulte et un outrage à Yahvé.

II Rois, XIX, 21-28 emploie des thèmes isaïens. Rares sont cependant les critiques qui attribuent le passage au prophète lui-même[174]. Si, comme il paraît probable, *II Rois*, XIX, 24 se réfère à la conquête assyrienne de l'Égypte[175], la composition de notre texte doit se situer à un moment relativement éloigné de 671 av. J.-C., car son auteur ne distingue plus entre l'œuvre de Sennachérib et celle de son fils Assarhaddon[176].

D'aucuns se sont demandé si *II Rois*, XIX, 21-28 ne témoignerait pas de l'existence d'un troisième récit, parallèle à B1 et B2, dont il ne resterait que l'oracle[177]. Quoi qu'il en soit, *II Rois*, XIX, 21-28 constitue sans doute un oracle contre Sennachérib parallèle à *II Rois*, XIX, 6-7 et XIX, 20.32.34. A la différence des deux autres oracles, *II Rois*, XIX, 21-28 ne formule explicitement aucune promesse à l'égard de Jérusalem.

Le v. 29 annonce un signe. Dans son contexte actuel, celui-ci doit s'adresser à Ézéchias, à Jérusalem ou à l'ensemble du peuple, personnifié. La suspension des activités agricoles normales pour une période de deux années ne convient pas au contexte, où il est question d'une délivrance immédiate[178]. Au signe du v. 29 a été ajouté un développement sur la fécondité du reste survivant de la maison de Juda. Sa

[174] Voir O. PROCKSCH, *Jesaja I*, 1930, p. 453; G.R. HAMBORG, *Reasons for Judgement in the Oracles against the Nations of the Prophet Isaiah*, dans VT, XXXI, 1981, pp. 145-159, aux pp. 153-155.

[175] H. TAWIL, *The Historicity of 2 Kings 19:24 (= Isaiah 37:25): The Problem of the ye'orê Māṣôr*, dans JNES, XLI, 1982, pp. 195-206, a proposé d'y voir une référence à des travaux hydrauliques réalisés par Sennachérib, au mont Muṣri, au nord-est de Ninive en 694 av. J.-C. Contrairement à ce que suppose H. TAWIL, il est peu probable que *II Rois*, XIX, 23-24 contienne une vraie citation de Sennachérib.

[176] Voir O. KAISER, *Der Prophet Jesaja*, II, 1973, p. 314.

[177] B. STADE, *Anmerkungen zu 2 Kö*. 15-21, dans ZAW, VI, 1886, p. 179; B. DUHM, *Das Buch Jesaja*, 1914, pp. 243-246.

[178] Voir, par exemple, H. WILDBERGER, *ibidem*, III, 1982, pp. 1421 et 1434-1435.

conclusion (v. 31b) reprend littéralement *Is.*, IX, 6bβ. Le thème du reste se retrouve dans d'autres passages secondaires de *Is.*, I-XXXIX (IV, 2-6; X, 20-23). Les vv. 30-31 constituent l'élément le plus récent de la pièce, et sont postexiliques[179]. Ce développement sur la fécondité du reste a été probablement attiré par l'idée des semailles et de la récolte du v. 29. Il est, par contre, difficile de saisir le point d'ancrage de ce dernier et de préciser le moment de son insertion.

[179] Voir, entre autres, B.S. CHILDS, *Isaiah and the Assyrian Crisis*, 1967, p. 103; G. FOHRER, *Das Buch Jesaja*, II, 1967, p. 185; H. WILDBERGER, *ibidem*.

CHAPITRE TREIZIÈME

II CHR., XXXII, 1-23

1. TRADUCTION ET NOTES DE CRITIQUE TEXTUELLE.

(1) Après ces événements et ces actes de fidélité, vint Sennachérib, roi d'Assyrie. Il vint en Juda, campa contre les villes fortifiées et se proposait d'en forcer l'entrée. (2) Quand Ézéchias vit arriver Sennachérib avec l'intention d'attaquer Jérusalem, (3) il se concerta avec ses officiers et ses preux pour obstruer (l'accès à) l'eau des sources qui étaient en dehors de la ville. Ceux-ci lui prêtèrent leur concours (4) et un peuple nombreux se rassembla et obstrua toutes les sources, ainsi que le cours d'eau qui coulait dans les terres[1] : «Pourquoi, disaient-ils, les rois d'Assyrie trouveraient-ils à leur arrivée[2] des eaux abondantes?» (5) Il[3] s'affermit[4] : il répara toutes les brèches de la muraille, et sur elle (construisit) des tours[5], et à l'extérieur une autre muraille[6], il renforça le Millo, la ville de David[7], et fit quantité d'armes de jet et de boucliers. (6) Il mit des chefs

[1] La LXX lit *dia tês poleôs*, «à travers la ville». Voir la discussion *infra*, pp. 497-498.

[2] LXX et Pesh. ont le sg. : «... le roi d'Assyrie trouverait-il à son arrivée ...?». Il s'agit peut-être d'une leçon facilitante; voir W. RUDOLPH, *Chronikbücher*, 1955, p. 308.

[3] LXX explicite «Ézéchias».

[4] Pour la traduction, voir P. WELTEN, *Geschichte*, 1973, p. 31, n. 93. La LXX rend deux fois *wytḥzq*. D'une part, le verbe se rattache à ce qui précède, il a pour sujet le roi d'Assyrie; celui-ci trouverait un surcroît de force grâce à des eaux abondantes. D'autre part, le verbe se rattache à ce qui suit et il a pour sujet Ézéchias. Le verbe *htḥzq* introduisant une décision ou une action est un trait caractéristique du Chroniste (*cf. II Chr.*, XV, 8; XXI, 4; XXIII, 1; XXV, 11). Dès lors, le rattachement de *wytḥzq* à ce qui précède résulte probablement d'une dittographie.

[5] Le sens de la proposition *wy'l 'l-hmgdlwt* est difficile à saisir dans le contexte. La LXX n'a pas d'équivalent de *wy'l 'l*. Le Tg lit *w'syq 'lwhy mgdly'*, «et fit monter sur elle (= la muraille) des tours». La V lit «et extruxit turres desuper». On n'a pas d'autre attestation du hif. de *'lh* avec la nuance de «édifier», «ériger» un bâtiment. Notre traduction suppose que le texte actuel est la corruption de *w'lyh mgdlwt*, «et sur elle des tours». Ces deux mots seraient dépendants de *wybn*, et en apposition avec la proposition qui précède; voir, entre autres, I. BENZINGER, *Die Bücher der Chronik* (KHC), Freiburg i.B., 1901, p. 126; E. L. CURTIS and A. A. MADSEN, *The Books of Chronicles*, 1910, pp. 487 et 489; P. WELTEN, *Geschichte*, 1973, p. 68. On notera que le comité pour l'analyse textuelle de l'Ancien Testament hébreu s'est prononcé pour le TM; D. BARTHÉLEMY (éd.), *Critique textuelle de l'Ancien Testament*, I, 1982, p. 510.

[6] Nous supposons que *wlḥwṣh (h)ḥwmh 'ḥrt* dépend de *wybn*, et se trouve en apposition avec ce qui précède; voir E. L. CURTIS and A. A. MADSEN, *ibidem*; P. WELTEN, *ibidem*.

[7] D'après le TM, le Millo est identique à la ville de David. La LXX et la V lisent respectivement *tò análêmma póleôs Daveíd*, «Mello in civitate David», et supposent

militaires à la tête du peuple, les rassembla près de lui sur la place de la porte de la ville[8] et parla à leur cœur en ces termes : (7) «Soyez forts et courageux! Ne craignez pas[9] et ne vous effrayez pas devant le roi d'Assyrie et devant toute la multitude qui est avec lui, car avec nous il y a un plus grand qu'avec lui. (8) Avec lui il n'y a qu'un bras de chair, mais avec nous il y a Yahvé, notre Dieu, pour nous secourir et combattre nos combats!» Le peuple s'appuya sur les paroles d'Ézéchias, roi de Juda.

(9) Après cela, Sennachérib, roi d'Assyrie, alors qu'il restait à Lakish avec toutes ses forces, envoya ses serviteurs à Jérusalem, à Ézéchias, roi de Juda, et à tous les Judéens qui étaient à Jérusalem, pour leur dire : (10) «Ainsi parle Sennachérib, roi d'Assyrie : 'Sur quoi mettez-vous votre confiance pour rester dans la forteresse[10], dans Jérusalem? (11) Ézéchias ne vous dupe-t-il pas pour vous livrer à la mort par la famine et la soif, quand il dit : 'Yahvé, notre Dieu nous délivrera de la main du roi d'Assyrie'. (12) N'est-ce pas lui, Ézéchias, qui a supprimé ses *bāmôt* et ses autels et qui a dit à Juda et à Jérusalem : 'c'est devant un seul autel[11] que vous vous prosternerez et c'est sur lui que vous ferez fumer l'encens'? (13) Ne savez-vous pas ce que j'ai fait, moi et mes pères, à tous les peuples de la terre? Les dieux des nations des pays ont-ils vraiment pu délivrer leur pays de ma main? (14) Lequel, parmi tous les dieux de ces nations que mes pères ont exterminées, a-t-il pu délivrer son peuple de ma main, pour que votre dieu puisse vous délivrer de ma main? (15) Et maintenant, qu'Ézéchias ne vous abuse pas, et ne vous dupe pas comme cela! Ne le croyez pas, car aucun dieu d'aucune nation ni d'aucun royaume ne peut délivrer son peuple de ma main, ni de la main de mes pères. A plus forte raison, vos dieux ne vous délivreront-ils[12] pas de ma main!». (16) Ses serviteurs parlèrent encore contre Yahvé Dieu et contre Ézéchias son serviteur, (17) puis (Sennachérib) écrivit des lettres[13] pour insulter Yahvé, le Dieu d'Israël, et pour parler de lui en ces termes : «De même que les dieux des nations des pays n'ont pas délivré leur peuple de ma main, ainsi le dieu d'Ézéchias

que le Millo est un élément de la ville de David. Ces divergences témoignent sans doute de l'ignorance des traducteurs — et peut-être déjà du Chroniste — au sujet du Millo. Les modernes adoptent l'une ou l'autre des trois lectures signalées.

[8] A la place de *h'yr*, la LXX^{BA} lit *tês pháraggos* («de la vallée»).

[9] La LXX n'a pas d'équivalent de *'l-tyr'w*, omis probablement par accident.

[10] Pour la traduction, voir *infra*, p. 502.

[11] La LXX lit *tou thusiastêriou toútou*, ce qui correspond au texte parallèle de *II Rois*, XVIII, 22 par. *Is.*, XXXVI, 7.

[12] Quelques mss et les versions (LXX, Pesh., Tg et V) lisent le sg., comme au v. 17.

[13] Le sg. de la LXX représente probablement la leçon primitive en *II Chr.* et par.

ne délivrera pas son peuple de ma main». (18) Ils (= ses serviteurs) crièrent[14] d'une voix forte en judéen au peuple de Jérusalem qui était sur la muraille, pour lui faire peur et l'épouvanter, afin de s'emparer de la ville. (19) Ils parlaient du Dieu de Jérusalem comme des dieux des peuples de la terre, œuvre[15] de mains humaines.

(20) Le roi Ézéchias et le prophète Isaïe, fils d'Amos, prièrent à ce sujet et crièrent vers le ciel. (21) Yahvé envoya un ange qui extermina tous les vaillants guerriers, les officiers et les dignitaires dans le camp du roi d'Assyrie; celui-ci s'en retourna, la honte au visage, dans son pays; puis il entra dans le temple de son dieu, où quelques-uns de ceux qui étaient sortis[16] de ses entrailles le firent tomber par l'épée. (22) Ainsi Yahvé sauva Ézéchias et les habitants de Jérusalem de la main de Sennachérib, roi d'Assyrie, et de la main de tous[17], et il leur procura le repos[18] de toute part. (23) Beaucoup apportèrent à Jérusalem une offrande à Yahvé et des présents à Ézéchias, roi de Juda qui, à la suite de cela, fut exalté aux yeux de toutes les nations.

2. Contexte du récit.

A quelques détails près, les récits que *II Chr.*, XXIX-XXXII consacre au règne d'Ézéchias suivent un plan identique à celui des récits correspondants en *II Rois*, XVIII-XX, ils contiennent les mêmes épisodes principaux[19] :

- Introduction du règne – *II Chr.*, XXIX, 1-2 comp. *II Rois*, XVIII, 1-3.
- Réforme religieuse – *II Chr.*, XXIX, 3-XXXI, 19 comp. *II Rois*, XVIII, 4.

[14] Trois mss, la LXX et la V ont le sg., comme en *II Rois*, XVIII, 28 par. *Is.*, XXXVI, 13.

[15] La LXX et le Tg supposent le plur. *m'śy*, «œuvres».

[16] D'aucuns corrigent le texte en *mîyoṣ'éy* (part.); voir E. L. Curtis and A. A. Madsen, *The Books of Chronicles*, 1910, p. 490. D'autres y lisent le hapax *yāṣî'*; voir W. Rudolph, *Chronikbücher*, 1955, p. 310; Th. Willi, *Die Chronik als Auslegung*, 1972, p. 111, n. 135.

[17] Quelques mss ajoutent *'wybyw*, «ses ennemis».

[18] Au lieu du TM *wynhlm msbyb* («et il les guida tout autour»), on s'accorde pour suivre la LXX (*kaì katépausen autous kuklothen)* et la V («et praestitit eis quietem per circuitum»), qui supposent *wynḥ lhm msbyb* («et il les fit reposer tout autour»), expression fréquente dans les livres des *Chroniques* (*I Chr.*, XXII, 9.18; *II Chr.*, XIV, 6; XV, 15; XX, 30); voir D. Barthélemy (éd.), *Critique textuelle de l'Ancien Testament*, I, 1982, p. 511.

[19] Voir P. Vannutelli, *Libri synoptici Veteris Testamenti*, II, 1934, pp. 538-609.

– Éloge d'Ézéchias et mention de sa réussite	– *II Chr.*, XXXI, 20-21 comp. *II Rois*, XVIII, 5-7a[20].
– Deux exemples de la réussite : la révolte contre l'Assyrie et la victoire sur les Philistins	– *II Rois*, XVIII, 7b-8[21].
– Chute du royaume du Nord	– *II Rois*, XVIII, 9-12[22].
– Invasion de Sennachérib et délivrance	– *II Chr.*, XXXII, 1-23 comp. *II Rois*, XVIII, 13-XIX, 37.
– Maladie et guérison d'Ézéchias	– *II Chr.*, XXXII, 24-26 comp. *II Rois*, XX, 1-11.
– Richesse et gloire d'Ézéchias	– *II Chr.*, XXXII, 27-29[23].
– Travaux hydrauliques	– *II Chr.*, XXXII, 30a comp. *II Rois*, XX, 20.
– Réussite d'Ézéchias	– *II Chr.*, XXXII, 30b[24].
– Ambassadeurs de Merodak-baladan	– *II Chr.*, XXXII, 31 comp. *II Rois*, XX, 12-19.
– Conclusion du règne	– *II Chr.*, XXXII, 32-33 comp. *II Rois*, XX, 20-21.

Et pourtant, les récits de *II Chr.*, XXIX-XXXII sont, non seulement plus longs que leurs correspondants en *II Rois*, XVIII-XX,[25] mais aussi très différents[26]. La section où les deux récits divergent le moins est l'introduction (*II Chr.*, XXIX, 1-2 comp. *II Rois*, XVIII, 1-3). La seule différence réside dans l'omission, régulière chez le Chroniste[27], des synchronismes avec le royaume du Nord. En revanche, toutes les autres sections présentent des différences plus considérables, voire très grandes. Le cas le plus frappant est celui de la deuxième section, consacrée à l'œuvre religieuse d'Ézéchias. Alors que *II Rois*, XVIII, 4 enregistre brièvement, en un seul verset[28], quelques mesures cultuelles, *II Chr.*, XXIX, 3-XXXI, 19 rapporte longuement — sur trois parmi

[20] P. VANNUTELLI ne met pas en synopse *II Rois*, XVIII, 5-7a et *II Chr.*, XXXI, 20-21, passages qui pourtant se correspondent.

[21] Sans équivalent en *II Chroniques*.

[22] Sans parallèle exact dans les *Chroniques*, mais le discours qu'Ézéchias adresse aux Israélites, les invitant à célébrer la Pâque, tourne autour de ces événements et en donne une interprétation semblable à celle de *II Rois*, XVIII, 9-12 (*cf. II Chr.*, XXX, 6-8).

[23] Sans parallèle en *II Rois*.

[24] Pas d'équivalent en *II Rois*.

[25] Dans l'œuvre du Chroniste, seuls les récits sur David et Salomon dépassent en longueur ceux que l'auteur consacre à Ézéchias.

[26] D'après les calculs de J. M. MYERS, *I Chronicles*, 1965, p. LXI et *II Chronicles*, 1965, p. XXIX, seuls dix-huit versets, parmi les cent dix-sept que comptent les récits, ont leur correspondant en *II Rois*.

[27] La seule exception est *II Chr.*, XIII, 1, qui donne le synchronisme entre Abyya et Jéroboam.

[28] Les mêmes faits sont rappelés par le Rab-Shaqé. *Cf. II Rois*, XVIII, 22 par. *Is.*, XXXVI, 7, repris en *II Chr.*, XXXII, 12.

les quatre chapitres que compte le récit — la mise en œuvre d'une vraie restauration religieuse et cultuelle[29].

Par contre, l'invasion de Sennachérib, qui fait l'objet de *II Rois*, XVIII, 13-XIX, 37, qui est à l'origine de *II Rois*, XVIII, 5.7b[30] et qui a attiré *II Rois*, XVIII, 9-12[31] et XX, 1-11[32]. 12-19[33], occupe une place bien plus modeste en *II Chr.*, XXXII, 1-23. D'autre part, la maladie-guérison d'Ézéchias et la visite des ambassadeurs de Merodak-baladan, qui tiennent une place importante en *II Rois*, sont simplement évoquées en *II Chroniques*, par allusion et en des termes incompréhensibles sans les récits correspondants de *II Rois*. De même que *II Rois*, *II Chroniques* relie ces deux épisodes entre eux, — mais pas de la même façon. Alors que, en *II Rois* et *Isaïe*, les ambassadeurs babyloniens font une visite de courtoisie à l'occasion de la maladie (*II Rois*) ou de la guérison (*Isaïe*) d'Ézéchias, *II Chr.*, XXXII, 31 les présente comme des astronomes qui s'enquièrent sur le prodige (*hammôp^{h} ét*) survenu dans le pays, à savoir l'ombre qui recule[34]. A la différence de *II Rois*, *II Chroniques* n'établit aucun rapport entre la maladie-guérison d'Ézéchias et la visite des ambassadeurs babyloniens d'une part, et la menace de Sennachérib, d'autre part.

L'interprétation que propose le Chroniste de la maladie-guérison d'Ézéchias et de la visite des ambassadeurs de Merodak-baladan est très différente de celle que fournit *II Rois*. Alors que *II Rois*, XX, 1-11 présente Ézéchias de façon entièrement positive, *II Chr.*, XXXII, 25-26 rapporte à la maladie-guérison la faute du roi, c'est-à-dire son orgueil, ainsi que son repentir et le retard du châtiment; ces thèmes, *II Rois* les rattache plutôt à l'épisode de la visite des ambassadeurs de Merodak-baladan[35]. Par contre, *II Chr.*, XXXII, 31 fait de la visite des ambassadeurs de Merodak-baladan une épreuve à laquelle Yahvé a soumis Ézéchias, et que ce dernier a bien réussie.

Entre ces deux épisodes *II Chr.*, XXXII introduit d'abord un développement sur la richesse et la gloire d'Ézéchias (vv. 27-29), thème qui n'a pas de parallèle en *II Rois*[36]; il y ajoute la mention des travaux hydrauliques, que *II Rois*, XX, 20 range dans la conclusion des récits.

[29] Voir *supra*, chap. IIIe, pp. 88-99.

[30] Voir *supra*, chap. VIIIe, pp. 338-339.

[31] Voir *supra*, chap. VIIIe, p. 339.

[32] Voir *supra*, chap. VIIIe, pp. 333-336.

[33] Voir *supra*, chap. VIIIe, p. 333.

[34] P.R. ACKROYD, *The Chronicler as Exegete*, dans JSOT, II, 1977, pp. 2-32, aux pp. 10-13.

[35] Voir *supra*, chap. VIIIe, pp. 339-340.

[36] Il provient de la tradition relative à Salomon. *Cf. I Rois*, III, 13 et X, 14-27 par. *II Chr.*, I, 11-12 et IX, 13-26. Le Chroniste s'en est également servi au sujet de David (*I Chr.*, XXIX, 12.28) et de Josaphat (*II Chr.*, XVII, 5 et XVIII, 1).

De cette comparaison il ressort que le traitement, et donc l'importance de chacune des sections à l'intérieur de *II Chr.*, XXIX-XXXII et de *II Rois*, XVIII-XX sont très différents. Par conséquent, l'équilibre de *II Chr.*, XXIX-XXXII est aussi très différent de celui de *II Rois*, XVIII-XX. Alors que *II Rois*, XVIII-XX a pour centre de gravité l'épisode de l'invasion de Sennachérib, *II Chr.*, XXIX-XXXII est entièrement dominé par la restauration religieuse. La place dominante de cette dernière ressort, non seulement de la longueur du récit qui lui est consacré, mais aussi du rapport entre celui-ci et les autres sections.

Comme en *II Rois*, en *II Chroniques* la réforme est encadrée par deux éloges d'Ézéchias. Le premier (*II Chr.*, XXIX, 2) reprend littéralement *II Rois*, XVIII, 3. Il n'en va pas de même pour le second. *II Rois*, XVIII, 5-6 loue d'abord la confiance (*bṭḥ*) qu'Ézéchias a mise en Yahvé (v. 5), ce qui renvoie à l'attitude du roi devant la menace de Sennachérib (*II Rois*, XVIII, 17-XIX, 37); il exalte ensuite l'attachement d'Ézéchias à Yahvé et à ses commandements (v. 6), ce qui fait sans doute allusion à la réforme religieuse (v. 4) [37]. Par contre le passage équivalent en *II Chr.*, XXXI, 20-21 ne retient que cette dernière [38]. Son œuvre de restauration religieuse est ce qui vaut à Ézéchias l'éloge sans réserve du Chroniste. Sans aucun doute, lors de la menace assyrienne, Ézéchias a-t-il un comportement sans faille. Ce comportement est pour ainsi dire normal chez un bon roi, mais ne constitue pas, aux yeux du Chroniste, la grande manifestation de la fidélité d'Ézéchias. Son authentique fidélité, le roi l'a vraiment montrée en restaurant le culte de Yahvé. Tout le reste découle de cette fidélité originelle [39].

II Rois, XVIII, 5-8 souligne la réussite d'Ézéchias, au premier chef sa délivrance du danger assyrien; il y voit la conséquence de sa piété. Puisque le roi a fait preuve d'une très grande piété, à la fois par ses mesures cultuelles et par sa confiance en Yahvé à l'heure du danger, il doit

[37] Voir *supra*, chap. VIIIe, p. 338.

[38] Pour la formulation de *II Chr.*, XXXI, 20, *cf. II Rois*, XVIII, 3 par. *II Chr.*, XXIX, 2 (*ʿśh hyšr*) et *II Rois*, XX, 3 (*ʿśh hṭwb* et le terme *ʾmt*).

[39] Malgré l'importance que le Chroniste attache à la restauration religieuse d'Ézéchias, son éloge du roi est plus sobre que celui de *II Rois*. Ainsi, l'affirmation de *II Rois*, XVIII, 5b, selon laquelle Ézéchias n'a pas eu son pareil parmi les rois de Juda, n'est pas reprise par le Chroniste. En revanche, celui-ci affirme que, depuis les temps de Salomon, Jérusalem n'avait pas célébré une fête pareille à la Pâque d'Ézéchias (*II Chr.*, XXX, 26). Il en va de même à propos de Josias. *Cf. II Rois*, XXIII, 25, qui n'a pas de parallèle en *Chroniques*; et encore *I Rois*, III, 12-13 comp. *II Chr.*, I, 12. Cela paraît correspondre au souci qu'a le Chroniste d'éviter la glorification de la personne du roi. Voir C. J. LABUSCHAGNE, *The Incomparability of Yhwh in the Old Testament* (Pretoria Oriental Series, 5), Leiden, 1966, p. 14 et n. 1.

sa réussite aux unes et à l'autre[40]. En revanche, sans faire appel au comportement d'Ézéchias lors de la menace assyrienne, *II Chr.*, XXIX-XXXII voit dans la réussite d'Ézéchias la récompense de la fidélité dont il fit montre en restaurant le culte de Yahvé.

II Chroniques insiste d'ailleurs sur la réussite d'Ézéchias. Présente en *II Chr.*, XXXI, 21, passage qui correspond à *II Rois*, XVIII, 7a, l'idée de réussite revient en *II Chr.*, XXXII, 30b et encadre ainsi le chap. XXXII[41]. Tout ce que rapporte ce chapitre devient de la sorte une illustration de la réussite d'Ézéchias[42].

En conclusion, le récit de l'invasion de Sennachérib en *II Chr.*, XXXII, 1-23 apparaît avant tout comme une illustration de la réussite que valut à Ézéchias sa fidélité : celle-ci s'est manifestée concrètement dans la restauration du culte de Yahvé dont ce roi eut l'initiative.

3. Unité littéraire de II Chr., XXXII, 1-23.

II Chr., XXXII, 1-23 est une pièce de l'ensemble littéraire constitué par les récits consacrés au règne d'Ézéchias, il n'en forme pas moins une unité littéraire et thématique. Cette unité débute au v. 1 et ne doit pas dépasser le v. 23, car l'expression *bayyâmîm hāhém*, au v. 24, marque un nouveau commencement.

Sans heurts, le déroulement du récit est facile à suivre. Du point de vue de la critique littéraire, on a signalé des difficultés uniquement au sujet des vv. 17-18. On voit généralement dans le v. 17 une parenthèse entre le v. 16 et le v. 18[43]. Quelques rares critiques ont d'ailleurs proposé de placer le v. 17 après le v. 15[44], ou de le tenir pour un ajout secondaire[45]. En revanche, L. Randellini[46] émet plutôt des doutes au

[40] Voir *supra*, chap. VIIIe, pp. 338-339.

[41] Au lieu du verbe *hśkyl*, courant pour exprimer la réussite dans la littérature *dtn-dtr* (*Deut.*, XXIX, 8; *Jos.*, I, 7.8; *I Sam.*, XVIII, 5.14.15; *I Rois*, II, 3), le Chroniste emploie, comme d'habitude, le verbe *hṣlyḥ* (*I Chr.*, XXII, 11.13; XXIX, 23; *II Chr.*, VII, 11; XIII, 12; XIV, 6; XX, 20; XXIV, 20; XXVI, 5; XXXI, 21; XXXII, 30; *cf.* aussi *Néh.*, I, 11; II, 20). Sous la plume du Chroniste, le verbe *hśkyl* ne signifie pas «réussir» mais «être attentif», «comprendre», «instruire» (*I Chr.*, XXVIII, 19; *II Chr.*, XXX, 22; *cf.* aussi *Néh.*, VIII, 13; IX, 20).

[42] Voir W. Rudolph, *Chronikbücher*, 1955, p. 309; H. Cazelles, *Les livres des Chroniques* (BJ), Paris, 1961, p. 222, n. *b*; L. Randellini, *Il libro delle Cronache* (La Sacra Bibbia), Torino-Roma, 1966, pp. 460-461; F. Michaeli, *Les livres des Chroniques*, 1967, p. 233.

[43] Voir, par exemple, E. L. Curtis and A. A. Madsen, *The Books of Chronicles*, 1910, p. 488; W. Rudolph, *op. cit.*, p. 313; F. Michaeli, *op. cit.*, p. 228, n. 2.

[44] N. Schloegl, *Die Bücher der Chronik*, Wien, 1911, p. 209.

[45] I. Benzinger, *Die Bücher der Chronik*, 1901, pp. 126-127.

[46] *Il libro delle Cronache*, 1966, p. 465.

sujet de l'originalité du v. 18. Cet auteur s'appuie sur l'indication concernant les interlocuteurs. Il est en effet surprenant que le v. 18 précise que les messagers s'adressent au peuple de Jérusalem, puisque celui-ci a été leur seul interlocuteur depuis le début (*cf.* vv. 11-12 et 15-16).

A l'encontre de l'opinion courante, le v. 18 ne nous semble pas être la suite immédiate du v. 16. Par conséquent, le v. 17 ne nous apparaît pas comme une parenthèse entre le v. 16 et le v. 18. Les vv. 16-18 se rattachent chacun à l'une des trois étapes que connurent, d'après la présentation du Chroniste, les démarches assyriennes à Jérusalem. Le v. 16 est un commentaire par lequel le Chroniste clôture le discours des vv. 10-15. Avec la mention des lettres et le résumé de leur contenu, le v. 17 représente un autre épisode dans le déroulement des événements. Finalement, le v. 18 rapporte une troisième démarche, dont le but, à la différence du discours des vv. 10-15 et des lettres, n'était pas de convaincre le peuple mais de le terroriser.

II Chr., XXXII, 1-23 n'est pourtant pas exempt de tensions. Ainsi, on est informé que Sennachérib avait l'intention d'attaquer Jérusalem (v. 2b) et que la défense de la ville s'organise (vv. 3-8) : il serait normal qu'aussitôt après, le roi d'Assur vienne camper contre Jérusalem, comme il l'a fait contre les autres villes fortifiées de Juda (v. 1b) plutôt que d'y mener une simple action de guerre psychologique. De même, l'accord entre le v. 9b et les vv. 10ss au sujet des destinataires du message est loin d'être parfait. Alors que, d'après le v. 9b, Sennachérib envoie les messagers à Ézéchias et à tout Juda se trouvant à Jérusalem, ils s'adressent uniquement au peuple. Ézéchias est l'objet du message, et nullement son destinataire. Malgré cela, c'est Ézéchias, et non pas le peuple qui réagit (v. 20).

Ces tensions s'expliquent, nous le verrons, par la nature des sources et par la présentation que le Chroniste veut donner des événements : il n'est nul besoin de supposer qu'elles trahissent une dualité ou une pluralité de mains à l'œuvre dans l'élaboration du récit.

La structure du texte ne pose pas de difficultés. Nous la dégagerons au cours de l'analyse qui suit.

4. Analyse détaillée.

A. Notice sur la campagne de Sennachérib contre les villes fortifiées de Juda (v. 1) et sur l'intention du roi d'Assur de faire la guerre à Jérusalem (v. 2).

La notice sur l'expédition de Sennachérib est introduite par l'expression *'aḥ ᵃréy hadd ͤbārîm w ͤhā'ᵉmèt hā'éllèh*. Au lieu d'une date précise, on a l'adverbe de temps *'aḥ ᵃréy* (...), qui est un moyen de transition[47]. L'expression *hadd ͤbārîm* (...) *hā'éllèh* se rapporte à l'entreprise religieuse d'Ézéchias dont le récit précède immédiatement. Le terme *hā'ᵉmèt* renvoie explicitement au commentaire par lequel le Chroniste conclut le récit de la restauration religieuse (XXXI, 20b)[48]. Associé à *haṭṭôb* et *hayyāšār*, *hā'ᵉmèt* y qualifie l'œuvre cultuelle d'Ézéchias.

En *II Chr.*, XXXII, 1aα, *w ͤhā'ᵉmèt* doit être compris comme une apposition explicitant et qualifiant *hadd ͤbārîm*[49]. Autrement dit, les mesures cultuelles d'Ézéchias (*hadd ͤbārîm* (...) *ha'éllèh*) sont explicitement présentées comme des actes de fidélité à l'égard de Yahvé.

En raison de cette reprise de *w ͤhā'ᵉmèt*, le trait caractéristique d'Ézéchias, d'après le portrait qu'en fait le Chroniste, est sa fidélité. Sans parallèle ailleurs dans les *Chroniques*, la présentation d'Ézéchias en termes de fidélité s'inspire probablement de *II Rois*, XX, 3, où l'on trouve *'ᵉmèt* pour qualifier le comportement de ce roi, sans qu'il y ait aucun rapport explicite à son œuvre cultuelle.

La fidélité dont Ézéchias a fait preuve en restaurant le culte de Yahvé appelle en retour la fidélité de Yahvé à l'égard d'Ézéchias. Valable en toutes circonstances, cette fidélité divine va jouer spécialement lors de l'invasion de Sennachérib. Par conséquent son issue, heureuse pour Juda, est garantie d'entrée de jeu; on ne peut avoir le moindre doute à ce sujet.

L'introduction de l'expédition de Sennachérib confirme donc ce que la place de l'épisode nous apprend sur la fonction de ce dernier dans l'ensemble des récits; cet épisode illustre la réussite que valut à Ézéchias son œuvre de restauration religieuse.

Après l'introduction, essentiellement destinée à rattacher le nouvel épisode à ce qui précède, le v. 1 rapporte l'expédition de Sennachérib en Juda. D'après ce verset, le roi d'Assur a campé contre les villes fortifiées et il avait l'intention d'en forcer l'entrée.

Le v. 2 assure la transition entre la notice générale de la campagne de Sennachérib contre les villes fortifiées de Juda (v. 1) et le récit relatif à la menace pesant particulièrement sur Jérusalem (vv. 3-23).

[47] *Cf. II Chr.*, XXXV, 20. Le Chroniste emploie souvent *'aḥᵃréy* comme moyen de transition. L'adverbe est précédé de *w* (*II Chr.*, XX, 35; XXI, 18; XXIV, 17; XXXIII, 14) ou de *way ͤhî* (*I Chr.*, XVIII, 1; XIX, 1; XX, 4; *II Chr.*, XX, 1; XXIV, 4; XXV, 14) ou suivi de *kén* (*I Chr.*, XVIII, 1; XIX, 1; XX, 4; *II Chr.*, XX, 1.35; XXIV, 4; XXXIII, 14).

[48] Voir W. RUDOLPH, *Chronikbücher*, 1955, p. 309.

[49] Au sujet de l'adj. plur. *hā'éllèh* s'accordant avec deux subst., dont l'un est au plur., l'autre au sg., voir E. KOENIG, *Historisch - comparative Syntax der hebräischen Sprache*, Leipzig, 1897, § 334 u.

En signalant qu'Ézéchias s'est aperçu de l'intention qu'avait Sennachérib de s'attaquer à Jérusalem, le v. 2 prépare la suite du récit, à savoir les mesures défensives (vv. 3-8) et les démarches assyriennes (vv. 9-23).

B. Ézéchias prépare Jérusalem à faire face à l'offensive de Sennachérib (vv. 3-8).

a) *Préparation matérielle de la défense (vv. 3-6a).*

α) Obstruction des points d'eau dont les Assyriens pourraient se servir en cas de siège (vv. 3-4).

Les premières mesures défensives, celles qui occupent la place la plus grande, concernent l'obstruction des points d'eau qui se trouvent à l'extérieur de la ville. Clairement exprimé, le but de cette mesure est d'empêcher l'approvisionnement des Assyriens en eau lorsqu'ils viendront assiéger la ville (v. 4b).

Le plur. «les rois d'Assyrie» est une généralisation. Le Chroniste pense-t-il non seulement au siège de Sennachérib, mais à plusieurs sièges à venir?[50] Il conviendrait plutôt d'y percevoir la tendance du Chroniste à la typologie : Sennachérib devient le type de l'ennemi qui s'attaque à Jérusalem[51].

Le texte évoque une belle unanimité autour d'Ézéchias. Celui-ci tient conseil avec ses officiers et ses preux qui lui prêtent leur concours, et une foule nombreuse exécute les travaux.

En plus de toutes les sources, le v. 4 parle de *'èt-hannaḥal haššôṭép^{h} b^{e}tôk hā'ārèṣ*. Il est difficile de préciser ce à quoi le Chroniste se réfère. En lisant *dia tês póleôs* au lieu de *b^{e}tôk hā'āreṣ*, la LXX pense certainement au tunnel dit de Siloé. Tel est aussi l'avis de certains critiques. Ainsi, W. Rudolph rend *hannaḥal haššôṭép^{h} b^{e}tôk hā'ārèṣ* par «(...) le ruisseau qui coule au travers de la terre»[52]; il attribue au verbe *stm* un double sens : «obstruer, boucher» et «cacher, mettre en sécurité» selon qu'il a pour complément d'objet respectivement *'èt -kŏl- hamma'yānôt* et *'èt - hannaḥal*[53].

Cette interprétation se heurte à de sérieuses difficultés. En supposant que les travaux avaient également pour but d'approvisionner secrète-

[50] N. Schloegl, *op. cit.*, p. 208; W. Rudolph, *op. cit.*, p. 308.

[51] Voir T. Willi, *Die Chronik als Auslegung*, 1972, p. 164, n. 214; P. R. Ackroyd, *The Chronicler as Exegete*, dans JSOT, II, 1977, p. 11.

[52] «(...) den Bach, der im Erdboden fliesst ...», *op. cit.*, p. 308.

[53] W. Rudolph, *op. cit.*, p. 308, n. 4a et p. 311. Voir déjà C. F. Keil, *Chronik, Esra, Nehemia und Esther* (KD, V), Leipzig, 1870, p. 357 et, plus récemment, L. Randellini, *Il libro delle Cronache*, 1966, p. 462.

ment Jérusalem en eau, W. Rudolph ne tient pas compte du point de vue du texte, qui parle seulement de priver d'eau les assiégeants. Par ailleurs, rien ne suggère un double sens de *stm*. Quand il est en rapport avec l'eau, ce verbe n'a d'ailleurs jamais la nuance de cacher pour mettre en sécurité, mais toujours la nuance de «boucher», «obturer» des sources[54], des puits[55], pour les rendre inutilisables[56].

D'après le sens normal du terme, *naḥal* doit désigner un cours d'eau. Vu le contexte, ce cours d'eau doit se trouver à l'extérieur des murailles. D'aucuns pensent au Cédron, que la Bible appelle normalement *naḥal*[57], et où se déversait une partie de l'eau de la source de Giḥon[58]. D'autres estiment que le Chroniste se réfère plutôt au canal de dérivation longeant la rampe orientale de l'Ophel[59].

β) Renforcement des ouvrages défensifs et fabrication d'armes (v. 5).

Après les travaux hydrauliques, destinés à priver d'eau les assiégeants, viennent les travaux destinés à renforcer les ouvrages défensifs. A part la réparation des brèches dans les murailles, il n'est pas aisé de savoir exactement quelles mesures le Chroniste attribue à Ézéchias. D'après la compréhension qui nous paraît la plus probable, *II Chr.*, XXXII, 5 parle de la construction de tours au-dessus des murailles et d'une autre muraille à l'extérieur[60]. Il parle également du renforcement du Millo[61].

[54] *II Rois*, III, 19.25; *II Chr.*, XXXII, 3.4aα.30.

[55] *Gen.*, XXVI, 15.18.

[56] Le verbe n'a la nuance d'«occulter», «garder secret» qu'au sens figuré (*Lam.*, III, 8; *Ps.*, LI, 8), notamment dans un contexte apocalyptique: garder secrète une vision (*Dan.*, VIII, 26), les paroles entendues lors d'une vision (*Dan.*, XII, 4.9). *Cf.* aussi *Éz.*, XXVIII, 3.

[57] *II Sam.*, XV, 23; *I Rois*, II, 37; XV, 13; *II Rois*, XXIII, 6.12; *II Chr.*, XV, 16; XXIX, 16; XXX, 14; *Jér.*, XXXI, 40.

[58] Voir E. L. CURTIS and A. A. MADSEN, *The Books of Chronicles*, 1910, pp. 486-487; J. SIMONS, *Jerusalem in the Old Testament*, 1952, p. 177; H. BUECKERS, *Die Bücher der Chronik* (Herders Bibel-Kommentar, IV/1), Freiburg, 1952, p. 348; F. MICHAELI, *Les livres des Chroniques*, 1967, p. 227, n. 4.

[59] Voir L.-H. VINCENT - M.-A. STÈVE, *Jérusalem de l'Ancien Testament*, I, 1954, pp. 280 et 291-292; J. M. MYERS, *II Chronicles*, 1965, p. 187. D'après P. R. ACKROYD, *The Chronicler as Exegete*, dans JSOT, II, 1977, pp. 11-12, *hannaḥal haššôṭép^{h} b^{e}tôk hā'āreṣ* est le cours d'eau mythique jaillissant de Jérusalem, dont il est question au *Ps.*, XLVI, 5, et surtout en *Éz.*, XLVII. Ce trait confère à l'affrontement entre Ézéchias et Sennachérib une dimension cosmique. Le fait que *II Chr.*, XXXII, 1-23 n'attribue à Jérusalem aucun autre trait mythique déconseille cependant cette interprétation. L'image de Jérusalem qui ressort de *II Chr.*, XXXII, 1-23 est celle d'une ville historique, et nullement mythique. L'auteur du récit ne s'intéresse d'ailleurs pas à la ville en tant que telle, mais à ses habitants. Il n'y est jamais question du sort de la ville, mais toujours du sort de ses habitants.

[60] Voir *supra*, nn. 5-6.

[61] Au sujet du Millo, voir *supra*, chap. IIIe, n. 41.

II Chr., XXXII, 5 attribue encore à Ézéchias la fabrication d'armes de jet[62] et de boucliers, en somme de l'armement servant à la défense de Jérusalem.

γ) Mise du peuple sur le pied de guerre (v. 6a).

Dans une sorte de mouvement allant de l'extérieur vers l'intérieur, le Chroniste termine la préparation matérielle de la défense par l'organisation du peuple, sur lequel Ézéchias établit des officiers : ceux-ci devront le conduire lors du combat.

b) *Préparation spirituelle du peuple (vv. 6b-8).*

Les préparatifs matériels sont suivis de la préparation spirituelle du peuple.

α) Ézéchias encourage le peuple (vv. 6b-8a).

Après l'avoir organisé, Ézéchias réunit le peuple et l'exhorte au courage. Cet encouragement est exprimé en un petit discours, dont la structure se laisse parfaitement dégager :

Encouragement. Très développé, l'encouragement proprement dit est exprimé d'abord en termes positifs, ensuite de manière négative. Deux paires de verbes sont utilisées à cet effet : la première à l'impératif (*ḥizqû w^e'imṣû*), la seconde au jussif négatif (*'al - tîr'û w^e'al - téḥattû*). On retrouve ces deux paires de verbes en *I Chr.*, XXII, 13 et XXVIII, 20 : David y exhorte son fils Salomon au courage dont il aura besoin, pour mener à bonne fin la grande entreprise de la construction du Temple. Ailleurs ces deux paires de verbes, ou deux paires équivalentes, se trouvent plutôt dans des textes marqués par l'idéologie des guerres de Yahvé[63]. C'est également dans ce contexte des guerres de Yahvé que l'on trouve des formules d'encouragement plus courtes, comprenant un ou deux parmi ces verbes, ou d'autres de sens semblable[64].

— Objet de la crainte. De façon tout à fait régulière, l'objet de la crainte est introduit par *mipp^enéy*. Comme souvent dans les contextes influencés par l'idéologie de la guerre de Yahvé, le Chroniste désigne l'ennemi par le terme *hāmôn* («multitude»)[65].

— Raison de l'exhortation. Introduite régulièrement par *kî*, la raison

[62] *Cf. II Chr.*, XXIII, 10 ; *Néh.*, IV, 11.17 et R. DE VAUX, *Institutions*, II, 1967, pp. 51-52.

[63] *Jos.*, X, 25 ; *ḥzq-'mṣ* par. *'l tyr'-'l t'rṣ*, *Deut.*, XXXI, 6 ; *ḥzq-'mṣ* par. *'l-t'rṣ-'l-tḥt*, *Jos.*, I, 9.

[64] *ḥzq-'mṣ*, *Deut.*, XXXI, 7.23 ; *Jos.*, I, 6.7.18 ; *ḥzq*, *II Sam.*, X, 12 ; *I Chr.*, XIX, 13 ; *II Chr.*, XXV, 8 ; *'l-tyr'/'l-tḥt*, *Deut.*, I, 21 ; XXXI, 8 ; *Jos.*, VIII, 1 ; *II Chr.*, XX, 15.17 ; *'l-tyr'*, *Ex.*, XIV, 13 ; *Nomb.*, XIV, 9 ; XXI, 34 ; *Deut.*, III, 2 ; VII, 18 ; XX, 1 ; *Jos.*, X, 8 ; XI, 6 ; *II Rois*, VI, 16 ; XIX, 6 (*Is.*, XXXVII, 6), etc.

[65] *II Chr.*, XIV, 10 ; XX, 2.12.15.24.

de l'encouragement est exprimée au moyen de l'opposition entre ce qui est avec Jérusalem et ce qui est avec le roi d'Assyrie : avec Jérusalem, il y a quelqu'un de plus grand que toute la multitude qui accompagne le roi d'Assyrie. Cette raison d'encouragement est très proche de celle qui est donnée en *II Rois*, VI, 16[66]. Le v. 8a explicite : avec le roi d'Assyrie il n'y a qu'un «bras de chair»; en revanche, avec les habitants de Jérusalem il y a Yahvé pour les secourir et pour combattre leurs combats. L'expression *ʿimmānû yhwh ʾèlohéynû* renvoie peut-être à *ʿimmānû ʾél* de *Is.*, VII, 14; VIII, 8.10[67]. La conviction de l'engagement de Yahvé dans les combats de son peuple est le ressort de l'idéologie des guerres de Yahvé[68].

En des termes proches de ceux que l'on trouvait déjà en *Is.*, XXXI, 3 et *Jér.*, XVII, 5, *II Chr.*, XXXII, 6b-8a introduit dans ce contexte l'opposition entre l'homme faible et Dieu puissant. *II Chr.*, XIV, 10 emploie le même thème dans un contexte tout à fait identique à celui de *II Chr.*, XXXII, 6b-8a.

Dans son ensemble, le petit sermon d'Ézéchias (*II Chr.*, XXXII, 7-8a) a un parallèle très proche dans le message de Yahvé transmis par le lévite inspiré Yaḥaziel, fils de Zacharie, à l'occasion de l'invasion du Sud de Juda par des coalisés transjordaniens au temps de Josaphat (*II Chr.*, XX, 14-17, surtout v. 15b).

Au dire d'Ézéchias, en s'attaquant à Jérusalem, c'est à Yahvé lui-même que Sennachérib s'attaque. Il ne s'agit donc pas d'un simple conflit entre deux puissances humaines, mais d'un affrontement entre l'Assyrie et Yahvé. En un mot, c'est une guerre de Yahvé.

Le sermon d'Ézéchias constitue l'une des articulations majeures de *II Chr.*, XXXII, 1-23. D'une part, il prépare les propos des serviteurs de Sennachérib (vv. 10-19), qui parlent d'un affrontement entre la puissance assyrienne et Yahvé, et font d'Ézéchias le champion de la confiance en Yahvé capable de sauver les siens. D'autre part, le sermon d'Ézéchias annonce le dénouement de la situation. Ce sera à Yahvé lui-même, le premier concerné, d'intervenir contre Sennachérib.

β) Réponse favorable du peuple (v. 8b).

De même qu'il s'était empressé de mettre à exécution le plan d'Ézéchias destiné à renforcer le système défensif de Jérusalem, de même il adhère

[66] Voir P. R. ACKROYD, *I & II Chronicles*, 1973, p. 192.

[67] Voir E. L. CURTIS and A. A. MADSEN, *The Books of Chronicles*, 1910, p. 487; P. R. ACKROYD, *I & II Chronicles*, 1973, p. 192.

[68] *II Chr.*, XX, 15.17; *cf.* aussi *Ex.*, XIV, 14; *Deut.*, I, 30; III, 22; IV, 34; XX, 1.3-4; XXXI, 6.7-8.23; *Jos.*, I, 9; X, 14.42; XXIII, 10; *I Sam.*, XVII, 47; etc.

maintenant sans réserve à ce que lui dit le roi de Juda, et se trouve ainsi rassuré.

C. Affrontement entre Jérusalem et les délégués de Sennachérib, extermination de l'armée assyrienne et délivrance de Jérusalem, vv. 9-23.

Comme il l'avait annoncé au v. 2b, le Chroniste en arrive, à partir du v. 9, à l'affrontement entre Sennachérib et Jérusalem. C'est en fonction de cette menace qu'on avait pris toutes les mesures et qu'avaient été effectuées toutes les démarches rapportées aux vv. 3-8.

A la lumière de ce qui précède, la forme prise par l'affrontement a de quoi surprendre. Au lieu du siège de Jérusalem que l'on escomptait, le Chroniste nous fait assister à une bataille purement psychologique menée non pas par des divisions armées, mais par les services de propagande, et dont l'enjeu est uniquement théologique.

a) *Notice de l'envoi des serviteurs de Sennachérib à Jérusalem (v. 9).*

Alors qu'il est en train avec toutes ses forces[69] d'assiéger Lakish, Sennacherib envoie ses serviteurs à Ézéchias et à tout Juda se trouvant à Jérusalem. Cette notice introduit immédiatement le discours qui suit (vv. 10-15) et, d'une façon plus générale, le reste du récit relatif à l'expédition de Sennachérib.

b) *Démarches de Sennachérib à Jérusalem (vv. 10-19).*

α) Discours contre Yahvé et son serviteur Ézéchias (vv. 10-16).

Le discours se présente sous la forme d'un message : il est introduit par la formule de transmission d'un message (*koh - 'āmar* et l'expéditeur avec son titre) (v. 10a); le corps est constitué par une série de propositions interrogatives; il se termine par trois jussifs négatifs (v. 15a).

Sennachérib parle à la 1e pers. sg. et s'adresse à ses interlocuteurs à la 2e pers. plur. Contrairement à ce que le v. 9 laisserait prévoir, Sennachérib ne s'adresse pas directement à Ézéchias. Il en parle plutôt à la 3e pers. On doit donc supposer que la 2e pers. plur. se réfère à «tout Juda se trouvant à Jérusalem», qui est le destinataire mentionné en second lieu au v. 9.

La première question est de nature générale et donne en quelque sorte le thème du discours (v. 10b). Bien que le Chroniste n'emploie

[69] Le terme *mèmšālāh* signifie normalement «gouvernement», «domination», «royaume». D'après le contexte, en *II Chr.*, XXXII, 9 il doit désigner l'armée et tout l'étalage de la puissance de Sennachérib; voir BDB, p. 606.

plus le verbe *bṭḥ* dans la suite du récit, l'idée de confiance sous-tend l'ensemble des propos qu'il attribue à Sennachérib.

On rend généralement *b^e^māṣôr* par «assiégés». Puisque le v. 9a dit explicitement que toutes les forces assyriennes étaient restées à Lakish, Sennachérib ne peut pas se référer à un siège qui serait déjà une réalité au moment où il parle. Si *māṣôr* désigne un siège, il ne peut s'agir que d'un siège encore à venir, dont Sennachérib menace les habitants de Jérusalem. La traduction de *b^e^māṣôr* par «assiégés» est cependant contestable, car *māṣôr*, ou son équivalent *m^e^ṣûrāh*, n'a jamais la nuance de «siège» dans l'œuvre du Chroniste. Sous la plume de cet auteur, ces termes ont toujours la nuance de «fortification, forteresse»[70], nuance qui convient en *II Chr.*, XXXII, 10[71]. Il suffit pour cela de voir une apposition entre *b^e^māṣôr* et *bîrûšālāyim* («dans la forteresse, dans Jérusalem»). L'expression *b^e^māṣôr* souligne donc le fait qu'Ézéchias et le peuple avec lui se trouvent retranchés derrière les fortifications de Jérusalem, ce qui s'accorde très bien avec le renforcement de l'appareil défensif de la ville (vv. 3-6).

Le v. 11 précise la question générale du v. 10 au moyen d'une nouvelle question : celle-ci porte sur l'espérance en la délivrance de Yahvé qu'Ézéchias inculque au peuple. Lorsqu'il promet aux habitants de Jérusalem que Yahvé, leur Dieu, les arrachera au pouvoir assyrien, Ézéchias les dupe et leur prépare une mort certaine par la faim et la soif.

Voilà ce que Sennachérib tente de prouver au moyen des questions des vv. 12-14.

La question du v. 12 concerne les mesures cultuelles prises par Ézéchias et a pour but de saper à la fois la crédibilité du roi et la crédibilité de son Dieu.

Les questions des vv. 13-14 centrent leurs attaques uniquement sur le pouvoir de Yahvé. Sennachérib y fait appel à l'histoire des rapports entre l'Assyrie et tous les autres peuples. Les Hiérosolymitains ne savent-ils pas ce que Sennachérib, et ses ancêtres avant lui, ont fait à tous les peuples des nations? Comment osent-ils alors espérer que leur dieu puisse faire en leur faveur ce qu'aucun dieu n'a été capable de faire

[70] *Cf. II Chr.*, XI, 5 et le plur. en *II Chr.*, XI, 11. On trouve normalement les expressions *ʿārêy māṣôr* (*II Chr.*, VIII, 5), *ʿārêy m^e^ṣûrāh* (*II Chr.*, XIV, 5) et *ʿārêy m^e^ṣurôt* / *hamm^e^ṣurôt* (*II Chr.*, XI, 10.23; XII, 4; XXI, 3).

[71] Sens proposé par H. HAAG, *La campagne de Sennachérib contre Jérusalem en 701*, dans RB, LVIII, 1951, p. 355, n. 2; H. BUECKERS, *Die Bücher der Chronik*, 1952, p. 346; J. M. MYERS, *II Chronicles*, 1965, p. 186.

en faveur de son peuple, à savoir les arracher de la poigne de Sennachérib?

L'adverbe *w^e ʿattāh*, au début du v. 15, introduit la conclusion du discours. Cette conclusion prend la forme d'une mise en garde contre Ézéchias. L'avertissement est formulé au moyen de trois jussifs négatifs (*'al-yaššî' 'ètkèm ḥizqîyāhû w^e'al-yassît 'ètkèm kazô't w^e'al-ta'^amînû lô*), et fondé sur la prétendue impuissance de Yahvé devant l'Assyrie (v. 15b).

Dans une sorte d'inclusion, la conclusion du discours renvoie au v. 11. Dans les deux cas, on a le même thème de la duperie. La négation du pouvoir qu'a Yahvé d'arracher les Hiérosolymites de la main de Sennachérib (v. 15b) s'oppose directement à l'affirmation que le v. 11b attribue à Ézéchias : «Yahvé, notre Dieu, nous arrachera de la main du roi d'Assyrie», ainsi qu'aux paroles que lui prêtent les vv. 7-8a.

Le v. 15b paraît particulièrement blasphématoire. Au lieu de ranger Yahvé parmi les autres dieux sur un pied d'égalité — ce qui serait déjà un blasphème — ce verset paraît tenir Yahvé pour le dernier et le moindre des dieux. On ne peut cependant trop presser cette opposition entre Yahvé et les autres dieux car, d'après les vv. 17b et 19, le tort des Assyriens est de parler de Yahvé comme s'il s'agissait des dieux des peuples.

On notera finalement que le TM du v. 15b ne parle pas du dieu mais des dieux des Hiérosolymitains. A supposer que le plur. représente la lecture primitive, il est resté isolé dans les discours de l'Assyrien. Le discours proprement dit s'arrête au v. 15. Le Chroniste y ajoute cependant une brève remarque pour signaler que les serviteurs de Sennachérib ont dit encore d'autres choses contre Yahvé et contre Ézéchias son serviteur. En d'autres termes, le Chroniste avertit son lecteur qu'il ne rapporte pas intégralement le discours des messagers de Sennachérib.

β) Lettres blasphématoires, v. 17.

Le v. 17a mentionne brusquement des lettres destinées à insulter Yahvé, le Dieu d'Israël. Bien qu'il ne soit pas mentionné, le sujet de *ktb* doit être Sennachérib, celui qui parle aux vv. 10-15 et l'antécédent du pron. de *ʿ^abādāyw* (v. 16a).

En revanche, le Chroniste ne fournit aucun indice permettant de savoir qui a porté les lettres, ni à qui elles étaient adressées. En effet, dans le résumé des lettres il est question à la fois d'Ézéchias et du peuple à la 3e pers. Ce qui compte aux yeux du Chroniste c'est le caractère blasphématoire des lettres; peu lui importe qui les a portées ou à qui elles étaient adressées.

En dépit du *lé'mor*, le v. 17b ne contient pas une citation au sens strict, en style direct; il se présente plutôt comme un résumé du contenu des lettres, en style indirect. D'après ce résumé, les lettres ne font que nier à nouveau le pouvoir de Yahvé, comme les messagers l'avaient fait oralement; à cet effet, elles invoquent la même raison, à savoir l'incapacité de délivrer leur peuple, dont les autres dieux ont fait preuve jusqu'ici (cf. vv. 13-15).

γ) Tentative de terroriser le peuple de Jérusalem qui se trouvait sur la muraille, pour s'emparer de la ville (vv. 18-19).

A la différence du v. 17, le v. 18 identifie les acteurs. En effet, le sujet de *wayyiqr^e'û* sont les mêmes serviteurs de Sennachérib (v. 9) qui ont transmis le message des vv. 10-15. Le destinataire est le peuple de Jérusalem qui se trouvait sur les murailles.

Il s'agit d'une nouvelle intervention des messagers, ou plutôt d'une nouvelle phase dans leurs démarches, qui sera aussi la dernière. Ils essaient, par des cris, d'effrayer le peuple de Jérusalem, afin de s'emparer de la ville.

De façon immédiate, le v. 19 résume le contenu de l'intervention des messagers de Sennachérib rapportée au v. 18. Le v. 19 est en outre un commentaire final par lequel le Chroniste résume l'ensemble des propos tenus par les Assyriens et en dégage la portée : les Assyriens ont parlé de Yahvé comme des dieux des peuples, ouvrages de mains humaines.

c) *Prière d'Ézéchias et d'Isaïe, v. 20.*

On s'attendrait à ce que le Chroniste rapportât la réaction du peuple de Jérusalem; en effet, en dépit de ce qu'affirme le v. 9b, c'est exclusivement à lui que s'est adressé Sennachérib (vv. 11-15). Or, il n'en est rien. Ce sont plutôt Ézéchias, objet des propos de Sennachérib, et Isaïe, inopinément entré en scène pour la circonstance, qui réagissent. Ils prient au sujet des propos blasphématoires des Assyriens et crient vers le ciel, le lieu de la demeure de Yahvé. Le Chroniste ne rapporte pas le contenu de la prière, pas même en résumé.

Puisqu'il a rapporté l'adhésion du peuple aux paroles d'encouragement d'Ézéchias (v. 8b), le Chroniste n'a plus besoin de rappeler son attitude : comme un seul homme, le peuple est derrière Ézéchias et, suivant l'exhortation du roi, s'appuie entièrement sur Yahvé.

d) *Dénouement de la situation (vv. 21-23).*

α) Ruine de Sennachérib (v. 21).

Comme on pouvait l'augurer du sermon d'Ézéchias (vv. 7-8a), qui présente les événements comme une guerre de Yahvé, l'affrontement trouve son dénouement dans une intervention de Yahvé contre Sennachérib, et cela sans la moindre participation humaine ou un quelconque rôle de l'appareil défensif mis au point par le roi et les Hiérosolymitains (vv. 3-6). En réponse aux provocations de Sennachérib, Yahvé envoie un ange qui élimine tous les vaillants, les officiers et les dignitaires dans le camp du roi d'Assyrie.

Suite à l'extermination de son armée, Sennachérib retourne dans son pays, la honte au visage. Dans un renversement de situations, l'orgueil blasphématoire de Sennachérib a ainsi cédé la place à la honte et à la confusion. La notice de l'assassinat de Sennachérib par quelques-uns d'entre ses fils clôture l'évocation de sa ruine.

β) Commentaire dégageant la portée et les conséquences des événements (vv. 22-23).

Le Chroniste clôture l'épisode assyrien par un commentaire dans lequel il dégage la portée et les conséquences des événements.

En causant la ruine de Sennachérib, Yahvé a sauvé Ézéchias et les habitants de Jérusalem. La promesse du roi, affirmant que Yahvé était aux côtés des Hiérosolymitains pour les secourir et combattre leurs combats (vv. 7-8a) et pour les arracher au pouvoir de Sennachérib (vv. 11.15), a été pleinement réalisée. Si, comme le proposent certains, on complète le v. 22a en ajoutant, après *mîyad-kol*, *ḥéylô* («son armée»)[72], la finale du v. 22a apporterait une simple précision à ce qui précède. La perspective universelle de la suite conseille cependant d'y voir une généralisation, que l'on garde le texte tel quel ou que, comme le proposent nombre de critiques, on y ajoute *'ôyebāyw* («ses ennemis») après *mîyad-kol*. La délivrance du pouvoir de Sennachérib prend une signification élargie et devient la délivrance du pouvoir de tous les ennemis[73]. Cette idée est d'ailleurs prolongée et renforcée par le repos que Yahvé a accordé à Juda de tous côtés.

La merveilleuse délivrance a provoqué chez les peuples alentour non seulement une attitude pacifique à l'égard de Juda, mais aussi une vague de manifestations d'hommage à Yahvé et à Ézéchias. Au dire du

[72] W. RUDOLPH, *Chronikbücher*, 1955, p. 310; P.R. ACKROYD, *I & II Chronicles*, 1973, p. 194.

[73] Th. WILLI, *Die Chronik als Auslegung*, 1972, pp. 100-101, a fait remarquer la tendance du Chroniste à la généralisation.

v. 23, nombreux étaient ceux qui apportaient des offrandes pour Yahvé à Jérusalem et de riches présents pour Ézéchias, le roi de Juda qui, dès lors, fut exalté aux yeux de toutes les nations. Ceux qui firent des offrandes et des cadeaux pourraient être des Israélites[74] mais, vu la haute estime dont Ézéchias jouissait auprès de toutes les nations (v. 23b), il s'agissait sans doute de ressortissants de tous les peuples.

II Chr., XXXII, 22-23 applique à Ézéchias plusieurs topiques[75] dont le Chroniste se sert pour présenter les règnes des «bons rois».

Le Chroniste présente, nous l'avons vu, l'invasion de Sennachérib comme un affrontement entre ce roi et Yahvé. La guerre de Yahvé est justement l'un des motifs auxquels le Chroniste recourt pour évoquer les règnes des bons rois: David (*I Chr.*, XIV, 8-17), Abiyya (*II Chr.*, XIII, 3-20), Asa (*II Chr.*, XIV, 8-14), Josaphat (*II Chr.*, XX, 1-30) et Ézéchias (*II Chr.*, XXXII, 1-23)[76].

Le Chroniste attribue parfois à la victoire de Yahvé sur les ennemis de son peuple un retentissement international, voire universel. Ainsi, à la suite de la merveilleuse défaite des coalisés transjordaniens, au temps de Josaphat, «la terreur de Dieu fut sur tous les royaumes des pays, quand ils apprirent que Yahvé avait combattu contre les ennemis d'Israël» (*II Chr.*, XX, 29; *cf.* aussi XVII, 10). Ailleurs le Chroniste signale plutôt la propagation de la renommée des rois bénéficiaires de la victoire de Yahvé: «La renommée de David se répandit dans tous les pays, et le Seigneur le rendit redoutable à toutes les nations» (*I Chr.*, XIV, 17); la renommée d'Ozias parvint jusqu'à l'entrée de l'Égypte (*II Chr.*, XXVI, 8a) ou se répandit au loin (*II Chr.*, XXVI, 15b); Ézéchias fut exalté aux yeux de toutes les nations (*II Chr.*, XXXII, 23b). Ce thème de la renommée internationale est également appliqué à Salomon, sans rapport avec la guerre de Yahvé (*II Chr.*, IX, 1ss).

La victoire de Yahvé apporte à Israël la paix à toutes les frontières (*hénî^{a}ḥ* (...) *missābîb*): Asa (*II Chr.*, XIV, 6[77]; XV, 15), Josaphat (*II Chr.*, XX, 30), Ézéchias (*II Chr.*, XXXII, 22b). On notera que, chez le Chroniste, ce thème apparaît d'abord dans des textes relatifs à Salomon (*I Chr.*, XXII, 9.18), sans être associé au thème de la guerre de Yahvé[78].

A la suite de la victoire de Yahvé, les bons rois qui en sont les béné-

[74] *Cf. II Chr.*, XVII, 5.

[75] Le terme «Topos» est employé par P. WELTEN, *Geschichte*, 1973.

[76] A ce sujet, voir R. MOSIS, *Untersuchungen zur Theologie des chronistischen Geschichtswerkes*, 1973, pp. 61-76, et aussi P. WELTEN, *op. cit.*, pp. 115-175. Ce dernier n'envisage pas *II Chr.*, XXXII, 1-23.

[77] *Cf.* aussi *II Chr.*, XIV, 5.

[78] *I Rois*, V, 18 applique déjà ce thème au règne de Salomon. Il se trouve ailleurs, dans d'autres contextes: *cf. Deut.*, XXV, 19; *Jos.*, XXI, 44; XXIII, 1; *II Sam.*, VII, 1.

ficiaires reçoivent le tribut ou des cadeaux des peuples étrangers : Josaphat (*II Chr.*, XVII, 11), Ézéchias (*II Chr.*, XXXII, 23). *II Chr.*, XXVI, 8a rapporte le tribut des Méûnites à Ozias et *II Chr.*, XXVII, 5 celui des Amonites à Yotam. Le passage le plus proche de *II Chr.*, XXXII, 23 est cependant *II Chr.*, IX, 24, où il est dit que tous les rois de la terre apportaient chacun son offrande à Salomon. Dans ce dernier cas, les offrandes ne sont pas liées à une victoire de Yahvé sur les ennemis de son peuple.

A l'exception de Abiyya et d'Ozias, tous les rois que nous venons de citer ont en commun d'avoir joué un rôle dans l'établissement (David[79] et Salomon[80]) ou le rétablissement (Asa[81], Josaphat[82], Yotam[83] et Ézéchias[84]) du culte de Yahvé dans son Temple à Jérusalem. C'est d'ailleurs avant tout en raison de leur œuvre cultuelle que le Chroniste juge favorablement ces rois et leur prête la réussite que les thèmes mentionnés servent à évoquer.

On notera que *II Chr.*, XXXII, 1-23 présente une concentration exceptionnelle de ces thèmes. *II Chr.*, XXXII, 23a est également le seul passage où le Chroniste parle d'offrandes apportées à Yahvé par des étrangers. L'auteur veut ainsi établir une opposition entre l'avant et l'après de l'intervention de Yahvé. Avant, Sennachérib prétendait que Yahvé était aussi incapable que tous les dieux des nations d'arracher Jérusalem à son pouvoir. Après, les étrangers, dont Sennachérib était en quelque sorte le porte-parole, apportent à Yahvé leurs offrandes. Impliquant la reconnaissance du pouvoir de Yahvé, les offrandes des étrangers constituent le contre-pied des blasphèmes de Sennachérib.

Ézéchias et Yahvé sont associés dans l'hommage des peuples, comme ils étaient ensemble visés par les attaques de Sennachérib. De même que les offrandes apportées à Yahvé par les étrangers représentent le contre-pied des blasphèmes de Sennachérib, l'exaltation d'Ézéchias aux yeux de tous les peuples est le contre-pied du mépris dont il a été l'objet de la part de l'Assyrien.

79 *I Chr.*, XV-XVII ; XXII-XXVI.
80 *II Chr.*, I, 18-VII, 22.
81 *II Chr.*, XIV, 2-4 ; XV, 16.18.
82 *II Chr.*, XVII, 3-4.6.
83 *II Chr.*, XXVII, 3.
84 *II Chr.*, XXIX, 3-XXXI, 21.

5. Rapport entre II Chr., xxxii, 1-23 et II Rois, xviii, 13-xix, 37.

a) *Ressemblances et différences.*

Les ressemblances entre *II Chr.*, xxxii, 1-23 et *II Rois*, xviii, 13-xix, 37 sautent aux yeux. Les grandes lignes de la structure de *II Chr.*, xxxii, 1-23 sont identiques à celles de *II Rois*, xviii, 13-xix, 37, comme il ressort de la comparaison suivante :

. Notice de la campagne de Sennachérib contre les villes fortifiées de Juda, *II Chr.*, xxxii, 1 - *II Rois*, xviii, 13.
. Intention de Sennachérib d'attaquer Jérusalem, *II Chr.*, xxxii, 2.
. Réaction d'Ézéchias, *II Chr.*, xxxii, 3-8 - *II Rois*, xviii, 14-16.
. Démarches de Sennachérib à Jérusalem, *II Chr.*, xxxii, 9-23 - *II Rois*, xviii, 17-xix, 37.

Ensuite la partie du récit relative aux démarches de Sennachérib à Jérusalem suit un schéma, à peu de choses près, identique à celui des deux récits que comprend *II Rois*, xviii, 17-xix, 37 :

. Notice de l'envoi des messagers à Jérusalem, *II Chr.*, xxxii, 9 - *II Rois*, xviii, 17 et xix, 9b.
. harangue au peuple de Jérusalem, *II Chr.*, xxxii, 10-16 - *II Rois*, xviii, 28-35.
. les lettres d'insulte à Yahvé, *II Chr.*, xxxii, 17 - *II Rois*, xix, 14.
. Cris adressés au peuple qui se trouvait sur les murailles, *II Chr.*, xxxii, 18 - *II Rois*, xviii, 28-35.
. Réaction d'Ézéchias et d'Isaïe, *II Chr.*, xxxii, 20 - *II Rois*, xix, 1-5.14.19.
. Ruine de Sennachérib, *II Chr.*, xxxii, 21 - *II Rois*, xix, 9a. 35-37.
. Épilogue, *II Chr.*, xxxii, 22-23.

Les ressemblances existent non seulement entre la structure des deux textes, mais aussi entre la plupart de leurs grandes articulations.

La notice initiale est foncièrement identique. Elle présente cependant quelques différences significatives par rapport à *II Rois*, xviii, 13. En effet, *II Chr.*, xxxii, 1 ne date pas l'expédition de façon précise, pas plus qu'il n'attribue à Sennachérib la prise de toutes les villes fortifiées de Juda.

Alors que *II Rois* juxtapose la campagne contre les villes fortifiées de Juda et les démarches en vue de la prise de Jérusalem, *II Chr.*, xxxii relie ces deux épisodes au moyen du v. 2.

Les réactions d'Ézéchias en *II Rois*, xviii, 14-16 et *II Chr.*, xxxii, 3-8 n'ont rien en commun[85]. Ézéchias ne réagit d'ailleurs pas au même fait, dans le premier cas, il réagit à la perte de toutes les villes fortifiées de Juda, dans le second, à la nouvelle de l'intention de Sennachérib d'attaquer Jérusalem.

II Chr., XXXII, 3-8 a cependant plusieurs points de contact avec *II Rois*, XVIII, 13-XIX, 37. On comparera notamment les vv. 3-4 et 7a à *II Rois*, XIX, 24 et 6. La confiance en Yahvé prêchée par Ézéchias (vv. 7-8a) est omniprésente en *II Rois*, XVIII, 13-XIX, 37. L'adhésion du peuple à l'exhortation d'Ézéchias, exprimée au moyen du nif. de *smk* («s'appuyer») — verbe également employé en *II Rois*, XVIII, 21aβ — correspond à son silence en conformité avec l'ordre du roi (*II Rois*, XVIII, 36).

La notice de l'envoi des messagers, en *II Chr.*, XXXII, 9, est, pour l'essentiel, identique à celle de *II Rois*, XVIII, 17. Il y a cependant aussi quelques différences significatives entre les deux textes. Contrairement à *II Rois*, XVIII, 17, *II Chr.*, XXXII, 9 parle des serviteurs de Sennachérib sans en donner le nombre, ni les titres ou fonctions; il ne mentionne pas non plus la troupe qui accompagnait la délégation. Inversement, *II Chr.*, XXXII, 9 précise que Sennachérib était en train d'assiéger Lakish (*w^{e}hûʾ ʿal-lākîš*) au moment où il a dépêché son ambassade, et que toutes ses forces sont restées avec lui (*w^{e}kŏl - mèmšaltô ʿimmô*), détails que l'on ne trouve pas en *II Rois*, XVIII, 17. D'après *II Rois*, XVIII, 17, les messagers sont envoyés à Ézéchias, à Ézéchias et à tout Juda se trouvant à Jérusalem, d'après *II Chr.*, XXXII, 9.

Deux parmi les questions de la harangue au peuple (*II Chr.*, XXXII, 10-15) ont leurs parallèles respectifs dans le premier discours du Rab-Shaqé (*II Rois*, XVIII, 19-25). La première question (*II Chr.*, XXXII, 10) correspond à la question également d'ordre général par laquelle le Rab-Shaqé commence son discours (*II Rois*, XVIII, 19; *cf.* aussi v. 20). La question relative à l'œuvre cultuelle d'Ézéchias, en *II Chr.*, XXXII, 12, est presque littéralement identique à *II Rois*, XVIII, 22b.

La mention de la faim et de la soif, au v. 11, est à rapprocher de *II Rois*, XVIII, 27b, passage qui fait partie de la transition entre les deux discours du Rab-Shaqé.

II Chr., XXXII, 10-16 a cependant la plupart de ses équivalents dans la harangue du Rab-Shaqé au peuple, surtout dans sa partie finale

[85] Les critiques n'ont d'ailleurs pas remarqué que, du point de vue de la structure, ces deux passages se correspondent. P. VANNUTELLI, *Libri synoptici Veteris Testamenti*, II, 1934, pp. 562-564, ne met pas ces passages en parallèle; W. RUDOLPH, *Chronikbücher*, 1955, ne signale pas la correspondance.

(*II Rois*, XVIII, 28-35) et dans le message de B2 (*II Rois*, XIX, 10-13). Ainsi, la question de *II Chr.*, XXXII, 11, dont nous avons déjà signalé les contacts avec *II Rois*, XVIII, 27b, correspond à la mise en garde de *II Rois*, XVIII, 32b. *II Chr.*, XXXII, 13 équivaut à *II Rois*, XIX, 11 et XVIII, 33. *II Chr.*, XXXII, 14 correspond à la fois à *II Rois*, XVIII, 35 et à XIX, 12. La première proposition de *II Chr.*, XXXII, 15 (*'al-yaššî' 'ètkèm ḥizqîyāhû*) est pratiquement identique à *II Rois*, XVIII, 29aβ[86]; la deuxième est très proche de *II Rois*, XVIII, 32bβ[87]. La raison des mises en garde formulées par *II Chr.*, XXXII, 15 équivaut globalement à *II Rois*, XVIII, 33-35 et XIX, 11-13.

La teneur des lettres mentionnées en *II Chr.*, XXXII, 17 est identique à celle de leurs équivalents en *II Rois*, XIX, 11-13 (*cf.* aussi *II Rois*, XVIII, 33-35). Leur caractère insultant à l'égard de Yahvé est évidemment à rapprocher de *II Rois*, XIX, 4 et 16, où l'on trouve la même idée, exprimée au moyen du même verbe *ḥrp*.

L'épisode des cris à l'intention du peuple qui se trouve sur les murailles (*II Chr.*, XXXII, 18-19) présente des points de contact avec plusieurs passages des récits de *II Rois*. La scène est pratiquement identique à son équivalent en *II Rois*, XVIII, 28. Dans son commentaire, le Chroniste reprend l'assimilation de Yahvé aux dieux des nations, thème qui est au centre de *II Rois*, XIX, 10-13 et XVIII, 32b-35, ainsi que la réduction des dieux des nations à de simples ouvrages de mains humaines, thème qui se trouve dans la prière d'Ézéchias (*II Rois*, XIX, 18b).

La ruine de Sennachérib (*II Chr.*, XXXII, 21) comprend le même enchaînement d'événements que *II Rois*, XIX, 35-37. Il y a cependant entre les deux textes plusieurs différences, dont certaines sont significatives. *II Chr.*, XXXII, 21 est nettement plus court que *II Rois*, XIX, 35-37. Parmi les «moins» de *II Chr.*, XXXII, 21, on remarquera l'absence des indications temporelles «nuit et matin»; manquent également le nombre exact des victimes, le séjour de Sennachérib dans son pays, le nom de son dieu, les noms de ses meurtriers, la fuite de ces derniers au pays d'Ararat, le successeur sur le trône assyrien. *II Chr.*, XXXII, 21 a aussi des «plus», mais moins nombreux, notamment les précisions concernant «le camp du roi d'Assyrie» (et pas seulement «le camp

[86] Seules les particules introduisant le complément d'objet direct sont différentes, à savoir *l* en *II Rois* et *Isaïe*, *'èt* en *II Chroniques*. La portée de la mise en garde est cependant très différente. L'Assyrien dénie le pouvoir de lui tenir tête, à Ézéchias en *II Rois*, XVIII, 29aβ, à Yahvé lui-même, en *II Chr.*, XXXII, 15. De ce point de vue, *II Chr.*, XXXII, 15 est plutôt à rapprocher de *II Rois*, XIX, 10, où le même hif. de *nš'* exprime la mise en garde que l'Assyrien adresse à Ézéchias contre son dieu.

[87] Dans les deux cas, on a le hif. de *swt*. *II Chr.*, XXXII, 15 ajoute encore le hif. de *'mn*.

d'Assyrie») et la confusion de Sennachérib. De même que *Is.*, XXXVII, 38, *II Chr.*, XXXII, 21 précise que Sennachérib a été assassiné par certains de ses enfants. On notera encore que, à la place de l'Ange de Yahvé, *II Chr.*, XXXII, 21 parle simplement d'un ange et, au lieu d'employer le hif. de *nkh* pour exprimer l'action de l'ange et celle des meurtriers de Sennachérib, il utilise respectivement les hif. de *kḥd* et de *npl*.

Le commentaire de conclusion au v. 22a, est à rapprocher de la conclusion de la prière d'Ézéchias (*II Rois*, XIX, 19a) et de la conclusion de l'oracle attribué à Isaïe (*II Rois*, XIX, 34a), où l'on trouve le même verbe *hôšîᵃʿ* («sauver») pour exprimer l'action de Yahvé en faveur des siens. Comme B2, le Chroniste n'exprime pas cette action au moyen du même verbe selon que le contexte est négatif ou positif, c'est-à-dire selon que celui qui parle est le blasphémateur assyrien ou un autre. B2 et le Chroniste emploient *hiṣṣîl* («délivrer») dans le premier cas et *hôšîᵃʿ* dans le second.

b) *II Chr., XXXII, 1-23 dépend de II Rois, XVIII, 13-XIX, 37 sous sa forme actuelle.*

La dépendance de *II Rois*, XVIII, 13-XIX, 37 par rapport à *II Chr.*, XXXII, 1-23 étant exclue, les ressemblances si étroites entre ces deux textes supposent soit la dépendance du second par rapport au premier soit la dépendance des deux par rapport à une source commune.

A ce sujet, on signalera l'hypothèse proposée par H. Haag : «A la base, il devait y avoir un récit appartenant au cycle d'Isaïe, provenant des disciples de ce prophète et ayant pour contenu des faits merveilleux qui se sont déroulés par son intervention. De cette source semble dépendre directement le Chroniqueur, et il y a lieu de croire qu'il y adhère assez fidèlement. D'autre part, ce même récit primitif ayant donné naissance à des traditions différentes, le rédacteur du livre des Rois s'est trouvé en présence de deux récits, concordant toutefois dans les points essentiels»[88].

On se demandera comment l'état primitif de la tradition, dont dépendrait directement *II Chr.*, XXXII, 1-23, aurait pu parvenir au Chroniste. Dans quels milieux aurait-il été transmis parallèlement et indépendamment des deux autres récits, auxquels il aurait donné naissance, et cela même après que ces derniers eurent trouvé leur place en *II Rois*, et probablement aussi en *Isaïe*?

L'hypothèse de H. Haag ne rend pas compte, nous le verrons, du caractère propre de *II Chr.*, XXXII, 1-23, ni de ses particularités.

[88] *La campagne de Sennachérib contre Jérusalem en 701*, dans RB, LVIII, 1951, p. 351.

Bien que son histoire de la tradition soit différente de celle de H. Haag, J. Le Moyne a défendu lui aussi la dépendance du Chroniste, non de *II Rois*, XVIII, 13-XIX, 37, mais d'un état antérieur de la tradition. La harangue du Rab-Shaqé au peuple (*II Rois*, XVIII, 26-34), actuellement rattachée à la première ambassade, appartenait alors à la seconde, qui comprenait aussi ce que le texte actuel lui assigne (*II Rois*, XIX, 8-37). Le Chroniste a laissé de côté la première ambassade (*II Rois*, XVIII, 19-25), car elle ne cadrait pas avec ses perspectives, et il a retenu uniquement la seconde (*II Rois*, XVIII, 26ss; XIX, 8-37)[89].

De même que pour l'hypothèse de H. Haag, on se demandera comment l'état antérieur de la tradition aurait survécu aux hypothétiques bouleversements dont témoignerait *II Rois*, XVIII, 17-XIX, 37, pour parvenir au Chroniste. J. Le Moyne a certes raison de souligner la discordance entre les perspectives du Chroniste et *II Rois*, XVIII, 19-25[90]. Il est pourtant exagéré de nier tout point de contact entre *II Chr.*, XXXII, 1-23 et *II Rois*, XVIII, 19-25. J. Le Moyne ne fait pas justice au parallélisme entre *II Chr.*, XXXII, 12 et *II Rois*, XVIII, 22b[91]. Si le Chroniste use si peu de *II Rois*, XVIII, 19-25, comme le dit justement J. Le Moyne, c'est que ce passage ne cadre pas avec ses perspectives. Cette raison reste valable, soit que le Chroniste dépende du texte de *II Rois*, soit qu'il dépende d'un hypothétique état antérieur de la tradition. En réalité, la position de J. Le Moyne repose uniquement sur son hypothèse d'un stade ancien de la tradition dans lequel *II Rois*, XVIII, 26ss était lié, non à XVIII, 19-25, mais à XIX, 8-37. Au dire de l'auteur, si «le Chroniqueur avait travaillé sur le texte des *Rois*, il aurait, en groupant» *II Rois*, XVIII, 26ss et XIX, 8-37, «retrouvé sans le savoir ce stade antérieur». Aussi, l'exégète conclut-il qu'il est plus simple de penser que le Chroniste «utilise non les *Rois*, mais cet état plus ancien où» *II Rois*, XVIII, 26ss et XIX, 8-37 «sont encore réunis dans la même ambassade», et qu'il «suit sa source, en laissant ensemble ces deux morceaux»[92].

[89] J. LE MOYNE, *Les deux ambassades de Sennachérib à Jérusalem*, dans *Mélanges bibliques rédigés en l'honneur de André Robert*, 1957, pp. 149-153.

[90] *Op. cit.*, pp. 152-153.

[91] Voir les remarques de l'auteur, *op. cit.*, pp. 151-152, n. 5. J. LE MOYNE ne tient pas compte de la ressemblance entre *II Chr.*, XXXII, 12 et *II Rois*, XVIII, 22b parce que, à ses yeux, ce dernier passage est secondaire. Que *II Rois*, XVIII, 22 soit primitif ou secondaire, il reste que *II Chr.*, XXXII, 12 en dépend. Le caractère secondaire de *II Rois*, XVIII, 22 constituerait d'ailleurs un argument contre l'hypothèse de J. LE MOYNE : *II Chr.*, XXXII, 12 tout au moins dépendrait d'une forme déjà remaniée des récits de *II Rois*.

[92] *Op. cit.*, p. 152.

Or, comme nous l'avons vu, il n'y a pas de raisons de séparer *II Rois*, XVIII, 26-32a de XVIII, 19-25, et encore moins de le rattacher à B2[93].

Nous relèverons quelques faits qui, à notre avis, ne laissent aucun doute au sujet de la dépendance de *II Chr.*, XXXII, 1-23 par rapport à *II Rois*, XVIII, 13-XIX, 37, et excluent donc aussi l'hypothèse de la dépendance d'une source commune.

Ces deux textes rapportent d'abord la campagne de Sennachérib contre les villes fortifiées de Juda (*II Rois*, XVIII, 13 (14-16) et *II Chr.*, XXXII, 1), puis ses tentatives de s'emparer de Jérusalem (*II Rois*, XVIII, 17-XIX, 37 et *II Chr.*, XXXII, 9-21).

II Rois, XVIII, 13-16 et XVIII, 17-XIX, 17-XIX, 37 étaient primitivement indépendants et sans rapport entre eux. Par conséquent, à l'origine, les deux séries d'événements que rapportent ces récits, n'étaient pas reliées entre elles. Leur enchaînement actuel résulte de la juxtaposition de *II Rois*, XVIII, 13-16 et XVIII, 17-XIX, 37, qui est l'œuvre de l'un des rédacteurs de *II Rois*. En plaçant *II Rois*, XVIII, 17-XIX, 37 après XVIII, 13-16, ce rédacteur présente la campagne de Sennachérib contre les villes fortifiées de Juda (*II Rois*, XVIII, 13-16) et ses tentatives pour s'emparer de Jérusalem (*II Rois*, XVIII, 17-XIX, 37) comme les deux grandes phases des activités de ce roi dans le royaume de Juda.

Dès lors, les hypothèses selon lesquelles *II Chr.*, XXXII, 1-23, où les deux séries d'événements sont explicitement reliées, reproduirait une source primitive, comme le propose H. Haag, ou, en tout cas, un état de la tradition antérieur à celui de *II Rois*, comme le propose J. Le Moyne, nous paraissent exclues.

Dans l'un et l'autre cas, il faudrait admettre que la source de *II Chr.*, XXXII, 1-23 comprenait des parties aussi différentes que *II Rois*, XVIII, 13-16 et XVIII, 17-XIX, 37. Dans l'hypothèse de H. Haag, il faudrait en outre supposer d'abord que cette hypothétique source primitive a donné naissance, non seulement aux deux récits qui sont à la base de *II Rois*, XVIII, 17-XIX, 37, mais aussi au troisième récit que l'on trouve en *II Rois*, XVIII, 13-16; on devrait ensuite imaginer que le responsable de l'agencement de ces trois récits en *II Rois*, XVIII, 13-XIX, 37, par un heureux hasard, a remis à la bonne place les différents morceaux de la tradition primitive éclatée, et a retrouvé ainsi l'ordre originel des événements[94].

Plutôt que de faire appel à une histoire de la tradition aussi peu

[93] Voir *supra*, chap. XIe, pp. 395-409.

[94] Notre argument ne serait pas pertinent si, comme l'estiment d'aucuns, *II Rois*, XVIII, 13 introduisait primitivement, non pas *II Rois*, XVIII, 14-16, mais le récit de *II Rois*, XVIII, 17 ss.

démontrable, il est bien plus simple d'admettre la dépendance de *II Chr.*, XXXII, 1-23 par rapport à *II Rois*, XVIII, 13-XIX, 37, et de voir en *II Chr.*, XXXII, 2 le prolongement du travail du rédacteur de *II Rois*. Alors que ce dernier juxtaposait ce qui apparaîtra dorénavant comme les deux phases des activités de Sennachérib, le Chroniste prend soin de les relier explicitement, sans doute dans le but de brosser un tableau plus unifié des événements.

A la seule différence du nombre du verbe, la proposition *wayyiqr*^{e} *'û b*^{e}*qôl-gādôl y*^{e}*hûdît* (*II Chr.*, XXXII, 18) se retrouve telle quelle en *II Rois*, XVIII, 28aβ. L'expression (*'al*)-*'am* (*y*^{e}*rûsālayim*) *'*^{a}*šèr 'al-haḥomāh* se retrouve en *II Rois*, XVIII, 26b (*cf.* aussi v. 27).

Tous ces détails sont parfaitement en place en *II Rois*, XVIII, 26-28. Par contre, en *II Chr.*, XXXII, 18aα, seule l'élévation de la voix a sa raison d'être. Les autres détails sont gratuits, voire déplacés. L'indication sur le public est nécessaire en *II Rois*, XVIII, 26-28, puisque celui-ci change à partir du v. 28 ; en revanche, elle est redondante en *II Chr.*, XXXII, 18, où les interlocuteurs restent les mêmes. La précision *'*^{a}*šèr 'al-haḥomāh* est un élément important du scénario de *II Rois*, XVIII, 26-28, où l'on distingue entre le peuple, qui était monté sur les murailles, et la délégation royale, qui était sortie au pied des remparts, à la rencontre de la délégation de Sennachérib. Faute de ce scénario, la précision *'*^{a}*šèr 'al-haḥomāh* est gratuite en *II Chr.*, XXXII, 18. Il en va de même de la précision concernant la langue judéenne. En *II Rois*, XVIII, 28, ce détail était nécessaire pour indiquer le refus du Rab-Shaqé de parler araméen, comme le lui demandaient les délégués d'Ézéchias. En l'absence de cet incident, il est gratuit d'écrire que les serviteurs d'Ézéchias «criaient en judéen», et cela d'autant plus que, d'après la présentation du Chroniste, ils s'adressaient à la foule depuis le début. Seuls les cris jouent un rôle dans le contexte. Ce rôle n'est cependant pas le même qu'en *II Rois*, XVIII, 28. Le Rab-Shaqé criait pour se faire entendre par le peuple perché sur les murailles (*II Rois*, XVIII, 26-28). Bien que *II Chr.*, XXXII, 18 reprenne le détail relatif à l'emplacement des auditeurs, sur les murailles, les serviteurs anonymes crient, non pas pour se faire entendre, mais pour terroriser le peuple.

Il ressort de ce qui précède que les particularités de *II Chr.*, XXXII, 18aα sont difficilement explicables, à moins d'admettre la dépendance de ce passage par rapport à *II Rois.*, XVIII, 26-28[95]. Or, il n'y a pas de raisons convaincantes de dissocier *II Chr.*, XXXII, 18 du reste du récit et d'y voir un ajout secondaire[96].

[95] Voir Th. WILLI, *Die Chronik als Auslegung*, 1972, p. 59.
[96] Voir *supra*, pp. 494-495.

Finalement, on notera la correspondance entre *II Chr.*, XXXII, 21 et *II Rois*, XIX, 35-37. Le fait que *II Chr.*, XXXII, 21 associe, exactement comme *II Rois*, XIX, 35-37, les conclusions des récits B1 et B2 montre que le Chroniste dépend du passage en question de *II Rois*, sous sa forme actuelle.

c) *Le Chroniste réécrit II Rois, XVIII, 13-XIX, 37 dans sa propre perspective.*

Les différences entre *II Chr.*, XXXII, 1-23 et *II Rois*, XVIII, 13-XIX, 37 proviennent du fait que le Chroniste ne s'est pas contenté de reproduire ses sources, ni même de les résumer, mais il les a retravaillées, en suivant d'ailleurs deux directions différentes. D'une part, le Chroniste essaie de préciser ou d'éclairer des points qui restent obscurs dans ses sources et de résoudre les difficultés qu'elles soulèvent, puisque *II Rois*, XVIII, 13-XIX, 37 est composé de trois récits différents et de plusieurs ajouts plus ou moins longs. D'autre part, en fonction de sa perspective propre, le Chroniste opère un choix parmi les éléments de *II Rois*, XVIII, 13-XIX, 37, il interprète ceux qu'il retient et en introduit d'autres, qu'il ne trouve pas dans ses sources[97].

Plusieurs particularités de *II Chr.*, XXXII, 1-23 s'expliquent ainsi par le souci du Chroniste d'éliminer certaines obscurités ou difficultés qu'il rencontrait à la lecture de *II Rois*, XVIII, 13-XIX, 37.

Là réside, à notre avis, la raison des principales différences entre *II Chr.*, XXXII, 9.21 et leurs correspondants en *II Rois*, XVIII, 17.35-37. Bien que le nom de Lakish y revienne à trois reprises, *II Rois*, XVIII, 13-XIX, 37 ne mentionne pas le siège de cette ville. C'est à Lakish qu'Ézéchias envoie les messagers qu'il dépêche à Sennachérib (XVIII, 14); c'est de Lakish que Sennachérib envoie sa délégation à Jérusalem (XVIII, 17). A son retour, le Rab-Shaqé a trouvé Sennachérib en train d'assiéger Libna (XIX, 8). Le Chroniste en a donc conclu que Sennachérib assiégeait Lakish au moment où il a expédié le Rab-Shaqé à Jérusalem (*II Chr.*, XXXII, 9)[98].

On pourrait supposer à partir de *II Rois*, XVIII, 17 — et nombre d'exégètes modernes le font — que Sennachérib a divisé son armée en deux parties : tandis qu'une partie assiégeait Lakish, l'autre accompagnait le Rab-Shaqé à Jérusalem[99]. Ce n'est pas l'avis du Chroniste.

[97] Voir B. S. CHILDS, *Isaiah and the Assyrian Crisis*, 1967, pp. 105-111.

[98] Voir B. S. CHILDS, *op. cit.*, p. 108.

[99] Voir S. LANDERSDORFER, *Die Bücher der Könige*, 1927, p. 210; J. FISCHER, *Das Buch Isaias*, I, 1937, p. 230; G. FOHRER, *Das Buch Jesaja*, II, 1967, pp. 166-167; K. A. KITCHEN, *The Third Intermediate Period in Egypt (1100-650 B.C.)*, 1973, § 346, p. 385; N. NA'AMAN, *Sennacherib's Campaign to Judah and the Date of the LMLK Stamps*, dans VT, XXIX, 1979, pp. 69-70.

Celui-ci précise en effet que Sennachérib avait avec lui toutes ses forces; par conséquent, il omet la mention des troupes qui accompagnent le Rab-Shaqé. Sans doute le Chroniste a-t-il vu une contradiction entre la présence d'une troupe importante à Jérusalem et l'annonce d'Isaïe selon laquelle Sennachérib n'assiégera pas la ville (*II Rois*, XIX, 32).

Cette compréhension de *II Rois*, XVIII, 17 a également laissé des traces en *II Chr.*, XXXII, 21. *II Rois*, XIX, 8 ne rapporte pas le retour de la troupe qui accompagnait le Rab-Shaqé. On pourrait donc conclure, — ce que font bon nombre d'exégètes modernes —, qu'elle a été la victime du massacre (*II Rois*, XIX, 35), et que l'hécatombe a eu lieu aux portes de Jérusalem[100].

De façon tout à fait cohérente, le Chroniste écarte cette interprétation, en précisant que le massacre a eu lieu dans le camp du roi d'Assyrie (*b^e^maḥ^a^néh mèlèk 'aššûr*), lequel, d'après *II Chr.*, XXXII, 9 se trouve aux portes de Lakish[101].

A son tour, cette localisation du massacre rend compte de plusieurs parmi les principales différences entre *II Chr.*, XXXII, 21 et *II Rois*, XIX, 35-37. Elle explique notamment l'omission des indications temporelles de *II Rois*, XIX, 35 en *II Chr.*, XXXII, 21. D'après *II Rois*, XIX, 35, le massacre de l'armée assyrienne s'est produit la nuit. Le matin, au réveil, les bénéficiaires, c'est-à-dire les Hiérosolymitains se trouvent devant le spectacle du camp assyrien couvert de cadavres. Cela suppose évidemment que le camp assyrien était visible des fenêtres et des terrasses de Jérusalem. Ayant exclu qu'une armée assyrienne soit montée aux abords de Jérusalem et, par conséquent, qu'elle y ait été décimée, le Chroniste ne peut gratifier les Hiérosolymites du spectacle matinal du camp assyrien jonché de cadavres. La mention du «réveil, au matin» n'avait donc plus de raison d'être. Cette indication n'étant pas une donnée isolée, mais faisant partie d'un schéma qui comprend aussi la nuit[102], le Chroniste a logiquement omis aussi la mention de cette dernière.

C'est sans doute aussi à cette lumière qu'il faut comprendre l'omission du nombre des morts, omission à vrai dire surprenante, étant donné le goût du Chroniste pour les chiffres élevés. Indépendamment de la difficulté qu'il y a à saisir la symbolique du chiffre 185.000, l'indication sur le nombre des morts s'harmonise avec l'économie de B2. Comme ils s'étaient aperçus avec étonnement de la tuerie, les Hiérosolymitains s'empressent de dénombrer les victimes. Il n'en va pas de même

[100] Voir, par exemple, J.A. MONTGOMERY, *The Books of Kings*, 1951, p. 497.

[101] Voir B.S. CHILDS, *Isaiah and the Assyrian Crisis*, 1967, p. 109.

[102] Voir *supra*, chap. VIIe, p. 315 et chap. XIIe, pp. 473-474.

en *II Chr.*, XXXII, 21. Les événements ayant eu lieu près de Lakish, les Hiérosolymitains n'en furent pas les témoins oculaires et, n'ont donc pas pu compter les morts[103].

L'omission du schéma temporel «nuit-matin» a entraîné la perte d'un point de contact très significatif avec les récits de la sortie d'Égypte. Qu'il les ait reconnus ou non, le Chroniste a d'ailleurs éliminé tous les autres détails de *II Rois*, XIX, 35 dans lesquels on pouvait voir des références aux événements de l'Exode, notamment le verbe *yṣ'* pour désigner l'entrée en scène de l'ange et le hif. de *nkh* pour exprimer son action[104]. Le changement de *wayyéṣé' mal'ak yhwh* (*II Rois*, XIX, 35) en *wayyišlaḥ yhwh mal'āk* (*II Chr.*, XXXII, 21, *cf.* aussi *I Chr.*, XXI, 15) est dû peut-être au développement de l'angélologie à l'époque post-exilique[105]. Par contre, on ne voit pas la raison du changement de *nkh* (hif.) en *kḥd* (hif.), verbe que le Chroniste n'emploie nulle part ailleurs. On notera en passant que le Tg des *Chroniques*, en situant le massacre de l'armée assyrienne la nuit de Pâque, récupère la référence aux événements de l'Exode, que le Chroniste n'avait pas perçue ou pas voulu garder[106].

Ce souci d'harmonisation des données de *II Rois* rend compte de plusieurs autres particularités du récit de *II Chr.*, XXXII, 9-21.

D'après *II Rois*, XVIII, 17 et XIX, 9b, Ézéchias est le seul destinataire des ambassades. Et pourtant, le Rab-Shaqé s'adresse aussi au peuple (*II Rois*, XVIII, 28-25). Le Chroniste essaie d'éliminer le désaccord en disant que Sennachérib a envoyé ses serviteurs à la fois à Ézéchias et à tout Juda se trouvant à Jérusalem (XXXII, 9)[107]. En faisant cela, il n'a d'ailleurs pas été très cohérent car, d'après sa présentation, les serviteurs de Sennachérib s'adressent exclusivement au peuple. Cela tient évidemment au fait que le Chroniste veut retenir uniquement les mises en garde contre la confiance en Yahvé que prêche Ézéchias.

En *II Rois*, XVIII, 34-35 Sennachérib se vante d'exploits que, en XIX, 11-13, il attribue à ses ancêtres. *II Chr.*, XXXII, 13-15 évite cette discordance : les exploits en question sont l'œuvre à fois de Sennachérib

[103] En tout cas, nous ne partageons pas l'opinion de H. HAAG, *La campagne de Sennachérib contre Jérusalem en 701*, dans RB, LVIII, 1951, p. 358. D'après cet auteur, l'absence du chiffre 185.000 en *II Chr.*, XXXII, 21 «équivaut à dire que le Chroniqueur ne l'a pas rencontré dans sa source; sinon lui, qui a la hantise des chiffres, l'aurait certainement adopté».

[104] Voir *supra*, chap. XIIe, pp. 473-474.

[105] Voir B.S. CHILDS, *op. cit.*, p. 111; Th. WILLI, *Die Chronik als Auslegung*, 1972, p. 126.

[106] R. LE DÉAUT - J. ROBERT, *Targum des Chroniques*, 1971, vol. I, p. 167 et vol. II, p. 155.

[107] Voir B.S. CHILDS, *op. cit.*, pp. 108-109.

et de ses ancêtres[108]. De façon semblable, en associant de façon inattendue Ézéchias et Isaïe dans la prière (XXXII, 20), le Chroniste harmonise *II Rois*, XIX, 14-19 et XIX, 4b : d'après le premier passage, Ézéchias prie lui-même plein d'assurance ; d'après le second, il demande à Isaïe d'intercéder auprès de Yahvé[109].

La solution des difficultés posées par *II Rois*, XVIII, 13-XIX, 37 n'est pas la seule visée, ni même la plus importante, qui ait orienté l'élaboration de *II Chr.*, XXXII, 1-23. La teneur de ce texte s'explique avant tout par les préoccupations propres au Chroniste, à savoir l'interprétation des événements et l'image qu'il veut donner d'Ézéchias.

Comme nous l'avons vu, d'après la présentation du Chroniste, l'issue de l'expédition de Sennachérib est la récompense de la fidélité dont Ézéchias a fait preuve en restaurant le culte de Yahvé[110]. Afin de souligner le zèle d'Ézéchias, le Chroniste situe le début de la restauration religieuse le premier jour du premier mois de la première année de son règne (*II Chr.*, XXIX, 3.17). *II Chr.*, XXIX, 3-XXXI, 21 donne l'impression que l'entreprise a été achevée assez vite, apparemment dans un laps de temps d'environ deux mois. La datation de l'expédition de Sennachérib en l'an quatorze d'Ézéchias était alors inopportune, car elle aurait dissocié la restauration religieuse de sa récompense. Le très pieux Ézéchias aurait dû attendre sa récompense pendant treize ou quatorze ans. C'est pourquoi le Chroniste emploie, au lieu de la date précise, l'adverbe *'aḥ^{a}réy*, suggérant ainsi que l'expédition de Sennachérib a suivi immédiatement la fin de la restauration cultuelle[111].

Résultat de cette restauration, l'échec de l'invasion assyrienne est également une illustration de la réussite d'Ézéchias. C'est pourquoi le

[108] Voir B.S. CHILDS, *op. cit.*, p. 108.

[109] Dans le même sens, B.S. CHILDS, *Isaiah and the Assyrian Crisis*, 1967, p. 108. Cette hypothèse nous paraît préférable à celle de W. RUDOLPH, *Chronikbücher*, 1955, p. 313 et L. RANDELLINI, *Il libro delle Cronache*, 1966, p. 465, qui voient dans la participation d'Isaïe à la prière une simple conclusion du Chroniste, inspirée de *II Rois*, XIX, 20.

[110] Voir *supra*, pp. 490-497.

[111] Voir W. RUDOLPH, *Chronikbücher*, 1955, pp. 309-310; R. MOSIS, *Untersuchungen zur Theologie des chronistischen Geschichtswerkes*, 1973, p. 73. Il nous paraît inexact d'attribuer, comme le suggèrent E. L. CURTIS and A. A. MADSEN, *The Books of Chronicles*, 1910, p. 486, l'absence de date précise à un prétendu manque d'intérêt du Chroniste pour la chronologie. On notera qu'il date avec précision le début de la réforme d'Ézéchias et la fin de sa première étape (*II Chr.*, XXIX, 3.17). A l'encontre de la suggestion de H. H. ROWLEY, *Hezekiah's Reform and Rebellion*, dans BJRL, XLIV, 1962, p. 399, l'absence de date ne traduit pas le souci d'éviter les problèmes qu'elle soulève. Ces problèmes se posent uniquement pour quelqu'un qui connaît la chronologie assyrienne et qui peut traduire les indications chronologiques du règne d'Ézéchias en termes absolus, ce qui n'est pas le cas du Chroniste.

Chroniste écarte tout ce qui dans ses sources ne s'accorde pas avec l'image d'une réussite totale du roi. La notice sur la campagne contre les villes fortifiées de Juda offre un bon exemple de la méthode du Chroniste (XXXII, 1). En omettant «toutes» devant villes, le Chroniste minimise l'ampleur de l'invasion. Par ailleurs, il change la conquête des villes en cause en une sorte de velléité de la part de Sennachérib. Il prête au roi d'Assur l'intention de s'emparer de ces villes mais, contrairement à *II Rois*, XVIII, 13 par. *Is.*, XXXVI, 1, il se garde bien de dire que Sennachérib y est parvenu. Par conséquent, il passe aussi sous silence la capitulation d'Ézéchias et son tribut à Sennachérib, vidant ainsi l'expédition de toute conséquence fâcheuse pour Juda.

Le souci de mettre en relief la réussite d'Ézéchias n'a pas entraîné seulement des omissions ou des changements du texte de *II Rois*. Il est aussi à l'origine de développements. Il a commandé en particulier l'épilogue (*II Chr.*, XXXII, 22-23), passage sans équivalent en *II Rois*; le Chroniste y généralise la délivrance, insiste sur la paix qui en a résulté et sur la gloire qu'Ézéchias en a tirée.

A cette insistance sur la réussite correspond une mise en valeur du rôle et de la piété d'Ézéchias, ce qui explique plusieurs traits de *II Chr.*, XXXII, 1-23.

L'image d'Ézéchias qui ressort de *II Rois*, XVIII, 13-XIX, 37 est celle d'un champion de la confiance en Yahvé. *II Chr.*, XXXII, 1-23 la reprend et la renforce systématiquement. A cet effet, il retient de *II Rois*, XVIII, 13-XIX, 37 uniquement ce qui cadre avec cette image et laisse de côté ce qui ne s'accorde pas avec elle ou pourrait la ternir. Voilà une raison de plus de passer sous silence la capitulation et le tribut (*II Rois*, XVIII, 14-16). Cela explique aussi que le Chroniste ne souffle mot des manifestations de détresse ni de l'apparente timidité que B1 prête à Ézéchias (*II Rois*, XIX, 1-4). C'est pourquoi aussi le Chroniste omet la plupart des propos assyriens rapportés par B1 et n'en retient que la mise en garde contre la confiance en Yahvé préconisée par Ézéchias.

Le Chroniste ne se contente d'ailleurs pas d'écarter tout ce qui dans ses sources ne cadrait pas avec l'image d'Ézéchias champion de la confiance en Yahvé, mais il apporte des éléments nouveaux qui la renforcent.

Ainsi, à la place de la capitulation et du tribut (*II Rois*, XVIII, 14-16), le Chroniste a inséré *II Chr.*, XXXII, 3-8. Ces versets prêtent à Ézéchias le comportement qui convenait à un roi très pieux en de pareilles circonstances : il prépare la défense sans rien négliger[112]. A l'opposé d'Isaïe

[112] Voir P. R. ACKROYD, *I & II Chronicles*, 1973, pp. 190-191 ; P. WELTEN, *Geschichte*, 1973, pp. 29-31 et 68-72.

(XXII, 8b-11), le Chroniste voit dans les préparatifs matériels de la défense la manifestation du zèle d'Ézéchias. Il ne dit pas cependant qu'Ézéchias a mis sa confiance dans ses mesures défensives. Bien au contraire. Après avoir rapporté les préparatifs matériels, le Chroniste met sur les lèvres d'Ézéchias le petit sermon de *II Chr.*, XXXII, 7-8a, par lequel le roi exhorte instamment le peuple à ne compter que sur Yahvé. Les mises en garde du Rab-Shaqé contre Ézéchias (*II Rois*, XVIII, 30. 32b-35) supposent que le roi de Juda engageait le peuple à s'en remettre à Yahvé, mais le texte ne rapporte pas l'exhortation. *II Chr.*, XXXII, 7-8a comble cette lacune, et rend plus vivant le portrait d'Ézéchias, champion de la confiance en Yahvé.

Cette image d'Ézéchias est étroitement liée à l'autre idée maîtresse de *II Chr.*, XXXII, 1-23 : que Yahvé est capable d'arracher Jérusalem au pouvoir assyrien. L'intérêt pour le pouvoir de Yahvé a commandé le choix que le Chroniste a opéré parmi les différents éléments des propos assyriens tels qu'ils sont rapportés en *II Rois*, XVIII, 19-35 et XIX, 10-13. Parmi les différents objets de la confiance, le Chroniste n'en retient qu'un : Yahvé; des deux arguments contre la confiance en Yahvé, il ne retient que son impuissance.

La réforme religieuse lui tenait trop à cœur pour qu'il passe sous silence l'argument qu'en tire le Rab-Shaqé[113]; mais le Chroniste l'interprète dans le sens de la faiblesse de Yahvé. En effet, grâce à un changement minime du texte, l'omission du relatif *'ašèr* et le placement du sujet *y^{e}ḥizqîyāhû* avant le verbe *hésîr*, le Chroniste a complètement réorienté la question de *II Rois*, XVIII, 22b. Le rappel de la réforme ne sert plus à évoquer la colère de Yahvé, mais devient un argument à la fois contre la crédibilité d'Ézéchias et contre le pouvoir de Yahvé. Comment Ézéchias peut-il promettre sérieusement l'intervention libératrice de Yahvé : n'en a-t-il pas supprimé les sanctuaires, montrant ainsi qu'il ne craint guère ce dieu et que celui-ci est incapable de se faire craindre?

L'argument tiré de l'impuissance de Yahvé est le seul en B2 (*II Rois*, XIX, 10-13); il a été ajouté en B1 (*II Rois*, XVIII, 32b-35). *II Chr.*, XXXII, 10-19 reprend essentiellement ces deux passages. On constate d'ailleurs une progression logique. *II Rois*, XVIII, 32b-35 accentue le caractère blasphématoire de B2. A son tour, *II Chr.*, XXXII, 10-19

[113] On notera en passant que *II Chr.*, XXXII, 12 souligne, plus fortement que *II Rois*, XVIII, 22b, l'unicité d'autel et ajoute les offrandes d'encens, deux points importants pour le Chroniste. Au sujet de l'intérêt du Chroniste pour les offrandes d'encens, *cf. I Chr.*, VI, 34; XXIII, 13; XXVIII, 18; *II Chr.*, II, 3.5; XIII, 11; XXV, 14; XXVI, 16.18.19; XXVIII, 3.25; XXIX, 7.11 et XXX, 14, passages qui lui sont propres.

insiste encore plus lourdement sur la prétendue incapacité où serait Yahvé de tenir tête aux Assyriens et d'arracher Jérusalem à leur pouvoir. On notera la fréquence de *ykl-ykwl* («être capable») en *II Chr.*, XXXII, 13-15 : le verbe y a pour sujet les dieux des nations (vv. 13b.14a. 15a) et Yahvé (v. 14b); il est à la négative (v. 15)[114] ou à l'interrogative postulant une réponse négative (vv. 13.14).

La mise en valeur du personnage d'Ézéchias s'est traduite également dans l'importance du rôle que *II Chr.*, XXXII, 1-23 lui attribue. En *II Rois*, XVIII, 17-XIX, 37, Ézéchias et Isaïe se partagent en quelque sorte la scène. Dans le récit B1, le prophète jouit d'une nette supériorité sur le roi (*II Rois*, XIX, 1-7). Certes, d'après B2, Ézéchias plein d'assurance prie Yahvé sans même consulter Isaïe (*II Rois*, XIX, 14-19), mais c'est encore par l'intermédiaire du prophète que Yahvé répond à la prière du roi (*II Rois*, XIX, 20-34). Il en va bien autrement en *II Chr.*, XXXII, 1-23. Le Chroniste amplifie considérablement le rôle joué par le roi au détriment du rôle tenu par le prophète. Ainsi, la demande d'intercession qu'Ézéchias adresse à Isaïe devient, sous la plume du Chroniste, une simple association du prophète au roi dans la prière, ce qui ne porte d'ailleurs à aucune conséquence[115]. Le Chroniste ne mentionne même pas les oracles que *II Rois* attribue à Isaïe[116]. Leur fonction d'encouragement et d'annonce revient, en *II Chroniques*, au sermon d'Ézéchias (*II Chr.*, XXXII, 7-8a). On a l'impression que, si le Chroniste n'évince pas Isaïe pour qu'Ézéchias reste seul en scène, c'est uniquement

[114] Ce verbe est employé à la négative en *II Rois*, XVIII, 29 avec Ézéchias comme sujet.

[115] D'après J. D. NEWSOME, Jr., *Toward a New Understanding of the Chronicler and His Purpose*, dans JBL, XCIV, 1975, pp. 201-217, à la p. 204, l'association du roi et du prophète dans la prière indiquerait que le Chroniste les met sur un pied d'égalité, et cela dans le but de présenter les davidides comme prophètes. Cette manière de comprendre *II Chr.*, XXXII, 20 ne nous paraît pas tenir compte de l'ensemble du récit, qui accorde au roi un rôle bien plus important que celui du prophète.

[116] A l'encontre de l'opinion de W. RUDOLPH, *Chronikbücher*, 1955, p. 313, l'omission des oracles d'Isaïe ne nous paraît pas due à la hâte qu'aurait le Chroniste d'arriver au dénouement de la situation. W. RUDOLPH se réfère à *II Rois*, XIX, 21-34. Nous ne partageons pas non plus l'avis de B. S. CHILDS, *Isaiah and the Assyrian Crisis*, 1967, p. 111. D'après cet auteur, «It is a typical pattern of the Chronicler for the prayer of the righteous to evoke an immediate and direct response from God without a prophetic promise or sign (*cf. II Chron.* 14.11; 20.5 ff.).» On notera que *II Chr.*, XX, passage qui présente par ailleurs plusieurs points de contact avec *II Chr.*, XXXII, 1-23 paraît plutôt contredire l'affirmation de B. S. CHILDS. En effet, Yahvé ne répond pas immédiatement et directement à la prière de Josaphat (*II Chr.*, XX, 5-12). Certes, Yahvé ne lui répond pas par l'intermédiaire d'un prophète, mais il le fait par l'intermédiaire d'un lévite inspiré qui annonce, de la part de Yahvé, l'intervention libératrice (*II Chr.*, XX, 14-17). Celle-ci n'a lieu qu'après (*II Chr.*, XX, 22-30). A notre avis, le Chroniste omet les oracles d'Isaïe, parce qu'il a voulu transférer leur fonction sur le sermon du roi; le rôle de celui-ci se trouve ainsi valorisé au détriment du rôle du prophète.

à cause d'une certaine fidélité à ses sources, qui accordaient une très grande place au prophète[117].

On notera cependant que le Chroniste reprend plusieurs éléments de l'oracle que *II Rois*, XIX, 6-7 attribue à Isaïe. De même que l'oracle, le sermon d'Ézéchias débute par une exhortation à ne pas craindre; dans le premier cas, l'objet de la crainte, ce sont les paroles du roi d'Assyrie, dans le second, c'est le roi d'Assyrie lui-même. Ces exhortations ont en commun *yr'*, qui est employé seul en *II Rois*, XIX, 6, et parallèlement à trois autres verbes en *II Chr.*, XXXII, 7. En *II Chr.*, XXXII, 21, le retour de Sennachérib dans son pays et son assassinat sont rapportés dans les termes dont se servait l'oracle de *II Rois*, XIX, 7 pour annoncer ces événements, à savoir l'expression *wayyāšŏb (...) l^e 'arṣô*[118] et le hif. de *npl* («faire tomber»)[119]. P. R. Ackroyd[120] a peut-être raison de voir en *II Chr.*, XXXII, 3-4 le contre-pied de *II Rois*, XIX, 24, passage appartenant à un oracle attribué à Isaïe. Le Chroniste a sans doute puisé encore dans d'autres oracles isaïens, ou tenus comme tels par la tradition[121].

En conclusion, la source de *II Chr.*, XXXII, 1-23 se trouve être *II Rois*, XVIII, 13-XIX, 37. Le Chroniste ne se contente cependant pas de reproduire cette source, mais il la retravaille en profondeur.

Comme *II Rois*, *II Chroniques* distingue deux phases dans les activités de Sennachérib : la campagne contre les villes fortifiées de Juda (*II Chr.*, XXXII, 1) et les démarches en vue de s'emparer de Jérusalem (*II Chr.*, XXXII, 2.9-23).

Au lieu de deux ambassades à Jérusalem, *II Chr.*, XXXII, 9-23 en

[117] R. R. WILSON, *Prophecy and Society in Ancient Israel*, Philadelphia, 1980, pp. 218-219 a remarqué que, à la différence de *II Rois*, XVIII, 13-XIX, 37, *II Chr.*, XXXII, 1-23 n'attribue presque aucun rôle à Isaïe. Cet exégète y voit l'indice d'un certain manque d'intérêt pour la prophétie dans des cercles représentés par le Chroniste. Au sujet de la vision de la prophétie et des prophètes chez le Chroniste, on peut voir, parmi les travaux récents, T. WILLI, *Die Chronik als Auslegung*, 1972, pp. 216-229; D. L. PETERSEN, *Late Israelite Prophecy: Studies in Deutero-Prophetic Literature and in Chronicles* (SBL. Monogr. Series, 23), Missoula, 1977, pp. 55-96; I. L. SEELIGMANN, *Die Auffassung von der Prophetie in der deuteronomistischen und chronistischen Geschichtsschreibung (mit einem Exkurs über das Buch Jeremia)*, VTS, XXIX, 1978, 254-284, aux pp. 270-279; A. G. AULD, *Prophets through the Looking Glass: Between Writings and Moses*, dans JSOT, XXVII, 1983, pp. 3-23, aux pp. 14-16; H. G. M. WILLIAMSON, *A Response to A. G. AULD*, dans JSOT, XXVII, 1983, pp. 33-39, à la p. 35.

[118] L'expression servait probablement à rapporter l'accomplissement de l'annonce prophétique (*II Rois*, XIX, 9b.36a), mais *l^e'arṣô* a dû disparaître lors de l'insertion de B2 en B1.

[119] *II Rois*, XIX, 37 emploie le hif. de *nkh* («frapper»).

[120] *I & II Chronicles*, 1973, p. 191; ID., *The Chronicler as Exegete*, dans JSOT, II, 1977, pp. 11-12.

[121] *Cf. w^{e'}immānû yhwh 'ĕlohéynû* (v. 8a) comp. *Is.*, VII, 14; VIII, 8.10.

rapporte une seule. Le Chroniste emprunte le schéma commun à B1 et à B2 et rassemble, dans le cadre d'un seul récit (ambassade), des éléments des deux récits de *II Rois*, XVIII, 17-XIX, 37. L'oracle attribué à Isaïe est la seule articulation de ces récits que le Chroniste laisse complètement de côté.

La notice de l'envoi de l'ambassade reprend foncièrement le passage correspondant de B1 (*II Rois*, XVIII, 17). Le seul élément qu'elle ait en commun avec B2 (*II Rois*, XIX, 9b) est l'absence d'indications sur le nombre et le titre des ambassadeurs[122].

Le Chroniste distingue trois moments dans les démarches assyriennes : le premier et le dernier, c'est-à-dire la harangue aux Hiérosolymites (vv. 10-16) et la manœuvre d'intimidation (vv. 18-19), correspondent aux deux discours du Rab-Shaqé en B1 (*II Rois*, XVIII, 19-25 et 28-35); le deuxième, c'est-à-dire les lettres, correspond à l'unique intervention assyrienne en B2 (*II Rois*, XIX, 10-13.14).

L'association d'Ézéchias et d'Isaïe dans la prière résulte de l'harmonisation du rôle joué par ces personnages en B1 (*II Rois*, XIX, 1-7) et B2 (*II Rois*, XIX, 14-19. 20-34).

L'évocation de la ruine de Sennachérib reprend la présentation de *II Rois*, XIX, 35-37, où les conclusions des récits B2 et B1 se trouvaient déjà juxtaposées.

Le Chroniste n'a cependant pas repris, fusionné ou harmonisé tout ce qui se trouvait dans sa source. Il s'est limité à ce qui entrait dans sa perspective et servait ses objectifs. Certains éléments ont été repris avec modifications.

Le Chroniste a par ailleurs ajouté, en fonction de sa perspective propre, des éléments absents de *II Rois*, XVIII, 13-XIX, 37.

A partir des trois récits qui se trouvent juxtaposés et imbriqués en *II Rois*, XVIII, 13-XIX, 37, le Chroniste a ainsi construit un récit unique, nettement différent de ceux qui lui ont servi de « Vorlage ». En remaniant profondément les sources, le Chroniste a réalisé une présentation des événements beaucoup plus unifiée que celle de *II Rois*, XVIII, 13-XIX, 37.

6. But de II Chr., XXXII, 1-23.

Dans le cadre des récits de *II Chr.*, XXIX-XXXII, les événements rapportés en *II Chr.*, XXXII, 1-23 sont présentés comme la récompense

[122] Il se peut que, comme le suggère Th. Willi, *Die Chronik als Auslegung*, 1972, p. 119, l'omission des titres soit due au fait que le Chroniste ne les comprenait plus.

de la fidélité d'Ézéchias, fidélité dont il a fait preuve en restaurant le culte; ils illustrent aussi la réussite que ladite restauration cultuelle valut au roi.

Cette présentation découle, d'une part, de l'intérêt que le Chroniste porte au Temple de Jérusalem et à son culte légitime, d'autre part, de l'insistance de cet auteur sur le principe de la rétribution. Le Temple est au centre de l'œuvre du Chroniste, comme il est au centre de la communauté dont cet auteur fait partie et à laquelle il s'adresse. C'est en fonction de leur attitude à l'égard du Temple et du culte que le Chroniste qualifie tous les rois de Juda. Et, suivant une application rigoureuse du principe de la rétribution, le Chroniste attribue un règne heureux aux rois qu'il note positivement. Or, la vision que le Chroniste a de l'histoire de son peuple l'a amené à faire de la réforme d'Ézéchias la plus grande œuvre religieuse qu'un roi de Juda, David et Salomon mis à part, ait jamais réalisée à Jérusalem[123]. Le Chroniste doit donc attribuer à Ézéchias une très grande réussite, digne de sa très grande œuvre de restauration du culte de Yahvé.

Le récit de *II Chr.*, XXXII, 1-23 présente les événements relatifs à l'expédition de Sennachérib comme une guerre de Yahvé. A ce titre et à la lumière des propos qu'il attribue à l'Assyrien, *II Chr.*, XXXII, 1-23 tend essentiellement à affirmer le pouvoir de Yahvé de sauver les siens qui se confient à lui.

II Chr., XXXII, 1-23 reprend donc l'une des idées maîtresses de B2[124], et la souligne très fortement. *II Chr.*, XXXII, 22a précise que Yahvé est capable de sauver les siens non seulement de l'emprise assyrienne, mais aissi de l'emprise de n'importe quel ennemi, si puissant soit-il.

Étroitement liée à l'idée de ce pouvoir de Yahvé, il y a l'image d'Ézéchias, champion de la confiance en Yahvé. Cette image ressortait déjà de *II Rois*, XVIII-XX. Le Chroniste la reprend et l'accentue systématiquement, aussi bien par ses omissions que par ses ajouts. Le Chroniste reprend également, pour la remettre en valeur, l'attitude de confiance en Yahvé du peuple de Jérusalem. Comme un seul homme, les Hiérosolymitains répondent avec enthousiasme à l'appel d'Ézéchias à s'en remettre à Yahvé (*II Chr.*, XXXII, 8b). Aucune mise en garde de Sennachérib ne parviendra à les faire douter d'Ézéchias, ni à ébranler leur confiance en Yahvé.

Par là le Chroniste entend sans doute encourager ses contemporains à se remettre entre les mains de Yahvé et à attendre de lui seul la protection, comme le firent Ézéchias, et avec lui tout Jérusalem.

[123] Voir *supra*, chap. IIIe, pp. 88-99.
[124] Voir *supra*, chap. XIIe, pp. 476-477.

7. VALEUR HISTORIQUE DE II CHR., XXXII, 1-23.

De ce qui précède, il ressort que *II Chr.*, XXXII, 1-23 est avant tout un morceau théologique.

Dans la mesure où il dépend de *II Rois*, XVIII, 13-XIX, 37, *II Chr.*, XXXII, 1-23 ne constitue pas un document historique ayant sa valeur propre.

Inspirées par le souci d'expliciter des points obscurs de *II Rois*, XVIII, 13-XIX, 37 ou d'harmoniser les différents récits dont se compose ce passage, certaines particularités de *II Chr.*, XXXII, 1-23 sont les conclusions du Chroniste. Ces conclusions peuvent être historiquement justes, mais ne constituent en aucun cas une source indépendante.

Reste cependant à savoir si *II Chr.*, XXXII, 1-23 dépend uniquement de *II Rois*, XVIII, 13-XIX, 37, ou si le Chroniste disposait d'autres sources d'où proviendraient les passages qui lui sont propres.

La critique s'accorde, à juste titre, pour voir dans l'épilogue (*II Chr.*, XXXII, 22-23), sans correspondant dans les récits de *II Rois*, un développement du Chroniste qui ne suppose aucune source spéciale. Ce qui, en *II Chr.*, XXXII, 22-23, ne provient pas de *II Rois*, XVIII-XX est constitué par des clichés dont le Chroniste se sert pour évoquer les règnes heureux.

Ainsi, en *II Chr.*, XXXII, 22a, le Chroniste tire la conséquence qu'ont les événements pour Ézéchias et pour les Hiérosolymites et il exprime cette conséquence au moyen de *hôšî*^{a}ʿ, verbe qu'il emprunte à *II Rois*, XIX, 19.34. L'estime dont jouissait Ézéchias auprès de tous les peuples et les cadeaux que ces derniers lui apportent (*II Chr.*, XXXII, 23) résultent peut-être d'une généralisation de l'épisode de l'ambassade de Merodak-baladan (*II Rois*, XX, 12), épisode auquel se réfère *II Chr.*, XXXII, 31. Quoi qu'il en soit, le thème de la renommée et celui du tribut ou des cadeaux sont deux clichés que le Chroniste emploie plus d'une fois en rapport avec les bons rois. «Le repos tout autour» est aussi un cliché, encore plus fréquent chez le Chroniste que les précédents.

La même unanimité ne règne pas au sujet des préparatifs de la défense de Jérusalem (*II Chr.*, XXXII, 3-8).

Si les critiques s'accordent volontiers pour voir dans la préparation spirituelle du peuple (*II Chr.*, XXXII, 6b-8) une libre composition du Chroniste[125], ils estiment en général que cet auteur tient de sources

[125] A la suite de G. VON RAD, *Die levitische Predigt in den Büchern der Chronik*, dans *Festschrift Otto Procksch*, Leipzig, 1934, pp. 113-124, repris dans *Gesammelte Studien zum Alten Testament*, I (ThB, AT, 8), München, 1958, pp. 248-261, à la p. 255, on y voit un sermon dans le style de la «prédication lévitique»; O. PLOEGER, *Reden und Gebete im deuteronomistischen und chronistischen Geschichtswerk*, dans W. SCHNEEMELCHER (éd.), *Festschrift für Günther Dehn*, Neukirchen, 1957, pp. 35-49, repris dans *Aus der*

qui lui sont propres les informations relatives à la préparation matérielle de la défense de Jérusalem (*II Chr.*, XXXII, 3-6a)[126]. P. Welten nous semble cependant avoir raison de tenir également *II Chr.*, XXXII, 3-6a pour une composition du Chroniste qui ne suppose aucune source spéciale[127].

II Chr., XXXII, 3-4 ne fait que généraliser les travaux rapportés en *II Chr.*, XXXII, 30a[128], qui a son correspondant en *II Rois*, XX, 20. *II Chr.*, XXXII, 30a précise que, lors des travaux d'adduction de l'eau de Giḥon à l'intérieur de la ville au moyen du tunnel d'Ézéchias, on obtura l'issue supérieure de la source, sans doute l'issue naturelle. A la différence de *II Chr.*, XXXII, 30a, *II Chr.*, XXXII, 3-4 mentionne ces travaux d'obturation, non pas dans le cadre des mesures destinées à approvisionner Jérusalem en eau, mais dans le cadre de mesures destinées à priver d'eau les Assyriens lors de leur siège éventuel. Par ailleurs, *II Chr.*, XXXII, 3-4 étend à tous les points d'eau qui se trouvaient à l'extérieur des remparts la mesure d'obturation que *II Chr.*, XXXII, 30a mentionne uniquement en rapport avec l'issue supérieure de la source de Giḥon. Cette généralisation s'impose en quelque sorte dans le contexte de *II Chr.*, XXXII, 3-4. En effet, si l'on veut priver complètement d'eau l'assiégeant éventuel, il ne suffit pas d'obstruer l'issue supérieure de Giḥon, mais on doit boucher aussi les autres sorties que l'eau de cette source pouvait avoir à l'extérieur des remparts, ainsi que tout autre point d'eau hors les murs[129]. Cette insistance sur les mesures destinées à priver d'eau les Assyriens a peut-être été favorisée par les propos attribués à Sennachérib se targuant d'avoir creusé et bu des eaux étrangères (*II Rois*, XIX, 24)[130]. A cause du zèle du fidèle Ézéchias, Sennachérib ne pourra pas se vanter de pareil exploit en ce qui concerne Jérusalem.

Aux travaux hydrauliques s'enchaîne immédiatement, en *II Chr.*,

Spätzeit des Alten Testaments. Studien, Göttingen, 1971, pp. 50-66. Voir cependant A. CODY, *A History of Old Testament Priesthood* (AnBib, 35), Rome, 1969, pp. 187-190.

[126] Voir W. RUDOLPH, *Chronikbücher*, 1955, p. 311; F. MICHAELI, *Les livres des Chroniques*, 1967, p. 233.

[127] *Geschichte*, 1973, pp. 29-31, 68-71.

[128] Voir P. R. ACKROYD, *I & II Chronicles*, 1973, pp. 190-192; ID., *The Chronicler as Exegete*, dans JSOT, II, 1977, pp. 11-12; P. WELTEN, *op. cit.*, pp. 30-31, 48 et 72; R. NORTH, *Does Archaeology prove Chronicles Sources?*, dans H. N. BREAM - R. D. HEIM - C. A. MOORE (éds), *A Light unto my Path : Old Testament Studies in Honor of Jacob M. Myers*, 1974, pp. 375-379 et 392.

[129] Voir P. WELTEN, *op. cit.*, p. 30, n. 90.

[130] Voir P. R. ACKROYD, *I & II Chronicles*, 1973, p. 191; ID., dans JSOT, II, 1977, pp. 11-12.

XXXII, 5, un petit récit de construction. P. Welten a montré que ce type de récit, qualifié par lui de «Topos Bauen», est l'un des moyens dont le Chroniste se sert fréquemment pour brosser le portrait d'un bon roi, notamment pour souligner sa puissance[131]. Selon nous, P. Welten a également raison de dire qu'aucun indice ne permet de supposer l'existence d'une source spéciale rapportant les travaux de construction d'Ézéchias à Jérusalem, et dont le Chroniste aurait disposé pour composer *II Chr.*, XXXII, 5a[132]. La construction des tours et de l'autre mur à l'extérieur est à rapprocher des travaux que le Chroniste attribue respectivement à Ozias (*II Chr.*, XXVI, 9) et à Manassé (*II Chr.*, XXXIII, 14). Le Chroniste a encore ajouté au récit de construction deux notices, l'une sur la fabrication d'armes (*II Chr.*, XXXII, 5b), l'autre sur la mise de chefs militaires à la tête du peuple (*II Chr.*, XXXII, 6a).

Pour conclure, *II Chr.*, XXXII, 1-23 contient certes une présentation des événements plus unifiée que celle des récits de *II Rois*, XVIII, 13-XIX, 37; il n'ajoute pourtant aucun renseignement historique qui ne se trouve déjà — ne fût-ce qu'implicitement — dans ce dernier passage.

[131] *Op. cit.*, pp. 9-78, surtout aux pp. 29-31 et 68-72.
[132] *Op. cit.*, pp. 29-31 et 68-72.

APPENDICE

Les références aux récits de II Rois, xviii, 17-xix, 37 et par. dans Tob., i, 18-22; Sir., xlviii, 18-22; i Mac., vii, 41-42 et ii Mac., viii, 19 et xv, 22-24.

Les traditions rapportées par *II Rois*, xviii, 17-xix, 37 sont restées bien vivantes, comme en témoigne leur reprise dans les récits postérieurs [1]. Nous nous contenterons de signaler les références que l'on en trouve dans *Tobit*, le *Siracide* et les deux livres des *Maccabées*, ouvrages qui datent des derniers siècles avant l'ère chrétienne. Parmi ces ouvrages, *II Maccabées* est le seul dont le grec est la langue originale. Le *Siracide* et *I Maccabées* ont été écrits en hébreu. Pour ce qui est de *Tobit*, on peut hésiter entre un original araméen et un texte primitif en hébreu.

1. *Tob., I, 18-22*

D'après *Tob.*, i, 18-22, Sennachérib a quitté la Judée en plein désarroi : sa défaite était le châtiment des blasphèmes qu'il y avait proférés. Dans sa colère, Sennachérib tue alors un grand nombre d'Israélites parmi ceux qui avaient été exilés à Ninive. Tobit dérobe leurs cadavres pour les ensevelir; c'est pourquoi le roi le fait rechercher pour le mettre à mort. Averti du danger, Tobit s'enfuit; ses biens sont confisqués. Quarante jours [2] ne s'étaient pas écoulés que Sennachérib était assassiné par deux de ses propres fils, qui s'enfuient dans les monts Ararat. Assarhaddon règne à la place de Sennachérib. Grâce à l'intervention de son neveu Ahikar, qui était chef de toute l'administration du royaume, Tobit retrouve sa situation antérieure [3].

[1] Au sujet de la légende de Sennachérib dans la tradition juive, on se reportera à L. Ginzberg, *The Legends of the Jews*, IV, Philadelphia, 1941, pp. 267-270 et VI, 1956, pp. 361-364, nn. 51-61.

[2] Le texte court lit «cinquante». Pour le texte, voir R. Hanhart, *Tobit* (Septuaginta, VIII, 5), Göttingen, 1983.

[3] Le livre de Tobit mentionne à plusieurs reprises Ahiqar, qui serait le neveu de Tobit (i, 21-22; ii, 10; xi, 19; xiv, 10). Le nom de Ahiqar est lié à une œuvre de sagesse, qui a dû être très populaire. La version la plus ancienne que l'on connaisse est représentée par des fragments araméens du Ve s. av. J.-C., trouvés à Éléphantine (Égypte). Comme *Tob.*, i, 21-22, cette version situe Ahiqar, «conseiller de toute l'Assyrie», sous les règnes de Sennachérib et Assarhaddon. Voir P. Grelot, *Documents araméens d'Égypte* (LAPO, 5), Paris, 1972, pp. 425-452. Au sujet de la place d'Ahiqar dans le livre de Tobit, on peut voir notamment L. Ruppert, *Zur Funktion der Achikar-Notizen im*

Selon P. Deselaers, *Tob.*, I, 15-22 est rédactionnel : c'est l'œuvre d'un auteur alexandrin qui écrit en 195 av., J.C.[4]. Quoi qu'il en soit, ce passage a pour but de montrer que la grande piété dont Tobit a fait preuve en enterrant, au péril de sa propre vie, ses compatriotes morts, a été récompensée.

Le récit a pour cadre Ninive quelque temps après la fin du royaume d'Israël[5]. L'auteur de *Tob.*, I, 15-22 se sert des traditions relatives à Sennachérib, qui se prêtaient bien à son propos. Ces traditions sont cependant insérées dans la trame du récit en fonction de la présentation du personnage de Tobit. La mention du retour et les thèmes du blasphème et du châtiment mis à part, *Tob.*, I, 18-22 retient uniquement les épisodes qui se situent à Ninive. Aux éléments traditionnels *Tob.*, I, 18-22 en ajoute de nouveaux, notamment les représailles de Sennachérib contre les Israélites habitant Ninive. Cet épisode a été créé pour les besoins de l'histoire de Tobit. Il est essentiellement destiné à fournir à Tobit l'occasion d'ensevelir un grand nombre de ses compatriotes, et cela au risque de sa propre vie. Les circonstances du meurtre de Sennachérib restent les mêmes, mais l'événement change de fonction. Il n'est plus le châtiment du défi que le roi d'Assyrie a lancé à Yahvé, mais devient plutôt le châtiment de la persécution que Sennachérib a menée contre Tobit, en raison même de la piété de ce dernier[6].

2. *Sir.*, *XLVIII*, *18-22*

L'épisode assyrien occupe la plus grande partie de l'éloge que le *Siracide* fait d'Ézéchias (XLVIII, 17-23). XLVIII, 18-21 résume l'expédition de Sennachérib en Juda, telle que *II Rois*, XVIII, 17-XIX, 37 et par. la rapportaient.

Buch Tobias, dans BZ, NF, XX, 1976, pp. 232-237; J.C. GREENFIELD, *Ahîqar in the Book of Tobit*, dans J. DORÉ - P. GRELOT - M. CARREZ (éds), *De la Tôrah au Messie. Mélanges Henri Cazelles*, Paris, 1981, pp. 329-336; P. DESELAERS, *Das Buch Tobit. Studien zu seiner Entstehung, Komposition und Theologie* (OBO, 43), Freibourg-Göttingen, 1982, pp. 438-448.

[4] *Op. cit.*, pp. 24-25, 424-428, 448-450 et 513. P. DESELAERS distingue dans le livre de *Tobit* un récit fondamental et trois couches rédactionnelles. *Tob.*, I, 15-22 appartiendrait à la deuxième couche rédactionelle et aurait été écrit directement en grec.

[5] La déportation des habitants de Nephtali fut l'œuvre de Tiglath-phalazar III (*II Rois*, XV, 29). En l'attribuant à Salmanazar, l'auteur de *Tob.*, I, 1-2 pense aux événements qui ont marqué la fin du royaume du Nord (*II Rois*, XVII, 3-6 et XVIII, 9-12).

[6] Selon P. DESELAERS, *op. cit.*, pp. 448-450 et 513, *Tob.*, I, 15-22 renverrait à des événements de la fin du IIIe s. ou du début du IIe s. av. J.-C. Ainsi l'assassinat de Sennachérib contiendrait une allusion voilée à la mort de Ptolémée IV Philopator, survenue dans des circonstances mystérieuses en 205.

Sennachérib monte (*ʿlh*), envoie (*wyšlḥ*) le Rab-Shaqé, lève la main contre Sion et, dans son arrogance (*bgʾwnw*), insulte (*wygdp*) Dieu (v. 18). Le peuple et Ézéchias fondent dans l'arrogance de leurs cœurs (*[n]mwgw bgʾwn lbm*) et se tordent de douleur comme une femme en travail (*wyḥylw kywldh*) (v. 19). Ils invoquent le Dieu très haut et tendent vers lui leurs mains (v. 20). Yahvé exauce leur prière et les sauve (*wywšyʿm*) par la main d'Isaïe (v. 20). Il frappe le camp des Assyriens et les bouleverse (*wyhmm*) par un fléau (*bmgph*) (v. 21), car Ézéchias fit ce qui est bon et est demeuré ferme dans les voies de David (v. 22).

Sir., XLVIII, 18-21 reprend le schéma général des récits de *II Rois*, XVIII, 13-XIX, 37 et par.[7], plusieurs de leurs termes significatifs[8], de leurs images[9] et de leurs thèmes[10].

Sir., XLVIII, 18-21 présente néanmoins quelques différences par rapport à *II Rois*, XVIII, 13-XIX, 37 et par. Ainsi, le texte hébreu[11] de *Sir.*, XLVIII, 19a suppose qu'il y avait chez les Judéens une arrogance identique à celle de Sennachérib[12]; ils y ont cependant renoncé à l'occasion de la menace assyrienne.

Bien que le v. 22 établisse un rapport spécial entre la piété d'Ézéchias et l'échec assyrien, le *Siracide* attribue explicitement à Isaïe le rôle d'instrument dans le salut (*wywšyʿm byd yšʿyhw*) (v. 20) et, par ailleurs, accorde au peuple une place plus importante que celle qu'il tient en *II Rois*, XVIII, 13-XIX, 37 et par.

Cependant le *Siracide* ne précise pas comment Isaïe a été l'instrument du salut. Étant donné les jeux de mots entre le nom *yḥzqyhw* (Ézéchias) et le verbe de même racine *ḥzq*[13], aux vv. 17 et 22, il est probable que l'auteur ait associé le verbe *hwšyʿ* au nom *yšʿyhw* (Isaïe) uniquement

[7] On a la même succession d'acteurs: Sennachérib, le Rab-Shaqé, les Judéens et Dieu.

[8] *ʿlh* (*Sir.*, XLVIII, 18 comp. *II Rois*, XVIII, 13), *šlḥ* (*Sir.*, XLVIII, 18 comp. *II Rois*, XVIII, 17 et XIX, 9b), *gdp* (*Sir.*, XLVIII, 18 comp. *II Rois*, XIX, 6.22), *prś* (*Sir.*, XLVIII, 20 comp. *II Rois*, XIX, 14), *tplh* (*Sir.*, XLVIII, 20 comp. *II Rois*, XIX, 4.15.20), *hwšyʿ* (*Sir.*, XLVIII, 20 comp. *II Rois*, XIX, 19.34) et probablement aussi le hif de *nkh* (*Sir.*, XLVIII, 21 comp. *II Rois*, XIX, 35).

[9] La femme en travail (*Sir.*, XLVIII, 19 comp. *II Rois*, XIX, 3b).

[10] Blasphème, prière, salut. Bien que *II Rois*, XVIII, 17-XIX, 37 et par. n'emploient pas la racine *gʾh*, l'arrogance est ce qui caractérise le comportement de Sennachérib.

[11] F. VATTIONI, *Ecclesiastico. Testo ebraico con apparato critico e versioni greca, latina e siriaca* (Publicazioni del Seminario di Semitistica, Testi, I), Napoli, 1968.

[12] L'auteur emploie la même expression *bgʾwn* en rapport avec Sennachérib (v. 18b) et les Judéens (v. 19a). Au lieu de l'abaissement de l'arrogance, le texte grec suppose une simple réaction de peur.

[13] *yḥzqyhw ḥzq ʿyrw*, «Ézéchias fortifia sa ville» (v. 17) et *[w]yḥzq bdrky dwd*, «demeura ferme dans les voies de David» (v. 22).

à cause du jeu de mots. Passant l'ange sous silence, le texte hébreu ne mentionne d'ailleurs aucun instrument dans l'intervention de Yahvé contre les Assyriens[14].

Les plur. des vv. 19-20a se réfèrent à Ézéchias et à l'ensemble du peuple. Le *Siracide* ne distingue donc pas entre la réaction de l'un et de l'autre. Ce sont Ézéchias et le peuple qui se repentent, sont pris de douleurs, prient Dieu et sont exaucés. R.A.F. Mackenzie[15] voit dans cette «démocratisation» le reflet de la situation à l'époque de l'auteur du *Siracide*: le roi et les prophètes étant disparus, il revenait au peuple une part plus grande d'initiative et de responsabilité.

Le *Siracide* laisse de côté le retour de Sennachérib dans son pays et sa fin malheureuse. En cela il se distingue nettement de *Tobit*, qui ne s'intéresse qu'à cette dernière partie de la tradition.

3. *I Mac.*, *VII*, *41-42*[16]

Le contexte de *I Mac.*, VII, 41-42 est celui d'une prière que Judas prononce avant d'engager le combat. Judas rappelle au Seigneur l'épisode de Sennachérib et lui demande de traiter de la même manière l'armée de Nicanor. Le passage retient les blasphèmes prononcés par les messagers du roi et l'action de l'ange tuant cent quatre-vingt-cinq mille hommes. Ces éléments sont si caractéristiques des traditions relatives à Sennachérib que l'auteur n'a même pas besoin de nommer explicitement le roi.

4. *II Mac.*, *VIII*, *19 et XV*, *22-24*[17]

II Maccabées mentionne à deux reprises l'épisode de Sennachérib. De même que *I Mac.*, VII, 41-42, *II Mac.*, VIII, 19 et XV, 22-24 le présentent comme le type même de l'intervention de Dieu en faveur des siens.

II Mac., VIII, 19 fait partie d'une exhortation au courage que Maccabée adresse à ses troupes avant le combat (*II Mac.*, VIII, 16-21). Maccabée rappelle aux siens deux exemples de la protection divine dont leurs

[14] En rapportant l'action de l'ange, le texte grec est plus proche de *II Rois*, XIX, 35 et par.

[15] *Ben Sira as Historian*, dans T.A. DUNNE and J.M. LAPORTE (éds), *Trinification of the World, A Festschrift in Honour of Frederick E. Crowe*, Toronto, 1978, pp. 321-327, à la p. 323.

[16] W. KAPPLER, *Maccabaeorum Liber I* (Septuaginta, IX, I), Göttingen, 1967².

[17] W. KAPPLER (R. HANHART), *Maccabaeorum Liber II* (Septuaginta, IX, 2), Göttingen, 1976².

aïeux ont bénéficié : il s'agit en premier lieu de la mort de cent quatre-vingt-cinq mille hommes sous Sennachérib[18].

II Mac., XV, 22-24 se trouve dans un contexte de prière tout à fait identique à celui de *I Mac.*, VII, 41-42. De même que ce passage, *II Mac.*, XV, 22-24 reprend les thèmes du blasphème et de l'ange, ainsi que le nombre des Assyriens tués. A la différence de *I Mac.*, VII, 41-42, *II Mac.*, XV, 22-24 dit explicitement que la victime de l'action de l'ange fut l'armée de Sennachérib et que les événements ont eu lieu au temps d'Ézéchias.

[18] L'autre épisode est inconnu par ailleurs.

CONCLUSIONS

Le moment est venu de rassembler les principaux résultats de notre étude. Nos conclusions concernent avant tout les répercussions de la révolte d'Ézéchias et de l'expédition punitive de Sennachérib dans les écrits hébraïques antérieurs à l'ère chrétienne. On ne négligera pas pour autant de relever les conséquences qui s'imposent pour l'histoire, en particulier pour ce qui se rapporte à l'issue de l'expédition.

1. La révolte d'Ézéchias a été accompagnée en politique intérieure d'une réforme religieuse et de grands travaux à Jérusalem. Ces derniers étaient liés pour une bonne part à la révolte, et avaient pour but de préparer Jérusalem à faire face à la riposte assyrienne. La réforme et la révolte faisaient, sans aucun doute, partie d'un même mouvement de renouveau national. Contrairement à l'opinion commune, rien n'indique cependant qu'il existait entre elles un rapport intrinsèque. En effet, il n'y a aucun indice d'une quelconque assyrianisation du yahvisme au temps d'Ézéchias. Il est donc gratuit de supposer que la réforme d'Ézéchias était destinée, du moins en partie, à écarter de Juda les cultes assyriens, et constituait le volet religieux de la révolte.

La réforme, comme d'ailleurs l'activité littéraire et théologique qui l'a préparée, n'était pas pour autant sans rapport avec la situation créée par la domination assyrienne. La réforme d'Ézéchias se situe en effet dans le prolongement de la guerre menée contre la canaanisation du yahvisme sous la forme que cette lutte a prise en Israël aux IXe-VIIIe s. av. J.-C. Or, c'est justement à la suite de la ruine d'Israël, œuvre de l'Assyrie, que les traditions relatives à la lutte contre la canaanisation du yahvisme ont été apportées en Juda. Par ailleurs, la fin tragique d'Israël, envisagée comme la conséquence du syncrétisme religieux démontrait la justice du combat mené contre la canaanisation du yahvisme. La ruine d'Israël était donc un avertissement pour Juda, dont la religion était elle aussi canaanisée. Seule la purification effective de sa religion pourrait éviter à Juda un sort identique à celui d'Israël. Voilà ce qui, à notre avis, a stimulé et nourri la réflexion théologique et l'activité littéraire au temps d'Ézéchias; voilà ce qui a créé les conditions favorables à la réforme cultuelle de ce roi.

2. Juda n'était pas seul dans sa révolte anti-assyrienne. Il faisait partie d'une coalition englobant aussi l'Égypte et plusieurs États de Philistie et de Phénicie. Cette coalition agissait probablement de concert

avec le Chaldéen Marduk-apal-iddina, qui menait la révolte à l'autre extrémité de l'empire, dans le sud de la Mésopotamie.

3. Isaïe n'était peut-être pas le seul opposant à la politique judéenne entre 705 et 701 av. J.-C. Quoi qu'il en soit, la seule voix judéenne certainement discordante qui nous soit parvenue est celle de ce prophète. Le recueil isaïen contient un nombre considérable d'oracles datant probablement de cette époque. Cela indique l'importance qu'Isaïe, et plus tard la tradition, accordaient aux événements de 705 à 701.

Contrairement à l'opinion commune, les oracles en question ne témoignent d'aucune opposition à la révolte elle-même : ils ne contiennent aucun appel à la neutralité — attitude qui aurait d'ailleurs été impossible à ce moment-là —, ni à la soumission à l'Assyrie.

Isaïe aspire, plus vivement que quiconque en Juda, au bien-être de son peuple. Ses prises de position n'ont d'autre but que d'amener les dirigeants de Jérusalem à faire les choix qui permettraient à Juda d'atteindre cet objectif. Tout paraît indiquer que, aux yeux d'Isaïe, le bien-être de Juda passait par le refus de la domination que l'Assyrie exerçait sur Juda depuis la crise syro-éphraïmite. Sans doute ne trouve-t-on pas chez Isaïe des condamnations explicites de l'alliance qui liait Juda à l'Assyrie. Il est cependant hors de doute que la foi réclamée par Isaïe lors de la menace syro-éphraïmite excluait le recours à l'Assyrie. Or, rien ne permet de supposer que le prophète en soit venu à approuver, ou même à tolérer, le traité avec l'Assyrie. Du point de vue d'Isaïe, ce traité devait rester aussi condamnable que l'alliance avec l'Égypte. Par ailleurs, *Is.*, XXX, 15 nous apprend explicitement qu'Isaïe cherchait à conduire son peuple à la victoire. Étant donnés la teneur et le contexte de *Is.*, XXX, 15-17, l'ennemi sur lequel Juda souhaitait la victoire ne peut être que l'Assyrie. Or, la victoire sur l'Assyrie supposait, ou impliquait, le refus de sa suzeraineté, en un mot la révolte.

4. Isaïe est cependant en désaccord total avec les dirigeants de Jérusalem au sujet des moyens à utiliser pour mener la révolte à bonne fin. Le prophète condamne entièrement la stratégie judéenne. Il s'insurge aussi bien contre les alliances — les textes mentionnent seulement l'alliance avec l'Égypte (*Is.*, XVIII, 1-2.4; XXX, 1-5.6b-8; XXXI, 1.3) — que contre les préparatifs militaires, qu'ils soient de nature offensive (*Is.*, XXX, 15-17) ou défensive (*Is.*, XXII, 8b-11). Isaïe dénonce aussi les injustices que l'effort de guerre entraînait, ou du moins aggravait (*Is.*, XXVIII, 12. 15-17; XXX, 12).

5. Le prophète annonce l'échec de la stratégie adoptée par les dirigeants de Jérusalem. Le renforcement du système défensif de la capitale, l'armement et l'alliance militaire avec l'Égypte n'apporteront

pas à Juda la victoire. Bien au contraire, ils lui attireront le malheur dont Yahvé lui-même sera l'auteur. Ce malheur atteindra aussi l'allié égyptien.

6. Isaïe croit à la présence de Yahvé dans Sion, et prend probablement aussi au sérieux la promesse faite à la dynastie davidique, dont le siège est à Jérusalem : le prophète voit dans ces faits un gage de la protection de Yahvé. Pourtant il ne partage pas la croyance à la protection inconditionnelle de Yahvé. Bien au contraire, Isaïe s'insurge contre la prétention qu'ont les Hiérosolymitains d'être à l'abri de tout malheur et de ne pas avoir à craindre l'invasion assyrienne (*Is.*, XXVIII, 14-18 ; *cf.* aussi XXXII, 9-14). Les privilèges de Jérusalem sont une épée à double tranchant : ils sont à la fois source de protection et source d'exigences. Si Jérusalem ne répond pas à ces exigences, Yahvé lui-même se tournera contre elle, et se comportera en ennemi de sa ville (*Is.*, XXIX, 1-4 ; XXXI, 4).

7. A l'encontre d'une opinion assez répandue, l'annonce de la défaite de l'Assyrie (*Is.*, X, 5-15 ; XIV, 24-25a), quelle qu'en soit la date (entre 705 et 701, ou plus tôt), ne neutralise ni n'atténue la menace qu'Isaïe adresse à Juda. En effet, le malheur de l'Assyrie n'entraîne pas automatiquement le bonheur de Juda. Par ailleurs, rien ne s'oppose à ce que l'Assyrie soit en même temps le bâton de la colère de Yahvé contre Juda, et l'objet de la colère de Yahvé.

8. L'opposition d'Isaïe à la stratégie judéenne ne se fonde pas sur des considérations d'ordre stratégique ni sur un quelconque pragmatisme. Elle n'est pas non plus dictée par un idéal pacifiste. Isaïe invoque une seule raison, qui est d'ordre proprement théologique. Selon le prophète, la victoire et le bien-être de Juda ne peuvent venir que de Yahvé, et de nul autre. D'une part, cela implique que Juda doit s'en remettre entièrement à Yahvé, et s'abstenir des moyens humains ; ceux-ci prendraient la place qui ne peut revenir qu'à Yahvé. Le recours au potentiel militaire propre ou égyptien équivaut à une sorte d'idolâtrie. D'autre part, le fait que Yahvé seul peut décider du bien-être des siens exige aussi que justice soit faite au sein du peuple.

On reconnaît l'importance de la justice dans le message d'Isaïe, mais la critique a tendance à réserver ce thème à la première période de l'activité du prophète. Seuls quelques rares exégètes ont signalé ce thème dans l'un ou l'autre des oracles des années 705 à 701. Ces auteurs ont fait remarquer que la course aux armements et les alliances se faisaient aux frais de l'ensemble du peuple. La politique judéenne ne pouvait donc qu'aggraver les injustices dont les plus démunis sont de tout temps les victimes.

La critique ne semble cependant pas s'être aperçue que, dans la pensée d'Isaïe, la dénonciation de la stratégie et de l'injustice et, corrélativement, l'appel à la foi et à la justice s'articulent à un niveau plus profond que la simple réflexion socio-politique. Aux yeux d'Isaïe, l'injustice et le recours à la stratégie se rejoignent par le fait qu'elles équivalent l'une et l'autre au rejet de la seigneurie de Yahvé. En commettant l'injustice, les dirigeants de Jérusalem rejettent l'ordre social voulu par Yahvé, qui est le fondement et le garant de la justice; ils remplacent cet ordre par le désordre de leur choix. Ce faisant, ils prétendent en quelque sorte usurper la seigneurie de Yahvé.

9. L'insistance sur la seigneurie découle de la perception qu'Isaïe a de Yahvé et des rapports entre ce dernier et l'homme. Yahvé s'est révélé à Isaïe comme le Roi siégeant sur un trône élevé (*Is.*, VI, 1) et le trois fois Saint (*Is.*, VI, 3) devant qui le prophète reconnaît son impureté et l'impureté de ses concitoyens (*Is.*, VI, 5). Empruntés probablement à la tradition liturgique du Temple de Jérusalem, les motifs de la royauté et de la sainteté expriment la grandeur, la seigneurie absolue et la puissance irrésistible de Yahvé. De même que la sainteté, son opposé, l'impureté est, elle aussi, une notion d'origine cultuelle, voire rituelle. Dans la bouche d'Isaïe, l'impureté évoque cependant la faiblesse et l'impuissance radicales de l'homme. Celui-ci est entièrement dépendant de Yahvé, et doit vivre en conséquence. Dans le refus de cette dépendance ou dans le fait de ne pas en tenir compte réside l'orgueil, qui est la source de tout péché. Cet orgueil équivaut, aux yeux d'Isaïe, à la prétention insensée de priver Yahvé de ses prérogatives, et de s'en emparer à son propre profit ou au profit d'une autre créature.

10. D'après Isaïe, les faits lui ont donné entièrement raison. Sennachérib a infligé à Juda une grande défaite (*Is.*, I, 4-8 et XXII, 1-14). Isaïe semble d'ailleurs y voir la dévastation que Yahvé assignait comme terme à sa mission (*Is.*, I, 7 comp. VI, 11). L'invasion de Sennachérib n'était pourtant pas le châtiment dernier, mais plutôt l'ultime appel : elle était un «Jour de Yahvé», où Yahvé seul devait être exalté et l'orgueil humain abaissé (*cf. Is.*, II, 12-17). Les Judéens en ont fait une manifestation éclatante de leur orgueil. L'endurcissement annoncé lors de l'envoi d'Isaïe (VI, 9-10) devient une réalité. Aussi les Judéens ont-ils perdu la dernière chance de salut que Yahvé leur offrait (*Is.*, XXII, 14).

11. Si les oracles de Michée ne semblent contenir aucune référence à la révolte, *Mich.*, I, 10-15 témoigne, à notre avis, de la réaction du prophète de Morèshèt devant les conséquences de l'invasion, notamment pour les villes de la Shephéla. Le prophète entonne une lamentation.

En ouvrant sa complainte par la citation d'un passage de l'élégie de David sur Saül et Jonathan, Michée suggère un désastre aussi grand que celui de Guelboé. Le prophète voit dans l'invasion de Sennachérib l'œuvre de Yahvé, mais, à la différence d'Isaïe, il ne donne pas la raison pour laquelle Yahvé a frappé si durement Juda.

12. Il est également question des graves conséquences de l'invasion de Sennachérib en *II Rois*, XVIII, 13-16. Il s'agit d'un récit d'invasion qui reprend et développe une ou deux notices des annales officielles. Son but est de nous informer que, pour obtenir la fin de l'invasion, Ézéchias a dû verser à Sennachérib tout l'argent qui se trouvait dans le Temple et dans les trésors du palais, et même le revêtement métallique des portes du Temple.

13. Jérusalem a été probablement soumise à un siège, mais n'a pas été prise d'assaut. *Is.*, XXII, 1b-2a.13 nous apprend que les Hiérosolymitains ont célébré bruyamment ce qu'ils croyaient sans doute être une grande délivrance de leur ville. Quoi qu'il en soit du déroulement des événements, le sort de Jérusalem contraste avec le sort des autres villes judéennes et surtout avec le sort de Samarie, que les armées assyriennes avaient détruite deux décennies plus tôt. Le fait que Jérusalem a échappé à la destruction, et même à la prise d'assaut, jouera un rôle déterminant dans l'apparition de la plupart des présentations bibliques de l'invasion de Sennachérib. Cette circonstance sera concrètement le point de départ des traditions relatives à la délivrance de la ville — compréhension des événements que Isaïe avait amèrement dénoncée — ainsi qu'à son pendant, l'échec de Sennachérib.

D'après *Jér.*, XXVI, 17-19, Jérusalem n'a pas été rasée du temps d'Ézéchias, comme l'annonçait *Mich.*, III, 12, parce que, en réponse à une si grande menace, le roi et le peuple ont apaisé Yahvé. *Jér.*, XXVI, 17-19 se réfère peut-être aux événements de 701 ; il paraît cependant ignorer le rôle généralement attribué à Isaïe en la circonstance. S'agit-il d'une réflexion propre à l'auteur du passage ou témoigne-t-il de l'existence d'une tradition selon laquelle Michée jouait un rôle comparable à celui que les autres textes attribuent à Isaïe? Si une telle tradition a jamais existé, elle a été complètement éclipsée par celles qui mettent la délivrance de Jérusalem en rapport avec Isaïe. Ces dernières sont nées dans des cercles qui se réclamaient d'Isaïe. Sans aucun doute, ces cercles gardaient-ils le souvenir des nombreuses prises de position du prophète lors des événements de 705 à 701. Comme Isaïe lui-même, ils portent un grand intérêt à Jérusalem et à son sort. Ils s'intéressent probablement aussi au sort de l'Assyrie, dont ils attendent encore la ruine annoncée par Isaïe. Ces cercles en sont venus à voir dans l'issue de l'invasion de Sennachérib une délivrance de Jérusalem et, tout naturellement, ont mis cette délivrance en rapport avec l'action et le message d'Isaïe. C'est grâce à cette interprétation, qui fera fortune, que l'invasion de Sennachérib en 701 prendra une importance si grande dans la tradition biblique.

14. *Is.*, XXII, 1b-2a.13 mis à part, *II Rois*, XVIII, 17-XIX, 9bα (*wayyāšōb*). 36-37 par. *Is.*, XXXVI, 2-XXXVII, 9bα (*wayyišmaʿ*). 37-38 est le premier témoin de l'interprétation des événements de 701 dans le sens d'une délivrance de Jérusalem. Le point de départ de ce récit que nous appelons B1 est la tradition relative aux démarches faites par le Rab-Shaqé à Jérusalem. Sans pour autant négliger complètement l'ensemble de Juda, B1 est centré sur le sort de la capitale. Nous proposons de le dater environ une cinquantaine d'années après les événements, c'est-à-dire vers le milieu du VIIe s.

D'après B1, Yahvé a contraint Sennachérib à retourner dans son pays, et l'a ainsi empêché de ramener Jérusalem à la soumission. Par là Yahvé répond à la confiance qu'Ézéchias et les Hiérosolymitains, exhortés par leur roi, avaient mise en Lui.

Il y a de bonnes raisons de penser que le thème de la confiance faisait déjà partie de la tradition qui a servi de point de départ au récit. Ce fut probablement à la faveur de ce thème, qui lui tenait à cœur, que l'auteur de B1 a repris ladite tradition. Quoi qu'il en soit, B1 est en réalité une explication du sort de Jérusalem en 701 : il est interprété à la lumière de l'axiome isaïen selon lequel il n'y a pas de salut sans la confiance absolue en Yahvé. Estimant que la ville a été sauvée de la domination assyrienne, l'auteur de B1 conclut qu'elle s'en est remise entièrement à Yahvé. Sous la plume de notre auteur, l'affrontement entre Sennachérib et Jérusalem devient même une illustration de la confiance absolue en Yahvé, et la preuve du bien-fondé de cette exigence du message isaïen. D'une part, Ézéchias y tient en effet le rôle de parfait modèle, voire de champion de ladite confiance. D'autre part, la délivrance que ce comportement du roi valut à Jérusalem donne entièrement raison au prophète. Le personnage de Sennachérib illustre lui-aussi, de façon négative, le message d'Isaïe, et en prouve le bien-fondé. Sennachérib est un modèle d'orgueil, qui est l'envers de la confiance absolue en Yahvé. Pareil comportement ne peut qu'attirer l'abaissement. C'est précisément ce qui arrive : Sennachérib échoue dans son projet de ramener Jérusalem à la vassalité et, finalement, meurt dans les circonstances les plus malheureuses.

B1 reste foncièrement fidèle au contenu du message d'Isaïe. En revanche, la conformité au message d'Isaïe qu'il prête à Ézéchias, et à tout le peuple, ne correspond nullement à ce qui s'est passé en 701. L'oracle que l'auteur de B1 met dans la bouche d'Isaïe ne correspond pas davantage à la position du prophète lors de l'invasion de Sennachérib. Notre récit est peut-être à l'origine de la tradition concernant les rapports harmonieux entre Isaïe et Ézéchias, dont témoignent également les récits relatifs à la maladie-guérison de ce roi (*II Rois*, XX, 1-11). L'image d'Ézéchias qui en ressort paraît prendre le contre-pied de l'image d'Achaz que donne *Is.*, VII-VIII.

B1 évoque une délivrance dont les péripéties restent très modestes, et n'ont rien de merveilleux. La délivrance est certes l'œuvre de Yahvé, mais celui-ci se sert d'acteurs humains.

Dans la mesure où il met en valeur la piété et la réussite d'Ézéchias, B1 était de nature à retenir l'attention du courant deutéronomiste qui s'intéressait lui aussi à ce roi en raison de sa réforme cultuelle. C'est pourquoi ce récit a été intégré dans l'œuvre deutéronomiste, peut-être dès le temps de Josias. Cela contribuera largement au succès des traditions représentées par B1, qui continueront à se développer.

15. Avec la plupart des critiques, nous lisons une allusion aux événements de 701 dans une série de textes du *Proto-Isaïe* : ceux-ci annoncent l'intervention de Yahvé pour protéger Jérusalem (XXXI, 5) et mettre en déroute l'Assyrie (XXX, 27-33; XXXI, 8-9) ou la horde des peuples se ruant à l'assaut de Jérusalem (XVII, 12-14; XXIX, 5-8). Nous n'y voyons cependant ni l'œuvre d'Isaïe lui-même, ni les témoins d'un échec que Sennachérib aurait réellement essuyé.

A notre avis, ces passages appartiennent à une relecture des oracles d'Isaïe. De même que B1, cette relecture interprète les événements de 701 dans le sens d'une délivrance que Yahvé a accordée à Jérusalem. Mais, contrairement à B1, la relecture n'attribue aucun rôle au comportement des Hiérosolymitains. Yahvé a sauvé Jérusalem uniquement en raison du rapport spécial qu'il a avec elle. Autrement dit, pour les auteurs de la relecture, les événements de 701 confirment la croyance à l'inviolabilité de Sion. Du même coup, ces événements deviennent le modèle du salut que Yahvé accordera toujours à Jérusalem (*Is.*, XVII, 14b et XXIX, 7).

Aux yeux des rédacteurs, les événements de 701 sont avant tout une sorte d'anticipation, et de gage, du renversement de l'Assyrie. Annoncé par Isaïe, ce renversement est encore attendu. Forts de leur compréhension des événements de 701, les rédacteurs réitèrent cette annonce en se servant d'ailleurs à cet effet de menaces qu'Isaïe adressait à Juda, et qui avaient l'Assyrie pour exécutrice. L'Assyrie est tantôt nommée (XXX, 31; XXXI, 8-9), tantôt évoquée sous les traits d'une horde de peuples (VIII, 8b-10; XIV, 26-27; XVII, 12-14; XXIX, 5-8; XXX, 28; *cf.* aussi V, 26).

En plus des thèmes qu'ils ont empruntés à Isaïe, les rédacteurs en ont utilisé d'autres qui étaient probablement courants dans le culte de Jérusalem. On signalera le thème de l'assaut des peuples (V, 26; VIII, 8b-10; XVII, 12-14; XXIX, 5-8), dont les parallèles les plus proches se trouvent dans les *Ps.*, II, XLVI, XLVIII et LXXXVI, et les traditions relatives à la Pâque (XXX, 29; XXXI, 5) et à la traversée de la Mer (XVII, 12-14), cette dernière étant d'ailleurs liée aux représentations de la victoire de Yahvé sur le Chaos.

Cette relecture date probablement du temps de Josias; elle exprime l'espoir du renversement imminent de l'Assyrie et partage avec Isaïe la croyance à la présence de Yahvé à Sion, en en tirant des conclusions opposées. Son interprétation des événements de 701 est aux antipodes de l'appréciation qu'Isaïe en a donnée; sa croyance à l'inviolabilité de Sion est elle aussi aux antipodes du message d'Isaïe. Les rédacteurs semblent plus proches de leurs contemporains, les «prophètes de bonheur» dénoncés surtout par Jérémie, ou de ceux que dénonçait Michée environ un siècle auparavant, que du prophète Isaïe.

16. D'après *II Rois*, XIX, 9b-20.32aβ-b.34-35 par. *Is.*, XXXVII, 9b-21.33aβ-b.35-36, que nous appelons B2, la délivrance de Jérusalem s'accompagne du massacre de l'armée de Sennachérib.

Contrairement à l'opinion commune, nous estimons que B2 dépend de B1. L'auteur de B2 a pris B1 pour modèle, en a conservé la structure, les personnages et une partie de la matière, que l'on trouve dans le discours de l'Assyrien. L'auteur de B2 a cependant retravaillé ces emprunts en fonction de son objectif: montrer que Yahvé est le seul vrai Dieu et, par conséquent, le Dieu de tous les royaumes de la terre. Il insiste sur le blasphème et donne à son récit une conclusion beaucoup plus dramatique que celle de B1.

B2 dépend également de la relecture des oracles isaïens au temps de Josias. Les influences de cette relecture se concentrent dans l'oracle attribué à Isaïe (*II Rois*, XIX, 32aβ-b.34) et dans la conclusion (*II Rois*, XIX, 35). Pour l'auteur de B2, les promesses contenues dans la relecture ont trouvé leur réalisation lors de la menace de Sennachérib. En conformité avec lesdites promesses, Yahvé a protégé Jérusalem, comme il avait protégé les Hébreux, et a frappé l'armée de Sennachérib, comme il avait frappé les Égyptiens (*II Rois*, XIX, 32.34-35 comp. *Is.*, XVII, 12-14; XXX, 27-33; XXXI, 5.8-9). Voilà ce qui explique l'apparition du massacre de l'armée assyrienne, qui deviendra l'un des thèmes les plus caractéristiques des traditions relatives aux événements de 701.

Étant donné ses nombreux points de contact avec les couches les plus récentes du *Deutéronome* et le *Deutéro-Isaïe*, on doit dater B2 de la période exilique.

A l'instar de la relecture des oracles isaïens au temps de Josias, *II Rois*, XIX, 32aβ-b.34 ne soumet pas la protection de Yahvé au comportement des Hiérosolymitains; celui-ci n'est même pas mentionné. On ne peut cependant pas dissocier le salut de Jérusalem (*II Rois*, XIX, 32aβ-b.34-35) de la confession de monothéisme prononcée par Ézéchias (*II Rois*, XIX, 15-19). On peut se demander si l'affirmation du monothéisme yahviste, qui constitue la pointe du récit, n'a pas été provoquée par l'opposition entre la ruine de Jérusalem en 587, envisagée comme une conséquence de l'idolâtrie de la ville, et sa «délivrance» en 701. Si Yahvé n'a pas renouvelé en 587 la protection qu'il avait accordée à Jérusalem en 701, cela est dû à l'idolâtrie de la ville. Pour confirmer cette interprétation, on aurait présenté la «délivrance» de Jérusalem comme la réponse de Yahvé au monothéisme yahviste, dont Ézéchias aurait témoigné.

17. Peu de temps après sa composition, sinon au moment même de celle-ci, B2 a été inséré à l'intérieur de la conclusion de B1. L'ensemble de *II Rois*, XVIII, 13-XIX, 37 est dès lors constitué d'une manière qui n'est pas foncièrement différente de sa forme actuelle. On y trouve trois récits distincts : A (XVIII, 13-16) et B1 (XVIII, 17-XIX, 9bα (*wayyāšŏb*). 36-37) juxtaposés; B2 (XIX, 9b-20.32aβ-b. 34-35) inséré dans la conclusion de B1. L'ensemble formé par B1 et B2 a encore reçu plusieurs ajouts plus ou moins longs. *II Rois*, XVIII, 13-XIX, 37 contient tous les éléments principaux des traditions relatives à l'invasion de Sennachérib et à la délivrance de Jérusalem. Les apports postérieurs concerneront uniquement des points de détail, qui ne changeront pas la teneur desdites traditions.

18. Le Chroniste part de la présentation de l'invasion de Sennachérib que l'on trouve en *II Rois*, XVIII, 13-XIX, 37, et il la retravaille en suivant deux directions différentes. D'une part, le Chroniste s'efforce de résoudre les difficultés engendrées par la juxtaposition des trois récits. D'autre part, il reprend à ses sources uniquement ce qui convient à la fonction de son récit. Dans le cadre de *II Chr.*, XXIX-XXXII, les événements relatifs à l'invasion de Sennachérib sont présentés comme l'illustration de la réussite que valut à Ézéchias sa restauration du culte yahviste. Suivant le même principe de rétribution, le récit de *II Chr.*, XXXII, 1-23 lui-même présente l'heureuse issue des événements comme la récompense de la piété dont Ézéchias fit preuve à cette époque, en particulier de sa confiance en Yahvé. Par conséquent, le Chroniste

omet tout ce qui en *II Rois*, XVIII, 13-XIX, 37 ne cadre pas avec l'idée d'entière réussite, ou avec l'image d'Ézéchias champion de la confiance en Yahvé. Par ailleurs, il ajoute des développements de son propre cru, dans le but de rehausser la piété ou la réussite d'Ézéchias. Grâce à ce profond remaniement de *II Rois*, XVIII, 13-XIX, 37, le Chroniste a obtenu un seul récit, assez unifié et cohérent, mais il n'a pas apporté à la tradition des éléments vraiment nouveaux.

19. Les traditions relatives aux événements de 701 continueront à se répercuter dans les écrits juifs. Nous relevons les références que l'on en trouve dans *Tobit*, le *Siracide* et les deux livres des *Maccabées*. Aucun de ces textes ne reprend l'ensemble des traditions. *I Mac.*, VII, 41-42; *II Mac.*, VIII, 19 et XV, 22-24 rappellent la mort des 185.000 Assyriens, à la fois comme manifestation typique de la merveilleuse intervention de Dieu contre les ennemis de son peuple, et comme gage du salut que Dieu ne refusera pas aux siens. *Tob.*, I, 18-22 met les traditions au service de l'histoire de Tobit. L'histoire ayant Ninive pour cadre, son auteur mentionne le retour de Sennachérib et les épisodes situés à Ninive. Aux éléments traditionnels *Tob.*, I, 18-22 ajoute les représailles contre les Israélites habitant Ninive. Créé pour les besoins de l'histoire de Tobit, cet épisode ne témoigne pas d'une vraie évolution des traditions. *Sir.*, XLVIII, 18-22, qui laisse de côté le retour de Sennachérib dans son pays et sa fin malheureuse, innove sur certains points : il prête aux Judéens une conversion, et unit roi et peuple dans une même action.

En dépit des points nouveaux repérés dans le *Siracide*, on peut dire que les écrits juifs des derniers siècles avant l'ère chrétienne témoignent de la stabilité des traditions telles qu'elles se trouvent en *II Rois*, XVIII, 13-XIX, 37 par. *Is.*, XXXVI-XXXVII plutôt que de leur évolution.

20. Parmi les récits bibliques, seuls *II Rois*, XVIII, 13-16 et XVIII, 17-XIX, 9bα (*wayyāšōb*).36-37 contiennent sur l'expédition de Sennachérib en Palestine en 701 des informations historiques de première main.

Bien que *II Rois*, XVIII, 17-XIX, 9bα (*wayyāšōb*).36-37 fournisse quelques renseignements historiques, l'issue supposée par ce récit ne correspond pas à la réalité historique; elle a été plutôt commandée par les préoccupations théologiques qui sous-tendent le récit et l'ont façonné. Ces préoccupations expliquent probablement le rapport entre l'intervention égyptienne et le départ de Sennachérib (*II Rois*, XIX, 9a). On peut donc difficilement tenir ce rapport pour historique, et conclure que Sennachérib a dû interrompre son expédition à cause d'une menace égyptienne. A plus forte raison, on ne peut pas s'appuyer sur *II Rois*,

XIX, 9a pour dire que Sennachérib n'a pas eu le temps de s'emparer de Jérusalem.

Certes, les Hiérosolymitains ont fêté la fin de l'expédition comme une «délivrance» (*Is.*, XXII, 1b-2a.13) : leur ville a échappé, non seulement à la destruction, mais même à la conquête militaire. En 701 Jérusalem ne s'est pas affranchie pour autant de la domination assyrienne. Contrairement à ce que suppose *II Rois*, XVIII, 17-XIX, 9bα (*wayyāšōb*).36-37, Sennachérib n'a donc pas échoué dans son projet de soumettre Jérusalem. Autrement dit, Sennachérib a obtenu la soumission de Jérusalem sans avoir eu besoin de la conquérir militairement. L'échec que le récit impute à Sennachérib et la délivrance qu'il attribue à Jérusalem — l'un et l'autre restent d'ailleurs très modestes — résultent d'une interprétation du sort de la ville à la lumière de l'exigence isaïenne concernant la confiance absolue en Yahvé.

II Rois, XVIII, 17-XIX, 9bα (*wayyāšōb*).36-37 et XVIII, 13-16 sont indépendants l'un de l'autre. Il n'y a cependant aucune contradiction entre les informations historiques qu'ils fournissent. Les démarches du Rab-Shaqé doivent être antérieures à la soumission d'Ézéchias, mais, faute d'un cadre de référence il n'est guère possible de les situer avec précision. En effet, les documents ne permettent pas de reconstituer le déroulement des opérations de Sennachérib en Juda. Il est d'ailleurs tout aussi impossible de reconstituer d'autres expéditions assyriennes, par exemple celles de Tiglath-phalazar III en Israël (*II Rois*, XV, 29) et dans le royaume de Damas (*II Rois*, XVI, 9), ou encore celle de Salmanazar V en Israël (*II Rois*, XVII, 1-6; XVIII, 9-12).

Cela dit, on peut écarter à la fois les hypothèses qui voient en *II Rois*, XVIII, 13-XIX, 37 les phases successives de l'expédition de Sennachérib en 701, et les hypothèses selon lesquelles ces récits se rapporteraient à deux expéditions différentes. Les hypothèses de l'un et l'autre groupe sont dépourvues de fondement. Par ailleurs, aussi bien l'issue que les conséquences de l'expédition nous semblent claires. Sennachérib a conquis l'ensemble du pays de Juda. C'est ce que disent à la fois *II Rois*, XVIII, 13-16 et les annales de Sennachérib. L'ampleur des conquêtes assyriennes est confirmée par *Is.*, I, 4-8 et *Mich.*, I, 10-15. A la différence des autres villes fortifiées, Jérusalem n'a pas été conquise militairement. Supposé par les annales de Sennachérib, *Is.*, XXII, 1-14 et *Mich.*, I, 12b, ce fait est le point de départ de *II Rois*, XVIII, 17-XIX, 9bα (*wayyāšōb*).36-37. Contrairement à ce que supposent ces récits, le sort de Jérusalem est dû non pas à un quelconque revers assyrien, mais au fait qu'Ézéchias s'est soumis, et a versé les énormes sommes que Sennachérib lui a imposées. Avec cela Sennachérib avait atteint son objectif concernant Juda. A l'encontre des opinions les plus répandues, rien ne permet de supposer que le roi d'Assyrie ait jamais eu l'intention de changer le statut de Juda, ou même de remplacer le monarque régnant.

ABREVIATIONS

AB	Anchor Bible, Garden City
ActOr	*Acta Orientalia*, København
ADPV	Abhandlungen des Deutschen Palästina-Vereins, Wiesbaden
AfO	*Archiv für Orientforschung*, Graz
AIPHOS	*Annuaire de l'Institut de Philologie et d'Histoire Orientales et Slaves*, Bruxelles
AJBA	*Australian Journal of Biblical Archaeology*, Sidney
AJSL	*The American Journal of Semitic Languages and Literatures*, Chicago
AnBib	Analecta Biblica, Roma
ANEP	J. B. PRITCHARD (éd.), *The Ancient Near East in Pictures*, Princeton, 1954
ANET	J. B. PRITCHARD (éd.), *Ancient Near Eastern Texts*, Princeton, 1969^3
AnIstOrNap	*Annali dell'Istituto Orientale di Napoli*
AnLeeds	*Annual of the Leeds University Oriental Society*, Leiden
AnOr	Analecta Orientalia, Roma
AnSt	*Anatolian Studies*, London
AOAT	Alter Orient und Altes Testament, Kevelaer/Neukirchen-Vluyn
Aq.	Aquila
ARAB	D. D. LUCKENBILL, *Ancient Records of Assyria and Babylonia*, 2 vols, Chicago, 1926 et 1927
ArOr	*Archiv Orientální*, Praha
ASTI	*Annual of the Swedish Theological Institute in Jerusalem*, Leiden
ATD	Das Alte Testament Deutsch, Göttingen
AThANT	Abhandlungen zur Theologie des Alten und Neuen Testaments, Zürich
AUSS	*Andrews University Seminary Studies*, Berrien Springs, Mich.
BA	*The Biblical Archaeologist*, New Haven
BAL	R. BORGER, *Babylonisch-assyrische Lesestücke*, 3 vols, Rome, 1963
BAR	*Biblical Archaeology Review*, Washington
BASOR	*Bulletin of the American Schools of Oriental Research*, New Haven
BBB	Bonner Biblische Beiträge, Bonn
BDB	F. BROWN - S. R. DRIVER - C. A. BRIGGS, *A Hebrew and English Lexicon of the Old Testament (based on the Lexicon of W. Gesenius)*, Oxford, 1966
BeiEvTh	Beiträge zur *Evangelische Theologie*, München
BeO	*Bibbia e Oriente*, Milano
BEThL	Bibliotheca Ephemeridum Theologicarum Lovaniensium
BFChrTh	Beiträge zur Forderung Christlicher Theologie, Gütersloh
BHH	*Biblisch-Historisches Handwörterbuch* (éds Bo REICKE - L. ROST), 4 vols, Göttingen, 1962-1979
BHK	*Biblia Hebraica* (éd. R. KITTEL)
BHS	*Biblia Hebraica Stuttgartensia* (éds K. ELLIGER - W. RUDOLPH), Stuttgart, 1977

Bib.	*Biblica*, Roma
BibOr	Biblica et Orientalia, Roma
BIFAO	*Bulletin de l'Institut Français d'Archéologie Orientale*, Le Caire
BiOr	*Bibliotheca Orientalis*, Leiden
BJ	La *Sainte Bible* traduite en français sous la direction de l'École Biblique de Jérusalem; s'il n'y a pas d'autre indication, il s'agit de l'édition en un volume, 1973
BJRL	*Bulletin of the John Rylands Library*, Manchester
BK	Biblischer Kommentar. Altes Testament, Neukirchen-Vluyn
BN	*Biblische Notizen*, Bamberg
BotAT	Die Botschaft des Alten Testaments, Stuttgart
BR	*La Bible*. Édition bilingue (trad. française sous la direction du Grand Rabbin Zadoc Kahn), Paris, 1967
BRL	*Biblisches Reallexikon* (éd. K. GALLING), Tübingen, 1977²
BS	*Bibliotheca Sacra*, London
BSOAS	*Bulletin of the School of Oriental and African Studies*, London
BWA(N)T	Beiträge zur Wissenschaft vom Alten (und Neuen) Testament, Stuttgart
BZ	*Biblische Zeitschrift*, Paderborn
BZAW	Beihefte zur *Zeitschrift für die Alttestamentliche Wissenschaft*, Giessen/Berlin-New York
CAD	*The Assyrian Dictionary of the Oriental Institute of the University of Chicago* (éd. A. L. OPPENHEIM), 1956ss
CAH	*Cambridge Ancient History*, London
CambB	The Cambridge Bible for Schools and Colleges
CambBC	The Cambridge Bible Commentary on the New English Bible
CBQ	*Catholic Biblical Quarterly*, Washington, D.C.
CEg	*Chronique d'Égypte*, Bruxelles
ComAT	Commentaire de l'Ancien Testament, Neuchâtel
ConBib.OT	Coniectanea Biblica. Old Testament Series, Lund
CRAI	*Comptes Rendus de l'Académie des Inscriptions et Belles-Lettres*, Paris
EAEHL	*Encyclopedia of Archaeological Excavations in the Holy Land* (éd. M. AVI-YONAH), 4 vols, Jerusalem, 1975-1978
EB	Études Bibliques, Paris
EH	Exegetisches Handbuch zum Alten Testament, Münster
ErIs	*Eretz Israel*, Jerusalem
EstB	*Estudios Bíblicos*, Madrid
ET	*The Expository Times*, Edinburgh
EThL	*Ephemerides Theologiae Lovanienses*
EvTh	*Evangelische Theologie*, München
ForBib	Forschung zur Bibel, Würzburg-Stuttgart
FRLANT	Forschungen zur Religion und Literatur des Alten und Neuen Testaments, Göttingen
G-K	*Gesenius Hebrew Grammar* as Edited and Enlarged by the Late E. KAUTZSCH; translated by A. E. COWLEY, Oxford, 1966
HAT	Handbuch zum Alten Testament, Tübingen
HK	Handkommentar zum Alten Testament, Göttingen
HS	Die Heilige Schrift des Alten Testaments, Bonn
HThR	*Harvard Theological Review*, Cambridge, Mass.

HUCA	*Hebrew Union College Annual*, Cincinnati
I(D)B	The Interpreter's (Dictionary of the) Bible, Nashville
ICC	The International Critical Commentary, Edinburgh
IEJ	*Israel Exploration Journal*, Jerusalem
JANES	*Journal of the Ancient Near Eastern Society*, New York
JAOS	*Journal of the American Oriental Society*, New Haven
JBL	*Journal of Biblical Literature*, Chico, CA
JCS	*Journal of Cuneiform Studies*, New Haven, Conn./Cambridge, Mass.
JNES	*Journal of Near Eastern Studies*, Chicago
JNWS	*Journal of Northwest Semitic Languages*, Leiden
JPOS	*Journal of the Palestine Oriental Society*, Jerusalem
JQR	*Jewish Quarterly Review*, Leiden
JR	*Journal of Religion*, Chicago
JRAS	*Journal of the Royal Asiatic Society*, London
JSOR	*Journal of the Society of Oriental Research*
JSOT	*Journal for the Study of the Old Testament*, Sheffield
JSS	*Journal of Semitic Studies*, Manchester
JThS	*Journal of Theological Studies*, Oxford/London
KAT	Kommentar zum Alten Testament, Leipzig
KBL	L. KOEHLER - W. BAUMGARTNER, *Lexicon in Veteris Testamenti Libros*, 2e éd., Leiden, 1958; tomes I, II, et III : 3e éd., Leiden, 1967, 1974 et 1983
KD	Biblischer Kommentar über das Alte Testament (KEIL - DELITZSCH), Leipzig
KeH	Kurzgefasstes exegetisches Handbuch zum Alten Testament, Leipzig
KHC	Kurzer Hand-Commentar zum Alten Testament, Tübingen
KS	*Kleine Schriften*
LAPO	Littératures anciennes du Proche-Orient, Paris
LXX^A	Septante - codex Alexandrinus
LXX^B	Septante - codex Vaticanus
MDAI	*Mitteilungen des Deutschen Archäologischen Instituts*
MIO	*Mitteilungen des Instituts für Orientforschung*, Berlin
MUSJ	*Mélanges de l'Université Saint-Joseph*, Beyrouth
MVAG	*Mitteilungen der Vorderasiatisch-Aegyptischen Gesellschaft*, Leipzig
OBO	Orbis Biblicus et Orientalis, Fribourg-Göttingen
OIP	Oriental Institute Prism (Prisme de Sennachérib qui se trouve à l'«Oriental Institute» de Chicago
OLP	*Orientalia Lovaniensia Periodica*
OLZ	*Orientalische Literaturzeitung*, Leipzig
Or.	*Orientalia*, Roma
OrAnt	*Oriens Antiquus*, Roma
OTL	Old Testament Library, London
OTS	*Oudtestamentische Studiën*, Leiden
PEFQSt	*Palestine Exploration Fund. Quarterly Statement*, London
Pesh.	Version syriaque *Peshitta*
PJ	*Palästinajahrbuch*, Berlin
PEQ	*Palestine Exploration Quarterly*, London
PlAT	*La Bible. Ancien Testament* (La Pléiade) (éd. E. DHORME), 2 vols, Paris, 1956-1959

QDAP	*Quarterly of the Department of Antiquities of Palestine*, Jerusalem
RB	*Revue Biblique*, Jérusalem/Paris
RdE	*Revue d'Égyptologie*, Paris
REJ	*Revue des Études Juives*, Paris
RHPhR	*Revue d'Histoire et de Philosophie Religieuses*, Strasbourg
RHR	*Revue de l'Histoire des Religions*, Paris
RivBib	*Rivista Biblica*, Brescia
RivStOr	*Rivista degli Studi Orientali*, Roma
RLA	*Reallexikon der Assyriologie* (éds E. EBELLING - B. MEISSNER), Berlin et Leipzig, 1932 ss (6 vols parus)
RQ	*Revue de Qumrân*, Paris
RSPhTh	*Revue des Sciences Philosophiques et Théologiques*, Paris
RThPh	*Revue de Théologie et de Philosophie*, CH-1066 Epalinges
RTL	*Revue Théologique de Louvain*, Louvain-la-Neuve
SAT	Die Schriften des Alten Testaments, Göttingen
SBFLA	*Studii Biblici Franciscani Liber Annuus*, Jerusalem
SBL	Society of Biblical Literature
SBS	Stuttgarter Bibelstudien, Stuttgart
SBT	Studies in Biblical Theology, London
ScotJTh	*Scottish Journal of Theology*, Edinburgh
SEÅ	*Svensk Exegetisk Årsbok*, Uppsala
Sem.	*Semitica*, Paris
SH	*Scripta Hierosolymitana*, Jerusalem
StANT	Studien zum Alten und Neuen Testament, München
StTh	*Studia Theologica*, Oslo
Sym.	Symmaque
SZ	Kurzgefasster Kommentar zu den Heiligen Schriften Alten und Neuen Testamentes (éd. STRACK - ZÖCKLER), (Nördlingen) München
TA	*Tel Aviv*, Journal of the Tel Aviv University Institute of Archaeology
TB	*Tyndale Bulletin*, Cambridge
Tg	Targum
ThB	Theologische Bücherei, München
ThHAT	*Theologisches Handwörterbuch zum Alten Testament* (éds E. JENNI - C. WESTERMANN), München, 2 vols, 1971 et 1976
Théod.	Théodotion
ThLZ	*Theologische Literaturzeitung*, Berlin
ThWAT	*Theologisches Wörterbuch zum Alten Testament* (éds G.J. BOTTERWECK - H. RINGGREN), Stuttgart, 1970 (4 vols parus)
ThZ	*Theologische Zeitschrift*, Basel
TM	Texte massorétique
TOB	Traduction œcuménique de la Bible. *Ancien Testament*, Paris, 1979
TPOA	J. BRIEND - M.-J. SEUX, *Textes du Proche-Orient ancien et histoire d'Israël*, Paris, 1977
UF	*Ugarit-Forschungen*, Kevelaer/Neukirchen-Vluyn
V	Vulgate
VD	*Verbum Domini*, Roma
VT(S)	*Vetus Testamentum (Supplements)*, Leiden

WMANT	Wissenschaftliche Monographien zum Alten und Neuen Testament, Neukirchen-Vluyn
WO	*Welt des Orients*, Göttingen
ZA	*Zeitschrift für Assyriologie*, Leipzig/Berlin-New York
ZAW	*Zeitschrift für die Alttestamentliche Wissenschaft*, Berlin-New York
ZDMG	*Zeitschrift der Deutschen Morgenländische Gesellschaft*, Wiesbaden
ZDPV	*Zeitschrift des Deutschen Palästina-Vereins*, Stuttgart
ZThK	*Zeitschrift für Theologie und Kirche*, Tübingen

De plus, nous mentionnons plusieurs parmi les ouvrages fréquemment cités au moyen des abréviations suivantes :

ALONSO SCHÖKEL = *Los Libros sagrados* (trad. de L. ALONSO SCHÖKEL, J. MATEOS y J.-M. VALVERDE) : *Doce Profetas Menores*, Madrid, 1966; *Isaías*, Madrid, 1968; *Reyes*, Madrid, 1973

H. BARTH, *Die Jesaja-Worte* = *Die Jesaja-Worte in der Josiazeit. Israel und Assur als Thema einer produktiven Neuinterpretation der Jesajaüberlieferung* (WMANT, 48), Neukirchen-Vluyn, 1977.

CHOURAQUI = *La Bible* traduite et présentée par A. CHOURAQUI : *Rois 2*, 1975; *Yesha'yah*, 1975; *Douze Inspirés*, 1976.

M. COGAN, *Imperialism and Religion* = *Imperialism and Religion : Assyria, Judah and Israel in the Eighth and Seventh Centuries BCE* (SBL. Monog. Series, 19), Missoula, Ma, 1974.

H. DONNER, *Israel unter den Völkern* = *Israel unter den Völkern. Die Stellung der klassischen Propheten des 8. Jahrhunderts v. Chr. zur Aussenpolitik von Israel und Juda* (VTS, XI), Leiden, 1964.

H. DONNER - W. ROELLIG, KAI = *Kanaanäische und Aramäische Inschriften*, 3 vols, Wiesbaden, 1966-1969^{2}.

W. EICHRODT, *Der Herr der Geschichte* = *Der Herr der Geschichte. Jesaja 13-23/28-39* (BotAT, XVII, 2), Stuttgart, 1967.

G. FOHRER, *Das Buch Jesaja*, I = *Das Buch Jesaja, 1. Band, Kapitel 1-23* (Zürcher Bibelkommentare), Zürich-Stuttgart, 1966^{2}.

ID., *Das Buch Jesaja*, II = *Das Buch Jesaja, 2. Band, Kapitel 24-39* (Zürcher Bibelkommentare), Zürich-Stuttgart, 1967^{2}.

W. GESENIUS, *Thesaurus philologicus* = *Thesaurus philologicus criticus linguae hebraeae et chaldaeae Veteris Testamenti*, Leipzig, 3 vols, 1835, 1839 et 1853.

G. B. GRAY, *The Book of Isaiah* = *A Critical and Exegetical Commentary on the Book of Isaiah I-XXXIX*, Vol. I, *Introduction and Commentary on I-XXVII* (ICC), Edinburgh, 1912.

JOÜON = P. JOÜON, *Grammaire de l'hébreu biblique*, Rome, 1923 (1965).

O. KAISER, *Der Prophet Jesaja*, II — *Der Prophet Jesaja, Kapitel 13-39* (ATD, 18), Göttingen, 1973.

J. W. MCKAY, *Religion in Judah* = *Religion in Judah under the Assyrians* (SBT, Second Series, 26), London, 1973.

OSTY = *La Bible*, traduction française sur les originaux par E. OSTY avec la collaboration de J. TRINQUET, Paris, 1973.

O. PROCKSCH, *Jesaja I* = *Jesaja I übersetzt und erklärt* (KAT, IX), Leipzig, 1930.

J. L. SICRE, *Los dioses olvidados* = *Los dioses olvidados : Poder y riqueza en los profetas preexílicos* (Institución san Jerónimo para la investigación bíblica : estudios y monografías, 3; estudios de Antiguo Testamento, 1), Madrid, 1979.

P. VANNUTELLI, *Libri synoptici Veteris Testamenti* = *Libri synoptici Veteris Testamenti seu librorum Regum et Chronicorum loci paralleli*, 2 vols, Rome, 1931-1934.

R. DE VAUX, *Institutions* = *Les Institutions de l'Ancien Testament*, I, Paris, 1961^2; II, Paris, 1967^2.

J. VOLLMER, *Geschichtliche Rückblicke* = *Geschichtliche Rückblicke und Motive in der Prophetie des Amos, Hosea und Jesaja* (BZAW, 119), Berlin, 1971.

P. WELTEN, *Geschichte* = *Geschichte und Geschichtsdarstellung in den Chronikbüchern* (WMANT, 42), Neukirchen-Vluyn, 1973.

H. WILDBERGER, *Jesaja*, I = *Jesaja. 1. Teilband. Jesaja 1-12* (BK, X, 1), Neukirchen-Vluyn, 1972.

ID., *Jesaja*, II = *Jesaja. 2. Teilband. Jesaja 13-27* (BK, X, 2), Neukirchen-Vluyn, 1978.

ID., *Jesaja*, III = *Jesaja. 3. Teilband. Jesaja 28-39. Das Buch, der Prophet und seine Botschaft* (BK, X, 3), Neukirchen-Vluyn, 1982.

F. ZORELL, *Lexicon* = *Lexicon hebraicum et aramaicum Veteris Testamenti*, Roma, 1947ss.

BIBLIOGRAPHIE CHOISIE

Les diverses facettes de notre travail nous ont amené à manier une bibliographie abondante et diversifiée. Un relevé exhaustif des travaux cités ne serait peut-être pas d'une grande utilité, et alourdirait notre ouvrage. Aussi, nous contenterons-nous d'une bibliographie choisie. D'abord, nous signalerons les études spécialement consacrées à la révolte d'Ézéchias et aux activités de Sennachérib en Palestine. Ensuite, nous mentionnerons d'autres travaux que nous citons particulièrement souvent ou dont l'apport nous paraît soit important soit original. Pour les autres, nous nous permettons de renvoyer à l'index des auteurs cités.

MONOGRAPHIES RELATIVES A LA RÉVOLTE D'ÉZÉCHIAS ET AUX ACTIVITÉS DE SENNACHÉRIB EN PALESTINE

W. F. ALBRIGHT, *New Light from Egypt on the Chronology and History of Israel and Judah. II. The Date of Sennacherib's Second Campaign against Hezekiah*, dans BASOR, CXXX, 1953, pp. 4-11.

ID., *Further Light on Synchronisms Between Egypt and Asia in the Period of 935-685 B.C.*, dans BASOR, CXLI, 1956, pp. 23-27.

A. ALT, *Nachwort über die territorialgeschichtliche Bedeutung von Sanheribs Eingriff in Palästina*, dans PJ, XXV, 1929, pp. 80-88 (= *KS zur Geschichte des Volkes Israel*, II, München, 1978[4], pp. 242-249).

M. AVAUX, *La mention de Taharqa en II Rois 19, 9/Isaïe, 37, 9*, dans AIPHOS, XX, 1968-1972, pp. 31-43.

R. D. BARNETT, *The Siege of Lachish*, dans IEJ, VIII, 1958, pp. 161-164, pl. 30-32, A-B.

M.-Theresia BREME, *Ezechias und Sennacherib. Exegetische Studie* (Biblische Studien, XI, 5), Freiburg i. B., 1906.

J. BRIGHT, *Le problème des campagnes de Sennachérib. Un nouvel examen*, dans *La branche d'amandier. Hommage à W. Vischer*, Montpellier, 1960, pp. 20-31.

ID., *A History of Israel* (OTL), London, 1972[2], pp. 296-308 (Excursus I: *The Problem of Sennacherib's Campaigns in Palestine*).

B. S. CHILDS, *Isaiah and the Assyrian Crisis* (*SBT*, Second Series, 3), London, 1967.

R. E. CLEMENTS, *Isaiah and the Deliverance of Jerusalem. A Study of the Interpretation of Prophecy in the Old Testament* (JSOT, Suppl. Series, 13), Sheffield, 1980.

Ch. COHEN, *Neo-Assyrian Elements in the First Speech of the Biblical Rab-Šāqê*, dans *Israel Oriental Studies*, IX, Tel Aviv, 1979, pp. 32-48.

W. A. CORNABY, *2 Kings XIX. 35 (Is. XXXVII. 36) and Herodotus, II. 141*, dans ET, XXV, 1913-1914, pp. 379-380.

R. DEUTSCH, *Die Hiskiaerzählungen. Eine formgeschichtliche Untersuchung der Texte Js 36-39 und 2 R 18-20*, Dissertation, Basel, 1969.

J. DINELEY PRINCE, *Nisroch and Nusku*, dans JBL, XXIII, 1904, pp. 68-75.

ID., *The God-Name Ninib*, dans JBL, XXIV, 1905, pp. 54-57.

D. DIRINGER, *Sennacherib's Attack on Lachish : New Epigraphical Evidence*, dans VT, I, 1951, pp. 134-136.

R. P. DOUGHERTY, *Sennacherib and the Walled Cities of Judah*, dans JBL, XLIX, 1930, pp. 160-171.

O. EISSFELDT, *Ezechiel als Zeuge für Sanheribs Eingriff in Palästina*, dans PJ, XXVII, 1931, pp. 58-66 (= KS, I, Tübingen, 1962, pp. 239-246).

ID., *Hesekiel Kap. 16 als Geschichtsquelle*, dans JPOS, XVI, 1936, pp. 286-292 (= KS, II, Tübingen, 1963, pp. 101-106).

K. FULLERTON, *The Invasion of Sennacherib*, dans BS, LXIII, 1906, pp. 577-634.

ID., *Isaiah's Attitude in the Sennacherib Campaign*, dans AJSL, XLII, 1925, p. 1-25.

H. M. GEVARYAHU, *The Speech of Rab-Shakeh to the People on the Wall of Jerusalem*, dans *Studies in the Bible Presented to M. H. Segal*, Jerusalem, 1964, pp. 94-102 (hébreu).

J. B. GEYER, *2 Kings XVIII 14-16 and the Annals of Sennacherib*, dans VT, XXI, 1971, pp. 604-606.

M. GOERG, *Ein Keilschriftfragment des Berichtes von dritten Feldzug des Sanherib mit dem Namen des Hiskia*, dans BN, XXIV, 1984, pp. 16-17 et pl. 1.

G. GOETZEL, *Ḥizḳia und Sanḥerib*, dans BZ, VI, 1908, pp. 133-154.

H. HAAG, *La campagne de Sennachérib contre Jérusalem en 701*, dans RB, LVIII, 1951, pp. 348-359.

L. L. HONOR, *Sennacherib's Invasion of Palestine. A Critical Source Study* (Contributions to Oriental History and Philology, 12), 1926, (reprinted) New York, 1966.

S. H. HORN, *Did Sennacherib Campaign Once or Twice against Hezekiah?*, dans AUSS, IV, 1966, pp. 1-28.

M. HUTTER, *Ueberlegung zu Sanheribs Palästinafeldzug im Jahr 701 v. Chr.*, dans BN, XIX, 1982, pp. 24-30.

Z. ILAN, *Sennacherib's Siege of Jerusalem (Zachariah 12-14)*, dans Y. AHARONI (éd.), *Excavations and Studies. Essays in Honor of Sh. Yeivin* (Publications of the Institute of Archaeology, 1), Tel Aviv, 1973, pp. 191-193 (en hébreu, avec un résumé en anglais, p. XXIII).

W. A. IRWIN, *The Attitude of Isaiah in the Crisis of 701*, dans JR, XVI, 1936, pp. 406-418.

Ruth JACOBY, *How Accurate is Sennacherib's Relief of Lachish?*, dans *Sixth Archaeological Conference in Israel, Tel Aviv 14-15 March 1979* (Israel Exploration Society. Israel Department of Antiquities), p. 28.

A. K. JENKINS, *Hezekiah's Fourteenth Year. A New Interpretation of 2 Kings XVIII 13-XIX 37*, dans VT, XXVI, 1976, pp. 284-298.

O. KAISER, *Die Verkündigung des Propheten Jesaja im Jahre 701. I. Von der Menschen Vertrauen und Gottes Hilfe. Eine Studie über II Reg 18, 17ff, par Jes 36, 1ff. 1. Das literar- und textkritische Problem*, dans ZAW, LXXXI, 1969, pp. 304-315.

K. A. KITCHEN, *Late Egyptian Chronology and the Hebrew Monarchy. Critical Studies in Old Testament Mythology*, I, dans JANES, V, 1973, pp. 225-233.

E. G. KRAELING, *The Death of Sennacherib*, dans JAOS, LIII, 1933, pp. 335-346.

J. KUECHLER, *Die Stellung des Propheten Jesaja zur Politik seiner Zeit*, Tübingen, 1906.

S. LANGDON, *Evidence for an Advance on Egypt by Sennacherib in the Campaign of 701-700*, dans JAOS, XXIV, 1903, pp. 265-274.

J. LE MOYNE, *Les deux ambassades de Sennachérib à Jérusalem. Recherches sur l'évolution d'une tradition*, dans *Mélanges Bibliques rédigés en l'honneur de A. Robert* (Travaux de l'Institut Catholique de Paris, 4), Paris, 1957, pp. 149-153.

J.P. LETTINGA, *A Note on II Kings XIX, 37*, dans VT, VII, 1957, pp. 105-106.

J. LEWY, *Sanherib und Hizkia*, dans OLZ, XXXI, 1928, pp. 150-163.

B. MAZAR, *Sennacherib's Judaean Campaign*, dans J. LIVER (éd.), *The Military History of the Land of Israel in Biblical Times*, Tel Aviv, 1965, pp. 286-295 (en hébreu).

B. MEISSNER, *Neue Nachrichten über die Ermordung Sanheribs und die Nachfolge Asarhaddons*, dans *Sitzungsberichte der Preussischen Akademie der Wissenschaften, Jahrgang 1932, Philosophisch-Historische Klasse*, Berlin, 1932, pp. 250-262.

ID., *Wo befand sich Asarhaddon zur Zeit der Ermordung Sanheribs?*, dans *Miscellanea Orientalia dedicata Antonio Deimel* (AnOr, 12), Roma, 1935, pp. 232-234.

N. NA'AMAN, *Sennacherib's 'Letter to God' on his Campaign to Judah*, dans BASOR, CCXIV, 1974, pp. 25-39.

ID., *Sennacherib's Campaign to Judah and the Date of the lmlk Stamps*, dans VT, XXIX, 1979, pp. 61-86.

G. NAGEL, *Der Zug des Sanherib gegen Jerusalem nach den Quellen dargestellt*, Leipzig, 1902.

B. ODED, *Hezekiah*, dans *Encyclopaedia Judaica*, VIII, Jerusalem, 1971, cc. 450-454.

J. OFFORD, *Archaeological Notes on Jewish Antiquities. XLIII. The Assassination of Sennacherib*, dans PEFQSt, L, 1918, pp. 88-90.

S. PARPOLA, *The Murderer of Sennacherib*, dans B. ALSTER (éd.), *Death in Mesopotamia* (Mesopotamia, 8), Copenhagen, 1980, pp. 171-182.

J.V. PRAŠEK, *Sennacherib's Second Expedition to the West, and the Siege of Jerusalem. I*, dans ET, XII, 1900-1901, pp. 225-229.

ID., *Sennacherib's Second Expedition to the West, and the Date of his Siege of Jerusalem. II*, dans ET, XII, 1900-1901, pp. 405-407; XIII, 1901-1902, pp. 326-328.

ID., *Sanheribs Feldzüge gegen Juda I*, dans MVAG, VIII, 1903, pp. 113-157.

A.F. RAINEY, *The Fate of Lachish during the Campaigns of Sennacherib and Nebuchadrezzar*, dans Y. AHARONI (éd.), *Investigations at Lachish. The Sanctuary and the Residency (Lachish V)* (Tel Aviv University Publications. Institute of Archaeology, 4), Tel Aviv, 1975, pp. 47-60.

R.W. ROGERS, *Sennacherib and Juda*, dans *Studien zur semitischen Philologie und Religionsgeschichte J. Wellhausen zum siebzigsten Geburtstag gewidmet* (BZAW, 27), Giessen, 1914, pp. 317-328.

H.H. ROWLEY, *Hezekiah's Reform and Rebellion*, dans BJRL, XLIV, 1962, pp. 395-431 (= *Men of God. Studies in Old Testament History and Prophecy*, London, 1963, pp. 98-132).

W. RUDOLPH, *Sanherib in Palästina*, dans PJ, XXV, 1929, pp. 59-80.

H. SAUREN, ^{lu}*2UR$_2$-bi* = ^{lu}*2uru$_8$-bi*, «Arabes», dans *Akkadica*, XLVII, 1986, (à paraître); ID., *Sennachérib, les Arabes, les déportés Juifs*, dans WO, XVI, 1985, pp. 22-35.

W. H. SHEA, *Nebuchadnezzar's Chronicle and the Date of the Destruction of Lachish III*, dans PEQ, CXI, 1979, pp. 113-116.

W. VON SODEN, *Sanherib vor Jerusalem 701 v. Chr.*, dans *Antike und Universalgeschichte. Festschrift H. E. Stier zum 70 Geburtstag* (Fontes et Commentationes. Supplementband, 1), Münster, 1972, pp. 43-51.

S. STOHLMANN, *The Judaean Exile after 701 B.C.E.*, dans W. W. HALLO - J. C. MOYER - L. G. PERDUE (éds), *Scripture in Context II. More Essays on the Comparative Method*, Winona Lake, Indiana, 1983, pp. 147-175.

H. TADMOR & M. COGAN, *Hezekiah's Fourteenth Year : The King's Illness and the Babylonian Embassy*, dans ErIs, XVI, 1982, pp. 198-201 (hébreu, résumé en anglais aux pp. 258*-259*).

H. TADMOR, *Rab-saris and Rab-shakeh in 2 Kings 18*, dans C. L. MEYERS and M. O'CONNOR (éds), *The Word of the Lord shall go forth. Essays in Honor of David Noel Freedman in Celebration of his Sixtieth Birthday*, Philadelphia, 1983, pp. 279-285.

H. TAWIL, *The Historicity of 2 Kings 19:24 (= Isaiah 37:25) : The Problem of the yeʾôrê Māṣôr*, dans JNES, XLI, 1982, pp. 195-206.

A. UNGNAD, *Die Ermordung Sanheribs*, dans OLZ, XX, 1917, pp. 358-359.

ID., *Die Zahl der von Sanherib deportierten Judäer*, dans ZAW, LIX, 1942-1943, pp. 199-202.

D. USSISHKIN, *The Destruction of Lachish by Sennacherib and the Dating of the Royal Judean Jars*, dans TA, IV, 1977, pp. 28-60.

ID., *The 'Lachish Reliefs' and the City of Lachish*, dans IEJ, XXX, 1980, pp. 170-195.

ID., *The Conquest of Lachish by Sennacherib*. With Drawings of the Lachish Reliefs, by J. DEKEL. Photographs of the Lachish Reliefs, by A. HAY. Reconstruction of the Assyrian Siege, by G. LE GRANGE (Tel Aviv University Publications. Institute of Archaeology, 6), Tel Aviv, 1982.

A. VAN HOONACKER, *L'invasion de la Judée par Sennachérib, an 701 av. J.-C. et les récits bibliques. 2 Rois XVIII, 13-XIX*, dans *Mélanges d'histoire offerts à Charles Moeller*, I, Louvain, 1914, pp. 1-10.

C. VAN LEEUWEN, *Sanchérib devant Jérusalem*, dans OTS, XIV, 1965, pp. 245-272.

E. VOGT, *Sennacherib und die letzte Tätigkeit Jesajas*, dans Bib., XLVII, 1966, pp. 427-437.

ID., *Psalmus 44 et Tragoedia Ezechiae regis*, dans VD, XLV, 1967, pp. 193-200.

T. VUK, *Wiedererkaufte Freiheit. Der Feldzug Sanheribs gegen Juda nach dem Invasionsbericht 2 Kö 18, 13-16* (Thèse du *Pontificium Athenaeum Antonianum. Facultas Hierosolymitana Theologiae Biblicae*, 1979); publication partielle, Jérusalem, 1984.

H. WILDBERGER, *Die Rede des Rabsake vor Jerusalem*, dans ThZ, XXXV, 1979, pp. 35-47.

F. WILKE, *Jesaja und Assur. Eine exegetisch-historische Untersuchung zur Politik des Propheten Jesaja*, Leipzig, 1905.

P. XELLA, *« Mangiare feci e bere orina » : A proposito di 2 Re 18:27/Isaia 36:12*, dans *Studi Storico Religiosi*, III, 1979, pp. 37-51.

W. ZIMMERLI, *Jesaja und Hiskia*, dans *Wort und Geschichte. Festschrift für K. Elliger* (AOAT, 18), Kevelaer, 1973, pp. 199-208 = *Gesammelte Aufsätze*, II (ThB, 51), München, 1974, pp. 88-103.

AUTRES OUVRAGES

P. R. ACKROYD, *I & II Chronicles, Ezra, Nehemiah* (Torch Bible Commentaries), London, 1973.

ID., *An Interpretation of the Babylonian Exile : A Study of 2 Kings 20, Isaiah 38-39*, dans ScotJTh, XXVII, 1974, pp. 329-352.

ID., *Isaiah 36-39 : Structure and Function*, dans *Von Kanaan bis Kerala. Festschrift für J. P. M. Van der Ploeg* (AOAT, 211), Kevelaer/Neukirchen-Vluyn, 1982, pp. 3-21.

ID., *The Death of Hezekiah — a Pointer to the Future?*, dans M. CARREZ - J. DORÉ - P. GRELOT (éds), *De la Tôrah au Messie. Mélanges Henri Cazelles*, Paris, 1981, pp. 219-226.

A. ALT, *Neue assyrische Nachrichten über Palästina*, dans ZDPV, LXVII, 1945, pp. 128-146 (= *KS zur Geschichte des Volkes Israel*, II, München, 1978⁴, pp. 226-241).

P. AUVRAY, *Isaïe 1-39* (Sources Bibliques), Paris, 1972.

W. B. BARRICK, *On the « Removal of the 'High-Places' » in 1-2 Kings*, dans Bib., LV, 1974, pp. 257-259.

J. BARTON, *Ethics in Isaiah of Jerusalem*, dans JThS, XXXII, 1981, pp. 1-18.

W. BAUMGARTNER, *Herodots babylonische und assyrische Nachrichten*, dans ArOr, XVIII, 1950, pp. 69-106 (= *Zum Alten Testament und seiner Umwelt. Ausgewählte Aufsätze*, Leiden, 1959, pp. 282-331).

P.-M. BOGAERT, *Montagne sainte, jardin d'Éden et sanctuaire (hiérosolymitain) dans un oracle d'Ézéchiel contre le prince de Tyr (Éz 28, 11-19)*, dans H. LIMET et J. RIES (éds), *Le Mythe, son langage et son message. Actes du colloque de Liège et Louvain-la-Neuve, 1981* (Homo Religiosus, 9), Louvain-la-Neuve, 1983, pp. 131-153.

J. A. BRINKMAN, *Merodach-Baladan*, dans *Studies presented to A. Leo Oppenheim*, Chicago, 1964, pp. 6-53.

G. BRUNET, *Essai sur l'Isaïe de l'histoire. Étude de quelques textes notamment dans Isa. VII, VIII & XXII*, Paris, 1975.

W. T. CLAASSEN, *Linguistic Arguments and the Dating of Isaiah 1:4-9*, dans JNWS, III, 1974, pp. 1-18.

E. L. CURTIS and A. A. MADSEN, *A Critical and Exegetical Commentary on the Books of Chronicles* (ICC), Edinburgh, 1910.

W. DIETRICH, *Jesaja und die Politik* (BeiEvTh, 74), München, 1976.

H. DONNER, *Neue Quellen zur Geschichte des Staates Moab in der zweiten Hälfte des 8. Jahrh. v. Chr.*, dans MIO, V, 1957, pp. 155-184.

ID., *The Separate States of Israel and Judah*, dans J. H. HAYES and J. M. MILLER (éds), *Israelite and Judaean History* (OTL), London, 1977, pp. 381-434.

B. DUHM, *Das Buch Jesaja übersetzt und erklärt* (HK, III, 1), Göttingen, 1914³.

K. ELLIGER, *Die Heimat des Propheten Micha*, dans ZDPV, LVII, 1934, pp. 81-152 = *KS zum Alten Testament* (ThB, 32), München, 1966, pp. 9-71.

F. FELDMANN, *Das Buch Isaias. I. Halbband, 1. Teil : Kap. 1-39* (EH, XIV, 1), Münster, 1925.

F. GARCÍA LÓPEZ, *Analyse littéraire de Deutéronome, V-XI*, dans RB, LXXXIV, 1977, pp. 481-522 et LXXXV, 1978, pp. 5-49.

ID., *Deut., VI et la tradition-rédaction du Deutéronome*, dans RB, LXXXV, 1978, pp. 161-200; LXXXVI, 1979, pp. 59-91.

ID., *« Un peuple consacré » : analyse critique de Deutéronome VII*, dans VT, XXXII, 1982, pp. 438-463.

W. GESENIUS, *Philologisch-kritischer und historischer Commentar über den Jesajas*, Leipzig, 1821.

J. GRAY, *I & II Kings. A Commentary* (OTL), London, 1977[3].

P. GRELOT, *Le Targoum d'Isaïe, X, 32-34 dans ses diverses recensions*, dans RB, XC, 1983, pp. 202-228.

H.-D. HOFFMANN, *Reform und Reformen. Untersuchungen zu einem Grundthema der deuteronomistischen Geschichtsschreibung* (AThANT, 66), Zürich, 1980.

H. W. HOFFMANN, *Die Intention der Verkündigung Jesajas* (BZAW, 136), Berlin-New York, 1974.

F. L. HOSSFELD - I. MEYER, *Prophet gegen Prophet. Eine Analyse der alttestamentlichen Texte zum Thema : wahre und falsche Propheten* (Biblische Beiträge, 9), Fribourg, 1973.

F. HUBER, *Jahwe, Juda und die anderen Völker beim Propheten Jesaja* (BZAW, 137), Berlin-New York, 1976.

J. M. A. JANSSEN, *Que sait-on actuellement du Pharaon Taharqa?*, dans Bib., XXXIV, 1953, pp. 23-43.

A. JEPSEN, *Die Quellen des Königsbuches*, Halle (Saale), 1956[2].

ID., *Zur Chronologie der Könige von Israel und Juda. Eine Ueberprüfung*, dans A. JEPSEN - R. HANHART, *Untersuchungen zur israelitisch-jüdischen Chronologie* (BZAW, 88), Berlin, 1964, pp. 1-48.

E. J. KISSANE, *The Book of Isaiah*, I, Dublin, 1960[2].

K. A. KITCHEN, *The Third Intermediate Period in Egypt (1100-650 B.C.)*, Warminster, 1973.

R. KITTEL, *Die Bücher der Könige* (HK, I, 5), Göttingen, 1900.

K. KOCH, *The Prophets. I. The Assyrian Period* (trad. de Margaret KOHL), London, 1982.

J. LECLANT - J. YOYOTTE, *Notes d'histoire et de civilisation éthiopiennes. A propos d'un ouvrage récent*, dans BIFAO, LI, 1952, pp. 1-39.

D. D. LUCKENBILL, *The Annals of Sennacherib* (Oriental Institute Publications, 2), Chicago, 1924.

F. L. MACADAM, *The Temples of Kawa. I. The Inscriptions*, London, 1949.

K. MARTI, *Das Buch Jesaja* (KHC, 10), Tübingen, 1900.

J. L. MAYS, *Micah. A Commentary* (OTL), London, 1976.

F. MICHAELI, *Les livres des Chroniques, d'Esdras et de Néhémie* (ComAT, XVI), Neuchâtel, 1967.

J. A. MONTGOMERY, *A Critical and Exegetical Commentary on the Books of Kings* (ICC), Edinburgh, 1951.

J. M. MYERS, *I Chronicles* (AB, 12), Garden City, 1965.

ID., *II Chronicles* (AB, 13), Garden City, 1965.

S. NORIN, *An Important Kennicott Reading in|2 Kings XVIII 13*, dans VT, XXXII, 1982, pp. 337-338.

R. NORTH, *Does Archaeology Prove Chronicles Sources?*, dans H. N. BREAM - R. D. HEIM - C. A. MOORE (éds), *A Light into my Path. Old Testament Studies in Honor of Jacob M. Myers*, Philadelphia, 1974, pp. 375-407.

B. ODED, *Judah and the Exile*, dans J.H. HAYES and J.M. MILLER (éds), *Israelite and Judaean History* (OTL), London, 1977, pp. 435-488.

A.T. OLMSTEAD, *The Earliest Book of Kings*, dans AJSL, XXXI, 1915, pp. 169-214.

H.M. ORLINSKY, *The Kings-Isaiah Recensions of the Hezekiah Story*, dans JQR, XXX, 1939-1940, pp. 33-49.

A.F. RAINEY, *Taharqa and Syntax*, dans TA, III, 1976, pp. 38-41.

G. RAWLINSON, *The History of Herodotus*, *I*, London, 1858.

J. READE, *Sources for Sennacherib : The Prisms*, dans JCS, XXVII, 1975, pp. 189-196.

B. RENAUD, *La formation du livre de Michée. Tradition et actualisation* (EB), Paris, 1977.

W. RUDOLPH, *Chronikbücher* (HAT, I, 21), Tübingen, 1955.

ID., *Micha - Nahum - Habakuk - Zephanja* (KAT, XIII, 3), Gütersloh, 1975.

H.W.F. SAGGS, *The Nimrud Letters, 1952 - Part I - The Ukin-zer Rebellion and Related Texts*, dans Iraq, XVII, 1955, pp. 21-56; *Part II : Relations with the West*, dans Iraq, XVII, 1955, pp. 127-160; *Part III : Miscellaneous Letters*, dans Iraq, XVIII, 1956, pp. 40-56.

A. ŠANDA, *Die Bücher der Könige. II. Halbband : Das zweite Buch der Könige* (EH, IX, 2), Münster, 1912.

J. SCHARBERT, *Die Propheten Israels bis 700 v. Chr.*, Köln, 1965.

I.L. SEELIGMANN, *Menschliches Heldentum und göttliche Hilfe. Die doppelte Kausalität im alttestamentlichen Geschichtsdenken*, dans ThZ, XIX, 1963, pp. 385-411.

H. SPIECKERMANN, *Juda unter Assur in der Sargonidenzeit* (FRLANT, 129), Göttingen, 1982.

B. STADE, *Geschichte des Volkes Israel*, *I*, Berlin, 1887.

ID., *Anmerkungen zu 2 Kö. 15-21*, dans ZAW, VI, 1886, pp. 122-192.

B. STADE - F. SCHWALLY, *The Books of Kings* (Critical Edition of the Hebrew Text Printed in Colors, 9), Leipzig-Baltimore-London, 1904.

W. STAERK, *Das assyrische Weltreich im Urteil der Propheten*, Göttingen, 1908.

E.W. TODD, *The Reforms of Hezekiah and Josiah*, dans ScotJTh, IX, 1956, pp. 288-293.

M. TSEVAT, *Neo-Assyrian and Neo-Babylonian Vassal Oaths and the Prophet Ezekiel*, dans JBL, LXXVIII, 1959, pp. 199-204.

J. VERMEYLEN, *Du prophète Isaïe à l'Apocalyptique. Isaïe, I-XXXV, miroir d'un demi-millénaire d'expérience religieuse en Israël* (EB), 2 vols, Paris, 1977 et 1978.

L.-H. VINCENT - A.-M. STÈVE, *Jérusalem de l'Ancien Testament. Recherches d'archéologie et d'histoire*, 3 vols, Paris, 1954 et 1956.

M. WEINFELD, *Cult Centralization in Israel in the Light of a Neo-Babylonian Analogy*, dans JNES, XXIII, 1964, pp. 202-212.

Helga WEIPPERT, *Die «deuteronomistischen» Beurteilungen der Könige von Israel und Juda und das Problem der Redaktion der Königsbücher*, dans Bib., LIII, 1972, pp. 301-339.

H.G.M. WILLIAMSON, *Israel in the Books of Chronicles*, Cambridge, 1977.

H. WINCKLER, *Beiträge zur Quellenscheidung der Königsbücher*, dans H. WINCKLER, *Alttestamentliche Untersuchungen*, Leipzig, 1892, pp. 1-54.

H. W. WOLFF, *Dodekapropheton 4. Micha* (BK, XIV, 2), Neukirchen-Vluyn, 1982.

W. ZIMMERLI, *Das Gottesrecht bei den Propheten Amos, Hosea und Jesaja*, dans *Werden und Wirken des Alten Testaments. Festschrift für C. Westermann*, Göttingen, 1980, pp. 216-235.

INDEX DES AUTEURS CITÉS

TABLE DES MATIÈRES

DEUXIÈME PARTIE

LES PROPHÈTES ISAÏE ET MICHÉE ET LA CRISE DES ANNÉES 705-701

TROISIÈME PARTIE

LA MENACE DE SENNACHÉRIB ET LA DÉLIVRANCE DE JÉRUSALEM DANS LES TEXTES SECONDAIRES DE *IS.*, I-XXXV

QUATRIÈME PARTIE

LES RÉCITS DE *II ROIS*, XVIII, 13-XIX, 37 PAR. *IS.*, XXXVI-XXXVII ET *II CHR.*, XXXII, 1-23

CHAPITRE HUITIÈME : RAPPORT ENTRE II ROIS, XVIII, 13-XX, 19 ET IS., XXXVI-XXXIX